Friedrich Heer · Der Kampf um die österreichische Identität

FRIEDRICH HEER

Der Kampf
um die österreichische Identität

1981

HERMANN BÖHLAUS NACHF. WIEN-KÖLN-GRAZ

Gedruckt mit Unterstützung des Bundesministeriums für Wissenschaft und Forschung

ISBN 3-205-07155-7
Copyright © 1981 by Hermann Böhlaus Nachf. Ges. m. b. H., Graz
Alle Rechte vorbehalten
Satz und Druck: R. Spies & Co., 1050 Wien
Einband: Wiener Verlag

Inhaltsverzeichnis

Ein Vorwort

In der Mitte meines siebten Jahrzehnts befasse ich mich als Historiker zum ersten Mal mit einem Phänomen der österreichischen Geschichte. Mein Lebenswerk galt der deutschen, der europäischen Geistesgeschichte. Ich habe die große Konfrontation mit österreichischer Geschichte gemieden, was seltsam erscheinen mag: Ich bin seit 1936 ordentliches Mitglied des Instituts für Österreichische Geschichtsforschung.

Österreichische Vergangenheiten: Sie bereiteten mir so viel Schmerz, daß ich als Historiker vor ihnen immer wieder erschrak. Mein Erschrecken ist nicht geringer geworden im Laufe dieser Arbeit, die ursprünglich nur die Zeit von 1866 bis an die Gegenwart heran berühren sollte.

Österreichische Gegenwarten: Ich erlebe sie, seit 1926/27, als nicht minder schmerzvoll — sie stehen zudem in engsten Verflechtungen mit Österreichs Vergangenheiten.

Angesichts dieser Erfahrungen kam für mich in der Arbeit an dieser Studie, die nach allen Seiten hin offen ist, zu anderen Arbeiten und Konfrontationen *einladen* will, nur dies in Betracht: Objektivität, also Konfrontation mit den historischen „Objekten", die sich hart präsentieren; sie ist für mich nur möglich in der Form selbstkritischer Subjektivität, die ständig die eigene Optik, die eigenen Positionen, die eigenen Stellungnahmen hinterfragt, ja: in Frage stellt.

Diese meine heikle Situation wird mir nicht erleichtert durch folgende Tatsachen: Es fehlen so viele Vorarbeiten gerade zur politischen Psychologie, zur Erkundung der „Österreichischen Krankheit", zur politischen Pathologie der Gesellschaft und „geschichtsmächtiger" Personen in ihr. Angstschranken, „wissenschaftliche", mentale, religiöse, parteipolitische Tabuisierungen, Berührungsängste und strikte Verwehrung, bestimmen die Lage auch heute noch, obwohl sie nicht mehr so verklemmt ist wie 1918—1960 etwa. „Heiße Eisen" werden gemieden, verharmlost oder gar nicht gesehen. In diesen Bezügen fiel es mir, dem — wie diese Studie zeigt — dankbaren Schüler der sehr „deutschen" Historiker der Universität Wien in der Ersten Republik Österreich ab 1934, auf, daß man zwar immer an Deutschland dachte, Österreich als eine „Ostmark" verstand, aber rechts, links und in einer fragwürdigen Mitte „österreichische Geschichte" betrieb ohne konkrete Konfrontation mit der jeweiligen deutschen Geschichte, mit den permanenten „Einwirkungen", Invasionen, Pressionen, Erpressungen — ebenso wie mit bedeutenden geistigen, religiösen, kulturellen Einflüssen auf jene Lande, die zur Basis des heutigen Österreich wurden.

Auch dies muß ich hier noch kurz vermerken: Ich hatte diese meine Studie ursprünglich so angelegt wie etwa meine „Europäische Geistesgeschichte" und einige andere historische Studien. Ich glaube zwar noch heute, daß diese Arbeiten nicht nur in Übersetzungen in fremde Sprachen lesbar sind, sondern auch im Originaltext. Meine österreichischen Erfahrungen und der innere Gegenwartsbezug meines Themas führten mich zu einer sehr anderen Form der Darstellung. Ich versuche hier, ein „Lesebuch" vorzulegen: mit möglichst viel Selbstaussagen und in möglichst einfacher Erzählform.

Ich hoffe, daß eines Tages zumindest eine Kurzfassung dieser Studie die Kinder Österreichs erreicht: Schüler, Studenten und andere, kalendarisch ältere Kinder Österreichs. Die „Länge" und die „Wiederholungen" in dem hier vorgelegten Werk beziehen sich auf das mir notwendig erscheinende Durchhalten einiger Leitmotive und Leidmotive österreichischer Vergangenheit, auf ihre ungebrochene Kontinuität und auf dieses historische Faktum: Es ist „nicht dasselbe", wenn ein Mann des 17., 18., 19. und 20. Jahrhunderts „dasselbe" sagt: Seine Aussage hat im politischen Kontext, in der Kampflage des permanenten Bürgerkrieges in Österreich je eine sehr andere Bedeutung und Wirkung.

Von dem vielen, was in dieser Studie fehlt, spricht in einigen Perspektiven der Epilog.

Friedrich Heer

1. Fragen um österreichische Identität

Es gibt kein geschichtliches Gebilde in Europa, dessen Existenz so sehr mit den Identitätsproblemen seiner Mitglieder verbunden ist wie Österreich.

Das Ringen um Identität: Identitätskrise und Identitätsverlust, lange zuvor von Dichtern zwischen Shakespeare und Ibsen und Strindberg und einigen Österreichern des 19. Jahrhunderts entdeckt, werden von der Tiefenpsychologie, sodann von Psychotherapeuten, ja sogar von „klassischen" Psychiatern, von Kinderärzten, Fürsorgern, Soziologen und Politologen als Lebensprobleme allerersten Ranges erkannt — für Millionen von Menschen zunächst in den hochindustriellen Gesellschaften, als Gesellschaften von einzelnen und Einsamen, dann in den Entwurzelten in Asien, Afrika, Südamerika: im Leben zahlloser Vereinzelter, die den Mutterschoß ihrer „archaischen Gesellschaften", ihrer Stammeskulturen, wie es schien, verloren hatten und ihre alten Götter, Vatergötter und Muttergottheiten verlassen hatten[1].

Identität: Verlust von Identität, Wiedergewinnung von Identität, als ein Erringen, Erkämpfen von Personalität, dem permanenten Bürgerkrieg im „Ich" entronnen: Dieser riesenhafte Problemkreis wird von Sigmund Freud[2], seinen Schülern und frühen Gegnern in Wien in einer Zeit entdeckt, in der die österreichische Identitätskrise einem explosiven Höhepunkt zusteuert: zwischen 1900 und 1914.

Die beiden wohl geschichtsmächtigsten Österreicher des 20. Jahrhunderts, diese beiden Antipoden, Sigmund Freud und Adolf Hitler, sind undenkbar ohne spezifisch österreichische Identitätskrisen, die in ihnen *arbeiten.* Der permanente Bürgerkrieg in der Ersten Republik Österreich, 1918—1938, wächst aus den ebenso gegensätzlichen wie in Tiefenschichten verwandten Identitätskrisen von Österreichern, die — jeder auf seine Weise — im Rahmen und Raum seines politischen Glaubens versuchen, mit den außerordentlichen Schwierigkeiten fertig zu werden: Österreicher zu sein. In den frühen Jahren der Zweiten Republik Österreich wird diese Problematik verdeckt durch ein fast allseitiges Bemühen, von den „inneren Schwierigkeiten" nicht öffentlich zu sprechen: im Schatten der Besatzungsmächte. Die führenden Politiker der Großparteien und die öffentliche Meinungsmache in Presse und Rundfunk scheuten angesichts der immer noch bedrohlichen Präsenz der Besatzungsmächte davor zurück, dies anzuvisieren: Die Zahl von 541.723 im Jahre 1947 registrierten Nationalsozialisten wies auf die Millionen anderer Österreicher hin, deren politische Identitätsprobleme nicht minder „schwierig", nicht minder *belastet* waren als die der Menschen, die nun statistisch erfaßt und zunächst einer Sonderbehandlung als fragwürdige Österreicher minderer Klasse zugeführt worden waren.

Der Staatsvertrag von 1955 öffnete endlich — sehr spät und sehr zögernd — Tore, durch die nun Menschen traten, die es hoch an der Zeit hielten, sich zu fragen: Was ist Österreich? Was ist der Österreicher? Welchen *Lebenssinn* hat es, Österreicher zu sein? Gibt es eine österreichische Nation?

Noch 1969 — im Jahre also nach den über zweitausend Jugenderhebungen des Jahres 1968 vorzüglich in Europa, beiden Amerika, Japan — sieht Peter Feldl in seinem Buche „Schläft Österreich?" so „die Welt, in der wir leben": „Unserer Jugend zeigt die eigene Nation keine Ziele, keine Leitbilder für die Zukunft."[3] Feldl: „Österreich schläft, wird heute verspielt, von seinen Politikern, von allen Verantwortlichen: so wie die Männer, die 1918 regierten, das größere Österreich verspielt haben."[4]

Dezember 1955: In der Zeitschrift „Forum — österreichische Monatsblätter für kulturelle Freiheit" wird eine Aussprache eröffnet über „Österreichs Erbe und Österreichs Zukunft"; ihr vorangegangen war ein Aufsatz von Adam Wandruszka: „Seit wann besteht Österreich?" Vorbemerkung des Herausgebers Friedrich Torberg: „Wir unsererseits können uns den Hinweis nicht versagen, daß die Namen aller vier Autoren, die sich bisher im Rahmen dieser Diskussion geäußert haben, nicht just auf deutsche, sondern auf unverkennbar slawische Provenienz hindeuten. Und das halten wir nicht etwa für einen Beweis gegen Österreich!"[5]

Taras Borodajkewicz polemisiert gegen Adam Wandruszka, dieser unterspiele die deutschen Bindungen Österreichs. „Als Ostmark des deutschen Reiches hat Österreich seinen Weg in die Geschichte angetreten, im Glanze einer abendländischen Großtat des deutschen Königtums." „Ohne Deutschland bleibt die österreichische Geschichte zusammenhanglos und sinnlos, auch die Geschichte der späteren Habsburgermonarchie, die nur im Zusammenhang der deutschen Geschichte begriffen werden kann." Borodajkewicz hält die „österreichische Südostmission" für „ein spätes literarisches Erzeugnis ..." (Bahr, Kralik und andere). Borodajkewicz beruft sich auf Hugo von Hofmannsthal, der im Oktober 1914 einem Freunde schreibt: „Wir sind ja doch nichts anderes als eine riesengroße, maßlos schwierige deutsche Colonie mitten in Europa", und: „Wir werden unser Leben wieder lieb haben, und uns ohne Ende freuen, daß wir Deutsche sind."

Ich kommentiere kurz: Derselbe Hofmannsthal plädiert 1915 in der Berliner „Vossischen Zeitung", die auf eine alte Tradition von Österreich-Feindschaft zurückblicken kann, für ein deutsches Verständnis für das den Deutschen so ganz unbekannte Österreich. Hofmannsthal konfrontiert später schärfstens den österreichischen Menschen mit dem „Preußen"[6].

Taras von Borodajkewicz und Adam von Wandruszka sind die prominentesten Schüler des Historikers Heinrich Ritter von Srbik, sie sind beide österreichische Katholiken, die Großdeutsche, dann Nationalsozialisten wurden. Der unvorsichtige Freimut und das offene Festhalten an seinem Glauben an Deutschland (wie er es versteht) führen Borodajkewicz in den bisher einzigen großen politischen Konflikt um einen Hochschullehrer der Zweiten Republik Österreich, der zunächst mit dem Verlust seines Lehrstuhles und in eine innere Emigration führt. Viel vorsichtiger formuliert Wandruszka seinen Glauben an Deutschland: Er gehört heute zu den prominentesten Sprechern in historischen Diskussionen in Österreich.

Der Wiener Historiker Wilhelm Böhm plädiert dafür, „daß der Begriff einer österreichischen Nation nichts Neues und keine Erfindung engstirniger Deutschhasser ist, sondern etwas, das schon seit Jahrhunderten besteht und jetzt, in der wiedergewonnenen Unabhängigkeit unseres Staates, neuen Ausdruck findet". „Die für derartige Fragen eigentlich zuständigen politischen Parteien ziehen es vor, den österreichischen Nationalgedanken sich selbst zu überlassen. Das ist aus taktischen Gründen begreiflich, aber es ist nicht sehr weitsichtig." Sie vermeiden ein „Bekenntnis zu unserer Existenz als österreichischer Nation ..." Böhm schließt: „Die Widerstände gegen den Gedanken einer österreichischen Nation sind gewiß auch heute noch erheblich." Und nun dieser fromme Wunsch 1955: „Hoffen wir also, daß Österreich, das schon seit 1776 ein Nationaltheater, seit 1816 eine Nationalbank und seit 1921 einen Nationalrat hat, bald auch eine Nation haben wird."

Als dritter kommt hier nun Jacques Hannak zu Wort, der große alte Mann der sozialistischen politischen Publizistik in der Zweiten Republik Österreich. Hannak befaßt sich mit dem Geschichtsverlust der jungen Generationen in Österreich heute, bewertet ihn positiv. „Der alten Monarchie ist noch viel mehr widerfahren, als daß sie tot ist. Sie ist einfach vergessen." Hannak konnte 1955 nicht voraussehen, daß heute, 1980, politische, kulturelle, literarische, gesellschaftliche Wirklichkeiten und radioaktive Strahlungen des untergegangenen Kontinents Alt-Österreich sowohl in jungen Generationen der „Nachfolgestaaten", von Polen bis Italien, und in Forschern in der Sowjetunion und in beiden Amerika ein existentielles Interesse erwecken, das sich die Bürger der Ersten Republik Österreich nicht träumen ließen, von dem die Bürger der Zweiten Republik Österreich zumeist nichts wissen. Jacques Hannak empfiehlt entschieden, Absage an die Geschichte, an die Vergangenheiten Österreichs zu tätigen und sich der Zukunft zuzuwenden. „Beschäftigen wir unsere Phantasie lieber damit, *wie* Österreich bestehen wird, sobald das neue Millenium der zweiten industriellen Revolution auch bei uns seinen Einzug hält. Die alten Traditionen werden dann wohl endgültig erlöschen. Die Menschheit steht an der Schwelle gänzlich neuer Traditionen. Seien wir mit dabei."

Nach diesen knappen, viele Fragen nicht berührenden drei Äußerungen von drei (Wandruszka eingeschlossen vier) verschiedenen Österreich-Verständnissen kommt nun im „Forum" Juli/August 1956 das schwelende Unbehagen über die Verdeckung der längst notwendigen Auseinandersetzung eruptiv zu Wort in dem Aufsatz eines engagierten österreichischen Patrioten, Ernst Hoor: „Die anti-österreichische Geschichtsfälschung"[7]. Hier kurz mein Vorwort zu dieser Explosion: Ich nahm damals an einer vom Unterrichtsministerium am Semmering veranstalteten Aussprache über die Aufgaben der Bildung eines Österreich-Bewußtseins in den österreichischen Schulen teil. Vorsitz: Der Präsident der Österreichischen Akademie der Wissenschaften, Prof. Dr. Richard Meister (er hatte es übrigens gewagt, mich 1949 — gegen heftigen Widerstand — an der Wiener Universität zu habilitieren). Prominenz aus Wissenschaft, Kunst, Literatur und Kulturpolitik nahm an diesem Rundgespräch teil. Alle „heißen Eisen" wurden sorgfältig ausgeklammert. Vergeblich hatte ich versucht, dies in die Aussprache einzubringen: eine Auseinandersetzung mit der deutschen Frage, mit dem deutsch-österreichischen Problem. Die unbewältigten Vergangenheiten von Österreichern lagen schwer als unbewältigte Gegenwarts- und Zukunftsaufgaben in der Luft, in dem geschlossenen Saal.

Ernst Hoor bezieht sich auf einen, wie er schreibt, „mutigen Versuch", den Roland

Nitsche mit seinem Aufsatz „Der Historiker und die Nation" („Forum" III/28) unternommen hat. Nitsche: „Lediglich eine österreichische Nation kann einen österreichischen Staat rechtfertigen und erhalten: ein Österreich deutscher Nationalität hingegen muß im Staat der deutschen Nation aufgehen, auch wenn sich die Politik vor dieser Entscheidung zu drücken versuchte." (Ich kommentiere kurz: Der namhafte Publizist Roland Nitsche, der aus der Emigration in der Schweiz heimgekehrt war, hatte sich vergeblich bemüht, sich mit dem umfangreichen Manuskript einer kulturhistorischen Arbeit an der Wiener Universität zu habilitieren. Er wurde, wie andere in Wien an einer Habilitation verhinderte Autoren, wie auch ein Hugo von Hofmannsthal, ein „freier Schriftsteller".)

Hoor: „Wir sind heute bereits so weit, daß ein Bekenntnis zur österreichischen Nation als eine Art Häresie oder Separatismus gilt, weil österreichische Historiker seit Generationen ihre Aufgabe darin erblicken, die Existenz einer österreichischen Nation, ja die eines österreichischen Volkes zu leugnen. Die Folgen dieser nationalen Indifferenz und, schlimmer noch, dieser bewußt antinationalen Tendenzen der österreichischen Geschichtswissenschaft und Geschichtslehre sollten nicht länger unterschätzt werden." Hoor zitiert Richard von Kralik (1914): „Es gibt viele Mittel, Österreich zu heben oder zu schädigen. Das stärkste Mittel ist die Geschichtschreibung. Ich habe ... die Überzeugung, daß uns ein paar Bücher österreichischer Historiker mehr geschadet haben als alle verlorenen Schlachten."

Hoor warnt vor der Berufung auf Österreichs Charakter als „zweiter deutscher Staat" und auf seine „deutsche Mission". „Und man fragt sich vergebens, warum die heutige Staatsführung glaubt, der staatsbürgerlichen Erziehung dadurch Genüge zu tun, daß sie ein Bekenntnis zur staatlichen Selbständigkeit Österreichs kategorisch fordert und ein Bekenntnis zur österreichischen Nation ebenso kategorisch ablehnt (oder sich in dieser Frage ‚neutral' verhält). Ist es nicht höchst bedenklich, daß eine deutsche Zeitschrift von der Verbreitung des ‚Spiegels' (11. April 1956) unwidersprochen berichten darf, der oberste Chef der österreichischen Unterrichtsverwaltung gehöre zu jenen Österreichern, ‚die zwar Österreich als selbständigen deutschen (sic) Staat' bejahen, von der Existenz einer ‚österreichischen Nation' aber nichts wissen wollen, weil eine Nation nicht ‚durch Promulgation geschaffen' werden könne?"[8]

Ernst Hoor befaßt sich mit den Mythen der „nationalen" deutsch-österreichischen Historie: „Fast alle prominenten österreichischen Historiker der letzten Jahrzehnte haben die geschichtliche Vergangenheit unseres Landes in eine ‚tausendjährige Zugehörigkeit zu Deutschland' umgedeutet." „Das Heilige Römische Reich ist niemals ein deutsches Reich gewesen, als das es in nahezu allen Geschichtsbüchern aufscheint."[9] „Dadurch, daß es zu den 234 Territorien gehörte, die das Heilige Römische Reich bildeten, wurde Österreich nicht zu einem Teil eines nichtexistenten deutschen Reiches, sondern das gesamte spätere Deutschland bildete von 1438 bis 1806 einen Teil des vom Hause Österreich beherrschten Heiligen Römischen Reiches, dessen Residenzstadt und Zentrum Wien war. Und wie Sybel feststellt, bedeutete ‚der Kaiser ... etwas in der Welt schlechterdings nur als Landesherr der österreichischen Staaten'."

Ernst Hoor: „Nach wie vor unterminiert die — man möchte fast sagen organisierte — antiösterreichische Geschichtsfälschung das immer noch schwächliche Fundament unserer nationalen und staatlichen Gemeinschaft. Nach wie vor steht Österreichs Jugend rat- und antwortlos vor der Frage, *warum* es eigentlich einen österreichischen Staat geben soll (denn geographische Grenzen oder politische Verträge allein können dessen Existenz doch wohl kaum rechtfertigen)."

Hoors Aufsatz hat leidenschaftliche Entgegnungen hervorgerufen („Forum" September 1956). „Zu den unerfreulichsten Überresten des an Gesinnungs- und Würdelosigkeiten reichen Jahres 1945 gehört das Geflunker von der ‚österreichischen' Nation ... Sumpfblüten ... blutleerer Literatenhomunkulus ... gewisse Redaktionen ... ein Dr. Ernst Hoor ... Gemisch von Anmaßung und Unkenntnis ... Die ‚österreichische Nation' scheint nur zwischen Unkraut zu gedeihen ... Hauptlüge ... blühender Unsinn ... Da können wir deutschen Österreicher nicht mit ..." So Taras von Borodajkewicz im Augustheft der „Aktion" (Graz)[10].

Ohne auf die österreichische Nation Bezug zu nehmen, erinnert hier Staatssekretär Dr. Bruno Kreisky an das Anschlußdenken von Renner und Schuschnigg.

„Patriotismus läßt sich nicht verordnen". Unter diesem Titel veröffentlicht „Die Presse", Wien, 21./22. Oktober 1978, Peter Diems Betrachtungen über „Österreichs Nationalfeiertag als Geschichte versäumter wie offener Möglichkeiten". Diem befaßt sich mit der sehr mangelhaften Pflege eines österreichischen Nationalbewußtseins und meint: „Sicher läßt sich argumentieren, daß Patriotismus nicht verordnet werden kann, sondern organisch wachsen muß. Ebenso muß aber das Bild gelten, daß gerade eine zarte Pflanze des öfteren gegossen werden muß, soll sie sich kraftvoll entwickeln."[11]

In der Dezembernummer 1978 der Zeitschrift „Solidarität", des Organs des Österreichischen Gewerkschaftsbundes, erscheint ein Aufsatz von Friedrich Heer: „Das Schweigen". Er beruht auf vielen Gesprächen mit jungen Österreichern: Schülern, Gymnasiasten, Studenten.

„Kann man aus der Geschichte lernen? Man könnte. Wenn man die Geschichte kennt. Was aber leider nicht der Fall ist. Noch immer wissen unsere Schüler über die neuere Geschichte so viel wie gar nichts. Eine Mauer des Schweigens verbirgt die Tragödien unseres Jahrhunderts, von der russischen Oktoberrevolution bis zu Hitler. ... Der Geschichtsunterricht ist in Österreich nicht nur ein Politikum im engeren Sinne, er ist eine Gefährdung des Mündigwerdens des Staatsbürgers, er ist eine Gefährdung unserer jungen Demokratie."

„Um das ganze Ausmaß dieses öffentlichen Ärgernisses, das eben kein öffentliches Ärgernis ist, da es zu wenig beachtet, zu oft überschwiegen, zu oft verharmlost wird, aufzuzeigen, wäre eine Befragung der Schüler in ganz Österreich notwendig. Jene Schüler, die 1945 bis 1968 die Schule, ihre Schulen, vor allem auch ihre ‚Höheren Schulen' besucht haben, um von Ort zu Ort, von Jahr zu Jahr, von Schuldirektion zu Schuldirektion, von Bundesland zu Bundesland den Skandal aufzuschlüsseln."

„Was erfuhren, was erfahren unsere Schüler über die Geschichte der Zweiten Republik Österreich und konkret über die Geschichte der Arbeiterbewegung, der Sozialdemokratie, der christlich-sozialen Partei, der Großdeutschen, der NSDAP? Über die Bürgerkriegssituation in der Ersten Republik, über das Dritte Reich und seine österreichischen Henkersknechte, die in der ganzen Welt bekannt sind, nur nicht in Österreich?

Was erfahren unsere Schüler über die Großleistungen Alt-Österreichs, das im
Ausgang des 19. Jahrhunderts und bis 1938 weltgültige Leistungen, Pionierleistungen
in vielen Bereichen der Zivilisation schuf?"

„Warum verhält der sogenannte Geschichtsunterricht in Österreich sooft etwa ein
halbes Jahrhundert vor der Gegenwart? Warum werden brennende Ereignisse
weggewischt, überschwiegen oder verharmlost, so die Vorkommnisse, die zum 11. März
1938 führen? Warum weigern sich so viele Geschichtelehrer und Professoren, unsere Gegenwart aufzuschlüsseln, indem sie den jungen Menschen, den Trägern der
Demokratie und des Schicksals der Zweiten Republik morgen, bereits morgen früh,
aufzeigen, wie das alles gekommen ist?

Die Gründe sind einfach: weil Geschichte weh tut. Nahezu alle älteren Österreicher, und hier bereits auch jüngere Jahrgänge, die aber durch ihre in der Ersten
Republik Österreich und im Dritten Reich zu Erfolg und Mißerfolg gekommenen
Väter und Mütter belastet sind — Familiengeschichte gehört zu den heikelsten Bereichen der Geschichte, wie bereits die Geschichten von Adam und Eva oder Kain
und Abel zeigen —, sind mit Narben behaftet. Mit Narben, von denen sie nicht
gerne sprechen. ‚Schwarze‘ und ‚Rote‘ und ‚Braune‘ tragen je ihre Narben. Und
Menschen, die in verschiedenen Jahrzehnten ihres Lebens so nacheinander ‚Rote‘ und
‚Schwarze‘ und ‚Braune‘ und ab 1946 ... wieder neue ‚Rote‘ und ‚Schwarze‘ und
‚Neobraune‘ wurden, tun sich nicht leicht mit ihren so verschiedenfärbigen Vergangenheiten. Ich möchte hier nicht mißverstanden werden: Hinter diesem Farben-
wechsel, hinter diesen politischen Konversionen stehen nicht nur Irrwege und Ab-
wege, sondern nicht selten Tragödien."

„Die Tragödie Österreich besteht aus den Tragödien von Menschen, die mit ihren
sehr persönlichen Vergangenheiten nicht fertig wurden, auch heute noch nicht, wenn
man sie etwas ankratzt oder auch nur antippt, nicht fertig geworden sind und deshalb
nicht darüber sprechen wollen. Und schon gar nicht wollen, daß ‚ihre‘ Kinder, die
ja gar nicht ihnen gehören, sondern dem Volkskörper, der Gesellschaft Österreich,
in der Schule davon erfahren."[12]

So schrieb ich im Eingang des eben hier berufenen Aufsatzes im Frühjahr 1978,
im Dezember 1978 wurde er gedruckt. Ich dachte beim Schreiben nicht an ein Vorkommnis vom März 1978, das meine Ausführungen vorbeleuchtet. Am 13. März
1978 jährte sich zum vierzigsten Mal der Tag der Besetzung Österreichs durch Hitlers
Deutschland. In einem „Erlaß an die Schulen" zum erwähnten Jahrestag regte der
Unterrichtsminister an, „auf die Ereignisse vor und nach dem 13. März 1938 in aus-
führlicher Weise einzugehen". Minister Sinowatz wollte seinen Erlaß „sowohl dem
Lehrkörper als auch allen Einrichtungen der schulischen Mitverwaltung (Klassen-
sprecher, Schulsprecher, Schulgemeinschaftsausschüsse)" zur Kenntnis bringen. Der
Salzburger Landesschulrat gab diesen Erlaß nur teilweise an die Schulen weiter.
Eine Passage über den Zusammenhang von „Anschluß" und dem Jahr 1934 wurde
unterdrückt. Der Salzburger Landeshauptmann solidarisierte sich später ausdrücklich
mit dem Vorgehen seines Parteifreundes und Landesschulratspräsidenten. Niederösterreich und Oberösterreich lieferten den Erlaß erst gar nicht an die Schulen aus[13]. Das
ist eine eindrucksvolle Dokumentation für „schwarze", nicht ausgeheilte Verwundungen.

Eine Dokumentation für „rote" Wunden heute. Am 5. Februar 1979 berichten die „Salzburger Nachrichten" über eine Stellungnahme des Bundeskanzlers Dr. Bruno Kreisky zu einer kritischen Äußerung des ÖVP-Abgeordneten Dr. Mock über mangelnde Demokratiepraxis der SPÖ. Kreisky: „Wer Butter auf dem Kopf hat, soll nicht in die Sonne gehen." Mock stehe es nicht zu, die österreichische Sozialdemokratie so zu kritisieren: Es waren die Christlichsozialen, die einst den Verfassungsgerichtshof auflösten. Sozialdemokraten bräuchten keine Belehrung in Sache Demokratie.

Für Außenstehende, für Nichtösterreicher mag diese Explosion ganz arational erscheinen: Was hat ein junger Mann, der 1933/34 noch gar nicht existent war, mit politischen Fehlleistungen einer Partei zu tun, hat sie zu verantworten, der er selbst nie angehörte? Der gelernte Österreicher hört mit Recht aus den Äußerungen des Bundeskanzlers heraus, was in ihnen steckt: die tiefen Verwundungen seiner Person und vieler seiner Genossen durch die politische Erdrosselung 1934[14].

„Braune" Narben. Ich habe die vielen Tausende von Briefen nicht gesammelt, die ich ab 1946 als Redakteur der „Furche", als Vortragender im Rundfunk, als Redner in der Öffentlichkeit, als Träger einer fünfsemestrigen Vorlesung „Historische Genesis des österreichischen Katholiken Adolf Hitler" an der Universität Wien in den sechziger Jahren in diesem Bezuge erhielt. Für diese Briefe und verwandte Dokumentationen hier nur ein Modellbeleg: Nach einem Radiovortrag über österreichischen Selbstverrat im 19. und 20. Jahrhundert erhielt ich, mit vielen anderen geistesverwandten Briefen diesen aus Wien vom 31. Oktober 1977: „... Ich bin ein noch recht junger Mensch und kenne die Zeit nicht, auf die Sie Ihren konzentrierten Rachegeist lenken, einen sehr bösen Geist aber, nämlich einen, der stets verneint. Aber ich bin auch schon draufgekommen, was man uns alles von unserer Geschichte nicht erst seit 1938, sondern seit 1914 und seit 1866 und seit 1806 und seit 976 und seit 955 und seit 800 in gemeiner Weise vorenthalten hat. Man hat unsere eigene Geschichte verfälscht und verdreht und vermanscht und bis zur Unkenntlichkeit entstellt, nur um eines zu beweisen: daß wir nie Deutsche waren und daher auch keine Deutschen sind! Und dies geschah im Dienste jeweils des ärgsten Feindes! Aber Sie werden es auch durch Ihr jämmerliches, endloses, schwächliches Gestammel nicht ändern: Nicht mehr allein die Landesverräter, Saboteure, KZler, Widerstandskämpfer im Solde der Feinde und alles gleichartige Gelichter haben eine Stimme in der Öffentlichkeit und *auch nicht mehr in den Schulen und auf den Universitäten* (kursiv von mir!) ..."

„Jetzt ist es soweit, daß aus Büchern und Schriften und Filmen und Liedern nach dreißig Jahren die strahlende Persönlichkeit *Adolf Hitlers* (sic — vom Verfasser!) wieder aufersteht, als des größten Deutschen aller Zeiten, als eines der großen Eroberer der Weltgeschichte, neben Alexander dem Großen, neben Cäsar, neben Napoleon!"

Ich kommentiere kurz: Dieser junge Mensch hat sich mit Geschichte befaßt: Dies bezeugen seine Bezüge auf die Daten von 800 über 955 (Lechfeldschlacht) bis zur Gegenwart.

„Österreichische Nation NEIN!" Das steht auf einem Transparent, das Studenten bei einer Demonstration an der Wiener Universität 1978 tragen. Couleurstudenten, plenis coloribus (Photo: „Die Gemeinde", Wien, 15. Februar 1978, Seite 11).

16. Februar 1979. Anläßlich des Staatsbesuches des Präsidenten der Bundesrepublik Deutschland, Scheel, in Österreich bringt die „Deutsche Zeitung" Bonn, die namhafte konservative Wochenschrift, einen Aufsatz von Otto Schulmeister, „Wien, im Februar". Der langjährige Chefredakteur der Zeitung „Die Presse", jetzt ihr Herausgeber, einer der namhaftesten Publizisten Österreichs, Herausgeber der beiden Prachtbände „Spectrum Austriae" und „Imago Austriae", sieht heute keinerlei Probleme in den Beziehungen zwischen den Deutschen und den Österreichern: Diese sind „so entspannt, positiv, kooperativ, wie seit 1866 nicht mehr. Wer erinnert sich noch an das böse Witzwort aus der NS-Zeit, Hitler sei Österreichs Rache für Königgrätz? (Auf die Bedeutung von 1866 — Königgrätz — und dieses Satzes über Hitler werden wir noch mehrfach in größeren Bezügen stoßen.)

„Auch von der ‚österreichischen Nation', gleichsam als mystische Überhöhung zur Neutralität seit 1955 gedacht, ist der aggressive, sich von der deutschen Kulturwelt absetzende Inhalt gewichen. Sie hat nie mehr Leute interessiert, war ein subventioniertes Ideologenprodukt, für den politischen Sprachgebrauch nützlich, doch ohne tiefere Bedeutung. Der Österreicher kann heute nicht einmal die eigene Hymne singen."[14] Otto Schulmeister sieht dies alles offensichtlich als einen „Fortschritt" an. Heute nicht mehr, wie sein letztes Buch zeigt[15].

Also stehen sich Österreicher heute gegenüber: Österreicher, die die „Österreichische Nation" für einen Nonsens, eine Chimäre, eine blöde, eine bösartige Erfindung halten (ich zitiere hier Äußerungen mir gegenüber), und Österreicher, die überzeugt sind, daß Österreich nur lebensfähig ist, nur geschichtsmächtig eigene Existenz bezeugen kann, wenn es sich als eine österreichische Nation versteht — und dann die vielen anderen Österreicher, die „das alles überhaupt nicht interessiert".

Freunde von Meinungsbefragungen vermitteln uns dieses freundliche Bild: Eine Befragung, bezogen auf das Nationalbewußtsein der Österreicher im April 1956, ergab: 49 % der Befragten meinten, daß Österreich eine eigene Nation wäre, 46 % betrachteten sich als Deutsche. Der Prozentsatz der „Österreicher" war am höchsten in Wien (69 %), am niedrigsten in Oberösterreich, Salzburg (33 %), in der Steiermark und Kärnten (35 %). Im November 1964 ergab eine Umfrage: 47 % fühlten sich als Angehörige der österreichischen Nation, 23 % glaubten, daß die Österreicher allmählich zu einer Nation würden, 15 % waren nicht dieser Meinung. In der Umfrage des Gallup-Institutes von 1966 und 1971 meinen 72 % bzw. 82 %, daß Österreich eine eigene Nation sei oder eine solche werden würde[16].

Umfragen dieser Art sind mit äußerster Vorsicht zu besehen; zumal wenn sie je *eine* Suggestivfrage stellen. Welcher Österreicher würde, durch diese *eine* Frage etwa motiviert, sich als Angehöriger der tibetischen, der japanischen Nation proklamieren? Die Befragungen fanden zudem in einer Zeit statt, in der — aus sehr verschiedenen Gründen — weder die Bundesrepublik Deutschland noch die Deutsche Demokratische Republik ein so faszinierendes Deutschlandbild präsentierten, daß es als Alternative bezogen würde: Zudem wurde gar nicht in diesen Bezügen gefragt. Über das Deutschlandbild in heutigen Österreichern sagen diese Befragungen nichts aus. Ebensowenig sagen sie über politische Substanz aus. Wer sich in dieser Hinsicht informieren will, muß nur in den Ortschaften, Märkten, Städten des Waldviertels oder in Kärnten und in der grünen Mark, der Steiermark, und in Westösterreich sich abends im Wirtshaus mit den Einwohnern zusammensetzen. Da wird ein Untergrund präsent, wie ihn die große Kärntner Dichterin Ingeborg Bachmann in ihrem Kurzroman „Unter Mördern und Irren" anvisiert. Der Bayerische Rundfunk — unter Leitung von Clemens Münster — brachte eine Fernsehbearbeitung unter dem Titel „Das blaue Wild" heraus.

Und nun, in dieser Einführung, noch dies. Im Sommer 1975 besucht der bekannte deutsche Schriftsteller Horst Krüger Wien. Er reflektiert seine Wien-Begegnung im Kapitel „Wien oder Die Last der Vergangenheit" in dem Buche „Poetische Erdkunde", erschienen in dem altberühmten Hamburger Verlag Hoffmann und Campe (der im 19. Jahrhundert ein Refugium politischer Emigranten aus Österreich war). Tiefes Erschrecken dieses Deutschen über die tiefe Fremdheit Wiens (ich habe dies immer wieder miterlebt in ersten Wien-Besuchen deutscher Freunde, so des Reinhold Schneider).

Horst Krüger: „Ich sah, daß die Österreicher eine ganz andere, fremde Nation sind. Die gemeinsame Sprache täuscht ... sie sind viel älter, erfahrener, viel weiser im Umgang mit anderen Völkern."

Der Wiener Kabarettist Karl *Farkas* drückte das auf seine Weise so aus: „Deutschland und Österreich sind durch die gemeinsame Sprache getrennt!" Bert Brecht, mit zwei Wienerinnen verheiratet — er reiste mit seinem österreichischen Paß vom einen in das andere Deutschland —, meint des öfteren: Der Österreicher sieht jedes Ding von zweiundfünfzig Seiten, und dann noch deren Gegenteil.

Österreichische Identität: Sie lebt im 19. und 20. Jahrhundert — bis 1945 — in ständigen Identitätskrisen — sie *lebt in* diesen Krisen, fast ständig bedroht von Identitätsverlust; der Österreicher als „der Schwierige", als „der Gespaltene", als „der Zerrissene", als sein eigener Widerpart und bitterböser Feind (zwischen Grillparzer, Nestroy, Hofmannsthal und jüngeren Schriftstellern und Dichtern vielfach reflektiert)[17] ist das Produkt folgender geschichtlicher Prozesse:

1. Es gibt kein historisch-politisches Gebilde in Europa, das so sehr *außengesteuert* ist wie Österreich.
2. Vom 16. zum 20. Jahrhundert stehen sich in den deutschsprachigen Landen Österreichs, in den habsburgischen „Erblanden" gegenüber:
   zwei (in besonderen Krisenzeiten drei, ja vier) *politische Religionen,*
   zwei Nationen,
   zwei (in besonderen Krisenzeiten drei, ja vier) *Kulturen.*

Die Problemfülle „österreichische Identität" kann nur in etwa erhellt werden, wenn die beiden Pole ihrer Ellipse gesehen werden: Sie lebt in ständiger Auseinandersetzung, Reaktion, Aufnahme und Abwehr, in Konfrontation mit Kraftfeldern, die von außen auf sie einwirken. Die „österreichische Identität" lebt in ständiger Auseinandersetzung mit ihren psychischen, leibseelischen „Schwierigkeiten". Morbus Austriacus, „die österreichische Krankheit", „Die Schande, ein Österreicher zu sein", „Die Scham, Österreicher zu sein", österreichischer „Selbsthaß": Die innere Geschichte Österreichs bedürfte dringend einer Psychohistorie, wie sie sich in den letzten beiden Jahrzehnten doch in Nordamerika bedeutsam entwickelt hat[18]: Sie ist fast ganz verpönt in deutschen Landen, sie erscheint Fachhistorikern als obszön, als „ganz unwissenschaftlich" im Heimatland der Psychoanalyse: Eine wirkliche Rezeption, als schöpferische Aufnahme und Auseinandersetzung mit Freud, seinen rebellischen Söhnen, seinen eigenständigen Erben, hat — einige wenige spektakuläre Ansätze ausgenommen — in Österreich nicht stattgefunden, konnte also auch die Tore der festen Burg der Geschichtswissenschaft nicht durchschreiten[19].

Dies hier als erste Einführung in die eben berufenen vier Problemkreise, die vielfach miteinander verbunden sind.

Zum ersten: Es gibt kein historisches Gebilde in Europa, das so sehr außengesteuert ist wie Österreich. England, Frankreich, Rußland, die skandinavischen Staaten und historische Gebilde im Verbunde des Heiligen Römischen Reiches wie Bayern, Sachsen, Hannover und die rheinischen geistlichen Kurfürstentümer erlebten mannigfache Einwirkungen von außen, aber keine „Invasionen", die ihre Identitätserfahrung zutiefst treffen, verletzen, spalten, verändern wie in den österreichischen Landen vom 16. zum 20. Jahrhundert. Polen hat in allen seinen Teilungen ungebrochen sein Identitätsbewußtsein erhalten. Italien und die slawischen Balkanvölker, tausend und mehr Jahre vielfach unter fremder Herrschaft, bezeugen sich im Tiefsten als ungebrochen: trotz spanischer, französischer, österreichischer Herrschaft auf der Apenninenhalbinsel, trotz türkischer Herrschaft auf dem Balkan.

Als erstrangige „Invasionen", die ein österreichisches Selbstverständnis zutiefst treffen, verändern, in Frage stellen, sind zu nennen: die Reformation im 16. Jahrhundert, vorzüglich aus deutschen Landen in Österreich eindringend. Die Gegenreformation, die vorzüglich spanische und italienische „Invasionen" ins Land bringt. Österreich wird bereits im 17., dann im 18. Jahrhundert eine „belagerte Festung", wie sich damals böhmische Protestanten ausdrückten. Westeuropäische Aufklärung und deutsche protestantische Geisteskultur pochen dann an die Tore dieser Festung Österreich: die im 19. und frühen 20. Jahrhundert unterwandert, unterhöhlt wird. Wenn Wien nach 1866 von Berlin und Budapest nahezu erdrosselt, wenn die Donaumonarchie ein Satellit der preußischen Regierung in Berlin wird, so daß Großbritannien und Frankreich Wien lange vor 1914 nicht mehr glauben, zu einer wirklich eigenständigen Politik noch fähig zu sein, dann ist diese Fesselung und Selbstfesselung in engem Zusammenhang mit den vorangehenden eben angesprochenen Invasionen zu sehen.

Zum zweiten: Vom 16. zum 20. Jahrhundert stehen sich in den österreichischen Landen zwei (in besonderen Krisenzeiten drei, ja vier) politische Religionen gegenüber. Vom 16. zum 20. Jahrhundert — bis 1938/45 — tobt in Österreich ein Glaubenskampf, der die Basis aller Identitätsschwierigkeiten, aller Tragödien in und aus Österreich bildet. Konservative berufen sich gerne gelegentlich noch heute auf ein Wort, das Goethe von seinem großen Lehrmeister Gottfried Arnold überkam, das jedoch in seiner Genesis ins frühe Mittelalter zurückführt: Die Weltgeschichte sei ein Kampf des Glaubens gegen den Unglauben. Das ist falsch. Europäische Geschichte ist ein Kampf, in dem gegnerische Glaubensformen widereinander kämpfen.

Politische Religiosität[20]: Sie ist *das* Phänomen, in dessen Bannkreis die alten Mutter- und Vaterreiche Alteuropas, in Babylon, Ägypten, Altisrael leben. Politische Religiosität bildet Athen, bildet das alte Rom. Die Polis, die Lebensgemeinschaft aller

Stadt- und Staatsbürger, verpflichtet Menschen und (in der Frühzeit sehr deutlich bekundet) auch alle anderen Lebewesen, also die Tiere (Rechtsprozesse gegen Tiere werden noch im Hochmittelalter geführt), auf ein Zusammenleben, Zusammenarbeiten, Zusammenkämpfen in der urbs diis hominibusque communis, in der die Götter und Menschen rechtlich verbindenden religiös-politischen Staatlichkeit[21].

Das attische Drama — Aischylos, Sophokles, Euripides — berichtet vom Ringen um ein Selbstverständnis im Kampf der alten gegen die jungen Götter, der nicht zuletzt „Klassenkampf" in Athen reflektiert. Sokrates muß sterben, da er das religiös-politische Selbstverständnis der „herrschenden Klasse" in Frage stellt: Sokrates, bewundert von einer athenischen „Krisenjugend", die ebenso rebellisch ist wie die römische Krisenjugend um Catilina: aus der Julius Cäsar hervorgeht, was ihm lebenslänglich vorgeworfen wird[22].

Die äußere Vielfalt von Götterbildern und Kulten im Römischen Reich verdeckt die harte Tatsache: Wer in Rom nicht an die Siegmacht der Götter Roms glaubt, hat kein Anrecht auf eine politische Existenz, er kann vorübergehend geduldet werden, wie diese allen „alten" Römern unheimlichen, ja schändlich erscheinenden Juden.

Roms Feldherren vernichten germanische und keltische Heiligtümer (Karl der Große als erster „Vater Europas" hätte sich in seinem dreißigjährigen Sachsenkrieg und seinen furchtbaren Sachsengesetzen auch auf diese römische Erbfolge berufen können). Man lese diese römischen Vernichtungen bei dem großen Theodor Mommsen nach[23] (der sich schämte, ein Deutscher zu sein. Sein Testament wird vollständig erst nach dem Zweiten Weltkrieg veröffentlicht)[24].

Der große Traum, den der im Umkreis von Wien am 13. März 180 gestorbene Kaiser Marc Aurel träumte, von einer wahrhaft polyphonen Friedensgemeinschaft, einer Ökumene aller Menschen, die guten Willens und rechter Einsicht sind, in einem stoischen Weltfrieden, der den großen Frieden des Kosmos auf Erden präsentiert — im Römischen Reich —, wurde von wenigen geträumt, gedacht und von wenigen praktisch anvisiert[24].

Politische Religiosität: Als Erbe des Römischen Imperiums versteht sich das Papsttum sehr früh, ab dem 4./5. Jahrhundert, als religiös-politische Vormacht und bekennt sich zwischen Gregor VII. und Innozenz III. — eindrücklich dokumentiert durch die Kanonisten des Hochmittelalters — als wahrer, einzig legitimer Erbe des Römischen Reiches, aus dem nicht zuletzt die Ketzergesetzgebung übernommen wird, in Berufung auf die Verletzung des religiös-politischen sakralen Rechtes der Majestas: der heiligen Majestät des Gottkaisers, Gottkönigs im Himmel und seiner Präsenz im Papste auf Erden[25].

Die Blutsverwandten der Babenberger, des ersten Herrschergeschlechts in den Kernräumen der späteren österreichischen Erblande der Habsburger, also die Staufer, fordern Gehorsam, religiös-politischen Gehorsam von ihren Untertanen als fideles Christi, als fideles ihres Sacrum Imperium. Fides, das ist die rechtlich-bindende Verpflichtung zwischen einem Gott (so bereits in germanischem Selbstverständnis) und einem Menschen. Germanisch wird dies so verstanden: Wenn der Gott diesen „Treue"-Pakt verläßt, kann der Mensch sich einen anderen Gott zum Schutz- und Trutzbündnis suchen[26].

Die „Konversionen" germanischer Kultverbände („Stämme") unter Führung ihrer

adeligen Herren zum Gott der Christen, zum „Gott der Franken" sind nur in diesem
Bezug zu verstehen. Fides, das ist ein religiös-politisches Rechtsverhältnis: das ist
„der Glaube" dieser alteuropäischen Welt, der sich modifiziert bis ins frühe 20. Jahrhundert hält (in der Version: „Für Thron und Altar kämpfen").

Im Kampf um die Herrschaft über diesen religiös-politischen Glauben treten
sich besonders eindrucksvoll seit Gregor VII. (Bismarck: „Nach Canossa gehen wir
nicht") und seinem Kampfe mit Heinrich IV. regnum und sacerdotium, geistliche und
weltliche Gewalt, Papst und Kaiser, Papstkirche und Reichskirche gegenüber[27]. Die
Kämpfe um Konkordate im 19. und 20. Jahrhundert, in denen dieser alte Großkampf in neuen Formen sich manifestiert — zwischen dem Konkordat von 1855 und
dem Dollfuß-Konkordat —, stehen in dieser ungeheuer vitalen Tradition.

Österreich betritt geistesgeschichtlich den Raum Europas im Lebenswerk des größten Geschichtsschreibers und Geschichtsdenkers des deutschsprachigen Mittelalters:
Ottos von Freising. Der Babenbergersprößling, der Onkel Kaiser Friedrichs I., sinnt
in tiefem Schmerz (wie sein Schüler Rahewin berichtet) der Zerreißung der *einen*
Christenheit durch den Kampf zwischen regnum und sacerdotium im 11. und frühen
12. Jahrhundert nach und glaubt, daß sein Neffe Kaiser Friedrich die große Versöhnung, den großen Frieden erkämpfen wird[28].

Kontinuität dieses Glaubenskampfes in den österreichischen Landen vom 16. zum
20. Jahrhundert: In Reformation und Gegenreformation, in Reformkatholizismus und
Kryptoprotestantismus kämpfen zwei große religiös-politische Heerlager um Österreich. In diesem Kampf geht es um Machtübernahme, konkret auf den einzelnen bezogen, um Konversion. Konversion ist *der* religiös-politische Akt, der auf den
Schlachtfeldern des äußeren Krieges und des inneren Krieges erkämpft wird. Die
politischen Konversionen des 19. und 20. Jahrhunderts: zu einer evangelischen Kirche,
zur katholischen Staatskirche, zum „Atheismus" einer Spätaufklärung, zum Glauben
des klassischen Liberalismus, zum Glauben des österreichischen Sozialismus, zum
Glauben des Nationalsozialismus — und die Re-Konvertiten, also ihre Rück-Konver-
sion zum „Glauben der Väter", zum Glauben des siegreichen Regimes, sind in dieser
ungebrochenen Kontinuität zu sehen.

Einblick und Einsicht in die Glaubenskämpfe des 19. und 20. Jahrhunderts werden bis heute vielfach durch Angstschranken, durch Berührungsangst, durch psychische
Barrieren verhindert, zumindest stark behindert: „Orthodoxe" Katholiken, aber auch
Protestanten verwehren es sich, im Glauben von „Liberalen", von „Nationalen", von
„Sozialisten", von „Marxisten", von „Atheisten", von „Freidenkern", von „Gott-
gläubigen", von „Nationalsozialisten" die Glaubenssubstanz, den Glaubenscharakter
je dieser so andersartigen politischen Überzeugungen und Lebenshaltungen anzuerkennen. Sie sprechen und schreiben dementsprechend gerne von „Pseudoreligiosi-
tät", von „Imitation" ihrer eigenen Religion, von „Nachäffung", ja von „Perversion"
— in gemildertster Form von einer „Säkularisierung" christlicher Glaubensinhalte.

Psychologisch bedeutsam ist es, daß nichtchristliche, „agnostische", sich selbst als
„ganz ungläubig", an „keine Konfession gebunden" erachtende Menschen, die dezidiert
erklären, daß sie „Glaubenssachen in keiner Weise interessieren", vielfach nicht minder
durch Angstschwellen und Berührungsängste geprägt sind als ihre „christlichen"
Volksgenossen. Die deklarierte „Unbefangenheit" erweist sich als eine Befangenheit,

eine Fixierung, die durchaus ebenbürtig der verengten Optik „gläubiger Christen"
ist.

Nur so wird verständlich, daß beharrlich nicht von den großen Glaubenskämpfen
des 19. und 20. Jahrhunderts gesprochen wird, sondern vorzüglich von einem
„Kulturkampf".

Wer sich jedoch auch nur ein wenig in die Selbstbekenntnisse und Selbstdarstel-
lungen — im Kampf gegen den andersgläubigen Gegner — von bedeutenden Repräsentanten des Austroliberalismus, Austro-Deutschnationalismus, Austromarxismus,
Austro-Nationalsozialismus einliest, wird erkennen, daß diese Männer (nur wenige
Frauen ergriffen zunächst politisch das Wort) es todernst, lebensernst mit *ihrem* politischen Glauben meinen: und ihn auch offen als Glauben ansprechen. So gerade
wieder der große Otto Bauer (hier vom „kleinen Otto Bauer", dem ihm persönlich
nicht verwandten Führer der religiösen Sozialisten in der alten Sozialdemokratie geschieden), der für seinen Glauben gegen den Rom-Glauben des Prälaten Ignaz Seipel
kämpfte[29].

Eine außerordentliche Rolle spielt in diesen Glaubenskämpfen das Ringen österreichischer Juden um Identität: in ihrem Judentum, in ihrem Deutschtum, in ihrem
Österreichertum, in ihrem Konservatismus, in ihrem Sozialismus, allen zuvor in ihrem
klassischen jüdischen Liberalismus im 19. Jahrhundert.

Zum dritten: zwei Nationen. Einigermaßen bekannt sind Disraeli-Lord Beacons-
fields und Friedrich Engels „Ansprachen" von zwei „durch Abgründe getrennten
Nationen" in England: die Nation der Reichen, Gebildeten, Hochkirchlichen und die
Nation der Armen, Entrechteten, „Ungebildeten"[30]. Aus der Predigt nonkonformistischer Prediger gegen die Nation der Reichen, gegen die Bischöfe der Staatskirche,
die das „arme Volk" mit „Religion" falsch vertrösten, übernimmt Karl Marx sein
Wort, Religion ist Opium des Volkes[31]. *Zwei Nationen:* Seit dem großen Streit des
11.—13. Jahrhunderts stehen sich „zwei Deutschland" gegenüber, ein „kaiserliches"
und ein „päpstliches" Deutschland, ein staufisches und ein welfisches Deutschland —
sodann, als ihr Erbe, ein evangelisches und ein römisch-katholisches Deutschland.
Das sind Basen des Kampfes nicht zuletzt zwischen Großdeutschen und Kleindeutschen im 19. Jahrhundert.

Die beiden Frankreich treten sich seit dem frühen 13. Jahrhundert (in dem Nord-
franzosen die unabhängige südfranzösische Kultur mörderisch niederkämpfen in den
Albigenserkriegen) gegenüber: deren Erbe bilden das hugenottische Frankreich und das
Frankreich der „königlich, katholischen Religion", das Frankreich der Revolution und
der Gegenrevolution, das laizistische und das klerikale Frankreich, das „rote Frankreich" (in Paris und im „roten Süden" in den alten Albigenserstädten zentriert)[32].

1946 erschien eine „Geschichte der beiden Spanien" des Kanonikus der Kathedral-
kirche von Barcelona, Carles Cardo, der aus Franco-Spanien geflüchtet war: Sie zeigt
lückenlos exemplarisch den Kampf der beiden Spanien vom Mittelalter bis zur Gegenwart auf.

Die zwei Nationen in den deutschsprachigen österreichischen Erblanden werden vom
16. zum 20. Jahrhundert durch die beiden religiös-politischen Glaubensformen gebildet: Glaube an das Heil aus der deutschen Sprache, aus der Sprache Luthers,
Glaube an das Heil aus dem evangelischen Deutschland als Retter, als Erlöser aus

der Einkerkerung durch Rom und das Haus Österreich. Der andere Glaube, an die österreichische Nation, artikuliert sich nur schwer: Katholische „Sprachlosigkeit", katholische Spracharmut und eine bäuerliche Schwierigkeit, sich in einer Schriftsprache „auszudrücken", verdecken den oft übersehenen Sachverhalt: *Es gibt eine anonyme österreichische Nationalität,* die sich nur *in äußersten Krisenzeiten im Worte artikuliert;* so in den Türkenkriegen, so im Kampfe gegen Napoleon, so kurz um 1866, dann 1914, dann ab 1933 und ab 1938. Es ist kein Zufall: Die wortmächtigen Sprecher österreichischer Nation in diesem Sinne sind nahezu ausnahmslos Menschen aus dem alten Reichsraum: Konvertiten aus dem Protestantismus, politische Flüchtlinge vor den Fängen des preußischen Adlers, der immer weiter gegen Westen und Süden ausholt.

Zum vierten: Die zwei Nationen bilden in den österreichischen Erblanden zwei (später, in den Krisenzeiten des 19. und 20. Jahrhunderts, vier) Kulturen. Zunächst eine deutsch-evangelische Kultur des Wortes, der Schrift, der gelehrten Reflexion. „Bildung" ist ein Wort des schwäbischen Pietismus und bedeutet: tägliche Bibellesung. Gegen diese *Kultur des Wortes,* der Schrift der biblisch begründeten Gelehrsamkeit wendet sich dann kämpferisch eine *Kultur der Sinne* und der Sinnlichkeit: des Theaters, des großen Festspiels, der Prozessionen, der Predigt: wobei die Schulen und Universitäten der Jesuiten die Basis dieser Bildung des Menschen vorzüglich durch das Auge schaffen. Höhe, Grenze und Abgesang dieser hispanisch-lateinisch-gegenreformatorischen Kultur bildet der Barock in den österreichischen Erblanden, in Böhmen und in Mähren.

Nach dem Zusammenbruch dieser Barockkultur als einer polyphonen, vielfärbigen, universalen, multinationalen österreichischen Bild-Bildungswelt im 18. Jahrhundert beginnt mit den Vorstößen und Invasionen katholischer, jansenistischer, evangelischer und westeuropäischer Aufklärung eine *Engpaßführung,* eine *Verengung,* die der politischen Engführung im 19. und 20. Jahrhundert entspricht, ja (unbewußt) deren mentale Basis bildet. Es entstehen jene immer „kleinkarierter" werdenden Absonderungen, die sich, als Engführung (unbewußt zunächst) immer noch härter akzentuierend, zu den klerikalen und antiklerikalen, „liberalen", „nationalen" „christlichsozialen", „sozialdemokratischen", je in sich *geschlossenen Sphären* der immer noch eindimensionaler werdenden *Ghetto-Zivilisationen des 19./20. Jahrhunderts* führen. Die Mitglieder dieser geschlossenen „Kulturen" sprechen nicht miteinander, sondern nur mehr gegeneinander.

Dieser „Sprachkampf", dieser „Sprachstreit" bereits innerhalb der „deutschösterreichischen" Lande formt sich aus in den Sprachkämpfen 1848 bis 1918, die mitten in den Untergang der Donaumonarchie führen. Hier setzt jener Prozeß an, der von der Humanität über die Nationalität zur Bestialität führt, den Franz Grillparzer, *der* Dichter Österreichs, in Wien ersieht. Wien ist zumindest vom 12. Jahrhundert an — mit bedeutenden Unterbrechungen — bis 1914 ein Raum altösterreichischer Polyphonie, Mehrsprachigkeit, Multinationalität. Im Kampf gegen Wien, um Wien, in Wien fallen die großen Entscheidungen — gegen die Erhaltung des „multinational empire" (Robert A. Kann), des „vielstimmigen Österreich".

2. „Österreich", nicht „Ostmark"

„Deutsch-nationale" Propaganda und Ideologie verstehen Österreich als „Ostmark", die verpflichtet ist, sich dem neudeutschen Staat Bismarcks, dann Weimars, dann Hitlers einzufügen. Noch der letzte Bundeskanzler der Ersten Republik Österreich, Schuschnigg, glaubt mit seinen „ostmärkischen Sturmscharen" gegen die Ostmärker des Dritten Reiches ankämpfen zu können.

Illyrer, ein indoeuropäisches Volk, hausten spätestens seit dem 9. Jahrhundert vor Christus in Österreich. Zentrum ihrer Kultur in Österreich ist Hallstatt mit seinem Salzreichtum. Die „Hallstattkultur" erstreckt sich über das heutige Nordtirol, Salzburg, Oberösterreich, Niederösterreich, die Steiermark, Burgenland und Kärnten. Ihr Handelsverkehr geht nach Italien und nordostwärts an die Küsten der Nord- und Ostsee.

Wir wissen nicht, wieviel Illyrisches sich im volkhaften Untergrund der österreichischen Lande erhalten hat. Sehr viel hat sich sicher vom Keltischen erhalten[1]. Es ist wohl kein Zufall, daß der große keltische Subkontinent Europas, der dann von den Römern und von Germanen überlagert wurde, erst in der Gegenwart wieder ins Bewußtsein gebracht wird: Kelten als Väter europäischer Künste, Poesie, als schöpfermächtige Finder (Erfinder) „unserer" Märchen, „unserer" Sagen, nicht zuletzt der großen Stoffe des höfischen Romans des 12. Jahrhunderts. Kelten kommen vom Westen. Der Name ihres Gottes Lug lebt noch in „Lyon", „London", „Laon", „Leiden", „Liegnitz", „Wien". Der Name des Rheins und der Donau ist keltisch, alle östlichen Nebenflüsse des Rheins haben keltische Namen: Neckar, Main, Lahn, Ruhr und Lippe. Isar, Inn führen wahrscheinlich Namen keltischen Ursprungs[2].

Die „staatsrechtliche Überlegenheit, die die Kelten einst über die Germanen bewährt haben" (Kluge-Götze), bezeugen keltische Worte wie *Reich, Eid, Amt, Vasall* in germanischen Sprachen. Die Kelten schaffen das älteste „österreichische" Staatsgebilde, das Königreich Noricum, wie die Römer es nennen. Acht seiner dreizehn keltischen Stämme sind dem Namen nach bekannt. Dieses Noricum umfaßt Kärnten, Osttirol, Salzburg, die Steiermark, Ober- und Niederösterreich bis zur Donau, das Burgenland und Westungarn bis zur Raab[3].

Das ist im wesentlichen der Raum der Bundesrepublik Österreich.

Karl von Czoernig hat als erster 1857 in seiner „Ethnographie der österreichischen Monarchie" „Noricum" mit den keltisch-gälischen Worten noir (nor) = Ost und rig = Reich in Zusammenhang gebracht. Noricum würde dann bedeuten: Ostreich, Österreich, Noriker = Ostreicher = Österreicher.

Die Römer besetzten um 15 v. Chr. das Königreich Noricum. Die norischen Könige regieren unter römischer Oberherrschaft, Noricum behält eine eigene

Staatskasse, geschieden von der römischen Finanzverwaltung. Erst einhundert-
fünfzig Jahre später wird durch Kaiser Marc Aurel Noricum ganz in das
Römische Imperium eingegliedert. Das illyrisch-keltische Noricum romanisiert
sich. Diese keltisch-romanische Zivilisation bildet für nahezu ein halbes Jahrtausend
die Basis der österreichischen Lande.

„Keltoromanen waren bis ins frühe Mittelalter im Wienerwald anzutreffen und
haben in Kärnten wesentlich zum Aufbau des heutigen Volkscharakters beigetragen."
Noch eine Urkunde des 9. Jahrhunderts (von 827) nennt einen Mann namens
Quartinus aus der Nation der Noricer und Pregnarier (natione Noricorum et
Pregnariorum), der seinen Erbhof in Vipitena (Sterzing) dem Stift zu Innichen über-
gibt.

In der „deutsch-nationalen" Mythologie des späten 19. und frühen 20. Jahrhunderts spielt „die Schlacht von Noreia" als „erster großer Sieg der Germanen" über
Rom eine so außerordentliche Rolle, daß Georg von Schönerer und seine Gläubigen
dieses Jahr als Beginn ihrer Zeitrechnung wählen.

Wir wissen nicht, wo dieses Noreia-Noreja lag (in der Steiermark oder in
Kärnten, wo es mehrere Orte dieses Namens gibt). Die Kimbern und Teutonen, die
da römische Legionen vernichtend schlagen, sind vielleicht „eine Anzahl germanischer
und keltischer Stämme" (Michael Rostovtzeff), die Teutonen sind ein „Volksstamm
unsicherer Herkunft". Mögen sie Germanen gewesen sein, die Germanen kennen keinen Germanen-Mythos, wie er im 19. und 20. Jahrhundert so reich entwickelt wird.
Kelten überliefern den Römern das Wort „Germanen". Die Römer unterscheiden oft
nicht zwischen Kelten und Germanen. Das mit Recht so berühmte deutsche Alter-
tumslexikon von Pauly-Wissowa vermerkt: Die Germanen selbst haben „diesen
gemeinsamen, sie zu einer Nation zusammenschließenden Namen niemals gebraucht,
und wie sie sich zwar als verwandt, jedoch nicht als Einheit empfunden haben, so
ist auch ihre Geschichte nicht die des Gesamtvolkes, sondern ihrer einzelnen Völkerschaften".

Die „Völkerwanderung" ist ein vielschichtiger Prozeß, der Jahrhunderte vor
der sogenannten klassischen „Völkerwanderung" beginnt, in dem im ersten halben
Jahrtausend unserer Zeitrechnung die österreichischen Lande Siedelland, vor allem
aber Durchzugsland sind für germanische Stämme (Markomannen, Quaden, Langobarden, Alemannen, Wandalen, Ost- und Westgoten, Sueben, Skiren, Rugier, Gepi-
den) — sie alle hinterlassen geringe Spuren — und für keltische Stämme wie die
Boier, slawische Stämme wie die Jazygen, iranische Stämme wie die Alanen, Asiaten wie die Hunnen und Awaren und, wieder im späten 6. Jahrhundert, Slawen
(Pustertal: pustu = dunkel).

Prägend wirkt die römische Zivilisation, die von der Mitte des ersten vorchristlichen Jahrhunderts zunächst bis zum späten 5. Jahrhundert in den österreichischen
Landen in drei kaiserlichen Provinzen ihre Städte, ihre befestigten Plätze, ihre Straßen, ihre Kulte, ihre Theater, ihre Rechtsordnung und eben jenes „zivile Leben"
schafft, das uns in vielen neuen Ausgrabungen unserer Zeit immer noch eindrucksvoller präsent wird. Thermen, öffentliche Bäder fand man bisher auch schon in Dörfern wie Immurium (Moosham, Salzburg) und in Brigantium. Luxuriöse Landsitze
waren „Villen" in Dörfern wie Löffelbach bei Hartberg in der Steiermark[4].

Die Römer kamen mit ihren Göttern: mit dem Kaiserkult, mit spezifisch römischen Göttern und mit dem von Haus aus persischen Gott Mithras (Carnuntum besaß drei Mithrasheiligtümer). Dieser „unbesiegbare Sonnengott", Sol Invictus, wird von dem neuen Sonnengott, der alle seine Attribute übernimmt, überwunden: vom römischen Christus-Gott. Die römische Kirche wird für eineinhalb Jahrtausende zum Statthalter Roms: Auf *ihre* Weise haben das ihre religiös-politischen Gegner in den österreichischen Landen vom 16. zum 20. Jahrhundert sehr deutlich erkannt und als eine Achse in ihre Propaganda, ihre Ideologie eingebaut.

Als erste germanische Stämme, die geschichtsmächtig in den heutigen österreichischen Landen wirken, kommen Franken 455 n. Chr. nach Vorarlberg, Bajuwaren 550 n. Chr. nach Oberösterreich und Niederösterreich. Unter Führung eines stolzen Herrschergeschlechts, der Tassilonen, sind die Bajuwaren-Bayern auf dem besten Wege, einen Bayernstaat aufzubauen, unabhängig im vollsten Wort- und Rechtssinn, mit guten Beziehungen zum Papst in Rom, zu den Langobarden, aber auch zu östlichen Völkern (bayerische Herren stehen noch im hohen 10. Jahrhundert bestens mit den Magyaren, führen deren Heere zur Lechfeldschlacht, wo Otto I. die große Wende erkämpft — und sich selbst den Weg nach Rom, zum Kaisertum, öffnet).

Großartige tassilonische Kontinuität: sie bezeugt der Tassilokelch von 777 im Stift Kremsmünster. Bis heute speisen die Mönche am Jahrtag des hier auf der Eberjagd zu Tode gekommenen Gunther in sakralem Mahle das ursprünglich heilige Wildschwein, wohl ein Klan-Mahl der Tassilonen, um ihren Stifter zu ehren, der selbst 787 durch Karl den Großen zur Ablegung des Lehenseides gezwungen wurde[5].

„Die karolingische Ostmark" des „ersten deutschen Kaisers" Karl des Großen wird von der „deutsch-nationalen" Ideologie als Basis der „tausendjährigen Ostmark-Verpflichtung" des „deutschen Österreich" proklamiert.

Karl der Große[6] war kein deutscher Kaiser. Der Begriff „deutsch" in annähernd heutigem Sinne kommt erst im 12. Jahrhundert auf. Mit tiefem Unbehagen sehen fränkische Berater und sein angelsächsischer Chefideologe (wie wir heute sagen würden) Alcuin auf die Kaiserkrönung in Rom, mit der sich der Frankenkönig Karl als „das Römische Reich regierend" proklamieren läßt[7]. Der überaus vorsichtige Karl will nicht allzusehr den Zorn *des* Kaisers wecken: des Kaisers in Ostrom, im Reich der Romäer, der „wahren Römer" in Konstantinopel. In seinem Testament erwähnt Karl mit keinem Wort sein Kaisertum.

„Ostmark": Karl kämpft die Awaren nieder, die in guten Beziehungen zu den Tassilonen standen; um die Tassilonen endgültig niederzukämpfen, führt Karl eine Art von Kreuzzügen gegen die heidnischen, gottlosen Awaren. Er verkündet dies so in ganz Westeuropa. Alcuin beeilt sich zu bekunden: Diese religiös-politische Heilsbotschaft vom Sieg des vom Frankengott Christus beschirmten Karl-Kaisers ist *kein* Abwehrkampf gegen den gottlosen Osten, sondern ist nackte ideologische Verbrämung eines Machtkampfes. Karl, der immer an Geldnot, also Schatznot litt, da er seine adeligen Herren ständig „beschenken" *mußte*, brauchte dringend den sagenhaft reichen Awarenschatz, der ihm tatsächlich aus vielen Verlegenheiten half. Die Awaren selbst waren damals, wie Ausgrabungen der letzten Jahrzehnte zeigen, mitten in einem vielfältigen Zerfallsprozeß, nicht zuletzt unter Einwirkung der „Zivilisation des Westens" (Trunksucht etc.)[8].

Karl errichtet um 800 auf österreichischem Boden zwei Marken: die Awarische Mark („Mark an der Donau", später „marchia orientalis" genannt), das Gebiet von der Enns bis zum Wienerwald, und die Karantanische Mark (Mark Friaul), Kärnten südlich der Drau bis zur Adria mit Istrien und dem östlichen Norditalien. Man hat mit Recht bemerkt: Mit dieser Lösung der Marken von Bayern beginnt ein „staatliches Eigenleben" „Österreichs".

907 überrennen, überreiten die Ungarn diese Marken, verlieren sie in der Schlacht auf dem Lechfeld am 10. August 955 an den Sachsen Otto I. 1955 feierte die Bundesrepublik Deutschland hochoffiziell diese Schlacht als erste große Abwehrschlacht gegen den gottlosen, unchristlichen Osten (auch durch eine Briefmarke). Die Stadt Augsburg lud mich zu einer Gegenrede ein, in der ich aufzeigte, wie sehr sich diese Ungarn bereits mitten in Europa beheimatet hatten, in besten Beziehungen zum oströmischen Kaisertum und zu bayerischen Großen[10].

Die ottonischen Kaiser begründen die Mark an der Donau (Ottonische Mark), die Kärntner Mark, die Mark Krain, die Mark an der Sann, die Mark Pettau. Die Ottonische Mark ist bayerisches Lehen. Als sich Herzog Heinrich der Zänker von Bayern gegen seinen Vater Otto II. erhebt und niedergeworfen wird, belehnt Kaiser Otto II. am 21. Juli 976 den Grafen Leopold von Babenberg mit der Mark.

In positiver Sühne für eine „österreichische" Historiographie, die so außerordentliche Leistungen im Selbstverrat von Österreichern erbracht hat, führt am 21. Oktober 1946 in einer Festsitzung der Österreichischen Akademie der Wissenschaften Alphons Lhotsky aus: „Ein deutsches Wort ,Ostmark' hat es im Mittelalter nicht gegeben — wenigstens konnte es bisher kein einziges Mal nachgewiesen werden; es handelt sich um eine moderne Sprachschöpfung der Historiker."[11]

Die lateinischen Namen für Österreich in diesem frühen Mittelalter (oriens, plaga orientalis, provincia orientalis, terra orientalis, regio orientalis) sind Übersetzungen des Namens Ostarrichi oder Osterlant. (Eine altdeutsche Glosse des 9. Jahrhunderts zu Isidor von Sevilla übersetzt oriens mit ostarrichi.) Ostarrichi wird in der höfischen Dichtung, Osterlant in der volkhaften Lyrik mehrfach genannt. (Oft übersehen wird, daß das einzige deutschsprachige Wort in Dantes „Göttlicher Komödie" Österreich ist.) Im 13. Jahrhundert setzt sich Osterrich durch, Osterlant wird noch einmal im Spätmittelalter bei bayerischen Historiographen namhaft gemacht.

Die „Ostmark": Die deutsch-nationalen und nationalsozialistischen Ostmark-Gläubigen, die 1938 den Sieg ihrer Ideologie feierten, als die Ostmark kurzfristig zum Namen Österreich erhoben wurde, ahnten nicht, daß dieses ihnen von ihren Vätern und Großvätern überlieferte so ehrwürdige Wort ihres Deutschland-Glaubens sehr bald durch den Österreicher Adolf Hitler verboten werden sollte, der „seinen Österreichern" gar nicht traute und selbst im Namen Ostmark zuviel magische Bindungskraft fürchtete. 1942 verbietet ein „Führererlaß" den Namen Ostmark, ersetzt ihn durch „Alpen- und Donaugaue".

Eng verbunden mit diesem Ostmark-Glauben ist der Glaube an das „Heilige Römische Reich Deutscher Nation", das durch Karl den Großen und Otto den Großen begründet (wiederbegründet) worden sein soll[12]. Durch die Wahl zum Kaiser wird der Erwählte „Franke": wird dem heiligen Blut Karls des Großen verbunden. Ein bedeutender österreichischer Rechtshistoriker, von Dungern[13], hat nachgewiesen, daß die scheinbar so „willkürliche" Wahl, die im Mittelalter Personen trifft, die gar nicht „kaiserlich" anmuten, die Verwandtschaft mit Karl dem Großen, dem „Vater Europas", nie aus dem Auge verliert. (Sehr bald beansprucht dann der Papst, der wahre Vater Europas zu sein.)

Früh und besonders eindrucksvoll im 12. Jahrhundert setzt der Kampf ein: Wer sind die „wahren Franken"? Die Deutschen oder die Franzosen? Der König von Frankreich kämpft über ein halbes Jahrtausend um die Kaiserwahl: Er will entweder selbst Kaiser werden oder zumindest einen seiner Kandidaten durchsetzen. Erst Napoleon erreicht das Ziel, als „wiedergeborener Karl der Große" nicht zuletzt von der französischen Kirche auf den Schild erhoben zu werden. Napoleon provoziert die Auflösung des „Heiligen Römischen Reiches": Dessen Nachfolge tritt der Kaiser von Österreich und der Deutsche Bund an.

Das Reich ist früh ein Bund, kein Staat: Der von den sieben Kurfürsten „erwählte Römische König", der durch die Krönung in Rom Römischer Kaiser wird, besitzt als Nachfolger der karolingischen Herrscher eine gewisse Oberhoheit über „reguli", die Kleinkönige und die Königreiche Italiens (die von Karl dem Großen erkämpfte langobardische Eiserne Krone), später das Königtum Burgund. „Reguli" ist eine Prägung der frühstaufischen Propaganda, die den gerade im 12. Jahrhundert bereits schwer angefochtenen Ehrenvorrang des Reiches verteidigen möchte[14]. Da fragt spöttisch der große englische Humanist Johannes von Salisbury, der selbst den größten Teil seines Lebens als Emigrant in Frankreich leben muß: Ja, wer hat denn die Deutschen zur Weltherrschaft berufen?[15]

Nun, Kaiser Friedrich I. Barbarossa dachte, so wenig wie später der große Karl V., nie an eine „Weltherrschaft", wohl aber an seinen Auftrag, „die Christenheit", ihre Gläubigen, zu „verteidigen" als Vogt der Kirche, als vicarius Christi, Christi Reichsvikar auf Erden. Die Aufnahme des altrömischen Attributs „heilig", sacrum (nicht: sanctum, was eine tiefere Dimension von Heiligkeit anspricht), in den Reichsnamen, 1157, ist in engstem Zusammenhang mit seinem Kampfe mit den Päpsten um Selbstbehauptung zu sehen. Das altrömische „sacrum" sollte vor allem der Majestät des Herrschers einen höheren Rechtsschutz sichern . . .[16]

Die Wahl mußte keineswegs einen Deutschen treffen: So wird ein Richard von Cornwall zum König gewählt, so ein Wilhelm von Holland, unter dem in der Mitte des 13. Jahrhunderts das Sacrum und das Romanum zur Formel „Sacrum Imperium Romanum" zusammengefügt wird. Das Deutsche wird nicht zuletzt in Abwehr gegen die französischen Franken seit der großen Krise des „Heiligen Reiches" im 12. und 13. Jahrhundert betont. Deutsche Humanisten sind es, die in Frontstellung gegen die französischen Ansprüche 1512 die Formel „Heiliges Römisches Reich Deutscher Nation" prägen. Nahezu gleichzeitig setzen sich in den österreichischen Kanzleien und in der Volkssprache die Begriffe „Erblande", auch „Erbländer", zum Unterschied von „Reich" durch.

„Heiliges Römisches Reich Deutscher Nation": Der große deutsche Staatsrechtslehrer Karl Zeumer (ich erinnere mich dankbar an die Ehrerbietung, mit der mein Lehrer Hans Hirsch, Direktor der österreichischen Abteilung der Monumenta Germaniae Historica und des Instituts für Österreichische Geschichtsforschung, von ihm sprach) erklärt 1910 in einer Studie in den Mitteilungen der Preußischen Akademie der Wissenschaften: „Soll durch den Zusatz ‚Deutscher Nation‘ die Herrschaft der deutschen Nation oder ihrer Beherrscher über das Römische Reich angedeutet werden? Das ist völlig ausgeschlossen. Schon der Umstand, daß die Bezeichnung ‚Reich Deutscher Nation‘ die ältere ‚Reich und deutsche Nation‘ ersetzt und gleichbedeutend mit ihr gebraucht wird, macht es im hohen Grad wahrscheinlich, daß hier wie dort nur der deutsche Teil des Reiches hervorgehoben werden soll. Das ‚Römische Reich Deutscher Nation‘ ist das Römische Reich, soweit und insofern es deutscher Nation, d. h. deutscher Nationalität ist. Die Bezeichnung enthält eine territoriale Einschränkung des Imperium Romanum.“[17]

Otto Brunner (mein Lehrer in den dreißiger Jahren) führt dann in der Festschrift für Heinrich v. Srbik 1938 weiter aus, daß diese Nation „nicht einfach im Sinn der Grenzen des deutschen Volkstums verstanden werden kann“. Zum Königreich Ostfranken werden auch Böhmen sowie französisch und italienisch sprechende Gebiete gerechnet. Hirsch, Brunner und Srbik sind alte österreichische Großdeutsche, sie ersehen zunächst im Reich Hitlers eine Erfüllung *ihres* Glaubens an Deutschland, der andere Züge trägt als der Deutschlandglaube von österreichischen Alldeutschen, Nationalsozialisten oder Sozialdemokraten.

Gegen Ende des 16. Jahrhunderts verschwindet die Formulierung „Heiliges Römisches Reich Deutscher Nation“ aus dem öffentlichen Gebrauch. 1766 erklärt der große Konservative J. J. Moser: „Es ist eine angenommene Redensart.“ 1812 wird das „Heilige Römische Reich Deutscher Nation“ durch K. F. Eichhorn reaktiviert, ja auf den Schild gehoben: mitten in dem durchaus neuen nationalistischen Pathos der Freiheitskriege gegen Napoleon.

Zeumer ist 1910 der Überzeugung, die seiner wissenschaftlichen Redlichkeit entspricht, es könne „sich kaum jemand der Überzeugung verschließen, daß ernsthafte wissenschaftliche Historiker den Ausdruck in der seit Eichhorn und Ficker hergebrachten Weise nicht mehr verwenden dürfen. Länger freilich wird es dauern, bis man in der populären und Schulliteratur auf den Gebrauch der so gelehrt klingenden und volltönenden Phrase verzichten wird.“[18] Auf diese „so gelehrt klingende und volltönende Phrase“ können deutsche Nationale (in Deutschland) und österreichische „Nationale“ bis heute nicht verzichten, da eben diese Formulierung *ihren Glauben* an das tausendjährige Reich — das ist ein messianischer Millenniumglaube — großartig auf seine Weise formuliert. Glaube kann nur durch Glauben in den Tiefenschichten der Person und durch geschichtliche Umwälzungen in der Gesellschaft in Völkern wirklich ersetzt werden. Das „Heilige Römische Reich Deutscher Nation“ wird so lange bestehen, als Deutsche und Deutsch-Österreicher sich keine andere Sinngebung ihrer Vergangenheit, Gegenwart und Zukunft *ein-bilden* können.

Nochmals „Österreich“: Man hat als „Tag der Namensgebung Österreichs“ den 1. November 996 genannt, in dem erstmalig in einer Urkunde (wie viele andere gibt es nicht mehr?) der Name Ostarrîchi aufscheint. Kaiser Otto III. schenkt der Kirche zu Freising Ländereien in Neuhofen an der Ybbs, wörtlich „im Landstrich mit dem üblichen Volksnamen Ostarrîchi in der Mark und Grafschaft des Grafen Heinrich ...“[19] Diesem Volksnamen „Österreich“ entspricht dann in Byzanz der Name „Ostrikion“, in Italien „Ostrigo“ (Dante: „Osterico“).

Zentrum eines ersten Österreich-Bewußtseins ist Wien. Wien wird vom 16. zum

20. Jahrhundert als eben dieses Zentrum bekämpft: von den „Ländern" her, von Oberösterreich, Kärnten, der Steiermark, von allen Deutsch-Gläubigen, die Wien als eine schändliche Mischung mit „Orientalen", mit anderen Nationen, Sprachen bekämpfen.

Historische Forschungen stehen, immer wenn sie von einiger Relevanz sind, in zeitgeschichtlichen Bezügen. So hat der historisierende Richard von Kralik in den Jahren 1911 bis 1917 Wien als Herz und Hirn eines Österreich-Bewußtseins aufzuzeigen versucht. In den durch die Bomben und Brände des Zweiten Weltkrieges freigelegten unterirdischen Gewölben und Ruinen hat Karl Öttinger Wien als Hauptstadt des Großmährischen Reiches des Slawenfürsten Samo, der aus fränkischem Raum stammen soll (etwa 626—665), zu erkunden gesucht[21]. Samos Reich erstreckte sich von Böhmen bis in die Ostalpen.

Im Heute — in dem eine neue Selbstfindung nicht nur Österreichs, sondern gerade auch Wiens, wie zu hoffen ist, begonnen hat — haben Wiener Historikerinnen, Johanna Haberl und Hertha Ladenbauer-Orel, das römische Wien und das frühbabenbergische Wien näher erkundet."[21]

Wien im 12. und frühen 13. Jahrhundert: Slawische, russische Kaufleute treffen sich im Wiener Raum mit Kaufleuten aus dem Westen, aus Flandern, aus dem Reichsraum. Die Vermählungen von Babenbergern mit byzantinischen Prinzessinen (Heinrich Jasomirgott mit Theodora, sein Enkel Herzog Leopold VI. der Glorreiche mit Theodora und der letzte Babenberger, Friedrich der Streitbare, mit Sophia Laskaris) bringen „orientalische" Kultur nach Wien. Griechische und arabische „Naturwissenschaft" findet Eingang (wie erhaltene Handschriften bezeugen), ebenso griechisches Brauchtum und ostkirchliche Heilige, wie Georg, Margarethe, Andreas, Sebastian, Theodor; Wiens Kinder tragen ihre Namen ...

Heinrich Jasomirgott, Herzog von Österreich 1156—1177, in erster Ehe verheiratet mit der Tochter Kaiser Lothars III., Gertrud, in zweiter Ehe mit Theodora Komnena, also aus dem Kaiserhaus der Komnenen, verdankt seinen Beinamen „Jasomirgott" (erst im 14. Jahrhundert als „Jochsamergott" nachweisbar) nicht seiner angeblichen Redensart „Ja so mir Gott helfe", sondern wohl einer verstümmelten arabischen Bezeichnung, die er im Kreuzzug von 1147 erhielt.

Es kann nicht Aufgabe dieser einleitenden Skizze der frühen Selbstfindungen Österreichs sein, hier in die wissenschaftlichen Auseinandersetzungen um das Privilegium minus von 1156 einzutreten[22]. Kaiser Friedrich I. erlangte zuvor von seinem Onkel Heinrich Jasomirgott den Verzicht auf das Herzogtum Bayern zugunsten des mächtigen Welfen Heinrich des Löwen, da der Kaiser den permanenten „Krieg" zwischen Staufen und Welfen beenden wollte. Rücksicht auf seinen Verwandten Heinrich Jasomirgott und dessen „Freundschaft" (Verwandtschaft und politische Allianz in ein Wort fassend) mit dem oströmischen Kaiserhaus und sein redliches Bemühen, den unheimlichen Welfen doch zu schwächen, bilden Voraussetzungen dieses „Kleinen Freiheitsbriefes". Die Markgrafschaft Österreich wird zum Herzogtum erhoben.

Heinrich und Theodora werden gemeinsam belehnt: Sie können, wenn sie kinderlos sterben, „dieses Herzogtum wem immer nach ihrem Willen zuwenden". Wörtlich heißt es weiter in dieser für Österreich außerordentlich wichtigen Staatsurkunde: „Der Herzog von Österreich schuldet aber von seinem Herzogtume dem Reiche keinen anderen Dienst, als daß er zu den vom Kaiser in Bayern angesetzten Reichstagen über Vorladung erscheine. Auch soll er zu keinem anderen Kriegszuge verpflichtet sein als zu dem, welchen vielleicht der Kaiser gegen die an Österreich angrenzenden Königreiche und Länder anordnen würde." Ohne Zustimmung des Herzogs kann in Österreich von niemandem Gerichtsbarkeit ausgeübt werden.

Um dieses Jahr 1156 wird der einköpfige Adler als Wappen der Babenberger nachweisbar, um 1157 soll Mariazell gegründet worden sein: Es wird das sakrale Nationalheiligtum des Hauses Österreich, der Habsburger. 1157 verfaßt der Babenberger „Otto von Freising, ein gebürtiger Österreicher" (zustimmend Alphons Lhotsky zu Hubert Strzewitzek, 1938, der vorschlug, ihn „Otto von Österreich" zu nennen[23]), auf Bitten seines Neffen Kaiser Friedrich I. die „Gesta Friderici Imperatoris", in deren erstem Teil sich die große Klage über die Zerreißung der „Christenheit" durch den Kampf zwischen Papst und König-Kaiser befindet.

Rot-Weiß-Rot: Es ist Legende, daß der österreichische Bindenschild seine Herkunft dem blutgetränkten Waffenrock des Herzogs Leopold V. bei der Erstürmung von Akkon am 12. Juli 1190 verdankt. *Nicht* Legende ist der handfeste Konflikt zwischen dem Österreicher und Richard Löwenherz, ist das österreichische Selbstbewußtsein dieser babenbergischen Ritter, ihre *Namhaftmachung als „Österreicher" durch Byzantiner und Araber.*

Eine Urkunde aus der Zeit des Babenbergers Friedrich I. (1194—1198) spricht erstmalig von der *Monarchie Österreich* (Monarchia Austrie). Magnus von Reichersberg nennt Friedrich den „mächtigsten Fürsten"[24]. Der Hof seines Nachfolgers Leopold VI. des Glorreichen (1198—1230) wird, wie wir heute sagen würden, ein „Kulturzentrum" — das weit über deutsche Lande hinaus berühmt wurde.

„Unter Leopold VI. erhält nun Wien jene Ausdehnung, die es bis zur Stadterweiterung unter Kaiser Franz Joseph I. beibehielt." Stadtrecht, Stapelrecht (die oberdeutschen Kaufleute müssen ihre Waren zwei Monate in Wien halten, bevor sie nach Osten weiterhandeln dürfen), Monopol des Handels mit Ungarn und Osteuropa, der „Wiener Pfennig" als im ganzen Donauraum verwendete Münze bezeugen Wiens wirtschaftspolitische Bedeutung.

Eine Stadt wächst zu Urbanität in dem Maße, in dem sie anziehend wirkt: auf Gäste, die ihrem „Ruf" folgen, auf Fremde, die hierbleiben und assimiliert werden. Der Hof Leopolds V., dann Leopolds VI. wird „von fast allen bedeutenden Minnesängern des deutschsprachigen Raumes besucht", so von Reinmar dem Alten, Neidhart von Reuenthal. Walther von der Vogelweide, der heute gerade von nichtösterreichischen Germanisten, so in Ungarn, als *der* große österreichische Dichter herausgestellt wird, bekennt, in Wien „singen und sagen", also in Prosa und Vers dichten gelernt zu haben; er besingt Wien als „wünnecliche hof zu Wiene": Höfische Kultur ist hier bereits ein Schicksal Wiens, eine „feudale" Hochkultur, die damals von Dichtern sorgsam gegen den Sang des Volkes abgegrenzt wird — von Walther aber bewußt überspielt, übersungen wird.

In diesem Wien werden um 1204 erstmalig eine jüdische Schule und eine Synagoge nachweisbar. Der letzte Babenbergerherzog, Friedrich II., verleiht am 1. Juli 1244 Wien ein neues, erweitertes Stadtrecht und gibt den Juden einen Schutzbrief, der für Ungarn, Böhmen und mehrere deutsche Länder vorbildlich wirkt.

Der letzte große Staufer, Friedrich II., verhandelt mit Friedrich II. von Österreich über eine Erhebung der Herzogtümer Österreich und Steiermark zum *Königtum Österreich*, mit Krain als lehenspflichtigem Herzogtum. Die Urkunde soll bereits ausgestellt gewesen sein, der Babenberger soll bereits den Königsring erhalten haben. Gertrud von Babenberg sollte mit Kaiser Friedrich vermählt werden, der sich eine staufische Hausmacht auf österreichischem Boden, in Verbindung mit der Pfalz von Eger und mitten durch den süddeutschen Raum, dem staufischen Elsaß zu, schaffen wollte, da er hoffte, seinen Namensvetter in Wien zu beerben. Von diesem staufischen Königtum Österreich erhält sich eine einzige, sehr lebendige Institution in Wien bis heute: die von dem Kaiser Friedrich II. gegründete Stadtschule, die später als Akademisches Gymnasium Generationen von Österreichern bildet: so, wie eine Tafel am heutigen Bau anzeigt, Hofmannsthal, Schnitzler, Beer-Hofmann und Peter Altenberg in einer Generation, so unter vielen anderen, die hier „nur" ihre Bildung erhalten, Thomas G. Masaryk.

Kein Historiker, sondern ein Dichter, der Tannhäuser, verifizierte den durch eine Briefsammlung geretteten Wortlaut der nicht mehr vollzogenen Urkunde, derzufolge Österreich 1245 mit Steiermark zu einem Königreich erhoben werden sollte[25]. Weder Ottokar II. noch die Spätbabenberger fanden Historiker! „Auch die Ereignisse zwischen 1276/78 und 1281/82 sind hierzulande selbst von der gebildeten Bevölkerung mit stumpfer — oder durch allzuvieles Erleben seit 1246 abgestumpfter — Teilnahmslosigkeit hingenommen worden, ohne nennenswerte Reflexionen wachzurufen" (Alphons Lhotsky)[26]. Dieses „Schweigen" basiert mit auf dem für die Wiener und viele Österreicher so unglücklichen Ausgang der Herrschaft des geliebten Königs Przemysl Ottokar von Böhmen, der am 12. Dezember 1251 in Wien eingezogen war, am 7. April 1252 sich durch die Ehe mit der Schwester des gefallenen Babenbergers Friedrich II., Margarethe von Österreich (sie ist 25 Jahre älter als Ottokar), seine Herrschaft in Österreich gesichert hat. Er nennt sich nun Herzog von Österreich und Steiermark.

Die Habsburger kommen als fremde, harte, ungeliebte Herren ins Land und bringen ihre verhaßten „Schwaben" mit, eine, wie die Wiener, Niederösterreicher und Steirer sie erleben, hochmütige Clique, die sich anmaßt, die Lande zu überherrschen, da sie die Gunst ihres Herrn besitzen. Österreichisches Selbstbewußtsein erwacht immer wieder erst im Widerstand: hier gegen diese fremden Herren. So kommt es etwa 1303 in Graz vor einem Turnier zu einer geheimen Absprache zwischen österreichischen und steirischen Rittern, sich nicht zu „schädigen", wohl aber es den „Schwaben" heimzuzahlen. Der Plan wird verraten, das Turnier abgesagt[27].

Die österreichischen Sänger hatten den großen Böhmenkönig besungen, sie wenden sich nun gegen jene, die, wie sie glauben, die teure Heimat verraten. Wernher der Gärtner polemisiert in seinem „Meier Helmbrecht" gegen die Mode, in niederdeutscher, lateinischer, französischer oder slawischer Sprache zu reden. Der „Kleine Lucidarius", das Werk eines näherhin unbekannten Waldviertler Ritters (früher „Seifried Helbling" genannt) besingt Österreich als bestes Land der Welt: „Herr, nun ich euch sage, / Bessres Land kommt nie zu Tage / in der Größe wie Österreich ..." Dieser Waldviertler polemisiert gegen die österreichische Sucht, Fremdes nachzuahmen und stellt seinen geliebten Österreichern den ungebrochen ungarischen Nationalstolz als Vorbild vor. Das Werk dieses Unbekannten ist ein erster „Österreich-Spiegel": Er zeigt das

Bild eines „idealen" Österreichers, als eines höflichen, gottesfrommen, mitmenschlichen Ehrenmannes, diskret, verläßlich: „das ist Österreichs echter Sohn!"

Ottokar liebt und fördert Wien, er legt die Grundlage für die Entstehung des Landes Oberösterreich (durch Abtrennung des bis 1253 zur Steiermark gehörigen Traungaues), das bald den Namen „Österreich ob der Enns", als Austria superior, Austria supra Anasum erhält. In die Zeit seines Wiener Regiments fällt 1267 ein Provinzialkonzil, dessen Vorsitz ein päpstlicher Legat führt, an dem auch die Bischöfe von Olmütz und Breslau, von Prag, Passau, Brixen, Freising, Regensburg und Lavant teilnehmen. Reform der Kirche, konkret des Klerus, steht auf ihrem Programm. Rom ist beunruhigt durch das Einströmen von „Ketzern". Österreich wird hier zum ersten Mal als *Ketzerland,* als Zuflucht von Ketzern zunächst aus Westeuropa präsent. *Religiöser Untergrund* — in Verbindung mit politischer Resistance, mit politischem Untergrund — wird später, auf dieser frühen Basis im Mittelalter ansetzend, außerordentliche Bedeutung für österreichisches Selbstverständnis gewinnen.

Die *Juden*[28] werden hier gebrandmarkt; offensichtlich spielen sie bereits eine bedeutende Rolle in der Öffentlichkeit. Sie sollen einen gehörnten Hut tragen und möglichst von den Christen separiert werden. Auch hier wird eine Kontinuität präsent, die bis ins Heute führt. 1303: Ausschreitungen gegen Juden in Wien. 1338: Die Judenordnung der Herzoge Albrecht II. und Otto. 1348/49: Im Sog der Pestangst, die ganz Europa verseucht (als Krankheit und als Angst vor der Ansteckung) kommt es auch in den österreichischen Landen zu Ausschreitungen gegen Juden, besonders schlimm in Krems, Stein, Mautern. Krems ist zuvor bereits ein „altes Ketzernest", wo vorzüglich Waldenser sich einhausen. 1420 (23. Mai): Harte Judenverfolgung durch Herzog Albrecht V. Gefangennahme und Vermögensentzug. 1551: Verordnung Kaiser Karls V.: Gelber Tuchlappen, also ein „gelber Fleck". 1574: Judenausweisungen in Wien auf Betreiben der Stände. 1624: Ausweisung der Juden aus Wien in die Leopoldstadt. 1670: Kirche St. Leopold an Stelle der abgerissenen Synagoge. 22. Juli 1700: Ausschreitungen und Plünderungen vor dem Haus des Hofbankiers Samuel Oppenheimer in Wien im Rahmen einer ausgedehnten Judenaktion. Damit betreten wir bereits den Boden unserer österreichischen „Neuzeit".

Die erste österreichische Neuzeit beginnt nach dem Ende der Babenberger und Staufer, mit dem „Systemwechsel", der von den Habsburgern geschaffen wird. Am 26. August 1278 wird König Ottokar in der Schlacht bei Dürnkrut und Jedenspeigen vernichtend von Rudolf von Habsburg geschlagen.

Im Heere des Böhmen kämpfen Böhmen, Mährer, Thüringer, Meißner, Bayern, Schlesier, Sachsen und Polen. Im Heere Rudolfs: Österreicher, Steirer, Kärntner, Salzburger, Schwaben, Ungarn.

Am 27. Dezember 1282 wird die Urkunde ausgestellt: Der Römische König Rudolf von Habsburg belehnt seine Söhne Albrecht und Rudolf mit den Herzogtümern Österreich und Steiermark, und mit Krain und der Windischen Mark, die aber an Rudolfs treuen Gefährten Graf Meinhard II. von Görz-Tirol verpfändet bleiben.

Nachdem der Bruder Rudolf durch eine Geldentschädigung abgefunden worden ist, wird Albrecht I. (1282—1308, König ab 1298) der erste habsburgische Landesherr. Er ist, wie man oft bemerkt hat, „einen Großteil seiner Regierungszeit damit beschäftigt, die unbotmäßigen Österreicher und Steirer niederzuhalten"[29].

Österreich, das ist nun bis zum Ende des Ersten Weltkrieges dies: Kämpfe der Habsburger in Österreich, Kämpfe österreichischer Stände in Österreich und um Österreich, gebunden an das (später sogenannte) Haus Österreich, im Aufstand gegen das Haus Österreich. Erben und Nachfolger der Stände werden die Religionsparteien, dann die politischen Parteien und die Nationalitäten. Das Spätmittelalter wird durch nahezu permanente schwere Einfälle (hussitischer) Tschechen und von Ungarn gezeichnet: mit unauslöschlichen Brandmalen.

In einem der Krisenjahrhunderte Alteuropas, im 14. Jahrhundert, in dem man vom Dominium Austriae, von der Herrschaft zu Österreich spricht (für „Staat" hatte man kein Wort, denn unter der res publica, dem „gemainen wesen" wurde grundsätzlich noch das „Römische Reich" verstanden), kämpft ein Mann, der blutjung stirbt, Rudolf IV. der Stifter (geboren 1339, regiert er von 1358 bis 1365) für ein demonstratives Österreich-Bewußtsein[30]. Er ersann den österreichischen Fünfadlerschild, dieses nachmals „Alt-Österreich" benannte Wappen, in auffälliger Parallele zum französischen Lilienbanner. Er stellt Österreich als felix Austria, als Heilsland Österreich heraus, er macht die Stadt Wien zum Gegenstand eines patriotischen Kultes.

Ich sehe das entsetzte Gesicht meines großen Lehrers Otto Brunner vor mir, wie er mir mit allen Zeichen des Abscheus das zweibändige Werk des einsamen österreichischen Patrioten Ernst Karl Winter über Rudolf den Stifter in die Hand gibt[31]. Winter ersah in diesem Habsburger eine tragische Gestalt, *die* Stifterfigur des von allen seinen Anfängen an so gefährdeten Österreich-Bewußtseins (später wurde dieser Jüngling des öfteren mit dem Kronprinzen Rudolf verglichen). Zuvor sahen österreichische Liberale in ihm den Vorläufer Josephs II. und der Aufklärung in Österreich. Dieser Rudolf fördert besonders die Städte, bricht in Wien den Zunftzwang, schafft eine Gewerbefreiheit (die sich, wie viele habsburgische Reformen, nur kurz hält), erwirbt Tirol mit seinen reichen Silbergruben, erweitert die Stephanskirche (es gelingt ihm nicht, sie als sein sakrales Österreichzentrum gegen die Bischöfe von Passau durchzusetzen, in deren Sprengel sie lag). Kurz vor seinem Tod hat er von Papst Urban V. die Errichtung der Wiener Universität erlangt. Ihre Stiftungsurkunde trägt ein in Österreich immer wieder fatales Märzdatum: 12. März 1365.

In Auseinandersetzung mit seinem Schwiegervater Kaiser Karl IV., der das „Goldene Prag" als Zentrum eines Goldenen Zeitalters Böhmens auf- und ausbaut, versucht Rudolf, die außerordentliche Stellung seines Österreich durch die Proklamation des „Privilegium maius", des „Großen Freiheitsbriefes", aller Welt zu bekunden[32]. Hier werden Urkunden präsentiert, in denen Julius Caesar und Nero den Landesherren von Österreich diese Mark zu „ewigem Lehen" geben, sie von jeder Steuer an das Römische Reich befreien, ihm gestatten, die Königskrone zu tragen, den Titel Pfalz-Erzherzog zu führen; sie garantieren die Unteilbarkeit aller österreichischer Besitzungen und legen die weibliche Erbfolge im Falle des Aussterbens des Mannesstammes fest. Kaiser Karl VI. hätte sich nicht so unendliche — und letztlich vergebliche — Mühe machen müssen, die Nachfolge seiner Tochter Maria Theresia durchzusetzen, wenn dieser rudolfinische Freiheitsbrief international anerkannt worden wäre.

Es fiel Karl IV. in Prag nicht schwer, mit Hilfe seiner Humanisten, nicht zuletzt Petrarcas, dies Werk als „Fälschung" zu „entlarven".

Österreichs Vergangenheit wird immer wieder — gerade in Österreich — verzerrt gesehen, weil sie isoliert anvisiert wird: so, als wäre Österreich eine Insel, ein Kuriosum, ein Monstrum, das immer wieder absonderliche Kinder gebiert und gräßliche Taten setzt. Sehen wir also das Privilegium maius im europäischen Kontext. In Alteuropa wird Geschichte immer wieder gefunden, indem sie „erfunden" wird: als Geschichte des Papsttums, der englischen und französischen Königshäuser, großer und kleiner Fürstenhäuser in Italien; Erfindung von Heiligen, wie des heiligen Dionysius als nationalen Schirmpatrons von Paris, von Frankreich.

Wenn im 19. Jahrhundert tschechische, dann südslawische Patrioten sich ihre nationale Heilsgeschichte erfinden[33], wenn die preußischen Historiker (die oft selbst nicht Preußen sind) eine preußische Heilsgeschichte erfinden[34], derzufolge alles Heil für Deutschland von Brandenburg und dem Hause Hohenzollern, alles Unheil vom Hause Österreich kommt, wenn noch Bismarck[35] rücksichtslos alle Veröffentlichungen, ja auch nur Benützungen von Urkunden unterdrückt, die ihm nicht in diese Heilsgeschichte, und dann nicht in seine Autobiographie passen (so wurde das Testament Friedrichs des Großen von ihm nicht zur Veröffentlichung freigegeben), dann stehen diese Geschichtsfindungen in ältesten Traditionen Alteuropas.

Europas älteste überlebende Traditionsmacht, die römische Kirche, war beispielgebend in der Findung-Erfindung von eigener Heilsgeschichte vorangegangen. Da ist es die „Konstantinische Schenkung", die als rechtliche Gründungsurkunde viele Jahrhunderte lang von Rom aus der Christenheit vorgestellt wurde (Kaiser Konstantin schenkt durch die Vermittlung des Papstes Silvester das Territorium des späteren Kirchenstaates in nuce dem heiligen Petrus, der in jedem Papst zugegen ist). Die großen Fälschungen des 9. Jahrhunderts (die Capitula Angilramni, Pseudo-Isidor, Benedictus Levita) „versuchen, den hierokratischen Standpunkt mit dem Nimbus des Alten zu verklären" (W. Ullmann). Das Selbstbewußtsein kirchlicher Hierokraten des 9. Jahrhunderts wird Päpsten des 2. und 3. Jahrhunderts in den Mund gelegt[37].

Mein verehrter Lehrer Hans Hirsch, der so viel wissenschaftliche Akribie und alle historischen Hilfswissenschaften in den Dienst seiner Erforschung von Fälschungen mittelalterlicher Klosterurkunden einsetzte, in lebenslanger Arbeit, hat immer wieder gleichzeitig betont, wie oft diese Urkunden, diese „Fälschungen" historischen Sachverhalten entsprachen: Oft fälschten Klöster Urkunden, um ihre tatsächlichen alten Rechte gegen Vögte, gegen kirchliche Feinde ihrer Besitztümer zu verteidigen.

Rudolf der Stifter ließ im außerordentlichen Bemühen, seinen Österreich-Glauben rechtshistorisch zu bestätigen, in seiner Kanzlei auf hochmittelalterliche Vorlagen zurückgreifen. Als Erfinder vieler Urkunden hat Lhotsky den Passauer Domdechanten Albertus Bohemus, Albert den Böhmen (gestorben um 1260), nachgewiesen, der ein Gegner der Bischöfe von Passau war und enge Beziehungen zu den Babenbergern unterhielt, die ja, wenn Friedrich II. nicht so früh gefallen wäre, bereits Könige von Österreich geworden wären.

Nicht minder bedeutsam für die Zukunft erweist sich, wieder in Frontstellung gegen den Schwiegervater in Prag und seine Gründung der Prager Universität, Rudolfs Gründung der Wiener Universität, die aber erst durch seinen Nachfolger Albrecht III., der die päpstliche Bewilligung einer theologischen Fakultät erlangt, zur im mittelalterlichen Sinne vollwertigen Universität wird.

Den ersten Rang nimmt „die österreichische Nation"[37] ein: Diese zu umfangreiche natio Australium wird dann in eine „österreichische" und eine „rheinische Nation" geteilt. Zur österreichischen Nation gehören die Studenten aus Österreich, Aquilea, Churwalchen, Italien und alle Territorien jenseits der Alpen. Die „böhmische" und die „ungarische Nation" werden vereint. Die „sächsische Nation" nimmt die Sachsen, Westfalen, Friesen, Thüringer, Meißner, Brandenburger, Preußen, Livländer, Litauer, Pommeraner, Dänen sowie die Engländer, Iren, Schotten, Schweden und Norweger auf. Weder Wien noch Prag kennen eine „deutsche Nation".

Jede dieser Nationen wählt einen Prokurator, die ihrerseits den Rektor wählen, der Gerichtsherr über alle zur Universität gehörenden Männer ist. Eine kaiserliche Neuregelung vom 30. Oktober *1838* (!) bestimmt: Die „österreichische Nation" umfaßt alle ob und unter der Enns und in der Steiermark Geborenen, die „slawische Nation" (statt der rheinischen, es bleibt aber der Name „Rheinisch-slawische Nation") umfaßt alle Böhmen, Mährer, Schlesier, Galizier, die „Ungarische Nation" alle Ungarn und die „italienisch-illyrische Nation" die Studenten aus Lombardo-Venetien, Dalmatien, Illyrien, Kärnten, Krain, Küstenland und Tirol.

Diese Nationen lösen sich selbst auf: die österreichische Nation 1879, die ungarische und die slawische 1881, die italienisch-illyrische hat sich bereits 1850 aufgelöst[38].

An ihre Stelle treten die studentischen Korporationen: Sie werden der Hort des neuen Nationalismus.

Der Stiftungsbrief Rudolfs IV. und seiner beiden minderjährigen Brüder Albrecht III. und Leopold III. vom 12. März 1365 gründet die Universität „zu besunder Wirdikait und Erhöhung des egenanten unsers Landes ze Österreich und unser Stat ze Wienne". Diese Universität wird eine Stätte, von der die Kämpfer gegen das Haus Österreich und das päpstliche Rom im 19. und frühen 20. Jahrhundert ausziehen werden, um die österreichischen Lande für ihren Deutschland-Glauben zu erobern. Ein Vorspiel 1520: Die Theologische Fakultät kann die ihr von Eck übersandte Bannbulle gegen Luther nicht publizieren, da die drei weltlichen Fakultäten dagegen sind[39].

Im Strahlraum des rudolfinischen Österreich-Bewußtseins ist die „Landeschronik" zu sehen, einer der größten Bucherfolge des Mittelalters. Man glaubt in Österreich an sie „wie an die Heilige Schrift", vermeldet Enea Silvio Piccolomini, der spätere Papst Pius II. in seiner „Geschichte Kaiser Friedrichs III." (Australes, qui hanc veluti sacram hystoriam venerantur).

Diese „Chronik von den 95 Herrschaften", cronica patrie, also des österreichischen Vaterlandes, wurde von dem Wiener Augustinereremiten Leopold Stainreuter verfaßt[40]. Sie erschien anonym. Das ist die erste nur-österreichische Chronik, eine „Weltgeschichte" auf Österreich bezogen. Der um 1400 gestorbene Verfasser arbeitete auf Wunsch des Hofes eine „Urgeschichte", die im 15. Jahrhundert viel Kritik erfuhr, in sein Werk ein, in der als alte Herrscherhäuser Österreichs „Heiden" und Trojaner, Juden und andere ihre große Rolle spielen. Diese erste österreichische „National-Geschichte" ist nur zu verstehen im Kontext der in dieser Zeit bereits mächtig ausholenden Bemühungen der Tschechen, Polen, Magyaren und italischer Herrscherhäuser wie der Visconti, sich eine eigene Urgeschichte zu erfinden. Die *„Landeschronik" ist auch ein Werk der Defensive — wie nahezu alles Österreich-Bewußtsein nur in Defensiven erwächst, wach wird.*

2*

Hier wird unter anderem ausgeführt, daß Österreich einst Judaeis apta geheißen habe. Man hat bis in die jüngste Zeit darin eine sarkastische antisemitische Anspielung sehen wollen: „Österreich Judaeis apta", als „Judenland". Einer der führenden Köpfe der Christlichsozialen, der spätere Prälat Joseph Scheicher, der 1900 in einer „Vision" das Wien von 1920 „judenfrei" sieht, spricht Wien als „Neu-Samaria" an[41]. „Daß für die quasisemitischen Eigennamen der erdichteten Fürsten alte Judengrabsteine den Ausgangspunkt gebildet haben können, liegt nahe." Oswald Menghin, ein führender Sprecher der deutschnationalen österreichischen Katholiken in der akademischen Welt, angesehener Prähistoriker, erster und letzter Unterrichtsminister der nationalsozialistischen Regierung Österreichs unter Seyß-Inquart, machte doch darauf aufmerksam, daß der Verfasser dieser österreichischen „Weltgeschichte" sich auch auf naheliegende frühgeschichtliche Relikte bezieht. Name, Regierungszeit (der früheren Herrscher Österreichs) sind stets genau angeführt, ebenso die Begräbnisstätten. Hier zeigt sich nun das Merkwürdige, daß einzelne dieser Angaben auf vorgeschichtliche Hügelgräber zutreffen. Wenn es zum Beispiel heißt, ein Fürstenpaar sei „bey der Newnstadt, in aim drittail einer meile" bestattet, so denkt man unwillkürlich an die frühzeitliche Hügelgräbernekropole zu Katzelsdorf bei Wiener Neustadt, ebenso wie man, da mehrfach Stockerau als Begräbnisplatz genannt wird, an den Tumulus (Grabhügel) von Unterzögersdorf bei Stockerau gemahnt wird. Besonders auffällig ist nun gar die Ortsangabe „in dem pühle bey Sand Lazar auf dem velde". Die Kirche St. Lazar auf dem Felde ist nämlich nichts anderes als das heutige St. Marx. Wir sind auf Grund dieser Tatsache zur Annahme geneigt, daß der Verfasser der Chronik von den 95 Herrschaften sich doch nicht alles so ganz traditionslos aus den Fingern gesogen hat[42].

In einer Zeit, in der täglich der völlige Zusammenbruch der kaiserlichen Macht des Hauses Österreich buchstäblich im Tor stand — Friedrich III. konnte sich in Wien nicht behaupten, die österreichischen Lande werden im Erbfolgestreit (mit den Ansprüchen seiner Verwandten, des Herzogs Sigismund von Tirol und seines Bruders Albrecht VI.) verwüstet —, verbinden sich die böhmischen, mährischen und österreichischen Stände gegen ihn in Linz 1461, ein bedeutungsvolles Vorspiel zum 16. und 17. Jahrhundert[43]. Ungarneinfälle und böhmische Heere verwüsten Niederösterreich. In eben dieser Zeit verfaßt Thomas Ebendorfer aus Haselbach bei Korneuburg — einer der wenigen Niederösterreicher, die in der österreichischen Historie[44] das Wort ergreifen — im Auftrag Friedrichs III. seine Cronica Austrie. In dieser Österreich-Geschichte regiert „ein amor patriae, ein völlig bewußtes, freilich auch sehr engstirniges Österreichertum, dem die Steiermark schon Ausland bedeutete. Es nahm ihm den Blick und das Verständnis für jenes selbe ‚Haus Österreich', dessen Begriff gerade er in die Historiographie eingeführt hat, gleich wie er übrigens auch als erster die Dynastie als ‚Habsburger' bezeichnete, was bis dahin nicht üblich gewesen war"[45].

Thomas Ebendorfer war der erste Ratgeber in österreichischen Angelegenheiten für Friedrich III. Er wurde 1427 Domherr zu St. Stephan, vertritt 1432—1435 die Wiener Universität auf dem Konzil von Basel. Als Dank erhielt er die Pfarre von Perchtoldsdorf. Erste Fassung seiner Österreich-Chronik: 1449—1451.

Voll Geringschätzung sieht Enea Silvius Piccolomini auf die „blöden Österreicher" und den „dummen" König-Kaiser Friedrich III. Mit der früh ausgeprägten Arroganz italischer Humanisten sieht er auf diese „Barbaren" (diese Animosität wird besonders im 19. Jahrhundert wieder politisch virulent) in seiner Österreich-Geschichte (Historia Austrialis, meist unter dem falschen Titel als Historia Friderici III imperatoris bekannt geworden), auf das Land, in das er als praeceptor Austriae, als Lehrmeister der Bildung, berufen worden war[46]. Die drei Fassungen seines Werkes spiegeln seine politische Wandlung, die sich mit der Entfernung vom Hofe Friedrichs ausfaltet. Die erste „Redaktion" zeigt den klugen Mann aus Siena als treuen Diener seines Herrn, die zweite als Kardinal, bereits sichtbar distanziert, die dritte als Papst, seine völlige Loslösung von dem Habsburger, und eben von den Wienern.

Der indolente, träge, faule, geizige, immer in Geldnot befindliche, immer nahe am Totalbankrott lebende dicke Friedrich III. lebt in einem Österreich-Glauben, der einzigartig dastehend ist; er findet sich erst wieder bei einsamen österreichischen Patrioten 1918 bis 1938, die in völlig aussichtsloser Situation, buchstäblich von allen Seiten angegriffen, lächerlich gemacht und als Verräter an der heiligen Sache der deutschen Nation denunziert werden. Dieser dritte Friedrich („der dritte Friedrich" war in deutschen Landen eine Messias-Figur, wurde von Bauern und Chiliasten, die auf das Tausendjährige Reich der Deutschen hofften, als Erlöser-Kaiser erhofft und erwartet: Nach den Staufern Friedrich I. und Friedrich II.) bestätigt 1453 den „Großen Freiheitsbrief", das Privilegium maius Rudolfs des Stifters. Damit erhebt er Österreich reichsrechtlich in einen Rang, der, wie nichtösterreichische Geschichtsschreiber feststellen, Österreich praktisch aus dem Reiche heraushob und es neben das Reich stellte[47].

Sein Glaube an Österreich inkarniert sich in der Devise AEIOU[48]. Spätmittelalterliche Fürsten, so die Herzoge von Burgund, deren Erbschaft Habsburg tief in den Westen Europas hineinführt, deren Hofzeremoniell Basis des spanischen und habsburgischen Zeremoniells bis zu Kaiser Franz Joseph wird, lieben sehr Devisen, die ihr politisches Fernziel und ihr Selbstverständnis als große Herren in knappster Kürze ansagen. Friedrich III. bringt dieses sein Heilszeichen an fast allen Gegenständen an, die dem Kaiser gehören. An Bauwerken findet es sich, an der Ruprechtskirche in Wien, der Burg in Wiener Neustadt, dem Grazer Dom, der Bürgerspitalkirche in Krems. Alphons Lhotsky erinnert an 86 der über 300 vorhandenen „Deutungen", eine griechische, 72 lateinische, 13 deutsche Versionen[49].

Es empfiehlt sich, die Deutungen dieses Österreich-Glaubens dem Zusammenbruch nahezu jedes Österreich-Glaubens 1866 bis 1938 gegenüberzustellen. Austriae est imperare orbi universo — es ist Österreichs heilsgeschichtliche Bestimmung, den christlichen Erdkreis zu beherrschen: So ist diese Interpretation zu deuten, orbis ist wie im päpstlichen Segen urbi et orbi der Weltraum der „Christenheit". Austria erit in orbe ultima, Österreich wird in diesem christlich-abendländischen „orbis" als letzte Macht bestehen. Der Kardinalstaatssekretär sagt das in Rom, nach der Katastrophe von Königgrätz so aus: casca il mondo, es zerbricht die Welt Alteuropas. Austria est imperio optime unita (Österreich ist das im Heiligen Römischen Reich bestens geeinte Land). Das wird als frohe Botschaft gekündet in einer Epoche nahezu totaler Zerrissenheit und im Bürgerkrieg. Kaiser Franz Joseph wählt als seinen Wahlspruch viribus unitis, mit den vereinten Kräften aller seiner Völker. Der 1916 als letzter vollendete

Trakt der kaiserlichen Hofburg in Wien trägt bis heute diesen Heilspruch: his aedibus adhaeret concors populorum amor. Die in Liebe vereinten Völker tragen Österreich.

Deutschsprachige Formulierungen dieses Glaubens an das Heil in Österreich aus Österreich: „Aller Ehren ist Österreich voll (v = u)." „Alles Erdreich ist Österreich untertan." Der so früh und so tragisch verstorbene Gerhard Fritsch, der im März 1969 in Wien aus dem Leben ging, ein Schriftsteller, ein Dichter eines sehr jungen, neuen österreichischen Patriotismus, formuliert das AEIOU so: „Aber es ist ohne Unheil." Dies nach dem Zusammenbruch so vieler und so verschiedenartiger Formen des Glaubens an das große Heil aus „Deutschland".

Im Umkreis, in der Epoche dieses Friedrich III., die nahezu zur Gänze seinen Gegnern gehört, wird das vielzitierte und vielverspottete Wort berufen: bella gerant alii, tu, felix Austria, nube! Kriege mögen andere führen, du, glückliches Österreich, heirate. Das ist ein Teil des Distichons „Nam quae Mars aliis, dat tibi regna Venus", Was Mars anderen gibt, gibt dir Venus. Dem großen ungarischen König Matthias Corvinus, dem Freund der Humanisten, der hoffen konnte, sich auch in Wien zu behaupten, wird dies Wort in den Mund gelegt[50].

In der berühmt-berüchtigten „Österreichischen Landeschronik" des Leopold Stainreuter, die scheinbar so nebulos-„unhistorisch" erscheint, werden als einzige Beziehungen in den Fürstengeschichten, Heiratsbeziehungen der österreichischen Fürsten nach Rom, nach Böhmen und Ungarn berufen. Dieser Wiener des 14. Jahrhunderts sieht bereits sehr klar eben diese zwei Völker als geschichtsmächtig für Österreichs Zukunft an: die Böhmen und die Ungarn.

Man hat sich in der preußischen, in der österreichfeindlichen Publizistik um Österreich und in Österreich selbst so oft und so gern entrüstet, man hat zumindest mit Spott eben diese Heiratspolitik der Habsburger bedacht. Noch ein böses Wort des Mährers Karl Renner sieht dieses alte Österreich als einen willkürlich und unnatürlich zusammengeheirateten Komplex fremder Lande, einander fremder Nationen.

Heiratspolitik: Sie bestimmt in Altmesopotamien, Altägypten, im Rom des Marius und Sulla, des Caius Julius Caesar und des ersten Augustus, sie bestimmt im tausendjährigen oströmischen Reich, in den Reichen der germanischen Könige der Völkerwanderung, im Reich Karls des Großen, in den zusammengeheirateten Reichen der französischen, der englischen, der spanischen Könige (um nicht noch weiter auszuholen), sie bestimmt in Brandenburg-Preußen ebenso die große Politik wie am Hofe in Wien. Auch in diesem so oft angefochtenen Bezug steht Österreich in sehr alten, wahrhaft tausendjährigen Kontinuitäten.

In diesen für die österreichischen Lande so gefährlichen Krisenzeiten (gab es je eine Zeit Österreichs, in der Land, Volk, später der Staat, nicht zutiefst gefährdet waren?) zwischen 1300 und 1600, in den so schwierigen Anfängen der Habsburger — sie begannen erst nach 1325 „eigentlich österreichische Politik zu machen" (Lhotsky)[51] — und dem Vorabend des Dreißigjährigen Krieges wird die österreichische Mundart in die deutsch geschriebenen Schriftstücke der Donauländer, vor allem Ungarns, übernommen. Hugo von Trimberg spricht in seinem „Renner" (um 1300) von dieser österreichischen Sprache. Analog Konrad von Megenberg um 1340: Das „Österreichisch-Teutsch", als Schriftsprache, wird von dem Schwaben Wolfgang Schmelzl (1500—1557) in seinem „Lobspruch der Stadt Wien in Österreich", von Benedikt Edelpoeck 1575, Johann Rasch 1584, Georg Scherer (1539—1605) und dem Tiroler Hippolyt Guarinonius (1571—1654) verteidigt[52].

Dieses „Österreichisch-Teutsch" findet sich in Urkunden der Stadtkanzlei von Ödenburg, im Rechtsbuch der Stadt Buda und in Königsberg in der Slowakei. Die siebenbürgisch-sächsischen Schreibstuben und Kanzleien ersetzen seit 1415 die obersächsische durch die österreichische Mundart. Die Schriften des Johannes Honter (1498—1549), der den evangelischen Glauben unter den Sachsen Siebenbürgens verbreitet, sind durch seinen Wiener Aufenthalt vom Österreichischen her beeinflußt.

„Deutsche Sprache" wird die Sprache evangelischer Schriftbildung und als solche eine geschichtsmächtige Gegenkraft gegen österreichische katholische Kultur der Sinne, der Sinnlichkeit, des Barock.

Viel verspottet wurde eine Bemühung des ersten Unterrichtsministers der Zweiten Republik Österreich, durch ein Österreich-Wortlexikon österreichische Schriftsprache im Dienste einer Bildung eines Österreich-Bewußtseins obrigkeitsmäßig zu fördern. Patriotismus läßt sich von „oben" her nicht einwurzeln: Dies erfährt nun das Haus Österreich in den großen Kämpfen des 16. und zunächst 17. Jahrhunderts.

Im Abendlicht des Heiligen Römischen Reiches fordert einer der wenigen deutschen bedeutenden Schriftsteller der Aufklärung, Wieland, die Österreicher auf, ihre eigene Sprache zu einer Schriftsprache zu entwickeln, um sich als österreichische Nation behaupten zu können[53].

3. Reformation und Gegenreformation bilden zwei Kulturen in Österreich

Der Schicksalsraum für Österreich ist Böhmen. Alle Weichenstellungen, alle Entscheidungen für die österreichischen Lande zentrieren sich in Böhmen. Eine Wende beginnt erst 1938.

Der Sprachenkampf, der die innenpolitische Arbeit im cisleithanischen Österreich in den Jahrzehnten vor 1914 lahmlegt, hier ist er zugegen, seit dem 9. Jahrhundert: Um sich dem Druck der fränkischen Macht zu entziehen, wendet sich Rastislav von Mähren an den Kaiser in Byzanz, der ihm die Brüder Kyrillos und Methodios, die „Slawenapostel", sendet. Ihre slawische Schrift und Liturgie wird zunächst von Rom 867 gebilligt, dann jedoch von den deutschen Bischöfen niedergekämpft. Es ist Regensburg, es ist Salzburg, das diese Osträume als sein „Missionsgebiet", als seinen kirchlichen Herrschaftsraum zu behaupten versucht.

Der Kampf gegen die slawische Kirchensprache erreicht einen ersten Höhepunkt unter Papst Gregor VII., der die slawische Liturgie hart verbietet. Ergreifende Klage über die Vernichtung der slawischen Bücher klingt in der Chronik des Klosters Sazawa auf, aus dem endgültig 1096 die slawischen Mönche vertrieben werden[1].

Sprachkampf ist hier dies: Kampf um das Heil des Volkes, um nationale, um geistige, um religiöse Unabhängigkeit: Durch das Heil aus der eigenen Sprache, die allein die Tiefenschichten der Seele zu Wort kommen läßt. Sprachkampf ist hier dies: Kampf gegen Rom, gegen die Gleichschaltungspolitik, wie sie seit Gregor VII. sich endgültig durchsetzt (bis auf die Höhe des 20. Jahrhunderts)! Kampf gegen die deutschen Kirchenherren, und dann — in Prag an der Universität — gegen die deutschen Professoren, die *ihr* Latein als *ihre* Herrschaftssprache, als die Sprache ihrer scholastischen Bildung durchsetzen wollen[2].

Das Erwachen der Nationen begibt sich in Frankreich, England, in deutschen Landen als ein Sprachkampf: gegen Rom. Der reiche Bürger von Lyon Petrus Waldes läßt die Evangelien in seine französische Volkssprache übersetzen: Seine vielverfolgten Anhänger fliehen nach Böhmen, wo er selbst (der Legende nach) stirbt (er wurde 1174 aus Lyon vertrieben). Böhmen wird „das Reich Gottes in Böhmen", wie es dann Hussiten und ihre geistigen und geistlichen Söhne und Erben erleben, zunächst als Gelobtes Land der „Ketzer", zuerst der Waldenser. Wie stark sie den Untergrund aktivieren, nach bereits jahrhundertelanger Verfolgung durch Rom und deutsche Kirchenherren, zeigt der „Feldzug" des Herrn von Neuhaus im päpstlichen Auftrag gegen die böhmischen Waldenser, die gerade auch unter den Deutschen starke Anhängerschaft gewonnen hatten[3].

„England erwache" (England awake: Das ist wieder der Kampfruf nonkonformistischer Erweckungsbewegungen im 18. Jahrhundert[4]): Dieses Erwachen der Bewegung vollzieht sich um den Reformator Wiclif[5], dessen Lehre durch böhmische Studenten nach Prag kommt. Auch hier geht es um diese religiös-politische Achse: Das Heil wird gesucht und gefunden in der Volkssprache. Das Latein (bzw. Deutsch) wird als Sprache seelischer Verfremdung, Überfremdung, als Sprache eines Psychoterrors, wie wir es heute nennen würden, abgelehnt.

Thomas von Stitny[6], ein frommer tschechischer Landedelmann, fragt: „Liebt Gott das Tschechische weniger als das Latein?"

Böhmen erhält zunächst geistig-geistliche Schützenhilfe aus Oberösterreich. Hier beginnt sich eine vielhundertjährige Allianz vorzubereiten, ohne Wissen der ersten Protagonisten. Der oberösterreichische Augustinerchorherr Konrad Waldhäuser predigt als „Posaune Gottes" in Prag; da er nicht tschechisch kann, predigt sein Freund und Mitarbeiter Militsch von Kremsier tschechisch 1364 in St. Nikolaus auf der Kleinseite in Prag[7].

Die „reiche", die verkommene, die zu Babylon gewordene römische Kirche: Sie erscheint hier vorzüglich präsent durch den reichen Hochklerus, und die Deutschen erscheinen als „die Kapitalisten" (wie man es später formulieren wird), die reichen Bürger, Patrizier, Handelsleute, die durch das böhmische Silber reich geworden sind und in den Städten wie Kuttenberg und eben Prag prunkend sitzen.

Jan Hus[8]: Die Verbrennung des Jan Hus in Konstanz 1415 hat Böhmen, hat die tschechische Seele bis heute versehrt[9]. Das spricht Kardinal Beran offen in Rom auf dem II. Vatikanischen Konzil aus; auch andere namhafte Vertreter der römischen Kirche sprechen diese Verwundung an: so 1964, bei der offiziellen Feier des vierhundertfünfzigsten Jahrestages des Konstanzer Konzils in Konstanz.

Deutsche, deutsch-böhmische und tschechische Patrioten berufen sich in den Jahren vor 1848 auf Hus, gegen Wien und Rom. Nach 1848 teilen sie sich: Hus wird zum Schutzheiligen der nur-tschechischen Nation erhoben, deutsche Nationalisten schieben ihm die Vertreibung der deutschen Studenten aus Prag in die (längst verbrannten) Schuhe. Liberale feiern Hus als Vorkämpfer der „Freiheit des Geistes" gegen klerikale Knechtung des Gewissens. Der Gründer-Vater der Tschechoslowakischen Republik, Thomas Masaryk, beruft sich immer wieder auf ihn[10]. Auf Hus berufen sich die tschechoslowakischen Kommunisten 1945. Vor dem Hus-Denkmal verbrennt sich der Student Jan Pallach, um gegen die sowjetrussische Invasion von 1968 flammend Zeugnis abzulegen: für die tausendjährig geschändete Freiheit Böhmens.

Jan Hus (sein Geburtsdatum ist unbekannt, über seine Kindheit und Jugend weiß man wenig) ist ein Waldbauernbub aus Husinec, der „Gänsestadt"! Hus ist kein Familienname. War der Vater Fuhrmann, wie die legendäre Überlieferung sagt? Der scheue aber zähe, in einem harten, kargen Klima heranwachsende Junge erhält seine erste Schulbildung im reichen Prachatitz, dem „böhmischen Nürnberg"; er kommt dann in das üppige „Goldene Prag", das 76 Kirchen und Kapellen, 1200 Geistliche mit reichen Pfründen und ein Kleriker-Proletariat, bestehend aus armen Messelesern und „Laypriestern" hat, die nicht ein Tausendstel von dem verdienen, was wohlgeborene junge Herren im Kirchendienst an sich reißen. Der Prager Erzbischof Zbynjek, ein Sohn des alten tschechischen Adels, ist mit vierzehn Jahren Propst und mit knapp fünfundzwanzig Jahren Erzbischof von Prag[11].

Jan Hus geht es um „das arme Volk" und sein armes tschechisches Volk, ihm will er die Frohe Botschaft künden: in Prag, wo Kaiser Karl IV. als König von Böhmen das Tschechische und das Deutsche so sehr gefördert hatte. Karl gründete das Kloster zu Emmaus, in dem nur die slawische Sprache, der slawische Ritus und die altslawische Schrift gepflegt werden sollen. Am Karlshof entsteht die deutsche Schriftsprache als Produkt eines höfischen Kanzleihumanismus um den Kanzler Johannes von Neumarkt. Hier soll ein Gemeindeutsch geschaffen werden, das von *den Deutschen „verschiedener Zungen"*, verschiedener Landessprachen, verstanden wird. Jan Hus möchte das Heil für sein geliebtes Tschechenvolk durch das Heil aus der Volkssprache gewinnen. Seine verbesserte tschechische Bibelübersetzung, seine tschechischen Predigten und Traktate schaffen eine flexible, sensible tschechische Hochsprache, die fähig ist, sich mit lateinischer Intellektualität zu messen, und die als Sang des Volkes, als Ausdruck des Leids, der Leidenschaft, der Liebeskraft aus der Tiefe, dem Latein der Schulmeister, der Professoren so überlegen ist, wie hundert Jahre später Luthers Deutsch der Sprache seiner „römischen" Gegner. Luther, der schon 1520 das Buch des Jan Hus „Von der Kirche", sein Hauptwerk, neu drucken läßt, schreibt an Spalatin: „Wir sind alle unbewußte Hussiten, auch Paulus und Augustin."[12] Thomas Münzer, *das* politische und revolutionäre Genie der radikalen deutschen evangelischen Bewegung, weiß sich als Erbe des Hus. Zweimal geht er nach Böhmen, predigt 1521 in der Bethlehemskapelle und verkündet *hier* sein Prager Manifest[13].

Jan Hus weiß: Er hat in Prag, in Böhmen, ihm leidenschaftlich anhängende deutsche Freunde, und er hat hier tschechische Todfeinde (so seinen ursprünglichen Anhänger Stephan Paleč)[14]. Hus: „Wenn ich einen tugendhaften Fremden von irgendwoher kenne, der mehr denn mein tschechischer Bruder Gott liebt und das Gute schätzt, dann ist er mir lieber als mein Bruder. Und darum sind mir die guten englischen Priester lieber als die schlechten tschechischen und ein guter deutscher lieber als ein böser (tschechischer) Bruder."[15] Das steht nicht an einer obskuren Stelle, sondern im 44. Kapitel seiner berühmten Schrift über den Dekalog, in seiner Auslegung der zehn Gebote. Hus versucht, seine deutschen Kollegen vom Auszug aus Prag abzuhalten (sie gehen 1409 meist nach Leipzig). 1410 wird der Deutschböhme Johann Schindel Nachfolger des Hus im Rektorat.

Die *vier Nationen* der Prager Universität[16]: In der böhmischen Nation befinden sich Tschechen und Deutsche aus dem Königreich Böhmen, Studenten und Professoren aus den Balkanländern, aus dem nahen Mähren und aus Ungarn. In der polnischen Nation finden sich Polen, Litauer, Schlesier, Preußen und Deutsche aus dem Obersächsischen, Meißischen, Thüringischen. In der bayerischen Nation sind Bayern, Österreicher, Niederländer, Westdeutsche. In der sächsischen Nation sind Norddeutsche und Skandinavier! In allen vier Nationen befinden sich Deutsche: Tschechen sind fast nur in der böhmischen Nation.

Im Kampf gegen eine Kreuzzugsbulle, im Eintreten für Wiclif wird Hus zum „Rebellen". König Wenzel, der ihn lange geschützt hat, wird aus politischen Gründen sein Feind. Das Volk ruft „Hus! Hus!" (wie es später andere religiös-politische Heilsführer anruft). Böhmen wird als Ketzerland verschrien. „Böhmerland — ein Ketzerland!" Magister Ludolf Meistermann schreit seine tschechischen Gegner in Prag an: „Euch Tschechen müßte man alle mit dem Ketzerkreuz brandmarken!"[17] Dietrich von Niem, der Deutsche im päpstlichen Dienst, empfiehlt von Bologna her, einen europäischen Kreuzzug gegen die böhmischen Ketzer zu führen[18].

1412 wird der Große Bann gegen Jan Hus verkündet. Hus appelliert — an Christus. Hus lehrt in seiner Schrift „Über die Kirche": Wir sollen nicht an die Kirche, sondern an Gott glauben. Jan Hus geht mit der genialen „Naivität" eines gläubigen „Kindes", eines Gotteskindes, nach Konstanz und verläßt sich auf die Zusicherung freien Geleits durch Kaiser Sigismund. In Konstanz ist die Elite der westeuropäischen Theologen versammelt, unter Führung der Spitzen der Pariser Universitätstheologie, des Kardinals D'Ailly und seines Schülers und Freundes Gerson[19].

Der „Verrat" des Kaisers an Hus bewegt ein halbes Jahrtausend lang die Geister in Böhmen. Sigismund hatte in Konstanz keinen Ausweg mehr: Er mußte entweder das Konzil und die Reformbewegung und seine gesamte kirchliche und staatliche Politik preisgeben oder eben Jan Hus übergeben.

Sehr deutlich wird in Konstanz der große Ost-West-Konflikt sichtbar, der bis 1914 Österreich überschattet. Für Hus stehen polnische und tschechische Adelige, gegen ihn steht der Deutsche Orden, der durch seine jährliche Slawenjagd in Preußen in ganz Europa berühmt, berüchtigt ist. Kerkermeister des Hus wird zeitweilig der Rigaer Erzbischof Wallenrod: Dieser Mann des Deutschen Ordens kennt Slawen nur als Sklaven. Vergebens protestiert ein polnischer König an das Konzil: gegen die Raubzüge, die Plünderungen, die Schändungen auf den „Kreuzzügen" des Ordens im Ostland[20].

Zweihundertfünfzig Siegel trägt das Schreiben der böhmischen und mährischen Herren an ihren gnädigen Herrn Sigismund, König der Römer und König von Ungarn, vom 12. Mai 1415: Sie protestieren gegen die Einkerkerung des Magister Johannes Hus, „eines, so Gott will, gerechten und schuldlosen Mannes". Dieser hat schon zu lange „genug schuldlos gelitten"; er soll „nicht mehr gewaltsam und ohne Ordnung eingekerkert sein zu Schmach und Schande für die ganze böhmische Nation. Schließlich hat ihn ja deine Gnade aufgefordert und ihm sicheres Geleit gegeben. Andernfalls könnte nämlich zunächst für deine Gnade und dann für die ganze böhmische Krone ein großes Unheil erstehen durch eine so willkürliche und ungerechte Gefangenhaltung eines so gerechten Mannes . . ."[21] Diese Warnung der böhmischen Barone geht in Erfüllung: zunächst bis 1918. Am 6. Juli 1415 wird Jan Hus verbrannt.

Nach dem Urteilsspruch kniet Jan Hus nieder, er betet für seine Feinde! „Herr Jesus Christus! Vergib allen meinen Feinden . . .!" „Nach diesen Worten sahen viele, zumal die Hohenpriester, unwillig vor sich hin und verhöhnten ihn." So steht es im Bericht des Peter von Mladoniowitz über „Hus in Konstanz". Peter ist der Evangelist des Jan Hus geworden. Als Augenzeuge hat er ihn nach Konstanz, bis zum Tod begleitet. Sein Bericht ist die Passion, die Leidensgeschichte des Christus-Nachfolgers Jan Hus, der für seine geliebte Nation in den Tod geht. In diesem Sinne ist sie stilisiert. Diese Passion wird später regelmäßig im Gottesdienst der Utraquisten und der Böhmischen Brüder verlesen[22].

Die Utraquisten: Der Laienkelch, die Kommunion in beiden Gestalten, in Brot und Wein, von Paulus proklamiert, von der Frühkirche praktiziert, von Hus gepredigt, wird zum Bannerzeichen der Hussiten, später zum Heilsmal der gemäßigten, mit den alten Mächten in Rom und Wien zur Zusammenarbeit bereiten und von ihnen anerkannten Hussiten. 1410 predigt Hieronymus von Prag, der große Freund und Mitstreiter des Jan Hus, in Wien, flieht von hier nach Mähren. Hieronymus hatte in Prag und in England studiert, war auf Lehr-, Lern- und Missionsreisen in Palästina, Paris, Heidelberg, Köln, später in Polen und Litauen tätig, wo er in Verbindung mit der russischen Orthodoxie trat und zum Wegbereiter eines frühen religiös-nationalen „Panslawismus" wird[23].

Mit Hieronymus gewinnt zum ersten Mal ein tschechischer Humanist internationalen Ruf. Tief beeindruckt berichtet Poggio Braccolini aus Konstanz, wo Hieronymus mit Hus verbrannt wird, über seine glänzenden Verteidigungsreden an Aretino.

Der Deutsche Dietrich von Niem hatte einen europäischen Kreuzzug gegen das Ketzerland Böhmen gefordert. Die Heere der radikalen Hussiten führen *ihre* Kreuzzüge in die deutschen Lande (Prokop zieht nach Deutschland mit 45.000 Mann, kehrt mit 70.000 Mann wieder: So viele Deutsche hat er als Hussiten gewonnen). Die Wiener Universität warnt immer wieder vor den Hussiten *in* Österreich[24].

Schwere hussitische Einfälle in österreichische Lande: so im Sommer 1419 (Herzog Albrecht V. bekämpft sie). Im April-Mai 1422 dringen Hussiten bis in die Nähe von Zwettl vor (Hitlers Ahnen sind Grundholden des Stifts Zwettl, das selbst einen slawischen Namen trägt, zinspflichtige Kleinbauern seit dem 15. Jahrhundert)[25]. Aus der Fülle dieser Einfälle im 15. Jahrhundert sei hier nur ihr wiederholtes Vordringen in Nieder- und Oberösterreich, so bis Stockerau und an die Donau, ihr Niederbrennen von Dörfern, Märkten, Städten, Stiften genannt. Sie zerstörten das Stift Altenburg, Döllersheim, Altpölla und Fuglau, Waidhofen an der Thaya, vernichten oberösterreichische Ortschaften und die Stifte Baumgartenberg und Waldhausen, kommen bis zur Donau bei Linz (Sommer 1428). Ende August 1458 erreicht das Hauptheer unter König Georg Podjebrad Kreuzenstein. Kaiser Friedrich III. erscheint nicht zu vereinbarten Waffenstillstandsverhandlungen. Bis Aspern rücken jetzt die Hussiten vor. Dann kommt es doch noch „zwischen den Donaubrücken von Wien" (Zwischenbrücken) zu einem Vertrag.

Am 15. August, am Marientag des katholischen Volkes, 1469, fallen die Böhmen wieder einmal im Mühlviertel in Oberösterreich ein, verwüsten den Markt Haslach. Im Frühjahr 1473 brandschatzen böhmische und mährische Scharen Oberösterreich und Niederösterreich. Wieder werden Zwettl und Altenburg in Niederösterreich geplündert, in Oberösterreich dringen sie bis Leonfelden und Haslach vor. Ist es ein Zufall, daß diese ober- und niederösterreichischen Landschaften im hohen 19. Jahrhundert Zentren jenes wütenden Tschechenhasses werden, der Deutschnationale, dann vor allem die Gläubigen Schönerers und Hitlers prägt? Wir wissen aus Alteuropas Geschichte, so aus den Balkanländern und aus Rußland und eben aus Böhmen, wie tief sehr alte Schocks sich in der Volkspsyche einwurzeln, in dem unheimlich stark wirkenden Gedächtnis des Landvolkes, das nicht in der Historie zu Wort kommt, von dem aber die Volkskunde tausendfach berichtet. Ein Bericht aus dem Heute: Als der Wiener Archäologe Wilhelm Aizinger 1977 in Griechenland gräbt und an Hand der Berichte des griechischen Reiseschriftstellers Pausanias die versunkene Stadt Phelloe sucht, kommt ein Bauer aus Seliana zu ihm nach Algeira, zeigt ihm eine Kiste mit Scherben aus dem fünften vorchristlichen Jahrhundert und sagt ihm, daß sein Heimatdorf Seliana die Nachfolgesiedlung von Phelloe sei. Das wissen sie, die Bewohner seines Dorfes, genau. Denn: „Wir leben mit der Vergangenheit.“[26]

Dieses bäuerliche Gedächtnis, dessen Wirkmacht durch Jahrtausende hindurch in den „archaischen Gesellschaften“ Forscher wie André Varaignac in großen Zusammenhängen erforscht haben[27] und in orts- und landschaftsbezogenen kleineren Räumen auch in österreichischen Landen Volkskundler unserer Heimat, spielt, was kaum beachtet wird, eine außerordentliche Rolle in jenem Österreich-Bewußtsein, das anonym, schriftlos, ohne Namen ist — getragen vom Kollektivgedächtnis des Volkes, das mißtrauisch ist gegen die ihm fremde, unheimliche Schrift der Herren: der Kleriker, der Steuerschreiber, der Beamten, eben aller „Herrschaften“. Mit diesem österreichischen, hier konkret nieder- und oberösterreichischen Volksbewußtsein läßt sich „kein Staat machen“: Es wurde erst mobilisiert und aktiviert durch die Gegner des „Staates“, des Hauses Österreich.

Mindestens zu erwägen wäre in diesem Zusammenhang die tiefe Animosität gegen die Ungarn — ein Erbe dieser Gegnerschaft wurde politisch im 19. Jahrhundert die Christlichsoziale Partei als Partei des Landvolkes und der „kleinen Leute“ in Stadt und Land. Viele, viele Ungarneinfälle, so besonders in den Jahren ab 1474, wobei der König Matthias Corvinus auch böhmische Hilfstruppen erhält. Plünderung vieler Orte durch ungarische Söldner. Kampf des Corvinus um Wien, Baden bei Wien, Bruck an der Leitha, Klosterneuburg und Korneuburg, Wiener Neustadt (das sich erbittert gegen den Ungarnkönig wehrt, sich am 17. August 1487 ergeben muß). Trotz aller Absprachen mit Friedrich III. fallen immer wieder neue ungarische Scharen ins Land unter der Enns ein. In der Steiermark und in Kärnten wird Corvinus von den unzufriedenen österreichischen Ständen unterstützt.

Wie ein Vorspiel zu den großen Kämpfen des 16. und 17. Jahrhunderts mutet dies an: die Bauernunruhen dieser Jahrzehnte, die Bündnisse österreichischer Stände (so 1452 mit dem Reichsverweser von Ungarn, Johann Hunyadi), die Absage der Stände im Lande ober und unter der Enns und böhmischer und mährischer Herren an Friedrich III., Juni 1461[28]. Wien schwankt zwischen Kaiser Friedrich III. und Erzherzog Albrecht VI. In diesen Kämpfen läßt Albrecht den Wiener Bürgermeister Wolfgang Holzer mit fünf Bürgern der Stadt am 15. April 1463 Am Hof in Wien hinrichten.

Wiens immer wieder sehr schwierige Beziehung zu seinen habsburgischen Herren in der Hofburg ist in manchen Bezügen zu vergleichen mit Berlin. Die Stadt, die Bürger Berlins stehen von 1448 zunächst bis 1848 — und darüber hinaus immer wieder im Kampf, im Streit mit den landfremden Hohenzollern[29].

Am 10. August 1477 dringt König Corvinus in Niederösterreich ein. Kaiser Friedrich III. zieht sich nach Gmunden in Oberösterreich zurück. Über 30 Städte und über 100 Burgen fallen rasch in die Hände des Ungarn. Wenig mehr als eine Woche später, am 19. August, heiratet in Gent Erzherzog Maximilian Maria von Burgund. Niemand konnte voraussehen, daß diese Heirat die Basis des habsburgischen Reiches, in dem die Sonne nicht untergeht, werden sollte.

Dies begibt sich in den ersten Jahrzehnten des 16. Jahrhunderts: die Entstehung der habsburgischen „Weltmacht“, die Geburt einer neuen deutschen Nation aus den Feuern, zunächst den Geistfeuern der „ersten deutschen Bewegung“, der lutherischen Reformation (nach kräftiger Vorarbeit durch deutsche Humanisten), die Bildung zweier Deutschland, eines evangelischen und eines römisch-katholischen Deutschland, die Erhebungen der Bauern, die Einfälle der Türken. Was soll da Österreich, so mag der Nachgeborene fragen. Für die Zeitgenossen stellte sich „nur" dies Problem: überleben und Selbstbehauptung, wie es das neue Gewissen — zunächst der von der Frohbotschaft Luthers Ergriffenen es ihnen befahl.

Kaiser Maximilian I. (1493—1519)[30], der Sohn des trägen und indolenten, jedoch beharrlich an seinem Österreich-Glauben haltenden Kaisers Friedrich III., ist zeit seines Lebens in wenig glückliche Kämpfe mit Frankreich und in Italien verwickelt, er ist ein Schirmherr der jungen deutschen Renaissance, in den Künsten. Seine Vermählung mit Maria, der Erbtochter Karls des Kühnen, führt 1477 zur Erwerbung von Burgund, das in ständigen Kämpfen mit Frankreich und den burgundisch-niederländischen Ständen behauptet wird. Durch die Vermählung seiner Kinder und Enkel 1496 bis 1515 wird ein großer Teil West- und Osteuropas in das Gefüge der habsburgischen Länder einbezogen: Durch die Heirat seiner Kinder Philipp und Margaretha, 1496, mit den Kindern Ferdinands von Aragon und Isabellas von Kastilien (der reyes catolicos, der „katholischen Könige"), Johann und Johanna, kommen die Länder der spanischen Krone unter habsburgische Herrschaft, da Johann kurz nach der Vermählung stirbt, und Johanna nach dem frühen Tod ihres Gatten in eine bis heute nicht aufgeklärte psychische Verdüsterung fällt (ihre Abstempelung als „Johanna die Wahnsinnige" ist ein Klischee, das der Lebenswirklichkeit dieser unglücklichen Frau nicht gerecht wird).

Auf dem Wiener Fürstentag 1515 verabredet Kaiser Maximilian mit König Vladislav II. von Böhmen und Ungarn die Vermählung mit dessen Kindern Ludwig und Anna: Dies wird die Grundlage für die spätere habsburgische Herrschaft in Böhmen und Ungarn. Diese weitausholende Heiratspolitik entsprach durchaus immanent europäischen Entwicklungen. Böhmen, Mähren, Ungarn vermochten sich des steigenden Drucks aus dem Osten, zunächst von den Türken her, nur durch eine zentraleuropäische Allianz zu erwehren, wie bereits die folgenden Jahre zeigen: 1526 verliert König Ludwig in der Schlacht von Mohacs Reich und Leben an die Türken, die nun für hundertfünfzig Jahre die Herren Zentralungarns werden, wobei das Siebenbürger Zapolyas neben Frankreich der wichtigste Verbündete der Pforte, des Sultans in Konstantinopel wird.

Am 24. Februar 1500 wird Karl geboren, er wächst faktisch als Waise auf: Sein Vater, Philipp der Schöne, stirbt 1506, die Mutter Juana („die Wahnsinnige") verdämmert in Spanien, interniert, ihr Leben.

Karl V. ist *der* europäische Kaiser. Engländer nennen ihn Charles of Europe, im Französischen ist Charles-Quint der einzige Kaiser neben Charlemagne, neben Karl dem Großen, der einen Eigennamen erhalten hat[31].

Von seiner achtunddreißigjährigen Regierungszeit (1519—1556) war Karl fast ein Viertel auf Reisen[32]. Zwischen seinem ersten Auszug aus Flandern und seiner Abdankung war er neunmal im Reich, sechsmal in Spanien, siebenmal in Italien, viermal in Frankreich, zweimal in England und zweimal in Nordafrika. Er verbrachte 28 Jahre in den Niederlanden, 18 Jahre in Spanien, acht Jahre im Reich, zweieinhalb Jahre in Italien, sieben Monate in Frankreich, viereinhalb Monate in Afrika und sieben Wochen in England.

Dieser große Reisende bewegte sich innerhalb eines Polygons, das durch die Städte Wittenberg—Wien—Messina—Argel—Sevilla—La Coruña—London abgesteckt ist. Karl sah nie Prag oder Buda, nie die Habsburg, war nur einmal in Wien.

Lange vor der deutsch-protestantischen Propaganda gegen den „deutschfeindlichen" Karl arbeitet die französische Propaganda im Reich mit diesem bösen Klischee gegen ihn. Seit 1516 bewarb sich Franz I. von Frankreich um die Kaiserkrone. Fugger, Welser und italienische Bankiers finanzieren die Kaiserwahl Karls. Am 23. Oktober 1520 wird Karl in Aachen gekrönt. Einstimmig haben ihn die Kurfürsten gewählt. Im Münster Karls des Großen, unter dem Kronleuchter Friedrich Barbarossas, der mit seinen zwölf Türmen das ewige Jerusalem „verkörpert", wirft sich Karl nieder. Vorher küßt er zweimal das heilige Reichskreuz Lothars. In den sechs Fragen, die der Kurfürst von Köln an den jungen Mann gemäß dieser Liturgie des Heiligen Reiches an ihn zu richten hat, sind alle seine Geschicke und geschichtlichen Entscheidungen von europäischer Tragweite enthalten. Karl gelobt den „heiligen Glauben, den katholischen Männern überliefert" zu halten und zu hüten, „der Kirche ein treuer Hüter und Verteidiger (zu) sein", „die Rechte des Königreiches (der Deutschen) und die Besitztümer des Reiches, die ihm ungerechterweise entwendet wurden, (zu) erhalten und zurück(zu)gewinnen". Karl gelobt „dem römischen Papst und dem Heiligen Römischen Reiche die schuldige Unterwerfung (zu) leisten". Die geistlichen Kurfürsten übergeben ihm das Schwert Karls des Großen. Krönung: Karl nimmt auf dem heiligen Steinstuhl Karls des Großen Platz, empfängt die Kommunion in der Messe in beiderlei Gestalt.

Auf dem Wormser Reichstag steht der einundzwanzigjährige Kaiser dem siebenunddreißigjährigen Professor Martin Luther gegenüber. Karls eigenhändig niedergeschriebenes Bekenntnis auf diesem Reichstag lautet: „Ich stamme ab von den Christlichen Kaisern der edlen deutschen Nation, den katholischen Königen von Spanien, den Erzherzögen von Österreich, den Herzögen von Burgund, die alle bis zum Tode treue Söhne der römischen Kirche gewesen sind, stets Verteidiger des katholischen Glaubens!"[33] Das ist eine archaische Kommunion und Kommunikation: Der Glaube der Väter und Vorväter verpflichtet den Sohn und Enkel, diesen Glauben zu verteidigen. Karl läßt Freund und Feind nicht im Zweifel darüber, daß er eher alle seine Reiche und Lande verlieren wolle als diesen Glauben preisgeben.

Dieser archaische Glaube verbindet noch im 19. und frühen 20. Jahrhundert ein bäuerliches Landvolk in österreichischen Landen, in Kroatien und in Ungarn mit „ihrem" König, ihrem Kaiser. In Luther und Karl stehen einander zwei Reformer gegenüber, die dies wollen: die Reform der Kirche an Haupt und Gliedern. Beiden, dem deutschen Augustinermönch und Professor und dem Kaiser, geht es um das Ganze, um die ganze „Christenheit", die eine Heilige Kirche.

Am 17. April 1521, am Abend des Tages, an dem er zum ersten Male vor dem Kaiser und dem Reich gestanden ist, schreibt Martin Luther an Cuspinian: „Soeben stand ich vor dem Kaiser und den Reichsfürsten und wurde gefragt, ob ich meine Bücher widerrufen wolle ... ich werde nicht ein Tüftelchen widerrufen in alle Ewigkeit, so mir Christus gnädig ist. Lebe wohl, mein teuerster Cuspinian! Worms, am Mittwoch nach Quasimodo geniti 1521."

In Eile hat Luther ein falsches Datum gesetzt. Cuspinian aber kann Luther nicht folgen. Der Humanist aus Schweinfurt ist in Wien seßhaft geworden, hat Land und Leute im Österreichischen lieben gelernt, er sieht den Türkenkrieg, den Bauernkrieg und die Erhebungen im Reich von der Seite des Kaisers an. Nach der Schlacht von Mohacs, 1526, der König Ludwig Reich und Leben kostet (drei Jahre später stehen die Türken vor den Toren Wiens), verfaßt Cuspinian einen Aufruf an die deutschen Fürsten mit der Forderung, Reich und Christenheit zu verteidigen. Innere Barbarei und Trunksucht lähmen die Deutschen, erklärt Cuspinian[34].

Früh erkennt der junge Kaiser, daß *ein* Mann diese Riesenlast diesseits und jenseits der Meere (sein „kaiserliches Gewissen" ist wirklich in Sorge um das Schicksal der Indianer) nicht allein tragen kann. Auf diesem schicksalsschweren Wormser Reichstag von 1521 überträgt Karl V. die österreichischen Erblande seinem Bruder Ferdinand (als Kaiser später Ferdinand I., von Erasmus von Rotterdam als „Johannes", als Friedensfürst angesprochen)[35].

Luther weigert sich, gegen freies Geleit auf den Reichstag geladen, seine Sätze zu widerrufen; er wird in des Reiches „Acht und Aberacht" getan, nachdem er zuvor bereits kirchlich gebannt worden ist. Sein Landesherr, der Kurfürst Johann Friedrich von Sachsen, birgt ihn auf der Wartburg. Die Reformation nimmt nun in den folgenden Jahren, politisch-militärisch ungestört, ihren Fortgang. Der Kaiser ist in Italien im Kampf mit Franz I. engagiert. In Deutschland ergreift der Aufstand der Reichsritterschaft unter Franz von Sickingen den südwestdeutschen Raum. Sickingens Mitkämpfer und Propagandist, einer der ersten bedeutenden Rufer nach der „deutschen Nation", Ulrich von Hutten, flieht in die Schweiz, wo er 1523 stirbt. Auf den Rat Luthers hin säkularisiert der Hochmeister Albrecht von Brandenburg das ostpreußische Ordensgebiet: Am 10. April 1525 entsteht dergestalt Preußen als ein weltliches Herzogtum unter polnischer Lehenshoheit. (Noch Bismarck legt den jungen Hohenzollern dringend nahe, Polnisch zu lernen[36].)

In diesen Jahren nehmen bereits oberösterreichische evangelische Adelige Verbindungen mit Luther selbst auf. Der große Bauernkrieg (1524—1526), vorzüglich in Schwaben und Franken, dann in Salzburg und Tirol, endet mit einem Abschlachten der „rebellischen Bauern". Luther selbst fordert die adeligen Herren zu erbarmungslosem Ausrotten auf; Albrecht Dürer zeichnet den so vielfach geschändeten Bauern als Christus mit der Dornenkrone, das adelige Schwert in seinem Rücken[37].

Gegen Karl V., der bei Pavia 1525 über den französischen König einen großen Sieg errungen hat, verbünden sich die evangelischen Fürsten von Sachsen und Hessen im Torgauer Schutzbündnis 1526. Papst Klemens VII. (wie auch Paul IV. ein bitterer Feind des Kaisers und der Spanier) bringt eine große europäische Allianz gegen den Kaiser im selben Jahr in der Liga von Cognac (Papst, Frankreich, England, Mailand, Venedig, Florenz) zusammen.

In dieser Situation bringt der erste Speyrer Reichstag, 1526, einen Kompromiß: Jeder Reichsstand soll so leben, „wie er es gegen Gott und kaiserliche Majestät hoffe und vertraue verantworten zu können". Auf dem zweiten Speyrer Reichstag, 1529, fordert die katholische Mehrheit, daß Katholiken aus den evangelisch gewordenen Ländern nicht vertrieben werden, worauf sieben Reichsfürsten und dreizehn Reichsstädte die „Protestation von Speyer" unterzeichnen: Seither tritt das deutsche Luthertum als religiös-politische Partei der „Protestanten" immer stärker in das Ringen um das Reich ein. Im selben Jahr, 1529, zeigt das Marburger Religionsgespräch zwischen Luther und Zwingli abgründige, unüberbrückbare Gegensätze im Protestantismus der deutschen Lande auf[38].

Auf dem Augsburger Reichstag von 1530 legen die Protestanten ihre Bekenntnisschriften vor, wobei Melanchthon sehr um vermittelnde Formulierungen bemüht ist. Wenn Melanchthon, Humanist, der lebenslang dem von Freund Luther verdammten Erasmus von Rotterdam die Treue hält, Melanchthon, der wahre Vater der lutherischen Schul- und Universitätsbildung vom 16. zum 20. Jahrhundert, Führer des deutschen Luthertums geworden wäre, hätte der große historische Kompromiß — in der Sprache der Gegenwart gesprochen — gelingen können. Dies fürchten damals gerade radikale Lutheraner[39].

Der Reichstagsabschied von 1530 sieht die Abstellung aller Neuerungen vor, worauf sich im folgenden Jahr fünf evangelische Fürsten und vierundzwanzig Städte unter Führung Kursachsen-Hessens und Braunschweig-Lüneburgs im Schmalkaldischen Bund militärisch zusammenschließen. Angesichts der Türkennot gesteht Karl V. den Protestanten im Nürnberger Religionsfrieden von 1532 religiöse Duldung zu, bis zum Konzil, über das er in diesem und im folgenden Jahr in Bologna verhandelt. In den Jahren 1532—1540 konsolidiert sich weiterhin der deutsche lutherische Protestantismus, dem der Kaiser — in Anspruch genommen durch die Kämpfe mit Frankreich und dessen Verbündeten, den Türken, die an der Mittelmeerfront die Kaiserlichen angreifen — durch eine Reihe von Zugeständnissen in Religionssachen und seiner Zustimmung zur Säkularisierung katholischer Stifte und Klöster, die der evangelische Adel als fette Beute bereits an sich gerissen hatte, dann 1541—1544 entgegenkommt.

In dieser Zeit geschah aber auch, bedeutsam nicht zuletzt für die österreichischen Lande, wo in zwei Generationen die Evangelischen relativ ungestört leben und ihre neue Kultur auf- und ausbauen können, dies: Von 1531—1547 ist Kaiser Karl V. der Mittelpunkt aller Unionsbemühungen, aller Religionsgespräche, die in Speyer, Hagenau und Worms, dann in Regensburg nahe an den großen Vergleich heranführen. Kaiserliche Vermittlungstheologen („Vermittlungstheologie" wird dann ein Schimpfwort) wie Gropper und Veltwyk (ein jüdischer Konvertit, Hebräist, Professor in Löwen) und protestantische Theologen wie Bucer und Capito (im Hintergrund steht immer Melanchthon) erzielen bedeutende Annäherungen. Die katholischen Gesprächsführer halten sich an die Devise des Erasmus von Rotterdam: Mäßigung, Geduld, Höflichkeit, Liebe (moderatio, mansuetudo, caritas) sollen zunächst ein günstiges Klima schaffen. Man soll sich zuerst nur auf einige wenige Punkte einigen, die anderen der Zeit und der Zukunft zur Entspannung überlassen[40].

Die Geduld und Frömmigkeit der kaiserlichen Gesprächspartner werden von den besten und besonnensten Köpfen im lutherischen Lager anerkannt. Der große Vergleich scheitert an der Intransigenz Luthers, an der Angst Roms und am politischen Gegensatz in Deutschland. Immer wieder bemüht sich der Kaiser um die protestantischen Fürsten und versucht, sie für die Teilnahme an einem Konzil zu gewinnen. Er scheut keine persönliche Demütigung, wie etwa in der Aussprache mit dem geistigen Führer des Schmalkaldener protestantischen Fürstenbundes, dem Landgrafen Philipp von Hessen, am 28. März 1546 in Speyer. Dreimal bittet er dann noch den Landgrafen, zum großen Religionsgespräch nach Speyer zum Reichstag zu kommen. Dreimal lehnt der Landgraf die kaiserliche Bitte ab.

1546/47 ist Karl auf dem Höhepunkt seiner Machtstellung im Reich: In der Schlacht bei Mühlberg fällt der Führer der evangelischen Fürsten, Moritz von Sachsen, in seine Hände. Daraufhin verbünden sich, seine Übermacht fürchtend, katholische und evangelische Reichsfürsten im Fürstenaufstand von 1551/52. Der Kaiser muß fliehen. Karl flieht über den Brenner nach Trient und Villach. In dieser Lage sagt er zu seinem treuen lutherischen Kriegshauptmann Lazarus Schwendi (in den folgenden Jahrhunderten stehen mitten in allen konfessionellen Kämpfen evangelische Herren im Dienste des Hauses Österreich, vorzüglich als Generale und in führenden militärischen Kommandopositionen): „Ich habe es gut mit Deutschland gemeint, aber bei keinem Teil Dank verdient. Bei den Katholiken nicht, denn wenn ich es nach deren Gefallen hätte machen sollen, so hätte ich dem Kurfürsten (Moritz von Sachsen) den Kopf müssen abschlagen lassen und keine Festung im deutschen Land bleiben lassen dürfen; bei den Lutherischen auch nicht. Darum will ich sie Gott befehlen, er mag es gut machen."[41]

Der Reichstag von Augsburg bringt mit dem Augsburger Religionsfrieden am 25. September 1555[42] die grundsätzliche und dauernde Gleichberechtigung von Luthertum und Katholizismus im Reich. Alle anderen Konfessionen sind ausgeschlossen, so an ihrer Spitze die dynamischste Kraft im Lager des Protestantismus, der Calvinismus. Die Religionsfreiheit gilt zudem nur für die Reichsstände, also Fürsten, Reichsritter und Freie Reichsstädte. Cuius regio eius et religio (das verstärkende „et" wird in der Zitierung dieser berühmten religiös-politischen Rechtsmaxime meist unterschlagen, wörtlich ist es nicht im Augsburger Vertragswerk enthalten)[42a] ist nun das Prinzip. Die Untertanen haben sich nach der Religion des Landesherrn zu richten, dürfen aber auswandern. Zu den zahlreichen Unklarheiten dieses an sich so bedeutsamen Vertragswerkes, das nach einem Jahrhundert durch den Westfälischen Frieden von 1648 im wesentlichen bestätigt wird, gehört der geistliche Vorbehalt: geistliche Fürsten dürfen nur persönlich zum Protestantismus übertreten, sie verlieren dann ihr Fürstentum, und die „declaratio Ferdinandea", die Glaubensfreiheit für die protestantischen Untertanen geistlicher Landesherren. Ein österreichisches Modell wird hier für das Reich übernommen. Für den Kaiser unterschreibt sein Bruder Ferdinand. Zwei Stunden nach der Publikation dieses Reichstagsabschiedes trifft in Augsburg die Nachricht von der bevorstehenden Abdankung des Kaisers ein.

Bevor wir uns nun der Reformation, ihren Erfolgen, ihrer Leidensgeschichte in den österreichischen Landen zuwenden, ein Blick auf Luther[43]. Luther ist der „heimliche Kaiser" in Deutschland, er wird für die kommenden Jahrhunderte zum „deutschen Heiland" (so Deutschnationale und Schönerianer wörtlich im hohen 19. Jahrhundert) in Österreich.

Reform, Reformation: Das war vom 8. Jahrhundert an eine Reform im Kloster, am Kloster gewesen, und von da aus gelegentlich den Weltklerus berührend: Zwei, drei Generationen nach der Gründung war sehr oft der Eifer, der Enthusiasmus erlahmt. Alteuropas Klöster verfallen sehr rasch, ihre geistliche Disziplin erlahmt, „Verderbnis der Sitten" reißt ein. Klosterreformen und Gründungen von Reformorden gehören wesentlich zur Kirche Alteuropas. Mitten aus Reformbewegungen des Spätmittelalters wächst Luther. Er bemüht sich mit allen Kräften des Leibes und der Seele, ein „guter Mönch" zu werden: in seinem Augustinerorden, der bereits eine Reihe bedeutender Reformer hervorgebracht hat. Luther erlebt: *Er* wird kein freier Mensch, frei in Gott als Mönch; dann wird ihm sein Erlebnis *der* Schrift, der Heiligen Schrift, als Frohbotschaft zum Blühen, zum Fruchttragen (Luther liebt Bezüge auf das Werden und Wachsen der Natur). Sein Durchbruch schafft einen neuen Glauben, eine neue Kultur, ein neues Leben, ein neues Selbstverständnis des Lebens. Jetzt hat alles wieder Sinn, neuen Sinn: „das ganze Leben".

Als Ferdinand I. und andere katholische Fürsten die ersten Untersuchungen über den Stand der Klöster und der Kleriker anordnen, erschrecken sie tief. Dieser ihr Schock ist so groß wie ihr Erschrecken über Luther selbst.

Viele Klöster stehen leer, zumindest mehr als halbleer. Andere sind „verkommen", Mönche und Nonnen haben, wie bereits lange vor Luther mittelalterliche Reformer predigen und klagen, ihre Klöster zu Bordellen gemacht[44].

Was sich hier zeigt, ist dies: Für sehr viele Menschen, hier zunächst in den deutschen und in den österreichischen Landen, ist kein „Sinn", kein Lebenssinn, kein Heilssinn mehr in der Askese, im mönchischen Leben, im sakramentalen Kult der alten Kirche zu finden. Monachatus non est pietas: Die „Möncherei", die Askese, bilden nicht Heil, sondern Unheil, sie sind des Teufels, und des Teufels ist der Papst in Rom und alle seine Theologie, „alle eitle Wissenschaft" seiner Theologen.

Martin Luther ist zunächst ein Kind der deutschen Angst[45]: Diese Angst des deutschen Volkes glaubt nicht an die Humanität, an den politischen Humanismus des „verdorbenen Westens", Roms, des römischen Christentums, später der Aufklärung und ihrer Weltkultur und der Demokratie. Diese Angst bildet *eine* Basis für den Kampf von „Deutschnationalen" in Deutschland und Österreich gegen die Westmächte, gegen deren Konzeption der „Menschenrechte".

Luther, der mächtige Erreger und Beweger des deutschen Untergrundes, kennt den hussitisch beeinflußten Untergrund Deutschlands. Bekannte taboritische Missionare hatten im 15. Jahrhundert in Deutschland gewirkt und ihre religiös-politische Lehre von dem in Gottes Feuern erwachenden Volke verbreitet: Johann Wesel, der „Agrarheilige" Böhm und Johann Drähmdorf, Peter Turnov, Friedrich Reisert, Matthias Hagen (letztere werden im deutschen Westen, so in Speyer, verbrannt)[46]. Es ist der deutsch-slawische, sächsisch-thüringische Raum, der bis zur Gegenwart ein Zentrum religiöser und politischer Erhebungen bildet. Nicht ohne Grund versucht sich die Deutsche Demokratische Republik in ihrer monumentalen Dokumentation der Reformation und der Bauernkriege im Berliner Zeughaus eine geschichtliche Legitimation zu schaffen.

Tschechische und deutsche Emigranten aus Böhmen bilden vom 17. Jahrhundert an über 1848 hinaus gemeinsam eine Front gegen Habsburg, verkünden den Sturz des Hauses Österreich — und den Fall Roms, des päpstlichen Roms[47].

Die deutsche Reformation bringt, als „deutsche Bewegung", die Enthemmung und Entladung ungeheurer, geballter Ängste in ihrem ersten Abschnitt zum Durchbruch: und ihre Bindung durch die große Neue Freude. Dies entspricht in Luthers Leben den Jahren 1517 bis 1522; Erlebnis der Befreiung, der Freude, der Freiheit. Frühling des Volkes und des Geistes.

„Deutschland erwache": Hier erwacht es in nie berührten Tiefenschichten, erleben viele, sehr viele Deutsche das Heil: Heil aus der Frohen Botschaft, wie sie der frömmste und der freieste aller deutschen Männer, Martin Luther, in der deutschen Sprache verkündet, predigt, vor-schreibt, vorsingt. Voll Zuversicht ruft dieser junge Luther aus: „Man lasse die Geister aufeinander platzen und treffen."[48]

Enthemmung, Entladung gehemmter Kräfte, ein Gewittersturm. Als er vorbei ist, wird die Verwüstung sichtbar. In seinem „Grossen Katechismus", verfaßt zwischen Mai 1528 und März 1529, spricht sich Luther offen über das Scheitern des Aufbruches aus. Die Menschen sind nicht froh, frei, liebesstark geworden, sondern kalt und hart (Luther übertreibt, wie oft, wenn er leidenschaftlich den einen Pol einer Ellipse anvisiert). Gottes Gnade ist ein Platzregen, er fällt auf ein Land, und wenn dieses austrocknet, geht er weg[49]. In diesem Bild sagt Luther den Ausgangspunkt für die zweite Phase seiner Reformation in Deutschland (dies trifft nicht auf die österreichischen Lande zu!) an. Nun geht es wieder darum, die „tollen Deutschen" in harte Zucht zu nehmen, durch Gottes schreckliche Majestät, durch den Landesherrn, durch den „Herrn Vater" in Gemeinde, Kirche, Schule, Haus. „Denn wir deudschen haben solch schendlich volck und müssens leiden."[50]

Luthers Erhebung der Deutschen zum Heilsvolk (hier knüpft die spätere Überzeugung deutscher Theologen und Professoren an: Germania docet, Deutschland lehrt die Welt *die* Bildung und das wahre Wissen), Ausdruck seines großen Befreiungserlebnisses, korrespondiert mit der „Ansprache" seiner Deutschen als „arme Teufel", die doch immer wieder des Teufels sind, als „arme Narren", als „tollgewordene Hunde".

Die Welt ist voll von Teufeln. 1526 fordert er von der Kanzel aus wiederholt zur Tötung von Hexen auf; er ist für die Folter, er will die Hexen selber verbrennen. 1529 exkommuniziert er Hexen. Dem Fürsten von Anhalt empfiehlt er, blödsinnige Kinder einfach zu ertränken, da er sie für Wechselbälge oder Teufelskinder hält („Tötung unwerten Lebens", 1530). Die ungetauften Kinder sind vom Teufel besessen. 1533 predigt er: „Denn die Welt, Bauer, Bürger, Adel sind doch des Teufels; nur daß Gott von ihnen einige wenige als köstliche Edelsteine ausliest, die er an seinen Fingerreif faßt!"[51]

Ungeheuer erlebt Luther Gottes „Zorn" und Gottes erbarmende, ganz grundlose Liebe. Die Frömmigkeit Luthers leistet hier ein Außerordentliches, sie integriert den Haß seiner Zeitgenossen und seines Volkes gegen „Gott", die latente Wut, Trauer, Verzweiflung über den nichthelfenden „treulosen" Gott — eine Urerfahrung germanischer Völkerwanderungen: Er entbindet diesen Haß und lenkt ihn zunächst wider jene äußeren Feinde, die dem Zorn Gottes in besonders hohem Maße verfallen sind: Türken, Papst, Juden, Schwärmer, Welt, Fleisch, Teufel.

Der arme Teufel, also zunächst der Deutsche, ist der weltlichen Obrigkeit zu unbedingtem Gehorsam verpflichtet. Gott nennt die weltlichen Obrigkeiten „Götter", er hat ihnen seine Herrschaft auf Erden übertragen. „Wer in der Herrschaft ist, ist gleichsam fleischgewordener Gott." Bereits der junge Luther versichert, er werde auch als geistlicher Mann als Sklave eines türkischen Herrn bei dessen Gefährdung „frisch zustechen und hawen" zu dessen Verteidigung[52].

Luthers Glaube an die weltliche Obrigkeit hat die schweren Gewissenskonflikte evangelischer österreichischer Adeliger noch verschärft: Sie wollten, und sie bezeugten dies oft noch lange in der erzwungenen Emigration, ihrem Herrn, dem Herrn in Wien, treu dienen, bis aufs letzte: Nur ihren Glauben sollte man ihnen lassen . . .

„Frisch zustechen und hawen": Das fordert Luther zunächst von den „christlichen Fürsten", gegen die „tollen" Bauern (1525)[53], die „tollen" Schwärmer, die Täufer, die lutherische Linke (wie sie im 20. Jahrhundert genannt wird, also jene lutherischen Nonkonformisten, die durch den jungen Luther erweckt worden waren). Ab 1525 überträgt Luther immer mehr Kirchenrechte den Fürsten. 1530 fordert er die Todesstrafe gegen die Täufer[54]. 1535 beklagt sich Luther, daß der katholische Bischof von Münster den Thomas Müntzer nicht genug foltere, denn: „O Herr Gott, wo solcher Geist in den Bauern auch ist, wie hohe Zeit ists, dass die erwürgt werden wie tolle Hunde."[55] Oft spricht Luther davon, daß die Großzügigkeit, Weichherzigkeit, Milde und Güte katholische Überreste sind, mit denen er gründlich aufräumen würde. So wirft er den Kurfürsten von Sachsen, Herzog Friedrich und Herzog Johann ihre Milde vor: „Also waren sie von Mönchen überredet, daß die sollen gnädig, gütig und friedsam sein. Aber Oberkeit, Fürsten und Herren sollen nicht gelinde sein."[56] Zehn Jahre zuvor (1523 und 1524) hat er selbst die deutschen Fürsten als rasende, tolle Narren seinem Volke vorgestellt. „Der Esel will Schläge haben, und der Pöbel will mit Gewalt regiert werden; das wußte Gott wohl. Darum gab er der Oberkeit nicht einen Fuchsschwanz, sondern ein Schwert in die Hand."[57] Gott hat die Obrigkeit gesetzt als Eselstreiber, „Stockmeister, Treiber und Anhalter". Also muß die Obrigkeit den Pöbel, Herrn Omnes, treiben, schlagen, würgen, henken, brennen, köpfen und radebrechen, daß man sie fürchte, und das Volk also in einem Zaume gehalten werden . . ." Es ist nötig, daß man „dasselbe treibe, handhabe und mit der Faust ins Werk zwinge . . . Also ist es nötig, daß die Treiber des Gesetzes über dem Volke halten und den rauhen, ungezogenen Herrn Omnes zwingen und treiben, wie man wilde Tiere treibt und zwingt."[58] Das schreibt Luther in seiner Kirchenpostille.

Als sich die Bauern im Vertrauen auf Luther und die von ihm verkündete Freiheit des Christenmenschen erheben und ihrerseits „Gewalt" üben, verfaßt Luther seinen Traktat „Wider die räuberischen und mörderischen Rotten der Bauern": „Drum soll hier zuschmeißen, würgen und stechen heimlich oder öffentlich, wer da kann, und gedenken, daß nichts Giftigeres, Schädlicheres, Teuflischeres sein kann denn ein aufrührerischer Mensch, gleich als wenn man einen tollen Hund totschlagen muß" und „schlägst du nicht so schlägt er dich und dein ganzes Land mit dir. Steche, schlage, würge sie, wer da kann."[59]

Auf *diesen* Luther hätten sich die Männer der Gegenreformation in Österreich voll und ganz berufen können. In ihren Truppen, die so gewalttätig die Lande „reformieren", „katholisch machen" (dies letztere Wort ist bis ins 20. Jahrhundert ein Schreckenswort, so in Schlesien), befinden sich nicht wenige „Lutherische". Politisch wache evangelische Herren in Österreich werden deshalb Calvinisten: Der Calvinismus baut eine hervorragende, für religiös-politischen Widerstand geeignete Theologie und Praxis aus — so der große Oberösterreicher Erasmus von Tschernembl[60].

Luther ruft die christlichen Fürsten zum Kriege auf: „Ynn solchem Krieg ist es Christlich und eyn werck der liebe, die feynde getrost würgen, rauben und brennen und alles thun, was schedlich ist, biss man sie über winde nach kriegsleufften."[61]

Hier erhalten die Konfessionskriege ihre lutherische Legitimierung. Katholischerseits leistet diese Funktion eine harte kuriale Theologie *und* Praxis. Luther sät Sturm und erntet Sturm: Er bildet „Haßmeuten" und „Hetzmeuten" (Wortprägungen von Elias Canetti in „Masse und Macht")[62]: zunächst in den lutherischen Prädikanten. Dies bemerken früh besorgte lutherische Kirchenmänner, die als erste Visitatoren der lutherischen Gemeinden nun ihrerseits den Predigern „aufs Maul schauen". Urbanus Rhegius warnt, beschwört in seiner vielbenützten Predigtanweisung für lutherische Prediger, „Wie man fürsichtiglich und ohne Ärgernis reden soll von den fürnemesten Artikeln christlicher Lehre" (Formula quadam caute et citra scandalum locquendi, erste deutsche Ausgabe *1536*); diese: Sie schimpfen furchtbar, haßvoll, häßlich. Sie verurteilen pauschal, so die Messe, sie predigen: „Die Messe ist ein greuel für Gott. Man *sol* und muss sie fliehen bei verlierung ewiger Seligkeit. Die pfaffen creutzigen Christum noch einmal in der Messe . . ." Diese Prediger, „so allein brechen und nicht bauen", verachten das Abendmahl „als ein unnötig Ding". Andere sagen dem niederen Volk, dem „pobel": „Wir haben keynen freyen willen überall. Was wir thun, das müssen wir thun etc. Also denkt das einfältige Volk, Gott sei der Urheber der Sünde."[63] Rhegius befürchtet den Sieg der Bildungsfeinde: So „wird aus Deutschland wider ein lauter Barbarey . . ."[64] Gegen 1590 klagen die lutherischen Professoren allgemein, daß ihre Studenten nicht mehr denken, reden, schreiben können, barbarisch und kulturlos geworden sind[65].

Da vollzieht sich dann dies: Seit 1600 werden in den lutherischen Lehrbüchern der Metaphysik die spanischen Neuscholastiker (Fonseca, Suarez, Vasquez, Oviedo, Mendoza, Arriaga) mit fast kanonischer Geltung zitiert. Die jesuitische Schulphilosophie erobert alle holländischen und deutschlutherischen Lehrstühle, gleichzeitig füllen sich die backsteingotischen protestantischen Kirchen des Nordens bis zur Ostsee mit pompösen Barockstühlen. Auf allen lutherischen Universitäten, mit Ausnahme Altdorfs, also in Wittenberg, Helmstedt, Jena, Leipzig, Giessen, Tübingen und Rostock werden die Disputationen des Suarez zum Kompendium der Schulmetaphysik[66].

Von diesem „Sieg" der Gegenreformation im deutsch-lutherischen Geistesraum erfahren die österreichischen Lande nichts. Sie erfahren dies: Die Geburt einer deutschen Sprache, durch Martin Luther, die seinen Gegnern buchstäblich die Sprache verschlägt (sie antworten zunächst meist lateinisch). Das ist eine Sprache, der sie nichts, in keiner Weise auch nur annähernd Gleichwertiges entgegenzusetzen haben. *Hier* beginnt jene Neubildung deutscher Sprache, deutscher Schrift-Bildung, deutscher „Geisteskultur", jene große Kultur des evangelischen Deutschlands[67], gegen das die belagerte Festung, das Haus Österreich, bis zu seinem Ende oft schier hoffnungslose Abwehrkämpfe führt. Das „geistige" Österreich ist bei den Lutheranern und bei ihren aufgeklärten Söhnen, ist bei den Literaten und Schriftstellern (vor 1848), die ihre deutsche Sprache wider die Sprachen Babels, des babylonischen Turms, der an der Sprachenvielfalt scheitert, stellen: gegen das „multinational empire", in Wien und Rom.

Es gab eine ganze Reihe von Bibelübersetzungen vor Luther. Die Forschung hat sie sorgfältig zusammengezählt. Das ist nicht das Einzigartige an Luthers Werk. Dieses besteht in einem anderen: Luther findet eine Sprache in seiner Bibelübersetzung und Predigt, in den kurzen flammenden „Programmschriften" und in seinem Kirchenlied (das zu den größten Schöpfungen europäischer Poesie zählt), die nicht nur dem

Volke „aufs Maul" sieht, wie sie selbst sagt, sondern einzigartig damals in Europa
(vor ihr vergleichbar nur das böhmische hussitische und das deutsche waldensische
Lied) den Untergrund der „Seele" des Volkes zur Sprache bringt, zu Wort kommen
läßt. Alles, was da durcheinanderbraut und -braust an Verzweiflung und Hoffnung,
an Wildheit und Zärtlichkeit, an Gewalttätigkeit und Leidenskraft, an Trotz und Er-
gebung, an Auflehnung und Hingabe, an Glauben und Unglauben, an Widerstand
— gegen Gott, Welt, den Nächsten, die eigene „arme Seele" — fließt da, in breitem
Strome, wie einer der Ströme archaischer Urlandschaft (Hölderlins „Ströme"!) durch
die „Wälder" des anrainenden Menschen. Diese Sprache ist durch und durch irrational,
in den „Gründen", bei den „Müttern" „zu Hause", sie kümmert sich, wie Luther
immer wieder betont, „keinen Pfifferling" um die „Hure Vernunft", um die Ratio
Roms und des Westens[68].

Die Wut deutschnationaler Sprachkämpfer im 19. und frühen 20. Jahrhundert
(zuvor bereits in ihrem Kampf gegen den Barock), gegen die „Zweideutigkeiten",
„Lügen" der katholisch-österreichischen Sprache, gegen ihr „Lavieren", gegen ihre
Ironie, ihren Scherz, ihre Vorliebe für Scherz, Paradoxie, Widersprüchlichkeit im
Drama des Menschen, das Tragödie und Komödie in einem ist, bebt in Luther in
seiner Auseinandersetzung mit Erasmus von Rotterdam, dem er vorwirft, „glatt wie
ein Aal" zu sein. Erasmus hatte warnend-bittend Hutten die Sprache und das
Denken seines Freundes Thomas Morus empfohlen; dem er in Anspielung an seinen
Namen Morus sein Enkomion Moriae, sein „Lob der Torheit", einer gottseligen,
weltseligen, auch tragischen „Torheit" gewidmet hatte: als eine Bitte, als Mensch be-
scheiden, mitmenschlich zu sein: „Wir alle sind Narren . . ."[69]

Die Ratio, die politische und religiöse Vernunft des lateinischen Westens, bindet
und verpflichtet Gott und Mensch, Mensch und Mensch. Gesellschaftliche Bindung:
Das ist die Sprache römischer religio. Die Sprache des lutherischen Frommseins wirft
diese Sprache über den Haufen. Luther „übersetzt" dikaios, agathos, agathopoios (seit
Luther unübersetzbar wie das Wort Spiritualität) mit dem einzigen, einzigartigen
neuen Wort „frum"[70]. Die drei Worte erfassen das politische, kommunikative, städ-
tisch-adelige, „rechtliche" und „gute", das tugendhafte und rechtssichere, edle und
gütige Wesen des hellenischen, mediterranen, adeligen „edlen" Bürgers des Univer-
sums und der Gesellschaft der Menschen (von Marc Aurel und seiner Stoa beschworen!). Luther: Erasmus ist nicht „frum", er lebt ja in dieser nun verpönten antikisch-
römisch-humanistischen Kontinuität, in dieser großen Tradition Alteuropas.

Die Sprache dieser alten religio bindet. Die Sprache des lutherischen Frommseins,
des „frumen" entbindet, enthemmt; sie ist eine Sprache permanenten Kampfes und
steter Wandlung und Verwandlung. Wie Hildebrand und Hadubrand (Carlyle hat als
erster Luther als „christlichen Wotan" angesprochen[71]), so kämpft, im mörderischen
Zweikampf, Christus mit dem „Gesetz". Christus sagt zum Gesetz: „Ergo halt den
Hals her" und erwürgt es dann[72]. Der von Gott und Teufel (die in Luther archaisch
oft verschmelzen) angefochtene Mensch möchte bisweilen Gott vernichten. „In der
hohen Anfechtung kann Gott sich zum Teufel verstellen und umgekehrt der Teufel
sich als Gott ausgeben" (L. Pinomaa)[73]. Christus, der große Held, macht sich selbst
zum Verfluchten, nimmt Gottes „Zorn" auf sich, und sagt: „Ich habe die Sünde getan,
die der Martinus (Luther) tat."[74]

Denken, Sprachdenken, Leben sind in Luther untrennbar eins. Auch dies stärkt seine zunächst unermeßliche Überlegenheit über seine römisch-katholischen theologischen Gegner, die sekundär denken, nur mit Oberschichten ihrer Existenz, „ganz anders" aber leben. Luthers Sprache bleibt Beschwörung, Sang, Lied und wird gemeindebildend, indem sie die ihrem Landesherrn und allen anderen Tyrannen unterworfenen Gläubigen im Gottes-Dienst wundersam tröstet — draußen vor der Tür aber wieder an alle Winde, Wetter und Teufel läßt. Diese Sprache kennt, wesensgemäß, nicht das Gespräch: die „ruhige" Auseinandersetzung mit dem ganz anderen Nächsten in der Gesellschaft der Menschen. Martin Luther hat das „Gespräch" mit Erasmus, Rom, dem Humanismus, und auch das politische Gespräch, das Ringen mit „seinen" Fürsten um seine Kirche, um den Neubau der politischen Gesellschaft schon lange zuvor aufgegeben, bevor es in kritischer Stunde begonnen wird.

Luther weiß genau: Er hätte eine große Revolution machen können, „das der keyser nit sicher were gewesen"[75]. Luthers Werk ist die größte, ja die einzige deutsche Revolution bis heute: Sie findet im Innenraum der Person, des Gewissens statt. Die evangelischen Kämpfer für ihre evangelische Freiheit in den österreichischen Landen finden keine Unterstützung durch Luthers Theologie und Selbstverständnis. Luthers existentielle Sprache ist die Sprache der großen deutschen Dichtung, über Goethe zu Brecht und zu Benn (diese beiden letzten wissen das so gut wie Goethe selbst). Die Sprache deutscher Schrift-Bildung, die deutsch-evangelische Gelehrtensprache wird durch seinen Freund und Antipoden Philipp Schwarzerd, genannt Melanchthon, begründet. Martin Luther, der sich lebenslänglich als Untertan der Grafen von Mansfeld versteht, der das Heilige Römische Reich und die ganze Welt und Christenheit endzeitlich erlebt (der „Untergang" nicht nur des Abendlandes, sondern der Menschheit steht in der Tür), Luther, der sehr mit Sorge auf seine lieben und gefürchteten Deutschen sieht, ist *der* Erwecker deutscher Nation als einer *Heilsnation.* Luthers Deutsch wird *die* deutsche *Heilssprache.* Zwei für die österreichischen Lande geschichtsmächtige Bewegungen von unvergleichbarer Resonanz.

Der lutherische Sturm braust über Österreich. Die Lande stehen ihm offen, geöffnet durch den waldensischen Untergrund, durch den hussitischen Untergrund. Im 13. Jahrhundert gibt es prozentuell (es gibt hier „natürlich" keine Statistiken) wahrscheinlich, wie Zeitgenossen vermerken, mehr Waldenser in Österreich als in allen anderen deutschsprachigen Landen[76]. Mitte des 13. Jahrhunderts wird der Pfarrer der Wiener Stephanskirche angezeigt: als Kryptowaldenser (wie eine spätere Zeit es nennt, in Anklang an den Kryptocalvinismus). Es wird die Zahl von 80.000 Waldensern in Österreich genannt: eine sehr große Zahl für damalige Verhältnisse. 1397 werden in Steyr noch gegen hundert Waldenser hingerichtet. Die innere Stärke und Widerstandskraft dieser für die Großkirche so gefährlichen Bewegung erweckt in ihren kirchlichen Gegnern Schockwirkungen, die durch den Kryptohussitismus und jetzt eben durch den Einbruch des Luthertums riesenhaft vergrößert wird. „Riesenhaft" ist wörtlich zu verstehen. Luther, der von seinen Gläubigen als fortis gigas, als Gottesgigant ersehen und verehrt und geglaubt wird, erscheint Altkirchlichen als ein teuflischer Riese, wie er in Alpträumen erscheint.

Invasion aus den lutherisch erweckten deutschen Landen: Adelige Herren, dann Bürger als Kaufleute in Augsburg, Nürnberg, Breslau und aus Reichsstädten des alten

Reichsraumes verbreiten als Händler auf den Märkten in Wien, Linz, Krems den neuen Glauben, diese neue Lebenskultur[77].

Politik und Religion verschmelzen in dem beginnenden Großkampf: wie sie eine Einheit bildeten in ganz Alteuropa. 1520 wird der Wiener Bürgermeister Martin Siebenbürger mit fünf anderen Wiener Bürgern hingerichtet: Der Bürgermeister als Führer der Oppositionspartei, die dem jungen König Karl (Kaiser Karl V.) die Huldigung vor Bestätigung ihrer Rechte und Freiheiten verweigert. 1521 verweigern Universität und Statthalter von Wien die Veröffentlichung der päpstlichen Bulle gegen Luther. Der Salzburger Domprediger Paulus Speratus predigt im Dom von St. Stephan die neue Frohbotschaft, 1522.

Am 12. März 1526 (wir erinnern: Wie oft sind diese Märztage Schicksalstage Österreichs!) endet die bürgerliche Freiheit Wiens. Die neue Stadtordnung des Erzherzogs Ferdinand hebt alle alten Privilegien und Freiheitsrechte auf, die städtische Verwaltung wird ein Organ des Landesfürsten.

Wien: Als ein Zentrum lauter und leiser, demonstrativer und geheimer Resistance gegen das Haus Österreich, das im Hofe zu Wien so leibhaftig präsent ist, besitzt es im 17. Jahrhundert unter anderem einen kryptoprotestantischen Buchhandel. Seit dem 18. Jahrhundert meldet sich zunächst in Literaten der alte Protest in neuen Formen zu Wort.

Die Wiener Universität hat 1519 661 Studenten, 1526 kaum einhundert, 1529 dreißig Studenten. Die Studenten gehen aus Wien nach Wittenberg, Jena, Tübingen, Rostock. Vergebens versucht Ferdinand I. später, als es längst zu spät ist, 1548 seine Untertanen zu verpflichten, nur in den römisch-katholischen Universitäten in Wien, Freiburg, Ingolstadt zu studieren[78]. 1521 wird die erste reformatorische Schrift in Wien gedruckt.

Wiens Studenten: Eine deutsche und eine slawische Jugend gehen nach Wittenberg. Das junge Luthertum bildet die erste große deutsche Jugendbewegung. Die zweite große Jugendbewegung des „Sturm und Drang" um den jungen Goethe, die dritte um die Studenten des Wartburgfestes und ihre geistigen und politischen Söhne im 19./20. Jahrhundert berufen sich immer wieder auf Luther als Heros-Heiland, als Führer der deutschen Nation[79].

Der vierzehnjährige Melanchthon verließ gekränkt Heidelberg, weil er dort ob seiner Jugend nicht Magister wurde; er hält mit siebzehn Jahren Vorlesungen in Tübingen, steht mit einundzwanzig an der Seite Luthers in Wittenberg. Der ehrgeizige sächsische Kurfürst gewinnt für seine Stiftung, seine blutjunge Universität blutjunge Professoren. Die lutherische Jugend bringt eine Radikalität, einen Elan, einen Enthusiasmus, eine Dynamik in die scheinbar schlafenden deutschsprachigen und slawischen Lande, die den älteren Zeitgenossen als einzigartig, als ungeheuer und ungeheuerlich erscheint.

Diese neue Jugend hat — wie es den „Alten", den „alten Männern des alten Glaubens" erscheint, keine Geduld: keine Geduld für eine spirituelle Disziplin, für ein geduldiges Wachsen, Reifen der leibseelischen Gesamtpersönlichkeit. Über Nacht wird der „Geschmack" für die „geistlichen Dinge" verloren (analoge Prozesse im 19. und 20. Jahrhundert sprechen für sich).

Das sind nun die neuen Universitäten, deren Sog, deren Anziehungskraft nicht zuletzt die Jugend aus den österreichischen Landen anzieht: Marburg, gegründet 1527, Königsberg 1544, Jena 1558, Helmstedt 1575, Altdorf 1581. Altdorf nimmt in vieler Hinsicht als Gründung der Freien Reichsstadt Nürnberg eine Sonderstellung ein. Aus Altdorf geht später der große Leibniz hervor, der mit dem Prinzen Eugen in Wien und in langen Gesprächen und Verhandlungen mit katholischen Theologen und Politikern und ihren lutherischen Partnern eine deutsch-europäische, weltoffene, christlich-ökumenische, religiös-politisch in Bündnissen verankerte Geisteskultur schaffen möchte[80].

Der junge evangelische Protestantismus als eine stürmische Jugendbewegung bekundet sich, um nur ein Modell zu berufen, eindrucksvoll durch die Bekehrungen, die junge Menschen an ihren altgläubigen Eltern wirken. Christoph Jörger, der Sohn des oberösterreichischen Landeshauptmanns Wolfgang IV. Jörger, bekehrt seine Eltern zu Luther. „Die Jörger" sind eines der berühmtesten Heldengeschlechter der evangelischen Bewegung in Österreich[81]. Adelige Frauen und Männer in Oberösterreich treten bereits in den zwanziger Jahren in briefliche Verbindung mit Luther selbst. Bereits 1525/26 steht der Hauptmann des Landes ob der Enns, Cyriak von Pollheim, in vertraulichem Briefwechsel mit Albrecht von Brandenburg, dem Hochmeister des Deutschen Ritterordens, der, von Luther abgestützt, das Ordensland, das ja nicht ihm gehörte, säkularisiert und dergestalt das neue Preußen begründet[82].

Die politisch-religiöse Verbindung mit Fürsten im alten deutschen Reichsraum und mit Böhmen führt die adeligen Stände in Ober- und Niederösterreich in Kämpfe mit dem Hause Österreich, in denen sie nach heroischem Widerstand und vielen zeitweiligen Erfolgen scheitern, da sie nicht die Ausbildung des landesfürstlichen „Absolutismus" aufhalten können, der in England, Frankreich, Spanien und eben nun in den Fürstentümern im alten Reichsraum den Landesherrn zum Herrscher macht, der, wie bereits im Spätmittelalter proklamiert wurde, „König, Kaiser, Papst", Herr des weltlichen und des geistlichen Regiments über seine Untertanen wird[83].

Aus der Leidensgeschichte der evangelischen Bewegung in Österreich, zunächst in diesen ihren ersten Jahren und Jahrzehnten im 16. Jahrhundert, seien hier zumindest einige wenige Fakten erinnert: Sie bilden unauslöschliche Verwundungen, dann Narben im österreichischen Protestantismus. Sie werden vor und nach 1848, nach 1866, nach 1871, um 1900, und wieder 1933 bis 1938 politisch und religiös „erinnert": als Ansporn, den alten Kampf gegen Rom und Habsburg nicht aufzugeben.

Als erster Märtyrer der Reformation in Österreich wird am 17. September 1524 der Bürger von Wien Caspar Tauber vor dem Stubentor enthauptet, dann verbrannt. Dieses Verbrennen von „Ketzern" entspricht dem Glauben, daß der eine religiös-politische Heilsleib des Volkes durch „Ketzer" als Bazillen, Bakterien, Viren — in heutiger Formulierung — als Giftstoffe wie eine venerische Krankheit verzehrt wird, die eben durch heilsamen Brand auszutilgen sind. Der Glaube des österreichischen Katholiken Adolf Hitler an die auszurottende „marxistische" und „jüdische Siphylis" wurzelt auch hier! Die Verbrennung des Vikars von Waizenkirchen, Leonhard Käser (Kaiser), am 16. August (am Tag nach dem großen Marientag!) 1527 in Schärding, dieser sehr „erbauliche Tod" dieses Blutzeugen, macht einen großen Teil des oberösterreichischen Adels zu Anhängern Luthers. Das Trostwort, das sich bedrängte Christen im Römischen Kaiserreich zusagten, „das Blut der Märtyrer ist der Same, aus dem junge Christen wachsen", erfüllt sich hier wundersam für die zur neuen Frohbotschaft sich Bekehrenden.

In den oberösterreichischen Städten Linz, Enns, Freistadt, Gmunden, Steyr, Vöcklabruck und Wels wendet sich zuerst die katholische Geistlichkeit Luther zu: Der Zölibat ist vielfach der erste Anstoß zu ihrer Bekehrung im 16. wie im 19. und 20. Jahrhundert. Die reiche und stolze Eisen-Stadt Steyr[84] bezeugt sich als ein Zentrum der lutherischen und der täuferischen Bewegung. Immer wieder begegnen uns nun — um in diesem relativ kleinen ober- und niederösterreichischen Raum exemplarische Prozesse ins Auge zu fassen — alte Waldensernester, alte „Ketzernester" des Hochmittelalters wie Steyr, Krems, Zwettl, Horn: Sie erhalten *ihre* Tradition des Widerstands gegen Rom und Habsburg bis ins 20. Jahrhundert, zwischen Schönerer und Hitler.

Sehr rasche Verbreitung der Reformation in Steiermark, in Kärnten. Klagenfurt brennt 1514 nieder, die Stände bauen die Stadt wieder auf: Handwerker aus Württemberg, Bayern und Sachsen kommen als Evangelische in die Stadt, der Adel beruft sich evangelische Prädikanten und Erzieher.

Schwaz und Hall, Kufstein, das Stift Stams (sechs Mönche und der Prior bekehren sich zu Luther 1524). Im selben Jahr wird in Neusiedl bei Güssing im Burgenland ein Buchhändler, der lutherische Schriften verbreitet, verbrannt.

1525 ergreift der große deutsche Bauernkrieg auch österreichische Lande. Die ältere Geschichtsforschung hat, neben vielem anderen, übersehen: Alteuropa wird vom 8. zum 18. Jahrhundert immer wieder durch Bauernaufstände erschüttert. „Das Lied von Wace" aus dem Bauernaufstand in der Normandie im 11. Jahrhundert hat man als „die erste Marseillaise" bezeichnet[85]. Die russischen und chinesischen Bauernerhebungen falten diesen Prozeß im 19./20. Jahrhundert weltgeschichtlich aus. Bauernaufstände unter Kaiser Friedrich III. und Kaiser Maximilian I. (1476, zuvor des Bundschuhs 1468, der 1493 erneuert wird, 1514 der „Arme Konrad") führen direkt — in den Söhnen und Enkeln dieser „Rebellen", die für ihr „gutes, altes Recht" kämpfen, auf 1525 zu[86].

Die Salzburger Bauern, die den größten Sieg über landesfürstliche Heere erringen, Schloß Werfen und die Stadt Salzburg erobern und fordern, daß der Erzbischof Matthäus Lang als Landesherr abdanken und das Land an Bayern oder Österreich übergeben solle, erhalten eine kampfstarke Unterstützung durch die Bergknappen von Gastein, denen sich die des Erzberges in der Steiermark anschließen. Bauern und Bergknappen aus dem Gasteiner Tal fordern in 14 Artikeln Ende April 1525 die Verkündung des Evangeliums ohne „menschlichen Zusatz", verlangen freie Wahl ihrer Seelsorger, Abschaffung „neuer" Steuern, Erleichterung des Handels.

Am 3. Juli schlagen Bauern und Knappen unter der Führung Michael Grubers die Truppen des steirischen Landeshauptmanns Sigmund von Dietrichstein bei Schladming. Sein Nachfolger, Niklas Graf zu Salm, erobert im Auftrag Ferdinands (I.) Schladming am 8. September. Die Stadt wird niedergebrannt, verliert ihre Stadtrechte. Erst 1925 wird Schladming wieder Stadt: Unauslöschlich bis heute dort die Erinnerung an die Schändungen aller Menschenrechte damals[87]. Graf Salm und viele andere Adelige sind selbst über die Härte der Regierung entsetzt, bitten um

Milde. Eine Chronik von 1531 berichtet: „Da nun die Bauern, ein jeder wieder an-
heimbszog, wurden die frumbsten, die weder Gefallen noch Anteil an diesem Aufruhr gehabt, gebrandschatzt, jedes Haus um zwei Dukaten, die andern hin und
her an die Straßen gehängt, etwa so nieder, dass ihnen die Hund die Schenkel ab-
frassen und man ging jämmerlich genug mit den armen Leuten um."[88]

1944 schildert in einem großangelegten Panorama Josef Luitpold Stern, expressio-
nistischer Dichter, Nestor der sozialdemokratischen Volksbildungsbewegung in
Wien, vor seinen Studenten im Hunter College, USA, die österreichische Geschichte
als eine Passion, einen Leidensweg, der durch heroische Erhebungen seine Wegmarken
erhielt. Ganz groß stellt Stern hier den Michael Gaismayr heraus[89]. Michael Gaismayr
(Gaismair), Sohn eines Sterzinger Bergknappen, Sekretär des Bischofs von Brixen,
dann Zolleinnehmer in Klausen, ist das Genie der bäuerlich-demokratischen Erhebung[90].

Tirol war das einzige Land im Verband der österreichischen Erblande, in dem
die Bauern als „Vierter Stand" neben geistlichem, weltlichem Adel und Städten
an den Landtagen teilnahmen. Dörfliche Selbstverwaltung in den Gerichten „war noch
nicht völlig beseitigt". Tirol war fern von Wien — diese Tatsache hat bis zur
Gegenwart eine außerordentliche politische Bedeutung. Nach Kaiser Maximilian I.
erscheint erst wieder 1523 ein habsburgischer Landesherr in Tirol, Ferdinand I. Er
bringt spanische Räte mit, die ein hartes zentralistisches Regime durchzusetzen versuchen. Die Erhebung der Bauern erreicht von Ferdinand I. bedeutende Verbesse-
rung, Zusicherung ihrer „alten Rechte", Aufhebung der ungemessenen Dienste, die der
Adel gefordert, von den Bauern erpreßt hatte.

Michael Gaismayr flieht aus dem Gefängnis in Innsbruck, flüchtet in die Schweiz,
dann ins Territorium der Adelsrepublik Venedig, in deren Dienst er tritt. Seit 1528
lebt er mit seiner Familie in Padua, wo er 1532 von gedungenen Mördern erdolcht
wird. Ferdinand I. hatte 1525 eine Summe von 2000 Goldgulden auf seinen Kopf
gesetzt. 1526 führt Gaismayr die Salzburger Bauern zum Aufstand. Gaismayr ist der
erste Verfasser einer, wie wir heute sagen würden, demokratischen Staatsverfassung
in den österreichischen Landen, und er ist wohl auch der erste, der hofft, als „Befreier" in das von Habsburg „verknechtete Land" heimkehren zu können: durch Bündnisse zwischen den Schweizern, süddeutschen Städten und evangelischen Fürsten,
die zunächst Tirol „befreien" sollten. Michael Gaismayr ist tief beeindruckt durch
die Lehre des Zürcher Reformators Zwingli, der selbst seinerzeit als Student in
Wien eine recht offene spätscholastische Theologie in sich aufgenommen hatte. Zwingli
steht zwischen Luther und Calvin, kann sich mit beiden nicht befreunden. Seine
Theologie fordert: Der Christ soll jedem Christenmenschen ein „Ebenchrist, ein Mit-
christ" werden. Der Christenmensch soll „ein Frieder" werden, ein Mensch, der den
Frieden tut. Huldrich Zwingli fiel selbst auf dem Schlachtfeld.

Gaismayrs Tiroler „Landesordnung" will die Gleichheit aller Menschen in einem
Staate der Bauern und Bergknappen. Das gesamte Städtewesen Tirols soll in Brixen
und Trient zentriert werden. Handel, Hütten, Gruben, Erze, Silber und Kupfer
kommen in Staatsbesitz. Der Naturallohn — eine für Erpressungen von seiten
des jeweiligen adeligen oder großbürgerlichen Herren sehr geeignete Entgeltung —
soll abgeschafft und durch fixe Lohnsätze ersetzt werden. Die Landesregierung wird

aus Bauern, Bergleuten und humanistisch Gebildeten bestellt. In Brixen soll eine
Universität errichtet werden. (Ich erinnere in diesem Zusammenhang an die leidenschaftlichen und erfolgreichen Abwehrkämpfe von Kreisen der Südtiroler Volkspartei
gegen die Errichtung einer deutschsprachigen Universität in Südtirol, da man fürchtete, daß diese ein Herd der Unruhe und der Bildung einer „linken" Studentenschaft
werden würde.) Gaismayrs evangelisches, bäuerliches Tirol sollte ein Friedensstaat
werden: durch eine Außenpolitik, die Frieden und Freundschaft mit allen Staaten
pflegen sollte.

Tirol: Das Land ist ein Zentrum der Täuferbewegung[91]. Die Geschichte der Täufer
(„Wiedertäufer") ist eine Geschichte in Blut und Tränen. Die Täufer werden in
nahezu allen europäischen Territorien verfolgt, nur vorübergehend in Inseln geduldet.
Im Druck schwerster Verfolgungen spalten sie sich in eine radikale Bewegung, die
militant, mit dem Schwert, das Reich Gottes auf Erden erkämpfen möchte (so in
Münster), und eine friedsame Bewegung, die in Europa, dann in Amerika einen
ersten evangelisch inspirierten „Pazifismus" vertritt. Allein in Tirol werden über sechs-
hundert Täufer hingerichtet. Bauern und, in minderem Maße, adelige Familien bilden
hier die soziologische Basis. Rattenberg und Kitzbühel sind bedeutende Täuferzentren.
Aus dem Pustertal stammt der große Täuferführer Jakob Huter, der viermal nach
Mähren geht, um Streitigkeiten zwischen den Brüdern zu schlichten. 15.000 Brüder
leben in Mähren in 80 Orten, in einer Art von Kommunen („die Brudergemeine" der
späteren Hernhuter basiert auf diesen Vorbildern), die rund zweihundert Menschen
umfassen, meist Handwerker.

Huter wird in Innsbruck gefoltert und dann, am 26. Februar 1536, verbrannt.
Grete Mecenseffy, Wiener Nestor der Geschichte des Protestantismus in Österreich,
hält fest: „Sein Werk aber lebt bis zum heutigen Tage."[92]

Der „Apostel des österreichischen Täufertums", Hans Hut, Buchbinder und Buch-
händler aus Franken, war 1527 von Nikolsburg nach Wien geflohen (über Melk,
Steyr, Freistadt). In Erdberg bei Wien wird am 10. März 1528 Balthasar Hubmaier
als „Aufrührer" verbrannt. Spaltungen zwischen den friedsamen Anhängern Huts
und den Radikalen um Hubmaier hatten in diesem Schicksalsjahr 1528, das einen
Höhepunkt der Verfolgung bildet, zu einer Trennung geführt. Verbrennungen und
Hinrichtungen in Steyr, Enns, Wels, Vöcklabruck, in Salzburg und Tirol. Täufer aus
Kärnten fliehen nach Mähren. Die religiös-politischen Beziehungen zwischen Mähren
und Kärnten spielen im 19./20. Jahrhundert wieder eine besondere Rolle: im Aufbau einer „alldeutschen", zunächst evangelischen Resistance gegen Habsburg-Rom.

In Mähren erleben dann die Täufer in der Zeit Kaiser Rudolfs II. ihr Golde-
nes Zeitalter, das 1622 mit der Austreibung endet. Über Oberungarn, Siebenbürgen,
Rußland, Kanada, die späteren Vereinigten Staaten von Amerika und Südamerika
breiten sich Täufergemeinden aus, die zum Teil noch heute Bruderhöfe bilden, deren
säkularisierte Söhne zusammen mit den Unitariern, den Söhnen der europäischen
Antitrinitarier, außerordentlich wirksam werden für die Bildung eines nordameri-
kanischen demokratischen Selbstverständnisses[93]. Thomas Garrigue Masaryk zielte
sehr bewußt diese alte Verbindung an.

Bedeutende Historiker, wie Robert A. Kann[94], betonen, daß in den österreichischen
Landen — jetzt absehend von der Kreuzestragödie der Täufer — in zwei für die Zu-

kunft folgenreichen Generationen im ersten Jahrhundert der Reformation weithin relativ friedliche Beziehungen zwischen den Ständen und der Kirche, zwischen den habsburgischen Landesherren und ihren evangelischen Untertanen herrschen. Dieser Friede ist nicht zuletzt den ständigen Bemühungen lutherischer Theologen und Fürsten zu danken, die mit dem Kaiser und ja, der alten Kirche, zu einem Vergleich kommen möchten. In diesem Sinne ist das bis heute umstrittene „Augsburger Bekenntnis" von 1530 zu sehen, nach dem sich noch heute die vom Calvinismus geschiedenen österreichischen Evangelischen Augsburger Konfession profilieren. Philipp Melanchthon, der kleingewachsene, sensible und doch selbst dem Giganten Luther gegenüber so zähe Kopf eines irenischen deutsch-europäischen Protestantismus, hatte diese Confessio Kaiser Karl V. vorgelegt, als theologische Basis für einen großen Frieden zunächst im Heiligen Römischen Reich.

1979/80 würdigt man in Deutschland katholischerseits im Blick auf das vierhundertfünfzigjährige Jubiläum der Confessio Augustana in den Feiern der lutherischen Kirchen „Das Augsburger Bekenntnis Deutsch, 1530—1980" (es wurde vor dem Kaiser und Reichstag deutsch verlesen und in einer lateinischen und deutschen Fassung übergeben) als „besondern Ausdruck des gemeinsamen christlichen Glaubens". Der Theologe Heinrich Fries, S. J., erklärt in der prominenten Zeitschrift der deutschen Jesuiten „Stimmen der Zeit" (7/78) 1978: „Eine Anerkennung der confessio Augustana wäre ein bedeutsames Zeichen vor allem deshalb, weil sie nicht einfach alles läßt, wie es ist und wie es war, sondern weil sie einiges in Bewegung bringt, in der katholischen und in der evangelischen Kirche; vor allem aber, weil sie den Weg zur Einheit nicht dadurch markiert, daß Bekenntnis und Kirchlichkeit möglichst abgeschwächt oder gar ausgehöhlt werde, sondern dadurch, daß sie durch eine ausdrückliche Bejahung und Verwirklichung neu lebendig werden."

Man war bereits damals auf dem Wege zu einem großen Vergleich. Die Koexistenz von sehr verschiedenen religiös-politischen Bekenntnissen ist *die* Basis für ein staatsbürgerliches Zusammenleben, für Frieden nach innen und außen, und nicht zuletzt — nicht nur in Österreich — für die Bildung eines nationalen Selbstbewußtseins, ohne das kein Staat, kein historisches Gebilde verwandter Art, existieren und überleben kann.

Petrus Canisius[95], der mit seinen Genossen der Gesellschaft Jesu die Gegenreformation nach Wien bringt, warnt Rom vor Gewaltakten, vor gewalttätigen Bekehrungen. Ich vermerke hier: In der Gesellschaft Jesu leben von Anbeginn bis heute, bis ins Zeitalter des Teilhard de Chardin, nebeneinander eine harte integralistische Fraktion und eine sehr weltoffene Fraktion, der *jede* Bekehrerei ein Greuel ist[96]. So Canisius nach Rom: „Unendlich viel Protestanten hängen der neuen Lehre in gutem Glauben an, ohne Streitsucht, Verbissenheit und Verstocktheit. So gern möchte ich ihnen das ewige Heil verschaffen, müßte ich auch mein Blut für sie vergießen."

Entsetzt sehen evangelische Stände und Theologen auf das friedliche Nebeneinander der sehr verschiedenartigen „evangelischen" Gruppen ihrer „rechten" und „linken" Dissidenten (in heutiger Sprache ausgedrückt).

Dieses „evangelische" Österreich erscheint bereits orthodoxen deutschen Kirchenmännern als ein Sündenbabel, ein neues Babylon, in der Wirrnis der so verschieden gearteten geistlichen Sprachen. Die evangelisch geführten Stände protestieren 1580: „Daher sei vor Gott im Himmel zu erbarmen, daß eine solche babylonische Confusion eine Religion solle genannt und unter Christen gestattet werden.“

Um „in Österreich Ordnung zu machen“, wird der Rostocker Theologe David Chyträus berufen. „Er reiste 1573 über Böhmen nach Graz und wurde überall wie ein regierender Fürst gefeiert. Der Generallandtag der Stände zu Bruck an der Mur schrieb seine Kirchenordnung für ganz Innerösterreich als verbindlich vor . . .“ Chyträus bemerkt nach seiner Rundreise: „In Österreich ist die Religionsfreiheit beinahe zu groß.“ Dort strömen in der Tat alle aus was immer für Gründen aus den verschiedensten Orten Deutschlands Vertriebenen zusammen[97]. Der nach dem Rechten sehende und seine Ordnung mit Hilfe der Stände durchsetzende Mann aus dem Norden wird selbst von evangelischen Pfarrern, die Land und Leute bereits kennen, abgelehnt. Der Pastor von Grafenwörth, Joachim Magdeburgius, aus Magdeburg also *(sehr oft wiederholt sich seit dem 18. Jahrhundert dieser Prozeß, daß Deutsche, vorzüglich aus dem Norden, zu leidenschaftlichen österreichischen Patrioten werden)* erklärt: *„Ist denn in Österreich kein Gott,* daß man ihn zu Rostock suchen muß? Oder sind nicht in Österreich Prediger, die leere Säckel haben, daß man Geld darein stecken könnte? Oder was mögen Fremdlinge, die zuvor nie in das Land kommen und jetzt kaum reingucken und von des Landes und Kirchen Gelegenheit und was zur Reformation derselben Kirchen am notwendigsten sein sollte, das Wenigste ohne Erfahrung nicht wissen können, sondern sich nur des Berichtes derer, die es auch mit der Kirchen gern gut sehen, müssen begnügen lassen . . .“[98]

Diese außerordentlich „breiten“, den Abscheu strenger Lutheraner, den „heiligen Zorn“ von Calvinisten und das Verdammungsurteil Roms herausfordernden innerösterreichischen „Zustände“ sind nicht denkbar ohne das Verhalten der beiden Landesherrn Ferdinand I. und seines Sohnes Maximilian II. Ferdinand I.[99] hatte nicht nur aus „außenpolitischen“ Gründen (Türkengefahr) mit seinen evangelischen Ständen ein relativ gutes Auskommen gesucht, er kämpfte auch an der Seite seines Bruders, des Kaisers Karl V. für ein allgemeines Reformkonzil, auf den die Lutheraner vertreten sein sollten, um Rom eine wirklich „radikale“, an die Wurzeln greifende Reform abzuringen. In diesem großen Zusammenhang ist Ferdinands Kampf auf dem Konzil von Trient (1535—1563), das *bis heute* wesentliche religiös-politische Züge und Bezüge des römischen Katholizismus geprägt hat, durch *seine* Kardinäle und seine Theologen (seine: die Repräsentanten Karls und Ferdinands) für die Erlaubnis der Priesterehe und des Laienkelches zu sehen. Wie revolutionär die Forderung der Aufhebung des Zölibats war, wurde damals rasch von den bitterbösen Feinden des Kaisers (die in Karl V. einen „Landsknecht Luthers“ sehen) und seines Bruders in Rom und Trient ersehen: Die Aufhebung des Zölibats hätte den katholischen Volkspriester gelöst aus der totalen Abhängigkeit von Papst und Bischof: Ein Mann, der in seiner Familie lebt und für sie kämpfen muß, steht ganz anders in der Welt und vor seinem Gott, als ein Kleriker, der als „ein Mann des Papstes“ psychophysisch total an ihn gebunden erscheint. Das haben bedeutende Sprecher Roms damals in Trient offen ausgesprochen: Aufhebung, ja nur Lockerung des Zölibats würde die Gehorsamsbindung des Priestersohnes an den Papstvater und die reine Mutter, die Kirche, in der Wurzel treffen[100].

Diese große Angst „Roms", der „Römer", der „Römlinge", wie die „Ultramontanen" die romgebundenen Katholiken etwas später in Österreich genannt werden, ist heute nicht weniger aktiv als im 16. Jahrhundert.

Für Rom und für das um seine eigene Rechtgläubigkeit (die in Rom selbst ständig in Frage gestellt wird) zitternde habsburgische Spanien scheinen die österreichischen Erblande in eine totale Katastrophe hineinzuschlittern, als Ferdinands Sohn sein Erbe und Kaiser wird: Maximilian II. (1564—1576). Wie gegenwartsnah die religiös-politische Problematik der damaligen Situation ist, zeigt der bis heute nicht erloschene Streit der Historiker um diesen Habsburger[101]. Ein Schwächling, unaufrichtig, halb, ohne Charakter, ständig schwankend im Winde, so lauten evangelische Urteile; ihnen schließen sich römisch-katholische Urteile an. Maximilian, der sehr dem Luthertum zuneigt, vielleicht auch lutherisch stirbt, weiß sich nicht nur durch seine spanische Verwandtschaft, sondern vor allem als Kaiser der Römischen Kirche verpflichtet: Wenn der westeuropäische Reformkatholizismus des frühen 16. Jahrhunderts, diese Katholizität des Erasmus, des Thomas Morus, der englischen, französischen, niederländischen und spanischen Humanisten nicht von den Feuern Luthers und Roms verbrannt worden wäre, dann wäre er ihr Vorkämpfer gewesen.

Maximilian II. konnte auch dies nicht übersehen: „seine Evangelischen" bekämpften Dissidenten bereits im Luthertum und noch heftiger in seinen Randzonen ebenso heftig wie ihre „papistischen" Landsleute. In seiner „Religionskonzession" vom 18. August 1568, die allen Herren und Rittern Nieder- und Oberösterreichs das Recht gewährt, auf ihren Gütern den evangelischen Glauben Augsburger Bekenntnisses zu verkünden, wird eindringlich die Bitte, die Warnung ausgesprochen, die katholische Religion nicht zu beschimpfen.

1576 bemerkt der Lutheraner Georg Pfintzing in seinem Traktat: „Von den wahren Feinden des Evangeliums": „Ich habe in vielen Predigten in den österreichischen Landen Wunders gehört aus dem Mund solcher, die das Evangelium verkünden wollen: Das Schimpfen, Fluchen, Vermaledeien der Papisten, so unflätig und säuisch, als man nur in gemeinen Tabernen hören kann, ist sozusagen die einzige Speiss, so sie dem Volk vorsetzen. Vornehmlich sind die vielen Winkelprediger, so in Städten und Dörfern umherziehen, Flacier, Spangenbergisten, Osiandristen und wie sie sich Namen beilegen, welche das liebe Evangelium durch ihr unersättliches Schelten und ihren losen Wandel und unehrbarlich Wesen in Schimpf und Veruf bringen und den Arm der Obrigkeit zum Einschreiten herausfordern."[102] Pfintzing sucht hier die große Haßpredigt den „Sektierern" in die Schuhe zu schieben. Die zeitgenössischen Quellen bezeugen, wie sehr auch gut lutherische Prädikanten — zum Unwillen lutherischer adeliger Herren — dergestalt Haßmeuten und Hetzmeuten bilden (in der Sprache des Elias Canetti in „Masse und Macht"). Die heute fast ungeheuerlich klingenden Haßpredigten — so in der Presse der Ersten Republik Österreich im selbstmörderischen Kampf zwischen „Schwarzen" und „Roten", zuvor zwischen Schönerianern und ihren Geistesgenossen und den „Schwarzgelben" — wachsen direkt aus diesem ungebrochenen Erbe. Am nächsten stehen Maximilian doch wohl jene friedsamen, stillen „Böhmischen Brüder", die, den milden Täufern nah, 1566 ihr Gesangbuch ihm widmen[103].

Wie viele „Protestanten" gab es damals, vor der radikalen Gegenreformation, in den österreichischen Landen? Evangelische Schätzungen im 19. und 20. Jahrhundert melden, um 1550 seien neun Zehntel der österreichischen Bevölkerung evangelisch. In allen österreichischen Landen — außer Tirol — ist die Mehrheit des hohen und niederen Adels evangelisch. Dasselbe gilt für die Städte. Graz zählt 1545 noch 3000, 1555 nur mehr 200 Kommunikanten[104]. In Klagenfurt schafft der Deutschböhme Knorr in der Stadtpfarrkirche 1564 die Messe, 1564 die Fronleichnamsprozession ab. Steyr bezeugt sich als ein Zentrum evangelischer Kultur unter Führung des evangelischen Rates. In Freistadt an der Aist, wo der Salzhandel von Gmunden nach Böhmen durchzieht, pflegt der Stadtschreiber Veit Stahel rege wirtschaftliche und geistige Beziehungen zu Steyr einerseits, zu Böhmen, Schlesien, Franken andererseits.

Kaiser Maximilian ist an seinem Wiener Hofe nur von lutherischen Räten umgeben. 1569 bemerkt der Hofprediger Martin Eisengrein in Wien: Es sei kaum eine Spur zu finden, daß Wien einmal katholisch gewesen war[105]. Das sind außerordentliche Aussagen und Sachverhalte. Katholische Historiker geben zu bedenken, daß zumindest das Landvolk weithin gar nicht von den Prädikanten des „neuen Glaubens" erreicht worden sei. Man vermerkt auch zu recht, daß vieles noch fließend war: Katholisches Erbgut findet sich ja auch noch lebenslang in Luther selbst. Viele schwankten, sie besuchten die aufregenden und aufreizenden Predigten der „Neuerer" und nahmen zumindest auf dem Sterbebett noch die Sakramente der alten Kirche. Vieles war noch in Schwebe: Der neue Glaube rang um Einwurzelung in ein leibseelisches Erdreich, in dem sehr alte „atavistische", „magische", vorchristliche Elemente jenen breiten Humus bildeten, der katholischen Kirchenglauben trug, und bald darauf den volkhaften Katholizismus der Gegenreformation.

Die österreichischen Lande waren, darüber gab es gerade bei den nun ins Land kommenden Jesuiten (in Wien seit 1551, auf Bitten Ferdinands I.) keinen Zweifel, weithin protestantische Lande[106], evangelische Lande in ihrem Selbstverständnis: Für viele Ergriffene war zum ersten Mal in ihrem Leben das Christentum als ein Evangelium, als eine Frohbotschaft zu ihnen gekommen. Nicht als ein Gemenge „magischer" Heilsformeln und einer autoritären Kirchenlehre, die von oben und die aus fremdem Land, aus Rom, kam.

Der große Herder, der stärkste Anreger des jungen Goethe, später sein Intimfeind in Weimar, als Superintendent, hatte aufmerksam gemacht: Die Deutschen, die deutschen Stämme seien durch die gewalttätige fränkische Mission nicht wirklich christianisiert, sondern nur „oberflächig" unterworfen[107]. Sigmund Freud war der Überzeugung, daß das Hineinscheitern von Deutschen in Judenhaß und Barbarei eine Folge ihrer Nichtbekehrung sei: Das Christentum habe zumeist nicht ihre tieferen Schichten erfaßt[108]. Eben diese Tiefenschichten der Person, der Existenz, in denen Haß und Liebe oft so merkwürdige Verbindungen eingehen, wurden nun angesprochen durch die Männer des „neuen Glaubens". Wobei sich die Gemüter, je länger sie nun mit dem erregend Neuen bekannt wurden, für eine zunehmende Radikalisierung offen erwiesen.

Von Regensburg kommen Anhänger des Flaccius Illyricus in die österreichischen Lande, so nun vorzüglich nach Ober- und Niederösterreich, und nach Wien. Gerade Laien entzünden sich an dieser leidenschaftlichen Radikalisierung des Luthertums. Flaccius Illyricus[109], wie schon sein Name bezeugt, ein Mann aus dem nahen Balkan, ist bereits ganz persönlich ein Modell für eine Radikalisierung eines deutschen religiös-politischen Denkens vom Osten, vom Balkan, von den östlichen Randzonen Europas und des Reiches her. Bis zur „Bewegung" im 20. Jahrhundert kommen aus diesen brandigen Sperrzonen fanatische Kämpfer für ihre „heilige Sache": für ihr Heil aus dem radikalisierten neuen Glauben, für ihr Heil, das sie von der „Reinigung Deutschlands" erhoffen.

Flaccius Illyricus hatte 1556 seinen „Catalogus testium veritatis" herausgebracht, in dem er alles, was ihm als gut christlich und evangelisch vor Luther erscheint, für die Reformation beschlagnahmt. Er ist der inspirierende Kopf der „Magdeburger Centuriatoren", die in ihren Dokumentationen ein riesiges Material für den Kampf gegen Rom, gegen die babylonische Hure, gegen den Antichrist, den Papst, zusammenstellen.

Die Verhandlungen Ferdinands I. mit den lutherischen Politikern, 1530 bis 1555, wurden bereits sehr erschwert durch die innere Unsicherheit der lutherischen Theologen in der Kernfrage der Toleranz: Wie weit darf man Andersgläubige dulden, ohne Gottes Ehre und das Wort der Schrift zu verletzen? Innere Unsicherheit, innere Unfreiheit führt zur Intransigenz. Nach dem Augsburger Religionsfrieden von 1555 arbeiten im Dienste Ferdinands, der nach der Abdankung seines Bruders Karl V., 1556, Kaiser wird, die erasmischen Theologen Witzel, Julius Pflug, Michael Helding als Bischof von Merseburg, Christoph Merwein als Bischof von Wien, Anton Brus als Bischof von Prag und Georg Cassander, und die kaiserlichen Räte Zasius, Seld, Gienger, Staphylus für jene „via lenitatis et mansuetudinis", jenen Weg der Mitte und des Maßes, der die Grundlage des staatsrechtlichen Begriffes der (später so vielumstrittenen) *clementia austriaca*, der „österreichischen Milde", dann der Humanität und Verwaltungskunst des österreichischen Vielvölkerstaates bis nah an sein Ende heran bildet[109]. Ferdinand I. hatte 1557 im Wormser Religionsgespräch, dem letzten dieser Art, mit Hilfe seines Vizekanzlers Seld und des Bischofs Pflug Melanchthon, Brenz, Peter Canisius und integralistische Gegner des Gesprächs doch noch einmal zusammengebracht. Im Luthertum toben jedoch schwere Kämpfe zwischen dem gemäßigten humanistisch-friedsamen Flügel um Melanchthon und den Intransigenten um Flaccius Illyricus.

Beunruhigt sehen die evangelischen Stände in Österreich auf diese Radikalen, die alle ihre Gegner verdammen — auch im eigenen Luthertum. Diese Flaccianer bilden ja eine Art „Calvinismus" im deutschen Luthertum, mit ihrer düsteren, aber so faszinierenden Überzeugung, daß die allermeisten Menschen zur „verdammten Masse" (massa damnata, augustinisch) gehören. Die Stände berufen 1574 Josua Opitz aus Regensburg nach Wien. Die Flaccianer müssen sich verpflichten, nicht mehr über die Erbsünde zu streiten. Viele Tausend hören nun den milderen Opitz im Landhaussaal der Stände in Wien predigen.

Horn wird zu einer Hochburg evangelischen Glaubens im Waldviertel, nicht zuletzt durch sein evangelisches Gymnasium. In Linz wird die oberösterreichische Landschaftsschule der Stände die bedeutendste Österreichs (sie wurde wahrscheinlich 1566 gegründet). Evangelischer Geist, evangelische Wissenschaft wirken hier weit über den engeren Landschaftsraum hinaus anziehend. Hier vertritt aber auch Christoph Hueber, der „als treuer Schüler Luthers den Papst dem Antichrist gleichsetzt", einen radikalen Glauben, der Flaccius Illyricus nahesteht[110]. Evangelische Stände säubern sich, „reinigen" sich durch Austreibung von Katholiken: „Keiner konnte in Steyr ins Bürgerrecht aufgenommen werden, der nicht ein Zeugnis des evangelischen Pfarrers beibrachte." In St. Veit in Kärnten wurde kein katholischer Bürger mehr zugelassen. In Freistadt und anderen Märkten und Städten wirkt Georg Ederer, der ein gewaltiger Eiferer gegen die Messe war ... Steyr und Wels bezeugen sich als „eine Trutzburg evangelischen Glaubens" (all dies bei Grete Mecenseffy)[111]. Exklusiver Ausschluß aller Katholiken, in steirischen, in Kärntner Städten und Märkten. Das evangelische Kirchenregiment, mit seinen Schulen, duldet keine Duldung des „teuflischen papistischen Aberglaubens" der Katholiken. Noch der Landtag in Graz vom 4. Februar 1572 schließt alle Katholiken aus.

Die große Tragödie der Ausmerzung (dann der Verdrängung in den Untergrund) des österreichischen Protestantismus, diese Basis aller österreichischen Tragödien bis 1938, soweit sie „innenpolitisch" verwurzelt sind, setzt evangelischerseits in eben diesen Fehlentscheidungen ein: Der evangelische Adel glaubte sich im Besitze seiner Schulen, seiner Kirchen, an die er die besten ihm erreichbaren Köpfe aus Deutschland berufen hatte und immer noch berief, geistig und glaubensmäßig dem Rest der Altgläubigen dermaßen überlegen, daß er hoffte, sie niederkämpfen zu können. Dieser Adel und die ihm verbündeten Städte und Märkte glaubten zudem, mit den schweren inneren Zwistigkeiten fertig werden zu können. Als etlichen von ihnen das Luthertum als zu „weich" erscheint, gehen sie zum militanten Calvinismus über[112].

Dieser evangelische Adel glaubte zudem, im Bunde mit seinen deutschen Verbündeten, dem Corpus der evangelischen Stände, Fürsten, Städte im alten Reichsraum, im Bunde auch mit den „treuen Böhmen", ja auch mit den Ungarn, in denen früh der Calvinismus starke Stützpunkte gewann (bis ins 20. Jahrhundert), ihren Landesherrn, diesen Habsburgern, die ihrerseits so oft zerstritten waren („Ein Bruderzwist in Habsburg" „belebt" die inneren Auseinandersetzungen im Hause Österreich lange vor dem Bruderkrieg an der Schwelle des Dreißigjährigen Krieges) durchaus machtpolitisch gewachsen zu sein, wobei der Türke in Osteuropa, der französische König in Westeuropa, später Dänen und Schweden als faktisch „Verbündete" betrachtet wurden. Diese politische Fehlentscheidung ist jedoch, wie betont werden muß, nicht von der glaubensmäßigen Überzeugung zu trennen: für die Sache Gottes auf Erden, für die heilige Sache Martin Luthers, für das Evangelium, für die Reinheit der Lehre kämpfen zu müssen.

Diese evangelischen Stände der österreichischen Lande sahen sehr richtig die außerordentliche Schwäche der österreichischen Habsburger. Sie sahen aber erst mitten in ihren Aufständen, in ihren „Rebellionen" (vom Wiener Hofe so ersehen), daß gerade diese außerordentliche Schwäche, die den Gegnern nur Hohn und Siegeszuversicht, den katholisch Gebliebenen im Lande Verzweiflung und Verzagen bereitete, die Habsburger in die Arme ihrer spanischen Verwandten, der höchst energischen Bayern als Vorkämpfer der Gegenreformation in deutschen Landen und ihrer beider Verbindung mit Rom und in besonderem Maße mit dem militanten Zweig der Gesellschaft Jesu trieb[113].

Im Blick von den innerösterreichischen Tragödien des 18. bis 20. Jahrhunderts her, die so sehr die gesunde Bildung eines österreichischen Selbstbewußtseins, Selbstwerterlebens, einer österreichischen Identität erschwerten und immer wieder fast er-

3*

drückten, beachten wir nun diesen Zusammenstoß zweier Invasionen, die auf dem Boden der österreichischen Lande für *ihren* Sieg kämpfen: Da sind es „diese Deutschen" (wie österreichische Lutheraner verdrossen bemerken), die als Prädikanten, Pastoren, Lehrer, Professoren, Kirchenführer, die je *ihre* evangelische Kirchenordnung durchsetzen wollen, ins Land kommen. Da sind es nun diese Spanier, diese Bayern, diese Jesuiten, diese Wallonen, Iren, Flamen, Italiener und wieder Spanier, die zunächst mit den Armeen, dann auch ohne direkte Waffenhilfe, in die Lande kommen und jene spezifische österreichische Barockkultur mitschaffen, die ihren Gläubigen als Gottesbeweis ihres Glaubens, dem Hause Habsburg als ein Zeichen seines Sieges, Rom als ein Mal seines Triumphes erscheint und den vielen, die nunmehr in den Untergrund gedrängt werden oder als Emigranten jetzt in deutschen Landen leben, schlechthin als ein Greuel, wahrhaft obszön, als ein Rückfall in düsteres Heidentum erscheint.

Kaiser Ferdinand I. teilt bei seinem Tode die österreichischen Erblande. Sein ältester Sohn, Maximilian II., erhielt neben der Römischen Kaiserkrone die Kronen von Böhmen und Ungarn, Nieder- und Oberösterreich. Sein Sohn Ferdinand (II.) von Tirol erhält „Oberösterreich", damals Tirol und die Vorlande („Vorderösterreich") umfassend, und begann hier die Gegenreformation mit Einsatz seiner Beamten. Die Geistlichkeit war nicht zu gebrauchen.

Der große Gegenschlag gegen den österreichischen Protestantismus beginnt in Graz, in der Steiermark, durch den jüngeren Sohn Kaiser Ferdinands I., Erzherzog Karl (II.), und dessen Sohn Ferdinand (II.), Landesherr der Steiermark seit 1595, Kaiser seit 1619, gestorben 1637.

Die Steiermark war, wie Kärnten, in der Hand der Evangelischen. Eine Klostervisitation von 1573 ergab: Die Männerklöster standen nahezu zur Gänze leer. Im Markte Rottenmann zählte man drei bis vier evangelische Kirchen. Graz, Judenburg, Klagenfurt und Laibach waren privilegierte Städte, in denen ein evangelisches Kirchenregiment und evangelische Schulen eingerichtet waren[114]. Ein blühendes Geistes- und Glaubensleben entfaltete sich da. Hegel, der Sproß evangelischer Kärntner, der (wie mir seine Urenkelin Marie von Hegel versicherte) bis zu seinem Tode nicht diese seine Herkunft vergaß, mag für dieses ausgerottete, ausgesiedelte deutsche Geistesleben stehen. Diese Kärntner und steirischen evangelischen Stände wissen sich stolz als Deutsche: „Wir sind Teutsche, in teutschen Landen geboren, wir sind in Schutz und Schirm des Reiches"[115], wie sie noch glauben! Diese stolzen, hochgemuten Stände der Steiermark, von Kärnten und Krain ringen 1578 dem Erzherzog Karl bedeutende Konzessionen ab, die sein Gewissen überfordern und durch die Drohungen des päpstlichen Nuntius in Graz zu einer Flucht nach vorne mobilisieren.

Im Oktober des kommenden Jahres 1579 trifft er sich in München mit seinem Bruder Ferdinand von Tirol, eingeladen von seinem Schwiegervater, Herzog Albrecht von Bayern, mit dessen Nachfolger Herzog Wilhelm. Hier in München entwickeln die drei persönlich sehr ungleichen Standesgenossen ein Dreizehn-Punkte-Programm der Gegenreformation in Innerösterreich. *Die Gegenreformation in Österreich* wird also in *München* (der „Hauptstadt der Bewegung" im 20. Jahrhundert in Deutschland) geboren und in *Graz* (der „Hauptstadt der Bewegung" in der Ersten Republik Österreich) begonnen[116].

Mit diesem „München" beginnt der immer noch zunehmende Einfluß der bayerischen Herzöge in den österreichischen Landen, der nicht zuletzt zur oberösterreichischen Katastrophe im 16. Jahrhundert führt. In dem Dreizehn-Punkte-Programm, das geheimgehalten wird und uns heute noch nicht vollinhaltlich bekannt ist, dürfte auch die Austreibung der evangelischen Adeligen, die erst 1628/29 erfolgt, enthalten sein. Man einigt sich, Schritt für Schritt vorzugehen, langsam, den so heiklen Umständen entsprechend: Der Türke ist nah, und die Lande sind faktisch im Besitz der Evangelischen.

Als erstes werden die Schulen geschlossen und „Agitatoren" ausgewiesen, als „Landfremde"; viele waren aus Böhmen und nichthabsburgischen deutschen Landen gekommen. Austreibung also zuerst der evangelischen Prediger und Verbrennung evangelischer Bücher. Der Stadtrat von Graz wird abgesetzt und landesverwiesen, den Bürgern anderer Städte wird befohlen, Katholiken als Bürgermeister und Stadträte zu wählen. In etlichen Maßnahmen der Regierungen Dollfuß und Schuschnigg im „Christlichen Ständestaat" ersehen gerade die führenden Männer der Kärntner und steirischen Evangelischen eine direkte Wiederaufnahme dieser Gegenreformation[117].

Verbot des Besuches „ausländischer", evangelischer Universitäten. In Graz wird 1585 eine Universität gegründet und den Jesuiten übergeben. (Auch das Jesuitentrauma, die Angst vor diesen ersten „Schwarzen", hält sich, gerade an den Universitäten in Österreich, bis 1938.)

Am 9. Juli 1596 wird Ferdinand II.[118] großjährig: Dieser persönlich so sanfte, gutmütige Mann, der peinlich nach dem Rechten sehen möchte — auch wenn seine Gegner in „zivilen" Sachen gegen ihn stehen, wird, unter dem Gewissensdruck seiner geistlichen Ratgeber (ein Jesuit ist sein Beichtvater)[119], Vollstrecker des Münchener Programms von 1579 in härtester Form.

Grillparzer, in dem das Wissen und Gewissen aufgeklärter katholischer Josefiner und anderer Gegner dieses Terrors lebt und arbeitet, hat diesem Ferdinand in seinem Drama „Ein Bruderzwist in Habsburg" (2. Aufzug) ein Denkmal gesetzt. Grillparzers Kaiser Rudolf II. ist eine Verkörperung jenes kaiserlichen erasmisch-irenischen Humanismus, der als „Dritte Kraft" zwischen den bewaffneten Religionsparteien nahezu zermalmt wird. Er sagt da zu Ferdinand: „Und zwanzigtausend wandern flüchtig aus? Mit Weib und Kind? Die Nächte sind schon kühl." Ein vernichtendes Urteil, in verhaltenster Sprache[120].

Verbrannt werden Kirchen und Bücher. Die deutschen und windischen (slowenischen) Söldner, die mit den erzherzoglichen Kommissaren durch die Lande ziehen, kämmen von Leoben aus die steirischen Lande durch, „säubern" sie von Protestanten. Jene Orte und Märkte und Städte, die besonders gewalttätig „katholisch gemacht" werden, wie Aussee, Gröbming, Schladming, Rottenmann, Eisenerz, das Mur- und Drautal, werden Zentren des Kryptoprotestantismus[121]. Alle Wucht der Verfolgung konzentriert sich in Graz. Der Kampf gegen die evangelische Kultur, die evangelische Bildung wird nicht minder hart wie der gegen die Menschen selbst geführt. In Graz werden im August 1600 acht große Fuhren mit 10.000 Büchern verbrannt, in Neumarkt sind es um 1000, in Knittelfeld 400 Bücher. Nicht minder hart als Graz wird Klagenfurt getroffen. Die evangelische Kirche in Österreich damals erinnert an heute: „Aber die Bekehrung war vielfach eine rein äußerliche ..." „In Kärnten wie in Oberösterreich und im Burgenland hat sich das evangelische Bekenntnis durch die Not der Unterdrückung und Verfolgung hindurch bis zum heutigen Tage erhalten."[122]

In Wien übernehmen die Bayern das Kommando zur Durchsetzung der Gegenreformation. Kaiser Rudolf II. (1576—1612) schreckt vor Wien zurück, wohl seit er 1578 bei einer Fronleichnamsprozession, die von den evangelischen Bürgern gesprengt worden war — seine jüngeren Brüder stellen sich mit gezogenen Degen vor ihn, um ihn zu schützen — Wien als eine unheimliche, ihm, der in Spanien erzogen worden war, zutiefst fremde Welt erlebt hatte[123]. Die unter Rudolf II. einsetzende „Religionsreformation" in Niederösterreich kommt kaum zur Entfaltung. Wien ist eine sich immer mehr radikalisierende Stadt. Josua Opitz, der doch zur Milderung, Mäßigung und Eindämmung der Flaccianer nach Wien berufen worden war, entfaltet sich hier in Resonanz auf sein Publikum — Hörer und Redner laden sich gegenseitig auf: Das ist das Geheimnis radikaler Demagogen aller religiös-politischen Bewegungen — immer fanatischer. Opitz schmettert als Landhausprediger gegen die „Abgötterei" der Katholiken, gegen ihre Messe, ihre Sakramente und eben gegen die abscheuliche Fronleichnamsprozession. „Dabei muß es zu harten und für die Katholiken kränkenden Äußerungen gekommen sein" (so der evangelische J. K. Mayr 1954)[124].

Bayern drängt und treibt: Es ist in Wien vertreten durch Reichsvizekanzler Doktor Sigmund Vieheuser und Reichshofrat Georg Eder; sie informieren ständig Herzog Albrecht in München. Auf den dringenden „Rat" Münchens hin werden 300 Mann unter einem katholischen Stadthauptmann nach Wien gelegt. 1581 verlieren hier die Stände den Gottesdienst, die Schule, den Buchhandel, der im Landhaus durch Elias Freytag glänzend präsent ist. Der evangelische, dann kryptoevangelische Buchhandel in Wien hält bis zur Aufklärung die Verbindung mit der neudeutschen evangelischen deutschen Kultur und Bildungswelt aufrecht[125].

Mitten in diesen Kämpfen erhalten sich die innerevangelischen Kämpfe. So toben 1580 schwere Kämpfe innerhalb der Evangelischen um eine Norma doctrinae, eine Glaubens- und Kirchenordnung, in *Horn*. Rabiate Flaccianer wüten gegen die Konkordienformel, sind gegen jeden „Vergleich"[126]. In *Krems* kämpfen vier Jahre Bürger gegen die Rekatholisierung (1584—1588). Diese wird vorangetrieben durch den evangelischen Bäckerssohn Melchior Khlesl, einen Wiener, der durch den Jesuitenprediger Scherer zur Konversion bewogen worden war. Der späte Kardinal Khlesl[127] strebt eine Versöhnung mit den Evangelischen, einen großen politisch-religiösen Vergleich an. Wurde in ihm seine evangelische Jugend wach? Dieser Karrierist macht nicht den Eindruck eines „Zerrissenen". Die ersten „Zerrissenen", die ersten „Schwierigen" in Österreich sind die Männer dieser Epoche: Der große Kampf der Konfessionen, der alten, archaisch verwurzelten Katholizität und des neuen Glaubens tobt nicht selten in ihrer eigenen Brust.

Die Entscheidung über das Schicksal der Reformation in Österreich fällt in Böhmen; sie reift heran im „Bruderzwist in Habsburg"[128]. Rudolf II., König von Ungarn bis 1608, König von Böhmen bis 1611, Römischer Kaiser 1576—1612, melancholisch, depressiv, versonnen und versponnen in seine „Liebhabereien", nach den

Geheimnissen der Sterne, des Makrokosmos fragend, umgeben von evangelischen Astronomen-Astrologen (noch lange sind diese beiden „Wissenschaften" nicht voneinander getrennt), zurückscheuend vor dem Rätsel Mensch, vor dem Abgrund Mensch, hatte sich, immer kontaktscheuer werdend, auf seiner Burg auf dem Hradschin in Prag eingehaust. Ein Kaiser, geschaffen für Franz Kafkas Visionen, nicht für den Großkampf, der auf ihn zukam. Da eine Verehelichung dieses seltsamen Mannes nicht zu erwarten war, verbinden sich Brüder und Neffen, um ihn abzulösen. Ein Treffen der Erzherzöge in Linz 1605 plädiert für die Übergabe der Regierung Ungarns an seinen Bruder Erzherzog Matthias. Der Kaiser soll zudem einen Nachfolger bestellen. Matthias erhält von Rudolf den Oberbefehl im Türkenkriege. Dann zieht sich der Kaiser noch mehr in sich zurück, worauf die Erzherzoge 1606 in Wien den Kaiser als regierungsunfähig erklären und Matthias als Haupt des Hauses anerkennen.

Bedrängt von den evangelischen böhmischen Ständen und von der eigenen Sippschaft, tritt Rudolf 1608 seinem Bruder Matthias Österreich, Ungarn und Mähren ab, spricht ihm die Nachfolge in Böhmen zu. In diesem Kampf hat Matthias sich in die Hände der evangelischen Stände begeben. Österreich, Ungarn und Mähren schließen ein Bündnis, das ihren evangelischen Glauben und ihre ständischen Vorrechte sichern soll.

Nun beginnt der böhmische Kessel zu kochen (noch nicht zu explodieren). Die böhmischen Stände erzwingen vom Kaiser am 9. Juli 1609 einen „Majestätsbrief", der den Ständen und den Bürgern und den Bauern das Bekenntnis der Confessio Bohemica gestattet. Diese „Böhmische Konfession" bezog sich hauptsächlich auf die Utraquisten (die dem alten katholischen Glauben am nächsten standen), sodann auf die Lutheraner und die Unität der Böhmischen Brüder, die Söhne der gemäßigten Hussiten. Sie alle erhalten das Recht, Kirchen und Schulen zu bauen (sogar auf königlichem Grunde) und ihr Kirchenregiment nach eigenem Gutdünken einzurichten.

Der „Majestätsbrief" hat den Kaiser seelisch offensichtlich überfordert. In einer letzten Anstrengung ruft er seinen Neffen Erzherzog Leopold aus der steirischen Linie zu Hilfe; im Kampf gegen dessen bewaffnete Intervention zugunsten des Kaisers erringt Matthias 1611 die böhmische Krone. Ein König von Gnaden der evangelischen Stände.

Matthias I., König von Ungarn 1608—1618, König von Böhmen 1611—1617, Kaiser 1612—1619, ist ein zaudernder, schwacher Regent. Herr seiner Regierung ist Kardinal Melchior Khlesl, der einen Ausgleich der beiden Konfessionen (in Böhmen: der vier Konfessionen, wobei der Calvinismus noch ausgeklammert wird) anstrebt. 1617/18 wird Ferdinand II. als Nachfolger des Kaisers Matthias zum König von Ungarn (1618—1637), König von Böhmen (1617—1637) und nach dessen Tode zum Kaiser (1619—1637) gewählt. Die böhmischen Stände bekommen deutlich zu spüren, wie sich der Schatten der Gegenreformation über ihre Lande auszubreiten beginnt: Der Majestätsbrief von 1609 droht zu einem gewichtslosen Pergament zu werden.

Am 23. Mai 1618 werden die königlichen Statthalter in Prag aus dem Fenster in den Schloßgraben gestürzt: Das ist eine nahezu sakrale Handlung der religiös-politischen Erhebung nach dem ersten Fenstersturz, der das Fanal für die Hussitenkriege gebildet hatte. Graf Matthias Thurn führt das böhmische Heer vor die Tore Wiens.

Der große calvinistische Führer Siebenbürgens, Bethlen Gábor, rückt bis in die Nähe von Schwechat bei Wien vor, er wird vom ungarischen Reichstag zum Fürsten, später zum König gewählt und verbündet sich mit den evangelischen Böhmen und Österreichern.

Die Böhmen wählen den Kurfürsten Friedrich V. von der Pfalz zum König von Böhmen. Kaiser Ferdinand II. gewinnt die Unterstützung Tirols durch seinen Bruder Erzherzog Leopold, des Papstes, Spaniens und einer Reihe italienischer Staaten und Städte und der katholischen Liga, in der Bayern führend ist. Ihr Heerführer ist Tilly, ein Wallone aus den Niederlanden.

Die für Böhmen und Österreich bis 1918, für den alten Reichsraum bis zum Ausklang des Dreißigjährigen Krieges entscheidenden dramatischen Ereignisse von 1619—1621, in denen nicht zuletzt eine Entscheidung im Kampf der zwei führenden Kulturen fällt, laden zu einer Skizzierung ihrer Aktfolge ein.

Prag 1619: Friedrich von der Pfalz, der „Winterkönig", Gatte der Stuart-Prinzessin Elizabeth, säubert Prag radikal, so vorzüglich auch den Prager Dom von den Kunstschätzen, von den Denkmälern der verhaßten papistischen Gegenkultur, um seinen „gereinigten" deutsch-calvinistischen Gottesdienst halten zu können. Bestürzt sehen böhmische Evangelische verschiedener Provenienz auf diesen Fanatismus[129]. Dieser Mann des Unglücks, der nicht zuletzt von seinem Schwiegervater, König Jakob I. von England, dringend vor seinem böhmischen Abenteuer gewarnt worden war, verliert in einer halbstündigen Schlacht am 8. November auf dem Weißen Berg Krone und Land[130]. Die Sieger verlieren 300 bis 400 Tote, die Besiegten etwa 1600. Am 9. November ziehen die Kaiserlichen in Prag ein. Domenico Ruzzola trägt in feierlicher Prozession ein Marienbild in den Dom, das er in Strakonice (Südböhmen) in einer von den Protestanten verwüsteten Kirche gefunden hat. Diese Szene wird in einem Fresko in der Karmeliterkirche Santa Maria della Vittoria in Rom dargestellt, die zu Ehren des Sieges am Weißen Berg erbaut und der Mutter Gottes vom Siege, der Heerführerin des gegenreformatorischen Europa, geweiht wird.

Am Abend des 20. Juni 1621[131], dem Abend vor dem Johannistag, findet in Prag zwischen acht und neun Uhr ein religiös-politischer Staatsakt statt. Kurz nachher erscheinen in ganz Europa zahlreiche protestantische und katholische Flugblätter, die das große Schauspiel fixieren: die einen zum Schrecken, zur Empörung und zum Widerstand aufrufend, die anderen zur Siegesfeier einladend. Wie bei einer Fronleichnamsfeier, die bereits im ganzen 16. Jahrhundert von den Evangelischen als ein abscheuliches Schauspiel des Götzentums, des Antichristen ersehen und angegriffen worden war und die nun von der siegreichen Gegenreformation in den eroberten Landen eingeführt wird, ziehen an diesem Juniabend große Scharen von Mönchen, Priestern und Soldaten auf den Platz vor dem Prager Rathaus auf dem Altstädter Ring. Hier ist das Schafott errichtet, drei Meter hoch, eine Bühne des Todes und des Prunkes. Am 19. Juni hatte ein Prager Gerichtshof vierundzwanzig Führer der böhmischen Erhebung gegen Habsburg und Rom zum Tode verurteilt. Katholische und evangelische Geistliche weilen zur Vorbereitung der Gefangenen auf ihre letzte Stunde in den Kerkern. Die Soldaten des Obristen Wallenstein, des Böhmen aus evangelischem Geschlecht, halten Ruhe in der Stadt. Als erster steigt „mit

heiterem Gesicht", in schwarzen Samt gekleidet, die Bibel in der Hand, der deutsche
Graf Schlick zum Schafott empor. Ihm folgt der vierundsiebzigjährige Wenzel Budo-
wetz, Freiherr von Budow, ein frommer Böhmischer Bruder. Dann der kunstlie-
bende Christoph Harant, Freiherr von Polžic; dann der sechsundachtzigjährige Kaspar Kapliř, Ritter von Sulewitz. Der Greis wollte nicht um Begnadigung bitten, die
ihm zugesagt worden war. Nach ihm kommt der Katholik Dionys von Czernin (ein
Czernin wird der unselige Außenminister Kaiser Karls im letzten Akt dieser österreichischen Tragödie, die das Haus Österreich präsentiert). Sein Bruder Hermann sitzt
oben auf dem Balkon des Rathauses und sieht zu, wie schön und würdig sein Bruder
stirbt. Dann ersteigt Doktor Jessenius die Stufen zum Schafott, von allen vier deutschen Predigern begleitet. Man schneidet ihm zuerst die Zunge heraus, denn mit ihr
hat er als Sprecher der Stände „gesündigt".

Während der Hinrichtungen in Prag liegt in Mariazell vor dem Marienaltar Kaiser Ferdinand II. auf den Knien und betet für die Seelen der Hingerichteten. Er
weiß sich ihnen in der Communio Sanctorum verbunden. Das Prager Blutgericht
wird zum Fanal für den Dreißigjährigen Krieg. Die Güter der Hingerichteten, die
nach ihrem Tode konfisziert werden, sind riesengroß. Liechtenstein und Wallenstein
erwerben Löwenanteile aus der Beute. Wallenstein erbaut sich nun seinen neuen
Palast, das Waldstein-Palais. Zu seinen phantastischen Festen drängt sich der Adel
Europas. Die prächtigen Bronzewerke in seinem Garten werden später von den
Schweden verschleppt, stehen heute im Park von Drottningholm, wo sich das
größte Barocktheatermuseum befindet.

In Böhmen werden 500 Herrschaften, drei Viertel des gesamten Grundbesitzes,
in Mähren werden 135 Güter konfisziert. Dazu kommen viele Höfe und Häuser,
die dem Kaiser zufallen. Böhmen verliert alle seine Freiheiten, erhält 1627 die
„Vernewerte Landesordnung", die den König zum einzigen Machtherrn im Lande
macht. Über 30.000 Familien verlassen das Land, darunter 185 Adelsgeschlechter.
Böhmische Exulanten ziehen nach Frankreich, Holland, Brandenburg, Polen, Skandinavien, Siebenbürgen, bis in die türkisch besetzten Balkanlande[132]. Die böhmische
Emigration verbreitet im ganzen protestantischen Europa (später auch in Nordamerika) ihren Haß gegen das Haus Österreich[133]. *Hier* setzt jene leyenda negra,
jene „schwarze Legende" an, mit der, zunächst auf Spanien bezogen, europaweite
antihabsburgische Propaganda geprägt worden war. Bis über 1918 hinaus hat
Österreich diesen wahrhaft üblen Ruf nicht überwinden können. Der Märtyrertod der
Vierundzwanzig und die Austreibung ihrer Glaubens- und Standesgenossen ab 1621
hat Österreich unermeßlich geschadet. Zunächst schädigte er Böhmen, erniedrigt das
Land zu einer „zweiten Leibeigenschaft". Es verliert seine böhmische, tschechische und
deutsche evangelische Kultur, seine Bildung, die vom Adel und Bürgertum und eben
den evangelischen Predigern, Schulmeistern und Professoren getragen wurde. 1918
stürmt die erbitterte Menge die Mariensäule in Prag, dieses Siegeszeichen der Gegenreformation. Auf dem Altstädter Ring wird eine Gedenkstätte für die Hingerichteten
von 1621 errichtet[134].

Zunächst aber geschah damals dies: Die Dreifaltigkeitskirche der deutschen Lutheraner auf der Prager Kleinseite wird 1624 den Unbeschuhten Karmelitern übergeben
und erhält den Namen Maria Victoria. Im ganzen katholischen Europa entstehen nach

diesem Prager Vorbild nun Kirchen, die der Siegerin am Weißen Berg geweiht werden. In das eroberte Land ziehen alte und neue Orden aus Italien, Spanien und den Niederlanden, ziehen schottische Franziskaner (die sogenannten Hiberner), Karmeliter, Serviten, Kapuziner, Cyriaken und Theatiner. Eine völlig neue, andersartige Kultur wölbt sich nun herrscherlich über Böhmen[135]. Eine Kultur des Schaugepränges, des Auges, der Sinne, der Sinnlichkeit, die spirituell auszuwerten versucht wird (die Leiber der Heiligen, voll Wollust erglühend). Eine Baukunst, die Kirchen, Paläste und in Figurationen die Prozessionen, das Theater, dann die Oper aufbaut: sehr künstlich, sehr eindrucksvoll, sehr fragwürdig — abscheulich für die Menschen, die nun in den Untergrund gehen, ins große Schweigen.

„Der zur Auswanderung gezwungene Adel stellte in der Diplomatie und im Heeresdienst seine oft sehr bedeutenden Kräfte den habsburgfeindlichen Mächten zur Verfügung. Alle hatten grenzenloses Heimweh, wie aus ihren Briefen und Tagebüchern hervorgeht."[136]

Die böhmische Tragödie entfaltet sich unmittelbar in Österreich. Bereits 1461 hatten sich böhmische und mährische Herren der Absage des Erzherzogs Albrecht VI. angeschlossen, der von *Linz* aus seinem Bruder Kaiser Friedrich III. Fehde angesagt hatte: Er sei es dem Hause Österreich schuldig, das Land vor weiterem Schaden zu bewahren. Viele adelige Herren im Land ob und unter der Enns schließen sich ihm an. Kaiser Friedrich III. erhält 486 Absagebriefe. Das war ein Vorspiel. Der „Bruderzwist in Habsburg" erscheint nun den nieder- und oberösterreichischen evangelischen Ständen als ihre große Chance. Sie versammeln sich im September 1608 in *Horn*, wohin sie sich aus Wien zurückgezogen hatten, schließen einen Bund, verweigern dem Erzherzog Matthias die Huldigung, beginnen zu rüsten. Kardinal Khlesl schreibt an Matthias, daß die Horner auf eine „freie Republik" hinauswollen. Der Aufstand der Niederlande gegen die Spanier erscheint als ein Vorbild[137].

Im November 1608 trifft Georg Erasmus von Tschernembl Christian von Anhalt in Wittingau in Böhmen im Schloß der Rosenberge (ältester böhmischer Adel). Der radikale Calvinist Christian von Anhalt möchte das Haus Habsburg stürzen. Tschernembl erklärt hier in Wittingau: „Nur eine völlige Loslösung von Habsburg könne Österreich die dauernde Befriedung bringen."[138] Tschernembl ist die treibende Kraft der Erhebung. Seine Familie war erst vor zwei Generationen aus der Windischen Mark nach Oberösterreich gekommen. Es sind immer wieder Männer aus dem slawisch-deutschen Südosten, die durch ihren religiös-politischen Fanatismus und ihre Radikalität die Sanfteren, die milderen Naturen mitreißen. Der evangelische niederösterreichische Adel hatte seinen vornehmsten Führer Wolf von Hofkirchen zu lutherischen Höfen im Reich gesandt, nicht zu den gefürchteten Calvinisten. Groß war auch der Gegensatz zwischen dem sanften erasmisch-irenischen Führer der mährischen Stände, Carl von Zierotin, einem Schwager Wallensteins, und Tschernembl, mit dem er zusammenarbeitet. Zierotin ist gegen Rebellion[139].

Tschernembl, hochgebildet, war vom Luthertum zum Calvinismus übergetreten, da er nur in ihm eine Kampflehre, eine Theologie des Kampfes bis zum letzten fand, fähig, den verhaßten Papismus in Europa niederzukämpfen. „Ohne Zweifel war Tschernembl der fähigste Kopf im ‚Generalstab des politischen Kalvinis-

mus in Zentraleuropa', wie Abaart van Schelven die radikalen Gegner des Hauses
Österreich genannt hat" (Otto Brunner)[140]. Tschernembl strebt eine lose Konföderation der Stände der einzelnen Länder an in Verbindung mit der französisch-calvini-
schen Gruppe im Reich und dem Calvinertum Ungarns, das sich auf Siebenbürgen
stützt. In seiner Denkschrift über die siebenbürgische Frage von 1614 erklärt er,
sich lieber mit den Türken als mit dem Papste zu verbinden.

Als Ferdinand II. 1619 Landesherr wird, verweigern ihm die Stände die Erb-
huldigung (mit Ausnahme von vier evangelischen Adeligen und den Katholiken).
Am 16. August wurde in Prag eine „Konföderation", ein Bund zwischen den Stän-
den der böhmischen Länder und denen von Ober- und Niederösterreich geschlossen.
Tschernembl vereinbart mit den Böhmen und dem bis Preßburg vorgedrungenen
Fürsten von Siebenbürgen Gabriel Bethlen eine gemeinsame militärische Aktion gegen
Wien. Gegen den inzwischen zum Römischen Kaiser gewählten Ferdinand II. will
die Union, der Bund der evangelischen Fürsten im Reich, nicht kämpfen: Sie schla-
gen das Hilfsgesuch der „Horner" ab. Die Schlacht am Weißen Berg besiegelt das
Schicksal dieser „Rebellen". Ein Teil geht ins Ausland, ein Teil erhält in den fol-
genden Jahren seine Güter gegen Bezahlung einer Geldstrafe zurück.

Vor dieser Katastrophe erlebt dieser österreichische Protestantismus im ersten Viertel des 17. Jahrhunderts noch eine zweite Blüte[141]. Hernals, heute ein Wiener Ge-
meindebezirk, wird als die „große, volkreiche, herrliche, weltberühmte" evangelische Landeskirche namhaft gemacht. Drei große Prediger wirken hier: Johannes Mül-
berger aus Bayern, Elias Ursinus aus Sachsen, David Steindlin aus Schwaben.
Deutsche Künder des deutschen Evangeliums! Der Ruf nach dem „deutschen Herrgott"[142], gegen fremde katholische Priester, wird in Stadt und Land, gerade auch
von den evangelischen Bauern erhoben, die sich gegen italienische Priester verwehren, welche, der Landessprache kaum kundig, von der Gegenreformation eingesetzt werden. Gegen den „römischen Gottesdienst", den der Landeshauptmann mit
neuen Pfarrern durchsetzen will, tobt ein besonders harter Kampf in Steyr. „Nirgends aber trafen die Gegensätze so hart aufeinander, wurde der Kampf so erbittert geführt wie in Linz ... und in Wels ..."[143]

Kultureller Mittelpunkt Österreichs während der zwei ersten Jahrzehnte des
17. Jahrhunderts ist Linz, die Landeshauptstadt Österreichs ob der Enns. „Sie vereinigt in ihren Mauern einen Kreis erlesener Geister, die nicht nur für unser Land bedeutsam wurden, sondern für ganz Europa."[144] Der heute noch bekannteste Kopf
in diesem Gremium erlauchter Geister, evangelischer Gelehrter, Humanisten, Lehrer,
Theologen in diesem Linz ist Johannes Kepler[145]. Er hatte in Württemberg keine
Anstellung finden können, weil er sich dem dort herrschenden strengen Luthertum
der Konkordienformel nicht beugen wollte. In Linz schließt Hitzler, der erste
Pfarrer der Stände in Linz, Kepler von der Kommunion aus, da er sich nicht zur
Konkordienformel bekennt. Kepler gilt in evangelischen Kreisen als „Atheist". Er,
der von der Gegenreformation als Protestant aus Graz vertrieben, dann beim
Kaiser Rudolf II. in Prag ein Refugium gefunden hatte. Kepler stimmt mit
Tschernembl überein, daß der theologische Streit *das* Unglück für den Protestantismus
ist. Der irenische Kepler unterhält gute Beziehungen zu gelehrten Jesuiten, die ihrer-
seits versuchen, ihn zu schützen.

Der ungebrochenen Wirkung des „Prager Blutgerichts" von 1621 in Böhmen entspricht bis heute das Blutgericht auf dem Haushammerfeld von 1625, für das im 19. Jahrhundert die Bezeichnung „Frankenburger Würfelspiel" aufkommt. Die nationalsozialistische „Auswertung" dieser Tragödie kann sich auf eine lückenlose Tradition im Volke (in der „oral history", wie die Amerikaner diese Überlieferung von Mund zu Mund, von Generation zu Generation nennen, und im antirömischen, antiklerikalen, aufklärerischen, liberalen, deutschnationalen Bericht, Roman und Drama des 18. bis 20. Jahrhunderts stützen[146].

Der „Alba" des Landes ob der Enns (Herzog Alba im „Egmont", der spanische düstere Heros der so gewalttätigen Niederwerfung der Niederlande), Adam von Herberstorff (1585—1629) trägt auf seinem Grabmal aus rotem Salzburger Marmor in der alten Kirche des heiligen Benedikt in Altmünster am Traunsee auf der Brust das Kreuz des spanischen Ordens von Calatrava, der sich im Kampf gegen die „Ungläubigen", die Mauren, so oft bewährt hatte[147]. Dieser österreichische Kämpfer der Gegenreformation wurde in Kalsdorf in der Oststeiermark als Sohn gut lutherischer Eltern geboren, besuchte das berühmte evangelische Gymnasium Illustre in Lauingen an der Donau, dann die protestantische Straßburger Universität, um sich zu stärken im Kampf für das reine Evangelium gegen den wiedererstarkenden Katholizismus. Bis hierher gleicht sein Lebenslauf in vielen Bezügen dem des großen Antipoden Tschernembl.

Herberstorff tritt im Dienste seines aus politischen Gründen zum Katholizismus konvertierenden Herzogs von Pfalz-Neuburg, Wolf Wilhelm, ebenfalls zum alten Glauben über, wird zum Gegenreformator von Neuburg, mit Waffengewalt. Sein Vater, Otto von Herberstorff, hatte für die heilige Sache *seines* Evangeliums gegen den Erzherzog Karl gekämpft: Die von ihm erbaute evangelische Kirche ließ Ferdinand II. zerstören. Adam von Herberstorff vergißt zeitlebens nicht, wie sehr er in seiner Jugend die Katholischen gehaßt hatte. Als Statthalter sagt er den Linzer evangelischen Bürgern, die auf keinen Fall katholisch werden wollen: „Ich schwör euch, so wahr ich begehr seelig zu werden, dass ich nicht vermeine, dass jemand in der lutherischen Religion verbissener und verhärteter habe sein können, oder dem katholischen Glauben feinder gewesen, und in der Pfaffen, sonderlich der Jesuiten Blut lieber die Hände gewaschen hätte, als eben ich gewesen."[148] Er schildert ihnen, wie er durch Nachdenken, Besuch katholischer Predigten, Lesen katholischer Bücher, nicht zuletzt durch den kritischen Vergleich beider Religionen den Weg zum katholischen Glauben gefunden habe. Herberstorff beschwört hier die Linzer, und durch sie alle Oberösterreicher, doch diesen Weg zur Wahrheit zu gehen. Wenn ihnen dies ihr Gewissen verbietet, sollen sie vom Recht der Auswanderung Gebrauch machen.

Und jetzt appelliert Herberstorff an den österreichischen Patriotismus seiner lutherischen Landsleute: Er warnt sie vor der Auswanderung „Gewißlich, gewißlich (zweimal sagt er das!), es ist nicht überall Österreich. Ich bin auch meiner Tage manches Land ausgezogen, ich finde aber nirgends Österreich."[149] Er stellt den Oberösterreichern das Elend in seinem Heimatland, in der Steiermark, vor. Viele vornehme Personen verließen sich auf ihr Geld und wanderten aus. Die meisten von ihnen sind verstorben oder verdorben oder haben sich wieder in das verlassene Vaterland zurückgebettelt. Ich erinnere „La Bohème": Das war zunächst der Name für die böhmischen Emigranten, die in Frankreich ins Elend kamen, wurde dann der Name für ein loses Künstlervolk ...

Frau Susanne von Tschernembl spricht ihr großes Leid über den Verlust der geliebten Heimat in einem Brief aus dem Exil 1622 aus: „Wir muessten wohl die ganze Welt ausziehen, wir würden kein Land ob der Enns finden."[150] 1627 — nach der Tragödie, die wir hier nur kurz skizzieren können — teilen die beiden kaiserlichen Kommissarien den Landständen im Linzer Landhaus die Resolution des Kaisers mit: Sie halten ihnen die Rebellion vor, *sie* seien schuld an dem üblen Zustand des „zuvor so schön florierenden und von Gott zuvor aus gesegneten Erzherzogtums Österreich ob der Enns". Der Kaiser würde nichts lieber sehen und wünschen, als daß die alten vornehmen Geschlechter, die sich von alters her„ unter des Hauses Österreich sanftem Joch (ich kommentiere: Das ist eine habsburgische Formulierung des „sanften Joches" Christi in der römischen Liturgie!), Protektion und Regierung so lang in Einigkeit der Religion wohl befunden", in der „Conformität gleichmäßiger Religion nunmehr zu erhalten" seien. Die Stände mögen alles reichlich erwägen, „die passiones und menschliche Respekt auf die Seiten setzen, damit sie nicht neben Verlust des Ewigen, ihr liebes Vaterland und Erbschaft verlassen, und in all zu späte Reu, wie vielen anderen begegnet, geraten"[151].

Adam von Herberstorff kommt in bayerischem Dienst nach Oberösterreich, mit dem katholischen Liga-Heer. Als Tschernembl im Gefolge des Winterkönigs auf der Flucht Böhmen verläßt, kann Herberstorff im Auftrag des Bayernherzogs dem Kaiser den Sieg in der Schlacht am Weißen Berg berichten. Aus einer ganz provisorischen Beauftragung als Statthalter Bayerns an der Spitze einer Zwischenregierung — bis der Kaiser das an Bayern verpfändete Land ob der Enns wieder auslösen kann — werden zehn Jahre Herrschaft. „Niemand dachte damals, 1620, daran, daß Herberstorff fast ein Jahrzehnt der Gubernator des niedergeworfenen rebellischen Landes sein sollte" (Hans Sturmberger)[152]. Gegen die Bayern und ihren Exponenten Herberstorff stehen nicht nur die evangelischen Stände, sondern auch die katholischen Prälaten, und vor allem die Bauern, die ihre bäuerliche Erhebung gegen die verhaßten Bayern richten und immer wieder erklären, sie wollen wieder österreichisch werden[153]! Die Kaiserlichen ihrerseits halten an ihrer Überzeugung von der alleinigen Schuld der Bayern am Bauernaufstand noch lange fest; sie begründen das mit den Forderungen des Bayernherzogs Maximilian, der vom Kaiser Kostenersatz fordert für alles, was er zur Niederschlagung des Aufstandes aufwandte.

Obwohl der größte Teil der Bauern und ihrer Anführer evangelisch sind, wollen sie zu Österreich zurück. Erste Forderung ihre „Artikel": „Wir wollen den Kaiser zum Herrn und nicht den Kurfürsten von Bayern." Ihr Kampflied lautet: „Von Bayerns Joch und Tyrannei / und seiner großen Schinderei, / mach uns, o lieber Herrgott, frei! / Weil's gilt die Seel' und auch das Gut, / so soll's auch gelten Leib und Blut! / O Herr, verleih uns Heldenmut! / Es muß sein!"[154] Die ergreifenden Töne des lutherischen Kirchenliedes verbinden sich hier mit der politischen Losung: Diese Bauern wollen gut evangelisch, gut österreichisch sein.

Auslösendes Moment für die bäuerliche Erhebung ist die Einsetzung von katholischen Pfarrern. In Frankenburg versammeln sich aus diesem Anlaß über

5000 Bauern. Herberstorff erscheint mit 600 Mann, 50 Reitern und drei Geschützen. Am 15. Mai (1625) läßt er vor sechstausend „rebellischen" Bauern, Richtern, Ratsherren die Presbyter der Pfarrgemeinden um ihr Leben würfeln. Siebzehn werden gehenkt (ursprünglich wären es neunzehn gewesen, Abraham Grüenbacher, Khevenhillerscher Oberpfleger von Frankenburg, erbat noch für zwei Mann das Leben).

Die Bauern und Bürger haßten Herberstorff seit diesem Tag als „Bluthund". Ein Jahr nach Frankenburg schreiben sie in ihrer Beschwerde: „Und da sie mit Würfeln solchen erbarmlichen und schandlichisten Tod verspüren muessen, das kann bis an den jüngsten Tag stillschweigend nit fürübergelassen werden."[155]

Bis heute haben die Bauern, die Evangelischen und ihre Nachfahren, mit diesem Ruf recht behalten: Es erschien ihnen ganz ungeheuerlich, ganz widermenschlich, dergestalt gotteslästerlich mit Christenmenschen zu verfahren. Die Bauern wußten nicht (nicht mehr), daß ein solches Würfeln um Leben und Tod seit altersher in der magisch verwurzelten „Rechtspflege" (auch Galgen und Folter sind magischen Ursprunges!) praktiziert wurde[156]. Diese oberösterreichischen Bauern und die Deutschnationalen des 19. und 20. Jahrhunderts wußten ebenfalls nicht, daß das Würfeln um Leben und Tod auch im kurfürstlich brandenburgischen Kriegsrecht, so im Kriegsrecht des Großen Kurfürsten, fixiert war. Wobei die Brandenburger sich auf die alten Römer beriefen[157]. Herberstorff war des Glaubens, daß durch das Würfeln der Schuldigere offenbar werde: das Würfelspiel als Gottesurteil. Herberstorff verteidigt sich später, als er gegenüber dem Kaiser seine Verwaltung rechtfertigen soll: Er sei milde gewesen, gerade in Frankenburg, da er aus etlichen tausend rebellischen Bauern und Bürgern nur 17 habe hängen lassen, obwohl er „des ganzen Schwarms mächtig gewesen sei"[158]. Herberstorff lebt seit Frankenburg in der Angst. Er wird unsicher der „Reformation" des bayerischen Herzogs und des Kaisers gegenüber. In dem späten Herberstorff arbeiten offensichtlich Jugenderfahrungen: Er liebt das deutsche Kirchenlied, seine Witwe Maria Salome hat wohl in seinem Sinne gehandelt, als sie anordnet, daß die vom Schulmeister in Altmünster auf ihrem Gut betreuten Knaben „sonderlich teutsche Gesänge singen" sollten[159]. Die Kämpfe der oberösterreichischen Bauern gegen die italienischen neuen Priester erloschen noch lange nicht[160].

Nach langen schweren Kämpfen, in denen der große Bauernführer Stephan Fadinger[161] Wels und Steyr eroberte und Linz fast einnahm (er wird, als er die Festungswerke von Linz abreitet, durch eine Kugel getroffen, stirbt am 5. Juli 1626), erlangen die Kaiserlichen die Oberhand. Der Kaiser erklärt in seinem „Gnadenpatent", daß er sich „gegen die Bauernschaft mit solcher väterlicher Güte und Manier halten und erzeigen werde, daß sie daraus seine Sanftmut und Milde wohl verspüren sollten". Die Bauern aber gelangen nicht in den Genuß dieser clementia austriaca, dieser „österreichischen Milde", da nun die Bayern einrücken und fürchterlich hausen.

Am 4. Mai 1628 lädt der bayerische Statthalter Herberstorff die Landstände für den 5. Mai in das Linzer Schloß zur Übergabe des Landes an die kaiserlichen Kommissäre. Nach acht Jahren Verpfändung und fremder Herrschaft soll nun das Land wieder „frei" werden. Große Feiern und Lustbarkeiten, nach den Reden, an diesem Tage. Franz Christoph Khevenhiller berichtet von den Teilnehmern an diesem Staatsakt, „daß sie wieder neu-geborene Kinder des Hauses Österreich worden, und daß ihnen leid sey, daß ihr Land-Haus nicht wie zu Rom ein Capitolium, damit sie

zu ewiger Gedächtniss ihrer Erledigung halber Herrn Grafen von Trauttmansdorff
eine Statuam aufsetzen könnten . . ."[162] Diese kaiserlichen Kommissare, später oft
Diplomaten und Heerführer, stammen wie die Khevenhiller und Trauttmansdorff aus
gut evangelischen Geschlechtern . . .

Der oberösterreichische evangelische Historiker Hans Sturmberger erinnert 1976
die Zukunftsperspektiven des Werkes Herberstorffs. „. . . der Staat Ferdinands II. war
ein Staat der Gegenreformation, und durch das Werk Herberstorffs erst ist dieser
österreichische Staat der Gegenreformation richtig möglich geworden, jener konfessionell unitarische Staat, der bis Josef II. lebendig war und dessen gegenreformatorischer
Geist noch bis ins 20. Jahrhundert über das Protestantenpatent von 1861 hinaus spür-
bar bleiben sollte."[163]

„Die Härte Herberstorffs machte das Land, das auf dem Höhepunkt der leidenschaftlichen konfessionell-politischen Auseinandersetzung mit dem katholischen Lan-
desfürstentum mit dem Gedanken gespielt hatte, einen anderen Fürsten als Erbherrn
zu nehmen, wieder ‚österreichisch‘."[164] Herberstorff erzielte eine „große Stärkung
der österreichischen Gesinnung des Landes ob der Enns . . ." Ungewollt. „Die Gegnerschaft gegen das bayerische Regime des Statthalters war ein einigendes Band für das
Land und brachte eine gewaltige Steigerung des Landesbewußtseins", verband die
katholischen Prälaten und die protestantischen Herren und Bauern miteinander[165].
Wir werden dieser eigentümlichen politischen Solidarität in der Ersten Republik
wieder begegnen, nicht zuletzt im Kampf um „Wien" und gegen Wien.

Im Westfälischen Frieden von 1648 gibt Bayern endgültig seine Ansprüche auf das
Land ob der Enns auf, für das sich nun der Begriff „Oberösterreich" immer mehr
einbürgert.

Und dies heute: „Als Abbild gegenreformatorisch-barocker Herrschaftsübung
wirkten Herberstorff und seine Verwaltung tief in unsere Zeit herein im Sinne einer
Abschreckung." „Die beiden Ferdinande" werden bis zur Gegenwart als abschreckende
Prototypen habsburgischer Vergewaltigung von Seelen genannt[166]; sie führen die
Gegenreformation mit allen ihnen zur Verfügung stehenden Mitteln durch. Sie
schaffen — vor allem Ferdinand III. — jene katholische Restauration, die Österreich in das Zeitalter des Geheimprotestantismus führt: Ferdinand II. (1578—1637),
bereits hier skizziert, und Ferdinand III. (1608—1657), König von Ungarn 1625,
König von Böhmen 1627, Kaiser 1637.

Der fatale Sieg in Böhmen und die „Erfolge" seiner Gegenreformation in den
österreichischen Erbländern schufen Ferdinand II.[167] jene Machtstellung, die ihn dazu
verführte, am 6. März 1629 als Kaiser das Restitutionsedikt zu erlassen: Alle Besitzungen der katholischen Kirche, die ihr seit 1552 entfremdet worden waren, sollten
zurückgegeben werden. Die dem Kaiser unmittelbar unterstehenden Bistümer und
Stifte seien mit katholischen Geistlichen zu besetzen, die katholischen Reichsstädte erhalten wie die Fürsten das Recht, die Bürger zu zwingen, den Glauben der Stadt
zu bekennen. Die Durchführung dieses Restitutionsedikts hätte die „Aufhebung"
der Reformation in vielen Landen des Heiligen Römischen Reiches bedeutet, und eine
Besitzumschichtung, vergleichbar der in Böhmen nach 1620. Evangelische und katholische Reichsstände sind gleichermaßen bestürzt, zur Verteidigung der Reformation
werden der dänische, dann der schwedische König berufen; der französische König,

konkret Richelieu, wohl das bedeutendste politische Genie, das Frankreich je besaß, proklamieren sich als Verteidiger der „deutschen Freiheiten" gegen die „unerträgliche Tyrannei" der Habsburger[168].

„Die Schweden kommen": Ihre Invasionen, ihre Plünderungen, die sie bis in die österreichischen Lande führen, hinterlassen unauslöschliche Eindrücke. Die Verwüstungen, die der Dreißigjährige Krieg für Deutschland bringt, werden vorgebildet durch die Verwüstungen der evangelischen Kultur in den österreichischen Erblanden. Etwa hunderttausend Menschen wandern aus[169]. Die evangelischen Auswanderer müssen „Abfahrgelder" entrichten, um in den Genuß des Rechtes der Auswanderung zu kommen. Evangelische adelige Familien teilen sich vielfach: ein Teil wandert aus, ein Teil bleibt, konvertiert zur kaiserlich-königlichen römisch-katholischen Religion, um den Besitz zu erhalten[170]. Der Hauptdelegierte des Kaisers bei den Friedensverhandlungen, die ab 1644 in Münster und Osnabrück laufen und langsam auf den Westfälischen Frieden zusteuern, ist der Konvertit Maximilian Graf Trauttmansdorff. Ein evangelischer, in Deutschland ansässiger Trauttmansdorff wird im letzten Kampf um Österreich als Vertrauensmann deutscher Nationalsozialisten noch eine gewisse Rolle spielen.

Österreich erleidet durch den Exodus seiner Evangelischen einen Substanzverlust, der nur mit dem Frankreichs durch Austreibung seiner Hugenotten zu vergleichen ist[171]. Allein bereits die Vernichtung der evangelischen Schulen und Akademien, der evangelischen Büchereien[172] (die zum Teil verkauft, zum Teil vernichtet, zum Teil in Klöstern erhalten werden) bedeutet eine Zerstörung einer Kultur, einer religiös-politischen Zivilisation, wie wir sie erst wieder im 20. Jahrhundert erfahren. Evangelisches Selbstverständnis hält im Heute an dieser Sicht des Ungeheuren fest: „In dem Verluste Österreichs an bedeutenden Menschen liegt der Grund für die Verschiebung des Schwergewichts der deutschen Kulturentwicklung von Süd nach Nord. Zur deutschen Klassik steuerte das habsburgische Österreich nichts bei, und erst spät hat es zu Beginn des 19. Jahrhunderts das übrige Deutschland auf dem Gebiet der Dichtkunst eingeholt!"[173]

Dieses evangelische Selbstverständnis übersieht: Deutsche Buch-Bildung, deutsche Dichtung, deutsche Philosophie, deutsche Schriftsprache sind vom 17. zum 20. Jahrhundert nur verständlich aus spezifisch protestantischen inneren Prozessen[174]: Die frommen und rebellischen Söhne der Pastoren werden, ihren Kirchenglauben verwandelnd, ihn „säkularisierend", in steter innerer leidenschaftlicher und leiser Auseinandersetzung zu evangelischen Rebellen in Deutschland: Ohne diese innere Erhebung sind weder Lessing[174a], noch Kant[175], noch Goethe[176], noch Schiller[177], noch Hölderlin[178], noch Brecht[179] denkbar und verständlich. Wobei große protestantische Rebellen wie Friedrich Nietzsche[180], ja bereits Herder[181] die Wurzeln dieser deutsch-protestantischen Bildung, Philosophie, Poesie in den innerevangelischen Konflikten sehr klar ersehen.

Gegen diese deutsch-protestantische Buch-Bildungs-Kultur legt der kaiserlich-gegenreformatorische Barock eine Barriere, die aber viele offene Tore zum evangelischen Deutschland besitzt: Sie ist faktisch nie so exklusiv wie die Wälle, die heute Europa zerteilen.

Wie sehr in diesem 17. Jahrhundert, in dem die zwei Kulturen einander auf öster-

reichischem Boden gegenübertreten, Verbindungen erhalten bleiben, mag ein Modellfall demonstrieren, das Leben und Werk des lutherischen niederösterreichischen
Edelmannes Wolf Helmhards von Hohberg (1612—1688): Es führt vom evangelischen Österreich ins deutsche Ausland und bleibt lebenslang zutiefst gebunden an die
nie vergessene Heimat[182].

Die Katastrophe von 1620 trifft auch die Familie Hohberg. Zu den Hornern
und den Verweigerern der Erbhuldigung gehören der Vater und der Bruder seiner
Mutter. Wolf Helmhard ist 1620 acht Jahre alt. Dieser junge Mensch, der die Leiden
seiner Familie, seiner Glaubensgenossen tief erlebt, tritt mitten im Dreißigjährigen
Krieg in ein kaiserliches Regiment ein, dient dem Kaiser zehn Jahre lang. Auf schwe-
discher Seite steht sein Vetter Melchior Leopold von Hohberg. Hohberg wird
Hauptmann, er kämpft in Schlesien, Böhmen, Brandenburg, Pommern. Eine Heirat
verbessert seine wirtschaftlichen Verhältnisse. Der unerschütterlich evangelisch blei-
bende Mann reicht 1659 bei Kaiser Leopold ein Gesuch um Erhebung in den österreichischen Freiheitsstand ein, in Berufung auf die Verdienste seiner schlesischen
Verwandten. In diesem Gesuch an den „Allerdurchleuchtigsten und Grossmächtigsten
Römischen Kaiser", das er als „Eur Röm. Kayserlichen Majestet allerunterthenigst
und gehorsamster Vasall Wolff Helmharth von Hohbergk" unterzeichnet, appelliert
er zweimal an die „kayserliche Milde"! Das ist jene clementia austriaca, die vom
Haus Österreich als Maxime seines Verhaltens seinen Untertanen gegenüber proklamiert wurde — vielverspottet, als Heuchelei, von den Feinden des Hauses, gerühmt und hier direkt angesprochen von diesem lutherischen Edelmann: „Weil nun
Euer kaiserlicher Mayt. nicht allein den Nahmen, Geblüt und Würden nach, sondern vielmehr in angeborener und dem höchstlöblichsten Ertzhaus gleichsam ein-
gepflanzer Milde, ihrer weltberühmtesten Vorfahren und Ahnen Fußstapfen lob-
würdigst folgen, also gelangt an Euer Mayt. main allerunterthenigstes Bitten . . ."[183]
Das Gesuch wird bewilligt.

Wolf Helmhard erlebte die gegenreformatorische Welle in ihrer schärfsten Phase.
„Seine Anhänglichkeit an das Haus Österreich ist dadurch . . . nicht erschüttert worden."[184] Wenn er aber einen evangelischen Gottesdienst besuchen wollte, mußte er
nach Westungarn fahren . . . Er übersiedelt nach Regensburg. Hier leben wie in
Nürnberg adelige Exulantenfamilien aus Österreich, die ihr gerettetes Vermögen
in den großen Handelshäusern anlegten. Hier in Regensburg, wo sich in alten Familien bis heute eine (mich bei der ersten Begegnung sehr überraschende) Zuneigung zu
Österreich erhalten hat, leben wohlhabende und sehr selbstbewußte protestantische
Bürger (die ihre evangelischen Glaubensgenossen in Österreich mit Büchern versorgen), hier wirken die katholischen reichsunmittelbaren Stifte und, was für
Hohberg besonders bedeutsam wird, eine Fülle evangelischer und katholischer Diplomaten: die Gesandten der deutschen Mittel- und Kleinstaaten und der Reichsstände,
die hier am Sitz des Immerwährenden Reichstages vertreten sind, miteinander Feste
feiern und meist recht gut miteinander auskommen.

Hier in Regensburg entfaltet sich das schriftstellerische Werk Hohbergs. In seine
österreichische Zeit fällt das Trauergedicht auf den Tod der Kaiserin Maria Leopol-
dine, gestorben 1649[185], „Der Habspurgische Ottobert", 1664[186]. In Regensburg entstehen seine Psalmenübersetzung, sein „Adeliges Landleben", das 1682 veröffentlicht

wird (eine innerösterreichische Vorstufe, eine „*Georgica*" in Versen, war nach 1650 entstanden) und religiöse Dichtungen.

In der Widmung seines „Adeligen Landlebens"[187] an die Stände Nieder- und Oberösterreichs sagt er: „Mich betreffend, weil es scheinen möchte, ich hätte Österreich dieser Zeit verlassen, habe hiermit dennoch bezeugen wollen, daß, obschon itzund mit dem Leib abwesend, ich gleichwohl mit der Lieb, Affektion und Angedenken, mit unvergeßlicher Treu und allerschuldigstem Gehorsam gegen meinen allergnädigsten Lands-Fürsten und werthesten Vatterland die Zeit meines Lebens beständig verharren werde." Hohberg betont, daß er „*meines lieben Vatterlandes Österreich*" nie vergessen werde[188].

In seinem „*Ottobert*" hat er ein Preislied auf Österreich aufgenommen, das in breiter Fülle „sein liebes Österreich" vorstellt: „. . . dieses edle Land, darin beständig wohnet Leutseligkeit und Treu." Hohberg rühmt die Lande, die Städte, die Flüsse, so besonders die Donau: „Die Donau silbern ist, die Berge golden seyn." Dies teure Vaterland ist reich an Getreide, „Fisch, Holtz, Saltz, Wiltpret". „Der Safran nie so gut in gantz Europa kommet."[189] Es wirkt beklemmend, wenn man die Verse dieses österreichischen Patrioten, der um seines Glaubens willen sein „liebes Vaterland Österreich" verläßt, vergleicht mit den zahlreichen, fast zahllosen Spottversen, Scheltgedichten, Traktaten, Angriffen, die österreichische Schriftsteller, bitter-böse, wider Österreich richten: vor 1848, nach 1848, dann wieder steigend ab 1871, nach Bismarcks Reichsgründung[190].

„Vaterland Österreich" ist für Hohberg das Erzherzogtum Österreich, die beiden Länder ob und unter der Enns. (Für Deutsche noch des 18. Jahrhunderts ist ihr Hamburg, ihr Bremen, ihr Preußen, ihr Schwabenland ihr „Vaterland".) Über dem Vaterland steht für Hohberg das Haus Österreich. Der „Habspurgische Ottobert" ist ein einziges Preislied auf das Haus Österreich (zu vergleichen mit den patriotischen historisierenden Dichtungen in und um Wien in der napoleonischen Besatzungszeit). Dieser evangelische Landedelmann sieht „unser Ertzhaus . . . erlesen zu großer Welt-Vogtey in deiner Christenschar „das Poem ist Kaiser Leopold, seinem Oheim Erzherzog Leopold Wilhelm und dessen Bruder, Karl Joseph, Bischof von Passau, gewidmet". Das „Ertzhaus" ist „Europens Vorgepürg und clares Heldenlicht"[191]. „Kein Haus ist in der Welt, aus welchem herntsprungen / so grosse Helden sind, die erstlich zwar bezwungen / sich selbst mit Ruhm und Lob, doch auch das Teutsche Reich / Beherrscht mit sonder Ernst und Freundlichkeit zu gleich." — Dieser Bezug ist besonders bedeutsam: In derselben Zeit richten Hermann Conring (Hohberg kennt seine Schriften) und Bogislaw Chemnitz ihre schweren Angriffe gegen die Reichspolitik des Hauses Österreich. Hier sind bereits alle Motive enthalten, die von den Historikern des Preußischen Mythos und von den Alldeutschen in Österreich im 19. und 20. Jahrhundert massivst aggressiv vorgetragen werden[192].

Hohberg weiß zudem bestens, daß exulierte österreichische Adelige, so aus seinem eigenen Haus, unter schwedischen Fahnen dienen. Schweden und die protestantischen Reichsstände wollten bei den Friedensverhandlungen in Münster und Osnabrück eine völlige Restituierung des Protestantismus in den österreichischen und böhmischen Ländern durchsetzen. Hier widersteht Kaiser Ferdinand III. bis zum letzten: Eine Rückkehr der evangelischen Adeligen in ihre alten ständischen Machtstellungen und Besitzungen hätte die so mühsam erkämpfte Landeshoheit wieder aufgehoben. Hohberg kennt bestens das Leid, die Leidenschaften, die Ansprüche seiner vor, mit ihm und nach ihm exulierten Glaubens- und Standesgenossen. Er beansprucht für sich, was er vom Kaiser Maximilian II. sagt: „Er wird absonderlich sein liebes Österreich/Hochachten und ihm sonst kein anders halten gleich."[193]

Hohberg lebt bereits in jenem Hochbarock, dessen weltgültigste geistige Leistung der große Leibniz erbringt (der meinte, das große Epos der Deutschen werde eine „Austrias" sein): Ein Hochbarock, der den Triumphalismus der mit Feuer und Schwert und Austreibung arbeitenden Gegenreformation hinter sich läßt, im friedsamen Geister-Gespräch zwischen benediktinischen Mönchen, Jesuiten (Antipoden der Benediktiner) und eben ihren evangelischen gelehrten Kollegen[194].

Hohberg zitiert in seinem „Adeligen Landleben" zahlreiche Werke von Jesuiten, nicht selten mit dem Zusatz: „Der sehr gelehrte Jesuit N. N. schreibt", er rühmt die Bodenkultur benediktinischer Klöster[195]. Hohbergs jüngerer Zeitgenosse, der Jesuitenschüler und strenge Katholik Johann Weickard Freiherr von Valvasor, würdigt in seinem Werk „Ehre des Herzogtums Krain" die kulturelle Bedeutung des krainischen Protestantismus[196].

Zu den beiden Epen Hohbergs steuert die Dichterin Katharina Regina von Greiffenberg (1633—1694)[197] Begleitgedichte bei. Diese evangelische Dichterin mag hier als „Modell" für die hohe religiöse und humanistische Kultur evangelischer Frauen in und aus Österreich stehen: Ihre Briefwechsel mit Theologen allein würden bereits rechtfertigen, daß diese Frauenkultur des evangelischen Österreich endlich jene Würdigung in Forschungsarbeiten erhielte, die ihr zukommt.

Katharina gehört wie Hohberg dem niederösterreichischen evangelischen Landadel an, war in Seisenegg nahe der Ybbs ansässig. In Seisenegg gründet sie die Ister-Nymphengesellschaft, der Frauen und Männer angehören. Hier kommt sie bereits in Beziehung zur Nürnberger Dichterschule, sie übersiedelt nach Nürnberg. Herzog Anton Ulrich von Braunschweig widmet ihr seine „Octavia". Dieser Braunschweiger ist Reichspatriot, arbeitet für die Versöhnung der Konfessionen mit Leibniz zusammen, seine Tochter wird die Gemahlin Kaiser Karls VI. und die Mutter Maria Theresias[198].

Katharina ist eine evangelische Dichterin und Schriftstellerin von hohen Graden. In ihren „Geistlichen Sonetten" wird sie durch Opitz, Fleming und Gryphius inspiriert, in ihrem Prosawerk „Des allerheiligst und Allerheilsamsten Leidens und Sterbens Jesu Christi" (1683) wird der Einfluß Friedrich von Spees und des Angelus Silesius sichtbar. Nürnberg ist, wie Straßburg, eine jener Städte der Begegnung zwischen spanischer Mystik und evangelischer spiritueller Ergriffenheit. Katharina plädiert für eine, wie wir heute sagen würden, „ökumenische" gemeinchristliche Gesinnung und Besinnung angesichts der Türkennot. Ihr Aufruf an Kaiser Leopold I., er möge die ganze Christenheit im Kampf gegen die Türken einigen, beginnt mit einer Widmung „An mein wehrtes Teutsches Vaterland!"[199]. In ihrer alten Heimat sangen zwei Generationen vor ihr die Evangelischen bei einer offenen Attacke auf eine Fronleichnamsprozession in Linz ein Lied: „Erhalt uns, Herr, bei deinem Wort, und steuer des Papst und Türken Mord ...". Das sagt der Abt Burkhart von Lambach 1598 im Stift seinen prominenten evangelischen Gästen, die bei ihm einkehren:

Hans Jörger und Ludwig von Polheim[200]. Weitest verbreitet war in katholischen Kreisen der Spruch: „Der Türk ist der Evangelischen Glück."[201]

1683 verbindet also diese niederösterreichische Exulantin in Nürnberg evangelische und katholische Spiritualität in ihren geistlichen Schriften. 1684 verfügt der Salzburger Erzbischof Max Gandolf von Kuenburg die Ausweisung der im Defereggental ansässigen Protestanten[202]. Sie hatten ihren Glauben geheimgehalten. „Äußerlich waren die Leute katholisch." Bischöfliche Examinierungen ergaben nun, daß von etwa 1200 Bewohnern der verdächtigen Dörfer mehr als die Hälfte lutherischen Glaubens waren.

Evangelischer Geheimprotestantismus in Österreich: Dieser österreichische Geheimprotestantismus lebt in Städten wie Wien, Graz, Klagenfurt, Linz (um vier „Hauptstädte" namhaft zu machen), in Städten, die jetzt zu „Kleinstädten" werden, wie Steyr, Krems, Horn, und er lebt in den Alpentälern Oberösterreichs, in der Steiermark, Kärnten, Salzburg und Tirol.

In Wien vorzüglich, aber auch etwa in Graz, bleiben evangelische Reichshofräte, evangelische Angehörige des Heeres in Kommandopositionen, es bleiben konfessionell bevorzugte Kreise, so deutsche Kaufleute (die sogenannten „Niederleger")[203]. 1736 sind von achtzig Auslandskaufleuten nur etwa dreißig katholisch. Eine außerordentliche Bedeutung besitzen die ausländischen Diplomaten mit ihren Gesandtschaftskapellen[204]: Der Kaiser ist ja immer wieder mit den protestantischen Großmächten England und Holland liiert und mit evangelischen Fürsten im Heiligen Römischen Reich. Dazu kommen zahlreiche evangelische Agenten adeliger Exulanten, die immer noch mit der kaiserlichen Regierung Prozesse um ihr Hab und Gut führen[205].

Im Blick auf unser 20. Jahrhundert, nach dem Untergang der Donaumonarchie, verdient gerade dies in unserem Bezug erinnert zu werden: Diese evangelischen Exulanten glaubten vielfach immer noch an den „Rechtsstaat" (wie das 19. Jahrhundert es nennen wird): Sie führen Rechtskämpfe aus mit der kaiserlichen Regierung, mit kaiserlichen Behörden, so wie sich zuvor jahrhundertelang adeliges Leben als ein Leben in Rechtskämpfen mit dem Landesherrn ausfaltete. Auffallend viele evangelische Ausländer (aus dem alten Reichsraum) finden sich in Graz, so im Ausklang des 17. Jahrhunderts.

Die kaiserliche Regierung weiß nur zu gut, daß es in den Gebirgsländern Österreichs Protestanten in namhafter Zahl gab: so im oberösterreichischen Salzkammergut, in der Obersteiermark, in Oberkärnten, im oberen Ennstal, im Palten- und Liesingtal, im Murtal. Hauptgebiet war Oberkärnten, die Gegend nördlich der Drau um Spittal, Gmünd, Afritz, Treffen, Gnesau. „Es sind die Gebiete, wo sich auch heute die meisten Evangelischen befinden."[206] Schwerpunkt im Salzkammergut war Goisern.

Es sind die Täler, Märkte, Orte, in denen sich nach 1871 und bis 1938 radikaler politischer Widerstand gegen „Wien", Habsburg, Rom scharf akzentuiert. Die Bauern der Ramsau unterhalten einen regen Viehhandel mit Bayern, besonders mit Regensburg. Die evangelische Geistlichkeit der Stadt schützte und förderte den Buchhandel. Eifrige evangelische Kaufleute machen es sich zur Aufgabe, solche Bücher zu stapeln, um sie den Sendboten mitzugeben. Die Kärntner versorgten sich in Nürnberg[207]. Lutherische Bücher kommen ferner durch rückkehrende Emigranten, durch Berufsschmuggler und durch Agenten vorzüglich in die Steiermark und nach Kärnten. In Wien erfüllen diese Funktionen die zahlreichen Vertreter evangelischer Fürsten im Reich und der protestantischen Westmächte.

Nachdem sich der Schock, erfahren in der so gewalttätigen Gegenreformation der beiden Ferdinande (II. und III.) gelegt hat, zeigen evangelische Österreicher immer öfter ihr Selbstbewußtsein. So tritt 1691 ein Ennstaler Bauer, Georg Strick, in der Ramsau bei Schladming öffentlich mit seinem evangelischen Bekenntnis hervor. Die meisten admontischen Untertanen sind evangelisch. Dies weiß das Stift Admont, dies weiß das Stift Zwettl im Waldviertel. Das 18. Jahrhundert bringt die Verfolgungen österreichischer Protestanten durch Kaiser Karl VI. und Maria Theresia, bringt dann den ersten Triumph: öffentliche Anerkennung durch Kaiser Joseph II.

Österreichischer Geheimprotestantismus bildet *die* österreichische Irredenta — die neben der böhmischen Irredenta lange vor den Erhebungen anderer „Nationalitäten" in der Donaumonarchie diese bis ins letzte in Frage stellen: Die den *Glauben an Österreich* als einen papistischen Aberglauben „entlarven" wollen. Die evangelische Irredenta in den österreichischen Erblanden sieht nach einem Erlöser aus: aus Deutschland, aus den evangelischen Staaten im Heiligen Römischen Reich. Sie hofft und findet auch immer wieder Unterstützung, politische Unterstützung, bei evangelischen Reichsständen, die in Regensburg und Wien selbst für ihre evangelischen Brüder in Österreich politisch intervenieren[208].

Verkürzend läßt sich feststellen: Die „Deutschen" in Österreich, die 1918 bis 1938 auf Erlösung aus Deutschland hoffen, wobei „deutsche" Industrielle in Österreich und führende Männer der Industrie zunächst der Weimarer Republik dies wärmstens und mit bedeutenden finanziellen Mitteln unterstützen, die Agenten der Weimarer Republik, die — *vor* der Machtübernahme Hitlers — von Wien über Graz, Klagenfurt bis Tirol und Vorarlberg für den Anschluß arbeiten und einen heftigen Kampf gegen die „Carlisten" (die Legitimisten, als Anhänger Kaiser Karls) führen, sind die Söhne und Erben dieser Situation, wie sie sich nach 1648, nach dem Westfälischen Frieden, gebildet hat: Zwei Österreich, zwei Kulturen stehen sich in den österreichischen Landen gegenüber, die um Österreichs Zukunft kämpfen.

Hier ist eines gewissen Unterschiedes, der sich später zu Gegensätzen entwickelt, zu gedenken. Geheimprotestantismus trägt in den Alpentälern nicht immer (so etwa im salzburgisch regierten Osttirol), aber oft einen radikalen, harten, fanatischen Charakter — entsprechend dem Eingehaustsein zwischen mißtrauischen Katholiken und immer gefährlichen kaiserlichen Behörden. Dieser Geheimprotestantismus ist, in heutiger Sprache ausgedrückt, eindimensional, linear, er lebt im geheimen Gottes- und Seelsorgedienst und in der geheimen Lesung der Schrift, der lutherischen Bibel. Er ist kontaktscheu, ja fürchtet Kontakte und scheut Kommunikationen, da er in ihr Selbstverlust, „Verrat" seiner heiligsten Güter und eben Spionage von Kollaborateuren, von Spitzeln argwöhnt.

Städtischer Geheimprotestantismus entwickelt vor allem in Wien andere Züge und Bezüge (die ihm im 19. Jahrhundert und wieder noch einmal 1933 bis 1938 von seinen Glaubensgenossen in den Bundesländern vorgeworfen wird): Er ist urban, er versteht sich gut mit seinen katholischen Mitbürgern, er lernt es sehr bald und sehr gut, eben zwei verschiedene Sprachen zu sprechen[209]: im Umgang mit den katholischen Wienern, im Umgang mit den Glaubensbrüdern in den ausländischen Gesandtschaften, mit evangelischen Gästen aus dem Reich, nicht zuletzt mit der stattlichen Zahl von Buchhändlern, die in Wien evangelisch geblieben sind und konventionell den Staatsglauben der kaiserlich-königlichen römisch-katholischen Religion praktizieren.

Sir Henry Slesser bemerkt: The Englishman has a hidden soul. Der Engländer hat eine verborgene Seele, er deckt sich nicht gerne auf, denn er hat Furchtbares erfahren im Kampfe der beiden Nationen in England um England: in der radikalen puritanischen Revolution im 17. Jahrhundert, in der Verdrängung eines religiösen, eines religiös-politischen und eines „nur politischen" Nonkonformismus in den Untergrund, vom 17. zum frühen 20. Jahrhundert, wobei viel weniger der Geheimkatholizismus, der permanent verdächtigt wird, mit Frankreich, Spanien und dem päpstlichen Rom England einzukreisen und in einer Invasion zu erobern, geschichtsmächtige Bedeutung gewann als die zahlreichen nonkonformistischen protestantischen Bewegungen, die radikal die Hochkirche und „ihr" Königtum in Frage stellen, ja verneinen[210].

Der Österreicher hat eine verdeckte Seele: Er deckt sich nicht auf, er sagt nicht, was er „wirklich" denkt, glaubt, fühlt, über die ersten und die letzten Dinge in Gott, Staat, in seiner eigenen Seele. Diese „verdeckte" Lage, in der sich so viele Bürger zunächst, „Gebildete", Theologen, Gelehrte, Lehrer, Beamte im 19./20. Jahrhundert befinden — eine Situation, die gerade bei deutschen Gästen starkes Unbehagen auslöst („Man weiß nie, wie man mit diesen Österreichern wirklich dran ist") —, ist nicht zuletzt eine Erbschaft der Situation des Geheimprotestantismus im 17. und 18. Jahrhundert. „Gespaltene", „Zerrissene": Die Söhne, Enkel, Urenkel etc. dieser Väter und Mütter leben nicht selten ihre Jugend radikal: Als „Deutschnationale", ja als Alldeutsche, sie besingen auf Kommersen ihren Haß auf Habsburg — und wurden dann treue Staatsdiener, ja „Schwarzgelbe", wobei nun wieder ihre Söhne als Gegner ihnen dies sehr verdenken. Ein sehr ansprechendes Beispiel auf dem Balkan, vor Sarajewo: Der Attentäter Gavrilo Princip haßt am allermeisten, mehr noch als den bösen Über-Vater, den Kaiser und sein Haus in Wien, seinen eigenen Vater, der bei jeder patriotischen, habsburgisch-patriotischen Gelegenheit die verhaßte schwarz-gelbe Fahne hißt[211].

Evangelischer österreichischer Patriotismus — im Dienste am Haus Österreich an den zahlreichen Aufgaben, in diesem „multinational empire" zu arbeiten, ja führend tätig zu sein — *und evangelischer Glaube an Deutschland*, an das Heil aus Luther, an das allein selig machende Heil aus der deutschen Sprache, verbinden sich in bedeutenden Persönlichkeiten und vielen nicht namhaft gewordenen Einzelnen existentiell zu *einer sehr österreichischen „Symbiose"*, im 16., 17., 18. und 19. Jahrhundert: Diese Symbiose beginnt nach Königgrätz zu zerbrechen. Der *Glaube an Österreich* — an die europäische Funktion des Vielvölkerreiches (das staatsrechtlich kein „Reich" war, obwohl es der einzige wahre Nachfolger des Heiligen Römischen Reiches *ist,* und das auch kein „Staat" ist, da die österreichischen Erblande, die Länder der Stephanskrone, die Länder der Wenzelskrone und die in Osteuropa und Italien, zuletzt noch auf dem Balkan erworbenen Territorien nicht zu diesen alten historischen Gebilden gehören) —, dieser so merkwürdige Glaube an Österreich, das nicht den Namen Österreich trägt, verlöscht, langsam, oft fast unbemerkt zunächst, und zerbricht abrupt, in persönlichen existentiellen Krisen und als Reaktion auf die militärischen Katastrophen: Seinen Platz übernimmt nun allein ein Glaube an das Heil aus Deutschland, wobei dieser Glaube seinerseits eine Fülle von verschiedenartigen, ja gegensätzlichen Verkörperungen findet.

Zunächst aber ist von diesem Phänomen zu berichten: von der Bildung der österreichischen Barockkultur, die einen spezifischen religiösen, politischen Lebensstil schafft, der ihren Zusammenbruch in der Epoche der Maria Theresia und ihres Sohnes Josephs II. überdauert: in vielen Verwandlungen.

4. Triumph und Untergang der österreichischen Barockkultur

Ténèbres ou gloire baroque, Finsternisse und (so übersetze ich das „oder") Glorie des Barock: So der Titel eines mit Recht berühmt gewordenen Werkes des französischen Historikers Victor L. Tapié über die Donaumonarchie und ihre Völker[1]. Tapié war ein großer Freund Österreichs. Bedeutende Werke über dieses barocke Österreich wurden von Tschechen, Italienern, Franzosen, Spaniern, Exil-Österreichern verfaßt[2]: kein Zufall. Der österreichische Barock ist als die Kultur des „österreichischen Menschen" politisch und psychisch für Europäer interessant, die mit mehr oder minder großem Entsetzen die Engführungen, Engleitungen, Engpaßführungen in Österreich im 19. und 20. Jahrhundert beobachten, diese abfallende Kaskade, die von Selbstverlust zu Selbstzerstörung, von Selbsthaß zu Aggressionen nach innen (in die eigene Person, in die eigene Nation) und nach außen führen.

Der österreichische Barock: Wir verstehen ihn als die Epoche, die von den beiden ersten Kaisern Ferdinand, als Schöpfer der „Gegenreformation", zu Ferdinand III. (1608—1657), Leopold I. (1640—1705), Joseph I. (1678—1711), Karl VI. (1685 bis 1740) führt. Höchster Glanz, Aufstieg zu einer europäischen Weltmacht, in dieser Epoche. Permanente Katastrophen und innere Krisen: das Elend der Ausgetriebenen, der Bauern, von Tschechen und Ungarn. Aufstieg des Hauses Österreich im Kampf mit den Protestanten, Türken, Franzosen. Eine Prachtentfaltung des Hofes, der Versailles, das verwandte Madrid und das päpstliche Rom übertrumpfen möchte. Prinz Eugen als „der heimliche Kaiser". Maria Theresia erbt eine Katastrophe: Man spricht an allen europäischen Höfen vom unmittelbar bevorstehenden Zusammenbruch dieses „Monstrums", dieser „Chimäre", wie vorzüglich norddeutsche calvinistische Staatsdenker und eben der junge Friedrich II. von Preußen dieses „Wien" sehen[2a]. Wien wird in dieser Zeit erstmalig zu einem Synonym für den Gesamtstaat, für Österreich.

Der Tscheche André Tibal, zuvor Professor in Prag, veröffentlicht 1936 (der Untergang der Ersten Republik Österreich wird aufmerksam in Paris, London, Rom, Belgrad, Prag, Budapest, München, Berlin beobachtet) ein Buch über den Österreicher, er nennt es einen Essay über die Bildung einer nationalen Individualität, vom 16. zum 18. Jahrhundert. Tibal: Österreich entsteht als Abwehr gegen Türken und Protestanten. „Während nahezu drei Jahrhunderten bestätigt und behauptet sich der Österreicher als der Feind des Protestanten und des Türken; ohne diese beiden, ist man versucht zu sagen, würde er nicht existieren."[3] Tibal erinnert an die Eroberung Österreichs durch die deutschen Evangelischen: In Kärnten blieben nur vier, in Krain drei adelige Familien katholisch. Die gesamte Bildungswelt war protestantisch. Ruhm des Collegium sapientiae et pietatis, 1563 durch die Stände Kärntens gegründet: eine evangelische Universität für den jungen Adel.

Nun, die Wiener Bischöfe der ersten Hälfte des 16. Jahrhunderts waren im Sinne des ersten Ferdinand für eine milde, versöhnende Haltung den Protestanten gegenüber: so Slatkonia (gestorben 1522), de Revellis (gestorben 1530), Faber (gestorben 1541) und der vorzügliche Nausea (gestorben 1552). Das sind die Männer der erasmischen Dritten Kraft in Wien!

Neuer Wind kommt ab 1551 nach Wien: die *Jesuiten*[4]. Jesuiten und Armee rekatholisieren Österreich 1600 bis 1630. Venetianische Gesandtenberichte (Ranke hat ihre außerordentliche Bedeutung als europäische Geschichtsquellen für die „Neuzeit" entdeckt) vermelden: Die Soldaten stoßen die Leute in die Kirche, in die Messe, zur Kommunionbank — so in Böhmen, so in der Steiermark. Das ist der dritte Ferdinand, der für Wallensteins Ermordung 3000 Messen lesen läßt, der schon 1621 in Mariazell eine Nacht auf den Knien liegt, um für das Seelenheil der im „Prager Blutgericht" hingerichteten „Rebellen" zu beten.

Seit dem Ausgang des 16. Jahrhunderts bilden die Jesuiten für zweihundert Jahre eine österreichische katholische Intelligenz, sind diese selbst, verkörpern sie zusammen mit Piaristen, Benediktinern und Augustinern. Bruch nunmehr zwischen dem (evangelischen) Deutschland und dem rekatholisierten Österreich, das spanische und italienische Einflüsse aufnimmt. Diese Jesuiten kämpfen universalistisch für eine klassische, antikisch-humanistische Kultur, die durch das Theater erziehen soll, weil sie nicht Gelehrte, sondern Menschen bilden wollen, die sich in der Welt und am Hofe richtig und kommunikativ benehmen können. Gegen die monomane, monologische Buchkultur der Deutschen (Henri Bremond, der große französische Deutschland-Freund, kritisiert den monolithischen Charakter deutscher Geisteskultur im 20. Jahrhundert)[5] stellen diese Jesuiten die concertatio, das Streitgespräch zwischen je zwei Schülern, in ihrer Erziehung heraus. Mitte des 17. Jahrhunderts ist Wien das Zentrum des Jesuitentheaters. Daneben blüht eine reiche benediktinische Theater- und Schulkultur in St. Florian, Kremsmünster, Melk, Lambach, an der katholischen Universität Salzburg (gegen deren Wiedererrichtung laufen im Jahrzehnt vor 1914 Deutsch-Nationale, Sozialisten und „Liberale" Sturm).

Der berühmteste benediktinische Dramatiker Simon Rettenbacher (1634—1706) schreibt als Professor an der Salzburger Universität und Theaterdirektor des Universitätstheaters (ab 1668, später wird er Bibliothekar in Kremsmünster) unter anderen Dramen seine „Osiris" (1683, im Türkenjahr, in seinen Opera selecta veröffentlicht): das ist die erste „Zauberflöte". Rettenbacher unterstützt seine Dramen durch Gesang und Musik[6]. *Mozart*[7] ist der Sohn dieses Salzburg; seine freimaurerische Frömmigkeit läßt sich ohne Schwierigkeiten mit dieser benediktinischen Menschenfreundlichkeit genetisch verbinden. Als „Maursmünster" schildert unter einem Pseudonym ein Zögling Kremsmünsters im 20. Jahrhundert diese sehr offene Geistigkeit.

Diese Benediktiner führen die österreichische Volkssprache in ihre Dramen ein — in den „komischen" Rollen. Tenor dieser Barockdramen: Das Leben ist Traum, Zerfall, Triumph, alles steuert dem Tode zu. Tibal: Der Österreicher (*dieser* Österreicher!) glaubt nicht an Macht, Stahl, Stärke, militärische Siege, weil er nur dem Tode und an das Leben glaubt.

Viele Habsburgica, Ehrensänge für den Genius Austriae, der höchstpersönlich auf der Bühne erscheint, um das Lob des Kaisers zu singen.

Eines dieser „Gesamtkunstwerke", in denen Sprechbühne, Oper, Symphonie und optisches Schauspiel eine Einheit bilden, ein Stück von 1694 (auf den Schrecken vor den Türken folgt ein triumphales Lebensgefühl), heißt: Abtera Bethlehem sive Domus Panis, id est Innovatio Foederis defensivi et offensivi Augustissimae Domus Austriacae cum divinissima Domo Panis Eucharistici. Die Erneuerung des Verteidigungs- und Angriffsbündnisses des Hauses Österreich mit dem Haus des Eucharistischen Brotes. Österreich als Verteidiger der uralten sakralen Kommunion Mensch-Kreatur, Kosmos-Gott, der römischen urbs diis hominibusque communis, der religiös-politischen Lebensgemeinschaft der Götter und Menschen in der Heilsstadt Rom: gegen die Protestanten, als Erzfeinde Österreichs (*dieses* Österreichs).

In der pietas victrix des Avancini (es ist dieser kämpferische Sieg-Glaube der habsburgischen Gegenreformation) singen am Ende des vierten Aktes der Friede, der Sieg, der Ruhm des Ostens und des Westens abwechselnd das Lob der Pietas. Es ist der Sieg des Kaisers Konstantin über die „Heiden": Aufstieg des Christentums Roms zur Staatsreligion. Der habsburgische Kaiser *ist* Konstantin. Die heilige Helena, die Mutter Konstantins, verkündet: Orbis tenebit ultimum Imperium Austriae[8]. Österreich ist das letzte Weltreich.

Der Tscheche Tibal erinnert da in Paris 1936 an die deutsche Abwertung Österreichs. Der Großmeister deutscher Geistesgeschichte, der persönlich so milde und weltoffene Dilthey, sieht nur „die Ausrottung des geistigen Lebens in Österreich durch den Terror der Gegenreformation"[9]. Der Barock existiert für ihn nicht. Ferdinand Kürnberger, wohl der publizistisch bedeutendste österreichische Selbsthasser seines, des frühen 19. Jahrhunderts, vermerkt bitterböse: „Wir schreiben unter einem Volke, welchem spanische Jesuiten-Tyrannei die deutsche Bildung zweier Jahrhunderte unterschlagen ... Während sich die immense Literatur Deutschlands entwickelte, schrieb Österreich ... Beichtzettel, Traumbücher und Linzer Kochbücher[10] ..." Der Österreicher Wilhelm Scherer, der in Berlin zum Haupt der österreichfeindlichen Germanistik wurde, verkennt im selben Sinne wie Kürnberger und Dilthey Österreich zur Gänze, seine Barockkultur völlig[11]. Nichts ist historisch einsichtiger als die Frontstellung dieses Glaubens an das Heil aus deutsch-evangelischer Geist- und Buch-Bildung gegen den Glauben an das Heil des Hauses Österreich, wie es nun Spanier, Wallonen, Flamen, Italiener in den Erblanden und Kronländern verkündeten.

Wenn die Wiener Universität ein Zentrum dieses jetzt im 19. Jahrhundert neudeutschen Hasses gegen das „schwarze", „schwarzgelbe" Österreich wurde, dann ist hier bereits die Genesis dieses Haßglaubens zu erinnern. Ab 1521 siechte die äußerlich noch „katholische" Universität dahin: Ihre Studenten zogen an die evangelischen Universitäten in Deutschland ab, ihre Professoren werden immer renitenter. 1526 glaubt die theologische Fakultät ihr Mandat zur Reinerhaltung des Glaubens niederlegen zu müssen. 1569 weigert sich die Universität, an der Fronleichnamsprozession teilzunehmen[12]. Bis zum Tode des Kaisers Franz Joseph, dann wieder in der Ersten und noch in der Zweiten Republik Österreich ist die Teilnahme an der Wiener Fronleichnamsprozession *das* öffentliche Bekenntnis, *die* Demonstration des österreichischen Katholizismus, der sich als *die* staatserhaltende Kraft versteht.

Ständige Klagen der Professoren, daß die im Unterricht und der Jugenderziehung so erfolgreichen Jesuiten der Universität alle Schüler wegnehmen: In ihrem Kolleg sind über eintausend Studenten, während nur ein Viertel dieser Zahl die Universität besucht. Bereits 1578 wird der protestantische Rektor durch einen katholischen ersetzt. Der Kanzler der Universität, der Konvertit Melchior Khlesl, hatte erfolgreiche Arbeit geleistet. 1610 schlägt er dann vor, den Jesuiten die Artistenfakultät (die „philosophische" Fakultät) zu übergeben, was einen „wahren Sturm der Entrüstung" auslöst.

1622 vereinigt Ferdinand II. das Jesuitenkolleg mit der Universität. 1661 führen die siegreichen Jesuiten die promotio sub auspiciis imperatoris ein[13]. Wer heute sub auspiciis praesidentis promoviert, denkt kaum mehr daran, daß dies einst *die* Demonstration eines „jesuitischen" Glaubens an die seligmachende Verbindung von „Staat" (Haus Österreich), Wissenschaft und Bildung war: Ein Glaube, eine Verbindung, die mit dem Bankrott des Barocks scheinbar endgültig zerbrach: im 18. Jahrhundert, bis zur Gegenwart.

Ununterbrochener Kampf der Universität gegen die Jesuiten vom 16. zum 19. Jahrhundert. 1778 werden die Protestanten zu den akademischen Graden, 1782 Juden zum medizinischen und juridischen Vollstudium zugelassen.

In seiner englischen Emigration erinnert der Historiker Heinrich Benedikt, ein exemplarischer Altösterreicher[14] an die „Monarchie der Gegensätze". Dieser Polyhistor, der im Ersten Weltkrieg in enger Verbindung mit Conrad, dem österreichisch-ungarischen Generalstabschef, stand, sich zuvor als hervorragender Wirtschaftsfachmann bewährt hatte, bemerkt im Blick auf den österreichischen Barock: „Österreich hatte nie Geld." „Es hat nie das wesentliche Merkmal verloren, in dem seine Eigenart, sein Zauber und seine Bedeutung liegen: die Schwäche."[15] Aus Mißtrauen gegen die kaiserliche Finanzgebarung, in ewiger Furcht vor stetem Staatsbankrott (auch diese Furcht blieb Österreich treu, wirkt lebensgefährlich und katastrophal in der Ersten Republik: Anmerkung meinerseits) fliehen die freien Gelder der Feudalherren und Klöster ins Bauen — Barockkultur aus Steuerflucht! Auch dies ... Das Barock ist „die Heimatkunst Österreichs" ... „Das Barock hat die Nationalitätenfrage gelöst, bevor es eine gab, es verlieh der geographisch so uneinheitlichen Landschaft mit ihren vielen Völkern die Einheit seiner Sprache."[16]

Heinrich Benedikt kennt, wie Victor-L. Tapié, wie Robert A. Kann, der hervorragende Kenner der österreichischen Schicksale (auch er ein Emigrant) das Hell und Dunkel dieses Barocks. Und doch meint er: „Die Einheit über das Viele und die concordia discordantium, die Versöhnung der Gegensätze, ist das Wesen des Barocks wie des Imperiums."[17]

Die Türken in Wien, einmal anders gesehen: barocke Bäume und Blüten aus dem türkischen Byzanz. 1576 kommt aus Konstantinopel die Roßkastanie durch den Gesandten David Ungnad, Flieder, Tulpe und Levkoje bringt der Holländer Ghislain de Busbek (Ahnherr der Familie der Historiker und Kunsthistoriker Buschbeck) von seiner Gesandtschaft an der Pforte mit. 1589 blüht zum ersten Mal der Flieder in seinem Garten auf der Seilerstätte in Wien. Hortikultur, Gartenpflege, ist durch Römer, mittelalterliche Mönche und jetzt aus Byzanz, aus Italien, aus Frankreich, aus Spanien nach Wien gekommen.

Ein italienischer Kritiker unserer Zeit erinnert: Die italienische Sprache hat durch das Haus Österreich den Gipfel der Größe und des Glanzes erreicht[18]. Benedikt: „Wien wurde zur Hauptstadt eines eigenen romanischen Kulturkreises französisch-italienischer Prägung."[19] „Innerhalb der Grenzen des Habsburgischen Reiches wirkten gleichzeitig die drei Meister der italienischen, französischen und deutschen Sprache, Metastasio, Jean Baptist Rousseau und Günther" (der Schlesier Johann Christian Günther war ein „Originalgenie", wie man enthusiastische Dichterexistenzen später nannte).

Träger dieser Barockkultur waren der Hof und der weltliche und geistliche Adel, besonders der Landadel. Der Hofadel hat keine bedeutende Rolle gespielt. „Wien war eine kleine Stadt und als solche nicht wichtiger als Prag oder Breslau, wenn man vom Hof absieht. Nicht Wien, sondern die reichen Klöster, die fürstlichen und gräflichen Residenzen haben die österreichische Kultur, deren Wesen aristokratisch ist, verbreitet."[20]

Bevor wir uns nun der sichtbarsten, eindrucksvollsten Selbstdarstellung dieser österreichischen Barockkultur, in ihrer Architektur, zuwenden, sei jener Bemühungen gedacht, den wundesten Punkt zu treffen, die große offene Wunde Österreichs: das „Übersehen", dann die Verachtung Österreichs infolge des *Ausfalls einer österreichischen Geschichtschreibung,* 'die Österreich glaubwürdig präsentieren könnte,* angesichts seiner vielen Feinde.

Jakob Burckhardt, der größte deutschsprachige Kulturhistoriker des 19. Jahrhunderts, bemerkte bereits zur antiösterreichischen Historie im Blick auf Kaiser Friedrich III., den „faulen", „indolenten", „typisch österreichischen" „Chaoten" (wie eine führende deutsche Zeitung, die „Welt", den Kronprinzen Rudolf nennt): „Viel Gift über Friedrich III. ist bloßer moderner Nationalliberalismus. Nach vierhundert Jahren tritt man auf einem zu seiner Zeit hilflos gewesenen Manne herum und kichert zu allem, was dem Hause Österreich in den fernsten Zeiten zu Leid und Schmach geschehen ist."[21]

„Der gebildete Europäer des 16. Jahrhunderts mußte sich über das auffälligste Phänomen seiner Zeit, den Aufstieg der Casa de Austria, aus französischen italienischen, spanischen Darstellungen unterrichten lassen, weil es nicht nur keine österreichischen gab, die seinem Geschmacke entsprochen haben würden, sondern weil er das Wenige, das immerhin in Frage kam, nicht einmal kannte."[22] „Man sollte annehmen, daß die Weltweite der Casa de Austria gerade die österreichischen Historiographen zu großen Ausblicken geführt habe. Allein das Gegenteil trat ein, und dies hatte seine Gründe."[23] Durch den Brüsseler Vertrag von 1522 waren die Länder Ferdinands I. aus dem gewaltigen Gefüge gerissen worden — seither wendet sich der Blick auf den Balkan (fatal auf 1914 zu).

Noch Kaiser Karl V. erwog zeitweise, Österreich erblich zum Königreich zu erheben. Feind und Freund wissen, im Blick auf diesen „Staat", der kein Staat, sondern die Familie der Habsburger ist, „das Band, das diese Garbe hält" (Grillparzer): „Auf diese Weise konnte es eine alle zugehörigen Nationen umfassende ‚österreichische' Geschichte einzig unter dem dynastischen Aspekte geben."[24]

Habsburgische Versuche, in dieser Hinsicht: Erzherzog Maximilian III. (gestorben 1618), Landesfürst von Tirol, ist besonders historisch interessiert. Er gewinnt den Solothurner Franz Guilliman für ein riesenhaft angelegtes Unternehmen (das als

Ganzes scheitert, wie die Pläne Kaiser Maximilians I.): eine Geschichte der Domus Austriaca, des Hauses Österreich als *der* Weltmacht, weit größer als das Heilige Römische Reich, als der Erzrivale Frankreich. Diese „gesamtösterreichische" Geschichte (ich wähle dies Wort im Blick auf Srbiks Konzeption einer „gesamtdeutschen" Geschichte, die nicht weniger imaginär ist) sollte Österreich (mit Böhmen, Ungarn etc.), Kastilien (mit dem habsburgischen Amerika, bis zu den Philippinen etc.), Aragon (mit Sardinien, Sizilien, Neapel, Toskana, Belgien), Portugal (mit Äthiopien, Brasilien, Indien) und Australien (Australia, zu Ehren des hispanischen Österreich so benannt), als ein Weltreich darstellen[25]. Wer den imaginären Charakter dieser österreichischen Weltschau belächelt, sei eingeladen, *heute* die Spuren, die mentalen Prägungen dieser austrianischen Hemisphäre persönlich aufzusuchen: Er wird sie, wie der Verfasser dieser Studie, von Krakau bis Brüssel, von Warschau bis zum Escorial, von Mailand über Florenz bis Mexiko, im ganzen hispanischen Lateinamerika (Ausnahme: das portugiesische Brasilien) finden, wo in der Gegenwart der österreichisch-spanische Barock als Geisteswelt und Kultur in der Literatur und auf den Universitäten höchste Schätzung genießen: als Väter des lateinamerikanischen Schul-, Hochschul- und Bildungswesens[26].

1575 gab es in der Wiener Hofbibliothek eine Camera Austriaca „als eine Vorwegnahme des Instituts für österreichische Geschichtsforschung"[27]. Samuel von Pufendorf, einer der größten Gegner Österreichs, fraglos einer der glänzendsten Geister seiner Zeit, bemerkt: Das Haus Österreich hat sich eine Unabhängigkeit erworben; seit 1620 scheint sich das Verhältnis umzukehren, „im Sinne einer Translatio Imperii in Austriam"[28]. Übertragung des Heiligen Römischen Reiches, sein Übergang in die Herrschaft des Hauses Österreich (in den schweren Kämpfen um eine letzte Selbstbehauptung der Donaumonarchie im alten Reichsverband, 1848/49, wird von erbitterten deutsch-österreichischen Patrioten ein Anschluß der deutschen Reichslande an Österreich gefordert!).

Bedeutsame Vorarbeit für eine österreichische Geschichtsauffassung leisteten humanistisch gebildete evangelische Adelige[29] zwischen 1600 und 1700 (wir erinnern an Hohberg und seine Gesinnungsgenossen). Neben diese Loyalität evangelischer Adeliger tritt nun eine loyale Gesinnung von nichtadeligen Protestanten. Der aus Schlesien stammende, in Linz sich einwurzelnde Professor Georg Röhrig (Calaminus) verfaßt sein patriotisches Drama „Rudolphottocarus, Austriaca tragoedia nova ... adiunctis notis historicis" (1594). Er erhält doch den vielverdächtigten „Dank vom Hause Habsburg": ein Geschenk von Kaiser Rudolf II. Geschichte, die zum Schicksal Österreichs wurde: Die Poeten befassen sich vom 17. Jahrhundert an, dann in der patriotischen Welle um 1810 (gegen Napoleon) mit dem großen „Stoffe", aus dem der österreichische Teppich ein erstesmal gewebt wurde, mit „König Ottokars Glück und Ende". Die tschechischen Zeitgenossen Grillparzers verdächtigten ihn denn auch prompt, hier die Gegenreformation rechtfertigen zu wollen, die Unterwerfung Prags unter Wien ... Die ständische adelige protestantische Opposition verbirgt sich im Landespatriotismus. „Man war jetzt mit besonderer Begeisterung Nieder- und Oberösterreicher, Steirer, ‚Innerösterreicher' usw., wie man es zweihundert Jahre später, aus anderen Gründen, wiederum wurde."[30] Ein spezifischer Linzer Wien-Haß und sein Grazer Bruder wird uns im 20. Jahrhundert wieder begegnen.

Es gibt ganz wenige habsburgische, direkt von Mitgliedern des Hauses Habsburg geschaffene Österreich-Bekenntnisse; sie verstanden sich bis zu Kaiser Franz Joseph als Habsburger, nicht als Österreicher (die große Ausnahme: der Kronprinz Rudolf). Ein seltenes Exemplar habsburgischer Österreich-Liebe ist der Erzherzog Leopold Wilhelm, einer der großen Kavaliere im Barock des 17. Jahrhunderts, der Schöpfer einer Gemäldegalerie von Weltruf, ein Dichter in italienischer Sprache, aber auch einer ebenfalls in italienischer Sprache geschriebenen „Sehnsucht nach Österreich"[31].

Die Geschichtsschreibung der Casa d'Austria und der Monarchia Austriaca im Hochbarock entwickelt eine „Staatsmystik"[32]; für diese ist der Kaiser Haupt der „respublica letteraria" (der „Gelehrtenrepublik") und „imperator ex utroque", Kaiser im politischen und kulturellen Herrschaftsbereich. Ein einziges Mal sollte sich doch diese Verbindung von „Staatsgesinnung und Literatur" und Bildung in Österreich realisieren: aber eben ganz auf das Erzhaus bezogen.

Also dies Motiv: Ruhm, Ehre des Hauses Österreich. „Habsburg hält als Kaiserhaus am Anspruch der universalen und bis zur Endzeit dauernden Weltmonarchie fest."[33]. Den Gipfel der Herrschaft der „monarchia austriaca" bildet das Kaisertum. Um die Herrschaft in Österreich zu stärken, erwog (nachdem aus anderen Motiven der staufische Kaiser Friedrich II. und Karl V. ein Königtum Österreich gründen wollten) im großen Aufklang des gegenreformatorischen Barocks Ferdinand II., ein Königreich Österreich aus seinen deutschen Erblanden zu machen. Hans Christoph von Stadion, aus einem jener alten schwäbischen Geschlechter, die in den Dienst des Hauses Österreich getreten waren und im 19. Jahrhundert zu so hohen Verdiensten um die Erhaltung der Donaumonarchie kamen, begrüßte dies, da, „wie das die Erfarnus selbst zu erkennen gibt, daß alle die Länder, die Einen König, Einen Glauben und Ein Gesetz haben, am friedlichsten und glückseligsten regiert und konserviert werden: nam unita manus dissipata est fortior"[34]. (Ein hugenottischer Pastor, der zur „königlich-katholischen Religion" des französischen Königs konvertierte, formuliere diese Maxime als „kategorisches Prinzip", wie man es ansprechen dürfte — für die notwendige Austreibung der Hugenotten, um die Einheit des französischen Staates Ludwigs XIV. zu retten . . .[35].)

Der Sonnenkönig[36]: Gegen den roi soleil Ludwig XIV. wird die kaiserliche Sonne im kaisergelben Wien in zahlreichen Prunkwerken gefeiert, in denen barocke Polyhistoren Poesie, Mythos, Geschichtslegende und Historie verschmelzen. 1680 entsteht der erste Band des genealogischen Prachtwerkes über das Haus Habsburg von Theodor Amadê von Amaden, Malteserritter und Ordenskommandeur zu Venedig, Abt von Maria de Castro Corino. Der Autor arbeitet 36 Jahre, bis 1716, an den weiteren Bänden und wird bei seinen Wiener Aufenthalten regelmäßig von Kaiser Leopold über den Fortgang des Werkes, das für die Kaisersöhne Joseph und Karl bestimmt war, befragt[37].

Der 1698 vollendete vierte Band trägt den stolzen Namen: sol Austriacus. Die Österreichische Sonne. Jeder Kaiser aus dem Haus Österreich, aus dem alle Könige und Fürsten abstammungsgemäß hervorgehen — et una (domus) omnes — ist die Sonne des christlichen Erdkreises.

Den Glanz dieser Sonne suchen nun — während die Drangsalierungen der Protestanten und anderer (Judenaustreibung aus Wien 1670) ungebrochen weitergehen —

immer mehr evangelische Deutsche aus dem alten Reichsraum, die nach Wien gehen, konvertieren und zu führenden Stellen aufsteigen. Dieses Haus Österreich ist ja gerade in der Glanzzeit seiner Herrschaft, in seinem Barock, immer wieder finanziell bankrott. Da kommen drei verdienstvolle Reformatoren aus Süd- und Westdeutschland dem bankrotten Österreich zu Hilfe: Johann Joachim Becher[38], Wilhelm von Schröder[39] und sein Schwager Philipp Wilhelm von Hörnigk[40]. Becher, Sohn eines protestantischen Pastors, ist der Vater einer ersten Handelsakademie, verschiedener „Industrien", von Handwerksbetrieben, für die er evangelische Handwerker aus Deutschland gewinnen will, und geistiger Vater einer Orientkompagnie für den Handel mit der Levante.

Wilhelm von Schröders, des Nachfolgers Bechers, großangelegte Pläne in diesem Sinne scheitern, da die Regierung Leopolds I. nur eine beschränkte Tätigkeit deutscher, evangelischer Geschäftsleute in Wien duldet. Anonym erscheint 1684 das Werk des fürstlich passauischen Geheimrates Philipp Wilhelm von Hörnigk „Österreich über alles, wenn es nur will". „Der schlagkräftige Titel des Buches wird bis zum heutigen Tage dazu verwendet, eine Art österreichischen Nationalismus anzuregen, doch hatte man damit niemals großen Erfolg": Dies bemerkt Robert Kann in seiner 1974 in Berkeley und Los Angeles und 1978 in deutscher Übersetzung in Wien erschienenen Geschichte des Habsburgischen Reiches 1526—1918.

Hörnigk, dieser österreichische Patriot aus Sympathie für das ihm fremde Land, versteht unter „Österreich" ausdrücklich nicht das Erzhaus, auch nicht bloß das Erzherzogtum, sondern „alle und jede des teutschen österreichischen Erzhauses, es sei in oder ausserhalb des römischen Reiches gelegene Erbkönigreiche und Länder, demnach Ungarn mit darunter begriffen". Diese „formieren gleichsam einen einzigen natürlichen Leib", können „wie eine kleine Welt in sich selbst bestehen"[42]. Das ist die erste Formulierung der in verschiedenen Variationen zu Wort gebrachten Vision: „Dies Österreich ist eine kleine Welt, in der die große ihre Probe hält."

„Österreichischer Patriotismus" bekundet von Nichtösterreichern, von evangelischen Deutschen: Nur als ein „Modell" sei hier das Werk „Österreichischer Tugend-Spiegel und Helden-Saal", Ulm 1716, dann ohne Ortsangabe 1727 (erste Ausgabe 1708 unter dem Titel: „Historisch-genealogische Beschreibung des Ertzhauses Österreich" genannt), als Behelf für die deutsche Jugend (!), die ja nichts von Österreich weiß, geschrieben: Der Verfasser, der anonym bleiben wollte, war sicherlich Protestant, kein Österreicher, aber eben sehr kaiserlich-österreichisch gesinnt . . .[43]

Aus einer evangelischen, aus Österreich ausgewanderten Familie stammt Johann Wilhelm Freiherr (später Graf) von Wurmbrand; er wurde Reichshofrat, konvertiert 1722 zum Katholizismus, wird 1728 Reichshofratspräsident. Wurmbrand ist der „Vater der österreichischen Genealogie". In seinem Hauptwerk behandelt er 68 lebende niederösterreichische Adelsfamilien. Wurmbrand steht mit Leibniz in Verbindung: dem größten Denker kaiserlich-österreichischer Selbstbehauptung[44].

Während in diesem habsburgischen Österreich die Verfolgungen der Protestanten ungehemmt weitergehen, verfaßt ein evangelischer Pastor in Hamburg, der niemals österreichischen Boden betreten hat, eine sechsbändige Geschichte der österreichischen Protestanten: „Evangelisches Österreich, das ist historische Nachricht von den vornehmsten Schicksalen der Evangelischen Kirchen in dem Ertz-Herzogtum Österreich unter und ob der Enns" (1732—1744 in Hamburg erschienen)[45]. Dieses bis heute unersetzbare Werk (Raupach zitiert viele Dokumente, die verlorengegangen sind) ist eine schmerzensreiche Erinnerung an eine große Zeit der evangelischen Bewegung im fernen Österreich und ist von einer vornehmen Gesinnung den furchtbaren Gegnern gegenüber beseelt, die — gerade heute — vorbildlich wirken sollte.

In eine stille, friedsame gelehrte Welt führen uns die Ordens- und Klostergeschichten dieses österreichischen Barock: *Hier* wurzelt die *österreichische Geschichtsschreibung* der „Neuzeit" — in den Werken der beiden Brüder Bernhard Pez und Hieronymus Pez. Zwei Gastwirtssöhne aus Ybbs an der Donau, die früh in das Stift Melk eintreten. Bernhard Pez trat mit dem Zentrum der reform-benediktinischen historischen Forschung der Mauriner in Saint-Germain-des-Prés in Verbindung, die im Wettstreit mit den ihrer Meinung nach überkritischen Jesuiten-Historikern, den Bollandisten, Väter der historischen Hilfswissenschaften, der „Diplomatik", der kritischen Urkundenforschung, wurden[46].

Die Mauriner kamen dem Protestantismus weitgehend entgegen, entsprechend der altbenediktinischen Maxime „discretio est mater omnium virtutum", Maßhalten ist die Mutter aller Tugenden. Es sind nicht zufällig die Konvertiten Seilern und Bartenstein, die neben Sinzendorf die maurinische Richtung in Österreich fördern. Bernhard Pez nimmt bewußt die wissenschaftliche Konkurrenz mit dem evangelischen Norden Deutschlands auf: als kritischer Historiker, der über seine Forschungsreisen kritisch berichtet.

Das Hauptwerk seines Bruders Hieronymus, die „Scriptores rerum Austriacarum", die österreichischen Geschichtsschreiber (drei Bände, in Leipzig ab 1721 erscheinend), fand die Anerkennung gerade der evangelischen gelehrten Welt Deutschlands.

„Den beiden Gastwirtssöhnen aus Ybbs a. D. ist es auch zu danken, daß man Österreich fortan nicht als ‚entfernteste Grenze der Gelehrtenwelt' bezeichnen durfte, wie es der Mauriner Dom René Massuet 1712 getan hatte und sich dabei vermutlich noch sehr höflich vorkam."[47] (Die nahezu absolute Unkenntnis österreichischer wissenschaftlicher und auch literarischer Werke im heutigen Frankreich habe ich 1936—1978 vielfach erfahren können — dies trotz heroischer Anstrengungen einiger Exilösterreicher in Frankreich und Belgien.)

Wahlösterreicher waren der Sachse Wilhelm von Schröder und die Rheinländer Philipp Wilhelm von Hörnigk und sein Schwager Johann Joachim Becher. Der Mann, der zum Sprecher der Wiener, zu einer Lueger-Figur zweihundert Jahre vor Lueger werden sollte, als Demagoge, als Prediger und Schreiber gegen die Juden, kommt 1662 aus Schwaben nach Wien. Dieser Ulrich Megerle hatte die Schule des Jesuitenkonvents in Ingolstadt und das Benediktinergymnasium in Salzburg besucht, er wurde in Wien ein Wiener, „ein Schulbeispiel für den völligen Assimilierungsprozeß, der in der kosmopolitischen Donaustadt häufiger ist als in irgendeiner anderen deutschen Hauptstadt"[48].

Abraham a Sancta Clara (1646—1709) ist die Stimme eines Wiener, eines österreichischen Kleinbürgertums, er wirkt noch mitten in unserem 20. Jahrhundert auf Volksschriftsteller, auf Politiker, vorzüglich der alten Christlichsozialen[49], auf Prediger. So ist der „berühmteste", auf jeden Fall erfolgreichste „Männerprediger" Wiens im 20. Jahrhundert, der Pater Abel S. J., eine Art Wiedergeburt dieses Volksmannes.

Früh berufen sich auch österreichische Nationalsozialisten auf ihn. Baldur von Schirach, der sich als Schirmherr Wiens, als „Refugium der deutschen Seele" versteht, patronisiert eine Gesamtausgabe, die nicht mehr erschienen ist. Seine Wirkung auch in deutschen Landen ist nicht zu unterschätzen. Goethe lenkte die Aufmerksamkeit Schillers auf Abrahams „Auf, auf Ihr Christen". „Schiller ahmte nicht nur den Stil Abrahams a Sancta Clara nach, sondern verwendete sogar einige von Abrahams Wortspielen."[50] So in seiner berühmten „Kapuzinerpredigt" im „Wallenstein".

Abraham stellt sich den drei Erzfeinden Österreichs, die vom Teufel geführt Land und Leute zugrunde richten wollen: Moslem, Jude und Protestant. „Was ist der Türck? Ihr Christen thuet nicht angezweiffelt antworten: Er ist ein abcopierter Ante-Christ, er ist ein eytler Wampen Vogt, er ist ein unersättlicher Tiger . . . er ist ein tyrannischer Un-Mensch — er ist die Geissel Gottes."[51] Man vergleiche damit die Schelt-Tiraden Nestroys, eines Mannes aus polnischem und tschechischem Geblüt, über Wiener „bürgerliche" Berufe, die er als Schurkereien ansieht. Dieselben Türken stellt Abraham seinen lieben Wienern als Vorbild an Frömmigkeit und Barmherzigkeit vor: „Wir Christen können von disen Unchristen gar wohl lernen die Barmherzigkeit gegen den Armen, und das Mitleiden gegen den Nothleydenden."

Abrahams Auseinandersetzung mit dem „inneren Feind" steht mitten in der Tradition von Judenaustreibungen in Wien zwischen 1421 und 1667/70. Interessanterweise waren gerade die beiden habsburgischen Väter der Gegenreformation, Ferdinand II. (unter dem Einfluß seines Beichtvaters, des Jesuiten Lamormain) und Ferdinand III. eher judenfreundlich gewesen. Leopold I., Karl VI. und sehr noch Maria Theresia sind judenfeindlich. Abrahams antijüdischer Feldzug[52], der bis tief ins 20. Jahrhundert wirkt und auch oft wörtlich berufen wird (in: „Merck's Wien". veröffentlicht im Pestjahr 1679) findet in der von Juden „gesäuberten" Stadt statt. Der Jude ist der erklärte Feind der Christenheit. Die Juden sind neidig, lasterhaft, unehrlich, sündhaft und gewissenlos. Zusammen mit Hexen und Totengräbern haben sie mutwillig die große Not über Wien heraufbeschworen. Neben Satan gibt es für die Christen keinen größeren Feind als die Juden. „Unter allen Nationen findet man aber keine so hartnäckige und ungläubige Völcker als die verzweyffelte Juden, diese seynd der Abflaum aller gottlosen und ungläubigen Leuthe."[53] Die Wiener Hetzkapläne und die rabiat antijüdischen Kirchenblatt-Redakteure wie Sebastian Brunner und Wiesinger, wie der Pfarrer Deckert sind im hohen 19. Jahrhundert Schüler und geistige Söhne Abrahams a Sancta Clara[54]. Noch in den Jahren nach 1945 predigt ein Prediger dieser Sorte im Herzen Wiens, in der Franziskanerkirche . . .[55]

Viel zurückhaltender verhält sich Abraham gegenüber den Protestanten. Er verurteilt Luther, Melanchthon und Calvin. Der große Haß der Blütezeit der Reformation und Gegenreformation kommt in ihm aber nicht mehr zu Wort. Abraham weiß sehr genau: Der kaiserliche Hof und seine Kirche werben um eine friedsame Konvertierung der Protestanten, die sich in Wien in den Untergrund begeben haben. Es war Johann Joachim Becher, der „Nationalökonom", der Österreich eine „moderne Wirtschaft" (dies alles in heutiger Sprache ausgedrückt) schaffen wollte, ein Deutscher, der von Haus aus, von seiner eigenen Familie bestens die deutschen Verhältnisse kannte, der die „Niederlagen" (Filialen) ausländischer Firmen in Österreich bekämpfte: „Die Niederlage ernährt bloß fremde, meist ketzerische und des Hauses

Österreich Feinde, Untertanen, von welchen sie die Manufaktur kauft, verlegt im Land keinen Menschen und kann niemand von ihr leben, ist den Bürgern und dem ganzen Österreich schädlich und ein rechtes Prolium."[56]

Hier ist die ambivalente Haltung der Wiener, der Wiener Bürger und Klein-bürger dem Fremden gegenüber ins Auge zu fassen: Wien als „Offene Stadt", als „Porta orientis" zumindest seit dem 12. Jahrhundert, beherbergt eine Fülle von Men-schen anderer Nationalitäten. Der Pfälzer Wolfgang Schmelzl, der Schulmeister bei den Schotten (im Schottengymnasium) in Wien wurde, sieht 1548 am Lugeck unter den Kaufleuten „al Nacion in ihr claidung", hört „manch sprach und zung" und meint, er wär „gen Babl khumen, wo alle sprach ein Anfang gnomen"[57]. Wien als Babel, Babylon, Sündenstadt, unreinste Vermischung der Sprachen und Rassen: So sehen die „Christlichen Antisemiten", dann Schönerer, dann Hitler die Stadt.

„Hebreisch, Griechisch und Lateinisch, / Deutsch, Frantzösisch, Türkisch, Spa-nisch, / Behaimisch, Windisch, Italienisch, / Hungarisch, guet Niderlendisch / Natur-lich Syrisch, Crabatisch / Rätzisch, Polnisch und Chaldeisch . . .", so Wolfgang Schmelzl im 16. Jahrhundert. Und so spricht Abraham a Sancta Clara die Natio-nalitäten in Wien an: Er qualifiziert sie nach ihren „Nationallastern" (was immer die stärkste Wirkung in der propagandistischen Klischeebildung im Aufbau eines Feindbildes hat): „Einen Österreicher vom Sauffen, einen Reutter vom Rauffen, einen Juden vom Betriegen, einen Böhmen vom Lügen, einen Granner (aus Krain) vom Klauben, einen Polacken vom Rauben, einen Walschen von der Buhlerey, einen Frantzosen von der Untreu, einen Spanier von Stoltzheit, einen Francken von Grob-heit, einen Schlesier vom Schreien, einen Sachsen von Schelmereyen, einen Bayern vom Kaudern, einen Schwaben vom Plaudern zu bekehren, den lass ich seyn ein Bidermann. Der solche Leut bekehren kann."[58] Hier gibt es nicht „die Deutschen", sondern eben Österreicher, Franken, Schlesier, Sachsen, Bayern, Schwaben etc.: So verstehen sie sich selbst — bis ins 19. Jahrhundert.

Animosität gegen die Fremden, Ablehnung dieser Fremden — und dann oft rasche Assimilierung dieser Fremden bilden einen Prozeß in der Bildung Wiens zur „Haupt- und Residenzstadt". Das Volk von Wien, für dessen „Volksbildung" wir eben Abraham a Sancta Clara zu Wort baten, sieht mit tiefer Ablehnung auf die vielen fremden Herren, die da der kaiserliche Hof nach Wien bringt, in seine höfi-sche Hochkultur, an der die Wiener nur am Rande teilhaben. Kaiser Leopold I. läßt die berühmteste Oper seiner Zeit, Il pomo d'Oro (der goldene Apfel wird hier nicht der Göttin Aphrodite von Paris, sondern der jungen Kaiserin überreicht), die 1668 anläßlich der Vermählung des Kaisers mit der Infantin Margarete von Spanien ihre Premiere erlebte, über ein Jahr lang dreimal wöchentlich bei freiem Eintritt für das Volk aufführen.

Barock in Wien: Der kaiserliche Hof und vorzüglich die Jesuiten betreiben die Rekatholisierung Wiens vorzüglich mit diesen Mitteln: Da ist zunächst eine spezifisch antiprotestantische Heiligenverehrung, die im Marienkult gipfelt[59]. Die Große Mutter, Maria, wird als Schutzherrin Österreichs beschworen (noch in Fried-rich des Großen Antipathie gegen Maria Theresia, deren „Muttermut" Hofmannsthal 1916 rühmt, schwingt die Animosität gegen diese katholische österreichische Mutter-

Religiosität mit). Maria ist die Siegerin der Schlacht am Weißen Berg, sie siegt über die Protestanten, die Türken, alle Erzfeinde des Hauses Österreich. Die so spezifische „Pietas Austriaca", diese österreichische Frömmigkeit, wird augenfällig durch die Heiligenfiguren in Wiens Stadt- und Weichbild demonstriert[59a]. Die barocke Bildsprache der Predigt und Erbauungsschrift steht in engster Korrespondenz zu dieser Bildpropaganda des Kultes, der Prozessionen, der Liturgie, des Theaters. Kult und Theater, Messe und Oper sind nur in diesem einen Bezug zu verstehen: Sie singen die Glorie des Himmelskaisers, der Himmelskönigin, des Kaisers des Hauses Österreich und aller seiner Heiligen.

Gerhardt Kapner erinnert in diesem Zusammenhang: Die Habsburger bauen sich nicht, wie ihre Konkurrenten in Paris, London, Berlin, Statuen für sich selbst, sondern für ihre Heiligen[60]. Maximilian I. notiert mit eigener Hand in eine der Prunkhandschriften, die sein Lebenswerk reich illustriert erinnern sollen: liber laudis post mortem. Ehrung: nach seinem Tode[61].

Eine außerordentliche Bedeutung für die Rekatholisierung Wiens kommt dem Theater zu. Im Wiener Jesuitenkolleg gab es einen Theatersaal, der nach zeitgenössischen Angaben 3000 Personen faßte (die Wiener Staatsoper hat 1800 Plätze).

Die größten Theateraufführungen sind die geistlichen Prozessionen, an ihrer Spitze die Fronleichnamsprozession: zu Ehren des Allerheiligsten Sakramentes des Altars. Da drängt sich das Wiener Volk, um den Glanz und die Glorie des kaiserlichen Hauses Österreich zu sehen, die Ritter der Ritterorden, die aus Spanien, Wallonien, Flandern, Italien kommen, und die bunte Schar der Mönche, der neuen Orden, die nach Wien eingezogen waren. Für die vielen, die anders denken, ist das alles ein „Hokuspokus", ein falscher Zauber. „Hokuspokus", das ist die Verballhornung der sakralsten Worte der römischen Messe, in der Wandlung von Brot und Wein in den „Fronleichnam", den „Leib des Herrn": hoc est enim corpus meum, das ist mein Leib . . .

Die berühmte Liselotte von der Pfalz, deren Erinnerungen über ihre Erfahrungen am Pariser Hof heute noch so frisch wirken, wie zu ihren Lebzeiten, schreibt über die Kaiserin Eleonore, sie habe eine „narische und abgeschmackte religion gehabt . . . so alber ist man in Frankreich nicht"[62]. Die bedeutende deutsche Fürstin Liselotte stammt aus dem Haus des Winterkönigs, der in der Schlacht am Weißen Berg sein böhmisches Königtum verlor. Die Pfälzer Calvinisten leben in einer großen Tradition des Kampfes gegen das Haus Österreich.

Es ist Zeit, sich den größten und schönsten Ausdrucksformen dieser religiös-politischen Propaganda zuzuwenden, die an Stelle der evangelischen deutsch-österreichischen Kultur diese andere lateinisch-spanisch-italienisch geprägte Gegenkultur in den großen Leerraum setzte, der durch die Austreibung der Evangelischen, durch die Zerstörung ihrer Schulen, durch die Vernichtung ihrer Literatur, nicht zuletzt ihrer Predigt geschaffen worden war. Österreich wird zum „Klösterreich": zum Reich der barocken Stifte. An ihrer Seite neue Stadtkirchen, Ordenskirchen, Klosterkirchen[63]. Als ein Auftakt mag ersehen werden: In der alten Ketzerstadt Steyr, die ein stolzes und gebildetes evangelisches Patriziat und Stadtvolk besaß, wird bereits 1635, also mitten im Dreißigjährigen Krieg, mit dem Bau der Michaelkirche, einem Barockbau mit monumentalen Portal und zweitürmiger Fassade begonnen (vollendet 1677)! Der

Erzengel Michael, der alte Schirmherr des Heiligen Römischen Reiches (so seit der Ottonenzeit verehrt) schleudert alle Rebellen gegen die göttliche kaiserliche Majestät in die Hölle. 1645 wird der Kaisersaal des Stiftes St. Lambrecht in der aufrührerischen Steiermark geschaffen. 1649 gründen die Jesuiten in Feldkirch die „Stella Matutina" als Schule für junge Adelige. Noch Kurt von Schuschnigg ist ihr Schüler (1976 wird sie geschlossen). 1652 beginnt der Neubau der Stiftskirche von Lambach in Oberösterreich, in diesem bäuerlichen Rebellenland (Hitler wollte als Schüler einmal hier Abt werden). 1706 wird in Innsbruck die Annasäule von Christoforo Benedetti errichtet, gekrönt durch eine Maria Immaculata (das antiklerikale und evangelische Innsbruck erhebt sich erst wieder im 19. Jahrhundert).

Die Fülle der barocken Kirchen und Kapellen in Stadt und Land, und, sehr beachtenswert gerade in kleinen ländlichen Marktflecken und Dörfern in Nieder- und Oberösterreich, Salzburg, der Steiermark bezeugen einen strategischen Plan, der zwar nicht direkt durch einen Generalstab entworfen wurde, aber, wie gerade den umsichtigen Männern der Gesellschaft Jesu und Äbten der katholisch reformierten Stifte und Klöster zuzutrauen ist, mit sicherem Blick die für die Rekatholisierung geographisch und verkehrsmäßig wichtigen Positionen erkundet.

Hochbarock und Protestantenaustreibung sind zusammen zu sehen: so die Salzburger Austreibung von 1684, dann von 1725, 1729 und 1731, wobei der Erzbischof Firmian von Salzburg 1729 die evangelische Erhebung nur mit Hilfe von 6000 Mann kaiserlicher österreichischer Truppen niederwerfen konnte. 1710 malt Antonio Beduzzi das Deckengemälde „Größe Österreichs" im Sitzungssaal des Niederösterreichischen Landhauses in Wien: Hier war das glorreiche Zentrum der evangelischen Stände, der Sitz ihrer hervorragenden Prediger, gewesen ... Den Kontrast zwischen der kaiserlichen „Hochkultur" und der „Volkskultur" zeigen diese beiden „Produktionen" des Pestjahres 1679 an (vier Jahre später steht der Türke vor Wien): Abraham a Sancta Claras „Merck's Wien" und die Pestsäule[64], die Dreifaltigkeitssäule, die Kaiser Leopold im Herzen Wiens, am Graben, errichten läßt: als Dank für Errettung. Mit sicherem Instinkt für die Vielschichtigkeit dieses in ganz Europa einzigartigen Denkmales hatte Reinhard Federmann seine Zeitschrift „Die Pestsäule" genannt. Der hochbegabte Schriftsteller konnte sein Lebenswerk nicht ausführen: eine in Romanform gekleidete fünfhundertjährige Geschichte seiner jüdischen und nichtjüdischen Vorfahren in diesem alten Reich[65].

Der Kaiser selbst entwarf das Generalprogramm für diese staatspolitische Demonstration seines religiös-habsburgischen Selbstverständnisses, als Kaiser der Allerheiligsten Dreifaltigkeit zu dienen. Assistenz leistete ihm der Jesuit Manegatto. Die Allerheiligste Dreifaltigkeit verkörpert sich im Reich des Kaisers in den drei Königreichen Österreich, Böhmen, Ungarn. Der himmlische Hofstaat umgibt den Kosmos, der da aufquillt in lebendigen Wallungen, einem dreifachen Meer des aufquellenden Lebens. Als „Mitarbeiter" werden berufen der Architekt J. B. Fischer von Erlach, der Bühnendekorateur Burnacini — beide allererste Sterne am Kunsthimmel dieses kaiserlichen Barocks, dazu die Bildhauer Frühwirth, Kracker, Gunst, Rauchmüller und Paul Strudel (man beachte, wie viele deutsche Namen hier bereits an die Stelle ihrer italienischen Vorläufer, Vorbildner treten). Zu Füßen dieses Welt-Kosmos-Theaters kniet eine kleine Gestalt, die auch heute noch von neugierigen Beschauern oft übersehen wird, der Stifter-Kaiser: betend, Ego Leopoldus humilis servus tuus. Ich, Leopold, demütiger Diener Deiner allerheiligsten göttlichen Majestät. Erstaunlich: keine Fülle von Allegorien, wie sonst so oft in diesen barocken Triumphgebilden, keine Fabeln. Nur die beiden Statuen der Pest und des Glaubens.

Das ist der Reichstraum, der im Reich Josephs I. und dann Karls VI. gipfelt: Wien als Neu-Rom-Byzanz-Alt-Rom: So programmiert im Bauprogramm für die Karlskirche in Wien[66]. Durch das Stift Klosterneuburg grüßt der Escorial, das Kloster- und Grabschloß der spanischen Habsburger, Wien. In Schönbrunn ersteht ein Über-Versailles, welches das Prunkpalais des Sonnenkönigs noch übertrumpfen soll (so im ersten Entwurf für Schönbrunn — vor 1695 — von Joh. Bernhard Fischer v. Erlach). Das ist der Reichstraum dieses Barocks: kaiserlicher Sieg der Macht, der Idee des Glaubens. Einung von Kunst und Wissenschaft und Politik — als Ausdruck einer weltweiten Katholizität. Diese drei Bereiche des Politischen, Kulturhaften und Glaubensmäßigen — in deren Zusammenspiel Jakob Burckhardt das Sinngefüge der europäischen Geschichte sieht — werden hier verschmolzen[67].

Dieser österreichische Barock ist der fast gigantische Versuch einer Restauration des „Heiligen Römischen Reiches" in der Einung der Völker (die zu neuem Aufstand bereit waren) unter der Obhut des Kaisers, in der Einung der Künste und Wissenschaften unter der programmatischen Führung imperialer „Vernunft", in der Überwindung der Un- und „Irrgläubigen" durch den einen Glauben, so, daß alle drei Bereiche sich aufwölben zu einem Hymnus der Apotheose: des Kaisers, des Reiches, der Künste und Wissenschaften und des Glaubens. Das ist ein unerhörtes, in den Augen des evangelischen Europa wahnwitziges Wagnis: „geistlich" ist gleich „weltlich", „Kunst" ist gleich „Wissenschaft", „Vernunft" ist gleich „Glaube", „Kirche" ist gleich „Reich" (wobei der uralte Kampf des Kaisers mit dem Papst, des regnum mit dem sacerdotium weitergeht, „Europa" ist gleich diese „Christenheit" — und alle zusammengenommen sind „Österreich", Glanz und Glorie des Hauses Österreich.

Diese für evangelische Deutsche und westeuropäische Frühaufklärer abscheulich, ja obszön wirkende Verbindung von irdischem und himmlischem Reich, von Geist und Fleisch, von Vernunft und Glauben wurzelt in dieser einzigartigen historischen Situation: im Sieg der kaiserlichen Heere über die Türken, Franzosen und Protestanten, im Sieg jesuitischer Programmatik und benediktinischer Gott-Welt-Verbindung, des spanischen Welttheaters und der italienischen Oper, des neuen, Frankreich und Italien übertrumpfenden großösterreichischen Bauwillens.

Von Westen her führen die altbenediktinischen Stifte Sankt Florian, Göttweig, Melk nach Wien. Ihre barocke „Erneuerung" erstrebt die Vereinigung „klassischer" lateinischer Bildung, Wissenschaft und geistlicher Kultur. Kirche, Kloster, „Kaisersaal", Bibliothek, Kunstsammlungen und „Naturalienkabinett" bilden eine untrennbare Einheit. Die Treppenhäuser demonstrieren diese letzte abendländische Kommunion der getrennten Sphären. So thront etwa in Göttweig der Kaiser als Sonnengott im Himmel, umgeben von den Allegorien der Künste und Wissenschaften. Daniel Gran erklärt in einem Brief an den Prälaten des Stiftes Klosterneuburg die Schau seines Deckenfreskos im Kaisersaal, hier: „Die glorie und majestät des hauses von Österreich, in dem babenbergischen stamme angefangen, in dem Habsburgischen

erhöht und in dem Lothringischen prosequieret. Habe hier die schönste gelegenheit, die fundation des stiftes bei der Österreichischen Pietät miteinfließen zu lassen."

Diese „Österreichische Pietät" verbindet im ursprünglichen Bauentwurf Kaisertrakt,
Kirche, Kloster in innigster Verbindung. Krönung des Baues: Am Mittelpavillon thront
in Stein die Kaiserkrone, auf dem linken Seitenpavillon der österreichische Erzherzogs-
hut, auf dem (unausgeführten) rechten Pavillon sollte die Krone Spaniens ruhen, über
dem mächtigen Stiegenhaus der Reichsadler. Auf dem Granschen zentralen Fresko der
heutigen Nationalbibliothek thront Karl VI. als Kosmokrator, als Herrscher im
Kosmos, als römischer Kaiser, Herkules, Herr über Krieg und Frieden. In hymni-
schem Reigen umgeben ihn der Chor der Tugenden, der Künste und Wissenschaften
(als „Schule von Athen", symbolische Verherrlichung Wiens als Weltzentrum der
„Kultur"). Dies ist zusammen zu sehen mit der Verachtung, die Österreichs Feinde für
das „geistlose", „bildungslose" Wien zum Ausdruck bringen, von diesem frühen 18.
bis zum 20. Jahrhundert: eine Verachtung, der die schier totale Trennung von Staat,
Haus Österreich und seine Regierungen einerseits und den Literaten und „Intellektuellen" in Wien und Deutsch-Böhmen andererseits entspricht.

Zurück zu Daniel Grans kaiserlicher Kosmosschau: Am Rande der Lichtsphäre
wirbeln in wildem Sturze die „Laster" in die Tiefe: Türken und protestantische
Prädikanten. Neben dem kaiserlichen Thron schweben die Insignien des griechischen
Imperiums. Ein griechischer „Bürgermeisterhabit" zeigt das Recht auf Konstantinopel
an. Der Doppeladler Habsburgs verschmilzt mit dem Doppeladler von Byzanz,
mit dem Adler Roms, der „Kirche" Dantes im Paradies.

Das kaiserliche Schloß Schönbrunn soll das Versailles Ludwigs XIV. übertreffen.
Der kleingewachsene, so unansehnliche Kaiser Leopold I. (1657—1705) steht ein halbes Jahrhundert in einem Zweifrontenkrieg dem Sonnenkönig in Paris und den
Türken gegenüber[68]. Die beiden so ungleichen Gestalten, Leopold und Ludwig, sind
Vettern und sind verschwägert: Die nahe Verwandtschaft stärkt — wie bereits die
attische Tragödie zeigt — die Gegnerschaft, die Feindschaft. „Der kleine Leopold",
wie ihn seine Gegner im Westen nennen, war für den geistlichen Stand bestimmt;
seine Religiosität, seine wissenschaftlichen und künstlerischen Neigungen lassen den
geistlich Gebildeten erkennen. Durch den frühen Tod seines älteren Bruders (Ferdinand IV.) 1654 muß er die Führung des Hauses in Wien übernehmen. Es bedurfte
außerordentlicher Anstrengungen, um seine Wahl zuerst zum römischen König, dann,
am 18. Juli 1658, zum Kaiser durchzusetzen: Brandenburg, Schweden und Frankreich
wollen diese Wahl verhindern.

Dieser kleine Mann, der ständig in Geldsorgen schwebt, bankrott ist, beruft den
zweiunddreißigjährigen Prinzen Eugen zum Oberbefehlshaber der kaiserlichen
Truppen. Als er 1705 an Wassersucht stirbt, besingt ihn Leibniz in einem (im
Original lateinischen) Distichon: „Habsburgs ewige Zier, Leopoldus, du hast uns
bewiesen: heilig zu sein und groß; beides bestehe zugleich." Der Protestant Leibniz
rühmt ihn: „Leopold hat auch die Ungläubigsten und Argwöhnischsten zu erkennen
gezwungen, daß er es mit dem Vaterlande wohl gemeinet". Leibniz, der größte
Denker seiner Epoche, steht in enger Beziehung zum Prinzen Eugen[69].

Die deutsch-nationale Mythenbildung hat in lückenloser Kontinuität über Srbiks

„gesamtdeutsche" Schau (Srbik: Prinz Eugen habe „überall deutschen Sinn und deutsche Art" gezeigt) bis zu Hitlers Großdeutschem Reich, das „Prinz Eugen" in der Form eines Kriegsschiffes und einer Panzerdivision für sich reklamiert, diesen kleinwüchsigen Mann als *den* deutschen Helden" auf den Schild gehoben.

„Der kleine Abbé" (so nennen ihn seine Soldaten; er war zum geistlichen Stand bestimmt worden, seine theologische Bildung rühmt Leibniz) kann etwas deutsch verstehen, kann jedoch nicht deutsch sprechen oder gar schreiben. Dieser in vielen Bezügen größte Österreicher im Raume der Politik bleibt bis zu seinem Tode ein Fremdling in Wien, in dem Staate, der ihm seinen einzigartigen Aufstieg verdankt[70].

Eugen: Herzog Franz Eugen von Savoyen, Fürst von Piemont, Markgraf von Saluzzo, stammt väterlicherseits aus der Nebenlinie Carignan des regierenden Hauses von Savoyen. Germanische, romanische, byzantinische und auch armenische Ahnen finden sich in dieser Linie. Das französische Element überwiegt vor allen anderen (den Spaniern, Portugiesen, Italienern, Deutschen, Engländern, Tschechen, Polen, Litauern). 68 von 256 Angehörigen dieser Ahnenreihe entstammen dem französischen Königshaus der Kapetinger. Nahe Vorfahren sind Kaiser Karl V., Franz I. und Ludwig XI. von Frankreich, Lorenzo Medici, Karl der Kühne von Burgund. Die Familie des heiligen Thomas von Aquino findet sich ebenso unter seinen Ahnen wie die beiden größten Feldherrn des französischen Mittelalters, Bertrand du Guesclin und Olivier de Clisson. Seine Mutter, Olympia Mancini, eine Nichte des Kardinals Mazarin, ist mit dem römischen und süditalienischen Hochadel verwandt, auch eine Borgia, eine Nichte des Papstes Alexander VI., ist in ihrer Familie. Die Familie Europa und Mutter Asien verbinden sich in den Ahnen des Prinzen Eugen: die Kaiserfamilien des Mittelalters, die französischen Könige bis zu Franz I., die englischen Dynastien (Angelsachsen, Normannen und Plantagenet), die altspanischen, portugiesischen, altskandinavischen, tschechischen, ungarischen, serbischen, bulgarischen, russischen Dynastien. Durch die osteuropäische Verwandtschaft kommen asiatische Dynastien in seinen Stammbaum: Fürsten und Khane verschiedener mongolischer Völker. Das ist der alte Österreicher: als ein polyphones Geschöpf, Europa in nahezu all seinen Vätern und Müttern in sich verkörpernd. Wieviel Volk, Volk in Wien stammt aus verwandten Mischungen: weiß nichts davon und wird erst unruhig, als Wien zum Sündenbabel, zur unreinen Mischung proklamiert wird. Der junge Mann ist häßlich (wie sein Freund Leibniz), hat einen leichten Buckel, ist arm. Seine Mutter war 1680 wegen eines ihr drohenden Giftmischerprozesses aus Frankreich geflüchtet, hatte ihre fünf Kinder in Armut zurückgelassen. Der schwächliche und kränkliche junge Mann nimmt ein Zimmer bei einem Kleinbürger. Der Sonnenkönig lehnt seine Bitte um ein Offizierspatent ab: Der junge Mann sah ihm offen und gerade in die Augen. Das vertrug Ludwig XIV. nicht.

Unter den Freiwilligen, die 1683 zur Verteidigung Wiens gegen die Türken unter die Fahnen des Kaisers kommen, befindet sich Eugens Bruder Ludwig Julius. Dieser wird bei Petronell schwer verwundet, stirbt am 13. Juli 1683 in Wien. Eugen geht nach Passau, wohin Kaiser Leopold mit dem Hofe geflüchtet ist, bietet dem Kaiser seine Dienste an. In der Schlacht vom 12. September, die Wien von den Türken befreit, steht er zum ersten Male im Kampf. Im Dezember wird er Oberst des Dragonerregiments, das sein Bruder geführt hat und das bis zum Untergang der Monarchie 1918 seinen Namen trägt. Mit 22 Jahren wird er General, mit 25 Jahren Feldmarschalleutnant, zwei Jahre später General der Kavallerie, der Dreißigjährige ist Feldmarschall. In siebzehn Feldzügen auf acht europäischen „Kriegstheatern" (so heißt der Kriegsschauplatz in der Sprache des Barocks) wird er neunmal verwundet. Er kämpft gegen die Türken in Ungarn und auf dem Balkan, gegen die Franzosen und ihre Verbündeten in Italien, Frankreich, den Niederlanden. 1703 wird er Präsident des Hofkriegsrates. Prinz Eugen ist der Feldherr dreier Kaiser: Leopolds I., Josephs I., Karls VI. Als Generalgouverneur der Lombardei, des Herzogtums Mailand, der österreichischen Niederlande, Belgiens, als Generalvikar von Italien erwirbt er hohes Ansehen in den von ihm verwalteten Landen. Noch heute ziert diese Inschrift Prinz Eugens Marmorstatue am Turiner Rathaus (italienisch im Original): „Gewidmet dem unvergleichlichen Heerführer, dem Ruhme Italiens, Prinz Eugen!"

Prinz Eugens Alter ist von der ständigen Sorge um den Zusammenbruch des Reiches überschattet. Er strebt eine Versöhnung mit Frankreich an, trotz seines „privaten" Grolls gegen Ludwig XIV. Wenn dieses Ziel nicht zu erreichen ist, soll ein Bündnis zwischen Österreich, Preußen und Rußland die europäischen Verhältnisse stabilisieren.

Am 21. April 1736 schreibt der wortkarge Kaiser Karl VI. in sein Tagebuch: „Um halb 9 Nachricht, Prinz Eugen von Savoyen, der seit 83 in meines Hauses Dienst, im Feld seit 97 in Kommando-Aktionen große Dienste getan, 1703 Kriegspräsident worden, mir seit 1711 in allem dient, im Bett tot gefunden worden, nach langer Krankheit. Gott sei der Seele gnädig. In seinem 73. Jahr." Am 20. Oktober 1740 stirbt Karl VI. Das Haus Habsburg ist im Mannesstamme erloschen.

Im Sommer des Jahres 1734 brach Prinz Eugen zu seinem letzten Feldzug nach Westen auf. Ein junger Prinz ist an seiner Seite. Eugen, der früh Gealterte, möchte diesen jungen Mann für das Haus Österreich gewinnen. Er fragt ihn, was ihm Freude bereite. Der junge Prinz antwortet: „Was Euer Hoheit ehemals Freude machte: die Liebe und der Ruhm". Prinz Eugen sieht sehr aufmerksam den jungen Mann an. Der junge Prinz vermerkt dies selbst in seinem Tagebuch aus dem Feldzug von 1734. Im Alter sagt er über Eugen, den er den „heimlichen Kaiser in Wien" nennt: „Wer vermöchte den Prinz Eugen aufzuwiegen?"[71] Genau ein halbes Jahrhundert liegt zwischen dem Tod des Prinzen Eugen und dem Tod des jungen Prinzen von 1734: Friedrich der Große hat dem Haus Österreich die erste lebensgefährliche Wunde zugefügt: Durch den Verlust Schlesiens wurde das europäische, wurde das deutsche Gleichgewicht zerstört. Selbst Srbik sieht sehr klar die außerordentliche Fatalität, *diese Europa zerstörende Leistung* Friedrichs II. von Preußen[72].

Prinz Eugens Eroberung Belgrads (Belgrad, „die weiße Stadt" wird 1914 zur Schicksalsstadt der Donaumonarchie) 1717 bringt Österreich mit dem Frieden von Passarowitz (21. Juli 1718) das Banat, Nordserbien, die Walachei westlich der Aluta und einen Streifen am rechten Saveufer von der Türkei ein. „In diesem Augenblick hatte die Monarchia Austriaca, die österreichische Monarchie, ihre größte Ausdehnung erreicht. Städte, wie Belgrad, Mailand, Neapel, Palermo, Brüssel, Ostende, Breslau, Freiburg im Breisgau, Prag, Buda, Triest, Trient standen unter der Herrschaft des Römischen Kaisers Karl VI., des Königs von Ungarn, Böhmen und

Kroatien. Für diesen Staat schlug Christian Schierl von Schierendorf 1720 den Titel ,Austriacum Imperium' (Österreichisches Reich) vor ..."[73]

Wie viele bedeutende Österreicher war der Prinz Eugen von Haus aus kein Österreicher, verstand sich nicht als Österreicher, sah aber dies: Dieses so seltsame, so täglich gefährdete Gebilde — der österreichische Barock und seine Kultur leben zwischen Bankrott und Bankrott, in ihren Anfängen und in ihrem Ende — hatte, klug, tapfer und sehr vorsichtig geführt, außerordentliche Chancen, ein europäisches Völkerreich zu bilden: in Rücksichtnahme auf alle Nationalitäten und Konfessionen in diesen so kontrastreichen Landen, in denen alte, auf ihre historischen Leistungen stolze, ihrer Vergangenheiten bewußte Völker nun lebten; und, neben ihnen, „junge", scheinbar geschichtslose Völker, die ihre Tragödien, den Zusammenbruch ihrer Reiche vor langen Jahrhunderten erinnerten in der „oral tradition", der von Generation zu Generation mündlich weitergegebenen Erinnerung. Serbokroatische Volksweisen besingen die Heldentaten des Prinzen Eugen von Savoyen (Vladimir Dedijer)[74]. An ihn knüpfen sich die Hoffnungen auf eine Befreiung des Balkans durch Wien. Die Orientierung des Hauses Österreich nach diesem Orient führt es in den Untergang.

1712 bis 1714 lebt Leibniz in Wien. Leibniz ist *der* Denker Österreichs, als einer „Monarchie der Gegensätze", als eines Reiches, in dem die Nationen und Konfessionen Lebensraum besitzen sollen. Leibniz ist *der* Denker der großen Versöhnung der Konfessionen: Was immer im hohen 18., im 19. Jahrhundert und noch auf 1914 zu von österreichischen Denkern, Wissenschaftern, Philosophen, Dichtern als eine österreichische Europavision gedacht und in — auch heute noch fast unbekannten — Programmierungen entworfen wurde, kann sich auf Leibniz berufen. Zumindest die großen böhmischen Denker des 19. Jahrhunderts haben ihren geistigen Vater Leibniz geehrt, um ihn gewußt[75].

„Ein sehr österreichisches Schicksal", dies sein Ende: „Er wurde beerdigt wie ein Hund!" So ein französisches Urteil über seine Bestattung. Einer der lautersten deutschen Forscher vermerkt: Als der Reichsfreiherr Gottfried Wilhelm Leibniz am 14. November 1716 stirbt, kümmern sich die Höfe von Hannover und Mainz, die ihm so viel verdanken, nicht um sein Ableben; auch der preußische Hof in Berlin und die Preußische Akademie der Wissenschaften nehmen vom Tode ihres Stifters und ersten Präsidenten keine Notiz[76].

Im Sommer 1914 ist der erste Band der Internationalen Leibniz-Ausgabe druckfertig. Er ist nicht erschienen. Bereits 1901 hatte die Pariser Académie des sciences morales et politiques im internationalen Verband der Akademien den Antrag einer Gesamtedition gestellt. Beauftragt wurden mit dieser Arbeit die Pariser Académie des sciences und die Preußische Akademie der Wissenschaften. 1923 erscheint der erste Band der von der Preußischen Akademie besorgten Ausgabe. Die Edition der Werke Leibnizens ist bis heute ein Torso geblieben ...

Er wurde geboren zwei Jahre vor dem Ende des Dreißigjährigen Krieges, am 1. Juli 1646: Europa aus einer permanenten Kriegs-„Gemeinschaft" zu einer Friedens-Gemeinschaft umzubilden, ist seine Vision, für die er, unermüdlich arbeitend, sein Leben einsetzt.

Der kleingewachsene, von Haus aus schüchterne Sachse, mit einem Sprachfehler behaftet, ist zeitlebens kränklich. (Leibniz, den Goethe, der große Freund Österreichs, als einen *Dichter* sieht, hat einige Züge mit Mozart gemeinsam). Eine Geschwulst im Nacken von der Größe eines Taubeneis zwingt ihn schon als Zwanzigjährigen zum Tragen einer riesigen Allongeperücke. Die drei kleingewachsenen Männlein Leibniz, Prinz Eugen und der Kaiser Leopold passen auch physiognomisch bestens zusammen . . .

Der unermüdliche Arbeiter verfaßt 75.000 Schriftstücke und 15.000 Briefe (jährlich mindestens 300 Briefe, von denen einzelne ganze Traktate sind). Leibniz ist kein Bücherschreiber, er führt keine monomane monologische Existenz wie so viele deutsche Gelehrte. Sein Gedankengebäude ist ganz „offen": So sieht er das Heilige Römische Reich als ein freies Bündnissystem, in dem die Fürsten, Reichsstände, Reichsstädte, Gruppen und Individuen sich rund um das Haus Österreich, um den Kaiser in Wien, zur Zusammenarbeit finden: So wie Gott und Mensch, Natur und Übernatur, Glaube und Vernunft, das Allerkleinste und das Allergrößte im Kosmos, als Monaden, in einer prästabilisierten Harmonie zusammenleben.

Der junge Leibniz möchte im Auftrage der kurmainzischen Politik Ludwig XIV. von seinen Angriffsplänen gegen Holland und das Reich ablenken: nach Ägypten („Consilium Aegyptiacum"). 1683, im Jahr der Belagerung Wiens durch die Türken, enthüllt Leibniz in seinem „Mars christianissimus" die Eroberungs- und Zersetzungspolitik Ludwigs XIV. in Europa. Als guter Europäer kann sich Leibniz die politische Einigung Europas nicht ohne Frankreich vorstellen — und nicht ohne religiöse Einigung. In seinen philosophischen Essays, die alle „Gelegenheitsarbeiten" sind (sehr „österreichisch"), bemüht sich Leibniz, alle wesentlichen katholischen, lutherischen, calvinistischen, aufgeklärten, außerchristlichen, „pantheistischen" Gedanken über die *Eine* Gottes- und Welt-Wirklichkeit in sein Denken einzubeziehen. Hierbei bilden für ihn Mathematik und eine offene Vernunft Maß und Mitte einer rationalen und mystischen Union aller Wirklichkeitselemente. Es wäre interessant und bedeutsam, einige der großen einsamen Denker Wiens im 20. Jahrhundert, so Otto Neurath und andere, die als „Polyhistoren" nicht von den „reinen" Wissenschaften zur Kenntnis genommen werden, in bezug auf Leibniz der Gegenwart zu präsentieren.

Denken ist für Leibniz mitdenken, das Mitdenken aller Möglichkeiten des Gegners, und ein großes Danken: für die ungeheure Herrlichkeit des Kosmos. Denken ist liebendes Streitgespräch, „Gespräch der Feinde". Leibniz realisiert es in seinen Auseinandersetzungen mit Newton, Spinoza, Descartes, Bayle, mit den calvinistischen, römisch-katholischen spanischen, italienischen und den deutsch-lutherischen und aufgeklärten Theologen[77]. Von 1671 bis 1707 ist Leibniz im Dienste der kirchenpolitischen Reunionsverhandlungen zwischen Rom, Wien, Hannover und Paris unermüdlich tätig. Leibniz versteht diese Verhandlungen als ein Bemühen, Rom, Wittenberg und Genf zu ihrer Selbstreform zu führen: Nur in der Tiefe der Selbstkritik und einer Erneuerung aus ihren eigenen, originären Quellgründen werden sie sich wirklich fruchtbar begegnen können.

Leibniz verhandelt mit den großen französischen Theologen, mit Bossuet und Arnauld, mit dem irenischen lutherischen Abt Molanus von Loccum, mit Spinola und Graf Buchhaim, seinem Nachfolger, als den theologischen und kirchenpolitischen Sprechern Wiens und Roms. Spinolas Plan, als ein Gegenstück zu Colberts Indischer Kompagnie in Verbindung mit den deutschen Protestanten eine indisch-germanischspanische Handelsgesellschaft zu gründen, erregt naturgemäß sein Interesse. Leibniz entfaltet seine politische und metapolitische Aktivität von Hannover aus, wo er vom Dezember 1676 bis zu seinem Tode 1716 im Dienste des welfischen Hauses Hannover steht. Kurzer Vorblick: Der Welfe Windthorst ist der große Gegner Bismarcks, spricht dessen Brutalität und Verlogenheit im Reichstag offen an. Der welfische Historiker und Geschichtsdenker Onno Klopp (von Haus aus Protestant), der mit anderen Flüchtlingen aus dem welfischen Hannover nach der Besetzung dieses Staates durch Bismarck nach Wien kommt und hier vergebens versucht, einen österreichischen Willen zur Selbstbehauptung gegen diesen neu-deutschen künstlichen und überaus aggressiven Staat zu wecken, ist bis heute von der österreichischen Geschichtsschreibung nicht gewürdigt worden[78].

Leibnizens Rühmung des Kaisers Leopold I. nach dessen Tode will als Ruhm Österreichs in diesem Bezuge verstanden werden: Dieser Kaiser nimmt auf seine Weise und in großem Format die erasmianische Versöhnungspolitik der Berater Kaiser Karls V. wieder auf. Friede der Konfessionen! Der wichtigste Mann für Leopold ist Christoph Royat von Spinola[79], ein Franziskaner spanischer Abkunft, aber in Geldern geboren (1626—1694). Seit 1661 steht er im Dienste des Kaisers. Bei seinen Verhandlungen mit den evangelischen Reichsfürsten und -ständen kommt Spinola zur Überzeugung, daß auch diese evangelischen Christen den tiefen religiösen Zwist überbrücken wollen. Sein wichtigster Partner auf evangelischer Seite wird zunächst der evangelische Abt von Loccum im Hannoveranischen, Gerhard Molanus (1633—1722). (Bis heute trägt der evangelische Landesbischof, wenn er kirchlich in Lokkum amtiert, als Abt die Mitra und den alten Abtstab. Ich erinnere mich dankbar an Hanns Lilje in dieser sakralen Gewandung.) Molanus ist seit 1674 Direktor des Konsistoriums in Hannover. Spinola, zuerst Bischof von Tina in Kroatien, dann von Wiener Neustadt, begibt sich zuerst nach Berlin, wo er freundlich aufgenommen wird. In Hannover schaltet sich nun Leibniz in die Verhandlungen ein. Spinola bringt vierzehn evangelische Fürsten dazu, dem Kaiser schriftlich ihre Geneigtheit zu versichern, in Einigungsverhandlungen einzutreten. Die Einigung soll nach dem Muster der Union mit der Ostkirche auf dem Konzil von Florenz erfolgen, auf dem der Ostkirche die Beibehaltung ihrer Sitten und Liturgien, der Priesterehe und des Laienkelches zugestanden wurde.

1683 erscheint Spinola (ein zweites Mal) in Rom, mit einem Befürwortungsschreiben Leopolds I.: Sein Plan wird von einem Ausschuß von vier Kardinälen gebilligt. Die Jesuiten, Franziskaner, Dominikaner und Augustiner (die so oft in bittere Kämpfe miteinander verwickelt waren!) stellen sich einmütig hinter diesen kaiserlichen Plan. Lange Verhandlungen scheitern dann, da Leibniz den großen Bossuet[80] in Paris, den er für ökumenisch gesinnt hält, informiert: worauf Ludwig XIV. alle seine Kardinäle mobilisiert, um dieses Projekt eines großen Friedens zu Fall zu bringen, in Rom: was ihm auch gelingt. Dennoch werden die Verhandlungen fortgesetzt, ab 1691: Ihr Tenor, ihre Programmatik ist heute aktuell, wie nie zuvor in den letzten Jahrhunderten. Der Kaiser schreibt eine Zusammenkunft mit den bedeutendsten evangelischen Theologen für 1692 nach Frankfurt am Main aus. Diese Konferenz kommt nicht zustande. Spinolas Nachfolger Franz Anton Graf Buchhaim ist 1698 wieder in Hannover. Molanus und Leibniz unterzeichnen hier unter Billigung Ernst Augusts von

Hannover eine gemeinsame Formulierung von Glaubenssätzen, die eine größtmögliche Annäherung der evangelischen (lutherischen) und katholischen Konfession bekunden.

In diesen Zusammenhängen ist Leibnizens Tätigkeit in Wien zu sehen: seine Pläne für eine Errichtung einer Akademie der Wissenschaften, für den Bau Schönbrunns, für die Karlskirche.

Der junge Grazer Bildhauerssohn Johann Bernhard Fischer von Erlach[81], geboren 1656, als Vierzehnjähriger in Rom, 1684/85 im Dienste des Vizekönigs des spanisch-habsburgischen Neapel, 1686 in Wien, 1689 zum Lehrer in der Architektur und zum Hofarchitekten des Kronprinzen und Königs von Ungarn, Joseph (Kaiser Joseph I.), berufen, dem er täglich eine Stunde in der Architektur zu unterrichten hat, wird 1713 auf dem Höhepunkt seines Schaffens von Leibniz als Mitglied der zu gründenden Wiener Akademie der Wissenschaften vorgeschlagen. Höchst „barock" und ganz leibnizisch (und ganz im Sinne Goethes!) sollte diese Akademie die Künste und Wissenschaften zur Zusammenarbeit führen, dazu Philosophie und Theologie, und, wie es sich für den Mathematiker Leibniz von selbst verstand, die göttliche Kunst der Mathematik.

Bald nach der Krönung Josephs zum Römischen König (1690) muß in den Männern um den zwölfjährigen Monarchen der Gedanke an ein „Wiener Versailles" aufgetaucht sein. Vielleicht war Leibniz selbst der Urheber des Planes. Bereits auf einer Ehrenpforte von 1690 wird Joseph als der wahre Sonnenkönig, Leopold-Jupiter als Sieger über die Mächte der Finsternis präsentiert. „Wäre der erste Entwurf (Fischers) für Schönbrunn ausgeführt worden, so hätten Kaiser und Reich eine architektonische Verkörperung ihrer politischen Macht erhalten, der sich in Europa kaum etwas anderes hätte an die Seite stellen können — es sei denn Berninis Ausgestaltung von St. Peter" (Hans Sedlmayr)[82].

Ich erinnere: Der riesige nationalsozialistische Reichsdom, den Albert Speer für den österreichischen Katholiken Adolf Hitler in Berlin projektierte (Hitler kommt nie von seinen Wien- und seinen „klassizistisch" eingeblendeten Barockvisionen los), hätte St. Peter in Rom, das hier gigantesk vergrößert überbaut werden sollte, als einen Kleinbau in sich aufnehmen können[83] . . .

Fischer von Erlachs Entwurf für Schönbrunn wagt eine Versöhnung der Gegensätze, wie Leibniz sie gefordert hatte, der den Raum als eine „Ordnung von Koexistenzen" und die Zeit als eine „Ordnung von Sukzessionen" (im Briefwechsel mit Clarke, gegen seinen Gegner Newton, 1715/16) versteht.

Auf der Anhöhe, wo heute die Gloriette (das Siegesdenkmal der Schlacht bei Kolin, 1756) steht, sollte dieses „Über-Versailles" thronen, das Schloß des römischen Sonnenkaisers, dessen Helios-Quadriga den Mittelbau des Gebäudes krönen sollte. „In machtvollem Halbrund — einem überaus königlichen Motiv — einschwingend, verbindet es zwei Flügel, deren jeder schon für sich ein Königsschloß sein könnte, und sammelt in einem kreisrunden kolossalen Bassin die unendliche Weite des Raumes. Von hier blickt es hinab auf der einen Seite auf das kaiserliche Wien, auf der anderen bis zu den Grenzen Ungarns; denn der, der hier residiert, ist auch Ungarns König. In gewaltigem Stufenbau verbindet es sich mit dem Gebäude: Vielleicht ist seit dem römischen Fortuna-Tempel von Palestrina, dessen Ruinen noch Bramantes Höfe im Vatikan inspiriert hatten, in Europa nie wieder eine so erdbeherrschende Architektur gesehen worden; auch die von dem großen englischen Architekten Wren bewunderten Terrassen von Saint-Germain — die ‚hängenden Gärten‘ — können sich damit nicht vergleichen."[84] „Nun beginnt ganz Deutschland nach Wien zu blicken, die großen Bauherren entsenden ihre Architekten nach Wien, die bedeutendsten jüngeren Meister: Pöppelmann, Welsch, Neumann und wie sie alle heißen, sind direkt und indirekt von den Gedanken berührt worden, die Fischer zum ersten Mal gedacht hatte."[85]

Diese Baubewegung erobert von Österreich her Böhmen und Schlesien, Sachsen und Polen, Franken und den Rhein. Sie reicht weit hinein nach Ungarn und mit Ausläufern in das dem Kaiser verbündete Savoyen. Diese kaiserliche Weltbaukunst (alle große Architektur ist Weltbaukunst, im alten Indien, Orient, Ägypten, Rom, in beiden Amerika ebenso wie hier: religiös-politische Demonstration einer erwünschten Weltordnung, die kosmisch-irdisch in allen Sphären des Menschenlebens gilt) sollte ihre Gipfelung in der Karlskirche in Wien finden. Leibniz und Heraeus haben über die Gestaltung ihrer Schauseite korrespondiert[86]. Der ältere Fischer von Erlach ringt in seinen Entwürfen mit diesem ungeheuren Programmwerk. Eine Vorhalle, ähnlich dem Narthex der Hagia Sophia in Konstantinopel und der römischen Peterskirche, soll das Wesentliche ansagen. Denn die Karlskirche von Wien, das nach Heraeus „mit gleichem Recht Neu-Rom genannt wird als vormals Constantinopel", ist wie die Hagia Sophia Reichskirche des neuen Rom. Zeitgenossen wie Höller vergleichen die Karlskirche mit der Hagia Sophia. Höller ersieht in den beiden Säulenkolossen vor der Kirche die mit Zustimmung der Götter (assensione deorum) in „unser Wien" übertragenen Trajanssäulen[87]. Für die römische Tempelfront vor der Kirche sieht er das Vorbild im Jupiter- und Friedenstempel in Rom. Heraeus, der das symbolische Programm der Kirche entworfen hat, möchte in ihr das gesamte politisch-religiöse Programm Kaiser Karls VI. verkörpern. Die beiden riesigen Säulen vor der Kirche beziehen sich auf Karl V., Salomo, Konstantinopel, Rom, Karl den Großen und Karl VI. Als Säulen Karls V. symbolisieren sie die Säulen des Herkules, über die hinaus bis zu den äußersten Enden der Erde sich das spanische Weltreich erstreckt. Kaiser Karl VI. macht dieses erlauchte Symbol zu dem seinen, „nicht nur wegen der Gleichheit des Namens, des Geschlechts, der Glory und der wiedergebrachten spanischen Krone", sondern auch, „weil er die halbe Welt umschiffend diese Gegend (der herkulischen Säulen) in höchsteigener Person mit Waffen erobert". Durch das Säulensymbol der Karlskirche wird Karl VI. zum „spanischen Herkules" erhoben und der Anspruch auf die Krone Spaniens proklamiert (im spanischen Erbfolgekrieg!). Die Säulen tragen Kronen und kaiserliche Adler.

Leibniz regt 1716 an[88], in den Bildern der einen Säule Karl den Großen, in den Bildern der anderen den „heiligen" Karl von Flandern zu berücksichtigen; den einen als Vorläufer des Kaisers im Reich, den anderen in einem Teil der Erblande. Heiliges Römisches Reich, belgische Niederlande, Spanien: In diesem Reichsprogramm Karls VI. wird das Reich Karls V. der ihn feindselig umgebenden Welt vorgestellt. In der Ausführung tritt dann das politische Programm hinter dem religiösen zurück: Heraeus berichtet 1712, daß durch die Bescheidenheit des Kaisers die laudes, die sakralen Huldigungen auf den Säulen nicht ihm, sondern seinem Taufheiligen, dem heiligen Karl Borromäus zugewendet werden. Karl der Große war einst als der neue Salomo gefeiert worden. Eine religiös-politische staufische Propaganda hatte Friedrich I. und Friedrich II. als neuen Salomo im Kampf gegen ihre furchtbaren Gegner im papalen Rom vorgestellt: Fridericus id est Salomon, id est rex pacis[89]. Friedrich-Friedensreich-Salomon als „Fürst des Friedens", des Schalom. Heraeus schildert in seiner Vorrede zu Fischers „Historischer Architektur" Karl VI. als „Übertreffer Salomos". Die Devise Karls VI., constantia et fortitudo, Standhaftigkeit und Stärke, ist in den beiden „kolossischen Säulen" vor dem Tempel Salomos in Jerusalem, Jachin und Boas („Es steht fest" und „In Ihm ist Stärke") vorgebildet. Die neue Hagia Sophia soll als neurömisches Weltkunstwerk die Peterskirche und den Templum pacis et Iovis, ihre Säulen sollen die Trajans- und die Marc-Aurel-Säule verkörpern[90].

Diese Kirche Kaiser Karls VI. sollte die Reiche, die Reichsbauten, die Reichsordnungen Alteuropas und aller seiner Heiligen Reiche repräsentieren. Als Karl VI. stirbt, steht sein Reich, stehen alle seine Reiche im Zerfall: Erwartet wird dieser Zerfall von Berlin bis Paris, von London bis Prag.

Bankrott dieses Barocks. Bankrott ist banco rotto, das amtliche Zerbrechen der Tische der Geldwechsler, der „Bankiers" (als dieser Tischbesitzer) in Florenz. Bankrott des Barocks: Das ist das Zerbrechen seiner Bilderwelt, seiner sakralen Kultur, seiner Feierwelt, seiner Sprache — sowohl seiner höfischen Sprache wie seiner Volkssprache.

Zwei Kulturen waren durch die Kirche, durch ihre Liturgie, ihre Heiligenverehrung, ihre Wallfahrten, ihre Predigten im hohen Barock verbunden worden: Eine höfische Kultur, die den ganzen Reichtum der höfischen Renaissance, wie ihn etwa das Haus der späten Medici in Florenz verkörperte (wo heute noch die Fresken im Palazzo Vecchio die österreichischen Lande und Städte erinnern, die hier zu Ehren einer Vermählung mit einer Habsburgerin geschaffen wurden), mit ihrer humanistischen Gelehrsamkeit und Rhetorik in Österreich und Böhmen vereinigte.

Die zweite Kultur war jene auf „volksfrommen Brauchtum" basierende Volkskultur, die mit ihren spezifischen Volksheiligen, ihren — in bayerischen und tirolischen und salzburgischen Talschaften in hundert Dörfern gepflegten Weihnachts-, Krippen- und Osterpassionsspielen ein ländliches Theater geschaffen hat, von dessen Fülle heute nur mehr dürftigste Reste erhalten sind (bekannt und sehr umstritten sind heute noch die Oberammergauer Passionsspiele). Das war buchstäblich eine Kultur, die von der Wiege bis zum Grabe, vom „Aussegnen" der Wöchnerin und der Taufe über den wöchentlichen Kirchgang, durch die abendlichen Andachten, das Tischgebet, den „Engel des Herrn" — dieses Abendgebet ist als Memorie eines Türkensieges entstanden —, die Sonntagspredigt, die Feste der Heiligen, die Wallfahrten, die jahreszeitlichen sakralen Bräuche der Sonnwendzeiten, zur kirchlichen Heirat, und eben bis zur „Letzten Ölung" (der Krankenölung) und zum Geleit, zum Begräbnis, an dem die ganze Dorfgemeinschaft teilnimmt, bäuerliches Leben und Leben in der kleinen Stadt, also auch in Bürgerhäusern, die fromm sein wollten, im frommen Sinne des Hauses Österreich prägte: erstaunlich tief prägte[91].

Die beiden katholischen Kulturen stehen uns heute noch gegenüber in den beiden Grußformen: Der adelige Herr küßt seinem Fürsten die Hand: Das beso las manos, das „Küß-die-Hand" des spanischen Hofzeremoniells, das da nach Wien kam, stammt vom burgundischen Hof der Herzöge von Burgund[92], deren höfischer Stil vom König in Paris, in London und eben von den spanischen Habsburgern übernommen wurde. Kaiser Karl V. empfand sich zeitlebens als Herzog von Burgund: Um dessen an Frankreich verlorene Lande wiederzugewinnen, zog er in den Großkampf der beiden Häuser Bourbon und Habsburg, den Napoleon aufzuheben sucht, indem er sich als wiedergeborener Charlemagne, als Karl der Große, von der französischen Kirche proklamieren läßt und eine Kaisertochter heiratet.

Dieses alte „Küß die Hand", das inzwischen wie so viele Reste alter Zivilisationen vulgarisiert worden ist, kann man heute noch besehen, wenn da eine junge Gräfin einer alten Dame mit leichtem Niederknien, dem „Knix", die Hand küßt. Der Gruß der Volkskultur ist das „Grüß Gott" und lange Zeit das „Gegrüßt seist du Maria".

Die religiös-politischen neuen Religionen, die sich gegen die „Schwarzen" und „Schwarzgelben" im 19. Jahrhundert durchsetzen, wissen sehr genau, daß *jeder Gruß* ein Bekenntnis, ein Glaubensbekenntnis ist (das Geben der rechten Hand bedeutete den Verzicht, auf die Waffe an der Linken zu greifen): So treten an die Stelle des höfisch-habsburgischen „Küß die Hand" und des „volksfrommen" katholischen „Grüß Gott" der Gruß „Heil" (besonders von den Anhängern Schönerers kultiviert, hier wurzelt das „Heil Hitler"), sodann die Grußformen des sozialdemokratischen Glaubens „Freundschaft", heute meist „säkularisiert" zum „Ich grüße Sie". Sonderformen bilden der alte Freimaurergruß mit abgewinkeltem Finger und der Gruß der kaiserlichen Offiziere „Servus" (aus der lateinischen ungarischen Amtssprache, aus der auch der „Amtsschimmel" stammt: von „simile", Kanzleiformular, ungarisch „schimel" gesprochen)[93].

Wie sehr die barocke katholische Volkskultur noch in Antiklerikalen, Sozialisten, Freidenkern der älteren Generationen arbeitete, habe ich seinerzeit erstmalig erfahren in vielen Gesprächen mit Fritz Wotruba, dem Sohn eines tschechischen Wiener Sozialisten und einer ungarischen Dienstmagd — der kurz vor seinem Lebensende durch eine Ausstellung seiner sakralen Kunstwerke im Vatikan in Rom geehrt wurde[94].

Im Jahre 1895 errichtet der sozialdemokratische Maurer Porzmoder im Bereich der niederösterreichischen Gemeinde Erlauf bei Knocking ein Kreuz. Er bedient sich althergebrachter Formen, schmückt aber den Sockel mit Darstellungen, die sich gegen die katholische Religion wandten; im Innern befand sich eingemauert eine Kiste mit sozialistischem Schrifttum. Vor dieser Andachtsstätte versammeln sich Hunderte sozialistischer Arbeiter. Dann zertrümmern Bauern dieses „Sozialistenkreuz"[95].

Nach 1918 werden vorzüglich in der neuen Tschechoslowakischen Republik Mariensäulen zerschlagen: als Wahrzeichen der verhaßten habsburgischen Herrschaft. Maria, vorzüglich die bayerische Maria (die kaiserliche Mariensäule auf dem Hof in Wien geht auf ein bayerisches, dieses wieder auf ein römisches Vorbild zurück) war vorzüglich durch die Jesuiten zur „besonderen Herrin und Patronin Österreichs" erhoben worden[96]. Maria ist wohl die wirkmächtigste Verbindung zwischen der höfischen Kultur und der Volkskultur. Die kaiserliche Maria, als Herrin in der „Pietas Austriaca", der spezifischen politischen Religiosität des Hauses Österreich und seiner Gefolgsleute im Adel, die in Wien, am Hofe, ihr Vorbild sahen und in den Dienst des Hauses Österreich[97] treten, und die „Gottesmutter Maria", als

Schirmherrin aller Armen, Elenden, Kranken, Beschädigten, der Dienstmägde und der vielen von ihren Eheherren gedemütigten Frauen, nicht zuletzt der Mädchen, die „alte Jungfern" werden müssen, die Maria am Bauernhof, in der Dorfkirche, in der Kapelle, in den Wallfahrtsorten der „pietas Mariana", der Marien-Frömmigkeit, ist *die Große Mutter,* die in so vielen Gestalten und Gewandungen in sehr alten Kulturen führende religiös-politische Funktionen erfüllt[98]. Hier ist also vom „magischen Rest" zu sprechen, den betrübte aufgeklärte Theologen im Katholizismus der Gegenwart beklagen[99]: als Urenkel jener Theologen, die im 18. Jahrhundert im Kampf gegen den Barock, Kirche und Christentum katholischer Prägung entmagisieren wollten.

Englische und amerikanische Verhaltensforscher, französische und wieder anglo-amerikanische Anthropologen, Völkerkundler, Soziologen, Psychologen (sehr verschiedener Schulen, wissenschaftlicher Großkirchen und Kleinkirchen nach Freud, Jung, Neumann etc.) haben eindrucksvoll aufgezeigt, wie in der vieltausendjährigen „archaischen Gesellschaft" (André Varaignac) der Festkalender, die heiligen Zeiten und die heiligen Räume, die Riten den Generationen der Alten und der Jungen, den Männern und den Frauen je ihren Platz in der Gesellschaft zuweisen und zusichern und dergestalt diese Gesellschaften in einem hohen Maße krisenfest machten. So überstanden sie die permanenten Hungersnöte, die feindlichen Überfälle und konnten den internen „Bürgerkrieg" hegen, den mörderischen Kampf von Stamm gegen Stamm, Sippe gegen Sippe[100]. Unser „20. Jahrhundert der Barbarei" hat nun den Kannibalismus, den Genocid, die Vernichtung des Feindstammes und die uralten Aussiedlungen und Verschleppungen von Völkern, von den Assyrern bis zu den Römern praktiziert, wiederbelebt[101].

Auch in dieser Perspektive empfiehlt es sich, die „magischen", die „archaischen" Rückbindungen dieser Volkskultur, die da vom 16. zum 18. Jahrhundert im Zuge der Rekatholisierung geschaffen wurden, positiver, verständnisvoller zu würdigen, als es die Bilderstürmer des 18. bis 20. Jahrhunderts vermochten.

Die Vitalität, die Zähigkeit dieser österreichischen Volkskultur wäre wohl kaum in so breiter Fülle und Produktivität in dieser Epoche zum Tragen gekommen, wenn die Jesuiten und die neuen, aus dem lateinischen Westen kommenden Reformorden und die alten, sich selbst reformierenden benediktinischen Stifte sich nicht in einem eben in relativ kurzer Zeit verschütteten Boden hätten einwurzeln können: in dem die archaische Gesellschaft nur überdeckt worden war durch „die Neuerer": die evangelischen Prädikanten. Die rasche Rekatholisierung verdankt ihre Erfolge nicht nur der Brutalität, sondern deckte auf, was in den Untergrund — diesmal in den archaischen, „katholischen" Untergrund verdrängt worden war. Es ist kein Zufall, daß erst das hohe 20. Jahrhundert den „katholischen Luther" wiederentdeckt und neu ediert hat: den Luther mit seiner Marien-Verehrung und mit erstaunlich starken archaischen Bezügen[102].

Die evangelischen Prädikanten waren sich dieser Gefahr sehr bewußt: Ihr Wüten, ihre Haßpredigten gegen den „papistischen Götzendienst" stellte auch dies in Rechnung: den möglichen „Rückfall" der von ihnen zum „reinen Evangelium Bekehrten" und für „die Schrift" gewonnenen Österreicher in die archaische Zivilisation mit ihren sakralen Lebenshaltungen. Analog fürchteten gerade die bedeutendsten italienischen Humanisten vom 15. zum 18. Jahrhundert, bis zu Vico, die „ricorsi": „Rückfälle" in die „Barbarei" des „Mittelalters", wie es allmählich genannt wird, der bösen Zeit der Finsternis, der Unfreiheit, des Aberglaubens, als tempus medium, zwischen der strahlenden Frühzeit der reinen heiligen Antike und der eben anbrechenden „Neuen Zeit": tempus novum als Heilszeit[103].

Die politische und kulturpolitische Erforschung dieser österreichischen „Barock"-kultur sollte, nach den verdienstlichen Arbeiten von Volkskundlern und Brauchtumsforschern, doch endlich gerade auch die politischen Historiker Österreichs mehr interessieren, als bis heute: Denn hier wurde jener Österreicher gebildet, der als „der Schwarze", dann als „der Schwarzgelbe" der Widerpart der „Aufklärer", der „Josefiner", der „Liberalen", der „Deutschnationalen", der „Sozialisten", der Nationalsozialisten in der letzten Epoche Altösterreichs, 1866 bis 1938, ist. Das Österreichertum dieser Österreicher ist magisch-archaisch mit dem Kaiser verbunden. Wer diesen Kaiser-Glauben kindisch findet, mag seinen Entsprechungen heute im bayerischen Glauben an den „Kunig", im britischen Glauben an die Königin, im Glauben von Japanern, Afrikanern, Asiaten — und wieder von Europäern — nicht zuletzt in „sozialistischen" Staaten, so im Rußland Stalins, ein Augenmerk zuwenden[104].

Archaische Kollektive und spätere Gesellschaften suchen ein Heilszentrum, eine Gestalt, eine Person, möglichst auch eine Sippe, in der sich die Lebenskraft der Polis, des Staates, des Imperiums verkörpert. Um die Erhaltung des Glaubens an den sakralen Kaiser kämpft man in Rom und um Rom vom Ausgang der Republik an bis zum Untergang des weströmischen Reiches: worauf sofort die zunächst illyrischen Kaiser wie Diokletian, dann die Kaiser der Romäer, der „neuen Römer im Zweiten Rom", in Konstantinopel, diesen religiös-politischen Heilsglauben erneuern[105].

Es war für das frühe europäische Mittelalter selbstverständlich, daß die Heiligen, also die heilsstarken Männer der Merowinger, der Franken, der Bayern aus heilsstarkem hochadeligem Geschlecht stammen: Der „König" ist ja ein Mann, der aus einer „künne", einer Sippe gewählt wird, die sich als besonders heilsstark, siegstark, bezeugt: Wenn der Glaube an dieses Heilsgeschlecht zerfällt, zerbricht, zerschlagen wird, zerfällt der politische Glaube und mit ihm der „Staat", gebildet um diesen sakralen Heilskern[106].

Die Zertrümmerung des religiös-politischen Glaubens an das Heil aus dem Hause Österreich durch seine Todfeinde in und um Österreich in der Zeit des Vormärzes bis 1918 zerschlägt ein österreichisches Selbstbewußtsein, das im engeren Sinne „anonym", nahezu „apolitisch", unideologisch und dementsprechend wehrlos gegen seine Gegner ist.

Wer Österreich heute und morgen will, muß sich — und sei es auch noch so kritisch — zu dieser Vergangenheit bekennen. In diesem Sinne hat der sozialistische Bundeskanzler Dr. Bruno Kreisky durch Handschlag mit dem heutigen Chef des Hauses Habsburg, Dr. Otto Habsburg — ohne sich im geringsten mit den mehr als problematischen politischen Äußerungen dieses Mannes zu identifizieren, zu befreunden — den Habsburgerstreit staatspolitisch beendet, der dazu beitrug, die Jahre der Ersten Republik Österreich und die der Zweiten Republik Österreich zu vergiften[107]. 1978 wurde bekannt, daß Kreisky bereits Jahrzehnte zuvor Otto Habsburg als Botschafter Österreichs am Vatikan vorgeschlagen hatte[108]. März 1979: Vor mir liegt eine Wahlwerbeschrift der SPÖ, die den Nationalratswahlen im Mai 1979 gilt. In leuchtendem Farbdruck auf der einen Umschlagseite eine Frühlingslandschaft, ein blühender Baum. „Österreich, das war immer ein Land der Kultur, der jahrhundertealten Geschichte, der schönen Landschaft. Aber heute können die Österreicher auf mehr stolz sein als auf eine große Vergangenheit ..." Die andere Seite zeigt in nicht minder leuchtenden Farben den Bundeskanzler, sitzend vor einem mehr als zwei Drittel des Farbraumes einnehmenden Gemälde, das den jungen Kaiser Franz Joseph zeigt. Überschrift auf der Vorderseite: „Auf dem österreichischen Weg ..." Bruno Kreisky kommt aus Böhmen, dem Schicksalsland Österreichs. Aus Böhmen kommen die Reformer in Kirche und Staat und Wissenschaft in der Epoche der Maria Theresia und Josephs II., aus Böhmen und in Böhmen wachsen jene Todfeinde heran, deren religiös-politischer Glaube sich als erstes Ziel die Zerschlagung des Habsburger-Staates wählt.

Österreichischer Barock: Neben der staatspolitisch herausgestellten clementia austriaca, der gerade von Evangelischen beschworenen „Milde" des Hauses Österreich, neben der pietas austriaca, der staatspolitischen habsburgischen Katholizität, sei hier wenigstens in Kürze die humanitas austriaca[109] erinnert: eine spezifische österreichische Menschlichkeit, die noch heute von Menschen aus Alt-Österreich in anderen Landen, anderen Kontinenten erinnert und gelebt wird.

Prinz Eugen an seine Offiziere: „Meine Herren, Sie haben nur eine Lebensberechtigung, wenn Sie beständig, auch in der größten Gefahr, als Beispiel wirken, aber in so leichter und heiterer Weise, daß es Ihnen niemand zum Vorwurf machen kann." Diese „Leichtigkeit"[110], die in den besten Staatsdienern Österreichs vom 17. Jahrhundert an präsent ist — in geborenen Deutsch-Österreichern, Tschechen, Slowaken, Polen, Italienern, Kroaten, Rumänen (ich beziehe mich hier nur auf Angehörige von Nationalitäten, deren Mentalität ich selbst erlebt habe), nicht zuletzt in altösterreichischen Juden — basiert auf der Trinität der ars amandi, ars vivendi, ars moriendi: richtig lieben, leben, sterben können ohne Selbsthaß, ohne Neid auf andere. Wissen — und hier gipfelt die Lebenskunst des Hohen Barock —, daß alle Menschen gestern geboren wurden und morgen sterben werden, in der Zwischenzeit ihre Rolle (ihre Aufgabe) im großen Schauspiel des Lebens möglichst gut, unaufdringlich spielen sollen. „Fröhlich", in *Mitfreude* (so Schnitzler zu Hofmannsthal). Erziehung zu dieser „Leichtigkeit", zu diesem „Leichtsein" bezeugt die Marschallin im „Rosenkavalier": „Man muß sich auch vor der Zeit nicht fürchten (alle Zeit ist Sterbezeit!)! Auch sie ist ein Geschöpf des Vaters, der uns alle erschaffen hat. Leicht muß man sein! Mit leichtem Herzen und leichten Händen halten und nehmen, halten und lassen. Die nicht so sind, die straft das Leben, und Gott erbarmt sich ihrer nicht."

Dieses „Leichtsein", das sich beste Österreicher selbst abfordern, wird nun immer schwerer: Im 18. Jahrhundert kommt ein neuer Mensch herauf, der nichts Gutes übrig hat für die Leibnizische Harmonie, für den „Aberglauben", für die „Weichheit", für die „unreine Mischung" in Blut, Seele, Geist dieser von einem „narischen Glauben" besessenen Barock-Österreicher.

5. „Als Böhmen noch bei Österreich war . . .“

Karl, den wir eben im Glanz der Karlskirche, des kaiserlichen Barocks, vor uns sahen, war in Spanien für den spanischen Thron erzogen worden, da das Aussterben der spanischen Habsburger bevorstand und bereits alle Höfe Europas bewegte: Wer wird das reiche spanische Erbe erhalten?

Der plötzliche Tod seines Bruders, des Kaisers Joseph I., ruft Karl nach Wien. Noch in Spanien 1711, gleich nach dem Tode des Bruders, muß er sich bereits mit dem Protestantismus in den österreichischen Erblanden befassen[1].

Das 18. Jahrhundert begann in Österreich mit einer verstärkten lutherischen Propaganda[2], die getragen wird von der großartigen Erweckungsbewegung des frühen Pietismus, die in Halle und Herrnhut ihren Sitz hat[3], weltweit ausholt, weit über Europa hinaus und auch nach Österreich eindringt: über die böhmische Grenze. Böhmen: „Hier schlüpften die Prediger von Sachsen und Preußen durch die böhmische Grenze, und nicht wenige von den für die evangelischen Lehren Gewonnenen gingen heimlich wiederum hinüber nach Sachsen und Preußen.“[4]

Kurzer Blick auf die innerösterreichische Szenerie unter Karl VI.: Mittelpunkte der evangelischen Bewegung sind Oberösterreich und Kärnten. In der Steiermark rechnen kaiserliche Kommissare mit 5000—6000 Protestanten, in Kärnten mit 20.000. Reger Bücherschmuggel. In Gmünd werden 1709 1000 Bücher beschlagnahmt. Der Landeshauptmann Hannibal von Porcia ist 1717 der Meinung, daß „die oberkärntnerische Bauernschaft schier auf die Halbscheit der lutherischen Sect beigetan sei“[5]. Karl VI. wendet sich in einem Edikt vom 15. Juni 1714 gegen die Protestanten in der Steiermark und Kärnten gegen „das Auslaufen junger Burschen“ zur Sommerszeit nach Deutschland (vergeblich suchen Dollfuß und Schuschnigg 1934 bis 1937 den analogen Prozeß zu verhindern!). Der Kaiser verbietet mit schärfsten Strafandrohungen die Einschleppung lutherischer Bücher. Visitation des Salzamtmannes Ferdinand Freiherr von Seeau in Goisern am 30. Juni 1733: 1200 Menschen erklären sich als evangelisch, fordern das beneficium emigrandi, das *Recht,* auszuwandern. Eine Gruppe oberösterreichischer Bergknappen fordert im Oktober desselben Jahres (dies alles genau zweihundert Jahre vor 1933!) in einer Bittschrift evangelische Predigt nach der Augsburger Konfession oder Auswanderung. Die Regierung erschrickt . . . Am 22. Dezember dieses Jahres mahnt der Pater Superior von Traunkirchen, Andreas Leuttner, die Regierung, die mehr Schulunterricht einführen möchte: Es sei nicht ratsam, alle Kinder lesen und schreiben zu lehren, denn in den Büchern habe das Luthertum sein Fundament[6]. 1737 bringt der Pfarrer von Haus im Ennstal 400 Bücher auf, die er verbrennt. Die Regierung legt Truppen nach Oberösterreich und Kärnten, um erwartete Unruhen zu bekämpfen. Im ominösen Jahr 1733 wendet sich das Corpus Evangelicorum, also die evangelischen

Reichsstände, in Regensburg an die kaiserliche Regierung: deren Vorgehen sei „mit dem ganzen systemata Imperii Germaniae incompatibel". Die kaiserliche Regierung, also „Wien", wird angeklagt, sich reichsfeindlich zu verhalten.

Der Hintergrund von 1733 ist dieser: der Triumphzug der Salzburger Protestanten durch Deutschland, durch Bayern, über Erlangen, Gera, Schleiz, Halle, Leipzig nach Preußen. Der erste Transport wird vom König Friedrich Wilhelm in Potsdam am 29. April 1731 willkommengeheißen. Der Soldatenkönig Friedrich Wilhelm I. braucht Kolonisten vor allem in Ostpreußen zur Besiedelung der durch die Pest verseuchten litauisch-preußischen Lande. Er braucht „Menschenmaterial" für seine Armee ...[7] „Kein anderes religiöses Ereignis hat im Europa des 18. Jahrhunderts derartige Wogen geschlagen wie die Vertreibung der Lutheraner aus dem Salzburgischen", und „Die Austreibung der Salzburger ... vollzog sich in einigen spektakulären Aktionen innerhalb kürzester Zeit und unter Umständen, die von der ganzen damaligen Welt mit Empörung aufgenommen wurden. Sie wuchs sich zu einem politischen Skandal aus und führte gleichzeitig in weiten Kreisen des müde gewordenen Protestantismus zu einer geistlichen Erweckung": so in Bayern[8].

Im Fürsterzbistum Salzburg, das sich bis weit in das heutige Oberbayern hinein erstreckte und erst 1804 an Österreich kam, waren der Dürnberg bei Hallein mit seinen Bergarbeitern und die Salzarbeiter und Holzschnitzer in der Umgebung von Berchtesgaden sowie die Bauern und Holzfäller im Defereggental in Tirol evangelisch. Ich erinnere mich an lange Nachtgespräche mit Gollinger jungen Nationalsozialisten in Erinnerung an diese Vergangenheiten im Sommer 1935 auf dem Purtscheller-Haus am Hohen Göll: Die Grenze lief mitten durch dieses Schutzhaus, die jungen Salzburger Nationalsozialisten brauchten nur wenige Schritte zu tun, um „in Freiheit" ihre Lieder singen zu können ...

Nach einer Zeit der stillschweigenden Duldung begann Maximilian Gandolf als Erzbischof (1668—1687) mit radikalen Maßnahmen gegen „seine" Protestanten. Führer der Evangelischen wurde Joseph Schaitberger (1658—1733), ein Bergknappe aus Dürnberg, der als Laienprediger durch die Täler zog. Dieser geistliche Vater des jüngeren österreichischen Geheimprotestantismus stärkt noch im hohen Alter von seinem Exil in Nürnberg durch seine Schriften die Salzburger Exulanten[9]. Im November 1685 erläßt der Erzbischof seinen berühmt-berüchtigten Ausweisungsbefehl. Innerhalb von sechs Wochen haben die Lutheraner das Land zu verlassen, ihr gesamter Besitz soll eingezogen werden, ihre Kinder dürfen sie nicht mitnehmen. In diesem ersten Auszug befindet sich bereits Schaitberger, der sich lebenslang als ein Salzburger Patriot versteht, nie „das liebe Vaterland" vergißt, ständig in seinen Trostschreiben an die „Hinterbliebenen" von ihm spricht.

Als 1727 Leopold Freiherr von Firmian an die Regierung kommt, hat für die Salzburger Protestanten die letzte Stunde geschlagen. Die Salzburger Protestanten waren politisch ein friedliches Volk, sie wollten, wenn sie nur ihren Glauben behalten durften, allertreueste Untertanen ihres erzbischöflichen Landesherrn bleiben. Am Reformationstag 1731 veröffentlicht Leopold von Firmian sein „Emigrationspatent", das die Evangelischen als „Rebellen und Friedensstörer" abstempelt. Die Salzburger senden zwei Vertreter nach Berlin, wo die Theologen Friedrich Wilhelms ihren lutherischen Glauben auf Herz und Nieren prüfen. In den Jahren 1731 bis

1733 ziehen 20.000 Exulanten durch das bayerische, schwäbische und fränkische Gebiet. Ihr Durchzug erregt in allen evangelischen Landen Ströme von Begeisterung. „Vor allem die lutherische Geistlichkeit Frankens gestaltete das Auftreten der Glaubensgenossen zu eindrucksvollen religiösen Massenkundgebungen."[10]

Eine außerordentliche Rolle in der Unterstützung und in der in allen deutschsprachigen Landen verbreiteten Propaganda spielt Samuel Urlsperger (1685—1722)[11], der Vater des berühmten Gründers der Baseler Christentumsgesellschaft; er ist ein Württemberger, seine Familie stammt aus der Steiermark. Urlsperger baut ein Netz von Korrespondenten und Agenten auf, die für die Publizierung der Exulanten-Prozessionen, der Geschichte ihrer Austreibung, sorgen. Bis Dänemark reichen seine Aktionen, wobei er durch seinen Freund, einen Grafen Stolberg-Wernigerode dem dänischen König die heilige Sache der Salzburger Evangelischen vorstellt: „O daß doch, wie ich gepredigt in diesm neuen Kirchenjahr, die Waffen unseres Königs Jesu aller Orten siegen und sein Evangelium schnelle und große Progresse machen wolle . . ."[12] Auf den Sieg der Waffen ihres Königs Jesus hoffen in Wien der Kaiser Karl VI., in Salzburg der Erzbischof Leopold von Firmian. Urlsperger wurde für ein halbes Jahrhundert „so etwas wie der Bischof der Salzburger in der Zerstreuung". Er selbst ist ein irenischer Mann, tolerant gegen die Katholiken, seine große Vision gilt Indien und Nordamerika (sehr analog dem Enthusiasmus von Jesuiten). Der Sonntagsgottesdienst in der Jerusalem-Kirche der Stadt Ebenezer in Georgia, USA, erinnert noch heute an ihre Gründerväter: Salzburger Protestanten[13].

„Die Urheimat des Nationalismus ist Böhmen. Er flammte hier zum ersten Mal zu Beginn des 15. Jahrhunderts unter König Wenzel auf . . . Der Führer der Tschechen in diesen Kämpfen war Johannes Hus. Durch ihn erhielt der tschechische Nationalismus seinen ketzerischen Einschlag. Beide, Nationalismus und Häresie, kennzeichnen den Hussitismus . . . Als die Hussiten endlich niedergeworfen waren, blieb in Böhmen dennoch ein Rest ihres religiösen und nationalen Radikalismus übrig." Das vermerkt Ignaz Seipel in seinem ersten, 1916 erschienenen Buch „Nation und Staat"[14].

Was es mit diesem Böhmen als Zentrum des tschechischen und deutschen Nationalismus in der Donaumonarchie an sich hat, in ungebrochener Kontinuität zunächst bis 1939, hat in seinem reichen wissenschaftlichen Lebenswerk ein Mann aufgezeigt, der aus der deutschen katholischen Jugendbewegung kam, Priester wurde, Professor an der Prager Karls-Universität, Flüchtling in Wien ab 1945, dann hochangesehener Historiker zuerst in Halle, dann in Berlin-Ost: Er hat an allen religiös-politischen Bewegungen unseres Jahrhunderts im böhmischen, im deutschen Raum engagiert teilgenommen: Eduard Winter, geboren 1896 in Böhmen[15].

1521 veröffentlicht Thomas Münzer in Prag sein Manifest gegen Luther. Münzer beruft sich auf Hus[16]. „Tschechen und Deutsche starben 1525 in Prag auf dem Scheiterhaufen für Münzers Gottesreich."[17] Tschechen und Deutsche sterben auf dem Schafott im „Prager Blutgericht" 1621, Tschechen und Deutsche emigrieren im 17., 18., noch im 19. Jahrhundert — vor 1848 — aus Böhmen. 1721 bringt der kaiserliche Kampf gegen den religiös-politischen Untergrund gleich zwei neue Religionspatente hervor (27. Jänner und 18. März 1721), um die Behörden in Böhmen wachzuhalten. Allein in Prag werden 1720/21 gegen tausend Personen wegen geheimer

Ketzerei angeklagt[18]. Das kaiserliche Patent Karls VI. vom 29. Januar 1726 regelt das Strafverfahren gegen Ketzerei neu. Nach Auffassung der Behörden befindet sich der Hauptherd des „so strafbaren verrufenen ketzerischen Irrtums" „auf dem Lande unter dem einfältigen und leicht zu verführenden Bauernvolk . . . wo es von Zeit zu Zeit sich mehr auszubreiten beginnt"[19]. Prag wird dabei nicht übersehen . . . Zwangsarbeit für Teilnahme an geheimen Zusammenkünften und das Lesen verbotener Bücher. Todesstrafe für „Puschprediger" und sogenannte „Emissäre" (aus Sachsen, Brandenburg vorzüglich). 1729 wird, als größte religiös-politische Demonstration dieser neuen Welle einer Gegenreformation Johann von Nepomuk als Heiliger kanonisiert und in Böhmen mit überaus eindrucksvollen barocken Feiern dem Volke vorgestellt: Nepomuk-Statuen sind Demonstrationen gegen Jan Hus, weit über Böhmen hinaus[20]. Der kluge Berater der Maria Theresia, Bartenstein, beobachtet den Geheimhussitismus neben dem Geheimprotestantismus . . .[21]

Zwei adelig-bürgerliche tschechische Emigrationen 1620 bis 1627 und 1628 bis 1631 gingen vorzüglich nach Sachsen, wo Dresden immer mehr für sie an Bedeutung gewann. „Die Lage der tschechischen Emigranten in Deutschland war so trostlos, daß diese um so mehr hofften und wirkten, in die Heimat zurückzukehren."[22] Wallenstein steht dauernd in Verbindung mit den tschechischen Emigranten in Deutschland, unter denen sich mehrere nahe Verwandte befinden. Diese Emigranten hoffen auf die Schweden und die Sachsen (die 1634 in Böhmen einfallen), sie hoffen dann sehr auf den neuen Kaiser Ferdinand III., mit einem Bittschreiben, in dem sie sich der „Clemenz und Gnade" des neuen Kaisers empfehlen[23]. Die Clementia Austriaca, die kaiserliche österreichische „Milde", sagt ihnen die Regelung von Vermögensangelegenheiten zu, gewährt aber keine Gnade in der Sache des Glaubens. Frankreich und Schweden nähren die politischen Hoffnungen dieser Emigranten. Tschechische Chiliasten verkünden den Fall Babylons, das ist Habsburg[24]. Selbst der große Amos Comenius[25], einer der „guten Europäer" (Nietzsche), der große Pädagoge und Führer seiner Exilkirche, glaubt an diese Untergangsvisionen. „Der tiefe Haß, der weite Kreise des tschechischen Volkes gegen Habsburg durch Jahrhunderte erfüllte und auch bei dem Zerfall der Habsburgermonarchie im Herbst 1918 noch eine große Rolle spielte, ist nicht zum wenigsten entzündet worden an dem Haß der protestantisch-hussitischen Emigranten, die durch die Habsburger ihre Heimat verloren hatten."[26]

Vorblick ins 19. und 20. Jahrhundert: Die tschechischen radikalen Nationalisten, die deutsche Namen tragen und die deutschen radikalen Nationalisten und frühen Nationalsozialisten, die tschechische Namen tragen, konnten sich auf ihre tschechischen *und* deutschen Emigrationsväter und den deutschen und tschechischen religiös-politischen Untergrund in Böhmen berufen. Der Sachse Heinrich von Treitschke als Historiker in Berlin, der Generationen deutscher Studenten und Gebildeter mit seinem Österreich-Haß beseelt hat, bekennt sich in einem Brief an seine Braut als Abkömmling hussitischer tschechischer Emigranten . . .[27]

Auf die adelig-bürgerlichen Emigrationswellen folgen bürgerlich-bäuerliche Emigrationen 1650 bis 1680: Wobei der Bauernaufstand in Böhmen 1679/80[28] genau für ein Jahrhundert, 1680 bis 1781, den Auftakt bildet für Emigrationen, die sich nach Sachsen, Preußen, Schlesien wenden, wobei die tschechischen Emigranten sehr verschiedene Schicksale erleiden: begeisterte Aufnahme bei den Pietisten in Halle und Berlin. Hus wird da als *der* große Heros gefeiert — von Deutschen, die sich ganz in den Dienst der „Erlösung" der tschechischen Nation stellen, und Prediger und theologische Schriftsteller in tschechischer Sprache werden[29].

Tschechische Emigranten erleiden ein bitteres Los: Sie werden als Ausländer, als Gesindel, als „Ketzer" (so von den ständig in Angst vor Calvinisten lebenden sächsischen Kurfürsten und ihren Regierungsämtern) angesehen[30]. Deutsche Adelige suchen sie „einfach" als „Menschenmaterial" auf ihren Gütern zu verwenden. Bitterkeit, Leid, Verzweiflung spricht aus den Briefen dieser tschechischen Emigranten. Der Bauernaufstand in Böhmen 1775 löst die letzte bäuerliche Emigrationswelle aus[31].

Ein Mittelpunkt für den Geheimprotestantismus in den Ländern der Böhmischen Krone (zu denen ja noch Schlesien gehörte, das Ende des 16. Jahrhunderts zu neunzig Prozent protestantisch ist!), in Ungarn[32], Polen und eben vorzüglich Böhmen wurde Teschen[33]. Von hier und von sächsischen Grenzorten werden ständig tschechische Traktate nach Böhmen eingeschmuggelt, für diese Böhmen — das sind die „Illegalen" des 18. Jahrhunderts — in Hunderttausenden von Exemplaren, wobei Halle und Zittau Mittelpunkte des tschechischen Buchdruckes unter deutscher Patronanz werden. Der große Protektor dieser tschechischen Irredenta ist in Halle August Hermann Francke[34], das Haupt eines Pietismus, der weltweit Mission betreibt und die tschechische Erlösung in weltgeschichtlichen Perspektiven sieht: Befreiung zunächst Europas vom Joche Roms, vom Joche Habsburgs. Sein Sohn Gotthilf August Francke[35] ist ein würdiger Nachfolger seines großen Vaters.

Der erste Francke steht bereits in engen Beziehungen zum preußischen Hof in Berlin, wobei er seine guten Dienste in Schlesien anbieten kann. Längst hatte Brandenburg-Preußen sein Auge auf Schlesien geworfen. Durch den Besitz des reichen Schlesiens konnte es, mußte es zur Großmacht werden. Kurfürst Friedrich III. hatte 1694 auf „die Rechte" Preußens auf Schlesien verzichtet, mit den Worten: „Ich muß, will und werde mein Wort halten, aber das Recht auf Schlesien will ich meinen Nachkommen überlassen ..."[36] „Die Erwerbung Schlesiens aber konnte am besten unter dem Vorwand des Schutzes der lutherischen Religionsverwandten geschehen. Preußen unterstützte deswegen die Protestanten in Schlesien in jeder Weise, wenn auch vorsichtig."[37] Der erste Francke hatte zudem längst in Wien Fuß gefaßt. Er besaß hier vor allem unter den protestantischen Reichsbeamten und Gesandtschaftspredigern Freunde[37a]. (Hier diese Nebenbemerkung: Lückenlos wird „Wien" in Wien ausspioniert von den Agenten Friedrichs II. bis 1918, wobei die preußische Regierung, „Berlin", immer österreichische Gesinnungsfreunde in Dienst stellen kann: was besonders wieder für die Zeit ab 1867 bis 1938 ins Gewicht fällt[38].) Zu Franckes Verbindungsmännern in Wien gehören der kaiserliche Leibarzt Baron von Bextelmann (schon 1707) und der Hofkanzler Graf J. Seilern, ein katholisch gewordener Protestant. Der erste Francke steht in engen Beziehungen mit Comenius, der noch für Thomas Masaryk der geistige Vater der religiös-politischen Wiedergeburt Böhmens ist.

Eine ganze Reihe pietistisch „erweckter" Deutscher stellt sich in den Dienst der tschechischen Wiedergeburt[39]. Diese „Jungdeutschen" — wie ich sie hier nennen möchte — gehen als Lehrer, als geheime Prediger nach Böhmen, sie haben zuvor

natürlich tschechisch gelernt. Sie sorgen mit für die Verbreitung der von der katholischen Gegenreformation (gegen die sie ihre deutsch-tschechisch-evangelische Gegenreformation setzen) besonders gefürchteten Špalíčky, Spänchen, Blockbüchlein: Sie
hießen so wegen ihres kleinen Formates, das sie für die geheime Verbreitung besonders geeignet machte[40].

Eine hervorragende Tätigkeit in dieser religiös-politischen Propaganda entfaltet
der Mitarbeiter Franckes, Heinrich Milde, ein Magdeburger, der seit früher Jugend
ein besonderer Verehrer von Hus, der hussitischen Tradition und des tschechischen
Volkes ist[41]. 1723 rühmt sich Milde bereits der Edition von rund 50.000 „böhmischen
Traktätchen“, die „herausgekommen sind und bisher der lieben Nation also gratis
distribuiert worden“. Um Prediger für die „Erlösung Böhmens“ zu gewinnen, sorgt
sich Milde um den Unterricht in tschechischer Sprache in Deutschland. Milde sammelt
für einen Kongreß der protestantischen Staaten in Braunschweig, der europäisch-aktiv
sich für die Böhmen einsetzen soll, die Beschwerden der „Evangelisch-Böhmischen
Nation“, wo immer sich deren Angehörige gegenwärtig (1721) befinden[42].

Seit 1717 wuchs im Zusammenhang mit den Bauernunruhen in Böhmen die
religiöse Bewegung in dem scheinbar nach außen vollkommen rekatholisierten Lande.
„An Unruhen unter den leibeigenen Bauern in Böhmen war Brandenburg-Preußen
sehr interessiert. Für Preußen waren in Wirklichkeit vor allem wirtschaftliche und
politische Gründe maßgebend, wenn auch nach außen hin der Schutz für die unterdrückten Religionsverwandten in den Vordergrund geschoben wurde. Preußen
brauchte dringend Menschen“[43]: für Brandenburg, Pommern, Ostpreußen, wo Krieg,
Pest und Hunger viele Ortschaften menschenleer gemacht hatten. In der religiös-
politischen Bauernerhebung in Böhmen 1732 spielen revolutionäre Lieder eine große
Rolle: Sie singen von der „schönen Freiheit“ des Evangeliums, von der Befreiung der
Bedrückten, der Unfreien, die zu erlösen sind. Es sind religiöse Lieder, aus dem
Deutschen ins Tschechische übersetzt: von Deutschen aus der pietistischen Erweckungsbewegung[44]. Hier vermählte sich ein frühes „Deutschland erwache“ mit
einem frühen „Tschechen erwacht!“

Der jüngere Francke erkundigt sich in Wien, was man da über diese religiöse Bewegung in Ostböhmen wisse. Sein Freund, der schwedische Gesandtschaftsprediger
Lerche, erwidert ihm am 3. Oktober 1732 mit einem Hinweis auf Herrn Milde
als Protector Bohemiae[45] wenige Tage später dies: „Die aus Böhmen vom wirklichen
Aufstand etlicher tausend Hussiten oder Protestanten, welche entweder Prediger oder
die Emigration verlangen, allher eingelaufene Nachrichten haben nicht geringes
Aufsehen gemacht . . .“ „Meine aus Böhmen und Linz revertierenden Zuhörer können nicht genug erzählen, was in selbigen, besonders letzteren Gegenden aufsteht, wo
ein Hunger nach dem Wort Gottes herrscht. Es liegen noch sehr viele Minen verborgen, welche Gott zum Umsturz des abgöttischen Babel seinerzeit springen lassen
wird . . .“[46] Das abgöttische Babel: Habsburg ist das zu stürzende babylonische
Weltreich, das Reich auf tönernen Füßen: So spricht es Friedrich II. 1740 selbst an[46a].

Habsburg muß fallen: 1671 wird der mit Comenius befreundete Nikolaus Drabík
in Preßburg gehenkt für seine Prophezeiungen in diesem Sinne, die unter dem Titel
„Lux ex tenebris“, Licht der Erlösung aus den Finsternissen Habsburg-Roms, weit
verbreitet worden waren[47]. Hier wurzelt die für Österreich vernichtungsschwere

Vision: Das Haus Österreich ist der Völkerkerker, der Tschechen, Slowaken, Ungarn und eben alle Protestanten mörderisch drangsaliert. „Der Vater der Böhmen" in den schicksalsschweren Jahren, in denen Friedrich II. seine Invasionen in Schlesien und Böhmen beginnt, ist der Deutsche Johann Liberda[48], der aus Oberschlesien, wo deutsche, polnische und tschechische Elemente sich vermischen, kommt, wie auch sein Freund und Nachfolger als Protector der tschechischen Gemeinden in Berlin, Andreas Macher[49], der aber den Anforderungen Friedrichs II. nicht entspricht.

Friedrich II. stilisiert sich in seiner religiös-politischen Propaganda (der Preußenkönig ist einer der größten Meister einer ganz Europa umfassenden Propaganda, der gegenüber sich Wien hilflos erweist — auch diese Hilflosigkeit erhält sich bis 1914, bis 1918 . . .) in Schlesien, wo er am 16. Dezember 1740 einfällt und dann in Nordmähren und Ostböhmen als Befreier des Protestantismus und als Vorkämpfer der Religionsfreiheit[50]. Als seine Agenten arbeiten in Böhmen unter anderem die „Berlinčani", „die Berliner": Das sind die tschechischen *Hussiten* Berlins[51]. 1737 wird ein Tscheche aus Berlin namens Reinl in Königgrätz als preußischer Agent hingerichtet.

Liberda kommt nun im Gefolge der preußischen Truppen nach Böhmen, er steht unter dem unmittelbaren Schutz des kommandierenden Generals, des Prinzen Leopold von Anhalt-Dessau. Am 21. Dezember 1741 hat ihn Friedrich II. zum „Inspektor der bereits bestehenden, aber auch vor allem der neu zu errichtenden tschechischen Kirchengemeinden" ernannt. Liberdas erster Weg führt ihn zu General von Kalckstein in Königgrätz, der bereits zuvor auf die leibeigenen Bauern als bestens geeignetes Element für die Erhebung gegen Wien aufmerksam gemacht worden war.

Als Friedrich II. in Schlesien einfiel, singen die untertänigen Bauern beim Dreschen das Lied: „Brandenburku, podej ruku, / a my tobě více, / jatro, srce, plíce; Brandenburku, podej ruku!" Brandenburg, gib uns die Hand, / und wir geben dir dafür, / Leber, Herz und Lungen, / Brandenburg, gib uns die Hand!"[52] Nun, die preußischen Offiziere und Soldaten verhielten sich nicht selten sehr roh gegenüber diesen auf Brandenburg hoffenden Tschechen. Schwere Enttäuschungen waren die Folge. Psychologisch verfehlt war auch die Überreichung von roten Halstüchern an die emigrationswilligen Tschechen: Diese roten Halstücher waren ja das Zeichen für die Rekrutenaushebung und sollten ihnen Schutz bei den preußischen Soldaten geben. „In Wirklichkeit war es aber eine öffentliche Diffamierung der Emigranten in den Augen ihrer Mitbürger, die nicht ohne Schadenfreude die Emigranten öffentlich als Vaterlandsverräter gebrandmarkt sahen."[53] Mit den Emigranten wird dann in Preußen so viel Schindluder getrieben, nacktes Elend und Verzweiflung überkommen sie nicht selten. Die tschechischen Exulanten in Berlin werden ein Grundstock des Berliner Proletariats. Kinderarbeit, Schundlöhne, Wohnungselend im verheißenen Lande[54] . . .

Friedrich II. setzt auch nach den beiden schlesischen Kriegen seine Bemühungen fort, „Maria Theresia möglichst viele Untertanen wegzulocken und in Preußen anzusiedeln . . ."[55] Der König bemerkt sehr wohl die tiefe Unruhe unter diesen „seinen" Tschechen, die wieder in die Heimat zurückwollen; er sieht sie als „ein eigensinniges Volk" an, das immer zu Unruhen neige... Friedrich bemerkt auch, wie böhmisches, tschechisches Volk in Böhmen voll Abscheu auf ihn sieht: Er führt das auf den Katholizismus zurück. Friedrich: „Die Verschiedenheit des Glaubensbekenntnisses flößte diesem ebenso stupiden wie abergläubischen Volk eine unüberwindliche Abneigung gegen Preußen ein.“[56]

Die harten Maßnahmen, die Maria Theresia in Böhmen ergreift, um die evangelische Bewegung zu unterdrücken, sind nur im Zusammenhang mit den Schockreaktionen der jungen Frau zu verstehen, die 1740 als Dreiundzwanzigjährige ohne jede politische Vorbildung — ja ohne jede „Bildung“ (im „deutschen“, also evangelischen Sinne) Herrscherin über ein bankrottes Reich wird, ohne militärische, ohne wirtschaftliche Mittel, mit einem verrotteten feudalen „Staatsrat“ (wenn wir dies Wort auf die von ihrem Vater ererbten Räte beziehen dürfen)[57].

1741 erklärt in Paris Kardinal Fleury: „Österreich hat aufgehört zu existieren.“[58] In London weiß man bereits, daß Paris einen Plan zur Aufteilung Österreichs in allen Einzelheiten ausgearbeitet hatte. Böhmen und Oberösterreich sollen an den bayerischen Kurfürsten fallen, den man dann auch zum Kaiser krönen würde (was auch geschah). Mähren und Oberschlesien sollen an den Kurfürsten von Sachsen, Niederschlesien und die Grafschaft Glatz an Preußen; die österreichische Lombardei soll an das nunmehr bourbonische Spanien kommen[59]. Die Berater Maria Theresias in Wien sind in Panikstimmung: Sie geben Österreich preis (wie die Regierung wieder nach Königgrätz 1866). Die Linzer huldigen als erste den einmarschierenden Bayern …

Maria Theresia fürchtet, nach dem Verluste Schlesiens, mit dem sie sich nie abfinden kann (darüber später) den Totalverlust Böhmens. In ihrem Dekret vom 11. September 1749 wird von der lutherischen, calvinistischen, pietistischen und hussitischen Ketzerei in Böhmen gesprochen, die vernichtet werden soll. Die Teilnahme an nichtkatholischen Geheimversammlungen oder Lesung ketzerischer Bücher wird als Hochverrat angesehen[60]. Alle reisenden Ausländer, Gäste und Händler sind zu überwachen, ob sie nicht den Protestantismus einschleppen.

Diese archaische Frau, deren „Muttermut“ (Hofmannsthal)[61] in einem archaischen Urvertrauen wurzelt (wie es die Psychologie des hohen 20. Jahrhunderts „entdeckt“ hat), ist bis zu ihrem Ende lieber bereit, alle ihre Reiche zu verlieren, als an ihrer Seele Schaden zu leiden — durch „Zersetzung“ des katholischen Großleibes ihrer „Völker“, als deren „Mutter“ sie sich wörtlich versteht. Sie lernt jedoch sehr viel: von Männern, die ganz anders denken als sie. Maria Theresia lernt einsehen, daß die Aussiedlung von Protestanten ihren Staat unendlich schwächt, sie bekennt sich schließlich zur Maxime: „Transmigrieren“ ist besser als „migrieren“: Die Evangelischen und alle Arten anderer Ketzer sollen umgesiedelt werden, in Grenzlande der Türkei gegenüber, in Lande, wo, wie in Siebenbürgen und Ungarn, eine freiere Praktizierung anderer Bekenntnisse gestattet war[62].

In Böhmen selbst veröffentlicht Maria Theresia mehr Glaubensdekrete als selbst Kaiser Ferdinand II. Sie kann dies nicht verhindern: „Die häufigen Kriege Österreichs mit Preußen führten aber zu einer engeren Verbindung der Bevölkerung in Österreich mit dem Protestantismus, sei es durch Soldaten und Offiziere aus Ungarn, die im kaiserlichen Heere dienten und protestantisch waren, sei es durch den Aufenthalt österreichischer Soldaten, die Katholiken waren, in protestantischen Gegenden.“[63]

Im Staate der Maria Theresia und ihres Sohnes Joseph II. vollziehen sich Prozesse, welche die österreichische Psyche zerstören (wie französische und italienische Historiker als erste erkennen — sie und Emigranten aus Österreich in den Vereinigten Staaten)[64]. Es gehört zu den Paradoxien, zu den Tragödien Österreichs, daß mitten im Staate der Maria Theresia jene Engführungen beginnen, die einen neuen Typ Österreicher schaffen: einen ziemlich engen, eindimensionalen, „deutschen Typ", der immer „deutscher" wird, da er sich preußische Bürokratie, deutsche evangelische Buch-Bildung und die Raison einer spezifisch „deutschen" Aufklärung als Vorbilder wählt. Die Männer für die Reformen in ihrem Staate holt sich Maria Theresia aus Schlesien und Böhmen, vorzüglich, sodann aus den jansenistischen Niederlanden[65]. Trotz aller persönlichen Gegensätze zwischen der großen Mutter (die Wiener sehen sie, abfällig, als die böse Königin der Nacht in Mozarts „Zauberflöte") und ihrem sie leidenschaftlich liebenden Sohn Joseph II. entfaltet sich in ihren ineinandergleitenden Regimen ein Prozeß, der einen neuen Österreicher erzeugt: Da in diesem neuen Österreicher trotz allen Verleugnungen, Abschwörungen, allen „Rationalisierungen" (tiefenpsychologisch verstanden) „der alte österreichische Adam" weiterlebt — verkörpert im Barock, der nun seinerseits einen fast unzerstörbaren Untergrund in der Psyche bildet —, entstehen jene „Zerrissenen", jene „Einzelnen", jene zutiefst einsamen Existenzen, die zumindest zwei Seelen in ihrer Brust tragen, nicht selten beide atlasschwer: eine alte „katholische" und eine neue radikal antiklerikale Seele. Eine habsburgische Seele und eine Seele „Deutscher Nation". Eine Seele als Beamter, Offizier, Staatsdiener und eine sehr private Seele.

Wenigen Österreichern gelingt es, aus ihrer Zerrissenheit, aus ihrer Spaltung, aus ihrer „Schizophrenie" so außerordentlich starke, geschichtsmächtige Kräfte zu mobilisieren, wie dem furchtbaren Gegner, dem ersten großen Zerstörer Österreichs, Friedrich II. von Preußen: diesem künstlichen Menschen, dem Produkt eines künstlichen Staates. Der zweite große Zerstörer Österreichs, Bismarck, sieht mit tiefem Mißtrauen auf Friedrich. Bismarck setzt in seinen eigenen Denkwürdigkeiten und Erinnerungen die Größe Friedrichs in Gänsefüßchen (Friedrich „der Große"), hält dessen Testament unter Verschluß. Der dritte Zerstörer Österreichs, Adolf Hitler, folgt in seiner Friedrich-Verehrung dem Friedrich-Kult der Deutschnationalen und Schönerianer. Ein einziger historischer Bezug zu Friedrich II. kann an ihm ersehen werden: Hitler versteht sich, wie Friedrich selbst, wörtlich, als Spieler, der alles auf eine Karte setzt. Und es auf Bluffen und Überrumpeln, Überraschen, Täuschen seiner Gegner und Partner ankommen läßt.

Friedrich ist „ein künstlicher Mensch": Der preußische Patriot Otto Heinrich von der Gablentz sieht ihn so[66], ebenso sieht ihn zuvor Friedrichs eigener, von ihm mißhandelter Bruder Heinrich. Preußen ist ein künstlicher Staat: Der deutsche Patriot Ernst Moritz Arndt sieht ihn so[67], und vor ihm sehen ihn Preußen so, preußische Gegner des Königs, französische Anhänger und wieder deutsche Reichspatrioten im 19. Jahrhundert[68].

Dieser Staat war aus der Vereinigung zweier in keiner Weise miteinander zusammengehörender politischer Gebilde entstanden: 1618 fällt Preußen an Brandenburg. 1525 hatte der Großmeister des Deutschen Ordens, nach Beratung mit Luther, das preußische Ordensland, das ihm ja rechtlich in keiner Weise gehörte, als sein

Eigentum, als weltliches Herzogtum erklärt: Die Herzöge von Preußen bekamen
ihre weltliche Hoheit, weil sie mütterlicherseits Jagellonen waren und sich als Polen
fühlten oder zumindest darstellten. Die Berliner Hohenzollern, die ihre Königs-
berger Vettern beerben, erbten den Stolz auf polnisches Königsblut und lernten von
Geschlecht zu Geschlecht polnisch[69]. Friedrich II. fällt 'die Entscheidung: keine Verschmelzung, wie sie der preußische Hof vor ihm mit der Rzeczpospolita, dem polnischen Gemeinwesen, anstrebte, sondern Zerschlagung Polens. Und das hieß: Austreibung des „Polnischen“ aus seinem eigenen Wesen. Der König haßt bis in die
Seele hinein die polnischen kleinen Leute, Bauern, den Kleinadel. Seine Herren sollen
über diese Halbtiere regieren[70].

Diesem Haß entspricht genau seine Verachtung der deutschen Literatur, des Deutschen, das er nicht anerkennt[71]. Friedrich versteht sich lebenslang nicht als Deutscher,
sondern als Preuße (so wieder Bismarck). Treitschke sieht Preußen als Erbe des Ordensstaates (die großen Bauherren des preußischen Mythos, die so stark nach Österreich hereinwirken, sind nahezu alle Nichtpreußen, so der Sachse Treitschke, so
andere deutsche Historiker des 19./20. Jahrhunderts); Treitschke also schildert die
Genesis des Ordensstaates, wie da „der dreifache Stolz und Hochmut des Christen,
Ritters und Deutschen“ den Widerstand der Slawen, Hirten und Bauern bricht[72].

Nicht minder hart brechen die Brandenburger den Widerstand ihrer Stände.
Brandenburg ist ursprünglich Brennabor, eine alte Helveterburg. Pommern ist na
pomorje, das Land am Meer. Als die ostpreußischen Landstände gegen den Großen
Kurfürsten um ihre Freiheit kämpfen, läßt dieser ihren Führer, den Oberst von Kalckstein, 1679 in Warschau kidnappen, in Königsberg aburteilen, in Memel köpfen. Die
Devise des Großen Kurfürsten lautet: necessitas omnem legem frangit, die Notwendigkeit *seines* politischen Interesses bricht *jedes* Gesetz[72a].

In jahrelangen Verhandlungen erreicht der Kurfürst Friedrich III. von Kaiser
Leopold die Zustimmung zur Erhebung Brandenburg-Preußens zum Königtum.
Beredt versichert dieser dritte Friedrich (als König Friedrich I. 1701—1713) seine
Treue zum Hause Österreich. Der Kurfürst hält jede Nacht eines der Berliner Tore
offen für den Boten aus Wien, der die Krönungsurkunden überbringen sollte. Die
Krönung war für den Juni 1700 angekündigt worden. Erst am 24. November
trifft die kaiserliche Erhebung ein. Bayern anerkennt erst 1714 das neue Königtum.
Polen hatte sich seine alten Rechte vorbehalten, falls die Nachkommenschaft des
Großen Kurfürsten in der männlichen Linie erlöschen sollte. Der Prinz Eugen erklärt
in Wien: „Die kaiserlichen Minister, die dem Kaiser geraten haben, den König von
Preußen anzuerkennen, gehören gehängt.“ Dieser „heimliche Kaiser“ Österreichs, der
einzige große Kaiser Österreichs, der selbst kein Österreicher und kein Kaiser ist,
erkennt, wie sich da eine ungeheure Gefahr zusammenballt[73].

Eine ganz wichtige Vorentscheidung fiel durch den Übertritt Albrecht Friedrichs,
der 1618 Brandenburg mit Preußen vereinte und bereits 1616 Calvinist geworden
war, also der härtesten evangelischen Konfession sich verbunden hatte, um in jeder
Weise selbst härter auftreten zu können, legitimiert von der harten Gottheit Calvins.
Drei Jahre lang kämpfen Brandenburger und Preußen gegen diese Konversion an,
in der sie mit Recht eine Brechung ihres Ethos befürchten[74]. Mit Hilfe ihrer calvinistischen Genossen (verstärkt durch französische Hugenotten) unterwerfen die Hohen-

zollern ihre lutherischen Untertanen und ihre slawischen auf den adeligen Gütern unfrei lebenden Bauernseelen[75].

Haß, ein ungeheurer Haß[76] prägt die Familiengeschichte dieser Hohenzollern. Immer wieder wird ein Sohn von dem furchtbaren Vater unterworfen. Letztes großes Opfer ist Friedrich II. Die Hohenzollern „verachteten meist ihr Volk, mißtrauten ihrem niederen Landadel, sprangen hart mit ihren Offizieren um, waren brutal zu ihren Soldaten und gehässig zu ihrem Beamtenstand"[77].

Der „Soldatenkönig", Friedrich Wilhelm I., der Vater Friedrichs II., und der „Alte Dessauer", Leopold von Anhalt-Dessau, der große „Erzieher" der in preußische Dienste gepreßten Soldaten, der die Devise vertritt: „Der Soldat muß seinen Offizier mehr fürchten als den Feind"[78], waren „rechtschaffen und fromm, das machte sie streng und brutal. Sie waren gottesfürchtig, das machte sie unerbittlich und erbarmungslos."[78a] Beide Männer sind Rohlinge. „Selbst die Offiziere seiner Armee wurden vor den Augen ihrer Leute mit dem Stock verprügelt. Entsetzliche Verzweiflung in den Regimentern dieses Soldatenkönigs, in seinen Regimentern, Meutereien sind an der Tagesordnung, seine Soldaten versuchen mehrfach, Potsdam niederzubrennen und den König zu töten[79]. Viele Soldaten verstümmeln sich selbst. Viele Selbstmorde und Morde. Viele in den preußischen Dienst gepreßte Katholiken."[79a]

Der große Verteidiger der Ehre Preußens in der Bundesrepublik Deutschland, der preußische nationale Jude Hans-Joachim Schoeps, schildert eindrucksvoll das enge „Bündnis zwischen Pietismus und Kaserne" unter dem Soldatenkönig[80]. Dieser preußische Pietismus, der so hervorragend von Berlin aus zur Zersetzung Böhmens eingesetzt wird, ist eine „nüchterne und harte Reformbewegung", wie geschaffen für eine „Beamtenreligion"[81], überlagert vom Calvinismus des Herrscherhauses. Die preußischen Militärseelsorger und die vielen Feldprediger arbeiten ganz im Sinne des Königs gemäß Franckes „Treuherziger Unterricht für christliche Kriegsleute: wahre Gottseligkeit und rechtschaffene Tapferkeit". Das Symbol der Franckeschen Anstalten, aus denen die sich an der tschechischen Wiedergeburt begeisternden jungen deutschen Pietisten hervorgehen, ist der zur Sonne aufsteigende Adler: Er kommt auf die Münzen des Königs mit der Devise: nec soli cedat, er weiche nicht der Sonne: der kaiserlichen Sonne in Wien.

Die barbarische Hinrichtung Kattes, des innigsten, wohl einzigen Lebensfreundes des jungen Kronprinzen Friedrich (II.), der in tiefer Verzweiflung vor dem tyrannischen Vater mit Katte nach England zu fliehen versucht hatte und nun gezwungen wird, der Hinrichtung zuzusehen, war im Kern „ein ins Furchtbare gesteigerter pietistischer Bekehrungsversuch"[82]. Der Soldatenkönig, der gerade in den Jahren auf 1939/1940 im Roman des unglücklichen Jochen Klepper „Der Vater" glorios als leidender Gottesheld den konservativen Preußen vorgestellt wird (das Reichskriegsministerium empfiehlt 1937 dringend seine Lesung)[83], zwingt dem sensiblen Sohn den Beruf des Soldaten wörtlich mit der Peitsche und mit Stockschlägen auf, zwingt ihm eine ungeliebte Frau auf, und ein nachträgliches „Ja" zur Hinrichtung des einzigen Freundes.

Friedrich II., lebenslang durch diese Verwundungen geprägt, deren Narben auch nie heilen, ist bis zu seinem Ende in Liebe und Haß an diesen Vater fixiert. Tiefe Angstträume, immer wieder. So erzählt er seinem Vorleser Catt 1758/59 oft den immer wiederkehrenden Traum: Sein Vater kommt nachts mit sechs Soldaten in sein Zimmer, läßt ihn fesseln und nach Magdeburg auf die Festung bringen. „Aber warum?" So fragt im Traum Friedrich die geliebte Schwester in Bayreuth; diese antwortet: „Weil Sie Ihren Vater nicht lieb genug haben." Da wacht er schweißgebadet auf und erzählt nun immer wieder von seiner Jugend, von seiner schlechten Behandlung durch seinen Vater[84].

Es ist für die österreichischen „Zerrissenen", mit ihrem durch die ungeheuren Erfolge Friedrichs, Bismarcks, Hitlers dreifach beschädigten Selbstbewußtsein charakteristisch, daß diese drei „Zerrissenen", tief gespaltenen Personen, also Friedrich, Bismarck und Hitler, als „ganze Männer", als Männer aus Blut und Eisen, als „wahre deutsche Männer" geglaubt werden, verglichen mit den „schwachen" Habsburgern, mit denen diese Österreicher sich unbewußt in Tiefenschichten doch oft noch identifizieren, nämlich mit ihren Niederlagen! Aber nie, bis heute nicht, wie ich aus vielen Auseinandersetzungen 1934 bis 1979 weiß, lernten sie den geschichtlichen konkreten Friedrich, Bismarck, Hitler kennen.

„Ich bin der bessere Franzose": so Friedrich 1741 an den siebenundachtzigjährigen Kardinal André Hercule de Fleury, leitenden Minister in Frankreich. Friedrich kennt Fleurys Pläne einer Aufteilung der Lande des Hauses Österreich. In dem Augenblick, in dem er die Kriegsbühne betritt, um Europa zu verändern, erklärt er also Fleury: „Ich mache Ihnen streitig, ein besserer Franzose zu sein als derzeit ich."[85]

„Friedrich war Literat und Franzose": Das bemerkt der große französische Historiker und kritische Bewunderer Friedrichs, Pierre Gaxotte. „Es ist keinesfalls ohne Belang, daß Friedrich bis an sein Lebensende in französischer Sprache gedacht hat."[86] Friedrich, der sich selbst als der „nordische Don Quijote[87] und als Hanswurst im Furchtbaren sieht, lebt ein Doppelleben: als kultivierter Franzose und als barbarischer „Deutscher". Friedrich denkt, dichtet, schreibt, spricht das Französisch der großen Klassiker und der Pariser Hochaufklärung und er haßt — in sich selbst — den Deutschen[88] als einen kulturlosen „Untermenschen" (das Wort hat ein amerikanischer rassistischer Historiker des frühen 20. Jahrhunderts geprägt).

Friedrich ist überzeugt, daß die deutsche Literatur nie wirkliche Fortschritte machen wird. Friedrich haßt als „Deutschen" seinen Vater und seinen Großvater, den er mit einem Tatarenhäuptling vergleicht[89], der seine Leute als Schlachtviehtruppen verkauft (er haßt besonders die Loyalität des Vaters Wien, dem Kaiser gegenüber). Wieviel Selbsthaß in Friedrichs Verachtung der Deutschen steckt, hat auf seine Weise Voltaire erkannt, der dem König ins Gesicht sagt: Des Königs giftgeschwollene Seele sei gänzlich verdorben „durch die unglückselige Lust . . . an der Erniedrigung aller anderen Menschen"[90].

Friedrich weiß sehr wohl, daß sein Vater ihn wirklich hinrichten lassen wollte, nach 185 Tagen im großen Verhör, und daß die Fürsprache Kaiser Karls VI. für Friedrich sehr diesen Über-Vater getroffen hat[91]. „Sehe ich nicht wie ein Schwein aus?" (so Friedrich zu Catt[92]). Der „alte Fritz" — in der Weimarer Zeit und in der Hitler-Ära zum Kriegsgott stilisiert, lebt in ständiger Selbsterniedrigung: Er trägt ständig, auch nachts, eine überaus beschmutzte Uniform, verdreckt (so bereits als sechzigjähriger König 1773). „Sein Wagen, sein Bett, sein Schlafzimmer sind von unvergleichlicher Unsauberkeit."[93]

Einmal läßt er sich eine neue Uniform machen: in den kaiserlichen, österreichischen Farben der Waffenröcke der kaiserlichen Offiziere, des Kaisers selbst. Er wollte die Augen des früheren Gegners nicht durch sein Preußisch-blau beleidigen, also wählte er 1770 zum Treffen mit Kaiser Joseph in Mährisch-Neustadt eine weiße Uniform. Er merkt wohl, daß er in der Brust des jungen Kaisers, der ihn bewundert, längst gesiegt hat. Obwohl Joseph seine Mutter beschwichtigen möchte und ihr versichert, sich durch Friedrich nicht täuschen zu lassen, weiß Maria Theresia längst: Der König von Preußen hat in Wien selbst furchtbare Siege errungen, hat einige ihrer engsten Mitarbeiter verdorben, so daß sie zu Nachahmern seiner in ihren Augen für ganz Europa verderblichen, nicht nur ruchlosen Politik wurden, und er hat — in ihren Augen — ihren Sohn Joseph zu seinem Nachahmer gemacht.

Die Erbschaft der Hohenzollern lag verzettelt zwischen Memel und Rhein. Die drei wichtigsten Ländergruppen waren: im Osten Preußen, in der Mitte Brandenburg, Pommern, Magdeburg und Halberstadt. Im Westen die kleinen Herrschaften von Minden und Ravensburg an der Weser, von Mark an der Ruhr und von Cleve am Rhein. Die Herrschaften des preußischen Königs hat dieser zu sehr verschiedenen Rechtstiteln inne: das Herzogtum Cossen ist böhmisches Lehen. Die Herrschaft Lauenburg und ein Stück von Pommern waren immer noch polnisches Lehen. Das Herzogtum Cottbus ist in sächsisches Gebiet eingeschlossen. Der Gewinn Schlesiens macht dieses Preußen zur europäischen Großmacht. Preußen, ein Staat, der von einer Armee okkupiert ist; Preußen ist da, um ein Heer zu erhalten[93a]. Jeder Untertan in diesem Land wird als geborener Sklave betrachtet"[94]: so Graf Ernst Christoph von Manteuffel, der dies an den aus Preußen verjagten Philosophen Christian Wolff schreibt. Man hat mehrfach von einer Aufsaugung dieses Staates durch den König gesprochen. Friedrich hält seine Generale, seine Offiziere unter seiner Knute, wie unter anderem sein Bruder Heinrich immer wieder empört bemerkt, dem sein Bruder Friedrich dieselbe „Erziehung" aufzwingt, die er selbst vom Vater erhalten hat[95]. Preußens Beamten wird das Rückgrat gebrochen[96]. Friedrichs Meinung und Maxime, „wenn man den Fremden schadet, so schafft man seiner Nation Vortheile", wird von Mirabeau als ein Grundsatz ersehen, „ganz ungeheuer und eines Politikers aus dem elften Jahrhundert würdig"[97].

Maria Theresia ist tief überzeugt, daß Friedrichs Politik durch ihre ungeheuren Erfolge in ganz Europa Schule macht und für immer europäische Politik korrumpiert. Tatsächlich wird Friedrich der Lehrmeister für Napoleon und Bismarck, und — im Selbstverständnis Hitlers — für diesen Österreicher.

Friedrich läßt im ganzen ihm erreichbaren Europa „Menschenmaterial" werben und einfangen, um sich Soldaten zu gewinnen. Nettelbeck, der spätere Verteidiger von Kolberg, flieht aus diesem Preußen, so auch der Dichter Gottsched (der so gerne an den kaiserlichen Hof nach Wien möchte). „Zu Tausenden entkamen junge Preußen über Friedrichs Grenzen."[98] Während des Rückzugs aus Böhmen 1744/45 desertieren 17.000 Mann. 4000 Preußen bleiben bei den Österreichern, als diese der preußischen Besatzung Breslaus im Herbst 1757 freien Abzug gewährten. Nur 500 Mann folgen ihren Offizieren[98a].

„Selbstmord, Wahnsinn und Desertion waren bei manchen Kommandeuren an der

Tagesordnung . . ."[99] Friedrich selbst, 1774: Von hundert seiner Kriegsräte könne man 99 mit gutem Gewissen hängen lassen; „dann wann *einer* ehrlich mank ist, so ist es viel"[100]. Das schreibt er an die westpreußische Kammer. Friedrichs preußischer Biograph Preuß: „In lichten Scharen" und „unter den Augen des Königs" desertierten die Soldaten der preußischen Armee in Böhmen[101]. Prinz Heinrich: „Das ist die Wirkung des Despotismus, das ist die Wirkung der schlechten Beispiele, die eine ganze Nation verderben."[102]

Dieser große Zerrissene, Friedrich der Große, unterwirft und verwirft seinen eigenen deutschen leibseelischen Untergrund als „barbarisch", da Deutsch für ihn die zotige Sprache ist, die er mit seinen Untertanen, seinem Volk spricht; französisch ist die Sprache seines „reinen Geistes". Dieser Herrscher, der mit Zensur, Kerker, Tortur seine Lande überherrscht und Polen ständig erpreßt und dann zerschlägt („Ohne Ausnützung Polens hätte Preußen im 18. Jahrhunder nicht existieren können", weiß der Historiker E. Pfeiffer[103]), wurde durch seine militärischen Erfolge, durch seine Selbstbehauptung in katastrophalen Niederlagen, durch seine Politik, durch seine Propaganda, durch seine Selbststilisierung zu einer in ganz Europa bewunderten faszinierenden Gestalt.

In Preußen sprechen, hinter seinem Rücken, seine Generäle voll Hohn über ihn[104], seine Offiziere und Mannschaften, seine Beamten und sein Volk fürchten ihn[105]. Der französische Graf Mirabeau und der russische Graf Romanow, beide damals in Berlin, wundern sich über das geringe Aufsehen, das die Nachricht von seinem Ableben in seiner Hauptstadt macht. Romanow: „Das Bedauern scheint äußerst gering zu sein."[106] Mirabeau erinnert an den Tod des österreichischen Statthalters Prinz Karl von Lothringen sechs Jahre zuvor in Brüssel. Tief und allgemein sei der Schmerz gewesen, denn Offiziere, Soldaten und Arbeiter hätten geweint. Karl von Lothringen, Schwager der Maria Theresia und Bruder des Kaisers Franz I., hatte jene drei Schlachten verloren, die Friedrichs Ruhm ausmachten und ihm Schlesien sicherten: Hohenfriedberg, Soor, Leuthen.

Wie sollte sich die junge Frau in Wien gegen diesen Mann behaupten, der von seiner Verachtung des weiblichen Geschlechts kein Hehl macht und Maria Theresia bestenfalls als „Königin von Ungarn" anzuerkennen bereit ist[107]?

Ihr Vater, Kaiser Karl VI., hatte, da er keine männlichen Erben besaß, durch ein umfangreiches Vertragswerk, die „Pragmatische Sanktion", die weibliche Nachfolge in der Herrschaft des Hauses Habsburg für alle seine Länder zu sichern gesucht und dafür beträchtliche politische Preise bezahlt. Im Vertrag von Berlin am 23. Dezember 1728 hatte sich auch Preußen verpflichtet, die Pragmatische Sanktion und die Thronfolge der Kaisertöchter in allen Königreichen und Ländern ohne Ausnahme für „ewige Zeiten" zu garantieren.

Ihre Mutter, Elisabeth Christine von Braunschweig-Wolfenbüttel, hatte als ein sehr schönes Mädchen von vierzehn Jahren standhaft gegen ihre Konversion gekämpft: Leopold I. hatte sie für seinen Sohn Karl als Gemahlin erwählt. Die Habsburger suchten im 17./18. Jahrhundert immer wieder Verbindungen im deutschen lutherisch-evangelischen Raum, im deutschen Norden. Vielleicht ahnten sie, woher das große Unglück für das Haus Österreich kommen sollte. Prinz Eugen wußte es sehr genau: aus Brandenburg-Preußen.

Ein evangelischer Hoftheologe ihres Vaterhauses und ein katholischer Theologe im Auftrage des Kaisers bemühten sich gemeinsam, die standhafte junge Prinzessin davon zu überzeugen, daß sie zur Ehre Gottes dieses große Opfer bringen solle (so der evangelische Theologe), daß die Römische Kirche die wahre Mutter aller Menschen sei (so der katholische Theologe)[108].

In Wien hat man Elisabeth Christine lebenslang ihre Konversion nicht recht geglaubt. Vielleicht barg sie diese, wie viele andere „Kryptoprotestanten" in ihrem Herzen. Ihrem Gemahl wurde sie eine innigst verbundene Frau, nach einigen Anfangsschwierigkeiten in den ersten Jahren ihrer Ehe. Dem Hause Österreich verband sie sich, wie so viele Nichtösterreicher, Nichtkatholiken, in unanfechtbarer Loyalität.

Ihre Tochter Maria Theresia, die ihr helles Blondhaar trägt, ist der letzte Sproß der Habsburger auf dem Thron der Väter. Mit ihrem Gemahl Franz von Lothringen, dessen Kaiserkrönung sie nach langen, schweren Kämpfen durchsetzt, wird sie zur Gründerin einer neuen Dynastie: Habsburg-Lothringen. Maria Theresia nimmt an seiner Kaiserkrönung nicht teil. Sie wird „Kaiserin" nur als Gemahlin ihres zum Kaiser gekrönten Franz, dem alle Welt politische und militärische Unfähigkeiten (in Mehrzahl) bescheinigt: Er ist ein Finanzgenie, wie kein Habsburger es je war, je werden sollte[109].

Maria Theresia besitzt keine ausgebildeten Truppen und vor allem kein Geld. Friedrich fällt, ausgerüstet mit einem Kriegsschatz von 8 Millionen und siebenhunderttausend Talern, die sein Vater gehortet hat, und mit 89.000 gedrillten Soldaten in Schlesien ein, er will Österreich vernichten: écraser, ja, vernichten! Der Einmarsch erfolgt am 14. Dezember 1740 in Schlesien, ohne Kriegserklärung[110]. Am 20. Oktober war Kaiser Karl VI. gestorben.

Weihnachten 1741 sieht für die junge Königin so aus: Schlesien ist verloren, Oberösterreich ist von den Franzosen und Bayern besetzt. Die Feinde stehen in St. Pölten, heute weniger als eine Schnellzugstunde vor Wien. Böhmen ist fast ganz verloren. Die böhmischen Adeligen haben Friedrich gehuldigt, andere österreichische Adelige am Hofe Maria Theresias beeilen sich, ihnen nachzukommen: Sie wollen ihre reichen Güter in Böhmen nicht verlieren. Ein spanisches Heer ist in Italien gelandet. Friedrich steht in Znaim, das ist, heute, wieder „eine gute Stunde" vor Wien. Der König verkündet da offen seinen Plan: „D'écraser le fantôme de la maison d'Autriche." Das Phantom Österreich ist zu vernichten. Diese Parole wird direkt 1866, 1914, 1918, 1938 und noch 1946 proklamiert[110].

Man hat es später Maria Theresia sehr angekreidet, daß sie für die Rückgewinnung Schlesiens drei schwere Kriege auf sich nahm. Sie weiß es besser: „Ohne Schlesien ist die Krone Österreichs kaum wert, daß man sie trägt" (in einem Brief an Karl von Lothringen Ende 1748)[111]. Der bedeutende Schweizer Historiker und Diplomat Carl Burckhardt hält fest[112]: „Königgrätz ist die unausweichliche Folge Hohenfriedbergs", des großen Sieges Friedrichs im zweiten schlesischen Krieg, der zum Frieden von 1745 führt.

Mit Schlesien verliert das Haus Österreich seine Stellung im alten Heiligen Römischen Reich und damit Europa sein Gleichgewicht, Preußen und Rußland werden die neuen Herren Europas — Maria Theresia weiß das sehr genau. Mit dem Preußisch-

werden Schlesiens beginnt jene Borussifizierung deutscher Lande, beginnen jene Engführungen und Engpaßleitungen, die an die Stelle des vielfärbigen alten Deutschland jenes künstliche Gebilde setzen, dessen Heraufkunft der alte Goethe so sehr
fürchtet. Es beginnt die Schaffung eines künstlichen deutschen Staates — durch
Preußen, dessen Führer sich *nicht* als Deutsche verstehen — in Parallele zur Schaffung eines neuen Österreichers im Staate Josephs II.

Was der Verlust Schlesiens für Europa, für Deutschland, für Österreich bedeutet
hat, zeigte eindrucksvoll der „gesamtdeutsche" Historiker Heinrich von Srbik auf,
der es noch mitten im Reiche Hitlers wagte, den Mythos „Friedrich der Große" anzugreifen, und die verhängnisvollen, katastrophalen Kettenreaktionen aufzuzeigen,
die mit dieser preußischen Machtübernahme in Schlesien begannen[113].

Kurz vor Maria Theresias Tode 1778/79 droht im Bayerischen Erbfolgekrieg Friedrich noch einmal in den Ländern des Hauses Österreich einzufallen. Joseph II. will
kämpfen, will zur Truppe. Er will ja den unersetzlichen Verlust Schlesiens kom-
pensieren durch die Gewinnung Bayerns. Maria Theresia fürchtet, ein letztes Mal,
den Zusammenbruch ihres Hauses. Sie schreibt an Joseph: „Wir waren eine Großmacht,
jetzt sind wir es nicht mehr. Wir müssen uns beugen und unsere Untertanen, die uns
verbleiben, glücklicher machen, als sie unter meiner unglücklichen Regierung
waren." „. . . Ihr werdet Euch dann des Glückes der anderen erfreuen, selbst im Verzicht auf Ruhm und Größe"[114], wenn Ihr Friede macht.

Wie bei Beginn ihrer Regierung, hofft jetzt wieder halb Europa auf die Stunde
des Unterganges Österreichs. Und sie hat alle Freunde gegen sich: Kaunitz, den
Kanzler, Joseph, den Sohn. Maria Theresia: „. . . Kein Opfer ist zu groß, um dieses
Unglück noch rechtzeitig zu verhüten. Bereitwillig werde ich mich zu allem herbei-
lassen, selbst zur Erniedrigung meines Namens. Man mag mich albern, schwach
und kleinmütig schelten — nichts soll mich zurückhalten, Europa aus dieser gefahr-
drohenden Lage zu befreien . . ." Maria Theresia bittet Friedrich, in dem sie nach
wie vor den Verderber Europas sieht, hinter dem Rücken Josephs, als „ihren Herrn
Bruder und Vetter" um Frieden[115].

Friedrich plündert ein letztes Mal entsetzlich Böhmen. Der Friede von Teschen beendet den Krieg. Preußische Grenadiere sangen zuvor bereits ein Lied, in dem „die
Kaisermutter" als Friedensfürstin gepriesen wird: man sagt, sie sei „dem edlen
Frieden hold . . . Ist es wahr, dann Victoria! / Dann liebt der Kriegsmann / die
heilige Theresia, / dann betet er sie an"[116].

Maria Theresia, die in einer tiefbarocken Frömmigkeit wurzelt, hat sich nie als
eine Heilige, immer als eine „Sünderin" verstanden. Der Tod war ihr immer nah,
seit dem Tode ihres geliebten Gatten ist er ihr täglich präsent: sie trägt nur mehr
Trauerkleider.

Maria Theresia, dieser letzte Sproß der Habsburger, ist der letzte „Mann" des
Hauses Österreich, der wirklich zu kämpfen versteht, unverwirrt durch Niederlagen,
unverwirrt durch ständisches Scheitern. Das bestätigt dieser Frau Friedrich II. in einem
seiner Testamente. Er schreibt da von „der weisen Fürstin . . . der weisesten und
politisch begabtesten". Friedrich hier: „Diese Frau, die man als einen großen Mann
ansehen könnte, hat die schwankende Monarchie ihrer Väter gefestigt."[117]

Ganz im Gegensatz zu dem immer schwachen Kaiser Franz Joseph, der alle

guten Möglichkeiten der Donaumonarchie verspielte, jedoch lieber den großen
Untergang erleben als das, was er als *sein* Haus Habsburg verstand, irgendwie ge-
schmälert sehen wollte, bekennt sich Maria Theresia in einer Ergänzung ihres Testaments am 15. Oktober 1780 zu diesem Verzicht: Sie möchte lieber ihre Länder „von
einem tugendhaften und gläubigen Fremden regiert wissen als von einem Prinzen
ihres Hauses, der seiner Vorväter und seiner Mission nicht würdig wäre"[118].

In dem großen beschwörenden Brief an ihren Sohn, den Kaiser Joseph, vom
14. März 1778 befürchtet sie „einen vollkommenen Umsturz in Europa. Kein Opfer
ist zu groß, um dieses Unheil rechtzeitig zu verhüten . . ."[119]. Maria Theresia sieht
da die Donaumonarchie von Preußen eingekreist, das von St. Petersburg bis Konstantinopel Österreichs Gegner zu verbinden sucht.

Diese Frau hängt mit einer archaischen Kraft an „ihrer Brut", an ihren Kindern,
die sie bedenkenlos einsetzt im Dienste ihres Staates, und zu politischen Heiraten
zwingt (mit einer einzigen Ausnahme: Marie Christine, die ihren geliebten Albert
von Sachsen-Teschen heiraten durfte). Maria Theresia ist die „Landesmutter". „Eine
Wahrheit steht mir ständig vor Augen: Ich gehöre nicht mir selbst, ich gehöre meinen
Völkern. So sehr ich meine Familie und meine Kinder liebe und weder Mühe noch
Sorgen und Arbeit in ihrem Interesse scheue, so hätte ich doch nicht gezögert, gewis-
senhaft vor allem die Mutter meiner Länder zu sein und ihnen den Vorzug zu
geben, wenn es nötig gewesen wäre . . ."[120]

Ihr furchtbarer Gegner zwingt ihr auf, mater castrorum zu werden: So steht es
auf ihren Kasernen: Mutter der Kasernen, Mutter der Soldaten. Sie braucht Soldaten,
schlagkräftige, disziplinierte Heere. Um diese erhalten zu können, braucht sie Geld,
viel Geld, braucht sie einen Staat, der sehr viel von dem übernimmt, was Friedrich
sich in seinen Landen geschaffen hat: jederzeit verfügbares Menschenmaterial.

Sie erfährt ja doch auch dies: Preußische Sonderbeauftragte in Wien nutzen ihre
Mission aus für den Versuch, höhere österreichische Offiziere abzuwerben. Maria
Theresia hatte kein Geld. Dieses war in den Händen des überreichen Hochadels, basierte bei den reichsten dieser Herren auf Böhmens Reichtümern, die sie nach der
Schlacht am Weißen Berg im frühen 17. Jahrhundert erhalten hatten. Maria Theresia
wagte es nie, die großen feudalen Herren zur Kasse zu bitten: Ihrem Staate wurde
dadurch jene materielle Substanz entzogen, ohne die er sich als Großmacht nicht
behaupten konnte.

Der Gesamtwert der böhmischen Großgrundbesitzer machte ungefähr 580 Millionen Gulden aus, davon waren 465 Millionen in den Händen von 51 fürstlichen
Familien. Mit einem Bruchteil dieser Gelder hätte Maria Theresia wirklich große
Heere gegen Friedrich aufstellen können. Das gesamte Steueraufkommen der Monarchie betrug bei ihrem Tode 32$\frac{1}{2}$ Millionen Gulden. Ein beträchtlicher Teil des gesamten Volksvermögens war sozusagen aus dem Verkehr gezogen[121]. Maria Theresia
hatte keine Ahnung von dem Umfang des Reichtums der Kirche in Österreich. Als
nach ihrem Tode Joseph II. Klöster auflöst, ist er selbst davon überrascht. Über
2000 Klöster präsentieren gegen Ende der Regierungszeit Maria Theresias einen Wert
von etwa 300 Millionen Gulden. Joseph konfisziert davon ein Fünftel, verwendet das
Geld für Schulen, soziale Maßnahmen und zur Schaffung eines Religionsfonds, der bis
ins 20. Jahrhundert die Kirche in Österreich finanziert.

5*

Die englische Krone und damit die Basis für den Aufstieg Englands zur europäischen Großmacht, dann zur Weltmacht (der Siebenjährige Krieg Friedrichs und Maria Theresias begründet das britische Kolonialreich, das auf seinen Schlachtfeldern den Franzosen abgewonnen wird), finanzierte sich — und an ihrer Seite der englische Adel — durch die Beschlagnahme der kirchlichen Grundbesitze in England. Die deutschen protestantischen Fürsten wurden zu mächtigen Herren durch die Übernahme des kirchlichen Besitzes. Preußen ist beschlagnahmtes kirchliches Gut: durch die Besitznahme des Ordenslandes als eigenes Herzogtum.

Da sich Maria Theresia weder auf diesen „ihren“ Hochadel, noch auf „ihre“ Kirche — die beide ihren Reichtum und ihre Positionen dem Haus Österreich verdanken — stützen konnte, tat sie einen Schritt, der von verhängnisvollsten Folgen für die Donaumonarchie werden sollte: Sie wandte sich bittend um Hilfe an den ungarischen Hochadel. Die Donaumonarchie ist an dem Bündnis zwischen ungarischen Herren und Berlin und an ihren verengten „Deutschen“ zugrundegegangen[122].

In höchster Notlage entschloß sie sich, gegen alle guten Räte, die ja Ungarn als ein immer rebellisches Land fürchteten, nach Preßburg zu gehen. Ein Teil ihres Hofes war bereits nach Graz geflüchtet ... Zum ersten Mal seit 1728/29 war da wieder ein ungarischer Reichstag zusammengetreten. Am 25. Juni 1741 wird Maria Theresia mit der Stephanskrone zum *König* von Ungarn gekrönt. Vivat Domina et Rex noster! Es lebe unsere Herrin, unser König! In schweren Verhandlungen erreicht Maria Theresia von diesen ungarischen Herren Waffenhilfe: ein Heer von 80.000 Mann (freilich, praktisch waren es nur 20.000 Mann). Die mit ungarischen Truppen verstärkte Armee treibt unter Führung des neuen Oberbefehlshabers Graf Andreas Khevenhüller — aus altem protestantischen Geschlecht — die Bayern aus Oberösterreich. Zwei Tage nach der Kaiserkrönung des bayerischen Kurfürsten als Kaiser Karl VII. in Frankfurt rücken österreichische Truppen in München ein. Tiroler Bauern unterstützen durch ihren Volkssturm (in heutiger Sprache) die Operationen des österreichisch-ungarischen Heeres. Dieser Umschwung bestimmt Friedrich zu einem Sonderfrieden.

Die Österreicher erobern Böhmen zurück, Maria Theresia wird in Prag gekrönt: Kein neues Prager Blutgericht folgt, sondern Begnadigung der Rebellen, des Adels, der sich auf die Seite Friedrichs geschlagen hatte[123]. Am 29. April 1743 ist Maria Theresia in Prag. Der Bürgermeister Wenzel begrüßt sie in deutscher Sprache, Graf Johann Ernst Schaffgotsch als Vertreter der Stände, in tschechischer Sprache, der Rektor der Universität spricht sie lateinisch an. Sie antwortet lateinisch und deutsch. Am 11. Mai nimmt sie den Treueid der böhmischen Stände entgegen, am Tag darauf wird sie in der Kapelle des heiligen Wenzel zum König von Böhmen gekrönt. Maria Theresia ist zeit ihres Lebens bemüht, einen böhmisch-österreichischen Patriotismus aufzubauen und zu unterstützen mit Hilfe böhmischer Reformkatholiken, die ihrerseits bereits im 17. Jahrhundert begonnen hatten, gegen Hus, Luther, Comenius, politisch dann gegen Preußen und den preußischen Pietismus, ein katholisches österreichisch-römisches Böhmen zu schaffen[124]. Maria Theresia darf, mit beachtenswerten Einschränkungen, als eine Wiener Mutter des Austroslawismus angesehen werden[125], der sich im 19. Jahrhundert und bis 1914 Österreich als Verbündeter — nicht als Untertan — anbot.

Als Berater, als Reformer, als Staatsmänner beruft sich die junge Königin Männer, die sie akzeptiert, obwohl sie ihr mental, geistig, religionspolitisch und nicht zuletzt ihrer Herkunft nach sehr fern stehen. Aus dem Dienste ihres Vaters übernimmt sie Johann Christoph von Bartenstein (1689—1767)[126]. Sein Vater war evangelischen Glaubens, Rektor des Gymnasiums in Freiburg im Breisgau. Bartenstein wird, als er in österreichische Dienste tritt, Katholik. Dieser äußerst schwer zu behandelnde, sehr unansehnliche Mann, bestens gehaßt vom Hofadel, steht als einziger Ratgeber an ihrer Seite, der ihr dringend rät, Friedrichs Besetzung Schlesiens 1740 nicht anzunehmen, nicht zu kapitulieren. Kaiser Franz Joseph wird ein halbes Jahrhundert lang immer wieder vor Berlin kapitulieren, obwohl er bereits als junger Mann mit Entsetzen auf die Sieger von Königgrätz sieht. Der kleinwüchsige Bartenstein mahnt 1740: „Friedrichs Sinn ändern zu wollen, ist ein ebenso vergebliches Beginnen wie einen Mohren weiß zu waschen. Jede Nachgiebigkeit ihm gegenüber kann nur zu einer Vergrößerung seines Ansehens und seiner Macht führen. Früher oder später wird er diese zum Nachteil des Hauses Österreich anwenden." Bartenstein wird später Vizekanzler Maria Theresias, wird noch Lehrer Josephs II.

Der Sohn eines lutherischen sächsischen Generals, Friedrich Wilhelm Graf Haugwitz (1700—1765)[127] wird der Schöpfer eines zentralistischen Einheitsstaates der österreichischen und böhmischen Länder. Er war nach einer Reise nach Rom kaiserlicher Beamter in der schlesischen Landesverwaltung geworden, geht nach Friedrichs Einfall in Schlesien nach Wien. „Arm und ohne Hoffnung", wie er später sagte, und wird von Maria Theresia und Franz in Dienst genommen. Haugwitz wird nach Schlesien entsandt: in das Überbleibsel des habsburgischen Schlesien. Er studiert hier die preußische Verwaltung des friderizianischen Schlesiens: wie man einen Staat stark macht, durch möglichst restlose Erfassung aller seiner wirtschaftlichen und menschlichen Substanzen. Haugwitz schafft für Maria Theresia eine zentralisierte Bürokratie, ein zentralisiertes Berufsheer und eine zentralisierte Finanzgebarung. Um die Stände gefügig zu machen — Haugwitz wird vom Hochadel und von den großen Männern der Kirche glühend gehaßt — trennt er die Rechtsprechung von der Verwaltung. „Maria Theresia hatte keineswegs eine Revolution beabsichtigt, aber sie führte eine durch."[128]

Man hat zu Recht von einer „josephinischen Revolution" gesprochen (Görlich-Romanik)[129]. Und man hat in Josephs Kirchen- und Klosterpolitik eine Aktion „von welthistorischem Format" ersehen, deren Schockwirkung mit jener der russischen Revolution von 1917 zu vergleichen ist (Rolf Bauer)[130]. Maria Theresia ist die Mutter dieser Revolutionen, die sie nicht wollte, aber zuließ. Nicht selten werden grundkonservative, starke Menschen zu Initiatoren von Revolutionen, von Bewegungen, die weit über das hinausführen, was sie selbst anstreben. So in unserer Zeit der bäuerliche Konservative Giovanni Roncalli, als Papst Johannes XXIII.

„Das Lebenswerk großer Menschen ist immer auch das Werk ihrer Helfer."[131] Die politische Genialität der Maria Theresia besteht darin, Helfer zu gewinnen und ganz persönlich in tiefster Loyalität an sich zu binden, die Umstürze tätigen, die von ihr nicht beabsichtigt, nicht so gewollt sind. Maria Theresia stimmt einer Aktion von Haugwitz zu, die den Tschechen schlimmer erscheint als die Schlacht am Weißen Berg: der Aufhebung der Böhmischen Hofkanzlei 1749. Bis dahin waren die Verwaltungsapparate Böhmens und der österreichischen Länder getrennt gewesen. Solange es eine Böhmische Hofkanzlei gab, konnten sich die Böhmen — tschechische und deutsche Böhmen — als Angehörige der Lande der Wenzelskrone auf *ihren* König, ihre Königin berufen: von dem (von der) sie hofften, daß sie doch in absehbarer Zeit auch in Prag residieren würde. Maria Theresia zerstört diese große Hoffnung und Erwartung: Sie, die das tschechische Volk schützen wollte, nicht zuletzt in seiner Sprache, in seiner volkhaften Kultur, und in diesem Sinne katholische tschechische Übersetzungen und eine tschechische (fromme) Literatur sehr bewußt förderte, wurde mit ein Meilenstein des versteinernden Hasses, der auf 1918 zuführt[132].

Die Vereinigung der Böhmischen und Österreichischen Hofkanzlei 1749 wird „das Signal zur Abfassung neuer Gesetzestexte. Man begann damit 1752. Diese Arbeit dauerte bis 1766, als der Codex Theresianus publiziert wurde, der die bürgerlichen Rechte neu definierte. Zwei Jahre später trat auch die Constitutio Criminalis in Kraft, welche den Grundstock für das Strafgesetzbuch in seiner Fassung von 1811 bildete"[133], das seinerseits ein Jahrhundertwerk wurde, bis ins 20. Jahrhundert herüberreichend.

Maria Theresias führender Staatsmann wurde der aus altem böhmischen Adel stammende Kaunitz (1711—1794). „Wenzel Anton Graf (später Fürst) Kaunitz-Rietberg . . . war einer der größten Staatsmänner Österreichs, der größte seiner Zeit, seinen Gegenspielern an diplomatischem Geschick weit überlegen. Er ist als der Wiederhersteller der österreichischen Großmachtstellung zu betrachten." So sehen ihn zwei Österreicher 1970[134]. Der Engländer Edward Crankshaw jedoch meint: „Im Gegensatz zur allgemeinen Ansicht war Kaunitz kein bedeutender Kanzler." „In gewissem Sinn, wenn auch in weit größerem Maßstab war er ein Vorläufer Aehrenthals, der in den ersten Jahren unseres Jahrhunderts die Monarchie an den Rand des Abgrunds brachte. Auch Aehrental war ein fähiger Mann, auch ihm mangelte es an Weitblick. Er brachte Österreich so weit, seine ganze Aufmerksamkeit auf Serbien und die Gefahr zu konzentrieren, die dem Kaisereich von seiten der slawischen Nationalisten, die in Belgrad saßen, drohte. Er gab der Welt das Schauspiel einer Großmacht, die die großen kontinentalen und weltweiten Ereignisse an sich vorübergehen ließ, die hypnotisiert war, gelähmt in ihrer quälenden Unschlüssigkeit, wie man wohl dieses Ärgernis auf dem Balkan bereinigen könnte, das sich inzwischen zu einem wahren Alptraum entwickelt hatte. Kaunitz kam von Berlin nicht mehr los, einer Drohung, die Österreich damals noch bewältigen konnte."[135]

Edward Crankshaw, der den Ehrentitel eines österreichischen Patrioten verdiente, wenn dieser als eine staatliche Auszeichnung verliehen werden könnte, sieht den Verbündeten, auf den Maria Theresia immer wieder vertrauen möchte, England, als einen Alliierten, „der in seinem endlosen Kampf gegen Frankreich und Spanien Österreich schamlos ausnützte". Crankshaw bescheinigte Pelham, der seit 1724 Minister in englischen Regierungen, dann seit 1744 Premierminister und Außenminister ist: „Wie die meisten britischen Premierminister und Außenminister hatte er herzlich wenig Ahnung von Europa."[136] Kaunitz und Aehrental werden hier in Bezug genannt, da sie die Engpaßführungen von oben her, die mit Maria Theresia beginnen und mit Joseph II. fortgesetzt werden, sehr eindrucksvoll dokumentieren. Dieser Engpaßführung entsprechen in der Mitte und weiter unten die Verengung von Österreichern zu „Deutschen", die sich einen „deutschen" Nationalismus schaffen, der sie selbst und das Reich zugrunderichtet.

Eine weitere Engpaßführung beginnt mit dem großen Gerhard van Swieten (1700 bis 1772)[137]. Kaunitz hatte ihn in Holland entdeckt, fühlt in ihm eine verwandte Natur. Van Swieten wird der Leibarzt Maria Theresias, wird oberster Zensor und „praktisch eine Art inoffizieller Unterrichtsminister". „Priester, Jesuiten, alteingesessene Universitätsprofessoren, selbst Höflinge, alle betrachten ihn mit Neid und Mißgunst, oft sogar mit offener Feindseligkeit." Maria Theresia „vertraute ihm bis ans Ende und stritt sich auch mit ihm bis ans Ende; ihr Vertrauen blieb auch dann noch bestehen, als es offensichtlich wurde, daß seine Reformideen das System untergruben, das aufrechtzuerhalten sie fest entschlossen war"[138].

Es ist heute an der Zeit, zu sehen: Dieser Gerhard von Swieten, loyalster Diener seiner Kaiserin (in diesem Falle darf wohl der Titel „Kaiserin" gebraucht werden, van Swieten sieht sie so) Maria Theresia, nur durch sie gehalten gegen die Wellen von Haß, die er selbst produziert hat, ist einer der großen Zerstörer der österreichischen Seele, der Vielschichtigkeit, der Vielfärbigkeit, der Vieltönigkeit des Österreichers. Van Swieten versteht sich selbst als Aufklärer. Was aber ist das für eine merkwürdige Aufklärung, die nun in Österreich heraufkommt und als „Josephinismus" Österreicher bis zur Gegenwart prägt? Van Swieten ist holländischer Jansenist. Von dem holländischen Bischof Jansenius war eine sich immer mehr radikalisierende katholische Reformbewegung ausgegangen, die puritanistisch, intransigent, fanatisch ihre augustinisch begründete Weltanschauung, Frömmigkeit, ihren kirchenpolitischen und staatspolitischen Stil prägt. Der Jansenismus führt seinen großen Kampf gegen Rom, gegen die Jesuiten und — so in Frankreich — gegen „die königlich katholische Religion" Ludwigs XIV. Der König seinerseits und das päpstliche Rom andererseits — in dem der Jansenismus selbst bei etlichen Kardinälen stärkste Sympathie genießt — führen einen Vernichtungskampf gegen diese katholischen Radikalen, die Rom, die Kirchengeschichte, den Glauben und die Vernunft säubern wollen: von allem „Aberglauben", von aller weltlichen „Unzucht". Jansenisten werfen den Jesuiten vor, unzüchtig Gott und Welt, Glauben und Vernunft zu vermischen, wahrhaft obszön. Jansenisten werfen dem päpstlichen Rom vor, das reine Evangelium und das frühe Christentum immer wieder verraten zu haben[139].

Diese antiklerikalen, antirömischen, antijesuitischen katholischen Aufklärer, die einen glühenden Glauben an den „reinen Glauben" und — getrennt — an die „reine Vernunft" besitzen, erhalten im habsburgischen Böhmen und Oberitalien und eben am kaiserlichen Hofe in Wien Zufluchtsstätten. Das Haus Habsburg verbietet kategorisch die Veröffentlichung päpstlicher Enzykliken gegen den Jansenismus. Jansenisten werden, als Josephiner, allertreueste Diener des Hauses Österreich, für das sie einen Staat bauen wollen, durch ihre Säuberungen von allem Schlendrian, Schmutz, Aberglauben, klerikalem Hochmut, feudaler Überhebung, professoraler Rückständigkeit an der Universität, einen Staat, der sich gegen die furchtbaren Gegner Rom, Berlin, Paris behaupten können soll.

Wie engbrüstig ihrerseits diese katholische Aufklärung ist, bekundet bereits ihr großer Promotor und Schirmherr Gerhard van Swieten selbst. Er kämpft nicht nur gegen den Kardinal Migazzi, der ihm als Verkörperung jenes „Ultramontanismus" erscheint, den die „liberalen" und „nationalen" Antiklerikalen des 19. und 20. Jahrhunderts so erbittert bekämpfen. Er läßt Werke von Wieland und Lessing, also der beiden führenden Schriftsteller der deutschen Hochaufklärung, verbieten zusammen mit Werken der — gerade auch deutschen Aufklärern — so obszön erscheinenden leichten Muse. Mit den Jansenisten zieht „der Tod der Musen" in Österreich ein.

Sonnenfels feiert van Swieten: „Dieser für unsere Wissenschaft so notwendige Mann, dem wir das kleine Licht, so sich blicken läßt, einzig zu verdanken haben (ich kommentiere: das Licht der Aufklärung), sollte zum Nutzen der Philosophie bei uns ewig leben." Sonnenfels proklamiert: „Die Kirche ist eine Polizeianstalt, die den Zielen des Staates dienen muß bis zu dem Zeitpunkt, wo die Aufklärung des Volkes ihren Ersatz durch die weltliche Polizei erlauben mag."[140] Goethe wirft Sonnenfels Geschichtslosigkeit vor. Seine Ansichten hätten nur Sinn in einem eben zusammengetretenen, künstlich geschaffenen Volk. Wieland wendet sich gegen Sonnenfels' „übertriebene Deutschtümelei". Lessing sieht mit tiefem Mißtrauen auf ihn, verdächtigt ihn, Sonnenfels, seine Berufung nach Wien hintertrieben zu haben[141]. Goethe, der Alteuropäer, ein wahrer Freund österreichischer Lebensform und breiter Kultur, liest bestürzt die Abhandlung „Über die Liebe des Vaterlandes", die Sonnenfels 1771 herausbrachte. Goethe wirft ihm einen „Patriotismus" vor, der im Grunde ein fanatischer, engstirniger deutsch-nationaler Chauvinismus sei (ich übersetze hier Goethe in die Sprache des 20. Jahrhunderts). Die mit religiös-politischem Fanatismus von Sonnenfels vorgetragene Frage: „Haben wir ein Vaterland?" bezeichnet Goethe als gekünstelt und wenig sinnvoll. Dasselbe gilt von Sonnenfels' Klage, daß es den deutschsprachigen Völkern an Patriotismus mangle. Goethe dagegen: „Wenn wir einen Platz in der Welt finden, da mit unseren Besitzthümern zu ruhen, ein Feld, uns zu nähren, ein Haus, uns zu decken; haben wir da nicht ein Vaterland? Und haben das nicht Tausende und Tausende in jedem Staat? Und leben sie nicht in dieser Beschränkung glücklich? Wozu nun das vergebene Aufstreben nach einer Empfindung, die wir weder haben können noch mögen, die bei gewissen Völkern nur zu gewissen Zeitpunkten das Resultat vieler glücklich zusammentreffender Umstände war und ist?" Goethe verurteilt Sonnenfels' These: Patriotismus (lies: Nationalismus) beruhe auf Boden — Goethe sagt nicht, auf „Blut und Boden", sondern dies: „Nicht der Boden, sondern die Verhältnisse eines Volkes, deren zwar viele auch aus dem Lande, das sie bewohnen, hervorspringen, bestimmen Nation. So haben die Juden Nation und Patriotismus mehr als hundert leibeigene Geschlechter."[142] Goethe zielt hier auf den wunden Punkt, in die wunde Mitte dieses deutschen Aufklärers in Österreich. Sonnenfels kann als ein Erzvater des deutschgläubigen Judentums in Österreich angesprochen werden, das in liberalen, in kapitalistischen, in sozialistischen Juden, die an das Heil aus Deutschland glauben, von außerordentlicher Bedeutung für Selbstfindung, Selbstverlust, Identitätsverlust in Österreich vom Vormärz bis zunächst 1946 ist[143].

Joseph von Sonnenfels (1732—1817)[144]: Sein Großvater Rabbi Michael der Fromme war Oberrabbiner in Brandenburg. Sein Sohn Lipman Perlin (was bedeutete: aus Berlin stammend) wandert nach Eisenstadt im heutigen Burgenland, damals Westungarn. Lipman wird zwischen 1736 und 1739 Katholik, er beginnt unter seinem neuen Namen Alois Wiener zu schreiben. Er wird 1745 Professor für orientalische

Sprachen an der Universität Wien, wird bereits ein Jahr später geadelt: als „von Sonnenfels". Sein Sohn Joseph studiert am Piaristenkolleg in Nikolsburg (Nikolsburgs Gymnasium wird später ein Zentrum der Deutsch-Nationalen), wird Soldat im Infanterieregiment der Deutschmeister, lernt so die Steiermark, Kärnten, Ungarn und Böhmen kennen. Als Soldat lernt er französisch und italienisch (von französischen und italienischen Deserteuren, die zu den Deutschmeistern kommen). Er lernt in Böhmen „böhmisch", also tschechisch.

Herausgefordert durch die abschätzigen Urteile des Berliner Buchhändlers und Schriftstellers Nicolai[145], eines Mannes der engbrüstigen, engstirnigen, arroganten deutschen Niederaufklärung (Lessing polemisiert gegen den Glauben Nicolais an das Licht der Aufklärung aus Berlin)[146] über die Österreicher und besonders über die — von ihr behauptete — Nichtexistenz einer wertvollen österreichischen Literatur, die in Deutschland keine Beachtung verdiene, setzt Sonnenfels mit seiner Reaktion an, die er als Einführung der Aufklärung in Österreich (van Swieten folgend) versteht. Die Österreicher sollen endlich gute Deutsche werden, indem sie gut Deutsch lernen[147]. (Fast rührend wirkt es, wie Maria Theresia sich bei Gottsched, dem deutschen Literaturpapst seiner Ära, 1749 wegen ihres „schlechten Deutsch" entschuldigt.)

1761 wird Sonnenfels Vorsitzender der „Deutschen Gesellschaft" in Wien; er bemüht sich, erfolglos, um die Lehrkanzel für Deutsche Literatur an der Universität Wien. Sonnenfels wird der erste führende Journalist Österreichs: ein Mann ohne jede innere Beziehung zur österreichischen Psyche, österreichischer musischer und volkhafter Kultur und österreichischen spirituellen Traditionen. 1770 erhält er die Theaterzensur mit praktisch unbeschränkter Machtvollkommenheit[148]; 1779 wurde er schließlich zum Hofrat, Mitglied und Berichterstatter der Studien- und Zensur-Hof-Kommission ernannt. Ebenso wurde er Mitglied und bald darauf Vizepräsident der Hofkommission in Gesetzessachen und fungierte außerdem als Ratgeber in Polizeiangelegenheiten. Er war auf dem Höhepunkt seiner Laufbahn angelangt, doch ging sein Einfluß noch weit über die Kompetenzen seiner Stellung hinaus[149]. Nach dem Tode seiner großen Schutzherrin Maria Theresia tritt eine entscheidende Schwächung seiner Position ein. Von Ehren überhäuft stirbt er 1817.

Sonnenfels gehört zu den vielen Rätseln, die Österreichs Geschichte, Österreichs führende Persönlichkeiten auszeichnen, und es ist zu fragen, wie Maria Theresia diesen Schwierigen, diesen Zerrissenen ertragen haben mag: seine „unangenehme Geschwätzigkeit, Reizbarkeit, Taktlosigkeit und Eitelkeit"; sein immer noch unbefriedigtes Bedürfnis, als öffentlicher Ankläger aufzutreten, aggressiv aus der Kraft seiner von ihm selbst nie durchschauten inneren Schwierigkeiten. Robert A. Kann, dem wir eine einzigartige Würdigung dieses Mannes verdanken, vermerkt: „Hätte er ein anderes Temperament gehabt, wäre er weniger gehemmt und aggressiv, wäre er vor allem begabter gewesen, dann hätte er wohl auch anders geschrieben und gesprochen."[150] Dieser bedeutende Historiker, Altösterreicher und Jude kann es sich seelisch leisten, auch dies anzusprechen: „Von den besonderen Umweltfaktoren ist kaum ein Element entscheidender als jenes, welches seine Existenz von der österreichischen Tradition seiner Zeit trennt — nämlich seine jüdische Abstammung."[151]

Sonnenfels kompensiert durch seine gewaltige, nicht nur gewalttätige Arbeit als Reformer, als Aufklärer, als deutscher Diener des Hauses Österreich seine jüdische

Erscheinung. Wie muß dieser Mann, dem der Jude ins Gesicht geschrieben stand, gewirkt haben auf Maria Theresia, die buchstäblich keinen Juden riechen konnte, vor jeder Berührung mit einem Angehörigen des „gottesmörderischen Volkes" der Juden zurückschreckte? Sie empfängt ihre jüdischen Geschäftsleute, ihre „Hoffaktoren" nur hinter einem Vorhang, um nicht durch ihre körperliche Nähe befleckt zu werden. Maria Theresia sieht in allen Leiden, die den Juden zukommen, Gottes Strafe. Das ist das Spiel der Geschichte: Ihr zu Ehren wird „Marientheresienstadt" gegründet, das „Nobel-KZ" der Hitler-Zeit, Maria Theresia erhält das Herzogtum Auschwitz und Zator. In den ersten fünf Jahren ihrer Regierung werden die Juden aus Böhmen vertrieben. Drei Jahre vor ihrem Tode, 1777, fünf Jahre vor dem Toleranzpatent Josephs II. schreibt sie: „Künftig solle keinen Juden, wie sie Namen haben, zu erlauben, hier zu sein ohne meine schriftliche Erlaubnis. Ich kenne keine ärgere Pest von Staat als diese Nation wegen Betrug, Wucher und Geldvertragen, Leut in Bettelstand zu bringen, alle üblen Handlungen ausüben, die ein anderer ehrlicher Mann verabscheute, mithin sie, so viel sein kann, von hier abzuhalten und zu vermindern ..."[152]

Maria Theresia verteidigt Sonnenfels, hält ihn gegen alle Angriffe: die von so führenden Personen wie dem Erzbischof von Wien, Graf Migazzi und dem Hofkanzler Graf Chotek gegen ihn vorgetragen werden, die in ihm einen Zerstörer der Kirche, des Staates, der Gesellschaft, der Moral sehen. Sonnenfels ist etwas anderes: Er kämpft gegen die österreichische, konkret gegen die Wiener barocke Volkskultur, deren Polyphonie, Vielschichtigkeit, ihm als obszön, abergläubisch, abgeschmackt erscheint, also zu verbieten ist. Sein Kampf gegen den Hanswurst ist in diesem Sinne ein Kulturkampf allererster Ordnung. Dieser Kampf ist die Parallelaktion zur „Säuberung" der Religion. In diesen beiden größten „Haupt- und Staatsaktionen" (um in der Sprache des Barock zu sprechen) geht es um eine Säuberung des „weiten Landes" der Seele von allen „Einbildungen", „gefährlichen Phantasien", um eine Abgrenzung gegen den leibseelischen Untergrund, um eine Verdrängung (durch Verbote, Polizeimaßnahmen und permanente Angriffe) des Archaischen, „Primitiven", der „roots" (wie man heute in Amerika sagt), der Tiefenschichten der Person — der österreichischen Nation, die in ergreifender Anonymität gar nicht recht weiß, was ihr geschieht.

Weder Angreifer noch Angegriffene sind sich im Streit um den Hanswurst der Tragweite dieser staatspolizeilichen Säuberung der Volkskultur im klaren. Der ferne Lessing und der ferne Goethe ahnen, ja wissen mehr vom Wesen dieses Kulturkampfes, als man in Wien weiß, zu wissen scheint.

Kult, Kultus, Theater, Gottesdienst bilden in frühen Gesellschaften eine Einheit. Der große Barock lebt noch in ihr[153]. Dem sakralen Theater im liturgischen FeierDienst entspricht die „Komödie", in der die Götter der „Unterwelt" mitspielen: mitspielen, gerade weil sie aus dem Himmel der herrschenden Götter nach unten, ins Volk, in seine Masken, seine Spiele, seine „derben", „obszönen" Wortspiele und Handlungen verbannt sind: Priap, der Gott mit dem übergroßen Glied (noch im „Gartenzwerg" erhalten), die Fruchtbarkeitsgötter, sie alle sind in der Wiener Volkskomödie „erhalten", die heiteren Genien und die „Teufel", die „Dämonen": in der Maske des „Volkswitzes" erhalten sie ihre Freiheit, eine, wie Sonnenfels und seine Trabanten meinen, „zügellose Freiheit", die aufzuheben ist.

Der Lateiner sagt: tragoediam saltare, comoediam saltare! Tragödie und Komödie werden getanzt. Der „Vers" ist der Tanzschritt, bei dem gewendet wird. Die von Sonnenfels befehdete Wiener Volkskomödie, die im „Hanswurst" ein Dutzend Götter, die zu armen Teufeln, armen Seelen geworden waren, zu Wort kommen läßt, zu Wort bittet, ist die Schwester der großen liturgischen Feier in der missa solemnis, die Joseph II. auf eine möglichst billige Ausstattung, befreit von allem „Luxus", reduzieren möchte. Hier beginnt die große Trockenlegung der Seele, das Austrocknen der Seele, ihrer „Sümpfe", ihrer fruchtenden Tiefenschichten, ihres Humus. Als „Meliorisierung" des Bodens, des Mutterbodens des Menschen wird verstanden und als Entforstung wird nun praktiziert, was als eine Aufforstung gedacht wird, als Bildung eines neuen Menschen, gesittet in einer engen „Moral", befreit vom „Schmutz" und „Schlamm" seiner Begierden, die seine ungeheuer verengte „Vernunft", die zu einem instrumentalen Verstand (Horkheimer) reduziert wird, fesselt.

Robert A. Kann vermerkt: „Um des Beifalls willen machten die Schauspieler auch oft ausgelassene Scherze, ja erlaubten sich manchmal ausgesprochene Obszönitäten"[154]. Nun, diese „ausgelassenen Scherze" und diese „ausgesprochenen Obszönitäten" gehören zur archaischen Komödie, die ja noch im „Bocksgesang" des attischen Dramas eben die „Böcke", die phallischen Götter der Tiefe, des leibseelischen Untergrundes zu Wort und Tanz bittet. Dem ganz amusischen, keiner Heiterkeit fähigen, verkrampften Sonnenfels ist das alles ein einziger Greuel: dieses „Lustspiel", in dem Stranitzky, Weiskern, Prehauser und Kurz (Bernardon) die Lieblinge der Wiener waren.

Der Großangriff wird in deutschen Landen gestartet und in Wien aufgenommen. Der grüne Hut („grün" ist die Farbe, die Heilsfarbe der „Ketzer", der Verdrängten, der Götter der Fruchtbarkeit; der „Ritter im grünen Mantel" im Don Quijote ist aus ihrer Zunft) und das hölzerne Schwert des Harlekin (sein Phallus!) sind die aufreizenden Reizsymbole dieser Wiener Volkskomödie des „Hanswursts", über den das literarische Deutschland Gottscheds und seiner Satelliten um 1750 den Gerichtsstab brechen: Es ist das habsburgische katholische Wien, das hier zu Tode verurteilt wird — im Rahmen einer „Literarischen Fehde", in der kein Wort von Gegenreformation fallen muß! Die „Reformation" übernehmen ja diese deutschen Kleinaufklärer in eigener Regie.

In England hatten in der großen kulturellen Revolution, die Shakespeare und die Feierwelt der Stuarts in die Hölle verdammte, die Puritaner und andere Radikale gegen „die Schönheit der Heiligen" (im Kult, in der immer noch sehr katholischen liturgischen Feier), gegen den Reichtum der Bischöfe, der Hochkirche und gegen das Theater gekämpft[155]! Sonnenfels will das Theater, wie die Kirche (siehe oben!) zu einer Zuchtanstalt machen, in der gute Staatsbürger als nützliche, als „vernünftige" Untertanen produziert werden. Sonnenfels: Der Schauspieler soll in allen Rollen denselben Charakter verkörpern, er wird lebenslang auf eine Rolle eingeengt (wie als Beamter, Priester, Offizier, Staatsdiener). „Wer einmal Held, Bösewicht, Edelmann, Heldenvater oder Heldenmutter, Liebhaber oder Vertrauter war, sollte es auch allezeit bleiben; der Schauspieler habe in seinem Rollenfach zu bleiben. Es durfte auch nur einen einzigen Handlungsablauf geben."[156]

Ausschaltung des Konflikts: schwarz-weiß (wie die Farben Preußens, des Ordensstaates) stehen Gut und Böse, Recht und Unrecht, Vernunft und „Aberglaube" einander gegenüber. Das Theater als „moralische Anstalt" im engsten Sinne des Wortes. Für Sonnenfels war es der Auftrag des Theaters, das Gute zu verteidigen, das Schlechte zu bekämpfen, die Autorität aufrechtzuerhalten und allem Umstürzlerischen, wie sehr es sich auch hinter der falschen Naivität der Narrenkomödie verborgen hielt, vorzubeugen[157].

Dem Theater wird dergestalt verboten, seine psychotherapeutische Funktion zu erfüllen, den Menschen freizuspielen, zu entlasten, ihm zu helfen, sich in den sehr verschiedenen Rollen, die ihm zu spielen im Leben die Gesellschaft abfordert, zu behaupten. Nach dem Ersten Weltkrieg haben diese Funktion — diese Heilsfunktion des Theaters — mit sehr verschiedenen Mitteln Hofmannsthal und Max Reinhardt und Moreno zu aktivieren gesucht. Hofmannsthal wollte eine Erziehung zur Heiterkeit, zum Lächeln, um die durch den Krieg verkrampften, in Haß und Enge gefährlich fixierten Zeitgenossen zu erhellen. Ihm zur Seite der Wiener Jude Max Reinhardt, der im besten Einvernehmen mit einem Salzburger Erzbischof das Theater wieder direkt in die Kirche bringen will. Der große Psychotherapeut Moreno ist mit seinem Theater — „Patienten", leibseelisch Kranke, sollen sich in freiem Spiel freispielen —, das er im Nachkriegs-Wien entwickelte, erst viel später in New York wirklich zu Wort, zum Spiel gekommen.

Nach langen schweren Kämpfen, in denen die „Komödianten" 1767 noch einmal einen großen, überwältigenden Erfolg in der Verteidigung des Hanswurst erringen, mit einem Stück „Der auf den Parnaß erhobene grüne Hut" — Prehauser stellt hier auf der Bühne Sonnenfels dar — siegt Sonnenfels. Unterstützt von dem jansentistischen gebildeten Staatsrat von Gebler, wendet er sich 1770 an Kaiser Joseph. Ergebnis: die Aufführung von Stegreifkomödien auf der Hofbühne wird verboten[158]. Die Hofbühne wird reformiert: als „Deutsches Nationaltheater". Als Burgtheater lebt es heute noch, in vielfach verwandelter Gestalt. Sonnenfels und Kaiser Joseph wollten hier ein Staatstheater schaffen, das „vernünftige" Menschen bilden sollte, in einer „reinen deutschen Sprache". Sie wurde später zu jenem „Burgtheaterdeutsch", das Vorbild und Anlaß zu ironischer Konfrontation auf der Volksbühne, so bei Nestroy, wurde.

Bevor wir uns dem „Josephinismus" in anderen Bezügen zuwenden, sei hier erinnert, was oft übersehen wird: Es besteht ein gewaltiger Unterschied zwischen Hochaufklärung und Niederaufklärung[159]. Hochaufklärung, von einigen Engländern und Franzosen gedacht und gelebt, vereinigt die großen Traditionen Alteuropas mit einer kritischen, auch selbstkritischen offenen Vernunft. Voltaire[160] kämpft gegen die Intoleranz der französischen, der römischen Kirche in vielen Fehden, kämpft für verfolgte Protestanten und andere Nonkonformisten, gegen Inquisition und geistigen, seelischen Terror. Voltaire ist der Verfasser des „Zeitalters Ludwigs XIV", einer einzigartigen Präsenz des Glanzes, der Größe dieses so befehdeten Sonnenkönigs. Voltaire schätzt aber die Jesuiten — nicht zuletzt als Entdecker Chinas — und spielt auf seinem Gute abends Schach mit seinem Hausgeistlichen, einem Jesuiten.

Auf das Sonnenfelsische, aufs josephinische Wien übertragen,. bedeutet das: In Wien zieht eine verengte, kleinkarierte Niederaufklärung ein, die unerotisch, amusisch, unspirituell ist. Der große Kahlschlag der Seelen beginnt, der sich bei den

Österreichern, die nun zu neuen Deutschen, zu Neudeutschen gemacht werden, extrem in politischen Engpaßführungen ausformt.

Gegen Sonnenfels hatte der große Mann der deutschen Hochaufklärung, Lessing, in Verteidigung des Wiener Hanswursts geschrieben: „Warum sollten wir ekler, in unseren Vergnügungen wähliger und gegen kahle Vernünfteleien nachgebender sein, als, ich will nicht sagen, die Franzosen und Italiener sind, sondern als selbst die Römer und Griechen waren? War ihr Parasit etwas anderes als der Harlekin? Hatte er nicht auch seine eigene, besondere Tracht, in der er in einem Stücke über dem andern vorkam? Hatten die Griechen nicht ein eigenes Drama, in das jederzeit Satyri eingeflochten werden mußten, sie mochten sich nun in die Geschichte des Stückes schicken oder nicht?"[161] Die Austreibung der „Italiener", „Franzosen", „Römer", „Griechen", der archaischen Genien, Dämonen, Götter, der alten Heiligen der Kirche, deren Festkalender radikal gesäubert wird von „unnützen" Heiligen, faltet sich im 19. Jahrhundert politisch zuerst in die innere Austreibung der anderen, nicht deutschen Nationalitäten im Österreicher aus, der ein „reiner Deutscher" werden soll, dann in die äußere Austreibung. Zwischen innerer, innerseelischer Austreibung und äußerer Austreibung der Fremden entfaltet sich der permanente Bürgerkrieg der „Deutschen" gegen die „Tschechen": als Modell für diese „Selbstreinigung" der Österreicher, die „wahre Deutsche" werden wollen.

Das Heil kommt aus Böhmen. Böhmen ist das klassische Land der josephinischen Aufklärung. Aus Böhmen kommen die Reformer nach Wien. Im mariatheresianischen Wien werden die Fundamente der josephinischen neuen Zivilisation geschaffen. Im Gegenstoß gegen das hussitische, lutherische, von Sachsen und Brandenburg-Preußen her missionierte Böhmen hatten Jesuiten und andere Orden ein barockes Böhmen geschaffen, eine reiche katholische tschechische Volkskultur[162]. Die Welle neukatholischer Begeisterung verebbt nach 1680. Der Generationenwechsel wirkt sich aus: Er ist immer wieder gerade auch für Österreich, so später für den Wandel zum Liberalen, zum Deutschnationalen, zum Alldeutschen, zum Nationalsozialisten religiös und politisch so überaus bedeutsam. Das katholische Böhmen steht 1570 bis 1670 in sehr starken, kulturell vitalen Beziehungen zum katholischen Süddeutschland. Vorzüglich die Jesuiten versuchen eine tschechische Buchkultur zu schaffen, zur Unterstützung der Bild- und Formkultur ihres Barocks, die der evangelischen ebenbürtig sein soll. Der Jesuit W. Steyer gibt 1683 das erste tschechische Kantional heraus, es enthält über tausend tschechische Lieder. Dieses „jesuitische" Böhmen entfaltet einen Überschwang (geistlich: „Symblisma"): einen sehr konkreten „Überschuß" an begeisterten jungen Menschen, die aus Böhmen in die spanischen Kolonien gehen (seit 1678), nach Südamerika. W. Breyer aus Böhmisch-Aicha legt den Grund für den Jesuitenstaat in Paraguay. In Prag und Olmütz werden Priester für Irland, England, Norddeutschland, Skandinavien und Rußland ausgebildet[163]. Diese Flut aus Böhmen kann sich durchaus mit der späteren pietistisch-preußischen Weltmission vergleichen.

In diesem rekatholisierten Böhmen toben schwere Kämpfe zwischen Tschechen und Österreichern in böhmischen Klöstern, zuerst gegen die Deutschen, Bayern, Westfalen, dann gegen die Priester aus den habsburgischen Erblanden. Ein spezifisch religiöser „Nationalismus" erfaßt Orden, die gegeneinander kämpfen, erfaßt selbst die

Gesellschaft Jesu[164] (noch heute leben in Belgien die wallonischen und flämischen Jesuiten in getrennten Gesellschaften). Schwere Kämpfe erschüttern diesen böhmischen Katholizismus im frühen 18. Jahrhundert. Reformer sehr verschiedener Observanz stehen gegen „die Alten", die an der Scholastik festhalten und an einem älteren katholischen Humanismus, von dem sich der klassizistische Neuhumanismus distanziert.

Dieses Böhmen ist die Zelle des Kampfes gegen „die Schwarzen". Die Kontinuität bis zur Seipel-Zeit und darüber hinaus wird hier mehrfach anzusprechen sein. *Die* Schwarzen, *die* nigri, das sind zunächst die Jesuiten[165]! Zentrum dieser Kämpfe zwischen Prämonstratensern, Augustinerchorherrn und Dominikanern einerseits, den Jesuiten andererseits ist die Universität Prag. — Einige Exempel für den großen Streit: Der Dominikaner Siedecky weigert sich, das von den Jesuiten für Doktoren der Theologie eingeführte eidliche Gelöbnis abzulegen, die Lehre von der unbefleckten Empfängnis zu verteidigen[166]. Die pietas austriaca, die österreichische habsburgische religiös-politische Frömmigkeit gipfelte in einer pietas mariana, in einer spezifischen Marienverehrung. Besonders die Prämonstratenser sprechen von den Jesuiten nur abfällig, als von diesen bösen, intriganten „nigri", eben den „Schwarzen". Diese Prämonstratenser und die Augustinereremiten in Böhmen werden ergebene Mitarbeiter der „Großen in Wien"[167], der Träger der mariatheresianischen jansenistischen Reformbewegung, wie van Swieten, der Beichtvater der Kaiserin Ignaz Müller (Propst des Augustinerchorherrenstifts St. Dorothea in Wien; er kam aus Feldsberg an der österreichisch-mährischen Grenze), der Weihbischof Ambros Simon von Stock, der Jurist Karl Anton Martinie und später der überaus einflußreiche Abt Rautenstrauch.

Simon von Stock, der Reformer des Theologieunterrichts in Österreich, setzt die Berufung des Paters Petrus Gazzaniga aus Bologna nach Wien 1760 durch. „Ganz im Geiste der ‚Großen in Wien' bekämpfte Gazzaniga Jesuitismus, Scholastizismus und Ultramontanismus, wo immer er sie finden konnte." Der Nachfolger Stocks als Leiter des theologischen Unterrichtswesens in Österreich, Abt Rautenstrauch, schreibt dem Augustinergeneral Vásquez: „Ich halte die Zeit für günstig, nicht nur die Praedeterminatio physice (die die Thomisten lehrten), sondern auch die übrigen Dichtungen der arabischen Philosophie (Aristoteles), an denen die Dominikaner (durch Thomas von Aquin) auch jetzt noch wie der Polyp am Felsen festhalten, zugleich mit der barbarischen thomistischen Terminologie hinauszuwerfen, und will mich nach Kräften bemühen, dies auch in all ihren Konventen in ganz Österreich durchzusetzen."[168]

„*Der* Meister", den Rautenstrauch und seine Gesinnungsgenossen als geistigen Führer verehren, war ein Laie, Karl Heinrich Seibt, der in Prag einen Kreis um sich sammelte, aus dem Männer hervorgehen, die die engsten Mitarbeiter Josephs II. bei seiner Kirchenreform werden. Seibt[169] wurde 1735 an der böhmisch-sächsischen Grenze in Mariental geboren, er geht, enttäuscht über die Jesuiten an der Universität Prag nach Leipzig: Hier werden Gottsched und Gellert seine Lehrer. Nach seiner Rückkehr in die Heimat steht für Seibt fest: „Das katholische Österreich darf nicht länger im geistigen Wetteifer der deutschen Länder zurückstehen wie bisher. Wie Schlesien unter Maria Theresia das Vorbild des österreichischen Staatsneuaufbaues geworden war, sollte nun Sachsen für die Pflege von Kunst und Wissenschaft maß-

gebend werden. Das protestantische Vorbild sollte nicht nur erreicht, sondern sogar
überflügelt werden.[170]" Van Swieten unterstützt Seibt, dieser wird von Maria
Theresia 1770 in einer Privataudienz mit „unbeschreiblicher Leutseligkeit" (so Seibt
in einem Brief 1771) empfangen.

Seibt liest als erster Professor 1763 an der Universität Prag in deutscher Sprache.
Er liest über deutschen Stil, Klugheitslehre und Moral. Seibt strömt die böhmische
Jugend zu, er ist ein begeisternder Redner und ein wirklicher Pädagoge. „Seine
Worte und Lehren wurden mit enthusiastischer Begierde aufgenommen; und die
erste Frucht davon war, daß man in Prag ein reines Deutsch zu sprechen und deutsche
Schriftsteller zu lesen anfing. Gut deutsch reden hieß Seibtisch reden."[171] (Der Glaube,
daß das reinste Deutsch das Prager Deutsch sei, hielt sich am Burgtheater bis in die
Gegenwart. Die große Schauspielerin Maria Eis galt als dessen eindrucksvollste Re-
präsentantin). 1775 wird Seibt Direktor der philosophischen Fakultät und der
Gymnasien in Böhmen, wird Mitglied der Bücherzensurkommission, er hat damit die
wichtigsten Stellen im geistigen Böhmen erlangt und die Jesuiten abgelöst, deren
Gesellschaft 1773 aufgelöst worden war.

Dem „Seibtkreis", der Seibt als „Meister" verehrt, gehören neben vielen hunderten
Priestern und Laien, die sich um eine Neubildung, um eine neue Bildung als aufgeklärte Reformkatholiken verstehen, Männer an, die für den Josephinismus von
größter Bedeutung wurden: Staatsrat Freiherr von Kresl, Benediktinerabt Hofrat
Stefan Rautenstrauch, Hofrat Augustin Zippe und Propst Ferdinand Kindermann.

Kresl[172] stammt aus einer alten böhmischen Adelsfamilie und wird 1772 nach dem
Tode van Swietens Leiter der Studienhofkommission. Der Seibtschüler Stefan Rautenstrauch stammt aus Blottendorf bei Haida in Nordböhmen, wurde 1773 Abt des
Doppelklosters Breunau-Braunau. Das bei Prag gelegene Benediktinerkloster Breunau
bildete mit dem Stift Braunau in Ostböhmen — nicht weit von Königgrätz entfernt
(was Hindenburg mit Braunau am Inn verwechselte und ihn veranlaßte, von dem
„Gefreiten aus Braunau" zu sprechen) — eine Verwaltungseinheit. 1774 wird Rautenstrauch Studiendirektor der theologischen Fakultäten in Prag und Wien, mit Sitz
in Wien, er entwirft die neue Studienordnung (1774—1778). Die Aufhebung der
Gesellschaft Jesu durch den Papst in den katholischen Landen hatte ihm Freiraum geschaffen. Seibts Studienordnung lagen allen Studienplänen für die katholische Theologie in Österreich bis 1918 zugrunde. Rautenstrauch ist ständiger Leser der jansenistischen Zeitschrift „Nouvelles ecclésiastiques", er selbst ist stark von der protestantischen deutschen Aufklärung beeinflußt.

Kaiser Josephs II. „Reformation der deutschen Kirche" in Österreich, das Werk
des „letzten deutschen Kaisers", als den ihn Liberale und Deutschnationale
des 19. Jahrhunderts geradezu kultisch verehren, säubert mit „eiserner Zuchtrute"
(es ist die alte virga ferrea des Christus des Jüngsten Gerichtes) die verrottete Kirche
und ihre verrottete „Bildung". Seine Gläubigen sehen in ihm den „Glaubensfeger"[173].
Diese Reform ist nur als Produkt seiner Kindheit zu verstehen. Die „überstarke"
Mutter, eine wahre Magna Mater, verkörpert für das sensible, körperlich schwache
Kind, das sich früh fast erdrückt fühlt von der Überlast, die auf den Kronprinzen zukommt, die Mutter Kirche. (Mutter Kirche, Mutter Gottes und die
eigene Mutter bilden in der Personbildung vieler Katholiken, nicht nur von

Priestern, eine intensive und sehr problematische Verbindung.) Nie, bis zu seinem Lebensende, fühlt sich dieser Knabe Joseph (Trotz des Knaben ist zeitlebens in ihm) den Anforderungen gewachsen, die seine große Mutter — in seiner Brust — an ihn stellt. Es ist die Maria Theresia in Joseph, die ihn so sehr bedrückt, bedroht, ängstigt, einfordert.

Der leibliche Vater tritt zurück. Kaiser Franz hat sich neben seiner großen Frau ein eigenes Reich geschaffen[174]: in seinen Liebhabereien, in seinen finanziellen Aktionen. Er hinterläßt dem Sohn ein riesiges Vermögen, zum Teil in Staatsschuldscheinen, die Joseph sofort vernichtet. Der Knabe wählt sich, wie viele Jungen vor und nach ihm, bis zur Gegenwart einen künstlichen Vater, einen Ersatzvater, den er bewundert, fürchtet, und haßt und besiegen möchte: Friedrich II. von Preußen.

Ein unglückliches Kindheitserlebnis prägt sich tief in seine Seele ein. Um den störrigen Jungen gefügig zu machen, läßt ihn Maria Theresia durch eine Stimme aus der Geisterwelt erschrecken: die Stimme eines hinter der Tapete verborgenen Bauchredners. Joseph entdeckt das. Ist es ein Wunder, daß für ihn, wie für viele Generationen enttäuschter Katholiken — und für ihre Gegner aus dem „Hoc est enim corpus meum" ein „Hokuspokus" wird? Ist das nicht alles falsches, schlechtes Theater, was da in der Kirche gespielt wird? Als schlechtes Theater versteht Joseph auch den Kult, die „Geheimniskrämerei" der Freimaurer, in denen er eine Imitation kirchlicher und anderer superstiziöser Riten sieht. Im Handbillet vom 11. Dezember 1775, das die Freimaurerei für seine Lande verbietet, heißt es: „Die sogenannten Freymaurgesellschaften, deren Geheimnisse Mir unbekannt sind, als Ich deren Gaukeleyen zu erfahren wenig fürwitzig jemals war . . ."[175]

Es ist alles „schlechtes Theater": auf der Bühne des Volkes, im sakralen Kult der Kirche, deren überschäumende, triumphalistische Feierwelt dieser tief geängstigte junge Mann nicht verstehen kann, und eben auch in der „Freymaurerei".

Kontaktscheu, kontaktschwierig, ohne Freunde, ohne Frauen (seine „Liebschaften" sind sehr problematischer Natur, ihre mögliche existentielle Bedeutung für ihn ist nicht feststellbar). Ja er liebt von ganzem Herzen (der Mensch hat ein „Herz", nur viele Menschen entdecken es nicht oder fast nicht in ihrem Leben) seine erste Gattin, die blutjunge, sehr schöne und hochintelligente Isabella von Parma, hochbegabt auch als Schriftstellerin. Diese junge Intellektuelle sieht „die Preußen" (dies der Titel einer ihrer kleinen Schriften)[176]: „Das Grundgesetz des preußischen Staates ist der Despotismus, die absoluteste Tyrannei, gestützt auf eine rein militärische Regierung. Der Herrscher verfügt unumschränkt über das Schicksal seiner Untertanen. Der Fürst trennt seine eigenen Interessen von denen seines Volkes . . . als wenn er die Absicht hätte, Europa zu beweisen, daß es selbst im kultivierten 18. Jahrhundert noch Tyrannen geben könne . . . Nirgends ist die Justiz so korrumpiert wie in Preußen. Das Urteil der Gerichte hängt vom Wunsch des Herrschers ab . . . Der König von Preußen besitzt viele Talente. Die Umstände haben aus ihm einen Soldaten gemacht . . . Weder in politischen Dingen noch in Fragen des Krieges nimmt er von irgend jemand Ratschläge an. Seine Generäle sind von ihm gelenkte Automaten, seine wichtigsten Minister einfache Schreiberlinge; die einen wie die anderen wissen nichts von den wahren Absichten ihres Herrn . . . Er ist der erste Feldherr seines Jahrhunderts . . . Die Furcht beherrscht seine Untertanen . . . Die Natur hat ihn mit allem begabt, was zu Größe nötig ist, aber sie hat ihm auch ein kaltes, barbarisches, mitleidloses Herz gegeben. Alle Gefängnisse des Landes sind zum Bersten voll. Er regiert seine Familie sowohl wie seinen Staat mit Peitschenschlägen ... Sein Hauptziel war es, Preußen zum Rang einer europäischen Großmacht zu erheben und ihm in Deutschland den Platz zu verschaffen, den vorher das Haus Österreich eingenommen hatte ..."

Isabella bewundert Maria Theresia, liebt nicht ihren Gatten Joseph, der sie bewundert, sie liebt leidenschaftlich dessen Schwester „Mimi", Marie Christine, in einer unglücklichen Leidenschaft. Joseph entdeckt diese, als er ihre Briefe liest, nach ihrem frühen Tode.

Der tief Geängstigte „hat keine Zeit": Er sieht die Monarchie vom Untergang bedroht. Die Zeit arbeitet für Österreichs Feinde. Das ist sein „Glaube" an Österreich. Der ständig Überarbeitete, Übermüdete, der weiß, daß er keinen Dank ernten kann, der kranke Kaiser schreibt an seinen Bruder und Nachfolger Leopold: „Es ist eine Revolution in meinem Organismus."[177] Sein Streben, seine rastlose Aktivität wird bewegt durch diesen seinen Willen: die Revolutionen der anderen, dieses Überholen Österreichs in Richtung Zukunft — Einkreisung und dann Vernichtung — durch seine „Reformen" aufzufangen[178].

Kaiser Joseph II. will: *eine österreichische Nation schaffen*, mit Hilfe der deutschen Sprache, mit Hilfe einer kaiserlichen Aufklärung, die alle Untertanen zu Staatsbürgern macht. Kaiser Joseph II. will die beiden Nationen in Österreich aufheben. Er will den über zweieinhalb Jahrhunderte währenden Glaubenskrieg und Kulturkampf zwischen der österreichisch-römisch-katholischen Kultur und der deutsch-evangelischen Kultur beenden, aufheben, er will den Dreißigjährigen Krieg beenden, der eben wieder unter der Regierung seiner Mutter in Böhmen aufgeflammt war, in den evangelischen Erweckungsbewegungen und im großen Bauernaufstand. Kaiser Joseph II. will die Katholiken zu „vernünftigen" Menschen machen, ausgestattet mit einem „vernünftigen", menschenfreundlichen, toleranten Glauben an den Vater der Liebe, der Güte, der Weisheit im Himmel — und seinen Vertreter auf Erden: den Kaiser. Kaiser Joseph will die Protestanten und alle anderen religiös-politischen Nonkonformisten für dieses sein auf seiner kaiserlichen Vernunft zu errichtende Reich des Menschen und der Menschlichkeit gewinnen. Also auch die Juden.

Die neuen österreichischen „Deutschen" des 19. Jahrhunderts haben bis weit über den Josephkult des Georg von Schönerer hinaus Joseph als ihren Mann ersehen: als „Joseph den Deutschen". Unbefangene Nicht-Österreicher und Nicht-Deutsche, die nicht im Banne dieser verengten Optik stehen, haben als Historiker und Politiker im 20. Jahrhundert gesehen, daß dieser Kaiser Joseph einen Gesamtstaat des Hauses Österreich schaffen wollte, als ein Europa, ein österreichisches Europa (wie wieder der Kronprinz Rudolf), eben mit den Mitteln seiner deutschsprachigen josephinischen Aufklärung. Der Historiker Viktor Bibl, zeitlebens im Schatten Srbiks an der Wiener Universität stehend, warf Srbik vor, Metternich und dem Kaiser Franz viel zusehr entgegenzukommen und dieses abscheuliche reaktionäre Regime Altösterreichs zu verklären. Bibl bemerkt in seiner 1943 erschienenen Biographie Josephs II., daß der Kaiser „mit seiner ‚Germanisation' im Grunde nur das, was vielen seiner Vorfahren, nicht zuletzt seiner Mutter, als Ideal vorgeschwebt, aber nicht geglückt war, schaffen" wollte: „... *eine österreichische Nation*"[179].

Joseph wollte nicht germanisieren: weder in Böhmen noch in Ungarn, wo er 1784 den Behörden befiehlt, die Akten nur mehr in deutscher, nicht mehr in lateinischer Sprache abzufassen. Joseph II. erklärt dies erläuternd selbst: „Die Annahme, daß ich die ungarische Sprache beiseiteschieben will, ist falsch. Meine Verfügung enthält nichts gegen die ungarische oder eine andere Sprache, die in Ungarn gesprochen wird. Es geht um die Beseitigung des Latein, dieser toten, ausschließlich von Gelehrten benützten Sprache." (Ich kommentiere hier den Kaiser: dieses Latein war die gehaßte Sprache der Jesuiten, ihrer Scholastik, war die Sprache Roms, des Papstes und seiner „ultramonaten" Befehlsempfänger, die nun Joseph auf sich verpflichten möchte.) „Ich wünsche nicht, daß Millionen Menschen ihre Sprache wechseln, sondern nur, daß diejenigen Männer, die sich öffentlichen Angelegenheiten widmen wollen, Deutsch anstelle von Latein verwenden, und daß die Jugend gleichfalls diese Sprache lern: . . . Man möge meinen Erlaß in diesem Geist ausführen und nicht aus den Augen verlieren, daß ich ihn zum Wohl und zur Ehre der ungarischen Nation und des ungarischen Staates herausgegeben habe. Ich habe keineswegs die Absicht, die Muttersprache auszurotten oder einer eigenen Bequemlichkeit[180] zu frönen." Joseph hat sich den unauslöschlichen Haß der ungarischen Magnaten zugezogen (vor seinem Tode erlebt er noch Ungarn in offenem Aufruhr), da er sich persönlich überzeugte, wie ungeheuerlich diese Herren ihre rumänischen, slowakischen und ungarischen Bauern überherrschten und sie unter das Vieh demütigten. (Ich habe diese „ungarische" Behandlung ungarischen Gutsvolkes selbst noch in der Zwischenkriegszeit in den dreißiger Jahren erlebt.)

Joseph ist „der Reisekaiser": er hat, wie kein Herrscher Alteuropas vor und nach ihm, durch persönliche „Erfahrung", also fahrend, reisend von Land zu Land, das Elend der an Scholle und Herrn gebundenen Bauern in Böhmen und Ungarn und Siebenbürgen, das Elend in den Gefängnissen, in den Spitälern, im „Narrenturm" in Wien, also in den Gefängnissen, in denen „die armen Irren" eingesperrt wurden, sich persönlich nicht nur „angeschaut", sondern ergriffen, empört zur Kenntnis genommen. Joseph wußte, daß durch eine möglichst totale Staats-Reform Österreich, das Haus Österreich, das kostbare Erbe seiner Mutter, an der er hing, an deren Totenlager er zusammenbricht, zu retten war.

Joseph II., geboren im Schicksalsjahr 1741, in dem die Großmächte den Zerfall und die Aufteilung Österreichs erwarteten und zum Teil selbst planten, Römischer König 1764, Kaiser 1765 — als Mitregent seiner Mutter —, gestorben 1790, versteht sich selbst als Vollstrecker der besten Intentionen seiner Mutter, und das hieß für ihn konkret, ihrer bedeutenden Berater.

Die „josephinische Revolution", also sein kirchliches Reformwerk, wurde unter der Herrschaft seiner Mutter begonnen und faltet sich als ein Prozeß in verschiedenen Stufungen aus. Neben den holländischen Jansenisten, neben den Reformern aus Böhmen wirkte als Initiativzündung der Reformkatholizismus in der Lombardei. Der Jesuit Ferdinand Maass, dem wir ein Standardwerk über den Josephinismus verdanken, einzigartig in der Erschließung der Quellen — Maas ist ein erbitterter Gegner Josephs und im Falle eben der Kirchenreform auch der Maria Theresia —, meint mit eingem Recht: Der Josephinismus stammt aus der österreichischen Lombardei[181]. In der Lombardei war es zu einer denkwürdigen Zusammenarbeit der österreichischen

Regenten mit italienischen Reformern und Gelehrten gekommen. Nur im Schutze der österreichischen Herrschaft konnte sich der noch im hohen 20. Jahrhundert von seinen katholischen Landsleuten schwer angegriffene Cesare Beccaria (1738—1794, ein Altersgenosse Josephs) halten[182]: in Mailand, unter dem Schutz Wiens. Beccaria wurde der Vater einer neuen Rechtsgesinnung, er darf als *der* Vater einer Justizreform gesehen werden, die heute noch umkämpft ist, wie zu seinen Zeiten. Beccaria will kein Strafrecht (das immer und überall auf magischen Ritualen beruht, Opfer, Sühneopfer will, an die beleidigten Götter, dann an die beleidigte Majestät des Herrschers, dann an die Bürger — Kleinbürger), sondern Rechtshilfe gerade für die „Verbrecher". Also Aufhebung der Folter, Aufhebung der Todesstrafe und eine Rechtsreform, die bis in die Gefängnisse hinein sich als Freund, als Helfer des leidenden Menschen versteht und praktiziert.

In der Lombardei wurde getestet, was Joseph dann mit seinem Toleranzpatent von 1781 proklamiert. Der heutige Schweizer Kanton Graubünden gehörte zur Interessenssphäre des österreichischen Herzogtums Mailand. Hier wagte nun Fürst Kaunitz, auf eigene Verantwortung, gedeckt jedoch durch Maria Theresia, im Graubündner Konkordat (1760—1764) in seinem Mailänder Traktat einen Geheimartikel aufzunehmen, der den Protestanten in einigen Gebieten Graubündens bürgerliche Toleranz zuerkannte, wobei das kirchliche Verbot der öffentlichen Religionsausübung erhalten blieb[183]. Maria Theresia und Kaunitz weichen dann zurück, als aus Rom energischer Einspruch erfolgte.

Joseph sah, so ging es wirklich nicht. Seine Kirchenreform ist der Versuch, radikal den gordischen Knoten zu zerschneiden und die Kirche zu einer Selbstreform zu zwingen. Seinem Patent für die Römische Kirche in seinem Staat, 1782, gehen das juridische Reformpatent vom 1. September 1781, das „Toleranzedikt" vom 13. Oktober und das „Untertanenpatent" für die böhmischen Länder voraus — alles in atemberaubender Eile. Der Kaiser weiß, er hat nicht viel Zeit, nicht viel Lebenszeit. In ungeheurer innerer Unruhe und tiefer Einsamkeit wird er zum Revolutionär von oben. Das „Patent über die Bestrafung der Untertanen und das Verfahren bei ihren Beschwerden" vom 1. September bringt eine bedeutende Einschränkung der gutsherrlichen Strafgewalt. Nicht zuletzt durch die „Hohe (Bluts-) Gerichtsbarkeit" waren Gutsherren oft Herren über Leben und Tod ihrer Untertanen gewesen.

Das Toleranzpatent vom 13. Oktober (veröffentlicht am 21. Dezember), das ist Josephs Verständnis des Evangeliums als einer Frohbotschaft, nicht einer „Drohbotschaft", nicht einer „Fronbotschaft", wie im hohen 20. Jahrhundert katholische Theologen selbst die Pervertierung des Evangeliums in Alteuropa interpretieren. Das Toleranzpatent setzt den Tod der Kaiserin, die sich als „oberste Schutzfrau" der Kirche verstand, voraus. Maria Theresia hatte harte, ja härteste Maßnahmen gegen „ihre" Protestanten getroffen[184]. Die aus Oberösterreich, der Steiermark und Kärnten, dann aus Böhmen „transmigrierten", zwangsweise umgesiedelten Protestanten kamen in Lande, die — von den Türken verwüstet, seit Generationen unbebaut, oft noch gar nicht landwirtschaftlich bearbeitet — ihnen Hunger, Tod (durch Epidemien) und viel Leid brachten und erst in langen Jahren so kultiviert wurden, bis sie ihnen Heimat wurden — bis 1945.

Joseph schreibt an Gerhard van Swieten: „Toleranz ist ein redender Beweis von den Fortschritten des menschlichen Geistes, der durch die Macht des Aberglaubens sich kühn einen Weg gebahnt — den Jahrhunderte früher die Zoroaster und Confutse gewandelt, und der zum Glück für die Menschheit zur Heerstraße der Monarchie geworden ist!"[185] Auf seiner Heerstraße der Monarchie sollten Josephs Untertanen, beglückt durch die Segnungen seiner Aufklärung, seiner Gesetzgebung, durch die Menschenrechte, die der Kaiser ihnen gab, miteinander in eine gute Zukunft wandern, als gute, vernünftige, staatsgläubige Katholiken, als gute, staatsgläubige, vernünftige Protestanten und Juden. Joseph meint: „Der Dienst Gottes ist mit dem Dienste des Staates untrennbar verknüpft, und Gott der Herr wünscht, daß wir Nutzen aus den Menschen ziehen, denen Er das Talent und die Fähigkeiten verliehen hat, Taten zu vollbringen. Im übrigen mögen wir es Seiner göttlichen Barmherzigkeit überlassen, die Guten zu belohnen und die Bösen zu bestrafen!"

Das Toleranzpatent beginnt mit einem Satz, hinter dem die Erfahrung des Kampfes der Religionen, der gegnerischen Kulturen von 1520 bis 1780 steht. Joseph ist überzeugt, daß dieser Gegensatz allein bereits genüge, um Österreich zu zerreißen. Joseph kennt bestens Friedrichs II. Bemühungen, die Evangelischen in Böhmen, Ungarn, Siebenbürgen zu einem letzten und erfolgreichen Aufstand gegen das Haus Österreich aufzuhetzen, mit allen Mitteln der religiösen, kulturellen, politischen, nationalen Propaganda. „Da wir überzeugt sind, daß jeder Zwang, der dem Gewissen der Menschen Gewalt antut, höchst schädlich sei, im Gegenteil ein außerordentlicher Nutzen sowohl der Religion als dem Staate aus der echten Toleranz, wie sie die christliche Liebe vorschreibt, zufließe, so haben wir beschlossen, diese in allen unseren Erbländern unter gewissen Bedingungen einzuführen." Zunächst werden den im Königreich Ungarn und den „mit diesem verbundenen Provinzen" die alten Rechte der „Altkatholischen", der Anhänger der augsburgischen und helvetischen Konfession, der nicht mit Rom unierten Griechen, sodann werden den Protestanten beider Bekenntnisse „in allen Erbländern und K. K. Provinzen" volle staatsbürgerliche Rechte zuerkannt. Bei Mischehen (Ernst Wilhelm Eschmann hat das Wort „Mischehe" als ein Schmutzwort angesprochen, Joseph und seine Zeit kennen es noch nicht) „sollen die Kinder in Ansehung der Religion, in welcher sie erzogen werden sollen, dem Geschlechte der Eltern folgen". Das „Toleranzpatent" verbietet es den Katholiken, Kinder und Waisen nichtkatholischer Eltern zu katholisieren. Freie Schule für alle! Nichtkatholiken sollen „auch die Schullehrer ihrer Religion haben können".

Der Kaiser dekretiert hier[186]: „Übrigens soll es im ganzen Königreiche (Joseph sieht hier alle seine Länder als seinen Staat zusammen!) ein unabänderliches Gesetz sein, daß keiner wegen der Religion, es sei denn, er handle wider die bürgerlichen Gesetze und die allergnädigsten Befehle, oder er begine ein die öffentliche Ruhe störendes Verbrechen, bestraft werden kann. Daher befehlen auch Se. K. K. Majestät allergnädigst, mittels der öffentlichen Gerichtsbarkeit zu veranstalten, daß die Katholischen sich von allen Schmähungen und beleidigenden Vorwürfen gegen die Nichtkatholischen sorgfältig enthalten, hingegen aber auch diese alle spöttischen Ausdrücke, besonders in ihren Dikasterien und Bittschriften zu vermeiden beflissen sein sollen ..." Der Kaiser möchte eine „in allen K. K. Erbländern ... einzuführende und zu gründende echte christliche Verträglichkeit" schaffen!

Joseph II. konnte nicht voraussehen, daß nun der Kalte Krieg weitergeführt werden würde, in schärfsten Angriffen — nicht sosehr der Protestanten insonderheit, sondern der vielen, von der alten Kirche sich verletzt, versehrt fühlenden Geister und Seelen: in einem Kampf gegen „die Schwarzen", die „Jesuiten", die „Römlinge", wobei dieser Kampf sich gegen Rom und das Haus Österreich ausfaltet, wobei bis ins hohe 20. Jahrhundert als Patron dieses Kampfes der Kaiser selbst präsentiert wird.

Römisch-katholische Pessimisten befürchten Wellen von Übertritten zu den evangelischen Bekenntnissen: Sie wurden ebenso enttäuscht wie führende Männer der Evangelischen Kirchen. Auf dem Boden des heutigen Österreich entstehen neben Wien 48 „Toleranzgemeinden"! Jeder nicht katholischen christlichen Gemeinde mit über 100 Mitgliedern im Umkreis einer Stunde wurde die Errichtung eines Gotteshauses gestattet. Die beiden evangelischen Gemeinden in Wien erwerben 1782 Gründe und Gebäude des aufgehobenen Königsklosters in der Dorotheergasse: Dieses Klarissenkloster war von Elisabeth, einer Tochter des Kaisers Maximilian, der Witwe Karls IX., als Sühne für die Bartholomäusnacht in Paris, für die Ausmordung der französischen Protestanten gegründet worden[187]. 1942 gründen Priester und Laien in Frankreich eine katholische Sühnegemeinschaft, die Saint-Barthélemy, die Bartholomäusnacht überwinden und die beiden Frankreich miteinander versöhnen möchte . . .

In Böhmen befürchtete man eine besonders zahlreiche Konversion zum Protestantismus, sehr verständlich nach all dem, was die Evangelischen hier erfahren hatten. Als das Toleranzpatent veröffentlicht wird, erklären sich nur 45.000 als Protestanten, das waren kaum zwei Prozent der Gesamtbevölkerung[188]. 1775, also knapp sechs Jahre zuvor, hatten die aufständischen böhmischen Bauern sich an Friedrich II. um Hilfe gewandt. Der preußische König hatte immer wieder Agitatoren ins Land geschickt, um zum Aufstand zu werben. Prophezeiungen durchschwirrten Böhmen, so diese: „Im Jahre 1777 kommt ein König nach Böhmen, und er wird den Tschechen ihren alten Glauben zurückgeben." An diesen König, Friedrich II., wandten sich die Bauern auch mit einer Bittschrift: Er möge sich ihrer bei Kaiser Joseph II. annehmen, ob ihrer „gedrückten Gewissensfreiheit". Sollte dies umsonst geschehen, dann versprechen die Aufständischen: „Wir werden nicht früher aufhören, die Arme zum Himmel zu erheben, bis nicht der Herrgott das ganze Königreich Böhmen unter die Macht und das Zepter Eurer königlichen Majestät führe."[189] In Böhmen hatte bereits zuvor eine jansenistisch-„josephinische" katholische Reformation begonnen, die um Versöhnung und Begegnung mit den Evangelischen ringt. Es entstanden hier ein katholischer tschechisch-nationaler Josephinismus und ein katholischer slowakischer Josephinismus, die zur Grundlage des tschechoslowakischen Austriazismus werden: Hoffnung auf ein wiederhergestelltes Böhmen — mit Schlesien — im Schutzverband der Donaumonarchie!

In Wien hatte Bartenstein, der ja selbst aus einer evangelischen Familie stammte und zum allertreuesten Diener des Hauses Österreich geworden war, Joseph die Problematik des Geheimprotestantismus in den Alpenländern und vor allem in Kärnten geschildert. Das Luthertum arbeitete da unter anderem mit „Kleeblättelschriften", worin die äußere Beibehaltung des katholischen Glaubens bei gleichzeitigem inneren Bekenntnis zur Reformation so perfekt unterrichtet wurde, daß bei allfälliger Befragung der Examinierte sowohl mit katholischen wie mit lutherischen Glaubenssätzen zu antworten wußte[190]. Später empfahl Bartenstein Joseph, einfach für protestantische Bücher zum Umtausch katholische anzubieten. 1736 sind in Wien von dreizehn Buchhändlern drei katholisch! Buch-Bildung war eben eine Sache der Evangelischen, der Deutschen.

Nach dieser großangelegten religiös-politischen Befriedungsaktion, die Österreichs Protestanten mit Österreich, mit dem Haus Österreich, mit dem nunmehr zu schaffenden Gesamtstaat versöhnen will, folgt bereits am 1. November das „Untertanenpatent“ für die böhmischen Länder: Die Aufhebung der Leibeigenschaft. Der Kaiser läßt es in allen Erbländern veröffentlichen. Am 29. November kündigt Joseph II. die Klosteraufhebungen an und erklärt: „. . . jene Orden können Gott nicht gefällig sein, die sich nicht mit Krankenpflege und Jugenderziehung beschäftigen.“ Am 12. Januar 1782 nennt der Kaiser in einem Patent die aufzuhebenden Orden, erweitert diese Aufhebung bald darauf: Kartäuser, Kamaldulenser, Eremiten, Karmeliterinnen, Klarissen, Kapuzinerinnen, Pauliner, Dominikanerinnen, Benediktinerinnen und Franziskanerinnen werden aufgehoben. Das ist ein Kahlschlag, der ein reiches, buntes Seelentum „aufhebt“, wobei damals nicht zu übersehen war, daß die innere Fülle an Spiritualität, an Vielfärbigkeit der Frömmigkeitsstile vielfach bereits erlahmt war. Es gab tatsächlich viel, sehr viel in diesem „mittelalterlichen Klosterwesen“, auf das sich nun eine ungeheuer aggressive Literatenwelt stürzt, das nicht mehr haltbar war.

1770 gibt es in Österreich und Ungarn 2163 Klöster mit rund 45.000 Mönchen und Nonnen. Von 1782 bis 1786 werden von Kaiser Joseph 738 aufgehoben, er löst ihre Verbindung mit dem Ausland — mit Rom — und entfernt fremde Mönche. Aus den Klöstern werden Spitäler, Irrenhäuser, Arbeiterwohnungen, Kasernen, Monturdepots, Verwaltungsgebäude und andere für seinen Staat „nützliche“ Anstalten. Um seine Katholiken „vernünftig“ zu machen, wird der Gottesdienst radikal vereinfacht, die Liturgie wird bis zur Zahl der Kerzen bei einer „stillen“ Messe und während eines Hochamtes auf einen kleinen gemeinsamen Nenner reduziert[191]. Die Pfarrer werden angewiesen, über „nützliche“ Dinge zu predigen, so über die beste Bekämpfung der Maul- und Klauenseuche, und von der Kanzel die kaiserlichen Verordnungen zu verlesen. Hier entsteht der „schwarz-gelbe“ Kleriker, der im 19. und noch im 20. Jahrhundert so viel Haß und Spott erregt. Die kirchlichen Feiertage werden stark eingeschränkt, ebenso Wallfahrten, besonders die ins als feindlich erachtete Ausland — Einsiedeleien werden aufgehoben.

Der Kaiser war sich in keiner Weise bewußt, welche Verheerungen er anrichtete. Es gingen ja nicht nur, wie katholische Historiker vermerken, reiche Kunstschätze und reiche Klosterbibliotheken durch die Beschränktheit von Aufhebungskommissaren verloren. Es begann jener Kahlschlag, der die österreichische Spiritualität und Mentalität schwer beschädigt, verengt hat: als unvorhergesehene Vorstufe zur politischen Verengung. Kaiser Joseph versteht sich selbst als Reformer der katholischen Kirche, und er ist dies — bis heute wirksam — geworden. Auf josephinischer Grundlage basiert die Kirche in Österreich bis heute[192].

Aus dem eingezogenen kirchlichen Vermögen wurde für jedes Land ein „Religionsfonds“ geschaffen, aus dem die Kirchenbauten, Pensionen, die Kongrua (das staatliche Einkommen der Seelsorger) finanziert werden. Allein in Niederösterreich werden 263 neue Seelsorgestationen errichtet. Eine große Anzahl der heutigen Wiener Pfarrkirchen wurden zwischen 1780 und 1790 gegründet. Erneuert werden — durch den josephinischen Klerus, der mit großem Elan seine Reformarbeit beginnt — die Katechetik, die Seelsorge im allgemeinen und im besonderen (Verfügung vom 24. Oktober 1783). Generalseminarien (Hofdekret vom 30. März 1783) sollen die neuen Priester bilden: zu treuen Dienern des Staates und seiner Kirche.

Der Kaiser ließ sich von seinen Reformen nicht durch einen Bittgang des Papstes Pius VI. abhalten, der als eine späte Wiedergutmachung des „Ganges nach Canossa" des Kaisers Heinrich IV. zu Gregor VII. verstanden wird. Im März—April 1782 ist der Papst in Wien. Auch nicht durch Pressionen von seiten „römischer" Kirchenmänner im eigenen Reich. Joseph II. besucht im Dezember 1783 Papst Pius VI. in Rom. Am 20. Januar des folgenden Jahres schließt er hier in Rom ein Konkordat ab, das seine kirchlichen „Reformen" im wesentlichen anerkennt.

Am 16. Januar dieses Jahres 1783 erläßt der Kaiser das „Ehepatent". Die Ehe wird zu einem bürgerlichen Vertrag, eine Scheidung ist möglich, ebenso eine Wiederverheiratung Geschiedener. Die kirchliche Trauung bleibt erhalten. Die sogenannte „Civil-Ehe" von Geschiedenen wird im 19. und 20. Jahrhundert durch Konkordate aufgehoben: Die Austritte aus der Kirche basieren zu einem sehr hohen Prozentsatz — bis 1938 — auf dem Elend, in dem sich Geschiedene und in „wilder Ehe", kirchlich also im „Konkubinat", lebende Frauen und Männer mit ihren Kindern befanden ...

Spöttisch nennt Friedrich II. im Blick auf Josephs Kirchenpolitik den Kaiser des „Heiligen Römischen Reiches Erzsakristan". Spott war sehr oft bei Friedrich ein Ausdruck seiner höchsten Anerkennung und seiner Sorge, seiner Angst: Es entging dem König in Berlin nicht, welche Möglichkeiten das Haus Österreich durch die Erschließung eines unterdrückten und verwahrlosten Kräftepotentials erlangen könnte, wenn es gelang, seine Protestanten für sich zu gewinnen und seine Katholiken zu „vernünftig-gehorsamen" allzeit getreuen Staatsdienern zu machen. Das Ethos josephinischer Kirchenreformer lebt in österreichischen Priestern bis ins 20. Jahrhundert. Noch mehr ausgeprägt und wirksam das Ethos josephinischer Beamter, Intellektueller, Publizisten, Politiker: über Franz Grillparzer bis zu Adolf Schärf, dem sozialdemokratischen Parteiführer, österreichischem Hofrat, zuletzt Bundespräsidenten.

Die blutjunge Isabella, Herzogin von Bourbon-Parma, sie war einige Monate jünger als Joseph, hatte ihm 1762 sein einziges Kind, Maria Theresia, geboren. Im dritten Jahr ihrer Ehe stirbt sie, einundzwanzigjährig, die kleine Maria Theresia überlebt ihre Mutter nicht lange. Die Studie, wenn man will der Essay Isabellas über „Die Preußen" bezeugt, wie tief sich diese geistig und seelisch hellwache junge Frau verwundet erlebte durch den furchtbaren, unüberwindlichen Feind Österreichs, Friedrich II.

Maria Theresia erlebt, wie ihr geliebter Sohn Joseph, ihr Staatsmann Kaunitz, ja wie sie selbst (in heutiger Sprache) „korrumpiert" wurden durch den König in Berlin[193]. Bis auf ihr Totenlager bereut sie, in die Teilung Polens eingewilligt zu haben[194]. Sie weiß nicht, daß ihr Beichtvater Ignaz Müller[195], der Propst von Sankt

Dorothea, dessen Quittung über preußische Bestechungsgelder erhalten ist, selbst ein
Agent Friedrichs war. Dieser reformfreudige böhmische Priester, der an das Heil
aus der Staatsraison glaubte (was ihn in seinem eigenen Gewissen entlastet haben
mag), hatte sie geistlich „belehrt“, in ihren Gewissenskämpfen, sie müsse, um das
Leben ihrer Untertanen zu schonen, das kleinere Unrecht der Teilung eines fremden
Staates ohne Krieg einem blutigen Kriege zur Rettung eben dieses fremden Staates
vorziehen. Kaunitz und ihr Sohn Joseph suchten sie zu belehren, daß sie „Real-
politik“ machen müsse, wenn sie sich gegen Preußen und Rußland behaupten wolle.
Maria Theresia kennt das Wort „Realpolitik“ nicht, sie sieht das, was in ihren
Augen Friedrich II. als „Realpolitik“ betreibt, als einen Bankrott Europas, seiner
Moral, aller guten Sitten, ja der gesamten politischen und gesellschaftlichen Ord-
nung.

„Die Teilung Polens war ein Verbrechen, an dem Maria Theresia wider Willen
teilnahm.“[196] Am 23. Februar 1775 sagt sie zu dem Marquis de Breteuil, als er ihr sein
Beglaubigungsschreiben überreicht: „Ich weiß, mein Herr Botschafter, daß ich meine
Herrschaft sehr verdunkelt habe durch alles, was jetzt mit Polen geschehen ist; aber
ich kann Ihnen nur sagen, daß man mir verzeihen würde, wenn man wüßte, bis zu
welchem Punkt ich widerstanden habe und wie viele Umstände sich verschworen
haben, um meine Grundsätze und alle Beschlüsse, die ich gegen den maßlosen,
ungerechten Ehrgeiz der Russen und der Preußen gefaßt hatte, umzustoßen.“[197]

In einem Brief an ihren Sohn Ferdinand schreibt sie: „Diese unglückselige Teilung
verkürzte mein Leben um mindestens zehn Jahre . . . Was mich schließlich gezwungen
hat, diese elende Sache mitzumachen, waren die Schwäche der Türkei, die Tatsache,
daß wir von Frankreich und England keine Unterstützung erwarten konnten, meine
Furcht, in einen Krieg mit Rußland und Preußen verwickelt zu werden sowie das
Elend, der Hunger und die große Sterblichkeit, die in unseren Ländern herrschten . . .“

Maria Theresia sieht im Abend ihres Lebens Österreich allein, ohne Verbündete,
ohne Politiker, die Österreich verstehen. Edward Crankshaw sieht — wir erinnern dies
nochmals hier — in Kaunitz den Mann, der sie zur Lüge verführte, zu einer Imitation Friedrichs II. „Maria Theresia wurde, ohne es zu merken (später dann sollte sie
es um so schmerzlicher verspüren), korrumpiert. Und ihr Verderber war Kaunitz.“[198]
„Kaunitz wiederum legte eine Blindheit oder zumindest eine Kurzsichtigkeit an den
Tag, die die österreichische Diplomatie bis zum Ende der Donaumonarchie auszeichnete und in den Ereignissen des Sommers 1914 gipfeln sollte. Es war eine Blindheit
gegenüber den großen historischen Ereignissen, die noch verstärkt wurde durch die
Tendenz, alle Aufmerksamkeit auf das kurzfristige Ziel zu lenken, wenn nicht gar
auf das momentane Ärgernis: Friedrich und Schlesien um die Mitte des 18. Jahrhunderts, Cavour und die Lombardei um die Mitte des 19. Jahrhunderts, Serbien zu Beginn unseres Jahrhunderts.“[199]

Maria Theresia erlebt, wie ihr Sohn Joseph sich an die Vision einer Gebietsver-
größerung und ruhmvoller Eroberungskriege klammert. „Und was noch schlimmer
war: er erkor Friedrich zu seinem Vorbild.“[200] Joseph und Kaunitz wollen einen Teil
der europäischen Türkei im Austausch für Vermittlerdienste mit Rußland erwerben.
Maria Theresia weiß — was englische Politiker wie Disraeli im hohen 19. Jahrhundert wieder wissen, daß mit der Zerschlagung der Türkei der Balkan explodieren

wird, zu einem Schlachtfeld, auf dem Österreich zugrunde gehen wird. Konservative englische Staatsmänner und politische Denker wie Lord Acton sind in diesem Sinne — hundert Jahre nach Maria Theresia — für eine Erhaltung der Türkei, gerade um auch die Donaumonarchie zu retten.

„Es war ein schrecklicher Schlag für sie, als sie mitansehen mußte, wie sich beide, ihr Sohn und ihr vertrautester Berater, an dem zynischen und skrupellosen Spiel um die Macht beteiligten, das ihr in der Vergangenheit so viel Kummer bereitet hatte. Ohne Unterlaß stemmte sie sich gegen Verhandlungen mit Preußen (Friedrich II. verhandelte mit Katharina II. über die Teilung Polens und der Türkei!) und wandte sich mit aller Macht gegen den Plan, einen Teil der Türkei zu annektieren."[201] Am 22. Januar 1772 appelliert sie ein letztes Mal an Kaunitz: „. . . Man wollte auf preußische Manier handeln und gleichzeitig den Anschein der Ehrlichkeit retten . . . Aber seit dem Beginn meiner unglücksvollen Regierung haben wir wenigstens darnach getrachtet, in Allem eine wahre und gerechte Haltung, Worthalten, Mäßigung und treue Erfüllung unserer Verpflichtungen zu zeigen. Das gewann uns das Vertrauen, ja ich wage es zu sagen, die Bewunderung von ganz Europa, die Ehrfurcht und Verehrung selbst unserer Feinde. Seit einem Jahre ist dies alles verloren gegangen. Ich bekenne, daß ich es kaum mehr zu ertragen vermag und daß nichts auf der Welt mich mehr geschmerzt hat als der Verlust unseres guten Rufes. Unglücklicher Weise muß ich Ihnen gestehen, daß wir es verdienen." Maria Theresia beschwört Kaunitz, alles zu tun, was noch möglich ist, „indem wir unseren guten Ruf, indem wir Treue und Glauben, und soweit es sein kann, das politische Gleichgewicht wiederherstellen".

Es war zu spät: Man wollte sich an der Teilung Polens beteiligen. „Selbst Friedrich war über die habgierige Begeisterung erstaunt, mit der sich Josef und Kaunitz um den größtmöglichen Anteil an diesem finsteren und rückständigen Lande (ich kommentiere: so sieht *Friedrich* Polen!) feilschten."

Bankrott ihrer Außenpolitik, ihrer Europa-Politik: So sieht die nach dem Tode ihres geliebten Gatten rasch gealterte Maria Theresia ihre letzten Jahre. Bankrott im Inneren: Maria Theresia sieht, wie Wien, wie ihre Lande überschwemmt werden von einer in ihren Augen gottlosen und menschenlosen, kalten, zynischen intellektualistischen Welle, die nun ins Volk dringt, nachdem sie lange zuvor „vorbildlich" in Frankreich und am Hofe Friedrichs II. den Adel und seine Trabanten im Bürgertum ergriffen hatte.

Maria Theresia schreibt an ihren jüngsten Sohn Maximilian (der eine außerordentliche, auch politische Begabung besaß, wie er später als Kurfürst in Köln bewies)[202]: „Nichts Angenehmeres gibt es, nichts, was unserer Eigenliebe mehr schmeicheln könnte, als eine vollkommene Freiheit. Dies ist nämlich das Wort, das unser Jahrhundert der Aufklärung an die Stelle von Religion gebraucht, da alles aus Überzeugung oder Berechnung in der Vorstellung oder der Tat zu geschehen müssen scheint. Man verurteilt die Unwissenheit und Vorurteile der Vergangenheit, und weiß über die Vergangenheit gar nichts, über die Gegenwart nur sehr wenig. Könnte ich diese sogenannten Gelehrten, diese Philosophen in ihrem Unterfangen glücklicher sehen, zufriedener in ihrem Leben, so könnte ich mir Vorurteil, Hoffart, Voreingenommenheit und mangelndes Verständnis vorwerfen, sollte ich ihrem Beispiel nicht folgen. Die tägliche Erfahrung jedoch belehrt mich leider eines Besseren. Nichts ist schwächer und mutloser als diese ‚starken Geister', nichts steht der kleinsten Unannehmlichkeit kriecherischer und verzweifelter gegenüber. Sie sind allesamt schlechte Väter, Söhne, Gatten, Minister, Generäle und Bürger. Warum? Der Grundstock fehlt ihnen. Ihre ganze Philosophie, ihre ganzen Prinzipien schöpfen sie aus der Eigenliebe; der kleinste Schlag trifft sie zutiefst und wirft sie hoffnungslos zurück!"[203] Maria Theresia beobachtet eine seelische Engpaßführung, eine geistige Engpaßleitung, die Österreichs alte Psyche zerstört.

1757 schildert Christian Wilhelm von Prittwitz und Gaffron, der mit anderen kriegsgefangenen Preußen in Krems an der Donau (wir werden das politische Gesicht von Krems immer wieder beachten müssen) untergebracht ist, die ihm völlig unbekannten Österreicher: *„Den Nationalcharakter der Österreicher* anlangend, so war derselbe keineswegs abschreckend (ich kommentiere: wie ihn die preußische Propaganda dargestellt hatte!), vielmehr lag in demselben etwas Treuherziges und Gutmütiges, davon uns bei Gelegenheit unverkennbare Proben zukamen. Nur standen sie in dem Wahn, daß niemand selig werden könne, der nicht ein Mitglied ihrer Kirche wäre, daher sie uns auch oft sehr bedauerten, daß wir uns nicht mit ihnen in dieser allein heilbringenden Gemeinschaft befänden ... Daneben waren sie nicht minder ihrer Regierung enthusiastisch ergeben, und in dieser Hinsicht bekamen wir zuweilen manches von ihnen zu leiden."[204] Der preußische Offizier begegnet hier einem „archaischen" Volk, das in der Gemeinschaft seiner Heiligen lebt und an der pietas austriaca, an der österreichischen Frömmigkeit der Herrscherin voll und ganz teilnimmt.

Die „neuen Typen" (in der Sprache von heute so angesprochen), die nun herankamen und von Maria Theresia mit Entsetzen erfahren werden — wie sie selbst sagt —, sehen in Maria Theresia ein bigottes, abergläubisches, ganz ungebildetes Weib, das nun auch noch häßlich wird, fett, schwer beweglich, und altersgemäß immer noch „abergläubischer". Wieviel Spott erregte bereits ihre „Keuschheitskommission", die sie im Herbst 1747 zur Festigung der Moral und zur Bekämpfung der lockeren Sitten geschaffen hatte. Diese Kommission wurde in aller Stille bereits sechs Monate später wieder aufgehoben[205]. (Amerikanische Keuschheitskommissionen spielen im hohen 20. Jahrhundert in einigen Staaten der USA eine sehr einflußreiche Rolle.)

Es kommt aber viel ärger. Ein zunächst literarischer Sturm bricht los gegen die pietas austriaca: gegen „die Schwarzen", also die Jesuiten, gegen den habsburgischen Katholizismus[206]. Nun wird die Devise ausgegeben: katholisch sein ist blöde, ist ungebildet sein. Gebildet sein ist „deutsch" sein, evangelisch oder eben konfessionslos. Auf dem Lande übernehmen Lehrer, in einem hundertjährigen Streit mit dem „Herrn Pfarrer" lebend, die Vertretung dieser „Aufklärung". In Stadt und Land wird der Niederklerus nun, im ausgehenden 18. Jahrhundert, nationalistisch[207] — ein Vorgang von außerordentlicher Bedeutung für das 19./20. Jahrhundert. Der ganze Klerus wird gehaßt als eine Geheime Staatspolizei. Ein Hofdekret vom 26. August 1797 machte den Geistlichen zum Staatsbeamten in der Kirche.

Protestantische „Lichtfreunde" in Norddeutschland vertraten längst die Auffassung, daß katholisch sein und verrückt sein Synonyme sind. Es gibt keine katholischen Patrioten, sondern nur katholische Idioten: Das verkündet Johann Pezzl in seinem anonym in Zürich erscheinenden Reiseroman „Faustin oder das philosophische Jahrhundert" (2. Auflage 1783)[208]. Die Wiener Wochenschrift „Der österreichische Patriot" (1764—1765) hatte zuvor für einen Ersatz der Fremdsprachen (zunächst des Latein und des Französischen) durch das „Meißner" Deutsch Gottscheds plädiert.

Das am 11. Juni 1781 erweiterte Presse- und Zensurgesetz schaffte die Zensur praktisch ab. Dann beginnt eine Flut von antijesuitischen Traktaten und Romanen zu erscheinen. Den ersten jesuitenfeindlichen Roman Österreichs verfaßt Eduard Breier (1811—1886): „Wien und Rom". Eine anonym erscheinende Flugschrift „Der Jesuit und der Teufel: Eine Entdeckung zum Besten der Menschheit" (Wien, 1786) zeigt den Jesuiten als Verkörperung des Teufels, als den bösen „schwarzen Mann" des Ultramontanismus.

Es sind im 19. und 20. Jahrhundert nicht selten Expriester, die ihren ganzen Groll wider die Rom-Kirche in ihren literarischen *und* politischen Produktionen entladen. Es sind viele Exjesuiten, die im maria-theresianisch-josephinischen Wien „Aufklärung" als „Aufklärung über die teuflischen Finsternisse Roms" und die „Schandtaten der Jesuiten" praktizieren. Die Jesuitenzöglinge Johann Baptist von Alxinger (Pseudonym: Xilanger)[209], Alois Blumauer (Pseudonyme: Obermeyer und Auer)[210], der Exjesuit Lorenz Leopold Haschka[211] und Johann Pezzl (dem wir eben als Vorleser und Bibliothekar bei Kaunitz kurz begegneten!) treffen sich in der Loge „Zur wahren Eintracht". Eine andere Gruppe dieser Wiener „Aufklärer" trifft sich mit Ignaz von Born (1742—1791) im Kaffeehaus „Zum Kramer". Born[212] (Pseudonym Johannes Physiophilus), Exjesuit, Hochgradfreimaurer (vergebens versuchte er Joseph II. für die Loge zu gewinnen), ist ein Gelehrter von europäischem Ruf, ist ein fanatischer Feind der Mönche. Er ist das Urbild des „Sarastro" in Mozarts „Zauberflöte". Man nennt ihn rühmend den „Juvenal Wiens". Johann Pezzl wirkt bahnbrechend mit seinem dreibändigen Werk „Briefe aus dem Noviziat" (Zürich 1780—1783). Das Mönchtum ist die uneingeschränkteste Form seelischer, geistiger und physischer Sklaverei. Es wäre besser, Ägypten, die Wiege des Mönchtums, hätte anstelle der Mönche Krokodile geschickt, ihrer könne man sich leichter erwehren[213].

In seinem Roman „Faustin" fordert Pezzl die Unterdrückung der Prozessionen und Wallfahrten als geistliche Possenspiele, Kampf gegen den Kurialismus (das 19. Jahrhundert nennt ihn „Ultramontanismus"); er wettert gegen die päpstliche Unfehlbarkeit und die Dogmatisierung der Unbefleckten Empfängnis (gegen diese hatten bereits die Dominikaner in Prag gekämpft). In seinen „Marokkanischen Briefen: Aus dem Arabischen" (fingierter Druckort: Frankfurt und Leipzig; das Buch erschien in Wien 1784) sieht Pezzl das Alte Testament als ein sittenverderbendes, zum Mord aufhetzendes Werk (*hier* knüpfen die „nationalen" Gegenchristen später an). Das Christentum ist eine einzige Geschichte von Verbrechen. Die Jesuiten sind, unter anderem, am japanischen Bürgerkrieg schuld (die Stelle der Jesuiten nehmen später die Juden ein). Pezzl verlangt ein einiges Deutschland[214].

Ignaz von Born wirkt tief ins 19. Jahrhundert hinein mit seinen kirchenfeindlichen Schriften. Der Mönch ist ein Mittelwesen zwischen Affe und Mensch (Luther hatte proklamiert: monachatus non est pietas, die „Möncherei" ist kein Glaube, sondern nur Aberglaube). „Was das Insekt in dem Geschlechte der unvernünftigen Thiere ist, das ist der Mönch in dem Geschlecht der vernünftigen Thierarten. Er ist ebenso häßlich, Grauen erweckend, einnistend, bösartig im Finstern schleichend.“ Der Mönch ist ein Tier in Menschengestalt, er begattet sich im Geheimen und setzt dann heimlich seine Kinder aus. Die Klöster sind für Born „scheußliche Schwindgruben aller Laster und der entsetzlichsten Gräuel!“[215].

In dem hochgelehrten Ignaz von Born arbeitet eine seelisch nie bewältigte Bindung an seine Vergangenheit als Jesuit. Diese ganze religiös-politische und dann „deutsch“-nationale Propaganda und ihre politischen Vertreter sind nur verständlich als Ausdruck tiefer innerer Zerrissenheit. Der Österreicher als der Zerrissene, als der gespaltene Mensch: Eindrucksvoll verkörpert ihn Lorenz Leopold Haschka (1749 bis 1827). Sein Leben zeigt die Kontinuität dieser „Entwicklung“ vom josephinischen Zeitalter bis zum frühen „Vormärz“ an. Der Exjesuit Haschka rühmt in seiner „Ode an Josef II., gesungen im Ostermonde im Jahre, als Pius VI. in Wien war“ (1782), den Kaiser als Befreier Deutschlands vom römischen Joch. Rom hat Deutschland durch Mietlinge und durch Schlauheit unterjocht und ihm die Vernunft geraubt. Joseph II. ließ auf diese Ode hin den unglücklichen „Dichter“ in Ungnade fallen. Haschka, Exjesuit, Aufklärer, Jakobiner (so sieht er sich selbst um 1790) wird der Verfasser der Kaiserhymne „Gott erhalte Franz den Kaiser ...“

Faszinierend und abstoßend wirkte auf seine Zeitgenossen ein anderer Zerrissener: Alois Blumauer (1755—1798; Pseudonym Obermayer und Auer)[216]. Der Exjesuit bittet Gott: „Nimm mir den Glauben oder den Verstand!“ Blumauers Travestie „Virgils Aeneis travestiert“ wird ein erster internationaler Erfolg der Wiener Literatur. Rom, das ist das römisch-antike Rom, das päpstliche Rom, das imperiale Rom des Kaisers Joseph II.: Blumauer will den katholischen aufgeklärten Josephinismus als einen einzigen Nonsens entlarven (Friedrich Schiller erscheint dies als der „schmutzige Witz des Herrn Blumauer“)[217]. Dieses Werk wird von seinem Freunde Anselm Edling verteidigt in der Versdichtung „Blumauer bey den Göttern im Olympus über die Travestierung der Aeneis angeklagt; oder Tagsatzung im Olympus, Vergilius Maro contra Blumauer in puncto labefactae Aeneidis, herausgegeben von einem Prälaten“ (Leipzig und Graz 1792). Edling (1741—1794) war Abt des Benediktinerklosters von St. Paul in Kärnten gewesen, wurde nach dessen Aufhebung Beichtvater der Erzherzogin Marianne und Hofpfarrer. Edling versucht, über seine eigene Verneinung hinauszugehen: in der Erzählung „Der Priester, wie man ihn wünschen mag: ‚quid pro quo‘ für manch müßige Stunde des Seelsorgers am Lande“ (1793), präsentiert er die Lichtgestalt eines aufgeklärten josephinischen Geistlichen, eines wahren Seelsorgers, namens Isidor Selig. Dieser Isidor ist der Sohn eines (doch wohl jüdischen) Geschäftsmannes und einer gutmütigen Betschwester, die ihren Sohn als Kind für die Kutte bestimmt hat. Dieser edle Priester kämpft gegen kirchlichen Aberglauben und für ein frommes, nüchtern-sparsames Leben in der Welt[218].

Es ist kein Zufall, sondern geschichtlich „richtig“: In dieser Zeit werden die großen Wunden der österreichischen Vergangenheit literarisch „behandelt“ — vorbildlich für das 19./20. Jahrhundert. Der Jesuitenschüler Paul Weidmann schreibt ein Drama „Stephan Fadinger, oder der Bauernkrieg“ (1781)[219]. Mit dem oberösterreichischen Bauernaufstand befaßt sich auch Benedikt D. A. Cremeri (Pseudonym: Kaspar Reinberg) in „Der Bauernaufstand ob der Enns“ (1792)[220]. Der Prager Friedrich Guolfinger Ritter von Steinsberg verfaßt das Drama „Johann Chevalier von

Troznow, genannt Ziskan" (1781)[221]: Die Hussiten betreten die Bühne des Theaters, nachdem sie von der politischen Bühne Böhmens nie abgetreten sind ...

In vielen der Traktate, Broschüren, Pamphlete, Romane dieser höchst aggressiven Literatur kommt in der Aggression gegen Kirche, Mönchtum, „österreichische katholische Verblödung" eine Autoaggression zum Ausdruck: das später offen als morbus austriacus[222], als „Österreichische Krankheit" angesprochene, so vielschichtige Phänomen kommt hier zu Wort im Selbsthaß dieser Expriester, Exjesuiten, Klosterschüler, Seminaristen. Die seelische Engpaßführung schafft ein neues Klima: Die große Heiterkeit des Barock und seiner Basis in der archaischen Gesellschaft scheint verloren. Ein Jahrhundert nach Josephs II. Reformen vermerkt Nietzsche, der Sproß vieler Pastorengeschlechter: „Die Verdüsterung, die pessimistische Färbung kommt notwendig im Gefolge der Aufklärung. Gegen 1770 bemerkte man bereits eine Abnahme der Heiterkeit."[223]

Die große Französische Revolution und die napoleonischen Kriege erwecken in Österreich schwere Schocks und bringen den im revolutionären Frankreich geborenen neuen Nationalismus in die Lande des Hauses Österreich. Die Religion des Nationalismus hat in Frankreich das Licht der Welt erblickt.

Der junge Rousseau erklärt noch mit den Kosmopoliten der Hochaufklärung: Das Wort „Patrie", Vaterland, sollte ausgemerzt werden in den modernen Sprachen. Der späte Rousseau predigt: Der Geist des citoyen, des Staatsbürgers, soll sich von der Wiege bis zum Tode mit dem „Vaterland" befassen[224]. „Nation" ist vor 1750 ein harmloser Begriff. Nach 1750 wird er mit dem Wort „patrie" neu aufgeladen. 1755 klagt der Abbé Coyer, daß das alte Wort patrie fast vergessen sei. Nun aber erwacht es und steht auf! Coyer[225] predigt: Die Soldaten müssen lernen, für das „Gemeinwohl" zu sterben; die Priester müssen lernen, daß sie primär ihrem Lande gehören, die Mütter, daß sie ihre Kinder für das Vaterland gebären; sie sollen froh sein, ihre Söhne für das Vaterland sterben zu sehen („In stolzer Trauer": lautet die Formel in Todesanzeigen für Gefallene in Zeitungen um 1940). Die Gesellschaft soll den Kult des Vaterlandes einrichten durch Statuen, Ehrengräber, liturgische patriotische Feiern.

1764 erscheint Roustans[226] „Offrande aux autels de la patrie": Das Volk wird erzogen zur „Nation in Waffen", das Volk wird geboren auf den Schlachtfeldern — diesen Wiegen, aus denen sich die neuen Auferstandenen, die Heilande und Heilsführer des 19./20. Jahrhunderts erheben. 1781 verfaßt der alte Hochaufklärer Joseph Servan (er war Mitarbeiter in Diderots „Encyclopédie" gewesen) seinen „Soldat citoyen"[227]. Der Soldat ist der Bürger der neuen Nation, als die sich das Heilsvolk (der Franzosen) erklärt. Servan wird der Kriegsminister, der 1792 Österreich, der Vormacht der alten Väter (Kaiser und Papst) den Krieg erklärt. Die Verbindung von Rousseau zu den Jakobinern stellt der Abbé Sieyès[228] her (Qu' est-ce que le Tiers-Etat? Paris 1788): „Die Nation existiert vor allem; sie ist der Ursprung von allem (wobei dieses „tout", alles, das sakrale Ganze, Totale meint). Ihr Wille ist immer gesetzlich; sie ist das Gesetz selbst." Diese Heilsnation betritt in Waffen den europäischen Kriegsschauplatz, um Europa zu missionieren, zum Licht ihrer Heilsbotschaft zu bekehren. Erster Aufbruch mit der Parole: „Das Vaterland ist in Gefahr." Dann diese: „Ein Kreuzzug für die Freiheit!" Die revolutionäre Romantik geht von diesem Frankreich aus. Vergebens warnte Robespierre: „Niemand liebt bewaffnete Missionare."[229]

Die Französische Revolution und das Erscheinen Napoleons erwecken einen ersten deutschen Nationalismus, der im 19. Jahrhundert in Studenten, Schülern, evangelischen Predigern und einigen Professoren seine Sprecher findet, aber nur sehr langsam breitere Schichten ergreift. In Österreich kommt es zu einem kurzen Aufflammen eines österreichischen „Nationalismus" 1809 bis 1812.

6. „Deutschland erwache" und der Staat Metternichs

Nachruf auf das Zeitalter der Maria Theresia und Josephs II., 1935, im ersten Bande „Deutsche Einheit" von Heinrich Ritter von Srbik: „Nach Jahrhunderte alten Vorstadien ist Maria Theresia und mehr noch Joseph II. das Aufkommen des ‚österreichischen Menschen' zuzuschreiben, der ein katholischer Mensch und ein Erbe der aristokratisch-höfischen Kulturperiode ist und sich doch durch das bürgerlich-bürokratische Element von ihr deutlich abhebt. Der übernationale Reichsgedanke und die besondere Berührung mit slavischem, magyarischem und romanischem Volkstum haben dem Deutschösterreicher eine eigene Note verliehen."[1]

Unter Leopold II., dem nur so kurz als Kaiser regierenden Bruder Josephs II., sieht ein hoher Beamter, Graf Rottenhann, als Ziel der österreichischen Schule dies: „Recht herzlich gute, lenksame und geschäftige Menschen zu machen." Das Ziel des Theaters soll sein: „Menschen von allen Ständen auf eine honette Art zu amüsieren und von anderen gefährlichen ernsten Zerstreuungen abzuhalten."[2] Das ist „Biedermeier", 1792, vor dem Biedermeier von 1816 bis 1848. Friedrich Nicolai, der so bitterböse und verachtungsvoll die Wiener Unbildung, Ignoranz, Lebenslust vernichtend abqualifiziert, rühmt doch den österreichischen Volkscharakter als friedsam und sanft, als weniger brutal und grob als in Norddeutschland, betont das Verbindliche und Verbindende, das Kommunikative des Österreichers, des Wieners. Ihre Maximen sind: Leben und leben lassen, Gastfreundschaft, Menschenfreundlichkeit, alle Stände verkehren miteinander[3].

In diesem Fin de Siècle des 18. Jahrhunderts ahnen nur wenige in diesem Österreich, daß in Deutschland ein neuer Glaube im Heraufkommen ist: der Glaube an das Heil aus einer erwachenden deutschen Nation. Mitte des 18. Jahrhunderts gibt es keinen deutschen Patriotismus, auch nicht in Preußen[4]. Ein Jahr vor Friedrichs II. Tod klagt der Pastor Christian Ludwig Hahnzog in seinen „Patriotischen Predigten oder Predigten zur Beförderung der Vaterlandsliebe für die Landsleute in den preußischen Staaten": Patriotische Predigten seien dringend erforderlich, weil es nur in Preußen noch keinen Patriotismus gebe; Friedrichs Regierung hat bei dessen Untertanen keine vaterländischen Gefühle erweckt[5]. Goethe sieht bei seinem Besuch in Berlin 1778 Preußen als eine leblose Maschine, die allein durch Friedrich in Bewegung gehalten werde[6].

Friedrich Carl von Moser (1723—1798), ein Patriot, der an das Heilige Römische Reich (noch) glaubt, veröffentlicht 1765 die Flugschrift „Von dem deutschen Nationalgeist". Moser klagt: „Wir (Deutschen) kennen uns nicht mehr, wir haben uns entfremdet, unser Geist hat uns verlassen ... Wir müssen uns wieder kennen lernen, und wieder an ein Vaterland glauben, so wie wir an eine christliche Kirche glauben."[7] Unschuldig rührt hier Moser an einen feurigen Untergrund, der nun aufbrechen wird: aus den Feuern einer ersten, zweiten und dritten deutschen Jugendbewegung, zwischen dem „Sturm und Drang", der frühen Romantik und der Jugend von 1813. Moser sieht Deutschland verführt und zersetzt durch den zunehmenden Despotismus, für den er Preußen verantwortlich macht. „Der militärische Geist hat sich von Berlin durch alle deutschen Länder verbreitet und hat sich aller Geister und aller Regierungen bemächtigt, immer und soweit er nur konnte."

Gegen diesen neuen Glauben an das Heil aus einer deutschen Nation wenden sich Lessing, Kant, Schiller, Goethe, Wieland. Lessing lehnt dezidiert den Glauben an eine deutsche Nation ab in einem Brief an den Dichter Gleim (der im Dienste Friedrichs die Österreicher ungeheuerlich beschimpft): Er verstehe nicht, was diese „Vaterlandsliebe" eigentlich bedeute. Sie erscheint Lessing bestenfalls als eine heroische Schwäche (sehr junger Menschen), welche nicht zu besitzen er recht froh sei[8]. Kant lehnt den „Nationalwahn" ab als eine gefährliche Verirrung der Vernunft und mehr noch des Gefühls[9]. Für Schiller ist die deutsche Aufgabe die Menschheitsbildung und die Persönlichkeitsbildung. An Körner (seinen Freund, den Vater des „Freiheitsdichters" Theodor Körner) schreibt er am 13. Oktober 1789: „Wir Neueren haben ein Interesse in unserer Gewalt, das kein Grieche und kein Römer gekannt hat, und dem das vaterländische Interesse bei weitem nicht beikommt. Das letzte ist überhaupt nur für unreife Nationen wichtig, für die Jugend der Welt." Schiller sieht Preußen als ein neues Sparta: „Sparta konnte nur Herrscher und Krieger — keine Künstler, keine Dichter, keine Denker, keine Weltbürger erzeugen." Wahrscheinlich im Jahr 1801 schrieb Schiller den Entwurf zu einem Gedicht, dem der erste Herausgeber den Titel „Deutschlands Größe" gab. Schiller sieht die Deutschen als ein universales Volk, das die schönsten Blüten aus allen Völkern in einem Kranze zu vereinigen hat. (So sehen gerade nichtdeutsche Europäer des 19. Jahrhunderts „die Aufgabe Österreichs"!) Schiller warnt seine Deutschen in dem berühmten Distichon: „Zur Nation euch zu bilden, ihr hofft es, Deutsche, vergebens / Bildet, ihr könnt es, dafür freier zu Menschen euch aus."[10]

Die Schiller-Zentenarfeier von 1859, die Schiller-Kommerse, der Schiller-Kult der Deutsch-Nationalen in Österreich bilden die aufsehenerregenden Marksteine des deutsch-nationalen Glaubens an das Heil aus Deutschland in Österreich. Der wirkliche Schiller ist diesen jungen Menschen, Schülern und Studenten ebenso fern wie Lessing und Goethe: Auch diese „deutschen Geisteshelden" werden in der neuen Liturgie zur Ehre der vaterländischen Altäre erhoben.

„Wo wir uns bilden, da ist unser Vaterland": das sagt Goethe am 25. September 1802 in Weimar von der Bühne herab[11]. Goethe vergleicht gerne die Deutschen mit den Juden: Sie werden, auch unterdrückt, weiterleben. Goethe verbietet seinem Sohn August, als Freiwilliger an den sogenannten Freiheitskriegen teilzunehmen, in denen er einen gefährlichen Unfug sieht: mehr, ein Aufbrechen jenes Brandes, den er selbst als junger Mensch erlebt hat, im Banne Herders.

Herder, wie andere Ostpreußen gegen Preußen, für Rußland plädierend, ist ein großer Erwecker des „Nationalgeistes" (Moser hatte so Montesquieus „ésprit de nation" übersetzt). Herder tritt für nationale Religionen ein[12]. Evangelische Theologen und Pfarrer sind Väter des neudeutschen Nationalismus[13]. Seine Geburt setzt die

Krise des preußischen Staates und die Heraufkunft einer „Krisenjugend" in zwei Generationen in der zweiten Hälfte des 18. Jahrhunderts voraus[14].

Friedrich II. hatte einen Staat hinterlassen, in dem die Verwaltung, die Hochbürokratie, die Justiz und sogar die Armee sich in einem Zustand der Korruption, des Zerfalls, der mechanischen Reproduktion befanden, der die Verachtung aller nüchternen Beobachter dieses Staates fand. Kein Geringerer als der spätere Reformer des preußischen Staates, der große Reichsfreiherr vom Stein, fällt nach dem militärischen Zusammenbruch dieses Staates bei Jena 1806 das Urteil: „Preußen wird unbedauert und ohne Nachruhm untergehen, und man wird es für ein Glück halten, daß eine Macht, die durch ihren Ehrgeiz Europa erschüttert und keine Pflicht gegen sich noch gegen den europäischen Staatenbund erfüllt hat, zu sein aufhöre."[15]

Das ist der gesellschaftliche, politische und mentale Hintergrund der deutschen Jugend, die zutiefst unruhig sich einen neuen Glauben sucht und ihn nach vielen Experimenten im „Glauben an Deutschland" zu finden hofft, wobei dieser Glaube nicht zuletzt ein Ersatz für einen ihnen unmöglichen Glauben an Preußen ist.

Großes Elend in den deutschen Städten. So in Berlin, wo 1797 70.000 bis 80.000, nahezu zwei Drittel der Gesamtbevölkerung, eine hart am Rande des Existenzminimums lebende Arbeiterschaft bilden. Bettlerscharen, vom Norden bis zum Süden. In Köln machen Bettler ein Drittel der Gesamtbevölkerung von 40.000 Einwohnern aus. In Strahlau wohnen „halbnackte Menschen in ebenerdigen Holzhütten". Bauernunruhen ab 1790 in Preußen, Schlesien, Kursachsen. Handwerkerunruhen daselbst. Viele kleine Beamte, die ein sehr dürftiges und sehr verdemütigtes Leben führen. Elend der „armen Kandidaten", der Hauslehrer[16]. Elend der „Intellektuellen", der Schriftsteller[17]. Nach den Messekatalogen gibt es 1773 3000 Schriftsteller deutscher Sprache, 1787 sind es 6000. Sie finden sich besonders zahlreich in Sachsen. Schreiben ist — noch lange in deutschen Landen — eine brotlose Kunst. Der von der stagnierenden, wahrhaft verzopften Universität kommende Bürger findet nicht, was er sucht: er kann nicht im Staatsdienst aufsteigen. Die Zahl der Unzufriedenen wächst: kleine Beamte, Kandidaten der Theologie (sie bilden dann den Humus des „Glaubens an Deutschland"), Hauslehrer, arme Advokaten, Ärzte ohne Kunden, Schriftsteller ohne Publikum.

Bei den jungen Leuten, die später literarisch auffallen, ist ein „naiver Arrivismus", „eine juvenile Ambition" bemerkenswert[18]. Trotz vielfach bedeutender Anstrengungen scheitern sie oft. So der junge Schleiermacher, der 1786 seinen Glauben verloren hat (er wird später *der* Theologe der Berliner Universität, vielumstritten bis zu seinem Tode), so der junge Kleist. So der junge Wilhelm Schlegel (er wird Erzieher bei einem Bankier in Amsterdam, er wäre gerne Gesandter geworden), so sein Bruder Friedrich Schlegel, der Professor werden will; das wird ihm von Schiller verdorben[19]. Die beiden Schlegel gehen dann mit vielen anderen deutschen Emigranten nach Wien, werden hier Sprecher *ihres* Deutschland-Glaubens im Dienste „österreichischer" Staatsmänner und Feldherrn. Nie vergessen diese jungen Leute ihre demütigende Behandlung durch die „Welt", durch den Adel und das reiche Bürgertum. So Schelling, so der junge Fichte (im preußischen Warschau), so der junge Hölderlin. Der junge Goethe hatte sich seine Empörung in einer Arbeit vom

Leibe geschrieben — selbst todnah, die vom jungen Deutschland, dann in ganz Europa (Napoleon hat dieses schmale Büchlein auf seiner Campagne in Ägypten bei sich) vorzüglich als ein politischer Roman gelesen wurde: wie da ein junger Bürgerlicher verdemütigt wird, als Canaille, von der adeligen Gesellschaft. *So* wirkten „Werthers Leiden" auf diese jungen Deutschen. Der junge Schiller schrieb sich seine Empörung in den „Räubern" von der Seele[20]. Der alte Goethe berichtet, wie ihm da ein deutscher Fürst sagt: Wenn er der liebe Gott wäre und gewußt hätte, daß diese „Räuber" geschrieben werden würden, hätte er die Welt nicht erschaffen[21].

Für die junge deutsche Intelligentsia besteht 1780/1800 keine Möglichkeit eines öffentlichen, eines politischen Wirkens[22]. Diese jungen Deutschen flüchten zunächst in die Literatur (eindrucksvoll die Selbstzeugnisse der Brüder Schlegel): Absage an die Aufklärung (der sie lebenslang verhaftet bleiben, in einer sehr deutschen Form), Flucht in eine literarische „Romantik". Ähnliche Situation 1918/1932: der junge hochbegabte Joseph Goebbels will Germanist werden, will sich bei dem Juden Gundolf habilitieren, schreibt den autobiographischen Roman „Michael".

Begeisterung dieser Jungdeutschen für die Französische Revolution: so Tieck, Wackenroder, Schleiermacher, Friedrich Schlegel, Schelling. Nach der Eroberung Preußens durch Napoleon 1806 erklärt Schelling: „Die Revolution beginnt in Deutschland; jetzt erst gibt es Raum für eine neue Welt."[23] Napoleon-Kult: Napoleon als der Führer in „die neue Zeit": Tieck besitzt eine Napoleon-Büste, die beiden Schlegel nehmen sie mit nach Jena, Jean Paul verlangt sie für einen seiner Freunde von Tieck. Wellen von Mystizismen, Wundersucht, von religiösen Schwärmern laufen durch diese deutschen Lande[24] (analog das München von 1918—1933) und ergreifen die Unzufriedenen, die Elenden. Die Jüdin Dorothea Schlegel, eine geborene Mendelssohn, durchschaut diese gefährliche Entwicklung. Die frühe, so explosiv aufbrechende deutsche „Romantik" wird von jungen Menschen getragen, die zwischen 1790 und 1800 weniger als dreißig Jahre alt sind. Diese verraten die von ihren Vätern begonnene Aufklärung, sie glauben — sie wollen glauben — an Wunder. Primat des Gefühls vor dem Verstand, der Inspiration vor der Arbeit, der „Revolution" vor der Reform. Parallelphänomen 100 Jahre später: entsetzt sieht der klassische deutsch-österreichische Liberale, Vater Bahr, auf seinen Sohn Hermann Bahr, der von der Universität nach Linz kommt und ihm die Absage an den Liberalismus, einen schwärmerischen Nationalismus, verkündet. Zauberer, Hexer, Geisterseher, Wunderheiler, so gerade in Berlin, in Preußen viele Geisterseher. Bereits Kant hatte sich vergeblich gegen sie bemüht ... „Nervosität", Tuberkulose, leibseelische Krankheiten, Neurosen und Psychosen wüten in dieser jungdeutschen Generation[25]. Die jungen Intellektuellen spucken oft Blut, sind bei elender Gesundheit. Die Hardenbergs (die Familie von Novalis) sind alle schwindsüchtig, sterben jung, so wie seine Braut Sophie, die Novalis, der schöpferischste Geist dieser als „Romantik" falsch signierten vielschichtigen Jugendbewegung, in seinen „Hymnen an die Nacht" zur Heilsfrau verklärt.

Diese jungen Leute und ihre „Ärzte" nennen die schwere leibseelische Verdüsterung damals „Hypochondrie". Selbstmordpläne, sehr ernst zu nehmen, so bei Novalis, bei Friedrich Schlegel (dieser 1792: „Seit drei Jahren ist der Selbstmord einer meiner täglichen Gedanken"); so bei der hochbegabten Günderode, so bei Kleist.

Diese beiden jungen Genies begehen Selbstmord. 1781—1786 gibt es 239 Selbstmorde in Berlin[26].

Selbstmordsehnsucht bildet im Verlangen, den „Tod für das Vaterland" zu sterben, ein Strukturelement des Glaubens an das Heil aus dem neuen erwachenden
Deutschland. Flucht aufs Schlachtfeld, um der unlösbaren inneren Misere zu entgehen. Parallelphänomen 100 Jahre später: Junge deutsche Studenten, vor Langemarck 1914. Sie tragen Hölderlin und den „jungen Werther" im Tornister und
stürmen mit dem Heilslied „Deutschland, Deutschland über alles" in den Tod.
Diese Zerrissenen wollen eine „neue Welt" schaffen. Friedrich an Wilhelm Schlegel, 7. Mai 1799: Man muß eine neue Religion erschaffen, die Zeit ist dafür gekommen. Die neue Zeit beginnt. Das Christentum ist vorbei, jeder gute Mensch
wird ohne Unterlaß mehr und mehr Gott. „Gott werden", „Mensch sein", „sich
kultivieren", sind Ausdrücke, die alle denselben Sinn haben[27]. Friedrich Schlegel
verkündet die freie Liebe („die meisten Ehen sind Konkubinate"). In einem Frag-
ment des „Athenäum"[28], der wahrhaft revolutionären Zeitschrift dieser jungen
Leute, konkret der Brüder Schlegel und ihrer Freunde, verteidigt Friedrich Schlegel
die Homosexualität. Die „romantische" Freundschaft ist eine leidenschaftliche Liebes-
beziehung, sie verwüstet junge Herzen (Tieck, Wackenroder). Homoerotik — es muß
nicht praktizierte Homosexualität sein — beseelt, begeistert die jungen „Freiheitskämpfer", die nun ausziehen, 1812/13, um ein Neues Deutschland auf den Schlachtfeldern zu erkämpfen: Entsetzt sehen die Höfe in Berlin und Wien auf dieses un-
erwartete Schauspiel.

Diese „deutschen Freiheitskriege" fanden nicht statt. Goethe bemerkt lakonisch:
Diese Kriege zeigen, daß es *nicht* zu einem „Erwachen Deutschlands" gekommen
ist[29]. Das „Zeitalter der deutschen Erhebung" spielt später eine ungeheure Rolle im
„phantastischen Nationalismus"[30] der Neudeutschen, bis 1914, und wurde gerade
auch für junge Österreicher wirksam, die sich als Söhne der Mutter Germania verstehen, die da zum ersten Mal stolz ihr Haupt erhebt, gegen Napoleon, sie, die vielfach
geschändete Jungfrau-Mutter (so erlebt sie der Realschüler Adolf Hitler in Linz). Es
handelte sich damals um *keine Volksbewegung*. Weder ab 1806, noch 1813, als
„der König rief, und alle, alle kamen", wie es der neue Mythos später proklamieren wird. Es waren Kreise der bürgerlichen Bildung und des höheren Beamten-
tums, die sich mitreißen ließen von dieser ekstatischen Jugend und ihrem Glauben
an „Vaterland", an „deutsche Freiheit". Auch so populäre Helden wie Ernst Moritz
Arndt und der Turnvater Jahn sammeln um sich nur Kreise der akademischen Jugend,
die 1813 das Hauptkontingent der Freiwilligen bilden. „Es sind die Erben des
Pietismus und die Söhne der Romantik, die das ‚innere Vaterland' suchen."[31]

Das ist der Glaube dieser jungen Neudeutschen: „Ungehorsam und Unglaube
haben Deutschland in die Tiefe geführt. Da es sich aber zur Umkehr bereit fand,
nahm Gott sich seiner wieder an. Der Herr war es, der 1812 Napoleon ‚mit Mann
und Roß und Wagen' schlug, vom deutschen Volk die Schmach seiner Erniedrigung
nahm und ihm eine Erweckung schenkte. Gott hat sein erwähltes Volk wieder angenommen, weil es das Fremde von sich gestoßen hat."[32] Ich kommentiere: Der
Glaube an die notwendige Selbstreinigung des Österreichers zum Deutschen, an eine
heilsnotwendige Ausstoßung aller fremden Nationalitäten, die sein Blut, seinen

Geist verwüsten, bildet eine Achse für den Deutschland-Glauben in den Pennalien und Korporationen von 1866 bis nahe ans Heute.

Übersehen wird nicht, daß der Krieg bis Oktober 1813 ein regelrechter deutscher Bürgerkrieg war. Die Erlösung bringt die Völkerschlacht bei Leipzig, wobei deren österreichische Führung im „Bewußtsein" der Neu-Deutschen des 19./20. Jahrhunderts völlig verdrängt wird. „Jetzt gewannen die großen Worte, die bisher der christlichen Gemeinde vorbehalten waren, in ihrer säkularen Umwandlung den vollen säkularnationalen Klang: Erlösung, Wiedergeburt, Auferstehung, Versöhnung, Offenbarung, das nationale Erlebnis als Wesensstück religiöser Ethik."[33] 1812 prägt Zacharias Werner die Parole „Gott mit uns"[34]. Goethe erkennt in diesem Konvertiten, der nach einer libidinösen Vergangenheit ein — in Wien — hochberühmter Kanzelprediger wird, die Verkörperung von all dem, was er als intellektuelle Unredlichkeit, Betrug, Selbsttäuschung und Täuschung anderer Menschen in diesen deutschen „Romantikern" zu Wort kommen sieht[35].

Mitten aus dem Pietismus herkommend, aus seiner ekstatischen Ergriffenheit, gleichzeitig tief berührt durch die westliche Aufklärung, die er nun in sich zu verdrängen sucht, war in Berlin 1810 der erste Rektor dieser eben gegründeten Universität, Fichte[36], ein wortgewaltiger Prediger des neuen Glaubens an das Heil aus der deutschen Nation geworden. Ich sitze erschrocken im frühen März 1938, wenige Tage vor dem Untergang Österreichs, mit anderen katholischen Studenten vor Schuschnigg, der zu uns spricht. Wir hatten erwartet, daß über letzte Kampfmaßnahmen gegen die bereits auf der Straße täglich drohende Machtübernahme gesprochen werden würde. Schuschnigg hielt einen stundenlangen Monolog über Fichtes „Reden an die deutsche Nation". Schuschnigg glaubte, daß an seinem österreichischen Wesen die deutsche Welt genesen würde.

1808 verkündet also Fichte in seinen „Reden" die Frohbotschaft: Das deutsche Volk allein hat den Zugang zum Absoluten, also ist es zur imperialen Herrschaft über die anderen Völker berufen, ja verpflichtet. Den „Welschen" (den Franzosen, den Italienern, den katholischen Europäern) ist dieser unmittelbare Zugang zum absoluten Geist wegen ihrer zivilisatorischen Verflachung nicht mehr möglich. Fichte weist die Deutschen in den Osten. Rußland sei Preußens Feind. In Wirklichkeit ist Preußens Aufstieg ohne Rußlands Hilfe undenkbar. So im 18. Jahrhundert, so im 19. Jahrhundert. In der ersten Hälfte des 19. Jahrhunderts spielte „Preußen fast die Rolle einer russischen Satrapie"[37]. Rußland hat seine alte Verbindung mit Preußen auch ab 1945 nicht vergessen: Die Sowjetunion stimmte im Alliierten Rat gegen die Auflösung des preußischen Staates. Bereits im Jahr 1800 hatte Fichte in seinem „Geschlossenen Handelsstaat" ein Deutschland gefordert, daß sich möglichst autark und möglichst hermetisch gegen die anderen europäischen Staaten abschließen sollte.

Wotan im Bürgerrock: mit wallendem Bart, mit Hakenkreuzrune, als Turnerkreuz ausgeformt, grüßt er in vielen Denkmalen vom Kahlenberg über Wien, bis zum Ostseestrand: Friedrich Ludwig Jahn zieht im frühen Jahr 1811 erstmalig als „Turnervater" mit einer Schar Knaben in die Hasenheide bei Berlin. Jahn weiß sich berufen, diese Entwurzelten einzuwurzeln: Deutsch, fromm, fröhlich, frei, heilig und gut ist nur, „was aus altdeutscher Wurzel gezogen ist!" Dieser „lärmende Barbar" (so nennt ihn Treitschke) teilt die Menschen ein in Turner und Nichtturner, in gute und schlechte Deutsche. Aufgabe des deutschen Dichters ist es, „den vaterländischen Heerbann begeistern und Siege ersingen."[38] Jahn erklärt: „Unreife Bücher sind weit gefährlicher als unreife Kartoffeln; schlechte Bücher sind verderblicher als ungesundes Fleisch! ... Es gibt Bücher genug, die von Henkershand verbrannt zu werden verdienen." In diesem Geiste verbrennen Studenten Bücher beim Wartburgfest 1817[39].

Ein nüchterner Mann, der Hofrat Theodor Anton Schmalz[40], Rektor der Berliner Universität, erklärt sich nach dem Ende der „Befreiungskriege" in einer gegen diese jungen Radikalen, Geheimbündler, vor allem gegen den 1808 gestifteten „Tugendbund" gerichteten Schrift. Er setzt auseinander, daß die Erhebung von „anno 13" keineswegs von völkischer Begeisterung ausging. Die „Freiheitskämpfer" kämpften, weil sie einberufen wurden und sonst als Deserteure erschossen worden wären, sie kämpften aus Gehorsam gegen den König und weil es Bürgerpflicht ist, ein Feuer zu löschen. Der preußische König in Berlin verleiht Schmalz einen Orden, ohne seinen Entschluß seinem Kanzler Hardenberg mitzuteilen, nachdem mit einer Verordnung vom 6. Januar 1816 die Stimmen des „Anti-Schmalz", die Schleiermacher, Rühs und Niebuhr erhoben, zum Schweigen gebracht worden waren. Der Mythos wurde dadurch in keiner Weise beschädigt.

Bei der Wartburgfeier wird auch diese Flugschrift des Rektors Schmalz, mit Aschers „Judentum" (einem Plädoyer für die staatsrechtliche Emanzipation der Juden) mit Kotzebues „Geschichte des Deutschen Reiches" (eine Geschichte der Miseren der Deutschen) und anderen Schriften verbrannt.

Am 12. Juni 1815 wurde an der Universität Jena, der Universität des ersten „liberalen" deutschen Staates Weimar, die Burschenschaft gegründet: als eine nationale und liberale, progressive Verbindung gegen das rohe und reaktionäre Treiben der Landsmannschaften. Unter den Gründern der „Urburschenschaft" befinden sich mehrere Kämpfer von Lützows Freikorps. Dessen Uniformfarben Schwarz und Rot werden mit dem Gold der Eichenblattverzierung für das Farbenband gewählt. So entsteht das Schwarz-Rot-Gold, das die deutsch-nationalen Studenten dann in Wien gegen das „Schwarz-Gelb" des Kaisers von Österreich setzen: Es waren die Farben des alten Heiligen Römischen Reiches, als dessen Erbe sich jetzt Österreich proklamiert hatte.

Am 18. Oktober 1817, dem Gedenktag der Leipziger Völkerschlacht und in Erinerung an das 300jährige Jubiläum der Reformation, kommen von nahezu allen deutschen Universitäten 468 Burschen auf der Wartburg zusammen. Die „innere" Befreiung, die Luther gebracht hatte, sollte sich verbinden mit der Befreiung von der napoleonischen „Fremdherrschaft", die allerdings einigen deutschen Landen zum ersten Mal, mit dem Code civil, eine Sicherung der Menschenrechte des Deutschen gebracht hatte. Ein großer Teil der Versammelten sind evangelische Theologiestudenten oder stammen aus evangelischen Pfarrhäusern[41]. Nach der Feier werden in Jena die „Grundsätze" der Burschenschaft aufgestellt. Hier heißt es: „Die Lehre von der Spaltung Deutschlands ... ist irrig, falsch, verrucht. Es ist eine Lehre, von einem bösen Feind ausgegangen ... Alle Deutschen sind Brüder und sollen Freunde sein ...". „Der altboese feind" (in der Predigtsprache des deutschen Mittelalters), „der böse Feind" in der Sprache Luthers war der Teufel: als Teufel werden nun in diesem 19./20. Jahrhundert Napoleon, die Franzosen, die Welschen, Rom (der Papst) und vor allem immer wieder die Vertreter der Donaumonarchie angesehen. Der führende Germanist der Ersten Republik Österreich, Josef Nadler, aus Böhmen stammend, bemerkt in bezug auf das Wartburgfest: „Auch die Burschenschaft war eine Überwindung Goethes."[42] Die Absage an das alte vielfärbige, offene Deutschland und an das multinationale Österreich ist hier eng verbunden mit diesem Glauben an das Heil aus einem nachhumanistischen, eben „nationalen" Einen Deutschland.

Die Universität Jena ist auch eine Urzelle des tschechischen Nationalismus. Šafařík, der Philologe der tschechischen Wiedergeburt, und der Dichter der tschechischen Wiedergeburt Jan Kollár, sein Gymnasialkollege in Preßburg, hatten den nationalen Geist als deutsche Burschenschafter in Jena aufgenommen. Kollár nahm 1817 am Wartburgfest teil[43]. 1824 erscheint seine Sonettendichtung „Slavy dcera", welche die slawischen Märtyrer unter deutschem und ungarischem Joch besingt. Die drei Katastrophen sind: die Schlacht am Amselfeld (an ihrem Gedächtnistag wird 1914 Franz Ferdinand ermordet), die Schlacht am Weißen Berg und die von Macejtwice. In der zweiten Auflage, 1832, finden sich neue Sonette, in denen sich die Deutschen in der Hölle befinden. Kollár wirkt als evangelischer Pastor in Budapest und seit 1849 als Professor für slawische Altertümer an der Wiener Universität; er ist der Wortführer der Panslawisten.

In Jena gruppierte sich ein rechtsradikaler Kern der „Urburschenschaft" um den Dozenten Jakob Friedrich Fries (1773—1843), der einen faszinierenden Einfluß auf diese unruhige Jugend ausübt[44]. Fries ist der erste akademische Lehrer dieser Schwärmerbewegung. Bewußt berufe ich hier dies Wort, das zunächst von ihren lutherischen Feinden für die nonkonformistischen radikalen Künder einer Neuen Frohbotschaft im 16. Jahrhundert geprägt worden war. Fries ist ein Schüler Fichtes, stammt mütterlicherseits aus Mähren.

Am 18. Oktober 1818, dem Jahrestag der Wartburgfeier und der Völkerschlacht, während der Kongreß von Aachen tagte, der Europa die Harmonie der großen europäischen Mächte zeigen sollte, wird in Jena die Allgemeine Deutsche Burschenschaft gegründet. Unter den Antragstellern befindet sich Karl Follen[45] aus Gießen. Er hatte im Sommer 1817 die Vereinigung der „Unbedingten" geschaffen. Follen kämpft für ein deutsches Reich unter einem erwählten König und einem gesetzgebenden Reichstag. Deutschland soll nach französischem Vorbild in nach Flüssen und Bergen zu benennende Gaue geteilt werden. Die „Donau- und Alpengaue", in die Österreich durch das NS-Regime aufgelöst wird, entsprechen dieser Konzeption. Follen, „eine kalte Intelligenz, die den Attentäter (Sand) dirigierte", lehrt: Dieses Ziel kann nur durch eine Revolution erreicht werden, in der alle Mittel erlaubt sind. Der „Unbedingte" muß imstande sein, mit dem Messer, mit dem man einen Menschen umgebracht hat, den Käs zum Brot abzuschneiden. Der Tyrannenmord dient der Gerechtigkeitspflege, es ist gleichgültig, ob der Fürst gut oder böse ist. Diese „Gießener Schwarzen" (so werden sie nach ihrer Burschentracht genannt) lehnen Juden und Nichtdeutsche ab. Sie kämpfen gegen das „Liederliche Weimar" (dessen Großherzog der Protektor des Wartburgfestes gewesen war!), für christlich-deutsche Manneszucht.

Dieser Kampf gegen „Weimar", gegen das humanistisch-weltbürgerliche Weimar antizipiert hier den „Kampf gegen Weimar" in der Weimarer Republik. In Goethes Buchenwald, in dem dieser so gerne spazierenging, wird das KZ Buchenwald errichtet, wobei ein Schonkreis einen Baum der Goethezeit umhegt. Die Gießener Schwarzen antizipieren die SS. 1829 schildert sie Heinrich Heine aus eigener Erfahrung: „Zu einer Zeit, wo fast alle Nationalitäten aufhören, just da entstand eine schwarze Sekte, die von Deutschheit, Volkstum und Ureichelfraßtum die närrischsten Träume ausheckte und durch noch närrischere Mittel auszuführen gedachte ... sie konnten genau den Abstammungsgrad bestimmen, der dazu gehörte, um bei der neuen Ordnung der Dinge aus dem Weg geräumt zu werden; nur waren sie nicht einig über die Hinrichtungsmethode, indem die einen meinten, das Schwert sei das altdeutscheste, die anderen hingegen behaupteten, die Guillotine könne man immerhin anwenden, da sie eine deutsche Erfindung sei und sonst die ‚welsche Falle' geheißen habe. Nichts war abgeschmackter als ihre blutrünstige Pedanterie."[46]

1839 erinnert Heine („Ludwig Börne" IV): „Trotz ihrer Unwissenheit hatten die sogenannten Altdeutschen von der deutschen Gelahrtheit einen gewissen Pedantismus geborgt, der ebenso widerwärtig wie lächerlich war. Mit welchem kleinseligen Silbenstechen und Auspünkteln diskutierten sie über die Kennzeichen deutscher Nationalität! Wo fängt der Germane an? Wo hört er auf? Im Bierkeller zu Göttingen mußte ich einst (1820) bewundern, mit welcher Gründlichkeit meine altdeutschen Freunde die Proskriptionslisten anfertigen, für den Tag, wo sie zur Herrschaft gelangen würden. Wer nur im siebenten Glied von einem Franzosen, Juden oder Slawen abstammte, wurde zum Exil verurteilt. Wer nur im mindesten etwas gegen Jahn oder überhaupt gegen altdeutsche Lächerlichkeiten geschrieben hatte, konnte sich auf den Tod gefaßt machen."[47] Wir werden diesem Fanatismus und seinem Reinigungswahn (wie reinige ich mich selbst von meinem slawischen Blut, von meinem Österreichertum?) in studentischen Verbindungen und in Mittelschulverbindungen begegnen, in Böhmen, Mähren und in enger Verbindung mit ihnen in Kärnten, der Steiermark, Oberösterreich, Wien ...

Am 23. März 1819 überfällt der Jenenser Theologiestudent Karl Ludwig Sand aus Wunsiedel im Fichtelgebirge, ein Schüler Follens, den weitbekannten Schriftsteller und Bühnenautor Kotzebue, erdolcht ihn mit den Worten: „Der Verräter ist gefallen, das Vaterland ist gerettet, es lebe Teutonia hoch!" Dann stößt er sich selbst das Messer in die Brust: Todessehnsucht, Selbstmord und Aggression gegen äußere Todfeinde der eigenen „heiligen Sache" verschwistern sich im ganzen 19./20. Jahrhundert in jungen Radikalen. Sand wird am Leben erhalten, im nächsten Jahr in Mannheim enthauptet. Die Studenten feiern ihn als Märtyrer. Görres erklärt, sehr übertreibend: Ganz Deutschland mißbillige die Handlung, aber billige die Motive. Jahn vergleicht Sand mit Brutus und Wilhelm Tell. Von Sands Vorbild angefeuert, unternimmt der Nassauer Apothekerlehrling Löning am 1. Juli 1819 in Schwalbach einen Anschlag auf das Leben des liberalen nassauischen Regierungspräsidenten von Ibell. Später wird „Sand" in Österreich Name einer (illegalen, im Staate des Kaisers Franz Joseph verbotenen) Studentenverbindung. Sand wird auch zum Couleurnamen, den sich Pennäler und Studenten wählen, um sich zu diesem „Helden" zu bekennen[48].

Sand glaubte, daß Kotzebue der Verfasser einer Schrift sei, die das ganze „erwachende" Deutschland zutiefst empörte. Hinter dieser Schrift stand, was der Öffentlichkeit völlig unbekannt blieb, der schöpferischste Kopf des ganzen deutschen katholischen 19. Jahrhunderts, Franz von Baader, als Hauptinformant[49]. Verfasser war ein junger hochintellektueller Rumäne, Alexander von Stourzda, der in sechs Sprachen schreibt. Stourzdas „Memoire sur l'etat actuel de l'Allemagne" wurde 1818 auf Wunsch des Zaren Alexander, den er zum Kongreß von Aachen begleitet, hier verfaßt. Diese Denkschrift war nicht für die Öffentlichkeit bestimmt, wurde durch die Londoner „Times" an die Öffentlichkeit gebracht, erschien in Paris noch 1818, dann deutsch 1819.

Stourzda[50] schildert da den religiös-politischen Untergrund in Deutschland mit der Schärfe des Heineschen Intellekts: Da toben ein fanatischer neuer Nationalismus in studentischen Vereinigungen, religiös-politische Ekstase, barbarischer Haß gegen alle Fremden und gegen alle Verfremdungen von Deutschen, und Schwarmgeisterei. Ein dunkles, nächtiges Deutschland, erhitzt, geistig und seelisch verwirrt, erhebt sich da vor den Augen des gebildeten Europa. Einige Jahrzehnte später wird Heine den Franzosen verkünden, daß aus diesem Deutschland eine Revolution kommen wird, vor der selbst die Löwen in der Wüste geängstigt ihre Schwänze einziehen werden[51]. Da sind es die sektiererischen Anhänger Thomas Poeschels, der im Innviertel — das um Braunau im ganzen 19. Jahrhundert ein Tummelplatz religiös-politischer Schwärmer wird[52] — und in Südwestdeutschland seine Gläubigen findet. Da sind es radikale Scharen in Göttingen, in Sachsen, in Schwaben. Stourzda glaubt die völlige Hilflosigkeit der deutschen Regierungen diesem permanenten Aufstand aus dem Untergrund gegenüber feststellen zu können. Hilflos erscheinen ihm auch die Universitäten: „Gotische Ruinen des Mittelalters, unvereinbar mit den Einrichtungen und Bedürfnissen der Zeit, in der wir leben; Korporationen ohne Gegenstand, die einen Staat im Staate bilden, sind sie von einem esprit de corps (Baader verwendet diesen Ausdruck für dieselbe Sache!) und von vererbter Anmaßung beseelt, die zu nichts anderem dient, als zur Verwirrung der Jugend und zur Denaturierung des Gemeinsinns." Stourzda wiederholt hier einen Lieblingsgedanken Baaders: „Als Wiederholungsanstalten aller Irrtümer des Jahrhunderts reproduzieren die Universitäten und verewigen sie alle falschen Theorien, alle lügnerischen Lehren, die meine traurige Erfahrung bei den meisten ihrer Zeitgenossen feststellen konnte . . ."

Stourzda schlägt die Aufhebung der akademischen Freiheiten und Privilegien vor. Zur Reinigung des politischen Geistes in Deutschland soll in einer freien Stadt ein „nationales germanisches Institut" geschaffen werden. Dieser Gedanke eines deutschen Nationalinstituts ist Baader besonders teuer, der die Kräfte dieses explodierenden Jungdeutschlands auffangen möchte, in einer großdurchdachten Reform aller Bildung, in einer Reform der Römischen Kirche, Deutschlands, Europas. Baaders eigene Berichte an das russische Kultusministerium über die religiöse Lage Europas enthalten auch einen Bericht über die Apotheose des politischen Mordes — unter anderem den Bericht eines Augenzeugen über die Hinrichtung Sands. Sand wird „die Scheinehre des Märtyrertums" gewährt. Junge Nationalisten in Böhmen sehen im Vormärz Sand mit Hus zusammen.

Entscheidung in Böhmen. In Teplitz trafen sich Kaiser Franz I. von Österreich, Friedrich Wilhelm III. von Preußen, Metternich und Hardenberg. Es wird am

1. August 1819 eine Punktation aufgesetzt und mit den Vertretern der mittleren deutschen Staaten, die zum Kurgebrauch in Karlsbad weilen, eine vom 6. August bis 1. September dauernde Konferenz abgehalten. Metternich fürchtet die Erhebung der „erwachenden" jungen Deutschen mehr als die Jakobiner. Er fürchtete so bereits die preußischen Reformer, diesen Scharnhorst und seine Konsorten, die, wie er überzeugt war, einen Untergrund weckten, der Europa in neue, schwere Bränie führen würde[53]. Man kann der sogenannten „Reaktion", deren Geschichte zumeist von den „Liberalen", von den „liberal-nationalen" Söhnen dieses erwachenden Deutschland geschrieben wurde, zumindest dies nicht vorwerfen: Metternich und seine engsten Mitarbeiter wie Gentz waren sich der außerordentlichen Bedeutung dieses Erwachens eines neuen religiös-politischen Glaubens sehr bewußt.

Die Länge der Karlsbader Konferenz zeigt diesen Ernst und auch die Schwierigkeiten, auf die Metternich und Hardenberg (der nicht mehr der junge, „freiheitliche" Freund großer Reformen des verrotteten preußischen Staates war) stießen. Württemberg, Baden, Bayern ließen sich nur mit großer Mühe bewegen, den Konferenzbeschlüssen beizustimmen. Die Presse wird für fünf Jahre unter Zensur gestellt, eine Überwachung der Professoren und die Unterdrückung der Burschenschaft wird angeordnet. Am 20. September 1819 nimmt der Deutsche Bundestag die Karlsbader Beschlüsse an. Der Widerspruch einzelner Gesandter wurde aus dem Protokoll gestrichen. Am 26. November 1819 wird die Burschenschaft in Jena aufgelöst. A. D. von Binzer schreibt den Grabgesang, der nun in diesem zwielichtigen deutschen 19. Jahrhundert eine inoffizielle Hymne bei den behördlich verbotenen studentischen Verbindungen wird. „Wir hatten gebaut / ein stattliches Haus / Und drin auf Gott vertrauet / Trotz Wetter, Sturm und Graus. / Das Band ist zerschnitten, / War schwarz, rot und gold / Und Gott hat es gelitten, / Wer weiß, was er gewollt?"[54]

Das ist deutsches Luthertum im Leben vieler Burschenschafter, ist ein sich ergebender Patriotismus, der in den Dienst an Thron und Altar zurückkehrt. Nicht wenige wählen den anderen Weg: in die Illegalität und in sehr sichtbare Aggressionen gegen „die wahren Feinde". Da die preußischen und österreichischen Truppen und Polizeien zunächst praktisch schwer angreifbar waren, werden als greifbarste Feinde die Juden erwählt. „Die freiheitliche Bewegung rächte sich für die Karlsbader Beschlüsse an den Juden von Würzburg, wo 1819 400 Juden vertrieben wurden, und in Bamberg, auch in Frankfurt, wo den Rothschilds wie ihren Glaubensgenossen die Fenster eingeschlagen wurden. In Heidelberg, wo die Polizei versagte, wurden die Juden von Studenten unter der Führung Thibauts beschützt. Nur die Burschen waren Antisemiten, gegen Juden verhetzt."[55]

Wir wissen nicht, wie die so vielfältige religiös-politische Bewegung, diese deutsche Jugendbewegung, die früh einen rechtsradikalen, eine Mitte und später einen linken Flügel erhalten sollte, in den ersten Jahren, dann im Jahrzehnt auf 1830 zu, in Österreich wirkte. Die studentischen geheimen Verbindungen arbeiteten so vorsichtig, daß ihre Existenz zum Teil gar nicht, zum Teil erst nach vielen Jahren von der Polizei entdeckt wurde.

Hier ist nun eines Vorspiels zu gedenken, das eine merkwürdige Verbindung von deutschen und österreichischen Elementen darstellt, die für ein erwachendes Deutschland, die für ein erwachendes Österreich eintreten: 1809 bis 1813. Am 12. Februar

1797 wird Joseph Haydns Lied „Gott erhalte Franz den Kaiser" an seinem Geburtstag das erste Mal öffentlich gesungen. Der Text ist von Lorenz Leopold Haschka, der wenige Jahre zuvor noch sich als ein höchst aggressiver Feind der pietas austriaca, der barocken, der mariatheresianischen Frömmigkeit in seinen Schriften ausgewiesen hatte[56]. Am 3. Februar dieses Jahres 1797 hatte der österreichische Feldmarschall Graf von Wurmser Stadt und Festung Mantua an General Bonaparte übergeben. In Mantua wird am 20. Februar 1810 Andreas Hofer im Festungsgraben erschossen. Italiener und Österreicher haben ihm in Mantua ein Ehrenmal errichtet. Zwischen diesen beiden Daten begibt sich die Gründung des Kaisertums Österreich.

Am 20. Mai 1804 ließ sich Napoleon zum erblichen Kaiser der Franzosen ausrufen, er krönt sich selbst in Notre-Dame in Paris in Gegenwart des Papstes. Am 11. August 1804 bekundet Franz II., daß er sich entschlossen habe, sich zum „Erbkaiser von Österreich" zu machen, bleibt aber noch Kaiser des „Römisch-deutschen Reiches". Das Franzensdenkmal in Wien hält diese doppelte Kaiserschaft fest, indem es als Titel des Kaisers Franz nennt: Romanorum et Austriae Imperator. Kaiser der Römer und Österreichs. Am 2. Dezember 1805 schlägt Napoleon vernichtend die Österreicher und die Russen bei Austerlitz, östlich von Brünn. Wieder einmal bezeugt sich Böhmen-Mähren als *der* Schicksalsraum Österreichs.

Im Frieden von Preßburg am 26. Dezember muß Österreich schwere Verluste an Land und Menschen hinnehmen. Napoleon liquidiert das „Heilige Römische Reich". Sechzehn Fürsten des alten Reiches bilden den „Rheinbund", Napoleon wird ihr „Protektor". Er fordert Franz II. auf, die Krone des Heiligen Römischen Reiches niederzulegen. Als 1804 Franz den Titel „Österreichischer Kaiser" annahm, schreibt ihm Napoleon, „daß die französische und die österreichische Nation den Frieden in Europa erhalten müssen"[57].

Am 22. Januar 1806 ruft Franz in einer Proklamation zur inneren Erneuerung und Festigung Österreichs auf[58]: „... Ich kenne kein anderes Glück, als das Glück dieser Völker, keinen höheren Ruhm, als Vater dieser Völker zu seyn, die an Biedersinn, an fester und unerschütterlicher Treue, die an reiner Liebe zu ihrem Monarchen und ihrem Vaterlande keiner Nazion Europas nachstehen. Die Wunden, welche der Krieg schlug, sind tief ..." Graf Stadion, der am 25. Dezember 1805 Außenminister von Österreich geworden war, steht hinter der Formulierung dieses Manifests. Johann Philipp Reichsgraf von Stadion stammt aus alten schwäbischen und rheinischen Geschlechtern.

Am 6. August 1806 legt Franz I. von Österreich die als Franz II. getragene Würde des Römischen Kaisers nieder. Seine Erklärung beginnt mit einer letzten Manifestation der Rechtstitel, der Rechtsansprüche des Heiligen Römischen Reiches: „Wir Franz der Zweite, von Gottes Gnaden erwählter römischer Kaiser, zu allen Zeiten Mehrer des Reiches, Erbkaiser von Österreich etc., König in Germanien, zu Hungarn, Böheim, Croatien, Dalmazien, Slavonien, Lodomerien und Jerusalem, Erzherzog zu Österreich ..."

In direktem Bezug auf die Gründung des Rheinbundes erklärt Kaiser Franz seine „gänzliche Unmöglichkeit, die Pflichten unseres kaiserlichen Amtes länger zu erfüllen", er entbindet „alle Churfürsten, Fürsten und Stände und alle Reichsangehörigen, insonderheit auch die Mitglieder der höchsten Reichsgerichte und die übrige

Reichsdienerschaft von ihren Pflichten, womit sie an Uns, als das gesetzliche Oberhaupt des Reiches, durch die Constitution gebunden waren … Unsere sämmtlichen Provinzen und Reichsländer zählen Wir dagegen wechselseitig von allen Verpflichtungen, die sie bis jetzt unter was immer für einen Titel gegen das deutsche Reich getragen haben, los und Wir werden selbige in ihrer Vereinigung mit dem ganzen österreichischen Staatskörper als Kaiser von Österreich unter den wiederhergestellten und bestehenden Verhältnissen mit allen Mächten und benachbarten Staaten zu jener Stufe des Glücks und Wohlstandes zu bringen beflissen seyn, welche das Ziel aller Unserer Wünsche, der Zweck Unserer angelegensten Sorgfalt stets seyn wird". Der Kaiser erklärt die alten Heilszeichen des Heiligen Römischen Reiches, den Doppeladler und die schwarzgoldenen (gelben) Reichsfarben als Wappen und Farben des Erbkaisertums Österreich. Bereits 1797 war die Krone des Heiligen Römischen Reiches von Nürnberg auf der Flucht vor den Franzosen nach Wien gebracht worden.

Und nun beginnt etwas sehr Merkwürdiges, Einmaliges in der Geschichte Österreichs: Die Regierung bemüht sich, eine *politische Propaganda* aufzubauen. Im ganzen 19. Jahrhundert und bis 1914, ja bis 1917/18, wo zum ersten Male deutsch-nationale Historiker und Publizisten eine Zeitschrift „*Österreich*" gründen, welche die Donaumonarchie verteidigen und ihren Lebenssinn in und für Europa aufzeigen sollte, wird von den feudalen Herren der kaiserlichen Regierung und sehr von Kaiser Franz Joseph selbst politische Propaganda als etwas Unanständiges, Bürgerlich-Plebejisches angesehen, und wird die Presse als eine Sache bestochener Skribenten, eine Journaille, vorzüglich von Juden gemacht, verachtet[59].

Diese einzige und einmalige *österreichische Propaganda* wird vorzüglich von deutschen Literaten „gemacht": so von Friedrich von Gentz, der preußischer Staatsbeamter gewesen war und ab 1802 als Hofrat in österreichischen Diensten steht. Gentz hatte als jugendlicher Helfer für Kant die Druckbogen seiner Schrift „Zum ewigen Frieden" korrigiert, er sieht in Fichtes „Geschlossenem Handelsstaat" das Programm eines ungeheuerlichen Totalstaates, er wurde später der bedeutendste publizistische Mitarbeiter Metternichs. Gentz wird der Verfasser des österreichischen Kriegsmanifestes vom 26. Mäz 1809. Friedrich von Schlegel[60] verfaßt den Aufruf an das österreichische Heer, am 6. April dieses Jahres. Friedrich Schlegel, eine zutiefst zwei-, ja mehrdeutige Existenz, Aufklärer, ja Rebell in seiner Brust, Skeptiker, Literat, stilisiert sich in Wien zu einem Sprecher einer konservativen Erneuerung Europas: durch Österreich. Sein Bruder August Wilhelm Schlegel[61] entzückt in seinen Wiener Vorlesungengen ein erlauchtes Publikum durch seine Brillanz, seine Geistesfülle, er weist auf die österreichische Geschichte als eine Stoffquelle für österreichische Dichter hin. (1808 in seinen Vorlesungen „Über dramatische Kunst und Literatur".)

Preußische Emigranten strömen nach Wien, nach Österreich, treten als Offiziere in österreichische Dienste. Heinrich von Kleist[62] hofft auf den Sieg der österreichischen Waffen und predigt in seinem „Katechismus für die Deutschen" deren Anschluß an Österreich (1848/49 und noch später treten konservative Deutsch-Österreicher für einen Anschluß von Deutschland an Österreich ein …). In der Schar hochbegabter Literaten, ja auch Dichter, die da nach Österreich kommen, befinden sich Joseph von Eichendorff[63] aus einem alten schlesischen Geschlecht, der in Ostpreußen Regierungsbeamter gewesen war, Clemens Brentano und eine Reihe labiler Geister, die in

Wien Katholiken und, auf ihre Weise, Österreicher werden. Die kaiserliche Regierung bemüht sich, Ausländer, Deutsche nach Wien in ihren Dienst zu ziehen. Im 16., 17. und 18. Jahrhundert hatte man in großer Angst vor lutherisch-deutscher Invasion und Subversion Deutsche ausgewiesen bzw. ihre Einreise verhindert oder zumindest stark behindert.

Nun begibt sich dies erstaunliche Phänomen: Die amtliche „Wiener Zeitung" (1703 als „Wienerisches Diarium" gegründet), lange Zeit (und wieder im 20. Jahrhundert, bis vor wenigen Jahren) ein langweiliges offiziöses Organ, bemüht sich um eine Stimmungsmache unter der Leserschaft. Auf Befehl des Kaisers selbst wird ein getarntes Regierungsblatt unter dem Titel „Vaterländische Blätter für den österreichischen Kaiserstaat" herausgebracht. Ihre Aufgabe war es, „das Nationalgefühl im Innern zu wecken und zu pflegen und andererseits den durch die französische Propaganda verzerrten Ansichten über Österreich im Ausland entgegenzuwirken"[64]. Ihr Redakteur wurde Johann Michael Armbruster, einer der ersten politischen patriotischen österreichischen Journalisten (eine Seltenheit im 19. und 20. Jahrhundert). Armbruster hat sich am französischen Elan der Literaten der Großen Revolution geschult. Er will alle „österreichischen Völker" einander näherbringen und gründet deshalb noch eine weitere Zeitschrift, „Der Wanderer", in der hauptsächlich Übersetzungen erscheinen sollten[65]. Kaiser Franz I. drängt auf die Herausgabe dieses Blattes; es erscheinen dann aber nur zwei Nummern, erst ab 1814 kommt es zu einer kontinuierlichen Edition.

Österreich kam damals das Glück zu, eine unverdiente Gnade, die dieses kaiserliche Österreich (wie so oft) nicht zu nützen verstand. Der hervorragende Schweizer Historiker Johannes von Müller wollte in Wien das Haus Österreich gegen Napoleon, vor allem aber gegen den weit gefährlicheren Gegner Preußen verteidigen, der ja immer wieder Österreich in den Rücken gefallen war, jetzt gerade wieder in den Kriegen der Französischen Revolution durch seine Abkommen mit Frankreich. Müller wird als Nichtkatholik abgewiesen, geht 1804 nach Berlin, tritt in preußischen Dienst.

An Johannes von Müller inspirierte sich ein junger Feuerkopf, voll von Ideen, ein Enthusiast, der am selben Tage geboren war wie der Erzherzog Johann, der künftige Verteidiger Tirols, am 20. Januar 1782. Dieser junge Mann stammt aus alten Tiroler Geschlechtern: der Freiherr Johann von Hormayr (1782—1848)[66]. Erzherzog Johann war selbst ein begabter Schriftsteller, er sammelte alle antinapoleonischen Flugblätter aus England und Spanien und wertete sie für die österreichische Propaganda aus. Zu seinen engsten Mitarbeitern wurde nun der blutjunge Hormayr, der in Wien einen kometenhaften Aufstieg erlebte. Mit achtundzwanzig Jahren wird er Direktor des Haus-, Hof- und Staatsarchivs und der führende Mann der *Österreich-Propaganda*. Hormayr veröffentlicht 1807 einen „Österreichischen Plutarch" mit Kurzbiographien berühmter Persönlichkeiten des Kaiserstaates. Hormayr ist ein Genie der publizistischen Organisation und der politischen Konspiration. Er wurde Mittelsmann des Erzherzogs Karl in Tirol und verstand sich selbst als Treuhänder der Tiroler Volkserhebung des Andreas Hofer gegen die Bayern (erst sekundär gegen die Franzosen gerichtet) in Wien. Zuvor aber engagiert er sich hier leidenschaftlich im Aufbau einer gesamtösterreichischen politischen und kulturpolitischen Publizistik. Am 1. Mai 1808 erschien die erste Nummer der „Vaterländischen Blätter für den

österreichischen Kaiserstaat". Geschichte soll hier als Lehre, als Hilfe für die Gegenwart präsentiert werden. Das ist ganz seine Sache, wie er stolz und erfolgssicher
verkündet. Hormayr gründet ein „Archiv für Geographie, Historie, Staats- und
Kriegskunst". Einer seiner wirkungsvollsten Essays hier trägt den Titel: „Über den
poetischen Gebrauch des historischen Stoffes." Hormayr bemerkt, daß Schillers und
Goethes habsburgfeindliche Dramen sehr schädlich für den Ruf des Hauses Österreich bei den deutschen Gebildeten wirkten: „Tell", „Don Carlos", „Egmont", „Wallenstein"[67]. Dabei rühmt doch der Schwabe Schiller selbst den Österreicher: „Der
Österreicher hat ein Vaterland, und hat auch Ursach', es zu lieben . . ."

Hormayrs „österreichischer Plutarch" heißt mit vollem Titel: „Österreichischer
Plutarch oder Leben und Bildnisse aller Regenten und der berühmtesten Feldherrn,
Staatsmänner, Gelehrten und Künstler des österreichischen Kaiserstaates" (Wien 1807
bis 1819)[68]. Hormayr will ein österreichisches Selbstverständnis und Selbstbewußtsein als politische österreichische Nation, als österreichische Kulturnation, als österreichische europäische Nation bilden, bewußt erziehen: durch einen österreichischen
Patriotismus, der sich auf sehr alte und sehr würdige Traditionen stützen kann und
die Kraft besitzt, die Geisteskraft, Gegenwart und Zukunft zu gestalten: im Kampf
gegen die furchtbaren Feinde Österreichs. Bildung der politischen Einbildungskraft
durch Bildung der poetischen Einbildungskraft: beide gestärkt und gestützt durch
das unerschlossene Potential der österreichischen Geschichte!

Hormayr gewinnt einen zahlreichen Mitarbeiterstab. Es schien, als ob sehr viele
junge Menschen nur darauf gewartet hätten, patriotisch angesprochen und zu eigener
Leistung eingefordert zu werden[69]. Das ist ein Beispiel, ein Phänomen, das nie wieder
in Altösterreich von einer österreichischen Regierung versucht wurde: Diese vielen
unruhigen, brotlosen, jungen Geister einer jungen Intelligentsia bürgerlicher und
kleinbürgerlicher Herkunft zu sammeln, zu hegen und zu pflegen, sie nicht nur als
Agenten, als Schreiberlinge und für Gelegenheitsdienste zu ver-wenden, sondern ihnen
echte und bedeutende Aufgaben zu stellen, so daß sie in verantwortliche Stellungen
selbst einrücken und politische Gesellschaft bilden konnten.

An Hormayrs „Archiv" und an seinem „Taschenbuch für vaterländische Geschichte"
arbeiteten österreichische, ungarische und böhmische Historiker mit. Viele seiner
Bücher werden ins Französische und Italienische, einige auch ins Tschechische und Ungarische übersetzt.

Hormayr gewinnt einen gesellschaftlichen Stützpunkt im Salon der Wiener Schriftstellerin Karoline Pichler (1769—1843), in deren Haus das patriotische Österreich
verkehrt[70]. Dieser sehr bürgerliche Salon kann sich nicht vergleichen mit den Salons
der geistvollen Jüdinnen in Wien und Berlin, dieser Frauen, hinter denen die Geld-
macht ihrer Männer, ihrer Sippen steht, auf die das Haus Hohenzollern und das
Haus Habsburg gerade in dieser Kriegszeit wieder besonders angewiesen ist. Preußens Prinzen und die „Elite" der Schriftsteller, Literaten und alles, was Rang und
Namen hat und noch dazu glänzen will, dazu ständig Gäste aus England, aus dem
nicht napoleonischen Europa, also auch aus den Ländern des Zaren sind dort zu
Gast[71].

Bei der Karoline Pichler geht es wesentlich bescheidener zu. Sie ist ganz die
Tochter ihrer Mutter Charlotte Greiner: sehr bürgerlich, sehr konservativ, sehr katho-

lisch. Das dreiundfünfzigbändige Werk der Karoline Pichler und zumal ihre „Denk-
würdigkeiten" sind eine einzigartige Dokumentation der Wiener, der österrechischen
Situation dieser Jahre „vaterländischer Begeisterung" und dann der langen, langen
Jahre des Abgesanges, des Verglühens im sogenannten „Biedermeier".

Diese Karoline Pichler sieht sehr klar — und spricht es auch aus: die deutschen
Protestanten haben sich der deutschen Literatur bemächtigt, und sie haben aus
ihr eine furchtbare Waffe gegen die katholische Religion und den Habsburger-
Staat gemacht[72]. Österreich, das bedeutet für diese ständigen Denunzianten: alle
Finsternisse, alle Barbareien, alle Schwächen, alle Fehler, alle Sünden (gegen den
Heiligen Geist der Deutschen) werden durch die österreichischen Staatsmänner verkörpert. Der Haß gegen Österreich ist seit langem geschürt worden. Immer wieder
wird da der Bankrott Österreichs proklamiert. Diese Frau sieht in engstem Zusammenhang mit der politischen, kulturpolitischen, religiös-politischen Propaganda, die
jeden Glauben an Österreich zerstört, dies: Die Österreicher selbst kümmerten sich
nicht um ihren Ruf, sie ließen sich denunzieren, sie ließen sich ihre Geschichte, ihre
eigene Vergangenheit von diesen Deutschen vorschreiben. „Wir waren weder wahre
Katholiken noch wahre Österreicher."[73] Das ist ein mariatheresianisches Motiv, das
Karoline Pichler aufnimmt und auf die Gegenwart bezieht.

Karoline Pichler ruft die Frauen auf, für Österreich zu kämpfen. Wir Frauen haben
das Recht und die Pflicht, für die Größe des Vaterlandes zu kämpfen: zunächst für
seinen guten Ruf, für die Wiederherstellung des zerfallenen Glaubens an Österreich!
Sie ist überzeugt (wie später die große Rosa Mayreder und Bertha von Suttner):
ein Staat kann nicht gedeihen, in dem die Frauen nicht den Rang haben, der ihnen
gebührt, in dem ihre Mitarbeit als Partnerin — gerade in Sachen Vaterland — nicht
gewünscht, nicht gewürdigt wird[74]. Nun, das offizielle Österreich hat mit der
Karoline Pichler ebensowenig „anfangen" können — waren diese Frauen doch ein
lebendiges Fanal, ein geistreicher Aufruf zu einer Umsinnung in Österreich — wie
später mit Bertha von Suttner[75] und den großen Sozialreformerinnen im sozialistischen und im bürgerlichen Lager[76]. Der Patriotismus der österreichischen Frauen
wurde nur dazu ver-wendet, Watte zu zupfen für die Kriegsspitäler, und eben im
Krieg gewisse Hilfsdienste zu leisten: in der Krankenpflege, dann auch als Arbeiterin
in Kriegsbetrieben . . .

Im Salon der Karoline Pichler sammeln sich nun diese jungen Literaten, Sänger,
„Dichter", die über Nacht aus dem Boden sprießen wie Schwämme in gewittrigen
heißen Sommernächten. Ein österreichischer Germanist in der Ersten Republik, der
Wiener jüdische Patriot Arnold, nennt über dreißig Namen dieser jungen österreichischen patriotischen Dichter[77]. Als ein männlicher Gegenpol der Karoline Pichler
kann Ignaz Franz Castelli (1781—1862) gesehen werden, dessen „Wehrmannslieder"
so populär werden und so wirksam, daß ihn Napoleon einer persönlichen Ächtung
würdigt. Heinrich von Collin[78] verfaßt patriotische Gesänge und vaterländische Dramen: Er nimmt — mit anderen — das große Thema auf, das dann Grillparzer in
„König Ottokars Glück und Ende" zum Weihestück eines habsburgischen Patriotismus
in einer Zeit gestaltet, in der dieser Patriotismus in schwersten Anfechtungen steht.
In Collins „Rudolph Habsburg" wird diese frohe Botschaft verkündet: „Oestreichs
Söhnen besinge mein Lied den Tag der Entscheidung / Als sich Ottokars Macht vor

Rudolphs Waffen gebeuget . . ." „Vom Grafen von Habsburg / Hob er Rudolph empor zum waltenden Kaiser der Deutschen (sic!) / Daß er wieder verband dem Reich die blühende Ostmark . . ."[79]

Die „Ostmark" und das „Heilige Römische Reich deutscher Nation": sie sind literarische Produktionen dieser Jahre, in denen deutscher Patriotismus und österreichischer Patriotismus verschmelzen, gerade für die Preußen und andere Deutsche, die in den Landen des Hauses Habsburg Zuflucht suchen vor Napoleon.

Ein spezifischer österreichischer Patriotismus kommt in den vielen Landwehrsängen zum Ausdruck, deren Motiv dies ist: „Wenn es nur will / Ist immer Oestreich über alles." Das Kriegslied „Österreich über alles" ist in aller Munde. Ein deutscher Zeuge, der Kapellmeister Reichardt, hört diese Begeisterung erstaunt in einer „musikalischen Akademie" mit patriotischen Liedern, in Wien am 28. März 1809. Das Kaiserpaar ist anwesend. Kaiser und Volk scheinen da zu verschmelzen. Die Begeisterung erreicht ihren Höhepunkt im Mitsingen des Liedes „Österreich über alles." „Klatschen, Rufen, lautes Aufschreien, Jaulen und Schluchzen ward von dem kaiserlichen Sitz bis in den Saal hinab und rundum ganz allgemein. Ich habe nie eine größere Sensation erlebt."[80]

Der Außenminister Philipp Graf Stadion erklärt: „Wir haben uns als Nation konstituiert." Der deutsch-nationale Historiker Hans Pirchegger kommentiert das hundert Jahre später so: „In Österreich wollte der Staat die Nation schaffen, nicht die Nation den Staat."[81] *Österreichische Nation?* Die jungen Männer und Frauen rund um Karoline Pichler und viel „einfaches Volk" verstehen dies — gerade weil sie es verbal gar nicht ausdrücken können, diese „einfachen Leute" in Stadt und Land — als österreichische Nation. Die deutschen Publizisten, die in diesen Jahren in den Dienst des Hauses Habsburg getreten waren, verstehen diese Begeisterung als Aufruf und Ansporn, deutsche Nation zu wecken, zu bilden. Dieses Österreich soll Anstoß und Führung für die deutsche Erhebung werden. In dem „Aufruf an die Deutschen", mit dem am 10. April 1809 der Erzherzog Carl die österreichisch-bayerische Grenze überschreitet — er stammt von Friedrich Schlegel —, sollen zunächst die Bayern zum Anschluß an die österreichische Sache bewogen werden. „Mit Österreich war Deutschland selbständig und glücklich, nur durch Österreichs Beistand kann es wieder gleiches werden."[82] Dies soll heute jedoch nicht vergessen werden: erstmalig und einmalig wendet sich damals die österreichische Propaganda an die anderen Nationen. Den Polen wird zugesichert, Österreich komme, „jedes Volk, jeden Fürsten wieder in sein Recht einzusetzen". Dies konnte als ein Versprechen der Wiederherstellung Polens verstanden werden. Hatte nicht Polens König Johann Sobieski, vereint mit den Österreichern und den Deutschen des Heiligen Römischen Reiches und vielen Nicht-Deutschen — unter ihnen der junge Prinz Eugen, zunächst sein Bruder — Wien von den Türken befreit, die jetzt als Vorreiter Napoleons verstanden werden?

Nicht minder bedeutungsvoll — und makaber, vom 19. Jahrhundert bis auf 1914 zu, wirkt der Aufruf an die Italiener: „Wollt ihr wieder Italiener werden? Vereinigt eure Kräfte, Arme und Herzen mit den glorreichen Waffen des Kaisers von Österreich . . .". In Nürnberg erhebt sich das Volk gegen die bayerische Regierung, die ja Verbündeter Napoleons ist. Im preußischen Bayreuth verherrlichen die „Bayreuther

Kriegsblätter" die Monarchie des Hauses Habsburg und rufen die Jugend zum Kampf unter Österreichs Fahnen auf.

Einen Augenblick schien es — fast — möglich, als würde Österreich der Schirmherr der „erwachenden" Völker werden. In diesem Zusammenhang ist dies erinnernswert: In dem Katastrophenjahr 1805, in dem Österreich auf allen Schlachtfeldern Napoleon unterlag, trugen die Serben, die sich 1804 unter Führung eines ehemaligen österreichischen Unteroffiziers, des Kara Georg Petrović, gegen die Türken erhoben hatten, Österreich die Herrschaft über die Serben an. Wien zögert, man gestattet nur dem Grenzkommandanten Freiherrn von Simbschen, die Serben heimlich zu unterstützen. Die Serben erbitten noch 1809 und 1810 die österreichische Schutzherrschaft. 1811 unterstellen sie sich den Russen, die Belgrad besetzen[83].

Nutznießer des österreichischen „Erwachens" wurde nur Deutschland. Die deutschen Publizisten, die in den Dienst Österreichs getreten waren, versuchen naturgemäß (so möchte man es ausdrücken), den Kampf um Österreichs Selbstbehauptung als einen Kampf für Deutschland zu formulieren, sie betonen den „deutschen Charakter" der Kriege gegen Napoleon. Friedrich Gentz, der erst in späteren Jahren als Mitarbeiter Metternichs zu einem Vertreter Österreichs wird, sagt 1821 in Baden bei Wien zu Georg Heinrich Pertz, dem großen deutschen Historiker: „Österreich gleiche einer belagerten Festung, welche gegen den unter allen Gestalten angreifenden Feind auf der äußersten Hut sein müsse."[84] Gentz vertritt mit den Brüdern Schlegel in der Zeitung „Österreichischer Beobachter" und seit 1812 in der Zeitschrift „Deutsches Museum" diese Parolen: „Die Österreicher gemeinsam mit den anderen Deutschen", „Wir Deutsche", „Unser geliebtes Wien ein Bestandteil Deutschlands". Diese hervorragend begabten Publizisten gewinnen die Erzherzöge Karl und Johann, die Brüder des Kaisers, für sich. Die von Erzherzog Karl unterzeichneten Flugblätter und Aufrufe „An die Deutschen", „An die deutsche Nation", stammen von Friedrich Schlegel, als Kriegssekretär im Dienste Karls. Diesen Deutschen aus deutschen Landen sekundieren Friedrich Fröhlich, Karl Santinger, Franz Kurz, A. G. Bergenstamm und nicht zuletzt Johann Pezzl, den wir bereits kurz als einen Kämpfer gegen die pietas austriaca, gegen die dummen, blöden, abergläubischen katholisch-habsburgischen Österreicher kennengelernt haben.

Für den Übergang nach Deutschland — Rückkehr in den Schoß der Mutter Deutschland — präsentiert sich als Modell der junge „Freiheitssänger" Theodor Körner[85]. Seinen Vater hatte Schiller beschworen, sich von diesem neudeutschen Heilsglauben fernzuhalten. Der junge Körner schreibt in Wien sein Drama „Zriny", das den Kampf der heldenmütigen Ungarn gegen die Türken besingt, und eilt von Wien in den Kampf auf den preußischen Feldern, in dem er den Tod sucht. Todessehnsucht, ungereifter Eros, ungelöste existentielle Lebensfragen verbinden sich hier exemplarisch zu einem explosiven Gemisch. Dies gilt, wir wiederholen es immer wieder, für junge Revolutionäre des erwachenden Deutschland, Rußland, Serbien etc. bis 1914. Der junge Körner hat in Wien „die schönsten Jahre seines kurzen Lebens" verbracht. Er hat sich hier mit der herzensguten jungen Burgschauspielerin Toni Adamberger verlobt: mit einem Kind des Volkes, dem nichts fremder ist als diese ekstatische Begeisterung, für „Teutonia" (wie Carl Ludwig Sand es nennt) zu sterben.

Theodor Körners Liebesleidenschaft gilt einer jungen Jüdin: Henriette Pereira[86]. Zehn Tage bevor am 17. März 1813 Preußen, nach Rückversicherung durch Rußland, den Krieg gegen Frankreich erklärt hat, schreibt der junge Körner an seinen Vater: „Deutschland steht auf; der preußische Adler erweckt in allen treuen Herzen durch seine kühnen Flügelschläge die große Hoffnung einer deutschen, wenigstens norddeutschen Freiheit. Meine Kunst seufzt nach ihrem Vaterlande — laß mich ihrer würdiger Jünger sein!" (Jünger im Sinne von Apostel) „Ja, liebster Vater, ich will Soldat werden, will das hier gewonnene glückliche und sorgenfreie Leben mit Freuden hinwerfen, um, sei's auch mit meinem Blute, mir ein Vaterland zu erkämpfen ..."[87] Auf seiner Fahrt in den Tod schreibt er bereits aus Troppau an die „Theuerste Freundin", an Henriette. Fünf Tage später, wieder an sie, aus Breslau: „... Es ist nur ein Wille, nur ein Wunsch in der ganzen Nation, und das abgenutzte ‚Sieg oder Tod' bekommt eine heilige Bedeutung."[88] Diese deutsche erwachende Nation besteht aus Studenten, Schülern, Literaten, Poeten, einigen Professoren.

„Was er seiner Braut schrieb, ist nicht erhalten. Henriette dagegen bewahrte jede Zeile von seiner Hand." Einer ihrer Erben hat bis heute viele Widmungen und Gedichte an sie nicht zur Veröffentlichung freigegeben[89].

Einige Briefe an Henriette werden im Zweiten Weltkrieg als nationalvölkisches Flugblatt unter Schülern und Soldaten verbreitet[90]. Ihr Enthusiasmus sollte ansteckend wirken. Die Jüdin wurde da „natürlich" verschwiegen. In Körners Kriegsliedern bekundet sich am reinsten dieser Glaube dieser von Todverlangen und Auferstehung (Auferstehung der Nation aus dem Opfer ihres Lebens) beseelten Jugend. „Frisch auf, mein Volk! Die Flammenzeichen rauchen, / Hell aus dem Norden bricht der Freiheit Licht. / Du sollst den Stahl in Feindesherzen tauchen ... Das höchste Heil, das letzte, liegt im Schwerte! / Drück dir den Speer ins treue Herz hinein: / Der Freiheit eine Gasse! ‚Wasch die Erde, Dein deutsches Land, mit deinem Blute rein!'"[91] Theodor Körner trägt seine Gedichte in ein Buch ein, das ihm Henriette gegeben hat. Am 30. März schreibt er an Henriette: „Das mir so teure Buch ... ist schon ziemlich oft gebraucht worden, denn in den einsamen Stunden stiller Erinnerung ... trägt mich das Herz immer zu Sang und Lied!" An diesem Tage dichtet er ein Loblied an den Herrn: „Denn was uns mahnt zu Sieg und Schlacht, / Hat Gott ja selber angefacht: Dem Herrn allein die Ehre! / Er weckt uns jetzt mit Siegeslust Für die gerechte Sache: / Er rief es selbst in unsere Brust: Auf, deutsches Volk, erwache!"[92]

Der deutsche Gott[93] (Paul Celan: „Der Tod ist ein Meister aus Deutschland" in seiner „Todesfuge") gebiert sich selbst sein Volk neu, indem er seine Söhne auf dem Schlachtfeld im heiligen Tod opfert. Theodor Körner: „Das Volk steht auf, der Sturm bricht los." „Und schlägt unser Stündlein im Schlachten rot / Willkommen dann selger Soldatentod!" An Henriette: „Soeben marschieren wir; in zwei Tagen erwarten wir die Todeshochzeit."[94] Diese Todeshochzeit: Sie bringt die Vermählung mit Henriette, mit der lieben, guten Toni, mit der Mutter Deutschland, mit der Waffe, mit dem Tod. Eine Woche später trägt er sein letztes Gedicht in das geliebte grüne Buch Henriettens ein. „Du Schwert an meiner Linken, / Was soll dein heitres Blinken? / Schaust mich so freundlich an, / hab meine Freude dran / Hurrah!" — „Wohlauf, ihr kecken Streiter, / Wohlauf, ihr deutschen Reiter / Wird euch das Herz nicht warm? / Nehmt's Liebchen in den Arm. Hurrah!" Das Liebchen ist die Waffe. „. . . Nun laßt das Liebchen singen / Dass helle Funken springen! / Der Hochzeitsmorgen graut, — / Hurrah, du Eisenbraut! / Hurrah!"[95] Georges Clemenceau, der Bauer lothringischer Erde, fürchtet die Deutschen: Sie seien in den Tod verliebt. Dies gilt für diese Jugend von 1813, von 1914. Noch nicht zweiundzwanzig „Lenze" (ein jäher Todesfrühling, ver sacrum, war sein Leben) alt, fällt Theodor Körner am Morgen des 26. August. Diese deutsche Jugend hat den Sänger ihres Glaubens gefunden.

Henriette Pereira, der das deutsche erwachende Volk Körners Zyklus „Schwert und Leier" verdankt, ist die Tochter der Fanny Arnstein. Diese preußische Jüdin, die in Wien lebenslang Preußin, leidenschaftliche Preußin bleibt und auf die Österreicher, diese ungebildeten Katholiken lebenslang etwas herabsieht[96] — während des Wiener Kongresses ist ihr Salon der Treffpunkt aller Preußen —, hatte ihre Tochter Henriette in Berlin geboren. Sie wollte daheim sein bei ihrer Entbindung. Fanny von Arnstein ist die Tochter des Daniel Itzig, geboren in Berlin 1758. Itzig gehört zu jenen Juden in Preußen, die bis zu ihrem Tode an ihrem Glauben an Preußen, später an ihrem Glauben an das heilige Deutschland festhalten. Preußische jüdische Geheimräte wollen nicht emigrieren, sie warten, mit einem kleinen Koffer, in Berlin auf den Transport in den Tod, 1940/42. Der messianische Glaube österreichischer Juden an Deutschland spielt vom Vormärz über 1848 bis 1946 (in der Emigration in England) eine außerordentliche Rolle für die so schwierige Selbstfindung von Österreichern als Österreicher[97].

Preußische Juden begrüßen 1733 die Salzburger evangelischen Emigranten, in Preußen, beschenken sie reich. Befragt, wie sie dazu kämen, antworten sie: „Es sind Fremdlinge wie wir und Bürger wie ihr."[98] Friedrich II. verspottet die Juden, weiß sie jedoch trefflich zu nützen, als Heereslieferanten, vom ersten Tag seines Krieges, gegen Österreich. Friedrich schließt mit dem Schutzjuden und Hofjuwelier Veitel Ephraim einen Münzkontrakt, der ihm die Ausprägung aller Geldsorten seiner Länder überträgt. „Es waren die ‚Juifs de Frédéric le Grand', deren Handelssinn und Finanzverstand ebenso viel zur Größe Preußens beitrugen, wie deren Töchter zu einer fruchtbaren Verbindung seines Erbadels mit dem Adel des Geistes und der Kunst."[99]

Als vor dem dritten Schlesischen Krieg Friedrich die guten alten Münzen gegen sein neues versilbertes Geld eintauschen läßt (Friedrich hat zudem bewußt in seiner Politik, die auf den Ruin Polens abzielt, gerade mit seiner Münzpolitik Münzfälscherei betrieben[100]), sagt man in Preußen: „Von außen schön, von innen schlimm, / Außen Friedrich, innen Ephraim."

Nach dem Vorbild der Pariser Salons bilden nun einige Jüdinnen der Finanzaristokratie in Berlin jene Salons, ohne die deutsches Geistesleben, Berliner Kultur und der Salon der Fanny von Arnstein in Wien undenkbar sind. Noch Franz Grillparzer findet Berlins Kultur basierend auf Juden und Franzosen — Hugenotten-Sprößlinge. Das „französische Gymnasium" in Berlin erhält deren Geistesbildung. Dies gilt, obwohl die Blütezeit der Berliner Salons der Henriette Herz, der Rahel Lewin, der Dorothea Mendelssohn (als Partizipantin) erst nach der Gründung von Fannys Wiener Salon beginnt: eine kurze Blüte, die bereits ab 1806 zu welken beginnt. Der nun „christlich-deutsch" werdende Adel trennt sich von diesen reichen und sehr selbstbewußten Juden. Die Zeit Fichtes und der neudeutschen Jugend haben für diese Juden nichts übrig, hassen sie. Ungebrochen durch dieses Welken der Salons der geistreichen jüdischen Damen, in denen ihre eigenen Männer keine Rolle spielen — der Gatte der Fanny Arnstein ist kaisertreu, schwarz-gelb und finanziert mit seinen jüdischen Genossen den Kaiserstaat an der Donau[101] —, entfaltet sich jener Prozeß, der mit dem jungen Moses Mendelssohn begonnen hat und bis 1933 dies erbringt: ein einzigartiges Engagement von Juden in Deutschland, im deutschen Geistesleben, bald auch im wissenschaftlichen, zuletzt erst im politischen Leben[102].

Glaube an Deutschland: Das ist für diese entwurzelten, schwer um ihre Emanzipation ringenden Juden — in deutschen Landen und bald auch in Österreich — ein vielschichtiger Versuch, das Gelobte Land in Deutschland zu finden. Deutschland, „das Land Goethes und Schillers", wie es bis über 1933 hinaus bei diesen Juden geliebt wird, erwählen sie in Verdrängung der eigenen jüdischen Vergangenheiten. Die Nachkommen des großen Moses Mendelssohn werden fast alle Christen, evangelische, preußische Christen, so wie noch die Nachkommen des Theodor Herzl in Wien ihr Judentum verlassen[103].

Nichts wäre falscher, als diese Bemühungen der jüdischen Salons in Berlin und diese preußische Dependance der Fanny von Arnstein in Wien nur als Schmockerei, nur als Anempfindung, nur als ein Mittel zu sehen, das zur Verbindung mit dem alten christlichen Adel und einer europäischen Prominenz von Dichtern, Schriftstellern, Künstlern und nicht zuletzt Politikern dienen sollte. Diese Juden wollten Preußen, ja Superdeutsche werden — und sie wurden es, in Leben und Tat. Berlin, im ersten Jahrzehnt des 19. Jahrhunderts: „Es fand in jenen Übergangsjahren eine eigentümliche Vermischung und Vermählung von deutschem und jüdischem Pathos statt."[104] Wien 1848—1933: Diese Vermählung von deutschem und jüdischem Pathos beseelt die jüdischen Freiheitskämpfer von 1848, wird von ihren Gegnern direkt so angesprochen im Werk des Moritz Benedikt, des Chefredakteurs der „Neuen Freien Presse", des Friedrich Austerlitz, des Chefredakteurs der „Arbeiterzeitung", in den Reden und Artikeln des Otto Bauer[105]. Jüdischer messianischer Glaube wird zu Glaube an Deutschland, ekstatisch, schwärmerisch, und auch sehr nüchtern, im Sinne eines aufgeklärten Patriotismus. Dieser jüdische Deutschland-Glaube in Deutschland und den Ländern der Donaumonarchie und weit nach Osteuropa hinein ist zu vergleichen mit dem jüdischen Glauben an Spanien, in Spanien, vom Hochmittelalter bis lange nach der Austreibung von 1492, ins 19. und 20. Jahrhundert[106].

In den Jahren der „tiefsten Erniedrigung Preußens", vor den „Freiheitskriegen", begegnen sich die jungdeutsche Frühromantik, der junge heiße Nationalismus und die jungdeutsche Gelehrtenwelt in den Salons dieser Berliner Jüdinnen. „In Henriette Herz' Salon waren Schlegel und Schleiermacher einander zum ersten Mal begegnet, hatten Gentz und Wilhelm von Humboldt sich freundschaftlich die Hand gereicht. In ihrem ‚Tugendbund' lag einer der Ursprünge zur antinapoleonischen Widerstandsbewegung."[107] „Der preußische Patriotismus der jüdischen Salons ... die romantische Verherrlichung des Deutschtums, wie es nun aus alten Märchen und Mythen heraufbeschworen wurde — all dies wehte von Berlin nach Wien hinüber."[108] Preußische Juden begeistern sich für den Krieg zur Befreiung, später zur Ehre Deutschlands:

1813, 1870, 1914. Ein jüdischer Reichstagsabgeordneter fällt als erster Kriegsfreiwilliger aus dem Reichstag. Otto Bauer stürmt 1914 so wagemutig gegen Rußland, daß er früh gefangengenommen wird.

Fanny und ihre Berliner Sippe sind „preußischer als die Preußen". Zwei ihrer Verwandten, Brüder Itzig, kämpfen als Freiwillige bei Lützen im zweiten preußischen Garderegiment. Moritz Itzig wird schwer verwundet, stirbt einige Tage später, sein Bruder wird ebenfalls verwundet. Drei Jahre zuvor hatte Moritz Itzig mit Achim von Arnim einen Konflikt gehabt. Arnim hatte sich im Hause von Itzigs Tante Levy in antisemitischen Äußerungen ergangen. Arnim zog sich zu Beginn des Freiheitskrieges sehr bald auf sein Gut Wipersdorf zurück. Der preußische Staatsrat Stägemann, in der Tradition ostpreußischer aufgeklärter Patrioten stehend, die als erste „ihre" Juden verteidigt hatten, erinnert an diese Affäre in den Versen: „Itzig und Arnim sind beide geblieben — jener bei Lützen, dieser hinter dem Ofen."[109]

Fanny von Arnstein findet ein Ventil für ihren in Wien solange unbefriedigt bleibenden Deutschland-Glauben in ihrer leidenschaftlichen Anteilnahme am Tiroler Freiheitskampf. Hier erlebt sie ein „erwachendes Volk", ein Volk in Flammen, wie es wenige Jahre später Theodor Körner ihrer Tochter Henriette Pereira vorsingt! Hormayr erinnert in seinem Lebensbild Speckbachers, wie dieser in Wien im Hause „der unvergeßlichen, auch den Tirolern unermüdet wohltätigen Baronin Fany (sic!) Arnstein" aufgenommen wurde. Unermüdlich ist sie für die Tiroler tätig. Hier geht sie, einmal, mit ihrem Gatten konform, verschmilzt dessen österreichischen Patriotismus mit ihrem preußischen Patriotismus. Die Tiroler sind ihr das Fanal für die kommende deutsche Erhebung! Andreas Hofer weilt bei ihr in Wien, als er geheim in einem Mariahilfer Gasthaus untergekommen ist[110]. Ein jüdischer Rechtsanwalt, Baseva, vielleicht ein Nachkomme des Hoflieferanten Ferdinands III. Bassevi, verteidigt Andreas Hofer in Mantua. Die Tiroler benennen einen Berg nah der bayerischen Grenze zu Ehren Fannys und ihres Mannes: die Arnsteinspitze.

Die Tiroler Erhebung von 1809 wurde zum Schicksal des Joseph Hormayr Freiherrn von Hortenburg[111]: Er hatte in Verbindung mit Erzherzog Johann in Wien für den Aufstand gegen die verhaßten Bayern, die selbst den Namen Tirol ausgelöscht hatten und eine arrogante Besatzungsmacht bildeten, gearbeitet. Hormayr kam zunächst als von Österreich beauftragter Landeskommissär nach Tirol. Hormayr will nun die Wiener Regierung zum letzten Einsatz für Tirol zwingen. Nach dem Sieg des Erzherzog Karl bei Aspern hatte Napoleon die Österreicher bei Wagram geschlagen. Kaiser Franz möchte weiterkämpfen, die militärischen und wirtschaftlichen Mittel sind jedoch erschöpft durch diese Kriege, diese Feldzüge, die den Österreichern im Kampf gegen die Französische Revolution und gegen Napoleon so schwere und so verlustreiche Niederlagen eingebracht hatten. Der Friede, den Napoleon in Schönbrunn in Wien am 14. Oktober 1809 erzwingt, ist der schwerste Friedensvertrag — bis 1918. Österreich verlor 123.625 km² Land und dreieinhalb Millionen Einwohner, darunter Salzburg und Berchtesgaden, das Inn- und Teile des Hausruckviertels, Westgalizien, Krain, Görz, Triest, Inner-Istrien und einen Teil Kroatiens.

Nach dem Siege bei Wagram konnte Napoleon wieder bedeutendere Truppenkontingente nach Tirol schicken, Innsbruck und andere Tiroler Städte werden besetzt. Hormayr will Wien zum Weiterkampf zwingen. So veröffentlichte er in Tirol Ende

Mai ein für die Veröffentlichung nicht bestimmtes Schreiben des Kaisers Franz: Er wolle keinen Frieden schließen, der Tirol wieder von Österreich trennen würde.

Wien „verrät“ Tirol: „Der gute Kaiser Franz / hat uns verlassen ganz.“ Das singen „kaisertreue“ Tiroler. Für das 19./20. Jahrhundert aber wird — hier ansetzend — ein Mythos aufgebaut, der österreichfeindlich dieses Bild vorstellt. Der „deutsche Held“ Andreas Hofer hat, verraten vom Hause Habsburg, von Österreich, bis aufs letzte gegen die Franzosen gekämpft und ist an der Treulosigkeit Wiens zugrundegegangen. Hier verschmilzt dann das alte Tiroler Selbstbewußtsein, das nicht unbedingt gegen Österreich gerichtet war, mit einem deutsch-tiroler Mythos, der reiche Früchte trägt, bis nahe ans Heute. Die Deutsch-Radikalen Tirols, die für die Heimkehr Tirols in den Schoß „des ganzen Deutschland“ werben, bauen sich hier *ihren* Andreas Hofer auf, um 1848, nach 1866, und wieder in der „Bewegung“, in der ein Namensvetter des Andreas Hofer der besonders antikirchliche Gauleiter Tirols wird.

Andreas Hofer selbst war eine tragische Gestalt[112]: Archaisch bis tief in die Knochen, schwankt die schwere, über und über mit Amuletten behängte Gestalt ihrem Ende entgegen. In den hohen siebziger Jahren unseres Jahrhunderts haben junge Tiroler zum ersten Mal den wirklichen Andreas Hofer zu rekonstruieren versucht, in Bild (Film) und Wort. Vater, Vaterland, der Kaiser als Tiroler Landesherr, die Mutter Gottes als Schirmherrin Tirols, das Tiroler Volk als Volk Gottes: Es sind älteste Sippen, Großsippenbezüge einer archaischen Gesellschaft, die mit ihren lieben Heiligen leben will, Fremde mißtrauisch beäugt, und in einer — in der Gestalt des Andreas Hofer — ergreifenden Weise an ihrem heiligen Land, ihrem heiligen Boden, ihren heiligen Bergen hängt. Für *jede* archaische Gesellschaft ist ihr Land heiliges Land, wobei einige Orte, Stätten, Wälder besonders heilig sind. Gnadenorte, Wallfahrtsorte bilden die Kraftzentren, an denen sich das Volk das Heil sehr leibhaftig, in Sang, Speis und Trunk zu Gemüte führt.

Gerade die französischen Generale haben diesem Mann einer Vorzeit ihre Achtung nicht versagt, wollten auch nicht seine von Napoleon befohlene Hinrichtung. Der Andreas-Hofer-Mythos des 19./20. Jahrhunderts verdient es längst, im Zusammenhang mit dem Widerstand der „Länder“ gegen „Wien“ erforscht zu werden. Der Tiroler Freiherr Joseph Hormayr führte nun seinen Kampf gegen Wien weiter. Er ist einer der aktivsten Teilnehmer an der Verschwörung des „Alpenbundes“, der eine neue Erhebung in Tirol als Auftakt zum allgemeinen Kampf gegen Napoleon plant. Metternich läßt ihn und seinen Mitarbeiter Dr. Alois Schneider verhaften, der Erzherzog Johann wird unter polizeiliche Überwachung gestellt, er darf sich einige Jahre nicht nach Tirol begeben. „Metternichs Handlungsweise war, von staatspolitischer Perspektive aus gesehen, zweifellos richtig: Der Aufstand in Tirol hätte die Zusammenarbeit mit Bayern, das sich zunächst neutral verhielt, unmöglich gemacht, diesen Staat vielmehr erneut in die Arme Napoleons getrieben und die österreichischen Alpenländer der Gefahr eines feindlichen Zangenangriffs aus Italien und Süddeutschland ausgesetzt.“[113] Hormayr kommt in Festungshaft. Begnadigt, wirkt er als Leiter des Haus-, Hof- und Staatsarchivs weiter. Eine Geschichte Wiens (9 Bände 1823—1825) wird von ihm geschaffen: „Wiens Geschichte und seine Denkwürdigkeiten.“ Ein Tiroler rühmt Wien, das ist bereits eine „Denkwürdigkeit“ für sich.

In Joseph Hormayr, Freiherrn von Hortenburg, arbeitet nun in diesem Wien, das ihn nicht als Politiker, nicht als Staatsmann angenommen hat, wofür er sich berufen fühlte, ein Groll, eine Enttäuschung, die sich in bitterbösen Haß ausformt. 1828 tritt der große Erwecker eines österreichischen Nationalbewußtseins in bayerische Dienste und entfaltet nun von München her eine publizistische Tätigkeit, die Österreich schwer schädigt. Man hat des öfteren bemerkt: Österreich hat durch österreichfeindliche Bücher mehr Schaden erlitten als durch verlorene Schlachten. Hormayr, der Sänger des Hauses Österreich, „entlarvt" nun eben das Haus Österreich als eine einzige Verderbnis für Deutschland. Der „gute Kaiser Franz" des Tiroler Volksliedes wird durch ihn als eine bösartige Canaille „entlarvt", Metternichs Regierung als ein einziger Schandfleck, eine Beleidigung für Deutschland, für Europa, für den gesunden Menschenverstand gebrandmarkt. Das 19. Jahrhundert faltet sich in Österreich-Beschimpfungen aus, wobei es immer wieder geborene Österreicher sind, die der Fülle von ausländischen Denunziationen sekundieren und nicht selten deren Vorläufer sind: zunächst in der Zeit zwischen Jérôme Napoleon, der den „österreichischen Kadaver" verspottet, und Bismarck, der „das wurmstichige, alte Orlogschiff zu Österreich" verhöhnt[114]. Ein sehr realpolitisches Konzept formuliert bereits 1822 ein Burschenschafter: Preußen müsse zuerst den deutschen Norden einigen, dann Italien zum Kampf gegen Österreich aufrufen und mit diesem Bundesgenossen Österreich besiegen und aus Deutschland austreiben[115].

Auch dieses Vorspiel sei hier nicht vergessen: Es gibt in diesem 19./20. Jahrhundert immer wieder Deutsche, Deutsche in Deutschland, die Österreich als eine unersetzliche europäisch wirkende Kraft sehen. Karl Ludwig Woltmann, Professor der Geschichte in Jena, dann kleinstaatlicher Diplomat, zuletzt in österreichischen Diensten, veröffentlicht 1815 in Frankfurt seine 1814 verfaßten „Grundideen der Politik der österreichischen Monarchie" und seine „Österreichische Politik"[116]. Woltmann sieht Österreich nicht als einen Staat, sondern als eine Gemeinschaft von Staaten, geschaffen zur Verteidigung Europas gegen die Barbaren. Sehr tief ergründet er den Charakter der Nationalitäten in seinem „Inbegriff der Geschichte Böhmens" (1809). Goethe informiert sich hier über die slawischen Völker! Woltmann unterscheidet die „Schichten, die Jahrhunderte hindurch abwechselnd vom germanischen und slawischen Wesen gelegt wurden". Dieses so glücklich gemischte Österreich hat die Aufgabe der Wahrung des europäischen Gleichgewichts als ein „Länderverein", als eine „Schluß- und Schutzmacht der europäischen Republik" (im Sinne von res publica Europa als der europäische Staatenverein). Woltmann sieht in Österreich als „bundesgenössischen Verein von Nationen" die Schwäche und den Reichtum dieses unersetzlichen Völkerverbandes, eine Notwendigkeit im Interesse der europäischen Republik und des vielgestaltigen Deutschland. 1818 sieht der junge Leopold (von) Ranke in seiner Schrift „Aus den Papieren eines Landpfarrers" Österreich als das Abbild Europas, als die einzige wahrhaft europäische Macht, da es alle Stämme Europas in einem Staate vereinigt. In Österreich lernen gegeneinanderstrebende Deutsche, Slawen und Romanen, daß sie neben- und miteinander leben können[117].

Der Rheinländer Metternich, der selbst lebenslang persönlich kein Österreicher wird, erklärt im Rückblick auf die „Freiheitskriege" und den ekstatischen Deutschland-Glauben der jungen Bewegten von 1813: „In bezug auf Österreich hatte der Aus-

druck ‚deutscher Sinn', insbesondere in der Bedeutung, wie sich derselbe seit der
Katastrophe Deutschlands in den höheren Schichten der dortigen Bevölkerung
manifestierte, lediglich den Wert einer Mythe."[118] Der greise Metternich warnt 1850
seinen Nachfolger Felix Schwarzenberg, Österreich den „Anschein des Germanisie-
rens zu verleihen". Im selben Jahr erscheint ein Manifest, das Giuseppe Mazzini formuliert: „Österreich muß zerstört werden ... Ich habe kräftige Gründe, zu glauben,
daß die gewandten Anstrengungen jener, die unbewußt unseren Interessen dienen,
unter diesem Gesichtspunkt in Berlin einigen Erfolg erringen. Man muß sich Preußens bemächtigen durch Erweckung seines militärischen Ehrgeizes und seiner Empfindlichkeit; man muß sich Österreichs bemächtigen, indem man die verschiedenen
Völker, aus denen es besteht, gegeneinander hetzt und aufwiegelt."[119] Beide Rezepte
wurden erfolgreich angewandt.

Die tiefe Animosität, die sich früh in Berlin sammelt, bekundet in sehr humaner
Form (Männer um Jahn, um die jungen Radikalen von 1817 drücken sich viel aggressiver aus) die Gattin Wilhelm von Humboldts 1815: „Österreich ist so verschiedenartig
und heterogen in seinen Kräften gemischt, in den Nationalitäten, aus denen es besteht,
daß ich alles wetten möchte, daß es noch in diesem Jahrhundert aufhören wird, eine
deutsche Macht zu sein. Die nationelle (sic!) Deutschheit ist offenbar noch im Wachsen und damit hält Österreich nicht Schritt ..."[120]

Das Wort „nationell" zeigt an, wie fremd dieser großen gebildeten Dame das
„Nationale" noch ist, das sie als aufsteigenden „Geist der Zeiten" in diesem Brief an
ihren Gatten anspricht. Der Schrei nach dem „starken deutschen Gott", der sich
in Preußen verkörpert und 1813 — im Munde junger Sänger — Preußens Führung
Deutschlands verlangt, ist ihr selbst fremd.

1806 hatte, in tiefem Mißtrauen auf Preußen blickend, der Freiherr vom Stein
Preußen als ein „sehr neues Aggregat einzelner Provinzen" angesprochen[121]. Ludwig von der Marwitz, kurmärkisches Ständehaupt, verglich in jener Zeit Preußens
künstliche Zusammensetzung mit dem nationalgemischten Staatskörper Österreichs, in
der er die Überlegenheit Österreichs sah[122]! Der späte Hormayr spottet über Österreich als „zusammengeheirateten Länderkonglomerat"[123]. Dieses Schlagwort hält sich
bis ins 20. Jahrhundert, bis zu des Mährers Karl Renner nahezu wortgleichem Urteil.
Wie sehr „Geschichte" Gegenwart bildet, durchströmt, zeigt sich gerade bei ihren Ver-
ächtern (analog wirkt alter, verdrängter religiöser Glaube in Menschen nach, die sich
längst von seinen „Fesseln" befreit wähnen), da das Metternichsche Österreich heute
so umstritten ist wie in seiner eigenen Zeit.

In der Ersten Republik Österreich begab sich, sehr beachtet von den „reichsdeutschen" Historikern, die nahezu alle Feinde dieses alten Österreich und nicht
selten auch eines unabhängigen Österreich ab 1918 waren, dieses sehr österreichische
Schauspiel, ein Akt der österreichischen Tragödie auf dem Forum der Historie. Da
verteidigte Heinrich Ritter von Srbik, der Schöpfer der „gesamtdeutschen" Geschichtsauffassung, 1939 Mitglied des Großdeutschen Reichstages, Metternich in
einem Monumentalwerk. Da griff ihn der aus dem deutsch-österreichischen Liberalismus und seiner deutschnationalen Erbschaft kommende Viktor Bibl leidenschaftlich
an[124]. Sein Kaiser Franz, sein Metternich sind Wiedergeburten der Malkontenten, der
zornigen jungen Männer, die aus dem Metternich-Staat, vor allem aus Böhmen nach

Deutschland gingen und dort in den alten Zentren evangelischer deutscher und tschechischer Exulanten, die dem Hause Österreich seit zweihundert Jahren den Untergang
ankündeten und für ihn arbeiteten, Zuflucht fanden: in Dresden, Leipzig, dann auch
in Hamburg.

Metternich ist der größte europäische Staatsmann des 19. Jahrhunderts. Das bestätigt ihm Bismarck, der in seiner eigenen Spätzeit in Metternichs Spuren wandelt[125].
Metternich wirkte ruinös in innerösterreichischen Bezügen, was er selbst zumindest
nach 1848 ersehen hat. Er deutet in seinem Geständnis an, daß er wohl eine Zeitlang
Europa, nicht aber Österreich „regiert" habe.

Klemens Lothar, Fürst von Metternich (1773—1859)[126], seit 1801 österreichischer
Gesandter, 1809 Außenminister, 1813 Führer der europäischen Mächte gegen Napoleon, den er diplomatisch ausmanövriert (dies war die Voraussetzung eines Endsieges über den großen Korsen), Leiter des Wiener Kongresses 1814/15 (der keine
Kongreßsitzungen abhält, zu groß war der Gegensatz, ja die Feindschaft der hier
präsenten Großmächte), wurde 1810 Staatskanzler, der Erbe von Kaunitz! Metternich ist eine libidinöse Natur. Bereits als solche ist er den kleinbürgerlichen Purita-
nern seiner Zeit und des ganzen 19. Jahrhunderts verhaßt. Er ist Liebhaber der
Frauen und guter Dichtung. Sein Lieblingsdichter ist Heinrich Heine, was ihn nicht
hindert, die Literatur des „Jungen Deutschland" in Österreich verbieten zu lassen.
Er ist auch „Skeptiker", „Freigeist", Mann des Ancien Regime, des Rokoko, und sieht
in tiefer, großer Angst in die Zukunft, auf den Zerfall der Donaumonarchie, auf einen
totalen Umsturz Europas. Metternich: „Ich sehe ein Meer von Blut und Tränen."[127]
Hier ist der große österreichische Patriot Franz Grillparzer, der Metternichs System
verurteilt, mit ihm einer Überzeugung.

Metternich möchte gegen die erwachende Jugend in Deutschland, in Österreich,
in ganz Europa, in deren Radikalismus er, um mit Grillparzer zu sprechen, den
Übergang von der Humanität über die Nationalität zur Bestialität zu Wort und
Tat kommen sieht, ein europäisches Gleichgewicht schaffen auf der Basis der
Legitimität, präsentiert durch die Monarchie und als ein Völkerbund gegen Revolution und Nationalismus als Wellenreiter der Anarchie: „die Heilige Allianz".
(Metternich haßt dieses Wort, lehnt es dezidiert ab.) Die deutsche Schwärmerin, eine
Erweckte, diese Frau von Krüdener, hat es dem Zaren Alexander I. in den Mund
gelegt[128], diesem Zaren, den gerade auch deutsche Schwärmer — nach dem Napoleon-
kult ihrer Väter — eine Messias-Funktion zuerkannten, bis er einen brutalen allrussi-
schen Nationalismus eindrucksvoll praktizierte.

Metternich glaubt (glaubt er wirklich?), den religiös-politischen Untergrund dieser
erwachenden Jugend überherrschen, ja unterdrücken zu können. Die deutschen Staaten
verpflichten sich unter seiner Ägide zur „Demagogenverfolgung", die alle als miß-
liebig erscheinenden Köpfe, bis weit in eine demokratische Mitte hinein, erfassen
sollte. Durch die Zensur, durch eine überwachte, täglich kontrollierte, unfrei gehaltene
Presse; durch das Verbot politischer Vereinigungen, Bünde, Versammlungen, Gründung von Parteien[129]. Metternich: Deutschland braucht „Einigkeit", nicht eine
„Einheit"[130], die Deutschland zerstört. Metternich ist gegen jede Ostexpansion
Österreichs auf dem Balkan und in Osteuropa[131]. Er will die Türkei im europäischen
Konzert erhalten. (Die englischen Staatsmänner des hohen und späten 19. Jahr-

hunderts wissen nach ihm: wer die Türkei in Europa zerschlägt, öffnet ein Pulver-
faß.) Noch 1853 sagt er: „Was bedeuten für die Welt die Höfe von Belgrad und
von Cetinja?" Metternich plädiert für eine österreichische Orientierung nach Westeuropa. Nach dem Sturz des Sultans werden Kriege ausbrechen, die Europa in den
Abgrund führen.

Abgrund, Abgründe in Deutschland. Metternich möchte sie überherrschen durch
die Schaffung des Deutschen Bundes. Dieser wird von den Deutschradikalen um
1848 und den Historikern, die ihre Erbschaft antreten, als ein allen Spottes wertes
„unmögliches" politisches Gebilde, als eine ganz künstliche Konstruktion Metternichs
abgewertet. „Der Deutsche Bund hat den Deutschen ein halbes Jahrhundert Frieden
geschenkt. Er folgte der Tradition des Westfälischen Friedens, der in der Erhaltung
der deutschen Libertät die Grundlage eines ruhigen Europas sah."[132] „Der Deutsche
Bund bedeutete die Selbsteinschränkung als Schutz vor der Gefahr der Selbstzerstörung durch ungehemmte Kraftsteigerung." So Friedrich C. Sell in seinem Werk
„Die Tragödie des deutschen Liberalismus", 1953, in dem er die Mitschuld der
deutschen Liberalen am Aufkommen eines hemmungslosen phantastischen Nationalismus bereits um 1848 aufzeigt[133].

Ein europäisches Deutschland und ein europäisches Österreich, beide mehrfach
verbunden, aber nicht — gefährlich — verschweißt, durch Blut und Eisen. Die
Deutsche Bundesakte wurde in die Wiener Schlußakte des Kongresses am 9. Juni 1815
aufgenommen: Diese deutsche Verfassung wurde unter den Schutz von England,
Frankreich, Rußland, Schweden, Spanien und Portugal gestellt. Österreich und
Preußen gehören ihm nur mit den einst vom Reich eingeschlossenen Ländern an.
Dänemark ist Mitglied als Haupt von Schleswig-Holstein und Lauenburg, die Nie-
derlande sind Mitglied als politisches Oberhaupt von Luxemburg. Protestanten und
Katholiken halten sich etwa die Waagschale, bei einem kleinen zahlenmäßigen Über-
wiegen der Katholiken.

„Der immerwährende Bundestag in Frankfurt war eine Gesandtenkonferenz unter
dem Vorsitz Österreichs, dem auch die Geschäftsleitung und die Vertretung nach außen
zustand. In der Vollversammlung, welcher die Entscheidung über die Grundgesetze
vorbehalten war, besaß jedes Mitglied mindestens eine Stimme. Österreich, Preußen
und die vier Königreiche Bayern, Hannover, Sachsen und Württemberg hatten je vier,
Baden drei Stimmen. Zur Änderung wesentlicher Einrichtungen oder Rechte der
einzelnen Mitgliedstaaten war Einstimmigkeit erforderlich, sonst die Zweidrittelmehrheit. Die ordentliche Versammlung, der die laufenden Geschäfte oblagen und
deren Beschlußfassung mit einfacher Mehrheit erfolgte, zählte 17, teils ganze, teils
gestückelte Stimmen. Der Bund konnte zur eigenen Verteidigung Krieg erklären,
besaß eine Bundesarmee und die Bundesfeste Mainz mit österreichisch-preußischer
Besatzung — die Stadt gehörte zum Großherzogtum Hessen-Darmstadt — und leistete Bundeshilfe zur Herstellung der Ordnung!"[134] Nicht zum Deutschen Bund gehören Ostpreußen und Posen — als preußische Erwerbungen aus polnischem bzw.
ordensstaatlichem Besitz — und von den Ländern des Hauses Habsburg-Lothringen
Ungarn, Galizien, die Bukowina und das lombardo-venetianische Königreich. Dieser
Deutsche Bund hätte Preußen und die Donaumonarchie entlasten können — in
Öffnung auf eine noch größere europäische Föderation. Er scheiterte an der „Riva-

lität" zwischen Preußen und Österreich: Auf dem Wiener Kongreß und in den
Jahren nach 1815 wird in Berlin immer öfter — gegen den Widerstand preußischer
Konservativer — das friderizianische Programm wieder aufgenommen, das die
Zerschlagung Österreichs anvisiert.

Österreich unter Kaiser Franz und unter Metternich wird von den Jungdeutschen
als Hort der „Reaktion", als Bollwerk des katholischen Aberglaubens, als geistlos,
bildungslos, kulturfeindlich, als der wahre Feind Deutschlands angegriffen. Die
Pariser Juli-Revolution von 1830, die den Sturz des Hauses Bourbon bringt, wird
als Fanal begrüßt. Von Paris her sieht Heinrich Heine sehr anders als diese jungen
Deutschen auf Österreich, in dem offiziell seine Schriften verboten sind, aber viel
gelesen werden: „Wir können gegen Österreich kämpfen, aber wir fühlen in tiefster
Brust, daß wir nicht berechtigt sind, mit Scheltworten diese Macht zu schmähen.
Österreich war immer ein offener, ehrlicher Feind, der nie seinen Ankampf gegen
den Liberalismus geleugnet hätte, von Preußen dürfen wir in einem anderen Ton
sprechen. Hier hemmt uns keine Pietät. Mögen immerhin die gelehrten Knechte an
der Spree von einem großen Imperator des Borussenreiches träumen und die Hegemonie und Schirmherrschaft Preußens proklamieren. Aber bis jetzt ist es den langen
Fingern der Hohenzollern nicht gelungen ..."[135] Heine sieht, wie „die gelehrten
Knechte" der Hohenzollern, die in Preußens Dienste tretenden Professoren und Literaten einen immer noch mehr sich ausbreitenden Feldzug gegen Österreich führen.

1828 erscheint die Schrift des Charles Sealsfield „Austria as it is", „Österreich, wie
es ist"[136]. Ein Riesenerfolg in England, Deutschland, Österreich, wo es eingeschmuggelt wird. Charles Sealsfield, das war der aus Mähren stammende Carl Postl, der
zunächst auf Wunsch seiner Mutter Mönch geworden, doch ausgetreten war. 1823 ent-
floh er dem Prager Kreuzherrnstift. Postl wollte Staatsbeamter werden, was ihm
als Exmönch der Metternichsche Staat verwehrte.

Kaiser Franz, Metternich, die bigotte Hierarchie, die blindblöden Beamten als
Schergen des Staates, werden hier Europa als Österreich vorgestellt. Postl reist in
Westeuropa, geht nach Amerika, kehrt schließlich nach Europa zurück. Der späte
Carl Postl schreibt am 2. März 1861 in einem Brief: „Dieses italienische ungarische
polnische nazionalitäten Fieber wird uns in der Civilisazion wieder fünfzig Jahre
zurückdrängen — die Humanität die diese letzten 100 Jahre trotz aller Kriege aus-
gezeichnet in gehässige nazionalitäten häscherey umwandeln."[137]

Die auswärtigen deutschen Feinde Österreichs in den Jahrzehnten ab 1815 übersehen, so wie sie und ihre Erben die Kultur des österreichischen Barocks übersahen,
die Lebenskultur des österreichischen Biedermeier, das seinen Spottnamen einem Deutschen verdankt. Das Wiener Biedermeier[138] verkörpert eine österreichische Lebenskultur, die von Ausländern als eine seelisch freie, heiter-offene, wahrhaft liebens-
würdige Art und Weise, Mensch zu sein, gewürdigt wird. Der Schweizer Historiker
Johannes Müller notiert: „Ich wüßte kein Land, wo das Maß der Aufklärung unter
dem Landvolk, wo die Kultur, der Wohlstand, die Jovialität des Charakters mir
so ganz wie in diesem gefiele und zu sein scheine, wie es soll ..." „Die Österreicher
sind eine recht gute Nation ... Sie ist aufgeklärt genug, um glücklich zu sein, und
nicht so superfein, daß ihr nirgends wohl wäre ..."[139] Grillparzer vermerkt dazu:

„Wir haben bewahrt, was unsere Nachbarn durch falsche Gründlichkeit zum Teile verloren: ein warmes Herz, einen offenen Sinn und Natürlichkeit."[140]

Diese Bürgerkultur, diese Volkskultur ist nicht intellektualistisch, sie scheut vor allem Ideologischen zurück[141]: vor den rabiaten Intellektuellen des „Jungen Deutschland", vor den jungdeutschen Schwärmern, vor den deutschen Konvertiten, die in Wien römisch-katholisch missionieren. Diese Biedermeierkultur ist gemäßigt josephinisch, sie hält sehr viel von ihrem „gesunden Menschenverstand", sie besitzt psychologisches Wissen um die immer gefährliche Neigung des Menschen, in Maßlosigkeit, Wahnsinn und Brutalität zu verfallen. Sie weiß um die „Nachtseiten der Natur", des Menschen, will diese aber nicht im Worte artikulieren; deshalb die nahezu überwältigende Bedeutung der Musik. 1817 wird das Wiener Konservatorium gegründet. In der „Hausmusik" kommt in Tönen zu Wort, was man nicht laut aussprechen will. Dieses Biedermeier kennt bereits eine Selbstzensur, die später von Freud in anderen, katastrophalen Bezügen angesprochen wird. 1818 widmet Beethoven seine „Missa Solemnis" seinem Gönner, Erzherzog Rudolph, Bischof von Olmütz. 1821 schafft Franz Schubert „Die Unvollendete" und im selben Jahr seine As-Dur-Messe: „Freude in Gott", Harmonie in Tönen. Franz Schubert ist ein dunkles, seelisch zutiefst bedrängtes Genie. Kein Zufall, daß jüdische Musikkenner und -freunde später als erste diesen nächtigen Schubert „entdecken". 1827 komponiert Schubert, ergriffen durch Beethovens Tod und in Ahnung des eigenen frühen Sterbens, „Die Winterreise". Das Leben des Menschen ist immer tief gefährdet. Wer kann ihm helfen? Die Musik — und das alte Volkstheater.

1823 eröffnet Ferdinand Raimund den Reigen seiner „Feenmärchen" mit dem „Barometermacher auf der Zauberinsel". 1833 erscheint sein „Verschwender", 1836 stirbt Raimund, durch Selbstmord. Man hat mit Recht Raimunds „Zaubermärchen" als frühpsychoanalytische Prozesse angesprochen, als Heilbilder und Heilspiele für die Seele, die immer verwundet ist. Raimund verkörpert in seinen wundersamen Spielen das Wissen des Arzt-Dichters Arthur Schnitzler: „Die meisten Menschen ahnen nicht einmal, was sie alles wissen, in der Tiefe ihrer Seele wissen, ohne sich's einzugestehen."[142] Raimund kämpft gegen den Selbsthaß, kämpft gegen die „österreichische Krankheit", gegen sein eigenes Zerrissensein: Er will faktisch die Engpaßführung aufheben, die Sonnenfels und die radikalen Josephiner der österreichischen Psyche abgefordert hatten. Stranitzky, der größte Schöpfer des Wiener Hanswurst, im Privatleben wie fast alle großen „Komiker" ein sehr ernster Mann (er starb 1726 als Bürger von Wien und kaiserlicher Hof-, Zahn- und Mundarzt), hatte in seinem „Leben und Tod des Doktor Faustus" gezeigt, wie maßloses Streben und intellektueller Hochmut und Machtgier den Menschen zugrunde richten. Der „naive" Hanswurst überwindet den Teufel: Seiner Heiterkeit können die Dämonen nichts anhaben. Der „Doktor Faustus" des Thomas Mann ist die größte deutsche Konfrontation mit jenen geistigen und seelischen Engpaßführungen, die zum großen deutschen Selbstmord führen, zwischen 1871 und 1945.

Stranitzky war überzeugt: „Das Theater ist so heilig wie der Altar, und die Probe wie die Sakristei." Peter Rosegger, der Freund Girardis, bekennt, daß ihm eine gute Komödie die beste Predigt sei. Im Biedermeier tragen — nicht nur aus Gründen der Zensur sich aller ideologischen, politischen, konfessionellen „Anspielungen" ent-

haltend — die Wiener Vorstadtbühnen, das Leopoldstädter, Wiedner und Josef-
städter Theater die große Tradition des späten Barocks auf ihre Weise weiter[143].
Sie heben sehr auf ihre Weise den Fanatismus, die Aggressivität der jungen Neudeutschen auf. Einer von diesen, der sich später hier beheimaten sollte, Heinrich Laube,
bemerkt bei seinem ersten Wien-Besuch erstaunt: „Für Revolutionen hat Österreich
so wenig Anlage wie ein phlegmatischer Mann zu entzündlichen Krankheiten. Wien
heilt alle Krankheiten (ich kommentiere: die Krankheiten der jungen deutschen
Schwärmer). Es ist bemerkenswert, daß die österreichische Sinnlichkeit nie gemein aus-
sieht. Sie ist naiv und keine Sünderin. Die dortige Lust ist Sünde vor dem Sündenfall. Ich habe nie Exzesse erlebt."[144] Das ist diametral entgegengesetzt der Verdammung der Wiener und Österreicher als ausschweifende, korrupte Existenzen, ganz
ihren schlimmen Lüsten ergeben. Ein Pauschalvorwurf, der von Friedrich Nicolai bis
zu Kaiser Wilhelm II. und zur deutschen Presse in ihren bösartigen Angriffen gegen den Kronprinzen Rudolf immer wiederkehrt.

Das Biedermeier ist nicht harmlos. Das gilt nicht nur für Grillparzer. (Heinz
Politzer nennt sein Grillparzer-Werk im Untertitel „Das abgründige Biedermeier."[145])
Seine Lebenskultur als eine Politik der Mitmenschlichkeit, der Mitfreude (das Wort
erfinden später konzertant Schnitzler und Hofmannsthal) weiß, daß der Mensch
voll Harm, voll Leid, voll Selbstgefährdung ist. In diesem Wien hält Ernst Freiherr
von Feuchtersleben (1806—1849) seine Vorlesungen über Psychologie und Psychiatrie.
Er stirbt jung, wie viele Künstler, Mädchen, Frauen des Biedermeier. Sein „Lehrbuch
über ärztliche Seelenkunst" nimmt Gedanken einer psychischen Therapie vorweg,
die sich teils bei Alfred Adler, teils bei Freud weiterentwickelt finden. „In der Brust
jedes Menschen schläft ein entsetzlicher Keim von Wahnsinn. Ringt mittels aller
heiteren und tätigen Kräfte, daß er nie erwache!"[146] Das „Deutschland erwache" und
der ekstatische Deutschland-Glaube der jungen österreichischen Radikalen sind Ausdrucksformen dieses „Erwachens". Feuchtersleben weiß um den leibseelischen,
hochexplosiven Untergrund des Menschen, er teilt dieses Wissen mit der Wiener Volkskomödie, mit Raimund und Nestroy, mit seinen Freunden Grillparzer und dessen
Antipoden Friedrich Hebbel, der sein Biograph wird. Grillparzer charakterisiert sein
Werk „Zur Diätik der Seele" (1838), das über 50 Auflagen erlebt: „Zwei kleine
Verse schließen die ganze Lehre ein: Entsag, um zu genießen / vergiß dich, um zu
sein." Feuchtersleben selbst faßt seine Lehre in diesem einen Satz zusammen: „Vor
der Einseitigkeit des eigenen Individuums beständig auf der Hut sein — das ist die
ewige Jugend." Feuchtersleben spürt lange vor 1848, was in der Luft lag: die Auf-
stände einer „Jugend", die stolz war auf ihre Einseitigkeiten, auf ihre Ausschließung aller Andersdenkenden, auf ihren jungen Nationalismus[147].

Der Arzt, Dichter und Schriftsteller Feuchtersleben vereinigt in seiner Person
kennzeichnende Merkmale des österreichischen Arztes, wie sie in diesem Biedermeier
geprägt wurden und sich bis nahe ins Heute in einzelnen hervorragenden Persönlichkeiten verkörpert haben. Im Jahr nach der ersten Edition der „Diätetik der Seele" gibt
Josef Skoda (der Lehrer des Begründers der Dermatologie, Ferdinand Hebra) seine
„Abhandlung über Perkussion und Auskultation" heraus, mit der ein neues Zeitalter
ärztlicher Praxis und Forschung beginnt[148]. Die großen Meister der Wiener medizinischen Schule, die im Biedermeier ansetzt, kommen aus Böhmen: Skoda, Karl von

Rokitansky, Josef Hyrtl, Cölestin Opitz (der als erster die Äthernarkose anwendet), der Optiker Petzval. Aus Böhmen: Aus dem Pulverkessel kommen auch die „Anderen", die härtesten Gegner des Regimes Kaiser Franz-Metternich. 1833 bereist der Amerikaner N. P. Willis (Pencilling by the way, 1835) Österreich und Wien. Er rühmt die öffentlichen Anstalten aller Art, die Schulen, Krankenhäuser und Gerichtsgebäude als die bestausgestatteten und schönsten Europas.

1835 stirbt der Kaiser Franz. Ohne ihn wäre das österreichische Biedermeier undenkbar. Heinrich Laube schreibt in seinen „Reisenovellen", daß der Österreicher zu Kaiser Franz liebevoller aufblicke und für ihn größere Opfer zu bringen bereit sei als der Franzose für Napoleon[149]. Laube sieht die Ursache dafür in der unvoreingenommenen Gerechtigkeit des bürgerlichen Kaisers: Der Durchschnittsösterreicher sah sich in diesem Souverän selbst gekrönt. Kaiser Franz, der erste Kaiser Österreichs, ist kein Intellektueller, kein „Gebildeter", kein Genie, kein Heros, er ist ein schlichter Mensch, der in Zylinder und Flaus, wie er ihn wünschte und geformt hat, durch die Straßen Wiens geht. Der Kaiser Franz ist ein überaus fleißiger Arbeiter, der „erste Hofrat" Österreichs, wie man zu sagen pflegte. Er liest und kommentiert Tausende Gesuche, Bittschreiben etc., er erteilt unermüdlich Audienzen. Während seiner italienischen Reise 1825 empfängt er 20.000 Personen in Audienz[150]. Metternich über seinen Kaiser: „Der Himmel hat mich neben einen Mann gestellt, der für mich wie geschaffen ist. Der Kaiser Franz verliert keine Worte, er weiss, was er will, und sein Wille ist immer das, was zu wollen seine Pflicht ist."

„Unsere Zensur ist wirklich blöd." Das sagt dieser Kaiser Franz, dem Humor nicht fremd ist. „Er hätte am liebsten eine Zensur gesehen, die seine Untertanen nicht nur vor gefährlichen Lehren, sondern auch vor Schund, Unsinn und Langeweile bewahrt."[151] Die Zensur des österreichischen Kaiserstaates in der Epoche des Kaisers Franz und Metternichs hat den Zorn, die Wut, die Trauer österreichischer Schriftsteller und den Abscheu eines „gebildeten" Europa hervorgerufen, das seinerseits in Preußen, in England und anderen Staaten protestantischer Regimes nicht weniger repressiv war. Diese Zensur wurde unsterblich durch ihre Aufnahme in das Lebenswerk des Sigmund Freud, dessen Traumzensur, dessen Ich, Über-Ich und Es auch Wiener, ja österreichische Kryptogramme sind: Erkundungen im unheimlichen Reich der Person, Reflexe und Reflexionen über die Zensur der „freien Meinungsäußerung" und ihre schriftliche Bekundung im Staate des Kaisers Franz und noch des frühen Kaisers Franz Joseph[152].

Von 1817 bis 1848 steht der böhmische Graf Sedlnitzky an der Spitze der Polizei. Als er dem Kaiser über die „regierungsfeindliche" Stimmung im steuerzahlenden Volke Vortrag hält, bemerkt der Kaiser: „Schauen's, lieber Sedlnitzky, zahlen tut niemand gern; sie zahlen aber doch, weil's notwendig ist. Lassen Sie sie nur schimpfen, ich lass' über meine braven Wiener nichts kommen."[153]

Die Zensur hatte ein einziges Gebiet, auf dem sie „erfolgreich" war: das Theater. Wir werden diesem ihrem makabren Gesicht in der Auseinandersetzung Grillparzers begegnen. „Gegen die Verbreitung von Druckschriften war sie völlig wirkungslos. Die verbotene Literatur fand willige Verleger in Hamburg und Leipzig, und mancher Autor gewann erst durch die Zensur Berühmtheit, die seine Erzeugnisse nicht verdienten." So urteilt Heinrich Benedikt 1977[154]. In Wien erscheint 1837 die

Schrift von Julius Seidlitz: „Die Poesie und die Poeten in Österreich im Jahre 1836."
Seidlitz zeigt auf, daß „österreichische Schriftsteller in allen verbotenen Zeitschriften mitarbeiten ..., ihre Werke zum größten Teil im Auslande drucken lassen",
zum Teil unter fremden Namen. „Die Regierung selbst weiß alles ganz genau und
ignoriert es, wenn man die Sache dumm oder boshafter Weise nicht ganz zu arg
macht."[155]

Mit dem Kampf gegen die Zensur beginnt die politische Lyrik Österreichs im Werke
des Grafen Auersperg, der als Anastasius Grün (nochmals: Grün ist die Farbe der
Nonkonformisten, der Rebellen, der Jugend, bis zum „greening of America" in der
Jugendbewegung 1965—1969 und den „Grünen Parteien") die „Spaziergänge eines
Wiener Poeten" 1831 veröffentlicht. Als Motiv wählt er sich einen Appell des Schwa-
ben Ludwig Uhland: „Auf, gewalt'ges Österreich! / Vorwärts, tu's den anderen gleich!
Vorwärts!" Grüns Ziel: ein Deutsch-Österreichisches Kaiserreich, das zugleich ein
Nationalitätenstaat bleiben müßte. Grün: „Österreich! Du Land des Ostens, / Auch in
dir werd' es Tag!" Der zweite Teil dieser „Spaziergänge" beginnt mit einer „Hymne
an Österreich" und endet mit Tränen über den Zustand Österreichs. Grün rühmt
Joseph II. mit Versen Walthers von der Vogelweide für Herzog Leopold V. (1177
bis 1194): „Sein Lob ist nicht ein Loblein, ein kleines Lob (‚sîn lob ist nicht ein
lobelîn‘)."[156]

Dieser Anton Alexander Graf von Auersperg ist von der Angst vor den Jesuiten,
der Rom-Kirche, dem Fleische (seinem eigenen Fleische), vor dem Tode besessen.
Noch 1876 hält er im Herrenhaus eine Rede wider die Jesuiten: Man müsse sich in
den Klöstern überzeugen, „ob die österreichische Fahne nicht bloß außen ... weht,
sondern, ob die österreichische Ordnung der Dinge, das österreichische Reglement,
auch im Inneren beachtet ... wird ...; ob nicht ausländische, einer fremden, vielleicht feindlichen Macht dienende Söldlinge sich eingeschlichen haben, ob das Kommando nicht von einer auswärtigen, feindlichen Macht ernannt wird und abhängt
und den Befehlen und Operationsplänen eines auswärtigen, etwa jesuitischen Generalstabs in Rom unterworfen ist."[157] Wenn wir hier statt „österreichisch" das Wort
„deutsch" setzen, haben wir eine Achse der deutschradikalen Ideologie vor uns, die
über Schönerer bis zu Ludendorff und Himmler führt.

Auersperg hat in der Erziehungsanstalt des Konvertiten Friedrich August Klin-
kowström einen nordischen Puritanismus vorgesetzt erhalten, dem jedes Verständnis
für das Sinnliche fehlte. Anastasius Grün vergleicht die Priester der josephinischen
Zeit mit Wildsäuen, die franziszeischen mit Vipern. Dem „reinen Priesterherz"
des wahren Seelsorgers stellt er die „Pfaffenseele, eckle Pfütze, füllend dich vom
Kot der Welt" gegenüber. In seinen Werken „Schutt" und „Der Pfaff vom Kahlenberg" zeigt er das Kloster als Schuttwelt, das Herz des finsteren Priesters im Beicht-
stuhl als „ein Eisfeld", „eine Wüste", darin Gott sich „einsam, düster, grau und un-
belebt" erhebt. Der späte Anastasius Grün sieht das Heil für Österreich von Luther
kommen. Im Gedicht „Einem jungen Freund" sagt Luther in Worms: „Nur Heil dem
Geist, der befreit!" Befreiung Österreichs durch die evangelischen Deutschen ...[158]

Am 28. September 1837 schreibt Nikolaus Lenau (Nikolaus Franz Niembsch,
Edler von Strehlenau, 1802—1850) an seinen Freund Anastasius Grün: Es fehle ihm
„der geistige Halt in dieser schlimmen Lage, weil ihm die geistige Heimat fehlt und

er immer gewohnt war, vor der Stimme des Ernstes ins Fleisch zu flüchten, dieses schlechte, verwesliche Asyl"[159].

Wo ist die „geistige Heimat" dieser Dichter, Literaten, Publizisten des „Jungen Österreich", die nun sehr eigentümlich „verarbeiten", was die zornigen jungen Männer des „Jungen Deutschland" und des „giovine Italia" vor ihnen proklamiert hatten: die Wiedergeburt, ja die Erstgeburt der Nation als Heilsvolk, aus dem Schutt des „Systems"? Das „System" ist für den jungen Anastasius Grün, für Lenau, Bauernfeld, L. A. Frankl, Moritz Hartmann, Hermann Rollett, Ignaz Kuranda und ihre Gesinnungsgenossen das System Metternich. „Das System", es war für die jungen Deutschen des Wartburgfestes 1817 die preußische und österreichische „reaktionäre" Regierung, es ist für die jungen Deutschen „der Bewegung", wie der Nationalsozialismus in ihrem Selbstverständnis und Sprachgebrauch heißt, „das System" der Weimarer Republik und des österreichischen Regimes bis 1938.

Lenau ist der große Zerrissene und als solcher von exemplarischer Bedeutung für Österreicher zunächst dieses 19. Jahrhunderts. Lenau erlebte als seine erste Heimat Ungarn, er verliert jede Heimat in den Nächten seines Lebens. Für ihn gibt es kein Vaterland mehr. Dieser ungarische Österreicher entdeckt die untergegangenen Vaterländer Alteuropas: in den Albigensern, Hussiten, Hugenotten, in den blutjungen Stürmern der ersten Etappe der Französischen Revolution, in den Chiliasten der deutschen Bewegung, die ein tausendjähriges Reich der Freiheit ersehnen[160]. Lenau ist auch exemplarisch für die oft so schwierigen Beziehungen von Österreichern zu ihrem Vaterland, zu ihrem Mutterland, die in schwer gestörten Beziehungen zum eigenen Vater, zur eigenen Mutter wurzeln. Land der Mutter? Welcher Mutter? Der Maria Theresia als „Königin der Nacht", als „dunkle Mutter", wie sie die tiefenpsychologische Forschung heute erkundet, oder als helle, lichte Mutter Germania etwa? Vaterland? Land des bösen Heiligen Vaters, des künstlichen bösen Priestervaters, des Kaisers in Wien, oder eines neu erwählten Vaters, wie Bismarck? ...

Der Knabe Lenau ist Ministrant, spielt den Priester in frommem Spiel, bis ihn als Fünfzehnjährigem das Wort seines Onkels Sebastian Mihitsch immer wieder aus dem Schlaf reißt: „Es gibt doch keinen Gott!" Gemeinsam mit dem Onkel liest er dann den Briefwechsel Friedrichs II. mit Voltaire[161].

Lenau haßt seinen Vater, der ihm, dem liebesbedürftigen Sohne, die Mutter-Frau-Geliebte geraubt hat. Der Vater erhebt sich noch von seinem Sterbebett, um dem „ungehorsamen" Sohn eine Ohrfeige zu geben. Der Tod der Mutter am 24. Oktober 1829, die qualvoll an Gebärmutterkrebs stirbt, überzeugt den jungen Mann: „Der lieblos gewaltsame Gott, der falsche Vater, hat der Mutter Gewalt angetan, sie zerstört und sie dem Sohn geraubt. Gott Vater hat die Grausamkeiten des eigenen (verstorbenen) Vaters an der Mutter wiederholt."[162] Lenau sucht lebenslang einen Mutterersatz (wir werden analoge Beziehungen beim jungen Adolf Hitler begegnen), er besitzt ein schwer gestörtes Verhältnis zur Frau, die sich ihm spaltet in eine „reine", jungfräuliche, unberührbare Frau und eine aggressiv begehrte Hurenfrau. Bertha Hauer wird ihm zur Verköperung der Mutter und des begehrten Weibes: ein einmaliges Glück. Lotte Gmelin und Sophie von Löwenthal verkörpern ihm, im Kontrast, die „Unmöglichkeit", mit einer Frau zu leben. Er flieht nach Amerika.

Den „Zerrissenen" faszinieren religiös-politische „Helden", die, wie er glaubt, aus dem unlösbaren Konflikt zwischen „Geist" und „Fleisch" ungeheure, nicht zuletzt aggressive Kräfte entbinden: Savonarola und Žiška. Lenau will, wie er selbst bekennt, am Hussitentum „die pathologische Seite der Reformation poetisch darstellen". Er werde hier „wieder einmal die wilden Geister" in sich zu Worte kommen lassen, „welche dem Girolamo (wir ergänzen: Savonarola) gegenüber so lange kuschen mußten"[163]. Sie wollen nicht mehr „kuschen", sie wollen sich nicht mehr dem Gottvater Roms, dem Priestervater, dem Kaiservater, dem Königsvater sklavisch hingeben, diese unglücklichen „Herren Söhne", die nicht Herr werden können, da der eigene Vater in ihnen selbst sie überherrscht, dann der Priester- und Kaiservater mit je ihren „Zensuren"!

Das ist der triumphale Ausklang der „Albigenser"[164]: „Nach Hus und Žiška kommen Luther, Hutten / Die dreißig Jahre (der Dreißigjährige Krieg der Konfessionen, wie Lenau ihn sieht), die Cevennenstreiter (die Hugenotten im Aufstand gegen Ludwig XIV.) / Die Stürmer der Bastille, und so weiter." „Und so weiter": der Aufstand dieser unglücklichen „Söhne" wühlt in seiner eigenen Brust weiter. „Die Albigenser" sind ein einzigartiger Aufruf zum Kampf gegen das Metternichsche System. Lenau begann sehr sorgfältig im Januar 1838 mit den Vorbereitungen zu diesem Versepos, 1842 schließt er es ab. Lenau kommt jedoch seelisch nicht los vom „Kreuz": Vom Kreuz des Gekreuzigten, vom Kreuz der Kirche, vom Kreuz seiner eigenen Kreuzigung, die ihn spaltet in einen „sinnlich"-bösen und einen das „reine Heil" verlangenden Manne. Am Vorabend des völligen Zusammenbruches (21. Oktober 1844) bekennt er der Seelenfreundin Emilie Reinbeck: „Diese Krankheit war zu meinem Heil ... ich habe gekämpft, schwer gekämpft, aber ich habe gesiegt ... ich habe einen Gedankenbau aufgerichtet, groß und hoch wie ein Turm und oben auf seiner Spitze, hell strahlend steht das Kreuz! Es ist wahr, ich habe die Albigenser geschrieben und sonst manches gottlose Gedicht ..., nie hat sich mein Herz vom Kreuz abgewendet, ich habe es geliebt in tiefster Seele[165], immer ..." Lenau flieht in die Selbstzerstörung, in den Wahnsinn, in die Autoaggression. Viele andere werden, in seiner Zeit und nach ihm, die Selbstaggression abreagieren in die Aggression nach außen: gegen das verfluchte, ihre Seelen peinigende geliebt-gehaßte Vater-Mutter-Land Österreich. Lenau erlebte sich selbst als ausgebalgter Geier. In seinem Gedicht „Auf meinen ausgebalgten Geier" erklärt er, Dichtung hat in Österreich jede wirkmächtige Bedeutung verloren: „Dichter sind (in Österreich) gewohnt, zu singen toten Ohren."[166] *Dieser* Lenau wirkt stark auf die jungdeutsch entflammten radikalen Schriftsteller des „Jungen Böhmen". Heinrich Benedikt erinnert: „Die Juden, welche in der politischen Literatur des Vormärz erscheinen, stammen durchwegs aus Böhmen: Meisl, Moritz Hartmann, Ignaz Kuranda, dessen ,Grenzboten' 1842 zu Leipzig zu erscheinen begann, und Moser."[167]

In diesen Juden „arbeitet" seelisch explosiv der Gott ihrer Väter, der Gott der jüdischen Orthodoxie, die sie nun abschwören, und ihr eigener Vater[168]. Keinem dieser deutsch-böhmischen Juden, die da gegen den Vater in Wien und Rom aufstehen, ist es geglückt, diesen vielfachen Vaterkonflikt zu einem großen dichterischen Werk so zu verdichten wie dem Franz Kafka[169] (der, wie Max Brod berichtet, 1918 in Prag der letzte ist, der noch an den Sieg der deutschen Heere glaubt!). Die relativ

geringe poetische Qualität dieser zornigen jungen Männer des „Jungen Böhmen"
mindert nicht ihre geistespolitische Bedeutung — als Dokumentation „österreichischer"
Zerrissenheit. Ihr Leitmotiv, ihr Leidmotiv spricht in einem Briefe an Freund Moritz
Hartmann der junge Meissner aus: „Ich gesteh's, ich bin krank an Österreich."[170]
    Alfred Meissner (1822—1885; er läßt sich 1884 von dem deutsch-romantischen
Bayernkönig Ludwig II. adeln) ist tief von Anastasius Grün und Lenau beeindruckt. Sein Epos „Žiška" (in zwölfter Auflage Berlin 1884 erschienen!) von 1846
ist von Lenaus „Savonarola" inspiriert. Meissner besingt den riesengroßen blinden
Žiška und feiert die tschechische Wiedergeburt. „Erzählen möcht' ich heut den deutschen Herzen / In Donnersängen grollend und gedämpft, / Wie hier ein Volk, ein
ganzes Volk von Schmerzen / Wie selten eins für Licht und Recht gekämpft / Vielleicht, daß Deutschland in der Helden Streiten / Verwandte Freiheitslosung tönen
hört, / Und daß ihm nützt zu hören, wie vor Zeiten / Ein Volk gen Fürstenmeineid
sich empört."[171] Die hussitische, tschechische Erhebung wird berufen als Vorbild
für die deutsche Revolution — und für die Zertrümmerung der habsburgischen
„Pfaffen"-Herrschaft. Meissner stammt aus einer evangelischen Familie, versteht
sich als „Atheist" (in seinem Gedicht „Ein Atheist"), glaubt an die kommende tausendjährige Kirche des Freien Geistes: „Der Welt geheime Kirche sieget doch!" Erbittert bemerkt Alfred Meissner 1848, daß sein Werk zur Deutschfeindlichkeit
einer neuen jungen tschechischen Generation beiträgt. „Der ich komm aus dem Hussitenlande / Glaube, daß ich Gottes Blut genossen, / Liebe fühl ich in mein Herz
gegossen, / Lieb' ist Gottes Blut — mein Herz sein Kelch: Der ich komm aus dem
Hussitenlande, / Glaube an die fleischgewordnen Worte, / Daß Gedanken werden
zur Kohorte / Und jedwedes Lied ein heilig Schwert."[172] Dies Gedicht stellt Moritz
Hartmann (1821—1872) seinem Gedichtzyklus „Kelch und Schwert" (1845) als Motiv
an die Spitze. Ein ungarischer Forscher bemerkt 1969 zu Moritz Hartmann: „Im
Namen ‚der Deutschen' verspürte er eine Verantwortung für die Unterdrückung der
Hussitenbewegung, und dies wollte er wiedergutmachen."[173]
    In den Augen jüdischer Orthodoxer ist Hartmann ein Renegat, ein Abtrünniger,
der seine eigenen Väter verraten hat. Hartmann verdrängt sein Judentum, vermag
also nicht auszudrücken, wie der nur zu verständliche Groll über eine tausendjährige
christliche und eine vielhundertjährige kirchlich-habsburgische Mißhandlung von
Juden in ihm arbeitet. Also wählt er Hus und die Hussiten, kämpft zunächst für
ein Böhmen, in dem freie Deutsche und befreite Tschechen friedlich-freudig miteinander leben. Der junge Hartmann glaubt an ein Deutsch-Österreich. Seine Sänge
inspirieren das deutsche und das tschechische Volkslied in Böhmen. Hartmann wird
dann ein „Großdeutscher", der Österreich auflösen will.
    Nach dem Zusammenbruch der Revolution von 1848 in den Oktoberkämpfen
flieht Hartmann zunächst nach Frankfurt, dann weiter in die Schweiz. 1849 beginnt er mit der Arbeit an seiner „Reimchronik des Pfaffen Maurizius". Er nimmt hier
sein Gedicht „Österreich" auf, das den Untergang des Habsburgerreiches prophezeit[174]. Österreich muß zugrundegehen als „Völkerkerker". Das ist der religiös-
politische Glaube des späten Moritz Hartmann, der an den analogen Glauben von
tschechischen und deutschen Exulanten aus Böhmen im 17./18. Jahrhundert an-
schließt. Hartmann verkündet die Frohe Botschaft von der Befreiung der Völker

des „Habsburgergefängnisses", das jüngste Gericht über „jene Zwingburg, die Gesamtstaat Östreich heißt". Der späte Hartmann lebt tief enttäuscht, tief verbittert in der Emigration, klagt über die „Verräter", die „Apostaten", die „vom Glauben an die Freiheit abfielen". Nicht wenige dieser jungen Männer kehren nach Österreich zurück und werden verdiente, verdienstvolle Bürger des franzisko-josephinischen Staates. Den eschatologischen Glauben an Deutschland vererbt Moritz Hartmann seinem Sohne Ludo Moritz Hartmann, der von seinem Parteigenossen Otto Bauer, der von demselben Glauben beseelt ist, als Gesandter nach Berlin geschickt wird, um den Anschluß vorzubereiten: wobei der Sohn in Berlin nicht weniger enttäuscht wird, als der Vater seinerseits durch das kaisergelbe Wien[175].

Wer denkt heute noch an den Dichter des Liedes „An der schönen blauen Donau" Karl Beck (1817—1879)[176]? Der ungar-deutsche Jude Beck trat 1843 zum Protestantismus über, vergaß aber zeitlebens nicht seine jüdischen Väter. Beck singt: „Wollen aus dem langen Schlafe / Nun den deutschen Gott erwecken / Daß er mit des Donners Strafe / die Tyrannen möge schrecken" („Gedichte", Berlin 1844)[177]. Beck kämpft bereits in seinen „Gepanzerten Liedern" (Leipzig 1838) gegen den harten bösen Stephansdom in Wien, gegen die „kalte Kirche". Deutsch-Österreich: „Ein Riesenwagen, im Triumphe rollend (ich kommentiere: das erinnert an Dantes großes Bild von der furchtbar triumphierenden, auf ihrem kaiserlichen Wagen auffahrenden Rom-Kirche) / Drauf ein kleiner Triumphator sitzt, / Und eine Völkerschar, die finster grollend / Den Wagen zieht, von Staub und Schweiß erhitzt: / Dies dunkle Bild erscheint vor meinen Blicken! / Seht ihr den kleinen Triumphator nicht / Das Völkchen Österreichs . . ."[178]

Die meisten Pamphlete und Broschüren dieser Zeit über die „österreichischen Verhältnisse" erscheinen in Leipzig. „Die Rolle der Universität Leipzig bei der nationalen Wiedergeburt der slawischen Völker, besonders in der Periode des Vormärz", wird, Leipzig 1959, von Eberhard Wolfgramm aufgezeigt[179]. Emigranten wie die bereits eben genannten, und ein Ignaz Kuranda und Franz Schuselka und ein Dutzend anderer Schriftsteller kämpfen in Leipzig, Frankfurt, Stuttgart, Mannheim, Hamburg, Paris, in Zürich und Winterthur gegen die Donaumonarchie und ihr Zentrum Wien. Preußen und einige österreichfeindliche Fürsten in Deutschland verwenden österreichische Emigranten „als Mittel gegen Metternich-Österreich." Emigranten, vorzüglich aus Böhmen, plädieren da in Deutschland für eine „deutsch-katholische Kirche", frei von Habsburg und Rom, andere für eine Befreiung der deutschen Österreicher durch Luther, so, neben anderen, Eduard Duller aus Böhmen: „Gedichte", Berlin 1845[180].

Die ungebrochene Kontinuität dieses Sturmes im „Vormärz" im ganzen 19. Jahrhundert bekundet eindrucksvoll Anastasius Grün-Anton Alexander Graf von Auersperg in seinem Kampf gegen das „gedruckte Canossa", wie er das Konkordat in einer Herrenhausrede am 20. März 1868 nennt[181], und der späte Alfred Meissner. In seinem Roman „Schwarzgelb" (4 Bände, Leipzig 1871—1872: In diesen Jahren formuliert sich der radikale österreichische Glaube an das Heil aus Deutschland, inspiriert durch die Schaffung des Bismarck-Reiches) schildert er in seiner Perspektive die Jahre 1862—1864. Meissner plädiert im „Vorwort" gegen die „geistliche und weltliche Inquisition". Die „Schwarzgelben", der konservative und reaktionäre Adel

und der ultramontane Teil des Klerus arbeiten auf das Konkordat hin. Ein Über-
läufer aus dem Judentum, der Dr. Schmey, ehemaliger 1848er, schreibt für die Klerikalen die schärfsten Streitartikel. Der Fürst Kronenburg unterdrückt mit aus dem
„Ausland" stammenden Konvertiten (ich kommentiere: Deutsche Konvertiten spielen als Verteidiger Österreichs gegen das norddeutsch-preußisch-evangelische Deutschland eine bedeutende Rolle bis zu Onno Klopp!) die Bildung und die Freiheit. Dieser
Fürst will Österreich mit Hilfe der Jesuiten, denen die Schulen übergeben werden
sollen, an die Gegenreformation ausliefern[182].

Die Kirche braucht „Ketzergerichte, Scheiterhaufen, die Inquisition": Meissner
legt dieses religiös-politische Glaubensbekenntnis dem fanatischen Pater Michael in den
Mund. Die Bevölkerung müsse mit Gewalt zu Messe und Beichte gezwungen werden. Die Wiedereinführung dieser Praktiken der Gegenreformation unterstellen evangelische Deutsch-Österreicher dem „Christlichen Ständestaat" 1934—1938. Dieser
Pater Michael hetzt gegen Protestanten, Juden und Hussiten. Der Böhme Meissner
will hier nochmals den Tschechen zu verstehen geben, daß Rom *der* traditionelle Feind
des Tschechentums ist. In Fortsetzung von „Schwarzgelb" schildert Meissner in dem
Roman „Babel" die Zeit zwischen 1859 und 1864. Das Prinzip des finstersten Mittelalters verkörpert Pius IX. Der Jesuitengeneral arbeitet mit Hilfe italienischer dunk-
ler Kirchenmänner mit den österreichischen Klerikalen zusammen, um die Machtübernahme durch seine Kirche zu erkämpfen. Bedeutsam ist, daß Alfed Meissner
gerade in diesem Zusammenhange für die Jungitaliener eintritt, die für ein vereinig-
tes Italien kämpfen. Diesen Kämpfern gehören wenig später die Sympathien preußischer Politiker und Militärs, die Wien in eine Zange Berlin-Turin-Florenz nehmen
wollen, um die Auflösung der Habsburgermonarchie auf dem Schlachtfeld zu erzwingen.

1848 sieht „Bohemia"[183] die Wiener Revolutionsliteratur, Personen, Geschichten,
Tendenzen so: Die österreichische Vormärzliteratur besteht aus einer im „deutschen
Auslande" lebenden und vor allem bei Hoffmann und Campe in Hamburg publi-
zierenden Gruppe und einer Wiener Gruppe, die in Hammer-Purgstalls Wohnung
zusammenkommt. (Auf den Anregungen und Übersetzungen des großen österreichischen Orientalisten Hammer-Purgstall basierte Goethes „Westöstlicher Diwan".)

Nun endlich können sich äußere Emigration und innere Emigration vereinigen,
um — wie sie glauben — ein Bruderreich zu errichten, in dem die erwachenden
Deutschen, Tschechen, Ungarn, Italiener friedlich zusammenleben und das Reich der
Zukunft bauen können. „Jubelruf eines Schriftstellers bei Aufhebung der Zensur
in Österreich 15. März 1848": C. Ph. Hueber im „Wiener Parnaß" im Jahre 1848:
„Hoch Österreich, mein Vaterland, / Das Wort ist endlich frei, / Längst hielt es
eine feste Hand / In schwerer Tyrannei / Die Press' ist frei! Der Jubelton / Erschallt durch's ganze Reich, / Und Österreich's große Nation / umarmt sich, Brüdern
gleich." Österreich: ein Bund freier Völker[184]!

Am 4. Oktober 1848 kommt im Wiener „Studenten-Courier" das Lied heraus:
„A la laterne" (der Ruf der französischen Sansculotten): „Mein deutsches Volk,
so lerne Du / Dein eig'nes Heil verstehen / Lass nicht in träger Rast und Ruh' / Die
Freiheit untergehen! / Der Feinde Losungswort ist — Blut, / Sie steh'n im Dunkel
auf der Hut / Sie schmieden neue Ketten, / Ihr Blut nur kann Dich retten!"[185] Zwei

Tage nach der Veröffentlichung dieses Kampfliedes wird der Kriegsminister Theodor Graf Latour gefunden, erwürgt und auf einer Straßenlampe aufgehängt: à la laterne![186]

Die Märzrevolution weckt die Stimmen, die für eine Vereinigung mit Deutschland plädieren: Es sind die alten Böhmen wie Alfred Meissner, Moritz Hartmann. Emigrantendichter des Vormärz aus Böhmen haben in diesem Sinne vorgearbeitet: Karl Herlossohn, Uffo Horn, Heinrich Landesmann (Lorm), und andere. Bereits Ende März melden sich jedoch Stimmen gegen Preußen und viele Gedichte, in Wien, die Loyalität für den Kaiser Ferdinand bekunden. S. v. M. singt sein „Gewappnetes Sonett": „Die deutsche Krone sollte sich erheben / Aus Preußens bürgerblutgetränktem Mark, / So leicht als wär' sie goldpapier'ner Quark? / Nein, nein! wir werden's, wollen's nicht erleben. / Inmitten Deutschtum und der Knute schweben / Ist das dem ‚alten Geist' Berlins bequem? / Der ‚Geist der Wiener' findet's nicht genehm / Und Zeit ist's, daß man fühle Östreichs Leben." E. Straube erklärt in seinem „Farbenstreit": Das Aufgehen in Deutschland ist „Verrat am österreichischen Vaterlande"[187]. Patriotische Gedichte dieses Schlages erscheinen bis Ende April 1848. Vom 10. August an kommt das Blatt „Der Schwarzgelbe" heraus. Im April, vor den Nominierungen österreichischer Abgeordneter für das Frankfurter Parlament, klagt Castelli: „Sie scharen und teilen sich zuletzt nach Städten. Und jeder zimmert sich seinen Thron / Wir haben vor lauter Nationalitäten / Wohl leider zuletzt keine Nation!"[188] Die Sorge eines Patrioten, daß Österreich durch die „erwachenden" Nationalitäten zerrissen wird. Und dies die große enthusiastische Hoffnung auf einen Bruderbund. Am 21. April 1848 veröffentlicht J. Herzog sein „Lied eines Deserteurs, aus dem Korps der Freiwilligen nach Italien": „Wir wollten es nicht haben das freie welsche Land! / Und lassen nicht wie Knaben uns führ'n am Gängelband. / Wir wollen uns nicht beflecken mit der Welschen Blut. / Das wack're Volk am Po, es ist der Freiheit wert."[189] Für brüderliche Zusammenarbeit der Deutschen und Tschechen in Böhmen tritt die Prager Zeitschrift „Ost und West"[190] ein, und vor allem die „Bohemia", die den Beschluß vom 21. März 1848 groß herausstellt, in Prag: Deutsche und tschechische Schriftsteller wollen zusammenarbeiten in den Ländern der Wenzelskrone im Verbande des österreichischen Gesamtstaates. Moritz Hartmann beschwört sie zur Einigkeit: „Ein Warnungsruf an das Volk: Landsleute! / Brüder! Deutsche und Slawische!"[191] Der ungarische Revolutionär Kossuth wird mit seiner Delegation stürmisch im März in Wien gefeiert. Wiener Studenten fahren nach Budapest, um das gemeinsame Erwachen zur Freiheit zu demonstrieren.

Die „Neue Volkshymne" von L. Neuwall singt: „Deutsche, Slawen und Magyaren, Italier bleibt vereint! / Die so lange fremd sich waren / Sind als Brüder jetzt geeint!"[192] Das ist der Enthusiasmus der Märzrevolution und eines knappen halben Jahres nach ihr. Im Rückblick auf den nunmehr mit Schimpf, Schande und Spott zerschlagenen Metternich-Staat soll hier erinnert werden: Es gab mitten im Biedermeier bereits eine sehr nüchterne, sehr konkrete Zusammenarbeit der „Nationalitäten", die nun erwachend sich für einen Augenblick zu umarmen scheinen und dann bitterböse gegeneinander aufstehen. Nur ein „Modell" dieser Zusammenarbeit: Die in Wien erschienene „Österreichische National-Encyklopädie" stellt „in mustergültiger Unparteilichkeit österreichische, ungarische, böhmische, kroatische, siebenbürgische, slowenische, galizische Persönlichkeiten (Staatsmänner, Gelehrte, Dichter) und Denkmäler (Städte, Monumente, Natureigentümlichkeiten, Volksbräuche)" zusammen[193]: Ein Unternehmen, das im Fin de Siècle der Kronprinz Rudolf in größtem Stil wiederaufnimmt: Dieses sein „Kronprinzenwerk" sollte den Völkern der Donaumonarchie ihre Vielfalt im Schutze der Einheit des Gesamtstaates (der nicht mehr existierte seit 1867) vorstellen. Erst 1902 wurde das vierundzwanzigbändige Werk „Die österreichisch-ungarische Monarchie in Wort und Bild" abgeschlossen. In der Planung wird unter anderem besonders hervorgehoben: „ad IX (Bd. Fremde, Juden, Zigeuner) vorurteilsfrei Würdigung des Judentums als Cultur-Element"[194].

Dieses Jahr 1848 bringt eine Fülle von Mitteleuropakonzeptionen, die alle der Erneuerung der Donaumonarchie gelten. Der Rumäne L. J. Maiorescu wendet sich an das Frankfurter Parlament: Er plädiert für eine Föderation der Deutschen, Ungarn und Rumänen[195]. „Klein-mitteleuropäisch" (Mitteleuropa innerhalb der bestehenden Staatsgrenzen) und „Groß-mitteleuropäisch" (Südosteuropa einschließend) stehen da friedlich nebeneinander. Es sind dann vorzüglich Polen und Franzosen, die für einen österreichischen Völkerbund publizistisch eintreten: als Abwehr gegen einen von Preußen befürchteten Pangermanismus und einen von Rußland proklamierten Panslawismus[196].

1848 veröffentlicht in London V. Krasinski seine Schrift „Panslavism and Germanism". Seine Gedanken werden aufgenommen von C. Robert (Le monde slave, Paris 1852), der eine Transformation des Kaiserstaates an der Donau in einen Bund autonomer Staaten zur Rettung der Nationalitäten in Europa anvisiert: mit dem Zentrum Wien. Sehr beachtenswert sieht Robert und sein Landsmann H. Desprez (Les peuples d'Autriche et de Turquie, 1849) in den Ungarn eine ständige Bedrohung der Zivilisation — die Ungarn terrorisieren alle Völker, die sie unter der Fuchtel der Stephanskrone zu magyarisieren suchen[197].

Die fatale Rolle, die Ungarn in der Zertrümmerung der Donaumonarchie 1848 bis 1918 spielt, wird präludiert durch die Rede des Advokaten Lajos Kossuth am 3. März 1848 vor dem ungarischen Landtag in Preßburg: sie stellt eine „flammende Kampfansage an Österreich" dar. „Ja, auf uns ruht der schwere Fluch eines erstickenden Qualms; aus der Beinkammer des Wiener Systems weht eine verpestete Luft uns an, die unsere Nerven lähmt, unseren Geistesflug bannt." Kossuth stellt Wien vor die Alternative: entweder sich mit den neuen Kräften der Zeit zu verbünden oder unterzugehen. Kossuth richtet seinen Blick auf den „Thronanwärter Franz Joseph": „... der hoffnungsvolle Sprosse des Hauses Habsburg, Franz Joseph, der bei seinem ersten Auftreten die Liebe der Nation erwarb, erwartet das Erbe eines glänzenden Thrones, der seine Kraft aus der Freiheit schöpfen wird, der sich aber bei diesem unglücklichen Mechanismus der Wiener Politik in seinem Urglanze schwer erhalten würde."[198] Kossuths Rede wird in Wien mit Begeisterung aufgenommen. Man ahnt hier gar nicht, welcher Radikalismus hinter dieser so „freundlichen" Rede steckt: ein Vernichtungswille, beseelt von dem catonischen Motiv, Austriam (Karthago) delendam esse, dieses Österreich ist zu zerschlagen. Nur über die Mittel und Wege dieser Zertrümmerung sind sich ungarische Magnaten und Volksmänner nicht einig.

1963 sieht in London Edward Crankshaw in Lajos Kossuth einen Vorläufer Hitlers und Mussolinis[199]. Er will, wie Hitler ein Deutscher sein will, wie Mussolini ein

Römer sein will, ein Ungar sein. Kossuth ist ein Slawe, ein bäuerlicher Slowake. Seine Mutter kann nicht ungarisch. Crankshaw betont in diesem Zusammenhang auch dies: Der tschechische Nationalismus wird mit aus der Angst vor Budapest und der ungarischen Drohung (gegenüber den Slowaken) geboren, stärker als aus der Angst vor Wien. Die Wenzelskrone ist gegen die übermächtige Stephanskrone zu verteidigen. Crankshaw erklärt da im Vorwort zu seinem Werk „The Fall of the House of Habsburg": „In einem sehr wichtigen Sinne war das habsburgische System rationaler als jedes andere politische System in Europa vorher oder nachher." „Die Probleme, die es zu lösen suchte, haben es überlebt: Sie sind mitten mit uns heute." Crankshaw bedauert 1963: „Die Habsburgermonarchie ist heute vergangen und weithin vergessen" (largely forgotten). 1978 ist ein neues, erstmalig ungarisches Werk zweier junger Historiker in Budapest über den Habsburgerstaat als ein europäisches Phänomen der Bestseller. Die erste Ausgabe war in vierzehn Tagen ausverkauft . . .[200] 1848/49 und 1866 sind die Wegmarken, die auf 1914 und auf 1933/1938 zuführen.

„Vier Fragen eines Österreichers" stellt (Leipzig 1844) Viktor Freiherr von Andrian-Werburg[201], Jahrgang 1813. Er befaßt sich mit der Frage des „innigeren Zusammenschlusses mit Deutschland". Andrian ist ein Vertreter eines aufgeklärt-josephinischen Adels. Er hat als kaiserlicher Beamter in Wien und Mailand seine Erfahrungen gesammelt. Andrian meint: Österreich ist Deutschland entfremdet. Um Deutschland näherzukommen, bedarf es der Weckung eines österreichischen Nationalbewußtseins. „Erst muß es (sc. Österreich) in sich selbst zur Einheit gelangen, muß in seinem eigenen Schooße den göttlichen Prometheusfunken wecken — es muß dahin wirken, daß österreichisches Nationalgefühl, österreichischer Nationalstolz das Nationalgefühl und den Stolz der Czechen, Ungar, Dalmatier, Slawen, Tyroler, Italiener etc. ersetzt, in sich aufnimmt und in einen großen Brennpunkt vereinigt, in jene Vaterlandsliebe, die nicht in partikularer Abgeschlossenheit den Böhmen, Ungar, Österreicher, Slawen etc. an seine engbegrenzte Scholle, an seinen Stamm und Heimatland, sondern an den österreichischen Staat im allgemeinen fesselt." Andrian entdeckt — was beinahe bis heute „übersehen" wurde — daß gesunde Beziehungen zwischen Österreich und Deutschland ein gesundes österreichisches und ein gesundes deutsches Selbstbewußtsein voraussetzen: Schwer an Selbsthaß, Minderwertigkeitsgefühl und einem pathologischen Glauben an das Heil aus dem Schoße der Mutter Germania leitende Österreicher treffen auf künstliche Deutsche, die sich einen phantastischen Nationalismus schaffen, so bereits 1848/49. Andrian weiter: „Eine repräsentative Verfassung, die durch das Band politischer Aufklärung, Bildung und Freiheit alle Nationalitäten des österreichischen Staates umfaßte . . . eine solche Verfassung scheint in der That das Universalheilmittel all jener mehr oder minder fühlbaren Mißstände und Verstimmungen der Gegenwart zu sein."

Andrians Generationsgenosse Karl Möring[202], Jahrgang 1810, Sohn eines Wiener Seidenfabrikanten, Offizier, widmet sein am Vorabend der Revolution anonym erscheinendes Buch „Sibyllinische Bücher aus Österreich", Hamburg 1848, der Erzherzogin Sophie, der Mutter des künftigen Kaisers Franz Joseph I. Ahnt Möring, daß in dieser harten Frau mehr politischer Kampfwille steckt, als in ihrem Muttersohn, der nie von seiner Fixierung an sie loskommt, nie innerlich ein freier Mensch wird? Möring: „Der Österreicher hat kein Vaterland."[203] Der Österreicher „besitzt" einen

Kaiserhof, ohne Kaiser, er hat kein österreichisches Nationalgefühl. Der Beruf dieses Völkerstaates wird nicht erfüllt und nicht erfüllt. Möring: „Wir wollen einen Volkskaiser und dennoch absoluten Monarchen, wie es Joseph und Friedrich, die einzigen gewesen sind. Und da nicht zu jeder Zeit Monarchen dieser Größe leben können, so wollen wir Institutionen, in denen ihr Geist lebt."[204] Möring hofft auf einen neuen Volkskaiser: „Unter seinem Szepter soll sich aus Deutschen und Slawen ein österreichisches Volk bilden, die beiden Allmütter Germania und Slavia werden dann hoffnungsvoll dem Flug von Austrias Doppelaar entgegenblicken."

Möring betont: „Das einzige Unglück der Menschen ist, nicht glücklich zu sein, und sie sind es nicht wegen der Disharmonie ihrer Zustände." Schlüsseln wir dieses vielschichtige Wort „glücklich" politisch und tiefenpsychologisch ein wenig auf — in Erinnerung an Feuchterslebens Mahnung von 1833, in jedem Menschen ist ein Keim von Wahnsinn[205] — imVorblick auf den Ausbruch der religiös-politischen „Neurosen" und „Psychosen" 1918 bis 1938: Leibseelisch kranke, verengte Menschen, die nach außen aggressiv werden, da sie ihr eigenes psychisches Potential nicht aufschließen, also nie „aufgeklärt" werden können, beginnen jetzt das Wort zu ergreifen, im mörderischen Wortstreit der Schlagworte, die eine Vortötung des gehaßten Nicht-Volksgenossen praktizieren.

1841 wandelt Hoffmann von Fallersleben das alte Hörnigksche, im Jahre von Aspern erneuerte „Österreich über alles" um in sein „Deutschland, Deutschland über alles", zu singen nach der Melodie von Haydns „Gott erhalte Franz den Kaiser"[206]. Das ist eine Usurpation, der Beginn einer Machtübernahme. In diesen Jahren vor 1848 sprechen österreichische Schriftsteller „die österreichische Nation"[207] an. In der von dem Exilböhmen Ignaz Kuranda in Leipzig redigierten Zeitschrift „Die Grenzboten", diesem führenden Organ der Opposition gegen den Metternich-Staat, werden nun die „unzähligen Berührungspunkte, welche zwischen den einzelnen Provinzen Österreichs seit Jahrhunderten bestehen, die der täglich reger werdende Verkehr, den Presse, Eisenbahn und Telegraph zauberähnlich steigern", berührt, so „daß wohl nicht wunder nehmen darf, wenn der stolze Gedanke, eine große österreichische Nation zu constituieren und aus den engen Grenzen herauszutreten, welchem dem nationalen Schattenleben in der Provinz bisher gesetzt waren, immer reger und mit unwiderstehlicher Gewalt zur innigen Verbrüderung der Völker Österreichs führt"[208]. Metternich sagt lakonisch-düster bei seinem Auszug aus seinem Amtssitz am 13. März 1848: „Verschwinden Reiche, so geschieht dies nur, weil sie sich selbst aufgeben."[209]

Die Bewegungspartei der Demokraten fordert: „Demokratische Monarchie; Volkssouveränität und engsten Anschluß an Deutschland, selbst mit Aufopferung eines Theiles der Souveränität Österreichs." So erinnert Hans Kudlich in seinen „Rückblicken" die österreichischen Jungdeutschen, die nach Frankfurt aufbrechen „Die Österreicherei und die Reaktion sind übrigens im Grunde genommen ein und dasselbe Ding": so die „Augsburger Zeitung", am 7. Mai, in einem Bericht aus Wien vom 4. Mai. Führende Persönlichkeiten der Wiener sozialdemokratischen Emigration in England und Amerika werden bis 1946 wörtlich an diesem Bekenntnis festhalten[210]. Gegen „den schwarzgelben Patriotismus" erheben sich diese Deutschösterreicher: Die fünfzehn ins Frankfurter Vorparlament gewählten österreichischen Vertreter wollten die Reichsinsignien aus Wien mitnehmen, um sie dem deutschen Volke zur Verfügung zu stellen. An das erinnert Otto Brunner 1939[211].

Adresse des Volksvereins von Leng, Oberösterreich, an die Frankfurter National-versammlung: „Deutschösterreich, bevor es von Habsburg etwas wußte, gehörte zu Deutschland. Die Deutschen haben ältere und echtere Ansprüche. Die Nation ist ewiger als eine Dynastie." Das ist das alte evangelische und ständisch und bäuerlich gegen Wien rebellierende Ober- und Niederösterreich, das sich in den Urenkeln nun laut wieder zu Wort meldet. In einer Adresse von 44 Wachauer Gemeinden an das Frank-furter Parlament wird ebenfalls die Herstellung eines Großdeutschland gefordert: Sie ist von zwei Männern namens Hitler unterzeichnet. Das erinnert Karl Demeter, „Großdeutsche Stimmen 1848/49", erschienen Frankfurt 1939[212]. Die Stürme, die in Frankfurt gegen Österreich losbrechen sollten, werden hier in Österreich vorbe-reitet. Da bemüht sich nun ein Mann in Wien, die aufgeklärten, liberalen Wiener, die an eine österreichische Nation glauben, publizistisch zu sammeln. August Zang[213], geboren 1807 in Wien als Sohn eines Professors der Chirurgie, sollte Offizier werden, macht Bankrott als Bauunternehmer, erwirbt mit einer Boulangerie Viennoise in Paris mit seinen Wiener Kipferln ein Vermögen, kehrt 1848 nach Wien zurück, wird der Gründer der Zeitung „Die Presse". Sein Vorbild ist die Pariser Zeitung „La Presse", mit deren Herausgeber Emile Girardin er befreundet ist. Zang macht in den ersten Apriltagen 1848 die deutschnationalen Wiener in einer Broschüre aufmerk-sam: Ein Anschluß an Deutschland würde Österreich schwer beschädigen. Österreichs Industrie wäre nicht konkurrenzfähig, wenn sie „sich plötzlich der harten Luft der deutschen Handelsfreiheit ausgesetzt fände". Zang spielt auf den von Preußen ge-schaffenen „Zollverein" an. „Welches wäre das Schicksal Wiens ... hinausgerückt an die äußerste Grenze des Reiches, mit dem Verluste aller mercantilen Bedeutung bedroht?" Betroffen sehen sich Wiener und andere österreichische Nationalsozialisten ab 1938 mit diesem für sie unlösbaren Problem konfrontiert. Zang: „Weder die Dynastie noch das Volk würden in einem Anschlusse einen wahren dauernden Nutzen finden ..."[214] Zangs Pariser Verbindungen wirken wie ein Vorspiel der Pariser Verbindungen des Kronprinzen Rudolf, der sich dem Würgegriff des Wil-helminischen Deutschland durch seine jüdischen, durch seine französischen Partner ent-ziehen möchte. Da aber ist „Die Neue Freie Presse", die Tochter der „Presse" Zangs, das einflußreichste und aggressivste Organ im Dienste eines von Berlin gelenkten Pangermanismus[215].

Bevor wir uns dem großen Prozeß gegen Österreich in Frankfurt 1848/49 zu-wenden, drei Erinnerungen des vormärzlichen Österreich und seiner großen Leistun-gen: Das Wort ergreifen der Vorkämpfer einer „gesamtdeutschen" Geschichtsvision, Heinrich Ritter von Srbik, in seinem Werk „Deutsche Einheit" (1935—1942), Al-phons Lhotsky, der österreichische Patriot unter den Historikern der Ersten Republik Österreich und des ersten Jahrzehnts der Zweiten Republik (1962) und der deutsche Historiker Georg Franz.

Srbik erinnert an die eigentümliche Größe des österreichischen Biedermeier. „Zum letzten Male nach dem deutschen Barock ist von Österreich eine große Welle der Geisteskultur über Deutschland hingegangen."[216] Srbik wendet sich gegen den Vor-wurf, in Österreich seien die deutschen Waren und Bücher verboten gewesen. Wiens

Werbekraft ergriff Slawen, Magyaren und andere Nationalitäten, die hier, in Wien, zusammenkamen. Das biedermeierliche Wien war in seiner Frühzeit das Kulturzentrum des katholischen Bayern. „Als geistige Fremde konnte Österreich aus diesem Blickpunkt höchstens spezifisch protestantische Anschauung bezeichnen." Der intellektuelle Protestantismus sollte aber nicht mit dem Ganzen des deutschen Volkes gleichgesetzt werden. Srbik betont Österreichs „gesamtstaatlichen Patriotismus" in diesem Vormärz[217].

Alphons Lhotsky beruft sich auf die Dokumentationen von Hans Lentze[218] (einem katholischen Schlesier, der aus dem nationalsozialistischen Deutschland nach Österreich emigrierte — wir werden ihm noch mehrfach begegnen), die bezeugen, „wie ungeheuer reich und vielseitig die Bewegungen der Geister in jenem selben vormärzlichen Österreich gewesen waren, das immer wieder als ein durch das ‚System‘ völlig verdummtes Land dargestellt wird, dem erst durch eine Art Bluttransfusion neues Leben künstlich habe erteilt werden müssen."[219] Im Zeitpunkt der Revolution von 1848 waren nahezu alle Professoren der juristischen Fächer „Liberale". „Was die Lage so sehr verschärfte, war die diabolische Lust der denkenden Männer jener Tage an boshaften Ausfällen, mit denen sie die oft täppisch verfahrenden unteren Organe der Verwaltung zu reizen versuchten, um damit deren Vorgesetzten Hiebe zu versetzen. Das Grundübel war die Störung des Vertrauensverhältnisses auf beiden Seiten."[220]

1941/43 und 1945/47 arbeitet Georg Franz an seinem Werk „Liberalismus — Die deutschliberale Bewegung in der habsburgischen Monarchie". 1948 sendet er sein Manuskript an Srbik, der zurückgezogen in einer kleinen Tiroler Ortschaft lebt und ihm antwortet: „Es ist leider eine seltene Erscheinung, daß ein reichsdeutscher Historiker mit solcher Liebe und Intensität sich in die österreichische Geschichte vertieft und mit solchem produktiven Ergebnis in ihr tätig ist." Eine Veröffentlichung liege „im Interesse der Erkenntnis altösterreichischen Schicksals"[221]. 1955 erschien dieses Werk dann in München. Georg Franz skizziert die gehässige kleindeutsche Geschichtschreibung gegen Österreich (wir können dieses „kleindeutsch" in diesem Bezug weithin mit „deutsch" gleichsetzen). „Die kleindeutsche Geschichtschreibung, die das Geschichtsbild und die öffentliche Meinung des deutschen Volkes nicht nur im 19. Jahrhundert, sondern auch im 20. Jahrhundert bis in die jüngste Gegenwart beherrscht, hat die abfällige Beurteilung Österreichs sogar deutsch-österreichischen Geschichtschreibern einzuflößen verstanden."[222] Georg Franz verteidigt „dieses so sehr geschmähte Österreich der Metternich-Ära" als „eine auch kulturell führende Macht Europas".

Kurzer Blick auf den Geschichtskalender der Jahre 1848/49[223]. 1848: Am 3. März hält Kossuth seine Rede vor dem ungarischen Reichstag, sie wird in Wien als „die Taufrede der österreichischen Revolution" verstanden. Am 11. März verlangt eine Petition der Wiener Bürger Pressefreiheit. Am 12. März erfolgt die Petition der Wiener Studenten um Freiheit der Universität und Pressefreiheit. Am 13. März beginnt die Revolution in Wien (man vergleiche die Märztage vom 11. zum 13. März 1938 mit dem März von 1848). Sitzung des niederösterreichischen Landtages, Massendemonstration, Fabrikssturm der Arbeiter, das Militär schießt, die ersten Toten. Sturz Metternichs. 14. März: Bewaffnung der Wiener Studenten, Bildung der Aka-

demischen Legion und der Nationalgarde, Aufhebung der Zensur. Kaiser Ferdinand verspricht eine freiheitliche Verfassung. In Berlin wird Militär gegen das Volk eingesetzt. In den folgenden Tagen: Die ungarische Opposition verlangt eine nationale
Regierung für Ungarn, Erhebung der ungarischen Slawen, Aufstand in Mailand, über
zweihundert Tote in den Straßenkämpfen in Berlin. 31. März: Das deutsche Vorparlament wird in Frankfurt eröffnet. Aufhebung der Karlsbader Beschlüsse. Fest-
legung des Wahlmodus für das deutsche Parlament (ein Abgeordneter auf 50.000 Einwohner).

11. April: Der große tschechische Historiker Palacky[224] lehnt in einer Adresse an
das deutsche Vorparlament namens der Tschechen die Teilnahme ab: Er bekennt sich
zum Austroslawismus, gegen die Einbeziehung Österreichs ins Deutsche Reich, für
Gleichberechtigung aller Nationen in Österreich, für gute wirtschaftliche und politische Beziehungen zwischen Österreich und dem künftigen Deutschen Reich. 11. Mai:
Erhebung der Serben gegen die ungarische Herrschaft im Banat. 15. Mai: Erhebung
der Siebenbürger Rumänen gegen die ungarische Herrschaft. 15./26. Mai: Aufstand
in Wien gegen die am 25. Mai oktroyierte, von der Regierung ohne Volks-
befragung aufgezwungene Pillersdorfsche Verfassung, Forderung eines in allgemeiner, direkter und freier Wahl zu konstituierenden Reichstages. Kaiser Ferdinand
bewilligt diese Forderungen, flieht am 17. Mai mit dem Hofe nach Innsbruck. Am
18. Mai wird das deutsche Parlament in der Paulskirche zu Frankfurt eröffnet.

16. Mai: Aufstand in Wien, 12. Juni: Pfingstaufstand in Prag. 29. Juni: Erzherzog Johann wird vom Frankfurter Parlament zum Reichsverweser gewählt.
21./23. August: Aufstand in Wien wegen der Herabsetzung der Arbeiterlöhne.
12. September: Kossuth übernimmt die ungarische Regierung. Am 28. September
wird Graf Lamberg, der Stellvertreter des Kaisers in Budapest, ermordet. 6. Oktober: Aufstand in Wien, Hoffnung auf Kossuths revolutionäre Truppen, die am
31. Oktober bei Schwechat geschlagen werden. Nach schweren Kämpfen wird Wien
von den kaiserlichen Truppen im Sturm genommen. Am 9. November werden Mes-
senhauser, die Journalisten Becher und Jellinek und der Abgesandte des Frankfurter Parlaments, Robert Blum, standrechtlich erschossen. Mit Blum wollte die kaiserliche Regierung dieses ihr so unheimlich gewordene Frankfurt, die „Paulskirche",
treffen.

Am 21. November wird Fürst Felix Schwarzenberg zum österreichischen Ministerpräsidenten ernannt, am 27. November erklärt er vor dem Reichstag in Kremsier,
der am 21. November eröffnet worden war, im Blick auf die schweren Auseinandersetzungen in Frankfurt, daß die staatlichen Beziehungen zwischen Österreich und
Deutschland erst bestimmt werden können, sobald beide Staaten feste staatliche Formen gefunden haben. Am 2. Dezember dankt Ferdinand I. zugunsten seines Neffen
Franz Joseph I. ab. Am 16. Dezember tritt Anton von Schmerling aus dem Reichs-
kabinett in Frankfurt aus.

Das Jahr 1849 bringt die Zerschlagung der ungarischen Erhebung, die Franz
Joseph nur gelingt durch seinen Hilferuf an den Zaren Nikolaus I., mit dem er sich
am 21. Mai in Warschau trifft[225]. In Deutschland wird der Dresdner Aufstand durch
preußische Truppen zerschlagen, die auch die Revolution in Baden niederwerfen.
Am 12. Juni rücken sie in die Pfalz ein, am 23. Juli kapituliert Rastatt.

Preußen macht „Ordnung“ in Deutschland: Es kämpft „diese verdammten Demokraten“ nieder[226]. Österreich erscheint der europäischen Öffentlichkeit als heillos diskreditiert durch die Hinrichtung von vierzehn Führern des ungarischen Aufstandes am 6. Oktober in Arad. Der „österreichische Bluthund“ (wie er in Deutschland, England, Italien genannt wird), der Feldzeugmeister Julius von Haynau, war der illegitime Sohn eines deutschen Fürsten, stand selbst gegen die Regierung in Wien. Viel zu spät, im Juli 1850, wird er von seinem Posten als Gouverneur in Ungarn abberufen[227]. Am 9. September vereinbaren Österreich und Preußen das „Interim“ als vorläufige deutsche Zentralgewalt (je zwei Bundeskommissäre aus Österreich und Preußen). Am 20. Dezember übergibt Erzherzog Johann diesem „Interim“ seine Befugnisse als Reichsverweser.

Österreich, in Frankfurt schwer angeschlagen, wird in den folgenden Jahren zuerst politisch, dann militärisch niedergekämpft durch einen preußischen Junker, der im März 1848 in Berlin einen Staatsstreich von oben machen wollte, um „diese Canaille“, das Volk, wirklich niederzukämpfen: Otto von Bismarck. Im Blick auf 1848 und die Widerstände in Preußen gegen ihn sagt er 1862 in einer berühmt-berüchtigten Rede: „Nicht durch Reden und Majoritätsbeschlüsse werden die großen Fragen der Zeit entschieden — das ist der Fehler von 1848 und 1849 gewesen — sondern durch Eisen und Blut[228].

Auf 1848 bezieht sich seinerseits Karl Marx: Die Revolution von 1848 ist gegen die Verantwortlichen für ihr Scheitern, ist gegen Monarchie, Bürgertum und Kleinbürgertum mit aller Strenge des Geistes und der revolutionären Waffen weiterzuführen[229]. Die klassische österreichische Sozialdemokratie versteht sich als Erbe und Traditionswahrer der Erhebungen von 1848[230].

In Frankfurt werden 1848/49 eine deutsche Misere und eine österreichische Misere sichtbar. Die Niederlagen der deutschen Demokraten in Frankfurt sind die Voraussetzung für die Schaffung eines künstlichen deutschen Staates, in dem Bismarcks Preußen eine Verpreußung aller Länder, aller deutschen Staaten anstrebt, und dies erreicht in seiner Gewinnung einer nunmehr nach Berlin sich orientierenden deutschen Intelligenz, und vorzüglich einer Professorenschaft, wobei Historikern und Germanisten die Führung zukommt: Männer, die nicht selten aus Österreich kommen.

18. Mai 1848: „Würdig muß man die Versammlung nennen, die im kahlen Rundtempel der Frankfurter Paulskirche ihre Beratungen aufnimmt. Nie gab es auf Erden ein gebildeteres Parlament, über hundert Professoren, über zweihundert gelehrte Juristen, dann Schriftsteller, Geistliche, Ärzte, Bürgermeister, hohe Verwaltungsbeamte, Fabrikanten, Bankiers, Gutsbesitzer, sogar ein paar Handwerksmeister und Kleinpächter — kein Arbeiter.“[231] „Ein paar tausend schöne Reden, ein paar tausend Tote und ein paar tausend Prozesse — das war die Ernte der Jahre 1848 und 1849. Von der großen hoffnungsvollen Unruhe schien nichts übrigzubleiben als Enttäuschung, Scham und Spott“[232].

„Die Zahl der Auswanderer aus Gesamtdeutschland, die in den vierziger Jahren etwa Hunderttausend im Jahr ausgemacht hatte, im Revolutionsjahr auf die Hälfte gesunken war, stieg nach 1849 auf etwa 250.000 jährlich. Es waren die Tätigsten, Mutigsten, die den Schritt ins Unbekannte wagten; auch geborene Menschenführer darunter, die dann im amerikanischen öffentlichen Leben sich ruhmvoll durch-

zusetzen vermochten.“[233] Deutschland hat sich von diesem Aderlaß, von dieser Ab-
schöpfung einer Elite von Spannungsmenschen, von der Katastrophe von 1848 bis
1945 nicht erholt.

Das Frankfurter Parlament[234] war ohne reale Macht; die Armeen, die Polizei, die
Staatsgelder, die Bürokratien blieben fest in der Hand der Regierungen, die im März
„einen momentanen Nervenzusammenbruch“ erlitten. Der Reichstag des von Bismarck geschaffenen Reiches war ohne reale Macht. Bismarck und später sein
Zögling Kaiser Wilhelm II. konnten sich jederzeit über diese „Phrasen-Gießkanne“
(so nannte Bismarck Heinrich von Gagern, den ersten Präsidenten der Nationalversammlung) hinwegsetzen, wenn sie sich nicht manipulieren ließ.

1848 stoßen in Frankfurt, in Deutschland vier verschiedene Strömungen zusammen (sehr vergröbert): Eine liberale, demokratische, anarchistische und kommunistische, wobei die beiden letzteren, zahlenmäßig gering, außerhalb des Parlaments
sich in der Volkserhebung versuchten. 68 Prozent aller Abgeordneten in Frankfurt
sind Beamte, Staatsdiener in verschiedenen Stellungen, nur zweieinhalb Prozent sind
Geschäftsleute, zwölf Prozent sind Angehörige freier Berufe. Da „innenpolitisch“ der
Meinung dieser Staatsdiener nach wenig zu machen war, denken diese Bürger nicht
an eine Veränderung der gesellschaftlichen Verhältnisse: Sie fürchten jede Revolution, sie wollen eine konstitutionelle Monarchie mit einer starken Armee, die im
Inneren Ruhe schafft und nach außen die Ansprüche der geeinten Nation, nicht zuletzt die Interessen der Wirtschaft, der beginnenden „Industrie“, vertritt. Außenpolitik als Ersatz für Innenpolitik! Also befaßt man sich vorzüglich mit außenpolitischen Fragen: Mit der Schleswig-Holsteinschen Frage, mit Frankreich, Rußland, Polen — wobei die Auflösung der Donaumonarchie als ein besonders „nahe-
liegendes“, gewinnbringendes Projekt erscheint.

Die rührigsten Männer in Frankfurt wollen rasch zur Tat schreiten: zum Schwert.
In Frankfurt wird bereits ein heißer neudeutscher Nationalismus links und rechts
und in der Mitte laut[235], Erbe der jungen „erwachenden“ Studenten von 1813, 1817,
1820. Für den Nationalismus einer gewissen Linken, die uns als lauterster Gegner
Österreichs noch begegnen wird, hier zunächst nur ein Beispiel: Ferdinand Freiligrath[236] (von seinem Freund Karl Marx in die Redaktion der „Neuen Rheinischen
Zeitung“ berufen) besingt den Haß des von Gottes Zorn begnadeten Proletariers
und die herrliche kommende deutsche Flotte. Im Pulverdampf streiten die Schlacht-
schiffe „Goethe“ und „Uhland“ für die deutsche Größe. Hier also kann bereits
die barbarische Mythisierung Goethes und Schillers bei den Blut- und Eisen-
Freunden in Österreich 1859 bis zur Gegenwart ansetzen! Aus den Schiffsschnäbeln
der siegreichen Schiffe soll das Rostrum, die Rednertribüne für die Demokratie
gebaut werden[237]. Etwas später erhofft Ferdinand Lassalle den Tag zu erleben, an
dem deutsche Grenadierregimenter am Bosporus stehen[238]. Auf der Rechten gesellt
sich zu diesem neudeutschen Nationalismus am Vorabend von 1848 bereits eine
panische Angst vor den Massen, vor dem „Sozialismus“ und „Kommunismus“. In
deutschen Liberalen wächst bereits vor 1848 der Glaube an die regenerierende Kraft
eines Krieges, etwa mit Rußland, aber auch mit Österreich. Heinrich von Gagern und
Rudolf Haym bekennen sich zur Wiedergeburt des deutschen Volkes aus „Anarchie“ und „sittlichem Verfall“: durch einen Krieg[239].

Die zunächst folgenschwerste Niederlage der Linken in der Paulskirche, deren hervorragendste Sprecher Arnold Ruge, Robert Blum und Karl Vogt waren, erlitt sie in den Verhandlungen über die polnische Frage. Da wurde zunächst der Antrag, die polnischen Abgeordneten aus Posen vorläufig zur Nationalversammlung zuzulassen, abgelehnt. Auf dem Hambacher Fest von 1832, einer eindrucksvollen Kundgebung des südwestdeutschen liberalen Demokratismus, war noch eine polnische Delegation vertreten.

1911 rühmt der Historiker des deutschen nationalen Liberalismus O. Klein-Hattingen: „Da die Linke, voran Blum, Ruge und Vogt, die Teilungen Polens zu brandmarken versuchte, trat ihr in einer meisterhaften Rede Wilhelm Jordan entgegen."[240] Jordan, Dichter, Germanist, Literat und Professor, verwirft diese Haltung als Schwäche, Feigheit, erklärt gegen „die deutsche Schwärmerei für Polen": „Deutschland fürchtet niemand". In dieser nunmehr permanenten Erklärung, niemanden und nichts zu fürchten, kommt sehr viel Furcht, sehr viel Unsicherheit zum Ausdruck. Etwas später bemerkt der Senator Mann, der Vater von Heinrich und Thomas Mann, in Lübeck, als er Bismarcks großes Wort „Wir Deutschen fürchten Gott und sonst nichts in der Welt" in der Morgenzeitung liest: „In Wirklichkeit fürchten wir Vieles."[241] Wilhelm Jordan predigt da: „Es ist hohe Zeit für uns, endlich einmal zu erwachen aus jener träumerischen Selbstvergessenheit, in der wir schwärmten für alle möglichen Nationalitäten . . ."[242]

Was hatten die Österreicher in Frankfurt zu erwarten? Waren sie nicht ein noch minderer Haufen, ein Konglomerat von „allen möglichen Nationalitäten", als dieses Polen? 1849 meint Arnold Ruge, wahrhaftig kein Freund Österreichs, daß Österreich, als ein Kleineuropa, als ein Zentrum Alteuropas, 1848 innerlich zerbricht[243]. Während sich in Wien ein Großösterreichertum zentriert hatte, beziehen die Landtage einzelner Länder eine „großdeutsche" Position. So erklärt der oberösterreichische Landtag in einer Adresse an den Kaiser, daß tausend Jahre gemeinsames Schicksal Österreich und Deutschland verbinden[244]. Das ist die Neufassung des deutschromantischen Glaubens an das Tausendjährige Reich der Deutschen, die nun ihren Siegeszug bei den neuen Deutschösterreichern antrat. Die Steiermark ist geteilt in „Großdeutsche", die für einen dauernden Verband Österreichs mit Deutschland eintreten; die Adria soll „die deutsche freie Pforte in das Meer dreier Weltteile sein" — und in „Nur-Österreicher" (wie sie abwertend genannt werden), die „nur" ein österreichisches Vaterland bekennen wollen[245].

In diesem Frühjahr von 1848 tritt noch der gebürtige Tscheche und Kulturdeutsche Anton Springer für eine Verschmelzung der österreichischen Deutschen und der Tschechen zu einer österreichischen Staatsnation slawischer Rassen und des deutschen Geistes ein[246]. Springer wird später ein aggressiver Kleindeutscher. März-April 1848 scheiden sich Tschechen und Deutsche in der Frage des Frankfurter Parlaments. „. . . beide suchten das geschichtliche Recht zur Herrschaft über die anderen auszuweiten . . ." Die Deutschen verstehen es nicht, „daß der deutschliberale Glaube an die nationenverbindende Kraft der Freiheit auf Sand gebaut war . . ." So Srbik[247]. Übersehen wird, daß dieser deutschliberale Glaube wie selbstverständlich für sich die Führung dieser anderen erwachenden Nationen beanspruchte, die, wenn sie nur recht ordentlich deutsch lernten, recht gute Mitbürger zweiter Ordnung werden konnten . . . Voll Mißtrauen sieht man von Berlin her auf das Frankfurter Parlament.

„Das Altpreußentum fühlte sich im tiefsten verletzt, daß es dem Deutschtum geopfert werden sollte."[248] Bismarck lehnt es dezidiert ab, irgendetwas anderes zu sein als ein Preuße. Da stellt nun in Frankfurt der erste Grazer Abgeordnete Titus Mareck, eine weitsehende starke Persönlichkeit, den Antrag: Deutschland soll sich feierlich erklären gegen jede Unterdrückung irgendwelcher Nationalitäten, es soll allen nichtdeutschen Staatsbürgern deutscher Staaten alle Rechte ihrer deutschen Mitbürger zusichern und die Aufrechterhaltung und Achtung ihrer Nationalität und in jenen Kreisen, die eine fremdsprachige Mehrheit haben, den Gebrauch der Mehrheitssprache im Kommunal-, Unterrichts- und Gerichtswesen[249]. Wilhelm Schüssler bemerkt dazu: „Im wesentlichen ist dieser Antrag als § 188 später in die Reichsverfassung aufgenommen worden."[250] Wie schwer er praktisch zu verwirklichen war, bezeugen die Unterdrückung der Polen und Elsaß-Lothringer im Bismarck-Staat, die Sprachenkämpfe in der Donaumonarchie bis zu ihrem Ende, der Sprachenkampf in Südkärnten und im Burgenland noch in der Zweiten Republik Österreich.

Am Beginn des Jahres 1849 wird in Frankfurt offen gesprochen von dem, was im Hintergrund ständig präsent war: ein „unvereinbarer Dualismus Österreichs und Preußens". Zur selben Zeit wird „Kleindeutschland" (bisher verstanden im Sinne des Dritten Deutschland der mittleren und kleinen Staaten des Deutschen Bundes) zum ersten Mal als ein Deutschland, das Österreich ausschließt, namhaft gemacht.

Am heftigsten spricht sich zunächst die Linke gegen Österreich aus. „Dem Radikalismus war Österreich die Zwingburg, die um dynastischer Interessen willen die Völker in Versklavung hält." So denken und äußern sich Ruge, Nauwerck, Vogt aus dem alten Reich, und die radikalen Österreicher Moritz Hartmann, Berger, Wagner und andere. Die meisten Radikalen verlangen die Auflösung Österreichs, ohne Verständnis für seine europäische Funktion.

Der Historiker Johann Gustav Droysen, der die Phalanx der borussischen Historiker gegen Österreich anführt (eine Neuausgabe seiner „Politische(n) Schriften", erschien München 1933), wettert in der Paulskirche von der Rechten her gegen Österreich: Österreichs ganze neuere Geschichte ist eine „undeutsche Versündigung gegen Preußen". Österreichs Politik 1815—1848 ist „durch und durch undeutsch, verworfen und niederträchtig". Es gelang Österreich nicht, „die Völkerstämme, die es beherrscht, je zu einer neuen k. k. Nation verschmolzen zu haben". Droysens Glaube: Nur durch eine „Bluttaufe", durch einen Krieg gegen Österreich kann ein deutscher Nationalstaat geschaffen werden[251]! Am 13. Juli 1848 erschien der aufsehenerregende Artikel Droysens „Das deutsche Heer", in der „Oberpostamtszeitung" in Frankfurt. „Mit größter Freude haben wir den Antrag, den Bestand der deutschen Heere auf 900.000 Mann zu erhöhen, begrüßt." Droysen polemisiert gegen Rußland und Frankreich, er dankt der Linken für ihre Zustimmung „über die Vermehrung der deutschen Streitkräfte". „Und wir werden die ersten sein, sie mit Freuden auf dem gemeinsamen Feld der Vaterlandsliebe zu begrüßen . . ."[252] Das ist ein Vorklang von 1914, der Zustimmung der deutschen Sozialdemokratie, konkret ihrer Mehrheitsführer zu den Kriegskrediten. Droysen: „Noch lebt in unserem Volk die Lust an den Waffen, der stolze Kriegsmut, der Furor Teutonicus. Das deutsche

Volk wird den Beschluß, daß es eine Million Bewaffneter dem Feind, woher er auch drohe, gegenüberstelle, mit Jubel begrüßen ..."

Wie ein wacher deutscher Beobachter von Wien her die Lage sieht, dokumentiert etwa ein Brief des Grafen Friedrich von Vitzthum-Eckstädt an seinen Onkel, am 10. November 1848. „O des Jammers! Da sitzen nun ausgezeichnete Kapazitäten und Koryphäen der Wissenschaft seit Monaten in der Paulskirche, und unter den siebenhundert Vertretern des angeblich einigen Deutschlands hat sich noch immer kein Staatsmann gefunden, keiner, der es gewagt hätte, unserem armen betrunkenen deutschen Michel über den Stand der Dinge einfach die nüchterne Wahrheit zu sagen. Auch die soviel gepriesene Rede des ‚edlen' Gagern ist nichts als leeres Gewäsch. Österreich bleibt nun einmal für die Frankfurter eine terra incognita, und Gagern, nach seiner letzten Rede zu schließen, weiß davon nicht mehr als von dem Negerstaate, welchen vorwitzige Afrika-Reisende in dem noch unerforschten Zentrum des schwarzen Erdteils vermuten. Diese kleinliche Angst vor dem Slawentum ist charakteristisch für den Mangel an nationalem Selbstgefühle ..."[253]

1915 beschwört Hugo von Hofmannsthal in der „Vossischen Zeitung", Berlin (die so oft und so lange Österreich bös angegriffen hatte), die Deutschen, doch einmal dieses ihnen gänzlich unbekannte Österreich kennenzulernen ... Graf Vitzthum schildert das Selbstgefühl des österreichischen Kaiserstaates, das sich gerade jetzt in der schweren Krise zeige und bewähre. „Jelačič traf einmal wieder den Nagel auf den Kopf, als er Voltaires ‚Si le bon Dieu n' existait pas, il faudrait l'inventer' parodierend am 28. Oktober den Wienern, welche den siegreichen Feldherrn in der Goldenen Birn jubelnd begrüßten, die zukunftsschweren Worte zurief: ‚Vor allem bleiben wir Österreicher! Wenn es kein Österreich gäbe, wahrlich, jetzt müßten wir's schaffen!' ... und es wird nichts übrigbleiben, als ein kleines Königreich Deutschland zu organisieren, zu welchem nach Befinden die Auflösung des preußischen Staates oder die Vergewaltigung Deutschlands durch Preußen die Brücke bilden würde ..."

Pausenlos rollen in Frankfurt die Angriffe gegen Österreich[254]. Im Blick auf sie meint Srbik, Wien 1935: „Noch heute tritt dem gesamtdeutsch Denkenden und Fühlenden die Röte ins Gesicht, wenn er liest, wie Gervinus am 30. März 1848 schrieb, die Folgen des österreichischen Verdummungssystems müssen noch wenigstens auf eine Generation in Österreich fortdrücken. Österreich soll um den Preis der geistigen Regeneration seinen deutschen Provinzen das Opfer bringen, sich dem Deutschen Bunde anzuschließen und vollständig unterzuordnen ..."[255] Srbik dazu: „Sollte die ganze frohe und reiche Buntheit der österreichischen Länder und Völker norddeutscher Einförmigkeit weichen?"[256] Wilhelm Stahl erklärt hier in Frankfurt: „Und was ist viel an Österreich verloren? Die deutschen Provinzen kriegen wir doch früher oder später und das Slavenvolk wollen wir nicht!"[257] Das werden ihm Schönerer und seine Gesinnungsfreunde im Reichstage in Wien einige Jahrzehnte später bestätigen. Das ist die Politik Berlins, wie sie der Kronprinz Rudolf sieht und wie sie lange vor 1914 bereits vorgedacht wird. „Für die meisten linksgewandten Österreicher in der Paulskirche gab es nur die Alternative des gewaltsamen Zusammenfassens oder des Trennens feindlicher Völker. Das Haus der Zukunft sollte dem deutschen Volke allein gehören." Man „unterschätzte die Widerstandskraft der

Westslaven"[258]. Diese Unterschätzung teilen *alle* deutschösterreichischen Historiker an der Universität Wien gerade in den Jahren 1914—1917/18! Am 27. Oktober fällt in der Paulskirche faktisch die Entscheidung zugunsten der Kleindeutschen. „Nur wenige, wie der steiermärkische Demokrat Mareck, erkannten, daß sich ‚der österreichische Adler keine Schnur an die Füße binden lassen' werde, ‚um ihn zu richten und zu lenken, wohin sie wollen, wenn er kräftig genug ist, zu fliegen'." „Die Paulskirche schied sich seit dem schicksalsschweren Oktober endgültig in Großdeutsche und Kleindeutsche."[259]

In der „Deutsche(n) Zeitung" scheidet Gervinus die „österreichischen Halbbrüder" und ihren „welschen Hochmut" von „uns gutmütigen Deutschen" und verlangt, die „verfremdete Hand" sollte abgewiesen werden[260]. Dieser Prozeß gegen Österreich in der Paulskirche hat für viele Deutschösterreicher traumatische Folgen — bis 1938: Sie wollen den „Brüdern" im Heiligen Deutschen Reich Bismarcks, Wilhelms und Hitlers zeigen, daß sie keine „Halbbrüder", keine schlechteren Deutschen sind, ja, daß sie, diese österreichischen Deutschen in ihrem Glauben an Deutschland allen „Brüdern" ebenbürtig, ja oft überlegen sind: da sie im Kampfe gegen die Slawisierung und gegen Rom unermüdlich für Deutschland kämpfen.

„Die Parole ‚Hie Österreich, hie Preußen' spaltete gänzlich die Nationalversammlung, als sie am 11. Januar 1849 in den Kampf um das engere und weitere Deutschland eintrat."[261] Für Österreich treten deutsche Katholiken ein, in der Paulskirche, in diesem Frühjahr 1849. Der große Münchener Rechtslehrer Georg Philipps, ein Konvertit, Angehöriger des Görres-Kreises, stellt das „Kaisertum der Peterskirche", das alte Heilige Römische Reich mit seiner Lebensdauer von eintausendundsechs Jahren (800—1806) dem preußischen Kaisertum der Paulskirche gegenüber und sagt ihm eine Lebensdauer von sechs Jahren voraus[262]. Bismarck sieht bei der Gründung seines Preußenreiches in Versailles 1871 bereits den Untergang seines Neudeutschen Reiches voraus[263] ...

Da erschallt in der Paulskirche der Ruf nach dem „deutschen Bruderkrieg". Der deutsche Kaiser werde auf dem Schlachtfelde, nicht in der Paulskirche gemacht[264]! Diese Kleindeutschen proklamieren sich als Vorkämpfer der deutschen „Freiheit" gegen die „österreichische Barbarei", gegen seine ‚trübe Völkervermischung'. Der Reinheitskomplex spielt dann eine außerordentliche Rolle bei den Mittelschülern und Studenten in Österreich, die für „die Reinheit" des Blutes, um Selbstreinigung, kämpfen, da sie sich vielfach selbst oft „beschmutzt" durch slawische Blutmischung erleben. Gegen die Verdammung der österreichischen Slawen im besonderen, der europäischen Slawen insgesamt in dieser späten Paulskirche erheben sich zunächst um Palacky die Tschechen in Böhmen, plädiert in Wien Franz Grillparzer[265]. Im März 1849 wissen sich die „Kleindeutschen" als Sieger. „Mit Österreich" meinte Beseler im Verfassungsausschuß, „werden wir unterhandeln, wenn wir stark genug sind, den Säbel in der Faust und Kanonen hinter uns"[266]!

Bis zum ruhmlosen Ende der Paulskirche stehen sich jedoch immer noch die beiden Deutschland gegenüber: „Der alte konfessionelle Riß im deutschen Volk gab auch dem Gegensatz der Kleindeutschen und Großdeutschen verstärkte Schärfe."[267] Deutsche Katholiken plädieren immer noch, auf verlorenem Posten, für Österreich. Die beiden Deutschland: Die beiden Österreich waren erstmalig im ersten Jahrhundert der Reformation und Gegenreformation gegeneinander angetreten: Der alte Großkampf nimmt nun neue Formen an, bis zum Ende der Ersten Republik Österreich.

Bismarck erinnert so an die Paulskirche und den Deutschen Bund, der nun zerbricht: „Die Teilung des Bundesvolkes nach den beiden großen christlichen Bekenntnissen fiel neben der nationalen Gliederung außerordentlich ins Gewicht. Solange Österreich mit etwas über 12 Millionen Katholiken, denen nur etwas mehr als eine Viertel Million Protestanten gegenüberstand, dem Bund angehörte, hatte die katholische Kirche mit annähernd 23 Millionen, einschließlich der nahezu 6 Millionen preußischer Katholiken, ein Übergewicht von etwa 3 Millionen gegenüber den Evangelischen." Bismarck, der sich als evangelischer Preuße versteht, ist zeitlebens gegen jeden Anschluß Österreichs an sein Deutsches Reich, da er eine katholische Mehrheit fürchtet; er, der im Kampfe mit dem Zentrum, mit dem „politischen Katholizismus" einen seiner schwersten Kämpfe erlebt[268]. Im Blick auf die preußische Invasion *in* Deutschland, die mit den Fehden in Frankfurt immer deutlicher ihr Gesicht zeigt, notiert sich Grillparzer im Mai 1849: „Des Preußentums Verzögerungskunst / Ist Diebstahl während einer Feuersbrunst / So haben sie einst sich Schlesien gestohlen / Und möchten nun noch das Übrige holen."

Ende Juni 1849 bilden sich die „Gothaer". In einer Zusammenkunft in Gotha stellen sich die Nationalliberalen, ehemalige Abgeordnete der Mitte und der Rechten in der Paulskirche, zumeist Nord- und Mitteldeutsche, „etwa dritthalb hundert Männer", meistens Intellektuelle, in den Dienst des preußischen „Deutschen Reiches". Die Gothaer wirken propagandistisch unvergleichlich stärker als die schwache österreichfreundliche Gegenpropaganda. Rudolf Haym ist einer der hervorragendsten Repräsentanten dieser Kampfrichtung der Gothaer. Sie hören die frohe Botschaft Droysens: „Macht ist die beste Legitimität. Daß Preußen sie brauchte, aber auch rücksichtslos, namentlich gegen Österreich!"[269] Dieser fromme Wunsch geht in Erfüllung.

In seiner Proklamation „An mein Volk!", Charlottenburg, den 15. Mai 1849, erklärt König Friedrich Wilhelm IV.: „Preußen ist dazu berufen, in so schwerer Zeit Deutschland gegen innere und äußere Feinde zu schirmen, und es muß und wird diese Pflicht erfüllen. Deshalb rufe ich schon jetzt Mein Volk in die Waffen. Es gilt, Ordnung und Gesetz herzustellen im eigenen Lande und in den übrigen deutschen Ländern, wo unsere Hülfe verlangt wird; es gilt, Deutschlands Einheit zu gründen, seine Freiheit zu schützen. ... dem Rufe des Königs wird die alte preußische Treue, wird der alte Ruhm der preußischen Waffen entsprechen." Der König unterzeichnet als „Friedrich Wilhelm, Graf v. Brandenburg"[270]. Der Graf von Brandenburg wird einen Mann finden, der sich bis zu seinem Tode als nichts anderes verstehen wird als ein Vasall seines brandenburg-preußischen Herrn: Bismarck.

„Die deutsche Frage": Das ist eine Denkschrift des Kronprinzen Wilhelm von Preußen, des späteren Kaisers Wilhelm I., Berlin, den 19. Mai 1850. „Beistimmend gelesen" von neun Männern seines Vertrauens. In ihrem Schlußteil stehen diese Sätze: „Sollte der Krieg zwischen Österreich und Preußen unvermeidlich sein und günstigenfalls beide Großmächte keine anderen Alliierten finden als die mit ihrem Interesse verbundenen deutschen Staaten, so ist die kritische Lage Preußens gegen-

über seinen an numerischem Gehalt überwiegenden Gegnern nicht zu verkennen ...
Dieser kritischen Lage ist nur der Stern Preußens gegenüberzustellen, seine tüchtige
Armee und sein Recht, während die öffentliche Meinung bald zu ungunsten Österreichs entscheiden wird. Vor allem aber bedenke Österreich, wie seine Lage sein wird,
wenn es in diesem Kampfe unterliegt!"[271]

Der Mann des Schicksals in Österreich vermochte nie Österreichs Lage nach
seinen Niederlagen in Deutschland, vor und nach Königgrätz, so zu bedenken,
wie es ihm da in Berlin der preußische Kronprinz vorstellt. Österreich hatte da nur
die Wahl einer Selbstbehauptung bis ins letzte — im Umbau des Staates zu einer
Föderation seiner Nationalitäten — oder eben Satellit zu werden, Satellit Berlins
und der ungarischen Magnaten in Budapest. Franz Joseph wählte diesen zweiten
Weg, der, wie sein Sohn Rudolf und wie französische, englische und russische Beobachter sahen, in den Abgrund führen mußte. Diesen zweiten Weg zeichnet er sich
selbst vor in seiner Antwort auf einen Brief, den im Dezember 1848 Friedrich Wilhelm IV. an den eben proklamierten Kaiser von Österreich schreibt: „Scheiden Sie
nicht aus Deutschland. In den deutschen Fragen müssen nach meiner heiligsten Überzeugung Österreich und Preußen Hand in Hand gehen." Franz Joseph antwortet:
„Österreich ist weit entfernt, an eine Trennung von Deutschland zu denken." An
die Adresse der Frankfurter Nationalversammlung gerichtet, fügt er hinzu: „Aber
Deutschlands eigenes Interesse gebietet, daß Österreich zu einem starken Ganzen
vereinigt bleibe, denn nur dann vermag es Deutschland im Süden wider einen
eroberungssüchtigen Nachbarn zum Schilde zu dienen und den hoffnungsreichen
Osten der deutschen Bildung, der deutschen Auswanderung zu eröffnen."[272] Als
Schild Deutschlands ging Österreich zugrunde: Als Schild eines neuen Deutschland,
das als ein künstlicher Staat 1871 bis 1918 aggressiv auftritt (trotz der späten Bemühungen Bismarcks, diese Aggressivität einzudämmen), wobei ihm eben Österreich als ein Instrument seiner Expansion auf dem Balkan dienen sollte. Franz
Joseph wollte dieses große Spiel nicht durchschauen: Er verstand sich als ein „deutscher Fürst", nicht als ein Österreicher.

Deutsche Österreicher ersehen 1849 das Heil im Schoße der Allmutter Germania, einige rufen nach einem deutschösterreichischen Heiland. Der deutschliberale
Giskra erklärt im Frankfurter Parlament: Soweit ist es gekommen, „daß Länder,
welche tausend Jahre bei Deutschland stehen ... nun bei der Einigung in Deutschland in Frage stehen, daß die Alpen, daß die Donau, die deutschen Berge, die
deutschen Ströme vielleicht auf lange Zeit nicht mehr zu Deutschland gehören, daß
acht Millionen der herrlichsten Söhne Germanias ... nicht an ihrer Mutter Busen
ruhen, daß sie von Deutschland ferngehalten, von Deutschland weggerissen werden ..."[273] Bauernfeld, alter Kämpfer gegen das „System Metternich" (er wird nach
1849 konservativ), ersehnt im selben Jahr 1849 große Männer, er wendet sich gegen
„die Tyrannei der mehreren": „Es gibt keine große Zeit ohne große Männer!" Falls
er „den großen Mann" noch sehen könnte, würde er jubeln: „Herr, nun laß Deinen
Knecht in Frieden fahren, denn meine Augen haben den Erlöser, den Messias — sie
haben den österreichisch-deutschen Heiland gesehen."[274] Deutsche Österreicher finden
zunächst einen deutschen Heiland in Bismarck, später einen österreichisch-deutschen
Heiland in Hitler.

7. Zwischen Franz Joseph und Bismarck

Der achtzehnjährige Kaiser Franz Joseph erhielt einen Ministerpräsidenten, der wahrscheinlich der genialste Staatsmann Österreichs im 19. Jahrhundert, ja bis zum Ende der Donaumonarchie war. Wie leidenschaftlich dieser Mann noch heute umstritten ist, zeigen folgende Beurteilungen: Robert A. Kann sieht ihn als einen „Staatsmann mit glänzendem, wenn auch nur vorübergehenden Erfolg. Auf lange Sicht gesehen, erwies er sich als brillanter Versager."[1] Edward Crankshaw sieht ihn als einen außerordentlichen Charakter[2]. Der württembergische Gesandte sah den eben neu bestellten Mann so: „Fürst Schwarzenberg ist ein kalter, nüchterner Verstand mit einem österreichischen Herzen; er ist nicht Teutomane, nicht Russophile; er weiß seinem Willen das Ziel zu stecken und mit Festigkeit umzugehen."[3]

Felix Schwarzenberg, Neffe des Feldmarschalls Fürst Karl Schwarzenberg, des Oberbefehlshabers der Alliierten Österreich, Rußland und Preußen gegen Napoleon, stammt aus einer immens reichen, in Böhmen, Bayern und in der Steiermark begüterten Familie. Das Geschlecht stammt aus dem Fränkischen, war in der Gegenreformation durch die Habsburger zu einer der mächtigsten neuböhmischen Familien geworden.

Schwarzenberg: „Ich habe viele Jahre im Ausland gelebt. Aber ich habe niemanden getroffen, der sich unter dem Begriff der deutschen Nation etwas vorstellen konnte."[4] Schwarzenberg ist überzeugt, daß der Adel nicht mehr zur Führung eines so komplizierten Staates wie Österreich tauge. „Unserer Aristokratie wirkliches Leben und die nötige Widerstandskraft zu geben, halte ich für unmöglich, weil dazu nicht nur honette Leute gehören, sondern es eine politisch gebildete, wohlorganisierte und mutige Klasse braucht, die uns gänzlich ermangelt. Ich kenne in der ganzen Monarchie nicht zwölf Männer unseres Standes, die unter den gegenwärtigen Zeitverhältnissen mit Nutzen in einem Oberhaus Platz finden könnten!"[5]

Schwarzenberg ermutigt den liberalen Innenminister Graf Franz Stadion (1806 bis 1853), liberale und demokratische Elemente in seinen Verfassungsentwurf einzubauen. Schwarzenberg will den Staat der Habsburger zum modernsten Staat Europas machen — nicht zuletzt, um mit dem nationalen Traum der „Schwarz-Rot-Goldenen", der rabiaten Gegner Österreichs in der Paulskirche und ihrem preußischen Hintergrund, wirklich konkurrieren zu können. Schwarzenberg will ein österreichisch geführtes Mitteleuropa, als einen Staat von siebzig Millionen. Er beruft zwei Männer, die man mit einigem Recht die bedeutendsten österreichischen Politiker der zweiten Jahrhunderthälfte nennen kann: den Schöpfer der modernen österreichischen Verwaltung und langjährigen Innen- und Justizminister Alexander Freiherrn von Bach und den noch genialeren Finanz- und Handelsminister Karl Ludwig Freiherrn von Bruck.

Bruck[6] war ein zugewanderter Kaufmann aus Elberfeld, Bach[7] stammt aus einer Advokatenfamilie Niederösterreichs, seine Großeltern waren noch Bauern gewesen. Bach hatte zu den Revolutionären gehört, die im März 1848 das Kanzleramt erstürmt und Metternich zum Rücktritt gezwungen hatten. Bach wandelt sich noch während dieses Revolutionsjahres, Schwarzenberg macht ihn gegen die schärfsten Proteste seiner hochadeligen Freunde zum Minister. Bach entmachtet die ungarischen Magnaten, emanzipiert das Kleinbauerntum, entzieht den Großgrundbesitzern die materielle und politische Basis. Die ungarischen Herren antworten mit unauslöschlichem Haß; sie werden sehr bald die Sieger über die „Bach-Husaren" sein, wie man seine Beamten in dem nach der niedergeschlagenen Rebellion 1848/49 besetzten Ungarn nennt. Bruck, zunächst Handels-, später auch zeitweise Finanzminister, wollte aus der Donaumonarchie ein einheitliches großes Wirtschaftsgebiet schaffen. Bruck wollte die Kleindeutschen und die Großdeutschen überspielen durch Bildung eines wirtschaftlichen Großraumes, der die Staaten des deutschen Bundes mit den habsburgischen Ländern verbinden sollte. Kaiser Franz Joseph, eine ebenso ängstliche wie kalte, auf alle begabten Köpfe — auch in seiner eigenen Familie — ständig eifersüchtige Natur, entläßt Bruck 1860 schimpflich, nach einem Wirtschaftsskandal, in den dieser persönlich gar nicht verwickelt war. Bruck durchschneidet sich die Halsadern.

Franz Joseph hätte sich — wie spätere Beispiele brüsker Entlassungen hochverdienter Staatsmänner bezeugen, die unendlich mehr Hirn und Herz besaßen als er — wahrscheinlich eines Tages auch des Fürsten Felix Schwarzenberg entledigt, um seinen eigenen Zickzackkurs, von Niederlage zu Niederlage standhaft marschierend, zu halten. Schwarzenberg stirbt, völlig erschöpft, plötzlich 1852, kurz nach seiner Rückkehr aus Olmütz, Franz Joseph hatte ihn bereits schwer behindert und immer mehr engstirnigen Reaktionären sein Ohr geöffnet. Dem Innenminister Bach wurden — noch vor Schwarzenbergs Tod — die Polizeiagenda entzogen und einem engstirnigen Mann, dem Baron Kempen von Fichtenstamm übertragen. Dies mußte nicht zuletzt Schwarzenberg bei den ihn mißtrauisch beobachtenden Liberalen diskreditieren, die mit dem mährischen, jüdischen Journalisten Frankel ihre Spottlieder über ihn sangen.

Der mit Lob für österreichische Staatsmänner so sparsame Franz Grillparzer widmet dem Felix Schwarzenberg, der da mit zweiundfünfzig Jahren, verzehrt von den ständigen Kämpfen im Inneren und Äußeren, zur Freude seiner vielen Feinde so überraschend früh gestorben war, die Verse: „Ein Mann der Einsicht und der Tat / Der Tod, der ihn auf dem Schlachtfeld verschonte, / erreichte ihn am Ratstisch / Hier wie dort ein Held / für seinen Kaiser, für sein Vaterland / Seine Feinde mußten ihn loben, / Alle Guten haben ihn beweint / Österreich wird ihn nie vergessen."[8]

Das war nun der Weg nach Olmütz 1852: In der Paulskirche waren 115 Österreicher präsent. Die Mehrheit dieser Österreicher war für ein Großdeutschland, in dem Österreich so oder so — hier gingen die Meinungen, die politischen Glaubenshaltungen sehr auseinander — ganz oder eben mit seinen „deutschen Provinzen" einbezogen werden sollte. „Nur wenige Österreicher in Frankfurt, wie Viktor von Andrian-Werburg und Karl Möring, waren bereit gewesen, wenn notwendig, die Verbindung mit Deutschland einem starken, vollkommen unabhängigen Österreich zu opfern."[9] Die Wahl des Erzherzogs Johann zum Reichsverweser am 29. Juni 1848 bedeutete keine politische Entscheidung. Johann war eine Gallionsfigur für ein imaginäres Deutschland. Er war ein Edelmann ohne jede politische Begabung. Als nun die Nationalversammlung in Frankfurt Friedrich Wilhelm IV. zum deutschen Kaiser wählt, beruft Schwarzenberg die österreichische Delegation ab. Im Juni 1849, als die preußischen Abgeordneten ebenfalls abberufen worden waren, übersiedelt das Rumpfparlament nach Stuttgart, wo es durch eine Polizeiaktion der württembergischen Regierung aufgelöst wurde.

Schwarzenberg wußte, was Franz Joseph nicht wissen wollte, was Berlin sehr gut wußte: Die große Auseinandersetzung mit Preußen stand bevor. Friedrichs II. Pläne einer Zertrümmerung des so merkwürdigen Gebildes des Hauses Österreich sollten endlich ganz Wirklichkeit werden. So denken preußische Militärs und Männer um den Kronprinzen Wilhelm in Berlin[10]. Diese Entscheidung konnte nur auf dem Schlachtfeld fallen.

Schwarzenberg ist zur offenen Auseinandersetzung mit Preußen bereit. In einem Ultimatum verlangt er den Abzug der preußischen Truppen aus dem nördlichen Hessen. In der sogenannten Punktation von Olmütz vom 29. November 1850 gibt die preußische Regierung nach, da Rußland hinter Schwarzenberg und Franz Joseph steht. Nach langen, schweren Verhandlungen gibt die preußische Regierung ihre Einwilligung zur Wiedereinsetzung des Deutschen Bundes gemäß den Bestimmungen von 1815 im Wiener Kongreß und ihrer Ergänzung von 1820. Der alte Bundestag wird völlig wiederhergestellt.

Olmütz war alles eher als ein Sieg für Schwarzenberg, für Österreich. Das einzige, was er erreicht hatte, war ein Zeitgewinn. Eine gewisse Bremsung Preußens. Schwarzenberg hatte Zeit gewonnen, seinen großen Plan für Österreich weiterzuverfolgen. Schwarzenberg nach der Konferenz zu seinem preußischen Gegner: „Sie hatten gewünscht, wir hätten geraubt . . . ich auch." Bismarck ist immer ein Verteidiger des Olmützer Abkommens gewesen. 1873 vermerkt Ranke: Olmütz war „eine Rettung Preußens"[11]. Für die neuen Männer in Preußen und die Historiker des preußischen Deutschland-Mythos ist „die Schmach von Olmütz" eine „Katastrophe der preußischen Politik" (Heinrich von Sybel), eine Schande, die nur im Blut getilgt werden kann: im Blute Österreichs[12]. Das böse, immer wieder Schwarzenberg zugeschriebene Wort, er wolle Preußen „avilir pour demolir", demütigen, um es dann zu zerstören, stammt von Radowitz. Es ist der genaue Reflex des preußischen Wunsches, Österreich so lange zu demütigen, bis man es zerstören kann. Bismarck wird diese Maxime meisterhaft politisch in die Tat umsetzen. Am 2. November 1850 wird dieses ominöse Schwarzenberg-Wort bereits vom Prinzen von Preußen gebraucht. Schon Beust bestritt die Urheberschaft Schwarzenbergs an diesem „geflügelten Wort". Srbik dazu: „Ich vermute, daß die Wochenblattpartei, die ja auch geflissentlich im Prinzen von Preußen und im Leserkreis ihres Organs die Erinnerung an die ‚Schmach von Olmütz' wachhielt und aufreizend benützte, das Wort auf Schwarzenberg übertrug." „Das Olmützer Abkommen ist ein Ausgleich Österreichs mit Preußen ohne Sieger und Besiegte."[13] Preußen konnte sehr bedeutende Zugeständnisse Österreichs in Olmütz für sich buchen. Das bekennen konservative Preußen wie Edwin von Manteuffel und anfangs auch noch der Prinz von Preußen (der spätere

Prinzregent und König-Kaiser), die Österreichs versöhnliche Haltung anerkennen: Österreich habe „nicht gering anzuschlagende Konzessionen" gemacht. Erst unter dem Einfluß seiner Gattin Augusta entsteht im Prinzen von Preußen diese böse Sicht der „Schmach von Olmütz".

Von nun an wird dieser preußische Mythos immer geschichtsmächtiger. Olmütz sei die schmerzlichste Demütigung, „die Preußen je erlebt hat" (A. Bergengrün). Kraft von Hohenlohe-Ingelfingen berichtet, daß nach Olmütz „viele (preußische!) Offiziere geradezu für die österreichische Armee schwärmten und von einem ewigen unzertrennlichen Bündnis zwischen Preußen und Österreich träumten"[14]. Im Prinzen von Preußen aber wächst bis 1866 immer mehr diese Überzeugung, Preußen sei durch Schwarzenberg unverschämt gedemütigt worden, dieser Mann wolle Preußen auf seine Machtstellung vor dem Siebenjährigen Krieg zurückdrängen[15]. Das ist eine politische Dokumentation ersten Ranges. In diesen Preußen arbeitet die Geschichte, die Vergangenheit (wie sie in allen Völkern arbeitet), ein — christlich ausgedrückt — „schlechtes Gewissen" (calvinistische und lutherische Gewissensbildung war ja diesen Preußen nicht gänzlich abhanden gekommen). Tiefenpsychologisch wirkte ein verdrängtes Wissen, daß es mit Friedrichs II. Invasionen, Vertragsbrüchen, Überfällen, Raubzügen (so gerade in Sachsen und Schlesien) doch nicht ganz geheuer bestellt war.

Ein später Ausdruck preußischer Gewissensbildung sei hier erwähnt: 1953 schreibt der fünfundachtzigjährige Friedrich Wilhelm Foerster, ein großer und vielverfolgter deutscher Patriot, der in Wien bei Kaiser Karl nur kurz Aufnahme gefunden hatte, in New York über sein Leben[16]. Dieser große deutsche Pädagoge, mütterlicherseits mit dem ersten Moltke, dem Feldherrn von Königgrätz und von 1870/71 verwandt, erinnert sich, was er 1895 in der von ihm herausgegebenen „Ethischen Kultur" geschrieben hatte: „Sie, Wilhelm II., führen das deutsche Volk in den Krieg, Sie, Wilhelm II., König von Preußen, verbreiten das Gift des Preußentums über Europa." Der Preuße Foerster erinnert nun an ein Erlebnis von 1918: „Es sei mir gestattet, ... ein lehrreiches Bekenntnis des verstorbenen Prinzen Albrecht von Preußen zu zitieren, das dieser Prinz, der wegen seines gänzlich unabhängigen Urteils als enfant terrible im Hohenzollern-Kreise galt, am Ende des Ersten Weltkrieges gegenüber meinem Freunde, dem Afrikaforscher Leo Frobenius gemacht hat, der es mir kurz nachher persönlich berichtete. Prinz Albrecht sagte damals: ‚Hören Sie gut zu, mein lieber Frobenius! Sie werden sich eines Tages an das erinnern, was ich hier sage: Preußen ist zu Ende. Da ist nichts zu machen. Das ist ein Völkerschicksal. Wir haben Jahrhunderte hindurch die Slawen in den Boden getrampelt. Jetzt stehen sie wieder auf. Der Tag der Slawen kommt herauf. Öffnen Sie die Augen, mein lieber Frobenius. Ich wiederhole: Der Tag der Slawen kommt. Das ist unser Schicksal, das wir reichlich verdient haben. Es gibt eine Gerechtigkeit, auch im Völkerleben, und die Gerechtigkeit ist stärker als die deutsche Propaganda, die alle Dinge auf den Kopf stellen will'. Leo Frobenius war ein großer Patriot, und es kostete ihn viel Überwindung, mir dies zu erzählen. Aber er mußte es, weil ihm diese Geschichte unablässig im Kopfe herumging."[17]

Franz Joseph hätte bereits 1848 Gelegenheit gehabt, sich von der Heraufkunft des Tages der Slawen in Prag zu überzeugen. Franz Joseph hätte beim Lesen der

Briefe der Maria Theresia Gelegenheit gehabt, sich vom Vernichtungswillen seines preußischen Gegners zu überzeugen. Franz Joseph kannte nicht — was verzeihlich ist — die Äußerungen des Freiherrn vom Stein über die ihm gegenüberstehende preußische Herrenkaste: „Ein übermütiges Geschlecht, in dem ein längst erloschenes, vorsintflutliches Tier noch weiterlebt!"[18] Franz Joseph „übersah", verdrängte die Erfahrungen, die Metternich und Gentz auf dem Wiener Kongreß mit ihren preußischen Gegnern gemacht hatten. Also schreibt der blutjunge Franz Joseph einen sehr „lieben" Brief an König Friedrich Wilhelm, er solle nicht glauben, „als umgäbe ihn eine den Krieg wollende preußenfeindliche Partei"[19] ... Der sächsische Staatsmann Beust, der dann in Österreich nach Königgrätz eine so verhängnisvolle Rolle spielen sollte, bemerkt in seinen „Erinnerungen": „Der Weg von Olmütz führt nach Königgrätz. Österreich-Bayern-Sachsen hätten sich schlagen müssen, sie sind in Olmütz unterlegen."

Nach dem Tode des Fürsten Felix Schwarzenberg übernimmt der zweiundzwanzigjährige Franz Joseph selbst die Führung der Regierung, der blutjunge Mann erklärt am 14. April 1852 im Ministerrat, daß er keinen neuen Ministerpräsidenten mehr ernenne. Der Form nach wird ein neuer Außenminister bestellt, der ganz unfähige Graf Ferdinand Karl Buol-Schauenstein. Der ganz unerfahrene Kaiser ist von einem ungeheuerlichen Selbstbewußtsein erfüllt. Er will allein regieren. Der „Unfug" der Presse erscheint ihm wie eine persönliche Beleidigung.

Franz Joseph trägt die persönliche Verantwortung für Österreichs Weg nach Königgrätz, 1866, und für die Politik nach Königgrätz, die direkt auf 1914 zuführt[20].

Ihm tritt ein Gegner gegenüber, der ihm schier unendlich überlegen ist: Bismarck. Für Bismarck war „deutscher Patriotismus" in Frankfurt ein „räudiger Hermelin". Bismarck kämpft in Frankfurt mit „unritterlichen Waffen, Lügen, Finten, bösen Unterstellungen. Leidenschaftlich gerne entstellt er das Bild des Gegners, den er zum Schurken, Verbrecher, Elenden stempelt." Oft wendet er „das Mittel des bluffartigen Drohens" mit Preußens Austritt aus dem Bund an. Bismarck spricht offen vom „guten Krieg gegen Österreich, um es aus Deutschland hinaus zu schaffen". Er ist für ein Bündnis mit Frankreich und Rußland, er will, wie er wiederholt, nicht seine preußische Politik „mit dem räudigen Hermelin des deutschen Patriotismus aufputzen"[21].

Bösartig stellt er Österreichs Vertreter in Frankfurt, Anton Prokesch von Osten, als Intriganten, als niedrigen Streber, als Lügner dar. „Die unermeßliche Fülle von Talenten, die diesen Poeten und Geschichtschreiber, der Goethes Sympathien gewonnen hatte, ... auszeichneten, blieben ohne Wirkung auf den Gegner."[22] Prokesch war in vielem Wilhelm von Humboldt vergleichbar — der vor der Hybris seiner preußischen „Genossen" gewarnt hatte. Prokesch war 1844—1853 Gesandter in Berlin, dann am Bundestag in Frankfurt. Prokesch meint (wieder in Übereinstimmung mit Humboldt): Preußen ist „zu jung, um bedächtig zu sein", es „besitzt zu viel, um nicht mehr zu wollen"[23].

Als der Krimkrieg zwischen Rußland einerseits und der Türkei, Frankreich und England andererseits ausbricht, versteht es Franz Joseph mit seiner Kreatur Buol meisterhaft, vorbildlich Österreich für die Zeit bis 1914 zu isolieren und es sich mit allen zu verderben. Die abwartende Haltung Österreichs war zuvor bereits von Zar Nikolaus I. als „Perfidie ohnegleichen" bezeichnet worden, denn in der Überzeugung des Zaren und vieler Russen hatte die russische Armee den Staat Franz Josephs durch den Einmarsch in Ungarn gerettet. Nun befahl Franz Joseph die allgemeine Mobilmachung, zwang dadurch Rußland, Streitkräfte an der österreichisch-russischen Grenze zu zentrieren, die es auf der Krim dringend gebraucht hätte. Franz Joseph schloß überdies am 2. Dezember 1854 ein Bündnis mit Frankreich und England, jedoch ohne an Rußland den Krieg zu erklären, was wieder England und Frankreich erbitterte. Franz Joseph glaubt 1854 immer noch an ein Bündnis mit Preußen (gegen Rußland). „In schwerem Irrtum meinte Franz Joseph, auch jetzt noch ‚echt österreichische und deutsche Politik' zu treiben" (Briefe an seine Mutter). Srbik dazu: „Es gibt keinen größeren Fehler des Politikers als die Illusion."[24] Buol lebte in dem Traum, daß ganz Deutschland sich wie ein Mann erheben würde an dem Tage, „an welchem ein österreichisches Dorf vom Feind besetzt werden würde". Preußen hatte sich längst zur „Realpolitik" entschlossen: Diese zielte auf die Ausschaltung, wenn nicht bereits auch Zerschlagung Österreichs. Das Schlagwort „Realpolitik", das wenig später so oft ein Deckwort für eine phantastische Politik aggressiver „deutscher" Nationalisten werden sollte, wurde übrigens damals von A. L. von Rochau in seinen „Grundsätzen der Realpolitik", angewendet auf die staatlichen Zustände Deutschlands, geprägt: Es wirkte sehr auf den jungen Treitschke. Rochau selbst verstand es genau als das Gegenteil: nämlich als den Primat des sittlich Tätigen vor dem nur beschaulichen Menschen[25].

Franz Joseph, als ein Mensch, dem alle geistigen Interessen und Probleme zutiefst fremd waren, was in seiner eigenen Familie bereits das Entsetzen des Bruders Maximilian, der Gattin Elisabeth und des Sohnes Rudolf erweckte, verstand nicht, nie in seinem ganzen Leben, daß die Behauptung Österreichs in diesem 19. Jahrhundert nur in einem Kampf der Geister, in einem Geisteskampf aller Größenordnungen möglich war. Die schier totale geistige Nichtaufrüstung, die Nichtbildung österreichischen Bewußtseins an Universität und Schule und in der öffentlichen Meinung, die bis heute das Erstaunen und die Betroffenheit von Historikern erweckt, entspricht genau der Person dieses geistfremden Mannes.

Inzwischen hatte auf der gegnerischen Seite die große geistige Aufrüstung längst begonnen. Sie war ja bereits 1848 in Frankfurt schreiend laut hörbar geworden, klang den Österreichern in den Ohren. Im Blick auf Preußens „Sich beugen vor Österreich" im „mährischen" Olmütz (in einer Slawenstadt, was als besonders schändlich erschien) predigte nun Droysen den evangelischen, den „liberalen" Freunden Preußens in allen deutschen Landen: „Eine zweihundertjährige Geschichte ward Lügen gestraft, das geistige Leben der Nation bis zur Reformation hinauf verleugnet[26] (Ich kommentiere: Welche Ängste in den Tiefenschichten dieser künstlichen Menschen, dieser Neupreußen, werden hier angesprochen!), der rettende Gedanke Deutschlands, in dem Preußen seine Stärke und seinen Beruf hat, totgesprochen". In Österreich ist „nichts als Spitzbüberei und gespreizte Schwäche, freilich mit der göttlichen Unverschämtheit gepaart — eine alte Firma". Das ist die Sprache des homo novus, des Neudeutschen. Sie wird sehr bald von den Vorläufern Schönerers in Österreich aufgenommen. Hundert Jahre später bemerkt dazu der

Heros der „gesamtdeutschen" Geschichtschau, Srbik: „Diese Geschichtsschreibung der Droysen und Sybel etc. war eine politische Macht von unermeßlichem Werte. ... Die politisierte Geschichte rückte in der Tat, wie Heinrich von Sybel an Waitz schrieb, in der öffentlichen Meinung und als Ferment der allgemeinen Bildung mit jedem Jahr mehr an die Stelle ein, welche vor 20 Jahren die Philosophie einnahm."[27] Franz Joseph hielt nichts von der „öffentlichen Meinung", von der „Philosophie", von der Deutung der Geschichte, von einem Geistesleben.

Die „Preußischen Jahrbücher" kämpfen, vorzüglich redigiert, vielleicht die beste historisch-politische Zeitschrift, die es je in Deutschland gab (eine gewisse Fortsetzung bildet dann die „HZ", die „Historische Zeitschrift") liberalnational für Großpreußens Führung Deutschlands. Rudolf Hayms „klassischer deutscher Liberalismus" verkündet hier: Preußen ist die Verkörperung des protestantischen Geistes, des Geistes der Freiheit und des Fortschritts, Österreich ist der Vertreter des „niederdrückenden und obskurantischen Systems"[28]. Und hier wieder dies: die Erinnerung der „Schmach von Olmütz". Haym und Genossen wollen „mit den Waffen der Wissenschaftlichkeit" kämpfen. Hier arbeiten Friedrich Bernhardi, Treitschke und Anton Springer mit, der „halbtschechischer Abstammung, als Katholik geboren, sich zum Preußen und Reindeutschen, zum protestantischen Preußen geistig gewandelt hatte". Er hatte sich, vorbildlich für viele Deutschösterreicher von 1867 bis 1938, vom slawischen Blut und vom römischen Bazillus selbst gereinigt. Um ihm selbst das Wort zu geben, in seinem stolzen Bekenntnis: „Als Österreicher bin ich geboren, als guter Deutscher beschließe ich mein Leben; als Katholik bin ich getauft, als ehrlicher Protestant, wenn auch nicht als rechtgläubiger evangelischer Christ, sterbe ich (Ich kommentiere, diese Worte bezeugen für Springer und viele andere dieser neuen Konvertiten: sie wurden aus politischen Motiven „evangelisch", um „gute Deutsche" zu werden); eine slawische Mundart war meine Muttersprache, in der Geschichte der deutschen Wissenschaft hoffe ich ein kleines Plätzchen mir erobert zu haben. Ein dreifacher Renegat also, der Religion, Sprache und Nationalität gewechselt hat, werden meine Feinde sagen." Er sagt es sich selbst, im ersten Teil seiner Erinnerungen „Aus meinem Leben"[29]. In diesen Männern arbeitet vielfach, untergründig, lebenslang ihre österreichische Vergangenheit, was ihre zunehmende Aggressivität gegen das alte Vaterland und Mutterland, gegen die „alte Religion" noch verstärkt.

„Der österreichische Präsidialgesandte Graf Rechberg hatte wirklich allen Grund, seine Regierung vor der gewaltigen Gefahr zu warnen, die Österreich aus dieser wissenschaftlichen und publizistischen Front erwuchs."[30] Rechberg, 1854—1864 österreichischer Außenminister — er ging Bismarck auf den Leim — betont als österreichischer Gesandter in Frankfurt 1858 in einem ausführlichen Bericht an den Ballhausplatz, „daß in unserer Zeit die Lehrstühle der Geschichte in Deutschland mit Männern besetzt werden, die, mit geringen Ausnahmen, der liberalen kleindeutschen, der Berliner Schule angehören". Das ist für Österreich höchst gefährlich, „wenn nicht solch einseitiger Darstellung der Geschichte, um nicht zu sagen, ihrer Verfälschung, bei Zeiten ernstlich begegnet wird". Georg Franz dazu: „Trotz dieser Erkenntnis geschah nichts, um der kleindeutschen Propaganda wirkungsvoll entgegenzutreten. Nachlässigkeit und Hochmut erklären diese fast lethargische Haltung nur teilweise."[31] Wir werden sehen, wie in der mit vielem Recht hochberühmten Thunschen Universitätsreform in Österreich vielfach der Bock zum Gärtner gemacht und für ein Jahrhundert (bis 1945) die Bildung einer österreichischen Geschichtschreibung schwer behindert, die Bildung eines Österreich-Bewußtseins unterbunden wird.

Für jene Jahre gilt zunächst: „Die gesamtösterreichische Vergangenheit hatte seit Hormayr keinen Historiker gefunden." Joseph Alexander von Helfert fordert 1853 eine national-österreichische Geschichte Österreichs[32]. Der junge Deutschmährer Ottokar Lorenz lebte damals noch in der österreichischen Tradition. Er wird zu den bedeutendsten „Prominenten" gehören, die in Absage an Österreich nach Preußen-Deutschland gehen.

Nun begibt sich folgendes Schauspiel, das sich bis 1937 in verschiedenen Akten entwickelt. Es sind Deutsche, nicht selten Norddeutsche, auch evangelische, aber vorzüglich katholische Deutsche, die Österreichs Panier in Deutschland entfalten und die in Wien dann selbst für Österreichs Selbstbehauptung kämpfen — unbeachtet, ja gemieden von Franz Joseph, scheu gemieden noch von Kurt Schuschnigg. Für Österreich plädieren damals in deutschen Landen Gelehrte und Publizisten, wie der große Döllinger in München, ein Gfrörer, dann ein Onno Klopp, und zunächst der große Gelehrte Johann Friedrich Böhmer, ein evangelischer Frankfurter, der Preußen als den Pfahl im deutschen Fleisch sieht. Der größte publizistische Verteidiger Österreichs ist doch wohl Konstantin Frantz (er wird erst nach dem Zweiten Weltkrieg so richtig „wiederentdeckt"), ein Preuße aus dem Halberstädtischen, ein ebenbürtiger Gegner der Gothaer, der Droysen, Duncker, Haym, der Männer der „Preußischen Jahrbücher"[33].

In diesem Kampf treten sich die beiden Deutschland in Deutschland gegenüber[34]: das evangelische und das katholische Deutschland. Erst viel später tritt wieder das katholische Österreich dem deutsch-evangelischen Österreich gegenüber. Da stehen gegeneinander die „Kreuzzeitung" in Berlin und die „Historisch-politischen Blätter" in München, die von Joseph Görres geschaffen worden waren und gegen „die parteiisch-protestantische Geschichtschreibung" kämpfen. Nach dem Tode von Guido Görres, des Sohnes und Nachfolgers seines Vaters, übernimmt 1852 Edmund Jörg die Führung. Seine „Gelben Blätter" (dann als „Historisch-politische Blätter" firmierend) sehen in Preußen den Staat, der „für Deutschland immer nur einen Magen, nie ein Herz gehabt hat und nie deutsch war, nie deutsch ist und nicht deutsch sein wird, es sei denn, daß er einst Deutschland wird verschlingen können"[35]. Jörg tritt 1854 für einen Bund Österreich-Frankreich gegen England-Rußland-Preußen ein. Gegen die Borussifizierung Deutschlands kämpft die Kölner „Volkshalle" (später „Deutsche Volkshalle"). Das Blatt wird 1855 von Preußen verboten. Ebenso das „Deutsche Volksblatt", Stuttgart. An die Stelle der 1855 verbotenen „Deutschen Volkshalle" tritt das Frankfurter Blatt „Deutschland" (1855—1858). Es wird 1857 in den preußisch beherrschten Landen verboten. Ein Jahr zuvor traf dieses Verbot bereits die „Historisch-politischen Blätter"[36].

Die Vorentscheidung für 1866 fällt 1859; Franz Joseph, kein Soldat, fühlte sich zum Feldherrn berufen. Er liebt die Uniform und ahmt, ohne es zu wissen,

Friedrich II. nach. Als sein eigener Feldherr unterliegt er den Truppen König Viktor Emanuels II. und Kaiser Napoleons bei Magenta, dann entscheidend am 24. Juni 1859 bei Solferino. Die Nichtausrüstung der österreichischen Truppen und ihre schlechte Führung grenzen ans Verbrecherische[37]. Vorspiel zu Solferino: Der immer noch unerfahrene Franz Joseph hatte sich durch die reaktionäre Kamarilla um ihn bewegen lassen, Schritt für Schritt zu einem Absolutismus alter Schule zurückzukehren, hatte seine Regierung immer mehr den bürgerlichen Kräften entfremdet, die Schwarzenberg für sein großösterreichisches Mitteleuropaprojekt gewinnen wollte. Franz Joseph verstand nichts von dem „erwachenden Italien", zu dessen Vorkämpfer der sardinische Staatsmann Cavour, der „italienische Bismarck", geworden war. Franz Joseph, der einem Kirchenglauben ohne jede Spiritualität, ohne jede Geistigkeit verbunden war, glaubte zudem, das Papsttum, konkret den korrupten Kirchenstaat, auf den wache, gebildete Katholiken in ganz Europa (von Döllinger in München bis Lord Acton in London[38]) mit Abscheu und Entsetzen blickten, gegen den Marsch der erwachenden Italiener auf Rom verteidigen zu müssen.

Der Friede von Villafranca-Zürich beendet die österreichische Herrschaft in der Lombardei. Am Vorabend dieses Krieges hatte sich Franz Joseph deutsche Bundeshilfe für seinen Krieg in Italien erhofft. Tatsächlich gab es deutsche Stimmen für eine Teilnahme Preußens an Österreichs Seite im italienischen Krieg. Ferdinand Lassalle, der fatale Gründer der deutschen sozialistischen Partei (1863 als „Allgemeiner Arbeiterverein"), wütet im Mai 1859, in seiner Schrift „Der italienische Krieg und die Aufgabe Preußens" gegen Österreich. Lassalle tritt für Italien als Kulturvolk gegen Österreich als einer aller Kultur feindlichen, reaktionären Macht ein. Österreich muß zerfetzt, zerstückelt, vernichtet, zermalmt werden! Der Rest wird als deutsche Provinz mit 12,900.000 Einwohnern mit dem Muttervolk Deutschland vereinigt. Lassalle fordert den Einmarsch Preußens in Österreich[39]. Friedrich Engels und Karl Marx treten für einen Krieg Preußens an Österreichs Seite ein; gegen Frankreich und Rußland ist auf dem italienischen Kriegsschauplatz zu kämpfen. Karl Marx hat den pangermanistischen preußisch-aggressiven Grundzug in Lassalle früh ersehen. Marx: „Der Kerl arbeitet rein im Dienst von Bismarck."[40] Marx und seine Zeitgenossen konnten nicht wissen, daß sich Lassalle wenig später immer wieder mit Bismarck persönlich trifft: ein erstes Mal wahrscheinlich im Spätherbst 1863.

Als Blatt des liberalen Berliner Bürgertums kämpft die „Vossische Zeitung" gegen das „absolutistische, von Pfaffen beherrschte Österreich"[41]. In diesem Jahre 1859 betritt mit den Schiller-Feiern von Studenten und Schülern offen der neudeutsche Nationalismus in allerbreitester Öffentlichkeit österreichischen Boden, nachdem deutsche Burschenschafter aus München in den Jahren zuvor bei einer Mozart-Feier in Salzburg bereits diese Propaganda entfaltet hatten. Die Jahrhundertfeier eines der freiesten deutschen Geister, Friedrich Schillers, wurde zu einer Demonstration eines neudeutschen Nationalismus, dessen erstes „Erwachen" Schiller mit Abscheu von sich gewiesen hatte[42]. Franz Joseph läßt sich bejubeln. Die „Allgemeine Zeitung" (Augsburg) vom 16. November 1859 schreibt: „Nie ist dem Kaiser von Österreich ein begeisterterer Toast ausgebracht worden als durch den Stu-

diosus juris Richter bei der gestrigen Schillerfeier des Akademischen Gesangver-
eins!" Es wird nur einige Jahre dauern, bis die „nationalen" Studentenschaften
Österreichs dezidiert ablehnen, bei einer Feier zu Ehren des Kaisers auch nur formal teilzunehmen.

Franz Joseph steht in diesem Jahr 1859 auf den Ruinen seines zehnjährigen abso-
lutistischen Regimes. Ein Jahr später sind die letzten Reste des Schwarzenbergi-
schen Programms verschwunden. Bach gibt seinen Rücktritt. „Noch fünf oder sechs
Jahre hätte ich gebraucht, um meinen Enderfolg zu erringen. Meine Verwaltungs-
reform hatte erst die Voraussetzungen für eine wirkliche parlamentarische Zukunft
geschaffen."[43] Das sagt der in verbitterter Zurückgezogenheit lebende Bach viele
Jahre später zu dem Publizisten Schütz. Der verlorene Krieg hatte 1859 zu finanziellen Zusammenbrüchen und Korruptionsskandalen geführt. In einem dieser
Fälle war der Handelsminister Bruck der indirekten Mitschuld verdächtigt worden. Franz Joseph tut nichts, um ihn zu rehabilitieren. Bruck nimmt sich wegen
der „Ungnade des Monarchen" das Leben. Hämische Nachrufe auf diesen großen
Österreicher erscheinen in der „kaisertreuen" Presse[44]. Wenn das vielzitierte Wort
„Dank (also: Undank) vom Hause Habsburg" geschichtsmächtigen Sinn hat, dann
gilt dies für die Herrschaft des Kaisers Franz Joseph.

Die fatale Bedeutung der Schiller-Feiern wird von Franz Grillparzer durchschaut. Er lehnt sie ab als Feier der „Kraft- und Machtstellung Deutschlands"[45].
Am 5. März 1905 lehnt Hugo von Hofmannsthal in einem Brief an den „lieben
Professor Bie" (Oscar Bie) sehr höflich ab, für die „Rundschau" des Fischer-
Verlages einen Schiller-Gedächtnisaufsatz zu schreiben. „1859 war es mit alle-
dem anders. Man sagte ‚Schiller' und meinte Deutschland. Heute haben wir Deutschland (sozusagen haben wir es wenigstens). Also auch zu politischer Begeisterung
kein Anlaß. Überhaupt ein Moment, der so gar nicht zum Festefeiern ist. . . . Überlassen wir es Wilhelm II., Feste zu feiern. Also nein, nein und nein!"[46] Das ist eine
Sprache, die man bei dem stillen, immer höflichen Hofmannsthal nicht erwartet. Er
wußte demnach, woher die tödliche Vergiftung Deutschlands und Österreichs kam!

Zunächst geht ab 1859 in den deutschen Landen der Kampf um Österreich weiter.
Österreich wird als Schutzmacht des deutschen Katholizismus im Deutschen Bund
berufen — nach Villafranca! Ein katholisches Großdeutschtum kämpft gegen den „Na-
tionalitätenschwindel" in Deutschland, auch um ein protestantisch geführtes borussi-
sches Reich zu verhindern. So Ludwig Windthorst, der spätere große Gegner Bismarcks
im Reichstag, so Franz Joseph Buss in Baden, der Schöpfer einer katholischen Volksbewegung, so Ernst von Lasaulx[47], in vielen Bezügen in München der Vorläufer
von Spenglers „Untergang des Abendlandes", und Jörg.

„Aber die wirksamste Waffe wurde die Geschichte doch nicht in der Hand der
Geschichtsschreiber, sondern der Publizisten". Eine schier unermeßliche Wirkung
erzielte Gustav Freytag, der Schlesier, der sich als Preuße versteht, durch seine „Bilder
aus der deutschen Vergangenheit" (1859—1862). Ich habe ihre breite Wirkung in
Wiener Bürgerhäusern der zwanziger und dreißiger Jahre noch miterlebt. Freytag
sagt: Deutsch ist bürgerlich, protestantisch und preußisch. „Das Haus Habsburg ist
undeutsch, es gibt nur zwei Parteien in Deutschland: Protestanten und Altgläubige,
Lebendige und Tote, Preußen und Österreicher, Gott und den Teufel. Österreich lei-

det an marasmus senilis, in seinem unvermeidlichen Zusammenbruch wird sich Gottes Strafgericht vollziehen" (Gustav Freytag im Briefwechsel mit Herzog Ernst von Coburg)[48]! Das ist der alte böhmische und preußische Glaube an den gottesnotwendigen Untergang Österreichs!

Und nochmals zu den Schiller-Feiern von 1859. Sie werden uns bis in die Zweite Republik Österreich als „großdeutsche" Demonstrationen begleiten. Ein letztes Mal haben sich hier Großdeutsche und Kleindeutsche, Demokraten und Konservative, Preußen und Österreicher „vereinigt", so schien es, in dieser Fülle von Festen, Feiern, Banketten, Fackelzügen, Reden, Kommersen, Gründung von Schiller-Vereinen. Groteskerweise stießen diese Feiern nicht in Österreich auf den Argwohn der staatlichen Behörden, sondern in Berlin und anderen Städten Preußens und in seiner schwäbischen Heimat. Dort ahnte man vielleicht doch, daß der freie Geist Schillers nichts zu tun hatte mit dem preußischen Korporalstock, den die deutschen Burschenschafter beim Wartburgfest 1817 mitverbrannt hatten. Der einzige Träger des Namens Schiller, sein Enkel, diente als Rittmeister in Österreichs Heer[49].

Am 22. September 1862 tritt Bismarck in Babelsberg seinem König gegenüber. Am Abend ist er preußischer Staatsminister und Vorsitzender des Ministeriums, vierzehn Tage später Ministerpräsident und Minister des Äußeren. „Die Schar seiner verläßlichen Freunde war verschwindend klein, die seiner erklärten Feinde unermeßlich": in Berlin, in Preußen. „Ein höllischer Kerl ist er, aber wo will er hinaus?" meint 1860 in Petersburg der preußische Diplomat Schlözer über seinen Vorgesetzten Bismarck. „Nicht einmal der König vertraute ihm voll. Daß er ihn jetzt berufen hatte, war für ihn nichts als ein Akt düsterer Pflichterfüllung."[50]

Während Franz Joseph *alle* hochbegabten Staatsmänner entläßt, sobald sie bedeutende Erfolge haben, hält der König, dann Kaiser in Berlin, an Bismarck fest; erst Bismarcks Kreatur, die er selbst geschaffen hat, Wilhelm II., entläßt ihn, nicht zuletzt aus Eifersucht. Bismarck setzt sich zunächst in Preußen durch. Dieselben Mittel wird er später in seinem Reich anwenden: rücksichtslos, brutal, durch Beschlagnahme, Verbote, Presseprozesse gegen gegnerische Zeitungen, durch Versetzung von Beamten und Richtern, mit allen Mitteln terrorisiert er Preußen. Max Duncker nennt ihn einen Spieler, der die Existenz Preußens und der Dynastie ohne Bedenken einsetzt. „Mit Peitsche und Rute" (Srbik) züchtigt er die Opposition[51]. Immer wieder warnt er vor den „Österreichereien" der Deutschen und selbst von Preußen, die dem falschen Charme des „slavisch-romanischen Mischlingsstaats an der Donau" erliegen[52]. Bismarck ist Nur-Preuße[53]. „Großdeutsche Volksgemeinschaft entsprach weder seiner Empfindungswelt, noch hat sie jemals sein politisches Handeln bestimmt." Oft sagt er: Er sei viel zu sehr Preuße, um in seinen Gefühlen einen Unterschied zwischen Spanien, Bayern oder Dänen zu machen (so zu dem dänischen Gesandten Bülow)! Zu dem Österreicher Thun sagt er am 4. Januar 1863, ihm sei ein Krieg gegen den König von Bayern gerade soviel wie gegen Frankreich[54]. Thun versteht richtig: Wie ein Krieg gegen den Kaiser von Österreich. Bismarck ist ein ungeheurer Hasser. Wir werden auf diesen Haß noch zurückkommen. Vernichtungswille beherrscht Bismarck. Er möchte „Österreich zertreten"[55].

Im September 1862 sagt Franz Joseph während des Deutschen Juristentages in Wien dem Präsidenten der Tagung, Geheimrat Wächter: „Ich bin vor allem

Österreicher, aber entschieden deutsch und wünsche den innigsten Anschluß Österreichs an Deutschland."[56] Am 10. Januar 1861 schreibt die „Ostdeutsche Post": „Wenn das so fort geht, wird der Namen Österreich als Kollektivname allenfalls noch von ein paar Gebirgsländern, die zwischen dem Brenner und dem Kahlenberg liegen, akzeptiert werden." Am 2. Dezember 1860 schreibt „Die Presse" in Wien unter dem Titel: „Die Deutschen in Österreich" über eine „liberal schillernde politische Doctrine" in Deutschland, deren Lehre es sei, „daß Deutschland nur auf den Trümmern Österreichs geeinigt werden könne"[57]. Die Kleindeutschen haben in ihrer „austrophoben Schablonenpolitik" für die Italiener und andere „angeblich unterdrückte" Nationalitäten Österreichs große Sympathien, für die österreichischen Deutschen aber „nur Accente der Geringschätzung". Diese „Accente der Geringschätzung" wollen die österreichischen Deutschgläubigen nicht wahrnehmen: vor 1866, nach 1866, 1914, 1918/20, auch nicht als Sozialdemokraten, die an das Heil aus Deutschland glauben.

Der völlige Zusammenbruch der Feldherrnkunst Franz Josephs und seiner Politik zwang ihn 1859, etwas von seinem Absolutismus abzurücken. Er braucht Männer, die für ihn Politik machen, die er eine „kleine Weile" agieren läßt, dann verwirft. Franz Joseph bezeugt dieses fatale System, das er bis zu seinem Ende praktiziert, bereits in dieser seiner Frühzeit. Er betraut also zunächst den föderalistischen polnischen Grafen Goluchowski, dann den als liberal geltenden Erzherzog Rainer mit der Bildung eines neuen Kabinetts, das allein auf seiner Gnade basiert. Im Kabinett Erzherzog Rainers erhält jedoch ein bürgerlicher Politiker, Anton Ritter von Schmerling, den Titel eines „leitenden Staatsministers".

Schmerling[58] war in Frankfurt Kabinettchef der ersten „gesamtdeutschen" Regierung gewesen, bis 1849, als Ministerpräsident der „Zentralgewalt". Ein großer Wissenschafter seiner Zeit, Suess (von dem hundert Jahre später Pierre Teilhard de Chardin seine Konzeption der „Noosphäre" dem Wort nach übernimmt) charakterisiert diesen Wiener Juristen so: „In dieser aufrechten Gestalt schien sich das Ansehen von ganz Österreich inmitten der Versammlung der Paulskirche mächtig emporzuheben. Es müsse doch ein gesunder Volksstamm sein, der solche Mannhaftigkeit erzeugt." Diese letzte Bemerkung zielt gegen die zahlreichen in Frankfurt vorgetragenen Beschuldigungen, diese Österreicher seien ein dekadentes Mischvolk.

Schmerling zog sich angewidert aus Frankfurt zurück. Er hatte jedoch spätestens dort erfahren, wie lebenswichtig es für Österreich war, sein Image (wie wir heute sagen würden) in den deutschen Landen zu behaupten. Er wußte auch, wie wenig sich die allermeisten Österreicher eigneten, Österreichs Sache in der Welt und vor allem in Deutschland zu vertreten. Deutscher Wahn, deutsche Präpotenz in Gestalt der Preußen-Gläubigen damals, konnte — so zeigte es sich bis 1937 — fast nur durch Deutsche selbst entlarvt werden, die ihre Volksgenossen kannten. Schmerling gewinnt Julius Fröbel, der 1863 aus Amerika zurückkam, für sich. Fröbel[59], ein Linker in der Paulskirche, war 1848 mit Robert Blum in Wien zum Tode verurteilt, jedoch begnadigt worden, da er sich (zuvor) in einer Schrift für Österreich eingesetzt hatte. Schmerling bestellt Fröbel zum „Ersten Publizisten und Berater in deutschen Angelegenheiten" — einen Protestanten und „Freigeist". Rund um den Ballhausplatz, ja in ihm, fanden sich nun noch andere Deutsche, die für Österreich politisch kämpften — bis zum Zusammenbruch von 1866, ja über ihn hinaus. Da steht der Hesse Freiherr von Biegeleben, der mit seinen Landsleuten Baron Meysenbug und Max von Gagern eine betont katholische Gruppe verkörperte, die sich nun mit Demokraten verbündete. Eine bedeutende Rolle in diesem Kreis spielt der holsteinische Freiherr von Blome, ein Konvertit zum Katholizismus[60].

Diese Deutschen, die da in Wien und von Wien aus für Österreich kämpften, wurden nach 1866 von den siegreichen Deutschliberalen als eine reaktionäre Clique abgewertet. Eine ihrer Bedeutung entsprechende Würdigung haben sie bis heute nicht erfahren, obwohl Srbik sich eine gewisse Anerkennung abringt. Biegeleben war geborener Katholik, Meysenbug und Gagern sind Konvertiten aus ehrlicher Überzeugung. „Sie wollten österreichischer sein als die Österreicher, wie denn Meysenbug über die Wiener klagte und meinte, die aus der Fremde Berufenen seien die wahren Vertreter österreichischer Größe, doch hätten sie sich niemals in Wien ganz heimisch gefühlt, selbst Metternich nicht."[61] Otto Rivalier von Meysenbug stammt aus einer französischen Hugenottenfamilie, die sich in Kurhessen niedergelassen hatte, Max von Gagern war Nassauer, stand zunächst im diplomatischen Dienst der Niederlande etc., erhielt das Pressereferat des Wiener Außenministeriums, wurde 1862 wirklicher Hof- und Ministerialrat. Bismarck beobachtet diese Deutschen in Wien sehr genau, am bösartigsten ist er gegen Biegeleben, den er als „Jesuit", „ultramontan", als „Intrigant" abqualifiziert[62]. „Intrigant" ist ein Lieblingsscheltwort Bismarcks, des größten Intriganten des 19. Jahrhunderts. Biegeleben hatte in hessischem Dienst begonnen und erlebte seine „Austriazisierung" in Wien unter Metternich ab 1842. Er wurde „die Seele" der deutschen Politik des Ballhausplatzes. Biegeleben konnte nie die Entrüstung Preußens über die „Schmach von Olmütz" verstehen, für ihn war Olmütz „ein Notbehelf ohne süßen oder sauren Beigeschmack für jedweden der Beteiligten"[63].

Biegeleben sieht sehr klar die fortschreitende Expansion Rußlands in Europa voraus und kämpft gegen die „Furcht vor der Pickelhaube" Preußens in Wien, gegen eine österreichische Kapitulation. Gebrochen nach Königgrätz, drückt er seinen Gram in Sonetten aus, die erst nach seinem Tode unter dem Titel „Eighteen hundred and sixty six" (1866) anonym in London veröffentlicht wurden. Sie enthalten furchtbare Anklagen gegen Bismarck, gegen König und Volk Preußens, er sieht ein kommendes geschichtliches Strafgericht über Preußen voraus, eine Vergeltung für die Vergewaltigung Deutschlands durch Preußen[64]. Biegeleben sieht „die freiwillige Blindheit" des „unseligen Österreich" — Franz Josephs, sieht die Feigheit in diesem franzisko-josephinischen Wien am Ballhausplatz, sieht die Wiener Hofburg als ein „Nest ewig unentschiedener Gedanken". Biegeleben tritt 1871 in den Ruhestand. Er erlebt noch die „Selbstzerstörung" und die „Unselige Nullität" Österreichs unter Andrassys außenpolitischer Führung, die Wien zum Satelliten Berlins macht.

Bismarck grollt gegen diese Deutschen in österreichischen Diensten, die „gewöhnlich viel remuanter und leidenschaftlicher gegen Preußen sind als die geborenen Österreicher"[65]. Bismarck wußte, wie er seine Österreicher anzugreifen und in den Griff zu nehmen hatte. Auch Graf Gustav Blome-Salzau, ein Holsteiner, ein illegitimer Enkel Metternichs, war 1852 in den diplomatischen Dienst Österreichs getreten. Er weigerte sich, unter Beust zu dienen, in dem er einen weiteren Zer-

störer Österreichs sieht. Dieser leidenschaftlich gläubige Konvertit versteht Österreich als Schutzmacht Roms und Europas, wendet sich gegen den „Deutschen Natio-
nalschwindel". Noch vier Jahrzehnte nach Königgrätz wirkt Blome in Wien: als Men-
tor und Mitarbeiter Vogelsangs und der frühen Christlichsozialen[66].

Diese deutschen Vertreter der Sache Österreichs in Wien fanden eine starke Resonanz in einzelnen Staaten des „Dritten Deutschland", das Srbik mit ebenso viel
Kenntnis wie kritischer Liebe würdigt, diese zwischen Preußen und Österreich stehenden Mittel- und Kleinstaaten des Deutschen Bundes, in dem Bayern und Sachsen die
bedeutendste Rolle spielen[67]. Der Mainzer Bischof Emmanuel von Ketteler, der
Erwecker einer katholischen Volksbewegung ab 1848, und Jörg in München greifen
Deutschland-Thesen dieser Wiener Deutschen auf. Ketteler erhöht sie ins Apokalyptische: „Christ oder Antichrist — das ist die Entscheidung." Preußische Historiker
und an das Heil aus Preußen glaubende Deutschösterreicher sehen im Hause Österreich und in Rom das Wirken des Antichrists, zur Zersetzung und Vernichtung
Deutschlands. Ketteler dreht den Spieß um: Preußen ist ihm der Antichrist, der
Deutschland korrumpiert[68]. Als die Gruppe um Fröbel und Biegeleben durchsetzt, daß Franz Joseph 1863 den Fürstentag von Frankfurt zu einer Heerschau der
großdeutsch-antipreußischen Kräfte im Sinne der alten Reichsidee benützen sollte,
sabotiert der Außenminister Schmerlings, Rechberg, propagandistisch den vorbereiteten
Aufmarsch. Rechberg — von Bismarck bitter gehaßt! — arbeitet auf eine Verstän-
digung mit Preußen hin, ganz als Erfüllungsgehilfe Franz Josephs. Schmerling und
Rechberg treten fast zur gleichen Zeit zurück. Franz Joseph hatte überraschend das
Steuer herumgeworfen, er läßt die großdeutschen Liberalen fallen.

Schmerling sieht die kommenden Narreteien der Politik Franz Josephs und des
Ballhausplatzes so klar, wie sein Gesinnungsgenosse Grillparzer, der Schmerlings
Politik noch 1871 verehrt. Schmerling, diesem „Stockösterreicher" (dieses sein Stock-
österreichertum war bereits der Kern seines Frankfurter Großdeutschtums gewesen!) ist der „nationale Schwindel" verhaßt. Er nennt den „Freiheitskampf" zur
„Befreiung" der unter „dänischer Unterdrückung" leidenden Schleswig-Holsteiner den
„Krieg der Studenten und Turner"[69]. Das galt bereits für 1813 und spielt 1870/71
wieder und noch einmal, sehr kurz, 1914, eine Rolle in der Aufheizung eines „phantastischen Nationalismus". Schmerling ist gegen das fatale Bündnis des neuen Deutschen Reiches mit Österreich-Ungarn 1879, gegen die „Albernheit und Ehrlosig-
keit" der Deutschösterreicher, denen Bismarck seine „gelinde Verachtung" zollt.
Bismarck hatte ständig auf den Sturz Schmerlings in Wien hingearbeitet, er zollt ihm
jene Achtung, die für ihn der Ausdruck seiner Hochschätzung bedeutender Gegner ist:
tiefer Haß.

Um die zunächst diplomatischen, dann militärischen Siege Bismarcks über Franz
Joseph würdigen zu können, ist es sinnvoll, sich daran zu erinnern, daß bis aufs
Schlachtfeld von Königgrätz das liberale Preußen und der beste Kern des konservativen Preußen gegen Bismarck steht[70]. In Berlin toben im Juli 1863 Straßenschlach-
ten zwischen Volk und Polizei. Auch die Studentenschaft steht ziemlich einmütig
gegen Bismarck. Als es deutlich wird, daß Bismarck seinen Krieg gegen Österreich
vorbereitet, erhebt sich ein Sturm der Empörung gegen sein Vorhaben. „Die preußischen Zeitungen vom März bis Juni 1866 brachten fast täglich Berichte über Friedens-

demonstrationen oder veröffentlichen Resolutionen, in denen von der Regierung gefordert wurde, jeden Angriff auf Österreich zu unterlassen. Kundgebungen der preußischen Bevölkerung für den Frieden fanden von Köln am Rhein bis nach Königsberg in Ostpreußen statt. In der Ablehnung eines Krieges trafen sich Konservative, Liberale und Demokraten; Arbeiter ebenso wie preußische Junker!"

Das war Preußen: unverbildet vor Bismarcks furchtbaren Siegen von 1866 und 1870/71. Diese Stimmen des Volkes sprechen eine andere Sprache als die Professoren, Politiker, Publizisten, die von Böhmen bis Frankfurt bereits 1848 die Vernichtung Österreichs fordern.

Die Schuld des Kaisers Franz Joseph am Untergang des föderativen, auch politisch vielfärbigen Deutschland (gleichzeitig seine damit verbundene Schuld am Untergang Österreichs) wird 1864 von Vertretern der deutschen Mittel- und Kleinstaaten sehr klar ersehen[71]. Franz Joseph hatte in Schleswig-Holstein nichts zu suchen und nichts zu finden. Wohl hatte am 30. März 1863 der König Friedrich VII. Schleswig dem dänischen Staat inkorporiert und damit die Verpflichtung, die Autonomie der beiden Herzogtümer Schleswig und Holstein anzuerkennen, gebrochen. Am 22. und 23. Dezember marschieren im Auftrag des Deutschen Bundes sächsische und hannoveranische Truppen in Holstein ein. Irgendeine Gefahr, daß diese Lande „entdeutscht" würden, bestand nicht, zuvor und auch damals nicht. Da unterzeichnet Franz Joseph am 17. Januar 1864 ein Abkommen mit Preußen, das eine Allianz darstellt: ein Kriegsbündnis! Man will gemeinsam Schleswig-Holstein „befreien"! „Die Interessen Österreichs und Preußens liefen in Schleswig-Holstein einander diametral entgegen. In Wien wünschte man den von Schleswigern und Holsteinern anerkannten Thronkandidaten in seine Rechte einzusetzen und dann das Land zu räumen. Bismarck wollte die eroberten Lande annektieren"[72] (Görlich-Romanik).

Srbik: „Franz Joseph hat durch seine Nachgiebigkeit eine schwere Verantwortung für die Zukunft seines Staates auf sich geladen. Er folgte seinem starken Hang zur Gemeinschaft mit der Großmacht Preußen, die Österreichs gefährdete europäische Stellung sichern sollte, er folgte seiner Geringachtung der schwachen Mittelstaaten, seiner Sympathie für den monarchisch-autoritären Regierungskurs Bismarcks und seinem Groll über die Zerfahrenheit, die seine deutschen königlich-großherzoglichen und herzoglichen Gefährten in Frankfurt bewiesen hatten."[73]

Tiefe Empörung in der deutschen Bundesversammlung. Diese deutschen Staaten wissen sich nun von Österreich verraten, preisgegeben an Preußen. „Die Trennung Österreichs von seinen alten Gefährten war nicht mehr zu überbrücken. In Bayern wurden die Klagen über den Bundesbruch der Präsidentialmacht (Österreich) und ihren Verrat an Deutschland ebenso alltäglich wie die Äußerungen ‚Lieber Rheinbund als nachgeben', und in ganz Süddeutschland, fast allein von dem alten Herrscher Württembergs abgesehen, wurde der Kaiserstaat wegen seines Abfalles vom dritten Deutschland und dem nationalen Willen mehr angefeindet als selbst Preußen."[74]

„Die Frage erhebt sich, wie denn Franz Joseph und Rechberg politisch so gänzlich vor Bismarck kapitulieren konnten. Der psychologische Schlüssel ist in dem aufrichtigen Wunsch beider nach der festen und bleibenden Allianz mit Preußen, in der tiefen Abneigung Franz Josephs gegen die Demokratie, seiner Bewunderung des Ringens Wilhelms mit dem Landtag und dem Liberalismus und in der Achtung vor der innenpolitischen Kraftentfaltung Bismarcks zu finden!"[75] Das ist ein politischer Schlüssel, der freilich von dem psychologischen Schlüssel nicht zu trennen ist. Jede politische Haltung basiert mit auf einer tiefenpsychologisch zu erhellenden „Einstellung". Das gilt für den Kaiser Franz Joseph, für Österreichs Alldeutsche, Nationalsozialisten, Sozialisten und Christlichsoziale ebenso wie für heutige etwa deutsche junge Linksradikale!

Franz Joseph igelt sich ein in einem Charakterpanzer, der seine Empfindlichkeit, seine Angst, seine Infantilität (man lese seine Briefe an seine Frau und an Frau Schratt), seine Berührungsangst, seine Mutterfixierung, seine — wie er bestens weiß — unerfüllbare Sehnsucht, ein „großer Mann", eine Führerpersönlichkeit — wie Bismarck — zu werden, verdecken soll. Eiskalt, „korrekt" ersetzt er durch pedantische zwangsneurotische „Pflichterfüllung", was ihm nicht gegeben ist: starken, ja sehr starken Gegnern frontal gegenüber standzuhalten. Franz Joseph fürchtet und verehrt Bismarck wie die ungarischen Magnaten, die nunmehr bald im Ballhausplatz einziehen und auch von Budapest her ständig Wien erpressen.

Ein „Vor-Bild" des unheilvollen Andrassy ist bereits Graf Moritz Esterházy, der in der neuen, auf Schmerling folgenden Regierung Belcredi, der das mühsam begonnene Verfassungswerk „sistiert", als besonderer Vertrauensmann des Kaisers, als Minister ohne Portefeuille hinter dem offiziellen Außenminister Graf Mensdorff-Pouilly steht. Mensdorf erklärt dies später so: „Ich war General der Kavallerie, mein Kriegsherr hatte mir befohlen, den Ministerposten zu übernehmen, und so mußte ich es mir wohl oder übel gefallen lassen, daß mir ein geschulter Diplomat zur Seite gestellt wurde, der den Mut nicht hatte, die volle Verantwortung selbst zu übernehmen."[76] Wenig später, nachdem er das Unheilswerk der Mißleitung der österreichischen Außenpolitik, soweit das in seinen Kräften lag, mitgeschaffen hatte, muß er als unheilbar unter Aufsicht eines Irrenarztes gestellt werden, er stirbt in geistiger Umnachtung.

Bismarck führt die Österreicher auf das Schlachtfeld von Königgrätz. Franz Joseph zertrümmert in Königgrätz Österreich. Eine außerordentliche Mitschuld kommt den Deutschliberalen zu, die sich ab 1860 tatkräftig und erfolgreich für eine Abrüstung Österreichs eingesetzt hatten[77]. Bismarck will, wie er sagt, „Österreichs Skalp nach Hause bringen" — „durch einen guten Krieg wie den siebenjährigen". Friedrichs II. Einfall in Schlesien und Böhmen war ihm da also Vorbild. Das sagt er als preußischer Bundestagsabgeordneter in Frankfurt zu Manteuffel. Er wiederholt das am 3. September 1865 dem russischen Gesandten Oubril gegenüber: „Wie Friedrich der Große 1756 müsse Preußen einen Hauptschlag führen, bevor man in Wien die Möglichkeit habe, sich zu sichern."[78]

Bismarck lockt Franz Joseph — mit der Hoffnung auf eine ganz große Allianz — und er droht. „Der Taktik der Überredung folgt bald wieder, wie so oft, die Taktik der verhüllten Drohung."[79] Noch im März 1865 sucht Bismarck Wien zu beschwichtigen. „Er benützte die jüdische Hochfinanz, um Wien für ein ganz großes politisches Geschäft zu gewinnen: Er knüpfte durch sein Berliner Vertrautenhaus Gerson Bleichröder, das er auch zur Fühlung mit James Rothschild in Paris und Napoleon III. verwendete und durch das Medium des Wiener Bankiers Moritz Goldschmidt und Anselm Rothschild geheime Fäden mit dem Finanzminister Ignaz von Plener an, die

auch durch den Gesandten Werther weitergesponnen wurden und einer sehr hohen
Geldentschädigung für die österreichischen Besitzrechte galten."[80] Bleichröder finanziert den preußischen Feldzug von 1866 und den Krieg von 1870[81]. Plener, ein
deutschböhmischer Fabrikant, ist mit seinen deutschliberalen Parteigenossen verantwortlich für die Verweigerung einer Aufrüstung der österreichischen Armee[82]. Eine
Geldablöse für Österreichs „Rechte" in Schleswig-Holstein: „Auch König Wilhelm
wäre zur Geldentschädigung bereit gewesen, aber diesen Ausweg verbot Franz Joseph,
wie wir wissen, sein Gefühl für die Ehre seines Staates und seines Hauses."[83] Auch
die ergebensten Bewunderer dieses unseligen Kaisers geben zu, daß Franz Joseph,
wenn er überhaupt etwas politisch denken konnte, nur dynastisch „die Ehre seines
Hauses" denken konnte, die er selbst verkörperte: 1866 und 1914[84].

Franz Joseph steht immer noch im Banne seiner Utopie eines gemeinsamen
Kampfes mit Bismarck gegen die europäische Demokratie und gegen Napoleon III.
Bismarck gaukelt Franz Joseph einen gemeinsamen Eroberungskrieg vor. Auch
Italien will er mit seinen preußischen Armeen für Österreich erobern (August 1864
und Frühjahr 1865). Er sondiert in Wien, will Schmerling politisch das Grab graben
und Franz Joseph zum Verfassungsbruch drängen.

„Den Bruch zwischen den beiden Großmächten und den Krieg um die Herzog-
tümer wünschten in Preußen mit eindeutiger Bestimmtheit nur eine kleine extreme
Gruppe der Kreuzzeitungspartei, ein Teil des Offizierkorps, vor allem der jüngeren
Generation, und Prinz Friedrich Karl, der ... in weiten Kreisen der Armee wenig Vertrauen und im allgemeinen wenig Beliebtheit genoß. Die ‚alte' konservative Partei unter
Führung Gerlachs und des ehemaligen Ministerpräsidenten Manteuffel, des Unter-
händlers von Olmütz, lehnte Bismarcks Kriegspolitik ab."[85] „Nicht der deutsche
Nationalstaat war der primäre Zweck seines Handelns" (Bismarcks Handelns) ...
„und deutsche Einheit schwebte ihm nur insoweit vor, als er Preußens Aufstieg mit
Deutschlands Macht und Unabhängigkeit für identisch ansah."[86] Im Kronrat am
28. Februar 1866 fällt die Entscheidung für den Krieg. „Der zum Kriege Drän-
gende sucht die Verantwortung für den Krieg dem Friedenswilligen aufzubürden."
Das gelingt Bismarck glänzend Franz Joseph gegenüber.

Am 14. März schließt Bismarck seinen Allianzvertrag mit Italien, mit dem
Staate Cavours, mit dem König Sardiniens, Viktor Emanuel II. Bismarck unterschreibt
am 8. April diesen Vertrag als eine Offensiv- und Defensiv-Allianz. In mündlichen
Erklärungen schließt Bismarck seine Zustimmung zu Italiens Verlangen auch nach
dem Besitz des Trentino nicht aus. Gleichzeitig aktiviert er seine Verbindungen
mit ungarischen revolutionären Gruppen und mit südslawischen Feinden Wiens, so mit
dem serbischen Oberst Anton Orešković. Eine Achse Berlin-Belgrad, Belgrad-Berlin
wird da 1866 bis 1871 gebildet. „Im Wesen war der große Revolutionär in Berlin
bereits damals willens, nicht nur von außen durch das revolutionäre Italien, sondern
auch durch das innere Feuer den Feind tödlich zu treffen, wenn es Preussens Sieg
verlangte."[87]

Vergebens versucht Gustav Graf von Blome-Salzau, als Referent im Österreichischen Außenministerium zu warnen. Er sieht Preußen als „Parasitenpflanze an
Deutschlands Geschichte" und den „Staat Friedrichs" jetzt durch Bismarck verkörpert, als „den größten Feind Österreichs"[88]. Am 9. und 10. Juni besprechen sich

Bismarck und Moltke mit den ungarischen Emigrantenführern Türr, Csaka und Klapka in Berlin. „Die Hälfte der Kosten der ungarischen Insurrektion war Preußen zu übernehmen bereit, die Hälfte sollte Italien tragen. Zugleich etwa setzte sich Bismarck mit Bukarest und Belgrad in Verbindung, die Schaffung eines südslawischen Staatenbundes wurde eingeleitet."[89] Bismarck sendet Theodor von Bernhardi an den italienischen Hof in Florenz (noch ist Rom ja noch nicht im Besitz Viktor Emanuels), um eine große italienische Offensive vorzubereiten. In Linz sollen sich die Italiener mit den Preußen treffen. Am 2. Juni sagt Bismarck zu Italiens Unterhändler Govone: „Auf Wiedersehen in Wien", am 10. Juni treibt er Usedom an, Italien zu bewegen, mit Preußen „das Herz des Feindes zu erreichen". Gemeinsam sollen beide Heere nach Wien marschieren[90]. Als Bismarcks Vernichtungsplan als „Stoß-ins-Herz-Depesche" Usedoms einige Jahre später bekannt wird, opfert Bismarck rücksichtslos Usedom, verleugnet und verjagt ihn[91].

Am 20. Juni erklärt Italien Österreich den Krieg, am 21. Juni Preußen. Ein preußischer Parlamentär übergibt die Kriegserklärung dem österreichischen Postenkommandanten, dann überschreiten die preußischen Truppen die böhmische Grenze. Am 8. Juli wendet sich Bismarck in einem Aufruf an die „Einwohner des glorreichen Königreiches Böhmen". Er stellt den Tschechen in Böhmen und Mähren durch seine „preußische Proklamation" die „volle Achtung ihrer historischen und nationalen Rechte", ihrer „gesellschaftlichen Wünsche nach Selbständigkeit und freier nationaler Entwicklung" und die Verwirklichung ihrer „nationalen Wünsche gleich den Ungarn in Aussicht"! Dieser Aufruf ist in Zusammenarbeit mit Klapka geschaffen worden. Man hatte jedoch in Berlin nie vergessen, wie Friedrich II. und bereits vor ihm der Hof in Berlin die tschechischen und deutsch-evangelischen Kämpfer gegen das Haus Österreich in Böhmen mit allen möglichen Mitteln unterstützt und Auswanderer aufgenommen hate.

1942 bemerkt dazu der führende österreichische Historiker in der Ersten Republik Österreich, Abgeordneter im Großdeutschen Reichstag, Srbik, traurig: „... Wie sehr wuchs das Selbstgefühl der Tschechen, die Idee der Erneuerung des ‚böhmischen Staatsrechtes', der Gleichstellung mit Ungarn und der völligen Verwaltungsautonomie zum Schaden des Sudetendeutschtums und des Gesamtdeutschtums." Und in bezug auf eine Arbeit H. Schaudinns über „Das baltische Deutschtum und Bismarcks Reichsgründung" (Leipzig 1922 und wieder 1932!): „Königgrätz gibt einen starken Anstoß der bereits begonnenen Russifizierung der baltischen Provinzen." „Der Kanonendonner von Königgrätz ist für Livland zum Grabgeläut für Österreich geworden."[92] Königgrätz wurde in Österreich innenpolitisch durch jene Deutschliberalen vorbereitet, deren Aufstieg ab 1847/48 begonnen hatte. Nach 1847 riß Eduard Herbst, Professor des Staatsrechts, die Führung der liberalen Verfassungspartei an sich. Herbst, des Staates „böser Geist". „Mißtrauen, Zuchtlosigkeit, Kritiksucht und Oppositionsgeist waren der ‚Fluch', der dem liberalen deutschen Bürgertum in Österreich anhaftete", wie Kaisersfeld selbst in einem Brief die eigene Partei kritisierte (Kaisersfeld an Stremayr, 8. August 1867). Moritz von Kaisersfeld hatte selbst tatkräftig an diesem Zerstörungswerk teilgenommen[93]. „Dieser selbstmörderische Zug zur doktrinären Rechthaberei" prägt nun diese deutschliberalen Politiker. Sie bekunden vor den Alldeutschen, Schönerianern etc. jene Engpaßführung des

Geistigen, Seelischen, Politischen, die im Zeitalter der Maria Theresia und Josephs so eindrucksvoll im Kampf gegen den Barock und die alte Vielfärbigkeit und Polyphonie begonnen hatte. „Wie ein Krebsgeschwür zerfraß diese Eigenschaft die politische Schlagkraft des deutschen Bürgertums, untergrub die Stellung der Deutschen in der Donaumonarchie und beschleunigte deren innere Zersetzung und Auflösung." Bereits der Wiener und Kremsierer Reichstag zeigten eindeutig, „daß die deutschbürgerlichen Schichten weder fähig noch auch gewillt waren, die Last politischer Verantwortung und Selbstbestimmung zu tragen". Sie bemerkten nicht, daß sie die Grundlage der eigenen Existenz zerstörten. „Und so blieb das Parlament Zisleithaniens, solange Franz Joseph lebte, eine Mißgeburt, die von ihrer dynastischen Mutter Österreich ausgehalten wurde; und mit der Mutter starb das entartete Kind."[94]

Es ist nun überaus bedeutsam, im Blick auf diese Engleitung und Engpaßführung im politischen Deutschliberalismus zu sehen, wie sehr sie der Engleitung und Engpaßführung in Franz Joseph selbst entsprach. Hilflos sieht er, was da zunächst ab 1860 geschieht: 1860 tritt der „Verstärkte Reichsrat" mit 59 Mitgliedern zusammen, „ein Kind des aufstrebenden Liberalismus, der gleichzeitig mit dem zunehmenden Nationalismus sympathisierte". Am 17. Juli räumt der Kaiser der neuen Kammer (neben dem Oberhaus) einen ausschlaggebenden Einfluß dadurch ein, daß er Steuern und Anleihen von der Zustimmung der Kammer abhängig machte. „Ausnahmen hiervon bloß im Falle einer Kriegsgefahr!" Daß diese Kriegsgefahr unmittelbar gegeben ist, will Franz Joseph, wollen diese Deutschliberalen nicht wissen. Im Abgeordnetenhaus (eben dieser zweiten Kammer) beherrschen die Deutschliberalen die Szene. „Sie waren es, die als unbeirrbare Vorkämpfer der Abrüstung Österreich an den Rand des Verderbens brachten."[95] Der Obmann des Wehrausschusses, Dr. Giskra (er stammt, wie andere führende Persönlichkeiten seiner Partei, aus Böhmen), meint, daß auch unausgebildete Soldaten im Felde tüchtige Krieger sein können. Das Herrenhaus gibt unter Führung des Präsidenten Fürst Auersperg den Deutschliberalen nach. Vergeblich bitten General von Hess um Erhöhung des Militärbudgets, Hess und die beiden Kriegsminister Degenfeld und Franck. „Die fortgesetzte Verringerung des Heeresbudgets seit 1860 machte die Neubewaffnung der Infanterie mit dem weit überlegenen Zündnadelgewehr unmöglich!" In Österreich war man sich spätestens ab 1864 über das neue Gewehr in Fachkreisen im klaren[96]. Oskar Regele kämpft gegen Joseph Redlichs Feststellung an: „Man wußte, daß es gerade Franz Joseph selbst gewesen war, der eine der Hauptursachen der Niederlage in Böhmen, nämlich die Unterlegenheit des österreichischen Infanteriegewehrs gegenüber dem preußischen Hinterlader, sich selbst zuschreiben mußte."[97]

Formal hat Regele recht. Es war das Parlament, das die Aufrüstung und Ausrüstung der kaiserlichen Armee sabotierte. Nun aber verstand sich Franz Joseph bis zu seinem letzten Lebenstag als Oberster Kriegsherr, er sieht immer die Armee als „seine Armee" an (was sie auch war), ist voll für sie verantwortlich. 1866 ist die halbe Armee aus Ersparungsgründen beurlaubt, die einrückenden Urlauber werden ohne jede Schulung an den Feind geführt. Der General der Kavallerie Graf Lamberg erinnert: „... noch nie hat eine Armee gegen eine andere mit so ungleichen Waffen gekämpft, außer die Völker in Asien und Afrika gegen die englische

Winchester."[98] Die Männer, die 1860 bis 1866 Österreichs militärischen Zusammenbruch im Parlament vorbereiteten, werden ab 1867 bis zum Zusammenbruch des österreichischen Liberalismus (ab 1873) die führenden Männer in der Regierung.

Ein Freund der Liberalen urteilt: „In den Jahren 1861 bis 1867 hatte die liberale Bewegung in Österreich ihre Feuerprobe bestanden; deren Frucht war der Sieg des Jahres 1867, niedergelegt in der Dezemberverfassung. Aber nicht aus eigener Kraft, sondern nur durch die Hilfe des Weltliberalismus war es den Deutschliberalen gelungen, jenen Erfolg zu erreichen ... Das ist die Tragik der deutschen Liberalen, daß ihre Erfolge und Siege auf Kosten der Macht, Stärke und des Ansehens des eigenen Vaterlandes errungen wurden, daß ihre Siege aus den Niederlagen des eigenen Staates erwuchsen."[99] Ebenso wie ihre Geistesbrüder in Berlin stehen Österreichs Liberale bis 1866 zu allermeist gegen Bismarck. „Die Presse", Wien, polemisiert gegen Bismarcks „Cäsarismus" (1862/63), gegen Bismarck, „diese seltsame Mischung von uckermärckischem Junkertum, Bonapartismus und Russenthum" (Nr. 56, am 26. Februar 1863). In den ersten Monaten von 1866 fordert die deutschliberale Presse den Krieg gegen Preußen („Neue Freie Presse", Morgenblatt, 12. März 1866, 21. März und 23. März 1866). Am 17. Juni propagiert die „Neue Freie Presse" den Krieg als einen „Krieg der Freiheit wider die Tyrannis". Auch in der liberalen Studentenschaft gibt es Demonstrationen für diesen letzten Kampf Österreichs. Im Ersten Weltkrieg ist Österreich-Ungarn nur mehr ein Satellit.

„Als vor dem Kriege 1914 bis 1918 in der k. u. k. Armee noch immer die alten Geschütze in der Feldausrüstung waren, weil die Parlamente die Mittel zur Neubewaffnung der Artillerie verweigerten, galt unter den Offizieren das geflügelte Wort: ‚Wer wird der zweite Benedek sein müssen'."[100] Benedek hat alle seine Aufzeichnungen verbrannt. Im Sommer 1873 wollte ihn der noch nicht fünfzehnjährige Kronprinz Rudolf besuchen, der den durch seinen Vater verschuldeten Zusammenbruch des von ihm heiß geliebten Österreich damals bereits befürchtete. Benedek, das ist ungarisch „Benedikt", der „Gesegnete". Ludwig von Benedek, geboren am 14. Juli 1804 in Ödenburg, die Familie stammt aus Buchschachen bei Pinkafeld, er wäre also heute ein Burgenländer, weiß sich als Ungar. In der Schlacht bei Solferino am 24. Juni 1859 wirft er als Feldmarschalleutnant die Sarden bei San Martino über den Haufen mit dem Ruf: „Vorwärts, Ungarn! Auch ich bin Ungar, und kein Ungar läßt einen Landsmann im Stich!" Er führt ein aus Debrecen stammendes Regiment[101]. Benedek ist Lutheraner. Sein Bekenntnis von 1864 ist das Glaubensbekenntnis von Offizieren aller Nationalitäten der kaiserlichen Armee bis zu ihrem Ende: „... habe meine eigene Religion gebildet, die darin besteht, zu glauben, was ich zu ergründen jedenfalls zu dumm bin, ein ehrlicher Mann zu sein und meines Kaisers unbedingt treuer Soldat ... Soldatenehre und -treue, Gehorsam und eiserne Disziplin, bei recht viel Soldatenwohlwollen, Achtung für jedes Menschen Abstammung, Religion und Nationalität, ernste pedantische Begriffe von Recht und Unrecht, von den verbrieften Rechten aller Provinzen, Länder und Königreiche der kaiserlichen Monarchie — unbedingte Hingebung für meinen Kaiser und Kriegsherrn —, das ist in wenigen Worten mein Glaubensbekenntnis als Mensch und Soldat."[102] Unverkennbar der josephinische Einschlag dieses Glaubensbekenntnisses eines treuen Dieners seines Herrn. Dies ist — wenn wir die direkt militärische

Dimension ausklammern — das Glaubensbekenntnis jener Beamten, Richter, Staatsdiener aller Rang- und Gehaltsklassen, die bis 1914 Österreich halten. Oft mit einer Hoffnung wider die Hoffnung (spes contra spem), in schwerer Anfechtung. Das ist der religiös-politische Glaube, der allein die konfessionellen Gegensätze und die Konfrontation der „erwachenden" Nationen überbrückt.

Der Lutheraner Benedek erhielt seine erste Auszeichnung 1839 aus den Händen des Papstes Gregor XVI. „für der Regierung des Papstes geleistete Dienste", das Ritterkreuz des St.-Gregorius-Ordens. Mit dem Zusatz Radetzkys: „In Anerkennung Ihrer um den Kirchenstaat sich erworbenen Verdienste." Am 1. November 1866 wird er in den Ruhestand versetzt: nach einer Dienstzeit von 44 Jahren und 12 Tagen. Benedek kämpfte als Ungar gegen Ungarn. Diese hatten ihm 1848 das Oberkommando der Honved angeboten, er lehnt den „Seperatismus" seiner Landsleute ab. Erstürmung von Raab am 28. Juni 1849, weitere Kämpfe in Ungarn[103]. Sein Bruder Karl steht als Anhänger Kossuths im anderen ungarischen Lager, wird in Komorn verhaftet[104]. Benedek wird 1860 Statthalter und Kommandierender General in Ungarn. In seiner öffentlichen Kundmachung an die Adresse der Ungarn vom 25. April appelliert er in ungarischer, slawischer und walachischer (rumänischer) Sprache an das ungarische Ehrgefühl, am folgenden Tag erklärt er in einem Generalsbefehl an das Militär: „... daß ich ein wahrhaft gottesfürchtiger Soldat bin, ohne mich gerade viel mit den Formen zu befassen, daß ich vernünftig, wohlwollend und tolerant bin gegen alle religiösen Bekenntnisse, daß ich achtungsvoll Rücksicht zolle dem Gefühle der Sprache, den Sitten und Eigentümlichkeiten aller Nationen des großen Kaiserstaates, daß ich adelig denke in der vollsten Bedeutung des Wortes, wie es dem korrekten Soldaten der österreichischen Armee zusteht ... unser politisches Glaubensbekenntnis ist unser Eid."[105] Das ist dasselbe Credo, wie er es 1864 und bis ans Ende seines Lebens bekennt, nur angesichts seiner ungarischen Landsleute eine Nuance intimer formuliert.

Bereits im Oktober dieses Jahres wird Benedek nach Venetien versetzt, wo er bis zu seiner Abberufung auf den böhmischen Kriegsschauplatz bleibt. Benedek weiß, daß Österreich nur ganz elende Generale besitzt. Das ist ein Verdienst Franz Josephs, der seine Kreaturen in der Armee bis aufs letzte hält. Ende 1864 gesteht Benedek dem Kriegsminister: „... So müssen Sie erschrecken über die Maße von Mittelmäßigkeit oder gar absoluter Nichtqualifikation der Generale." Benedek weiter: „Der nächste Krieg geht um Leben oder Sterben, um den Bestand oder den Verfall der Monarchie, in der gegenwärtigen Misère können wir nicht stehenbleiben."[106] Im November 1864 warnt er nochmals: Die Soldaten sind unausgebildet, die Infanterie sei bereits „ein wenig sicheres Material auf großen Schlachtfeldern; seit sieben Jahren fehlt es den Generalen an praktischer Schulung"[107]. Benedek wollte bereits 1849 zurücktreten, er ist gallen- und leberleidend, er erlebt die Zerstörung der Armee sehr intensiv. Er ist als Soldat ein einfacher alter Haudegen, fühlt sehr das Leid des einfachen Soldaten, sieht den Krieg als „eine große Landplage", als „ein schweres Unglück"[108]. Das letzte seiner Rücktrittsgesuche datiert vom Februar 1866.

Gegen all sein besseres Wissen geht Benedek auf den böhmischen Kriegsschauplatz: Franz Joseph wollte nicht, daß ein Mitglied seines Hauses — Erzherzog Albrecht wäre dies zugekommen — auf diesem ominösen Schlachtfeld in Böhmen das

Oberkommando übernimmt. Eine unausgebildete und unausgerüstete, schlecht bewaffnete Armee wird der bestgerüsteten Armee ihrer Zeit geopfert. 1909 urteilt Hugo Kerchnawe: „Solche Scharen in den Kampf für das Vaterland zu senden, sie so bewaffnet, so flüchtig ausgebildet, einem solchen Feinde entgegenzustellen, war Mord, und dieser Mord stand im Schuldbuch des Parlaments."[109] Diese Entlastung des großen Schuldigen, des Kaisers Franz Joseph, kann nicht akzeptiert werden, wenn man der Wahrheit die Ehre geben will. Franz Joseph ging es immer nur um seine „Ehre", die er mit der „Ehre seines Hauses" identifizierte.

Bis nahe ans Schlachtfeld von Königgrätz heran lebt in Franz Joseph ungebrochen der Glaube an Bismarck, an Preußen, so wie er ihn 1859 dem Kronprinzen Albert von Sachsen mitteilt: „Ich baue fest auf Preußens gutes Handeln im Augenblick der äußersten Gefahr ..." — Kurz zuvor: „Die Deutschen lassen uns nicht sitzen." Während des italienischen Feldzuges hofft er noch immer auf Hilfe aus Preußen und Deutschland — „im letzten Augenblick ..."[110] Dieser Glaube beseelt Franz Joseph bis an sein Ende. Dieser Glaube ist ein Pendant, ein Parallelphänomen zum Glauben der „deutschen" Todfeinde des Hauses Österreich in Österreich, die Österreichs Heil in seiner Auflösung durch Preußen-Deutschland sehen.

1864 bekunden diesen Glauben die „Silesia", und der „akademische Leseverein Wien", in Graz im selben Jahr die Verbindung „Orion" und die Burschenschaft „Stiria"[111]. Anton Springer vertritt als „Eckstein seiner Politik die Ausscheidung Österreichs aus dem Deutschen Bunde, die ausschließliche Leitung des letzteren durch den preussischen Staat"[112].

Königgrätz gehört zu den „decisive Battles of the Western World"[113]. Die Verluste der Österreicher sind im Gesamten fast fünfmal so groß wie die der Preußen (die der Generale fast sechsmal, die der Offiziere fast viermal). Wie Moltke selbst 1889 bekennt, war die preußische Armee durch die Schlacht so geschwächt, daß sie nicht zur Verfolgung geeignet war[114]. Es war die politische Entscheidung des Kaisers Franz Joseph, der den Kampf aufgab und kapitulierte. Kein Tropfen vom Blut der Maria Theresia, von ihrem seelischen Blute, befand sich in seinen Adern ... Die preußische Geschichtslegende, die sehr bald auch in Österreich geglaubt wird, schreibt den Sieg von 1866 dem besseren Geist des preußischen Soldaten und der überlegenen Strategie der Führung zu, wobei besonders eindrucksvoll — gerade in Österreich — das geflügelte Wort wurde: Der preußische Volksschullehrer und sein Geist habe bei Königgrätz gesiegt. Der große preußische Historiker Hans Delbrück lehnt dies als eine „fable convenue", als eine Legende ab[115].

Die großartige Haltung der Österreicher bei Königgrätz wurde durch preußische Kämpfer in Königgrätz, dem „Grab der Preußen" (wie es mir gegenüber noch 1941 in Königgrätz deutsche Soldaten nennen), vielfach bezeugt, an ihrer Spitze Moltke. Der duldete es nie, daß in seiner Gegenwart ein schlechtes Wort über den geschlagenen Benedek gesagt wurde. Moltke: „Der Abend von Königgrätz, wenn ich mir den vorstelle! Solch ein verdienstvoller, umsichtiger General wie Benedek!"[116] Moltke ist der Enkel eines österreichischen Hauptmannes. Viele Moltke standen in österreichischen Diensten, so elf unter Maria Theresia.

Am 9. Oktober 1866 richtet Marschall Wrangel, bekannt als ein Freund Österreichs, in höherem Auftrag einen Brief an Hess, der um schnelle und volle Aussöh-

nung wirbt. Feldmarschall Heinrich Freiherr von Hess — der als Chef des Generalstabs ab 1860 so bewegt die Deutschliberalen im Parlament in Wien beschworen
hatte — lehnt ab. Er erinnert an die preußische Politik, die mit Italien und Klapka
im Bunde den österreichischen Verbündeten um die Hälfte seines Reiches berauben
wollte. „... Nun ist aber die Revolution von oben durch Euch in die Mode gekommen. Wehe Euch doppelt, wenn sie Euch nach hinweggespültem Rechtsgefühle in der
Flut der Zeit einmal selbst ergreift. Dann seid Ihr verloren!"[117] Der alte Hess sieht
nach Südosteuropa, denn „Rumänien will sich zu einem großen Donaureich aufblä-
hen", wie „Groß-Preußen nach seiner Mästung in Deutschland noch in der Folge die
deutschösterreichischen Provinzen begehren wird".

Anastasius Grün sagt kurz nach dem 3. Juli 1866, was geschehen ist: Königgrätz
ist das „Finis Austriae"[118], das Ende Österreichs. In diesen schweren Tagen sieht
sogar Franz Joseph die Wirklichkeit. Im Brief an seine Mutter am 22. August 1866
(es ist der Tag vor dem Prager Frieden): „Es ist ein Kampf auf Leben und Tod, der
noch lange nicht aus ist, und es ist mit Berechnung auf unsere vollkommene Zerstörung abgesehen."[119] Zwanzig Jahre nach Königgrätz, 1886, sieht der Kronprinz
Rudolf mit Entsetzen, wie sein Vater wieder Bismarck ins Garn geht: „Man ließ sich
von Bismarck gar vieles einreden und vergaß darüber, daß Preußen keinen einzigen
ehrlichen Alliierten finden kann."[120]

Klage zweier österreichischer Patrioten. Grillparzer klagt „die Sieger von 1866"
an: „Ihr glaubt, ihr habt ein Reich geboren, und habt doch nur ein Volk zerstört." „Was wird nun aus unserem tschechisch-magyarischen Vaterland?"[121] Adalbert
Stifter, 1866 ins Herz getroffen als Deutschböhme, hofft, daß ein Deutschland ent-
stehe, in dem es auch eine Mark Brandenburg gebe — nach Preußens Überwältigung
Deutschlands. „Preußen riß Deutschland an sich, vielleicht reißt es einmal das Ganze
an sich, dann wächst Deutschland dem Preußentum übers Haupt."[122] Einen frommen Wunsch äußert die „Norddeutsche Allgemeine Zeitung": Sie rät den Österreichern, sich nun nur noch als Österreicher zu fühlen. Dies war vielen, sehr vielen
Österreichern unmöglich, bis zu Adolf Hitler, Otto Bauer, Kurt Schuschnigg[123].

Deutsche Historiker der Gegenwart sehen ein: Von Königgrätz führt eine gerade
Linie zur Katastrophe von 1918/19 und zur Teilung Deutschlands 1945. Der be-
deutende bayerische Historiker Karl Bosl, der Bayerns Politik 1866 scharf kritisiert,
meint, Bayern hatte Österreich im Stich gelassen. „1866 bedeutet so den Beginn der
Mediatisierung Bayerns", des Verlustes seiner Freiheit. Bosl weiter: „Die preußischen
Siege von Königgrätz und Sedan waren Pyrrhussiege, die das deutsche Volk und Reich
mit Verdun und Stalingrad bezahlten."[124] Hundert Jahre nach Königgrätz erinnert
Roland Krug von Nidda in seinem Buch über 1866 (sein Großvater, Major von Krug,
hatte bei Königgrätz auf österreichischer Seite gekämpft): Königgrätz „war die
schwerste Erschütterung Europas bis auf unsere Tage"[125]. Das vielzitierte, dem Kardinalstaatssekretär in Rom zugeschriebene Wort: casca il mondo, die Welt bricht
zusammen — durch Königgrätz, hat seine Geschichtsmächtigkeit bewiesen. Königgrätz ist die Voraussetzung für die Schaffung eines künstlichen Großstaates Preußen-
Deutschland, das sein Heil nur in weiteren Kriegen suchen konnte (was Karl Marx
und konservative Deutsche klar sehen), und eben für die Zertrümmerung des Vielvölkerstaates an der Donau.

Die Besiegten in den deutschen Landen sind zunächst die deutschen Liberalen, Katholiken, preußischen Konservativen und die großdeutsch eingestellten Demokraten (besonders in Württemberg) und die Sozialdemokraten. 1970 erscheint in Würzburg eine Arbeit von Wolfgang Faust: „1866 nach einhundert Jahren — Ergebnisse einer Umfrage über den publizistischen Niederschlag — Ein Beitrag zum Geschichtsverständnis der Deutschen". Die Umfrage bei jungen Deutschen heute ergab: keine Antwort, keine Stellungnahme zu Königgrätz, aus Berlin (Freie Universität), aus Bonn. Kein Politiker wollte da Stellung nehmen[126]. 1965 nahmen viele an Bismarck-Feiern teil, so Brandt und Gerstenmaier. Die Preußen-Freunde bekunden sich kräftig in der „Welt" und der „Zeit" und in der „Frankfurter Allgemeinen Zeitung", also in den mit Abstand angesehensten Zeitungen der Bundesrepublik. In der „Frankfurter Allgemeinen" gibt Michael Freund Österreich die Schuld: Es lag an „der Versteinerung Mitteleuropas": Dafür ist Habsburg verantwortlich, deshalb mußte Bismarck zu „Blut und Eisen" greifen, damit sollte Mitteleuropa entsteinert werden[127]. Jahr für Jahr erscheinen jetzt neue Bismarck-Bücher: „Bismarck fasziniert noch immer" diese Deutschen[128].

Schmerzliche ehrende Erinnerung an Österreich 1866 in Deutschland — 1966: in Hannover („Hannover blieb von 1866 bis 1946 eroberte preußische Provinz, und die Schulen paukten drei Generationen ein, daß Preußen im Interesse Deutschlands gehandelt habe"). Schmerzliche Erinnerung in Südwestdeutschland und besonders in Bayern. In München gedenken Hoegner und Goppel — als Repräsentanten der Sozialisten und der Christdemokraten und der Historiker Bosl Königgrätz[129].

In Österreich wird 1966 ein Denkmal bei Poysdorf restauriert: „Dem Andenken der im Jahre 1866 an den Folgen des Feldzuges verschiedenen und hier beerdigten 136 pflichtgetreuen königlich-preußischen Soldaten." Immer noch werden Granaten und Schrapnells auf dem Schlachtfeld von Königgrätz gefunden und entschärft, heute noch „voll einsatzfähig", wie ein Bericht tschechischer Minenräumeinheiten 1966 meldet[130].

Königgrätz explodiert in den Deutschen Österreichs. Wie es im Unterbewußtsein preußischer Soldaten arbeitet, zeigt ein in dieser Bedeutung übersehenes vielzitiertes Wort des Reichspräsidenten Hindenburg. Er hatte als junger Leutnant in Königgrätz gekämpft, er sieht mit tiefem Mißtrauen auf den „Gefreiten aus Braunau": Adolf Hitler. Hindenburg denkt an das Braunau in Böhmen, unweit des Schlachtfeldes von Königgrätz. Sein Mißtrauen täuschte ihn nicht: Adolf Hitler wurde der ungeheuerliche Rächer für Königgrätz, was betrübte preußische Konservative und der Dichter Reinhold Schneider, der ein Buch über die „Hohenzollern" schrieb, früh ersahen[131]. In Österreich kannte — kennt man dieses Wort und hält es für einen „schlechten Witz"[132]. Lakonisch meint Bismarck, kurz nach Königgrätz: Wien soll nach Budapest übersiedeln und dort sein Zentrum bilden[133]. Eine ungarische Legion hatte auf Seiten Preußens bei Königgrätz gekämpft[134].

Franz Joseph, Vater der Katastrophe von Königgrätz, bereitet nun dem Vielvölkerstaat ein Königgrätz nach Innen: Er beruft den bisherigen sächsischen Minister Graf Friedrich Ferdinand Beust (1809—1886) als Reichskanzler in den österreichischen Staatsdienst[135]. Beust, der Preußenfeind, sollte diplomatisch die Wiederherstellung der österreichischen Machtstellung im deutschen Raum vorbereiten. Beust

versteht nichts von den innerösterreichischen Problemen, er kapituliert total vor den
ungarischen Magnaten: Das ist der berühmt berüchtigte „Ausgleich" von 1867[136].
Vor diesem Dualismus hatte bereits 1865 Franz Palacky von Prag her in seinem
Buche: „Österreichs Staatsidee" gewarnt. „Der Tag, an dem der Dualismus proklamiert wird, wird zugleich mit unwiderstehlicher Naturnotwendigkeit der Geburtstag des Panslawismus in seiner am wenigsten erfreulichen Gestalt werden; als
Paten werden ihm die Führer des Dualismus stehen. Wir Slawen werden dem zwar mit
gerechtem Schmerz, aber ohne Furcht entgegensehen. Wir waren vor Österreich, wir
werden auch nach ihm sein."[137]

Zwei Staaten werden geschaffen: Da sind es die Länder der Heiligen Ungarischen Krone. Noch 1867 läßt sich Franz Joseph zum Apostolischen König von Ungarn in Budapest krönen, übergibt damit den magyarischen Herren, die sich als *das*
Herren-Heilsvolk wissen, die ihnen unterworfenen Deutschen, Juden, Rumänen, Slowaken, Kroaten (mit gewissen Einschränkungen, die sich die Kroaten erkämpften).
Der andere Staat, das sind „die im Reichsrat vertretenen Königreiche und Länder". Offiziös spricht man von „Cisleithanien" und „Transleithanien": Das ist ein
Vorspiel zu den Gauen Oberdonau und Niederdonau. Vor Adolf Hitler löscht Franz
Joseph den Namen Österreich als eine staatsrechtliche Wirklichkeit.

Daniel Spitzer, der liberale Publizist, schreibt in einem Feuilleton am 28. August
1870: „Es laufen jetzt ein paar Völker auf der Erde herum, von denen man eigentlich nicht weiß, wozu sie da sind. Wenn ich zu diesen vor allem die Völker Österreichs rechne, so geschieht dies nicht aus Nationalstolz, sondern um eine offen-
kundige Tatsache nicht totzuschweigen."[138] Sieger in Wien werden die Deutschliberalen. Beachtung verdient die Bemerkung von Georg Franz: Die Berufung von
Beust ist „nur die Folge des Unvermögens der österreichischen Deutschen . . ., eine
geeignete Persönlichkeit aus den eigenen Reihen zur Lösung der inneren Fragen der
Monarchie hervorzubringen"[139]. „In der Führungsschicht der deutschen liberalen
Verfassungspartei hatte sich infolge des Sturzes der Regierung Schmerling und des
Scheiterns des zentralistischen Verfassungsexperiments ein bedeutsamer soziologischer
Wandel vollzogen. Das bürokratische Element wurde vom professoralen, advokato-
rischen abgelöst. Herbst und Hasner, Giskra und Berger, das heißt die vorwiegend
juristische Intelligenz des dritten Standes, löste die Routiniers der Bürokratie und des
Kleinadels in der politischen Führung ab, der Rechtsgelehrte und Rechtsanwalt, der
Fachmann und juristische Ressortspezialist trat innerhalb der Partei an die Stelle
des adeligen und bürokratischen Dieners der Krone. Ein kleinbürgerlicher Wesenszug
gab den neuen Männern und ihrer Politik das Gepräge; advokatorische Spitzfindig-
keit und professorale Pedanterie beherrschten das politische Getriebe. Das Verhältnis
zum Staate war ein negatives und wurde rein juristisch aufgefaßt wie das Verhältnis
eines Klägers gegenüber dem Beklagten in einem Zivilprozeß."[140]

„Dieser rechthaberische juristische Starrsinn war gepaart mit einer krankhaften
Sucht des Nörgelns und Kritisierens, des Verneinens und Besserwissens, mit ebenso
großer Feigheit vor Übernahme wirklicher Verantwortung, einem ungesunden
Drang zu sophistischen Ausflüchten und zur Opposition um jeden Preis." Der „Führer"
Dr. Eduard Herbst (1820—1892) verkörperte alle diese negativen Eigenschaften,
er gilt bei Hofe als „Horreur". Eigene Parteiführer werfen ihm vor, Opposition um

jeden Preis zu betreiben (Plener an seinen Sohn, am 26. Juli und am 28. September 1867)[141]. Joseph Redlich betont die slawische Abkunft Herbsts, auch Giskra und Kaisersfeld haben slawisches Blut in ihren Adern: Es sind Deutschböhmen, sie sind „Brüder" ihrer tschechischen Landsleute, von denen sie sich lossagen[142].

Ihnen entsprechen nun die neuen tschechischen Nationalisten. „Die maßgebende erste politische Führungsschicht bei der Organisation des tschechischen Nationalismus wies starken deutschen Einschlag auf: Franz Rieger (1818—1903), Anton Strobach (1814—1856), Alois Trojan (1815—1893), Franz Brauner (1810—1880), waren nach und neben Palacky in der Ära von 1848 bis 1870 die maßgebenden Häupter der alttschechischen Partei, hatten alle deutsches Blut in den Adern." Soziologisch beachtenswert ist bei den genannten Parteiführern, daß sie alle Müllerssöhne und Rechtsanwälte waren, ebenso auch der deutschstämmige Schöpfer der tschechischen Schriftsprache und Literatur, Jungmann (1777—1849). Der tschechische Nationalismus war also soziologisch die Massenbewegung des dritten Standes. Ebenso war bei der jungtschechischen Parteiführung der deutsche Blutsanteil ziemlich stark[143]. Das ist nun die Situation zunächst bis 1914: Deutsche in und aus Böhmen kämpfen in ihrer eigenen Brust ihr Slawentum nieder, in Aggression gegen ihre tschechischen „Brüder", und ineinander verbissen. Tschechische Nationalisten in Böhmen und Wien kämpfen in ihrer Brust ihre deutschen Mütter, bzw. Väter nieder.

Die Aggressivität der einen wie der anderen hängt eng mit ihrem „Apostatentum"[144] zusammen: Sie fühlen sich oft im Innersten als Abtrünnige, die ihre alten Götter, Mütter, Vaterländer, Mutterländer verraten haben. Wir erwähnten bereits Anton Springer, der sich als „ein dreifacher Renegat" verstand, der „Religion, Sprache und Nationalität gewechselt hatte". Ein nicht minder interessanter Fall ist Franz Schuselka (1811—1886), geboren in Budweis, war er einer der ersten publizistischen Vertreter des demokratischen Gedankens in der Habsburgermonarchie; er rühmte sich, „aus den untersten Schichten hervorgegangen zu sein" (er war der Sohn eines Artilleriekorporals). Schuselka emigrierte nach Jena und Hamburg, konvertierte 1845 zum Deutschkatholizismus. Seine Schrift in eben diesem Jahr, „Der Jesuitenkrieg gegen Österreich", zeigt, wie sehr der „alte Glaube" und der „neue Glaube" in ihm ringen. Im März 1848 bringt er die aufsehenerregende Flugschrift „Österreich über alles, wenn es nur will" heraus. Wieder in Wien, wird er ins Frankfurter Parlament gewählt, kommt dann in den Reichstag in Wien, wird nun direkt evangelisch. 1861 kommt er in den Niederösterreichischen Landtag. Der alternde Schuselka neigt wie der junge der alten Römischen Kirche zu. Als Protestant stand er unter dem Einfluß des „Jungen Deutschland", als Deutschkatholik war er demokratisch, als reuiger Sohn der römisch-katholischen Kirche neigt er im Alter zur föderalistisch-kleindeutschen Richtung[145].

Dieses ganze 19. Jahrhundert in Österreich ist von religiös-politischen Konversionen erfüllt, die im neuen Glaubenskrieg stimulierende Elemente einbringen. Das Wien im Vormärz, ja noch bis zu Königgrätz, erlebte viele Konversionen zum Katholizismus, war in den ersten Jahrzehnten der Zufluchtsort vieler Deutscher, und gerade von Norddeutschen, die zur alten Kirche konvertiert waren und deshalb in ihren protestantischen Staaten keine Stellung mehr erhielten und von anderen Deutschen, die in Wien konvertierten[146]. Nun bringt Königgrätz, der triumphale Sieg des evangelischen preußischen Prinzips (wie es vorgestellt wurde), auch hier den großen Wandel: Die Zahl derer, die zum „deutschen Glauben", zum „Glauben Bismarcks", der als ein gottesfrommer Kriegsheld des „Gottes der Deutschen", des „deutschen Gottes" ersehen und gläubig verehrt wird, konvertieren, nimmt immer mehr zu. Im neuen Reichsrat wird 1867 geklagt: Österreich ist bitter entfremdet vom protestantischen Deutschland, diese Entfremdung „datiert aus der Zeit der Reformation" (Muhlfeld, am 19. Juli 1867). Der Redner fordert in diesem Zusammenhang die völlige Gleichberechtigung der Protestanten und der Juden mit den Katholiken. Im Kampf um das Konkordat erklärt hier der Freiherr von Weichs: „Es gilt für uns als Deutsche und Österreicher zu siegen oder als Römlinge zu verderben" (22. Oktober 1867)[147].

Außerordentliche Bedeutung kommt den Konversionen von Juden zu: Sie konvertieren — ohne sich dies oft selbst einzugestehen, zumindest nicht in der Öffentlichkeit — vom Glauben ihrer Väter und Mütter, die in Mähren, Böhmen, Polen und Galizien nicht selten dem Chassidismus anhingen, einer inbrünstigen jüdischen Erweckungsbewegung, die das Heil des Gottesvolkes bereits auf Erden und in glühender Erwartung des Messias erlebt, zum Glauben an Deutschland, an die Freiheit aus deutscher Bildung, deutscher Volkskraft. Sie konvertieren zum Liberalismus (vor und nach 1848), später zum Sozialismus. Im Schutz des Kaisers Franz Joseph, der auch „Herzog von Auschwitz" war, glauben arrivierte Juden an den Kaiser, sie werden schwarz-gelb. Abgesang dieses jüdischen Österreich-Glaubens ist der Dichter Joseph Roth, der im Kaiser Franz Joseph seinen wahren Vater sieht[148].

Als der wahre Vater und Führer erscheint, nun, nach Königgrätz, nach dem preußisch-österreichischen Frieden, Bismarck als *der* Verteidiger aller Deutschen gegen die Anmaßungen Roms. Im Bunde mit jenen Liberalen, die nach seinen strahlenden Siegen 1866 und 1870/71 aus bitterbösen Feinden zu seinen allergetreuesten Vasallen geworden waren, läßt sich Bismarck in den „Kulturkampf" mit den Katholiken ein, der aufzeigt, wie sehr die beiden Deutschland seelisch unvereint sind: das evangelische und das andere Deutschland[149]. Eine der auf ihre Weise großartigsten Dokumentationen dieses Kampfes ist Bismarcks Rede über den ewigen Kampf zwischen Königtum und Priestertum, im Preußischen Herrenhause bei Beratung der Verfassungsänderungen am 10. März 1873. Bismarck beruft sich auf den Kampf der Kaiser und Päpste im Mittelalter, auf die schändliche Hinrichtung des letzten Hohenstaufen Konradin in Neapel durch den französischen Eroberer im Bund mit dem Papst. Seit Jahrtausenden wollen die Päpste sich die weltliche Gewalt unterwerfen. Bismarck stellt seine eigene Sache als heilige Verteidigung des Staates dar. „. . . es handelt sich um die Abgrenzung, wie weit die Priesterherrschaft und wie weit die Königsherrschaft gehen soll . . ."[150]

Es ist an der Zeit, die Persönlichkeit Bismarcks österreichischerseits zu würdigen. Es gibt keine österreichische Bismarck-Biographie! Es gibt keine österreichische Untersuchung der Bestechungen österreichischer, zumal von Wiener Zeitungen durch Bismarck. Es gibt keine Darstellung des so eigentümlichen „österreichischen" Bismarck-Glaubens, der viele gemeinsame Züge mit dem Glauben von „deutschen Österreichern" an Hitler an sich trägt. Die beiden persönlich so unvergleichbaren Männer, Bismarck und Hitler[152], haben als Glaubenshelden im eingebildeten Glauben deutscher

Österreicher viele gemeinsame Züge: Sie erscheinen, beide, als die großen Sieger, die gegen eine Welt von Feinden und Finsterlingen ihr Reich bauen. Sie sind *die* starken Männer, sie sind unbesiegbar, allwissend, turmhoch ihren Gegnern überlegen. Die vielen hundert Bismarck-Türme, Bismarck-Denkmale demonstrierten eindrucksvoll dem bismarckgläubigen Deutschen und Österreicher diese turmhohe Überlegenheit.

Die vielschichtige Persönlichkeit dieser beiden Vater- und Führerfiguren gerade eines deutsch-österreichischen politischen Glaubens ist auch heute nahezu allen Österreichern unbekannt. Klischeebildungen herrschen vor, heute manchmal mit negativen Akzenten, gestern und vorgestern aufgeladen mit aller Inbrunst eines existentiell echten Glaubens. Die Bismarck-Forschungen eines angesehenen deutschen Historikers unserer Zeit, Andreas Hillgruber, der sich auf Grund der neu erschlossenen Quellen aus dem Friedrichsruher Familienachiv der Bismarcks eine sehr eindrucksvolle Darstellung dieser mächtigen Persönlichkeit erarbeiten konnte, zeigen unter anderem die „häßlichen Züge der Machtbesessenheit und Rachsucht" als „starke Triebkraft" von Bismarcks späten politischen Engagements auf. Der späte Bismarck räsoniert: „Es kann ja sein, daß Gott für Deutschland noch eine zweite Zeit des Zerfalls und darauf eine neue Ruhmzeit vorhat, auf einer neuen Basis der Republik, das aber berührt uns nicht mehr!"[153] Österreichs Deutschgläubige haben nahtlos Kaiser Wilhelm II. mit Bismarck zusammengesehen, als zwei Retterfiguren, sehr zum Ärger von Historikern und von orthodoxen Bismarck-Gläubigen, die den großen Alten möglichst von seinem unglücklichen politischen Sohn Wilhelm II. zu distanzieren versuchten. Der Glaube der Deutschgläubigen Österreichs spürte instinktiv richtig, wie sehr die beiden persönlich völlig konträren Naturen, „Der eiserne Kanzler" und „der Kaiser" zusammengehören. Bismarck hatte sich um Wilhelm II. in seiner ständigen politischen Einflußnahme auf ihn wie um einen Sohn zu bemühen begonnen, und hing, solange dieser sich als sein Sohn und nicht als Vatermörder erzeigte, rührend an ihm. Der unglückliche, weiche Wilhelm II., belastet durch seinen körperlichen Defekt und durch schwere Minderwertigkeitsgefühle, konnte auf Dauer weder diesen Übervater Bismarck noch seinen leiblichen Vater, den Kronprinzen und kurzfristigen Kaiser Friedrich ertragen[154].

Bismarck prozessiert unentwegt und erfindet sich unentwegt „Reichsfeinde"; wer gegen ihn ist, ist ein Feind des Reiches. Wilhelm II. läßt jährlich 500 bis 600 Prozesse wegen „Majestätsbeleidigung" durchführen. Bismarck und Wilhelm II. sehen ihre Minister als ihre Dienstboten an, scheuen sich nicht, alte Freunde, Mitarbeiter grob zu mißhandeln und zu verschleißen. Bismarck und Wilhelm II. umgeben sich mit Speichelleckern, mit bedingungslosen Ja-Sagern, wollen die Sozialisten „wie Ratten vertilgen" (Bismarck), „über den Haufen schießen", „zerschmettern" (Wilhelm II.)[155]. Bismarck und Wilhelm II. liebten es, mit dem Krieg zu drohen, zu bluffen, Kriegsangst durch Reden, Zeitungsartikel, diplomatische Aktionen zu verbreiten. Bismarck und Wilhelm II. liebten es, zu schauspielern, Maskeraden zu veranstalten, versuchen, durch Tricks und Lautsprechereien Freund und Feind zu düpieren: Bismarck durch große Kunst, Wilhelm II. kleinkariert.

„Der Fürst lagert wie ein mächtiger Granitfindling auf einer Wiese; wälzt man ihn fort, so findet man hauptsächlich Gewürm und abgestorbene Wurzeln darunter."

So erinnert Wilhelm II. Bismarck in „Aus meinem Leben". „Roter Reaktionär, der nach Blut riecht": So nennt Friedrich Wilhelm IV. Bismarck im Jahr 1849. Bismarck selbst meint, es sei „ein teutonischer Teufel" in seiner Brust; die Germanen hätten ja nicht die Sonne, sondern den Blitz und den Donner verehrt[156].

Bismarck betrachtet, wie Friedrich II., wie viele Herren des alten europäischen Adels noch 1914, Krieg, Sport und Jagd als Einheit. Friedrich II. schrieb 1741 an Voltaire: Er betrachte die Menschen wie eine Herde Hirsche im Jagdrevier eines großen Herren, deren einzige Bestimmung es sei, dasselbe zu bevölkern. Am Vorabend seines preußisch-französischen Krieges sagt Bismarck, er nehme diese Sachen vom Standpunkt des Jägers: „Wenn ich einen Kirreplatz anlegen will, schieße ich nicht gleich die erste Ricke ab, sondern warte, bis das Rudel die Fütterung angenommen hat."[157] Die Jagdleidenschaft des Kaisers Franz Joseph ist zusammenzusehen mit seinem Glauben, seine Völker aufs Schlachtfeld führen zu müssen, wobei diese Jagdleidenschaft mit dem düsteren Wissen, ein Feldherr des Unheils zu sein, sich immer noch mehr steigert. Franz Joseph hält seinen Sohn Rudolf für einen Weichling, für einen schlechten Jäger, ja, für ein minderwertiges Stück Wild[158].

Bismarck meint 1870, er mache sich nicht auf einen, sondern auf vier Kriege gefaßt, Preußen sei in der Lage, sie siegreich zu führen. Der Kronprinz Friedrich befürchtet, daß der deutsch-französische Krieg „die Eröffnung einer Reihe von Kriegen" bedeute und ein kriegerisches Jahrhundert einleiten werde[159]. Eine tiefe, naive Grausamkeit beseelt Bismarck und auch seine Frau. Im Feldzug in Frankreich erklärt er: Man solle keine Kriegsgefangenen mehr machen, da Leichen nicht verpflegt zu werden brauchten; die afrikanischen Truppen Frankreichs, Zuaven und Turkos, sollten ohne weiteres getötet werden. Paris soll rücksichtslos beschossen werden, ohne Rücksicht auf Frauen und Kinder. Wenn sich hungernde Frauen und Kinder den Belagerungstruppen näherten, sollte man auf sie schießen[160].

Mit Entsetzen sehen preußische Konservative auf Bismarck. Bismarck selbst gibt dem dreiundsiebzigjährigen Ernst Ludwig von Gerlach, dem Freund, der ihm politisch so geholfen hatte, nicht die Hand zum Abschied. Verzweifelt schreibt Gerlach nach diesem Besuch an den Vater von Bismarcks Gattin: „Mir ist die Hauptsorge die Flut von Sünde und Ungerechtigkeit, die wir wie Wasser trinken."[161] Gerlach hatte in einer Broschüre gegen die Beschlagnahme des persönlichen Vermögens des Königs Georg von Hannover, nach 1866, protestiert. Bismarck schafft aus diesen Geldern den „Welfenfonds", den „Reptilienfonds", mit dem er Männer aus allen möglichen politischen Lagern und vor allem Zeitungen für sich einkauft.

Als Bismarcks „Vernichtungswille" den aus altem ostelbischen Adel stammenden Grafen Harry von Arnim-Suchow, der als Gesandter in Paris Bismarcks Politik kritisiert hatte, mörderisch verfolgt, als „Hochverräter" (selbst Bismarcks Anhänger Radowitz erklärt die Anschuldigungen für erfunden), kommentiert der Feldmarschall Edwin von Manteuffel, Statthalter im Elsaß, Bismarcks Prozeß gegen Arnim: „Einen Mann, der Seine Majestät in so wichtigen Stellungen wie der eines Botschafters in Konstantinopel und Paris vertreten hat, so zu behandeln, ist gegen alle preußische Tradition und gegen alle Dezenz."[162] Um Tradition und Dezenz kümmert sich Bismarck wenig. Gern spricht er im vertrauten Kreis von „Legitimitätsschwindel", von „Nationschwindel", vom „deutschen Kolonialschwindel", vom Reichsschwindel[163].

Bei dem „Mummenschanz", wie man die Stiftung des Kaiserreiches im Spiegel-saal in Versailles am 18. Januar 1871 im preußischen Generalstab nennt, möchte Bismarck eine Bombe sein, die den ganzen künstlichen kitschigen Bau des neuen Reiches in die Luft sprengt (so schreibt er drei Tage später an seine Frau Johanna)[164]. Bismarck sieht das Reich Wilhelms II. als ein einsturzgefährdetes Schauspielhaus (so an den alten Kampfgefährten Roon)[165]. Dieselben Empfindungen hat er aber bereits 1871 angesichts seiner eigenen so künstlichen Kreation, des Kaiserreiches, das er in Versailles produziert hat — gegen den Willen seines Königs, der nach der Pro-klamation Bismarck nicht die Hand gibt, kein Wort mit ihm spricht, abends beim Dinner mit einem „Ach was" ablehnt, einen Entwurf für ein Kaiserwappen zu be-sehen. Die Anwesenden — unter ihnen kein Zivilist — sehen in der Kaiserkrönung ein „schlechtes Theater".

Bis ans Ende seiner amtlichen Laufbahn denkt Bismarck immer wieder daran, diese „Mißgeburt" von 1871, das deutsche Kaiserreich, aufzulösen. Nie gibt er seine Theorie von der „konstruktiven Auflösbarkeit" des Reiches auf[166]. Er, der in Wil-helm II. den „sicheren Verderber" des Reiches sieht[167], weiß sich selbst als Schöpfer einer Fehlgeburt. Noch 1896 denken und sprechen preußische Generale und Männer am Hof in Berlin von der Notwendigkeit eines Staatsstreiches Preußens gegen das Reich. Der späte Bismarck möchte den von ihm verachteten und gefürchteten Reichstag auflösen, zerschlagen. Der Zweiundachtzigjährige nimmt 1897 in den „Hamburger Nachrichten" Formulierungen wieder auf, die der Achtunddreißigjährige 1853 in einer Denkschrift gebraucht hat. Diesen Umbau des Reiches möchte er, wie er sich dem Unterstaatssekretär Lohmann gegenüber äußert, „äußerstenfalls durch das Mittel eines Staatsstreiches" schaffen[168]. Bismarck empfiehlt Franz Joseph dringend einen Staats-streich in Wien. Der alte Bismarck kehrt mit dem Drei-Kaiser-Bündnis zu Metternich und innenpolitisch zu Friedrich Wilhelm IV. zurück[169]. Er hatte sich in seiner be-rühmten Programmrede in der Budgetkommission des Abgeordnetenhauses am 30. Dezember 1862 zur Lösung der großen Fragen der Zeit „durch Eisen und Blut" bekannt und kehrt am Ende seiner Laufbahn zu ihr zurück. Im November 1889 (am 20. April wurde Hitler geboren) sagt Bismarck zu Helldorf, die „Zeit für Blut und Eisen" nähere sich wieder. Auf Schweinitz macht er in dieser Zeit den Eindruck, „eine gewaltsame Lösung der Sozialistenfrage" zu erstreben. Zu Neujahr 1889 schrieb er dem Kaiser, er halte innere Kämpfe für näher bevorstehend als äußere Kriege und bedaure, „für dieselben nicht mehr so rüstig zu sein wie 1862". Als er aus dem Amt geschieden ist, hält er an seiner Überzeugung fest, „Blut zu vergießen" sei zur Lö-sung der inneren Fragen nötig; die Sozialdemokratie sei „überhaupt nicht auf legi-stischem, sondern nur auf kriegerischem Wege zu bekämpfen"[170].

Bismarck hinterläßt nach seinem Ausscheiden innen- und außenpolitisch eine aus-weglose Situation, als er abtrat. Der Weg zur konstruktiven Zusammenarbeit mit Frankreich war durch die 1871 erzwungene Abtretung von Elsaß-Lothringen verstellt. England gegenüber hatte er selbst jene Kolonialpolitik begonnen, die es später Tirpitz und Genossen ermöglichen, den schwachen, eitlen Kaiser Wilhelm II., der engste eng-lische Verwandte pathologisch haßt, auf die gefährliche Bahn ihrer Flottenbaupolitik zu bringen. Bismarcks engste Mitarbeiter, seine eigenen Söhne Herbert und Wilhelm (Bill) und Geheimrat Holstein, sprechen sich 1884 in einer Korrespondenz über den

kommenden Zusammenbruch der Bismarckschen „Zwickmühlenspiele" aus. Bill gibt
Holstein recht: „Papa ist die bisherige Politik bequem, einen gegen den anderen auszuspielen, das geht eine Zeitlang, aber der Moment wird kommen, ou il faut prendre
une résolution."[171]

Es gehört zum eisernen Bestand des Bismarck-Mythos, daß er das Kaiserreich durch
seine guten Beziehungen zu Rußland und durch seinen Rückversicherungsvertrag gegen
den Osten abgeschirmt habe; Wilhelm II. und seine unfähigen Reichskanzler hätten
dieses herrliche Werk zerstört. In Wirklichkeit hatten der Zar und führende Männer
der russischen Politik jedes Vertrauen zu Bismarck verloren, dessen unheimliche
Fähigkeit, jeden gegen jeden auszuspielen, sie gerade in den letzten Jahren der Bismarckschen Reichsführung am eigenen Leibe spüren konnten[172]. Über den Rückversicherungsvertrag, den Bismarck am 18. Juni 1887 mit Rußland abschloß und der
dem Kaiser Wilhelm II. erst 1890, als er erneuert werden sollte, bekannt wurde,
berichtet Ludwig Bamberger, der große, würdige Gegner Bismarcks im Reichstag:
„Wenn man sich vergegenwärtigt, daß Bismarck 1887 zur selben Zeit, wo er diesen
heimlichen Vertrag mit Rußland schloß, die heftigsten Verfolgungen gegen Rußland
inszenierte, namentlich das Verbot der Lombardisierung russischer Papiere durch die
Reichsbank, so fühlte man sich versucht zu glauben, daß selbst diese grimmige Aggression nur ein Scheinangriff war, um desto besser den heimlichen Verrat zu maskieren,
der in dem Traité au double fond steckte. Bei Bismarcks Verstellungskunst und
Verschlagenheit wäre so etwas schon denkbar."[173]

„Den russischen Krieg werden wir nie hinter uns haben": Das entgegnet
Bismarck den in Berlin vertretenen Äußerungen, man werde den Krieg mit Rußland
so rasch gewinnen wie den französischen Krieg von 1870. Im Jahre 1889 möchte die
preußische Generalität lieber heute als morgen einen Überraschungsangriff gegen Rußland führen, und zwar mit solcher Wucht, daß Frankreich von vornherein jede Lust
zur Beteiligung verlieren und der von Bismarck so gefürchtete Zweifrontenkrieg vermieden würde. Bismarck selbst meinte am 10. Januar 1884: „Rußland bricht über kurz
oder lang doch zusammen."[174] Dennoch baut er fest auf das zaristische Regime und
tut alles, um den Zaren zu einem harten Regime in Rußland und in Polen anzuhal-
ten. Keine Verfassung in Rußland und Unterdrückung der Polen mit allen Mitteln, das
ist Bismarcks Rezept.

„Österreich zerschlagen wir mit Rußland zusammen." Der Lieblingssohn Bismarcks,
Herbert, „von jeher ein Feind Österreichs — angeblich, weil er als junger Botschafts-
attaché in Wien kurz nach 1866 von der Aristokratie schlecht behandelt worden
war —, hatte die Donaumonarchie bereits abgeschrieben und tat seit 1886 als Staatssekretär des Auswärtigen Amtes, was immer er konnte, um den Verfall noch zu be-
schleunigen." Herbert zu Holstein: „Mit Rußland können wir Geschäfte machen, mit
Österreich nicht. Österreich zerschlagen wir mit Rußland zusammen."[175] Holstein,
ein preußischer konservativer Patriot, sieht Herberts Politik als Nihilismus an und
Vater Bismarcks Politik als Anfang vom Ende.

Der späte Bismarck will nicht gerne daran erinnert werden, daß er die Donaumonarchie 1866 tödlich verwundet hat. Er will auch nicht gerne erinnert werden,
daß er dieses Reich planmäßig durch Revolution zerstören wollte: Tschechische, ungarische, italienische, südslawische Revolutionäre hatte er damals unterstützt und

ermutigt. In seiner Reichstagrede vom 4. Mai 1880 spricht Wilhelm Liebknecht das
zuinnerst umstürzende Wesen der Bismarckschen Politik an: „Nun, meine Herren,
Sie haben sich 1866 auf den Boden der Annexionspolitik gestellt, das heißt auf den
Boden der Revolution von oben. Damit ist Ihnen der konservative Boden unrettbar
unter den Füßen weggerissen worden."[176] Preußische Konservative sehen Bismarck
als „Bonapartisten"". Sein „Bonapartismus" bedeutet ihnen: Sich nur auf eine
Armee stützen und sich hinwegsetzen über alle Ordnungen des Völkerrechts und der
inneren Rechtsordnung. Der große Spieler sieht auf Österreich. Er braucht Österreich
als einzige Stütze für sein Spiel mit „Frankreich", „Rußland", „England", „Italien",
mit Europa, das für ihn keine Realität darstellt. Bismarck: Qui parle Europe
a tort. Wer Europa sagt, politisch als Realität ansieht, hat Unrecht[177].

Betrachten wir kurz die grausame Geschichte, in deren Vollzug Kaiser Franz
Joseph der Erzvater des Anschlusses Österreichs an Deutschland wird, zunächst in der
Sicht eines deutschen Historikers. „Nach der österreichischen Niederlage von 1866
hatte Franz Joseph Frieden mit seinen magyarischen Untertanen gemacht. Das
Resultat war der Ausgleich, ein Vertrag, der die Monarchie in zwei ungleiche Hälf-
ten teilte. Die eine war Ungarn, die andere alles übrige ..." Um ihre Herrschaft
über die Rumänen, Kroaten, Slowaken, Deutschen und Juden zu erhalten, „brauchte
die magyarische Aristokratie den Schutz des Kaisers, und darum hatte sie sich endlich mit der Habsburger Monarchie versöhnt. Daß aber Franz Joseph den magyarischen
Baronen Ungarn rechtens übergeben hatte, indem er dem Gesamtstaat nur Außenpolitik und Armee vorbehielt, das verdankten sie dem preußischen Sieg über Österreich; wie denn auch ihre Stellung in Ungarn mit jener der Junker in Preußen
wohl zu vergleichen war. Daher Bismarcks Bündnis mit Ungarn, dem Habsburg-
Österreich sich als ein Dritter zugesellte. So war die Habsburger Monarchie seit
1867 von zwei ihr eigentlich fremden Mächten abhängig: von Preußen, welches sie
1866 besiegt und dann begnadigt hatte sowie von Ungarn. Beide Abhängigkeiten
waren ungünstig für die Monarchie. Beide Bundesgenossen, Deutsche und Ungarn,
hinderten sie daran, sich zu reformieren, wie sie es wohl hätte müssen, um im 20. Jahrhundert bestehen zu können. Eine Föderation gleichberechtigter Völker, in der Deutsche und Magyaren in der Minderzahl gewesen wären gegenüber den Slawen, konnten weder Berlin noch Budapest zulassen."[178]

„Die Monarchie war seit 1866, seit 1871 ein Gefangener Deutschlands. Sie wurde
es noch mehr in dem Maße, in dem die russische Macht wuchs, England aber seine
alten Interessen im Nahen Osten preisgab, so daß die ganze Last der Verteidigung
Südosteuropas gegenüber Rußland den Österreichern zufiel. Sie konnten das nie leisten, ohne deutsche Hilfe. Seinerseits brauchte Deutschland Österreich, weil durch
Österreich der Weg nach dem Balkan und nach Kleinasien ging, Gegenden, welche
der deutsche Imperialismus zu seinem Hinterland zu machen den Ehrgeiz hatte.
Seit 1904, 1907 brauchte Deutschland Österreich auch aus einem böseren Grund: Weil
es nun sein einziger Bundesgenosse war. Kein sehr starker, kein sehr zuverläs-
siger, aber der einzige."[179] So schreibt Golo Mann 1958. Golo Mann kennt nicht
Onno Klopp, kennt nicht die politischen Überzeugungen des Kronprinzen Rudolf.

1978 spricht der Deutsche Franz Herre den Grafen Julius Andrassy, der nun nach
der Katastrophe von 1866 von Franz Joseph als neuer Außenminister der k.-u.-k.-

Monarchie berufen wurde, richtig als „Erfüllungsgehilfen der Bismarckschen Politik" an[180]. Trotz seiner Angst vor Preußen und vor Bismarck schließt Franz Joseph am 7. Oktober 1879 ein geheimes Verteidigungsbündnis zwischen Österreich-Ungarn und dem Deutschen Reich ab. Der Kaiser hatte eine Jagd in der Steiermark deshalb abgebrochen, Bismarck war selbst nach Wien gekommen.

1866 kommt, als Flüchtling, Onno Klopp nach Wien. Der Ostfriese Klopp, evangelischer Deutscher, stand im Dienste des Königs in Hannover, der nun selbst, von Bismarck seines Landes und seines Privatbesitzes beraubt, in Österreich Zuflucht fand. Onno Klopp hatte sich bereits in den Jahren vor 1866 den Zorn und furchtbare Angriffe preußischer Historiker zugezogen, durch seine kritische Beleuchtung der Politik Friedrichs II. und Preußens. Klopp wollte bereits 1858 in österreichische Dienste treten, als Bibliothekar, Archivar oder Professor der Geschichte. Er schreibt da an Friedrich Hurter, der bis 1844 Hauptpastor in Schaffhausen war, dann konvertierte und kaiserlicher Reichshistoriograph in Wien geworden war, am 12. Mai 1858: Aus meinen Studien über die Reformation „erkenne ich klar, welch ein ungeheures Unrecht die bisherige Geschichtsschreibung an der katholischen Kirche und speziell gegen das Haus Österreich verübt hat"[181].

Klopp sieht betrübt auf das Monopol der preußischen Geschichtschreibung in Deutschland[182]. Die deutschen Universitäten „sind ... sämtlich protestantisch, voll von dem Vorurtheile, welches schon die protestantische Geschichtschreibung über Österreich in Umlauf setzt." „Berlin ist das Ziel aller protestantischen Professoren." Sie alle verkünden die „Mission Preußens"[183]. Wiard von Klopp, der Sohn Onnos, erinnert daran, wie sein Vater in seinem Werk „Die Gothaische Auffassung der deutschen Geschichte" schon 1862 „fand, daß er seinen Forschungen nur dann eine Bahn brechen könne, wenn er zugleich aufdecke und unablässig darauf hinweise, daß der Geist des Preußentums nicht nur die deutsche Gegenwart zu beherrschen willens sei, sondern daß er zur Festigung seiner gegenwärtigen Herrschaft auch die Vergangenheit so dargestellt wissen wolle, wie seinen Bestrebungen förderlich sei"[184].

Auf der Versammlung der deutschen Philologen und Schulmänner in Hannover von 1864 zeigt Onno Klopp auf, wie sehr diese Philologen und Lehrer „an der politischen Begriffsverwirrung in Deutschland nicht geringe Schuld trugen"[185]. Sie verkörpern bereits das, was später Oskar Klein-Hattingen als den „phantastischen Nationalismus" dieser Neudeutschen ansprechen wird[186]. Klopp kommt am 13. Juli 1866 in Wien an. Er erkennt sofort die prekäre Situation: Defaitismus von oben, nach Königgrätz; Schmerz, Verwirrung, beginnende Orientierung hin zum Sieger, Bismarck. Klopp warnt vor voreiligem Friedensschluß. Preußen zielt auf eine Vernichtung Österreichs; es werde aggressiv, es fordere allen Boden diesseits der Leitha (so in Zeitungsartikeln vom 22. und 24. Juli 1866)[187]. Klopp kannte natürlich nicht Bismarcks Schreiben an General von Alvensleben am 5. Mai 1859: Er will „mit unserer Armee nach Süden aufbrechen, die Grenzpfähle im Tornister mitnehmen und sie entweder am Bodensee oder da, wo das protestantische Bekenntnis aufhört vorzuwiegen, wieder einschlagen[188]. Bismarcks Haltung gegen den Anschluß Österreichs, der Deutschösterreicher, ist immer auch durch seine Angst vor einem katholischen Übergewicht in seinem Reich motiviert.

Klopp trägt am 23. Juli 1866 in sein Tagebuch ein: „Franz Joseph ist kein Habs-

burger nach alter Weise. Er hat nicht die Zähigkeit seines Hauses."[189] Franz Joseph
trägt persönlich die Schuld an diesem fatalen Friedensschluß: Klopp beklagt später
tief, daß Österreich von 1878 an in immer größere „Vasallenschaft zum Neuen Deutschen Reich" geriet[190]. Schuld daran hat die Dynastie: Franz Joseph. Das ist von
1866 bis zu seinem Tode seine Überzeugung[191]: „Das Volk ist gut, brav, treu. Aber
das Fettbürgertum, die Bourgeoisie ist verrottet und verdorben, ebenso die sogenannte Bildung. Nur das Volk ist noch gut, und teilweise der Adel." So schrieb er bereits am 23. Dezember 1866 an seine Frau. „Jeder ‚Gebildete' hier erstickt in Devo-
tion vor der Pickelhaube. Sie sehen die Preußen an wie einst die Mexikaner die
Spanier, als Wesen höherer Ordnung."

Klopp, Oktober 1866: In Österreich fehlt jede „geschichtliche Kunde", es gibt
hier kein Geschichtsbewußtsein über Österreich-Ungarn etc. „Namentlich für österreichische Staatsmänner ist der, der schreiben kann, im Grunde, wenn die Leute auf-
richtig sind, nichts anderes als Canaille" (23. Oktober)[192]. 1867: „Dabei leisten heute
wie immer im preußischen Solde stehende Menschen, eine wohlorganisierte Schar von
Geschichtsfälschern, Schulmeistern, hungrigen Schreiberseelen und haltlosen Zeitungs-
schreibern in und außerhalb Preußens, diesem System der Perfidie vortreffliche Dienste.
Seit Jahrhunderten wird von diesen Geisteskindern das österreichische Volk und
Kaiserhaus zu Gunsten der Hohenzollern Tag für Tag mit Gift bespritzt." Das ist
nicht zuletzt eine Schuld des Herrscherhauses in Wien selbst, wegen der „geringen
Aufmerksamkeit, die das österreichische Regentenhaus von jeher dem öffentlichen und
geschriebenen Worte bewiesen hat"[193]. Franz Joseph ignoriert Onno Klopp bis zu
seinem Ende. Nur die Erzherzöge Karl Ludwig und Albrecht hören ihn an, finden
sich bestätigt in ihrer tiefen Sorge um den beginnenden Zusammenbruch des Reiches.
Onno Klopp wird der Geschichtslehrer des Erzherzog-Thronfolgers Franz Ferdinand[194]. Klopp polemisiert gegen den Mythos von der „deutschen Einheit".
Niemals „haben die Wege der deutschen Nation die Bahn einer sogenannten Einheit verfolgt", dafür vollzog sich eine „Verpreußung Deutschlands"[195].

1977 schreibt Golo Mann in seinem großangelegten Essay über Otto von Bismarck (in: „Die Großen der Weltgeschichte"): „1866 hatten die Preußen Deutschland
besiegt, eine Erfahrung, die in den annektierten Provinzen wie in Süddeutschland
schwerlich Enthusiasmus erregen konnte." Und weiter: „Durch sinnlosen Krieg entstand das ‚Bismarckreich': durch sinnloseren Krieg ging es unter."[196] 1871 singt Georg
Herwegh: „Gleich Kindern laßt ihr euch betrügen / Bis ihr zu spät erkennt: o weh! /
Die Wacht am Rhein wird nicht genügen / Der schlimmste Feind steht an der
Spree!"

Onno Klopp konvertiert 1873 nach langen Erwägungen zur römisch-katholischen
Kirche. In diesen Jahren bemerkt er immer wieder: In Österreich fehlt jede historische
Literatur, es gibt kein Werk, „das man zur Grundlage machen könnte der Heranbil-
dung einer patriotisch gesinnten Jugend". Das ist die schwere Schuld der österreichischen Regierung: Sie leistet buchstäblich nichts zur Bildung eines österreichischen Geschichtsbewußtseins (1874)[197]. Tiefer Pessimismus beseelt Klopp in diesen Jahren von
1868 bis zu seinem Tode 1903. Seine Briefe und Tagebücher in den achtziger Jahren
sind voll von Klagen über den Wiener „Sumpf", über „Schwammseelen"; die Wiener
Presse ist die „infamste auf Erden"; der Lehrerstand ist verbildet, die Regierung

ist kraftlos, die Magyaren beherrschen im Bündnis mit Preußen-Deutschland die gesamte Außenpolitik und greifen immer wieder in die Innenpolitik ein. Die österreichischen Staatsmänner haben nichts gelernt aus zweihundertfünfzig Jahren Treubruches und Verrats von seiten Preußens. „Das sogenannte Deutsche Reich ist in Bismarcks Augen und in der Wirklichkeit ein vergrößertes Preußen." Neue Kriege stehen bevor (so 1887)[198]. „Franz Joseph handelt zu wenig und Wilhelm II. handelt und mehr noch redet zu viel" (22. Juli 1897). Man wagt in Wien nicht gegen die Los-von-Rom-Bewegung einzuschreiten, selbst wenn sie offen Hochverrat betreibt und den Anschluß an Deutschland fordert[199].

Am 7. Mai 1901 dankt Franz Ferdinand Onno Klopp für seinen Geschichtsunterricht. „Es ist sehr traurig, was für Zustände jetzt bei uns herrschen und wie alles bemüht ist, an den Grundfesten dieser altehrwürdigen Monarchie zu rütteln." Franz Ferdinand hofft, daß „wir vielleicht einer besseren Zukunft entgegengehen"[200].

Franz Joseph hält an seinem Glaubensbekenntnis fest: „Ich betrachte die genaueste Verständigung und das engste Zusammengehen mit Deutschland in allen politischen und militärischen Fragen als den Leitstern unserer Politik" (1887)[201]. In dieser Maxime sieht Rudolf das Verderben Österreichs. Bismarck beobachtet von Berlin aus mit äußerstem Mißtrauen den Kronprinzen, den er für sehr begabt, sehr intelligent hält und ständig überwachen und ausspionieren läßt[202]. Rudolf glaubt, daß Europa nur gerettet werden kann durch eine österreichisch-französisch-englische Allianz, zu der dann der liberale deutsche Kronprinz Friedrich als Kaiser Friedrich treten soll[203]: Friedrich, von Rudolf hochgeschätzt, von Bismarck und von seinem eigenen Sohn Wilhelm (II.) tief gehaßt. Moriz Szeps, Rudolfs väterlicher Freund, Berater und bedeutendster Verbindungsmann zur Presse, informiert ihn über seine Gespräche in Paris mit Georges Clemenceau. Szeps schreibt 1885 an Rudolf: „Der Mann der Zukunft scheint mir Clemenceau zu sein!" Mindestens ein persönliches Treffen zwischen Rudolf und Clemenceau ist sicher (in der Hofburg im Dezember 1886). Clemenceau zu Rudolf: „... Österreichs Freiheit ist von absolut vitaler Notwendigkeit für Frankreich als Gegengewicht für Bismarck." Rudolf: „Deutschland wird es niemals verstehen, welch ungemeine Bedeutsamkeit und Weisheit es ist, die Deutsche, Slawen, Ungarn, Polen um die Krone gruppiert. Der Staat der Habsburger hat längst, wenn auch in Miniaturform, Victor Hugos Traum der Vereinigten Staaten von Europa verwirklicht. Österreich ist ein Staatenblock verschiedenster Nationen und verschiedenster Rassen unter einheitlicher Führung. Jedenfalls ist das die grundlegende Idee eines Österreich, und es ist eine Idee von ungeheuerster Wichtigkeit für die Weltzivilisation. Und wenn auch vorläufig die Ausführung dieser Idee, um mich diplomatisch auszudrücken, nicht vollkommen harmonisch ist, so will das nicht besagen, daß die Idee selbst falsch ist. Es besagt nur, daß eine solche Idee im liberalsten Sinn Harmonie und Gleichgewicht sichern müßte. Deshalb müßte meiner Meinung nach Österreich mit den westlichen Demokratien zusammengehen. Denn dort herrscht noch wahrer Liberalismus — persönliche Freiheit, Verachtung der Rassenidee und des Rassenhasses!"[204]

Clemenceau: „Bismarck hält diese Eigenschaften für Schwäche. Er ist gewiß ein Genie. Aber den preußischen Junker, der in ihm steckt, wird er nie überwinden.

Übrigens ist seine Politik Österreich gegenüber nicht ganz durchsichtig. Weshalb, wenn er ein starkes Österreich als Bundesgenossen wünscht, dachte er daran, uns einen Tausch anzubieten? Metz und Lothringen gegen die deutschen Provinzen Österreichs? Andererseits, warum versuchte er mit aller Kraft, Österreich in diese verrückte Ostpolitik hineinzutreiben?"[205]

Rudolf verteidigt „unsere Balkanpolitik" als „unsere schönste Mission, Kultur nach dem Osten zu tragen ..." Rudolf hofft, wenn er zur Regierung kommt, mit seinen liberalen Freunden Eduard VII. in England und Friedrich III. in Deutschland, sein Ziel erreichen zu können, einen toleranten liberalen Vielvölkerstaat zu schaffen, dem als Aufgabe die friedliche Kultivierung des Balkans zugedacht war, unter den wohlwollenden Augen der Westmächte[206]. Berta Zuckerkandl, geborene Szeps, mit einem Bruder von Georges Clemenceau verheiratet, vermerkt in ihrem Tagebuch 1885: „Mein Vater und Georges haben dann lange darüber gesprochen, aus welchem Grund eigentlich Österreich sein Bündnis mit Deutschland aufrecht hält — mit diesem von ganz Europa gehaßten Staat. Und Georges sagt ganz richtig, daß Deutschland diese Allianz brauche, die für Österreich wertlos sei. Vater gab ihm recht und meinte, es sei Bismarcks größter diplomatischer Triumph, daß er in der Welt den Glauben geweckt hat, das Bündnis sei für Österreich unentbehrlich!"[207]

Bis heute wissen Österreicher und Deutsche nicht, daß dieser von Bismarck sehr kunstvoll aufgebaute Mythos — das starke Deutsche Reich stütze den kranken, schwachen Bruder Österreich, eine ebenso geschichtsmächtige, ungeheuer wirksame Fiktion ist wie eine Lüge. Der von seiner Geburt an zum Tode bestimmte, ganz künstliche Bismarck-Staat zog Franz Joseph mit und stärkte den in Böhmen seit dem 16./17. Jahrhundert auflebenden, dann vor allem nach Kärnten, in die Steiermark, nach Oberösterreich übertragenen Glauben, daß das Haus Österreich untergehen müsse: durch ein Jüngstes Gericht; dieses Sündenbabel, hinter dem nur das ebenso böse Rom stehe!

Gebet des Siebenjährigen am Tag nach der Veröffentlichung des kaiserlichen Manifests, das den Krieg ankündet. Rudolf sendet es dem geliebten Papa. „Zum Heil des Feldzuges von 1866. Allmächtiger, ewiger Gott! Höchster Herr des Himmels und der Erde. Ich bitte Dich demütig, entziehe in dieser Zeit der Gefahr unserem Vaterland Österreich Seine Hilfe nicht; segne die Waffen Seiner Krieger, damit sie im Kampf für Recht und Ehre nicht unterliegen, sondern mit Seiner Gnade den Sieg erlangen!" Das Urteil des Siebenjährigen über das Kriegsmanifest des Preußen: „Ich habe auch das Manifest vom König von Preußen gelesen — er lügt dem lieben Gott ins Gesicht, mir gefällt es nicht."[208] Als Franz Joseph nach der Katastrophe die Schlachtfelder bereist, bittet ihn sein Sohn, ihm eine Kugel von Königgrätz mitzubringen. Und: „Die Dienstmagd, die Verwundete in der Schlacht verbunden hat, hast Du sie wirklich gesehen? Sind die Felder in Tobitschau sehr verwüstet?"

Die Kaiserin Elisabeth, als Siebzehnjährige und in allen folgenden Jahren durch ihren verhemmten, infantilen Mann maßlos enttäuscht, wurde zum fanatischen Werkzeug Andrassys und seiner magyarischen Politik[209]. Der kleine Prinz lernt in Budapest Andrassy und Max Falk, Chefredakteur des „Pester Lloyd" kennen, hat durch ihn vielleicht auch das Pamphlet „Der Zerfall Österreichs" und andere Schriften erhalten, die verkünden, daß der Friede Europas auf dem Zerfall Österreichs zu gründen sei. Seine Mutter ließ sich selbst von Falk verbotene politische Schriften besorgen[210].

Als der deutsche Kaiser 1871 Franz Joseph in Ischl und Gastein besucht, schreibt der Dreizehnjährige ein Gedicht über eine Geisterparade gefallener Soldaten von Königgrätz und Sedan, die nach dem Blut der Preußen rufen. Er sendet es nicht mehr seinem Vater, sondern dem Großonkel Erzherzog Albrecht, dem Haupt der Franzosenpartei am Wiener Hofe.

Latour, der Erzieher des Kronprinzen (Joseph Graf Latour von Thurmburg), besorgt ihm außerordentliche Lehrer. Das ist nicht leicht. Latour entschuldigt sich bei Franz Joseph, warum die Suche allzulange dauerte: „Die Auskünfte, die ich bis jetzt erhalten, genügen mir nicht, viele dieser Lehrer sind wegen ihrer Deutschtümelei nicht verläßlich."[211] Der Slowene Josef Zhisman aus Laibach, aus ärmlichsten Verhältnissen stammend, hängt sehr an dem Achtjährigen. Zhisman lehrt ihn: Toleranz, Duldung anderer Konfessionen, Opposition gegen Aristokratie und Klerus. Rudolf opponiert in diesem Sinne später gegen die Missionierung der Griechisch-Orthodoxen auf dem Balkan: Wien als Erfüllungshilfe Roms, dessen alter Traum, die Griechische Kirche gleichzuschalten und auszuschalten, mit Hilfe der schwarz-gelben Waffen in Erfüllung gehen sollte. Der Knabe Rudolf sieht in seinen Studienheften „Christus ... vor allem als den Propheten der modernsten Ideen, denn er gab dem Streben der folgenden Jahrhunderte die Basis der Menschenfreundlichkeit und Nächstenliebe ..."; „die ersten Christen wage ich als edle und von den wahren idealen Ansichten dieser Richtung durchdrungene Socialisten zu bezeichnen"[212].

Sein Lehrer für ungarische Geschichte, Hyazinth Rónay, Feldkaplan beim Aufstand von 1848, dann Emigrant in England, lehrt ihn die Verehrung Josephs II. In seinem Sinne will der junge Rudolf Protestanten, Juden, Freimaurer, Freidenker als gleichberechtigte Staatsbürger schützen[213].

Der Böhme Anton Gindely, der ab 1873 auf Forderung der Tschechen hin Rudolf böhmische Geschichte lehren soll, ist der Sohn eines deutsch-ungarischen Vaters und einer tschechischen Mutter; er versteht sich als begeisterter Österreicher. Gindely hält an der Prager Universität Vorlesungen in Deutsch und Tschechisch, schreibt deutsche und tschechische Lehrbücher für Geschichte. Gindely plädiert für deutsch-tschechische Zusammenarbeit in Böhmen. Er und Rudolfs Tschechischlehrer Hermenegild Jireček wecken in dem Kronprinzen Sympathien für die Slawen und konkret für die arme slawische Landbevölkerung gegen die böhmischen Adeligen. Rudolf: „Die Slawen sind die elendsten und schlechtesten unter den Bewohnern Europas. Sie wurden aber auch immer am allermeisten als Thiere behandelt, und jeder Hase auf dem Felde lebt freier und bessrer, als so ein armer Bauer in slawischen Ländern ... Kommt einmal in diese gedrückte Nation ein Funken Wissens ... dann wird die thierische Demuth und Enthaltsamkeit in bestialische Wuth ausarten und die Rache und die Leidenschaft werden blutige Tage hervorrufen ... Die Rache ist gut. Jahrhunderte haben die Hohen gräulich gehaust, die Zeit ist um, Blut fordert Blut, und des gemeinsten Bauern Blut wird Rache hervorrufen ..."[214] Rudolf ersieht „eine neue bessere Zeit" für den Vielvölkerstaat der Monarchie heraufkommen durch das Erstarken der slawischen Völker und den „Blick nach Osten".

Rudolfs Geographielehrer 1872—1875, Dionysius Grün, Sohn armer jüdischer

Eltern aus Mähren, Flüchtling 1848, 1849 in Berlin verhaftet, in Wien zum Katholizismus übergetreten, denkt ähnlich wie Adolf Fischhof, der Politiker und Schriftsteller, Jude, deutschliberal, führender Kopf der Wiener Achtundvierziger. 1875 schreibt Rudolf den Aufsatz: „Die Lage Wiens und unsere Zukunft". „Der Grundcharakter Österreichs, die Vielheit, zeigt sich wie im großen im ganzen Staate so im kleinen in Wien ... Österreich hat neun Millionen Deutsche und 28 Millionen Nichtdeutsche. Unmöglich kann es sich auf einen deutschen Staat hinausspielen, doch geistig sind diese neun Millionen der großen anderen Zahl überlegen. Das Deutsche Reich erreicht bald den Gipfelpunkt seiner Bildung, dann folgt die Überkultur und, den Romanen gleich, geht es dann abwärts. (Ich kommentiere: Nietzsche, Burckhardt, Lagarde sehen diesen Gipfelpunkt bereits ab 1871 überschritten[215]. Deutschgläubige glauben, daß sich im Bismarck-Staat und im Wilhelminischen Staat der heilige Geist wahrer Bildung verkörpere, an dem Österreich endlich partizipieren müsse.) Die Slawen sind im Begriffe, Menschen zu werden, in gewissen Gegenden sind sie selbst schon sehr im Fortschritt begriffen. Ihnen steht die glücklichste Zukunft voraus ... Jener Staat, jene Macht, die sich der Erziehung dieser großen Nation — wenigstens eines Teiles derselben — bemächtigt, hat sich eine sehr fruchtbare Aufgabe gestellt, denn er arbeitet für die Zukunft. Darum ist Österreichs jetzige große Aufgabe und der Zweck unserer Existenz, die Südslawen zu beherrschen, zuerst geistig, dann faktisch und sie zu erziehen und dadurch sich an ihre Spitze zu stellen. ... Hiemit haben wir die große Aufgabe unseres kleinen Teiles deutscher Bevölkerung. Sie sind dazu berufen, deutsche Bildung, deutschen Ernst und deutschen Fleiß, doch nicht deutsche Gesinnung in ein großes kulturfähiges Volk zu bringen. ... Was wäre schöner und erhabener als diese Aufgabe! ... Denn was hilft diesen neun Millionen Deutschen ein Anschluß an das Deutsche Reich? Als unkultiviert und ungebildet, als Anhängsel an einen hochgebildeten, aber durch Zwietracht zerrissenen Staat, der nie einig wird, zu hängen (damit ist Bismarcks Reich gemeint!) und noch dazu mit einem Staate verbunden zu sein, der in Gewohnheit, Charakter, Wesen, und selbst Aussehen, ein ganz anderes Volk hat. Unsere Deutschen würden sich noch unheimlicher in der Verbindung fühlen, als der Elsässer und der Holsteiner ..."[216] Der blutjunge Rudolf sieht hier die Erfahrungen deutscher Österreicher 1938—1945 voraus ...

„Mit fortschreitendem Studium des Kronprinzen wurden immer mehr Universitätsprofessoren als Lehrer berufen, so 1872 der schon damals weltberühmte Geologe Ferdinand Hofstetter, dessen Berufung von den Liberalen enthusiastisch gefeiert wurde." Hofstetter war Protestant und Darwinist. Der Vierzehnjährige widmet seinem Vater eine Arbeit, die er ihm zum fünfundzwanzigjährigen Regierungsjubiläum überreicht. Rudolf plädiert hier für das Recht des Gebildeten, des geistig Stärkeren, gegen die ihm als ungeheuerlich erscheinende Überhebung der „stolzen Aristokraten", die den Menschen als „ein Thier" behandelten. Rudolf plädiert gegen die Inquisition. „Hunderte von armen gescheiteren Menschen verbrannten oder wurden verstümmelt als Ketzer ... Was wollten denn diese unglücklichen Leibeigenen der hohen Herren und was, als das, was jedes Thier hat, die Freiheit!"[217] Der Jüngling sieht hier zusammen, was in Reformation, Gegenreformation, permanenten Bauernaufständen den Gegenglauben gegen das Heil aus dem Hause Österreich geschaffen hat. Und er bemerkt, daß die Gegenwart übervoll ist von neuen „Ketzern":

von den politischen, religiösen, weltanschaulichen Nonkonformisten, die vielleicht die besten Diener Österreichs würden: wenn man sie beriefe: in den Dienst des Staates, als Salz der Gesellschaft[218].

Die Wissenschaften werden für Rudolf zur Religion des modernen Menschen des 19. Jahrhunderts. Seine politische Weltanschauung wird durch zwei hervorragende Professoren gebildet: Adolf Exner, Staatsrechtler, und Carl Menger, der weltbekannte Nationalökonom. Carl Menger, ein österreichischer Patriot, der ausländische Berufungen ablehnt und Extraordinarius in Wien bleibt, erinnert seinen Schüler: Rudolf sei „vielleicht der erste Kronprinz in Europa, welcher eine vollständige wirtschaftliche Ausbildung erhalten hat. . . . Er kannte die Vergangenheit Österreichs, und sein jugendliches Gemüth wurde mit Sorge beschattet, wenn ihn die Furcht vor einer Rückkehr ähnlicher Ereignisse überfiel."[219] „Er war volksfreundlich durch und durch." „Es lebte in ihm ein Trieb zur Gerechtigkeit, welcher allen Vorrechten einzelner Classen widerstrebte." Rudolf: „Der Staat hat die Pflicht, die ausgebeuteten, zum Thier erniedrigten Arbeiter gegen den Fabrikanten" zu schützen. Der Zwanzigjährige will Präsident einer Republik werden[220]. Er wird Abonnent sozialistischer Zeitschriften („Zukunft" und „Freiheit"). Vier lange Briefe Lassalles, offiziell an Freund Heinrich Brugsch adressiert, sind offensichtlich für Rudolf bestimmt.

Rudolf, oder die Möglichkeiten Österreichs, so könnte man den Unterricht des Kronprinzen nennen. Wenn auch nur einige Elemente dieser seiner Bildung zum österreichischen Europäer, zum aufgeklärten Freund der Nationen und Nationalitäten, in das Bildungswesen des Staates aufgenommen worden wären, dann hätten sich die reichen Möglichkeiten zur Kooperation, zur Föderation entfalten können, die von einigen Patrioten erhofft wurden.

Kaiser Franz Joseph, der nie ein Buch las (außer den „Amtsschimmel", den ärarischen Beamten-Kalender), hält die Schriften seiner Gattin für „Wolkenkraxeleien" (Elisabeth stellt ihren Nachlaß unter den Schutz des Schweizer Bundespräsidenten, seine Veröffentlichung soll dereinst den Kindern von in der Monarchie politisch Geschädigten zukommen. Edition: Wien 1980). Rudolf hält der Vater für einen Hans Dampf in allen Gassen. Immer wieder sagt er: „Der Rudolf plauscht wieder!"[221]

Der Kaiser hält seinen Sohn hermetisch von aller politischen Information und von jeder Mitarbeit fern. Er zwingt den hochsensiblen Menschen, der in großer Scheu, Angst, Liebe, ja Liebe an seinem Vater hängt, der erste Illegale seines Reiches zu werden. Ständig ausspioniert vom Wiener und Berliner Hof, ständig gezwungen, Maske zu tragen und so in Berlin eine österreichisch-deutsche Freundschaft zu mimen, die es seiner tiefsten Überzeugung nach mit Bismarck, dann mit dem schrecklich arroganten jungen Kronprinzen Wilhelm (II.) nicht geben konnte[222], flüchtet er in die Illegalität. Er schreibt unter Pseudonymen, er verkehrt heimlich mit Journalisten und Politikern, die am Wiener und am Berliner Hof verhaßt sind. In England, das ihn tief beeindruckt[223], wo er von der Königin Victoria ins Herz geschlossen wird — mit dem eine Generation älteren Thronfolger war er schon zuvor befreundet —, verfaßt er ein 48 Seiten langes Pamphlet: „Der österreichische Adel und sein constitioneller Beruf." Rudolf sieht, wie einst Fürst Schwarzenberg, diesen Adel als politisch unfähig, faul, korrupt, ungebildet in seiner „Scheu vor jeder Art mühseliger Studien", die ihn gegenüber dem Bildungsbürgertum nicht mehr konkurrenzfähig mache.

Rudolf sieht in diesen mangelhaft ausgebildeten adeligen Militärs die Schuldigen für die Niederlagen von Solferino und Königgrätz. (Er schreibt nicht, daß sein Vater diese Kreaturen gegen alle fachmännischen Vorbehalte bis aufs letzte gehalten hatte)[224]. Diese Schrift erscheint, anonym, im März 1878 in München.

Prag, 15. April 1879. Der Zwanzigjährige verfaßt vor Antritt einer Spanienreise sein erstes Testament. Er vermacht seine Gelder wohltätigen Zwecken, der Dienerschaft und Schulen. „Alle meine Schriften, Briefschaften und Papiere, die sich in meinen Schreibtischen in Wien und Prag befinden, soll Bombelles vernichten." „Meinen Feinden, allen jenen, die mich besonders in der letzten Zeit oft geärgert haben, verzeihe ich; ich bin andere Bahnen gegangen als die meisten meiner Verwandten; doch auch ich habe nur immer die reinsten Motive gehabt. Unsere Zeit fordert neue Ansichten. Reaktion ist überall, besonders aber in Österreich, der erste Schritt zum Untergang. Diejenigen, die Reaktion predigen, sind die gefährlichsten Feinde, sie habe ich immer verfolgt, vor ihnen warne ich. Heil Österreich und seinem großen Kaiser! Heil Österreichs Heer. Sieg seinen Fahnen!" „Der letzte Gruß allen meinen Bekannten, meinem ganzen lieben Österreich!"[225]

Hoffnung auf die Armee: Sie erscheint ihm noch als Garant der Überparteilichkeit. 1884 schreibt er an Szeps: „Die Armee ist das einzige Mittel noch, welches in diesem Chaos den Reichsgedanken vertritt; sie ist großösterreichisch ... das Officirscorps bei uns ist fast ausschließlich bürgerlich, liberal, kaiserlich und für einen mächtigen Staatsgedanken begeistert!"[226] Unliebsame Vorkommnisse in der Armee bewegen ihn in seiner politischen Denkschrift von 1886 zur Klage: „Die Armee, die sich so lange intakt und vorzüglich erhalten hat und den altösterreichischen Geist zu bewahren verstand, sie beginnt auch schon von den politischen und nationalen Strömungen angegriffen zu werden; was kein Wunder ist, wenn man die Schulen betrachtet, die national sind, aber keineswegs österreichisch ..." In dieser Denkschrift blickt er auf 1867 zurück; er sieht im „Ausgleich" die Schaffung zweier Staaten: „einer so wenig lebensfähig wie der andere". „Das Traurige für Ungarn ist das Nichteinsehenwollen und Nichtbegreifenwollen aller Magyaren, daß man mit schlechter Behandlung, mit Verachtung und mit momentanen vehementen Maßregeln nichts erreicht Nationalitäten gegenüber, die an Zahl überlegen sind und die man absolut braucht, um den ungarischen Staat zu erhalten, in derselben Größe, die er heute noch besitzt."[227]

Rudolf hatte bereits in Prag, wo er 1878 als Oberst eingerückt war, die tiefe Abneigung der Tschechen gegen das kaiserliche Wien erlebt. Er war bestens vorbereitet auf seine Begegnung mit den Tschechen, er hoffte auf eine späte, aber nicht zu späte Verständigung zwischen Prag und Wien. „Ich bin in Böhmen sehr beliebt ..., daß ich endlich für den größten Theil der Bevölkerung unserer Monarchie, für alle Slaven, große Sympathien habe, erkläre ich ebenfalls ganz offen." Er arbeitete an einer Flugschrift über die Aufgaben der Slawen in der Monarchie: „Die Slaven, welch immer Volksstamm sie auch angehören mögen, haben ihrer Selbst willen dank ihres Charakters eine große, mächtige Zukunft vor sich, und Wahnsinn wäre es in einem Staate wie Österreich, eine die Slaven nicht berücksichtigende Politik zu führen!"[228]

1881 verfaßt Rudolf seine erste politische Denkschrift: „Über die gegenwärtige politische Situation in Österreich. Ein schriftstellerischer Versuch auf dem Gebiete der

Inneren Politik". Er widmet sie „seinem ehemaligen Erzieher Latour". Dieser rät ihm von einer Übergabe an den Kaiser ab. Rudolf antwortet: „Ich sehe die schiefe Ebene, auf der wir abwärts gleiten, stehe den Dingen sehr nahe, kann aber in keiner Weise etwas thun, darf nicht einmal laut reden, das sagen, was ich fühle und glaube. Unser Kaiser hat keinen Freund. Sein Character, sein Wesen lassen das nicht zu. Er steht verlassen auf seiner Höhe, mit seinen Dienern spricht er über die Berufsgeschäfte jedes Einzelnen, doch ein Gespräch vermeidet er ängstlich, darum weiß er wenig über das Denken und Fühlen der Leute, über die Ansichten und Meinungen des Volkes. Diejenigen, die jetzt am Ruder sind, müssen momentan als die einzigen bezeichnet werden, die Einlaß erhalten, und diese legen natürlich die Dinge so aus, wie es ihnen am bequemsten ist."[229]

1888 erscheint in Paris eine Broschüre, „die mit an Sicherheit grenzender Wahrscheinlichkeit von Rudolf verfaßt wurde": „Österreich-Ungarn und seine Alliancen. Offener Brief an S. M. Kaiser Franz Joseph I."[230]. Ende 1888 sah der Kronprinz, daß er auf keinen Rückhalt in der Bevölkerung der Monarchie rechnen konnte. Die neuen politischen Massenbewegungen, die sich 1888/89 formieren, die Christlichsozialen und die Sozialistische Partei, sind gegen ihn: Die Christlichsozialen bekämpfen ihn als „Judenknecht" und als „Feind Roms"[231], die Sozialisten als Habsburger, die Schönerianer und verwandten Deutschgläubigen bekämpfen ihn bis über den Tod hinaus als „Deutschenfeind", als Verräter, als sittlich verkommenes Subjekt[232]. Rudolf kehrte 1887 aus Berlin zurück, „mit der erschreckenden Gewißheit, daß der Traum eines liberalen Europa mit der Todeskrankheit des deutschen Kronprinzen Friedrich Wilhelm zu Ende war und dem Militarismus rund um Wilhelm II. die Zukunft gehörte . . ."[233] Die einzige Hoffnung, diese Katastrophe abzuwenden, sieht Rudolf in einer Änderung des Bündnissystems, einer Nichtverlängerung des 1889 auslaufenden, für Österreich so gefährlichen Zweibundes mit Deutschland, auch des Dreibundes mit Italien, dafür eine friedliche Verständigung mit Rußland über Balkanfragen.

„Julius Felix" (Rudolf) erklärt in der Denkschrift vom April 1888: „Ich bin Österreicher, wie Sie, Majestät, liebe mein Vaterland wie Sie und denke, daß einige Zeilen, die ein Unterthan an seinen Fürsten richtet, nicht ohne Interesse sein können . . ." Rudolf wirft dem Kaiser vor, sich zum Erfüllungsgehilfen Bismarcks in dessen auf die Zerstörung Österreichs gerichteten Politik gemacht zu haben. „Sagen Sie sich doch los, Majestät, solange es noch Zeit ist! Verständigen Sie sich doch direkt mit Rußland . . ." „Lassen Sie den Balkan, Majestät, solange es noch Zeit ist!"[234] Rudolf sieht in dem Kronprinzen Wilhelm, dem Schüler Bismarcks, den Verderber Deutschlands, Österreichs, Europas zur Macht kommen[235]. „Und nicht nur, daß der preußisch-pübische Politiker Österreich in einen Engpaß drängt, der durch den Morast der Lächerlichkeit führt und vor einem Abgrunde endigt, so hat er Ihnen noch die Gesellschaft Italiens aufgedrungen, dessen er sich direkt gegen Frankreich bedienen will . . . Die Menschheit hat also fünf Jahrtausende gekämpft und gelitten, jeden Fortschritt mit Blut, viel Blut, jeden Rückschritt ebenso theuer bezahlt. . . . und das alles, um dahin zu gelangen, wo wir heute angekommen sind? Der Spielball des Fürsten Bismarck zu sein?"

Rudolf sieht auf die Handlanger Bismarcks in Österreich: „Es ist traurig, aber wahr, Majestät, in Ihrem Reiche gibt es Deutsche, welche die Feigheit, die Niederträchtigkeit besitzen, ihr Vaterland zu verleugnen. In Ihrem Parlamente sitzen Abgeordnete, die — Schande und dreimal Schande — offen ihre elenden Neigungen eingestehen", die in der Verbreitung von Bismarck-Parolen „ihren Lebenszweck erblicken und in ihren Bestrebungen oft glücklicher sind, als jene ehrlichen, stolzen Österreicher, die ihr zurückgedrängtes Vaterland immer noch höher halten, als den trunkenen, johlenden Sieger. Und unter den Männern, die frei nach Bismarck I., dem Zwietrachtstifter, von einer Annexion des deutschen Österreichs an Preußen sprechen, die den deutschen Kaiser ihren Kaiser, Bismarck ihren Minister nennen, welche Ihre Porträts, Majestät, vernichten, Ihre Büsten zertrümmern, sind Lehrer, die Sie besolden, Majestät, denen Sie die Jugend Ihres Reiches anvertraut haben! ..." Rudolf bekennt seinen Glauben mit den Worten Schillers: „Der Österreicher hat ein Vaterland. Er liebt's und hat auch Ursach' es zu lieben!" Rudolf spricht Bismarck als Bankrotteur an (wie es die konservativen preußischen, wie katholische, sozialistische und altliberale Männer in Deutschland selbst formulierten). Bismarcks Politik wird „mit einem schrecklichen Bankrotte abschließen ..."[236] „Übrigens steht im Hintergrund der Ereignisse ein Bismarck-Augustulus (Wilhelm II.), der durch seinen ungestümen und verbrecherischen Ehrgeiz, dem das Genie fehlt, an der Zerstörung dessen arbeiten wird, was sein Herr und Meister Bismarck zum Ruine Europas aufgebaut hat. Doch das wäre wieder nur in einem Meer von Blut, worin Österreich und Deutschland, wie es heute dasteht, versinken würde!"

Rudolf beschwört den Geist Maria Theresias: Der Kaiser wagt nicht, in ihre Fußspuren zu treten. „Ich bin Österreicher, wie Sie, Majestät, aber mein Herz ist voll Trauer und Bitterkeit, meine Fäuste ballen sich, meine Zähne knirschen in ohnmächtiger Wuth bei so bitteren Nachrichten aus meinem Vaterlande ... Entschließen Sie sich, Majestät, kehren Sie auf der Bahn um, die zu einem Abgrunde führt ... Eine Freundschaft gibt es: Österreich-Rußland-Frankreich. Alles andere ist Schein und Heuchelei! Bismarck, der heute noch in den Himmel gehoben, in zwanzig Jahren aber verdammt sein wird, veranlaßt Sie, Majestät, zu einer Politik, welche in der Gegenwart lächerlich, für die Zukunft vernichtend ist! ... Sie verlieren, er theilt Österreich als Beute mit Ihren Feinden! ... Fort mit Preußen! Hoch Österreich und die Habsburger!" Diese Schrift wird gleich nach ihrem Erscheinen, schon in Sachsen, von dortigen österreichischen Diplomaten konfisziert, gelangt nicht, außer einigen eingeschmuggelten Exemplaren, nach Österreich.

Am 24. und 15. Mai 1888 trifft Rudolf den österreichischen Kriegsminister (von 1868 bis 1874) General Baron Franz Kuhn von Kuhnenfeld in Graz. Kuhn hatte im September 1886 zu Erzherzog Albrecht gesagt: „An der Orientpolitik gehen wir zu Grunde — wir können allein den Kampf mit Rußland nicht aufnehmen! Preußen spitzt auf unseren Untergang — die Hohenzollern wissen recht gut, daß, solange Habsburg-Lothringens Macht existiert, sie immer für ihre Existenz zu fürchten haben!" Kuhn plädiert für eine „Allianz mit Frankreich und Rußland. Aufgeben der Orientpolitik."[237] 1888 analysiert er in einer ungedruckt gebliebenen Denkschrift das deutsch-österreichische Bündnis und kommt zu dem Ergebnis, daß Österreich-Ungarn keinerlei Vorteile von diesem Vertrag habe. Kuhn vermutet hier sogar das Bestehen eines geheimen „Rückversicherungsvertrages" Bismarcks mit Rußland! Ru-

dolf stimmt voll und ganz Kuhn zu. Dieser wird sieben Wochen nach dieser Unterredung „aus Altersgründen" plötzlich entlassen, darf nicht nach Wien ziehen. Kuhn
glaubt, daß der Kronprinz von dieser Unterredung dem Kaiser, Erzherzog Albrecht
oder Graf Kalnocky Mitteilung gemacht habe. Im Juni 1888 übernimmt Wilhelm II.
die Regierung in Berlin. Der „Pester Lloyd" kommentiert die Proklamation Wilhelms
an sein Volk: „Wie gewaltig aber auch die materielle Potenz eines Reiches und eines
Volkes sein mag, die Millionen der Bajonette schützen es nicht dauernd vor dem
Niedergange, wenn es die Sympathien der freien zivilisierten Völker verscheucht, weil
es einen Widerspruch gegen die edelsten Überlieferungen der europäischen Welt verkörpert." Der Chefredakteur Falk, der bereits den Knaben Rudolf politisch informiert hatte, wird auf Betreiben Bismarcks von Ministerpräsident Tisza öffentlich
gerügt[238].

In den letzten Monaten vor dem Freitod des Kronprinzen Rudolf spielt sich in
der Öffentlichkeit ein Kampf um Österreich ab, wie in dieser Form nie zuvor.
Rudolf drängt mit allen ihm noch möglichen Mitteln in die Öffentlichkeit, um zu
warnen. Hinter den Kulissen steckt Franz Joseph eine Kettenreaktion von Demütigungen ein, die ihm Wilhelm II. und Bismarck bereiten: ein makabres Schauspiel
für Rudolf und seine österreichischen Patrioten. Wilhelms II. erster Auslands-
besuch gilt Rußland. Dann ist er im Oktober 1888 in Wien. Die Regierung versucht, mit geringen Erfolgen, Wilhelm von den Alldeutschen fernzuhalten, die ihn
als ihren einzigen Kaiser feiern wollen. Da Wilhelm seinen Onkel, den Prince of
Wales, der um dieselbe Zeit nach Wien geladen war, nicht sehen möchte, wird der
englische Thronfolger für die acht „Kaisertage" aus Wien ausgeladen. Der deutsche
Kaiser rügt in Wien den österreichischen Ministerpräsidenten Taaffe wegen seiner
„slawenfreundlichen" Politik. Auf Wunsch Bismarcks versucht Wilhelm, Franz
Joseph zu einem Staatsstreich gegen Parlamentarismus und Presse zugunsten der
kaiserlichen Macht mit militärischer Gewalt zu überreden[239]. Bismarck-Wilhelm
mischen sich gleichzeitig bezüglich Böhmens in die innere Politik Österreichs ein. Graf
Waldersee berichtet darüber: „Wir haben in Österreich Vorstellungen wegen der dortigen inneren Politik erhoben ... Wir haben sagen lassen, daß ein Föderativstaat
weniger bündnisfähig für uns sei. Da im nächsten Jahr der Vertrag erneuert werden
muß, ist der Druck auf Österreich vielleicht wirksam."[240]

Rudolf klagt: Österreich sei zur „preußischen Provinz" herabgesunken[241].
Der russische Graf Lamsdorff erfährt aus Wien: „Der deutsche Kaiser inspizierte die
österreichische Armee nicht wie ein Gast, sondern wie ein Inspektor, der den strengen
Auftrag erhalten hatte, eine Revision durchzuführen."[242] Wilhelm II. verlangt die
Abberufung Rudolfs als Generalinspektor der österreichischen Armee. Er wiederholt
diese Forderung in einem Brief aus Berlin an Franz Joseph. „Das Resultat dieses
Briefes war eine dramatische Szene zwischen Kaiser Franz Joseph und dem Kron-
prinzen Rudolf."

Rudolf geht aus dem Leben, nach einer schweren letzten fürchterlichen Auseinandersetzung mit dem furchtbaren Vater, am 26. Januar 1889, nachdem ihn dieser
noch gezwungen hatte, an einer Geburtstagsfeier zu Ehren des deutschen Kaisers
teilzunehmen. Bismarck in Berlin, Lamsdorf in St. Petersburg wissen darum. Die
Witwe Kaiser Friedrichs III., Victoria, die wie ihre Mutter, die Queen Victoria,

sehr an Rudolf hingen, schreibt nach London: „Fürst Bismarck erzählte mir, daß die
heftigen Szenen und Streitigkeiten zwischen dem Kaiser und Rudolf die Ursache
des Selbstmordes wären."[243]

Der deutsche Botschafter in Wien, Reuss (Heinrich VII., Prinz Reuss, Botschafter in Wien 1878—1894), persönlich Rudolf sehr zugetan, versuchte zu mitigieren.
Er und Waldersee (Alfred Graf von Waldersee, Chef des deutschen Generalstabs
1888—1891) sehen in dem pathologischen Haß Herbert Bismarcks mit einen Grund
für diese in Wien so aggressive Politik Bismarcks-Wilhelms[244]. Im Dezember 1888
berichten polnische und russische Zeitungen offen: „Der Kaiser von Österreich hat wohl
keine Ursache, die heutige Stellung seines Landes im Vergleich mit der früheren mit
Befriedigung zu betrachten. Es kann ihm nicht entgangen sein, daß das einst so mächtige Wiener Kabinett zur Berliner Filiale geworden, daß die österreichische Armee
von dem preußischen Generalstab dirigiert wird; daß die Berliner officiösen Blätter
Einfluß auf die inneren Angelegenheiten Österreichs ausüben wollen und daß aus den
‚höchsten' politischen Sphären in Berlin den österreichischen Staatsmännern in demonstrativer Weise bald eine Anerkennung, bald ein Tadel zu erkennen gegeben wird."[245]

Am 31. Oktober 1888 erscheint in Wien die Zeitschrift „Schwarzgelb. Politisches
Journal. Organ für altösterreichische und gesamtstaatliche Ideen." Hinter ihm steht
Rudolf, der seit dem Austritt von Moritz Szeps aus der Redaktion des „Neuen Wiener
Tagblatt" kein publizistisches Organ mehr zur Verfügung hat. „Schwarzgelb"
kämpft gegen den Dualismus, gegen das Bündnis mit dem Bismarck-Staat, tritt für
eine gleichberechtigte Stellung aller nationalen Minoritäten in der Monarchie
ein[246]. Das schmale Blättchen erregt in Berlin sofort Aufsehen. Man spekuliert hier
über jüdische, französische, russische Verbindungen und visiert den Kronprinzen
Rudolf an, der permanent in deutschen Zeitungen massiv angegriffen wird, was
wieder Munition für seine Wiener Feinde liefert, die ihrerseits als „Christliche
Antisemiten" und als Schönerianer Berlin mit Artikeln versorgen. Rudolf wird hier
dargestellt als „eine sehr hohe Person — (die) im Gegensatz zum Kaiser Franz Joseph ... eine von Haß und Neid gespeiste geradezu krankhafte Abneigung gegen
den Deutschen Kaiser bekundet ..."[247]

„Schwarzgelb": „Was haben wir in der Weltgeschichte geleistet und was die
Preußen? Seit wann gibt es überhaupt eine preußische Geschichte? Welche glän-
zende Vergangenheit hat Wien aufzuweisen und welch ein lächerlicher Parvenue ist
Berlin dagegen? Und wir sollen uns beugen vor dieser improvisierten Größe, die
gestern erst geboren worden und morgen schon zusammenbrechen kann? Nein, nim-
mermehr! Wir verzichten nicht und wir abdicieren nicht! ... Und wenn sich das
Kriegsglück wendet, werden wir Österreicher vielleicht uns in den Abgrund stürzen,
um das Preußentum vor dem Untergange zu retten?"[248]

Mitte Januar 1889, vierzehn Tage vor dem Freitod Rudolfs, erscheint ein auf-
sehenerregender Leitartikel. Kurz zuvor hatte das „Wiener Tagblatt" einen ähn-
lichen Artikel gebracht: „Die zehn Gebote in neuerster Berliner Lesart", der zur
Konfiskation führte. Es erbitterte Rudolf maßlos, daß die Regierung seines Vaters
alle gegen ihn, Rudolf, gerichteten Artikel — in Berlin und Wien — unbeanstandet
ließ, österreichisch-patriotische Artikel aber ständig konfiszierte, aus Angst, den über-
mächtigen Verbündeten in Berlin zu vergrämen[249].

Man kann diese „zehn Gebote des Österreichers" nur verstehen als einen verzweifelten Aufschrei angesichts einer Situation, in der massiv das Bündnis Franz Josephs mit Bismarck-Wilhelm II. zum offiziellen Staatsbekenntnis erhoben worden war und längst auf breitester Front Schüler aller Schulen, Studenten, Universitäten und eine Fülle von Schriften den Glauben an die Erlösung und Befreiung der Deutschen in Österreich in Wort und Schrift, Fest, Feier, Demonstration sehr eindrucksvoll bekundeten, angeheizt durch die Reden Schönerers und seiner Parteigenossen im Reichsrat. Dieses Glaubensbekenntnis erklärt[250]:

„1. Gebot: Du sollst keinen anderen politischen Glauben haben, als den Glauben an das alte, einige und ungeteilte kaiserliche Österreich, wie es in Jahrhunderten emporgewachsen ist und an welches deine Väter und Vorväter geglaubt haben.

2. Gebot: Du sollst dir keine neuen Götter machen, keine neuen Programme, keine neuen Staatsideen, sondern mit deinem ganzen Herzen an dem alten Österreich hängen, für welches deine Vorfahren Ströme von Blut vergossen haben.

3. Gebot: Du sollst dich vor keinem anderen Kaiser beugen als nur vor deinem Kaiser, vor dem Kaiser von Österreich, welcher auf dem ältesten und berühmtesten Throne der Welt sitzt und für dein Wohl und für das Wohl deiner Kinder wie ein Vater sorgt.

4. Gebot: Du sollst keinen Götzendienst treiben weder mit Preußen noch mit dem von Preußen beherrschten Deutschland.

5. Gebot: Du sollst dich nicht fürchten vor Bismarck oder vor Moltke und dir stets vor Augen halten, daß sie beide bereits müde und schwache Greise sind, die jeden Augenblick vor den Richterstuhl Gottes berufen werden können.

6. Gebot: Du sollst nicht begehren die Unterdrückung einer Nation, noch die Herrschaft einer Nation über die andere, denn die vollständige nationale Gleichberechtigung und die absolute Gerechtigkeit gegen alle Nationen bilden die sicherste Grundlage der österreichischen Staatsexistenz.

7. Gebot: Du sollst dich nicht betören lassen durch die trügerische Lockung, daß Österreich seinen Schwerpunkt nach Osten verlegen soll und sollst unerschütterlich daran festhalten, daß Österreich bleiben muß, was es war und wo es war.

8. Gebot: Du sollst mit felsenfester Zuversicht auf die Zukunft Österreichs vertrauen und dir von niemandem die Überzeugung rauben lassen, daß Österreich ebenso eine Nothwendigkeit für die eigenen Völker wie für das europäische Gleichgewicht ist.

9. Gebot: Du sollst nicht vergessen, daß Österreich die größte Monarchie der Welt war, in welcher die Sonne nicht unterging (ich kommentiere: diesen mindestens sechstausendjährigen Kaiserglauben an den Kaiser des Kosmos werden wir in Kürze zu beachten haben), daß es noch bis auf unsere Tage in Deutschland und Italien regiert hat und daß es von der Vorsehung berufen ist, bis an das Ende aller Welten zu bestehen.

10. Gebot: Du sollst bei Tag und Nacht unablässig darauf sinnen, wie Österreich seine frühere Macht und Bedeutung zurückgewonnen hat."

Fides contra fidem, spes contra spem: das ist ein Glaube gegen den Glauben einer radikalen Mehrheit, ist eine Hoffnung gegen eine Hoffnung einer hochaktiven radikalen Mehrheit.

Völlig erschöpft, schwerkrank, ausgelaugt geht Rudolf aus dem Leben. Es war sein furchtbarer Vater, der ihn zu dem Lebensstil verführt hatte, der im „Ausleben" immer mehr zur Flucht wurde. Als sich der Kaiser entschlossen hatte, Gelehrte aus dem engsten Umkeis des Kronprinzen zu entfernen, ihm kein Studium zu erlauben und ihm Höflinge wie „Charly" Bombelles an die Seite gab, wurde damit Rudolfs Lebensstil schlagartig geändert[251]. Rudolf flieht vor allem ins Volk: in den Schoß der Kinder des Volkes, der Mädchen des Volkes. Das zarte Kind litt immer, bis zu seinem Tode, an Liebesverlust. Seine Mutter Elisabeth hat große Schuld auf sich geladen, dadurch, daß sie sich ihm immer entzogen hatte. Sie versteht das augenblicklich, als sie die Nachricht von seinem Tode erfährt. Rudolf wollte ursprünglich seinen Freitod offen als eine politische Demonstration gestalten, um den Völkern Österreichs durch sein Blutzeugnis ein Fanal zu geben. Er wollte sich ursprünglich mit Mizzi Caspar, dem Mädel aus dem Volke, mit dem er eine langjährige Beziehung unterhielt, erschießen. Ihr gegenüber spricht er seit dem Sommer 1888 „vom Erschießen", von Doppelselbstmord. Der Tod Kaiser Friedrichs III. und der Regierungsantritt Wilhelms II. sind auslösende Momente: Jetzt bricht endgültig in ihm der Glaube, Österreich vor dem Marsch in den Untergang unter Führung seines Vaters retten zu können, zusammen. 1916 wäre er auch als Lebender längst zu spät gekommen. Rudolf kannte die zähe, eiserne Natur seines Vaters. Als Ort des Selbstmordes wählte er den Husarentempel bei Mödling, das Mahnmal für die Gefallenen von Aspern und Wagram. Auf dem Dachfirst steht die Widmung: „Für Kaiser und Vaterland. Den ausgezeichneten Völkern der österreichischen Monarchie gewidmet."[252]

Franz Joseph geht nach dem Tode seines Sohnes sofort zur Tagesordnung über — genauso 1914 nach dem Tode des von ihm ebenso verachteten und gehaßten Erzherzog-Thronfolgers Franz Ferdinand[253]. Als ihm Oberst Karl Bardolff (seine Rolle als Ehrenschild der Deutschgläubigen 1919—1938 werden wir noch zu beachten haben) über das Attentat berichtet, meint der Kaiser nach einer kurzen Vorfrage: „Und wie waren die Manöver?" Siebenundzwanzig Jahre, bis zu seinem Tode, darf der Name Rudolfs nicht in seiner Gegenwart genannt werden. Franz Joseph zuckte zusammen, als er die Nachricht vom Tode seiner Frau erhielt: Er hatte sehr und mit Recht gefürchtet, daß sie Selbstmord begehen würde[254]. Elisabeth sagt im April ihres Todesjahres 1898 zu ihrer Lieblingstochter Valerie, an der auch ihr Gatte hängt: „Ich ersehne den Tod . . ." Ihm selbst, den sie als ein Ungeheuer in Menschengestalt ansieht, sagt sie im Jahr zuvor, als er sie vor einem Selbstmord zu warnen sucht, mit dem Hinweis, „Da kommst du in die Hölle": „Die Hölle hat man ja schon auf Erden." Elisabeth ist, wie ihre Tochter Valerie, fest vom Zusammenbruch des Hauses Österreich überzeugt.

Valerie glaubt an Deutschland. Am 18. Februar 1889, also kurz nach dem Freitode ihres Bruders Rudolf, bekennt sie in ihrem Tagebuch: „Mama sagt, nur die Liebe zu Papa halte die Völker Österreichs zurück, offen zu bekennen, wie sehr sie sich nach dem großdeutschen Vaterland zurücksehnen, aus dem sie verbannt sind." Einer Vertrauten sagt sie offen: „Vor allem sind wir Deutsche . . . dann Österreicher und erst in dritter Linie Habsburger, das Wohl des deutschen Vaterlandes muß uns vor allem am Herzen liegen, wenn es gefährdet ist, einerlei ob mit Habsburg oder Hohenzollern. Deutsch ist Deutsch und das Vaterland geht vor der Familie."[256] Franz Joseph, der Erzvater des Anschlusses in seiner Epoche, hat den Glauben an den Anschluß nah vor sich verkörpert in seiner Lieblingstochter Valerie.

Franz Joseph ist auch in einem anderen Bezug der Vater eines eigenartigen Phänomens, des Exodus aus Österreich. Wir vergessen nicht, daß dieser Exodus in einer großen Tradition steht, die vom 16. Jahrhundert nah ins Heute führt. Exodus aus dem Hause Habsburg: Sein Bruder Maximilian[257] flieht vor ihm nach Mexiko. Der liberale Maximilian wollte dort jenseits von Franz Joseph, in einem Neuland auch der Seele, große Reformen durchführen. Juarez, der ihn erschießen läßt, übernimmt sein Reformprogramm. Das Wiener Volk hatte 1848 Maximilian als künftigen Kaiser begrüßt. Erzherzog Leopold Ferdinand bricht als Leopold Wölfling aus dem Erzhause aus: „Man fühlte seine (Franz Josephs) kalte Hand. Wir Erzherzöge, die wir um seinen Thron geschart waren, fühlten sie öfter und kälter als die anderen. Er ging durch unser Leben, ein fühlloser Lenker. Er stand vor unseren spontanen Entschlüssen oft wie das unübersteigbare Hindernis. Sein Greisenkopf wackelte über unserem Familienleben zustimmend oder ablehnend wie der Kopf eines indischen Götzen. Was man fühlte, gelangte nicht vor ihn, war von ihm nicht verstanden. Er war hart, blieb sich immer gleich und unerbittlich, Franz Joseph war das Schicksal."[258] Erzherzog Johann Salvator aus der toskanischen Linie, Feldmarschallleutnant und Divisionskommandeur, entsetzte Franz Joseph durch seine Schrift „Drill oder Erziehung?", die nach Franz Josephs Auffassung den soldatischen Gehorsam in Frage stellte. Franz Joseph hielt bis zu seinem Tode am Drill fest — auch hier in „unbewußter" Nachahmung des preußischen Drills —, seine „Kaisermanöver" waren durch Drill geschaffene Paraden, ohne jeden militärischen Wert. Nach vielen Auseinandersetzungen tritt Erzherzog Johann Salvator aus dem Haus Habsburg-Lothringen aus, sendet 1889 — im Todesjahr Rudolfs — dem Kaiser das Goldene Vlies zurück, geht unter dem Namen Johann Orth ins Ausland. Sein Schiff „Margerita" ist am Kap Horn verschollen. Erzherzog Ferdinand Karl, Sohn des Kaiserbruders Karl Ludwig, heiratet eine Professorentochter, nimmt den Namen Ferdinand Burg an, stirbt in München an Tuberkulose. Der Bruder Karl Ludwig (1833 bis 1896) war ein stiller Mann, der ganz zurückgezogen lebte. Der Bruder Ludwig Viktor war ein Sonderling, wurde von Franz Joseph auf das Schloß Kleßheim bei Salzburg verbannt, wo er 1919 starb.

Franz Joseph, dieser zutiefst unsichere Mann, der nur einem Menschen ganz vertraute, seiner Mutter Sophie, bekannte ihr am Tage vor der Unterzeichnung des Friedens von Prag, am 22. August 1866: „Es ist ein Kampf auf Leben und Tod, der noch lange nicht aus ist, und es ist mit Berechnung auf unsere vollkommene Zerstörung abgesehen. Wenn man die Welt gegen sich und gar keinen Freund hat, so ist wenig Aussicht auf Erfolg, aber man muß sich so lange wehren, als es geht, seine Pflicht bis zuletzt tun und endlich mit Ehre zugrunde gehen!"[259] Dieses „endlich mit Ehre zugrunde gehen" bekennt er ein letztes Mal 1914. Franz Joseph glaubte nicht an Österreich, er glaubte aber dies: daß er der letzte Kaiser sei, der Kaiser Alteuropas. Dies glauben ihm nicht nur Millionen seiner Untertanen, sondern auch Besucher aus aller Welt, so der amerikanische Präsident Theodore Roosevelt. Franz

Joseph stilisiert sich als „der Kaiser, der niemals stirbt" (die große Vision des Franz Grillparzer). Schon der Zwanzigjährige gleicht eher einer Statue des Monarchen als einem Menschen aus Leib und Blut. Der Vierzigjährige wirkt wie ein Achtzigjähriger[260]. Der Kaiser weiß, instinktiv, was alle Kaiser von Babylon über Ägypten bis Byzanz wußten: Die kaiserliche Majestät muß durch Angstschranken geschützt werden, die timor et amor, den großen Schrecken schaffen, die große unüberwindliche Distanz zwischen seiner geheiligten Person und allen anderen Menschen[261]. Gegen sich selbst schirmt sich Franz Joseph durch die Uniform ab, „die ihm selber Haltung aufzwang und anderen Habtachtstellung abnötigte". Franz Joseph zelebriert, wie seine Vorfahren in sechstausend Jahren, die kaiserliche Liturgie durch das Hofzeremoniell, durch einen peinlichst, sakral geregelten Tageskalender. Jede Bewegung, ja oft jedes Wort ist vorgebildet, weist jeden anderen Menschen in seine Schranken: das Familienmitglied, den Ministerpräsidenten, die Kriegerwitwe, den Offizier, den Zivilbeamten: Sie alle sollen wissen, vom ersten Augenblick der Audienz an, daß sie auf die Huld und Gnade ihres kaiserlichen Herrn angewiesen sind.

Franz Joseph fordert als erster von sich selbst härteste Disziplin. Er schläft in einem dürftigen Feldbett, läßt sich jeden Morgen punkt halb vier durch seinen Kammerdiener wecken, mit den Worten: „Ich leg' mich zu Füßen Euer Majestät, guten Morgen." Das ist ein „unbewußter" Reflex des in allen katholischen Kirchen der Monarchie sonntäglich gesungenen Liedes: „Hier liegt vor deiner Majestät im Staub die Christenschar."

Es ist an der Zeit, von diesem Kaiserglauben zu handeln. Leider fehlt mit dem Vielen, was österreichischer Geschichtsschreibung bis heute fehlt, auch eine anthropologische, völkerkundliche und tiefenpsychologische Erkundung dieses Kaiserglaubens. Der böhmische Fürst Karl Schwarzenberg, dessen Ahnen zu den Ständen des Heiligen Römischen Reiches gehören, der sich selbst auch als Tscheche wußte — er verfaßte historische Werke in tschechischer Sprache — hat 1958 in Wien ein Werk veröffentlicht, das eindrucksvoll die eben angesprochene sechstausendjährige Kontinuität aufzeigt, in der auch noch Franz Joseph steht, als *der Kaiser* („Adler und Drache"). Schwarzenberg erklärt, es führt eine direkte Linie dieser kaiserlichen Tradition von Eridu nach Babylonien, nach Ägypten, Rom, Konstantinopel, Aachen und Wien[262]. Ebenso verknüpfen die Kaisertiere die Monarchien miteinander. Der Adler ist das Abzeichen mesopotamischer, persischer, makedonischer, römischer, österreichischer, russischer Monarchen (und der „reguli", der Kleinkönige, wie die Staufer ihre westeuropäischen Konkurrenten abzuwerten versuchen)[263]. Ich bemerke dazu: Gerade für „geschichtslose" Völker, die ihre Geschichte durch „oral history", mündliche Überlieferung, als Gegenwart lebendig erhalten, spielt der Kaiser-König eine unersetzliche Rolle. Er verkörpert heilig-unverletzlich die Volksseele, das Heil des Stammes, des Clans, des Volkes, der „richtigen" Religion, des Kultes als der Kultur[264].

Der Kaiserglaube der Kroaten, Slowaken, Ruthenen (Ukrainer) an *ihren* Kaiser Franz Joseph wurzelt in diesen archaischen Traditionen. Der Kaiserglaube von kaisertreuen Juden, heute noch mehrfach lebendig (Peter Herz: „Der Kaiser und die Juden", Wien, April 1978; analog Kaiser-Franz-Joseph-Erinnerungen in israelischen Zeitungen der siebziger Jahre[265]) erlebt Franz Joseph als „Melech", als den einzig rechtmäßigen Kaiser und König. Jubelnd begrüßen ihn die jüdischen Gemeinden in Lemberg und Krakau, in den kleinen Städten und Städtchens Galiziens — wie Tiroler, in denen der archaische Kaiserglaube des Andreas Hofer lebt mitten im 20. Jahrhundert, ja hier und dort noch heute.

Das Kaisergelb von Schönbrunn und das Kaisergelb von Peking bezeugen: Der Kaiser ist Kosmoskaiser, er verkörpert die unbesiegbare Sonne, er ist verantwortlich für den großen Frieden im Kosmos, den sein Reich abzubilden hat. Das „himmelblaue Kaiserwetter" am Geburtstag des Kaisers Franz Joseph ist eine Manifestation dieses göttlichen Wohlgefallens am Ersten Sohn der Sonne, des Himmels und der Erde, des Kaisers[266]. Diesen Glauben bekunden die Kaiserhymnen gerade des spätrömischen Reiches, als der Sonnenuntergang sich längst über das Römische Imperium gelegt hat, in den Hymnen-Gedichten des Sedulius Scotus und seiner Zeitgenossen[267]. Diesen Kaiserglauben hält die Römische Kirche fest.

Friedrich II., der erste Zerstörer der österreichischen Position in Europa, verbat in einem Geheimbefehl in seinen Reichslanden (das außerdeutsche Preußen kam da nicht in Frage) das Kirchengebet für den Kaiser[268]. Als Kaiser Joseph II. nach Rom kommt, jubelt ihm die Volksmenge zu: Siete a casa! Ihr seid hier zu Hause! Ich persönlich habe diesen Kaiserglauben am eindrucksvollsten erlebt in der Gestalt meines großen Lehrers Hans Hirsch, Direktor der Wiener Abteilung der Monumenta Germaniae Historica. Dieser Großdeutsche konnte nur mit tiefer Ergriffenheit vom Kaiser sprechen und wies immer wieder auf das Karfreitagsgebet der Kirche hin. Ich zitiere nach meinem Schott-Meßbuch von 1937: „Lasset uns auch beten für den allerchristlichsten Kaiser N., daß unser Gott und Herr alle Barbarenvölker ihm untertan mache zu unsrem beständigen Frieden."

Nach seiner Abdankung als Römischer Kaiser blieb der Kaiser von Österreich eine „auctoritas" von besonderer Art. Er war der „Enkel der Cäsaren", er blieb der Schirmherr der Heiligen Kirche. Für Kaiser Franz wurde das liturgische Gebet in den alten Formen weiter verrichtet. Nach einer Befragung Roms im Jahre 1836 wurde dies fortgesetzt bis zum Konkordat von 1860, welches entsprechende neue Formen einführte. Damals erließ die Ritenkongregation ein Dekret, das den heiligen Kaiser Heinrich II. als Vorgänger Franz Josephs bezeichnete (Heinrich Himmler erwählte sich später den Kaiser Heinrich I. als Schirmherr des Heiles seines großgermanischen Reiches). Der Gebetstext erbittet für den Kaiser, er möge „der Laster Ungetüme vermeiden, Feinde besiegen . . ." In Zara erhalten sich die uralten „laudes", die liturgischen Heilsrufe für den Kaiser, bis Ostern 1918, wo sie für Kaiser Karl gesungen werden[269].

Karl Fürst Schwarzenberg, der Böhme, macht in diesem Zusammenhang aufmerksam: Kaiser Franz Joseph übt typisch altkaiserliche Rechte aus, so als er für die ungarländischen Serben ein erneuertes Patriarchat schafft. „Und das Gedicht von Erben auf die Hochzeit des Kaisers vergleicht das Brautpaar in uralter Symbolik mit Sonne und Mond. Auch kann es niemand entgehen, wie Kaiser Franz Joseph überhaupt die uralten Motive der Kaiserkunst in seiner Person tatsächlich verwirklichte. Man nehme die gewöhnlichsten populären Darstellungen des ‚alten Kaisers': der Kaiser im Gebet; der Kaiser bei seiner Armee; der Kaiser auf der Jagd. Und man lege daneben die häufigsten Darstellungen eines Sargon und Ramses; der König beim Opfer; der König als Triumphator; der König auf der Jagd. Die Konstanz durch fünf

Jahrtausende ist eindrucksvoll. Nur ein Motiv fehlt: die ‚fortuna Augusti‘, das kaiserliche Glück. Der Kaiser ist nicht mehr von glückhaften Sternen begleitet ..."[270]

An dem 1916 fertiggestellten neuen Trakt der Hofburg steht an der Front der hinteren Fassade die uralte Konkordienformel, die das Heil der Völker in ihrer einträchtigen Liebe zu seiner kaiserlichen Majestät ansagt: His aedibus adhaeret concors populorum amor. Diesem heiligen Bau der sakralen kaiserlichen Majestät ist die einmütige Liebe seiner Völker verbunden.

Franz Joseph glaubt persönlich nicht mehr an dieses Heil. „Weiß Gott, für wen ich die Burg baue", pflegt er zu sagen, wenn er an diesem „Verhängnisbau", wie er ihn nennt, vorbeifährt. Tiefste Unsicherheit verraten die mehrfachen Umarbeitungen der Baupläne. Franz Joseph ist einmal nahe daran, die „Neue Hofburg" wieder einreißen zu lassen[271]. Als Kaiser weiß er sich verpflichtet, die uralte Tradition des Römischen Kaisers in ihrer durch die Gegenreformation im Hause Habsburg erneuerten Form allen seinen Völkern und aller Welt feierlichst zu bekunden: In der Fronleichnamsprozession schreitet er gleich nach dem „Himmel": dieser Himmel war in Altrom, in Byzanz, im Kaiserpalast präsent, in der Aura über dem Kaiser. Jetzt trägt der Priester unter dem „Himmel" die Monstranz, den fleischgewordenen Gott. Diese Kaiserprozession wurde allseits — von Feinden und Freunden — als die Demonstration des Kaisers verstanden. Der evangelische Norddeutsche Theodor Sickel, der als Historiker nach Wien berufen wurde und nicht wirklich hier zeitlebens sich beheimaten konnte, empfahl, er, der Pastorensohn, der Preuße, als Presbyter der Wiener Evangelischen Kirchengemeinde AB., die Aufnahme von Fronleichnam und Mariae Heimsuchung in den protestantischen Festkalender. 1863 stellte er den Antrag, die Feiern des Geburtstages des Kaisers auf den vorangehenden Sonntag zu verlegen[272].

Shakespeares Königsdramen (ihre geheime Faszination wird erst in der Gegenwart wieder erkundet) sind ein einzigartiges Unternehmen, das englische Königtum, das schwerst gefährdet und täglich vom totalen Umsturz bedroht war — gerade auch in den Tagen der ersten Elizabeth — durch Puritaner und andere Radikale — als eine einzige, unersetzliche Weltmacht den Zeitgenossen vorzustellen, die als Königsmörder, als Teilnehmer am Hundertjährigen Krieg, an dem ihre nächsten Sippengenossen teilgenommen hatten, mehr als kritisch auf König und Königtum sahen. Shakespeare wagt es, diese Könige als Schwächlinge, Mörder, Verräter, Eidbrüchige, als unseligschwache Väter („King Lear") und immer wieder als Scheiternde auf die Bühne zu bringen, da er an das Königsheil glaubt. Gerade in seinem Drama „Richard II" (III, 2) stehen die Schlüsselverse: Not all the water in the rough rude sea / Can wash the balm from an anointed king". Dies besagt: keine Flut von Verbrechen, Unglück und Unheil, keine Sturmflut der Geschichte, von hundertjährigen Kriegen und Bürgerkriegen, vermag das durch die Salbung gemittelte Heilszeichen von einem wahren, geweihten König zu tilgen[273].

Diesen Glauben präsentiert Kaiser Franz Joseph in seiner Selbstdarstellung vor seinen Völkern. Diese Völker werden in ihrem Glauben erhalten, ja bestärkt gerade durch die heilsame Distanz, die unüberbrückbare sakrale Schranke zwischen ihnen und dem „Allerheiligsten", zwischen ihnen und der kaiserlichen Majestät. Der Erzherzog Albrecht, „dieser Erzhabsburger", drückt das so aus: „Das Herrscherhaus muß durch eine breite Kluft von allen Untertanen getrennt sein." Würde dieser Grundsatz, die Basis seines Bestehens, aufgegeben, „so muß es ver- und zerfallen gegenüber seiner zusammengewürfelten Völkerfamilie, deren einziges Bindemittel so oft (und auch jetzt wieder) das Haus und dessen Armee waren, gegenüber den demokratischen, alles nivellierenden Tendenzen der Jetztzeit."[274] Der Kaiserglaube des franzisko-josephinischen Zeitalters hat Menschen ergriffen, die als Alldeutsche, als Feinde des Hauses Österreich, begannen und als Offiziere und Beamte allertreueste Diener ihres Herrn Kaisers wurden. Dieser Kaiserglaube war nicht an das „Schwarzgelb" gebunden. Franz Joseph wollte mit Schwarzgelben nicht gerne zu tun haben. 1813 hatte Kaiser Franz I. aus einem Kriegsaufruf das Wort „Vaterland" gestrichen und dafür das Wort „Kaiser" eingesetzt.

Die ständige, offensichtliche Zurückhaltung, ja die Zurückweisung, die engagierte österreichische Patrioten durch Franz Joseph erfuhren, der scheinbar „für alle" dasein wollte, hat die Schwarzgelben in eine Isolierung gebracht, nicht selten in eine tragische, in eine verzweifelte Position — so noch ihre Erben 1918 bis 1938. „Schwarzgelb": das wurde ein Scheltwort, eine Denunziation, eine Abqualifizierung, die sich ein Student, ein Professor, ein deutscher Bürger nicht gefallen lassen konnte. Dies bedeutete für ihn eine Diskriminierung bei seinen Kommilitonen, bei seinen Bundesbrüdern, bei seinen deutschen Konnationalen. Schwarzgelb: Das wurde nicht als das Farbenmal der Staufer, des Heiligen Römischen Reiches (als Schwarz-Gold) ersehen, sondern als das verhaßte Schwarz der „Schwarzen", der „Ultramontanen", verbunden mit dem Gelb (in der gelbweißen Kirchenfahne) des Papstes.

Nach Königgrätz beginnt der Kampf zur „Endlösung" der Österreichfrage. In ihr spielt „der phantastische Nationalismus" der Neudeutschen im Staate Bismarcks und Wilhelms II. eine ebenso große Rolle wie der phantastische Nationalismus dieser Neudeutschen in Österreich, die aus dem Staate des Kaisers Franz Josephs Heimkehr ersehnen in den Schoß der Großen Mutter Germania, Deutschland.

1863 hatte der Kaiser von Österreich alle Souveräne des Deutschen Bundes zu einem Fürstentag nach Frankfurt eingeladen. Unter seinem Vorsitz sollte die Bundesreform durch einen neuen Reichstag begonnen werden. Am 17. August fand die erste Sitzung statt. Am Abend gibt die Bundeshauptstadt Frankfurt ein Festmahl. Bei dem Feuerwerk zur Illumination sollte eine Monumentalgestalt der Germania in edlem Feuerschein erstrahlen. Germania fiel vorzeitig in sich zusammen. Dies sieht Franz Joseph, der am folgenden Tage, am 18. August, seinen dreiunddreißigsten Geburtstag feiert, als böses Omen an[275]. Mit Recht: Sein Versuch, Germania neu zu beleben, war zum Scheitern verurteilt. Zum Scheitern verurteilt war aber auch der überaus kunstvolle Reichsbau der Germania, den nun Bismarck aufrichtet, eben mit den Vorbereitungen für Königgrätz (das 1863 als Schlachtenort natürlich noch nicht bekannt war) beschäftigt. Bismarck gelang es mit äußerster Kraftanstrengung, seinen König zurückzuhalten, doch noch nach Frankfurt zu gehen.

8. Die Zerstörung des Österreich-Bewußtseins im franzisko-josephinischen Zeitalter

Bildungen eines Österreich-Bewußtseins wurden im franzisko-josephinischen Staat zerstört durch ein nahezu totales Unverständnis für die Jugend, durch die Preisgabe der Schüler, der Studenten, der Schulen, der Hochschulen an die ekstatische deutschnationale Jugendbewegung und an den akademischen Deutsch-Nationalismus. Bietak hatte seinerzeit in seiner „klassischen" Studie über das Lebensgefühl des Biedermeier eine Hochschätzung des Kindes und des Greises in dieser letzten „typisch" österreichischen Lebenskultur, im ersten Drittel des 19. Jahrhunderts, untersucht[1]. Der kalendarisch junge Kaiser Franz Joseph stilisiert sich früh als ein alter Mann. „Schon der Vierziger sah auf den ersten Blick beinahe so aus, wie der Achtziger noch aussehen sollte."[2] Die Geringschätzung der Jugend, in die sich eine geheime Angst vor ihrem revolutionären Potential mit hochmütiger Ablehnung „junger Leute" mischte, hat der franzisko-josephinische Staat den „Konservativen", den Christlichsozialen und noch führenden Männern des „Christlichen Ständestaates" in der Ersten Republik und bürgerlich-konservativen Politikern in der Zweiten Republik vererbt.

Sarajewo ist die Tat blutjunger Schüler, Gymnasiasten, dann erst Studenten, die ihre enthusiastische nationale Religion nicht zuletzt aus Quellen der deutschen Jugendbewegung nähren[3]. 1913 bereitete Graf Collas als Chef der politischen Sektion der bosnischen Landesregierung einen Bericht über die Tätigkeit der jungen Bosnier vor. Er wird deshalb zurechtgewiesen und entgeht knapp einer Bestrafung wegen seiner „Angst vor Kindern"[4]. Angst vor Kindern: Das besaßen durchaus noch die von Metternich inspirierten Karlsbader Beschlüsse und ihre Aachener Bekräftigung. Der Mordanschlag des deutschen Studenten Carl Ludwig Sand wurde durchaus richtig verstanden als eine Erhebung aus dem emotionalen pubertären Untergrund erregter „Kinder"[5]! Die Begeisterung für Sand in österreichischen Schulen „erfüllte die hiesigen Machthaber mit Furcht und Schrecken". „Die massenhaft eingeschmuggelte Flugschriftenliteratur, die darüber berichtete, wie auch die zum Vorschein gekommenen Pfeifenköpfe mit seinem Bildnis fanden vor allem in Salzburg und Innsbruck reißenden Absatz."[6] Noch 1824 führen Gymnasiasten in Marburg an der Drau im Stadttheater lebende Bilder von der Ermordung Sands auf. Besorgt wendet sich Kaiser Franz am 30. März 1820 an den Polizeichef Sedlnitzky: Die Umtriebe erregter junger Menschen in Prag, dann in Mähren und Schlesien, wo in Teschen bereits 1819 eine „Teutonia" am Gymnasium den Glauben an das Heil aus der deutschen revolutionären Jugend verkündet, wirken alarmierend.

In Linz — der Bildungsstätte des Deutschland-Glaubens Adolf Hitlers — wirkt an dem seit Herbst 1818 bestehenden Lyzeum als Oberstufe des Gymnasiums eine Schülerverbindung, die ähnlich wie die Giessener „Schwarzen", die wir bereits kurz kennenlernten, den Wahlspruch vertritt: „Ein Gott, ein deutsches Schwert, ein deutscher Geist und Gerechtigkeit."[7] 1822 wirkt in Salzburg die „Teutonia" in diesem Sinne. Ein „Jünglingsbund" in Innsbruck legt sich 1822 im Paragraph 1 seiner Statuten fest: „Zweck des Bundes ist der Umsturz der bestehenden Verfassungen ..."[8] In den Jahren 1830 bis 1848 ist der ganze böhmisch-mährische Raum von Schülerverbindungen durchsetzt, die diesen Heilsglauben bekennen. Saaz, Leitomischl, Nikolsburg werden besonders namhaft. Die „Stimmung" in der Nikolsburger Pennalie schildert drei Generationen später noch Karl Renner in seinem Lebensbericht „An der Wende zweier Zeiten"[9]. Die erste „Teutonia" in Wien wird 1845 genannt, am polytechnischen Institut. Der verdienstvolle Historiker der Pennalien, Oskar Waas, bemerkt 1967 lakonisch: „Die Psychologie des Jugendalters und über dessen Auswirkungen in der Zeit der Adoleszenz ... diese Bearbeitung der Metahistorie sollte den Pädagogen, Soziologen, Psychologen und sonstigen Interessenten überlassen bleiben."[10]

Es gibt bis heute in Österreich keine Metahistorie, keine Psychohistorie, keine historischen Untersuchungen der politischen Implikationen des Generationenproblems, wie es im Blick auf Wien Carl E. Schorske in Amerika untersucht hat[11]. Es gibt nichts, was der „History of Childhood", der Vierteljahrsschrift des „Journal of Psychohistory" (erste Nummer Sommer 1973, New York), auch nur an die Seite zu stellen wäre. Es gibt in Österreich nichts, was den Untersuchungen über „Eros und Politik", über die mentalen, politischen, gesellschaftlichen Implikationen der deutschen Jugendbewegung im 20. Jahrhundert entspricht[12]. Das ist natürlich kein Zufall: Vergleichbar der totalen Ausscheidung der tiefenpsychologisch orientierten Wiener Schule der Kunstgeschichte, die nach England auswanderte[13], wurden jene für die psychischen Dimensionen des Menschenkindes ansprechbaren sensiblen Geister — vorzüglich, aber nicht ausschließlich, österreichische Juden — eliminiert.

Um dies hier vorwegzunehmen: Es gibt gerade noch im Raum der Germanistik Untersuchungen über den Hintergrund der „Verwirrungen des Zöglings Törless", Robert Musils genialer Erfühlung der Bildung von Terrorismus in geschlossenen Erziehungsanstalten, erschienen Wien und Leipzig 1906. Es fehlt jedoch völlig die Erkundung des riesenhaften Phänomens der Bildung von Schülern in den Pennalien, sodann in den Korporationen, die später selbst Lehrer, Beamte, Richter, Professoren wurden. Die da aus Böhmen und Mähren in die Räume der heutigen Bundesländer einströmenden jungen Menschen bilden hier, in der Abgeschlossenheit ihrer Verbindungen, geschlossene Gesellschaften. Sie bilden Sonderkulturen, sie sehen mißtrauisch, ja feindselig auf das unzüchtige Völkerbabel Wien, auf die „Schwarzgelben", auf die für sie obszöne Mischung der Völker und Rassen in diesen fremden Landen. Sie hausen sich ein mit ihren Landesgenossen aus den böhmisch-mährisch-schlesischen Dörfern, Märkten, Kleinstädten und finden Blutsgenossen, Schwurgenossen in den Pubertätsgenossen in Kärnten, in der Steiermark, in Ober- und Niederösterreich, in Wien etc.

Der heiße Deutsch-Nationalismus dieser jungen Menschen, blutjunger Schüler, bildet die stärkste emotionale existentielle Basis für die Bildung der Kämpfer für „Deutschlands Ehre" im „zuchtlosen" habsburgisch-römischen Österreich. Unruhe des Geschlechts, tiefe Unsicherheit dem Weiblichen gegenüber (das als „weibisch" abgewertet wird), Haß gegen den Vater-Kaiser in Wien, gegen den „deutsch-feindlichen" Papst-Vater in Rom, gegen den schwarzen Vater, den „jesuitischen Pfaffen", verbinden sich in einer hochexplosiven Mischung: Die Jugendgeschichte des Adolf Hitler in Linz und Wien demonstriert viele „typische Fälle" dieser „Verwirrungen" junger Menschen — so atypisch in anderen Bezügen das Leben Adolf Hitlers später verläuft[14].

Anfang der vierziger Jahre bestehen geheime studentische Verbindungen in Österreich im Untergrund. In Wien sind es neun. Sie werden von der Polizei nicht entdeckt[15]. Hier wurzeln die „Illegalen" eines österreichischen Nationalsozialismus, der auch eine Jugendbewegung und eine von Akademikern getragene Bewegung ist, in einer Fülle von Animositäten und inneren Gegnerschaften, wie sie bereits die deutschen Jugendbewegungen des 19./20. Jahrhunderts bezeugen. Die entscheidenden Jahre für Selbstfindung und Selbstdarstellung dieser deutschen Jugendbewegungen in Österreich sind 1848, 1866, 1870/71.

1848: Erst nach der Pariser Februarrevolution kommt in der Wiener „Arminia" der Gedanke auf, offen eine grundlegende Änderung aller politischen Verhältnisse zu fordern. In den fünf Korps der Wiener „Akademischen Legion" kämpfen auch die Lyzeisten und Humanitätsschüler, also Gymnasiasten, und einige Schülerverbindungen. Ein Gymnasiast stirbt an Schußwunden, die er am 13. März 1848 vor dem Landhaus erhalten hat[16]. Am 2. April 1848 wird eine riesige schwarzrotgoldene Fahne am Hauptturm des Stephansdomes, dann vor einem Fenster der kaiserlichen Wohnungen in der Hofburg gehißt: Das ist die Heilsfarbe der „Freiheitskämpfer" gegen Napoleon, sodann der deutschen Burschenschafter von 1817. Diesen „Kindern", Schülern also, und Studenten kommen enthusiastische Huldigungsschreiben zu von „Kindern" aus Krems, Linz, Salzburg, Nikolsburg, Brünn, Reichenberg etc. Klagenfurt, dann Linz hissen die schwarzrotgoldene Fahne als Kampfsymbol gegen „Schwarzgelb".

Ein alter Mann sieht besorgt auf Wien, auf die Monarchie, auf das Frankfurter Parlament. Am 9. November 1848 schreibt Radetzky in einem Brief an den Wiener Abgeordneten Egger nach Frankfurt: „Österreich mit seinen nichtdeutschen Provinzen zählt 38 Millionen; möge man das in Frankfurt nicht vergessen und sich nicht mit einem starren Deutschthum um einen solchen Bundesgenossen bringen. Österreich wird sich eher von Deutschland als von Österreich trennen."[17] Dieser „fromme Wunsch" des großen alten Mannes wird 1848 von den „Kindern" verworfen. In *Prag* trennen sich nach anfänglicher Zusammenarbeit die deutschen und tschechischen Studenten. Die Tschechen hatten das Übergewicht in der Prager Akademischen Legion. Das ist der Anfang vom Ende der national gemischten studentischen Verbindungen. Die Deutschen trennen sich vom national gemischten Studentenausschuß und schaffen am 9. November 1848 die „Lese- und Redehalle der deutschen Studenten". In *Graz* treten die Slowenen aus der Akademischen Legion aus, da diese die deutschen Farben wählt[18].

Bedeutsam ist das Entgegenkommen der kaiserlichen Behörden gerade schon in dieser Inkubationszeit zwischen 1850 und 1860 gegenüber den geheimen Schüler- und Studentenverbindungen, so in Wien, wo erst am 24. März 1860 ein Polizei- agentenbericht zur Kenntnis genommen wird. Dieses Entgegenkommen bestimmt die franzisko-josephinische Ära bis 1914 und die Ära der Ersten Republik.

Es ist Nichtösterreichern immer wieder aufgefallen, wie dieses franzisko-jose- phinische Österreich von oben her Selbstverrat übte: durch Preisgabe seiner Schulen und Hochschulen an Lehrer, Hochschullehrer, Verbindungen, die mehr oder minder offen und bereits früh in Demonstrationen in aller Öffentlichkeit diesen Staat als ihren Feind ansprachen. Nach dem Zweiten Weltkrieg bringen auch österreichische Historiker einen Krebsschaden dieser Art offen zur Sprache: An den österreichischen Universitäten wurde keine österreichische Geschichte gelehrt.

„Es gehört zu den Versäumnissen und Unbegreiflichkeiten Altösterreichs, daß es trotz einiger Ansätze keine seiner großen Vergangenheit und seinem Wesen entspre- chende Geschichtsschreibung hervorbrachte. Es war vorwiegend deutsche Geschichte mit Österreich als Anhang, die auf den Hoch- und Mittelschulen gelehrt wurde. Aus- nahmen bestätigen die Regel. So kam zur Verwirrung durch politische Parteien und Publizistik noch die Verdunkelung des Geschichtsbewußtseins. Bedenkt man fer- ner, daß die Hochschulen als Gegenstand des Nationalitätenkampfes von einer zwei- ten Seite her unter Feuer genommen wurden, so versteht man das ungesunde, über- hitzte Klima an den hohen Schulen und die Überreizung der Studentenschaft als Dauerzustand."[19] Alphons Lhotsky skizziert 1962 die Tragödie des 1854 gegrün- deten Instituts für Österreichische Geschichtsforschung. „Von Österreich und öster- reichischer Historiographie war da, zumal der ‚Ausgleich' (1867) das Österreich, dem diese Gründung galt, zerstörte, bald nicht mehr die Rede. Der Staat kümmerte sich nicht um Schaffung einer österreichischen Geschichte, aber er hat auch mit schwer begreiflicher Indolenz die Propaganda mancher Auffassungen, die gegen seine Ideo- logie gerichtet waren, toleriert, ohne auch für diese eintreten zu lassen."[20]

Der Mann, der für diese „Versäumnisse und Unbegreiflichkeiten Altösterreichs", für diese „schwer begreifliche Indolenz" die Verantwortung trägt, heißt Kaiser Franz Joseph I. Dieser Mann, der seine eigene Jugend früh in sich verdrängte, einsargte, der Mann, der kein Buch las, der nichts, buchstäblich nichts von den Gei- steskämpfen, von den religiösen Kämpfen, von den innerlichen Kämpfen in seiner Epoche wußte, bzw., so weit ihm einige Namen bekannt wurden, nichts verstand, dieser Mann, der gegen die österreichische Jugend stand, nicht zuletzt in seinem eigenen Hause, übergab das Unterrichtswesen und die Universitätsreform Männern, die alles Heil für Schule, Hochschule, Bildung in der neudeutschen, preußischen Gei- stesbildung ersahen, die in dieser Zeit, ab 1848, längst nicht mehr von der Freiheit und Humanität des Wilhelm von Humboldt, von der Liberalität und Weltoffen- heit der Goethe-Zeit geprägt wurde[21]. Fachgenossen traten an die Stelle der Männer eines freien, generösen, weltoffenen deutschen Geisteslebens. Es ist geschichtlich sinn- voll, daß der Vater des politischen Anschlusses Österreichs an das neue Deutschland Bismarcks zuvor bereits der Vater des Anschlusses der Schulen und Hochschulen Öster- reichs geworden war.

1848 erfolgt im Zusammenhang der Einrichtung der Ministerien in Österreich die Errichtung des Unterrichtsministeriums. Der erste Unterrichtsminister, Franz

Freiherr von Sommaruga, beruft den Prager Philosophieprofessor Franz Exner als wissenschaftlichen Beirat in das Unterrichtsministerium. Exner „war ein Bewunderer des reichsdeutschen Bildungswesens und stand in seiner geistigen Haltung den reichsdeutschen Professoren nahe"[22]. Exner setzt die Berufung des am Stettiner Mariengymnasium wirkenden Philologen Hermann Bonitz durch. Er hatte ihn 1842 in Berlin kennengelernt und macht ihn 1848 zu seinem Mitarbeiter bei der Unterrichtsreform. Exner und Bonitz sind Protestanten. Die vielfache Berufung von deutschen Protestanten ab 1848 ist eine sublime „Rache des Weltgeistes" für die Austreibung der hervorragenden evangelischen Schulmänner aus Österreich während der Gegenreformation.

Nach einigen ministeriellen Zwischenspielen, kurzlebigen Ministerien, wird am 28. Juli 1849 Graf Leo Thun-Hohenstein mit allerhöchster Entschließung zum Minister des Kultus und Unterrichts ernannt[23]. Exner[24] und Bonitz[25] haben in ihrer Organisation der Gymnasien und Realschulen in Österreich, Thun hat mit seiner Universitätsreform großartige Leistungen vollbracht. Es kann auch kein Zweifel bestehen: Österreich brauchte Berufungen aus dem Ausland, und hier kamen neben der Schweiz die Staaten des Deutschen Bundes vorrangig in Betracht. In unserem Bezug ist nur *ein* Element dieser nun einsetzenden friedlichen (meist friedlich ablaufenden) „Invasionen" bedeutsam. Die Auswirkung dieser Bildungsreformen bedeutete konkret die *Nichtbildung eines Österreich-Bewußtseins* der Lehrer, Professoren, der Schüler, der Studenten.

Gegen diese Invasionen erhob sich ein gewisser Widerstand von Professoren der altösterreichischen Tradition und katholischer Kreise. Um den katholischen Charakter der Wiener Universität, der (bereits 1520 erstmalig zerbrochen) längst nur mehr formal zu erhalten war, tobte ein Kampf, der erst 1873 mit der endgültigen Entkonfessionalisierung der Universitäten beendet wurde. Die Massenberufung deutscher Gymnasiallehrer und Professoren löste Kettenreaktionen aus. Zwei von ihnen seien hier kurz genannt: „Unter den älteren Universitätsprofessoren und Gymnasiallehrern haben sich so unzählige menschliche Tragödien abgespielt. Sie waren in anderen Traditionen aufgewachsen und konnten sich nicht mehr umstellen. Vom Ministerium wurden sie als rückständig behandelt, jüngere Kollegen, aus dem Ausland berufen, wurden ihnen vorgezogen, auch meist finanziell besser gestellt als sie. Auch sahen die Neuberufenen sichtlich demonstrativ auf sie herab . . ."[26]

Die Thunsche Reform des juridischen Studiums hatte als „Ziel . . . die Wiedereingliederung der österreichischen Rechtswissenschaft in die deutsche, also die Niederreißung der bisher bestehenden Scheidewand zwischen beiden. Das konnte natürlich nur durch Massenberufungen von reichsdeutschen Gelehrten durchgeführt werden. Es bedeutete dies Programm auch eine Kampfansage an die österreichischen Rechtsfakultäten, denen ein vollständiges Umdenken von oben her aufgezwungen wurde."[27]

Thun berief als Mitarbeiter zwei Berater aus dem Kreis der deutschen katholischen Bewegung, Jarcke und Phillips. „Damit war die junge Generation der österreichischen Intellektuellen weithin von der akademischen Laufbahn ausgeschlossen."[28] Karl Ernst Jarcke war durch seine Konversion zum Katholizismus in Preußen „unmöglich" geworden für eine akademische Laufbahn. Er wurde Publizist und Herausgeber des „Berliner politischen Wochenblattes". Metternich berief ihn nach

Wien, setzte ihn für seine Politik ein. Jarcke empfand „eine eigentümliche Haßliebe zu Österreich". „Seine Liebe galt dem katholischen Kaiserstaat, sein Haß den Menschen des österreichischen Vormärz und ihrer geistigen Haltung." „Ein leidenschaftlicher Haß gegen den Josephinismus spricht aus Jarckes Schriften, er betrachtet die österreichische Intelligenz in ihrer Gesamtheit als verderbt, ja er verachtet sie als geistig minderwertig. Man spürt dabei deutlich die Erregung über die Ablehnung seiner Lehren durch die österreichische Intelligenz."[29]

Jarcke hatte in Berlin Freundschaft mit einem anderen Konvertiten, George Phillips, geschlossen, dem ebenfalls durch seine Konversion eine akademische Laufbahn in Berlin verschlossen war. Phillips kam über München nach Österreich, wo ihm Jarcke eine Professur für deutsche Rechts- und Reichsgeschichte und Kirchenrecht in Innsbruck verschaffte[30]. Jarcke und Phillips kommt das fatale Verdienst zu, den Reformkatholizismus in Österreich mit abgewürgt, ja erdrosselt zu haben. Durch Bernard Bolzano[31] und Anton Günther[32] hatte Österreich eine europäische Spitzenstellung erreicht für einen geistoffenen, weltoffenen, humanen, gebildeten Katholizismus. Bolzano wirkt bis auf Husserl, Schüler Günthers nahmen zeitweilig bedeutende Positionen im deutschen Katholizismus ein. Jarcke und Phillips arbeiteten auf die Indizierung Anton Günthers hin, die dann auch 1857 erfolgte[33].

Es ist für Österreich im späten 19. Jahrhundert und bis 1938 außerordentlich bedeutsam geworden, daß hier „die Schwarzen", die „Ultramontanen", die Katholiken als „Römlinge", „Finsterlinge" angegriffen werden konnten, weil sie tatsächlich in vielen Bezügen borniert, engstirnige und engherzige Partisanen ihrer papalistischen Kleruskirche waren[34]. Dies in einem Land, das zunächst in Böhmen, dann auch in den Räumen des heutigen Österreich so bedeutende kirchliche Aufklärer, nicht nur als Josephiner, gebildet hatte — dazu einen Hochklerus von Kardinälen, Bischöfen, Prälaten, die gegen die Unfehlbarkeit des Papstes und die Ausbildung eines überspannten päpstlichen Zentralismus und Absolutismus in Rom kämpften[35].

Thun, der selbst ein Bolzano-Schüler war, seine freie Jugend aber verdrängt hatte, hörte nicht auf die Warnungen aufgeklärter Kirchenmänner, wie des apostolischen Vikars von Sachsen, Bischof Joseph Dittrich, vor Phillips und Jarcke[36]. Aus *Berlin* ließ der Geheimrat Brüggemann vom preußischen Kultusministerium, der das katholische Studienwesen leitete, durch Mittelsmänner Thun 1850 vor Bonitz warnen. Ein Preuße warnte Wien vor der Berufung preußischer Professoren nach Österreich. Er fragt, „ob Österreich denn nicht schon hinlänglichen eigenen Vorrath an auflösenden und zersetzenden Elementen habe, daß es sich derlei Stoffe künstlich von außen importiere und einimpfe"[37]!

Unter dem Einfluß von Phillips entschloß sich Thun, „die germanistischen Lehrkanzeln der juristischen Fakultäten in Österreich den Reichsdeutschen vorzubehalten, die die germanistischen Disziplinen in ihrer im Reich üblichen Gestalt in Österreich einführen sollten. Ohne sein Eingreifen hätte sich wahrscheinlich damals die Disziplin ‚Österreichische Rechtsgeschichte' herangebildet." Hans Lentze meint *1962*: „Sie hat sich bis heute nicht entwickelt, erst jüngst hat Hermann Baltl (1950!) ein Programm für eine künftige Disziplin ‚österreichische Rechtsgeschichte' aufgestellt."[38] Wohl hatte man 1893 eine „österreichische Reichsgeschichte" als Lehrfach eingeführt. Über die „erschreckende Naivität" Thuns diesen seinen Beratern gegenüber mag man bei Lentze nachlesen ... Jarcke gewann ihn für seine immer noch reaktionärer werdende Haltung. „Die junge österreichische Intelligenz sollte einem gigantischen Umerziehungsprozeß unterworfen werden, aus dem eine neue konservative Intelligenz hervorgehen sollte."[39] Kurz vor seinem Tode (27. Dezember 1852) legt Jarcke dem Minister eine Denkschrift „Die österreichischen Universitäten" vor. Jarcke demonstriert hier, daß „die Förderung der Wissenschaft und des geistigen Fortschritts der Nation ... in Deutschland fast ausschließlich in die Hände des Protestantismus gefallen" ist. „Wir können es uns leider nicht verhehlen, seit einem Jahrhundert waren die Katholiken in Deutschland in der deutschen Literatur so gut wie geistig todt, und erst in neuster Zeit, wo in gemischten Ländern die Universitäten nothgedrungen auch katholische Elemente in sich aufnehmen mußten, entstand ... eine katholische Wissenschaft."[40]

Jarcke kennt die rabiate antikirchliche Literatur in Österreich, die uns im Bezug des österreichischen politischen Katholizismus und seiner Todfeinde im späteren 19. und im 20. Jahrhundert noch begegnen wird: Eine Belletristik, „deren antichristlicher Haß gegen alles Bestehende in Staat und Kirche, ja überhaupt gegen alles Heilige und Göttliche vielleicht in der ganzen modernen Geschichte ihresgleichen nicht hat". Der Dämon der antichristlichen Poesie hat den gebildeten Klassen in Österreich seinen Stempel aufgeprägt[41].

Dieser Konvertit aus Berlin sieht Österreich in den schwärzesten Farben. In dem Brief vom 7. August 1852, dessen Beilage diese Denkschrift bildet, spricht Jarcke seinen ganzen Pessimismus aus, „seine Verzweiflung über den österreichischen Menschen von damals, der ihm so verdorben erscheint, daß ihn ein Unterrichtsminister nicht umzuwandeln vermag. Darum hat Jarcke auch wenig Vertrauen zu Thuns Experiment, das er mit der Altweibermühle des Balletts vergleicht. Jarcke vergleicht seine eigene Rolle mit der Rolle Satans, der im Buche Hiob vor dem Thron Gottes als Ankläger des Menschen erscheint!"[42]

Am Vorabend der Thunschen Universitätsreform von 1854 erschien 1853 eine anonyme Artikelreihe in der offiziösen Zeitung „Journal des österreichischen Lloyd", die dann auch als Broschüre herausgegeben wurde. Die Endredaktion dürfte Thun selbst besorgt haben, der sich auf Jarckes Arbeiten stützt. Jedem Leser war klar, daß es sich um eine offiziöse Kundgebung des Unterrichtsministeriums handelte. Diese Artikelreihe „schlägt ausgesprochen großdeutsche und nationaldeutsche Töne an und sucht die Rückständigkeit der österreichischen Universitäten gegenüber den deutschen nachzuweisen"[43]. Thun war in einer Jugendschrift für die tschechische Sprache und Literatur eingetreten, er macht später, nach 1860, als böhmischer Feudalkonservativer gemeinsame Sache mit den Tschechen: Hier aber fordert er alle Vorrechte für die deutsche Sprache. An den galizischen Universitäten Krakau und Lemberg geht er hart gegen die polnischen Professoren vor, er „hat diese beiden Universitäten rücksichtslos germanisiert"[44]. Gegen bedeutende Gegner, so gegen den Finanzminister Andreas von Baumgartner und den Justizminister Karl von Krauss, den Innenminister Bach und den Leiter der Ministerkonferenz, den Außenminister Graf Buol-Schauenstein, gelingt es Thun, seine Universitätsreform im wesentlichen durchzukämpfen: eine bedeutende Leistung. Einige ihrer Schattenseiten waren hier zu berühren.

Eine für die Bildung — und das hieß konkret die Nichtbildung eines Österreich-

Bewußtseins an der Wiener Universität — bedeutende Rolle kam dem Historiker Theodor Sickel[45] zu, der 1856 zunächst als Paläograph seine Lehrtätigkeit am 1854 gegründeten Institut für Österreichische Geschichtsforschung begann[46]. Thun hatte ihn bei Kaiser Franz Joseph durchgesetzt. Sickel wurde 1869 Leiter des Instituts, 1870 wirkliches Mitglied der Akademie der Wissenschaften, 1872 Dekan. In diesem Jahr, das uns in der studentischen Bewegung noch mehrfach begegnen wird — es ist das Jahr nach Bismarcks Reichsgründung —, gewinnt Sickel die österreichische Regierung für eine ständige Subventionierung der Monumenta Germaniae Historica. Der sanctus amor patriae, der stiftungsgemäß diese bis heute fortgesetzte außerordentliche Edition beseelt, gilt Deutschland. Die Generationen, die aus dem Institut hervorgingen, wurden bereits durch die Wiener Direktion der „Monumenta" auf die deutsche Geschichte fixiert.

Sickel wird 1884 geadelt, wird 1889 Mitglied des Herrenhauses, 1891 Direktor des österreichischen Instituts in Rom. Er tritt 1901 als Sektionschef in den Ruhestand. Bereits diese außerordentliche Karriere und die Fülle seiner einflußreichen Positionen machen Theodor Sickel zu einer Schicksalsgestalt der Geschichtschreibung in Österreich — in dem halben Jahrhundert, in dem Franz Josephs Regime auf den Weltkrieg von 1914 zumarschiert.

Der Preuße Sickel ist der Sproß einiger Generationen lutherischer Pfarrer. Er begann als Theologe, ging dann an die philosophische Fakultät, kommt infolge seiner Beteiligung an demokratischen Volksvereinen mit der Berliner Polizei in Konflikt, wird aus Berlin ausgewiesen, geht in die Emigration nach Paris (1850). Sickel kommt 1855 mit einem Studienstipendium des französischen Unterrichtsministers nach Wien[47]. Der Protestant Sickel befreundet sich mit katholischen Gelehrten, so mit Benediktinern, er liebt konziliante Naturen: „jesuitisches Pfaffentum" war nach seiner Erfahrung auch unter den protestantischen Geistlichen seiner Heimat zu finden[48]. Sickel bleibt zeitlebens ein Preuße und im letzten ein Fremdling in Wien, er selbst versteht sich immer mehr als ein „Neuösterreicher", als Mann eines deutschösterreichischen Staatspatriotismus stolz seiner Mission bewußt, deutsche Forschung und akademische Bildung in Österreich zu fördern. „Ich bin viel in den nichtdeutschen Kronländern herumgekommen und habe dabei Österreich und seine deutsche Aufgabe erst richtig kennengelernt. Wir Neuösterreicher haben eine sehr große Freiheit im Reden und Schreiben, ganz entschieden mehr als die Beamten in Preußen, ja selbst im amtlichen Verkehr kann man in Wien mit einem Minister offener sprechen als in Preußen mit dem nächstbesten Vorgesetzten."[49] Im Februar 1862 klagt er, daß er „in den Augen der Offiziellen und Nichtoffiziellen (doch) stets der Preuße" bleibe. Sickels Grundüberzeugung ist in diesen Jahren vor Königgrätz, daß „die preußische Spitze (auf die Dauer doch) unvermeidlich und unausbleiblich sei". Im Januar 1872 stellt er selbst fest, daß er in Österreich „noch (immer) nicht Pfahlwurzel geschlagen" habe, und war nach wie vor geneigt, „nach Deutschland heimzukehren, um dort als Gelehrter und Patriot volle Befriedigung zu finden"[50]. Aus diesem Österreich emigrieren freiwillig, in großer Begeisterung, Professoren, die in dem „faulen Staate" als Gelehrte und Patrioten keine Befriedigung finden können: geborene Österreicher, die sich dem Sieger von Königgrätz und Sedan zuwenden.

Die deutsche Jugendbewegung in Österreich tritt in vollem Siegesglanze ins Licht der Öffentlichkeit mit den Feiern zum hundertsten Geburtstag Friedrich Schillers am 10. November 1859. Ein Schiller-Rausch erfaßt das deutsch-österreichische Bildungs-bürgertum, durchaus vergleichbar dem späteren „Flottenrausch" in Deutschland in den neunziger Jahren. Noch im selben Jahr 1859 werden allein in Wien zehn Korpora-tionen gegründet. Seit dem Verbot von 1849 hatten Schüler- und Studentenverbindun-gen mit wohlwollender Duldung der kaiserlichen Behörden „illegal" gearbeitet[51]. Führend in dieser Bewegung wird die Wiener Burschenschaft „Silesia"[52]: Sie wird 1860 gegründet als Verband ehemaliger Gymnasiasten aus Troppau. Das ist ein Modellfall für viele dieser nun aus dem Boden schießenden Verbindungen. Sie erfas-sen zunächst blutjunge Leute aus böhmisch-mährischen Kleinstädten, die nun in den Sog der Industrialisierung geraten, in die ein tschechisches Arbeitertum einströmt und eine junge tschechische Intelligenz eigene Schulen, Hochschulen und eben auch staatliche Ämter fordert. Diese jungen Menschen leben in Wien im Exil. In der fremden Stadt bilden sie sich eine eigene Heimat: in ihren Verbindungen. Gebor-genheit suchen sie im Schoß der großen Mutter Germania. Am 23. Januar 1862 veranstaltet die Wiener „Silesia" einen Lessing-Kommers. Parole: gegen die „fran-zösische Sittenkorruption", gegen die „Entcharakterisierung unseres geliebten deut-schen Volkes". Das „Französische" ist ein Deckname für das „leichte Leben" der Wiener, das diese jungen Puritaner so entsetzt, erschreckt und fasziniert wie den jun-gen Adolf Hitler.

In diesen Jahren vor 1866 finden diese Korporationen eine direkte Förderung bei den kaiserlichen Behörden, da Franz Joseph glaubt, sich in Deutschland behaupten zu können. Jede Regimentskapelle trägt 1863/64 deutsche Nationallieder vor, die be-geistert mitgesungen werden. Die Regierung wirbt um die Deutsch-Nationalen, ahnt nicht, daß sie einen Bumerang produziert. Eine Mehrzahl von Wiener Verbindungen steht gegen Preußen als „Hochburg des Antiliberalismus, des Junkertums und des Ka-davergehorsams"[53]. Aber bereits 1864 wird ein Hebbel-Kommers in eine poli-tische Kundgebung für Preußen (im Konflikt um Schleswig-Holstein) umfunktio-niert.

Dann dies: Eine Mehrheit der studentischen Körperschaften will eine akademische Legion gegen Preußen bilden, am Vorabend von Königgrätz! Das scheitert am Wider-spruch der „Silesia". Die „Silesia", in der die beiden wohl bedeutendsten öster-reichischen Professoren, die dann ins Bismarck-Reich übersiedeln und zu Herolden des deutschen Glaubens werden, tonangebend sind, Ottokar Lorenz und Wilhelm Sche-rer, wendet sich mit einer Kundgebung am 22. Mai 1866 gegen den Plan dieser aka-demischen Legion und spricht offen ihre Hoffnung auf einen preußischen Sieg aus[54].

Ekstatischer, fanatischer Glaube an das kommende neue Deutschland bekundet der Turnerbund. Sein Gründer, eine Führernatur eigener Art, der Generationen von Turnern mit seinem Glauben erfüllt hat, Ernst Krickl[55], nahm 1861 mit einer Dele-gation österreichischer Turner an der Grundsteinlegung für ein Jahn-Denkmal auf der Hasenheide bei Berlin teil. Krickl taucht in Stettin die Fahne des 1860 von ihm ge-gründeten Wiener Turnvereins in die Ostsee: eine Taufe. Jeder neue Glaube hat das Bedürfnis, neue Rituale, neue Liturgien, neue Feste, einen neuen Festkalender *seines* heiligen Jahres zu bilden, zumal wenn er im Dunstkreis der römischen Kirche um seine Auferstehung kämpft. Das bezeugen Krickl, nach ihm Schönerer, nach

Schönerer Hitler und Himmler — und zwischen ihnen alle die Rituale der Kommerse, der Mensuren: Bluttaufen, welche die Mannbarkeit, die Wiedergeburt zum deutschen Manne manifestieren sollen.

Jubel über Königgrätz. In seiner Rede bei der Eröffnungskneipe des Wintersemesters 1866/67 erklärt der Präses des Grazer Corps Johannea: „Die deutschen Stämme in Österreich müssen trachten, ebenbürtig zu werden ihren Brüdern in Deutschland in Freiheit der Gesinnung und in geistiger Höhe."[56] Der Minderwertigkeitskomplex österreichischer Deutscher ihren „deutschen Brüdern" gegenüber kommt hier deutlich zum Ausdruck. Im November 1866 sagt in einer Kommersrede der Silese Rechbauer: „Bei der inneren Zerfahrenheit unseres ganzen staatlichen Organismus erwarte ich für uns kein anderes Heil mehr als ein Aufgehen in Deutschland. Möge es bald und unblutig geschehen."[57] Das ist der Glaube an das Heil im deutschen Schoß.

Am Vorabend des preußisch-französischen Krieges bezeugen sich als hochaktiv preußenfreundlich bürgerliche Kreise in Böhmen, in Kärnten, in der Steiermark und in Tirol. Immer mehr Studenten versuchen sich über den Umweg eines Studienaufenthaltes an einer deutschen Universität in die preußische Armee einzuschmuggeln. Die Deutschen in Siebenbürgen veranstalten Geldsammlungen für deutsche Kämpfer als „ferne Söhne der großen Mutter", der Mutter Germania. Ritter von Leitner, ein Steiermärker, singt (in „Alldeutschland. Dichtungen aus den Ruhmestagen des Heldenkrieges 1870—1871", erschienen in Leipzig 1871) sein Lied: „Der deutsche Österreicher" — „aus dem Bruderbunde, der ein Jahrtausend alt"[58]. Das ist die neue Ausdrucksform des alten, deutschen, religiös-politischen Chiliasmus, der seit dem 16. Jahrhundert im Untergrund lebte und in den Seelen arbeitete[59]: der Glaube an das tausendjährige Reich deutscher Nation. Ähnliche Gedichte, Gesänge, oft hymnischer Natur, kommen aus Tirol, in dem die junge Intelligenz scharf antiklerikal, antiitalienisch und, was auf den ersten Blick überraschen mag, voll Haß auch gegen die Slawen ist. Joseph Streiter singt in Bozen am 19. Oktober 1870 sein Lied: „Stets eins mit dir zu sein, Germania"[60].

Doch auch dies gab es noch, nach Königgrätz: Leitende Stellen des Staates betonen das Österreichertum stärker. Der verdiente Historiker der politischen Geschichte der deutschen Hochschulen in Österreich, Paul Molisch, Oberstaatsbibliothekar an der Universitätsbibliothek in Wien, betont in seinem 1922, dann 1939 wieder erschienenen Werk: „Damit war der Gegensatz zwischen der deutschnationalen Bewegung und dem österreichischen Staatsgedanken gegeben." Der „Sieg des deutschen Nationalgedankens gegen das schwarzgelbe Österreichertum" konnte durch diese Reaktionen nicht ernstlich gefährdet werden[61]. Am 20. Januar 1868 spricht im „Wiener Studentenklub" Dr. Carl Lueger gegen die „Preußenseuchelei"[62]. Generationen deutsch-nationaler alter Herren und Studenten werden ihm dies Wort nie verzeihen. Es gibt da einige wenige österreichische Klubs, wie die „Aurora" und einige Korps, die gegen ein Preußen-Deutschland protestieren. Im Dezember 1868 zeigt sich beim Lesevereinskommerse am 7. Dezember „noch eine starke Übermacht der Großösterreicher". 1870 wird Lueger von Silesen mißhandelt, die gegen ihn für den preußischen Sieg demonstrieren[63]. Im Herbst 1870 wird bei der „Academie zum Besten deutscher Verwundeter" in Graz ein Prolog Robert Hamerlings vorgetragen: „Deutschösterreich". Hier die Parole „Alldeutschland ist erwacht!". „Das Herz Deutschöster-

reichs, das deutsche Herz / Wo seid ihr Brüder gewesen, / Als rings, den tausendjährigen Bann zu lösen, Germania nach ihren Söhnen frug."[64] Zum Glauben an das
Heil aus dem tausendjährigen Deutschen Reich gehört der Glaube an das tausendjährige Unheil durch das teuflische Gegenreich, Rom, die Papstkirche, präsent in
Deutsch-Österreich durch die Habsburger.

Im Herbst 1870 finden viele ostentative Siegesfeiern statt. Bei einer Feierstunde
zu Ehren des preußischen Heeres kommt es am 1. Dezember 1870 zur „Schlacht im
Dianasaal" in Wien, da Lueger eine scharfe Entgegnung wagt[65]. Riesiger Jubel besonders in den Alpenländern nach der Gründung des neuen Deutschen Reiches in
Versailles am 18. Januar 1871. Wir erinnern, wie sehr anders Bismarck, sein König,
der Kronprinz und preußische Militärs diese fragwürdige Stiftung in Versailles
selbst ansahen[66]. Fackelzüge, Böllerschießen, Höhenbeleuchtung, Prozessionen, Kommerse zur Feier dieser Geburt. Betroffen ermahnt Franz Joseph, der 1866 noch nicht
verwunden hat, seine Regierung zum Einschreiten, da sonst „der Begriff, was Hochverrat sei, ganz verloren gehe"[67]. 1875 erscheint in den „Österreichisch-Ungarischen
Militärischen Blättern" ein Artikel, „Unsere geistige Gefangennahme durch Preußen": Keine einzige studentische Korporation hat sich den naheliegenden Namen
„Austria" erwählt[68]. Betroffenheit im liberalen Böhmen. Hier herrscht die Sorge,
daß Deutschland Österreich zum preußischen Vasallen macht, sich Böhmen einver-
leibt und den Kaiser nach Ofen verweist. Dazu äußern sich Tschechen wie E. Grégr:
„Wir fürchten aber an die Preußen zu fallen. Das wäre das unabwendbare Grab
unseres Volkes. Preußisches Kapital, preußische Intelligenz, preußische Rücksichts-
losigkeit würde uns in kurzer Zeit verschlingen."[69]

Böhmen, Mähren und im Zentrum Prag sind ab 1866 Tummelplätze einer deutschen „Irredenta" gegen Habsburg, wobei Pennalien, also geheime Mittelschulverbindungen, eine breite Basis bilden. Eine besondere Rolle spielt die Pennalie
„Quercus" (deutsche Eiche). Hier wird die Berliner Gymnasialzeitung „Walhalla" gelesen[70]. Die Burschenschaft „Teutonia" in Brünn wird von den Tschechen als
„Prušaci na Moravě", als Preußen in Mähren, verklagt, sie wird von den Behörden
aufgelöst[71]. Neben Brünn ragt Iglau hervor, die Heimatstadt des einzigen österreichischen Bundeskanzlers der einzigen österreichischen nationalsozialistischen Regierung, Arthur Seyß-Inquart. In Iglau wird die Pennalie Iglavia bereits 1859 gegründet. Ihre Mitglieder gehen dann in Wien in die gleichnamige Landsmannschaft[72].
Auch in Iglau gibt es eine „Teutonia", die der Schriftsteller Karl Hans Strobl als seine
geistige politische Heimat rühmt. Viele Schuldirektoren gehen aus diesen Jugend-
bünden, aus den Pennalien hervor, die sich früh für germanische Götter gegen die
katholischen Heiligen Habsburg-Roms einsetzen. Karl der Große wird hier bereits,
wie später unter Himmler, als Sachsenschlächter verworfen[73].

An die Zeit der Prager Irredenta in der Pennalie erinnert sich dankbar begeistert später der Reichsrat- und Landtagsabgeordnete Raphael Pacher. Er kam 1875
in eine Prager Mittelschulverbindung, er wird 1919 in Wien Staatssekretär für Unterricht in der Republik Deutsch-Österreich[74]. Aus Mähren strömen Pennäler nach Niederösterreich, so nach Wiener Neustadt. In Oberösterreich ist Linz 1866 bis 1918 ein Zentrum radikaler teutonischer Schüler. Hier kommt es 1910 zu einem Zwischenfall, der
zeigt, wie sehr höhere Behörden und einflußreiche Politiker die Schirmherren dieser jun-

gen Schwärmer sind. Der Direktor der Oberrealschule Commenda, der selbst den „interessanten Kneipnamen Sand" trug, den Namen des ersten politischen Mörders aus der radikalen deutschen Jugendbewegung, ließ eine Anzahl der damals gerade verbotenen „Hohenstaufen" auffliegen, was eine sofortige Intervention des Reichsratabgeordneten Dr. Dinghofer bei den zuständigen Behörden zur Folge hatte. Das disziplinwidrige Vorgehen der Schulbehörden wird getadelt, da die Kriminalbeamten in Zivil erschienen waren[75]. Dinghofer wurde später der Dritte Präsident der provisorischen Nationalversammlung 1919, dann Justizminister und Vizekanzler.

Im März 1960 erinnert Nikolaus von Preradovic in „Die Aula" (Organ der heutigen Enkel und Söhne dieser Bewegung, auf den Hochschulen, besonders in Graz) an den Vizekanzler a. D. Ing. Franz Winkler[76]. Winkler, der als Politiker und österreichischer Innenminister in der Szenerie der Ersten Republik eine recht bedeutende Rolle spielt, war der Gründer des Deutschen Mittelschülerbundes in Westböhmen gewesen (1907); in einem Raum, aus dem eine anhaltende Infiltration nach Wien, Kärnten und in die Steiermark strömt.

1884 fordert der Verteidigungsminister Graf Welsersheimb die totale Aufhebung aller Schüler- und Studentenvereine[77]. Vergebens. 1888 wird ein vom Unterrichtsminister Gautsch vorgebrachter Plan, der von den 235 Studentenverbindungen in Österreich 81 als deutschnational, 36 als extrem slawisch, 3 als extrem italienisch, eine als rumänisch einstuft, von der kaiserlichen Regierung verworfen: Gautsch, der die Katastrophe sehr deutlich sah, die da durch die Verbindung der Schüler, Studenten, Lehrer und der Politiker für den Staat geschaffen wurde, wollte die Kontakte zwischen Studenten und Politikern unterbinden[78].

In diesen Verbindungen wird ab 1871 der Glaube an den notwendigen, heilsnotwendigen Zerfall des Habsburgerstaates planmäßig genährt und gebildet. Besonders in Wien und Graz demonstrieren diesen Glauben Verbindungen, indem sie jede Teilnahme an Ergebenheitsbezeigungen für das österreichische Kaiserhaus ablehnen[79]. Betrübt erinnert Paul Molisch, der als Sudetendeutscher in Prag vor 1914 in diese Bewegung kam, daran, daß diese deutschgläubigen österreichischen Studenten damals kein Verständnis in Deutschland fanden. So kommt es, „daß es der deutschnationalen Studentenschaft Österreichs erst nach erheblicher Mühe gelang, auch in reichsdeutschen Kreisen Verständnis für ihre Bestrebungen zu finden"[80].

Die „Preußischen Jahrbücher", das hervorragend redigierte Organ der deutschen Liberalen, brachten, Berlin 1871, einen Aufsatz „Aus Deutsch-Österreich", der sich gegen die preußische Einmischung in Österreich wandte, und dazu noch einen Leserbrief an die Redaktion, das Bekenntnis eines Österreichers, der an Österreich glaubte: „Ich glaube fest und bestimmt an die Zukunft Österreichs. Das einzige nennenswerte Symptom, das Besorgnis zu wecken geeignet sein könnte, ist der Umstand, daß so viele Österreicher daran verzweifeln. Trotz ihrem Unglauben und ihrem Indifferentismus wird dieses Reich ... erhalten bleiben." Dieser Österreicher richtet in Berlin eine Mahnung an „jene unter den deutschen Landsleuten, welche mit den Desperaten bei uns gemeinschaftliche Sache machen und auf den Ruin Österreichs und die Vereinigung Deutschösterreichs mit Deutschland speculieren"[81]. Glaube steht gegen Glaube. Jeder Glaube sucht den anderen Glauben als Aberglauben, als Irrglauben zu brandmarken. Mittelschüler, Studenten, Lehrer singen ihren Glauben an die

„Mutter Germania", in deren Schoß sie als „Ostmärker" zurückkehren wollen. Der Historiker *Heinrich Friedjung*, ein 1851 in Mähren geborener deutschnationaler Jude, der später bedenklich nahe an Schönerer steht und später ein österreichischer kaisertreuer Patriot wird und dann auf den Anschluß verzichtet, erklärt 1877: „Österreich hängt noch mit der Nabelschnur mit dem mütterlichen Körper zusammen, noch bedarf es der stärkenden Nahrung aus dem Mutterschoße."[82] Dem „Deutschnationalen Verein" gehören Schönerer, Pernerstorfer, Friedjung, Victor Adler, Otto Steinwender, Julius Sylvester an. Die Verbindungen zwischen Deutschnationalen und österreichischer Sozialdemokratie werden uns noch mehrfach begegnen.

Scharf alldeutsch sind die Schlesier, die nach Wien, nach Kärnten kommen. 1967 erinnert sich *Oskar Waas* an die Burschenschaft „Silesia" in Teschen: Ein Photo von 1872 erhält sich in der Familie des alten Herrn vulgo Mutz, des nachmaligen evangelischen Pfarrers und Seniors Karl Bünker in Trebesing in Kärnten. Schlesien und Kärnten, verbunden seit der Gegenreformation im Kampf der Evangelischen, finden sich hier wieder. Waas meinte, die „Silesier" wollten sich „als Deutsche bewahren, was in der altösterreichischen Schule nicht gerne gesehen wurde". „Denn etwa von 1879 an war die gewollte Umbildung Österreichs zu einem vorwiegend slawischen Staat offensichtlich geworden."[83] Man kann diese Behauptung als „eine unverschämte Lüge" abqualifizieren. Sie ist aber 1967 das Dokument eines ungebrochenen deutschgläubigen Selbstverständnisses in Österreich.

Die Österreicher, die sich als Österreicher verstehen, befinden sich nahezu hoffnungslos in der Defensive. 1875 klagt „Das Vaterland. Zeitung für die österreichische Monarchie", das Organ der katholischen Konservativen, über die Linzer Verhältnisse: „Alle Schüler der achten Gymnasialklasse bis auf drei (gehören) ein und derselben Verbindung, der ‚Academia' an. Diese Pennäler terrorisieren die wenigen Andersgläubigen!"[84] Am 7. Gründungskommers der „Academia" am 3. April 1875 nehmen auch „akademische Gäste" teil: „Es waren Mitglieder des oberösterreichischen Akademischen Vereines ‚Germania' in Wien (die heutige Akademische Burschenschaft der Oberösterreicher Germanen), der Technisch-akademischen Burschenschaft ‚Germania' Wien (heute Akademische Burschenschaft Gothia-Wien) . . ."[85]

In Niederösterreich stehen die Mittelschülerverbindungen in *Krems* und *Horn* mit *Prag*, dem mährischen Raum und Wien in Verbindung, wie ihre evangelischen Vorväter im 16./17. Jahrhundert. In Wiener Neustadt kämpft der Jugendbund „Germania", von aus Mähren stammenden Gewerbeschülern gegründet und nach Art der schönerianischen Zwölferbünde organisiert, gegen die kaiserlichen Behörden und die kleine Schar andersgläubiger Schüler. Sein Wahlspruch lautet: „Germanische Kraft, titanisch gereift, wird siegen am Ende der Zeiten."[86] Dieses Ende der Zeiten wird unterschwellig als ein Muspilli, als ein Untergang vielleicht auch der germanischen Heldenrasse gefürchtet, es wird angezielt als ein Finis Austriae. Der Glaube an den heilsnotwendigen Untergang Österreichs trägt in sich auch die große Angst vor einem Untergang Germanias[87]. Diese ambivalente Glaubensbeziehung wird eindrucksvoll vor allem im künstlichen Bismarck-Staat und seinem wilhelminischen Sprößling gerade von den fanatischsten Aposteln einer germanisch-deutschen Weltsendung verkündet. Diese Ambivalenz entspricht der psychischen Lage junger Menschen, deren Pubertät „Unordnung und tiefes Leid" in sich trägt.

Immer wieder begegnen uns in der deutsch-gläubigen Bewegung dieser Schüler und Studenten und ihrer Lehrer die Schicksalsjahre 1866 und 1870/71. Am 25. September 1953 schreibt in Klagenfurt Dr. Karl Wuck an Oskar Waas (anknüpfend an einen seiner Artikel in der „Aula") in Erinnerung der Entstehung der „Tauriskia" in Klagenfurt: Die seit Königgrätz einsetzende Slawisierung Österreichs führte zur Ausschließung der Slowenen aus der „Carinthia", das führte zur Gründung der reindeutschen „Tauriskia" 1879[88]. Die „Silesia" und die Grazer Verbindung „Orion" (gegründet im November 1868) werden mit radikalisiert durch den tiefgreifenden Einfluß des Historikers *Hans von Zwiedineck-Südenhorst.* Dieser war bis 1866 sehr österreichisch eingestellt. Er sucht auf dem Schlachtfeld von Königgrätz seinen verwundeten Bruder, wird von den Preußen freundlich aufgenommen und sodann ein Vorkämpfer des Glaubens an das Heil aus Preußen-Deutschland[89]. Als „Wiegengeschenk an das neue Reich" 1870/71 verfaßt *Ottokar Lorenz,* aus Iglau, 1860 bis 1885 Professor für österreichische Geschichte in Wien, zusammen mit *Wilhelm Scherer,* der nach Berlin geht, eine „Geschichte des Elsaß", die gleichzeitig der ersehnten Heimkehr Deutsch-Österreichs in den Schoß des Reiches gilt[90].

Besehen wir kurz die schmalen Bemühungen einer österreichischen Gegenbewegung gegen die deutsche Lawine an den Schulen und Hochschulen. Eine Versammlung deutscher Parteimänner formuliert in Wien am 26. Februar 1871: „Österreich ist ein Kind Deutschlands. Man glaubt, eine österreichische Nationalität schaffen zu können — eine solche gibt es nicht"[91] (1979 wird dies wörtlich wieder formuliert von den Enkeln dieser Schüler und Studenten). Am 18. Mai verfaßt Graf Beust eine Denkschrift für den Kaiser Franz Joseph: Er fordert eine Verständigung mit Deutschland aus Angst vor der „Wirkung des Teutonismus" auf die deutsche Bevölkerung Österreichs[92]: Diese Verbindung mit Bismarck-Deutschland soll diesen deutschen Irredentismus neutralisieren. Noch Schuschnigg versucht sich in diesem Sinne. Der Kaiser Franz Joseph bezieht wiederholt Stellung zugunsten der deutschnationalen Verbindungen gegen die wenigen katholisch-österreichischen Korporationen, obwohl er jahrein jahraus erfährt, wie diese Deutschgläubigen gegen sein Haus Österreich an den Schulen und Hochschulen offen demonstrieren[93].

1876 wird ein „Deutschösterreichischer Leseverein" in Wien gegründet zur Belebung des österreichischen Patriotismus. Ein Teil der Landsmannschaften und die konservativen Korps schließen sich ihm an. Diese Gründung hält sich, kümmerlich, durch zehn Jahre, geht dann im Kampf gegen die überwiegende deutschnationale Mehrheit unter[94]. Noch 1879 stehen auch die Korps in Prag für Österreich und die Dynastie[95].

Molisch meint 1922: „Im ‚Deutsch-österreichischen Leseverein' hatte in den Jahren 1881 und 1882 der starke jüdische Einschlag bei den Schwarzgelben wesentlich Anteil an der Verschärfung des Gegensatzes zwischen ihnen und den Deutschnationalen."[96]

Ein Grazer Universitätskommers findet am 22. November 1887 erst statt, nachdem vorher eine im Saal befindliche Kaiserbüste entfernt worden war. Die Studenten besingen den deutschen Kaiser in Berlin. Franz Joseph billigt 1895 die Nichtzulassung der „klerikalen" Verbindung „Carolina" in Graz, die schwarzgelb bis in die Knochen war, zur Eröffnung des neuen Universitätsgebäudes. Der Kaiser bekennt sich zu dieser Verfügung des Rektors: „Wenn sie sich nicht schlagen, haben sie auch nicht das Recht, die Waffe zu tragen."[97] Die Carolinen wollten mit dem Schläger aufziehen. Diese „Klerikalen" „kehrten das Österreichertum gegenüber den Deutschnationalen hervor". Statthalter und Polizeipräsident in Wien stehen gegen die schwarzgelbe katholische Verbindung „Rudolfina" (sie nahm ihren Namen zu Ehren Rudolfs des Stifters an), bestärken den Kaiser in seiner Ablehnung. Die „Rudolfina hatte es gewagt, den Kaiser zu ihrer Fahnenweihe, zum Festkommers einzuladen"[98].

„Austriazistische Propaganda" 1895 in Graz: Es war da zu einer gewissen Belebung im alten Corps „Austria" gekommen, einer Pennalie der Handelsakademie. Diese „Austria" hat schwer zu kämpfen wegen „der antideutschen Haltung des Corps inmitten ihrer deutschgesinnten Umgebung". Diese „Austria" geht zugrunde: „Die Neulinge stießen sich an dem Namen ‚Austria‘, den sie für ein deutsches Corps unpassend fanden."[99] Die deutschgläubigen Pennalien schulen ihre Mitglieder planmäßig durch politische Referate, wobei glaubensmäßig Germanentum, Wotanverehrung, Schönerer-Kult, Bismarck-Kult verschmelzen[100]. Bis zur Jahrhundertwende hat sich der *Deutsch-Glaube in der Studentenschaft* weitgehend durchgesetzt: „Sie hatte das Österreichertum überwunden und stieß in dieser Hinsicht auch im liberalen Lager auf keine nennenswerte Gegnerschaft mehr."[101]

Ein Mann kämpft als Schwarzgelber in Wien gegen diese übermächtige Bewegung an; er ist dem Kaiser Franz Joseph in tiefster Seele verhaßt, dieser *Dr. Karl Lueger.* Am 2. österreichischen Katholikentag, Wien 1889, findet der Abgeordnete *Dr. Viktor von Fuchs* die Verhältnisse an den Universitäten trostlos. *Ambros Opitz*, der Schlesier, der Vater der jungen christlichsozialen Presse, erklärt die Universitäten als geistige Brunnenvergifter. Lueger greift beim Kommers der „Norica" 1901 den Rektor der Wiener Universität, Dr. von Schrutka, an, der bei einem Kommers ein Bismarck-Lied singen ließ. Am österreichischen Katholikentag 1907 fordert Lueger zur Eroberung der Universität auf und beschuldigt sie der Vaterlands- und Religionslosigkeit[102]. Diese Schwarzgelben, diese Schwarzen stehen einer faktischen Allianz von fünf Bewegungen gegenüber: den Liberalen, den Deutschnationalen, den Neuprotestanten, den Wotangläubigen, den Sozialdemokraten.

Zu einem sehr wirkungsvollen Bündnis zwischen Sozialdemokraten und Deutschnationalen kam es im „Verein für wissenschaftliche Ferialkurse" in Salzburg, der gegen die Gründung einer katholischen Universität kämpft[103]. Gründer dieses Vereines sind der Rektor der Wiener Universität 1902/03, *Wilhelm Meyer-Lübke,* und die Professoren *Adolf von Guttenberg* und *Rudolf Much.* Hauptorganisator ist der sozialdemokratische Dozent *Ludo Hartmann,* der Sohn des Moritz Hartmann. Die hervorragendsten deutschen Professoren nehmen an den Veranstaltungen dieses Vereins teil. Georg von Below, ein lebenslang aggressiver preußischer Reaktionär, der seine binnendeutschen nonkonformistischen Gegner mörderisch niederkämpft[104], Max Planck, Werner Sombart, „ja selbst Theodor Mommsen", der in Bismarck den Verderber Deutschlands sieht und in seiner Testamentsklausel den phantastischen Nationalismus dieser Neudeutschen ab 1870 als großes Unglück anspricht[105]. „Man durfte sich füglich nach Tübingen, Jena oder Marburg versetzt glauben, wenn man einen

Rundgang durch die Stadt machte", 1903 bis 1914, während dieser gegen-katholischen Gastvorlesungen. Zwölf Jahre lang tragen diese Salzburger Hochschulkurse dazu bei, „solange die Monarchie bestand, die Errichtung einer Hochschule des politischen Katholizismus auf dem Boden der herrlichen Stadt zu verhindern"[106].

Der Kampf gegen das Konkordat verbindet bereits 1867 die deutschgläubigen Studenten mit den Liberalen. Diese Studenten richten in Wien eine Adresse an das Abgeordnetenhaus: „Auch auf uns lastet das Konkordat."[107] Im Kampf gegen das Konkordat finden sich liberale, deutschnationale und andere „antiklerikale" Jugendliche und Männer. Liberale und Deutschnationale sind Männerbewegungen, sie lehnen alles Weibliche als „weich-weibisch" ab. Der Sieg der Deutsch-Gläubigen an den Schulen und Hochschulen wird politisch triumphal bestätigt, als Kaiser Franz Joseph Badeni entläßt.

Es ist hier der Ort, die Tragödien des österreichischen Katholizismus in der franzisko-josephinischen Ära anzuvisieren: Sie bilden mit eine politische und psychische Basis für den Kampf gegen Habsburg-Rom. Der Kaiser Franz Joseph hatte sich daran gewöhnt, daß die treuesten seiner treuen Diener massiv von dieser Jugend angegriffen wurden. So wurde der Ministerpräsident Taaffe, der erfolgreichste Ministerpräsident des Kaisers, in Liedertexten „in gröblicher Weise geschmäht", so bei Veranstaltungen der „Gothia" in Prag 1886, so in Wien, Linz, Graz[108]. Machtlose und instinktlose Schulbehörden versuchen mit den ungeeignetsten Mitteln diese Jugend zu Österreich zu bekehren: durch Religionslehrer. Der Landesschulrat verfügt mit Beginn des Schuljahres 1900/01 die Wiedereinführung der von Maria Theresia 1774 abgeschafften Exerzitien an sämtlichen Mittelschulen. „Der Antiklerikalismus machte daraufhin in den oberen Klassen der Mittelschulen die größten Fortschritte."[109] Auf junge Menschen mußte in der Unruhe ihres erwachenden Geschlechts nichts abstoßender und empörender wirken als ein Religionsunterricht, der von einem reaktionär verengten Klerus allein auf das 6. Gebot fixiert wurde und nicht zuletzt ein Ausdruck hilfloser Fixiertheit dieses Klerus an „Sex" war. Wie ein solcher Religionsunterricht wirkte, bezeugt am 29. Dezember 1962 Ingenieur A. Estermann in Linz: „Religionsprofessor Sales Schwarz, dieser gutherzige, aber mehr als einfältige Mann hat uns jungen nur Negatives fürs Leben mitgegeben. Seine Ausführungen über Fragen der Religion, Moral und Theologie waren derart dumm, nicht zumutbar und sogar abstoßend, daß sie bei 90 Prozent der Mitschüler die katholische Religion vorübergehend oder für immer entfremdeten und abtöteten. Es war für uns Jungen ein Glück, daß uns der unfähige Priester nicht auch noch den Gottesglauben geraubt hat."[110] Die Mitschüler munkeln, daß dieser „Schwarze", Schwarz, jüdischer Abstammung sei. Das stimmt nicht, er stammt, wie viele Kleriker der franziskojosephinischen Ära aus kleinbäuerlichen Verhältnissen. Estermann: Die Mitschüler befinden sich in offener Auflehnung gegen diese Unglücksgestalt. Estermann geht mit Adolf Hitler in dieselbe Klasse. Pfingsten 1904 wird der junge Adolf im Linzer Dom gefirmt. „Ich hatte den Eindruck, daß ihm die ganze Firmung zuwider war, daß er sie nur mit größtem Widerwillen über sich ergehen ließ", berichtet sein Firmpate Emanuel Lugert[111]. Franz Sales Schwarz übte einen heftigen Druck auf die Knaben aus, um sie zum Sonntagsgottesdienst, zur Beichte und zur Kommunion zu bringen. Wir erinnern: In der Gegenreformation werden in der ernestinischen Steiermark die evangelisch-verdächtigen Bauern gefesselt zur Kommunionbank geschleppt, bei anderen Gläubigen begnügt man sich mit dem schriftlichen Beichtzettel, der ihre „Erfüllung der religiösen Pflichten" amtlich bestätigt.

Das Konkordat von 1855 war das Werk des *Joseph Othmar von Rauscher*, des früheren Lehrers und geistlichen Ratgebers Franz Josephs[112]. Er wird 1853 Erzbischof von Wien und 1855 Kardinal. Regierungschef der damaligen neoabsolutistischen Regierung war nach dem Tode Schwarzenbergs Bach, der aber von Franz Joseph nie zum Ministerpräsidenten ernannt wurde. Der hart integralistische Rauscher, ein Klerokrat von Format, setzte ein Konkordat durch, das der Römischen Kirche Rechte und Funktionen einräumte, die sie nie zuvor in diesem Ausmaß besaß: nicht im Mittelalter, nicht in der Gegenreformation. „Die katholische Kirche als Kurator der Staatsreligion erhielt nun eine Autonomie, die auch mit einer großzügigen Auslegung des Josefinismus nicht mehr vereinbar erschien!" R. A. Kann: „Am fatalsten wirkte sich für viele Menschen die Übertragung der Rechtssprechung in Ehefragen von den weltlichen an die geistlichen Gerichte aus. Das Papsttum gewinnt das Recht, neue Bistümer und Pfarren zu gründen und eine erweiterte geistliche Gerichtsbarkeit durchzusetzen. Die Kirche kontrolliert nicht nur den Religionsunterricht, sondern überwacht auch den Unterricht in den weltlichen Fächern. Die Kirche nimmt das Recht der Zensur für Literatur in Anspruch." Robert A. Kann vermerkt sehr zu recht: „So fand sich Österreich in die Zeit der Gegenreformation in ihrer schärfsten Form zurückversetzt. Zum Unterschied von der Religionspolitik der Gegenreformation, die wohl in ihrer Wirkung die Zwietracht fördernd, doch die starke Unterstützung vielleicht sogar der Mehrheit der Bevölkerung hinter sich hatte, wurde die neue Politik hauptsächlich von Polizeispionen unterstützt, zum Schaden des Staates und der wirklich Gläubigen und letzten Endes der Kirche selbst."[113]

Der Klerus wird, härter als je zuvor, zu einer schwarzen geheimen Staatspolizei in engstem Zusammenhang mit den schwarzgelben Polizeiagenten gemacht. Der geistig und geistlich, religiös und theologisch ebenso unerfahrene wie ganz uninteressierte junge Kaiser, infantil an seiner Mutter hängend, infantil 1854 mit einem übersensiblen bayerischen Prinzesslein, Elisabeth, vermählt, beschwor hier, ohne es zu ahnen, ohne es zu wissen, ohne es zu wollen, einen Glaubenskampf herauf, der weit mehr als ein „Kulturkampf" war, in dem alle alten unverheilten Narben des gegenreformatorischen Zeitalters aufbrechen. Die bürgerlichen Rechte der Juden wurden wieder einmal eingeschränkt (Verbot des Erwerbs von Landbesitz). Nichtkatholiken wurde verboten, an katholischen Schulen zu unterrichten, was besonders die Evangelischen traf. Dieser Glaubenskampf tobt nun gerade in der kritischen Zeit, in der es um Sein und Nichtsein Österreichs, um seine Selbstbehauptung nach außen, um sein Selbstverständnis nach innen ging: also in der Zeit, die über Olmütz nach Königgrätz, zum „Ausgleich" mit Ungarn und zur 1870/71 beginnenden Kapitulation vor dem Bismarck-Staat führt. Die deutsch-gläubigen Studenten spüren den Aufwind. Die Liberalen, die nun zur Regierung kamen, haben als Deutsch-Liberale vielfach kein oder nur sehr wenig Verständnis für die Slawen. Sie besitzen gar kein Verständnis für die soziale Frage. Wien wird, zunächst bis 1918, zu einer Stadt von 80 Prozent Minderbemittelten und Armen, zu einer Stadt der „Wohnhöllen" (Bettgeher, die in vier Schichten in einem Tag dasselbe Bett sich erkaufen). Diese Liberalen verwenden ein

Übermaß von Kräften — wie es einem Glaubenskrieg entspricht — um das Konkordat niederzukämpfen, das ihnen als eine unerträgliche Fessel des freien Geistes, der Person, erscheint.

Die Maigesetze von 1868, dann die Maigesetze von 1874, in ihrer Mitte die Aufhebung des Konkordats im August 1870, beenden staatsrechtlich diese „Fesselung" der Deutsch-Österreicher durch „Rom". 1868 werden die Heiratsfragen der weltlichen Gerichtsbarkeit unterstellt, wird der Grundsatz der weltlichen Kontrolle des Unterrichts eingeführt (Reichsvolksschulgesetz vom Mai 1869). Gesetzliche Gleichheit aller Glaubensbekenntnisse. 1874 bringt eine begrenzte Kontrolle der rechtlichen Befugnisse der Kirche und eine gewisse staatliche Aufsicht ihres Einkommens und der Verwaltung der Klöster. Der Sturz des Konkordats wurde durch die Erklärung der Unfehlbarkeit des Papstes durch das Vatikanische Konzil wenige Wochen vor dem österreichischen Gesetzesbeschluß besiegelt.

Man kann nichts von österreichischer Geschichte, von Bildung, also von Nichtbildung eines österreichischen Selbstbewußtseins gerade in der franzisko-josephinischen Ära 1848 bis 1914 und darüber hinaus bis in die erste Zeit der Zweiten Republik verstehen, wenn man die mentale, geistige, politische Situation in Österreich ohne „Rom" betrachtet. Es bildet *mit* die Tragödie Österreichs, und nicht nur seiner „Schwarzen" und „Schwarzgelben", daß gerade in dieser Zeit der papalistische Katholizismus in eine „Epoche der Finsternis" eingeht, wie es besorgte, spirituell-wissenschaftlich hochgebildete Katholiken, so *Döllinger*[114] in München, so *Lord Acton*[115] in England, ersehen.

Um es vorwegzunehmen: Die pathologische Verdüsterung und Engpaßführung in diesem Römischen Katholizismus erweckte Gegenbewegungen zwischen 1830, 1848, 1870, auf 1914 zu, die dann pauschal und brutalst von Rom niedergekämpft werden als „Modernismus". Während des II. Vatikanischen Konzils stellen Theologen wie *Karl Rahner* fest, daß die Fragen und Probleme des sogenannten „Modernismus" bis heute nicht gelöst sind[116].

Österreich, in dem Jansenisten aus den Niederlanden, Reformkatholiken aus Böhmen und Oberitalien, Josephiner und einige ihrer Gegner einen relativ offenen Katholizismus geschaffen oder zumindest geistig vorbereitet hatten, der für ganz Europa vorbildlich wirken konnte, Österreich, das mit den geistigen und geistlichen Söhnen *Bolzanos* und *Günthers* eine Elite reformkatholischer Kirchenmänner, Pädagogen, katholisch-humanistischer Denker auf seinem Boden gezeugt hatte, wurde Raum eines „schwarzen", eines „finsteren", eines in sich geschlossenen, ängstlich nach Rom orientierten Klero-Katholizismus, der noch die ganze Erste Republik Österreich überschattet. Von den großen Geisteskämpfen im westeuropäischen Katholizismus haben diese „Schwarzen" keine Ahnung. Noch ein Seipel kennt nicht einmal die Namen der großen Vorkämpfer dieses in der Gegenwart in einigen Bezügen wieder neu ansetzenden Reformkatholizismus[117]. Dasselbe gilt für die Kirchenmänner und für die christlich-sozialen Parteimänner. Ein Lueger tut selbst den konservativen und in gewissen sozialen Bezügen progressiven geistigen Vater der Christlichsozialen, *Vogelsang*, mit einer Handbewegung als „Journalisten" ab. Wohl gibt es auch in Österreich einen innerkatholischen Untergrund, und es gibt einen Aufstand des verdemütigten Niederklerus, der durch einen Abgrund vom feudalen Hochklerus getrennt war[118]. Diese Seelsorger aus dem Volk werden die stärkste Basis der jungen Christ-lichsozialen[119]. Für den Staat, für das Bündnis des franzisko-josephinischen Staates mit seiner Kirche und für das Wissen der Gegner, der Todfeinde Habsburg-Roms, bilden diese Untergrundelemente keine Wirklichkeit.

Vorspiel in Frankreich. Am 18. Juli 1830 schreibt *Lamennais* an den Comte de Senft. „Indem er untrennbar die Sache der Religion mit einer Macht, die sie unter-drückt, verbunden hat, bereitet der Episkopat mit allen seinen Kräften einen allgemeinen Abfall vom Glauben vor." Im Juni wendet sich Lamennais gegen die Aktionen der Bischöfe zur Sicherung „guter Wahlen". Sie scheinen unter den Trüm-mern des stürzenden Thrones die Reste des Christentums in Frankreich begraben zu wollen. Die Mehrzahl der Bischöfe war für eine gewaltsame blutige Unterwerfung des Volkes durch das Regime[120]. Die Julirevolution 1830 richtet sich gegen Thron und Altar. Viele Kirchen werden gestürmt. Das ist die Geburtsstunde des Blattes „L'Ave-nir", der am 16. Oktober 1830 erstmalig erscheint. Waldemar Gurian nennt ihn 1929 das „bis heute bedeutsamste katholische Presseorgan" (der deutsche Katholik Walde-mar Gurian emigriert dann aus dem Hitler-Staat). „L'Avenir" kämpft für Gott, die Freiheit, er schlägt den Liberalen einen Pakt vor, „die große magna charta des Jahrhunderts" (Lacordaire): Gewissensfreiheit und Kultfreiheit, Pressefreiheit, Unterrichtsfreiheit[121]. Papst Gregor XVI. vernichtet den „L'Avenir". Der tief ent-täuschte Vorkämpfer eines Bündnisses zwischen Kirche und Demokratie, Lamennais, verfaßt 1834 seine „Paroles d'un croyant", die *Ludwig Börne*, der deutsche liberale Jude, ein Mann des erwachenden „Jungen Deutschland", noch im selben Jahr ins Deutsche überträgt. Sein Motiv hier: Die Kirche ist die furchtbarste reaktionäre Macht, sie fesselt das Leben, vernichtet die Freiheit, tötet den Geist und die Liebe. Diese „Worte eines Gläubigen" sind gleichzeitig ein einziger Hymnus auf die Hoff-nung, auf den kommenden Tag der Befreiung für die leidenden Massen, für die Völ-ker der Erde[122].

Die Jahre 1838 bis 1848 werden in Frankreich vergiftet durch den Kampf um die Schule. Ein rabiater *Abbé, Combalot,* klagt in einem Memorandum an die Adresse der französischen Bischöfe das staatliche Hochschulwesen an, „prostituierte Intelligenzen auszubilden, die am Grunde der Hölle die Verherrlichung des Zucht-hauses, des Inzests, des Ehebruchs und der Revolte suchen"[123]. Geistige Söhne des „L'Avenir" plädieren 1848 für ein Bündnis der Kirche mit den „Barbaren", mit den proletarischen Massen als den „Barbaren der Neuzeit". In Wien sieht 1848 *Wilhelm Gärtner*, Priester an der Universitätskirche, in der sozialen Frage ein Grundpro-blem des Staates. Gärtner, ein geistiger Sohn Anton Günthers, schreibt: „Die Revo-lution in Österreich ist in Ursprung und Hauptsache eine menschheitliche, sociale; ihre Aufgabe also Socialismus". Der Studentenpfarrer *Anton Fürster* weiß sich mehr mit seinen Studenten und der Revolution verbunden als mit seinen kirchlichen Obe-ren. Fürster sieht ergriffen das Elend der jüdischen Studenten: „Die meisten Armen fand man verhältnismäßig unter den Juden."[124]

Einige Jahrzehnte später beziehen die Vorläufer der Christlichsozialen in Wien in ihrer Lesehalle ihre geistige Munition für ihren Kampf gegen die Juden aus dem Arsenal des französischen „konservativen" Katholizismus[125]. Dieser ist bereits um 1850 von einem Vernichtungswillen „zur Ausrottung der roten Bestien" (so in Flugschriften) beseelt. Im Juli 1850 sieht *Romieu-Trimalcion* das einzige Heil in der „Kirche und der Armee"[126]. Am 28. Januar 1854 erklärt *Veuillot*, der sehr viel gelesen wird, auch in Österreich, in Kreisen des integralistischen Katholizismus: Die öffentliche Sicherheit beruht auf zwei Armeen, die sich die Hand reichen: 400.000 Soldaten und 40.000 Priester, unterstützt durch 50.000 Nonnen. Veuillot ist wohl der größte Prediger des religiös-politischen katholischen Hasses im hohen 19. Jahrhundert. Auch in diesem Sinne wird er ein geistiger Vater Wiener kirchlicher Journalisten dieser Jahrzehnte[127].

1945 stellt eine in Fribourg erschienene Sammlung „Mensch und Gemeinschaft in christlicher Schau" vorbildliche päpstliche Dokumente des 19. Jahrhunderts zusammen: „als Geschenk s. Heiligkeit Papst Pius XII." soll diese Dokumentation katholischen Studenten- und Akademikerverbänden der aus dem Zweiten Weltkrieg heimkehrenden deutschen und österreichischen Generation helfen, deren politisches und kirchliches Weltbild zu formen[128]. Hier stehen also die fulminanten Anklagen, beginnend mit der Enzyklika „Mirari vos" von 1832, über den „Syllabus" von 1864, bis ins frühe 20. Jahrhundert gegen Geistesfreiheit, Unterrichtsfreiheit, Pressefreiheit, Religionsfreiheit, gegen Toleranz gegenüber anderen Religionen. So meint Gregor XVI: „Redefreiheit, Pressfreiheit, Religionsfreiheit sind zu verurteilen. Hierher gehört auch jene nie genug zu verurteilende und zu verabscheuende Freiheit des Buchhandels, um alle möglichen Schriften unter das Volk zu werfen, Freiheit, die viele mit äußerst verbrecherischem Eifer fordern und fördern."[129] Das ist eine päpstliche Gegenreformation des ferdinandeischen Zeitalters, in Österreich reaktiviert durch das Konkordat von 1855, wie alle seine Gegner überzeugt sind.

„Marksteine" für „die Wiedergeburt unseres Glaubens" (so nun integralistische Katholiken in Österreich) bilden „Quanta Cura" und der „Syllabus", diese beiden am 8. Dezember 1864 (am Vorabend von Königgrätz!) veröffentlichten Rundschreiben des Papstes Pius IX. Hier werden bereits im zweiten Paragraphen des „Syllabus" die „Irrtümer Anton Güthers" verurteilt, wie das bereits in päpstlichen Briefen an den Kardinal-Erzbischof von Köln und den Bischof von Breslau zum Ausdruck kam. Besonders verurteilt werden die Thesen: „Die Beschlüsse des Apostolischen Stuhles und der Römischen Kongregationen verhindern den freien Fortschritt der Wissenschaft" und „Die Arbeitsweise und die Grundsätze, nach denen die alten scholastischen Lehrer die Theologie gepflegt haben, entsprechen keineswegs den Bedürfnissen unserer Zeiten und dem Fortschritt der Wissenschaften"[130]. Der Syllabus schließt mit der Verurteilung der These: „Der Römische Papst kann und soll sich mit dem Fortschritt, mit dem Liberalismus und mit der neuen Menschheitsbildung versöhnen und befreunden."[131] Ein innerkatholischer Großkampf entbrennt um das 1. Vatikanische Konzil. *Ignaz (von) Döllinger*, der größte deutsche katholische Kirchenhistoriker des 19. Jahrhunderts (1799—1890) ist einer der ersten „Einzelnen", die sich nicht dem kurialen Terror unterwerfen. Döllinger zeigt in seinen Kampfschriften auf, daß sich dieser „neue päpstliche Absolutismus weder auf die Bibel, noch auf die Tradition, noch auf die Geschichte berufen dürfe", er arbeite mit allen Mitteln der Erpressung, der Urkundenfälschung, er ist kriminell im konkreten Sinn des Wortes[132]. Döllinger sagt: „Man darf behaupten, daß alle Theologen, welche umfassende Geschichtskenntnis mit biblisch-patristischer Erudition verbinden, die neue Lehre von der päpstlichen Unfehlbarkeit verworfen haben." Dieser Überzeugung Döllingers ist am Vorabend des Konzils die überwiegende Mehrheit der deutschen Bischöfe und gebildeten Laien[133]. Während des Konzils, im März 1870, bezeichnet Bischof *Ketteler* (er war mit Ferdinand Lassalle über die soziale Frage in Briefwechsel gestanden), der dann den berühmten Kniefall vor dem Papst wagt, um ihn von der Infallibilitätserklärung abzuhalten, die Dogmatisierung der Unfehlbarkeit als ein Verbrechen[134]. Vierzehn deutsche Bischöfe, darunter die Erzbischöfe von Köln und München, unterzeichnen einen Brief an den Papst, in dem sie ihn bitten, angesichts der tiefen Unruhe im deutschen Katholizismus auf die Definition zu verzichten.

Auf dem Konzil selbst erweisen sich von Anfang an die österreichischen Kardinäle Schwarzenberg und Rauscher als die entschiedensten Führer der Opposition. Rauscher ist jetzt — nach den Erfahrungen des Glaubenskampfes in Österreich ab 1855 — der Verfasser der berühmten Gegenpetition, die von 136 Bischöfen unterzeichnet wird. Kardinal Schwarzenberg, ein geistiger Sohn Anton Günthers, kämpft für eine der Wissenschaft offene Kirche[135].

Nach der Unfehlbarkeitserklärung unterwerfen sich zunächst die Kirchenfürsten. Döllinger unterwirft sich nicht, auch sein größter Schüler und Freund, *John Emerich Edward Dalberg-Acton*, first Baron of Acton, unterwirft sich nicht. Lord Acton ist ein ebenso kluger wie aufrichtiger Freund Österreichs. Er sagt: „Groß sind die Probleme, groß die Möglichkeiten dieses Vielvölkerstaates: reich und sehr unterschiedlich sind die Entwicklungsstufen der Nationen in Österreich; keine einzige kann die anderen übermachten ... Acton vergleicht Österreich mit dem englischen Empire[136].

Es ist hier nicht der Raum, die Geschichte jener englischen, französischen, italienischen, deutschen Reformkatholiken zu schildern, die um Acton, Loisy, Tyrrell, für eine „offene Kirche in einem offenen Staat", für eine freie Kirche in einem freien Staat kämpfen (Parole eines Katholikentages in der Zweiten Republik Österreich!), für eine offene Wissenschaft, für Geistesfreiheit, Brüderlichkeit der Konfessionen etc. Ihre kirchliche Aburteilung 1910 durch Pius X. verdammt sie als Abtrünnige, als Ketzer, als gefährliche Giftmischer[137]. Jährlich müssen nun alle Kleriker einen Antimodernisteneid schwören, der unzählige Priester und Professoren in schwerste Gewissenskonflikte bringt, da er sie verpflichtet, „aus ganzer Seele allen Verurteilungen, Erklärungen und Vorschriften beizupflichten, die in der Enzyklika Pascendi und im Decret Lamentabili enthalten sind". Dieser Antimodernisteneid, gefordert bis auf die Höhe des 20. Jahrhunderts, bricht Wissen und Gewissen, das seelische Rückgrat. 1910 schreibt Erzbischof Mignot an Alfred Loisy, den hervorragenden, weltbekannten exkommunizierten Priester und Kirchenhistoriker: „Das, was mich am meisten betrübt, ist die Ruhe der Hinrichtung feststellen zu müssen, wie Sie selbst es tun. Es scheint mir, daß die Mitarbeiter seiner Heiligkeit sich hätten erinnern müssen, daß jene, die sie da schlagen, die Besten unter den Guten sind."[138]

Der Römische Katholizismus manövriert sich in ein Ghetto „aus dem Strom der Zeit heraus" (so *1961* ein Bericht der Herder-Korrespondenz „Orbis Catholicus")[139]. Die Pauschaldenunziationen, die nun in Kettenreaktionen einsetzen, finden ein Zentrum in Wien, an der katholisch-theologischen Universität: zunächst bis 1914[140]. Nicht minder wurde von Bedeutung die pathologische, die schwer neurotische „Entwick-

lung" in diesem diktatorischen Neu-Katholizismus. Diese pathologische „Entwicklung", die bei vielen Priestern zu „eklesiogenen Neurosen" (wie sie heute Albert
Görres in München diagnostiziert), also zu im Schoß dieser Kirche produzierten Neurosen führt, ist ein Parallelphänomen, das mit den neurotisch-pathologischen Prozessen in den fanatischen Gegnern der „Schwarzen" und „Schwarzgelben" 1855 bis
zunächst 1914 korrespondiert.

Hierfür nur ein Beleg. Ich sitze um 1950 in Wien dem Altmeister der christlichsozialen Journalistik in Österreich, dem langjährigen Chefredakteur der „Reichspost" *Friedrich Funder* gegenüber — noch ist das Telephonkabel in seinem Zimmer
erhalten, das zum Belvedere hinüberführt, wo Franz Ferdinand seine Gegen-
regierung gegen Franz Joseph aufbaute. Funder erzählt mir, wie es ihm einmal fast
Kopf und Kragen gekostet hätte, als er es in Abwesenheit des Chefredakteurs gewagt
hatte, in der „Reichspost" gegen den Leo-Taxil-Schwindel behutsam Protest einzu-
legen. Dies wurde ihm als unverzeihlicher Angriff auf die Heiligkeit der Kirche, auf
die Unfehlbarkeit des Papstes ausgelegt. Der Jesuitenschüler Leo Taxil hatte als
antiklerikaler Pamphletist Erfolge errungen[141], in Österreich sind 1770 bis über 1918
hinaus fanatische antiklerikale Romanschreiber „Jesuitenschüler" und Exjesuiten[142].
Sein Pamphlet gegen Pius IX., „a bas la calotte", erreichte eine Auflage von
130.000 Exemplaren. Taxil wittert die Chance, die ihm der allen Wahnvorstellungen
leicht zugängliche französische Katholizismus bietet. Er „bekehrt" sich, wird 1885
durch den Nuntius empfangen, 1887 durch den Papst. Eines seiner neuen Bücher erhält Empfehlungsbriefe von 17 Bischöfen für das Vorwort. Taxil schreibt: „Der
Teufel im 19. Jahrhundert!" Frankreich ist von Teufeln eingekreist. Teufel sind die
Lutheraner, sie sitzen in Deutschland, Amerika, England. Taxil erfindet eine Miss
Diana Vaughan; diese Tochter eines Rosenkreuzers und der Unterweltsgöttin Astarte
wird Freimaurerin und Geliebte eines Dämons. Da sie nicht bei allen Obszönitäten
mitmacht, steigt an ihrer Stelle eine andere, ebenfalls sehr schöne junge Lady zu
höchsten Führergraden in der Freimaurerei auf. Ihr Vater ist der Teufel Bertru, ihr
offizieller Vater ist ein evangelischer Pastor, ihre — wahre — Mutter eine Jüdin.
Diese Sophia Walden wird die Großmutter des Antichrist, der 1962 geboren werden
wird. Die Welt ist also voll von Teufeln, die den Sturz der Heiligen Römischen
Kirche anstreben. Taxil weiter: 1955 erlangt ein jüdischer Papst die Herrschaft und
Kontrolle über die katholische Kirche[143]. Auf dem II. Vatikanischen Konzil verbreitet
diese Vision das schauerliche Buch „Kampf gegen die Kirche". Prälaten, Bischöfe, viele
Priester schreiben begeisterte Briefe an Miss Diana, die sich zum Glauben der Kirche
bekehrt hat. Sie wird ein Welterfolg in diesem neurotisierten Katholizismus. 1896 ver-
öffentlicht Miss Diana ein Gebetbuch mit Empfehlungsbriefen vieler französischer
Bischöfe[144].

Auf dem Internationalen Kongreß gegen die Freimaurerei in Trient (Leo XIII.
segnet den Kongreß als einen „neuen Kreuzzug gegen die Hölle Satans") erscheint
im September 1896 auch Leo Taxil. Leidenschaftlich beschwören ihn viele Kleriker,
ihn mit der aus Höllenbanden zum Himmelsdienst befreiten Jungfrau persönlich bekannt zu machen. Leo Taxil beruft für den Ostermontag, den 19. April 1897, eine
Konferenz nach Paris ein, in der die Heilige des erneuerten Katholizismus, Miss
Diana, sich selbst präsentieren wird. Sie, die Himmelsjungfrau, die Rom, die Papst-

kirche, von den Teufeln des Zeitgeistes, der obszönen Freiheit, der verbrecherischen Toleranz gegen Andersdenkende, Andersgläubige befreit wird. Leo Taxil präsentiert Miss Diana: seine Schreibmaschine. Taxils Teufels-, Höllen- und Himmelsgeschichten fanden gerade im deutschen und österreichischen Katholizismus in der immer noch mehr sich verengenden Atmosphäre des ausgehenden 19. Jahrhunderts begeisterte Leser[145].

Die Bildung eines Österreich-Bewußtseins hätte unendlich gefördert werden können durch Österreicher, die andernorts Weltruhm erlangten oder in Einsamkeit starben, zumindest zu ihren Lebzeiten in Österreich unbekannt oder unwirksam blieben. Einer der bis heute hierzulande großen Unbekannten ist *Friedrich von Hügel* (1852—1925)[146]. Hügel ist der „Verbindungsoffizier" zwischen den verfolgten Priestern, Theologen und Wissenschaftern in Italien, Deutschland, Frankreich, England. Als die Wogen der Verfolgungswellen über den italienischen „Modernisten" zusammenschlagen, trifft sich Hügel mit ihnen zu einem dreitägigen Kongreß in Südtirol, in Molveno: mit Fogazzaro, Casati, Scotti, Nurri, Fracassini, Buonaiuti, Cacciola, Mari, Piastrelli. Hügels Vater war Diplomat im kaiserlichen Dienst in Italien gewesen, sah Wien als seine wahre Heimat an. Der Achtzehnjährige macht nach dem Tod des Vaters, in einem Jahr in Wien eine schwere religiöse Krise durch. Friedrich von Hügel nimmt 1914 die britische Staatsbürgerschaft an. Hauptgrund dafür war seine Abneigung gegen das wilhelminische Deutschland.

Nach Hügels Grundüberzeugung ist der wahre Katholizismus Anerkennung und Aneignung aller religiösen und außerreligiösen Wahrheiten und Werte. Das ist Hügels „Inkarnationalismus". Ganze Passagen aus der Enzyklika Redemptor Hominis des polnischen Papstes Johannes Paul II., dessen Vater im kaiserlichen Dienst stand, könnten von Hügel geschrieben sein. Sie erschien am 4. März 1979! Der gealterte Edelmann erinnert in einem Brief an seine geliebte anglikanische Nichte (nie macht er den Versuch, sie zu „bekehren") am 9. Dezember 1921 an die Bemühung seines Lebens. Es galt, „die alte Kirche intellektuell so wohnlich zu machen, wie ich es vermag". „Mein zweiter Eifer schließt den glühendsten Wunsch und die glühendste Hoffnung ein, gekränkten und verdrossenen, abgefallenen und abfallenden Katholiken zu dienen . . ."[147] Hügel denkt hier an seine progressiven Freunde. Österreich ist in der ganzen franzisko-josephinischen Ära voll von gekränkten, verdrossenen, abgefallenen und abfallenden Katholiken, die ihr Heil im evangelischen Deutschland, in Bismarck, im deutschen Kaiser suchen.

Dieser große österreichische Katholik, ein guter Europäer, hat nie eine Schule oder Universität besucht. Seine Lehrer waren, unter anderem, eine anglikanische Freundin seines Hauses, ein rheinischer lutherischer Pastor, ein katholischer Historiker, ein englischer Quäker. Hebräisch lernte er bei einem hessischen katholischen Priester. Nie hat ihn das Gift der österreichischen Universitäten berührt, an denen zunächst „stockliberale", arrogante, engstirnige „Rationalisten" das Regime führten, nicht weniger intolerant und im Wortsinn borniert, beschränkt, als die „Ultramontanen", die sie bekämpften, und dann eben immer mehr Deutsch-Gläubige.

Hier nur ein Beleg für Hügels weltoffene Katholizität. Am 11. Dezember 1918 weist Hügel seine anglikanische Nichte darauf hin, daß in allen Religionen „noch immer" geschichtliche Offenbarungen durch Gott selbst auf seine vollste Selbstoffenbarung hin geschehen. „Die Synagoge hier in Bayswater ist noch immer, heute, am 11. Dezember 1918, eine fragmentarische, aber wirkliche Offenbarung Gottes, und, wenn auch unbewußt, eine wirkliche Erzieherin auf Christus hin. Die kleine Moschee in Woking ist noch immer für einige Seelen eine noch fragmentarische, aber trotzdem wirkliche Offenbarung Gottes und Lehrerin von Wahrheiten, die vom Christentum vollkommen gelehrt werden."[148] Friedrich von Hügel ringt in Rom in langen Jahren mit dem schier allmächtigen Kardinal Rampolla um Maß und Verständnis für die vielverfolgten „Modernisten". Rampollas so gut wie sichere Wahl zum Papst scheitert am Veto des Kaisers Franz Joseph, der fürchtet, daß der Vatikan die große Wende seiner Europapolitik beginne und vom Haus Österreich zu Rußland übergehe.

Die ganze Wut, bis zu wüstesten Beschimpfungen, Attacken, Scheltliedern, Invektiven aller Art ausmessend, traf nun von seiten der Deutsch-Gläubigen in Österreich zwei Ministerpräsidenten, die Franz Josephs Reich retten wollten durch ein Bündnis der Konservativen, der schwarzgelben Katholiken, mit den Slawen. Beide wurden von Franz Joseph schimpflich entlassen: Taaffe und Badeni. *Eduard Graf Taaffe*[149], seit 1879 Ministerpräsident der österreichischen Reichshälfte, ein Mann aus altirischem Adel, seit dem 17. Jahrhundert in Böhmen ansässig, war ein Spielkamerad des um drei Jahre älteren Franz Joseph gewesen. Fast vierzehn Jahre lang gelang es diesem außerordentlichen Mann, der sich — in jeder Weise ein Gegentyp zum Kaiser — sehr „leger" gab, der seine Minister im Schlafzimmer empfing, mit Abgeordneten als Kollegen im Reichsamt Arm in Arm auf- und abging, das halbierte Reich zu regieren. Taaffe bildete mit den Tschechen, Polen, deutschen Konservativen und Katholiken eine Regierung — in einer Entente, die mit einigem Recht „der eiserne Ring" hieß. Die Deutschliberalen hatten sich als Schildhalter des Deutschnationalismus unfähig gezeigt, die Nationalitäten an einen Tisch zu kontroverser Zusammenarbeit zu führen. Einige ihrer Führer hatten sich in Finanzskandale verwickelt, was in der großen Krise des österreichischen Frühkapitalismus 1873 aller Welt offenbar wurde.

Taaffe wollte den Tschechen die Gleichberechtigung ihrer Sprache in Justiz und Verwaltung gewähren (1880: die Sprachenverordnungen für Böhmen). Unter seinem Regime wird in Prag neben der alten Carolina eine tschechische Universität gegründet. Einen ihrer Lehrstühle erhält der Wiener Dozent *Thomas G. Masaryk*, der spätere Gründer der Tschechoslowakei.

Taaffe scheitert — da ihn sein Kaiser im Stich läßt — 1893 an der Vorlage einer Wahlrechtsreform, die das allgemeine, gleiche und geheime Wahlrecht durchsetzen sollte. Gegen diese Wahlrechtsreform sind die Deutschen, die eine slawische Mehrheit befürchten, die Polen, die „ihre" Ruthenen (Ukrainer) nicht hochkommen lassen wollen, die konservativen Großgrundbesitzer und die liberalen Großbürger. Und die radikalisierten Tschechen. 1890 hatten die „Jungtschechen" in den Reichsratswahlen gesiegt. Deutsche Korporationen in Prag und den Alpenländern wollen Taaffe aufhängen. In Prag wird einer Statue Franz Josephs ein Strick um den Hals gelegt[150]. Franz Joseph, hart nur gegen seine treuesten Diener, seine Schwarzgelben, gegen österreichische Patrioten, wird, wie immer, „weich", wenn er auf harten Widerstand von Gegnern, ja von Feinden trifft. So Preußen gegenüber, so hier, wieder einmal in seinem Reich. Er entläßt die Regierung in Ungnaden. Taaffe stirbt bald darauf einsam und verbittert.

Nach einem kurzen Zwischenspiel der Beamtenregierung unter Führung von Alfred Fürst zu Windisch-Graetz beruft Franz Joseph den polnischen Grafen Kasimir Badeni (1846—1909) an die Spitze der Regierung. Badeni bildet eine Koalitionsregierung, die sich beinahe aus den gleichen Parteien zusammensetzt wie der „Eiserne Ring" des Grafen Taaffe[151]. Durch eine Wahlrechtsreform, die er durchsetzt, kommen 1897 in den neuen Reichsrat 26 Christlichsoziale, 15 Sozialdemokraten, 41 gemäßigte Deutschnationale („Deutsche Volkspartei") und fünf radikale „Alldeutsche". Das sind 78 „deutsche" Abgeordnete, denen die Tschechen mit einem Block von 60 Abgeordneten gegenüberstehen. Die Katholisch-Konservativen hatten sich in einen slawisch-christlichen Verband (35 Mandate), eine deutsche konservative katholische Partei (32 Mandate) und ein „Zentrum" (6 Mandate) gespalten.

Badeni erläßt am 4. und 25. April 1897 seine Sprachenverordnungen für Böhmen. In Böhmen, dem Schicksalsland der Donaumonarchie seit dem 16. Jahrhundert, mußte der große Vergleich gelingen — oder das Reich scheitern. Richter und andere Beamte hätten sich nun im Parteienverkehr jener Sprachen zu bedienen, die von der einschreitenden Partei gebraucht werde. Für den Verkehr mit den Zentralbehörden in Wien, im militärischen Bereich, bei Post und Telegraph, in der Gendarmerie und in gewissen Staatsbetrieben blieb die Geltung der deutschen Sprache in der bisherigen Form bestehen. 1978 vermerkt ein deutscher Beobachter dieser Szenerie, Franz Herre: Badeni versuchte, „mit einem Appell an beide Seiten, vernünftig und tolerant, also liberal zu sein". Die Forderung einer Zweisprachigkeit aller Beamten „war keineswegs abwegig in einem Land, in dem zwei Völker wohnten, und in einem Staat, der den Doppeladler im Wappen hatte. Doch die Deutschen — innerhalb und außerhalb Böhmens und Mährens — sahen darin nicht eine Festigung des Vaterlandes Österreich, sondern eine Auflösung des ‚nationalen' Besitzstandes: der Deutschen. Und eine Störung der Bierruhe. Denn nun hätten Deutsche, die Beamte werden wollten, Tschechisch lernen müssen, wenn sie mit den Tschechen, die schon fast alle Deutsch sprachen, konkurrieren wollten!"[152]

Die „Badeni-Unruhen" werden mit Recht bis weit über 1918 hinaus als *der* Sieg der Deutsch-Gläubigen über die Schwarzgelben, über Franz Joseph, gefeiert. Dem Enthusiasmus der Schüler und Studenten werden wir in diesem Bezug noch begegnen. Hier in Kürze dies: Die Deutschnationalen gehen auf die Straße, in Böhmen, Wien, Graz etc. In den Straßen Wiens wird „Deutschland, Deutschland über alles" gesungen. Im November 1897 kommt es zu Skandalszenen im Reichsrat, wobei Schönerer und Wolf den Sturm anführen. Franz Joseph weicht dem Druck, er enthebt Badeni am 29. November 1897 seines Amtes. Husaren suchen die Wiener Ringstraße freizubekommen, andere Truppenteile stehen in den Kasernen alarmbereit.

Hier ist der Ort, eine Perspektive zur Debatte zu stellen, die von Franz Joseph völlig übersehen, besser, nicht wahrgenommen wird. Die bewaffneten Kräfte des Staates waren nach den Niederlagen von Solferino und Königgrätz nur noch zu einem außerordentlichen Einsatz tauglich. Ihr Opfergang von 1914 bis 1918, in dem sie schlecht ausgerüstet, schlecht geführt verheizt wurden, widerspricht dieser Perspektive nicht. Dieser außerordentliche Einsatz konnte sich nur nach innen richten, um hier der Regierung jene Macht zu verschaffen, die sie gebraucht hätte, um *den großen Vergleich* durchzusetzen. Was möglich war, zeigte noch in später Stunde der mährische Ausgleich vom 27. November 1905, durch den nationale Kurien für den Landtag und für die Schulbehörden geschaffen wurden. „Aber auch in Böhmen liefen von verständigungsbereiten Kreisen breiter Volksgruppen Fäden bis unmittelbar vor Ausbruch des Ersten Weltkrieges zueinander."[153]

Franz Joseph wagte es nicht, die Machtmittel seines Staates einzusetzen. Er wich vor den ungarischen Magnaten immer wieder zurück, selbst in einem Moment, in dem diese eine kaiserliche Durchsetzung eines allgemeinen Wahlrechtes in Ungarn befürchteten[154]. Die Magyaren befanden sich in einer so eklatanten Minderheit, daß jede allgemeine freie Wahl ihr Terrorregime gebrochen hätte. Franz Joseph wagte es nicht, die Machtmittel seines Staates in der transleithanischen Reichshälfte einzusetzen. Er war nicht, wie der Franz-Joseph-Mythos noch heute behauptet, der ruhende Pol inmitten der Stürme, der Hort der Gerechtigkeit für alle: Er war die große Leere, die sich im Zentrum eines Zyklons, eines Wirbelsturmes, bildet. Er hatte nichts gelernt aus den Katastrophen von 1848/49, 1859, 1866, aus seinem Zurückweichen vor Bismarck. Also trat er die Flucht nach außen an, in das selbstmörderische Bündnis mit dem Bismarck-Staat, mit dem Regime Wilhelms II., in den Weltkrieg.

Der Kampf gegen die Dynastie, „contra Romam et Austriam", wie stolz einer dieser Kämpfer erinnert[155], wird gegen Franz Joseph und die „Schwarzen" geführt, von den Schülern in Hunderten von Pennälien, von den Studenten in ihren Korporationen. Demonstratives Fernbleiben vom akademischen Trauergottesdienst für den Kronprinzen Rudolf[156]. Der Grazer Rektor lehnt es ohne Erklärung ab, gegen Studenten vorzugehen, die die österreichische Kaiserhymne ausgepfiffen hatten[157]. Die Wiener Universität erhält den Ruf, „das geistige Leibregiment der hohenzollerschen Dynastie" zu sein: so der Unterrichtsminister Gautsch, im Reichsrat am 16. Februar 1888[158]. So hatte, was in Österreich selbst bis heute gar nicht beachtet wurde, zuvor *Erich Du Bois-Reymond* als Rektor der Berliner Universität seine Hochschule und vor allem die Phalanx borussischer Historiker und Germanisten gerühmt, die den Glauben an den heilsnotwendigen Sturz des Hauses Österreich durch Preußen verkündeten[159].

1895 steht das ganze Wintersemester der Wiener Universität im Zeichen der Feiern zu Bismarcks 80. Geburtstag. Kommerse, Aufzüge, ekstatische Huldigungen, Gebete für Bismarck[160]. Nach dem Tode des „Erlösers" telegraphieren die deutschnationalen Studentenschaften an Herbert von Bismarck: „Seine Siege haben uns erst zu den stolzen Söhnen der Mutter Germania gemacht."[161] Bismarcks Grab wird zum Wallfahrtsort. *Schönerer* läßt sich nah an seinem Grab bestatten, in Aumühle bei Hamburg. Schönerers Glaubensbekenntnis: „Es gibt nur einen Gott: Bismarck, und ich, Schönerer, bin sein Prophet."[162] Interessanterweise plädiert einer der bedeutendsten Renegaten aus Österreich, *Ottokar Lorenz*, sowohl gegen *„Bismarcks Verkleinerer"* — in Deutschland — wie gegen die gerade von Deutsch-Österreichern vollzogene Mythisierung Bismarcks, gegen den Bismarck-Kult, der Bismarcks Memoiren (Dichtung, Wahrheit, Lüge sehr gekonnt verschmolzen) kritiklos als Evangelium hinnimmt. Für Lorenz bleibt Bismarck ein Rätsel, „in welches noch kein historischer Psychologe eine Klarheit zu bringen wußte"[162a].

Hilflos, wie der Kaiser Franz Joseph selbst, wirken in diesen Jahrzehnten, die schüchternen, verlegenen Erlässe und Ermahnungen kaiserlicher Schulbehörden. Ein Erlaß des Unterrichtsministeriums, Wien, 25. November 1876, soll in diskretester Weise ausgeführt werden: eine Betonung der österreichischen Aspekte besonders in Geographie und Geschichte. Die Jugend soll geschützt werden vor der Gefahr der „Preußenseuchelei". Ein Erlaß vom 17. November 1898 untersagt das „Heil"-Rufen in den Schulen: Es hatte sich wie eine Epidemie verbreitet[163]. Während der Badeni-Unruhen am 26. und 27. November 1897 vereinen sich die Kornblumen (die blaue Lieblingsblume Kaiser Wilhelms) und die roten Nelken. Sozialdemokratische Studenten singen vor der Universität „Das Lied der Arbeit", die Deutsch-Gläubigen singen „die Wacht am Rhein!". Es sind radikale deutsch-nationale Studenten, die vor dem Parlament am 30. Oktober 1918 die schwarzgelben Fahnen in den Schmutz reißen . . .[164].

Seit Mitte der achtziger Jahre nimmt die Hetze gegen die Person des Kaisers ständig zu[165]. Schüler, in ihren Pennalien, Studenten in ihren Korporationen, Redner bei Kommersen und in der politischen Schulungsarbeit, verkünden, was Schönerer im Reichsrat 1878, dann etwa wieder 1898 fordert und hofft: daß bald ein deutsches Heer in Österreich einmarschieren und diesem Staat ein Ende bereiten werde[166]. *Franko Stein* verkündet am 5. Ostermond 1900: Seine Partei habe nichts gegen Bestrebungen, die darauf abzielen, „das Reich zu zertrümmern und den Zusammenbruch der Firma Habsburg und Kompanie möglichst bald herbeizuführen". Franz Joseph habe seit Jahren „alles in staatsverbrecherischer Weise mit dem § 14 gemacht" (7. Dezember 1905 im Reichsrat). Immer wieder wird Habsburg als „Krämerdynastie" beschimpft. Die Monarchie ist ein „verunglücktes geographisches Gebilde, das den Großmachtswahn habe". Stein fordert die Annektierung der deutschen Gebiete durch das Deutsche Reich. Weiß er, daß man in Berlin dies seit langem erwägt? „Der Staat ist im Sterben." Wir wollen los von Ungarn und „in einem glücklichen Alldeutschland . . . leben!"[167].

Schon am 8. März 1889 — wenig mehr als einen Monat vor der Geburt Adolf Hitlers, erklärt Türk im Reichsrat: „Wir haben tatsächlich die Pflicht, eine Irredenta germanica zu bilden . . ." Das Bündnis des Kaisers mit Deutschland wird als Alibi der Regierung, nur als Belastung für Deutschland gesehen. Franz Joseph erfaßt nicht, wie hier von radikal anderer Seite her seine unselige „Außenpolitik" in Frage gestellt wird. Lange vor Steins Rede vom 15. Mai 1906 im Reichsrat ist dies die Hoffnung dieser Deutsch-Gläubigen: „Wir haben die eine Hoffnung und den einen Wunsch, daß wir endlich aus diesem Staat erlöst werden, daß endlich einmal eintritt, was naturgemäß eintreten muß, der Zerfall dieses Staates, damit das deutsche Volk in Österreich in Hinkunft glücklich außerhalb dieses Staates unter dem glorreichen Schutz der Hohenzollern sein Dasein führen kann."[168]

Die „Natur", die hier Stein in „naturgemäß" anruft, ist ebenso wie Hitlers Berufung auf die „Natur" ein Glaubenssatz. Der seit dem 16. Jahrhundert tobende Kampf in Österreich zwischen verschiedenen Glaubensüberzeugungen, religiös-politischen Glaubensformen, radikalisiert sich zu einem Inferno, wobei der Glaube an Deutschland sich an zwei Stützungshilfen orientiert, fixiert, seine Rechtfertigung findet: Im Glauben an Wotan-Walhalla, an das, was als Germanenglaube vorgestellt wird, und im Glauben an die notwendige Evangelisierung Österreichs zur Aufhebung der Gegenreformation. Hier spricht die „antiklerikale", deutsch-völkische Vulgärliteratur eine außerordentliche Rolle: Ihre eminente politische Bedeutung wird „oben", in der Führungsschicht des francisko-josephinischen Zeitalters ebenso übersehen oder nicht ernst genommen, wie später in Berlin in der Weimarer Republik die Flut antidemokratischer, antirepublikanischer, antiliberaler Romane, Novellen, Traktate, die das Heil aus dem (neuen) Krieg im Kampf gegen Liberale, Juden, Katholiken, Sozialisten etc. verkünden.

Vorspiel im „Konkordatssturm" ist der Kampf liberaler Romgegner mit ihren „klerikalen" Gegnern. 1862 kommt es zu einem „Klostersturm", 1864 wird die Seligsprechung des Jesuiten Petrus Canisius, der in Wien am Hof ein Zentrum der Gegenreformation geschaffen hatte, zu einem Fanal des Kampfes gegen die „Dunkelmänner". 1867 ruft der oberösterreichische Abgeordnete Freiherr vom Weichs am 21. Oktober im Abgeordnetenhaus aus: Es gelte für den Deutschösterreicher zu siegen oder als Römling zu verderben[169]. Der Schriftsteller und niederösterreichische Abgeordnete *Julius A. Schindler* ruft: „Die ecclesia militans hat alle Pässe und Übergänge zu einer besseren helleren Zukunft besetzt; der Führer dieses Heeres ist der General der Jesuiten, und den hoffen wir zu schlagen."[170]

Die „Schwarzen", die „Klerikalen" waren der liberalen Presse und ihren deutschgläubigen Sprößlingen hoffnungslos unterlegen. Die Tagesblätter überboten sich in antikirchlichen Schmähungen. Rom wird als ein „galvanisierter Leichnam" erklärt, analog zum Kadaver Haus Habsburg. Unter Führung von *Joseph Greuter* (1817 bis 1888), dann von *Sebastian Brunner* begibt sich die Kirchenpresse auf ein Niveau, das in seiner Niedrigkeit, Aggressivität, in seiner Totaldenunziation des politischen Gegners seinerseits erschreckend „vorbildlich" wirkt für die Polemik, später, gegen die „Roten".

Da die „liberale" Presse in der Sicht ihrer „klerikalen" Gegner zur Gänze in der Hand von Juden ist, versuchen sie mit beträchtlichen Erfolgen, das Judentum als *den* Sündenbock an den Pranger zu stellen — früh bereits in Konkurrenz mit dem Antisemitismus von Deutsch-Gläubigen. Der Vorkämpfer eines kirchlich-katholischen Antisemitismus ist der streitbare hochbegabte Prälat *Sebastian Brunner* (1814—1893), der Herausgeber der Wiener „Kirchenzeitung", der geistliche Führer des Antisemitismus in Österreich-Ungarn, hochangesehen in Rom, wo sich die von den Jesuiten herausgegebene „Civiltà Cattolica" auf ihn stützt, und in Paris, wo er als „Vater des österreichischen Antisemitismus" dem katholischen Volk vorgestellt wird[171].

Noch 1935 erinnert ein in Dresden und Wien erscheinender, von österreichisch-katholischen Nationalsozialisten herausgegebener Bildband an *Lueger*, an *Sebastian Brunner* und den „tapferen Gottesstreiter Pfarrer Dr. *Josef Decker* (Wien)", der schon 1897 ein Fremdengesetz für die Juden fordert: „Die Juden müssen für die christlichen Völker unschädlich gemacht werden; man muß sie unter ein Fremdengesetz stellen." Die Emanzipation der Juden muß fallen[172]. Abgründe trennen diese Wiener „Schwarzen" von den Reformkatholiken, von den „Modernisten", die sich um ihren „Schutzpatron" *Friedrich von Hügel* gesammelt hatten ...

Liberaler und deutsch-völkischer Glaubenskampf verschmelzen im Werk von Schriftstellern, Romanciers, Bühnendichtern, die den Glaubenskampf in der Epoche der Gegenreformation beschwören. Ihre Helden sind Stefan Fadinger und die Evangelischen, die aus Salzburg, aus Tirol vertrieben werden[173]. Die Kontinuität zwischen „Vormärz", 1848 und dem späten 19. Jahrhundert verkörpert etwa ein *Johannes Nordmann*[174]. Er flüchtete als Angehöriger der „Akademischen Legion" 1848 aus Wien. Zu seinen Freunden und Bekannten gehörten *Grün* und *Lenau, Hartmann, Horn* und *Meissner*. In den sechziger Jahren wird er Schriftleiter der „Neuen Freien Presse". Von einer großangelegten antirömischen epischen Dichtung „Eine Römerfahrt" sind nur die beiden ersten Gesänge erschienen: „Der Bauernkrieg in Oberösterreich" und „Unter dem Krummstab": die Leidensgeschichte der Salzburger Lutheraner unter dem Terror der „ecclesia militans" gegen die „misera plebs contribuens", das verdemütigte, versklavte Landvolk. Hohes Lob für diesen „Dichter", der „die Sünden des Papstthums wider die sich gegen seine Helfershelfer empörende Menschheit" aufzeigt, in der Neuen Freien Presse (9. November 1874).

Eine Fülle von Antijesuitica, von Romanen, die das unheilvolle Wirken der Jesuiten in Deutsch-Österreich schildern, und einer allgemein antimonastischen Literatur, die im Mönch einen teuflischen Ausbund von Wollust und Verbrechen sieht, erscheint in diesen Jahrzehnten. Die allgemeine Stimmung im deutsch-nationalen liberalen, dann im völkischen Bürgertum schildert in Linz *Hermann Bahr* in einer Tagebucheintragung vom 19. Januar 1906 (wir erinnern uns an Hitlers Religionslehrer Franz Sales Schwarz in eben diesen Jahren): „Meine wackeren Linzer gehen jetzt gegen das Schulgebet los. Vielleicht kommt uns Rettung aus der Provinz ... Dort weiß man noch: Der Pfaffe ist der Feind. Dort weiß man noch, daß jeder Versuch einer neuen Kultur ein Betrug ist, solange der Pfaffe nicht ausgerottet sein wird. Dort weiß man noch, daß jede Bildung, die bloß für die wenigen ist, unfruchtbar bleibt. Vielleicht kommt die Rettung aus der Provinz. Vielleicht besinnen wir uns dann auch. Vielleicht heißt es dann endlich wieder überall: ‚Ecrasez l'infâme'."[175] Das Voltaire zugeschriebene, auf die Romkirche und ihre Vernichtung bezogene Wort soll hier von der „Provinz" gegen das verlotterte, unreine, undeutsche, schwarzgelbe Wien zum Sieg geführt werden. Der Kampf gegen die „Österreichereien" (wie man es später ausdrücken wird) ist vorzüglich ein Kampf gegen Wien und um Wien, geführt von den „Ländern" her, in denen die alte evangelische Resistance sich jetzt in neue Formen gewandet. Im „Kampf gegen Rom" begegnen sich Wotans-Glaube und evangelische Reformation gegen die römisch-habsburgische Gegenreformation.

Schönerers Wotan- und Germanenglaube wird gerade in Pennalien und in studentischen Korporationen leidenschaftlich aufgenommen[176]. Wie sehr hier dem Wotan-Glauben blutjunger Menschen Entlastungsfunktionen zukommen — sie sollen vom Druck der schwarzgelben Kirchenväter, des unheimlichen, gehaßten Kaiservaters Franz Joseph und oft des eigenen Vaters befreien — mögen zwei „Modelle" aus psychotherapeutischen Arbeiten nach dem Zweiten Weltkrieg vorstellen, die Jolande Jacobi 1964 vorstellt. Da malt, in der psychotherapeutischen Behandlung, ein sechsundzwanzigjähriger Österreicher ein Bild, das er selbst „Feuergott" nennt. Es veranschaulicht eine Traumerfahrung, in der er in einem ihn bedrohlich verfolgenden römischen Offizier seinen eigenen Vater erkennt. Der persönliche Vater wird in das archetypische Bild des furchtbaren Feuergeistes von Jahwe, der ihm dazu einfällt, umgewandelt. Das feurige Rot überschwemmt das ganze Bild bis zum Bildrand[177]. Und weiter: Ein dreißigjähriges katholisches Mädchen malt 1952 den Gott Wotan, mit langen roten Haaren. Ihn betet die Malerin an, ihm gehört ihre Liebe. Sie verfaßt zum Wotanbild ein Gedicht, in dem sie singt: „Wenn der Andere, / der Blasse, / der sanfte Gott / aus Nazareth, / ausgelitten ausgeröchelt / sich sterbend / in die Grube legt, / traun, Starker, dann kommt deine Zeit! / Brausenden Atems, / Herr der Winde, / jagst du daher / treibst die Wolken, / treibst die Wogen: Wüterich vor dir her / Die trächtige Welt, / von Golgotha / versengt mit Todeshauch: lodert wieder: Fruchtbringender, dir auf: Wie schwillt die Flut / in deinem Morgenstrahl / und tosend tönt das Meer / von deinem Widerhall / darin der letzte Schrei / am Kreuzesstamm erstickt, / und tosend und jauchzet / dir meine Seele mit." „Befreit vom Himmel / darf ich wieder hassen / berauschten Muts: zum Schwerte fassen, / schon singt das Eisen schwirrend durch die Luft, / und schaudernd atme ich den Duft des warmen Bluts"[178] — „Schwert", „Eisen", „Blut", Sexualsymbole eines „brennenden Glaubens" kehren immer wieder in den Liedern dieser Pennäler und Studenten in den Jahrzehnten 1866—1914. — „Heil dir, Starker ..." „Glühender Gott / in deinem Wahn: lechzt meine Seele / zu vergehn, / trunken tauchet / sie hinab / und ruhet / und ruhet / im wonnigen Grab." Todeswunsch, Heimkehr in den Schoß der großen Mutter Germania, in den Feuergott Wotan, und Aggression gegen die gehaßten alten Väter verschmelzen hier. Auch dies ist ein Motiv der Kriegsbegeisterung junger Menschen, 1914[179].

Die dreißigjährige Deutsche bricht nach dieser Selbstdarstellung ihre Behandlung ab, kehrt in die Heimat ihres Gottes zurück. Dies hier, um zumindest anzudeuten, daß der Wotan-Glaube, vorzüglich der Pennäler, nicht nur eine Marotte des Georg von Schönerer ist. Eine auf ihre Weise großartige Wotan-Vision findet sich in der Paracelsus-Trilogie (Wotan erscheint im Riesengebirge) des *Erwin Guido Kolbenheyer* (1878—1962). Sein interessanter Erstlingroman ist dem großen jüdischen Denker Spinoza gewidmet („Amor Dei"). Kolbenheyer „büffelte" zusammen mit *Stefan Zweig* für die juridischen Staatsprüfungen ...

Der Wotan-Glaube ergreift Mittelschüler, infiziert viele Pennalien in Böhmen, Mähren, in den Alpentälern und ergreift, was höchst beachtenswert ist, auch Bauern. Bauern aus Poysdorf in Niederösterreich wallfahren in einen Wotan-Eichenhain nach Wetzeldorf. Mitgeteilt wurde mir dies von Prälat Dr. Karl Strobl; sein Vater kämpfte als christlichsozialer Ortsbürgermeister gegen eine immer mehr anschwellende, schließlich zur Mehrheit werdende Schar wotangläubiger Bauern. Vom Wotan des Richard Wagner bis zum Wotan-Glauben deutsch-österreichischer Mittelschüler und Studenten und dann von Bauern spannt sich ein weiter Bogen: Die Basis für diese Phänomene bildet ein Aufstand aus der Tiefe, aus dem vom Kirchenchristentum nicht mehr erreichten oder nur gereizten Tiefenschichten der Person, eine Explosion, wie sie nur einmal zuvor so tief, in solche Tiefen des leibseelischen Untergrundes hinabgestoßen und gegründet hatte: in dem Aufstand des jungen Luther, dann der nonkonformistischen Schwärmerbewegungen des 16. Jahrhunderts[180].

Die Wirkungen des *Georg von Schönerer* (1842—1921) gehen weit, weit hinaus über die kleine Schar der Abgeordneten, die mit ihm im Reichsrat kämpfen, über die direkten Leser seiner Zeitung, die „Unverfälschten Worte" (1700 Stück Höchstauflage) und die Mitgliederzahl des Deutschnationalen Vereins (1200 Personen im

Jahre seiner Auflösung 1889). Schönerer ist ein Sohn jenes Waldviertels, in dem Waldenser, Hussiten, Lutheraner, Täufer den religiös-politischen Untergrund mit ihrem Blut getränkt haben. Ein Waldviertel, in dem heute der Glaube an Schönerer, der Glaube des Georg von Schönerer, und der Glaube an Adolf Hitler ungebrochen leben, wie auch sehr direkte Briefe an mich dokumentieren[181].

Ein einzigartiges Dokumentationswerk für diesen Glauben ist das sechsbändige Werk Eduard Pichls „Georg Schönerer". Pichl gab es zunächst im Selbstverlag heraus, 1938 wurde es mit Unterstützung des Reichsinstituts für Geschichte des neuen Deutschland neu ediert. Der Präsident dieses Instituts, Walter Frank, schreibt in seinem Vorwort, Berlin, 12. Februar 1938, ergänzt am 16. März 1938: „An dem Tage, wo der greise Generalfeldmarschall von Hindenburg auf Bismarcks Kanzlerstuhl den Österreicher Adolf Hitler berief, schloß sich im Geiste der Riß, der seit 1866 noch durch unsere Geschichte ging. An dem Tag, wo dieser reichsdeutsche Kanzler österreichischer Herkunft das Land seiner Jugend triumphal in das Reich heimführte, hat sich dieser Riß auch in der politischen Wirklichkeit für immer geschlossen."[182]

Bezogen auf Königgrätz lebte Schönerer, lebte Hitler, lebte Schuschnigg. Ihr Selbstverständnis in diesem Sinne wird uns in der Konfrontation der beiden österreichischen Katholiken Hitler und Schuschnigg entgegentreten. *Schönerer* wurde am 17. Juli 1842 im Südbahnhofgebäude Wien-Favoriten als Sohn des Ingenieurs Matthias von Schönerer geboren, an den heute noch die „Philadelphia"-Brücke in Wien erinnert (er hatte 1838 aus Amerika eine Lokomotive mitgebracht). Der Knabe Georg hat in der Dritten Klasse der Wiedner Kommunal-Oberrealschule St. Anna ein Zerwürfnis mit dem Religionslehrer (analog Adolf Hitler in Linz), er geht nach Dresden, lernt dann auf einem Gut bei Tübingen, dann auf der landwirtschaftlichen Lehranstalt in Ungarisch-Altenburg, arbeitet in Böhmen auf Besitzungen des Fürsten Schwarzenberg in Lobositz und des Erzherzogs Albrecht in Groß-Seelowitz in Mähren: in diesen Schicksalsräumen der cisleithanischen Reichshälfte. Der junge Schönerer, ein hochbegabter, vielseitig interessierter Mann, begabt als landwirtschaftlicher, als technischer Reformer, als Sozialreformer, baut auf Schloß Rosenau bei Zwettl eine landwirtschaftliche Musterwirtschaft auf. Der junge Schönerer spendet Kaiser-Joseph-II.-Gedenktafeln, läßt eine Festschrift zu Ehren des großen Reformkaisers auf seine Kosten drucken[183], arbeitet in der liberalen Verfassungspartei „als freisinnig veranlagter Mann". Schönerer ist nicht allein, wie seine Anhänger meinen, „der Vater des Linzer Programms": Hier hatten sich 1882 zur „Wahrung der deutschen Interessen" Juden, wie Heinrich Friedjung, Sozialdemokraten und Christlichsoziale zusammengefunden[184]. Diese Deutschnationalen waren noch nicht antisemitisch, 1885 kommt jedoch in das Linzer Programm ein 12., rein antisemitischer Forderungspunkt.

Schönerer bringt im Abgeordnetenhaus (ab 1873) eine Fülle von praktischen Reformvorschlägen ein, die dem Schutz der Bauern, der Gewerbetreibenden, der „kleinen Leute" gelten. Er steht da oft ganz nahe bei Carl Lueger, mit dem ihn damals auch der Antisemitismus verbindet[185]. Der junge deutschliberale Schönerer wird von der Wiener „Judenpresse" sehr gerühmt, als „Mann des Volkes", als „Vorkämpfer der Deutschen" (so 1877)[186]. Im März 1878 spricht Schönerer im Reichsrat gegen das

„Gekläffe der Wiener Juden- und Regierungspresse", er erklärt den Antisemitismus für die „größte nationale Errungenschaft des Jahrhunderts"[187]. Der Kampf gegen die „Judenpresse" wird ein Leitmotiv seines Lebens. Vor fünftausend Gläubigen fordert er am 13. Februar 1885 in den Wiener Sofiensälen: „Zertretet die Natter und macht ein Ende dieser journalistischen Giftmischerei, damit das so hartbedrängte Volk nicht zur Selbsthilfe gezwungen werde."[188] Pogrom-Drohung, immer wieder. Ungemein einfallsreich die antisemitische Propaganda: antijüdische Klebemarken, Eintrittskarten, Antisemitenlieder, Schönerer-Stücke, Schönerer-Pfeifen. „Man trug gehängte Juden aus Silber an der Uhrkette und Stöcke mit Köpfen von polnischen Juden."[189] „Kauft nur bei Christen!" Das Arsenal der nationalsozialistischen Propaganda wird vorgebildet durch die Schönerianer.

Auch wurde schon die Forderung von Konzentrationslagern laut. Freund und Kollege Fürnkranz stellt im Abgeordnetenhaus am 4. Mai 1881 den Antrag, „es mögen doch endlich Strafkolonien für Verbrecher errichtet werden". Am besten geeignet wären Territorien in Bosnien und der Herzegowina. Am 18. März 1887 bringen Schönerer, Fürnkranz, Fiegl und Türk gemeinsam einen Antrag ein „auf Erwerbung eines zur Anlage einer Strafansiedlung geeigneten Landstückes" für mehr als zweijährige Haft, ferner für „Presselügner, Ehrabschneider" und andere Straftäter, die mindestens zu sechs Monaten Haft verurteilt werden[190].

Erstaunlich, wie lange Schönerer mit Juden und Sozialdemokraten zusammenarbeitet. Er, der am 18. Juli 1878 im Abgeordnetenhaus stürmische Erregung hervorrief durch eine Rede unter dem Motto „Wenn wir nur schon zum Deutschen Reiche gehören würden"[191], der am 7. Juni 1882 seinen Glauben bekundet, „daß die Mutter Germania eine an die Deutschen in Österreich herantretende Bedrängnis gewiß beachten wird", hatte 1881 *Engelbert Pernerstorfer* als Schriftleiter für seine Zeitschrift „Deutsche Worte" gewonnen. Engelbert Pernerstorfer wurde der erste Obmann des durch Schönerer am 2. Juni 1882 gegründeten „Deutschnationalen Vereins". Erst 1883/84 kommt es zum Bruch mit Pernerstorfer, der ein Führer eines „rechten" Flügels der Sozialdemokratie wird[192].

Der „Deutsche Schulverein", gegründet von einem Südtiroler Kuraten, Franz Mitterer, 1880, wird in Wien durch einen Ausschuß zur Gründung vorbereitet, dem Viktor und Friedrich Adler sowie Pernerstorfer angehören. An die Spitze trat der Wiener Jude Moritz Weithof, Schönerer wurde Aufsichtsrat. Vor der 2. Jahresversammlung am 18. Mai 1882 verurteilt Weithof den Antisemitismus als „religiöse Meinungsverschiedenheit unter den eigenen Stammesgenossen" und plädiert für die Zusammenarbeit aller, „ob Rabbiner, Klosterfrau, Pastor, weltlicher Lehrer" — als deutsche Stammesbrüder! Der Berichterstatter Prof. Dr. Viktor v. Kraus berichtet über die vom „Deutschen Schulverein" unterstützten „Israelitischen Kultusschulen"[193]. Der Ex-Liberale sucht einen Glauben, der seinen politischen Kampf tragen und legitimieren soll. Er findet ihn im deutschen Protestantismus.

Nach dem Vorbild Julius Krickls, des Führers der deutsch-österreichischen Turner, der sich bereits 1871 „romfrei" gemacht hatte, erklärt sich Schönerer für das „Evangelischwerden des deutschen Ostmarkvolkes" (1878). Teilnahme an der großen Lutherfeier — 400. Geburtstag Luthers — vom 9. zum 11. November 1883 in Wien. Parallele Veranstaltungen finden in Innsbruck, Linz, Graz etc. statt. Schönerer kämpft gegen den „Eisernen Ring" Taaffes, gegen das Bündnis der „Ultramontanen" mit den Slawen: „Es ist Tatsache, daß der Protestantismus uns unverfälscht deutsch fühlende Seelsorger stellt, was vom Katholizismus nicht behauptet werden kann" (10. November 1885)[194]. Schönerer spricht nun des öfteren im Verein evangelisch-deutscher Theologen „Wartburg" in Wien, Gesinnungsgenossen wie der Gymnasial-professor Aurelius Polzer sehen im Übertritt zum Luthertum „den einzigen Weg zum endlichen Heile des deutschen Volkes in der Ostmark" (24. Oktober 1885). Antrag an den Deutschnationalen Verein: Forderung eines Massenübertritts aus der Rom-Kirche zu den Deutsch-Evangelischen[195].

In Schönerer wächst gleichzeitig sein Glaube an das Heil aus der Wiedergeburt der Germanen. 1888 führt er einen neuen Heilskalender für seine Deutschnationalen ein: Die Schlacht bei Noreja, 113 v. Christus, ein erster großer Germanensieg über die Römer (in der Vision Schönerers) wird als Stiftungsjahr des neuen Kalenders erhoben. 1888 ist jetzt das Jahr 2001. Radikale Männer in der zweiten Phase der Französischen Revolution, später andere Revolutionäre und Gegenrevolutionäre, noch später Faschisten um Mussolini, stiften revolutionäre Kalender. Die neue Welt, der neue Mensch, die Wiedergeburt der Nation, die Weltrevolution sollen durch ein Stiftungs-jahr weltgeschichtlich fixiert werden. Schönerer führt einen „germanischen" Monats-kalender ein. Im Ernstfall erhalten die Germanen vor den Luther-Deutschen den Vorrang. „Man nennt uns unchristlich, weil wir Rom bekämpfen. Wir sind Christen, aber wo Germanentum und Christentum in Widerspruch miteinander geraten, da sind wir allerdings in erster Linie Germanen." (Schönerer am 4. März 1897 im Politischen Favoritner Bürgerverein[196].) Schönerer gelingen breite Einbrüche in die Lehrerschaft und in untere Schichten des Bürgertums, ja sogar in die Arbeiterschaft, was in der Ersten Republik zum Tragen kommt.

Unverheilt sind die Wunden der Gegenreformation. „Feuer und Schwert der habs-burgischen Ferdinande hatten den Lutherruf ‚Los von Rom' nicht zum Verstummen bringen können, die Ruhe der Länder, die unter den Hufschlägen der gottgefällig arbeitenden Liechtensteindragoner erzittert hatten, war noch nicht die der Wüste, über die Ferdinand der Zweite nach seinen Worten lieber herrschen wollte, als über ein Land von Ketzern . . ." — „unter der Asche gloste es . . ."[197] „Darum los von der Weltwölfin Rom" (Die „Unverfälschten deutschen Worte", 1. Dezember 1896): Ganz Deutschland war bereits lutherisch — „da kam die Gegenreformation und trieb den deutschen Süden und Südosten wieder in den Rachen der Weltwölfin"[198] —, hier wird eine mythische Endzeitangst reaktiviert: die Angst der Sänger der Edda. Die Wöl-fin Rom ist hier unterschwellig eine Inkarnation des Fenriswolfes, der die Götter und Germanen verschlingt.

Schönerer fordert für seinen lutherisch-germanisch-alldeutschen-bismarckschen Glauben an das Heil aus dem Schoß der Mutter Germania das tägliche öffentliche Bekenntnis durch den Gruß „Heil". „Der geeignetste Gruß zwischen Deutsch-nationalen besteht in dem Grußwort ‚Heil'!"[199] Um sein geliebtes, so tödlich durch Habsburg-Rom und die Slawen gefährdetes deutsch-österreichisches Volk zu schir-men, fordert er (oft, so vor dem Deutschnationalen Männerbund in Wien 1896): „Eine Kette von protestantischen Gemeinden an den Sprachgrenzen wäre der beste Schutz-wall gegen das Vordringen des Slawentums."[200]

Das Heil kommt aus der Sprache. Aus der deutschen Muttersprache, die gegen die Slawen verteidigt werden muß. Schönerer im Reichsrat, am 5. November 1898 gegen die Sprachenverordnungen von 1897: „Das ist der Dank des Hauses Österreich: gesetzwidrig erlassene Sprachenverordnungen, eine beabsichtigte Slawisierung der deutschen Gebiete ..." „Mit Genugtuung und Stolz" sodann dies: „Wir können darüber nicht trauern, daß man heute am Ende dieses Jahrhunderts spricht von einem absterbenden Staate Österreichs, und von einem auflebenden deutschen Volke in Österreich." Sein Genosse Türk dazu: „Das deutsche Volk setzt seine Hoffnung nur noch auf das deutsche Reich." Der Präsident ruft zur Ordnung. Schönerer-Genosse Iro: „Damit werden Sie den Untergang des Reiches nicht aufhalten." Schönerer fährt fort: „Seht, die Deutschklerikalen verraten an der Seite der zumeist hussitischen, deutschfeindlichen Jungtschechen das deutsche Volk!" Hier hilft nur eines: „Los von Rom!" — „Und wenn die Deutschen das Joch von Rom abgeschüttelt haben werden, dann werden sie der Unterdrückung der slawischen Herrschaft nicht unterliegen können!"[201] (Wie nicht wenige Deutsch-Germanen in Österreich spricht Schönerer nicht selten ein sehr schlechtes Deutsch. Er meinte hier: Unterdrückung *durch* die slawische Herrschaft. Gleichzeitig ist dies eine beachtenswerte psychische Fehlleistung: Er weiß in seinen Tiefenschichten recht gut um eine Unterdrückung der Slawen gerade durch *seine* Deutschen). „Wir sagen es immer und sagen ... es auch heute: Vaterland in unserem Sinne ist kein Staatsgebilde, kein österreichischer Staat, sondern die deutsche Stammeserde ist unser heiliges Vaterland, das werden wir vertreten und schützen bei jeder Gelegenheit, wenn es sein muß, mit Blut und Eisen."[202] *Sollen wir tschechisch lernen?* Gegen diesen „selbstmörderischen Anschlag" („Mitglieder der Deutschen Volkspartei empfahlen den Deutschen im Jahre 1903, tschechisch zu lernen"), gegen eine Verführung der deutschen Jugend zur Toleranz gegen die Tschechen schreibt Schönerer am 8. Juli 1903: „Sollen wir tschechisch lernen?" „Die Deutschen brauchen nicht tschechisch zu lernen, und sie dürfen es nicht." Sie brauchen nur rücksichtslose Volksvertreter, die der Slawisierungspolitik der österreichischen Regierungen mit Entschiedenheit entgegentreten und die Macht des Deutschtums in Österreich einsetzen im Kampfe um die gesetzliche Sicherstellung der deutschen Sprache als Staatssprache. Siegen kann nur, wer kämpft. Tschechisch lernen, hieße den Kampf fliehen, den Kampfpreis, die Vorherrschaft in Österreich den Slawen feige überlassen. Herrschen oder beherrscht werden — das ist für das Deutschtum in Österreich die große Zukunftsfrage[203].

Hier erreichen die Engführungen und Engpaßführungen, die im 18. Jahrhundert in der Niederkämpfung der polyphonen und polyglotten Barockkultur begonnen hatte, einen Höhepunkt. In der Welt der Maria Theresia und Mozarts gehört Vielsprachigkeit, Mehrsprachigkeit zur Bildung von Klerikern, Adeligen, Juden, Beamten, Musikern und anderen Künstlern, von Damen und Dienstboten. Diese Mehrsprachigkeit färbte nach innen hinein: Vielfärbig wuchsen da Menschen heran, wurden zu österreichischen Menschen — ohne jedes ideologisch manipulierte, politisch akzentuierte Staatsbewußtsein[204].

Schönerer und Genossen fordern das Bekenntnis zur einen Heilssprache, zu ihrer deutschen Sprache (weltenweit entfernt von der Sprache Schillers und Goethes und eines Wilhelm von Humboldt), zu ihrem deutschen Glauben. Erst sehr spät, am 15. Januar 1900, tritt Schönerer selbst aus der Rom-Kirche aus. Was hat sich in seinen Tiefenschichten in den vergangenen Jahrzehnten abgespielt? Welche inneren Widerstände hatte er doch zu überwinden? Er tritt am 31. August mit seinem Sohn zum Protestantismus über: „Er wählte diese Kirche, weil ihr auch Bismarck angehört hatte."[205] Eine politische Konversion also: in der Tradition der unzähligen politischen Konversionen in Österreich vom 16. zum 20. Jahrhundert. Schönerer: „Luther und Bismarck hätten das große Werk nicht vollbracht, wenn sie nicht deutsche, evangelische Männer gewesen wären" (1898)[206]. An die Stelle des Alten Testaments soll die Edda als *die* Germanenbibel" treten. Schönerer beobachtete nämlich dies: „Es war eine unangenehme Erscheinung, daß so manche Deutschvölkische, die sich von Rom lossagten und evangelisch wurden, geradezu bibelverliebt wurden, dadurch konnte eine religiöse Verjudung eintreten."[207] Im April 1899 fahndet die Wiener Polizei in Wiener Buchhandlungen nach „verbotenen evangelischen Flugschriften". Sie wurden massenhaft von Dresden, Leipzig, München eingeschleust und verkündeten die Frohe Botschaft vom Zerfall Habsburg-Roms und der Erlösung der Deutschen durch das Deutsche Reich.

Der späte Schönerer engagiert sich in der „Los-von-Rom-Bewegung". In der Zeit von 1897 bis 1913 werden etwa 68.000 deutsche Katholiken protestantisch, in der Zeit von 1897 bis 1921 verlassen rund eine Million Tschechen die katholische Kirche. Wir erinnern an das Vorspiel dieses Exodus aus dem Haus Habsburg-Rom im 16. und 17. Jahrhundert. Die „Los-von-Rom"-Bewegung wird finanziert vom „Evangelischen Bund" und von der „Gustav-Adolf-Stiftung". Die preußischen Kirchenkassen dürfen 5 Prozent der Solleinnahmen dieser Bewegung in Österreich zuführen[208]. Publizistisch kämpfen Schönerers „Unverfälschte Deutsche Worte" (ab 1883, dann wieder 1903—1918 weitergeführt als „Monatshefte für deutsche Volkserziehung und Veredelung, alldeutsche Politik, Volkswirtschaft, Kunst und Literatur") und die Blätter „Odin" und „Wartburg" für diese Bewegung. Besondere Beachtung verdienen durch ihre Aggressivität, die den Ton von Julius Streichers Zeitschrift „Der Stürmer" vorklingen läßt, die Zeitschrift „Der Volksruf: Organ wider Römlingen, undeutsche Finsterlinge und christlich-soziale Pharisäer" (ab 1897) und der „Grobian" (ab 1907). In Tirol stimmt in diesen Chor ein „Der Scherer: Erstes illustriertes Tiroler Witzblatt" (ab 1898, bis 1909)[209].

Schönerer bekämpft das franzisko-josephinische Militärbündnis mit dem Deutschen Reich, tritt für seine Lösung ein (5. November 1898). Er weiß sehr gut — was in der Hofburg „übersehen", nicht politisch zur Kenntnis genommen wurde —, was der Kronprinz Rudolf mit Empörung sah: Berlin spioniert ständig Wien, seine Minister, Politiker, Publizisten, Militärs aus (wie in den Jahren Friedrichs II.). Schönerer spricht es offen aus: Das Deutsche Reich und seine Militärverwaltung beobachten scharf und genau die Zustände in der österreichischen Armee; man weiß in Berlin, „daß auf diese Armee im Felde kein Verlaß mehr sein kann". „... Der babylonische Turmbau in der (österreichischen) Militärverwaltung verbürgt die Niederlagen von vornherein!"[210] Mit dem Scharfblick des Feindes ersieht Schönerer dies: Habsburg möchte gerade auch am Balkan die Gegenreformation weitertreiben und die orthodoxe Kirche zurückdrängen, durch eine Katholisierung Bosniens und der Herzegowina. Schönerer brandmarkt die Kriegshetze der „Reichspost", die Serbien katholisieren möchte, 1912/13: „Österreich-Ungarn war zur politischen Vormacht Roms gegen die Schismatiker, zur Wiener Kolonie des Vatikans geworden."[211] Schönerer sieht hier richtig *den* wunden Punkt der unseligen Balkanpolitik der Donaumonarchie, der auf 1914 zuführt. Er will sich jedoch nicht eingestehen, daß hier in der Bildung einer Speerspitze gegen Serbien und zuvor gegen Italien alldeutsche, antiklerikale Militärs wie Conrad, der in seinen Tagebüchern oft fatal nahe an Schönerer steht, und christlichsoziale Publizisten, die eine Gegenreformation fordern, wie Friedrich Funder mit seiner „Reichspost", in dasselbe Kriegshorn blasen.

Schönerer ist parteipolitisch gescheitert. Diese starke, eigenwillige Persönlichkeit stieß viele Anhänger auf die Dauer ab — Studenten zuerst. In seiner eigenen Bewegung stand ein Mann gegen ihn auf, den er für den Treuesten der Treuen gehalten hatte: *Karl Hermann Wolf*, ein Sudetendeutscher (wie man die Deutschen Böhmens später nennen wird). Wolf duelliert sich 1897 mit dem Ministerpräsidenten Badeni. Wolf besitzt in Böhmen und Mähren eine ihm treu ergebene Anhängerschaft. 1901 tritt er für die Schaffung eines Großserbischen Reiches ein. Das widerstreite den natürlichen Interessen der Deutschen nicht[212]. Die Verbindungen zwischen Belgrad und Berlin im Jahrzehnt vor 1914 bedürfen noch vielfacher Erhellung. Adolf Hitler glaubt, als er die Nachricht vom Mord in Sarajewo erhält, daß deutsche Studenten den Habsburger Erben getötet haben. Die Söhne Franz Ferdinands kommen nach Dachau ins KZ, weil sie überzeugt sind, daß Berlin die Hand mit im Spiele hatte, 1914[213]. Karl Hermann Wolf gründet eine Freialldeutsche Partei (später in Deutschradikale Partei umbenannt). 1914 wird er, wie Schönerer entsetzt meint, zum „Großösterreicher".

Das politische, genauer das parteipolitische Scheitern des Georg Ritter von Schönerer (der Adelstitel wurde ihm aberkannt, nachdem er persönlich aggressive Aktionen gegen von ihm erwählte „Todfeinde" geführt hatte) sollte nicht übersehen lassen, daß dieser eigenartige Mann, dem tragische Züge nicht fehlen, sehr tief in den seelischen Untergrund hinein gewirkt hat: In Hunderten von Pennalien ging seine Saat auf[214]. Viele Deutsch-Österreicher, die sich vom Parteipolitiker Schönerer abwandten, blieben Anhänger seines Glaubens an das Heil aus dem Schoß der Mutter Alldeutschland, aus der Kraft des eisernen Kanzlers Bismarck, an das Unheil aus Babylon, aus dem Haus Habsburg-Rom. Der österreichische Katholik *Adolf Hitler* zieht aus Schönerers parteipolitischem Scheitern diese Konsequenz: Er hält es für inopportun, öffentlich mit Rom die Klingen zu kreuzen. Kardinal Faulhaber, München, ist tief beeindruckt vom staatsmännischen Sinn des Führers und Reichskanzlers, 1935[215].

Der Zwiespalt zwischen Wolf und Schönerer, der im Herbst 1901 aufbrach, wirkte, wie Paul Molisch erinnert, auf die deutsch-gläubigen Korporationen „verheerend"[216]. Ihr Glaube aber wurde dadurch nicht gebrochen. Sie behielten ihre überwältigende Mehrheit, sie übten ihren Druck auf die akademischen Behörden aus, wenn diese nicht selbst in der Hand alter Herren ihrer Korporationen waren. „Akademische Lehrer, die ... bisher ferngestanden hatten oder eher liberal oder klerikal waren, wurden nationale, wenn sie als Rektoren oder Dekane mit der nationalen Studentenschaft in nähere Berührung kamen. Gutenteils sind die Professoren durch die Studenten national erzogen worden. Und zwar mit erheblichem Erfolg. Es kam nicht mehr vor, daß ein Rektor der deutschnationalen Studentenschaft mit der Fahne des Österreichertums entgegentrat, wie es einst Maassen getan hatte …"[217] Mit Stolz und Befriedigung vermerkt das Paul Molisch im Blick auf das letzte Jahrzehnt vor 1914. Ich habe dasselbe Phänomen in den dreißiger Jahren, in den Jahren auf 1938 zu, immer wieder beobachtet, wie sich da katholische (in der Sprache von Molisch „klerikale") und „liberale" Professoren anempfanden, sich immer mehr hinreißen ließen, bewegt, ergriffen vom Glauben dieser jungen Menschen.

„Die einzige studentische Gruppe, die entschieden für die Donaumonarchie eintrat, waren die Klerikalen." Konkret, die CV-Verbindungen „Austria" (1864) und „Norica" (1885). Gegen sie und ihre Tochterverbindungen half ein Mittel: „der Holzkomment", das Niederschlagen mit Holzstöcken. Molisch erinnert doch auch dies: „Der Kampf, den die Nationalen in verschiedener Schärfe gegen die Klerikalen führten, hat nirgends zu dem Erfolg geführt, ihr weiteres Wachstum einzuschränken. Der Holzkomment, den die Nationalen ihnen gegenüber beobachteten (ich kommentiere: Stefan Zweig und Sigmund Freud erleben erschreckt die Praktizierung dieses Holzkomments gegen jüdische Studenten an der Wiener Universität), verschaffte den Klerikalen nur den Ruhm von Helden, die für ihre Überzeugung leiden …"[218] Die „Klerikalen" blieben eine hoffnungslose Minderheit.

Eine späte Erkenntnis spricht am 14. März 1913 der Vizepräsident des Landesschulrates, Josef Klohss von Sternegg, bei der Feier des fünfzigjährigen Bestandes der niederösterreichischen Landesoberrealschule in Wiener Neustadt aus: „Es ist bekannt, daß ein ganzes Netz oft gar nicht auf patriotischer Grundlage aufgebauter geheimer Verbindungen unsere Schulen umstrickt. Unsere Jugend wird nach allen Seiten umhergezogen und dadurch der Schule entfremdet. … Schülerausschließungen sind nicht das richtige Mittel. … Der einzige Weg ist, daß der Staat etwas schafft, was für die Jugend anziehend erscheint und für sie auch besser ist. … Die Jugend fühlt auch den Drang nach nationaler Betätigung in sich und darum wollen wir ihr die Pflege des nationalen Gedankens in der Schule selbst offen, ehrlich und frei ermöglichen; natürlich untergeordnet unter die Tatsache, daß der Bestand des Deutschtums unserer Monarchie weit nützlicher ist als gewisse utopische Zukunftsträume — wir müssen der Jugend die Liebe zur Heimat lehren."[219]

Das sind Phrasen, die eine Kapitulation beinhalten: Sie werden in den Jahren der Ersten Republik wieder berufen: die „nationale", jetzt nationalsozialistische Schuljugend sollte mit dem „Vaterländischen" sich befreunden: mit einem Bekenntnis zur deutschen Nation, verkörpert in dem „zweiten deutschen Staat" — Österreich.

Die „utopischen Zukunftsträume", die der Schulmann im März von 1913 anspricht, waren gar nicht „utopisch". Schönerer und Genossen und andere Deutsch-Gläubige hatten sie offen formuliert, hart, nach 1866, nach 1870/71: Es sei hoch an der Zeit, die deutschen Lande der Monarchie heimzuführen ins neue Deutsche Reich.

Nicht minder hart und klar wurde das im neudeutschen Reich selbst formuliert. 1876 fordert Paul de Lagarde in seiner Schrift „Über die gegenwärtige Lage des Deutschen Reiches": „Ein Groß-Preußen bis Russisch-Polen, daneben, erbverbrüdert ein Groß-Österreich". Einzige Aufgabe Österreichs: „Daß es der Kolonialstaat Deutschlands wird" (so bereits 1874)[220]. Ernst Hasse, Vorsitzender des Alldeutschen Verbandes bis 1908, fordert in seiner Schrift „Deutsche Politik", München 1906:

Durch das Zusammenwirken aller Nachbarn soll das Donaureich gezwungen werden, seinen Deutschen ihre Rechte zu garantieren. Galizien soll an Rußland, die Bukowina und Siebenbürgen sollen an Rumänien fallen, Albanien und Welschtirol fallen an Italien — im *Rest* soll das Deutsche Reich als Sieger diktieren, jedoch ohne direkten Anschluß[221]!

Alldeutsche Redner aus dem Reich sprechen oft in Österreich, eingeladen von ihren „Brüdern", ihren Glaubensgenossen. Hasse: Das deutsche Volk darf nie den Habsburgern vergeben, was sie in der Gegenreformation an Not und Elend über die Deutschen brachten. Das Reich muß zum Schwert greifen um die Deutsch-Österreicher von dieser Dynastie zu befreien[222]!

Auf den alten Schmuggelrouten, auf denen Menschen und Bücher über die sächsische Grenze vom 17. Jahrhundert an nach Böhmen und in die Alpenländer eingeschmuggelt worden waren, kommt das antihabsburgische, antikatholische Schrifttum nach Österreich. Asch und Jägerndorf sind Einfallspforten. Postsendungen mit Propagandaschriften maskieren sich als „schlesische Leinwand" und als „Galanteriewaren". „Die Leiter der Propaganda waren zügellos und verwegen, rühmten sich später, bis 1910 drei Millionen Flugschriften nach Österreich geworfen zu haben!"[223] Im Verlag F. Lehmann, München, der später im Reich Hitlers eine vorzügliche Rolle spielt, erschien 1899 eine Broschüre — „Österreichs Zusammenbruch und Wiederaufbau" (Preis *für 1000 Stück: 5 Pfennig*!). Hier wird dem mit dem wilhelminischen Reich auf Gedeih und Verderb verbundenen Donaustaat die Frohe Botschaft mitgeteilt: „Die österreichisch-ungarische Monarchie steht vor dem Zusammenbruch. An diesem sind viele Umstände schuld, in erster Linie aber sind dafür die Dynastie, die Oligarchie der den Staat regierenden Familien, *die Jesuiten* und die zur Staatsraison gewordenen Halbheiten verantwortlich." Deutschland muß sich „militärisch und durch Bündnisse mit anderen Mächten genügend vorbereiten. ... Eine Fortsetzung des Krieges von 1866 wird dann unvermeidlich sein. Dann endlich müssen die Länder an der Donau von dem Fluch der Halbheit erlöst werden. Es muß mit der Vergangenheit staatsrechtlich gebrochen werden. ... Der Krieg ist die beste Grundlage zur Schaffung neuer staatlicher Formen. ... Das halbdeutsche Österreich muß zu einem ganzdeutschen Gliede des neuen deutschen Volksreiches werden. ... Preußen erhält Schlesien und Mähren ... Sachsen erhält Böhmen, Bayern erhält das Innviertel und die Länder Salzburg, Vorarlberg und Tirol. Das Küstenland zusammen mit der Südspitze von Dalmatien (Ragusa, Bocche di Cattaro, Spizza) mit den Häfen Triest, Pola und Cattaro bildet ein deutsches Reichsland ... es bildet die Grundlage für die deutsche Seemacht in der Adria und dem Mittelmeer ..." Hitler folgt diesen Spuren in seiner Spätzeit 1943—1945 in seiner Politik und seinem Besatzungsregiment in Dalmatien, im kroatischen Küstenland, in Slowenien. „Aus dem *Rest,* bestehend aus den Ländern Ober- und Niederösterreich, Steiermark, Kärnten und Krain wird ein selbständiges Königreich Österreich oder Ostreich gebildet, es wählt sich einen König aus den nicht regierenden Fürstenhäusern Deutschlands ..."

Der Vorsitzende des Hilfsausschusses des Evangelischen Bundes, Pastor Bräunlich, zeigt seinen Deutschen diese schöne Zukunft auf: „Sobald unser Volk für dieses große Ziel (das Evangelischwerden der Österreicher) Verständnis und Begeisterung zeigen wird, kann die Evangelisation in raschem Siegeslauf ihr Ziel erreichen: Ein Volk, ein Kaiser, ein Gott."[224] Über ein Jahrzehnt vor Bräunlich erscholl in den neunziger Jahren in Wien bereits der Ruf: „Ein Volk, ein Reich, ein Gott." Hofrat Dr. Franz Födisch teilt seine Rede als Mediziner, gehalten am 11. Dezember 1897 im Arkadenhof der Wiener Universität, *1922* Paul Molisch mit. Er sagte da, die deutschnationale Studentenschaft warte nur, daß sie dem Volk zeigen könne, wie es sich aus den Fesseln der römischen Todfeindin losmachen solle . . ." Sein Gesprächsfreund und Gesinnungsgenosse Molisch bemerkt mit Recht dazu: „Es ist nicht zuviel gesagt, wenn man die damalige Haltung der deutschnationalen Studentenschaft als revolutionär bezeichnet!"[225]

Am Vorabend von 1914 spielt sich in den beiden letzten Dekaden des 19. und der ersten Dekade des 20. Jahrhunderts dies Schauspiel ab: In England, Frankreich, Rumänien, Polen etc. sehen Publizisten und Politiker in der Erhaltung der Donaumonarchie die Voraussetzung für eine Erhaltung Europas[226]. Im Deutschen Reich sehen sehr einflußreiche Männer in der Zerschlagung der Donaumonarchie die Voraussetzung für die Behauptung des Reiches in Europa. In Wien sieht Franz Joseph und der Ballhausplatz fixiert auf den großen deutschen Bruder, vor dem auch der Kaiser hier immer noch Angst hat, mit Recht, als Helfer in letzter Not. Franz Joseph ist verantwortlich für die totale Fixierung an Berlin.

Der letzte bedeutende österreichische Ministerpräsident Ernest von Körber (1900—1904; bis an sein Lebensende leidet er am Verrat des Kaisers an ihm) stellte unheimlich treffend fest: „Zweifach hat uns Franz Joseph unendlich geschadet, einmal durch seine Jugend, und das zweite Mal durch sein Alter."[227] Der junge Franz Joseph führt sein Reich nach Solferino und Königgrätz, der alte Kaiser führt es in den Tod. Edward Crankshaw meint 1963: Als Koerber 1904 zum Rücktritt gezwungen wurde, hatte Österreich politisch, demokratisch, sozial ein weit höheres Niveau als England[228].

Der sterbende Minister des Äußern Alois Lexa von Aehrenthal, der selbst noch 1908 die franzisko-josephinische Bindung an Deutschland gestärkt hatte, richtet am 12. Dezember 1911 ein Memorandum an Franz Joseph: Die große Entscheidung über Europas Zukunft wird in den Vogesen und auf den Meeren zwischen Deutschland und England ausgefochten werden, Österreich hat nichts damit zu tun[229]. Berchtold lehnt zweimal das Ansuchen des Kaisers ab, der ihn drängt, Außenminister in Nachfolge Aehrenthals zu werden, er hält sich „für völlig ungeeignet"[230]. Er ist es auch. Er folgt, als adeliger Vasall, dem Aufgebot durch seinen kaiserlichen Herrn. Am 19. Februar wird er als Minister des Kaiserlichen und Königlichen Hauses und des Äußern beeidigt. „Berchtold besitzt keinerlei Kenntnis der innenpolitischen Lage der Monarchie." So weiß er nicht, was in Böhmen vorgeht. In seiner „Außenpolitik" folgt er treu der 1879 durch das Bündnis seines Kaisers mit Berlin vorgeschriebenen Linie[231].

Aehrenthal wußte immerhin dies noch: In jedem Böhmen steckt ein *Hussit*[232], und Böhmen grenzt an Deutschland, steht Deutschlands Einwirkungen am nächsten offen. Der Mann, der Österreich-Ungarn am Gängelband Berlins in den Weltkrieg führt, *Leopold Graf Berchtold,* stirbt am Todestag seines Kaisers, am 21. November 1942. Der alte Mann besaß nur mehr eine „zerrissene Seele"[233]. Noch 1918 ist er der adelige Grandseigneur, dem Jagd, Spiel und Krieg eine Symbiose bildeten, wie seinen Standesgenossen in dem Jahrtausend bis 1914. Berchtold soll die von Kaiser Karl projektierte Reise nach Spa, ins deutsche Hauptquartier, dann nach Konstantinopel mitmachen: „Bin außer mir vor Entsetzen! Ganze Budapester Rennsaison ins Wasser gefallen mit allen schönen Projekten.“[234] Kein Tag 1918 in Wien — er ist nun Oberstkämmerer — ohne gesellschaftliche Amüsements, „Kein Tag vergeht ohne Parties, kein Sonntag ohne Besuch der Freudenau“, des Trabrennens in Wien[235].

Berchtold stand seit 1893 im diplomatischen Dienst der Donaumonarchie in Paris, London und St. Petersburg, war 1906—1911 Botschafter in Rußland. Berchtold und sein Kaiser wissen: Österreich besitzt keinen einzigen verläßlichen Freund in schwierigster Lage[236]. Franz Joseph selbst klagt bitter über die Deutschen, die über seinen Kopf hinweg ihre militante Politik machen[237]. Berchtold wird durch die Rücksicht auf den deutschen Bundesgenossen gelähmt, gibt immer wieder der Wilhelmstraße (dem Auswärtigen Amt in Berlin) nach, wider sein besseres Wissen. Berchtold und Franz Joseph wissen: Deutschland verfolgt eine ganz andere Außenpolitik als Österreich[238]. Berchtold sieht den deutschen Botschafter in Wien, Tschirschky, der hier eine Art Nebenregierung eingerichtet hat, im Dienste Berlins, als „Raubvogel“[239].

Am 28. Oktober 1912 trägt Josef Redlich in sein Tagebuch ein: „Auf mich macht es den Eindruck, als wäre die erste Teilung Österreichs schon in Berlin, Rom und Petersburg verabredet!“[240] In Belgrad hört Ministerpräsident Pašić von den russischen Gesandten Herrn von Hartwig und Oberst Artamanow, dem Militärattaché, daß Rußland Serbien nicht im Stich lassen werde, daß Österreich-Ungarn das Los der Aufteilung, das eben die Türkei treffe, bald teilen werde, zumal die Monarchie sich gar nicht wehren und sich weder auf Deutschland noch Italien verlassen könne[241]. Das weiß man in Paris und London, das versuchen westliche Freunde der Donaumonarchie dem Ballhausplatz zu Gehör zu bringen[242]: vergeblich.

Am 1. Februar 1913 schreibt Franz Ferdinand aus Konopischt seinem „Lieben Grafen Berchtold[243]! Ohne daß wir uns etwas vergeben, sollten wir alles tun, um für uns den Frieden zu erhalten. ... Führen wir einen Spezialkrieg mit Serbien, so werden wir es in kürzester Zeit über den Haufen rennen, aber was dann? Und was haben wir davon? Erstens fällt ganz Europa über uns her und betrachtet uns als Friedensstörer ... Und wo wir nicht einmal mit Bosnien fertig werden und dieser Spaß schon ein Heidengeld kostet und eine Brutstätte staatsrechtlicher Fragen ist, was wird erst mit Serbien werden! ... Und was die Irredenta bei uns im Lande anbelangt, die von den Kriegsstürmern immer ins Treffen geführt wird, so wird dieselbe sofort aufhören, wenn man unseren Slawen eine angenehme, gerechte und gute Existenz schafft!“ Auch dies steht, unter anderem, noch in diesem bedeutenden Brief: der ganze Komplex Franz Ferdinands, den er von einem verengten psychotisch-neurotischen schwarzen und schwarzgelben Katholizismus in Österreich mit den Christlichsozialen fixiert hat; diese Angst vor einer jüdisch-freimaurerisch-kapitalistischen und nationalistischen Verschwörung zum Untergang von Habsburg und Rom[244]. Diesem Komplex verdankt der Thronfolger seine schlechte Presse in Österreich und die Feindschaft westlicher Liberaler gegen ihn, die überzeugt sind, daß er die Gegenreformation auf dem Balkan und dann in den Kernlanden der Monarchie mit aller Gewalt erkämpfen wolle, wenn er zur Regierung gelange. Der liberale Ernest von

Körber sieht tiefer: Als Kaiser wäre Franz Ferdinand vielleicht über Nacht Liberaler geworden[245]. Ähnlich drückt sich sein Gegner Schönaich aus: Franz Ferdinand war kein Kriegshetzer, er war gegen eine Annexion Bosniens und der Herzegowina.

Gut gelaunt, sichtlich erleichtert vernimmt Franz Joseph die Nachricht von der Ermordung dieses Mannes, den er haßt, haßt wie er seinen Bruder Maximilian, seinen Sohn Rudolf gehaßt hat, geht zur Tagesordnung über, setzt sich an seinen Schreibtisch[246]. Der zweiundzwanzigjährige Rudolf hatte seinen jungen Cousin Franz Ferdinand, der leidenschaftlich an ihm hängt, als Siebzehnjähriger, gegen den Zorn Franz Josephs verteidigt[247] ... A. J. P. Taylor sieht Franz Ferdinand als Katastrophe. Andere Engländer, vor und nach Crankshaw, sehen Franz Ferdinand als einen starken Charakter, als einen Menschen mit politischer Imagination[248]. Franz Joseph und Berchthold besaßen keinerlei politische Imagination, sie waren in sich fixiert bis zum letzten[249]. Russen, Polen, Franzosen sehen in Franz Ferdinand den einzigen Mann, der Österreich vor einem Krieg mit Serbien bewahren konnte[250]. Genau so sehen ihn die Hintermänner seiner Mörder in Serbien[251].

Am 16. März 1910 sagt Karl Renner in seiner Rede im Reichsrat: Es herrsche nicht mehr eine „Monarchie", sondern eine „Dyarchie". Die „Arbeiterzeitung" veröffentlicht diese Rede. Renner: „Wir haben ja keine Monarchie mehr, keine Einherrschaft, sondern wir haben eine Dyarchie, die Konkurrenz von Schönbrunn und vom Belvedere, und wir wissen, daß alle diejenigen, die Schönbrunn dienen, in demselben Moment in die höchste Ungnade des Belvederes verfallen, und daß sehr tüchtige Verwaltungsfunktionäre ... vom Belvedere mit einem kleinlichen, mit einem satanischen Hasse verfolgt werden, wie er solchem hohen Kreise gar nicht würdig ist, mit einem kleinlichen Hasse, der beinahe schon einen intellektuell und moralisch krankhaften Zug hat."[252] Renner wiederholt kurz darauf hier seine Behauptung eines „satanischen Hasses" des Belvedere gegen Schönbrunn. Im Belvedere baute Franz Ferdinand seine künftige Regierung aus, in Schönbrunn sammeln sich seine vielen Todfeinde um den alten Kaiser, der ihn selbst tödlich haßt. Franz Ferdinand setzt die Beschlagnahme einer Nummer der Grazer Zeitung „Arbeiterwille" vom 20. Januar 1911 durch, die Franz Thun-Hohensteins Ernennung zum Statthalter von Böhmen kritisierte: „Wie eine drohende Wolke steigt in Prag diese Statthalterschaft auf. Der erzreaktionäre Feudalklerikale Graf Thun soll ja gegen den Willen des Ministerpräsidenten ernannt werden. Er gilt als der Statthalter des Thronfolgers. Schwarze Schatten fallen wieder auf Österreich. Dank der Feigheit und Impotenz seines Bürgertums. Aber die Arbeiterklasse fürchtet nichts, nicht Bienerth III. und nicht den österreichischen Herzog von Alba, niemanden auf der Welt."

Vladimir Dedijer, dessen Vater selbst zum Verschwörerkreis von Sarajewo 1914 gehörte, erinnert so den Thronfolger: „Franz Ferdinand (war) vor allem ein treuer Habsburger, streng im Geiste der berühmtesten Vertreter seines Hauses erzogen; besonders die Kaiser Ferdinand II. und III. schwebten ihm als Vorbilder vor[253]. Er verwendete seine Kräfte vor allem dazu, dem Erzhaus jenes Prestige und jene Würde wieder zuteil werden zu lassen, derer es sich jahrhundertelang erfreut hatte. Er war ein einsamer Mensch. Sein Verstand arbeitete überdurchschnittlich rasch, er verstand etwas von politischer Taktik. Während der langen Jahre, die er als Thronfolger verlebte, entfernte er sich durch seinen Kampf, den er gegen den Strom der Geschichte führte, von vielen Schichten der österreichisch-ungarischen Gesellschaft ...“

Die Tragödie Franz Ferdinands ist auch die Tragödie der Schwarzen, der Schwarzgelben in der franzisko-josephinischen Ära: die Tragödie einer schier hoffnungslosen Minderheit, die sich von Todfeinden eingekreist glaubt, die ihren Glauben an Österreich verraten, korrumpieren, zerschlagen: Freimaurer, Liberale, Protestanten, Juden, Sozialdemokraten, Ungarn. Die ungarischen Magnaten an der Spitze aller Erzfeinde Österreichs! An der Spitze der Verderber: Franz Joseph.

Franz Joseph hatte den Erzherzog-Thronfolger entmannt: sakral entmannt, er hatte ihn geschändet. Es gehört zu den vielen Fehlanzeigen der österreichischen Historie, daß Anthropologen, Völkerkundler, Tiefenpsychologen etc. sich nicht mit dem ungeheuerlichen Akt vom 28. Juni 1900 befaßt haben. Die sakrale, die religiös-politische, die charismatische, die magische Kraft eines Clan-Häuptlings, eines Pharao, eines Königs beruht auf seiner Potenz. Er ist der Herr seines „Hauses“, seiner heiligen, heilsstarken Sippe. Die Habsburger wußten, weshalb sie immer bestrebt waren, Angehörige ihrer Sippe auch kirchlich durch kanonische Heiligsprechung oder durch ihre Hofhistoriker zu „Heiligen“ zu erheben. Der König ist der Mann, der gekürt wird aus einer „kunne“, einem heilsstarken Geschlecht. Franz Ferdinand, voll von archaischen Zügen und Bezügen, weiß sich als „Sohn“ eines Hauses, dem das Heil Österreichs, seiner Völker, das Heil des Glaubens, der römischen Kirche anvertraut ist. Er weiß auch, daß er die ungeheure Last — eine wahre Atlas-Funktion — in diesem wankenden, von inneren und äußeren Feinden umgebenen Kaiserreich und Königreich nur tragen kann, wenn er an der Spitze seines Hauses, seiner „Familie“ (im alten umfassenden Sinne dieses Wortes) steht. Nur als Clan-Chef, nur als Herr in seinem Hause ist er stark, ist er heilskräftig.

Franz Joseph entmannt nun in einem Akt, den man — hier wären Karl Renners Ausführungen über „Satanisches“ am Platz — als dämonisch, als teuflisch, als pervers, auf jeden Fall als katastrophal, als Anschlag auf das Heil des Thronfolgers verstehen muß, seinen Thronerben. Er bannt ihn, indem er ihn auf das — von beiden, von Franz Joseph und von Franz Ferdinand — als sakral verstandene Eherecht des spanisch-habsburgischen Erzhauses verpflichtet und zwingt, seine eigene Gattin, seine Kinder als Illegale in der Öffentlichkeit selbst zu manifestieren.

Kurzer Vorblick: In dem „Bündnis“ zwischen Lueger, dem viermal vom Kaiser die Bestätigung als Bürgermeister von Wien verweigert wird, und Franz Ferdinand treffen sich, als Illegale, als Schwarze und Schwarzgelbe, Menschen und Gruppen, die für Österreich, für Großösterreich leben und kämpfen wollen. Das Phänomen, wer für Österreich leben und kämpfen will, muß in dieser oder jener Form ein „Illegaler“ werden — in innerer Emigration oder in äußerer Emigration —, bestimmt wesentliche Züge des österreichischen 20. Jahrhunderts.

Am 28. Juni 1900 muß Franz Ferdinand in der Hofburg vor dem Kaiser, vor allen Erzherzögen, vor den Präsidenten der österreichischen und der ungarischen Regierung und anderen Würdenträgern eine Verzichtserklärung abgeben. Er muß erklären, daß seine Heirat morganatisch sei: illegal, ohne die Rechte, die sich aus einer sakralen Ehe ergeben. Der Gräfin Sophie Chotek und ihren Nachkommen aus dieser illegalen Ehe werden das Thronfolgerecht und alle anderen Rechte, Titel, Privilegien, die den

Frauen von Erzherzogen zukommen, abgesprochen. Tu felix Austria, nube: In der sakralen Heirat und den dazugehörenden Heiratsverträgen war das Wachstum des Hauses Österreich manifestiert worden. Mit dieser „illegalen" Heirat endet Alt-österreich. In den Glaubenskämpfen des 16. und 17. Jahrhunderts steigt die Casa de Austria, la Maison d'Autriche, zur europäischen Großmacht auf, in den direkten Abkömmlingen dieser Glaubenskämpfe geht jetzt Österreich zugrunde. Drei Tage später heiratet Franz Ferdinand seine Sophie: Sie stammt aus böhmischem Uradel, ist leidenschaftlich katholisch, sie verkörpert Gegenreformation mit Leib und Seele. Kein männliches Mitglied des Hauses, nicht einmal Franz Ferdinands Bruder, darf an der Trauung teilnehmen. Nur seine Stiefmutter Maria Theresia (nomen est omen!) wagt die Anwesenheit[254]. Der Kaiser verleiht mit einem Telegramm der Sophie Chotek den Titel einer Herzogin von Hohenberg.

Nun beginnt die Kette nahezu täglicher Schändungen — so erleben sie Franz Ferdinand und seine *„illegale"* Gattin —, die mit der Beerdigung in Artstetten, in dem kleinen Schlößchen in der Wachau, und einigen finsteren Vorkommnissen bei der Überführung der Leichen endet. Der treue Schildknappe des Erzherzog-Thronfolgers, Friedrich Funder, vermeldet in seiner „Reichspost" immer wieder der Öffentlichkeit die kaiserliche Brüskierung dieser „Illegalen". So am 17. Januar 1911: Franz Ferdinand und Sophie erscheinen nicht mehr bei Hoffesten — die Gemahlin des Thronfolgers mußte als letzte allein, nach allen anderen Damen, ohne Begleiter, den Saal betreten. Noch kurz vor seinem Tode in Sarajewo muß der Erzherzog in einer Rede die Worte „meine Gemahlin und ich" streichen[255]. Franz Ferdinand hatte keinerlei intellektuelle, geistige, künstlerische Erziehung genossen, nur als Geschichtslehrer erhielt er den großen, einsamen, abseitigen Onno Klopp. Er wuchs als ein in diesem Sinne „borniert", also wörtlich beschränkter Landedelmann auf. Seine große Liebe, Sophie, bringt ihn in Verbindung mit der Volksbewegung des Dr. Karl Lueger, mit den Christlichsozialen. Franz Ferdinand nimmt bereits in den neunziger Jahren Kontakt mit Lueger auf, will ihn eines Tages zum Ministerpräsidenten ernennen. Erstmalig und einmalig in der Geschichte des Hauses Österreich nimmt ein zur Führung des Erzhauses bestimmter Mann Beziehungen zu einer Volksbewegung auf. Noch Franz Joseph lehnte jede „Berührung" mit dem „Volk", mit der „Straße" ab — verdeckte dies durch seine althabsburgische „Leutseligkeit" Bedienten und kleinen Leuten gegenüber, die er etwa als Jäger eben benötigte zu persönlichen Dienstleistungen.

Die Herzogin von Hohenberg nimmt 1901 an Straßendemonstrationen der Christlichsozialen teil, die die Prozession (als Erstform der religiös-politischen Straßendemonstration in der klassischen Gegenreformation) mit „moderner" Massendemonstration verbinden. Ihre Cousine Gräfin Henriette Chotek (1880—1945) interveniert beim Päpstlichen Stuhl zugunsten der für die sozialen Rechte der Lehrlinge kämpfenden christlichen Jungarbeiter Anton Orels. 1912 gelingt es dieser christlichen Jugend noch, einen Zusammenschluß der deutschsprachigen Jugendbünde ihrer Bewegung mit katholischen slawischen Jugendverbänden zur „Verbündeten Katholischen Jugend Österreichs" zu erreichen, die sich programmatisch zur Errichtung eines österreichischen Bundesstaates freier Völker unter der Krone Habsburgs bekennt[256].

Die juridischen Grundlagen für die morganatische Ehe Franz Ferdinands hatte

Dr. Emil Steinbach (1846—1907)[257], Finanzminister im Kabinett Taaffe, 1891 beschafft. Er arbeitete die Vorlage zum Allgemeinen Wahlrecht aus, über die Taaffe stürzte. Steinbach war ein erbitterter Gegner der „Plutokratie" adeliger Korruptionisten. Er setzte seine ganze politische Hoffnung in den letzten Jahren seines Lebens auf Franz Ferdinand. Steinbach korrespondiert mit Henrik Ibsen, mit Bischof Ketteler von Mainz, mit dem späteren amerikanischen Präsidenten Woodrow Wilson, der sich zu den Anhängern Steinbachs auf sozialem Gebiet zählt. Steinbach ist ein polyphoner Altösterreicher: Er beherrscht neben Latein und Griechisch Englisch, Französisch, Italienisch und Spanisch, kann sich in allen slawischen Sprachen verständigen, lernt noch Chinesisch. 1903 würdigt ihn in der Wiener Zeitschrift „Die Waage" ein prominenter politischer Gegner, Dr. Friedrich Elbogen: „Dr. Steinbach selbst ist ein Ereignis. Im Staat Platons müßte er alle Macht der Staatsverwaltung in sich vereinigen. Er ist eine geistige Kulturgewalt, der größte Österreicher unserer Zeit!"

Dies hier, um anzudeuten: Es waren nicht nur diese christlichsozialen „Barbaren", diese „Finsterlinge", diese „ganz ungebildeten, ganz kulturlosen" Männer und Frauen, die sich da in der Sicht der „liberalen" und sozialdemokratischen und alldeutschen Gegner um Franz Ferdinand und seinen Vorkämpfer Lueger scharten. Franz Ferdinand war *die* große, die letzte Hoffnung österreichischer Patrioten auf eine Rettung des Vaterlandes. Ein bedeutender Historiker der Gegenwart, der politisch und weltanschaulich Franz Ferdinand nicht nahesteht, Robert A. Kann, ein Jude aus dem alten Österreich, würdigt ihn 1974: „Trotz seiner Vorurteile und seiner feudalen Haltung war der Erzherzog in seiner Art ein bedeutender Mann. Was seine Fähigkeiten und seine ehrliche Sorge um die Zukunft des Reiches betrifft, überragte er bei weitem die Schar der anderen kaiserlichen Prinzen, und in bezug auf seine geistigen Fähigkeiten war er auch dem alten Kaiser überlegen. ... Er war ein entschiedener Gegner jedes Krieges..."[258] So würdigt ihn auch in seinem Nachruf Karl Kraus[259]. Dies hier als Vorbemerkung zu einer Skizze des Glaubenskampfes, der einen ersten Höhepunkt mit dem Tod Luegers 1910, dann mit dem Tod Franz Ferdinands 1914 erreicht.

Karl Lueger (1844—1910)[260], Sohn eines kleinen Hausmeisters, Mutter und Schwester betrieben eine Tabaktrafik, begann als liberaler Gemeinderat in der deutschliberalen Partei, trennt sich dann von ihr und bildet mit Prinz Alois Liechtenstein, dem Mechaniker Ernest Schneider, dem Universitätsbeamten Dr. Albert Gessmann und dem Arbeiter Leopold Kunschak die Gründungsgruppe der Christlichsozialen Partei als „Vereinigte Christen". Diese verstanden sich aggressiv gegen die „Juden", die „jüdischen Liberalen", die „jüdische Plutokratie". Diesen Antisemitismus benützte die katholisch-konservative Partei, um den Heiligen Stuhl um eine Verurteilung dieser „unchristlichen", rabiaten Männer zu bitten. Papst Leo XIII. (1878—1903) entscheidet sich — für die Christlichsozialen. Das extrem antiliberale, vom Komplex Judentum-Freimaurerei-Protestantismus-„Modernismus" beherrschte päpstliche Rom dieser Jahrzehnte haben wir bereits kurz kennengelernt. Lueger ist „der Führer", „der Messias" der kleinen Leute in Wien, die in ihm ihren Erlöser sehen, umarmen, in Versammlungen berühren, um seiner Heilskraft teilhaftig zu werden. Friedrich Funder erinnert im ersten Band seiner Memoiren („Vom Gestern ins Heute" — und in vielen

Gesprächen mit mir) eindrucksvoll an diesen Lueger-Glauben[261]. Dieser formt sich nach 1918 zu einem unheilvollen „Lueger-Komplex" von Christlichsozialen aus, die sich ohnmächtig fühlen ohne eine heilsstarke Führergestalt[262].

Wien trägt heute noch Züge der Stadt, wie sie Lueger geformt hat: nicht nur in der „Dr.-Karl-Lueger-Kirche" auf dem Zentralfriedhof. Lueger kommunalisiert die zum Teil in ausländischem Besitz befindlichen Gas- und Elektrizitätswerke, die Straßenbahngesellschaft, gemeindet Floridsdorf und Jedlersdorf in das hauptstädtische Gebiet ein, schafft soziale Bauten wie das Lainzer Versorgungshaus. Lueger legt als Bürgermeister (seit 1897) seinen Antisemitismus ab, er gebraucht ihn nicht mehr, er braucht ihn nicht mehr zur Gewinnung dieser Massen kleiner Leute. Lueger greift, als Schwarzer und als Schwarzgelber, Schönerer im Abgeordnetenhaus mit einer Wucht an, als Hoch- und Landesverräter, wie kein anderer neben ihm. Schönerer kontert in seinem „heiligen Zorn" (so im Reichsrat am 21. November 1899): „... und gehen Sie nicht auch dem Herrn Dr. Lueger auf den Leim, denn hinter dem Herrn Dr. Lueger steht nicht etwa das Volk von Wien, sondern da stehen einfach die Jesuiten. Das ist ja eine ewig alte Geschichte, und die Jesuiten leiten diese ganze Luegersche Bewegung." Der immer mehr erblindende Lueger irrt, schlaflos, durch die leeren Räume des Wiener Rathauses, von Sorge um die Zukunft Österreichs aufgewühlt. Nach seinem Tode beginnt das Debakel, der Zerfall seiner Partei, wie er in seinen letzten Lebensjahren bereits immer öfter in Korruptionsaffären und inneren Kämpfen — um die Führung — in der Öffentlichkeit sichtbar geworden war[263] ...

Die „Alldeutsche Würdigung Luegers" (Allgemeines Tagblatt, nach seinem Tode am 10. März 1910) beschimpft Lueger in wüstesten Tönen, wie sie aber im Glaubenskampf zum guten Ton gehören, als Judenfreund und als Tschechenfreund in Wien. Lueger habe sich mit den Slawen und den jüdischen Sozialdemokraten verbunden, ihm fehlte jeder Charakter ... Ein ungeheurer Haß kommt hier zu Wort[264].

Franz Ferdinand weiß sich mit diesem „Schwarzen", mit diesem Schwarzgelben, mit *seinem* Lueger verbunden durch den Antiliberalismus, Antisemitismus, Antiprotestantismus, nicht zuletzt durch die Angst vor den Ungarn[265]. Lueger erklärt offen, daß der Ausgleich von 1867 „Österreich zum Tributpflichtigen Ungarns machte"[266]. Dies gilt bis 1918. Lueger und Franz Ferdinand sind gegen eine neue, erneuerte Versklavung durch den Ausgleich von 1906. Lueger gibt die Parole aus: „Los von Ungarn". Franz Ferdinand ist notfalls für eine militärische Unterwerfung Ungarns. Noch 1916 mahnt Ernest von Körber, der große Ministerpräsident von 1900 bis 1904, den jungen Kaiser Karl dringend, sich nicht in Budapest krönen zu lassen. Diese Krönung besiegelte die alte Vasallität Wiens: Wien als Satellit von Budapest und *Berlin*[267].

Franz Ferdinand war im Schatten von 1866 herangewachsen, er sieht die „Hypertrophie Preußens (als) ein Unglück". „Eines bösen Tages wird sich dieser pathologische Zustand mit einer entsetzlichen und furchtbaren Katastrophe offenbaren."[268] Das war bereits die Überzeugung des Kronprinzen Rudolf, der den Knaben Franz Ferdinand vor dem Kaiser in Schutz genommen hatte.

1891 wird Franz Ferdinand feierlich und mit großem Pomp in Rußland empfangen. Die offizielle russische Presse begrüßt ihn und macht aufmerksam: „Es ist genugsam bekannt, daß diese Meinungsverschiedenheiten (zwischen Petersburg und

Wien) ausschließlich das Gebiet der Balkanpolitik des Donau-Kaiserreiches betreffen, in die es durch Deutschland verwickelt worden, seitdem dieses Österreich-Ungarn aus der Stellung gedrängt, die es einst in Mitteleuropa eingenommen. Diese Stellung hat, seitdem Österreich-Ungarn sich von Rußland losgesagt, Preußen ursurpiert, das in Deutschland zu verwandeln dem Fürsten Bismarck gelungen, der gleichzeitig Österreich nicht bloß aus dem von Rechtswegen ihm zukommenden deutschen Kaiserreich verdrängte, sondern es zudem durch eine ganze Reihe künstlicher Machinationen zu einem einfachen Vasallen Preußens machte ... Wir wünschen ihm glückliche Reise und hoffen, daß die jetzt geknüpften Bande gegenseitiger Sympathie zwischen dem Erzherzog und Rußland in Zukunft sich noch festigen und gute Früchte tragen werden, sowohl für Österreich-Ungarn als auch für Rußland."[269]

1913 sagt Franz Ferdinand zu seiner Frau und zu Bardolff: „Conrads Idee ist ein Wahnsinn. Ein Krieg mit Rußland ist unser Ende. Wenn wir gegen Serbien auftreten, so steht Rußland hinter ihm, und wir haben Krieg mit Rußland. Wollen sich der Kaiser von Österreich und der Zar gegenseitig vom Thron stoßen und der Revolution die Bahn freigeben?"

Wenn wir uns jetzt der Explosion des Glaubenskampfes in Wien 1901, im Jahr nach der sakralen Entmannung Franz Ferdinands durch Franz Joseph, zuwenden, in der eine praktische Allianz von Liberalen, Deutsch-Gläubigen aller Art und Sozialdemokraten gegen Schwarz und Schwarzgelb bestand, und in diesem Bezug die Angriffe Luegers und Franz Ferdinands gegen die „jüdische Presse" verstehen wollen, dann ist dieser Gegenangriff auch im Licht dieser Machtverhältnisse zu sehen. Die christlichsoziale „Reichspost" war ein Winkelblättchen, ein armseliges Würmchen, gemacht von kleinen Leuten mit den Spargroschen (Hellern, Kronen) des Kirchenvolkes von Wien[270] — unvergleichbar in jeder Weise der Weltmacht „Neue Freie Presse", die diktatorisch beherrscht wurde durch Moritz Benedikt (1849—1920), Chefredakteur seit 1881. Benedikt „war ein Menschenalter lang einer der zehn oder zwölf mächtigsten Männer in Österreich" (A. Fuchs)[271]. Die Londoner „Times" nennt Benedikts Haltung im Weltkrieg in ihrem Nachrufartikel vom 20. März 1929 einen „jüdischen Pangermanismus". Benedikt kämpfte als leidenschaftlicher Bismarck-Verehrer und fanatischer Anhänger eines totalen Bündnisses der Donaumonarchie mit Preußen-Deutschland gegen diese Schwarzen, diese Schwarzgelben. Die „Neue Freie Presse" warnt Franz Ferdinand vor der Macht des Protestantismus in Ungarn: „In Ungarn ist der Protestantismus ein ungleich stärkerer Machtfactor als in Österreich ..." Franz Ferdinands Kampf gegen den Protestantismus ist vorzüglich ein politischer Kampf gegen das protestantische Preußen und gegen die stolzen, ihrer Übermacht bewußten ungarischen calvinistischen Magnaten. Seine Gattin kämpft diesen Kampf vorzüglich als einen religiösen Kampf ihres sehr persönlichen Katholizismus gegen die protestantischen Ketzer[272].

Für Lueger verschmelzen politischer und religiöser Kampf in seinem schwarzgelben Glauben an Österreich. Lueger identifiziert die Habsburger und ihre europäische Mission mit ihrer Führerschaft in der Gegenreformation. Bardolff, Flügeladjutant und Vorstand der Militärkanzlei Franz Ferdinands — wir werden ihm wieder begegnen in der Ersten Republik als Ehrenschild der Großdeutschen und der Nationalsozialisten —, erinnert an Franz Ferdinands „Überzeugung ... daß die Reformation der Anfang vom deutschen Unglück, der Beginn der Einbußen des Hauses Habsburg zugunsten des hohenzollerschen Preußentums, der Ursprung des Niederganges der habsburgischen Idee vom Deutschen Kaiserreich sei"[273]. Bardolff erklärt 1938: Franz Ferdinand war „aus seinem Innersten heraus ein Radikaler, geradezu ein Revolutionär": in seinen Planungen eines Umbaues der Donaumonarchie[274].

Franz Ferdinands erste öffentliche Kundgebung im politischen Leben ist eine Rede, die er Anfang April 1901 in Wien hält. Er übernimmt das Patronat des Katholischen Schulvereins. Diese Rede wirkt wie eine Bombe, in Wien, Budapest, bei den Liberalen, Alldeutschen, Sozialdemokraten, die in ihr einen ungeheuerlichen Vorstoß des „Ultramontanismus" sehen. Fernwirkungen bis New York und Petersburg. Franz Ferdinand spricht an, was Franz Joseph nicht sehen wollte und was die religiös-politischen Feinde der Schwarzen und Schwarzgelben nur in der Optik ihres religiös-politischen Kampfes zu sehen vermochten: die Tatsache, daß Österreichs Schulen weithin in der Hand alldeutscher und neuprotestantischer Feinde des Staates waren. Die Angriffe gegen Franz Ferdinands „Ultramontanismus" werden auf breitester Front vorgetragen, von der „Neuen Freien Presse" bis zur „Arbeiter-Zeitung"[275].

So die „Arbeiter-Zeitung" am 20. April 1901: Diese Rede bedeutet, „daß ein Erzherzog der Öffentlichkeit sein *politisches Glaubensbekenntnis* (gesperrt im Original!) kundgeben will; der Erbe des Thrones wünscht Österreich klarzulegen, von *welchem Geiste er erfüllt ist* ... Das Wirken des Katholischen Schulvereines ist gegen die ganze moderne Entwicklung gerichtet; sie auf jenen Punkt zurückzuschrauben, wo Österreich ein Dominium der römischen Hierarchie war, ist der Inhalt seines Wirkens. ... Indem er (Franz Ferdinand) das Protektorat der klerikalsten aller österreichischen Organisationen übernahm, ... hat er den Völkern Österreichs kundgegeben, daß er sich als Klerikaler fühle, als Klerikaler wirken wolle, den Klerikalismus als die unverrückbare Basis dieses Staates anerkenne."[276]

Die Sozialdemokraten bringen im Reichsrat einen dringenden Antrag zur Novellierung des Strafgesetzes ein: In Hinkunft soll Kritik an den Mitgliedern des kaiserlichen Hauses nicht als Beleidigung betrachtet werden. Kritik an den Mitgliedern des Kaiserhauses: Kaiser Franz Joseph selbst war bereits in den Jahrzehnten vor 1900 immer wieder maßlos angegriffen worden — so auch im Reichsrat, vorzüglich von Schönerer und seinen Genossen. Das Haus Österreich war in diesen Angriffen zum Tode verurteilt worden. Hier zeigt sich nun in diesem sozialdemokratischen Antrag jene Allianz, die praktisch zwischen Alldeutschen und deutsch-gläubigen Sozialdemokraten besteht und einen Hintergrund der Ersten Republik bildet.

Lueger organisiert für den schwer angegriffenen Franz Ferdinand Straßendemonstrationen, er greift als die „antiösterreichischen Elemente" die Sozialisten und die Alldeutschen an: „... Je mehr der Herr Erzherzog von diesen Leuten beschimpft wird, desto mehr ist er uns ans Herz gewachsen, desto mehr wird ihm die Bevölkerung zujubeln. Und noch eines möchte ich sagen: bleibe hart, Erzherzog Franz Ferdinand, bleibe hart und unbarmherzig, ein guter Österreicher und schütze uns, welche wir hier in Österreich leben, daß es uns endlich vergönnt sei, hier in Österreich Österreicher sein zu dürfen."[277]

In Österreich Österreicher sein dürfen: Das ist die Crux, das Kreuz österreichischer Patrioten, damals und in anderen Perspektiven, jedoch mit denselben Grundlagen, in der Ersten Republik. Schulen und Universitäten, Professoren und die „jüdische Presse" (lies: Benedikt und seine „Neue Freie Presse"), die auf Berlin fixierten, unter ungarischer Kuratel stehenden Politiker am Ballhausplatz, die auf Berlin hoffenden Militärs, wo war da eine Basis für ein österreichisches Selbstverständnis — Österreicher als Österreicher? Im Zuge der Engpaßführungen, die vom 18. Jahrhundert auf 1914 zu führen, ist diese besonders eindrucksvoll — und fatal: Österreicher sein bedeutet immer mehr, Schwarzer (Christlichsozialer) und Schwarzgelber (als Konservativer) sein.

In dieser großen Auseinandersetzung um Franz Ferdinand ergreift nun als Führer der sozialdemokratischen Opposition Engelbert Pernerstorfer das Wort im Reichsrat: Er erklärt, daß das Bündnis des Erzherzogs Franz Ferdinand mit Dr. Lueger, dem Führer der großen klerikalen Partei, eine Herausforderung an das Jahrhundert sei. Pernerstorfer betont hier mit allem Nachdruck, „daß von uns der Kampf gegen den Klerikalismus, der sich heute gewissermaßen verkörpert in der Person des Erzherzogs Franz Ferdinand, nicht eingeschränkt werde ... weil wir ehrlicherweise den Klerikalismus in Österreich besonders in der Form des jesuitischen Ultramontanismus für die Urwurzel allen Elends und Unglücks in Österreich halten!"[278]. Das ist ein religiös-politisches Glaubensbekenntnis, wie es Wort für Wort in hundert Reden Schönerers und seiner Genossen wiederkehrte, ja vorgebildet war. Carl Freiherr von Bardolff erinnert mit einigem Recht 1938 an den „völkischen Sozialisten Pernerstorfer" (der von Schönerer selbst als Kampfgenosse in frühen Jahren geziemend gewürdigt wurde): Er „war in manchem ein Vorläufer der nationalsozialistischen Bewegung; nur dem Rassenantisemitismus Schönerers leistete er keine Folge"[279].

Franz Ferdinand wird von „Kindern" ermordet, die Brüder, geistig-seelische Brüder, der radikalen deutsch-gläubigen Schüler und Studenten in Deutschland und Österreich sind. Kein Attentäter ist älter als zwanzig Jahre. Sie stehen, wie Vladimir Dedijer dokumentarisch aufzeigt, in der Tradition, die von Karl Ludwig Sand heraufführt, die in Schillers „Tell" das Vorbild eines „Tyrannenmordes" sieht[280]. In diesen „Kindern" wandelt sich der christliche Glaube in den Glauben an das Heil aus der zu erlösenden Nation. Die Rolle Wotans übernimmt hier der Gott Perun. Am 1. Januar 1913 erscheint in der Zeitung „Preporod" ein Gedicht: „Unter uns weilt der mächtige Gott Perun" (als Hauptgott der Slawen ersehen)[281]. „Die Preporod war die erste politische Gruppe in Slowenien, die urbi et orbi die Vernichtung des Habsburgerreiches mit revolutionären Mitteln verkündete." Sie wurde im Januar 1912 gegründet. In diesem Gedicht in Prosa wird die Frohe Botschaft verkündet — es wendet sich von den Bosniern an die jungen Slowenen: „Wir hören, daß auch bei euch der Kampf geführt wird, wir hören, wie die Stimme des Gottes Perun widerhallt. Habet keine Angst, Freunde. Schwanket nicht, denn wir, die Menschen der bosnischen Berge, sind mit euch mit ganzer Seele, ganzem Herzen, und bei uns ist auch Perun mit seiner alles verwüstenden Donnerstimme. Vorwärts für unsere Ziele im großen Kampf um Jugoslawien."

Der beste Boden für diese Vorbereitung waren die österreichischen Hochschulen. Aus den Gymnasien kommen die Studenten der slowenischen Jugend auf die Universitäten Wiens und Prags. Analog strömen die böhmischen und mährischen deutsch-gläubigen Studenten nach Prag, Wien, Graz, Innsbruck. Die erste Zusammenkunft zwischen der slowenischen und der bosnischen Jugend findet in Wien im Semesterjahr 1910/11 statt. Für den „Tyrannenmord" ist vor allem die in Bosnien gebliebene Generation. Die älteren, im Ausland Studierenden wollen nicht mehr die Ermordung Franz Ferdinands. 1910 wäre Franz Joseph fast an derselben Stelle getötet worden, an der Franz Ferdinand fällt[282].

Es sind Gymnasiasten der 4. Klasse[283] (analog die 4. Klasse Hitlers in Linz), exaltiert, von allen Schauern der Pubertät ergriffen, in der ihnen der Glaube an Erlösung durch „nationale Reinheit" wächst. Die Unreinheit wird hier manifest gesehen durch die Verbindung von „Syphilis und Klerikalismus"[284] — Bordelle für die Soldaten der kaiserlichen Armee und die für Habsburg missionierenden „schwarzen" Priester verschiedener Orden. „Durch Einheit zur Reinheit"[285]. In dieser Parole Schönerers fanden sich die alldeutschen Pennäler und Studenten in Österreich. Sie wollen sich säubern von diesen „unzüchtigen" Schwarzen, von dieser Mischung des germanischen mit dem slawischen Blut. Mittelschüler streiken, Mittelschüler kämpfen gegen das schwarzgelbe Regime in diesem dalmatischen Küstenland. 1913 verhängt der Gouverneur, ein schwarzgelber Kroate, den Notstand über Bosnien und die Herzegowina. Er ordnet die Schließung des Gymnasiums von Mostar für ein Jahr an[286]. In kroatischen Schulen, so in Agram (Zagreb) und Zadar (das heute wieder ein Widerstandszentrum ist — heute gegen die Serben), bestehen zwei Geheimbünde: einer mit radikal-progressiven Zielsetzungen, der andere mit national-katholischen. Beide Geheimbünde sind am Schülerstreik im März 1912 beteiligt.

Das Fanal, das „Vorspiel" für Sarajewo ist ein Anschlag auf den Gouverneur Graf Cuvaj am 8. Juni 1912 in Agram-Zagreb. Die Aussagen der fünfzehn- und sechzehnjährigen Mit-Attentäter sprechen für ihren religiös-politischen Glauben, hier besonders an die Heilsmacht des „Tyrannentodes". Die Zeitschrift „Zora" in Wien gibt eine Sondernummer heraus mit den Bildern von Jukić (des Hauptattentäters) und eines seiner Genossen, mit ihren Gedichten[287]. Studenten der Prager Universität schicken nach diesem Prozeß einen eingeschriebenen Brief an den Grafen Cuvaj (der mit dem Leben davongekommen ist) und drohen, sie würden mit ihm für immer abrechnen, sollte er nicht unverzüglich zurücktreten. Die Militärkanzlei Franz Ferdinands erhielt mehrere Berichte darüber, daß in Agram und in Wien Jukić als Nationalheld gefeiert wird.

Neben diesem slowenisch-kroatisch-bosnischen Untergrund, der sich in Wien und Prag sammelt, spielt der kroatische Untergrund in Amerika eine gewisse Rolle. Hier agitiert Dojčić, der 1909 neunzehnjährig nach Amerika gegangen war. Sein Beruf: Maler und Anstreicher. Dojčić veranstaltet am 5. Mai 1912 eine Vorlesung in der Germania Hall in Chenoa, in der die Vortragenden, wie eine Agramer kaisertreue Zeitung berichtet, von „gemeinen Angriffen auf seine Majestät den Kaiser und apostolischen König" strotzen. Im Oktober 1912 faßt Dojčić den Entschluß, nach Kroatien zurückzukehren und den Grafen Cuvaj zu töten[288].

Der traurige Held von Sarajewo, Gavrilo Princip, geboren am 13. Juli 1894 im Grahovo-Tal, das eine ruhmreiche Tradition des jahrhundertelangen Kampfes gegen die Türken besitzt, erlebt „Unordnung und frühes Leid", wie seine deutsch-gläubigen Brüder in Deutsch-Österreich. Der kleingewachsene Gavrilo, den seine Freunde „Gav-

rica", kleiner Gavrilo, nennen, hat Minderwertigkeitsgefühle. Die große Krise erlebt
er in der vierten und fünften Klasse Gymnasium 1910/11. Er bekommt Streit mit
seinem Religionslehrer. Er ißt an einem griechisch-orthodoxen Fasttag demonstrativ
Ćevapčići, am Vorabend der heiligen Kommunion. Gavrilo möchte Dichter werden,
ein großer Sänger seines unerlösten Volkes[289]. In einem Gedicht, das er ins Gästebuch
einer Touristenhütte einträgt, erlebt er „ein Höllendunkel", ein „nächtliches Un-
getüm" als „Beschützer der Hölle und ihrer Söhne", dann einen Traum von Schönheit[290]. Adolf Hitler erlebt seine Höllenfahrten und Erlösungen, verdichtet zur Befreiung, als Realschüler in Linz erstmalig in Richard Wagners Opern.

Im Februar 1912 wird Princip aus der Schule ausgeschlossen, er hatte sich an
öffentlichen Demonstrationen gegen die Sarajewoer Behörden beteiligt. Gavrilo
Princip will sterben, will Selbstmord begehen — durch eine Tat der Erlösung. Diese
junge Irredenta sucht Erlösung für sich selbst, für ihre Brüder, für ihre je eigene
Person (als Kämpfer, als Attentäter) und verkörpert diese Erlösungstat in einem
Vatermord. Der Vater ist der wahre Schuldige[291]. Für Gavrilo Princip ist es sein
Vater, der ein Agent Österreichs war, der die Kaiserfahne hißt, um Franz Ferdinand
bei seinem Besuch in Sarajewo zu ehren[292]. An Stelle des Vaters wird der „fremde
Tyrann" geopfert. Princip: „Österreich stellt für unser Volk das Böse dar, und daher
soll es nicht bestehen."[293]

Das ist ein religiös-politischer Manichäismus, der die „Brüder" in Österreich und
hier am Balkan verbindet. Alles Böse, Teuflische, Satanische, Unzüchtige verkörpert
sich in den Söhnen, den children of darkness, in den Vätern der Finsternis, in den
Schwarzen, den Jesuiten und Franziskanern, die mit Hilfe der kaiserlichen Armee
am Balkan Gegenreformation betreiben[294]. Alles Reine verkörpert sich in der reinen
Magd, die von den Fremden geschändet wurde (Germania, hier die slawische
Nation!). Ein Schüler aus Tuzla, Todor Ilić, trägt am 28. Juni 1914 in sein Tagebuch ein: „*Söhne* Jugoslawiens, fühlt ihr denn nicht, daß unser Leben in Blut erstickt, daß nur das Attentat der höchste Gott aller Götter ist, denn es zeigt, daß
das Junge Bosnien (,Jung-Deutschland'!) lebt, daß es dort Männer gibt, die zum
Märtyrertum bereit sind. Das Leben einer Rasse besteht aus Blut, Blut ist der
Gott einer Nation, Tod ersetzt den Aufstand, und der Meuchelmord ist der Aufruhr der Nation."[295]

Im Umkreis dieser slawischen Brüder sind auch direkt junge Männer, Knaben und
Studenten, die sich von ihrem deutschen Blut reinigen wollen[296]. So bereits zuvor ein
Overdank, der in Triest Franz Joseph ermorden wollte, so hetzt in Sarajewo ein
Endlicher. Hätte es Princip nicht getan, hätte Endlicher es getan. Das vermerkt der
Mit-Attentäter Popović nach dem Krieg[297]. Endlicher starb 1915 im Gefängnis. Am
15. Mai 1914 versucht Jakov Scheffler, Student einer Handelsschule, den Erzherzog
Salvator und den Ban Skerletz zu ermorden, als sie das Theater in Agram verlas-
sen[298]. Während des Attentats versucht ein junger Mann namens Ferdinand Behr[299]
Princip zu helfen. Während er von der Polizei abgeführt wird, machen Photogra-
phen Aufnahmen von ihm. Er sieht Gavrilo Princip sehr ähnlich. Sein Bild erscheint,
zehn Jahre nach dem Attentat, noch immer in vielen Zeitungen und Büchern. Princip-
Behr: Zwei „Brüder" im Geist, in der Seele, in ihrem Glauben an Erlösung der
Nation, hier als Doppelgänger, als *Verkörperung* der deutschen und der slawischen

„Kinder", die ihre Väter, ihre politischen Über-Väter, töten, um nicht von den Vätern getötet zu werden (wie sie fürchten).

Princip und Genossen wollen sich selbst töten und so Sühne leisten für die heilsnotwendige Tat: als neue Messias-Söhne, Erlöser-Jünglinge[300]. 1914 eilen Schüler und Studenten als Freiwillige zu den Waffen. Sie glauben Erlösung aus ihren unlösbaren Schwierigkeiten im habsburgischen „Völkerkerker" zu finden. Sie wollen als kaiserliche Offiziere in den Armeen des Kaisers Franz Joseph für Deutschland kämpfen — für Deutschlands Sieg in Europa, in der Welt. Und für die Heimkehr aller Deutschen in Österreich in das deutsche Heils-Reich.

Der jüngste der Verschwörer, Svetko Popović, berichtet von seiner seelischen Einstimmung für das Attentat: „Nachdem ich mein Wort gegeben hatte, mich der Verschwörung anzuschließen, verbrachte ich die Nacht in Gedanken und Träumereien, die das Attentat betrafen. Am nächsten Tag war ich ein anderer Mensch. Da ich überzeugt war, daß ich nur bis zum 28. Juni, dem Tag des hl. Vidovdan, zu leben hatte, betrachtete ich alles aus einem anderen Blickwinkel. Ich ließ meine Schulbücher liegen, ich las keine Zeitung, obwohl ich bis dahin jeden Tag in den Zeitungen blätterte ..."[301] In diesen „letzten Tagen der Menschheit" verbringt Princip, um der Polizei nicht aufzufallen, die Abende mit Freunden in einem Weinlokal in der eben erst nach Franz Ferdinand benannten Straße. Zum ersten Mal in seinem Leben mußte nun Princip ein bis zwei Glas Wein trinken. Ende 1915 besucht Franz Werfel den Attentäter Čabrinović, den doch wohl bedeutendsten Kopf dieser so tief verstörten, so heilshungrigen, so leidhungrigen Knaben, in Maria Theresienstadt im Militärgefängnis (Maria Theresienstadt wurde durch Himmler ein KZ für „prominente" Juden und andere). Werfel veröffentlicht sein Kriegstagebuch 1923. Der zwanzigjährige, schwer tuberkulöse junge Mann lächelt Werfel an, er spricht ein sehr gutes Deutsch. „Da stand nun der Knabe im gelben fremden Licht seiner Zelle ..." „Merkwürdig erscheint es mir noch, daß sich auf dem Schmerzensgesicht des Cabrinowitsch eine Barttracht gebildet hatte, wie wir sie von einigen heiligen Menschen der Erde kennen." Er wird abgeführt. „Die Türe öffnet sich, und vor den beiden Bewaffneten stieg jetzt langsam und ganz schwach Stufe für Stufe hinab Cabrinowitsch, mit demselben milden durchklärten Antlitz wie vorhin, tief und edel in sich gekehrt."[302]

Der Sohn des Mit-Attentäters Dr. Jefto Dedijer, der Historiker Vladimir Dedijer, beginnt seine Schilderung der Gerichtsverhandlung in Sarajewo mit dem Satz: „Trotz seiner vielen Schwächen war Österreich-Ungarn doch ein Rechtsstaat, und die Attentäter hatten eine faire Chance, ihre politischen und persönlichen Motive für die Gewaltanwendung sowohl bei der Voruntersuchung als auch bei der Gerichtsverhandlung zu erklären."[303] Wir verdanken unsere Kenntnis der Kindheit und frühen Jugend dem Wiener Psychiater Dr. Martin Pappenheim: Auf seinen Wunsch hin schrieb Gavrilo Princip im Gefängnis einige Seiten über sein Leben[304]. Letzte Verse Princips an der Kerkerwand: „Unsere Geister schleichen durch Wien und raunen / durch die Paläste und lassen die Herren erzittern."[305] Das hätten so, wörtlich, junge deutsch-gläubige Brüder Princips in Wien, Graz, Brünn, Klagenfurt schreiben können.

April 1901: Nach der Rede Franz Ferdinands, mit der er seine Patronanz des Katholischen Schulvereines übernahm, werden „jeden Tag ... tödliche Bedrohungen gegen ihn" ausgestoßen. Man schreibt in der ihm nahestehenden Presse von „gemeinen Machinationen und sogar Mordversuchen". Vor 1914 dürften zumindest drei Mordanschläge auf Franz Ferdinand verübt worden sein. Der erste Anschlag findet 1902 statt. Bei Regensburg wird auf seinen Zug ein Schuß abgegeben[306].

Die serbische Bewegung „Pijemont" — Serbien soll das gegen Habsburg auf dem Balkan kämpfende Piemont werden — gibt ab 1911 auch eine Zeitschrift „Pijemont" heraus. Dieser Geheimbund lehnt sich an die Erfahrungen und das Ritual der italienischen und deutschen Geheimbünde an. „Pijemont" erklärt 1911: Österreich wird von der Landkarte verschwinden. 1912: „Der Krieg zwischen Serbien und Österreich ist notwendig zur Erhaltung der serbischen Rasse, die sich nicht assimilieren darf."[307] Das ist dasselbe Motiv wie bei den Alldeutschen und anderen Deutsch-Gläubigen, die Österreich fürchten als ein Sündenbabel, in dem das deutsche Blut — durch Mischung mit dem bösen Slawenblut — verdirbt.

Dedijer fragt: Haben deutsche Zirkel die Druckmaschine für „Pijemont" gekauft[308]? „Pijemont" stimmt immer wieder Lobeshymnen an auf die deutsche Armee und die deutschen paramilitärischen Verbände[309]. Hier muß man sich der Sympathien Schönerers und seiner Genossen für ein künftiges „Großserbien" erinnern.

Am 8. April 1914 schreibt die hochangesehene „Vossische Zeitung" in Berlin unter dem Titel „Deutsche Balkanpolitik": Österreich-Ungarn habe gegenüber Serbien und Montenegro eine Politik der „niederträchtigen Behandlung" geführt. Es sei falsche Sentimentalität, wenn man aus Rücksicht auf den Bundesgenossen nicht wage, die deutschen Handelsinteressen nachdrücklichst wahrzunehmen[310]. Der serbische Gesandte in St. Petersburg, Dr. Milan Spalajković, teilt in den heißen Tagen zwischen dem Abbruch der Beziehungen (25. Juli) und der Kriegserklärung (28. Juli) seinem Chef, Ministerpräsident Pašić, mit, Rußland richte sich darauf ein, allein mit der Donaumonarchie Krieg zu führen. Der russische Zar glaube, „Wilhelm könne die Gelegenheit dazu benützen, um eine Teilung Österreich-Ungarns herbeizuführen"[311]. Das war das alte Konzept Herberts von Bismarck!

Dieser Gedanke kehrt bei serbischen Politikern und Diplomaten gerade am Vorabend von 1914 immer wieder. Spalajković erinnerte in einem früheren Bericht: Der russische Kriegsminister Suchomlinow habe die Aufteilung mit Kaiser Wilhelm besprochen. Obwohl Sasonow die Angelegenheit dementierte, sei sie wahr. Kaiser Wilhelm habe das Gespräch aus eigenem Antrieb begonnen, und zwar mit Suchomlinow anläßlich der Jahrhundertfeier der Völkerschlacht bei Leipzig. Österreich müsse zwischen Rußland, Deutschland, Böhmen, Ungarn und den jugoslawischen Staaten aufgeteilt werden. Auch Graf Witte und französische Staatsmänner (Etienne, Millerand und d'Estournelles-Constant) wären über die Leipziger Aussprache informiert worden[312].

„Des deutschen Kaisers angeblichen Plan erfuhr man durch Spalajković in Belgrad schon in den Tagen, als der Besuch Franz Ferdinands in Sarajevo angekündigt wurde. Es ist durchaus möglich, daß diese Nachricht für den serbischen Generalstab den Anstoß bildete, jenen Mann zu entfernen, der einer Aufteilung Österreichs, die am besten nach Franz Josephs Tod hätte erfolgen können, im Wege stand. Von Deutschland aus operierten slawische und auch andere Revolutionäre gegen die Habsburgermonarchie. Im Herbst 1913 wurde von München aus ein Aufruf an die Völker Österreichs in schätzungsweise hunderttausend Exemplaren verbreitet. ‚Zerstört das unzeitgemäße Gebilde‘, hieß es darin, ‚erhebt euch zu Nationen, durch die ihr einzig und allein in die Menschheit eingegliedert werden könnt‘.“

Dieses Flugblatt verkündet: „Ihr wißt es alle, daß heute ein Schuß, der in irgendeinem Winkel Europas fallen würde, genügen könnte, um ganz Europa in Brand zu stecken ... Ende mit der Drohung. ... ihr trüben Gesellen, die ihr den Thron umlauert, ihr erbärmlichen Geister, die ihr ein vermodertes Götzenbild behütet, wisset, daß Kugeln Menschen töten können ...“ Die bayerische Polizei wurde gebeten, Nachforschungen nach dem Herausgeber des Flugblattes anzustellen, und der Thronfolger Franz Ferdinand meinte, er sei sehr gespannt, was dabei herauskäme. Die Nachforschungen blieben ergebnislos[313].

Es war „eine Wahnsinnstat“, diese Fahrt Franz Ferdinands nach Sarajewo, wo er am hochheiligen Schmerzenstag, dem Volkstrauertag, an dem einst Serbien im Kampf gegen die Türken untergegangen war, eintraf. Franz Ferdinand, tief verdüstert, fordert die Vorsehung heraus. Wenn Gott ihn schützen würde — ihn und damit die Zukunft Österreichs —, dann hier, in der Mitte eines Vulkans. Wenn nicht, dann wollte er mit seiner geliebten Gattin gemeinsam sterben, so wie er es lange Jahre zuvor in der Inschrift an ihrem gemeinsamen Grab in Artstetten dokumentiert hatte: Gatte und Gattin vereint — durch einen Abgrund getrennt von dem furchtbaren Kaiser in Wien.

Ein ausgesprochener Feind der Donaumonarchie, Wickham Steed, sprach die ungeheuerliche Anschuldigung aus, Kaiser Franz Joseph und seine Familie in Wien hätten Franz Ferdinand ermorden lassen[314]. Dasselbe behaupteten, mit anderen, die Redakteure des „Mali Journal“ in Belgrad. Diese Anschuldigung ist verbal „unrichtig“, enthält aber diesen harten Kern: Franz Joseph tat nichts, um den gehaßten Neffen von seiner Fahrt in den Vulkan abzuhalten. Die Regierung tat nichts, obwohl sie selbst von der serbischen Regierung viermal eine Vorwarnung erhalten hatte. Und Franz Joseph atmete auf, als er die Nachricht aus Sarajewo erhielt[315]. Wickham Steed war von 1902 bis 1913 Vertreter der Londoner Times in Wien. Wickham stand zunächst gut mit dem Ballhausplatz, warnt dann vor der deutschlandhörigen Politik des Ballhausplatzes. Wickham Steed war ein rabiater Antisemit[316], er haßt Franz Joseph und er haßt Franz Ferdinand. Wickham Steed erfreute sich des höchsten Ansehens in London, König Eduard läßt bei ihm anfragen, ob er es für richtig halte, daß Botschafter Cartwright, der sich ausgezeichneter Beziehungen zum k. u. k. Außenminister rühmen konnte, seinen Posten in Wien behalte. Steed kämpft, außerordentlich erfolgreich, im Krieg 1914—1918 für die Aufteilung der Donaumonarchie. Es entsprach ganz seinen Intentionen, daß der Vertrag von Versailles am 28. Juni 1919 unterzeichnet wurde, am 5. Jahrestag der Ermordung Franz Ferdinands. Wickham Steed war damals der amerikanischen Friedensdelegation als Berater für zentraleuropäische Fragen zugeteilt[317].

Die „Knaben-Tragödie“ von Sarajewo wird durch ein merkwürdiges Vorkommnis beleuchtet: Čabrinović schließt seine Rede im Gerichtssaal, in der er zunächst seinem eigenen Vater vergab, daß er als Kind so viel unter ihm zu leiden hatte, mit einer Entschuldigung an die Adresse der Kinder des Thronfolgers: „... wir wußten nicht, daß Franz Ferdinand Familienvater war ...“ Nachdem das Urteil gefällt worden

war, sucht das Oberhaupt der Jesuiten von Sarajewo, der frühere Beichtvater Franz
Ferdinands, Pater Anton Puntigam, der die ganze Gerichtsverhandlung verfolgt
hatte, Čabrinović in seiner Zelle auf (Čabrinović hatte die erste Bombe geworfen).
Ivo Kranjčović berichtet: „Er brachte einen von den Kindern Franz Ferdinands
geschriebenen Brief, in dem er gebeten wurde, Čabrinović mitzuteilen, daß die Kinder ihm verziehen haben, weil er seine Tat bereut und sein Bedauern über den Tod
ihrer Eltern ausgedrückt habe ... Čabrinović war überrascht und betroffen von der
Vergebung der Kinder und blieb die ganze Zeit still."[318]
    Am 28. Juni 1937, am Todestag seines Vaters, gibt Dr. Max Hohenberg in Wien
zwei Interviews, die in der Paris-Soir-Dimanche erscheinen. In diesem letzten Jahr
der Ersten Republik Österreich hatte sich mit erschreckender Deutlichkeit gezeigt,
daß durch die Regierung Schuschnigg den Nationalsozialisten Tür und Tor geöffnet
waren. Landes- und Hochverrat regierten rund um den Ballhausplatz. Die Sache
Österreichs war ein letztes Mal in letzter Engführung und Engpaßführung an die
Schwarzen und Schwarzgelben gefallen, da Schuschnigg sich weigerte, das sehr große
Potential der sozialdemokratischen Arbeiterschaft anzusprechen, geschweige denn zu
mobilisieren. Im Vorausblick auf das Ende Österreichs sind diese Interviews zu verstehen, eine letzte Warnung vor dem „deutschen Kurs" Schuschniggs. Max Hohenberg erklärt da: „Es ist nachgewiesen, daß die deutsche Geheimpolizei in der Vorbereitung des Attentats mit dem komite (in Belgrad) zusammenarbeitete." Hohenberg
weiß, daß Deutschland vor 1914, im Ersten Weltkrieg und nach 1918 den „Anschluß"
mit verschiedenen Mitteln anstrebte: mit wirtschaftlichen, militärischen, politischen
Mitteln.
    Der Oberst Apis, diese bereits legendäre Gestalt, diese „Spinne in Belgrad", bei
der alle Fäden der Verschwörung zusammenliefen, glaubte an Deutschland. Die
serbischen Historiker und Politiker, die das Urteil von Saloniki gegen Apis 1917 ver-
teidigten, waren überzeugt, es sei der größte Fehler von Apis gewesen, daß er die
Lösung des südslawischen Problems von der Anlehnung an Deutschland erwartete[319].
Apis war vor dem Krieg mehrfach in Berlin, hatte Beziehungen zu deutschen Offizieren, wahrscheinlich auch bereits zu Politikern. Der Deutschlandkorrespondent der
„Pijemont", der unter dem Pseudonym Davison schreibt, stellt 1912 bis 1914 den
Serben die deutsche Armee als beste der Welt, die „Regenerierung der deutschen Nation" und den „Jungdeutschland-Bund" vor, eine von General von der Goltz ge-
gründete Jugendorganisation. „Es ist wunderbar, der großen Truppe junger Deutscher mit ihren Rangabzeichen, Trommlern und militärischer Ausrüstung zuzuschauen,
wie sie jeden Feiertag ausziehen ... Wir Serben haben keine ähnliche Bewegung ..."
Apis folgt den Traditionen Bismarcks und seiner serbischen Konspiranten, aber er
versuchte die serbische Politik nach Berlin hin auszurichten. 1915 laufen mehrfach
Fäden zwischen Berlin und Budapest zu Apis: Ziel ist ein deutscher Separatfrieden mit
Serbien[320].
    Wien, konkret der Ballhausplatz, ist am Vorabend von 1914 ein Satellit Berlins
und der ungarischen Magnaten. Die Verzweiflung österreichischer Diplomaten, die
sich als loyalste Diener des Kaisers Franz Joseph verstehen, ist angesichts dieser Situation groß[321]. Eindrucksvoll bekundet sie in seinem Memoirenwerk Ernst W. Urbas
(Pseudonym: Ernst Cormons: „Schicksale und Schatten. Eine österreichische Auto-

biographie" 1959): Der treue Diener seines Herrn, des Kaisers Franz Joseph, kommt zu einem vernichtenden Urteil über dessen politisches Versagen, über die Fehlleitung Österreich-Ungarns in dem Jahrzehnt vor 1914.

Edward Crankshaw erklärt 1963: „Von 1891 bis 1911 beobachtete Wien die große europäische Krise wie eine hypnotisierte Henne, unfähig, Deutschland zu warnen, unfähig zu einem wirklichen Gespräch mit Großbritannien und Frankreich, unfähig nach dem einen konvulsiven Moment von 1908, mit Rußland zu sprechen . . ."[322] Josef Redlich, der bereits 1912 befürchtet, daß Deutschland mit Rußland etc. die Donaumonarchie aufteilen werden, erlebt 1913 in London, wie alle maßgebenden englischen Politiker Wien als Satelliten Deutschlands sehen. Redlich trägt am 28. Juni 1914 in sein Tagebuch ein: „In Ungarn wird man sagen, daß der Gott der Magyaren die Hand der serbischen Mörder in Sarajewo führte."[323] Mit Franz Ferdinand wurde der einzige Mann getötet, der Österreich vor dem Krieg mit Serbien bewahren konnte[324].

Der größte Kriegstreiber in Wien war, in den Jahren, die auf 1914 zu führen, Conrad[325]. Der Generalstabschef Graf Franz Conrad von Hötzendorf war ein Deutsch-Gläubiger, ein Bewunderer Bismarcks und Moltkes. Er glaubte, nur eine Politik „von Blut und Eisen" könne die Donaumonarchie retten. Conrad, Sohn einer Soldatenfamilie (der Vater kommt aus *Mähren*), bewundert Moltke so sehr, daß er sein Bild ständig in einem Medaillon an seinem Hals trägt, wie seine Gattin Gina in ihren Memoiren („Mein Leben mit Conrad von Hötzendorf") eindrucksam erinnert. Conrads private Aufzeichnungen, erschienen in Wien 1976, zeigen einen Deutschtümler, der an die deutsche Rasse glaubt, sich aus Darwinismus, Nietzsche und Houston Stewart Chamberlain eine Weltanschauung zusammenbraut[326], welche die Männer des „phantastischen deutschen Nationalismus" in den Jahrzehnten auf 1914 zu und wieder nach 1918 beseelt. Conrad fordert den Blitzkrieg (er zeigt sich von den preußischen Blitzkriegen von 1866 und 1870/71 ebenso fasziniert wie Hitler) als Präventivkrieg gegen Rußland 1905, Österreich-Ungarn müsse Serbien angreifen und Italien rechtzeitig vernichten[327]. Conrad verkörpert das ganze Glaubensbekenntnis dieser österreichischen Deutsch-Gläubigen vor 1914: Glaube an die Heilsmacht des deutschen „Reiches", an die Überlegenheit des deutschen Volkes, verbunden mit dem antichristlichen und antisemitischen Affekt der Schüler und Studenten vor und nach Schönerer. Conrad meint: „Sind wir Deutsche denn ein Lakaienvolk? Woher nehmen wir auf einmal den Geist, der uns Bücklinge machen läßt vor den Feinden unseres einst so stolzen Volkes? Raffen wir uns im Inneren auf, werden wir nüchtern und mäßig, arbeiten wir statt zu beten, wahren wir uns den Stolz unseres alten Volkstums."[328]

Im Krieg erfährt nun Conrad, den die großen deutschen Brüder, Ludendorff an der Spitze, ständig Conrad von Hötzendorf nennen, da sie seinen Namen nicht zur Kenntnis nehmen, so wie sie diese „österreichischen Schlappschwänze", „Kamerad Schnürschuh" verachten, eine permanente, ihn persönlich demütigende Behandlung. Conrad erlebt die Illoyalität des deutschen Oberkommandierenden Falkenhayn, der es nicht für nötig hält, dem verbündeten österreichischen Generalstabschef „ganz wichtige Aktionen, etwa wie die von Verdun", mitzuteilen[329]. Seine Gattin erinnert an Conrads Briefe aus dem Feld, aus denen „in dieser Zeit auch ungewöhnliche Bitterkeit spricht", doch „muß man ihm trotz der harten Vorwürfe an die deutsche Adresse zugute halten, daß er die Zusammenarbeit mit den Deutschen stets zu schätzen wußte und am Bündnis unerschütterlich festhielt"[330]. 1916 sagt ihm der alte Ministerpräsident Koerber: „Der alte Kaiser war sechzig Jahre lang bemüht, die Monarchie zugrunde zu richten und hat es nicht zustande gebracht." Im Blick auf Kaiser Karl fügt er hinzu: „Dieser junge Herr wird aber in zwei Jahren damit fertig werden."[331] Conrad verteidigt den Entschluß Deutschlands, den Unterseebootkrieg zu eröffnen, in dem Kaiser Karl und Zita sehr genau den Anfang vom Ende ersehen. Karl plädiert für eine „Befreiung aus der Vormundschaft der Deutschen": Der erste Schritt sollte in der Verlegung des Armeeoberkommandos aus der Nähe der Deutschen, in Pless, bestehen. „Der Gedanke, daß man von den Deutschen abrücken sollte, war für Conrad ein Greuel, denn er war entschlossen, an der engsten Zusammenarbeit mit dem Bundesgenossen festzuhalten."[332]

Die textliche Redaktion des Wiener Ultimatums an Serbien fiel dem Diplomaten Alexander Freiherr von Musulin zu. Musulin erinnert sich der Situation in Wien in seinem 1924 in München erschienenen Memoirenband: „Das Haus am Ballhausplatz — Erinnerungen eines österreichisch-ungarischen Diplomaten." Ich erinnere mich dankbar an Gespräche mit dem alten Herrn, dem Vater meines Klassenkameraden Janko Musulin. Der Kroate Musulin stammt aus einer alten Grenzerfamilie, von der „Militärgrenze", die von der Adria bis Siebenbürgen die Wacht für das Haus Österreich innehatte. Musulin berichtet aus seiner Vaterstadt Agram, wie „alle tief ergriffen" einem Besuch des Kronprinzen Rudolf beiwohnten — „ich habe eine ähnliche Situation nie mehr erlebt": Kronprinz Rudolf kommt zur Grundsteinlegung der Rudolfskaserne nach Agram und erinnert in seiner Rede, „die vielen tausende tapferen kroatischen Soldaten ... die auf allen Schlachtfeldern der Monarchie für Kaiser und Reich seit Jahrhunderten geblutet hatten..."[333] 1892 schickt ihn sein Vater nach Wien: Er empfand die Verschlechterung der politischen Verhältnisse in Kroatien als „peinlich". Immer mehr wenden sich kroatische Intelligenz, Schule und Katheder den Serben zu. So gab es „keine nennenswerte Gegenwirkung unsererseits". Franz Ferdinand erscheint als „die letzte große Hoffnung des Kroatentums, der Südslawen des Dreieinigen Königreiches"[334].

Musulin wird in Dresden, Paris, Stuttgart, Bukarest, Athen, Belgrad vom Ballhausplatz eingesetzt, er wird 1901 zum Dienst in Wien berufen. Musulin erlebt mit seinen deutschen, ungarischen, polnischen, ruthenischen, rumänischen, tschechischen, kroatischen, italienischen und serbischen Kollegen im Beamtenkörper des Ministeriums des Hauses und des Äußeren eine österreichische Gemeinschaft: „Hier ist das Wort ‚österreichisch' im Sinne eines außenpolitischen Gemeingefühles gedacht"[335], nicht als ein staatsrechtlicher Begriff. Staatsrechtlich gab es ja kein Österreich mehr seit dem „Ausgleich" mit Ungarn 1868. Musulin erinnert sich der sehr guten Beziehungen zum Judentum der Monarchie, er selbst hatte in Paris, sehr hilfreich für seine Arbeit, Theodor Herzl kennengelernt: Herzl, „der hervorragendste journalistische Berichterstatter, den ich im Laufe meiner Karriere kennenzulernen Gelegenheit hatte ..."[336] Musulin erkennt während seiner Tätigkeit: „Auf eine politische Rolle im Westen hat die alte Monarchie zu ihrem großen Schaden eigentlich schon seit langem verzichtet gehabt. Ich hatte dies in Paris deutlich merken können." „Von der russischen Sorge hypnotisiert", hatte sich der Ballhausplatz völlig isoliert. Unsere Beziehungen zum Kabinett von St. James (waren) erkaltet, unsere Beziehungen zu Frankreich seit dem Jahre 1870 immer inhaltloser geworden, und in Deutschland selbst haben wir seit dem Jahre 1866 und mehr noch, seit dem Jahre 1879, dem Geburtsjahr der Allianz, aufgehört, irgendwie richtunggebend zu sein und uns auf das Ausgeding der Pflege des Bündnisgedankens zurückgezogen ..."[337] „Diese Abkehr vom Westen ... war ein politischer Fehler, an dem alle leitenden Außenminister der Monarchie in den letzten 40 Jahren ihren Anteil haben ..." „Daß wir die Fühlung mit den Westmächten verloren, hat sich an uns, aber auch an Deutschland bitter gerächt. ... In Paris und London traute man uns nicht mehr die Fähigkeit zu, selbständige Politik zu machen, man traute uns nicht mehr den Willen zu, selbsttätig vorzugehen, man nahm uns für eine Prorogation deutschen Territoriums und hat uns danach behandelt. ... In dem Maße, als sich die Idee von unserer politischen Senilität im Westen festigte, verlor man dort nicht nur das Interesse für uns, sondern auch das Interesse an uns. Man glaubte uns nicht einmal mehr, daß wir noch so viel Selbstgefühl und so viel politische Empfindung für unsere ureigensten Interessen besäßen, um in jenen Fragen, die den Lebensnerv der Monarchie betrafen, Entscheidungen selbst zu fällen. Auch Handlungen, aus innerster Notwehr heraus gesetzt, glaubte man von Deutschland veranlaßt, von Berlin inspiriert und reagierte entsprechend."[338]

Musulin erlebt in Belgrad, daß die österreichische Gesandtschaft keinerlei finanzielle Mittel für Propaganda und keinen Informationsdienst und keinen Kontakt zu einem der führenden serbischen Blätter besaß (1901). Das entsprach sehr genau dem Lebensstil, Denkstil, Regierungsstil des Kaisers Franz Joseph, der keine Zeitung, kein Buch liest, kein Telephon in seinem Arbeitsraum zuläßt.

Musulin erhält den Auftrag, die Note an Serbien zu verfassen. Er nimmt an den gemeinsamen österreichisch-ungarischen Ministerbesprechungen als Konzipient der Note teil. „Im Ministerium des Äußeren glaubte man nicht, daß das Ultimatum den Krieg bringen würde." Nach dem Ultimatum siegt die weit überlegene serbische Diplomatie in der öffentlichen Meinung des Westens über Österreich. Musulin bemerkt das und sagt seinen Vorgesetzten, „daß die Aktion gescheitert sei und daß angesichts der durch die Antwort Serbiens geschaffenen Situation nichts anderes übrig bleibe, als das Spiel vorläufig verloren zu geben, in voller Erkenntnis dessen, daß sich unsere Position verschlechtert habe, daß die serbische Krise perennierend geworden sei und daß man morgen wieder würde anfangen müssen, wo man gestern stehen geblieben". „Ich kann über die serbische Antwort mit voller Unbefangenheit reden, denn wie ich früher bemerkte, war ich der Ansicht, daß wir sie hätten annehmen müssen, nicht weil sie zufriedenstellend war, sondern trotzdem sie es nicht war." Er betont nochmals, „daß mir die serbische Antwortnote vom 25. Juli 1914 als das glänzendste Beispiel diplomatischer Gewandtheit erscheint, das ich überhaupt kenne"[339].

Wir wissen heute, daß in Berlin längst die Würfel gefallen waren: die Entscheidung für den Krieg gegen Frankreich[340]. Kaiser Karl sendet 1917 Musulin als Gesandten nach Bern: Die Schweiz war die einzige, die letzte Brücke nach dem Westen. Musulin soll im Dienst der Friedenspolitik des Kaisers hier wirken. Schon im März 1917 berichtet er nach Wien, daß die Frage des Friedens die Frage von Elsaß-Lothringen ist. Die österreichische Gesandtschaft wird von Deutschen bestürmt,

die aus Deutschland nach Bern kommen und bitten, Wien möge auf Berlin einwirken
im Sinne einer Aufgabe von Elsaß-Lothringen — Wien solle mit der Notwendigkeit
eines österreichisch-ungarischen Separatfriedens operieren[341]. In der deutschnationalen,
großdeutschen und nationalsozialistischen Propaganda gegen ein selbständiges Österreich spielt 1918 bis 1938 die Behauptung vom „Verräter-Kaiser" Karl eine außerordentliche Rolle. Bereits führende Stellen der Weimarer Republik sehen in den
„Carlisten", den Anhängern Kaiser Karls in Österreich in der Ersten Republik ein
Zentrum deutschfeindlicher Machinationen, eine Fortsetzung des „Verrates" des
Kaisers am deutschen Bundesgenossen[342].

„Der Beginn des uneingeschränkten U-Boot-Krieges durch Deutschland am 1. Februar 1917, dem sich die Regierung in Wien nur schwach und erfolglos widersetzte,
läutete die Totenglocke für alle Versuche, die öffentliche Meinung aller kriegsfüh-
renden Länder in Bemühungen zu vereinen, den Krieg ohne Annexionen oder Kriegs-
entschädigung irgendeiner Seite zu beenden, eine Lösung, die Papst Benedikt XV.
im Sommer 1917 vorgeschlagen hatte. In dieser Lage kamen die österreichische und
die deutsche Regierung überein, daß jede von ihnen dazu berechtigt sei, mit den
Vertretern der Entente geheime Beziehungen aufzunehmen."[343]

In diesem Schicksalsjahr 1917 kommt es zu Geheimverhandlungen zwischen dem
österreichischen Diplomaten Graf Nikolaus Revertera und dem französischen Grafen
Abel St. Amand, sowie zwischen dem ehemaligen österreichisch-ungarischen Botschafter am Hof von St. James, Graf Albert Mensdorff-Pouilly und dem südafrika-
nischen Ministerpräsidenten General Jan Christian Smuts. Smuts plädiert für einen
Bundesstaat oder Staatenbund Mittel- und Ostmitteleuropas, dessen Oberhaupt Kaiser Karl sein sollte[344]. Voraussetzung: Die Aufgabe des Bündnisses Wiens mit Berlin und territoriale Zugeständnisse an Italien (diese hätte bereits der junge Kaiser
Franz Joseph machen müssen).

März-Mai 1917 kommt es zu geheimen Verhandlungen zwischen Kaiser Karl und
seiner Gemahlin und Prinz Sixtus von Parma, einem ihrer Brüder, der in halb-
offizieller Weise die französische und britische Regierung vertrat. Mehr als ein Jahr
später gelangt ein Brief Karls für den französischen Präsidenten Poincaré an die
Weltöffentlichkeit (Karl hatte ihn Sixtus übergeben), der die Klausel enthielt, daß
Karl „mit allen Mitteln ... die gerechten Rückforderungsansprüche Frankreichs auf
Elsaß-Lothringen unterstützen würde". Clemenceau veröffentlicht eine Kopie dieses
Briefes. Karl weicht zurück, unter deutschem Druck, unter dem Druck „seiner" Deutschen und Magyaren. „Für viele Magyaren und Deutsche diesseits und jenseits der
Grenze war der Kaiser nun zu einem Mann geworden, der das Bündnis und was
es zum Ausdruck brachte, verraten hatte." „In den Augen der führenden Staatsmänner der Alliierten besaß nun das kaiserliche Österreich keine genügende Glaubwürdigkeit mehr, um zielführende Verhandlungen fortzuführen oder neue aufzunehmen."[345] Zwei Monate später wird der tschechische Nationalrat als offizielle Vertretung des tschechischen Volkes von der französischen, dann von der
amerikanischen und zuletzt der britischen Regierung anerkannt. Der Besuch Karls
beim deutschen Kaiser im Hauptquartier in Spa am 14. August 1918 besiegelt die
letzte, totale Unterwerfung Österreichs unter die deutsche Oberherrschaft[346].

Die katastrophale „babylonische Gefangenschaft Österreichs" (in Anspielung an die babylonische Gefangenschaft der Kirche in Avignon, unter der eisernen Hand des französischen Königs) weckte einen großen Österreicher, einen österreichischen Patrioten, Julius Meinl (1869—1944). Als Chef des Meinl-Konzerns, der heute noch immer eine bedeutende Rolle im österreichischen Wirtschaftsleben spielt, stellt Julius Meinl senior die reichen internationalen Verbindungen seines Hauses in den Dienst einer österreichischen Friedenspolitik, die Österreich aus dem Würgegriff Berlins retten sollte[347]. Meinl schuf im Dezember 1915 mit der Gründung der österreichischen Politischen Gesellschaft das Forum für die Aussprache einer politisch interessierten Elite. Die Führung der „Meinlgruppe" lag beim Triumvirat Lammasch—Meinl—Josef Redlich, dem als korrespondierendes Mitglied der Münchener Professor Friedrich Wilhelm Foerster angehörte. „Im Juli 1917 wollte Kaiser Karl ein Ministerium Lammasch mit Meinl und Redlich einsetzen, mit der Aufgabe, die Verfassung im föderalistischen Sinne umzubauen und den Krieg zu beenden. Die drei Männer genossen das volle Vertrauen der Ententemächte und waren wie sonst niemand für die zu lösenden Aufgaben geeignet."[348] Die Meinl-Aktion scheitert wie die ganze Friedenspolitik des Kaisers Karl. Die deutschen militärischen Erfolge in Rußland stärken den Glauben in Deutschland und in Österreich an einen Siegfrieden. Die Saat des Kaisers Franz Joseph war voll aufgegangen: Der Glaube an das Heil aus Deutschland, an die Siegmacht der deutschen Waffen, der die jungen deutschgläubigen Österreicher ab 1866/1871 beseelte, dieser Glaube einer deutschen Irredenta in Österreich war ja legitimiert worden durch die „unerschütterliche Treue", mit der Franz Joseph an seinem Berliner Bundesgenossen festhielt, der in dieser ganzen Zeit auch entschlossen war, das Haus Österreich zu verraten, preiszugeben[349] — und hoffte, selbst nach Verlust dieses Weltkrieges aus der Konkursmasse der Donaumonarchie reich gestärkt zu werden: durch den Anfall der „deutschen Provinzen", Böhmen-Mähren und der Alpenlande.

Ludendorff steht in einer langen Tradition, wenn er am 14. Oktober 1918 (Geheimdokument des deutschen Außenamtes, Österreich Nr. 95) fordert, Österreich zu annektieren: „... Bei den Sitzungen des Deutschen Volksrates kam wiederholt eine ablehnende Haltung gegen die habsburgische Dynastie und gegen Kaiser Karl unverblümt zum Ausdruck, da man von ihm eine Vertretung deutscher Interessen nicht erwartet." „Die Frage wird immer mehr erörtert, ob es nicht an der Zeit sei, den Anschluß an Deutschland vorzubereiten. Daß ein Anschluß der deutschstämmigen Gebiete früher oder später kommt, dürfte kaum zu bezweifeln sein. Für die Enttäuschungen, die der Krieg auf anderen Gebieten bringt, wäre diese Entwicklung immerhin ein wertvoller Ausgleich, den wir nicht außer acht lassen dürfen."[350] Zu diesen deutschen Plänen bemerkt Jacques Hannak: „Für den nach Versailles und trotz Versailles sehr rasch wieder erwachten deutschen Militarismus wäre Deutsch-Österreich tatsächlich nur ein ‚wertvoller Ausgleich' für nicht stattgefundene andere Eroberungen gewesen, eine Vermehrung des Militärpotentials und eine machtpolitische Korrektur der deutschen Niederlage, die danach fast wie ein Sieg gewirkt hätte."[351]

Vorsichtig und umsichtig bereitet „die Wilhelmstraße", das Auswärtige Amt der Weimarer Republik, in Zusammenarbeit mit Industriellen und mit ihren Konfidenten in Österreich ab 1919 den Anschluß vor[352]: Eine wichtige Vorarbeit für Adolf Hitlers umsichtige Zersetzung, Erpressung und schließlich Eroberung Deutsch-Österreichs.

9. 1914—1938

Die Erste Republik Österreich ist in bezug auf unser Problem: österreichische Identität, österreichisches Selbstbewußtsein und österreichischer Selbstverlust, nur zu verstehen als ein Produkt des Ersten Weltkrieges und als eine Übernahme aller Traditionen des Kampfes um Österreich, den die Schwarzen und Schwarzgelben, die Träger der blauen Kornblume, die Deutch-Gläubigen in nahezu allen Lagern und nicht zuletzt einige hervorragende Sozialdemokraten in den letzten dreißig Jahren vor 1914 gekämpft hatten. 1914: Es gibt bis heute keine der Vielschichtigkeit des Phänomens entsprechende wissenschaftliche Untersuchung über die Motive der „Kriegshysterie", der „Massenpsychose", der „Kriegsbegeisterung" in Wien, in Österreich-Ungarn im Sommer 1914[1]. Parallele Phänomene in Berlin, Paris, St. Petersburg etc. zeigen verwandte Motive, erhellen aber nicht die spezifische Situation in Wien.

Wellen von Scham, von Entsetzen, von Zorn, Wut, Trauer über „diese große Illusion" überdecken in den Kriegsjahren dieses außerordentliche Phänomen: das explosive Aufbrechen eines österreichischen Patriotismus, wie es da Trotzki, der mit Victor Adler über die Ringstraße geht, entsetzt als „Chauvinismus", als Haßeruptionen erlebt und Adler fragt, was haben da diese Menschen aus so verschiedenen Nationen mit diesem Krieg zu tun? Victor Adlers Antwort, die Antwort eines Politikers, der als Arzt einiges über psychopathische, über pathologische Bezüge der Psyche der Völker, gerade ihrer Unterschiede, weiß, ist etwas unbefriedigend[2].

Trotzki war aus Brüssel nach Wien gekommen, hatte sich am Morgen des 3. August in die Redaktion der „Arbeiter-Zeitung" begeben, wo gerade die Nachricht von der Ermordung Jaures', des großen französischen Sozialisten, durch einen Nationalisten eingetroffen war. „In der Arbeiter-Zeitung herrschte Verwirrung. Einige Redakteure fanden sich zur Unterstützung des Krieges bereit. Sein Freund Friedrich Adler sprach voller Abscheu von der steigenden Flut des Chauvinismus . . ."[3] Victor Adler dazu: „Die Partei ist wehrlos, es ist traurig, aber man kann nichts dagegen machen." Kein Mitglied der Exekutive der II. Internationale wagt es, ihm zu widersprechen. Am 15. August sollte in Wien die Internationale ihren fünfundzwanzigjährigen Geburtstag feiern. Victor Adler meint: „Demonstrationen sind unmöglich geworden. Man riskiert dabei sein Leben, man muß mit Gefängnis rechnen. Gut. Wir haben auch das schon mitgemacht. Aber unsere gesamte Organisation und unsere Presse stehen auf dem Spiel. Man läuft Gefahr, die Arbeit von 30 Jahren zu vernichten, ohne irgendein politisches Resultat . . ." Victor Adler spricht hier nur einen Teil der Wahrheit, der so komplexen Wirklichkeit aus. Er verschweigt unter anderem dies: Massen des Volkes, der „kleinen Leute", der Arbeiterschaft waren wirklich begeistert. Sie erhofften sich vom Krieg eine Lösung, eine Befreiung von den Konflikten ihrer sozialen, ihrer nationalen, ihrer psychischen Lebensprobleme. 1939 herrscht bei Beginn des Zweiten

Weltkrieges in Berlin und Wien Totenstille[4]. Es gibt nichts Vergleichbares, das dem „Aufbruch" im Sommer 1914 an die Seite gestellt werden kann. Da hatte nun, 1939, ein Mann seinen Krieg begonnen. Selbst seine engsten Mitarbeiter waren gegen den Krieg[5]. Im Sommer 1914 „erwachen" die Völker, selbst die Hetze der Presse, einer verdammten Journaille, wie sie von Karl Kraus an den Pranger gestellt werden wird[6], erklärt nicht die vielschichtige Situation.

Österreich hat zweimal einen Aufbruch eines österreichischen Patriotismus erlebt, 1809 bis 1813, in den Napoleonischen Kriegen, dann, ganz kurz aufflammend, am Vorabend von 1866 und jetzt, 1914, in einer Kettenreaktion von Bränden, die trotz aller Enttäuschungen in den Tiefenschichten nicht erloschen. Man kann sich diesem außerordentlichen Phänomen der Explosion eines österreichischen Patriotismus 1914 nur mit Verständnis nähern, wenn man diese geradezu ungeheuerliche Wirklichkeit im Auge behält: Die Armeen der Donaumonarchie haben bis zum Kriegsende — kein fremder Soldat hat bis zur Kapitulation den Boden der Donaumonarchie betreten, es sei denn als Gefangener — „Menschenopfer unerhört" geleistet, auf allen Kriegsschauplätzen, in Opfergängen, die in den Isonzoschlachten, in Rußland, Galizien etc. keinen Vergleich mit den Massakern rund um Verdun zu scheuen brauchen[7]. Höhnisch hatte *1898* im Reichsrat der Abgeordnete der Schönerer-Gruppe Iro, ein Deutsch-Gläubiger tschechischer Herkunft, in das Plenum gerufen: „Wenn ein tschechischer Schwarm deutsch zum Feuern kommandiert wird, wird er nicht schießen." Iro unterstützte damit Schönerers Proklamation, „daß auf diese Armee im Felde kein Verlaß mehr sein kann". „. . . der babylonische Turmbau in der Militärverwaltung verbürgt die Niederlagen von vornherein."[8]

1936 erinnert Edmund Glaise-Horstenau: „Als der Weltkrieg ausbrach, waren von 100 österreichisch-ungarischen Soldaten 25 deutscher, 23 magyarischer, 8 romanischer, 44 slawischer Volkszugehörigkeit. Gegenüber einem solcherart zusammengesetzten Heere ließ sich mit dem seinerzeit von Bethmann-Hollweg, dem deutschen Reichskanzler, erhobenen Schlachtruf von einem ‚Kampf des Germanen‘ gegen das Slawentum‘ wahrlich nur wenig anfangen!"[9] Bethmann-Hollwegs Erklärung von 1914 war ein offener Dolchstoß in den Leib der Donaumonarchie. Die Söhne von dreißig Millionen Slawen kämpften bis zum Zusammenbruch 1918 in den kaiserlichen Armeen. Die oft berufenen tschechischen Desertionen, die Bildung einer tschechischen Legion in Rußland — aus Kriegsgefangenen! — rührten nicht an der Substanz dieser Armeen. Niemals gab es hier eine Massenrebellion wie in der französischen Armee 1916.

Man kann weder die Kriegsbegeisterung von 1914 mit dem Unwesen einer chauvinistischen Presse allein begründen noch auch das Durchhalten der kaiserlichköniglichen Armeen mit der furchtbaren Justiz der Militärgerichte. Das „gewisse Etwas", das da an die Oberfläche trat — und auf das keine politische Psychologie, auch keine Tiefenpsychologie, vorbereitet war —, dieses Aufbrechen eines Vulkans, ist in tieferen Gründen der Psyche der Völker und der Individuen zu suchen. Wir wissen heute, daß auch in jedem Europäer noch der „Neanderthaler" lebt[10]. So verschiedene Persönlichkeiten wie Sigmund Freud, Albert Einstein und John F. Kennedy haben — rund um sie Scharen von Anthropologen und Tiefenpsychologen — diesen Sachverhalt angesprochen. 1908 macht Adolf Loos in seinem berühmten Essay „Ornament und Verbrechen" aufmerksam: „Ich lebe vielleicht im Jahre 1908, mein Nachbar lebt um 1900 und der dort im Jahre 1880. Es ist ein Unglück für einen Staat, wenn sich die Kultur seiner Einwohner auf einen so großen Zeitraum verteilt. Der Kaiser Bauer lebt im zwölften Jahrhundert. Und im Jubiläumsfestzug (ich kommentiere: dem Kaiser-Franz-Joseph-Jubiläumsfestzug zu Ehren seiner Regierung 1848—1908) gingen Völkerschaften mit, die selbst während der Völkerwanderung als rückständig empfunden worden wären. Glücklich das Land, das solche Nachzügler und Marodeure nicht hat. Glückliches Amerika!"[11]

Wir wissen heute, daß in den Vereinigten Staaten von Amerika und in den Staaten der Sowjetunion — so wie in den Landen der Donaumonarchie — Menschen, Gruppen, Nationalitäten leben, die in sehr alten nativen Volkskulturen eingewurzelt sind, die sich unter dem stählernen Druck der industriellen Großgesellschaft und eines harten Regimes erstaunlich resistent bezeugen. Ich habe in den Jahren zwischen 1930 und 1938 und nach 1945 in Polen, in der Tschechoslowakei, in Ungarn, im dalmatinischen Küstenland, zwischen Triest und der Insel Lopud nah an Ragusa (Dubrovnik) mit alten Menschen gesprochen, die nach Überwindung einer Scheugrenze ganz offen von ihrer Kriegsbegeisterung 1914 sprachen und stolz waren, in den Armeen des Kaisers und Königs gedient zu haben. Sie waren keine Habsburgfreunde und sahen — nicht alle — auf Wien mit einer Mischung von Ablehnung und Anziehung.

Sehr alte Claninstinkte wurden da 1914 geweckt, sowohl in den Städten, in denen die rasche Industrialisierung verdeckte, daß viele Arbeiter verkleidete Bauern waren (wie vielfach noch heute in der Sowjetunion), zutiefst eingewurzelt in einer „archaischen" Mentalität. Es sind diese Bauern, und es ist dies „Volk", das von vielen Generationen von Landbewohnern abstammt, die ebenso „fatalistisch" wie atavistisch, wie „gottergeben" für ihren Clanchef, für den Herrn Kaiser, für diese Verkörperung ihrer Identität, in ihrem Kaiserglauben aufbrechen und ins Feld ziehen. Es sind bis zum Kriegsende Bauern, Bauern in Ungarn, Landvolk in Böhmen-Mähren, in Kroatien, und es sind in diesen nichtdeutschen Landen Arbeiter in den Fabriken, die *ihrem* Kaiser Karl zuströmen — und ihm die Hand drücken. Der Krieg hat einen einmaligen, einzigartigen österreichischen Patriotismus geweckt, der politisch anonym, weitgehend politisch anonym war, an keine Partei gebunden. Die religiöse Einbindung in einem archaisch verwurzelten Katholizismus (der noch heute die polnische Nation um ihre Königin, die schwarze Muttergottes von Tschenstochau schart, wie einst Österreicher und Ungarn in Altösterreich in Mariazell) ist nur eine, wenn auch signifikante Ausdrucksform dieser religiös-politischen Einwurzelung von Menschen, die oft bereits Déracine's waren, Entwurzelte, in die Stadt Geworfene, und auf dem Land unter der harten Herrschaft feudaler Großgrundbesitzer schuftende halbfreie Bauern . . .

„Von Erzherzögen, Politikern und Generalen verraten, waren ihm die Bewohner der weiten Gebiete des Donaubeckens, Bauern und Arbeiter, treu geblieben."[12] Karl war „selbst kein überzeugter Monarchist"[13]. Am 16. Oktober 1918 drängen sich weit über hunderttausend Menschen, ungarische Bauern und walachische Bauern aus dem von Rumänen bewohnten Siebenbürgen „in einem Taumel der Begeisterung" um Karl. „In der kalvinistischen Kathedrale, wo Kossuth im Jahre 1849 den Thronverlust

der Habsburgerdynastie ausgesprochen hatte, wurde das Kaiserpaar vom kalvinistischen Bischof Baltazar gesegnet, was nichtendenwollenden Jubel auslöste." Am
nächsten Tag beginnt in Budapest der Umsturz.

Karl entließ den Ministerpräsidenten Graf Stefan Tisza, der über vier Jahre lang
drakonisch die Nationalitäten der ungarischen Reichshälfte überherrscht hatte, und
nahm sich als ungarischen Berater einen armen „unscheinbaren jüdischen Rechtsanwalt
von ungepflegtem Äußeren", der wegen seiner Klumpfüße Stoffschuhe trug: Wilhelm
Vázsony, Abgeordneter der bürgerlich-demokratischen Partei[14]. Karl wollte, was
Franz Joseph nicht zu berühren gewagt hatte, die Einführung des allgemeinen, gleichen und geheimen Wahlrechts. Dies hätte buchstäblich über Nacht das Ende der
Herrschaft der magyarischen Feudalherren und ihrer Klientelen bedeutet.

1905 hatte Franz Joseph die letzte, einzigartige Chance, durch diese Wahlrechtsreform die Länder der ungarischen Krone von der magyarischen Tyrannei zu befreien und damit die Voraussetzung für eine Befreiung des Ballhausplatzes zu schaffen, wo die ungarischen Herren als Erfüllungsgehilfen Berlins in den wichtigsten
Positionen saßen. In einem Anfall von Mut ernennt 1905 Franz Joseph das Ministerium Fejérvary-Kristóffy, das die Einführung des allgemeinen Wahlrechts zur
Brechung der Übermacht des magyarischen Adels erkämpfen soll. Die ungarische
Opposition geht zum Kaiser nach Wien, will sich unterwerfen. Nach vier Minuten
formaler Redensarten übergibt Franz Joseph „diese ganze Sache" dem Grafen
Goluchowski. Die Ungarn sehen sich verblüfft an und fahren dann hocherfreut nach
Hause, sie halten es gar nicht für nötig, zu Goluchowski zu gehen[15].

Im Blick auf diese makabre Szene, in der ein letztes Mal Franz Joseph das
Reich verspielt hat, sei hier E. W. Urbas (Ernest U. Cormons) zitiert, ein Diplomat, der
seinem kaiserlichen Herrn mit höchstem Respekt diente, als Zeuge berufen: „Ein
Gentleman vom Scheitel bis zur Sohle ... fleißig, gerecht, pflichteifrig, erfahren
und routiniert in der Abwicklung der laufenden Regierungsgeschäfte, aber es fehlte
ihm jeder schöpferische staatsmännische Geist, und er war zudem, wenn auch mitunter
eigensinnig, ein wankelmütiger Charakter. Er hielt niemals durch, und je älter er
wurde, desto geneigter wurde er, immer den Weg des geringsten Widerstandes zu
suchen. Er ließ seine besten Minister jedesmal gerade dann fallen, wenn sie die Dek-
kung durch die Krone zur Vollendung ihres Werkes und ihrer Pläne am meisten
bedurft hätten. Schmerling, Hohenwarth, Badeni, Koerber, Beck. Koerber, der
fünf Jahre hindurch (Jänner 1900 bis Dezember 1904) mit großem Geschick, sou-
veräner Geschäftskenntnis und äußerster Selbstverleugnung die österreichische Mini-
sterpräsidentschaft geführt und sich nach seiner unwürdigen Entlassung bis zum
Ersten Weltkrieg dem Hof und dem politischen Leben verbittert ferngehalten hatte,
schrieb in einer Aussprache mit einem späteren Minister, von dem mir diese Äußerung überliefert wurde, die volle Schuld für den Niedergang des großen Staats-
wesens der Persönlichkeit Franz Josephs zu. Diese Abneigung des Kaisers, sich mit den
Problemen einer durchgreifenden Neuordnung des Reiches auf Grund eines großen,
entwicklungsfähigen Planes zu beschäftigen, und seine tief eingewurzelte Unfähigkeit,
den Staat unabhängig von den Interessen des Erzhauses zu begreifen, vereitelten
dauernd eine konstruktive Lösung der sich zuspitzenden inneren Reibungen und
Gegensätze!"[16]

Karl übernahm das Erbe eines Bankrotteurs. Als erstes versuchte er, sich aus der würgenden Umklammerung durch die Deutschen zu lösen. „Das Teschener Hauptquartier, welches in letzter Zeit wohl nur ein Befehlsübermittlungsamt der deutschen obersten Heeresleitung gewesen war, wurde nach Baden bei Wien verlegt, und Karl selbst übernahm das Oberkommando des Heeres daselbst!"[17] Conrad, der große Unruhestifter, wurde abgelöst. In Ungarn wurde eine Regierung unter Führung des jungen Graf Moritz Esterházy gebildet, Wilhelm Vazsony wurde Justizminister und mit der Durchführung der Wahlreform betraut. Karls erster Befehl nach Übernahme des Armeeoberkommandos an alle Führungsstäbe des Heeres richtet sich gegen das Verheizen der Truppen durch ordensgierige Generale. „Generale und höhere Führer, welche ihre Entschlüsse außerhalb der Kampfzone treffen, haben es zu vermeiden, Tapferkeit auf Kosten der ihnen unterstellten Einheiten zu betätigen. Sie haben ihre Entscheidungen mit Sachkenntnis und Ruhe zu treffen und das verläßliche Erreichen des anbefohlenen Kampfzieles bei möglichster Vermeidung von ungerechtfertigten Verlusten anzustreben!"[18]

Karl erlebt den Verrat aller „Stützen des Thrones", er ist überzeugt, daß nur ein Bund der Völker im Donauraum Zentraleuropa retten kann. „Sehen Sie, Windisch-Graetz, der Krieg war die Folge einer jahrelangen Entwicklung, bei der die sicher verfehlte Politik Deutschlands und auch Österreich-Ungarns mitgespielt hat. Aber die zwangsläufige Entwicklung der Völkermassen, die die furchtbaren Fehler der führenden Kreise zu tragen hatten und sich nicht mehr knechten lassen werden, muß am Ende zu einer Gesundung führen. Diese Massen werden sich nie mehr den Entscheidungen weniger Menschen am grünen Tisch fügen, ob diese nun Könige oder Emporkömmlinge sind, ist einerlei. Die Donaustaaten können nur zusammen prosperieren und müssen sich zusammenfinden, wobei die Staatsform — Monarchie oder Republik — eine nebensächliche Frage ist. Aber dieses Befrieden und Organisieren muß eine Macht besorgen, die den Völkern in ihren tiefsten Gefühlen nahesteht. Deshalb werde ich, solange ich lebe, daran arbeiten, und ich weiß, daß die Massen mich verstehen und unterstützen werden, denn die Idee und der Geist sind stärker als die Auswirkungen momentaner Gewaltmaßnahmen." Das sagt Karl, im Exil in der Schweiz, in einer Begegnung auf der Straße Lausanne-Genf[19]. Am 18. Juli 1921 spricht Ludwig A. Windisch-Graetz ein letztes Mal mit Karl, am Bürgenstock über dem Vierwaldstätter See. Karl: „... Alles, was die Friedensverträge geschaffen haben ... ist nichts anderes als die Vorbereitung von neuen bewaffneten Konflikten und Kriegen. Nur der Primat der wirtschaftlichen Lebensbedingungen der Völker kann, wenn er zur Grundlage aller Maßnahmen genommen wird, Wandel schaffen ... Sollte das nicht gelingen, so steht allen diesen Völkern ein grauenhaftes Schicksal bevor, denn die deutsche Macht wird noch kraftvoller wiedererstehen als zuvor. Im Osten aber werden die Sowjets zu einer Bedrohung der europäischen Zivilisation, und zwischen diesen beiden Mühlsteinen werden die kleinen Völker im Donauraum versklavt und zertrümmert werden, wenn sie es nicht verstehen, sich zu friedlicher Arbeit zusammenzufinden ..." Karl kommt dann auf die Massen der Verelendeten zu sprechen: „Es muß aber möglich sein, die Bedrückten und Armen, die ja in jedem der neuerstandenen Länder in der Mehrzahl sind, unter einen Hut zu bringen. Dies wäre die Aufgabe der sozialistischen Arbeiterparteien, welche aber leider zumeist unter der Führung von ganz unpraktischen Ideologen oder bewußten Hochstaplern sind, die nur ihre persönlichen Interessen im Auge haben. Die Männer, die wie Victor Adler oder Ernst Garami waren, sind ausgestorben."[20]

Das war der Mann, der Mensch, der mit Victor Adler und Karl Renner immer wieder zusammenkam. „In Wien war der alte Sozialistenführer Victor Adler sein Gewährsmann, in Budapest war ein Eisendreher der Manfred Weissschen Fabrik, den der Kaiser von der Front her kannte und der nach einer schweren Fußverletzung als Halbinvalide in der Fabrik tätig war, sein Vertrauensmann."[21] In einem Gespräch im „Grünen Anker", dem heute noch bestehenden Restaurant in der Wiener Innenstadt, wo sich Karl des öfteren mit Victor Adler traf, machte Adler Karl auf Otto Bauer aufmerksam: „. . . ich wünschte, Sie sprächen mit Dr. Otto Bauer, der einen großen Anhang in den Arbeitermassen hat." „Ich werde ihn gerne bei mir sehen, so wie ich jedem meiner Mitbürger pflichtgemäß zu jeder Zeit zur Verfügung stehe." Bauer erscheint nicht. Er glaubte nicht an Österreich. Bei der letzten Zusammenkunft berichtet Victor Adler Karl über einen von sozialistischer Seite eingebrachten Abstimmungsantrag über die republikanische Staatsform. Adler meinte: „Wir Sozialisten sind seit jeher auf die Republik eingeschworen, Ihr Thron aber, Majestät, muß im Interesse des Volkes gerettet werden. Das kann nicht unsere Aufgabe sein, aber wenn die Christlichsoziale Partei ihre Pflicht tut, werde ich dafür sorgen, daß ein Teil meiner Leute sich der Abstimmung enthält, so daß eine Zweidrittelmehrheit für die monarchische Staatsform gesichert ist!" „Dieser kaisertreue Republikaner hatte auch Wort gehalten, und die zehn Tage später erfolgte Abstimmung hätte die monarchische Staatsform retten können, wenn nicht die Führer der Christlichsozialen, in der Hoffnung, sich bei dem Sieger Liebkind zu machen, die Partei auf die republikanische Staatsform hätten abstimmen lassen. Ein einziger Abgeordneter dieser Partei, Mittelschullehrer Miklas aus Horn, stimmte für die Monarchie. Dieser tapfere Mann wurde später Bundespräsident von Kleinösterreich."[22]

Victor Adler[23] hat die Erste Republik nicht mehr erlebt. Dieser Schöpfer der sozialdemokratischen Einheitspartei, dem es gelang, „Radikale" und „Gemäßigte" in der Partei zur Zusammenarbeit zu bewegen, geboren in Prag 1852 als Sohn einer deutsch-jüdischen Familie, Gymnasiast und Medizinstudent in Wien, entwickelte sich langsam vom „deutschnationalen Honoratioren" zum sozialdemokratischen Führer. Im Linzer Programm 1882 stand er noch auf einer gemeinsamen progressiven Plattform mit Lueger und Schönerer. Victor Adler war von Haus aus Arzt und Helfer und stieg als „Sozialhygieniker" in die politische Arena. Sein erster Biograph, Max Ermers, sieht Adlers Sozialismus als einen „philantropischen Ärztesozialismus". „Nur in Opposition gegen eine überwuchernde Empfindungswelt verschrieb er sich dem ‚wissenschaftlichen Sozialismus'!"[24] Der Arzt als Politiker, der Politiker als Arzt: Victor Adler glaubt an Heilung, an politische Heilung, an seelische Heilung, in dieser vom morbus austriacus, von der österreichischen Krankheit in einer Fülle verschiedenartiger, gegensätzlicher Phänomene geprägten Situation, in der „verrückte", pubertäre, pathologische, neurotische Naturen als deutsche, als tschechische, als alldeutsche, als sozialistische, als rote und schwarze Radikale widereinander wüten — in Prag, in Wien täglich zu erleben, im Reichsrat, auf der Straße, in Tumulten. Dieser Arzt-Politiker glaubt, sehr auf seine Weise, an Österreich, und er glaubt an eine sozialistische brüderliche Internationale, obwohl er die Spaltung zwischen deutschen und tschechischen Sozialdemokraten als Auftakt für die Auflösung der Internationale 1914 schmerzlich erleben mußte[25]. Das Nationale saugt das Internationale und das Soziale auf. Die Arbeiterschaft ist damals in allen europäischen Ländern ein Kind des Volkes: belebt, ergriffen, aufgewühlt von allen Ängsten, Aggressionen und Hoffnungen, die in den Tiefenschichten des Volkes arbeiten.

„Die Arbeiterklasse in ihrer revolutionierenden Praxis, intuitiv angeschaut, ihr Leiden als physischer Schmerz mitempfunden, ihr Denken liebevoll mitgedacht, ihre Willensregung sorgfältig beobachtet und durch eine titanische Verstandeskraft auf den Weg der Tat gelenkt — und so täglich die neue, die induktive Probe, das naturwissenschaftliche Experiment auf die Richtigkeit unserer Lehrsätze angestellt: Das ist Adlers Marxismus."[26] So sieht Karl Renner Victor Adler. Im Jahre 1908 veröffentlicht Renner in der 1907 gegründeten wissenschaftlichen Monatsschrift der Sozialdemokratischen Partei, „Der Kampf", einen Aufsatz zum 25. Todestag von Karl Marx. Dieser Aufsatz ist eine grandiose Zusammenfassung all dessen, was die archaische Gesellschaft Altösterreichs, ihr apolitisches Österreichertum, ihren Kaiserglauben belebte, ihren Lebensprozeß bildete: ein Schoß, aus dem der Arbeiter gerissen, blutig brutal gerissen und zum Entwurzelten, zu einer Maschine in der Hand des Kapitalisten gemacht wurde. Diese Marx-Ehrung ist nicht an den Haaren herbeigezogen. Karl Marx war ein vorzüglicher Kenner, ja, ein Verehrer der archaischen Gesellschaft. Karl Renner nennt in seiner großangelegten Erinnerung diese archaische Gesellschaft, die Altösterreich — in den Massen des Volkes — getragen hatte, nicht bei ihrem österreichischen Namen. Er verdichtet hier aber seine eigenen Kindheitserfahrungen in Mähren, so auf dem Bauernhof eines Onkels in Mährisch-Trübau[27].

„Milliarden Bauern waren durch Jahrhunderte wohl bei dem Glauben, daß jeder Blitz eigens aus der Hand eines mächtigen Gottes herabgeschickt werde auf diese sündige Menschheit. Der Hausvater, der über Söhne und Töchter, Knechte und Mägde, Esel und Eselinnen die Peitsche schwang, sollte nicht irgendeinen Zweifel an dem blitzschwingenden Himmelsvater hegen; ... Der Hausvater, der Landesvater und der Himmelvater sind drei Sprossen an derselben Leiter, die ins Paradies führt ..."[28] „Der Arbeiter, der mit mir sein Verhältnis zu Marx nun prüfen will, denke zurück an seinen Vater, an seine Großväter und Ahnen, soweit er von ihnen gehört — er wird auf Männer stoßen, die nicht Fabriksarbeiter oder Gehilfen, nicht Proletarier waren, sondern Hausväter: Bauern, Handwerker oder Kaufleute, die im eigenen Hause saßen und dort über Kinder und Helfer ein strenges Regime führten. Man sagte zu Vater und Mutter nicht ‚Du', denn sie waren Obrigkeiten, die Höchsten neben Gott und dem Kaiser. ... Man war Sohn des Hauses, um selbst Hausvater zu werden und Söhne zu zeugen. Was man als Sohn arbeitete und schuf, tat man, weil man es als Hausvater selbst nutzen konnte. ... Nichts schien selbstverständlicher als — woher wir kommen, wohin wir gehen. Wir sind gekommen vom ‚Vater' — einerlei, ob man den himmlischen oder irdischen vor Augen hat —, werden Väter und kehren wieder heim zum Vater, von wannen wir gekommen sind — sowohl in das Elterngrab wie in das Paradies. Und auf diesem Lebenswege genoß der Mensch manches Glück, erlitt er manches Leid, aber er lebte, lebte für sich, sein eigenes Leben, in einem Verbande lieber und teurer Menschen, er war Mensch."

„Aber da kam in die Welt magisches Erdbeben und warf unsere Ahnen und Großväter von Haus und Hof auf die Straße. Ein Mensch auf der Straße — das ist
sinnlos! Kann er denn vom Straßenstaub leben, wie soll er auf dem Schotterhaufen
den Hausvater spielen, ist das ein Haus? Und wenn er hier im Straßengraben ver-
stirbt, wie findet er zu seinem Vater heim ins Grab? Die Proletarisierung machte
mit einemmal alles sinnlos, was durch Jahrtausende einen falschen, aber doch einen
guten Sinn gehabt hatte."

Tiefste Demütigung des zum Proletarier versklavten Menschensohnes. „Nun dient
der Mensch nicht mehr dem Menschen, der noch immer ein Herz im Leibe hat, und
wäre es von Stein. Der Mensch dient der Sache: der Kessel ruft durch den Pfiff, die Ma-
schinen gehen an, für hundert zugleich. Sie fragen nicht und antworten nicht. Kein
‚Guten Morgen!‘, kein Blick . . . Nun ist der, von dem es hieß, er sei vom himmlischen
Vater gekommen, ein Sohn Gottes, nicht bloß Diener eines Bruders, sondern Sklave
eines Dinges. Und dieses Ding ist — Kapital. Und das Kapital ist heilig. So verkünden es rings die bürgerlichen Ökonomen."[29]

Das ist ein Requiem in Schwarz-gelb, in Rot-weiß-rot, ist ein Requiem auf die
alten Söhne Gottes — diese Bauern, diese Mitglieder der urbs diis hominibusque
communis, in der Menschen, Götter, Vieh zusammenleben — ist auch ein Requiem
auf den archaischen Katholizismus Altösterreichs. Der mächtige Bauernschädel, der
ganze gedrungene Leib des Karl Renner, hält solange es nur irgendwie möglich ist,
„an seinem ‚österreichischen Glauben‘ zähe fest"[30]. Renner will sich diesen Glauben
nicht zerstören lassen — nicht durch Feinde und nicht durch Parteifreunde wie Otto
Bauer.

Das Phänomen der „k. k. Sozialdemokratie", eindrucksvoll verkörpert durch Karl
Renner, dem seine Widersacher vorwarfen, er sei ein „k. k. Sozialdemokrat, der sich
den Kopf der Habsburger zerbreche"[31], ist nur verständlich, wenn man endlich, im
späten 20. Jahrhundert, zu sehen wagt, wie tief breiteste Schichten des Volkes in
einem anonymen, sich nicht artikulierenden österreichischen Patriotismus verwurzelt
waren, der kein „Österreich-Bewußtsein" schuf, der selbst durch die Arbeit von drei
Generationen von Lehrern, Mittelschul- und Universitätsprofessoren und durch die
ganze deutsch-gläubige Publizistik und Propaganda nicht entwurzelt worden war.
Dieses Volk von Österreich lebte Österreich: Fremd war ihm der Hof, war ihm die
feudale erste und die bereits minder feudale zweite adelige Gesellschaft; fremd waren
ihm Ideologien (auch die eines Marxismus). Die Führer der österreichischen Sozialdemokratie kannten dieses Volk und erlebten es, wie dieses Volk bereit war, für
Österreich in den großen Krieg zu gehen. Als Volksführer erleben die Führer der
österreichischen Sozialdemokratie den Krieg als einen „Defensivkrieg". „. . . die
Sozialdemokratie Österreich-Ungarns stand eindeutig auf seiten der Kriegspartei",
wobei zu betonen ist, daß „Leute wie Austerlitz, Pernerstorfer, Leuthner und in ab-
geschwächter Form auch Victor Adler . . . ihre deutschnationalen Positionen beton-
ten" (wie ein junger Sozialist von 1978, Werner W. Ernst, in seiner Arbeit „Sozialdemokratie. Versuch einer Rekonstruktion" aufzeigt)[32].

Eine junge Wiener Linke, zentriert um die Zeitschrift „Neues Forum", hat sich
bemüht, aus den Vorstandsprotokollen der österreichischen Sozialdemokratie die
„Kriegsziele und Beutehoffnungen 1914—1918" dieser österreichischen Volksführer

aufzuzeigen[33]. Renner spricht sich dafür aus, den Osten als Annexionsland zu nehmen. Am 13. Juli 1915 sagt er in einer ausführlichen Kriegszieldebatte im Parteivorstand: „Jetzt ‚halt' sagen, bedeutet ein Verbrechen an unseren Söhnen, die in 15 Jahren wieder in den Krieg ziehen müssen. Die polnische Frage wird eine große Aufgabe für die deutsche und österreichische Sozialdemokratie ergeben." Am 16. November 1915 sagt in den Vorbesprechungen für das Dritte Treffen mit den Führern der Deutschen Sozialdemokratie Victor Adler: „Wir — die Österreicher — sind bereit, Polen und Serbien zu nehmen."[34] Wir wissen mit Karl Kraus, wie sehr „Chauvinismus", Kriegshetze der Presse etc. Hirne und Herzen 1914 und noch in den ersten Kriegsjahren verfinsterten und vernebelten. Wir sollten uns aber heute aufraffen, auch dies zu sehen: Wie in den Lagern der Schwarzen und Schwarz-gelben und in breiten Schichten des Landvolkes hier einzigartig, ein erstes und ein letztes Mal ein *großösterreichischer Patriotismus* aktiv wurde. Eine verwandte Aktivierung vollzog sich auch in breiten Schichten der Arbeiterschaft und der anonymen kleinen Leute. Photographien der Einrückenden sprechen in dieser Hinsicht eine erschütternde Sprache. Es bedurfte eines mehrjährigen Zertrümmerungsprozesses, um diesen anonymen österreichischen Patriotismus zu zermalmen, der keinen anderen Ausdruck fand als eben diesen: Das Leben hingeben, stumm, wortlos, still, auch „fatalistisch", atavistisch, archaisch, „gottergeben" — und beim Einrücken belebt durch die Klänge des Radetzkymarsches, dieses großen Todesmarsches Altösterreichs. Joseph Roth gibt seinem mächtigen Werk mit Recht diesen Titel: „Radetzkymarsch".

Dieser Zertrümmerungsprozeß des anonymen österreichischen Patriotismus hatte, wie Karl Renner 1908 im Blick auf die Entwurzelung der aus dem Schoße ihrer bäuerlichen Sippen gerissenen, in die Stadt, in die Maschine, in die Hände der Kapitalisten geworfenen, zum Proletarier erniedrigten Arbeiter aufgezeigt hatte, mit einem Prozeß begonnen, der seither Milliarden Menschen ergriffen hat. Diese bilden als Deracinés, als Entwurzelte, aus dem Boden ihrer asiatischen, afrikanischen, lateinamerikanischen Volkskulturen und ihrer Kulte, Festkalender, Religionen gerissene Menschen, das Material für Diktaturen, das „Menschenmaterial" für neue Kriege und Bürgerkriege. Dieser Zertrümmerungsprozeß traf, mörderisch in der Zisleithanischen Reichshälfte — knapp vor ihren Toren, an der Leitha, unweit von Wien begannen die an Korn und Vieh reichen Lande der Stephanskrone — die zu Hunger, Auszehrung, ständiger Überarbeitung verdammten Arbeiter und Arbeiterinnen, die da in der Rüstungsindustrie schufteten und das Dahinsiechen ihrer hohlwangigen Kinder sahen und die auch sahen, wie da eine feudale Gesellschaft hemmungslos ungeniert ihr Luxusleben weiterführte, so wie der Exaußenminister Graf Berchtold, der noch 1918 sich sorgt, die Rennsaison in Budapest zu versäumen. Und dieses verelendete Stadtvolk, das bald darauf nach dem Krieg der großen Grippe wehrlos zum Opfer fallen wird, ausgehungert, ohne physische, ohne psychische Reserven, sah auch „die jüdischen Kriegsgewinner", diese „Schmarotzer", die in Wien und Berlin, wie es schien, hemmungslos ihre Kriegsgewinne zur Schau stellten, unheimlich dargestellt in apokalyptischen Bildern von Karl Kraus[35]. Die Einwurzelung eines spezifischen Antisemitismus in Arbeiterschichten hat auch hier eine Wurzel.

Erst mit der Russischen Februarrevolution von 1917 beginnt eine erneute innere Auseinandersetzung in der österreichischen Sozialdemokratie über den Krieg. Erst

der Parteitag vom 19. zum 24. Oktober 1917 bringt den politischen Umschwung[36].
Das Fanal für diese sozialistische Revolution in der österreichischen Sozialdemokratie
wird die Tat des Friedrich Adler, der im Dezember 1915 langsam aus seinem Schat-
tendasein in der Partei heraustritt[37]. Dieser Sohn des Victor Adler erschießt am
21. Oktober 1916 den österreichischen Ministerpräsidenten Graf Stürgkh — er
wählt diesen Mann stellvertretend für seinen eigenen Vater, stellvertretend für die
von diesem jungen Mann einer neuen Generation als Kriegsverbrecher, als Verräter
am Marxismus, als Verräter an der Arbeiterklasse, als Verräter an der Internationale
ersehenen alten Führer der k. k. Sozialdemokratie[38].

An dem Vatermordcharakter dieser Tat kann heute, wie eindeutig aufgezeigt
wurde, kein Zweifel mehr bestehen. So fern mental, bildungsmäßig, seiner ganzen
„nationalen Prägung" nach „das Kind" Gavrilo Princip dem hochbegabten Intellektuellen Friedrich Adler steht, in diesem einen Bezug sind die beiden Attentäter
Brüder: Sie töten an Stelle des eigenen Vaters einen Ersatzvater. Friedrich Adler stand
kein Kaiser Franz Joseph mehr zur Verfügung — und der junge Kaiser Karl sollte
ihn später, als er vorzeitig aus der Haft entlassen wurde, gemeinsam mit seinem leiblichen Vater abholen[39]. Vater und Sohn Adler hängen aneinander in jener Liebes-
und Ehrfurchtsbindung, die in mindestens zweieinhalb Jahrtausenden Vater-Sohn-
Bindung zunächst Altisrael erhalten hatte. Der Vater stellt im Prozeß seinem unglücklichen Sohn dieses großartige Zeugnis aus: Der einzige Fehler seines Sohnes sei „die
Übertreibung der Tugend". Der Sohn greift seinen Vater nur verdeckt an: Er wählt
in seiner berühmten Verteidigungsrede im Prozeß, der am 18. und 19. Mai 1917 statt-
findet, als Ersatzmann für seinen Vater Karl Renner. Friedrich Adlers langwierige
Auseinandersetzung mit Karl Renner ist nur als eine Ausdrucksform seines Kampfes
mit seinem Vater, um seinen Vater zu verstehen. Friedrich Adler erklärt: „Es ist der
Geist, der die ganze Politik in Österreich beherrscht, jener Luegersche Geist der biederen Verlogenheit, jener christlich-soziale Geist, jener Geist der Kameraderie im
politischen Gewerbe. Es ist der Geist jenes Lueger, für den es keinen Halt gab, der
sogar einmal mit dem Gedanken kokettiert hat, zur Sozialdemokratie zu kommen,
und der gekennzeichnet ist durch seine Frage: Wozu braucht denn der Mensch ein
Programm? (Ich unterbreche hier Friedrich Adler: Die Scheu vor Ideologien, vor Pro-
grammen, verbindet als eine spezifische Ausdrucksform österreichischen Menschentums
so gänzlich verschiedene Menschen wie Maria Theresia, Metternich, Grillparzer, Robert Musil, Wittgenstein und Dutzende von Dichtern, Schriftstellern, Denkern Alt-
österreichs gerade im kritischen Zeitraum zwischen 1867 und über 1918 hinaus. So
bekundet Karl Renner selbst oft seinen Abscheu vor Ideologien.) Und wenn Sie verstehen wollen, was mich hierhergeführt hat, dann ist es die Tatsache, daß dieser
Geist der biederen Verlogenheit in meine Partei, in die Sozialdemokratie, Eingang gefunden hat, daß er in ihr repräsentiert ist durch diesen Dr. Karl Renner, der nichts
anderes darstellt als einen Lueger in der Sozialdemokratie, der den Geist der Prin-
zipienlosigkeit, den Geist der Gaukelei in unsere Partei gebracht hat, daß man sich
immer schämen muß, das auf sich sitzen zu lassen."[40]

Friedrich Adler hat „recht": Wenn wir unsere innere Optik, unser Visier ideologisch und im Sinn einer linearen Engpaßführung des politischen Denkens und des
gesamten Lebens einstellen, dann erscheint für die harten Männer in Berlin, für die

Deutsch-Gläubigen in Böhmen, für marxistische Ideologen wie Trotzki und Lenin (erbitterte Feinde des „Austromarxismus") diese ganze Politik, wie sie da in „Wien"
gemacht wird, als ein charakterloses Manövrieren, von Kompromiß zu Kompromiß,
von faulem Ausgleich zu weiteren Lügen. Große englische Liberale und Konservative ersehen hier uralte Staatsweisheit, die um die Gebrechlichkeit aller multinationalen politischen Gebilde weiß. Männern wie Hofmannsthal erscheint dies als die
uralte Weisheit des Muttertieres Altösterreich. Friedrich Adler erklärt weiter: „Eine
politische Partei darf nicht aus verbogenen Prinzipien handeln, sonden sie muß aus
ihren wirklichen Prinzipien handeln. ... Und wir haben so in Österreich erlebt, daß
die Sozialdemokratische Partei aus anderen Prinzipien gehandelt hat als jenen, die
ihrem Programm entsprechen, daß sie gehandelt hat einerseits aus deutschnationalen
Prinzipien, repräsentiert durch die Herren Pernerstorfer, Leuthner, Hartmann, und
daß sie aus Prinzipien gehandelt hat, denen nicht das höchste gewesen ist die Internationale, sondern daß sie gehandelt hat und beeinflußt worden ist von Leuten wie
Dr. Renner, deren höchstes Prinzip der österreichische Staat ist ... Und die Situation wird komplizierter ..., wenn ein Dr. Renner seine wahre innerliche Überzeugung des Österreichertums verkleidet und in die Partei einschmuggelt als internationale Überzeugung. Das ist es, meine Herren, um was es sich handelt, daß die
Partei die Ehrlichkeit zu sich selber verloren hatte ..."[41]
Diese religiös-politische Strafpredigt, die da Friedrich Adler — angeklagt der Ermordung des Ministerpräsidenten Stürgkh — an die Adresse der Väter seiner
eigenen Partei hält, sieht und übersieht dies: Ja, Karl Renner war der Nachfolger Luegers geworden, der vor seinem Tode nachts blind im Rathaus umherirrte, dessen
Partei, die Christlichsozialen, sich als unfähig erwies, den Staat zu tragen und seine
komplexen Probleme zu verstehen, so wie sie der junge Renner in seiner Schrift
„Staat und Nation" 1899 untersucht hatte. (Als Staatsbeamter mußte er unter dem
Pseudonym „Synopticus" schreiben.)
1902 folgte (unter dem Namen Rudolf Springer) „Der Kampf der österreichischen
Nationen um den Staat", 1906 „Grundlagen und Entwicklungsziele der österreichisch-
ungarischen Monarchie. Der Österreicher Karl Renner kämpft gegen den „reaktionären Nationalismus". In einer Neuauflage von „Staat und Nation" (1918) warnt
er vor der Dschungelmoral der voneinander getrennten Nationalismen. „Die nationa-
listische Ideologie setzt an Stelle des Rechtsgedankens eine Art Raubtierphilosophie;
dies alles stammt offenbar aus einer Sphäre, in welcher die Menschheit noch unter
dem Gesetz der Bestien steht. ... Es wäre wahrhaft traurig um die Nationen bestellt, wenn das ihr letztes weltgeschichtliches Schicksal wäre, einander ewig wie
Raubtiere zu belauern, immer wieder von Zeit zu Zeit anzufallen und zu zerfleischen,
bis am Ende eine nach der anderen die Beute jenes Volks würde, das heute schon die
meisten Arme und bald auch die meisten Bajonette haben wird, der Chinesen."[42]
Im Blick auf die Bajonette des Staates Bismarcks und Wilhelms II., im Blick auf die
bestialischen Forderungen deutscher nationalistischer Neodarwinisten, die pausenlose
Ausrottungskriege der höheren deutschen Rasse gegen Slawen und andere „Untermenschen" forderten[43], hatten deutsche konservative Denker wie Constantin Frantz
und eben in diesem Jahr um 1916 Friedrich Wilhelm Foerster, den Karl gerne als
Minister gehabt hätte, eine föderalistische Gestaltung Deutschlands und dann der

Donaumonarchie gefordert[44]. Frantz im Blick auf den Bismarck-Staat: Deutschland wurde da zu einem Anhängsel Preußens gemacht, an Stelle des alten deutschen Rechtsbewußtseins wurde dieser schauerliche Eroberungsgeist gesetzt, „jene von Mars erzeugte und von der Wölfin gesäugte Tigergeburt"[45]. Wenn der Umbau der Donaumonarchie zu einer Föderation demokratisch strukturierter Regierungen ihrer Völker gelungen wäre, wäre die österreichische Sozialdemokratie die tragende Staatspartei Österreichs geworden. Das war keine Utopie, das war eine reale Möglichkeit, und für ihre Verwirklichung kämpft Karl Renner bis 1917. „Unmöglich" wurde sie, weil die fatale Erbschaft Franz Josephs bis zum bitteren Ende Wien in den Klauen Berlins, und das hieß nun Ludendorffs und seines kaiserlichen Patrons, Wilhelms II., fixierte[46]. „Seit es infolge der Niederlage Frankreichs 1870/71 auf dem europäischen Kontinent nur zwei wirkliche Großmächte — Deutschland und Rußland — gegeben hatte, war Österreich-Ungarn . . . immer mehr zum Satelliten Deutschlands geworden. Jetzt, an der Jahreswende 1917/18, war Österreich-Ungarn zum ersten Mal wieder frei und Herr seiner Entschlüsse."[47] Die Armee war intakt, stand nach dem Zusammenbruch Rußlands kaum mehr im Kampf. So konnte es von außen her erscheinen. Diese letzten Monate 1917 und die ersten Monate 1918 bringen Österreich-Ungarn *die* Chance, aus dem Krieg unzerstört hervorzugehen.

Am 7. Dezember 1917 erklären die Vereinigten Staaten Österreich-Ungarn den Krieg, um Italiens schwankende Kriegsmoral zu stärken. Dazu erklärt Präsident Wilson am 4. Dezember im Kongreß: „Wir sind uns selbst schuldig zu betonen, daß wir nicht wünschen, das österreichisch-ungarische Reich zu schwächen oder umzugestalten."[48] Gleichzeitig finden in der Schweiz die Gespräche zwischen Meinl und dem Geschäftsträger der USA, Wilson, statt; ihnen gingen Gespräche zwischen Karolyi und diesem Wilson Ende Oktober voraus. Parallel dazu fanden konkrete Gespräche, offiziell, zwischen England und Österreich-Ungarn vom 15. bis 20. Dezember in Genf statt (Smuts und Mensdorff-Pouilly). Smuts: Österreich-Ungarn müsse den Krieg nicht geschwächt, sondern gestärkt verlassen — als Großmacht in Osteuropa. England will eine österreichisch-ungarische Vormacht auf dem Balkan, so in Serbien und Rumänien verbürgen und eine österreichisch-polnische Lösung favorisieren, um diesen großen Raum nicht in die Hände der Deutschen und Russen fallen zu lassen[49]. Am 5. Januar 1918 bestätigt Lloyd-George, am 8. Januar 1918 bestätigt Präsident Wilson in öffentlichen Erklärungen, daß sie die Erhaltung, ja eine Stärkung Österreich-Ungarns wünschen. In Wien beschwören Slawen, Austroslawen, konkret Tschechen, Kroaten, Slowaken, warnend und bittend die Regierung, Frieden zu machen[50]. Der hochbegabte und unselige Außenminister Graf Ottokar Czernin will keine Friedenskontakte mehr, nachdem er seit April 1917 in Homburg, im deutschen Hauptquartier, erkannt hatte, daß es mit Deutschland keinen Frieden geben konnte. Czernin selbst ersah da die „irrsinnige" deutsche Politik. Im April 1917 sagt er zu Conrad (der damals Oberkommandierender in Tirol war): „Wir sind heute die willenlosen Vasallen Ludendorffs — nicht mehr gleichberechtigt — und müssen Krieg führen, so lange Berlin es verlangt — weil mein Verständigungsfrieden von den deutschen Generalen erschlagen worden ist."[51] Kurz zuvor, am 28. März, einem Gründonnerstag, war Czernin nach Wien gekommen, mit seinem Programm, einen Sonderfrieden Österreich-Ungarns zu vereiteln. Czernins verräterisches Verhalten seinem Kaiser, Karl, gegenüber beruht auf seinem fatalen, wir dürfen sagen, gut franzisko-josephinischen Glauben an Deutschland. Am 17. November 1917 sagt er zu Tisza: „Aber ich hoffe, wir werden den Krieg überleben ... Lasse nur erst einmal den alten Hindenburg in Berlin einziehen, dann wird die Entente das erlösende Wort, daß sie bereit ist zu verhandeln, sprechen ..." Czernin glaubt 1917/18 nicht an den Sieg Deutschlands in diesem Krieg, wohl aber an Deutschlands Zukunft. „Aus diesem Grunde erschien es ihm besser, die deutschen Teile Österreichs wären Teile eines besiegten Deutschland als eines siegreichen Österreich-Ungarn, wenn dieses Österreich-Ungarn ohne Deutschland siegte und innerhalb dieses Österreich-Ungarn die deutsche und ungarisch-feudale Vorherrschaft verloren sei."[52]

Im September 1918 entschließen sich die Westmächte, nachdem sie Juli und August noch gewartet hatten, gegen Österreich-Ungarn. Es folgt die Anerkennung der tschechoslowakischen Exilregierung am 3. September: Wenn Wien nicht imstande war, die kleinen slawischen Völker Osteuropas zu schützen, dann mußten die Westmächte dies selbst tun, um sie nicht in die Hände Rußlands und Deutschlands fallen zu lassen. Die politischen Führer der tschechischen Emigranten vertraten drei kleine radikale tschechische Parteien, ohne Bedeutung in der Heimat: die „Fortschrittlichen", die „Nationalen Sozialisten" und die „Realisten": *ein* Reichstagsabgeordneter hatte diese Minderheiten vertreten: Th. G. Masaryk. Von den vier großen tschechischen Parteien waren die „Agrarier", die „Sozialdemokraten", die katholischen Konservativen eindeutig proösterreichisch, auch die Jungtschechen waren nicht unbedingt österreichfeindlich bis 1918[53]. Das Reich wurde „verspielt". Das Reich Österreich-Ungarn, das Reich ohne staatsrechtlichen Namen: Österreich. *Das Reich wurde verspielt, weil es in den führenden Gruppen und Kreisen keinen Glauben an Österreich gab.* Führende Militärs, wie Conrad, und viele Offiziere in mittleren Rängen, wie Bardolff und Glaise-Horstenau (um nur zwei Namen zu nennen, die in der Ersten Republik bedeutende Rollen spielten) glaubten an Deutschland. Mit ihnen die vielen Tausende, ja Hunderttausende, die aus den „nationalen" Pennalien und Korporationen kamen. Ein Glaube an Deutschland bricht nun mächtig auf in den Führern der österreichischen Sozialdemokratie. Die österreichische Sozialdemokratie wurde „*die* Partei des Anschlusses"[54].

Die Niederlage kam unerwartet. Der Zusammenbruch kam unerwartet. Mit den Professoren der deutsch-österreichischen Universitäten, die bis kurz vor Kriegsende an den Sieg Deutschlands glauben, glaubt Karl Renner an die Eingliederung Polens und Serbiens in die Donaumonarchie, plädiert für ein deutsches „Mitteleuropa", verteidigt die deutsche Besetzung Belgiens[55].

Im Schock der Niederlage beginnt eine geradezu gigantische Verdeckung der eigenen Vergangenheit: Führende Männer der Sozialdemokratie verdecken vor sich selbst, daß sie ihr Bestes gegeben hatten, um die Donaumonarchie zu erhalten. Sie verdecken vor sich selbst, daß dieser Staat eine Fülle von Institutionen geschaffen hatte, von denen nun die Tschechoslowakei, Polen, Ungarn, Kroatien und Slowenien, im Verband Jugoslawiens, profitierten, zum Teil bis weit über 1945 hinaus, wie österreichische Besucher erfahren können. Ein hervorragend ausgebildetes Richtercorps, eine vorzüglich funktionierende Beamtenschaft und eine Intelligenz war in den Schulen und Hochschulen der Donaumonarchie gebildet worden. Nun wird, im Schock der Niederlage, Altösterreich verdrängt, als ein Scherbenhaufen dargestellt, der, wie es Karl Leuthner und andere formulierten, buchstäblich nichts als Ruinen bildet. Die positive Erbschaft des Hauses Österreich, Habsburg-Lothringen, des Franzisko-josephinischen Staates sei gleich Null[56].

Jetzt wird ein Habsburg-Komplex gebildet, der bis zum „Habsburg-Kannibalismus" (Günther Nenning) in der Zweiten Republik Österreich, die heranwachsenden jungen Generationen nahezu hermetisch der österreichischen Vergangenheiten gegenüber abschließt: Ein Habsburg-Komplex, der an Radikalität und Aggressivität in nichts dem Habsburg-Komplex der Schönerianer und ihrer nationalsozialistischen Söhne nachsteht[57]. Basis wird ein Glaube an Deutschland, der ganz irreal ist, da er die deutsche Wirklichkeit ab 1918 nie zu Gesicht bekommt. Zu diesem Glauben gehört der Glaube an die Lebensunfähigkeit Österreichs. Die *Erste Republik ist an diesem zwiespältigen Glauben zugrunde gegangen:* an einem irrealen Glauben an „Deutschland", an einem ebenso irrationalen Glauben an die Lebensunfähigkeit Österreichs, eines „Kleinstaates": wobei „klein" — sehr „deutsch" übrigens — ein Schmutzwort ist. Große Männer machen Geschichte, nur ein Großstaat ist lebensfähig.

Am 8. Oktober 1914 sagt Victor Adler in der Diskussion der Vertrauensmänner der Partei: „Vom Staate spreche ich nur als von der uns gegenwärtig aufgedrängten oder existierenden unabweislichen Form, in der wir eben leben müssen; aber das, was unsere wirkliche Empfindung ist, das ist das Schicksal des deutschen Volkes."[58] Adlers ältester und intimster Freund ist Engelbert Pernerstorfer (1850—1918). Sein Vater ist ein armer Schneider, der früh stirbt. Der junge Engelbert wird Deutschnationaler und Burschenschafter, ist um 1880 sehr aktiv im Schönerer-Kreis, redigiert die Zeitschrift „Deutsche Worte", gründet mit den „Deutschen Schulverein", kämpft gegen die „Verslawung und Verwelschung" in den Grenzgebieten der zisleithanischen Reichshälfte. 1912 bestimmt er die Lieder, die bei seiner Beerdigung zu singen sind: so das Lied vom „Gott, der Eisen wachsen ließ" (mit Ausnahme der französischen Hetzstrophe)[59]. Pernerstorfer und Adler und Bauer und Leuthner etc. glauben an den deutschen Gott. Friedrich Adler spricht diese deutsch-nationale Führungsschicht der Partei sehr bewußt an, in seiner Verteidigungsrede in dem Prozeß, in dem es um sein Leben ging, die für ihn mehr bedeutete, ein letztes Bekenntnis seines religiös-politischen Glaubens. Friedrich Adler bekennt da, daß er neben seinem Glauben an die sozialistische Internationale zutiefst in seiner Persönlichkeitsentwicklung beeindruckt wurde durch den Friedensglaube des frühen Christentums[60]. Diese beiden Glaubensformen sind den deutsch-gläubigen Führern der Sozialdemokratie fremd. Karl Renner wurde in seiner Gymnasialzeit in Nikolsburg durch einen Glauben an Deutschland geprägt, wie ihn da die im Gymnasium führende Pennalie vertrat, die ebenso antijüdisch wie antiösterreichisch, antikatholisch wie antihabsburgisch eingestellt war[61].

Dienstag, 12. November 1918. Um elf Uhr zehn Minuten tritt das Abgeordnetenhaus des Reichsrates unter Vorsitz des Präsidenten Dr. Gustav Gross zur 94. Sitzung der 22. Session zusammen. Gross würdigt den am Vorabend verstorbenen großen Führer der Sozialdemokratie, Victor Adler. Gross erklärt: „Das Haus hat heute wohl keine Aufgaben mehr zu erfüllen. An seine Stelle sind die verschiedenen Nationalversammlungen getreten, insbesondere hier für uns Deutschösterreicher die provisorische Deutsche Nationalversammlung, die ja auch bereits zum Teil von diesem Hause Besitz ergriffen hat."[62] Um fünfzehn Uhr zehn Minuten findet im selben Sitzungssaal unter Vorsitz des deutschnationalen Präsidenten Dr. Dinghofer eine Sitzung der Provisorischen Nationalversammlung für Deutschösterreich statt. Erster Punkt der Tagesordnung war das Gesetz über die Staats- und Regierungsform Deutschösterreichs. Berichterstatter ist Staatskanzler Dr. Karl Renner. Artikel 1 dieses Gesetzes lautet: „Deutschösterreich ist eine demokratische Republik. Alle öffentlichen Gewalten werden vom Volk eingesetzt." Renner hat den insgesamt zwölf Artikel umfassenden Beschluß über die Gründung der Republik eigenhändig entworfen und formuliert. Renner führt in seiner Rede unter anderem aus: Der Artikel 2 dieses Beschlusses „sagt, daß die deutschösterreichische Republik ein Bestandteil der deutschen Republik ist, notwendig ist er im Verhältnis zu unserem Stammvolke. Unser großes Volk ist in Not und in Unglück. Das Volk, dessen Stolz es immer war, das Volk der Dichter und Denker zu heißen, unser deutsches Volk des Humanismus, unser deutsches Volk der Völkerliebe, unser deutsches Volk ist im Augenblick tief gebeugt."[63]

Dieser Glaube ist ebenso echt, wie ganz irreal: Das deutsche Volk war, in einer sehr schmalen Oberschicht, im Zeitalter Wilhelm von Humboldt und bis zum Tod Goethes 1832 ein Volk der Dichter und Denker. Wie die Geschichte der Weimarer Republik von 1918 an zeigen sollte, war es bereits früh, lange vor Hitler, zu einem „Volk der Richter und Henker" (Karl Kraus) geworden. Das erste prominenteste Opfer einer zutiefst reaktionären, antihumanistischen, antirepublikanischen, antidemokratischen Justiz wurde bereits 1922 in einem schandbaren Prozeß der Reichspräsident Ebert, der Führer der deutschen Sozialdemokratie, der die Revolution „wie eine Sünde" haßte[64]. Es gelang der deutschen Sozialdemokratie nie, bis zu ihrem selbstverschuldeten Ende (das wir im späteren Kontext anzuvisieren haben), gegen die antihumanistische, antiliberale, antidemokratische Front, die von den Richtern, der Hochbürokratie, den Lehrern, Professoren, den reaktionären Politikern und den hart chauvinistischen Militärs gebildet wurde, den Staat zu erobern. Weimar war ein Staat ohne Demokratie[65]. Deutschösterreich wurde „ein Staat wider Willen".

Renner führt in diesem seinem Glaubensbekenntnis dann noch aus: „Aber gerade in dieser Stunde ... soll unser deutsches Volk in allen Gauen (ich kommentiere: Das mythische Wort „Gau" entspricht der deutsch-völkischen Ideologie, jedoch keiner staatsrechtlichen Wirklichkeit. Nie verstanden sich Bayern, Preußen, Hannover etc. als Gaue.) wissen: Wir sind ein Stamm und eine Schicksalsgemeinschaft!" Dreimal hier ein deutsch-völkisches Vokabular, das die Preußen, Bayern, Sachsen etc. oder die Bürger der Hansestädte Hamburg etc. nie auf sich bezogen haben. Renner sagt es hier offen: „Der Artikel 2 ist ein Bekenntnis". Renner, der Mann aus Mähren, setzt sich dann mit der „tschechoslowakischen Fremdherrschaft" in „Deutschböhmen" auseinander. Er warnt die Tschechen „mit Gewalt deutschen Boden und deutsches Volk zu unterdrücken". 1938, nach dem „Anschluß", befaßt sich Karl Renner in seiner Schrift „Die Gründung der Republik Deutschösterreichs, der Anschluß und die Sudetendeutschen — Dokumente eines Kampfes ums Recht", ausführlich mit seinen Reden, Proklamationen, Erklärungen von 1918/19[66]. Renner schließt seine Gründerrede am 12. November 1918 mit dem Ruf: „Heil unser deutsches Volk und heil Deutschösterreich." („Stürmische, langanhaltende Heilrufe im Saale und auf den Galerien.")

1928 erinnert Karl Renner an „die Schöpfungstage" der Republik: „Vierhundert Jahre hatte das Haus Habsburg die deutschen Alpenlande, die Sudetengebiete und die ungarischen Länder mit der Gewalt seiner Heere zusammengehalten, hatte es acht Nationen an die gemeinsame Kette seines Absolutismus geschmiedet. Vier Jahre Weltkrieg zerschmetterten diese Heeresmacht und vernichteten die Herrschergewalt der Habsburger. Die geheiligte Majestät dieses ältesten Fürstengeschlechtes, die durch Jahrhunderte von der erschauernden Ehrfurcht ihrer Untertanen getragen war, erlosch und ließ nichts zurück als ein Chaos. ... Da war es die österreichische Sozialdemokratie, die alles allein wußte, was zu geschehen hatte. ... Und am 12. November 1918 faßte die Nationalversammlung den revolutionären Verfassungsbeschluß, dessen erste zwei Artikel unserem deutschösterreichischen Volke das Tor der Zukunft, die Bahn zur Freiheit und Einheit wiesen. Artikel 1: Deutschösterreich ist eine demokratische Republik. Artikel 2: Deutschösterreich ist ein Bestandteil der Deutschen Republik. ... Am 6. Februar 1919 konnte die konstituierende Nationalversammlung auseinandergehen, um dem neugewählten Parlament Platz zu machen. Das sind die Schöpfungstage der österreichischen Sozialdemokratie."

Karl Renner erinnert 1928 in der Arbeiter-Zeitung vom 11. November aber auch dies: Die österreichische Sozialdemokratie hat „1899 auf dem Brünner Parteitag ein Programm aufgestellt, wie die acht Nationen innerhalb des alten Reiches friedlich nebeneinander leben sollten". Er erinnert an seine Schriften unter den Decknamen Synopticus und Rudolf Springer. „... und war ich nicht von der Schule der ‚Großösterreicher' so häufig als Kronzeuge angerufen worden? Hatten uns Sozialdemokraten die nationalen Chauvinisten aller Lager nicht als ‚k. k. Österreicher' verhöhnt?"

Eine blanke Sprache des Hasses bekundet (in derselben Nummer der „Arbeiter-Zeitung") Karl Leuthner: „Was schwatzt man von ‚Tradition' — das heißt doch ‚Überlieferung', ‚Herkommen'. Allein, uns ist nur Schutt überliefert worden." Die Zerstörung war „so gründlich, daß im Abbruchmaterial kaum ein brauchbares Werkstück aufzufinden war". 1928 erfolgt hier, in diesem erlesenen Chor der Stimmen der führenden Sozialdemokraten, eine „Abrechnung" mit Kaiser Franz Joseph: „Nie hat ein Empfinden echter Liebe, nie ein Gefühl der Dankbarkeit dieses Herz aus Kanzleipapier beschlichen. ... Alles, was in Österreich halbwegs urteilsfähig war — bis hoch in die achtziger Jahre des vorigen Jahrhunderts hinauf — haßte und verachtete den Monarchen, der seine 1849 mit Blut besudelte Krone 1859 und 1866 durch die Unfähigkeit einer frivol-leichtfertigen Kriegspolitik befleckt hatte. ... Nicht einmal die Entfesselung des Weltkrieges, nicht einmal sein schäbig-gehässiges Benehmen an der Bahre des ermordeten Thronfolgers" konnte aber die „sentimentale Rührung" berichtigen, mit der man auf den Greis sah. „Die Wiener freuten sich daran, das vornehmste und älteste Herrschergeschlecht zu besitzen, und noch heute redet man von den Enkeln Rudolfs von Habsburg und Karls V., in dessen Reich die Sonne nicht unterging. Und das Ganze ist doch nichts als eine freche Firmafälschung. Die Habsburger sind ausgestorben, in ihrem spanischen Zweig im Jahre 1700 und in ihrem österreichischen im Jahre 1740. Seither ist das Geschlecht tot, tot wie ein Sargnagel, und es gibt keine Habsburger, so wenig als es Karolinger oder Hohenstaufen gibt. Alles an den Habsburgern ist Täuschung und Lüge — sogar ihr Name!"[67] Hier kommt, 1928, nicht zuletzt diese Sorge zum Ausdruck, die große Angst führender Sozialdemokraten, daß Altösterreich doch nicht ganz tot ist, daß die Schwarzen im Grunde ihrer Seele schwarz-gelb geblieben sind, daß Konterrevolution und Gegenreformation im Tor der nahen Zukunft stehen.

Glaube an Deutschland, Glaube an die Lebensunfähigkeit Österreichs: Karl Renner betont immer wieder seine Zweifel an der Lebensfähigkeit Österreichs sehr laut (so „Neue Freie Presse", 13. September 1919). Am 8. Mai 1919 sagt er im Parlament: „Es wird sich erweisen, früher oder später, daß das tausendjährige Band des Blutes stärker ist als der geschichtliche Eintag."[68] Renner, überzeugt von der Lebensunfähigkeit Österreichs, ist ein maßgeblicher Mitarbeiter im „Österreichisch-Deutschen Volksbund". „So hat die ‚Arbeiter-Zeitung' die Veranstaltungen des ‚Österreichisch-Deutschen Volksbundes' stets positiv bewertet, und neben Renner waren dort eine ganze Reihe exponierter Persönlichkeiten der SdAP vertreten, die eine Zusammenarbeit mit der äußersten Rechten der österreichischen Politik nicht scheuten."[69] Renner schreibt oft im Organ des Volksbundes ‚Der Anschluß' gegen den „Zwang zur Selbständigkeit". „Die Österreicher waren niemals eine Nation für sich und haben niemals gewünscht es zu sein" (15. Dezember 1928). Renner übernimmt zur Gänze die völkisch-nationale Beweisführung. „Die besondere Nation des Österreichers, wirtschaftlich, politisch und kulturell gesehen, ist eine Illusion und eine traurige dazu, eine Illusion, die in der ganzen weiten Welt niemand mehr hegt als Frankreich."[70] Renner ist von einer „diffusen Angst" vor dem „Kleinstaat" Österreich beseelt, von einer Angst vor dem „armen Mann Österreich"[71]. Evelyne List meint dazu 1976: „Wenn man bedenkt, welches Ansehen und welche Autorität Renner innerhalb der Arbeiterschaft genoß, läßt sich in etwa abschätzen, wie verhängnisvoll seine Einschätzung der Situation angesichts der allgemeinen Emotionalisierung sein mußte."[72] In der sozialistischen Monatsschrift „Der Kampf" wendet er sich 1930 gegen die Gefahr einer Donauföderation, gegen die „Habsburgergefahr": „Wir sind ein großer Stamm der großen deutschen Nation, nicht mehr, aber auch nicht weniger. Wir sind keine Nation, waren es nie und können es niemals werden."[73] *Das ist ein mächtiger Gegenglaube gegen Österreich.* Dieser Gegenglaube erhält seine stärkste Unterstützung durch den jüdischen Messianismus von Führern der österreichischen Sozialdemokratie.

Bis heute ist der so vielschichtige Problemkreis Judentum und Österreich unerhellt. Juden wollen weder als orthodoxe Juden noch als emanzipierte Juden, noch als aus der Religion ihrer Väter und Mütter ausgetretene Juden diese heiklen Probleme berühren: jüdischer Selbsthaß, jüdischer Selbstverrat, Verdeckung der innerjüdischen Kämpfe, in der eigenen Familie, in der eigenen Brust. „Christen" und Nach-Christen, die vielfach noch ohne es zu wissen und zu wollen durch „christliche" Klischees, Feindbilder, Wahnvorstellungen infiziert sind, wollen aus vielen existentiellen Gründen nicht an „die Sache mit den Juden" erinnert werden. Ich verweise in diesem Zusammenhang auf meine Bücher: „Gottes Erste Liebe", „Der Glaube des Adolf Hitler", „Land im Strom der Zeit" und vor allem auf mein Werk

„Das Wagnis der schöpferischen Vernunft", in dem auch diese *innerjüdische* Problematik aufgezeigt wird: wobei nicht zuletzt der Zusammenstoß von Ostjuden und Westjuden in der Brust einzelner Persönlichkeiten eine schöpferische Explosion schafft, ohne die deutsches, dann österreichisches Geistesleben, Kunst und Wissenschaft, Jurisprudenz, Rechtspflege, Medizin, Psychologie und Tiefenpsychologie und „das weite Land der Seele" (Schnitzler) in der großen, von österreichischen Juden geschaffenen Dichtung undenkbar sind.

Der deutsch-nationale Burschenschafter Theodor Herzl will die Judenschaft Wiens geschlossen zur Taufe in den Stephansdom führen[74]. Ein einziges Mitglied seiner Familie tritt nicht zum Christentum über. Sigmund Freud kämpft gegen seinen eigenen Vater, gegen den furchtbaren Papst-Vater in Rom, gegen die schwarzen und deutsch-gläubigen Professoren-Väter in Wien, und seinen letzten Großkampf gegen den furchtbaren jüdischen Gottvater („Der Mann Moses und die monotheistische Religion", August 1938) einen mörderischen, einen fast selbstmörderischen Kampf, der von orthodoxen Freud-Gläubigen bis heute verdeckt wird[75].

Politisch gewandet sich „die Religion der religionslosen Juden" in Deutschland und Österreich in einen spezifisch jüdischen Glauben an Deutschland. (Kurz vor der Besetzung Österreichs 1938 spricht Rudolf Bienenfeld über dieses Problem in Wien vor seinen jüdischen Glaubensgenossen[76].) Deutschland wird als *das* Land der Humanität, der Bildung, des Fortschritts der Menschheit, ersehn. „Apostel" dieses Glaubens sind in Österreich auf marxistischer Seite Otto Bauer, Friedrich Austerlitz, zuvor Victor Adler, und noch Männer wie Julius Braunthal. Der Prophet des Glaubens an Deutschland im bürgerlich-liberalen Lager war Moritz Benedikt (1849—1920). Es ist hier nochmals an ihn zu erinnern, um den marxistischen Glauben an Deutschland im Kontext zu sehen. „Seine Härte, Herrschsucht, Habsucht waren in Wien sprichwörtlich." Ein Tyrann, ein Prophet. „Sein Leitartikel verschmolz das Pathos des Liberalismus und das Pathos des Oberrabbiners zu einer grotesken Einheit."[77] Benedikt predigte seinen Bismarck-Glauben als eine alle anständigen Menschen, also alle Deutschen (er konnte Juden nur als deutsche Juden verstehen) verpflichtende alleinseligmachende Heilslehre. „Neue Freie Presse", Wien, Freitag, den 24. Juni 1892. „Ein Gespräch mit dem Fürsten Bismarck." Am 23. Juni gewährt der Fürst in Wien Benedikt ein Interview, er seift ihn gründlich ein, Benedikt wird Bismarcks allertreuester Vasall, wird Bismarcks Sprachrohr, feiert ihn hymnisch und verurteilt alle Bismarck-Gegner publizistisch zum Tode[78].

Karl Kraus kämpft gegen Benedikts „Neue Freie Presse" als Muster eines korrumpierten Journalismus[79]. Karl Kraus führt selbst „im Kampf gegen das Judentum eine schärfere Klinge als irgendeiner der nationalen Schreiberlinge". E. U. Cormons (Urbas) erinnert an Benedikt: „Da war der alte Moritz Benedikt, der Herausgeber der ‚Neuen Freien Presse', Selbstherrscher in der Fichtegasse, furchtbar in seinem alttestamentarischen Zorn, wenn er einen seiner leidenschaftlichen Leitartikel gegen einen Minister oder gegen eine Maßnahme der Regierung schleuderte."[80] Benedikt hatte Karl Kraus den Antrag gemacht, als sein Stellvertreter in die Redaktion einzutreten — was Karl Kraus sehr überraschte. Die Besprechungen scheitern, weil Kraus die Bedingung stellte, „daß das Blatt künftig Reichspolitik im großen Stile, das heißt nationale Versöhnungspolitik betreiben sollte, während Benedikt entschlossen war, an

seiner deutschnationalen Linie festzuhalten". Und nochmals die Londoner „Times"
in ihrem Nachruf am 20. März 1920: „Sein Andenken und Beispiel werden lange
Zeit die Länder deutscher Zunge daran erinnern, was ein Journalist nicht sein sollte."
„Benedikt verkörperte ... jene Tendenzen, welche man am besten mit ‚jüdischem
Pangermanismus' bezeichnen kann. Er war skrupellos, fanatisch, unermüdlich und
ein Schädling. ... Seinen Einfluß verwendete er fast ausnahmslos gegen jene Leute
und Bewegungen, welche Österreich vor der Katastrophe retten wollten, die als Folge
der Unterordnung unter die deutsche Politik unausbleiblich war."[81]

Benedikts großer Bruder auf der Linken ist der Chefredakteur der Arbeiter-
Zeitung und bis zu seinem Tode 1931 sozialdemokratischer Abgeordneter im Parlament, Friedrich Austerlitz[82]. Tyrann, Prophet seines deutsch-jüdischen Messianismus,
Autokrat, gefürchtet von seinen Untertanen in der Redaktion, wie Benedikt ein
Wotan, ein großer Wütender. Austerlitz kämpft „für die heilige Sache des deutschen
Volkes" („Arbeiter-Zeitung", 5. August 1914). Sein Leitartikel „Der Tag der
deutschen Nation", in dem er hier die Bewilligung der Kriegskredite durch die
deutsche sozialdemokratische Reichstagsfraktion überschwenglich als deutsche Tat
feierte, schloß mit den feurigen Worten: ‚Und so zieht das deutsche Volk einig in
den Kampf um die Bewahrung seines staatlichen und nationalen Daseins. Auf der
anderen Seite elende Spekulationen, Schacherkoalitionen, denen jede sittliche Idee
fehlt. Hier ein einig kraftvoll bewegtes Volk; die Weltgeschichte müßte den Lauf
rückwärtsnehmen, wenn den Deutschen nicht ihr Recht würde!' Im Parteivorstand
wird dieser Artikel etwas kritisiert. Victor Adler meint, daß der Artikel „im Tone
etwas anders" abgefaßt hätte werden sollen. „Austerlitz selbst erklärte, auch nach
kühler Überlegung nicht bereit zu sein, auch nur eine Zeile des Leitartikels vom
5. August zurückzunehmen."[83] Er hatte hier sein Glaubensbekenntnis abgelegt und
wollte kein Jota preisgeben.

Der mythisch-messianische Deutschland-Glaube des Friedrich Austerlitz findet
im Januar 1919 beredten Ausdruck: Durch den Anschluß werden die Österreicher
„Bestandteile eines großen, an Kultur und Zivilisation überreichen Volkes, eines Volkes von unermeßlicher Schöpferkraft, dem sich überdies durch die große sittliche Läuterung dieses unseligen Kriegsausganges ungeahnte Springquellen der Entwicklung
öffnen"[84]. Dieser messianische Glaube übersieht völlig die Wirklichkeit. Von deutscher
schöpferischer Zivilisation und Kultur konnte in diesen Jahren ernsthaft nicht die
Rede sein. Ein Blick in Tucholsky und Ossietzky zeigt, wie die deutsche Misere sich
immer noch drastischer entfaltete in Berlin, in diesem Weimarer Staat ohne Demokraten[85]. Von einer großen sittlichen Läuterung waren kaum Spurenelemente wahrzunehmen. Wer den „unseligen Kriegsausgang" bedauert, sei an die Äußerungen von
Harry Graf Kessler und vor allem von Walther Rathenau erinnert, der schrieb, daß
die Weltgeschichte ihren Sinn verloren hätte, wenn der deutsche Kaiser, Wilhelm II.,
gesiegt hätte[86].

Am 21. Oktober 1919 erklärt Austerlitz vor der Nationalversammlung: Eine Unabhängigkeit Österreichs ist nicht erstrebenswert. Das wissen „alle tapferen Seelen".
Selbständigkeit „vor der deutschen Mutternation" wäre „nur ein Hohn auf dieses
Wort, ein lächerlicher Spott". Austerlitz wirft dem Bürgertum vor, den Anschluß verraten zu haben[87]! In diesem Sinne kennt die „Arbeiter-Zeitung" nur ein „Deutsch-

österreich": „Das Wort Österreich hat niemals eine Nation bezeichnet, sondern war der Name des Hauses, das uns regiert hat. Mit dem Namen wären wir verurteilt, die Livree dieser Dynastie weiter zu tragen."[88] Das ist ein Bedienten-Komplex, der gerade von Deutschnationalen jener Tage oft bezeugt wird: „Deutschen Männern" ziemt es nicht, diesen hochmütigen Herren, diesem „Verräterkaiser Karl" zu dienen. Austerlitz meint hier: Durch den Zusatz „Deutsch" sei Österreich „entgiftet" worden. Austerlitz ist ein aktives Mitglied des Österreichisch-Deutschen Volksbundes.

Ganz auf der Linie dieses Deutschland-Glaubens bewegt sich Ludo Moritz Hartmann[89], der Sohn des Abgeordneten zur Paulskirche Moritz Hartmann. Sein Freund Otto Bauer sendet ihn im November 1918 als Botschafter nach Berlin, wo er leidenschaftlich für den Anschluß agitiert. Hartmann wurde zunächst sehr kühl aufgenommen, er gewinnt dann die deutsche Presse in Berlin für eine Anschluß-Deklaration am 17. Januar 1919[90]. Die „Arbeiter-Zeitung" rühmt ihn, nach seinem Tode (15. November 1924): Er gehörte „zu den beredtesten Aposteln, zu den unermüdlichsten Aposteln des Anschlußgedankens". Auch Hartmann war ein Mitbegründer des Österreichisch-Deutschen Volksbundes gewesen[91].

Zum Glauben an Deutschland gehört der Glaube an die Nichtlebensfähigkeit Österreichs. Die Argumentation in der sozialdemokratischen Anschlußpropaganda predigt unentwegt den wirtschaftlichen Fatalismus: die Unmöglichkeit, diesen „Kleinstaat" zu erhalten[92]. Die „Arbeiter-Zeitung" plädiert, beseelt von einem mythischen Glauben an die Kapazität der deutschen Wirtschaft, für eine Abwanderung der österreichischen Arbeiter in die großen deutschen Industriegebiete (so am 15. Oktober 1918!)[93], in Lande, in denen Hunger, Arbeitslosigkeit, Verzweiflung, zumindest bis 1924, regieren. Die großen österreichischen wirtschaftlichen Kapazitäten werden damals völlig übersehen. Sie werden erst in der Zweiten Republik entdeckt. Die deutsche Wirtschaft war damals völlig bankrott. Unentwegt wird aber hier in Wien der Glaube an die deutsche Wirtschaft verkündet. Österreich, gerissen aus dem deutschen Körper (dem Schoß der deutschen Mutter), muß zugrunde gehen („Arbeiter-Zeitung", 13. Juli 1922). In Wirklichkeit gehörte Österreich in keiner Weise diesem deutschen Heilskörper an. Es sollte jetzt erst in ihn hineingezwungen werden. Dieses Hineinzwingens rühmt sich Otto Bauer, der sehr gut weiß, daß die österreichischen Arbeiter keineswegs diesen spezifisch jüdischen Glauben an Deutschland besaßen, als entscheidenden Erfolg seiner achtmonatigen Politik als Außenminister. Er meldet am 31. Juli 1919 seinen Parteigenossen, „daß wir durch jene Politik des Anschlusses das ganze Volk gezwungen haben, sich damit zu beschäftigen, daß wir den Willen zum Anschluß in dieses Volk versenkt haben"[94]. Otto Bauer weiß sehr genau: Dieser Wille zum Anschluß mußte ständig, unerbittlich und planmäßig den Frauen und Männern der österreichischen Sozialdemokratie eingeimpft werden. Bauers Glaube an das Heil aus der deutschen Nation geht so weit, daß er sogar einen Anschluß an ein „bürgerliches, ja sogar ein reaktionäres Deutschland" befürwortet (so er selbst in der Julinummer „Der Kampf", 1920)[95]. Dieser große Humanist, einer der wenigen großen politischen Humanisten, die Österreich in seiner Epoche besaß, übersah da vollständig, daß dies schon damals praktisch bedeutet hätte, Österreich und gerade auch seine Arbeiterschaft der deutschen Reaktion auszuliefern: Die reaktionären deutschen Wirtschaftsführer, Politiker, Publizisten, Offiziere, Richter, Lehrer etc. begannen sofort nach dem Zusammenbruch von 1918 mit den Vorarbeiten für eine Wiederaufrüstung. Für den kommenden Krieg[96].

Um diesen Anschluß-Glauben möglichst früh in der österreichischen Bevölkerung einzuwurzeln, verkündet bereits am 15. Juli 1919 Karl Leuthner diese Parole: „Entösterreichern wir die Schule." Endlich sind wir frei von Österreich! „Wir sind endlich nichts als Deutsche, Zugehörige dieser großen Kulturnation, die seit Jahrhunderten dasteht. Wir sind gerettet und erlöst aus der Vermischung mit jüngeren, geringeren Kulturen, herausgezogen aus der dunklen, wild gärenden Wildnis des Balkans. ... Was häuft man noch immer in den armen Köpfen unserer Kinder Namen und Daten aus kulturarmen, fast geschichtslosen Ländern und Völkern an, die nun nicht einmal ein staatlicher Verband mit uns vereint." An ihrer Stelle soll Deutschland treten — Die Schule soll den Anschluß vorbereiten[97]! Ja, die Schule und die Universität hatten in der franzisko-josephinischen Ära tausendfach den Anschluß vorbereitet. Leuthner tritt in diese Tradition ein: „... den Glauben an den Anschluß konnten sie uns nicht nehmen, ... diese Hoffnung lebt in uns ..." (so in der „Arbeiter-Zeitung" am 22. November 1922).

Der denkmächtigste Apostel dieses Deutschland-Glaubens ist Otto Bauer (1881 bis 1938)[98]. Sein Vater, Philipp Bauer, emanzipierter Jude aus Nordböhmen, Textilfabrikant, vermittelt dem hochbegabten Kind seinen Glauben an das Deutschland Schillers und Goethes, Kants und Hegels. Untrennbar verschmilzt in Otto Bauer sein Glauben an Deutschland mit seinem Glauben an den Sozialismus — auf der Basis eines jüdischen Messianismus, der sich im 19. und 20. Jahrhundert säkularisierte, innerweltlich politisierte. „An den Sozialismus glauben lehren, ist die Grundfrage unserer Taktik."[99] „Überall muß die Sozialdemokratie die Arbeiterklasse zum Glauben an die umwälzende Kraft der Entwicklung, an die große Epoche der sozialen Revolution erziehen" („Grundfragen unserer Taktik", 1913). Otto Leichter erinnert im Rückblick auf die Tragödie seines Scheiterns: „Das Ziel seiner Politik, sowohl des marxistisch-revolutionären wie des reformistischen Teiles war letzten Endes ein moralisches: Die Begeisterung der Massen für den Sozialismus zu wecken und zu festigen und den Glauben an das sozialistische Endziel aufrechtzuerhalten — trotz aller Enttäuschungen nach dem Ersten Weltkrieg."[100] Otto Bauer ist von einer Urangst beseelt: daß die sozialistischen Massen den Glauben verlieren, ja, daß dieser Glaube ihnen nie genug tief eingewurzelt wurde[101].

Zur Stützung dieses Glaubens beruft er seinen Glauben an Deutschland. Der Sozialismus kann in Österreich nur siegen, wenn Österreich hineingezwungen wird in Deutschland[102]. Die österreichische Sozialdemokratie kann sich nur behaupten, wenn sie im Schoß der großen deutschen Sozialdemokratie aufgenommen wird. Schon 1909 erklärt er: „Die deutsche Sozialdemokratie in Österreich war stets und ist ein Glied der großen Partei des deutschen Proletariats. Bismarcks Reichsgrenze kann nicht trennen, was die doppelte Kraft der Klassengesamtheit und der nationalen Gemeinschaft vereint."[103] Mit der Hektik, die seiner großen Angst vor einem Scheitern des Anschlusses entspringt, will Otto Bauer Berlin zum Anschluß zwingen. Als Staatssekretär (Außenminister) schließt er in Berlin einen Geheimvertrag mit dem Staatssekretär für Äußeres, Graf Brockdorff-Rantzau ab, der den Eintritt Deutsch-Österreichs als selbständiger Gliedstaat in das Reich vorbereiten soll. Wien soll zweite Hauptstadt des Reiches werden[104]. Dies streben später wieder österreichische Nationalsozialisten im besetzten Österreich an. Baldur von Schirach versucht vorsichtig, auf seine Weise: Wien soll ein Refugium, soll die Hauptstadt der deutschen Seele werden, der deutschen Kultur ... Nach Berlin soll der Reichspräsident für einen Teil des Jahres seinen Sitz in Wien nehmen, „eine Reihe von obersten Reichsämtern ... wären dauernd nach Wien zu verlegen".

Diese Geheimverhandlungen fanden zwischen dem 27. Februar und dem 2. März 1919 in Berlin statt. Beseelt von seinem unerschütterlichen Glauben, hofft Otto Bauer, sowohl die widerstrebenden Deutschen wie die Entente überrumpeln zu können. Die Wirklichkeit in Berlin sah so aus: „Österreich war für die bankrotte deutsche Diplomatie nur eine Schachfigur[105]. Als der Anschluß bereits gescheitert war, berichtet der deutsche Gesandte in Wien, Wedel, am 2. Mai 1919 nach Berlin: „Wir müssen natürlich anschlußtreu bleiben, weil wir die große nationale Bedeutung und die Verbindung mit dem Orient im Auge behalten müssen, aber wir dürfen uns keinen Illusionen hingeben. Im Falle des Anschlusses, was mir sehr zweifelhaft erscheint, bekommen wir ein bankrottes, ausgesogenes Land mit chaotischen Zuständen". Sein Stellvertreter in Wien, ein Prinz Stolberg, berichtet, daß die Anschlußerklärung vom 12. November „ein großer politischer Fehler" war, und fragt, „ob es für Deutschland, das sich selbst in größter wirtschaftlicher Not befindet ... ein Glück bedeuten würde, ein mehr oder weniger bankrottes Land an sich zu ziehen und damit unberechenbare Lasten auf sich zu nehmen ..."[106] Otto Bauer übersieht vollständig, daß dieses Deutschland selbst bankrott war, sich selbst in größter wirtschaftlicher Not befand. Konkret waren für die österreichische Arbeiterklasse „durch den Anschluß weder ökonomische noch politische Vorteile zu erwarten. An die Stelle rational erarbeiteter Richtlinien traten vielmehr undurchsichtige Kategorien wie ‚Hoffnung', ‚Glaube' oder ‚Erfüllung'" in der Anschlußpropaganda der österreichischen Sozialdemokratie unter Führung Otto Bauers[107]. Während der ganzen Ära der Ersten Republik ist dies der Glaube der Sozialdemokratie: „Auf der einen Seite Überzeugtheit von der eigenen Existenzunfähigkeit und damit verbunden grundlegende Zweifel an der Effektivität jeglicher Bemühungen, der Wirtschaft des Landes auf die Beine zu helfen, was durch den spezifischen Rollenzwang einer Oppositionspartei noch intensiviert wurde. Auf der anderen Seite, gleichsam zur Kompensation, der nahezu unbegrenzte Vertrauensvorschuß in das deutsche Wirtschaftspotential."[108] Otto Bauer glaubt, daß die deutsche Mutterpartei die Hüterin des deutschen Geisteslebens ist, die Wahrerin der großen Traditionen der Goethezeit und der Freiheitsbewegung von 1848: „... dank der unlösbaren Verknüpfung der proletarischen Klassenbewegung mit den Errungenschaften deutschen Geisteslebens, ist die deutsche Sozialdemokratie zum höchsten, nirgends erreichten, überall nachgeahmten Muster sozialistischer Arbeiterbewegung geworden" („Der Kampf", März 1919). In keinem Lande der Welt wurde diese Musterhaftigkeit anerkannt. Otto Bauer erfährt sehr bald, daß die deutsche Sozialdemokratie sehr andere politische Wege geht als ihre österreichische „Tochter". Und er fürchtet, fürchtet immer wieder, daß die österreichischen Arbeiter, also die große Masse der Parteimitglieder, sich gegenüber der Anschlußpropaganda „einigermaßen kühl" verhalten („Die österreichische Revolution", Wien 1923).

Als „Hochverräter" am „Deutschtum" sieht Otto Bauer seinen Gegenspieler Ignaz Seipel: „Gegen offenen Landesverrat polemisiert man nicht. Man gibt ihn der Verachtung preis, solange er ungefährlich ist, und man schlägt ihn nieder, wenn er gefährlich wird", erklärt er im Nationalrat am 14. September 1919[109]. Ein Bekenntnis zu einem unabhängigen Österreich ist eine Sünde wider Deutschland, ist die Sünde wider den Heiligen Geist, wider den Glauben an Deutschland. In diesem Sinne erklärt, ebenfalls im Nationalrat, Karl Seitz am 12. Oktober 1922: „Nun, wir Sozialdemokraten sind gutherzige Menschen ... aber eine Sünde können wir nicht verzeihen, ... das ist die Sünde des Hochverrates am eigenen Land und Volk der Deutschen[110]. Der Hochverräter ist Ignaz Seipel, hinter ihm die Schwarzen und die Schwarz-gelben. Der wütende Kampf sozialdemokratischer Parteiführer gegen die Genfer Protokolle, gegen Seipels wirtschaftliche Bindungen Österreichs an Westeuropa, basiert auf dieser Überzeugung: Hier wird Österreich aus dem deutschen Mutterschoß gerissen und in die gierigen Hände der westlichen Kapitalisten übergeben. In diesem Sinne polemisiert Karl Leuthner am 13. und 14. Oktober 1925 im Nationalrat gegen die „deutschfeindliche" Regierung Ramek und Außenminister Mataja, in dem er nur einen Erfüllungsgehilfen Seipels sieht: „Der Anschluß wird kommen, und wenn es hunderttausend Verräter gibt!"[111]

Otto Bauer hält an seinem Glauben an das Heil aus der deutschen Nation bis zu seinem Tode fest. In seinem politischen Testament, Paris 1938, hämmert er nochmals seinen Glaubensgenossen ein: „Die deutsche Revolution ist *die* Aufgabe, unsere Aufgabe. Deshalb dürfen die illegalen proletarischen Kader in Österreich nicht durch die reaktionäre Utopie der Wiederherstellung der Unabhängigkeit von ihrer wirklichen Aufgabe ablenken: die Voraussetzungen der gesamtdeutschen Revolution zu erkennen. ... Nichts würde den Glauben der Arbeitermassen an das Kampfziel der proletarischen Bewegung schwerer erschüttern, als wenn dieses Kampfziel jene Unabhängigkeit Österreichs wäre, die für die Arbeiterschaft verknüpft ist mit der Erinnerung an Arbeitslosigkeit und Not und Adelsdiktatur und pfäffischen Gesinnungszwang. ... Die Parole, die wir der Fremdherrschaft der faschistischen Satrapen aus dem Reich über Österreich entgegensetzen, kann nicht die reaktionäre Parole der Wiederherstellung der Unabhängigkeit Österreichs sein, sondern nur die revolutionäre Parole der gesamtdeutschen Revolution, die allein mit den anderen deutschen Stämmen, auch dem österreichischen Stamm, die Nation von der Gewaltherrschaft der faschistischen Zwingherren befreien kann."[112] Otto Bauer spricht und denkt mit dem Terminus „Faschisten", weil es ihm seelisch ganz unmöglich ist, diese als deutsche Nationalsozialisten und diese deutsche Besetzung Österreichs als Werk von Deutschen zu ersehen. Deutschland lebt *in ihm*: Deutschland, das ist der Glaube an das heilige Reich der Dichter und Denker, der sozialistischen Revolution, der Erlösung Deutschösterreichs. Wir wissen nicht, inwieweit Otto Bauer wußte, daß es ein spezifisch jüdischer Heilsglaube ist, der in ihm arbeitet. Otto Bauer ist nie aus dem Judentum ausgetreten. Sein letzter Artikel („News Chronicle") erscheint an seinem Todestag, am 5. Juli 1938: Ein Appell an das Weltgewissen, die Juden zu retten, die in Österreich von der Ausrottung bedroht sind. Bauer wurde auf dem Friedhof Père-Lachaise gegenüber dem Denkmal der Kämpfer der Kommune von 1871 bestattet. Eine katholische Lehrerin pflegte Bauers Grab in der Kriegszeit[113].

Wir besitzen ein unschätzbares Selbstzeugnis aus der Epoche des klassischen „Austromarxismus", das die Genesis seines Glaubens an die sozialistische Revolution aus dem jüdischen Messianismus, aus dem Glauben an Deutschland, aufzeigt: die Lebenserinnerungen von Julius Braunthal (deutsch „Auf der Suche nach dem Millenium"). Braunthal war 1914 bis 1934 Redakteur der „Arbeiter-Zeitung", ist dann in der Emigration in der sozialistischen Internationale tätig, wirkt von 1949 bis 1956 als Sekretär der Internationale in London. Geboren in Wien 1891: „Hier blühte das jüdische Talent so kraftvoll wie in Granada unter der Herrschaft der Moslems." Im Blick auf dieses jüdische Wien erinnert Braunthal: Die Mischung von enthusiastischem Messianismus und nüchternem Fabianismus (die englische Fabian Society als Vorbild!) „war auch das Ergebnis einer Verschmelzung des deutschen und jüdischen Elements der Arbeiterbewegung"[114]. Tief wirkt der orthodoxe Vater, geboren in Odessa, aufgewachsen in Brody in Galizien (wie Joseph Roth): „Mein Vater war ein Mann von tiefer Frömmigkeit, der in seinem Glauben die volle Erfüllung seines Lebens fand." Der Vater verehrt Lessing, liest Molière, verachtet alles Weltliche und alle Politik: „Die Juden sind ein Volk für sich, sie haben ihre besondere Bestimmung: Sie sollen sich nicht in die Angelegenheiten anderer Völker einmischen." Passah-Fest in der Familie: Der Vater erlebt Ägypten und Assyrien als Gegenwart. „Die Geister von Ramses II. und Nebukadnezar, von Pompejus, Ferdinand dem Katholischen und anderen Judenverfolgern spukten in seinem Gedächtnis."[115]

Das ist jüdisches Wissen: Schmerzerfahrung, in der die Jahrtausende jüdischer Passion als Gegenwart tief in der Person arbeiten. „Selbst Hitler wäre meinem Vater wie Nebukadnezar, Sargon oder Zar Nikolaus II. als eine ‚Geißel Gottes' erschienen, die das jüdische Volk für seine vergangenen und gegenwärtigen Sünden strafte."[116] Der Achtzehnjährige ist unfähig, auch nur einen einzigen hebräischen Buchstaben zu lesen, obwohl er vier Jahre Thoraschule, vier Jahre Bibelstunden in der weltlichen Schule und fünf Jahre im Synagogenchor erlebt hat. Wieviel muß da in der sensiblen Seele dieses jungen Wiener Juden gearbeitet haben, um eine solche Verdrängungsleistung zu erbringen? Tagträume des Jungen: Er will einen neuen Tempel in Jerusalem bauen, in dem „edle" Säulen eine riesige Kuppel aus durchsichtigem blauen Kristall tragen. Arbeitet hier das Bild der Kuppel von St. Peter, des Goldenen Hauses des gefürchteten Nero-Papstes in Rom, in der Seele dieses jungen Menschen? Der junge Albert Speer wird ganz bewußt die St.-Peters-Kuppel kopieren und zu übertrumpfen suchen in seiner Riesenhalle für Hitler in Berlin. Dieses Jerusalem liegt für den jungen Braunthal in Wien (junge Ostjuden, die nach Wien kommen, wie Samuel Agnon, der spätere israelische Nobelpreisträger, sehen Wien als Jerusalem). „Um den Tempel wandelt der Hohepriester mit einer Ehrengarde wie die kaiserliche Garde in der Nähe der Hofburg. ... derartige Tagträume verfolgten mich lange Zeit ..."[117]

Tiefer noch arbeiten die Propheten in Julius: „In meiner Jugend las ich die Propheten mit leidenschaftlichem Interesse."[118] Jeremias, Mischa, besonders Amos. (Für eine junge Neue Linke wird später in Deutschland wieder Amos zum Fanal. Rudi Dutschke, aus der evangelischen Jugendbewegung herkommend, gibt seinem Sohn den Namen Amos.) Julius: Das Denken der Propheten „hatte Auswirkungen, die das Denken der europäischen Völker durch anderthalb Jahrtausende bestimmten. ... sie verkündeten das Heraufziehen eines Zeitalters sozialer Gerechtigkeit, eines Goldenen Zeitalters des Friedens und des Menschenglücks."[119] Der junge Julius befaßt sich — wie der junge Friedrich Adler — mit dem Urchristentum, mit der frühen christlichen Brideridee, mit der Gotteskindschaft, mit Jesus. In seinem Vaterhause durfte der Name Jesus nie genannt werden, er galt ja als *der* furchtbare Ketzer, der Abtrünnige, der den Glauben der Väter verriet. „... die logische Folgerung aus der Vaterschaft Gottes ist die Bruderschaft der Menschen."[120] Zwei jüdische ungarische Jungen führen ihn zum Sozialismus. Die große Vision nimmt neue Gestalt an: „Die Arbeiterklasse rückte vor, rote Fahnen wiesen wie Riesenfackeln den Weg, so wie glühende Wolkensäulen Israel auf seinem Weg nach Kanaan geleitet hatten."[121] Julius will noch zu seinen Lebzeiten das Gelobte Land auf Erden schaffen. Er bewundert die herrliche deutsche Sozialdemokratische Partei, ihre heroische Vergangenheit; sie erstrahlt im Glanze ihrer Märtyrer. Bebel erscheint ihm als „die Verkörperung des reinen sozialistischen Glaubens."[122]

Und nun dies: Das furchtbare Bild Habsburg-Roms, es ist die legenda negra, die schwarze Legende, die von den protestantischen Seemächten England und Holland zuerst gegen Spanien in die Welt gesetzt worden war: An allen Übeln trägt Rom, trägt Habsburg die Schuld. Die Gegenreformation wird als die die Gegenwart überschattende furchtbare Todesmacht ersehen, erlebt. „... Jedoch die Jahrhunderte alte dynastische Tradition des Hauses Habsburg war die Tradition der europäischen Gegenreformation und Gegenrevolution, die Tradition der geistigen und politischen Reaktion. Man darf nicht vergessen, daß sie in Österreich die eigentliche Macht der Gegenreformation verkörperte. Der gekrönte Jesuit [!!!] Ferdinand II. trug die Hauptschuld am Dreißigjährigen Krieg, der blühende deutsche Städte in Schutt und Asche gelegt, das fruchtbare Land in eine Wüste verwandelt und zwei Drittel der deutschen Bevölkerung vernichtet hatte. Den Entschluß, in seinem Lande die Ketzerei auszurotten, das religiöse Leben der eisernen Rute des Jesuitenordens zu unterwerfen und mit Galgen und Scheiterhaufen die Macht der katholischen Kirche wiederherzustellen, führte er erfolgreich durch, jedenfalls in Österreich. Die österreichische Redewendung ‚Ich werde dich katholisch machen!' bedeutete seit Ferdinand eine furchtbare Drohung, derer sich Lehrer noch in meinen Schultagen häufig bedienten, um nicht genügend folgsame oder fügsame Schüler einzuschüchtern. Der englische Historiker H. A. L. Fisher schrieb über Ferdinand: Es gibt wenige Männer, so ehrlich, fromm und beständig, die eine solche Lawine von Elend über die Welt gebracht haben. Und man könnte hinzufügen, daß es wenige Männer gibt, die Seele und Geist so vieler Generationen verwüstet haben. Die Reformation leitete auf geistigem Gebiet die Befreiung der Vernunft von den Fesseln kirchlicher Autokratie ein. (Ich unterbreche Julius Braunthal und erinnere: Lessing, der Lieblingsautor seines orthodoxen Vaters, kämpfte lebenslang gegen eine protestantische Autokratie.) Die Gegenreformation verzögerte diesen Prozeß in Österreich um zwei Jahrhunderte. Die Besten des Landes kämpften verzweifelt gegen den jesuitischen Geist der Unaufrichtigkeit, Feigheit und Heuchelei, der die Seele des österreichischen Volkes verdarb."[123]

„Die Habsburger blieben ihren Traditionen bis zum Herannahen ihres unrühmlichen Endes getreu. Sie waren nach dem Fall Napoleons die Anstifter der ruchlosen Verschwörung — der ‚Heiligen Allianz' —, in der sich die Tyrannen zur Unterdrückung der Freiheit in Europa verbündet hatten: Sie waren die Kerkermeister der Demokratie in Deutschland, Österreich, Italien, Ungarn und Böhmen." Zur Sache ist zu bemerken: Die „Heilige Allianz" war eine Erfindung der evangelischen Schwärmerin Frau von Krüdener, die diese Konzeption dem Zaren Alexander aufdrängte[124] — Metternich verabscheute die „Heilige Allianz" als Ausgeburt einer törichten Schwärmerei. Kerkermeister der Demokratie in Deutschland war Preußen, in einem weit höheren Grad als Österreich.

Braunthal: „In der Tat kann man mit Recht behaupten, daß seit dem Sieg der Gegenreformation zu Anfang des 17. Jahrhunderts bis zum Jahre 1867 die katholische Kirche — mit einigen Unterbrechungen — Geist und Seele aller von Habsburg regierten Völker absolut beherrschte." (Wie gering sehr oft dieser Einfluß auf Geist und Seele war, zeigt die österreichische innere Geschichte, die Geistes- und Literaturgeschichte dieser Jahrhunderte.) „... so war der Einfluß, den die römisch-katholische Kirche auf die Geschichte Österreichs ausübte, bis zum Zusammenbruch der Monarchie im Jahre 1918 größer als in jedem anderen Lande Europas, mit Ausnahme von Spanien."[125] Die Kirche war in anderen Ländern, so auch in Deutschland, „vornehmlich eine religiöse Institution ..., (sie) ... war in Österreich eine streitbare, herrschsüchtige und intolerante politische Macht, sie verkörpert (in der Gegenwart!) Reaktion, Unterdrückung und Opportunismus, und der Staat war ihr williges Werkzeug."

„In meiner Jugend war die von Papst Leo XIII. am 28. Dezember 1878 verkündigte Enzyklika ‚Quod apostolici muneris' noch voll in Kraft; sie wurde in Kanzelpredigten, von der katholischen Presse und den katholischen Organisationen als Bannfluch gegen die ‚Ketzerei jener, die sich mit verschiedenen und fast barbarischen Namen Sozialisten, Kommunisten oder Nihilisten nennen', eifrig verbreitet. Die Sozialisten — ‚ein verbrecherischer Bund' — wurden beschuldigt, die ‚Grundlagen der weltlichen Ordnung niederzureißen'. Die Enzyklika beklagte, daß die Sozialisten, ‚von wilder Gier nach den gegenwärtigen Gütern ergriffen', ihre ‚ungeheuerlichen Ansichten' unter der Menge verbreiteten, wodurch die ‚ehrwürdige Hoheit der Könige und der Herrschermacht in Mißkredit gekommen' sei und ‚die Leute aus den untersten Schichten ihre ärmliche Hütte und Arbeitsstätte satt bekamen und begehrlich nach den Palästen der Reichen ausschauten'. Der weltliche Arm des Staates sei machtlos gegen die ‚Seuche des Sozialismus', betonte der Papst, nur die Macht der Kirche könne ihr widerstehen. ‚Zur Abwehr der Seuche des Sozialismus besitzt die Kirche eine Kraft', die größer ist als die aller weltlichen Mächte." Dieses religiöspolitische Glaubensbekenntnis des Julius Braunthal ist das Glaubensbekenntnis führender Männer der österreichischen Sozialdemokratie im Kampf mit den Schwarzen 1918 bis zunächst 1938.

Braunthal erlebt Victor Adler und Otto Bauer als Juden[126]. Adler, aus reicher böhmisch-jüdischer Familie, der vom Glauben an den Sozialismus beseelt ist, erklärt zur Arbeiterprozession am 1. Mai 1890: „Hunderttausende im ganzen Kaiserreich bekundeten ihren neuerworbenen sozialistischen Glauben, indem sie ihr Werkzeug hinlegten und angesichts der bewaffneten österreichischen Macht würdig, fest und unerschrocken dahinmarschierten."[127] In Otto Bauer arbeitet die „Energie der Seele" (Aristoteles). Braunthal weiß, diese Energie bezieht ihre Kräfte aus jüdischer schmerzensreicher Erfahrung der Vergangenheit. „Nie wurde er müde, in der Gegenwart die Spuren der Vergangenheit zu entdecken. So lehrte er uns, in unserem eigenen Erleben und Schicksal lebendig gewordene geschichtliche Vergangenheit zu sehen, der Tradition der seit Jahrhunderten erloschenen Generationen in unserem Denken eine neue, tiefere Bedeutung beizumessen, Menschenweisheit vergangener Zivilisationen in unserer Lebensauffassung neu erstehen zu lassen und nichts, was je in der Natur oder in der Geisteswelt geschah, als für unser gegenwärtiges Leben bedeutungslos zu betrachten."[128] Bauers Vater, ein jüdischer Textilfabrikant, kommt aus Nordböhmen nach Wien, aus Warnsdorf. Er selbst wohnte in Reichenberg nahe der deutschen Grenze (es ist der deutsch-böhmische Schicksalsraum der Donaumonarchie). Wie der junge Jesus im Tempel, so hat der junge Otto Bauer im deutschen Gymnasium in Reichenberg, von da ins Volk gehend, „den Arbeitern schon als Sechzehnjähriger das Evangelium des Sozialismus gepredigt."[129]

Braunthal beruft sich auf das berühmte Wort Lassalles, der diese Frohbotschaft den deutschen Arbeitern verkündet: „Ihr seid der Fels, auf welchem die Kirche der Gegenwart gebaut werden soll."[130] Hier knüpft Victor Adler an. „. . . unsere Stärke (müssen wir) in den Dienst unserer heiligen Sache, unseres heiligen Befreiungskampfes stellen." Dazu bemerkt Braunthal: „In der Zeit vor dem Ersten Weltkrieg konnten österreichische Sozialisten ohne Scheu von ‚unserer heiligen Sache‘ und ‚unserem heiligen Kampf‘ sprechen, denn die sozialistische Idee hatte noch die Weihe ihrer Reinheit und den verklärenden Glorienschein ihrer Blutzeugen."[131]

Durch Otto Bauer wird Braunthal Redakteur in Warnsdorf, an der nördlichen Grenze Böhmens. Er schreibt hier für arme Weber, in denen das alte religiöse Erbe in Böhmen und Sachsen aus dem 16. bis zum 18. Jahrhundert nun direkt in ihren gläubigen Sozialismus mündet. „Die Warnsdorfer Weber waren der Idee des Sozialismus fast wie einem religiösen Glauben verhaftet. . . . Sie lauschen (ihm, dem jungen Mann aus Wien) mit einem solchen Ausdruck der Verklärtheit in den abgehärmten Gesichtern, wie ihre Vorfahren vielleicht einer Predigt der verfolgten Wiedertäufer gelauscht haben mochten." Braunthal erfühlt zutiefst richtig, wie da in diesen Unterdrückten der alte religiös-politische Untergrund arbeitet[132] . . . „Nichts schien mir jedoch in der Innenpolitik so wichtig, wie der Kampf gegen das habsburgische System. Ich handelte jedoch nicht ganz fair, da meine Zeitung in Deutschland gedruckt wurde . . ." Hier in Nordböhmen erlebte er Habsburg als „Völkerkerker". Sie, diese Deutschen in Böhmen, „besonders die Intellektuellen", betrachteten Deutschland als „ihre geistige Heimat und erstrebten die Vereinigung mit Deutschland . . .". „In der Tat war Böhmen die Wiege der sogenannten nationalsozialistischen Bewegung . . ."[133] Braunthal erlebt den Kriegsbeginn 1914 als eine „Sündflut". Er sieht, schwarz in schwarz, Franz Ferdinand als Verbrecher, als blutrünstigen Kriegshetzer, als einen Mann, „der stets bereit war, Millionen in den Tod zu schicken"[134]. Das ist ein mörderisches Feindbild, fern der Wirklichkeit, aber ungeheuer wirksam durch seine Suggestivkraft, durch die Haßmacht, die es zu entbinden vermag. Wieder vergleiche man hier Karl Kraus' Würdigung Franz Ferdinands[135]. Wie so viele österreichische Juden wird Julius Braunthal Soldat, wird Artillerieoffizier, dient an der Front in Serbien, Galizien, Wolhynien, am Isonzo. „Mit Sehnsucht im Herzen wiederholte ich im Geiste immer wieder Jesaias Worte: ‚Wie lieblich sind auf

den Bergen die Füße der Boten, die den Frieden verkündigen!"" Im November 1914
besuchte er als Soldat Victor Adler in Wien. „Zwei Tage später fuhr ich an die
Front, mit krankem Herzen, ohne Ziel, Hoffnung oder Glauben."[136]

Julius Braunthal erinnert an Friedrich Adler und zitiert ausführlich dessen Berufung auf das Frühchristentum. Friedrich Adler kam zur historischen Erkenntnis,
„daß man noch kein wirklicher Christ sein kann und darf in der Zeit der Barbarei,
der Untermenschlichkeit"[137]. Friedrich Adler erlebt die Verleugnung der Idee der
Internationale durch die österreichischen Mehrheitssozialdemokraten als Sünde wider
den Heiligen Geist, die nicht vergeben werden kann. Braunthal meint: Adler ist ein
Mensch, „der das verborgene Heiligtum des Glaubens betreten hatte . . ." (das Innerste
des Tempels in Jerusalem). Friedrich Adler verkündet die wahre Osterbotschaft, „die
reine und tiefe Wahrheit des Ostergrabes"[138]. „Nicht alle sind tot, die begraben
sind, denn sie töten den Geist nicht, ihr Brüder." Hier berührt sich Adler ganz nahe
mit dem ihm persönlich wahrscheinlich unbekannten messianischen Osterglauben
des Frühbolschewismus 1917/18, mit dem Glauben an „rote Ostern"[139].

Braunthal erlebt dann in Berlin 1919 tief enttäuscht die Verwahrung der deutschen Genossen gegen den Anschluß. Noske meint zu Braunthal: „Reden Sie mir nicht
vom Anschluß. Österreich interessiert mich nicht. Ich habe genug mit Deutschland
zu tun. Wir müssen erst einmal hier Ordnung schaffen."

Der Wiener gläubige jüdische Marxist Braunthal erkennt hier in Berlin Ebert
und Scheidemann, die Führer der deutschen Sozialdemokratie, als das, was sie waren:
„Sie sind Kleinbürger, sie sehen die Welt nicht, sie machen ‚Ordnung‘ mit dem
Schießprügel."[140] Braunthal spricht hier in Berlin mit Rudolf Hilferding, der ja selbst
aus Österreich ins gelobte Land Deutschland gegangen war. Braunthal sagt: „Was
haben wir uns doch alles von Deutschland erwartet, eine wahre Wiedergeburt der
deutschen Nation in der Gluthitze der Revolution, eine schöpferische Entfesselung des
sozialistischen Idealismus, ja, die Realisierung unseres Traumes vom Millenium.
Und nun?" Nüchtern antwortet Hilferding: „Die Arbeiter und die Intellektuellen
waren auf die Revolution geistig nicht vorbereitet."[141]

Alle die bitteren Enttäuschungen, die Bauer, Hartmann, Braunthal und Genossen
in Deutschland und gerade durch ihre deutschen Genossen erleben, brechen in den
führenden Männern der Sozialdemokratie nicht den Glauben an Deutschland. Julius
Braunthal erinnert sich an die „Arbeiter-Zeitung", seine Arbeit als Redakteur: „Friedrich Austerlitz, der Zeus im Olymp, war ein Elementarereignis." Austerlitz führte
„endlose Monologe — denn dies war die Art seiner Konversation". Ungeheures
Machtbewußtsein, „er fürchtete die Jugend, die an seine Tür klopfen könnte". Austerlitz bleibt für Braunthal „zeitlebens ein Rätsel"[142].

Die Partei: Wenn die Habsburger Monarchie nicht zusammengebrochen wäre,
hätte vielleicht Renner die Nachfolge Victor Adlers angetreten. Für eine Koalition
oder Kooperation mit den Christlichsozialen waren — gegen Otto Bauer — Renner,
Helmer, Schneidmadl, Popp, Schneeberger und einige Gewerkschaftsführer. Braunthal erinnert in diesem Zusammenhang an die Isoliertheit der „Arbeiter-Zeitung", in
der Bauer, Austerlitz und die anderen an Deutschland glaubenden Genossen ihren
Kampf gegen die Christlichsozialen als „Verräter an Deutschland" führten. „Der
hohe geistige Gehalt der ‚A.Z.‘ konnte nur politisch Gereifte faszinieren; für die

große Masse weniger gebildeter Arbeiter war ihr Stil zu intellektuell." Nicht nur ihr Stil, sondern der ganze Glaube, der hier gepredigt wurde. Deshalb schafft Julius Braunthal im März 1927 „Das Kleine Blatt". Es erreicht, als erstes sozialistisches Massenblatt eine Auflage von 200.000. Die „A.Z." wird in 80.000 Exemplaren gedruckt[143].

„Am Ölberg" (1934)[144]. Der österreichische Katholizismus war natürlich ein unversöhnlicher Feind der Republik. „Die Kirche fand das Instrument ihrer Politik im Prälaten Seipel, einem Mann großer Begabungen und starken Charakters. Er war aus der Tiefe des Proletariats aufgestiegen — sein Vater war ein Droschkenkutscher gewesen —, er lebte in mönchischer Strenge und Selbstlosigkeit, war hoch kultiviert und von humaner Gesinnung, jedoch von einem bedenkenlosen Fanatismus in der Verfolgung kirchlicher Interessen. Er bewunderte Otto Bauer, seinen Gegenspieler, schätzte dessen Geist und achtete seine Integrität, und dennoch haßte er ihn als den Vorkämpfer alles dessen, was die Kirche verdammte. Im 16. Jahrhundert hätte ein Mann wie Seipel der heiligen Inquisition gedient; im zwanzigsten ergab er sich der unheiligen Idee des Faschismus."[145]

„Das Schicksal der Republik lag in Wahrheit in den Dörfern[146] ... Die österreichischen Bauern hatten liberale Traditionen nie gekannt. Die Gegenreformation, die ihre erste selbständige geistige und soziale Regung so grausam erstickt hatte, daß sie sich niemals mehr erhoben, hatte wieder Katholiken aus ihnen gemacht, und sie blieben aus Gewohnheit katholisch. ... Die katholische Kirche hatte sie nach dem Sieg der Gegenreformation durch dreihundert Jahre erzogen; sie unterwarfen sich willig ihrer politischen Führung. Häufig war der Dorfpfarrer, und nicht selten auch der Bischof ein Bauernsohn. Bauern und Geistliche verstanden einander. ... Als Pälat Seipel im Jahre 1932 starb, hatte er die psychologische Schlacht der Gegenrevolution bereits gewonnen. Und als zwei Jahre später die Freiheit in Österreich von der triumphierenden Gegenrevolution hingerichtet wurde, da geschah es, wie es im Lukasevangelium bei der Kreuzigung so erschütternd gesagt ist: ‚Und das Volk stand und sah zu ...'"[147]

Der Wiener jüdische Sozialdemokrat, beseelt von seinem sozialistischen Glauben, in dem jüdisch-messianische und christlich-evangelische Elemente sich verbinden, ersieht die Tragödie der Ersten Republik Österreich als einen permanenten Glaubenskampf, in dem Glaube gegen Glauben steht. Für den Glauben an Deutschland ziehen nun, gegen die Schwarzen, gegen dieses anonyme Landvolk, das unartikuliert an Österreich und, ebenfalls sehr unartikuliert, an seine Kirche glaubt, führende Männer der Sozialdemokratie ins Feld. Diese Männer engagieren sich hochaktiv im „Österreichisch-Deutschen Volksbund"[148]. Dieser wurde 1925 gegründet als überparteiliche Organisation und als Pendant zum bereits bestehenden „Volksbund" im Reich, als Sammelpunkt aller Deutschnationalen. Devise: „Ein Volk — ein Reich." Die erste Denkschrift des „Volksbundes" in Wien, 1926, erklärt, es gibt in Österreich nur zwei Lager: für oder gegen den Anschluß. Ab Januar 1927 gibt der „Volksbund" ein eigenes Organ heraus: „Der Anschluß". Hier schreiben Karl Renner, Otto Glöckel, Karl Seitz, Karl Leuthner. Hier veröffentlicht Otto Glöckel, Präsident des Stadtschulrates, am 3. April 1930 einen programmatischen Artikel. „Die Schule hat die Aufgabe, aus unserer Jugend aufrechte, freie, ihres Volkstums bewußte Menschen zu

machen, die nicht mehr unter dem uns heute noch beugenden Zwang (ich kommentiere: den die christlichsozialen Regierungen ausüben) den Weg in die deutsche
Heimat finden." Es ist die Aufgabe des Geschichtsunterrichts, „die unlösliche Schicksalsgemeinschaft aufzuzeigen und sie den Kindern einzupflanzen. Die Vereinigung
der beiden Staaten war oft schon nahegerückt, wurde durch „dynastische Politik ...
immer wieder verhindert ...". Glöckel sagt hier: Der Deutschunterricht und dazu
besonders die Geschichte und Geographie müssen den „Anteil unseres deutschen
Stammes an dem wunderbar reichen Geistesleben des deutschen Volkes" aufzeigen. „Die Jugend muß sich vor den Geistesfürsten des deutschen Volkes beugen lernen."[149] Das paßt zu den massiven Goethe- und Schiller-Denkmalen, den Pendants
der Bismarck-Türme und Denkmale in Deutschland. Der Deutschunterricht in den
Schulen der Weimarer Republik wurde zunehmend im Sinne eines barbarisch aggressiven Chauvinismus ausgerichtet (wie etwa Hermann Glaser, Hans Heigert und
Richard Grunberger drastisch aufzeigen)[150]. Evelyne List meint dazu: „Mit dieser
Form der stillen Anschlußarbeit bereiteten Sozialdemokraten den Boden, auf dem
wenig später die nationalsozialistische Saat aufging."[151]

Führende Sozialdemokraten nehmen an den deutsch-völkischen Anschlußver-
anstaltungen dieser Jahre teil, an Veranstaltungen der „Verbrüderung", und organisieren selbst Anschlußfeiern, so beim Ordnertag des Republikanischen Schutzbundes im
Juni 1925 in St. Pölten: „... in der niederösterreichischen Provinzstadt ... schlug
das Herz Großdeutschlands" (Arbeiter-Zeitung, 15. Juni 1925). Bei diesen Feiern
herrschte eine ekstatische, mythisch-religiöse Stimmung, die den „deutschen Feiern"
der frühen österreichischen Nationalsozialisten mental nahekommt[152]. Alle Politik
gegen den Anschluß ist „natur- und kulturwidrig", schreibt die „Arbeiter-Zeitung"
am 19. April 1927. Das ist ein vernichtendes Urteil gegen die „christlichsoziale Politik". „Das deutsche Volk ist in seiner Eigenart erst vollkommen, wenn die harten
Züge des Nordländers sich zu den innigen liebenswerten des Südländers gesellen."
So die „Arbeiter-Zeitung" am 25. Juli 1926. Das ist in Wort und Ton die „Poesie" des
„nationalen" Kitsches, wie ihn Österreichs „deutsche" Dichter produzieren, wie sie
Max Morold in seinem Sammelband deutscher Dichter in Österreich damals zusam-
menstellt[153]. Am 28. Juli 1929 feiert die „Arbeiter-Zeitung" die Redner einer An-
schlußveranstaltung als „Verkünder einer messianischen Sendung". Am 1. August
1929 prophezeit sie: Die Stunde des Anschlusses muß kommen. Die sozialdemokratische Arbeiterschaft „glühte vor Leidenschaft, in einem Reiche aufzugehen", verkündete die „Arbeiter-Zeitung" am 26. Juni 1929. Das ist ein Enthusiasmus, wie ihn
Hitlers Veranstaltungen produzieren. Diese „Stimmung" erreichte einen Höhepunkt
auf dem Sängerfest in Wien am 2. Juli 1928. Am offiziellen Festbankett nehmen
eintausend Personen, nimmt das Führercorps der Sozialdemokratie teil. Der sozialdemokratische Reichstagspräsident Paul Löbe hält eine „alle hinreißende" An-
schlußrede: Alle singen das Deutschland-Lied.

Die „Arbeiter-Zeitung" schwärmt von der „wunderbaren, sieghaften Kraft" der
deutschen Arbeit (28. Juni 1929). In diesem Jahr beginnt der Zusammenbruch der
Weimarer Republik offenkundig zu werden. Im Wahlkampf 1930 ruft eine Flugschrift: „Wer den Anschluß will, der wählt sozialdemokratisch."[154] Kapitulation vor
dem Faschismus, konkret vor Hitler, 1933. Am 26. Februar 1933 proklamiert die

„Arbeiter-Zeitung" den Anschluß an das freie Deutschland von morgen, der deutsch-österreichische Stamm ist so gut ein Teil der deutschen Nation wie Bayern und Schwaben, Sachsen und Franken. Die Führer der österreichischen Sozialdemokratie hatten in den Jahren auf 1914 zu, dann ab 1918 bis 1933 immer wieder ihren Genossen das leuchtende Vorbild der deutschen Sozialdemokratie vorgestellt[155]. Dies war ein Wahnbild, entsprach aber genau ihrem Glauben an ein Deutschland, das es so, wie sie es sahen, *nie* gegeben hat.

„Die unerbittliche Wahrheit darf in der heutigen Zeit noch nicht ausgesprochen werden. Sie richtet sich gerade so gegen unsere Zustände und manche unserer Zeitgenossen." Mit diesen Worten lehnt 1937 der Lektor des Exil-SPD-Verlags die Veröffentlichung von Wilhelm Hoegners autobiographischen Aufzeichnungen „Flucht vor Hitler" ab[156]. 1977 erscheinen diese Berichte mit dem Untertitel „Erinnerungen an die Kapitulation der ersten deutschen Republik 1933"! Wilhelm Hoegner, geboren 1887, Jurist, von 1930 bis 1933 Mitglied des Reichstages, emigrierte in die Schweiz. 1945/46 und 1954—1957 ist er bayerischer Ministerpräsident, 1950—1954 Innenminister des Freistaates Bayern. Dieser große alte Mann der deutschen Sozialdemokratie erinnert da an „die grundlegenden Versäumnisse der deutschen Arbeiterbewegung seit 1918". Im Auftrag des nach Prag geflüchteten Parteivorstandes schrieb er in der Emigration eine umfangreiche „Geschichte der deutschen Gegenrevolution". Dieses Buch ist nie erschienen. „Offensichtlich hatte Hoegner die Mitschuld der SPD am ‚Sieg der Gegenrevolution' nach Meinung des Prager Vorstands zu deutlich herausgestellt." Hoegner stellt fest: Seit 1918 besaßen Parteiführung und Gewerkschaft „weder Geist noch politische Phantasie", dafür übernahmen sie in ihrer Herrschaft über die Parteigenossen viel vom preußischen Militarismus[157]. Lange Jahre vor 1933 war „die ganze sozialdemokratische Politik ... müde und verbraucht"[158]. Eine besonders verhängnisvolle Rolle spielte durch seine Arroganz und Herrschsucht der aus Österreich stammende Friedrich Stampfer, der Hauptschriftleiter des „Vorwärts" und Vertreter des Parteivorsitzenden Otto Wels[159]. „Gegen Hitlers Ernennung zum Reichskanzler war nach Meinung unserer Gewerkschaftsführer nichts zu machen. ... Unter der Hand fragte ich einmal das Vorstandsmitglied Aufhäuser, ob denn nirgends ein Wille zum Widerstand gegen die drohende Entwicklung vorhanden sei. Er antwortet erbittert, daß die Sozialdemokratie sang- und klanglos untergehen würde."[160] Kampflos wird am 20. Juli 1932 „die rote Feste Preußen" übergeben[161]. Hoegner ist überzeugt: „Unter einer entschlossenen Führung wären wir unüberwindlich gewesen."[162] Hoegner erlebt Versammlungen der „einfachen Genossen, die von oben her durch eine Kluft von der Parteiführung getrennt sind. Wären ihnen Waffen zur Verteidigung der Demokratie gegeben worden, sie hätten gekämpft bis zum letzten Mann"[163]. Der Parteivorstand setzt sich heimlich ins Ausland ab, ohne eine Verständigung der führenden Genossen[164]. In der Kapitulation zuvor, in Berlin, vor den Nationalsozialisten spielt Paul Löbe eine signifikante Rolle, dem wir eben kurz als enthusiastischen Anschlußredner in Wien begegnet sind[165].

Es ist nicht Aufgabe dieser Studie, die Tragödie der österreichischen Sozialdemokratie, konkret des Versagens ihrer Führer in den Jahren 1927 bis 1933 in Sachen Rettung der Demokratie, zu schildern. Warner gab es genug: Der bedeutendste von ihnen, Theodor Körner, war längst ausgebootet worden, bevor der „Endkampf" be-

gann, der gar nicht stattfand[166]. Die vielen Illusionen, denen vor allem der messianische Otto Bauer anhing[167], in bezug auf den „Sieg des Sozialismus" in Österreich, sind
in unserem Bezug zusammenzusehen mit *der* großen Illusion dieser Führer des
„Austromarxismus": mit ihrem Glauben an das Heil aus Deutschland. Diesen Glauben bekundet 1938 eindrucksvoll Karl Renner: Sein berühmt-berüchtigtes Interview,
in dem er sich zum Anschluß an das Hitlerreich bekennt, ist nicht Ausdruck eines
Schwächeanfalles, eines „Umfallens", einer Charakterlosigkeit, sondern steht ganz in
der eindrucksvollen Kontinuität seines Glaubens an Deutschland, der dem Gymnasiasten bereits im „nationalen" Gymnasium in Nikolsburg eingeimpft worden war.
In *diesem Sinne* ist seine Schrift von 1938: „Die Gründung der Republik Österreich,
der Anschluß und die Sudetendeutschen" zu würdigen[168]. Renner hier im Vorwort:
„Die österreichisch-ungarische Monarchie, ihre Größe und ihr Verfall sind in diesen
zwei Jahrzehnten beinahe zur verklungenen Sage geworden. Unglaublich, wie rasch
im Bewußtsein der Mitwelt eine Großmacht untergegangen ist, die durch Jahrhunderte die Welt beherrschte . . ." Renner konnte 1938 nicht voraussehen, daß in der
Gegenwart dieses ab 1918 von den Sozialdemokraten und den anderen Deutsch-
Gläubigen verdrängte, ins Unterbewußtsein verdrängte „multinational Empire"
von Historikern der osteuropäischen Staaten und der „Nachfolgestaaten" sowie in
beiden Amerika nicht nur mehr gewürdigt wird, als — von wenigen Ausnahmen abgesehen — in Österreich selbst, sondern daß dies zu beobachten ist: Der untergegan-
gene Kontinent Austria, Las Austrias, bekundet sich durch die Mentalität, die Sensi-
bilität, die Einstellungen zum Leben und Sterben, die er vom 16. Jahrhundert an entwickelte, in Europa von Krakau bis Triest, bis Agram-Zagreb, ja selbst bis in die
„weiße Stadt", bis Beograd.

  „Als Staatskanzler der Republik Deutschösterreich . . . war ich berufen", meint
Renner, „in Saint-Germain die deutsche Sache gegenüber den anderen Nationen der
alten Monarchie sowie die Lebens- und Zukunftsnotwendigkeiten der Deutschen
Österreichs vor den verbündeten Siegermächten zu vertreten." Das schreibt er in
Wien, Mitte September 1938. Ein Nachsatz aus Gloggnitz vom 1. November 1938
lautet: Freude über die „volle Lösung" des sudetendeutschen Problems durch die
Reichsregierung, durch „die Münchener Vereinbarungen", durch eine „heroische Ver-
zichtsleistung der Tschechoslowakei". Renner meint: Die Deutschen Österreichs hatten
seit 1866 an der Seite der habsburgischen Dynastie ausgeharrt, bis 1918, „obwohl
nicht ohne schwere Zweifel ihres nationalen Gewissens und nicht ohne fühlbares
Widerstreben . . ."[169] Die österreichische Sozialdemokratie war immer großdeutsch,
war immer enger mit der deutschen Sozialdemokratie verbunden. „. . . das deutsch-
fühlende Bürgertum Österreichs" reagierte wegen des Separatfriedens, den Kaiser Karl
anstrebte, „mit leidenschaftlicher Abkehr von dem Hause Habsburg, das den deutschen
Bundesgenossen in der Stunde der Not verraten hatte . . .". „Von Stund an waren
Deutschnationale und Sozialdemokraten darin einig", gemeinsam Österreich ins Deutsche Reich heimzuführen[170]. Renner erinnert daran, wie da gegen die Stimmen der
Christlichsozialen Miklas und Kunschak, die bis zur letzten Stunde dem Hause Habsburg die Treue bewahrten, die Republik geschaffen wurde. Renner erinnert hier, 1938,
an Victor Adler, der die „Verwirklichung dessen . . . was wir seit Jugend ersehnen",
noch in der letzten Stunde seines Lebens erlebt[171]. Und Renner erinnert 1938 auch an

seine Forderungen von 1918, daß „die deutschen Gebiete Böhmens, Mährens und Schlesiens als ein Bestandteil des deutschösterreichischen Staates anerkannt werden"[172]. Renner weiß sehr genau, daß Böhmen der Schicksalsraum Österreichs war: „Die Rivalität Prags mit Wien war seit den Tagen, wo die habsburgischen deutschen Kaiser von dort ihre Residenz nach Wien verlegt hatten (1612), einer der stärksten Antriebe des tschechischen Nationalismus."[173]

Renner betont, wie sehr er bereits 1918 gegen den Namen Österreich eingetreten ist: Er wollte den Namen „die Ostalpenlande", so auch in seiner Staatshymne. Das ist das Vorspiel der „Donau- und Alpengaue". „Österreich blieb, da die Christlichsozialen an diesem Namen festhielten."[174] Renner meint da 1938: Alle waren damals für den Anschluß. „Erst viel später ließen sich die Führer der Christlichsozialen durch Engelbert Dollfuß verführen, den österreichischen Teil des deutschen Volkes nicht bloß als einen Stamm der deutschen, sondern als besondere Nation anzusehen und die Unabhängigkeit Österreichs, diese harte Fessel aus Saint-Germain, geradezu als Panazee zu preisen!"[175] (Panazee: Allheilmittel.) Und nochmals gedenkt Karl Renner hier des Schicksalslandes Böhmen, im Kontext des Kampfes der Sudetendeutschen. „Der tschechische Nationalausschuß beruft sich auf 1526, auf die Unteilbarkeit der Länder Böhmen, Mähren und Schlesien im Verband der Wenzelskrone, die 1526 an Habsburg kam. Die Entstehung der Tschechen geht zurück auf die Schlacht am Weißen Berg (1620), auf das absolutistische Regime der Ferdinande, endlich auf die Ära Metternich."[176] Masaryk und seine Volksgenossen wollen diese fatale Entscheidung von 1620 rückgängig machen — Karl Renner möchte seinerseits die Gegenreformation aufheben[177].

Englische, französische, amerikanische Publizisten und einige österreichische Emigranten erinnern daran, wie sehr die österreichische Sozialdemokratie „bis zu Hitlers Aufstieg sans réserve Österreichs einzige Anschlußpartei" war (Gordon Shepherd)[178]. „The Socialist Party became the standard bearer of the idea of Anschluss" (Sigmund Neumann, in seinem Nachruf auf Österreich in „The Virginian Quarterly", Sommer 1938). André Tibal und J. W. Headlam-Morley berichten über den Terror sozialdemokratischer Führer, die ihrem Anschlußglauben mit allen Mitteln feindseliger Propaganda gegen ihre schwarzen und schwarz-gelben, als Todfeinde erlesenen Gegner zum Sieg verhelfen wollten[179]. Im Mai 1942 veröffentlicht Karl Hans Sailer (Redakteur der „Arbeiter-Zeitung 1946—1957) in ungarischer Sprache in New York einen Aufsatz „Über die Zukunft Österreiches". Sailer war leitender Funktionär des „Austrian Labor Comittee". „Es kann kein Zweifel darüber bestehen, daß Österreich deutscher Boden ist. Jeder Versuch, den Unterschied zwischen den Österreichern und den übrigen Deutschen zu vergrößern und sogar von einer eigenen ‚österreichischen Nation' zu sprechen, hat sich als niedrige Agentenarbeit erwiesen."[180] Dieser ungeheuerliche Vorwurf an die Adresse patriotischer Österreicher wird ab 1938 unisono von Sozialdemokraten und Nationalsozialisten erhoben: Diese Österreicher stehen im Dienste vor allem der französischen Propaganda, die ihrerseits eine „österreichische Nation" erfunden habe. Sailer meint, der Gegensatz zwischen Nord- und Süddeutschen ist nur ein Stoff für Witzblätter. „Ihn zur Grundlage eines Planes für die politische Zukunft zu machen, wie es die österreichischen Reaktionäre und Monarchisten tun, ist eine Dummheit, die nur zu Reaktionären paßt." Denselben Ton schlägt Wilhelm

Ellenbogen (seit 1892 in der Führung der österreichischen Sozialdemokratie) im September 1942 in der „Austrian Labor Information" an[181].

Dem religiös-politischen Kampf der Roten gegen die Schwarzen und Schwarz-gelben, der den alten Glaubenskrieg in Österreich fortsetzt, entspricht das Sicheinhausen in voneinander getrennten Kulturen. Wie einst die Kulturen der Evangelischen und der Katholiken der Gegenreformation, wie sich Josephiner und Anti-Josephiner, wie sich Liberale und Konservative, wie sich sodann die Männer der Lueger-Partei und die Apostel der Gründergeneration der Sozialdemokratie gegenübertreten, so leben 1918 bis 1938 die Roten und die Schwarzen je in ihren geschlossenen Kulturen, die nicht miteinander sprechen, nicht miteinander kommunizieren[182].

Das himmlische Jerusalem des Sozialismus auf Erden wird vorgebildet durch das „Rote Wien"[183]. Der große Humanist Otto Bauer, der „typisch jüdisch" in der Tradition der großen jüdischen Bildungsträger in der Epoche des Hellenismus, im arabisch-jüdisch-christlichen Spanien, in Deutschland von Moses Mendelssohn bis Walther Rathenau Bildung als eine religiöse Selbstverpflichtung im Dienste des Gottesvolkes, im Dienste an Deutschland, im Dienste an der Menschheit versteht, Otto Bauer, dieser große Puritaner, wollte die Sozialdemokratie vom „verderblichen Einfluß der anderen Klassen" rein halten[184]. „Lernen und nochmals lernen" ist die messianische Parole Otto Bauers an die Adresse der Arbeiter[185]. Um diese Bildung des „neuen Menschen" des Sozialismus frei zu halten vom Pesthauch bürgerlicher, reaktionärer Verbildung des Menschen, werden die Arbeiter eingehaust. „Die Gemeindebauten bildeten Festungen vor allem im geistigen Sinn. Hier wohnten viele Hunderte Proletarierfamilien zusammen, von denen jedoch jede eine zwar kleine, aber freundliche Wohnung, ausgerüstet mit allen sanitären Anlagen, besaß, und die alle gemeinsam Konsumgeschäfte, wo sie billiger einkaufen konnten, schöne Rasenflächen, Kinderspielplätze und Kultursäle hatten. Die Proletarier waren unter sich und beinahe, wie Mönche im Kloster, von der Umwelt abgesondert."

„Sie sonderten sich auch in der Außenwelt ab. Sie hatten ihre eigenen Arbeiterkonzerte, Arbeitertheater, Arbeiterbibliotheken und Arbeiterschulen. Sie unternahmen ihre eigenen Kunst- und Naturwanderungen, und ihre Sportler maßen sich niemals mit denen der Bourgeoisie. Von frühester Jugend an bis zum Tod standen sie in sozialistischen Organisationen. Dieses ständige Beisammensein gab ihnen nicht nur das Gefühl der Geborgenheit, sondern auch ein Gefühl der Kraft. Sie, bisher die Entrechteten der Gesellschaft, glaubten nun, daß sie das auserwählte Volk der Zukunft seien. Schon die Knaben und Mädchen sangen begeistert: ‚Aufwärts blicken, vorwärts drängen, wir sind jung, und das ist schön.'" So sieht 1968 ein aus dem nationalen Lager stammender Historiker und Publizist, der selbst aus diesem Wien der zwanziger und frühen dreißiger Jahre stammt, aus einem Wiener Arbeiterbezirk, dieses Rote Wien: Viktor Reimann[186]. „Der österreichische Sozialismus, der sich in seinen Organisationen eine komplette Betreuung seiner Gläubigen und eine ausgebildete Ersatzwelt für alle Vorlagen der bürgerlichen Ordnung zurechtgezimmert hatte, fand im ‚Roten Wien' jene Betätigungsmöglichkeit, die seine großen gesellschaftspolitischen Energien und Möglichkeiten unter Beweis stellte, gleichzeitig aber deren Übergreifen auf den gesamten Staat erschwerte: Sollte sich der Angriff der feindlichen politischen Kräfte doch gerade auf dieses Bollwerk konzentrieren."

„Die von der ganzen Welt bewunderten Aufbauleistungen des ‚Roten Wien' ent-
lockten selbst einem so nüchternen und allem falschen Pathos abholden Mann wie
Karl Renner folgendes, in seiner Feierlichkeit religiös anmutende Bekenntnis: ‚Wir
können ... uns auf die stolzen Wohn- und Wohlfahrtsbauten Wiens verlassen und
das Evangelienwort auf uns variieren: ‚Wenn wir zum Schweigen gezwungen wären,
würden die Mauern für uns reden.' (Ich kommentiere: untergründig besteht ein
„Dialog", gerade in den verdrängten religiösen Tiefenschichten, zwischen einigen
„roten" und einigen „schwarzen" Führern je ihrer Parteikirche.) Daran erinnert ein
katholischer burgenländischer Sozialist im selben Jahr wie Viktor Reimann, 1968:
Norbert Leser[187].

Und nun diese Stimme: „Das sozialdemokratische Wien steht unter der tyrannischen Herrschaft von Banausen, von Spießbürgern, von Autokraten, von Parteiführern, die jede inerparteiliche Demokratie abwürgen, denunzieren — besessen von
einem Einheitswahn, von der Angst vor einer Häresie, einer Spaltung. Diese Wiener
führende Sozialdemokratie ist geistesarm, ist beseelt vom Dünkel glanzlosester Diktatur. Die ‚Arbeiter-Zeitung' läßt sich mit dem schamlosesten aller schamlosen Presse-
Macher in Wien ein, mit Imre Bekessy, seine Zeitung ‚Die Stunde', genoß die nicht
unbeträchtliche Gunst sozialdemokratischer Spitzenfunktionäre." Diese Wiener Sozialdemokratie ist in ihrer Führung ein einziger Verrat am Heiligen Geist der Wahrheit
und wahrer Bildung. Der Ankläger, der das alles hier eben Berufene vorträgt, ist Karl
Kraus[188]. Die Beziehungen des Einsamen in Wien, des Karl Kraus, zum Sozialismus,
zu einigen Persönlichkeiten der Wiener Sozialdemokratie (Austerlitz verhält sich ihm
gegenüber lavierend, mit wütendem Haß verfolgt ihn Oscar Pollak) untersucht ein
junger Wiener Sozialist, Jahrgang 1947, in seinem Buch über „Karl Kraus und der
Sozialismus", Wien 1976: Alfred Pfabigan.

Am 9. Dezember 1925 spricht Karl Kraus in Favoriten vor sozialdemokratischen
Arbeitern über die seiner Überzeugung nach verderbliche sozialdemokratische Kulturpolitik. „Ein Funktionär ließ mitten in Kraus' Rede den Vorhang herunter. Kraus
konnte nicht weitersprechen, das tausendköpfige Publikum war empört. Erst nach
einer halben Stunde gaben die Funktionäre dem Druck des Publikums nach und
ließen Kraus seine Rede beenden."[189] Karl Kraus wirft dem Leiter der Kunststelle,
D. J. Bach, vor, die Arbeiterschaft zu verblöden durch ein Angebot drittklassiger
Operetten und Salonstücke, wozu noch einige obligate Klassiker kommen[190]. Kraus
vertritt die These, die heute wieder von jungen sozialistischen Politologen zur
Debatte gestellt wird: Revolutionär waren an der österreichischen Sozialdemokratie
nur ihre Worte, ihre Praxis war rein reformistisch[191]. Karl Kraus, der Einsame in
Wien, ein Mann großer Einseitigkeiten, ein großer Hasser (wie sein publizistisches
Lebenswerk zeigt), ein großer Liebender (wie sein Briefwechsel mit Sidonie Nadherny
bezeugt), wird später von Sozialisten als Reaktionär abqualifiziert, wegen seines
Nachrufes auf Engelbert Dollfuß. Die Gräben, die Klüfte sind heute noch nicht
wirklich ausgefüllt, die im Glaubenskrieg zwischen Rot und Schwarz aufgerissen
worden waren.

Es ist hier der Ort, die religiös-politischen Feindbilder „der Rote" und „der
Schwarze", die im permanenten Glaubenskrieg in der Ersten Republik eine so außerordentliche Rolle spielen, näher anzuvisieren. „Farbe bekennen": Die Farbe spielt als

Heilsfarbe, als Unheilsfarbe, als Kriegsfarbe, als Kultfarbe, als Farbe der Fahne, des Wappens, eines Clans, einer Partei (so bereits in Byzanz) eine unersetzliche Rolle. Sie hat die Funktion, ihren Träger auszuweisen als Heilsträger. Machtfarben im Kult antiker Mysterien, Machtfarben im spätrömischen Reich, Machtfarben im Gottesdienst, in der Liturgie der Kirche. Rot, weiß, gold (gelb), grün, blau sind die Heilsfarben Alteuropas. Das tausendjährige europäische „Mittelalter", das in vielen Bezügen vom 9. bis ins 18./19. Jahrhundert reicht (in den „archaischen Gesellschaften" des Landvolkes) ist von schier zahllosen Kämpfen, die in Farbe ausgetragen werden, erfüllt. Konzilien der Kirche suchen festzulegen, welche Farben — in der Kleidung — die Kleriker, Adelige, Bürger und das „Volk" tragen dürfen. Farben im Parteikampf bezeugen zunächst in Italien zwischen „Welfen" und „Ghibellinen" die Machtübernahme dieser und jener Partei in einem Stadtstaat, in einer Stadt[192].

Die Geschichtslegende von der Entstehung des Wappens Rot-Weiß-Rot, des österreichischen Bindenschildes, im Dunstkreis der erbitterten Rivalitäten, der Nationen, die im Kreuzzug aufeinander stoßen, hier in der Konfrontation des Königs Richard Löwenherz mit einem Babenberger, hat im Blick auf unser 20. Jahrhundert diesen Sinn: Dieses Rot-Weiß-Rot ist frühumstritten, wird gemieden! Die Erste Republik Österreich zeigt selten ihre Farben Rot-Weiß-Rot, meist nur anläßlich von Staatsfeiertagen an amtlichen Gebäuden. Rot-Weiß-Rot existiert weithin faktisch nicht für das politische Bewußtsein dieser Bürger der Ersten Republik Österreich. Diese verstehen sich als „Rote" und als „Schwarze" und als „Blaue". Schönerer hatte das Blau der Kornblume, der Lieblingsblume Kaiser Wilhelms, als Heilsfarbe für seine Deutschösterreicher gewählt. Es sind Feindfarben, die ungeheure seelische Energien mobilisieren: Der „rote Hund" und „der Schwarze" signalisieren die Entbindung von seelischen Haßmassen: Menschen werden zu Haßmeuten, zu Hetzmeuten — diese Worte hat Elias Canetti in „Masse und Macht" geprägt[193]. Er hat im Wien der zwanziger und frühen dreißiger Jahre den Kampf der „Schwarzen" und „Roten" am eigenen Leib erlebt. Während der Februarkämpfe des Jahres 1934 fand er Zuflucht in der Villa Franz Werfels und seiner Gemahlin Alma Mahler. Alles, was dem gehaßten und gefürchteten innenpolitischen Feind zugedacht wird, ballt sich zusammen in dem Feindbild des Schwarzen und Roten, in dem religiös-politischen Glaubenskampf, der den Untergrund der Ersten Republik bildet und sich im latenten, dann manifesten Bürgerkrieg in aller Öffentlichkeit präsentiert.

Rot: Das ist die Heilsfarbe der Gottheit, die Farbe der Heilsmacht, des Siegers. Der Christuskönig trägt als der Auferstandene die rote Fahne, die Fahne seines Sieges als sol invictus, als unbesiegbarer Sonnengott. Das Russische und Chinesische haben für „rot" und „schön" ein Wort. Die krasnaja armija, die Rote Armee, erschien 1917 für Millionen Bauern als Träger der Frohen Botschaft, der Auferstehung, der Erlösung, des „roten Ostern": wie frühbolschewistische Dichter in direkter Anspielung auf die altrussische Liturgie die Oktoberrevolution besingen[194]. Rot ist die Farbe der Hohen Gerichtsbarkeit, der Herrschaft über Leben und Tod. Verbunden mit dem Weiß, als Farbe des Friedens, bildet es die Reichsfarben, erhalten im Rot-Weiß vieler Städte, die zunächst damit ihre Zugehörigkeit zum alten Reich manifestierten, als Reichsstädte.

Das Rot des Kardinals, das Rot an der Hose von Generalstabsoffizieren, stammen noch von diesem uralten Rot ab. Als eine Auflösung des mörderischen Kampfes zwischen Roten und Schwarzen in Österreich präsentiert sich diese „kleine Geschichte": Der alte kaiserliche General und Generalstabschef Dr. Theodor Körner, dem die ihm auf den Leib geschriebene Rolle als getreuer Eckehart der Sozialdemokratischen Bewegung genommen worden war, stand mit dem Kardinal Innitzer, dem sein Einsatz für den „Christlichen Ständestaat" und für die Erklärung des österreichischen Episkopats anläßlich der „Volksabstimmung" des 10. April 1938 bis zu seinem Tod verübelt wurde, auf dem Du-Fuß. Bei einem Staatsakt der Zweiten Republik Österreich tritt Körner, der sich im Frack des Bundespräsidenten sehr unwohl fühlte, auf den Kleinbauernsohn von der böhmisch-sächsischen Grenze, Innitzer, zu, der sich im Kardinalspurpur nicht weniger unwohl fühlte, und sagt ihm: „Siehst du, heute kommst du als Roter und ich als Schwarzer!"

Die rote Farbe ist die Farbe des Heils, des siegreichen Gottes, des Häuptlings des Kriegers, des Medizinmannes. Die rote Farbe ist auch die Farbe des Unheils, des Bösen, des Teufels, des roten Hundes. Rot ist tiefenpsychologisch die Farbe der Linken und des Linken: Der Teufel steht links neben dem Gottkönig. Rot wird lange vor dem Sozialismus als Farbe des Heils, der Revolution, der Erlösung der leidenden, versklavten Bruder-Menschen, der Genossen, erwählt. Rot hätte sich nicht so tief einwurzeln können in der Psyche, als Heils- und als Unheilsfarbe, wenn es nicht schon seit Jahrtausenden in den Tiefenschichten der Seele präsent gewesen wäre.

Der 1. Mai ist lange vor seiner Erhebung, zunächst in England, zum Feiertag der Arbeiterbewegung ein uralter Feiertag des Volkes. Mittelalterliche Weistümer als schriftliche Fassung volkhaften Rechtes halten fest: Der König soll, wo immer er sich am 1. Mai befindet, mit den Kegeln spielen. Die Kegel sind die Kinder des Volkes, zunächst die unehelichen Kinder, wie noch das Rechtswort „mit Kind und Kegel" festhält. Die über fünfzig Theologen, die das Mädchen aus dem Volke, Jeanne, die „Jungfrau von Orleans", als Ketzerin entlarven wollen, fragen sie: „Jeanne, hast du am 1. Mai unter dem Maibaum, dem Feenbaum, getanzt?"[195]

Der „Schwarze" betritt unseren österreichischen Geschichtsraum als Jesuit, als Vorkämpfer der Gegenreformation. Er ist der schwarze Mann, der mit teuflischer List und brutaler Gewalt das evangelische Volk in die Arme der dunklen Mutter Rom zurückzwingen will. Julien Bigras hat in seinem Buch „Gute Mutter—Böse Mutter, das Bild des Kindes von der Mutter", die spannungsgeladene Ambivalenz der „Mutter" im Erleben des Menschenkindes aufgezeigt[196]. Wir erinnern uns an die Polemik österreichischer Schriftsteller gegen die Jesuiten als finsteres, teuflisches Ungeheuer, vom 18. zum frühen 20. Jahrhundert. Der Schwarz-Gelbe ist in der Sicht seiner religiös-politischen Feinde eine Verbindung von zwei Schmutzmächten: des Hauses Österreich und Roms. Im Gelb, das nicht als Gold anerkannt wird, wird das gelb des Neides, das Schwefelgelb des teuflischen Papstes in der gelb-weißen Kirchenfahne, der Papstfahne ersehen.

In der Ersten Republik Österreich fürchten die Schwarzen die Roten, die sich in Wien eine feste Burg ihres atheistischen Gottes gebaut haben, wörtlich, buchstäblich, als eine Verkörperung des Teufels, wobei „Bolschewismus", „Marxismus", „Sozialismus", Judentum und Freimaurerei, „Atheismus", Kirchenfeindschaft, Priesterfeindschaft, Lueger-Feindschaft etc. als Inkarnationen des roten Teufels erlebt werden[197].

Kluge und weitsichtige Sozialdemokraten ersahen, wie da aus den Tiefen archaischer und atavistischer Seelenlagen im Landvolk, in den kleinen Leuten der Christlich-sozialen in Wien, uralte Ängste und damit Aggressionen aktiviert und mobilisiert wurden. Trotz einiger persönlicher Beziehungen zu Pionieren der Tiefenpsychologie gelang es weder in Österreich noch in Deutschland den führenden Männern der Sozialdemokratie, des Sozialismus, sich eine politische Tiefenpsychologie zu erarbeiten, die fähig gewesen wäre, den emotionalen Aufbruch aus diesen Tiefenschichten rational aufzubereiten und zunächst zu verstehen. Ernst Bloch hat dies früh, ab 1922, als einen Krebsschaden des Parteimarxismus ersehen[198].

Sigmund Freud hatte die Wiener Wohnung Victor Adlers übernommen. Otto Bauer kannte Freud persönlich und war mit seinen Lehren wohlvertraut. Freud warnt den jungen Otto Bauer: „Versuchen Sie nicht, die Menschen glücklich zu machen, die Menschen wollen nicht glücklich sein."[199] Otto Bauer will die Menschen glücklich machen durch den Glauben an den Sozialismus, der ihnen Erlösung verheißt, Erlösung bringt. Zu diesem Heilsglauben gehört der Glaube an das Unheil, das die Gegner, die „Todfeinde des Sozialismus" schaffen: „die Schwarzen".

Als Verkörperung dieses Todfeindes, als „der Schwarze", wird von der sozialdemokratischen Propaganda Ignaz Seipel[200] anvisiert. Die „Roten Falken", die Jungen der sozialdemokratischen Partei, singen: „Das hört der Rote Falke gern, den Seipel an die Gaslatern." Seipel, das ist der Mann der Kirche, das ist der Arbeitermörder. Am 3. August 1932 erscheint der Nachruf Otto Bauers in der „Arbeiter-Zeitung": „Der bei weitem bedeutendste Mann des österreichischen Bürgertums, der einzige Staatsmann europäischen Formats, den die bürgerlichen Parteien der Republik hervorgebracht haben, Dr. Ignaz Seipel, ist gestern gestorben." Diese außerordentliche Würdigung — eine einzigartige Dokumentation politischer Humanität in der Ersten Republik Österreich — vermerkt: „Seipel war einer der letzten Berater des letzten Habsburgers ... Der Inhalt seines Lebens war sein Kampf gegen uns. Aber er hat diesen Kampf unzweifelhaft aus ehrlicher innerer Überzeugung geführt — er war von der Gerechtigkeit seiner Sache so überzeugt, wie wir von der Gerechtigkeit der unseren." Mit einem einzigen Satz zeigt hier Otto Bauer die Tragödie dieses Glaubenskampfes auf: Glaube steht gegen Glaube; die beiden Glaubensformen, Kirchenglaube — Glaube an Österreich gegen Glaube an den Sozialismus und an Deutschland, verkörpern sich in Ignaz Seipel und Otto Bauer am eindrucksvollsten.

Dieser Nachruf schließt mit den Sätzen: „An seiner Bahre können auch wir von ihm sagen: Er war ein Mann, nehmt alles nur in allem! Der Soldat verweigert dem gefallenen Feind die letzten militärischen Ehren nicht. So schicken auch wir dem großen Gegner drei Salven über die Bahre."[201] Der Soldat: Das ist hier nicht der Parteisoldat Otto Bauer, der doch an den „Prälaten ohne Milde" denken müßte, der auf Arbeiter schießen läßt. Der Soldat: Das ist der kaiserliche Offizier Otto Bauer, der so couragiert in Rußland vorgegangen war[202], daß er mit seiner Vorhut in russische Gefangenschaft geriet, der dem kaiserlichen Minister Ignaz Seipel die letzte militärische Ehre erweist.

Es gibt keine Geschichte des „Gesprächs der Feinde" in den Tiefenschichten der Personen, die da in der Öffentlichkeit als Gegner, ja — in den Augen je ihrer Gläu-

bigen — als Todfeinde einander gegenübertreten, im Glaubenskampf der Ersten
Republik. Einen schmalen Einblick in diese Tiefenschichten, die leider nicht Geschichte gemacht haben — rational aufbereitet, ins Bewußtsein, ins politische Selbstverständnis erhellt, öffnet dieser Nachruf Otto Bauers, der auch eine Auseinandersetzung mit sich selbst ist. Otto Bauer wagt es hier, Angesicht zu Angesicht dem toten
Feindbruder zugewandt, der ihm selbst in der Konfrontation eine immer noch leidenschaftliche Entbindung seines politischen Eros und Ethos geschaffen hatte, dies zu
bezeugen: „Er selbst hat, nachdem er so viele Jahre lang den erbittertsten Kampf gegen
die Sozialdemokratie geführt hatte, noch vor einem Jahr, nachdem die Regierung
Ender an der Angelegenheit der Kreditanstalt gescheitert war, der Sozialdemokratie
angeboten, mit ihm zusammen eine Regierung zu bilden; er hat es schwer getragen, daß die Sozialdemokratie damals sein Angebot abgelehnt hat ...“ Otto
Bauer berührt hier die Wunde, die Kluft, die seit dem 10. Juni 1920 unterschwellig
die österreichische Sozialdemokratie bestimmt: war nach dem Bruch der zweiten
Koalition zwischen Sozialdemokraten und Christlichsozialen in der Regierung nicht
immer wieder, in all diesen Jahren bis zum Tod Seipels, eine dritte Koalition fällig?

Im Rahmen unserer Arbeit steht hier im Blick auf Seipel nur dies im Visier:
Ignaz Seipel in seinem Ringen um die Schaffung eines Österreich-Bewußtseins, eines
Glaubens an Österreich. Seipel mußte hier außerordentlich vorsichtig umgehen. In
seiner eigenen Partei, in der er zeitlebens ein Fremdling war, gab es kein intellektuell artikuliertes Österreich-Bewußtsein, das sich über einem atavistischen Untergrund eines anonymen Österreichertums der Bauern und kleinen Leute erhoben hätte
und die große geistige Konfrontation mit den deutsch-gläubigen Sozialdemokraten,
Großdeutschen etc. hätte leisten können. Lebenslang gilt für Seipel, was er am
19. Juni 1920 an Hermann Bahr schreibt: „Sie dürfen nicht übersehen, daß ich doch
als ein Fremdling in die Partei hineingekommen bin. Ich muß nicht nur den
Sozialdemokraten, sondern auch den eigenen Leuten gegenüber immer Politik
machen.“[203]

An eines aber muß doch hier erinnert werden: Ignaz Seipel kennt sehr gut die
diversen Deutschnationalen in Österreich, nimmt sehr behutsam auf sie Rücksicht
in seiner Politik. Ignaz Seipel *kennt nicht* den Marxismus und er kennt *nicht* den
Katholizismus, beide in der Fülle ihrer konkreten, so vielfältigen geschichtlichen
Manifestationen. Die erregenden Geisteskämpfe im Katholizismus des 19. Jahrhunderts kennt er nur aus ihren Verdammungen in den päpstlichen Enzykliken.
Die größten Denker und Beter des europäischen Katholizismus, ein Meister Eckhart,
Duns Scotus, Thomas von Aquin (der wahre Thomas, nicht das Klischee „Thomas
von Aquin“, produziert vom päpstlichen Absolutismus des 19. Jahrhunderts als
geschlossenes System eines „Neuthomismus“), eine Teresa von Avila, ein Pascal,
Bérulle, Condren etc. sind ihm so unbekannt wie ein Lacordaire und Lamennais,
wie ein Döllinger, wie jene offenen Geister, die Friedrich von Hügel zu schützen
versuchte.

Starr, hart, fixistisch (im Sinne des französischen *„fixisme“*, für eine seelisch ver-
krampfte Haltung), rigid ist der Katholizismus dieses Kirchenmannes, für den sich
Katholizität und Kirchlichkeit auf das geschlossene Herrschaftssystem reduzieren, wie
es der Papalismus mit der Unfehlbarkeitserklärung innerkirchlich und in Konkor-

daten mit „weltlichen" Staaten außenpolitisch durchzusetzen versuchte[204]. Starr, hart, fixistisch, rigid ist die Vorstellung Seipels vom „Marxismus". 1933 spricht Ernst Karl Winter, der denkmächtigste Kopf des österreichischen Katholizismus in der Ersten Republik Österreich, in seiner Studie über „Ignaz Seipel als dialektisches Problem — Ein Beitrag zur Scholastik-Forschung" (Erstveröffentlichung Wien 1966 — ein Pendant zu Hoegners kritischem Werk über das Scheitern der deutschen Sozialdemokratie) diese Fixierung an: „Seipel hat den Marxismus als Idee ganz gewiß niemals eingehender studiert, sondern seine Kenntnisse lediglich aus dem solidaristisch-scholastischen Lesebuch bezogen, das heißt nach feststehenden Klischees geurteilt, wie sie in den leoninischen Enzykliken und bei den Autoren der Jesuitenschule, Pesch, Lehmkuhl, Biederlack, Cathrein, zu finden sind. Er hat noch viel weniger die ihm wie keinem zweiten gegebene Gelegenheit wahrgenommen, den Marxismus als Wirklichkeit kennenzulernen."[205]

Diese ungeheure, schier ungeheuerliche doppelte Fixierung wirkt um so eindrucksvoller, da Seipel etwas von Spiritualität versteht: Er ringt mit den Dämonen des Hasses gegen die Masse (diese verdammte rote massa damnata[206] — Augustinus hatte die Mehrzahl aller Menschen als eine Masse von Verdammten gesehen). Seipel kämpft bis zu seinem Tod mit den „niederen Dämonen", mit diesem Haß, mit dieser Menschenverachtung, mit seinem imperatorischen Willen, sich durchzukämpfen, mit seinem Cäsarismus, mit seiner Leidenschaft, „die rote Flut" niederzukämpfen, den furchtbaren Feind vernichtend zu schlagen. Bereits am 27. November 1921 erklärt er als christlichsozialer Parteiobmann in einer Wiener Parteiveranstaltung: „Die ganz entscheidenden Jahre werden erst kommen. . . . Dann wird in den großen sozialen und kulturellen Fragen der Endkampf zwischen dem christlichen Volk und der internationalen Sozialdemokratie auszufechten sein."[207]

„Endkampf": das ist die apokalyptische Vision vom Endkampf „der Kinder des Lichtes" gegen „die Kinder der Finsternis". Manichäer verkünden sie im Jahrhundert des Jesus von Nazareth, religiös-politische Manichäer verkünden und praktizieren sie seit dem Spätmittelalter. Ignaz Seipel ist ein religiös-politischer Manichäer, wie einige seiner bedeutendsten Feinde in diesem Glaubenskampf zwischen „Schwarzen" und „Roten" in der Ersten Republik.

Seipel selbst sieht sehr treffend eine Basis seiner Fixierung an seine niederen Dämonen in seiner freudlosen vaterlosen, mutterlosen Kindheit. „Ich komme von zu weit unten her", schreibt er am 16. August 1931 an den Parteifreund Mataja. Die Mutter war früh gestorben, der Vater lebt bei seiner zweiten Frau. Zwei einsame Frauen, die Schwester seines Vaters und ihre alte Mutter, nehmen das Kind bei sich auf. „So wuchs das Kind auf ohne Mutterliebe und ohne Vaterschutz."[208] Dieses Kind ohne Vater und Mutter erlebt den Zusammenbruch des Hauses Österreich, als Minister im letzten kaiserlichen Kabinett unter Ministerpräsident Heinrich Lammasch. Dieser große Kämpfer für ein freies unabhängiges Österreich und für eine Friedenspolitik Österreichs — lange vor 1914 und von 1914 bis 1918 — wurde bitter gehaßt vor allem von den Deutsch-Gläubigen, aber auch von chauvinistischen Christlichsozialen, wie sie als ihr publizistischer Vorkämpfer Friedrich Funder in der „Reichspost" präsentierte[209]. In diesen Kriegsjahren kämpft die „Reichspost" gegen Lammasch, und sie ignoriert Seipel.

Am 12. Oktober 1914 spricht der junge Theologieprofessor in Salzburg Seipel über das Thema „Vaterland, Nationalismus und Religion". Dieses Referat wird später das erste Kapitel seines Buches „Nation und Staat", das er auf eigene Kosten in Wien 1916 drucken läßt. Hier stellt er das religiös-politische Bekenntnis seines Österreich-Glaubens vor, an dem er bis zum Tod festhalten wird. „Das Vaterland nimmt zu allen Zeiten in unseren Herzen einen der ersten Plätze ein. ... In solchen Zeiten lohnt es sich wohl, einmal zu überlegen, was denn unser Patriotismus ist und wo er seine Wurzeln hat." Kirche, Staat, Nation sind „ein Gotteswerk"! Wer das glaubt, „für den gibt es keinen ernsten Widerspruch zwischen Religion, Patriotismus und nationaler Begeisterung; denn auch diese stammen von Gott und führen zu Gott"[210]. Seipel wendet sich gegen die „Übertreibung des Nationalismus". Wenn der Nationalismus das einzige staatsbildende Prinzip wäre, würde Österreich nicht mehr existieren können. Österreich versammelt in seinem Schoß viele Nationen, die kulturell verarmen würden, wenn sie sich trennten. „Auf dieser Erkenntnis vor allem beruht unser besonderer, österreichischer Patriotismus!" „In dieser Aufgabe (verschiedene Nationen in sich zu bergen) berührt sich Österreich merkwürdig mit der katholischen Kirche ... die übernational ist und der Zersplitterung in Nationalkirchen unbedingt widerstrebt." Das übernationale Österreich ist jetzt vielleicht „nicht in der Mode". Aber „wer so unmodern ist, der ist auch der Vergänglichkeit der Mode nicht unterworfen. Und darum glauben wir, um so mehr, je heftiger die Stürme unser Vaterland umtoben, an das Wort „Austria erit in orbe ultima"[211].

Im vierten Kapitel von „Nation und Staat" („Der nationale Ausgleich", verfaßt wohl um die Jahreswende 1915/16) vermerkt Seipel: „Die Urheimat des Nationalismus ist Böhmen. Er flammte hier zum ersten Mal zu Beginn des 15. Jahrhunderts unter König Wenzel auf." Jan Hus also. „Als die Hussiten endlich niedergeworfen waren, blieb in Böhmen dennoch ein Rest ihres religiösen und nationalen Radikalismus übrig."[212] Im 19. Jahrhundert züchtete der „von den Magyaren erfundene und mit Hilfe der Deutschen durchgeführte Dualismus" ab 1867 den Panslawismus. Seipel arbeitet mit Lammasch, Meinl und mit katholischen Kreisen in der Schweiz zusammen, die für Österreich-Ungarn einen Friedensschluß erstreben. In einem Schreiben am 21. Januar 1918 an Lammasch spricht er sich sehr offen aus, wie er die Lage sieht: „Die Sozialdemokratie aufs äußerste zerklüftet, das wissen wir von den Vertrauensmännern in den Versammlungen." Erbitterung dort „über das völlige Versagen der reichsdeutschen Sozialdemokraten ...". „Bei Hof ist man sich nach wie vor des Ernstes der Situation nicht bewußt. ... In die christlichsozialen Kreise ist eine ziemliche Erschütterung der Ansichten hineingedrungen. Sie fühlten, daß eine Neuorientierung notwendig sei." Selbst Funder läßt jetzt mit sich reden. Um Österreich zu retten, müßte ein starker Ministerpräsident statt des schwachen Seidler berufen werden. „Weitgehendste nationale Autonomie." Der neue Mann in der Regierung müßte „stark genug gegen jede Form des überwuchernden Militarismus im Inneren und gegen die immer wiederholten Versuche, ihn auf dem Umweg über Preußen bei uns zur Geltung zu bringen, sein; daher auch stark gegen jedes Bestreben Deutschlands, uns den Frieden zu verpfuschen . . ."[213]

Am 16. Mai 1918 spricht Seipel vor dem Katholischen Volksbund: Das österreichische Volk ist schwer krank. „Wenn ein Mensch einem blutigen Martyrium lebend entkommt, dann ist er zunächst ein kranker, ein schwerkranker Mensch. . . . Krank, schwer krank wird auch das Volk der Zukunft sein . . ."[214] Seipel spricht hier eine Grundüberzeugung aus, die sein ganzes Wirken als Politiker in der Ersten Republik stimuliert: Staat, Volk, Menschen, Seelen in Österreich sind schwer krank. Der früh selbst schwerkranke Mann erlebt existentiell in den Leiden, die er persönlich in sich niederkämpft, die Leiden, die Krankheiten Österreichs. Er will sie kurieren, mit allen Mitteln, die er in die Hand bekommen zu können meint.

Für Seipels Übergang von der Monarchie zur Republik sind einige Worte signifikant, die er hier spricht. Man „muß dem Alten Zeit zum ruhigen Sterben lassen, denn diese Zeit ist zugleich für das Neue die Zeit des Heranwachsens und Bewahrens". Am 28. Oktober 1918 wird Seipel Minister für soziale Fürsorge im letzten kaiserlichen Kabinett unter dem Ministerpräsidenten Lammasch. Bei seiner Amtsübernahme gibt er vor seinen Beamten eine grundsätzliche Erklärung ab: „Fassen Sie, daß ich in dieser ernsten Stunde in die Regierung und damit auch in Ihre Reihen eingetreten bin, vor allem als *ein Bekenntnis zum Glauben an Österreich* auf." Er wünscht seinen Mitarbeitern „den Geist des Glaubens an Österreich"[215]. Zwei Tage später nimmt die „Provisorische Nationalversammlung für Deutsch-Österreich" die von Karl Renner ausgearbeitete „Provisorische Verfassung" an.

Am 17. November schreibt Seipel einen Artikel über „Das Recht des Volkes". „. . . jetzt muß endlich das Volk selbst sprechen, wenn es nicht ein unmündiges, unfreies Volk, das seine Geschicke nicht selbst bestimmt, bleiben will." Seipel nennt „die Sünden" des alten Staates: Militarismus, Bürokratismus, „ein Rest von Feudalismus", Kapitalismus, „Reste eines Absolutismus"[216]. Seipel verteidigt die Entscheidung der Christlichsozialen für die Republik: Die Christlichsoziale Partei mußte sich entscheiden, ob sie sich einem vom Standpunkt persönlicher Abhängigkeit gewiß sehr idealen, aber politisch aussichtslosen und daher praktisch unbrauchbaren Legitimismus verschreiben und damit das Volk den anderen Parteien, die, durch ihre Traditionen nicht gehemmt, völlig frei ins Meer der Revolution hinaustreiben konnten, überlassen oder aber, die geänderten Tatsachen anerkennend, auch unter deren Herrschaft die Interessen des Volkes wie vorher vertreten sollte. Die Christlichsoziale Partei hat sich mit voller Klarheit für den zweiten Weg entschieden." Und dies hier: „Der ganze Zusammenbruch Österreichs hätte vermieden werden können, wenn in unserer Politik ein wahrhaft demokratischer Geist geweht hätte . . ."[217]

Die Frage des Tages ist in der eben erst aus der Nottaufe gehobenen Ersten Republik die Anschlußfrage. Seipel setzt sich mit ihr ausführlich auseinander in einem Brief an den Freiburger Theologieprofessor Engelbert Krebs, der ihn ersucht, „für die Vereinigung Deutschösterreichs mit Deutschland" einzutreten. Dieser Brief gerät in die Hände Ludo Hartmanns in Berlin, der ihn sofort an Otto Bauer weiterleitet: „nicht nur wegen seiner Jesuiterei, sondern auch mit Rücksicht auf die Agitation, welche von Österreich aus in Deutschland entfaltet wird"! Seipel macht seinen Kollegen aufmerksam auf die völlige Ignorierung Österreichs in den großen Blättern Deutschlands. „Das alte Österreich ist noch keineswegs tot. Die ‚Donauföderation' wird bestimmt kommen und es erneuern." „Solange bei Ihnen die Ordnung nicht gesichert ist, bedeutet . . . die Vereinigung eine große Gefahr." „Endlich muß auch auf die Ansicht weitester Kreise Rücksicht genommen werden, die *uns seit jeher pro-*

phezeien, Deutschland werde sich im Falle eines unglücklichen Kriegsausganges durch Angliederung österreichischer Gebiete schadlos halten."[218] Am 23. Dezember schreibt Seipel einen Weihnachtsartikel für die „Reichspost". Er nimmt sein Motiv wieder auf: Unser Volk ist krank, krank an Haß. „Seelenkultur tut not, innere Erneuerung der Seele unseres Volkes, wenn wir einer glücklichen Zukunft entgegengehen wollen."

In dem nun folgenden ersten Wahlkampf der Ersten Republik wird Seipel als Verräter an Deutschland angegriffen. Am Wahltag, am 16. Februar 1919, schreibt er an Lammasch: „In der letzten Phase des Wahlkampfes war ich als ‚Monarchistenführer' und ‚Anschlußgegner' der bestgehaßte Mann in Wien. Meine alten Feinde, die Deutschnationalen, verfolgen mich wegen ‚Volks- und Landesverrates . . . worauf sich die ‚Arbeiter-Zeitung' auf mich warf."[219] An diesem Tag empfängt er unter anderem Engelbert Dollfuß. Der junge Mann geht ihm auf die Nerven, er scheint ihm zu ehrgeizig und zu ungeduldig zu sein. Seipel meint zu Dollfuß: „Sie werden schon noch einmal zu Wort kommen!" Seipel beginnt seinen Kampf gegen Otto Bauers (in Seipels Augen) katastrophale Anschlußpolitik. Seipel: „Hinaus aus der Isolierung und hinein in den Völkerbund." Der Einsame stöhnt: „Doch die Indolenz meiner Partei ist groß!"[220]

In seinem Weihnachtsartikel 1919 für das „Kärntner Tagblatt" sieht er „nur eine Gefahr: daß die Österreicher selbst Österreich zerstören". Seipel beschwört seine widerspenstigen Parteifreunde: Politik erfordere „eine intellektuelle und moralische Renaissance. . . . Davon sind wir, und auch gerade wir Katholiken, leider weit entfernt. . . . Die Hauptschuld, daß es so ist, trägt unsere bürgerliche, bodenständige Gesellschaft." Seipel weiß, wie diffus, wie unsicher das Österreich-Bewußtsein gerade von führenden Christlichsozialen ist. In seiner Budgetrede vor dem Plenum der Nationalversammlung erklärt er am 20. April 1920: „Der alte Staat, obwohl schon lange krank und in seiner Verfassung reformbedürftig, habe eine tief eingewurzelte Tradition besessen, während im neuen Staat kein rechtes Staatsgefühl aufkommen wolle . . ."[221]

Immer wieder sieht Seipel in dieser Frühzeit der Republik: Die Geschlossenheit seiner eigenen Partei wird durch die Anschlußbewegung erschüttert. — Am 31. Mai 1922 wird Seipel Bundeskanzler. In seiner Regierungserklärung ist sein religiöspolitisches Bekenntnis enthalten: „. . . Gott hat mich auf diesen Platz geführt." Im Blick auf seine großdeutschen Ministerkollegen und auf seine sozialdemokratischen Gegner bekennt er sich „zu unserem Brudervolk im Deutschen Reich"! Österreich habe aber zu wenig getan, um sich selbst zu helfen: Das sei „die Schuld" dieses Hauses, der politischen Parteien des österreichischen Volkes[222]. In der Debatte über Seipels Regierungserklärung sagt Otto Bauer, Seipel habe einer kaiserlichen Regierung angehört, die „zu dem Zweck gebildet worden ist, Deutschösterreich von Deutschland zu trennen, um Habsburg zu retten . . .". Bauer ist überzeugt, „daß unsere Beziehungen zum Deutschen Reich auf viel zu realem und festem Boden ruhen (ich kommentiere: Dieser sein Glaube entspricht in nichts den realen Tatsachen), als daß sie getrübt werden könnten dadurch, daß zufällig für ein paar Wochen oder Monate ein Herr hier Bundeskanzler wird, der in seiner Geschichte eben auch ein sehr dunkles Kapitel hat". Bauer fährt fort: Die Idee der Konzentration der Parteien sei ledig-

lich „eine spezifisch österreichische Idee, die anderswo keinem Menschen einfällt".
Die „Arbeiter-Zeitung" kommentiert: „Daß ein römischer Prälat Kanzler ist, ist die
Schande unseres Bürgertums; daß die Republik trotzdem nicht dem Geiste römischen
Prälatentums unterworfen werden kann, dafür bürgt die Macht der Arbeiterklasse!"[223]
    Seipel gelingt es, eine Völkerbundaktion zur Sanierung der österreichischen Finan-
zen vorzubereiten, durch seine Reisen nach Prag, Berlin und Verona: Die Genfer
Protokolle entfesseln eine leidenschaftliche Konfrontation, in der Seipel „endgültig"
als „Verräter Deutsch-Österreichs" an den „kapitalistischen Westen entlarvt" wird.
Am Vorabend des Abschlusses dieses Vertragswerkes sagt Karl Renner in der Debatte
im Parlament: „Wir wissen ja alle, daß wir in der Konfiguration, in der wir leben,
als dieses Deutschösterreich keine Zukunft haben. Aber eines können wir, uns so lange
am Leben erhalten, wenn auch kümmerlich, in Selbständigkeit und aus eigener Kraft,
bis die Stunde der Befreiung kommt": der Anschluß. „Alles andere ist Abweg."[224]
In der parlamentarischen Diskussion über die Genfer Protokolle am 12. Oktober 1922
wiederholt Renner seine Angriffe. Karl Seitz sieht im Anschluß die einzige Rettung:
„Von dieser Linie ist Seipel abgewichen und das ist sein Sündenfall", ist „Verrat . . .
am eigenen Volk"[225]. Auf dem sozialdemokratischen Parteitag, der zur Behandlung
der Genfer Aktion vorzeitig für den 14. Oktober einberufen wird, erklärt Otto
Bauer: Der „nationale Kampf, . . . die Verteidigung der Freiheit, der Ehre und der
Würde der Nation" sind jetzt ausschließlich zu einer Sache der Arbeiterklasse geworden. Renner appelliert an die nationalen Schichten der Bevölkerung: „Gibt es
denn in diesem Land noch eine deutschnationale Intelligenz, gibt es in diesem Lande
noch deutschnationale Burschenschaften? Oder werden sich vielleicht unsere jungen
Akademiker einreihen lassen in die Sodalitäten der christlichen Heiligen oder werden
sie als römische Chorknaben in Hinkunft die Freiheit verteidigen?"[226] Hier entfaltet
sich der religiös-politische Glaubenskrieg, in dem nun der Glaube von sozialdemokratischen Führern an Deutschland Seite an Seite mit dem Deutschland-Glauben der
„Nationalen" gegen den „bösen schwarzen Mann", den „Jesuiten" Seipel und seine
„Schwarzen" kämpft. Der sogenannte „Kulturkampf" dieser Jahre 1919 bis 1938 ist
ein Glaubenskrieg[227]. Otto Bauers Kampf gegen den „Klerikalismus" kann vollinhaltlich von den alten „nationalen" Kämpfern gegen Rom und Habsburg geteilt
werden. Seipel stellt sich frontal diesem Angriff: Er warnt seine immer wieder schwan-
kenden, unsicheren Christlichsozialen vor der allzu großen Furcht, des politischen
Katholizismus beschuldigt zu werden. „Für uns gehören Religion und Politik,
beide richtig verstanden, zusammen. Die Religion ist das hohe Gut, zu dem wir uns
auch in der Politik bekennen" (am 11. Juni 1923 in der christlichsozialen Zeitschrift
„Volkswohl"). Seipels Reise nach *Polen* (September 1923) wird ihm als „Verrat am
Deutschtum" angekreidet. Die Sozialdemokraten fordern im November 1923 im
Parlament eine „Hilfsaktion Österreichs für das notleidende Deutsche Reich"[228]. Die
Illusionen von 1918/20, daß Österreich an Deutschlands mächtiger Wirtschaft genesen
werde, sind durch die harte Wirklichkeit widerlegt.
    Es ist interessant zu beobachten, wie Seipel in allen diesen Jahren immer wieder
auf eine sehr persönliche Erfahrung seinerseits zu sprechen kommt: Gespräche mit
kommunistischen und sozialistischen Arbeitern und Arbeiterinnen sind für ihn leichter als mit ihren Führern. Sozialismus und Sozialdemokratie sind nicht dasselbe.

Seipel wendet sich gegen „die Herrenschicht in der Partei"[229]. In diesen frühen Erfahrungen wurzelt sich ihm die Ansicht ein, daß es gelingen müsse, wenn es hart auf hart zugehe, die österreichische Sozialdemokratie zu spalten. Seipels „Weihnachtswunsch" 1923: „Wir müssen Österreichische Menschen werden ..." Dies aber erfordert eine „Sanierung der Seelen"[230]. Seine Gegner sehen diese seine Proklamation als Programmierung der Gegenreformation an.

Seipel beobachtet die Propaganda der Nationalsozialisten seit 1925. Die Front seiner deutschgläubigen Feinde vermehrt sich von Tag zu Tag. Um ihnen Wind aus den Segeln zu nehmen, spricht er am 20. Juni 1925 im großen Festsaal der Wiener Universität über „Die Aufgaben der deutschen Hochschule in Österreich gegenüber dem deutschen Volk": Sie habe die Aufgabe, die wertvollen Elemente österreichischer Eigenart innerhalb des Rahmens des Deutschtums zu pflegen. Am Tag darauf spricht er über „Die Sendung Österreichs". Die Sendung Österreichs, die politische und wirtschaftliche Zusammenfassung der Völker des Donauraumes sei noch nicht endgültig erfüllt oder gescheitert[231]. Seipel hat in dieser seiner Rede an der Wiener Universität versucht, den nationalen Stier an den Hörnern zu fassen. Am 11. Februar 1926 stellt er sich in Berlin in einem Vortrag über „Das wahre Antlitz Österreichs". Man bemängle oft, auch im Ausland, daß die Österreicher kein Nationalgefühl hätten und meinte damit ein Staatsgefühl. „Woher sollen wir das große Staatsgefühl haben, noch nicht ganz sechs Jahre nach Saint-Germain?" Man soll uns nicht vorwerfen, „daß wir weniger national sind, wenn wir unser nationales Ideal nicht unbedingt und ausschließlich in der Verwirklichung eines deutschen Einheitsstaates suchen"[232].

Am 3. Juni 1926 hält Seipel seine größte Rede über Österreich — in Paris, in französischer Sprache, in der Sorbonne: „Österreich, wie es wirklich ist."[233] Karl Postl-Charles Sealsfield hatte unter diesem Titel fast hundert Jahre zuvor ein Buch veröffentlicht, das Österreich unter Kaiser Franz und Metternich als ein Monstrum dem europäischen und amerikanischen Westen vorgestellt hatte. 1926 spricht Seipel in Paris vor einem Publikum, dem französische Publizisten seit einem halben Jahrhundert die europäische Notwendigkeit einer Erhaltung Österreichs vorgestellt haben. Seipel, hier in Paris: „Man soll ... nicht vergessen, daß Österreich selbst in den Zeiten, in denen es am schwächsten war, Europa und der Kultur einen unschätzbaren Dienst erwiesen hat", durch seine Brückenfunktion zwischen Ost und West. Seipel versucht in diesen Jahren mehrfach gerade in seinen Reden im Ausland, die immer noch aggressiver werdende innenpolitische Konfrontation als eine Faktizität anzuvisieren, die überwindbar ist. So rühmt er in München „den alten Großösterreicher Doktor Renner"[234]. Seipel hofft, daß aus dem Kampf zwischen Renner und Bauer (wie er ihn sieht!) eine koalitionswillige Mitarbeiterschaft der sozialistischen Arbeiterschaft hervorgehen könne.

Im Oktober 1927 spricht Karl Renner über die Möglichkeiten einer Koalitionsregierung. Renner meint: Der Bürgerkrieg muß gebannt werden, „beiderseits Zug um Zug. Beide Teile müssen die Abrüstung überwachen. ... Eine weitere Aufgabe würde darin bestehen, daß die Folgen des 15. Juli beseitigt werden. Das wären Möglichkeiten, über welche man verhandeln könne ..."[235] Seipel lehnt ab. Der schwerkranke Mann, mit einem Lungensteckschuß (1924 hatte ein sozialdemokrati-

scher Arbeiter, ein Einzelgänger, ein Attentat auf ihn verübt), glaubt, den großen
Glaubenskrieg durch eine Niederwerfung des Gegners überwinden zu können. Eine
furchtbare Selbsttäuschung! In ihrer Neujahrsnummer 1926 hatte die „Arbeiter-Zeitung" erklärt: „Religion ist klerikale Parteisache!" Am Linzer Parteitag (31. Oktober bis 3. November 1926) befaßt sich Otto Bauer in einem großangelegten Referat
mit der Stellung der österreichischen Sozialdemokratie zu Religion und Kirche. Otto
Bauer fordert — unter großem Beifall vor allem der Delegierten aus den Bundesländern — die Religion aus der Parteiideologie möglichst herauszuhalten: Religion soll
als Privatsache verstanden und praktiziert werden[236]. Religion als Privatsache: Wie
sollte das Wirklichkeit werden, in einem Land, in dem der religiös-politische Kampf
vom 16. zum 20. Jahrhundert Religion als ein Politikum ersten Ranges verstanden
hatte?

Die Entscheidung für einen „Endkampf" gegen „die rote Flut" beginnt für Ignaz
Seipel mit dem 15. Juli 1927. Ein Fehlurteil im Schattendorfer Prozeß — durch ein
Geschworenengericht — löst eine Explosion aus[237]. Am 30. Januar erschießen in
Schattendorf im Burgenland im Verlauf einer Auseinandersetzung zwischen Ange-
hörigen des Schutzbundes und der Frontkämpferorganisation Frontkämpfer einen
Mann und ein Kind. Freispruch. „Die Arbeitermörder freigesprochen": ein flammen-
der Leitartikel der „Arbeiter-Zeitung" am 15. Juli. Der Sturm auf den Justizpalast
kommt für die Führung der Sozialdemokraten ebenso überraschend wie für Seipel.
Unruhen. 89 Tote, etwa 350 Verwundete. Polizeipräsident Schober kämpfte mit seinen
Polizeieinheiten die Erhebung nieder. Seitz und Bauer erscheinen bei Seipel,
fordern die Regierung zum Rücktritt auf, um „politische Satisfaktion" zu leisten.
Seipel: „Wenn jemand zurückzutreten hat, dann sind Sie es, meine Herren!"[238] In
sein Tagebuch trägt er ein: „Ausbruch der Revolution wegen Ausgang des Schattendorfer Prozesses." Seipel glaubt, daß dies der öffentliche Beginn der großen Roten
Revolution sei. Seipel glaubt von diesem Tage an, daß die „formale Demokratie"
nicht imstande sei, Österreich zu retten. Hier beginnt Seipels Weg in den Abgrund, auf
dem ihm Dollfuß und Schuschnigg folgen. Seipel beruft die Heimwehr als Hüter
der „wahren Demokratie"[239]. Seipel fordert ein „Wegräumen des revolutionären
Schuttes". Dieser späte Seipel plädiert für die „Autokratie der Kirche": Christus ist
das Vorbild des Führers[240]. Dieser späte Seipel sieht in Hitler einen möglichen Retter Deutschlands, er empfiehlt dem katholischen Zentrum eine Zusammenarbeit mit
den Nationalsozialisten[241]. Dieser späte Seipel hält in München und Tübingen aufsehenerregende Reden, die seine Konzeption einer „wahren Demokratie" der Weltöffentlichkeit vorstellen[242]. Der bedeutendste Kopf des politischen Katholizismus in
Europa wird hier zum Fürsprecher eines autoritären Staates, der dem Faschismus, der
dem Nationalsozialismus nahe rückt.

Der Glaubenskampf, der seit 1918 neu begonnen hatte, erreicht nun eine Fana-
tisierung, die an die „besten", an die schlimmsten Zeiten der Reformation und Gegenreformation erinnert, sie nicht selten direkt selbst beschwor. Seipel wird als der „Prälat ohne Milde", als „Giftgasprälat", als „Blutsäufer" angegriffen[243]. Noch nach seinem
Rücktritt im April 1929 bringt die „Arbeiter-Zeitung" Serien von Karikaturen, die
den Papst, den Klerus und vor allem Seipel an den Pranger stellen. Wenige Wochen
zuvor beschuldigte Renner in einer Versammlungsrede Seipel, er wolle den alten

Polizei- und Gewaltstaat wiederherstellen, er betreibe „die Restauration des Obrig-
keitsstaates, weil er Österreich zum Kirchenstaat machen möchte. ... Die Regierung
Seipel besetzt die Hochschulen nach den Gesichtspunkten der Sakristei, behandelt
die Industrie nach den veralteten Vorurteilen des Bauernhofes, den Export aus dem
Gesichtspunkt des Landkrämers und regiert so die Stadt durch das Dorf ..."[244] Österreich wird zum „Kirchenstaat" gemacht: Die Evangelischen, die antirömischen Josephiner, die Liberalen, die gegen das Konkordat von 1859 kämpfen, die Deutsch-
Völkischen aller Nuancen, hatten diese Schreckensvision verbreitet. Die Stadt wird
durch das Dorf regiert. Seipel, und noch mehr sein unglücklicher Epigone, das Bauernkind Dollfuß, versuchten, die archaischen und atavistischen Kräfte, die im Landvolk
schlummerten, zu wecken: für „unser liebes Vaterland Österreich", wie Seipel wenige
Tage nach dieser Renner-Rede bei einer kirchlichen Feier in bezug auf die Pfarrgemeinde ausführt.

In diesem Glaubenskampf setzt nun als stärkste Waffe die sozialdemokratische
Partei eine großangelegte Kirchenaustrittsbewegung ein, die Seipel ins Herz trifft.
Die „Arbeiter-Zeitung" bringt ab August 1927 ständig Berichte über die Erfolge
dieser Bewegung, über „Die Flucht vor Seipel und aus der Kirche". Am 13. September
meldet sie: „Die Flucht aus der Seipel-Kirche hält an! Beinahe 13.000 Austritte in
Wien seit dem 15. Juli; in den ersten zehn Septembertagen mehr als 2700!"[245] Seipel
versucht, in seiner Brust die „Priesterseele" zu mobilisieren: „Ich habe eine Priesterseele, so wenig ich es den größten Teil meines Priesterlebens wußte und beachtete."[246]
Sein Tagebuch ist eine einzigartige Dokumentation des Ringens zwischen dem Politiker, der die Macht will, und dem durch sein politisches Kämpferleben verschütteten
Seelsorger. „Politik und Seelsorge! Beten für die Sozialdemokraten, nicht nur ver-
schleiert für ‚Freunde und Feinde'; nicht nur für die Verführten, sondern auch für
die Verführenden."[247]
Seipel führt jenes „Gespräch der Feinde", auf das als Achse der Selbstbehauptung
und als Ansatz für ein neues, erstmaliges Österreich-Bewußtsein die Erste Republik
Österreich angewiesen wäre, in der eigenen Brust. Die Öffentlichkeit erfährt nichts
von diesem Kampf Seipels mit sich selbst. Für die mental naiven, ja „primitiven"
Christlichsozialen, die sich seit Luegers Tagen nach einem Heils-Führer sehnen, erscheint der überforderte, überreizte, kranke Mann Seipel als ihr eiserner Kanzler,
als ihr Bismarck, der endlich Ruhe und Ordnung schafft, der Österreich vom „Bolschewismus" befreien und das Parlament zum Teufel jagen wird. Christlichsoziale
Demokraten von einigem Format sehen in Seipel eine unheimliche Gestalt, der nicht
zu trauen ist[248]: Verrät er nicht die eigene Partei an deren bitterböse Gegner, die
Heimwehren?
Auf dem Sozialdemokratischen Parteitag, Wien, 14. bis 17. September 1928, erklärt Bürgermeister Karl Seitz in seiner Eröffnungsrede im Blick auf einen Heimwehr-
Aufmarsch, der für den 7. Oktober in Wiener Neustadt angekündigt wurde (in
dieser stärksten Festung der Arbeiterschaft, die selbst Hitler noch solche Angst bescherte, daß er während des Balkan-Feldzuges sein Hauptquartier nicht, wie vorge-
sehen, in Wiener Neustadt aufschlug, sondern in einem Eisenbahntunnel bei Mönich-
kirchen): „es scheint, daß dieser selbe Seipel wieder ein Blutbad vorbereiten will ...
Mir kommt es beinahe vor, als ob Seipel ein Sadist wäre, der sich freut, wenn Blut

fließt . . ."[249] In der Debatte findet Seipel einen Verteidiger in dem Schutzbundführer Dr. Julius Deutsch, der als Staatssekretär einst versucht hatte, die Armee zu
demokratisieren. Deutsch: „Genosse Seitz hat den Bundeskanzler mit einem blut-
gierigen Sadisten verglichen. Ich halte diese Charakterisierung für *ganz falsch* (gesperrt im Parteitagsprotokoll). Der Mann ist ein sehr hartnäckiger, ein sehr zäher
Feind der organisierten Arbeiterklasse, aber er persönlich wünscht, wie ich glaube,
gewaltsame Zusammenstöße nicht herbei. Natürlich ist er, wie viele seiner Parteigenossen, heute einer gewissen faschistischen Ideologie näher gerückt als dies früher
der Fall war. Aber ich glaube noch immer, daß im Lager des Bürgertums demokratische Kräfte vorhanden sind."[250]

Der religiös-politische Glaubenskampf im engeren Sinn ist für Seipel und seine
Gegner immer noch, bis zu seinem Lebensende 1932, verbunden mit dem Kampf
um den Anschluß. Die „Arbeiter-Zeitung" hält an ihrem alten Glaubensbekenntnis
fest, daß es im Gegensatz zu Seipels Regierungen Aufgabe der österreichischen
Politik sei, „in unserem eigenen Volke den Anschlußgedanken lebendig zu erhalten
und die künftige Generation mit dem Anschlußgedanken zu erfüllen"[251]. Wir erinnerten bereits kurz an das 10. Deutsche Sängerbundfest, das anläßlich des
100. Todestages von Franz Schubert vom 19. bis 21. Juli 1928 in Wien abgehalten
wurde und eine große Verbrüderung sozialdemokratischer und deutsch-völkischer
Österreicher mit ihren „deutschen Brüdern" in Feiern demonstriert hatte, die in ganz
Europa Aufsehen erregten[252]. Seipel setzt sich in einem Brief an Dr. W. Bauer in
Paris am 30. Juli mit diesen Kundgebungen auseinander. „Der eigentliche Grund,
warum *ich* gegen eine Anschlußagitation bin, liegt im Charakter des österreichischen
Volkes." Dieses erwartet „das Glück von irgendeiner äußeren Wendung, einem Deus
ex machina. Weder im melancholischen Gedenken der Vergangenheit noch in phantastischen Träumen von der Zukunft liegt das Heil. . . . Die Schwäche der Deutschen
in Österreich bestand auch in der Vergangenheit. Das alte Österreich hat seine historische Aufgabe nicht erfüllt, weil die Deutschen in Österreich ihre Aufgabe nicht erfüllt haben. Ich erinnere mich an meine Jugend, wie sehr in der jungen Intelligenz
die Ansicht vertreten war, uns österreichischen Deutschen könne nichts passieren.
Halte das alte Österreich zusammen, dann gut und schön; halte es nicht zusammen,
dann gingen wir einfach zu den anderen Deutschen ins Reich zurück, woher wir gekommen sind!"

Hier folgen nun Erklärungen, die von außerordentlicher Bedeutung sind für
den „deutschen Weg", den Dollfuß und Schuschnigg einschlagen werden. Diese
beiden Männer kennen diesen vertraulichen Brief Seipels historisch nicht, sie stammen aber beide aus jener deutschgläubigen katholischen jungen Intelligenz, die sich
ab 1918 gebildet hatte. Seipel lehnt es hier ab, „ein eigenes ‚Nationalbewußtsein'
künstlich zu erzeugen . . . Dies ist keine gute deutsche und keine österreichische
Konzeption, sondern eine weltfremde französische oder tschechische Vorstellung.
Das heutige Österreich hat niemals für sich allein gelebt — die Österreicher sind ihrer
ganzen Geschichte und Art nach Großstaatmenschen. . . . Unser eigenes Gärtchen
zu bebauen und gegen Entree den Fremden zu zeigen, ist keine Aufgabe für die
Bewohner der karolingischen Ostmark und die Erben der Türkenbesieger."[253] Diese
Schau Österreichs entspricht genau dem Reichstraum einer jungen katholischen Intelli-

genz, die sich für erwählt und verpflichtet hält, das Heilige Römische Reich als ein Heiliges Römisches Reich deutscher Nation zunächst in Österreich zu restaurieren. Es ist auch kein Zufall, daß Seipels „Bekenntnisse" zur „deutschen Nation" im Kampf der Jahre 1933 bis 1938 immer wieder von österreichischen Nationalsozialisten berufen werden.

Im November dieses Jahres 1928 wurde die Erste Republik zehn Jahre alt. Die Führer der Sozialdemokratie feiern sie als ihre Schöpfung[254]. Bundeskanzler Dr. Ignaz Seipel hält bei der Jubiläumsfeier der Wiener Hochschulen im großen Festsaal der Universität *seine* Geburtstagsrede unter dem Titel „Die wahre Republik": Dank an die „Vorsehung". Diese wird immer wieder als Schild ihrer Interessen berufen, von christlichsozialen Politikern, wie Carl Vaugoin, dem Heeresminister. (Hitlers ständige Berufung auf „die Vorsehung" ist ein Leitmotiv aller seiner „großen Reden".) Seipel erklärt hier: „. . . niemals kann ein Teil des Staates, das Recht der Gesamtheit leugnend, sagen: ‚mir allein, uns allein gehört der Staat'." Das ist frontal gegen die sozialdemokratischen Feiern der Gründung der Republik gewandt. „Nicht viel minder schwer ist der Irrtum und die Sünde, die jene Staatsbürger begehen, die sich innerlich und äußerlich dem Staate entfremden." Das ist, wie die folgenden Ausführungen zeigen, gegen ein apathisches, sich apolitisch gebendes Bürgertum gewandt, Menschen, die „zu träge und zu opferscheu sind, um für den Staat einzutreten, oder weil ihnen der Staat, ihr Staat, aus irgendeinem Grunde nicht gefällt"[255]. Seipel vermeidet es, die deutschnationale und nationalsozialistische „Entfremdung" vom Staate Österreich direkt anzusprechen. Kein Wort über den Anschluß.

Der Anschluß: Es ist unmöglich, „festzustellen", ob Seipel, wie seine Epigonen Dollfuß und Schuschnigg, den „deutschen Weg" gegangen wäre, der sehr ungewollt und in Tiefenschichten ihrer Person sehr gewollt, zum Anschluß führte. Tatsache ist: Auf Ignaz Seipel konnten sich vor allem katholische und legitimistische Gegner des Anschlusses berufen, auf seine Konzeption eines unabhängigen Österreich, verbunden mit dem Völkerbund, auf dem Weg zu guten Beziehungen zu den Staaten der Kleinen Entente. Auf Ignaz Seipel konnten sich katholische, deutschnationale und nationalsozialistische Anschluß-Gläubige berufen — was auch vielfach geschehen ist — auf seine Reden über das deutsche Volk in Österreich, auf seine vorsichtigen Hoffnungen auf gute Beziehungen zu einem „geläuterten Nationalsozialismus", der seine „Flegeljahre" hinter sich haben würde: einem Nationalsozialismus, wie Seipel sich ihn vorstellte und dem Zentrum, der großen deutschen katholischen Volkspartei, zur Verbindung anempfiehlt[256]. Tief beunruhigend mußte so das Erbe des bedeutenden Mannes gerade auf seine Glaubensgenossen und Parteifreunde wirken: Sie wußten nach seinem Tode, wie zuvor bei seinen Lebzeiten so oft nicht, wie sie ihn deuten sollten: als Schöpfer eines neuen Staates oder einen sehr eigenwilligen Zerstörer wider Willen.

10. Auf dem Weg zum Anschluß

Für die österreichischen Anschluß-Gläubigen sehr verschiedener politischer und weltanschaulicher Couleurs blieb es offenbar ein Geheimnis, daß sie, diese Österreicher, ihren Anschluß als Erlösung, Erfüllung eines Glaubensaktes, Einlösung einer großen Hoffnung verstanden, als Heimkehr in den Schoß der Mutter Deutschland, während deutsche Kreise den Anschluß nüchtern und brutal als Okkupation verstanden, als Gewinn von Menschenmaterial, Bodenschätzen, Industriematerial, als wirtschaftspolitische und militärpolitische Basis und Brücke zum Balkan[1].

Der „aggressive Imperialismus" des Bismarckstaates sieht die Donaumonarchie als Mittel für ein deutsches „Mitteleuropa" an, in dem in allen Beziehungen die Herrschaftsinteressen der Deutschen tonangebend sein sollten[2]. Die wahren deutschen Absichten in bezug auf die große Beute Donaumonarchie bekundet in seinen Tagebüchern Kurt Riezler, „der als persönlicher Referent und Berater des Reichskanzlers Bethmann-Hollweg der eigentlich überragende Kopf der Reichsregierung war".

Riezler schreibt zum 19. August 1914: „Abends langes Gespräch (mit Bethmann) über Polen und die Möglichkeit einer loseren Angliederung von anderen Staaten an das Reich — mitteleuropäisches System von Differenzialzöllen. Groß-Deutschland mit Belgien, Holland, Polen als engen, Österreich als weiteren Schutzstaat."[3] Riezler 1915: „Gestern lange mit dem Kanzler zusammengesessen, um ihm mein neues Europa, d. h. die europäische Verbrämung unseres Machtwillens auseinanderzusetzen. Das mitteleuropäische Reich deutscher Nation. Das bei Aktiengesellschaften übliche Schachtelsystem, das deutsche Reich eine AG mit preußischer Aktienmajorität ... um das Reich herum einen Staatenbund, in dem das Reich ebenso die Majorität hat wie Preußen im Reich — daher denn Preußen auch in dem Staatenbund die tatsächliche Leitung hat. ... Dann Österreich so behandeln, daß es von selbst hineinwächst. Das wird es und muß es."[4]

Fürst Bülow meint 1916: „Selbst wenn wir diesen Krieg verlieren sollten, werden wir die Partie doch gewinnen, denn wir werden Österreich annektieren."[5] Der 1916 ernannte deutsche Botschafter in Wien, Graf Botho Wedel, wurde zu einer „Relaisstation" zwischen Berlin und Wien, er drängt ständig auf dem Ballhausplatz und ist mit allen bedeutenden österreichischen Anschluß-Gläubigen in Verbindung. Wedel bemerkt 1917 einen Klimawechsel. Die ständigen deutschen Pressionen haben in Wien einen Umschwung geschaffen: „Man kann nicht mehr von Freundschaft sprechen, der Grundton ist Haß und Bitterkeit." Wedel meint, daß bei einer Volksabstimmung die Mehrheit in Deutschösterreich sogar für einen Krieg gegen Deutschland an der

Seite der Entente stimmen würde."[6] Dieses Aufflackern eines österreichischen Selbst-
behauptungswillens erlischt mit dem Scheitern des Kaisers Karl.

Die Weimarer Republik, konkret ihr Auswärtiges Amt, arbeitet zumindest ab 1920
im geheimen in Österreich für den Anschluß. Die Berliner Regierung unterstützt
mit Geld, Druckschriften, Politik, Industrieverbindungen alle Anschlußbemühungen
in Österreich[7], sie steht in der großen Kontinuität, die seit Friedrich II. von Preußen zweihundert Jahre lang Österreich unterminierte, um die reichen böhmischen
Lande und die habsburgischen Erbländer im Raum des heutigen Österreich sich ein-
zuverleiben. Die Berliner Regierung leidet an einem Karl-Trauma[8] (wie führende
Sozialdemokraten und Entente-Politiker): Sie sieht in den „Karlisten" (wie sie sich
ausdrückt), in den österreichischen Legitimisten ihre Erzfeinde. Dieses Berlin reagiert
gegen diese Österreich-Gläubigen so bitterböse wie später Hitler. Bereits 1920 fürchtet die Wilhelmstraße christlichsoziale und besonders legitimistische Schachzüge gegen
ihre Anschlußpolitik. In diesem Sinne unterstützt Berlin die am 20. Juni 1920 in
Wien gegründete „Deutsche Arbeitsgemeinschaft" und die Bildung der „Großdeutschen
Volkspartei" am 8. August 1920. Der deutsche Botschafter Graf Wedel warnt 1919
Berlin vor allzu großen Hoffnungen auf eine große Beute (10. Mai 1919). Natürlich
ist der Kampf um eine Angliederung Deutsch-Österreichs fortzuführen. „Aber eines ist
zu bedenken: das heutige Deutschösterreich ist nicht mehr das alte Österreich-Ungarn.
Das heutige Deutschösterreich ist kein Absatzgebiet für unsere Industrie, das heutige
Österreich umfaßt nicht jene Kohlenlager, jene Eisenwerke, jene Zuckerrübengebiete,
jene ungeheuren Getreidefelder. ... Es ist wirtschaftlich minderwertig geworden."[9]
Das ist eine neue Form der von Preußen-Deutschen immer wieder berufenen „Min-
derwertigkeit" Österreichs: zuerst wurde es glaubensmäßig, dann kulturell, dann
militärisch, dann politisch als „minderwertig" angesprochen. Dann aber überzeugen
sich deutsche Politiker, Industrielle und Militärs, daß dieses Österreich doch recht
brauchbar war und seine Okkupation ein Gewinn für die Weimarer Republik darstellt.

Lückenlos war Österreich bereits am Vorabend von Königgrätz 1866 ausspioniert
worden. Jetzt arbeiten deutsche Agenten unermüdlich in der Erkundung und Be-
einflussung der politischen Verhältnisse in Deutschösterreich. Besonders bemüht sich
Berlin zunächst um Tirol: Sonderbeauftragte werden entsandt, Zeitungen und Ban-
ken gegründet, jede wie immer geartete Unterstützung wird den Anschlußanhängern
gewährt. „Sogar die Volksabstimmung vom April 1921 ist vom Reich bezahlt worden." Das vermerkt der im heutigen „nationalen", deutschgläubigen Lager in Österreich stehende Historiker Nikolaus von Preradovich[10]. Kurz vor seiner Abberufung
aus Wien im März 1921 verfaßt der deutsche Gesandte Rosemberger einen ausführlichen Bericht („Anschluß und Prager Abkommen"): Er ersucht Berlin dringend um ein
Entgegenkommen Österreich gegenüber in der Wirtschaft, um eine „wärmere" Politik gegenüber Österreich. Er zeigt sich erbittert über die Verachtung Österreichs, wie
sie in der deutschen Presse so beredt zum Ausdruck kommt. Alles das behindere sehr
die Berliner Politik in Österreich[11].

Ständig strömen Gelder aus Berlin nach Wien, so zur Unterstützung des Österreichisch-deutschen Volksbundes (Juni 1925), in dem Hermann Neubacher, wohl der
intelligenteste aller in Wien arbeitenden österreichischen Nationalsozialisten, in

besten Beziehungen zu sozialdemokratischen und christlichsozialen Politikern stehend, die erste Geige spielt[12]. Erfreut berichtet Hugo Graf Lerchenfeld 1927 über seinen neuen Posten als deutscher Gesandter in Wien: Der deutsche Gesandte habe in Wien die Möglichkeit, weit mehr auf die inneren Verhältnisse des Landes einzuwirken als jeder andere Gesandte. Deshalb brauche er viel reichere finanzielle Mittel. Berlin hat sich eine eigene Sprachregelung geschaffen: Die Konzeption einer „österreichischen Nation" wird als französische Kulturpropaganda abgetan, die Bezeichnung „Österreichisches Volk" wird dezidiert abgelehnt. Gerade das letzte Jahrfünft der Weimarer Republik sieht die offizielle Berliner Politik strikt an ihrer Anschluß-Ideologie festhalten, und an ihrer Anschlußpraxis durch finanzielle Unterstützung von Parteien, Zeitungen, Clubs, einzelnen Persönlichkeiten, die sich in den Dienst dieser ihrer Anschlußarbeit stellen[13]. Vor Weihnachten 1928 sagt Seipel zu Lerchenfeld, dessen intransigente antiösterreichische Politik ihn beunruhigt: „. . . man spricht doch auch vom preußischen oder bayerischen Volk", warum dürfen wir, wenn es nach Ihnen ginge, nicht von einem österreichischen Volk sprechen?"[14]

Wir erinnern die außerordentliche Rolle, die im Dienst Bismarcks und auch nach ihm, im Dienst der Berliner Regierung, die „Neue Freie Presse" unter Führung von Moriz Benedikt gespielt hat. Im kritischen Jahr 1929 wird eifrig ein Projekt ventiliert: Ullstein in Berlin soll sich an der „Neuen Freien Presse" beteiligen (Bericht an das Auswärtige Amt, Berlin, 8. März 1929). Die „Neue Freie Presse" blieb — von Schuschnigg monatlich subventioniert — das vornehmste Organ deutsch-österreichischer Orientierung nach Berlin. Sie war auch die einzige Zeitung, die nie im Hitler-Staat verboten wurde, gerade in den konfliktreichen Jahren ab 1933[15]. Im März 1931 hält ein Dokument des Auswärtigen Amtes fest: „Der Anschluß ist ein selbstverständliches Ziel der deutschen Politik." Am 9. Dezember 1932 telegraphiert der neue Reichskanzler Kurt von Schleicher an Dollfuß: „Nachdem mich der Herr Reichspräsident an die Spitze der Reichsregierung berufen hat, drängt es mich, Ihnen Herr Bundeskanzler, meine aufrichtigen Wünsche für das Wohlergehen des deutschen Volkes in Österreich zu übermitteln."[16]

Der „Anschluß" ist undenkbar ohne die politische Arbeit der Pennalien und Hochschulkorporationen, die ungebrochen, ja verstärkt fortsetzen, was sie zwischen 1870 und 1914 getan haben: die Heimkehr nach Deutschland vorzubereiten[17]. Ihre Arbeit verstärkt sich und radikalisiert sich 1918—1938 durch folgende Elemente: Der Zusammenbruch von 1918 ist für ihre Alten Herren und Studenten, die jetzt, vielfach als entlassene Offiziere, von den Schlachtbänken heimkehren, eine volle, blutige Bestätigung ihres alten Glaubens an die Lebensunfähigkeit der Donaumonarchie. Ungebrochen bleibt ihr Glaube an die deutschen Armeen. Die deutschen Niederlagen gehen nicht in ihr politisches Bewußtsein ein. Hindenburg und Ludendorff bleiben für sie die Heerführer der immer siegreichen deutschen Armeen, die eben dem Dolchstoß aus dem Rücken erlagen: durch die „Novemberverbrecher", durch die Juden, durch das westliche Großkapital, das eben mit Hilfe des „Schwarzen", des Bundeskanzlers Seipel und durch die Genfer Protokolle in ein Spinnennetz verflochten wird, das den Anschluß verhindern soll[18].

Diese neue Radikalisierung wird verstärkt durch die Invasion aus Böhmen und Mähren, durch die „Sudetendeutschen", die jetzt bei ihren Sangesbrüdern und

Kommilitonen in Österreich Aufnahme finden wie vor 1914, jetzt aber noch bedeutend intensiviert. Wien wird überflutet von den „deutschen Brüdern", die im Staat des Thomas Masaryk alle nationalen Hoffnungen enttäuscht sehen. Graz, Klagenfurt, Linz, Leoben empfangen ihre Glaubensgenossen, die sich vielfach als Vertriebene erleben, als eine Irredenta, die nach Österreich emigrierte und hofft, mit Hilfe des Kampfes um den Anschluß Österreichs an Deutschland den Anschluß der „Sudetenländer" vorzubereiten. Mit Recht haben Sudetendeutsche und ihre Freunde 1938 in Wien, nach dem Anschluß Österreichs, und 1939 in den von der Tschechoslowakei an Deutschland abgetretenen Gebieten diesen gemeinsamen vorbereitenden Kampf um den Anschluß ab 1938 in Wort und Schrift herausgestellt[19].

Eine breite Basis für diese „nationale Arbeit" bilden, wie vor 1914, die Pennalien. Bereits am 13. Mai 1918 konstituieren sie sich im „ostmärkisch-pennalen Burschenverband". Die „Ostmark"-Pennälerverbände entfalten ein reges politisches Leben. 1967 klagt ihr verdienstvoller Historiker O. Waas, daß sich der erste Stoß des Dollfuß-Regimes gegen die Pennalien richtete: „Der erste Schlag, der überhaupt von den Machthabern gegen die nationalen Verbände Österreichs geführt wurde, war die Aufhebung der Koalitionsfreiheit der österreichischen Mittelschülerschaft" am 31. Mai 1933[20]. Was die Regierungen der franzisko-josephinischen Ära nie in seiner ganzen Wucht zur Kenntnis nehmen wollten, kannten die Männer um Dollfuß bestens aus eigenen Erfahrungen. In ihren Mittelschulen regierten vielfach diese nationalen Pennalien, und sie wußten — auf ihre Weise —, daß diese Mittelschüler keine Gnade kannten: Nie waren sie zu einer Anerkennung eines selbständigen Österreich bereit. Am 13. März 1938 zeigte es sich: Diese Pennalien hatten ungeschwächt „die Verfolgungszeit" überstanden — im Untergrund, im Schutz ihrer Alten Herren, die in so vielen Spitzenpositionen in der hohen Beamtenschaft, im Schulwesen, im Gerichtswesen saßen. Lustvoller Untergang: Sie schmelzen sich ein in den großen Schoß der Mutter Germania, wollen kein Eigenleben mehr führen, enden dieses mit Festkommersen, die ihre Selbstauflösung froh bekunden: am 23. April 1938 in Wien, am 25. Juni 1938 in Graz.

Was für den Nichtgläubigen als ein brisantes Gemisch von Illusionen, von Selbsttäuschungen erscheint, bietet sich dem Auge des Gläubigen als ergreifende Bekundung des Glaubensbekenntnisses dar. In der Bundesrepublik Deutschland sind in den letzten Jahren eine Reihe von Untersuchungen über den „Selbstverrat" der „deutschen Universität" erschienen[21]. In Österreich gibt es nichts dergleichen. Dies Phänomen entspricht den Verdeckungen, die in der Zweiten Republik überdachen, was nicht berührt werden soll. Dies Phänomen weist aber auch auf den sehr komplexen Sachverhalt in Österreich hin: österreichische Universitätslehrer verstehen sich selbst 1918 bis 1938 als Diener des Staates, eben als Deutsch-Österreicher, als loyale Beamte. Sie werden deshalb auch nur zu einem geringen Prozentsatz Nationalsozialisten. Sie praktizieren ihren Glauben an Deutschland und ihre Arbeit für den kommenden Anschluß vorzüglich in Abwehrleistungen. Sie halten die Universität, die Hochschulen frei, rein, deutsch-rein, indem sie keine prononcierten Österreicher und „natürlich keine Juden" zur Habilitierung zulassen, wo sie dies verhindern können, also vorzüglich an der Philosophischen Fakultät, wo Geschichte und Deutsch *die* nationalen Bastionen am eindrucksvollsten verkörpern. Sie praktizieren ihren Glauben an Deutschland sodann als Sympathisanten: als Förderer aller „nationalen" Studenten, in ihrer publizistischen Tätigkeit in nationalen Organen, in ihrer Mitgliedschaft zunächst im „Österreichisch-Deutschen Volksbund".

Als ein Modell dieser deutsch-österreichischen Professoren, die sich meist gerade als Deutsch-Österreicher als „gute Österreicher" verstanden, seien hier kurz österreichische Historiker vorgestellt. Ihr Glaube an Deutschland, an die deutsche Mission Österreichs, bekundet 1914—1918 die Engpaßführungen, die das franzisko-josephinische Reich geschaffen hatte. Diese deutsch-österreichischen Historiker besitzen kein Organ für die nichtdeutschen Völker der Donaumonarchie, die in ihren Historien und vor allem in ihren Forschungsarbeiten „nicht vorkommen" (wie mir in den dreißiger Jahren bedeutendste Köpfe rückerinnernd bestätigten)[22]. Sie gehören vor 1914 oft Burschenschaften an. Ein Mann wie Rudolf Geyer wurde da Vorstand des extrem nationalen Deutschen Klubs. Der Zoologe Paul Samassa wirkt 1900 bis 1909 als Geschäftsführer des „Alldeutschen Verbandes" in Berlin. Die Festschrift zum fünfundzwanzigjährigen Gründungstag des akademischen Vereins deutscher Historiker 1914 bezeugt ein Motiv der Selbstsäuberung dieses Vereins: „Man fühlte sich nicht mehr wohl in einem Verein, dem auch (in den ersten Jahren) Angehörige anderer, feindlicher Nationalitäten angehört hatten[23]. Deutsch-nationaler Chauvinismus verbindet den deutsch-jüdisch-liberalen Historiker Heinrich Friedjung, der, begeistert vom Ultimatum 1914, nach Krieg lechzt und bereits 1909 den Einmarsch nach Serbien gefordert hatte[24], mit dem Tiroler christlichsozialen Historiker und Politiker Michael Mayr. Mayr kämpft im Jahrzehnt vor 1914 gegen die „Verwelschung" Tirols, verlangt in schärfsten Tönen eine Eindeutschung ganz Tirols. Die italienischen Faschisten hätten sich auf ihn in der Mussolini-Ära berufen können. Mayr war in seiner Wiener Zeit stark beeindruckt worden durch seinen Verkehr mit der Burschenschaft „Bruno-Sudetia". Mayr besitzt eine machtvolle Position an der Universität Innsbruck. Von Mai 1920 bis August 1921 ist er Bundeskanzler[25]. August-September 1914 erfaßt die „Große Stimmung" einer einhelligen „flammenden" Kriegsbegeisterung einen Ludwig von Pastor (den späteren „klassischen" Historiker des Papsttums, der dann auch noch österreichischer Gesandter am Vatikan wird), ebenso wie den erzkatholischen Popular-Historiker Heinrich von Kralik, wie den deutsch-nationalen, in seiner Spätzeit nationalsozialistischen Hans Uebersberger, der als Referent für Osteuropafragen im Österreichisch-ungarischen Außenministerium 1907 bis 1918 und in zahlreichen Veröffentlichungen einen rabiaten nationalistischen Haß gegen Rußland weithin wirksam verbreitet. Uebersberger gilt als *die* Autorität für Osteuropa, für Rußland, Serbien und den Balkan[26].

Es ist bedeutsam, im Blick auf den späteren „deutschen Weg", den Seipel und Dollfuß gehen werden und der durch eine deutschgläubige schmale, aber einflußreiche katholische Intelligentsia vorbereitet wird, die Eruptionen dieses Barden der deutsch-österreichischen katholischen Literatur und „Dichtung", Heinrich von Kralik, zu vernehmen. In drei sehr stark besuchten Vorträgen in der Wiener Urania verkündet dieser Mann, der sich selbst als Historiker und Prophet versteht: „Belgrad ist unser Troja, das Troja der österreichischen Ilias unverwelklichen Heldenruhmes. . . . Wir müssen Troja erobern. . . . Ja, selbst wenn wir . . . darüber zugrundegehen sollten, so war es eine Lebensfreude, das erlebt zu haben, es war des Erlebens wert!"[27] Eine einsame Warnung ertönte wohl im Spätherbst 1914, als Richard Charmatz eine Broschüre „Österreich-Ungarns Erwachen" verfaßt. Darin kritisiert er die ungeheuerliche Geringschätzung der kleinen Nationen in der Monarchie durch die Deutschen und Magyaren.

Am 20. September 1914 hält der Vorsitzende des Alldeutschen Verbandes Heinrich Class eine Rede im Deutschen Klub in Wien: Er meldet hier eine Fülle von Forderungen der Deutschen an, die durch diesen Krieg erfüllt werden müssen[28]. Der Deutsche Klub war der gesellschaftliche Mittelpunkt der „nationalen" Intellektuellen Wiens. Vorsitzender war Professor Rudolf Geyer. Anwesend waren bei dieser denkwürdigen Veranstaltung Hans Uebersberger, Harold Steinacker, Paul Samassa (als Historiker), J. M. Baernreither als prominenter deutsch-liberaler Politiker, und Michael Hainisch, der spätere Bundespräsident, der dann im Juli 1927 eine so außerordentlich klägliche Rolle spielte (er fuhr zur Murmeltierjagd nach Tirol. Karl Kraus hat ihn „unsterblich" gemacht)[29]. Nach diesem Vortrag sagt hier Uebersberger: die Slawen müssen zur Gänze unterworfen werden. Nach dem Krieg muß „eine Art Militärdiktatur" errichtet werden. An diesem Abend erfahren diese österreichischen Historiker und ihre Gesinnungsgenossen in Politik und Wirtschaft, wie viel Deutschland braucht, durch diesen Krieg: so die Eindeutschung der „Ostseeprovinzen", des Baltikums[30]. Raimund Friedrich Kaindl (1904 Professor für österreichische Geschichte in Czernowitz, ab 1915 in Graz), der Historiker der Karpatendeutschen, vertritt in diesen Kriegsjahren — und nachher — eine rücksichtslose deutsche Kolonisierung. Einen bedeutenden Mitkämpfer für seinen Kampf um eine enge Union Österreich-Deutschland, vorbereitet durch einen Zoll-Verein, findet er in dem Althistoriker der Innsbrucker Universität Rudolf Scala. Kaindl klagte gleichzeitig bitter über das geringe Interesse für die Österreicher in Deutschland[31].

Im Winter 1914/15 steht in Wien ganz groß „Mitteleuropa" zur Debatte: Friedrich Naumann, der Schöpfer dieser Konzeption, war bereits im Winter 1899 in Wien gewesen, hatte sich mit Renner, Charmatz, Philippovich getroffen. Jetzt fällt der alten „idealistischen" Mitteleuropa-Idee und -Bewegung die Maske vom Gesicht: Es geht nicht mehr um eine freundliche Konföderation der in „Mitteleuropa" lebenden Nationalitäten unter einer gewissen Patronanz Deutschlands, sondern um brutale Machtpolitik[32]. Deutsch-österreichische Industrielle treffen sich mit diesen „unseren" Historikern, arbeiten Denkschriften und Programme aus für die zukünftige Ausbeutung der slawischen Lande[33]. Eine besonders wichtige Gruppe von Parlamentariern, Industriellen und Gelehrten sammelt sich um J. M. Baernreither und Gustav Marchett in Wien. Als publizistischer Einpeitscher ist Uebersberger tätig: Er schreibt gleichzeitig in der „Neuen Freien Presse", in deutschen Zeitungen, in den einflußreichen „Süddeutschen Monatsheften" (so im Februar 1915). Sein Glaubensbekenntnis lautet, hart und schrill: Alle Slawen in Österreich-Ungarn sind russophil, sind an sich Verräter. Viele österreichische Historiker haben Österreich schwer geschadet, an ihrer Spitze ist Uebersberger zu nennen, der, ohne Einspruch bei seinen Kollegen zu finden, den Austroslawismus zertrümmert, die tschechischen Patrioten aus Österreich jagt und für die Hexenjagd auf sie durch die Militärgerichte verantwortlich ist[34]. Diese deutsch-österreichischen Historiker sehen nicht die schlichte Tatsache, daß 44 Prozent der Soldaten der Kaiserlich-königlichen Armeen Slawen sind.

Hans Uebersberger arbeitet mit Heinrich Friedjung, Michael Hainisch, Eugen von Philippovich eine „Denkschrift aus Österreich" aus, die als Manuskript in Leipzig 1915 gedruckt wird und an alle führenden Männer in Deutschland und Österreich — Kaiser Wilhelm und dem preußischen Generalstab an der Spitze — versandt wird, und eingreifende Dankschreiben der Adressaten erhält[35]. Heißer Dank kommt von Ludendorff und Falkenhayn, von Bethmann-Hollweg und seinem Staatssekretär Jagow, von Hertling (dem späteren Reichskanzler), vom König von Bayern. Beethmann-Hollweg lädt Friedjung zur mündlichen Aussprache ein (25. Oktober 1915). Begeisterte Zustimmung der Berliner Professoren: an ihrer Spitze Koryphäen wie Schmoller und Oncken. Krupp und andere führende Männer der deutschen Großindustrie stellen sich ein, wobei deutsche Industrielle jedoch des öfteren eine gewisse Zurückhaltung wahren. Sie fürchten, in diesem Großprojekt nur die Gebenden sein zu müssen[36]. In Rücksicht auf die Angst österreichischer Industrieller, von Deutschland gänzlich überrollt zu werden, sprach sich diese „Denkschrift" über die wirtschaftliche Ausbeutung des neuen Großraumes behutsam aus. Um so massiver die politischen Intentionen und Forderungen: Die Slawen, besonders die Tschechen, sind hart zu unterwerfen und zu überherrschen. Breit befaßt sich die „Denkschrift" mit der Schaffung eines „gewaltigen, von der Nordsee bis nach Innerasien reichenden mitteleuropäischen Blocks": So werden auch alle Hoffnungen der islamischen Welt erfüllt. Österreichische Historiker als Erfüllungsgehilfen eines „phantastischen deutschen Nationalismus", eines wilhelminischen Imperialismus, den sie gar nicht durchschauen, da sie glauben, durch diese „Zusammenarbeit" ihrem Österreich am besten dienen zu können: einem deutschen, von slawischen und anderen schmutzigen Elementen gereinigten Deutsch-Österreich.

Raimund Friedrich Kaindl verkündet die Frohe Botschaft: Deutschland hat die sittliche Verpflichtung, sich in die innenpolitischen Verhältnisse in Österreich-Ungarn einzumischen[37]. Er verkündet dies in vielen Aufsätzen. Kaindl ist eine der stärksten publizistischen Begabungen unter diesen österreichischen Historikern, neben dem fast unübertrefflichen Uebersberger. Weihnachtsbotschaft: Am 23. Dezember 1915 wird eine von 855 deutschen Hochschullehrern Österreichs unterzeichnete Erklärung durch eine Deputation von Professoren der Wiener Universität dem Ministerpräsidenten, dem Unterrichtsminister, dem Minister des Inneren, dem Handelsminister und last not least dem Minister des Äußeren überreicht: Sie fordert einen „engen Zusammenschluß Österreich-Ungarns mit dem Deutschen Reich — und gemeinschaftliches Auftreten nach außen"[38]. Am 25. Dezember proklamiert Kralik in der „Reichspost" den „Weltbund der Zentralmächte" als „das unzerstörbare Ergebnis des klärenden Weltkrieges für die ganze folgende Weltperiode". Dieser Bund wird sich zweifellos bis an den Persischen Golf ausdehnen. Österreichs Beruf sei es, „dem Deutschen Reich als dessen erweiterte Ostmark in politischer und kultureller Arbeit zur Seite zu stehen"[39].

Kralik hatte sich bis 1914 in vielen Schriften als Superkatholik, als Superösterreicher vorgestellt, hatte seinen Glauben an die Mission des katholischen Österreich verkündet. Jetzt präsentiert er sich in der „Reichspost" als Supersatellit und bietet Österreich als „erweiterte Ostmark" auf dem Präsentierteller dem deutschen Imperialismus an. Kraliks Selbstverständnis „in dieser großen Zeit" im Ersten Weltkrieg ist ein Vorzeichen des Deutschland-Glaubens jener jungen katholischen Intelligenz, die vor allem in Wien den „deutschen Weg" von Dollfuß und Schuschnigg vordenken, immer im Glauben, auf diese Weise ihrem Österreich bestens zu dienen. Als Friedjung in diesem Dezember 1915 endlich vom Reichskanzler Bethmann-Hollweg empfangen wird, erlebt er dieselben Enttäuschungen, die gleich nach Kriegsende Ludo Hartmann als Vertreter Otto Bauers in Berlin erleben wird ...[40]

Die rabiate annexionistische, deutsch-chauvinistische publizistische und politische Tätigkeit österreichischer Historiker trägt reiche Früchte des Verderbens in diesen mittleren Kriegsjahren. Michael Mayr erbittert auch noch die letzten österreichischen Italiener durch seine Forderung nach einem weit ins italienische Land vergrößerten Südtirol, mit Gebietsabtrennungen italienischen Bodens (1916). Er plädiert für eine künstliche Eindeutschung der italienischen Namen in Welschtirol (Ende Juni 1916). Die Faschisten um Tolomei hätten sich auf ihn berufen können ...[41] Eine unübersehbare Tragweite für die Abwendung der nichtdeutschen Nationalitäten der Monarchie hat die Verhängung des Todesurteils im Juni 1916 über Dr. Karl Kramář und seine Mitangeklagten. Die letzten Austrophilen wurden damit buchstäblich hinausgepeitscht aus der Monarchie. In der Formulierung der Urteilsbegründung hat der unersetzliche Uebersberger mitgewirkt. Josef Redlich erinnert sich an diese Katastrophe für Österreich: Jetzt schwindet die letzte Hoffnung für die Massen der Tschechen, Slowenen, Südslawen und Rumänen, daß sie im Falle eines Sieges der Mittelmächte einer besseren Zukunft entgegengehen[42]. Jetzt erst bekommt die Ententepropaganda ihre große Chance, für eine Auflösung der Donaumonarchie zu plädieren. Ludwig von Pastor unterbricht 1916 die Arbeit an seiner Papstgeschichte, um eine Huldigungsschrift über Conrad von Hötzendorf zu verfassen. Noch am 6. August 1918 rühmt er sich dieser patriotischen Tat in einem Brief an Erich Marcks nach Berlin[43]. Alphons Dopsch, mein großer Lehrer, eine unvergeßliche Erscheinung, ein Historiker von Weltrang, dessen Thesen über den kontinuierlichen Wandel der Antike zum Mittelalter heute noch, vielfach auch im angelsächsischen Raum, diskutiert werden, sieht 1917 Österreichs Aufgabe darin, eine deutsche Ostmark zu bilden[44]. Mit ihm stimmen nahezu alle Historiker überein.

Für den so denkwürdig verengten nationalistischen Glauben dieser deutschösterreichischen Professoren hatte Eduard Bernatzik in seiner Wiener Rektoratsrede von 1910 ein signifikantes Bekenntnis abgelegt. Professor Bernatzik dementiert da Grillparzer, dessen politische Verse, Sprüche, Maximen, Notizen mehr Wissen um die österreichische Problematik bezeugen als ein Schock dieser Professoren: Höchste Kultur ist nur durch Nationalität möglich. Grillparzers Dictum: „Von der Humanität durch die Nationalität zur Bestialität" sei für Österreich nicht gültig[45]. Bernatzik übersieht da unter anderem, daß die Wiener Universität seit Jahrzehnten ein Tummelplatz von Barbareien ist, die sich Woche für Woche in der Niederknüppelung und Austreibung jüdischer, katholischer, sozialistischer, slawischer, italienischer Studenten zeigen[46].

Am 15. November 1917 erscheint eine neue Zeitschrift: „Österreich". Hier demonstrieren diese deutsch-österreichischen Professoren, wie sie sich ihr Österreich vorstellen, wie es morgen aussehen muß. Auffallend ist jetzt hier der Name „Österreich". Die Vermutung, daß hier vielleicht eine Besinnung auf ein spezifisch österreichisches Selbstbewußtsein einsetzen würde, wird rasch enttäuscht. Einen einzigen Ansatz in dieser Richtung bringt hier Wilhelm Bauers Essay „Die Entdeckung Österreichs". Tonangebend für die meisten Beiträge ist Ludwig Bittner (hier 1918!): „Österreich ist für Deutschland Grenzmacht und Grenzwacht ... und die Brücke für den deutschen Ausdehnungsdrang nach Osten ..."[47] Die publizistischen Arbeiten dieser sehr prominenten österreichischen Historiker zeigen 1917/18, bis zum bitteren Ende, daß sie von der österreichischen Tragödie, vom Wesen dieses Krieges, vom Unwesen des deutschen Imperialismus nichts verstehen.

Heiße Erwartung des Endsieges, 1917/18. Kaindl verlangt im April 1917, daß das Territorium der alten Herzogtümer Auschwitz und Zator als altes Reichsland Österreichisch-Schlesien angegliedert werden soll[48]. Friedjung fordert 1917/18 die Niederwerfung der Tschechen in Prag und kämpft böse und hinterhältig gegen die Friedenspolitik Heinrich Lammaschs in der „Vossischen Zeitung" in Berlin (in dieser alten Feindin Österreichs) und in der „Neuen Freien Presse"[49]. Jubel allseits über den Friedensvertrag von Brest-Litowsk (3. März 1918), der Rußland ein Über-Versailles bescherte, und als abschreckendes Beispiel, wie Berlin und sein Satellit Wien „Frieden machen", letzte Österreich-Freunde in Frankreich und England von diesem „Wiener Sklaven" Berlins abstieß. In der „Neuen Freien Presse" jubelt Hans Uebersberger (5. März 1918): „Eine solche Zertrümmerung und Zerstückelung eines Weltreiches durch einen Friedensvertrag kennt die Weltgeschichte nicht." Rußland verliert alle Erwerbungen Peters des Großen, Katharinas und darüber hinaus! Auch Kralik entwirft in der „Reichspost" Aufteilungspläne: „Rußland soll 40 Millionen Menschen aufgeben." Es wird ein sekundärer Binnenstaat ohne Häfen, ohne Meer, ohne Verkehr. Hier feiert die dementia Austriaca Triumphe: Ein „österreichischer Wahn", der angesichts des eigenen Unterganges sich die deutschen Planungen zu eigen macht, die seit dem hohen 19. Jahrhundert im Wilhelminischen Reich zur Debatte standen[50].

Nach dem Zusammenbruch 1918 wird diese Geistigkeit, wird dieser Anschlußglaube unbeirrt weiterverkündet, wobei neben Uebersberger besonders Alphons Dopsch federführend auftritt. Das Buch „Deutschland — wir kommen! Stimmen aus dem geistigen Deutsch-Österreich für den Anschluß an Deutschland" (Halle 1919) versammelt diesen Chor der deutschgläubigen Professoren. Dopsch rät hier dringend, sich wirtschaftlich von den slawischen Nachfolgestaaten abzuschließen[51]. Das fordert ein Historiker aus dem alten Böhmen, der als Wirtschaftshistoriker mit unendlicher Geduld den Spuren der Erhaltung der spätantiken wirtschaftlichen Beziehungen im Römischen Reich und in den germanischen Nachfolgestaaten nachgegangen war, um die Kontinuität der alteuropäischen Kultur zu verifizieren: kein totaler Bruch, sondern ein Übergang in vielen Variationen vermittle die Antike zum Mittelalter! Wie naheliegend wäre es gewesen, dies auf den Zusammenbruch der Donaumonarchie zu beziehen ... Uebersberger, der so lange Jahre Berater kaiserlicher Regierungen gewesen war, begrüßt hier den Zerfall Österreich-Ungarns. Der Zusammenbruch hat Österreich von seiner slawischen Fessel befreit. Die Deutschen Österreichs sind „der undankbaren Aufgabe ledig, ... den einigenden Kitt für das Habsburgerreich bilden zu müssen"[52]. Jetzt erfüllt sich der Traum der Väter nach 1866.

Wilhelm Erben fordert Ende 1918 in der Zeitschrift „Österreich" die österreichische

Historikerschaft auf, „Vorbedingungen für ein dauerndes Zusammengehen" mit dem Deutschen Reich zu schaffen. Preußen muß stärker anerkannt werden in Österreich[53]. Das ist die totale Kapitulation. Über zweihundert Jahre lang hatten die Könige in Berlin alles getan, um Österreich zu zermalmen. Jetzt wird Preußen der Kopf Österreichs auf dem Teller präsentiert — wobei diese österreichischen Historiker keine Ahnung haben, was Preußen 1918 konkret ist. Erben betont die „Kolonialnatur der Ostmark". Österreich eine Kolonie Preußens, eine Kolonie von Preußen-Deutschland. Das formulieren als Desiderat österreichische Historiker in einem weltgeschichtlichen Moment, in dem von Sachsen bis zu den Rheinlanden, von den Hanse-Städten bis Bayern die seit 1866, dann seit 1871 überherrschten „deutschen Stämme" (um in der phantastischen Sprache dieser Deutsch-Österreicher einzukehren) los von Berlin, los von Preußen wollen. Resignierend bemerkt ein großer österreichischer Historiker, der erst in der Zweiten Republik einen Lehrstuhl in Wien erhielt, obwohl er lange zuvor in seinem Lebenswerk der österreichischen Historiographie gedient hatte, Alphons Lhotsky: „Und niemand fand sich bereit und fähig, das Geschichtsbild des neuen Österreich auf Grund einer umfassenden Revision des alten zu prägen"[54].

1936 veröffentlichen mit dem Druckort Salzburg-Leipzig sechzehn Historiker und verwandte Geisteswissenschafter, eine Prominenz, einzig dastehend in Österreich, einen Sammelband: „Österreich — Erbe und Sendung im deutschen Raum." Als Herausgeber zeichnen Josef Nadler und Heinrich von Srbik. Das ist ein Manifest, ist eine Warnschrift. Sie will die deutsche studentische Jugend in Österreich warnen, sich nicht auf die Versuche der Regierung einzulassen, ein spezifisches „Österreich-Bewußtsein" zu schaffen. Diese Schrift will „durch Einsichten in die Geschichte Österreichs Irrtümern der Gegenwart ... wehren und gangbare Schlagworte in ihrem Kurswert ... mindern". Diese Herren wissen sich „als Sucher der Wahrheit und Erzieher der Jugend". Die „Irrtümer der Gegenwart" und die „gangbaren Schlagworte" sind die freventliche Behauptung, es gäbe ein unabhängiges Österreich, es müsse ein unabhängiges Österreich geben. ...

Dieses Buch „wendet sich an jeden Deutschen", der sich für Österreich interessiert. „Das Buch ist aus dem Glauben geboren, daß es eine Wahrheit gibt, auf die sich das Einverständnis aller Einsichtigen vereinen läßt. Was wären wir Deutsche ohne diesen Glauben!"[55] Österreicher sein heißt an Deutschland glauben, an diese „tausendjährige Verbundenheit". Karl Lechner, der aus der „katholisch-deutschen" Jugendbewegung in Österreich hervorgegangen ist und sich zeitlebens als überzeugter Katholik weiß, schließt seinen Essay, Besiedlung und Volkstum der österreichischen Länder, mit dem Credo: „Vergessen wollen wir österreichischen Deutschen nicht, daß eine fast eineinhalbtausendjährige germanisch-deutsche Vergangenheit — im Kampf gegen Romanentum, gegen Slawentum, gegen östliche Barbarei (das ist die unheilige Dreifaltigkeit für diese Engführung österreichischer Geschichte in den Händen dieser Deutsch-Gläubigen) ihre Rechte geltend macht, die kein Geschehen auslöschen kann und daß die Quellen unserer Kraft liegen in deutschem Volkstum und Kirche."[56]

„Deutsches Volkstum und Kirche": Hier bekundet sich jene Zusammenarbeit katholischer deutschlandgläubiger Historiker und Intellektueller mit ihren „nationalen" Genossen, die für den Schuschnigg-Staat geistespolitisch und universitätspolitisch den

„deutschen Weg" legitimiert. Mein großer Lehrer Hans Hirsch bemerkt hier doch in bezug auf die karolingische, dann ottonische Ostmark: „An sie knüpfen die Erinnerungen aller an, die mit Recht von Österreichs tausendjähriger Geschichte reden ... Unser Österreich wird schon in seinen Anfängen vom Licht umflossen, das von der deutschen Kaiserherrlichkeit ausstrahlt, die hier dann auf Jahrhunderte hinaus ihren Mittelpunkt und ihre festeste Stütze finden sollte."[57] Mein bedeutender Lehrer Otto Brunner verteidigt die Habsburger: „Kaiserpolitik ohne Hausmacht (war) schlechterdings nicht denkbar. Ohne sie gibt es keine Kaisermacht."[58] Ich zitiere nun in diesem Zusammenhang einige Passagen aus diesem Sammelband, da sie zeigen, wie sehr gerade einige der prominentesten dieser deutschgläubigen Historiker sich als Österreicher verstehen. Ihre Schüler, ihre Studenten hörten aus ihren Vorlesungen das All-Deutsche heraus, ein breiteres deutsch-österreichisches Leser-Publikum sollte doch mit einigen Verdiensten dieses alten Österreich bekannt gemacht werden.

Heinrich Kretschmayr (illegaler Nationalsozialist, im Schuschnigg-Staat mit Pflichtvorlesungen über österreichische Geschichte für alle Studenten beauftragt) verteidigt die habsburgische Gegenreformation. Er selbst ist Protestant. „So ist der Kampf der habsburgischen Brüder gegen die deutschen Protestanten ebenso gut wie als Religionskrieg auch als politischer Kampf für den römisch-deutschen Kaisergedanken zu verstehen. ... so eröffnete die Schlacht am Weißen Berge für den österreichischen Gesamtstaat auf dem Wege zu innerem Zusammenschluß und äußerer Abschließung eine neue Zeit." Böhmen wird „in das gesamtdeutsche System eingeordnet"[59]. Paul Müller zeigt hier treffend die katastrophale Bedeutung des Verlustes Schlesiens für die Monarchie auf. Paul Müller nennt in diesem Zusammenhang Friedrich den Großen ständig nur „Friedrich"[60].

Der Großmeister der „gesamtdeutschen Geschichtsauffassung"[61], Heinrich von Srbik, würdigt hier sehr positiv „die habsburgische Gegenreformation" als Stärkung des Staates durch Brechung des böhmischen und ständischen Widerstandes. Friedrich der Große hat Österreich durch seine Besetzung Schlesiens „furchtbar geschwächt; er hat Österreich die Brücke nach Nordostdeutschland genommen, diesen Staat noch mehr dem donaustaatlichen Dasein zugedrängt und seine südöstliche deutsche Kulturmission erschwert ... Friedrich ist der große Zerstörer des Reichs geworden, weil er seine österreichische Einheitsspitze zerstörte. ... (er) kannte nur sein Preußen"[62]. Hier tritt die Basis der politischen Verbindung einer deutschgläubigen katholischen Intelligenz und der „nationalen" Gelehrtenwelt ans Licht des Tages: Der gemeinsame Glaube an „das Reich", das durch Österreich als wahrer Erbe präsentiert werden soll, wobei über die Verbindung dieses österreichischen Deutschen Reiches mit dem Deutschen Reich des österreichischen Katholiken Adolf Hitler Meinungsverschiedenheiten bestehen.

In dem so außerordentlich bedeutsamen Werk, das die geistige Situation der nichtvereinigten Rechten im „Christlichen Ständestaat" manifestiert, verteidigt Edmund Glaise von Horstenau (Minister in der Regierung Seyss-Inquart 11.—13. März 1938, später Kommandierender deutscher General in Kroatien) die alte kaiserliche Armee[63] (Hitler läßt sich durch die Sorgen seiner Kriegsführung 1938—45 nicht abhalten, uralte Offiziere dieser Armee mit Ehrenbezeugungen zu bedenken und bei ihrem Begräbnis durch militärische Kondukte zu ehren[64]). In Berufung auf Torresani bemerkt

Glaise, daß noch im ganzen 19. Jahrhundert zahlreiche Reichsdeutsche in das kaiserliche Offizierskorps eintraten und „daß sie an schwarz-gelbem Patriotismus sehr bald die Donaudeutschen übertroffen hätten"! „Als der Weltkrieg ausbrach, waren von 100 Österreichisch-ungarischen Soldaten 25 deutscher, 23 magyarischer, 8 romanischer, 44 slawischer Volkszugehörigkeit. Gegenüber einem solcherart zusammengesetzten Heer ließ sich mit dem seinerzeit von Beethmann-Hollweg, dem deutschen Reichskanzler, erhobener Schlachtruf von einem ‚Kampf des Germanen — gegen das Slawentum' wahrlich nur wenig anfangen." Die Söhne von 30 Millionen Slawen kämpften bis zum Zusammenbruch 1918 in der kaiserlichen Armee[65]. Der kaiserliche Offizier, der Militärhistoriker Glaise kennt „diese Binsenwahrheiten". Den österreichischen Historikern Uebersberger, Dopsch, Kaindl, Friedjung und Genossen ist dieses Faktum scheinbar nicht bekannt geworden, sie wollten die Wirklichkeit nicht sehen.

Wie nun in führenden Persönlichkeiten der „Nationalen", die in der Ersten Republik zum Teil als Ehrenschilder, zum Teil sehr aktiv den Anschluß mit vorbereiteten, ihre „kaiserliche" Zeit im Dienste der Monarchie sich seelisch nahtlos mit ihrem Leben in der nicht gewollten Republik verbindet, mag hier ein „Modellfall" zeigen: Carl Freiherr von Bardolff[66] war Flügeladjutant und Vorstand der Militärkanzlei des Thronfolgers Erzherzog Franz Ferdinand gewesen. Den Weltkrieg erlebte er als „großen Krieg der Welt gegen das Deutschtum"[67] konform mit Beethmann-Hollweg. Sein Vater war ein Erster Trompeter: zunächst in der Armee, daneben im Nationaltheater an der Wien, dann k. k. Hof- und Feldtrompeter in der Hofburgkapelle, daneben trompetet er im Orchester des Hofburgtheaters. Bardolff kommt also aus der Unterschicht der alten Armee. „Vater war zwar berufsmäßig schwarzgelber Österreicher, stand aber 1870/71 trotz Königgrätz mit Kopf und Herz ganz auf Seite der Deutschen. Er ergänzte die Bestände meiner Zinnsoldaten in deutscher Uniform — die Rothosen und Turkos blieben in der Minderzahl."[68] Lektüre: die „Leipziger Illustrierte". Nach dem Tod seines geliebten Bruders zerbricht der Glaube an Gott in dem jungen Bardolff, auf den als Kind „die wundersame Mystik eines katholischen Gotteshauses", wie er glaubt, gewirkt hat.

Julfeier im Gymnasium in Graz. Er hat gute Lehrer, richtige „Führer" (wie er selbst sie nennt). Der beste Führer, der Historiker und Germanist Hofrat Dr. Otto Adamek, übt eine tiefe Wirkung auf diese Knaben aus und begeisterte sie „für deutsches heldisches Wesen" und für die deutschen Klassiker. In jeder Klasse gab es Gruppen, von denen sich verbotene Fäden zu Nachbarklassen und zu Universitätshörern spannten. „Ich gehörte der Gruppe unter der Flagge Schwarz-Rot-Gold an."[69] Auch dies ein Musterfall: Die „nationalen" Pennalien führen zu den „nationalen" Hochschulkorporationen. Bardolff studiert 1884—88 an der Grazer Universität. Unter der Studentenschaft waren die radikal deutschnationalen Burschenschaften führend; sie sind Schönerer-Anhänger, erinnert sich Bardolff dankbar. Kritik an Schönerer: „Er war zu sehr Romantiker ... zu fern dem Volke, vor allem dem Arbeiter ..." Ein Prophet, der seiner Zeit weit voraus eilt, ein Bahnbrecher des österreichischen Antisemitismus.

Beglückt erlebt er den „deutschen Geist" in der Armee. Die Offiziere nehmen an den Veranstaltungen des Deutschen Schulvereins teil. Kornblumen und schwarzrotgoldene Farben verbinden sich harmonisch, alles grüßt mit „Heil" und singt „Deutsch-

land, Deutschland über alles". Kein Zweifel: Graz ist „national", ist „deutsch"[70].
Beglückt erlebt er den unverfälschten deutschen Sinn des Kaisers Franz Joseph,
schildert eine Audienz. Dann berichtet er dies: Ein guter Kamerad, ein gräflicher
Ulanenoberleutnant, hatte als Katholik aus Gewissensgründen ein Duell verweigert,
er wird zum Wachtmeister degradiert, geht in den Zivildienst. Franz Joseph bemerkt
dazu: „Vollkommen einverstanden."[71] Hier blickt man etwas hinter die „katholische" Fassade des alten Kaisers.

Der junge Bardolff kommt zu einem Regiment, das an der Mur in einem von
Kaiser Joseph II. aufgehobenen Dominikanerkloster stationiert ist. Bardolff rühmt
diesen Kaiser „in seinem Kampfe gegen die angemaßten Vorrechte der katholischen
Kirche". Bardolff wird Mitarbeiter Conrads von Hötzendorf, 1906—1909. Conrad
war „rassisch durch und durch deutsch", „gesamtdeutsch", aber ein „treuer Österreicher". Das reimt sich für Bardolff bestens zusammen. Dann verteidigt er seinen Chef
Franz Ferdinand, betont dessen antijüdische Einstellung. Bardolff verteidigt „das deutsche Wesen Franz Ferdinands" — er habe auch 1026 nordgermanische und deutsche
Vorfahren gehabt. Sogar für Franz Ferdinands Katholizismus hat Bardolff ein gewis-
ses Verständnis: Der Thronfolger bewundere den „absoluten, autoritären Charakter" der Römischen Kirche, hält ihre Hierarchie und ihre Dogmen für „die besten
Schranken gegen allen wie Gift wirkenden Relativismus, gegen Gewissensqualen bei
der Auslegung des Wortes Gottes, gegen Eigenbrötelei und Sektiererei im allerweite-
sten Sinne des Wortes"[72]. Bardolff — der hier auch ein Selbstporträt liefert — berührt sich hier nahe mit Motiven der „Bewunderung" der Römischen Kirchen-
Herrschaft, wie sie Hitler auf seine Weise und Himmler (sein Taufpate war ein
Bischof von Bamberg gewesen) andererseits lebenslang bekunden. Wie viele tausende österreichische Offiziere, lernt Bardolff erst im Weltkrieg das Unverständnis
der „reichsdeutschen" Kameraden für Österreich kennen. „Man kann ohne Über-
tretung sagen, daß uns die Reichsdeutschen erst im Kriege kennengelernt haben."[73]

Bardolff wird Generalstabschef der 2. Armee Böhm-Ermolli. 1941 wird Adolf Hitler zum Heldengedenktag am 16. März in Berlin vor dem Zeughaus von dem
österreichischen Feldmarschall von Böhm-Ermolli begrüßt, der 1915 Lemberg erobert
hatte und 1918 Oberbefehlshaber in der Ukraine gewesen war[74]. Bardolff, der seine
Erinnerungen Jena 1938 veröffentlichte, konnte dieses freudige Ereignis noch nicht
voraussehen. Bardolff hofft nur auf eines, noch 1918: auf den „deutschen Sieg". Den
Zusammenbruch versteht er sehr einfach: „Die Dämonen der Verneinung und Zerstörung unter Judas Führung waren am Werk."[75] Es bleibt im Untergang der Monarchie ein Trost für die Zukunft: Deutschland. „Heil Hitler": Das letzte Wort dieses „Soldaten im alten Österreich" 1938. Bardolff hat sein Bestes getan, um mit
Kameraden der Alten Armee, mit Industriellen, mit deutschnationalen Politkern,
mit Nationalsozialisten, dem Führer den Weg in die Heimat zu bahnen.

Eine Erinnerung aus seinem Soldatenleben sei hier noch festgehalten: Bardolff
liebt die schöne Stadt Schladming (ich habe in ihr den Putsch des Steirischen Heimat-
schutzes am 13. September 1930 miterlebt). Die schöne Stadt Schladming war in
der Gegenreformation zerstört worden. Die Inschrift auf dem alten Stadttor ist erhalten: Urbs Salaminga fuit. Seperiit Caesaris ira. Vis scire causam? Seditiosa erat.
Das ist der Triumphalismus der habsburgischen Gegenreformation: Die Nachkom-

men sollen als warnendes Exempel erfahren, was den Rebellen zukommt: Vernichtung. Bardolff vermerkt sorgfältig diese Inschrift und bemerkt: Die Bevölkerung ist noch heute stark protestantisch und seit 1932 eine der festesten Stützen der nationalsozialistischen Bewegung[76]. Nun sind sie wieder da, die „Rebellen" des 16. und 17. Jahrhunderts: Aus dem Protestantismus der Alpenländer kommen die militantesten Kämpfer des österreichischen Nationalsozialismus. Sie sammeln sich zunächst vielfach im Steirischen Heimatschutz, infiltrieren aber auch die Heimwehrbewegung unter Führung Starhembergs, der 1931 vorschnell erklärt: „Endlich sind wir die Schwarzen los!"[77]

Der österreichische Nationalsozialismus ist zunächst einmal ein Sohn Böhmens, ein Sproß der fanatischen „Sudetendeutschen"[78]: Ihre Invasion in die Erste Republik Österreich bildet den Abschluß der „Rache Böhmens" am Hause Österreich[79]. „Die Deutsche Arbeiterpartei in Österreich, gegründet in Nordböhmen im Jahre 1904, bekannte sich zu den Grundmotiven des auf das deutsche Volk ausgerichteten Nationalismus, besonders zu seiner völkischen Ideologie und zu dem Wunsch nach der Vereinigung mit Deutschland. 1911 zog die Partei mit drei Abgeordneten in den Reichsrat ein." „Arroganter rassischer Nationalismus war die elementare Grundlage der Bewegung, die bei ihrem Kongreß in Wien im Mai 1918 ihren Namen auf ‚Deutsche Nationalsozialistische Arbeiterpartei': DNSAP, änderte."[80] Nach dem Zusammenbruch der Monarchie spaltete sich die Partei in einen sudetendeutschen Zweig in der Tschechoslowakei und eine österreichische Sektion unter Walter Riehl.

Die Spaltungen und die inneren Kämpfe der einzelnen „Führer" und der Gruppen im österreichischen Nationalsozialismus, die diesen bis 1938 immer wieder schwächen und oft nahezu kampfunfähig machen, bis Hitler sich gegen diese oft verbissen miteinander rivalisierenden Steirer, Kärntner, Oberösterreicher, Salzburger, Tiroler, Vorarlberger und gegen die Cliquen in Wien, die zwar gegeneinander stehen, sich aber mental von den „Trotteln in den Alpenländern" (wie sie mir 1934 ein prominenter Wiener Nationalsozialist namhaft machte) sehr unterscheiden, wendet, können im Rahmen dieser Studie nicht behandelt werden. Wohl aber ist dies hier festzuhalten, was sehr „geschichtlich richtig" ein slawischer Historiker aus dem alten Böhmen, Radomír Luža 1975 als Ergebnis des nordböhmischen Ursprungs des österreichischen Nationalsozialismus betont: „Als Folge davon erbte Österreich eine Nationalsozialistische Partei, die in ihrem Ursprung und Charakter weithin sudetendeutsch war. Dieser Grenzland-Hintergrund erklärt viel von dem fanatischen Geist rassischer und kultureller Intoleranz, der die Nationalsozialisten auszeichnete."[81]

Es waren tatsächlich keine Österreicher, diese Sturmvögel des Nationalsozialismus in Österreich, es waren Sudetendeutsche, Grenzlanddeutsche, harte, engstirnige, „lineare" Naturen, denen der altösterreichische Kosmos und der altdeutsche Kosmos, also konkret die Welt der Austria-Hispanica, der spanisch-italienisch-wallonisch-südwestdeutschen und innerösterreichischen Barock-Hemisphäre ebenso fern stand, wie die Welt eines Leibniz, Lessing, Goethe oder Schiller sowie der Humboldt-Zeit im französisch-(hugenottisch-)jüdischen Berlin der napoleonischen Ära. Diese Neu-Deutschen aus Böhmen wußten zwar nichts vom wirklichen Bismarck, sie „wußten" aber dies: Bismarcks und Wilhelms II. Reich wurden durch „die Juden" zerstört. Sie kamen 1919 in ein Wien, das ihnen als eine einzige Verkörperung der

„Blutschande" erschien. Da zeigte ihnen Aurel Wolfram im „Alldeutsche(n) Tagblatt", dem Organ des Verbandes der Alldeutschen, am 9. Januar 1919 auf, „Judas
Pogrom wider deutschen Wesens Art" ist die Ursache des drohenden Unterganges des Deutschtums.

   Unter dem Schutze Baldur von Schirachs verfaßt dann Aurel Wolfram seinen
Aufsehen erregenden Artikel „Wien, Refugium der deutschen Seele". Schirach und
sein Generalreferent für Kunst, Theater, Museen und Volksbildung, Walter Thomas,
zuvor Dramaturg in Bochum, wurden die Schirmherren einer bewußt im „kaiserlichen"
Wien zentrierten demonstrativen Selbstbesinnung österreichischer Kultur[82]. Hitlers
Regime hat auch dies geschaffen: eine beginnende Heimkehr der „verlorenen Söhne"
aus dem „Hause Vaterland Alldeutschland" nach Österreich.

   In den zwanziger und dreißiger Jahren scheint es jedoch für viele „Nationale",
daß alle Ströme Österreichs nach Deutschland fließen. Die deutsch-völkische Bewegung findet publizistische Ausdrucksformen für ihren Glauben gerade in der Inkubationszeit des Nationalsozialismus in einer ganzen Reihe von Zeitungen und Zeitschriften wie: „Bundesturnzeitung" (1920—1928, Organ des Deutschen Turnerbundes); „Alldeutsches Tagblatt" (1919); „Der Getreue Eckhart" (1924—1930);
„Deutsche Arbeiter-Presse" (1920—1927); Organ der NSDAPÖ; „Deutsche Zeit"
(1925—1927, Großdeutsche Volkspartei); „Deutschösterreichische Tageszeitung" (1920
bis 1926); „Mitteilungen des Deutschen Klubs" (1924—1930). Der religiös-politische
Glaube, der hier in verschiedenen Variationen präsentiert wird, zentriert sich um
einige Leitmotive: Glaube an das Licht aus Deutschland; Angst vor dem Untergang
des deutschen Volkes, hier in Österreich durch Judentum, Bolschewismus, Austromarxismus, Klerikalismus; Angst vor Ragnarök — vor einer Götterdämmerung der
Deutschen-Germanen. Glaube an die „Schicksalsgemeinschaft", an „Großdeutschland"[83].

   „Die alldeutsche Gesinnungsgemeinschaft in der Ostmark" versteht sich als „Stoß-
und Kampftruppe ... im Kampfe gegen innere Feinde, gegen Juda und Rom, gegen
diese Totengräber deutscher Macht und Herrlichkeit" (Alldeutsches Tagblatt, 20. April
1919)[84]. Der Bundesdietwart des „Deutschen Turnerbundes" Friedrich Rudolf Zen-
ker verteidigt die völkische Weltanschauung gegen katholische Angriffe („Abwehr",
in der Bundesturnzeitung, 1. Februar 1925): „Ist es unsittlich zu glauben, daß es
unsere von Gott gesetzte Aufgabe sei, daß er die deutsche Art schuf, diese nun zur
höchsten Entfaltung in ihrer Besonderheit zu bringen?" „Ist es unsittlich, wenn wir
so unser Deutschtum, unsere deutsche Art als religiöses Erlebnis erfahren und ihm dadurch den festesten Grund geben, weil wir es in Gott selbst verankern?"[85] Deutschland wird als „die heilige Heimat" in vielen Kundgebungen dieser „Völkischen"
besungen: das sind die Gottesdienste der „Bewegung"! Nahtlos verschmilzt dieser religiös-politische Glaube mit dem Glauben der jungen frühen Nationalsozialisten.
Der „St. Pöltner Beobachter" bringt einen Bericht über eine St. Pöltner Kundgebung
zusammen mit einem Artikel von Gottfried Feder („Die Idee ist unzerstörbar"):
Die Stimmung bei dieser Hitler-Versammlung ist „im tiefsten Grunde religiös"[86].

   Der Feldmarschalleutnant Karl Freiherr von Bardolff, dem wir eben in den
Erinnerungen seiner Kindheit, seiner Soldatenzeit in der kaiserlichen Armee begegneten, hält am 4. Oktober 1927 die Festrede zur Hindenburg-Feier im Deutschen

Klub in Wien: hier sein Glaubensbekenntnis. „Größer als der Verlust der Heka-
tomben blutiger Opfer, des deutschen Bodens etc." ist „der Verlust des Vertrauens
in sich selbst, an Glauben an die eigene Kraft, an Liebe zur Heimat und zum Volke,
an Hoffnung für die Zukunft". „Unersetzlich ist der Verlust des völkischen Geistes."[87]

Am 5. Oktober 1933 treffen sich in Ödenburg der niederösterreichische Heimwehr-
führer Graf Alberti als Beauftragter Feys, der nationalsozialistische Gauleiter von
Wien, Frauenfeld, und Habichts Bevollmächtigter Schattenfroh zu ersten Verhandlungen. Alberti weist eine „schriftliche Vollmacht von Vizekanzler Fey" vor. Es
kommt hier zu „eingehenden Besprechungen über die Möglichkeiten der Neubildung der Österreichischen Regierung auf der Grundlage von Heimwehr und Nationalsozialisten". Als ersten Schritt schlug Alberti „die Gründung einer österreichisch-
faschistischen Front durch Verschmelzung der NSDAP mit der Heimwehr" vor. An
die Spitze dieser Front könne allerdings „weder ein Mann der NSDAP noch der
Heimwehr treten". Als mögliche Kandidaten nannte Alberti „Dollfuß, Bardolff,
oder Rintelen"[88].

Es ist an der Zeit, den „deutschen Weg" näher zu besehen, den Dollfuß und
Schuschnigg gingen. Es waren ja doch österreichische Katholiken, die auf der Suche
nach dem „Heiligen Reich" zu Kollaborateuren, zu Handlangern (oft ungewollt),
zu Erfüllungsgehilfen des Nationalsozialismus wurden. Mir sind die Jahre 1927 bis
1938 so tief in die Seele eingebrannt, daß ich einzelne „besondere Vorkommnisse" und
einzelne Schicksalsfiguren dieser Jahre deutlicher vor mir sehe als Gestalten im
„Heute". Dem Zeithistoriker, der seine Zeit miterlebt, miterlitten hat, ist dies Höchst-
maß von Objektivität möglich: eine selbstkritische Subjektivität, die ständig die
eigenen Stellungnahmen befragt, hinterfragt.

Der Justizpalastbrand hat — aus familiären Gründen — mit bewirkt, daß ich ins
Akademische Gymnasium kam. Mein in früher Kindheit verschütteter Glaube wurde
in meiner Schulzeit im Gymnasium nicht durch eine „religiöse Umgebung", sondern
durch Platon, Sokrates, frühe Lesung der deutschen Mystiker (Meister Eckhart,
Tauler), dann der großen spirituellen Einsamen in Frankreich und England (Newman) geweckt — in keiner Weise durch die „Christlichsozialen", die mir fern standen. Maturajahrgang 1933/34: Matura zwischen der Februarerhebung und der
nationalsozialistischen Erhebung im Juli 1934. Das Maturabild zeigt unsere Klasse;
jeder von uns trägt das obligate Abzeichen des „vaterländischen" Pflichtglaubens, die
rot-weiß-rote kleine Plakette. Rechts außen auf dem Bilde: Hans Christian Karl Feli-
cian Broda, links außen: ich. Ich habe durch Christian Broda und einige andere links-
sozialistische Schulkameraden (in Klassen ober meiner Klasse) zum ersten Mal österreichischen Sozialismus kennengelernt. Im Herbst 1934 immatrikulierte ich an der
Wiener Universität und wurde Mitglied einer Korporation der farbentragenden
katholischen österreichischen Hochschulverbindungen, des ÖCV. Dollfuß und
Schuschnigg waren also damals meine Kartellbrüder.

Nach einigen inneren Kämpfen hatte sich, sehr zum Unterschied zum reichs-
deutschen CV, dem Bruderverband des ÖCV, der früh mit fliegenden Fahnen zu
Hitler übergegangen war, die Führung des ÖCV für einen deutsch-österreichischen
Weg entschlossen. Dies schloß nicht aus, daß nicht wenige CVer in Österreich einem

alten Glauben an Deutschland, an das „Heilige Römische Reich deutscher Nation" anhingen. Andere wurden nationalsozialistische Illegale, wobei es viele schwebende Übergänge gab, zwischen „Nationalen", „Großdeutschen", und eben Nationalsozialisten
im CV. Es entsprach der österreichischen Situation, daß die vorwiegend aus Sudetendeutschen sich rekrutierende Wiener CV-Korporation „Nordgau" besonders national eingestellt war. Ihr gehört der spätere Unterrichtsminister Heinrich Drimmel an,
damals in den dreißiger Jahren bereits ein prominenter Sprecher dieser „Rechtskatho-
liken".

Ich denke heute ohne Bitterkeit an diese meine frühen Jahre im ÖCV zurück.
Ich muß sie hier jedoch vor allem aus einem Grunde in Erinnerung rufen. Ich und
nicht wenige andere junge österreichische CVer und andere junge Katholiken, die
sich primär als Österreicher erlebten, erfuhren als beklemmende Erfahrung in diesen Jahren vom Herbst 1934 bis März 1938 immer wieder dies: Wir prallten gegen
eine Gummiwand, gegen eine unsichtbare Mauer, wenn wir gegen die schleichende
Unterwanderung durch diese „nationalen" Katholiken anzukämpfen versuchten, wenn
wir auf die Notwendigkeit einer politischen Verbindung mit österreichisch gesinnten
Sozialdemokraten aufmerksam machten. Es gab ja vor allem in Niederösterreich und
Oberösterreich gar nicht wenige recht gute persönliche Beziehungen zwischen
Katholiken und Sozialdemokraten. Unsere innere Isolierung ging schließlich so weit,
daß wir uns, zusammen mit deutschen Katholiken, die vor Hitler nach Österreich
geflohen waren, „illegal", mit falschem Druckort und pseudonym, mit den
Schandtaten des Hitler-Regimes in Deutschland und mit der Gefahr der nationalsozialistischen Infiltration gerade im katholischen Akademikertum Österreichs aus-
einandersetzen mußten.

Nun endlich zum größeren Zusammenhang. Die Masse der „alten Christlichsozialen, der „Schwarzen", lebte in den Jahren von 1918 bis zumindest 1933 in einem
nahezu anonymen Österreich-Bewußtsein, das zum Teil „schwarz-gelb" und in breitester Streuung durch die Kirche vorgeprägt worden war. Man war da in Stadt und
Land ein „guter Österreicher", ohne jede Österreich-Ideologie, ohne jede intellektuelle
Reflexion über die doch nun neu in Frage gestellte Position Österreichs. Deutschland
war fern, unbekannt. Kriegserinnerungen, in denen sich der österreichische Bauer als
ziemlich verachteter „Kamerad Schnürschuh" erlebte, waren nicht dazu angetan,
einen Glauben an die Erlösung durch Deutschland zu wecken. Man glaubte, im
Banne nicht zuletzt eines „Lueger-Komplexes"[89], an einen österreichischen Führer,
möglichst aus dem Volk, also dem Landvolk stammend, zumindest vertraut mit dem
Leid, der Angst der „kleinen Leute". Dieser Erwartung kam weit mehr als der eisige
Seipel, dessen Cäsarenkopf unheimlich wirkte, das Kind aus dem Volke entgegen,
in dem ein ganz unreflektierter Glaube lebte, arbeitete, der ihn mit den nach Mariazell und anderen Gnadenorten der österreichischen Mutter Gottes wallfahrenden
österreichischen Bauern verband: Engelbert Dollfuß[90]. Nun hatte aber das Bauernkind Dollfuß studiert, war als Student mit recht bedeutenden Studentenseelsorgern
(wie Karl Rudolf) zusammengekommen, hatte hier bereits den Reichstraum einer
jungen katholischen Intelligentsia kennengelernt[91] und hatte sich als Offizier an der
Südtiroler Front ganz als Deutscher erlebt. Es ist dieser zweifach, als Student und als
Offizier, in ihm eingewurzelte Glaube an Deutschland, an Österreich als ein deut-

sches Volk, das ihn mit Großdeutschen und anderen Deutschgläubigen verband, die ihrerseits in keiner Weise zweifelten, daß dieser Dollfuß „ein guter Deutscher" sei[92].

Zur Vorgeschichte der für die Schicksalsjahre 1934—1938 so bedeutungsvollen Verbindungen österreichischer prominenter Katholiken mit Großdeutschen, anderen „Nationalen", schließlich mit Nationalsozialisten, ist zu beachten: Österreich ist nicht nur das Mutterland des österreichischen Katholiken Adolf Hitler, sondern auch die Quelle des Hineinscheiterns deutscher Katholiken im Deutschen Reich in den Nationalsozialismus. Dem Glauben Hitlers an sein Heiliges Reich der Deutschen entspricht ein spezifisch österreichischer katholisch-intellektueller Glaube an das „Heilige Reich". Ein junger deutscher Historiker, Klaus Breuning, hat aufgezeigt, wie sehr eine spezifisch österreichische Reichsideologie zum entscheidenden Anstoß für einen deutschen Katholizismus wurde[93].

Noch am 4. August 1918 hatte der österreichische Episkopat in einem gemeinsamen Hirtenbrief auf die providentielle Sendung Österreichs „als katholische Vormacht im Herzen Europas und als Vaterland des Völkerbundes, den es beherbergt", hingewiesen. Der aus Württemberg stammende Dr. Joseph Eberle (Redakteur der „Reichspost" 1913—1918) gründete 1918 die Zeitschrift „Das Neue Reich": zum Kampf gegen die Republik. Die ersten sieben Nummern waren unter dem programmatischen Namen „Die Monarchie" erschienen. Beim Wechsel des Titels Ende November 1918 erklärt Eberle programmatisch: „Der Titel ‚Das Neue Reich' ist Ausdruck unseres Glaubens an ein aus der alten Monarchie neu entstehendes Reich. ... Sicher ist, daß die staatliche Ordnung im Herzen Europas ein neues Reich verlangt ..."[94] Hier wird nun ein Österreich-Glaube vertreten, der sich zuletzt in Schuschniggs Überzeugung manifestiert: „Am österreichischen Wesen wird die deutsche Welt genesen." Hier verkündet im Oktober 1918 Erwin Hanslick: „Durch Österreich ... geht die Achse der europäischen Menschheit ..."[95] Hier vertreten verschiedene Autoren die Maxime: „Das Heilige Römische Reich deutscher Nation ist auf dem Wege." Im Oktober 1925 ging die Redaktion des „Neuen Reiches" von Eberle auf den christlichsozialen Abgeordneten Prälat Aemilian Schoepfer und den jungen Johannes Messner über, die sich zur Demokratie bekennen, zur Republik Österreich. Eberle führt seinen Kampf weiter in der von ihm im selben Jahre gegründeten kulturellen Wochenschrift „Schönere Zukunft", die ab Juli 1928 im Pustet-Verlag in Regensburg herauskommt und ihre Mitarbeiter und Abonnenten immer mehr in Deutschland findet, in Österreich jedoch einen außerordentlichen Einfluß auf eine junge katholische Intelligenz ausübt.

Einen außerordentlichen Einfluß auf katholische Studenten gewann sodann der in Wien lehrende Sozialphilosoph Othmar Spann[96], der sich selbst weder als Faschist noch als Heimwehranhänger noch als Nationalsozialist verstand, aber als geistiger Kopf dieser neu-katholischen Rechte in Österreich und Deutschland diesen jugendbewegten Katholiken einen „heiligen Abscheu" vor der Demokratie, der Republik, dem „Parteienunwesen" einflößte und sie faktisch über das „Heilige Reich" dem Nationalsozialismus zuführte. Ihm zur Seite stehen die Freunde Hans Eibl, Philosoph, und Karl Gottfried Hugelmann, Rechtshistoriker.

In der nonkonformistischen katholischen Jugendbewegung „Neuland" wurde

unter Führung der Seelsorger und geistlichen Führer Michael Pfliegler und Karl
Rudolf in den frühen zwanziger Jahren mehrfach versucht, Verbindung mit dem
Sozialismus aufzunehmen. Ein wagemutiges Unternehmen damals — am Vorabend des
Justizpalastbrandes von 1927. Pfliegler wurde als „roter Kaplan" denunziert, da er
auch offen Seipel entgegenzutreten wagte[97]. Dann näherten sich einige der begabtesten Köpfe Neulands über ihren Traum vom Heiligen Reich dem Nationalsozialismus. „Das Reich braucht Menschen, die das Reich in sich tragen. Wir selbst
sind das Reich. ... Wächst die Kirche in uns, dann wächst auch das Reich. ... So
wächst mit dem Gottesreich auch der Keim des Reiches der Deutschen. Suchet zuerst
das Reich Gottes und seine Gerechtigkeit, alles übrige, auch das Reich der Deutschen,
wird euch zugegeben werden." Das verkündet Anton Böhm auf der Tagung des Bundes „Neuland" im Rahmen des Wiener Katholikentages 1933[98]. Anton Böhm wurde
später als Chefredakteur des „Rheinischen Merkur", Adenauer nahestehend, zur
wohl bedeutendsten publizistischen Persönlichkeit des deutschen Rechtskatholizismus in
der Bundesrepublik Deutschland in der Adenauer-Ära[99]. Gegen diese „Reichsmystiker"
kämpften in Wien Ernst Karl Winter[100] als Herausgeber der „Wiener Politischen
Blätter" und der aus München emigrierte Philosoph Dietrich von Hildebrand[101] mit
seiner Zeitschrift „Der christliche Ständestaat", beide tief erschrocken über den „Mangel
an Immunität weiter katholischer Akademikerkreise gegenüber dem Nationalsozialismus". Es gelang Winter und Hildebrand, den Nationalsozialisten zu entkommen,
beide entfalteten in Amerika eine bedeutende akademische Aktivität.

An der Wiener Universität hatten die „Katholisch-Nationalen" geistige und uni-
versitätspolitische Schirmherren in den Historikern Hans Hirsch und Heinrich von
Srbik, in den Geographen Hassinger und Machatschek, im Germanisten Josef Nadler.
Politisch relevant wurden diese Katholisch-Nationalen mit den Männern, die der
einzigen nationalsozialistischen Regierung Österreichs angehören sollten: Ihr Bundeskanzler, Dr. Arthur Seyss-Inquart (aus der deutschen Sprachinsel Iglau stammend) wurde 1937 von Schuschnigg zum Staatsrat gemacht, 1938 auf Druck Hitlers
zum Innen- und Sicherheitsminister[102]. Seinem Kabinett gehörten an: der Professor
für Urgeschichte Oswald Menghin als Unterrichtsminister, der Neuländer und CVer
Dr. Wilhelm Wolf als Außenminister, der Direktor des Kriegsarchivs Edmund
Glaise-Horstenau, 1936 als Minister ohne Portefeuille in das Kabinett Schuschnigg
berufen, und Fritz Flor, der Pressechef Seyss-Inquarts; sie mischten kräftig mit bei der
Vorbereitung des Anschlusses.

Auf der Grazer Tagung der „Katholischen Deutschen Hochschülerschaft" im Juli
1933 hielt der Neuländer Franz Riedl eine Rede über die Volkstumsarbeit: „Wir sehen
Österreich kulturell und politisch als Glied der deutschen Nation an." Österreich
habe die Aufgabe, „die Grenzwacht gegen Frankreich und im Osten" zu bilden. Absage an Deutschland würde einen Verrat von acht Jahrhunderten glanzvoller österreichischer Geschichte bedeuten. „Daher bekennen wir uns als katholische deutsche
Jugend Österreichs rückhaltlos und unbedingt, in letzter Treue zur deutschen Nation
und zum Reich der Deutschen. Nicht zu einem ersten, zweiten oder dritten Reich,
sondern zum ewigen Reich der Deutschen ..."[103] Am 1. Januar 1933 hatte der neue
Erzbischof von Wien, Kardinal Innitzer, zu einem „heiligen Jahr der Deutschen"
und zum Allgemeinen Deutschen Katholikentag in Wien aufgerufen[104]. Am

30. Januar kommt Hitler in Deutschland zur Macht. Vom 7. bis zum 12. September findet nun in Wien dieser Katholikentag statt, auf dem „flammende Bekenntnisse" zum Heiligen Reich der Deutschen abgelegt werden. Kurt Schuschnigg spricht da über „Die Sendung des deutschen Volkes im Abendland" und erklärt, „daß ohne dieses katholische Österreich die Erfüllung der Sendung des deutschen Volkes im christlichen Abendland, die Wiedergeburt des wahren Heiligen Reiches und damit die Befriedung des aus tausend Wunden blutenden Mitteleuropas nicht möglich ist."[105]

Der „Führer der jungen, deutschbewußten katholischen Generation Österreichs (so nennt ihn das „Jahrbuch des Reichsverbandes für die Katholischen Ausland-deutschen") Anton Böhm verkündet in seiner Rede auf der Neuland-Tagung im Rahmen des Katholikentages: „Das Reich ist heilig. Es gibt nur ein heiliges Reich ..." Dieses heilige Reich ist das Reich der Deutschen. „Wir haben dieses Recht, weil die Deutschen die Berufung zum Reich haben. ... Das Reich ist unser Erbe." In uns lebt „die urdeutsche Sehnsucht nach dem Reich. Sie ist tief in allen lebendig, die den deutschen Namen tragen; sie gehört zu unserem Wesen. ... Die Deutschen sind das einzige Volk der Welt, das seine nationale Erfüllung erst in der Erfüllung einer übernationalen Aufgabe findet." Dann verkündet er: „Jeder Deut-sche" müsse „wieder ein Gezeichneter des Reiches werden"[106]. Am 12. und 13. März marschieren junge Neuländer und andere Katholisch-Nationale gezeichnet über den Ring: mit der Hakenkreuzbinde am Arm. In diesem religiös-politischen Glau-ben einer tief erregten deutschösterreichischen katholischen Jugend verschmilzt „das Reich Gottes", das Reich der Kirche, das „Heilige Römische Reich deutscher Nation" mit einem politischen Impuls, der sich dem Retter, Erlöser, Heiland, dem deutschen Heiland entgegensehnt: einem „Führer", der messianische Züge trägt, und als dessen *Gegenbild Hitler* erscheint: bis *sein* Bild den Traum gestaltet.

In Deutschland kämpfte in den Jahren bis 1933 eine kleine tapfere Schar demo-kratisch gesinnter junger Katholiken um Walter Dirks, Ernst Michel, Karl Neun-dörfer, Heinrich Schar, Friedrich Dessauer, um die „Rhein-Mainische Volkszeitung" und die „Westdeutsche Arbeiterzeitung" gegen den immer stärker sich Hitler zu-wendenden Trend[107]. Diese Männer wurden dann als „Linkskatholiken" gebrand-markt. Die ersten fünfzehn Jahre der Bundesrepublik Deutschland sind mitgeprägt durch die publizistischen Auseinandersetzungen der sich nun um die von Dirks und Kogon herausgegebenen „Frankfurter Hefte" scharenden Linkskatholiken mit den „konservativen" Mehrheitskatholiken, die hinter den vier Kabinetten Adenauer ste-hen. Es sind dieselben Männer, die für und gegen die Demokratie in Deutschland bis 1933 gekämpft hatten[108].

In Österreich kämpfte ein junger Intellektueller einen einsamen Kampf gegen den immer weiter nach rechts, in die Diktatur des „Christlichen Ständestaates" und in den Nationalsozialismus marschierenden Zug dieser Jugendbewegten. Er war selbst Neuländer, stand in Innsbruck aber dem „Brenner"-Kreis um Ludwig Ficker nahe (Karl Kraus sah im „Brenner" die einzige anständige deutschgeschriebene Zeitschrift): *Ignaz Zangerle*[109].

Am 29. und 30. April 1934 fand in Wien eine „katholisch-soziale Tagung der Zen-tralstelle des Volksbundes der Katholiken Österreichs" statt[110]. Der Historiker Hugo Hantsch, in der Zweiten Republik Österreich Nachfolger Srbiks auf dessen Lehrstuhl

an der Wiener Universität, referiert da über „Österreichische Staatsidee und Reichsidee": Es geht heute um „die Wiederherstellung der Würde deutscher Nation, wie sie
in den Zeiten größter kultureller Entfaltung deutschen Wesens verstanden worden
ist. ... Der Weg zur wahren Reichsidee und zum wahren Reiche geht über Österreich ... Würden wir die Enge unseres kleinen Staates für das Letzte halten, was uns
beschert ist, dann wären wir unserer Ahnen und unserer Vergangenheit nicht wert,
wir wären nicht wert der vielen Tausende, die für den Namen Österreich gestorben
sind."[111] Der Benediktinermönch Hugo Hantsch war aus Böhmen nach Melk, dann
nach Wien gekommen. Der Völkerrechtler Alfred von Verdroß, ein Mann von Weltruf in seiner Wissenschaft, spricht hier in seiner Rede „Staat und übernationale
Gemeinschaft" den frommen Wunsch aus, daß sich das neue Deutschland — Hitlers —
und Österreich zur Zusammenarbeit finden werden, um nicht „dem überall latent vorhandenen bolschewistischen Gegenreich zu verfallen". Verdroß sah, wie der späte
Seipel, dieses bolschewistische Gegenreich in den immer noch nicht ganz überwundenen
„Roten" des „Austromarxismus in Österreich" präsent. „Im gemeinsamen Einsatz für
dieses erhabene Ziel wird auch, so dürfen wir hoffen, die Einsicht siegen, daß die beiden politischen Brennpunkte des deutschen Volkes einander ergänzen müssen zum
Heile des deutschen Volkes selbst und zum Heile der Welt."[112]

Die Schlußrede hielt „im Auftrage von Bundeskanzler Dr. Dollfuß", der durch
„die letzten Vorbereitungsarbeiten für Gesetzwerdung der neuen österreichischen
Verfassung sowie die Ratifizierung des Konkordats" verhindert war, selbst zu sprechen, Dr. Johannes Messner, den er gebeten hatte, „die Interpretation seiner Gedanken zu übernehmen". Diese Rede („Der Staatswille des katholischen Österreich") endet mit dem Bekenntnis zur „Verbindung deutschen und katholischen Wesens, die das Volk von Österreich mit seinem neuen Staatswillen in dem Ringen
um eine neue Staatskultur, das heute über die ganze Welt geht, wieder zur Geltung
bringen will." Ganz aus dem deutschen Wesen stammt die Ordnung von Autorität und Freiheit, zu der wir das staatliche, wirtschaftliche und soziale Leben im
neuen Österreich wieder zurückführen wollen. „Damit hat sich das deutsche Volk von
Oesterreich aber ein Ziel gesteckt, das würdig ist der katholischen und deutschen
Kultur seiner großen Vergangenheit, in der immer wieder die innerste Verbundenheit deutschen Wesens und katholischer Weltanschauung zu einzigartigen Höhen
menschlicher Kultur emporgeführt hat."[113]

1951 erinnert Franz Langoth seine Begegnungen, seine Verhandlungen mit Dollfuß 1933/34. Langoths „Kampf um Österreich. Erinnerungen eines Politikers" sind ein
außerordentlich wertvolles Dokument: Hier bezeugt ein oberösterreichischer Politiker die für ihn nahtlos verlaufende Kontinuität, die ihm als deutschnationalen
Politiker, als Großdeutschen, als Nationalsozialisten, in guten Beziehungen zu christlichsozialen, aber auch zu sozialdemokratischen Parteimännern stehend[114], mitten
durch die Fährnisse der Zeit, nach dem Zusammenbruch des Hitler-Reiches in das
amerikanische Anhaltelager für „Prominente", Glasenbach-Salzburg, führt und zu
einem stillen Lebensabend in der wiedergewonnenen Heimat. Ungebrochen bis zuletzt sein Glaube an Deutschland[115], der untrennbar in ihm verschmilzt mit seinem
oberösterreichischen Heimat-Bewußtsein und einem deutsch-österreichischen Patriotismus, der ihn bereits mental distanzierte von den radikalen Nationalsozialisten in

und um die schöne Stadt Linz, deren Ausbau und künftigem Glanz viele Nächte galten, die Hitler seinen Bau-Träumen, seinen Großbauprojekten um so intensiver widmete, je härter von Monat zu Monat, Jahr zu Jahr die alliierte Luftoffensive das „Altreich" und seine Städte zertrümmerte.

Franz Langoth, geboren am 20. August 1877 aus einem alten Mühlviertler Geschlecht, wird Lehrer an Volks- und Hauptschulen. Als Führer eines Protestumzugs in den Badeni-Unruhen, in denen die „nationale" Straße über Wien, über die Hofburg des Kaisers Franz Joseph siegt, wird er entlassen. Am 5. Mai 1909 wird er Abgeordneter der Stadt Linz, zieht in den Landtag und in die oberösterreichische Landesregierung ein, wirkt 25 Jahre im Landtag und 15 Jahre als Landeshauptmannstellvertreter und Landesrat in der Landesregierung. Langoths Linz in den beiden letzten Jahrzehnten des 19. Jahrhunderts: Da sind es Bismarck-Feiern und Richard-Wagner-Kommerse, da führt der führende christlichsoziale Politiker Hauser Langoths beide Söhne zur Firmung. 1918 erfolgt ein Schock: „Der Deutschösterreicher war in seiner Jahrhunderte währenden Entwicklung daran gewöhnt, großräumig zu denken und zu handeln. Sein schöpferischer Geist" entwickelte „eine nicht abzustreitende Großzügigkeit des Charakters. ... All diese Eigenschaften waren mit der Zerschlagung der Monarchie 1918 gewaltsam gedrosselt." Instinktiv bemerkt dieser oberösterreichische „Bauer" seinerseits die menschlich ungeheure Engpaßführung, die sich nun in der Ersten Republik auch politisch so katastrophal ausfaltet[116]. Langoth erlebt, wie da in Linz mit großem und eindrucksvollem Gepränge am 31. Oktober 1926 das berühmte „Linzer Programm" der Sozialdemokratie geschaffen wird. Den Bürger-Bauer-Lehrer Langoth verstören Plakate und Transparente, wie „Heraus mit der Diktatur des Proletariats". Er beruft ein hier nicht verifizierbares Wort Victor Adlers: Otto Bauer sei „das talentierteste Unglück der Sozialdemokratischen Partei"[117].

Höchste Achtung für Seipel und Schober: „Hätten Seipel und Schober länger gelebt, wäre ein Dollfuß und ein Schuschnigg undenkbar gewesen[118]. Das erste Opfer der durch das Dollfuß-Regime verfügten Auflösung der Landtage wurde der christlichsoziale Landeshauptmann Dr. Schlegel. Ernst Rüdiger Fürst Starhemberg, Landesleiter der oberösterreichischen und Bundesführer der österreichischen Heimwehr, der durch Dollfuß Bundesminister des Inneren wurde, hatte den Kopf dieses ihm als „Schwarzer" und als Demokrat verhaßten Mannes erhalten. Langoth über ihn: „Er war immer korrekt und durch und durch ein Ehrenmann."[119] Am 10. November 1933 spricht Langoth im Landtag: „Ich stehe hier als Vertreter des nationalen Lagers. ... Man wirft dem nationalen Lager vor, staatsfeindlich zu sein. Ich erkläre dagegen, daß in diesem Lager auch Österreich ist. ... Uns beseelt die gleiche Liebe zur Heimat"[120] — die im Bewußtsein der Länder, hier und in Salzburg, Tirol, Steiermark, Kärnten den gegen Wien stehenden Landespatriotismus bildet.

Hitler hat die Macht in Deutschland übernommen. Langoth sieht in dieser Tatsache keine Gefahr für sein Österreich. „Von Deutschland droht unserer Selbständigkeit keine Gefahr" (1. Dezember 1933). Sein Kampf gilt der „immer als heilig und unantastbar gehaltenen Autonomie des Landes"[121]. Wir erinnern uns an den Kampf der oberösterreichischen Stände in der Epoche der Reformation in diesem Sinne. Sehr aufmerksam vermerkt Langoth Seipels Kölner Rede, in der er Brüning

aufforderte, mit dem Nationalsozialismus Verbindungen aufzunehmen[122]. Eine besondere Aufmerksamkeit widmet er möglichen Verbindungen zu Männern der Sozialdemokratischen Partei: Diese hätte Langoths Überzeugung nach eine Koalition mit
einer nationalen Mittelpartei erwägen sollen. Das bestätigt ihm Vizekanzler Dr. Adolf
Schärf 1949 bei einer Besprechung mit den Gründern des VdU, des Verbandes der
Unabhängigen, die als eine Auffang-Partei für Nationalsozialisten und Verwandte gedacht war, mit dessen Gründern Dr. Herbert Kraus und Dr. Viktor Reimann in
Salzburg[123].

Langoth schildert ausführlich seine „Verständigungsverhandlungen" mit Dollfuß,
Staatssekretär Dr. Gleißner, Dr. Hueber und Theo Habicht ab September 1933.
„Dollfuß war ja an und für sich ein kluger und beweglicher Geist."[124] Dollfuß sucht
eine gemeinsame Basis für den Kampf gegen „die Sozi"[125]. (Niemals erfuhr Engelbert
Dollfuß, was Marxismus, Austromarxismus, politische Theorie, wissenschaftlicher Mar-
xismus waren.) Dem Bauernkind Dollfuß erscheinen die großen und gefürchteten Un-
bekannten, die Denker und Politiker der Sozialdemokratie, schlicht-schlecht als
„Sozi", als die „Roten": Dollfuß erklärt: „... niemals werde ich eine Lösung mit
den Roten machen. Obwohl ... Frankreich dazu drängt!"[126] Gleißner hofft auf eine
Spaltung der Sozialdemokratischen Partei, auf eine „Loslösung von der jüdischen
Führung". Diese Hoffnung hegte bereits 1920/22 Ignaz Seipel. Dollfuß will direkte
Verhandlungen mit Hitler. Hitler will nicht[127]. Die vergeblichen Bemühungen Dollfuß' 1933/34, mit Hitler in Kontakt zu kommen, sind in der Zwischenzeit mehrfach untersucht worden, so seit Dieter Ross 1966[128]. Im Auftrag von Dollfuß verhandelt unter anderem Schuschnigg am 31. Oktober 1933 mit Heß in München.

Franz Langoth wendet sich gegen den „sogenannten nationalsozialistischen
Putsch" am 25. Juli 1934. Er meint, „daß die breiten Massen der Nationalsozialisten
von dieser ganzen Aktion vorher keine Ahnung hatten". Auch die illegale Führung
der NSDAP in Österreich habe das nicht gewußt[129]. „Es ist von unendlicher Tragik,
daß die tödlichen Schüsse gefallen sind. ... Es ist ein unendliches Mißgeschick der
Rebellen gewesen, daß Doktor Engelbert Dollfuß dem Putsch zum Opfer fiel[129].
Langoth beruft sich auf Schuschnigg, der ihm gegenüber Dollfuß einmal einen „großdeutschen Christlichsozialen" nennt, der durchaus für den Anschluß ist[130]. Langoth
meint: „Ein richtiger Christlichsozialer um jeden Preis war er nicht. ... Seine Grund-
haltung war immer national, das mag teilweise auf den Einfluß seiner Gattin Alma
(falsch: sie hieß Alwine), die eine gebürtige Reichsdeutsche war, zurückzuführen sein."
Wir wissen, daß der Glaube an Deutschland Dollfuß bereits als blutjunger Offizier
der kaiserlichen Armee beseelte. „Bei der Wendigkeit des Kanzlers Dollfuß und bei
seinem beweglichen Geist wäre es nach meiner Überzeugung doch noch im Jahre
1934 zur Verständigung und zur Befriedung gekommen, weil sie hätte kommen müssen, denn die innere Lage war unhaltbar."[131] Franz Langoth sieht also Engelbert
Dollfuß mitten auf jenem „deutschen Weg", den dann auf seine Weise Schuschnigg
weitergeht.

Langoth macht auf die nationale evangelische Opposition gegen Dollfuß aufmerksam, wie sie zehn Tage nach dessen Tode in einem Hirtenbrief des evangelischen
Superintendenten Johannes Heinzelmann, Villach, der Öffentlichkeit übermittelt
wird. Die große Angst österreichischer Evangelischer vor einer neuen Gegenreforma-

tion 1934—1938 wird uns noch näher treten. Hier nur dieser Aufschrei Heinzel-
manns: „Die Glaubens- und Gewissensfreiheit schien schwer bedroht. ... Ist es ein
Wunder, wenn ein beträchtlicher, ein in wesentlichen Belangen unterdrückter Teil
unseres Volkes stürmisch nach Freiheit rief, wenn er ein Joch, das ihm von Tag zu
Tag unerträglicher dünkte, gewaltsam abwerfen wollte ...?"[132] Das ist eine evangelische Dokumentation des Widerstandsrechtes, wie es einst die evangelischen Stände
und zuvor bereits katholische Theologen in Frankreich, Spanien formuliert hatten.

Langoth weiter: „Schuschnigg, der Halbe", versucht eine Synthese zwischen deutscher Nation und Österreich. „Das ist seine Tragik und seine Schuld." „Das österreichische Staatsbewußtsein war stark und groß vorhanden, der große nationale Gedanke
war auch da — nur an der Synthese hat es gefehlt."[133] Diese Behauptung eines an sich
„vorhandenen" österreichischen Staatsbewußtseins hier, in Erinnerung der Jahre ab
1933, durch diesen alten Nationalen, gibt zu denken. Langoth erlebt — mit Millionen
anderer Österreicher — das Scheitern der „Vaterländischen Front". „Ihre Ziele hat die
Vaterländische Front nie erreicht. Das lag vielleicht weniger am Programm als an
den Menschen, die sie führten."[134]

Zeitgeschichtliche Forschungen der jüngsten Jahre beziehen sich sehr zu recht
auch auf dieses merkwürdige Gebilde, die „Vaterländische Front"[135]. Hier nur so viel:
Das war der eine Weg, den Dollfuß versuchte — und Schuschnigg matt, unsicher, nicht
zuletzt in Angst vor potenteren Mitarbeitern, wie dem steirischen Landeshauptmann
Dr. Karl Maria Stepan, rhetorisch und unwirksam weiterschritt. Hier wurde der
Versuch gemacht, für den prekären „Christlichen Ständestaat" eine österreichische
Ideologie, ein Österreichbewußtsein, ja eine aktive Kampfgesinnung zu schaffen. Als
„Amtswalter" wurden vielfach Menschen berufen, die aus dem Schutt des Ersten
Weltkrieges stammten, ehemalige Offiziere, in zivilen Berufen Gescheiterte, und eben
arbeitslose Kleinbürger. Unter dem Dach dieser Zwangsorganisation, dieses von einem
autoritären Regime den Beamten, Lehrern, Schülern, Richtern etc. plakativ an den
Rockrand gehefteten „Bekenntnisses zu Österreich", zum „österreichischen Men-
schen", zu den Aktionen und Demonstrationen der Regierung, befanden sich da nebeneinander: mißmutige Christlichsoziale, die ihren alten aufgelösten Organisationen
nachtrauerten, Nationale und Nationalsozialisten in der bunten Fülle ihrer eigenen
Gegensätze und Gegengruppen, und ein „graues Heer" von Mit-Machern, die am
Revers das Hakenkreuz trugen[136].

Mitten in diesem künstlichen, in keiner Weise kunstvollen politischen Gebilde,
das weder in der Regierung Schuschnigg noch im breiten Volk substantielle Macht-
basen besaß, arbeiteten, lebten, hofften und fürchteten sich vor dem Tage X, vor
Hitlers Machtübernahme in Österreich, die Österreicher, die ein sehr echtes, auf ihre
Weise auch vitales Österreich-Bewußtsein besaßen; stille, ernste, meist schweigende
Menschen, die als Katholiken verbittert auf Schuschniggs „deutschen Weg" sahen und
sehr deutlich Österreichs Untergang vor Augen sahen[137]. Mitten in dieser Halb-Welt
der so vielfärbigen Deutsch-Gläubigen, der gespaltenen Katholiken, der abseits stehen-
den Reste bürgerlicher Liberaler und Humanisten und den starken Fronten der in den
Untergrund verbannten sozialistischen, sozialdemokratischen, kommunistischen
Oppositionen — spöttisch besehen von den „Nationalen" — begann, quer durch die
Fronten dieser Jahre hindurch, ein sehr merkwürdiges Wachsen eines österreichischen

Patriotismus: Im Worte nur artikuliert durch einige Außenseiter, wie Ernst Karl Winter in Wien[138] und den bei Salzburg lebenden Schriftsteller Josef August Lux und den letzten „Führer" der „Vaterländischen Front", den Kärntner Dichter und Politiker Guido Zernatto[139], um hier wenigstens drei „Modelle" eines in existentiellen Tiefenschichten der Person sich einwurzelnden Österreich-Bewußtseins zu erinnern, das seine Wurzeln dem alten Österreich verdankte und in keiner Weise eine jetzt künstlich eingesetzte Pflanze der „Vaterländischen Front" war.

Zurück zu Franz Langoth. — Am 12. März 1938 verliest Goebbels die Proklamation Hitlers im Rundfunk: „Eine ewige geschichtliche Verbundenheit, die erst durch das Jahr 1866 gelöst wurde, im Weltkrieg aber eine neue Besiegelung erfuhr, fügt Österreich seit jeher ein in die deutsche Volks- und Schicksalsgemeinschaft." Gedächtnisprotokoll über Gespräche Hitlers beim Mittagessen, 13. März, 14 Uhr, im Hotel Weinzinger in Linz. Hitler begrüßt Langoth: „Herr Langoth, als Junge habe ich Sie schon gekannt." Hitler begrüßt ihn freudig mit erhobenen Händen, er hatte in der Nähe von Langoths Wohnung gewohnt[140]. Hitler ißt eine einfache Gemüseplatte, nimmt eine Schale Kamillentee. Die anderen Oberösterreicher speisen das oberösterreichische Nationalgericht, Geselchtes mit Grießknödeln und Kraut. Um 15 Uhr zieht Hitler seine Uhr und verkündet den Anschluß.

„Ein Bericht von der Banalität des Bösen": so nennt Hannah Arendt 1964 ihren Bericht über „Eichmann in Jerusalem". Der Linzer Adolf Eichmann ist ein Kleinbürger, banal bis ins Letzte[141]. Der Linzer Adolf Hitler bezeugt sein Kleinbürgertum in den endlosen Reden, Monologen, die er bis an sein Ende nachts für nachts vor den einschlafenden Nicht-Hörern hält[142]. Die Szenerie in Linz, wie da Hitler den Entschluß faßt, doch gleich ganz Österreich zu vereinnahmen, ist von makabrer Banalität, wie so viele Szenen in der innenpolitischen Szenerie in Österreich, in der Ersten Republik Österreich. Kleinbürger, Spießbürger, vulgäre Gesichter sehen uns an, auf den Photographien der Regierungsteams, der „führenden" Männer der „bürgerlichen" Parteien 1918—1938. Hitler und Freund Langoth, gleichzeitig: „Das ist die größte Stunde der deutschen Geschichte." Hitler im selben Atemzug zu Keitel: „Die deutsche Wehrmacht erfährt eine Bereicherung von sieben Divisionen." Hitler lädt Langoth ein, in Berlin immer sein Tischgast zu sein. Langoth nimmt da nie teil, er konnte mit dieser Tischgesellschaft und Hitlers Umgebung „nie den richtigen Kontakt finden"[143].

Bericht über die Enttäuschungen österreichischer Nationalsozialisten, die mit dem ersten Tage der „Machtübernahme" beginnen. „Wir wollten die Eigenstaatlichkeit nicht aufgeben, den Anschluß im Sinne und Geiste des Beschlusses der österreichischen Nationalversammlung vom 12. November 1918 vollziehen: also künftig als Teil zum Reich gehören, wie Bayern."[144] Am 14. März geht der SA-Führer Hermann Reschny zu Hitler ins Hotel „Imperial", erinnert ihn an die seinerzeit geschlossene Vereinbarung. „Er bat Hitler, die von Österreich nicht gerufenen deutschen Truppen wieder zurückzuziehen. Es war zu spät." Reschny, der Leiter des „Vaterländischen Schutzbundes" (beachten wir die Koppelung dieser beiden politischen Formulierungen), des Vorläufers der österreichischen SA, hatte am 15. Juli 1926 in München eine „Vereinbarung" mit Hitler geschlossen: 1. Ein Anschluß Österreichs nur auf Grund einer allgemeinen und geheimen, von außen unbeeinflußten Volksabstimmung. 2. Im Fall

des Anschlusses dürfen reichsdeutsche Herren nicht in Stellen der Partei, der Wirtschaft, des Staates in Österreich entsendet werden[145]. Nun erlebt Franz Langoth mit
den österreichischen Nationalsozialisten dies: Bürckel übernimmt das Regime mit einer
Clique von „Landfremden". „Österreich verlor seinen alten, ruhmbedeckten Namen,
es gab plötzlich ein ‚Oberdonau‘, ‚Niederdonau‘ ... Es waren Kräfte am Werk, die
ohne jedes Gefühl für österreichische Bedürfnisse Mißgriffe machten, die viele nationale Österreicher verstimmen mußten." Etwas Selbstkritik klingt mit durch: „Auch
ein gewisser Mangel bei einzelnen an persönlichem Mut, an Zivilcourage, bei vielen
an Begabung zur knappen Formulierung sachlicher Einwände, hat in Österreich die
Entwicklung ungünstig beeinflußt."[146] Ich erinnere hier, daß selbst ein so hochintellektueller Mann wie Seyß-Inquart demütige, unterwürfige Briefe an Himmler schrieb[147].
    Erinnerung an Schuschnigg, den „Zauderer". „Es fehlte in der Schuschnigg-Regie-
rung der Mann, der den Mut zu dieser entscheidenden Tat gefunden, das Steuer herum-
gerissen und damit das selbständige Österreich gerettet hätte. ... Die rettende Parole
konnte nur sein: Verständigung mit der ganzen Opposition, nicht aber ihre Unterwerfung. ... Nach dem Berchtesgadener Abkommen hätte Schuschnigg zweifellos
noch mindestens fünf Jahre Zeit in Österreich, als einem Gliedstaat des Deutschen
Reiches, Staatskanzler sein können. Wie anders wäre Österreichs Schicksal verlau-
fen!"[148] Diese Erwägungen sind ganz irreal, wenn man ihnen Hitlers Kriegs- und
Eroberungskalender, wie er ihn bereits 1936 und 1937 für die Jahre bis 1945 aufgebaut hatte, an die Seite stellt. Diese Hoffnungen wurden jedoch von vielen
nationalen Katholiken, die an das kommende Reich dachten, geteilt.
    Langoth wird Oberbürgermeister der Stadt Linz. Als solcher beschäftigt er den
Schutzbundführer Richard Bernaschek, den legendären Helden, der die Februarerhebung 1934 ausgelöst hatte, als Hilfsbeamten im Bauamt[149]. Am 4. Oktober 1946
übergeben im Lager Glasenbach Langoth, als Repräsentant der gemäßigten Richtung, und Brand, als ein alter „radikaler" Nationalsozialist, dem Kommandeur der
USA-Streitkräfte in Österreich, General Mark W. Clark, die „Glasenbacher Denkschrift" als eine Dokumentation der österreichischen Tragödie, wie sie diese „Nationalen" sehen, erlebt haben — als ein merk-würdiges Bekenntnis zu Österreich. Brand
und Langoth stellen dem Amerikaner die österreichischen Nationalsozialisten vor:
„In ihrer überragenden Mehrheit sind es anständige Menschen, die in den dunkelsten
Tagen österreichischer Geschichte das Gedankengut des Nationalsozialismus wie eine
Offenbarung empfunden haben und der neuen Lehre wie einer Religion neuen
Herzens gedient haben."[150] Die NS-Partei ist in Böhmen entstanden. Der Anschluß-
gedanke „ist ein Gedanke, der zur nationalen Ideologie des österreichischen Volkes
gehört". Nur der „Vaterländischen Front" von Dollfuß blieb es vorbehalten, den
„Begriff eines österreichischen Menschen" zu erfinden. Und wieder hier: Dollfuß selbst
wollte den Ausgleich mit dem Nationalsozialismus. „Die führenden Männer des
österreichischen Nationalsozialismus bis weit hinein in die Kreise der Anhänger waren
über die Vorgänge des 25. Juli tief bestürzt und empfanden den Tod des versöh-
nungsbereiten Bundeskanzlers Dr. Engelbert Dollfuß als wahres Unglück."[151]
    Berufung auf Karl Renner (Illustrierte Kronenzeitung, 3. April 1938): „Nun ist die
Zwanzigjährige Irrfahrt des österreichischen Volkes beendet und es kehrt geschlossen
zum Ausgangspunkt, zu seiner feierlichen Willenserklärung vom 12. November 1918

zurück. Das traurige Zwischenspiel des halben Jahrhunderts 1866—1918 geht hiermit in unserer tausendjährigen gemeinsamen Geschichte unter."[152] Kurze Zwischenbemerkung: In diesem „traurigen Zwischenspiel des halben Jahrhunderts 1866—1918" war Österreich zur Wiege einer Welt-Kultur geworden: von der die westliche Zivilisation in vielen entscheidenden Bezügen in Forschung und Lehre, Wissenschaft und Kunst, heute lebt: Diese Bezüge wurden in Amerika und England „entdeckt" und praktiziert[153].

Langoth meint: „Wir waren immer gute Österreicher und wollen es auch unter den geänderten Zeitverhältnissen bleiben. Wir sind bereit, für ein freies und wirklich unabhängiges Österreich zu arbeiten. Das ist durchaus vereinbar mit unserer Treue zum gesamten deutschen Volkstum."[154] Die alte Spannung bleibt voll erhalten: „nationale" Österreicher verstehen sich heute als österreichische Staatsbürger, als „deutsche Österreicher", als „Deutsche": Entschieden lehnen sie ein Selbstverständnis als Mitglieder einer österreichischen Nation ab. Langoth dazu: „Die Entnazifizierung und ihre Durchführung gemahnt an die Zeit der Gegenreformation, der Inquisitionen und Ketzerprozesse ..."[155] Der Oberösterreicher Langoth weiß, was sein „Landl" erlebt hat im 16., 17., 18. Jahrhundert. Mit ihm wissen es Oberösterreicher von heute. Langoth erinnert an seine amerikanische Adresse: In die „Österreichische Legion", die aus geflüchteten Nationalsozialisten im Hitler-Staat gebildet worden war, kamen auch österreichische Sozialdemokraten, so Ludwig Bernaschek.

Im „Glasenbacher Gelöbnis", das Langoth am 31. Dezember 1946 verfaßte, heißt es: „Österreich, in den Stürmen tausendjähriger Geschichte kraftgestählt ... wird uns ein verjüngtes Vaterland sein. ... Wir werden seine treuesten Söhne sein. ... Unser *starker Glaube an eine bessere Zukunft* und der Mut, alle Verunglimpfungen aufrecht zu tragen, können nicht wankend werden. ... Dem Staate wollen wir aber treue Diener sein. ... starker Glaube an eine bessere Zukunft, ... an Österreich ..."[156] Mit diesem Bekenntnis des „Vater Langoth", wie er bei Lebzeiten weit hinaus über seine engeren Gesinnungsgenossen hieß, öffnet sich der Lebensweg eines altösterreichischen Deutschnationalen, „Großdeutschen" (Langoth selbst liebte diese Bezeichnung nicht), Nationalsozialisten, einem Ende und einem Anfang zu: zu einem Ende des Sterbens des Glaubens an österreichische Zukunft 1866 bis 1946 und zu einem Anfang: der mit der Zweiten Republik Österreich beginnt, in der „Anfänge eines Anfanges" einer neuen österreichischen Selbstfindung beginnen (Karl Rahner prägte das Wort „Anfänge eines Anfanges" für die Ansätze eines Reformkatholizismus auf dem II. Vatikanischen Konzil).

Zurück zu Dollfuß und zu Schuschnigg: In Konfrontation mit dem österreichischen Katholiken Adolf Hitler machen sie ihre Politik, ihre „deutsche Politik" in Österreich: Zwei Katholiken, deren Katholizismus, deren Österreich-Verständnis sehr anders geformt war als das ihres furchtbaren Gegners. Ein sehr anderes österreichisches Selbstverständnis als sein Kriegskamerad Engelbert Dollfuß vertrat Ernst Karl Winter, ein Geschichtsdenker, ein Politologe, ein Theologe, ein Politiker, der zu jenen großen einsamen Existenzen gehört, die im Österreich der Ersten Republik eine einzige echte Chance hatten: auszuwandern. Wir begegneten Winter kurz mit einem Blick auf seine theologisch-politische kritische Auseinandersetzung mit Ignaz Seipel, geschrieben 1933, veröffentlicht Wien 1966.

Winter war als Kriegskamerad dem jungen Dollfuß, der sich damals selbst ganz „deutsch" verstand, aufgefallen durch seine offene Auseinandersetzung mit den vielen deutsch-gläubigen Kameraden im kaiserlichen Heer, und durch seine Verwerfung des Duells, was ihm im Regime des Kaisers Franz Joseph das Offizierspatent kostete. Die sehr persönliche Beziehung zu Dollfuß ermöglichte Winter ein wagemutiges Unternehmen. Er gründete die „Österreichische Arbeiter-Aktion", die nichts geringeres anstrebte als: dem Proletariat im autoritären Staat das werden, was ihm in der Republik die intellektuelle Führerschicht der alten Sozialdemokratie gewesen war. Anfang April 1934 begann Winter seine Aktion mit Vorträgen im Margaretner Volksbildungshaus, dann mit einer Folge von Sprechabenden im Ottakringer Volksbildungsheim, zu denen er ein sozialdemokratisches Publikum lud. Als Dritter Bürgermeister von Wien besaß er eine schmale politische Position, die er benützte, um sich für die Amnestie und Enthaftung der politischen Gefangenen, die Aufhebung der Entlassungen von Sozialdemokraten aus dem öffentlichen Dienst, die Aufhebung der Liquidierung ehemaliger sozialdemokratischer Organisationen, die Wiederbelebung der Arbeiterkulturorganisationen und die Beseitigung jeglicher Diskriminierung ehemaliger Sozialdemokraten einzusetzen[157]. Ernst Karl Winter sah sehr klar den Februar und den Juli 1934 voraus[158]. Winter gab die Schuld an der Ermordung von Dollfuß dem „antimarxistischen Komplex"[159]. Im Banne dieses Komplexes sah der Apparat des Dollfuß-Staates wie hypnotisiert immer nur nach links, verlor die nationalsozialistischen Putsch-Vorbereitungen aus dem Auge. Mit der Regierungsübernahme durch Schuschnigg begann die Erdrosselung der Aktion Winter. „Tragischerweise war die Regierung dem Unternehmen gerade in dem Augenblick in den Rücken gefallen, als die ersten Schranken zur Arbeiterschaft niedergerissen werden konnten, als sich, wie aus zahlreichen Briefen von Arbeitern an Winter hervorgeht, die in dem Buche ‚Arbeiterschaft und Staat' veröffentlicht wurden, die ersten schüchternen Vertrauensregungen bemerkbar machten."

In der so kritischen Endzeit der Demokratie in der Ersten Republik machten Winters politische Vorschläge rechts bei österreichischen Patrioten, links bei dem großen alten Mann der österreichischen Sozialdemokratie, Karl Renner, Eindruck, der sich bei seinem Entwurf eines Staatsnotstandsgesetzes auf die Gedankengänge Winters stützte[161]. Als Schuschnigg mit vollen Zügen in die Katastrophe stürzt, versucht Winter, durch eine monarchistische Restauration den Sturz aufzuhalten. Er fährt zu Besprechungen mit der ehemaligen Kaiserin Zita und mit Friedrich Adler in die Schweiz. Ernst Karl Winter ist der einzige bedeutende politische Utopist, den das Bürgertum in Österreich im 20. Jahrhundert hervorgebracht hat. Utopie als schöpferische Vernunft, als „Prinzip Hoffnung": Franz Kafka und immer, immer wieder Karl Kraus ersahen im Ausfall von politischer Phantasie sehr österreichische Vorbedingungen für das Hineinschlittern in den Ersten Weltkrieg, Kraus sodann auch für die miserablen Verhältnisse in der Ersten Republik[162]. Für junge deutsche und österreichische Linke in den sechziger Jahren hatte Ernst Bloch in den Jahren nach 1918 den Ausfall an politischer Utopie, an schöpferischer politischer Phantasie als das nackte Elend des Partei-Marxismus ersehen und angesprochen[163].

1927 legte Winter mit seinen Freunden August M. Knoll, Alfred Missong, Wilhelm Schmid und H. K. Zessner-Spitzenberg sein politisches Programm vor. Hier

steht erstmalig seine Formulierung: „Rechts stehen und links denken." Als Publizist
kämpft Winter zunächst ab 1923 für die erstmalige Schaffung einer „österreichischen
Geschichtsauffassung". 1933 bis 1936 gelingt es ihm, gegen schwerste Widerstände
aus dem autoritären Lager die Zeitschrift „Wiener Politische Blätter" herauszugeben.
Winter in der ersten Nummer: „Was wir wollen. . . . Das Gewerbe der Politik ist in
Mißkredit gekommen, weil von blutigen Dilettanten . . . auf den Hund gebracht."
Als blutige Dilettanten verstand Winter das Gros der „bürgerlichen" Politiker aller
Couleurs. „Politik ist eine hohe Kunst, aber sie wird ein schlimmes Handwerk, wenn
ihr nicht wissenschaftliche Erkenntnisse zugrundeliegen."[164] Winter wußte, wie sehr
sein Kriegskamerad Dollfuß politisch ein Dilettant war, ein hochbegabter Dilettant,
ein Spieler, der um die Macht spielte — anders als Hitler: Dollfuß besaß als Katholik
eine persönliche Gewissensbildung, die er aber in Sachen Machtkampf nicht nutzte.

Winter, ein Einsamer wie Karl Kraus, schrieb seine Zeitschrift fast zur Gänze
allein. Ziel seiner „Blätter" war die „Schaffung einer österreichischen Front von
rechts bis links gegen den Nationalsozialismus". Aufmerksam beobachtet die in
Brünn sich zentrierende Führung der österreichischen emigrierten Sozialdemokraten
Winters publizistische und politische Aktivitäten. Am 15. April 1934 schreibt die
„Arbeiter-Zeitung", Brünn: Winter hätte zwar, „im letzten Jahre einen tapferen
Kampf gegen den Nazifaschismus und gegen den Austrofaschismus geführt", er hätte
Schulter an Schulter mit den Sozialdemokraten gekämpft, „das allein genügt jedoch
noch lange nicht, ihn zu einem Vertrauensmann der Arbeiterschaft zu machen".
Das wußte niemand besser als Ernst Karl Winter selbst: Er fiel, politisch, in den An-
fängen seines Anfanges[165].

Winter ist in Österreich der erste innerkatholische Kritiker von Rang, der sich mit
dem „politischen Katholizismus" seiner Zeit auseinandersetzte. Winter sieht die Übernahme parteipolitischer Funktionen durch Priester als eine politische Verirrung, als ein
Unding. Dieser „politische Katholizismus" ist eine „nicht ungefährliche" Übertragung
kirchenpolitischer Methoden in die Staatssphäre, die gemessen an der kirchlichen
Seelsorgeaufgabe ihre volle Berechtigung hätten, für den Staat jedoch nicht taugen,
weil hier „nicht die Anpassung an das Gegebene, sondern die Gestaltung des Gege-
benen entscheidend" bleibe. Der „politische Katholizismus" ist zudem eine „säkularisierte Theologie", er besitzt eine nicht auf den Staat, sondern auf die Kirche bezogene Dialektik, „was vielfach nichts anderes besagt als die Verengung des religiösen Weltbildes, das frei sein soll von aller Erdenschwere, auf ein interessen-
politisches Substrat, das in seiner Begrenztheit notwendig, in seiner Übersteigerung
aber weitaus gefährlicher ist als die übersteigerte Klassenenge"[166].

Verengung: Hier enden im Katholizismus die vielen Engpaßführungen und Engleitungen, die vom 16. zum 20. Jahrhundert Menschen in Österreich immer enger,
geistig, seelisch unfreier, politisch unbeweglich gemacht, in Klischees gebannt haben.
Ernst Karl Winter setzt zu einer Aufhebung der Gegenreformation von innen her an:
nicht als eine temporäre Anpassung, eine „Akkomodation" im Tageskampf, sondern
als Voraussetzung für eine Neubildung eines österreichischen Selbstverständnisses, eines
möglichen Wachtums politischer Neubildungen und, für Winter unersetzlich, für
einen innerlich freien wirklichkeitsoffenen Katholizismus, der nicht nach innen und
außen im Banne seiner neurotisierten Fixierungen vegetiert.

Kein Ende der Gegenreformation von 1933 bis 1937. Im Blick auf diese Jahre erinnert Ernst Karl Winter: „Ein böserer Mißbrauch der Religion für politische Zwecke als der durch das österreichische autoritäe Regime kann kaum ausgedacht werden, obwohl es zweifellos bona fide geschah."[167] 1932 vergleicht Bernhard Birk, ein katholischer Autor, in seinem Seipel-Buch Seipel mit Kardinal Khlesl unter Kaiser Matthias: als zweiten Priesterkanzler in Österreich[168]. Für Dollfuß, der im Herzen „immer noch das fromme Bauernkind (war), das vor dem Altarbild in Kirchberg so stark ergriffen wurde" (Gordon Shepherd), „war die Maiverfassung eine Fortsetzung der Rolle im 20. Jahrhundert, die die Habsburger in der Gegenreformation gespielt hatten, oder auch der Rolle, die Wien im Jahre 1683 gespielt hatte, in dem es das Reich — und Europa — vor der Türkengefahr rettete"[169]. Am 15. Mai 1933 erklärt „Der Sämann", das in Graz erscheinende, an der vordersten Front der Evangelischen kämpfende Organ: „Das schwarze Konkordat ist fertig. ... Rom dünkt sich heute allmächtig in Österreich. Wir aber wollen nicht in diese Allmacht geraten."[170] 25.140 Austritte aus der Rom-Kirche in den Jahren 1933/34. Proteste gegen die neue Fünfschilling-Münze: Sie trägt das Bild der Magna Mater Austriae, der Mariazeller Mutter Gottes, der Siegerin in der Schlacht am Weißen Berg[171]. Münzen sind in Alt-Rom mit ihren Kaiserbildern Macht-Zeichen der religiös-politischen Ära des Herrschers. Erbittert nehmen die zelotischen Zeitgenossen Jesu die Münzen mit dem Macht-Zeichen des verhaßten Römischen Kaisers und seiner Satelliten in die Hand: Dagegen Jesus: „Gebt dem Kaiser, was des Kaisers ist . . ."[172]

Dollfuß war keine kaiserliche Erscheinung, besaß keine kaiserliche Macht. Die von evangelischen Österreichern nun so gefürchtete neue Gegenreformation[173] mußte sich, sowohl aus Machtmangel wie auch am Fehlen aller spirituellen und geistigen Kräfte, die hier einzusetzen gewesen wären, auf enge polizeiliche Schikanen, auf Dienstenthebungen und verwandte Drangsalierungen beschränken[174]. Wie tief sie dennoch existentiell erlebt, also gefürchtet wurde, bekundet noch 1956 die so verdienstvolle und so behutsam arbeitende Historikerin der „Geschichte des Protestantismus in Österreich", Grete Mecenseffy, die den Anschluß der evangelischen Kirche Österreichs an den Deutschen Evangelischen Kirchenbund unter Oberkirchenratspräsident Dr. Viktor Capesius im Ständestaat so kommentiert: „Für die evangelische Kirche Österreichs brach eine Zeit der Drangsal und Verfolgung herein, die an die Gegenreformation des 17. Jahrhunderts erinnert."[175] Die Drangsale und Verfolgungen der „klassischen" Gegenreformation waren unvergleichbar, als Fakten, mit den „Drangsalen" der Evangelischen 1933—1937. Die Erinnerung und der „Vergleich" halten fest: Die alten Wunden waren nie wirklich vernarbt, konnten täglich neu aufbrechen. In bezug auf die ältere Los-von-Rom-Bewegung der evangelischen Kirche Österreichs in der Schönerer-Zeit erinnert Wilhelm Kühnert, der evangelische Theologe: Sie hat der evangelischen Kirche wohl einen spürbaren Auftrieb gegeben, „sie aber mehr belastet mit kaum zu bewältigenden Aufgaben als substantiell bereichert"[176]. Die Motive für den Übertritt waren „gewöhnlich meist politischer oder familiärer Natur, die ihn auslösten. Die neue Übertrittsbewegung trägt hochpolitische Akzente. Vor allem junge Neu-Evangelische hoffen eher auf Hitler als auf den Jesus Christus", meinte Gerhard May[177]. Gustav Entz schildert den „österreichischen Protestantismus im Rahmen des gesamtdeutschen Protestantismus": Ohne den

„treuen und großzügigen Dienst" des Gustav-Adolf-Vereins und des Evangelischen
Bundes wäre „der Ausbau des österreichischen Kirchenwesens bis auf den heutigen
Tag überhaupt nicht denkbar"[178].

Der Übertritt zur Evangelischen Kirche wird von vielen jungen Menschen als
ein Bekenntnis zum „deutschen Gott" verstanden[179]. Ich erinnere mich an viele Gespräche in diesem Bezug in den Jahren 1933 bis 1940. Dieser deutsche Gott hat im
deutschen 19. und frühen 20. Jahrhundert eine lange Vorgeschichte. Wilhelm Stapel,
Theologe von Haus aus, erklärt 1915, „warum ich nicht zu Gott, sondern zum deutschen Gott bete"[180]. Die nationale Kriegspredigt des deutschen Protestantismus feiert
zunächst 1914 bis 1918 den deutschen Gott als den großen Alliierten oben[181]. Gegen
diesen „Pastorennationalismus" polemisiert der große evangelische Religionshistoriker
und politische Denker Ernst Troeltsch[182]. 1918 bis 1933 hält sich diese Kontinuität,
sie führt zu den „Deutschen Christen", die den deutschen Gott, Luther und Hitler
als eine heilige Dreifaltigkeit erleben wollen, führt aber auch im konservativen deutschen evangelischen Kirchenwesen zu einer dezidierten Absage an die Demokratie,
an den Weimarer Staat. Bischof Schöffel erklärt: Die Kirche hat das Gericht über die
Weimarer Republik zu verkünden[183]. Radikale predigen: „Im Nationalsozialismus
ist bereits der neue Christusleib."[184] 1934 stellt in Berlin Fritz von der Heydt die Bedeutung evangelischer Patenschaften und Pflegegemeinden für die österreichischen
evangelischen Gemeinden in den Vordergrund[185].

1936 erscheint in Zürich „Die Gegenreformation in Neu-Österreich, ein Beitrag zur
Lehre vom katholischen Ständestaat". In einer früheren Edition erweist sie sich als
„Denkschrift über die Lage der evangelischen Kirche in Österreich und die Verletzung
der Bestimmungen des Friedensvertrages von St. Germain zum Schutze des Glaubens
und der Gewissensfreiheit. Eine Darstellung der Gegenreformation in Neu-Österreich. Anhand amtlicher Erklärungen und Dokumente dargestellt und herausgegeben
von einer schweizerischen evangelischen Arbeitsgemeinschaft", für die hier fünf Autoren zeichnen[186]. Das Vorwort weist die Behauptung zurück, „als ob die Übertritte
zum Protestantismus aus vorwiegend politischen oder gar vaterlandsfeindlichen
Gründen erfolgt seien . . .". Schuschnigg ist anderer Ansicht: Er spricht 1934 in Innsbruck von einem „Trutzprotestantismus . . ., der in Wirklichkeit gar keine konfessionelle, sondern lediglich eine politische Angelegenheit sei"[187]. Die Beziehungen zwischen evangelischer Kirche und Staat verschärfen sich unter Schuschnigg analog der
politischen Situation. Die Regierung qualifiziert „Konversionen" zum Protestantismus
als politischen Akt der Absage an das Regime[188]. Die Denkschrift klagt, klagt an:
In Kreisen der evangelischen Bevölkerung in den Bundesländern herrscht in den
letzten Jahren Beunruhigung über eine „neue Gegenreformation", die im Anzug sei.
„Zahllose Erklärungen von Staatsbürgern, die aus der katholischen Kirche austre-
ten wollen", bleiben unerledigt, werden als „politische Demonstration" gewertet.
Superintendent Johannes Heinzelmann teilt in einem Brief an den Bundeskanzler diesem am 14. Dezember 1935 mit: „Ein uneingeschränktes, aus dem Innersten kommendes Bekenntnis zum Staat ist derzeit für uns Protestanten schwer möglich. Ich, Heinzelmann, diene seit 36 Jahren Österreich und habe mich stets voll und
freudig zum gesamten deutschen Volk bekannt und will mich, wenn möglich, zum
Staate Österreich bekennen."[189]

Am 12. März 1933 predigte der neu bestellte Kardinal Innitzer in der „Anima", der deutschen Nationalkirche in Rom: Er vergleicht da „den Anbruch der neuen Zeit", des christlichen Ständestaates, mit der Gegenreformation. Die amtliche „Wiener Zeitung" stellt diese Predigt groß heraus[190]. Dollfuß und auch Bundespräsident Miklas verkünden in vielen Reden die Mission des katholischen Österreich[191]. Aufsehen erregen im evangelischen Österreich die „Erklärungen" der Staatsmänner Neu-Österreichs, die eine „Auslieferung des gesamten öffentlichen und privaten Lebens in Österreich an die katholische Kirche proklamieren" und für „ein kompromißloses und radikal extrem katholisch-klerikales Österreich" eintreten[192]. Der Sicherheitsminister in Kabinetten von Dollfuß und Schuschnigg, Hammerstein-Equord, ein Mann aus alten deutschen adeligen Familien, erklärt in der Wiener Zeitung am Heiligen Abend 1933: „Die erträumte deutsche Einheit wird nur durch ein katholisches Deutschland verwirklicht werden." Hammerstein-Equord mahnt die Politiker, katholisch zu werden, und die Katholiken, nicht nur dem Namen, sondern der Tat nach katholisch zu sein[193]. Die Mahnung an die Politiker galt nicht zuletzt den führenden Männern der Heimwehr. Starhemberg, der den „Schwarzen" bitter-böse gegenüberstand, paßt sich an: Bei einer Weihestunde für Markus von Aviano „bekennt" auch er: Österreich und katholisch sind identisch. Türkenabwehr, Protestantenabwehr, Hitlerabwehr verschmelzen hier zu einer Parole. (14. September 1934[194]). Der Staatssekretär Großauer bestätigt: „Wir müssen wissen, daß die österreichische Sendung, von der wir heute so viel hören, im Grunde die katholische Sendung für Mitteleuropa ist" (31. März 1935)[195]. Wallfahrt nach Mariazell, zur Schutzherrin Österreichs, der Volk und Staat den Sieg der klassischen Gegenreformation verdanken. Bundespräsident Wilhelm Miklas, der aus seiner langjährigen Lehrertätigkeit in Horn bestens den Waldviertler Protestantismus und Nationalismus kennt, legt hier am 8. Juli 1935 ein feierliches Bekenntnis ab: „Katholischer Glaube ist unzertrennbar auch mit dem echten Österreichertum verbunden, mit der Vaterlandsliebe, die sich von dem katholischen Bekenntnis, von echt katholischer Überzeugung nicht trennen läßt."[196] Schuschnigg sekundiert bei einer Diözesanfeier in Linz am 29. September 1935: „Wir finden mit überraschender Deutlichkeit, daß immer dann, wenn eine Zeit gewaltiger katholischer Manifestation kam, zugleich auch Zeiten eines Umbruchs der Geister in der Richtung zu ... einem neuen Erkennen der Seele des Vaterlandes waren. Und diese Seele ... ist und bleibt katholisch."[197]

Es ist sinnvoll, diese so überschwenglich und so dezidiert bekundeten religiös-politischen Hoffnungen im europäischen Kontext zu sehen: Dieser politische Katholizismus, der da von oben her als Aufbruch in den Seelen, im Geistesleben, verkündet wurde, besaß in Österreich nichts, annähernd nichts — von einigen nonkonformistischen Einzelgängern abgesehen —, was sich mit dem Renouveau Catholique, dem geistig und literarisch so eindrucksvollen Aufbruch einer ganz neuen katholischen Literatur, Dichtung, dann auch Theologie in Frankreich, was sich mit einer deutschen geistigen Erweckungsbewegung vergleichen ließe, zu deren Ahnherren Denker wie Max Scheler, Peter Wust, Guardini, Theodor Haecker und einige hervorragende Frauen wie Edith Stein (ermordet in Auschwitz) gehören.

In schwächlicher Anempfindung an die Präsentation alter und neuer Heiliger in der klassischen Gegenreformation wurde nun versucht, einen Dollfuß-Kult zu schaffen: die Verehrung des „Märtyrer-Kanzlers" in der Kirche. Bau einer „Dollfuß-Gedächtnis-Kirche". „Dollfuß ist unter den Heiligen, zu denen wir beten dürfen" — so steht es auf Gebetszetteln der katholischen Aktion für Tirol[198]. Legitimisten kämpften ihrerseits zunächst für eine Seligsprechung Kaiser Karls. Es ist ein archaisch eingewurzeltes Landvolk, das seine Heiligen braucht und sie sich schuf, im bayerischen Frühmittelalter, im Hochmittelalter, im Barock, das hier angesprochen wird. Im „Burgenländischen Volksblatt" erinnert der Pfarrer Lang am 13. Juli 1935: „Einmal hat Österreich eine deutsche Verirrung, die in ihren Anfängen gewiß ehrlich gemeint — wenigstens von den Besten ihrer Anhänger ehrlich gemeinte — Reformation in der Kraft des Glaubens schon überwunden. Wir leben heute im Zeitalter einer zweiten Gegenreformation."[199] Wußte Pfarrer Lang nichts von den frühen evangelischen Blutzeugen im Burgenland? Der militante ungarische Calvinismus und der „heilige Rest" des Luthertums im Burgenland können ihm nicht unbekannt gewesen sein. Der hochintellektuelle Dietrich von Hildebrand, Sproß der altberühmten bayerischen Familie von Gelehrten und Künstlern, Flüchtling aus München, vergleicht in seinem Buch „Engelbert Dollfuß, ein katholischer Staatsmann", dessen Kampf „mit der Gegenreformation des großen Habsburgers Ferdinand II."[200]. Erinnerte sich Hildebrand, als er dies schrieb, daran, daß von München her die militante Gegenreformation nach Österreich kam?

Offen aufbrechen mußte der Konflikt mit der „Vaterländischen Front", die durch eine Fülle katholischer Gottesdienste und Predigten sich eine religiös-politische Legitimation zu erwerben suchte und ihren Begriff der „Vaterlandstreue" im neuen Österreich im Sinne des autoritären Regimes verstand. „Der Beitritt zu einer solchen Organisation muß daher jeden Evangelischen in den schwersten Gewissenskonflikt stürzen."[201] Brüskierungen evangelischer Bürger, die zunächst eingeladen wurden, dann ausgeladen wurden, bezeugen die außerordentliche Instinktlosigkeit von Funktionären, die für alle möglichen kleinen Handlangerdienste taugen mochten, nicht aber für die Geburt einer neuen Gegenreformation. Superintendent Heinzelmann plädiert am 17. Oktober 1935 an den damaligen Generalsekretär der Vaterländischen Front, Oberst Walter Adam: Es ist „uns unmöglich, uns zu einem Staat katholischer Prägung zu bekennen, denn wir vergessen nicht, daß evangelischer Glaube und evangelisches Kirchenwesen aus dem Gegensatz zum römisch-katholischen entstanden sind"[202].

Auffallend zeigte sich in diesen „Kampfjahren der evangelischen Bewegung" eine starke Differenzierung. Die „Radikalen" haben ihre Zentren in den Bundesländern. In Wien, wo viele prominente evangelische Kirchenmitglieder in hohen Staatsämtern sitzen, wo das evangelische Volk nicht zuletzt durch seine Buchhändler und auswärtigen Verbindungen vom 17. Jahrhundert an praktisch in leidlicheren Verhältnissen und stärkeren nachbarlichen Beziehungen zu „Katholiken" lebt, gibt es einen Protestantismus, der von den religiös-politischen Kämpfern in den Bundesländern her als „lau", als zu „versöhnlerisch", ja als Verrat an der heiligen Sache Luthers und der deutschen Nation ersehen wird[203].

Da veröffentlicht, aufsehenerregend, ein evangelischer österreichischer Schutzkorpsmann, Angehöriger also einer militanten Elite-Kampftruppe gegen den Nationalsozialismus, in den „Basler Nachrichten" am 13. Juli 1935 einen offenen Angriff auf die evangelische Kirchenführung in Österreich[204]. Der getreue Eckehart seiner Kirche, Heinzelmann, antwortet in der „Reformierten Schweizer Zeitung" am 4. September 1935 auf den Vorwurf: „Fast alle ... entfalten eine offene oder getarnte national-sozialistische Aktivität ..." Heinzelmann dazu: Diese Behauptungen mögen „ein-zelne Wahrheitsmomente enthalten", gelten aber nicht im Ganzen[205]. 1962 vermerkt Gustav Entz: 73 von 126 Pfarrern gehören in der Dollfuß- und Schuschnigg-Zeit der NSDAP an, 17 mußten Verhaftungen, Hausarrest und Gefängnis erleiden, neun wurden zu Geldstrafen verurteilt[206].

Heinzelmann setzt sich mit dem „Neuprotestantentum" und seinen politischen Motiven seit den Tagen der alten Los-von-Rom-Bewegung auseinander: „Jetzt aber ist ein neuer Typ von ‚Neuprotestanten' entstanden, der keineswegs durch den Nationalsozialismus allein, ja nicht einmal in der Hauptsache durch ihn sein Ge-präge erhält." Hier arbeitet ein Wunschdenken in dem verdienten Kirchenmann, ein Wunschdenken, das sich in allen Konfessionen und politischen Bewegungen findet. Heinzelmann sieht keinen Gegensatz zwischen Alt- und Neuprotestantismus in Österreich. „Wer die Verhältnisse wirklich kennt und das Ganze im Auge hat, weiß, wie stark gerade in den aus der Reformationszeit stammenden Bauerngemeinden, in Oberösterreich, in der Steiermark und in Kärnten, der nationale Gedanke verankert ist, wie mächtig in diesen Gemeinden die Erinnerung an die leid- und drangsalvolle Geschichte der Vorfahren nachzittert und welchem Widerspruch — um nicht ein här-teres Wort zu gebrauchen — der jetzt unumschränkt herrschende katholische Kurs bei ihnen begegnet. Es ist *der bodenständige* (fett im Original!) Protestantismus in Österreich, dem das nationale ebenso wie das evangelische Bewußtsein *tief im Blute* liegt."

„Der Nationalsozialismus spielt, bei der von jeher vorhanden gewesenen Glau-bensverbundenheit mit den evangelischen Deutschen des Reiches, gewiß als Gesinnung und als Stimmung eine erhebliche Rolle unter uns, weit weniger indes als politische Größe." Die österreichischen Protestanten verbanden mit Staatstreue allezeit die Volkstreue und die Bekenntnistreue. „Sie werden ebenso gute Deutsche und Prote-stanten sein, wie sie gute Österreicher sind und es immer bleiben wollen." Und wieder hier die Erinnerung an die Schrecken der ersten Gegenreformation, als — unter Ferdinand II. — hunderttausende Evangelische ins Ausland flohen. Die Salzburger Verhaftungen von zur evangelischen Kirche Konvertierten wecken die Erinnerung an die Protestantenverfolgung vor 200 Jahren in Salzburg[207].

„Als natürliche Folge des ausgeübten Zwanges tritt heute, gleich wie zur Zeit der Gegenreformation Kaiser Ferdinands II., ein neuer ‚Geheimprotestantismus' in Erscheinung. Den Mitteilungen evangelischer Pfarrämter entnehmen wir hierüber folgendes (Evangelisches Vereinsblatt, zugleich Gemeindeblatt für Oberösterreich, 2. Februar 1935): „Die gewaltige evangelische Bewegung, die etwa von Weihnachten 1933 an große Teile des österreichischen Volkes ergriffen hat und im Jahre 1934 über 25.000 Seelen unserer Kirche zugeführt hat, geht weiter. ... Es bilden sich daher an vielen Orten wieder Gemeinden von Geheimprotestanten, die innerlich mit dem Katholizismus gebrochen haben und ganz zu uns gehören, die aber den öffentlichen Übertritt jetzt nicht vollziehen wollen. ... Sie sehnen sich nach einer Kirche, die nicht Politik betreibt, sondern in deutscher Sprache das Wort Gottes verkündet."[208]

Aus einem Bericht einer evangelischen Stadtgemeinde: „In der Gemeinde hat es seit den Jahren, da die Kommissionen der Gegenreformation Bibeln und reformistische Bücher aus den Häusern holten und vernichteten, noch nie wieder so viele Bibeln gegeben, und nie seit jener Zeit wurden sie so sehr mit wahrem Hunger gelesen. Wer der Eintrittsbewegung politische Gründe unterschiebt, der müsse also annehmen, daß diese Menschen die Bibel lesen, um eine politische Demonstration zu begehen. Das wäre aber ein solches Novum in der Kirchengeschichte, daß wohl jeder solche Schlußfolgerungen ablehnen muß." Etwas übersehen wird hier die Kirchengeschichte: Waldenser, Wiclifiten, Hussiten, „Schwärmer", Calvinisten etc. lesen ihre Bibel als ihr politisches Bekenntnis, kommen zu ihrem politischen Selbstverständnis in Konfrontation mit ihrer Bibel[209].

Der Kampf wird in den Ländern geführt. Der evangelische Pfarrer von Knittelfeld, Friedrich Brand, klagt offen die Regierung im evangelischen Gemeindeblatt für Knittelfeld und Umgebung (2. Jahrgang, Nr. 7, 1935) an: Die Regierung der Gegenreformation habe durch ihre Regimenter, an deren Fahnen das Bild der Gottesmutter geheftet war, „die Evangelischen im Auftrag des regierenden Mannes mit blutigem Greuel gequält; so trage jetzt das Bundesheer unter der heutigen Regierung dasselbe (verhaßte) Symbol im Anschluß an österreichische Katholikentage[210]. In Innsbruck bildet der Pfarrer Ludwig Mahnert, der als Reichsdeutscher 1923 nach Innsbruck gekommen war, ein Zentrum des Widerstandes. 1939 erinnert er an seinen Kampf: „Evangelisch und deutsch in Innsbruck" in einem in Berlin erschienenen Sammelband: „Evangelische Pfarrer im völkischen Freiheitskampf der Ostmark und des Sudetenlandes", herausgegeben von Walter Endesfelder[211]. Wir erinnern an die vielfältigen Beziehungen evangelischer und nationaler Deutscher aus Böhmen-Mähren zu ihren Brüdern in Kärnten und in der Steiermark. „Sterbenkönnen für Deutschland": Die NS-Putschisten Franz Holzweber und Ludwig Gottfried Maitzen, die nach dem Dollfuß-Mord hingerichtet werden, nehmen vom evangelischen Gefängnispfarrer das Abendmahl[212]. Als „Märtyrer für die deutsch-evangelische Sache" werden sie nun einer ergriffenen nationalsozialistischen evangelischen Jugend 1939 vorgestellt.

Im Rückblick auf diese Vergangenheiten zeigt in der Zweiten Republik Österreich der evangelische Bischof Gerhard May die „Überempfindlichkeit", die „Unterlegenheitsgefühle" der „Minderheitskirche" auf. Die österreichischen Protestanten hatten immer wieder diese Erfahrung gemacht: Wenn der österreichische (zunächst habsburgische) Staat in eine Krise geriet, ging es dem Protestantismus besser: So in der Zeit der Türkennot, des Bruderzwists in Habsburg, unter Josef II., nach Königgrätz und 1918. Diese für den Staat und die Erhaltung seiner Existenz so schweren Zeiten brachten den Protestanten Erleichterungen, Rechte und Freiheiten. „Diese Tatsachen haben sich auch als seelisches Erbgut durch Generationen fortgepflanzt." Es blieb die Angst vor neuer Gegenreformation, als „ein seelisches Trauma" dieser österreichischen Minderheitskirche erhalten[213].

Im Rückblick auf den Katholizismus und den Protestantismus in der Ersten Republik Österreich und in der Dollfuß-Schuschnigg-Zeit sind diese Parallelphänomene zu sehen: Dem Katholizismus und dem Protestantismus eignen hierzulande damals eine Provinzialität, eine Enge, eine Verengung, eine Abgeschlossenheit. So wie der österreichische Katholizismus nicht durch die Geisteskämpfe, nicht durch die theologi-

schen Neuansätze in Deutschland wirklich berührt wurde, blieb auch der zumal alpenländische Protestantismus durch die im Hitler-Reich aufbrechenden theologischen und
politischen Auseinandersetzungen in Deutschland unberührt oder wurde gar ergriffen durch jene Aufbrüche, für die Karl Barth, Pastor Niemöller und die Frauen
und Männer und Theologen der „Bekennenden Kirche" stehen.

Mürzzuschlag, im alten Kampfgebiet der Reformation und Gegenreformation,
am 3. Dezember 1978. Einführungsgottesdienst für den evangelischen Pfarrer Roman
Köckeritz: „Höchste Geistlichkeit beider Konfessionen von weit und breit war gekommen. Der Kirchenchor der katholischen Pfarre sang Glucks ‚Füllt mit Schalle'
und ökumenische Lieder. ... Das ‚Marienbild' Peter Roseggers war auch geschmückt,
Organistendienst an diesem Festtag wurde geteilt von den Organisten beider Kirchen. Ein interessantes Detail: Der Chorleiter des katholischen Kirchenchors ist —
evangelisch."[214] In der Zweiten Republik Österreich hat eine „Neue Zeit", eine neue
Epoche, nicht nur „eine neue Ära" begonnen. Ihre Voraussetzung: die positive Ver-
flüssigung des religiös-politischen Kampfes zwischen der evangelischen und der
römisch-katholischen Nation in Österreich.

11. Zwei Österreicher: Adolf Hitler, Kurt von Schuschnigg

Eine Geschichte Österreichs, die nicht auf Adolf Hitler eingeht, klammert so viel aus, daß sie in vielen Bezügen des 20. Jahrhunderts unverständlich ist. Eine Geschichte des Kampfes um österreichische Identität muß Adolf Hitler als ein Phänomen würdigen, das mit einer Fülle von Konflikten befaßt ist, ohne die der große Konflikt — Österreicher gegen Österreich — nicht wirklich in den Blick kommt. Adolf Hitler tritt uns hier entgegen nicht als Parteischöpfer, Volksredner, Führer und Reichskanzler, als der eine Mann, der den Zweiten Weltkrieg „macht", sondern nur als eben dies: als ein Österreicher, der von seiner Wiege bis zu seinem Selbstmord nur als ein Österreicher zu verstehen ist, wobei sein Leben vielfältig, und nicht nur in Zerrspiegeln, die franzisko-josephinische Epoche von 1866 bis 1916 reflektiert. Wie tief die ihn in dieser Epoche prägenden Eindrücke in Adolf Hitler arbeiten, bezeugen eindrucksvoll seine Selbstgespräche gerade in den Jahren des Zweiten Weltkrieges.

Obwohl wir also das Phänomen Adolf Hitler hier nur in einem sehr eingegrenzten Rahmen anvisieren, stellen sich selbst hier bereits außerordentliche Schwierigkeiten einer Konfrontation in den Weg. Ich nenne hier nur aus der Fülle von Auseinandersetzungen, die mir in dieser Konfrontation nach Hitlers Tod zukamen, in Österreich und in Deutschland diese psychischen Sperrungen, Angstschwellen, Berührungsängste, Verwehrungen: Österreicher sehr verschiedener politischer Überzeugungen und Weltanschauungen lehnen es dezidiert ab, Hitler als Österreicher zu sehen. Deutsche — mehr in der Bundesrepublik als in der Deutschen Demokratischen Republik — lehnen es ab, Adolf Hitler als Österreicher zu sehen oder messen seiner österreichischen Herkunft nur eine recht geringe Bedeutung bei, wobei sehr verschiedene Motive für sie maßgebend sind. Nationale Deutsche, die um ein neues deutsches Selbstbewußtsein ringen, verletzt es seelisch schwer, „diesem außerordentlichen Manne", der wie „nie seit Luther" ein deutsches Volk beeindruckt hat (habe), als einen „hergelaufenen Österreicher" anzuerkennen. Die historische Aufwertung des Führers des deutschen Volkes Adolf Hitler ist in vollem Gange. Während im Zweiten Weltkrieg und in den ersten Nachkriegsjahren deutscherseits die von Franzosen, Amerikanern, Engländern vielfach bezogene Kontinuität Friedrich II.—Bismarck—Hitler wütend abgelehnt und als eine böse Denunziation der Deutschen, der deutschen Geschichte gebrandmarkt wurde, wird in der Gegenwart diese Verbindung in Historien angesprochen, die von hochbegabten Historikern und Publizisten mit großem Publikumserfolg in hochrenommierten deutschen Verlagen präsentiert werden, wobei subtil, rhetorisch und in bestem Stil die „weltgeschichtliche Größe" Adolf Hitlers in die Frage gekleidet wird, „inwieweit ihm weltgeschichtliche Größe" zukomme.

Leider verstellen sich „linke" und marxistische Historiker, Publizisten und Politologen den Blick auf Hitler vielfach immer noch durch das Pauschalwort „Faschismus": ein Wort, das ganz ungeeignet ist, den Menschen, den Österreicher Adolf Hitler in den Blick zu bekommen. Ein Pauschalwort, das zwar eine altehrwürdige politische Tradition auf der Linken besitzt, in keiner Weise jedoch befähigt, die so vielschichtige geschichtliche Wirklichkeit in Europa in der sogenannten „Epoche des Faschismus" in den Griff des Verstehens zu bekommen. Bereits der italienische Faschismus, von dem Mussolini zu Recht sagte, daß er kein Exportartikel sei, ist durch Dimensionen, nicht nur durch Mentalitäten, Praktiken, Ideologien und seine Männer vom deutschen Nationalsozialismus und vom sogenannten „Austrofaschismus" getrennt; trotz früher sehr handfester politischer Beziehungen zwischen Rom und München, Rom und Budapest, Rom und später Wien, Wien und Budapest, in den frühen zwanziger Jahren unseres Jahrhunderts[2].

Hitlers engere deutsche Umgebung und alle deutschen Beobachter, die ihn aus der Nähe sehen und mit ihm sprechen konnten, erleben Adolf Hitler als einen spezifischen Österreicher. Otto Dietrich, zwölf Jahre lang Hitlers Reichspressechef, sieht Hitlers Österreichertum vorwiegend durch folgende Züge bestimmt: Hitler verläßt zeitlebens nicht das kleinbürgerliche Milieu seiner österreichischen Herkunft. „In zwei Eigenschaften trat Hitlers Österreichertum ganz unverkennbar zutage: erstens in der unverbindlich-liebenswürdigen, jovialen Art, die seine im Grundsätzlichen unerbittliche politische Härte im privaten Leben fast bis zur Unkenntlichkeit übertünchte und mit der er sich insbesondere Künstler und Frauen gegenüber in fast übertriebener Höflichkeit zu geben wußte. Und zweitens in dem geradezu phänomenalen Mangel an Zeiteinteilung, durch den sich seine Lebens- und Arbeitsweise auszeichnete."[3]

„In Österreich als Sohn eines Beamten der Donaumonarchie geboren und aufgewachsen, blieb Hitler von Haus aus — obwohl im großdeutschen Denken erzogen — innerlich immer irgendwie traditionsverwurzelt und von einem konservativen Grundzug gefühlsmäßig beeinflußt." Mit Otto Dietrich können wir uns diese „traditionsverwurzelten und von einem konservativen Grundzug gefühlsmäßig beeinflußten" Züge aus Hitlers Selbstgesprächen er-lesen, wenn er da über Kunst und Kultur, Ehe und Familie, Frau und die Ringstraße, die Wiener Oper und seinen Linzer kleinbürgerlichen Kunstgeschmack spricht.

Eine Chefsekretärin Hitlers bemerkt: „Sein österreichischer Tonfall, seine Schlichtheit und die aufmerksame Herzlichkeit, mit der er mich empfing, waren mir eine angenehme Überraschung." Diese Frau bemerkt auch dies: sein Starrsinn stamme aus dem Waldviertel. „Von Generation zu Generation vererbten sich dort Willenskraft und Starrköpfigkeit in auffallender Weise." Dieser Erkenntnis tut nicht Eintrag, daß diese deutsche Frau das Waldviertel in die Alpenländer verlegt[4]. Friedrich Funder, der „seine" Schönerianer und andere Deutsch-Radikale aus dem Raum zwischen Krems und Zwettl bestens kannte, erschrak gerade über diesen *Waldviertler* religiös-politischen Radikalismus Hitlers[5]. Hitlers „Wiener Charme" wird von Frauen aus dem Hause Wagner, von Albert Speer (erstmalig 1966), von konservativen englischen Hitler-Verehrern bemerkt, bewundert, kritisiert.

Stefan Zweig, der in den Badeni-Unruhen und dem Terror der deutschnationalen Abgeordneten im Parlament und im Prügelterror von Burschenschaften an der Wiener Universität gegen die slawischen, die jüdischen, die katholischen, die italienischen Studenten den „Einbruch der Brutalität in die Politik" erlebt, sieht in den ra-

dikalen Abgeordneten „aus den böhmischen und alpenländischen Randgebieten" die
Lehrmeister und Vorbilder Hitlers: „Ihre paar Abgeordneten wurden der Terror und,
im alten Sinn, die Schande des österreichischen Parlaments; in ihren Ideen, in ihrer
Technik hat Hitler, ebenfalls ein Randösterreicher, seinen Ursprung."[6] Rand-Römer
sind die radikalsten Vorkämpfer eines „Imperialismus" im spätrömischen Reich.
Rand-Deutsche aus Böhmen und slawische religiös-politische Radikale aus Rand-
zonen deutscher Siedlungsgebiete am Balkan, wie Flaccius Illyricus, entfachen am
heißesten die Flammen der Reformation als einer Revolution. Adolf Hitler ist
Rand-Österreicher als Waldviertler, als Kind in Passau, Braunau, und im schönen
Linz, das er mit dessen Deutschnationalen lebensgefährlich durch „die tschechische
Flut" bedroht wähnt.

In dem für Österreich so kritischen Frühjahr 1934 empfängt Hitler den aus
Österreich ausgewiesenen bayerischen Justizminister Hans Frank in Berlin in der
Reichskanzlei. Hitler hört Frank mit feuchten Augen zu, wie er von Österreich erzählt. „Genug, Frank! Sehen Sie, es ist dann doch vielleicht gut, daß Sie drüben
waren, *So sind wir Österreicher eben:* immer im Echtesten ewig sehnsüchtige Menschen. Mein Gott, meine schöne, liebe Heimat!"[7] Auch als Sentimentalität trägt dieses Österreich-Bewußtsein Hitlers spezifisch kleinbürgerliche österreichische Züge.

Hans Frank trifft den „Bunkergeist" Hitler, der ihn an einen alten Wiener
Reichshofkriegsrat erinnert, bei seiner letzten Begegnung im Führerbunker[8]. Hitler
lobt Franks Rücksichtnahme auf die Polen und Ukrainer, wie er sie da in einem
Memorandum (spät, sehr spät) fordert: „Wissen Sie, was Sie da von den Prinzipien der alten österreichischen Verwaltung fremdvölkischer Gebiete schreiben, ist
absolut richtig. Die österreichische Verwaltung war die beste der Welt. Der österreichische Bezirkshauptmann war der Monarch seines Bezirks. Das war ein echtes,
väterliches Führerprinzip. Nach dem Krieg werde ich es in dieser Form auf Deutschland übernehmen."

Für die jungen Deutschgläubigen spielen gerade im ersten Jahrzehnt unseres Jahrhunderts, in dem der junge Adolf Hitler „erwacht", ihre Vater- und Mutterbezie-
hungen eine konstitutive Rolle. Ein deutscher Vater, eine slawische Mutter, eine „reine
Mutter", die für die große Mutter Deutschland steht, ein „unreiner" Vater, der für
Franz Joseph, den Papst, den Religionslehrer, den schmutzigen Schwarzen und
Schwarzgelben steht, bewirken da außerordentliche, in diesen jungen Bewegten lebenslang arbeitende Kräfte.

In Hitlers Gymnasialzeit fällt das Erscheinen des Buches von Adolf Harpf
(Pseudonym: Adolf Hagen): „Der völkische Kampf der Ostmarkdeutschen. Volks-
und Zeitungsfragen", Dresden 1905. Dieser Adolf ist auch der Verfasser der Schriften
„Zur Lösung der brennendsten Rassenfrage. Eine Schrift zur Judenfrage" und „Aus
der deutschen Ostmark". Dieser Adolf fordert: „Der vielsprachige Völkerbrei" der
Monarchie bedarf der „Schärfe der strafenden Rute" der Deutschen, vor allem gegen
die Tschechen. „Brei" (weibisch-schmutzig) und die Rute des Mannes sind alte
Sexual-Symbole. Harpf schreibt, es ist hohe Zeit für die „ganzvölkische Reformation" und für das Erscheinen des deutschen „Führers" des „Übervolkes". Lange,
schwere, hartnäckige Kriege stehen uns bevor, so schwer wie im Zeitalter der Religions-
kriege. „Sieg erst mit dem vollständigen völkischen Verschwinden des unterliegenden

Volkstums aus dem strittigen Gebiet."[9] Adolf Harpf beruft sich auf den italienischen Dichter Riccardo Pitter. Dieser hatte sich, wie so viele slowenische, tschechische, deutsche Jugendliche von je einem ihrer „unreinen" Elternteile, hier bei Pitter, wie später teilweise bei Hitler selbst, vom andersartigen Vater „gereinigt". Der nationale Italiener Pitter singt: „Unico ancora al mondo / L'amor di patria ê vero / Forse perchè al pensiero / C'è nostra madre in fondo." Nur die Liebe zur Patria, hier bereits im Wort als Große Frau angesprochen, ist wahr, existentiell echt, da *sie* unsere Mutter ist. Vaterland ist Heimkehr in den Mutterschoß Germania[10].

Mitten in dieses religiös-politische, sexuell-pubertäre Klima, das den jungen Adolf Hitler und diesen Adolf Harpf umgibt, führt uns der Wiener Ernst Hladny[11]. Er reinigt sich von seinem schmutzigen slawischen Vater durch einen Roman „Der heilige Judas", Leipzig 1912. Auf den langen Irrfahrten seines Lebens erfährt der Held dieses Romans, Duschan Rokiantic, Sohn eines kroatischen Feldmarschalleutnants und einer „wundervollen Mutter" — sie ist „tief deutsch in ihrem Herzen" — endlich in Peterwardein, im Prinz-Eugen-Land, daß er in Wirklichkeit Martinus Echterhauser, das Kind rein deutscher Eltern, ist. „Jubel erfüllte seine Seele im tobenden Sturm! Martinus Echterhauser? Deutscher Sohn aus deutschem Blute! Oh, diese Herrlichkeit!" Mit seiner ersten „Mutter" verbindet ihn eine inzestiöse Beziehung. „Ach, Mutter — ich kann dich nicht anders nennen und muß dich immer so nennen dürfen — denn ich hab' dich erobert, du spröde, stolze, deutsche Frau." Später erscheint ihm in einer nächtlichen Vision die tote wahre Mutter im blonden Haar: „Oh, könnt' ich deine Hände küssen, könnt' ich mein Haupt an deine Knie schmiegen, du meine schöne, jungfräuliche Mutter!" Er erlebt, „wie meiner deutschen Allmutter Schönheit mich berauschte, Mund und Stirn und Krone"[12]. Dieser junge Held geht nach Graz, in diese Stadt, „die den Ruhmestitel der deutschesten unter den deutschen Städten Österreichs führt". Und beginnt dann am 12. März des Jahres X die Erhebung in Marburg an der Drau, um die Lande hier „deutsch zu machen".

Adolf Hitlers so schwierige Beziehungen zu seiner Mutter, die er „vergöttert", zu seinem Vater, den er haßt und verehrt, sind in zunehmendem Maße in den letzten Jahren — nach amerikanischen und englischen Vorstudien im Zweiten Weltkrieg — zumindest in einigen geschichtsmächtigen Bezügen erkundet worden[13]. Hier kurz nur dies: Alois Hitler, k. k. Zollamtsoffizial, der Vater Adolf Hitlers, ist ein bestangesehener österreichischer Beamter, der sich vor seiner Pensionierung einen ansehnlichen Besitz in Hafeld bei Lambach an der Traun erwarb. Die Mutter, Klara, ist dreiundzwanzig Jahre jünger als ihr Vetter Alois, den sie mit kirchlichem Dispens heiratet, nachdem sie zuvor als Hilfe, fast als Magd, dann als Ersatz für eine erste Frau ins Haus gekommen war. Vater und Mutter stammen aus dem Waldviertel, aus Geschlechtern, die sich zumindest seit dem 15. Jahrhundert im Umkreis um das Stift Zwettl als Kleinbauern, auch als Grundholde des Stiftes, in vielfacher Inzucht fortgepflanzt haben, eingehaust in einer kargen, winterharten Landschaft, deren Armut und Ernst noch heute beeindrucken[14].

Der Knabe Adolf, der noch in „Mein Kampf" seinen Vater respektvoll als „alten Herrn" anspricht, fürchtet seinen Vater, der sich mit einer ihm selbstverständlichen Autorität als Züchtiger seines Sohnes durchsetzt. Der lange Nachruf auf Vater Hitler — „Wir haben einen guten Mann begraben — dies können wir mit Recht sagen von Alois Hitler, k. k. Zollamtsoberoffizial i. P.“ — in der Linzer freisinnigen „Tagespost“ vom 8. Januar 1903 rühmt ihn als einen „durch und durch fortschritt-lich gesinnten Mann und als solcher ein warmer Freund der freien Schule“. Von diesem Vater, der sich bedingungslos durchsetzt als Respektperson, bei seinen Frauen, in seiner Familie, im Freundeskreis, übernimmt Adolf einen Grundton seiner politi-schen Religiosität.

1948 berichtet der achtzigjährige Bauer Mayrhofer in Leonding, der Adolf Hitlers Vormund gewesen war, über die Religiosität des Vaters: „Von Religion hat er nichts gehalten, aber auch nicht darüber geschimpft; er bezeichnete sich mit Vorliebe als freisinnig . . ., in die Kirche ging er nur an Kaisers Geburtstag (18. August).“[15] Das ist der Glaube vieler Hunderttausender, ja wohl von Millionen seiner k. k. Amts-kollegen und Landesgenossen: Von der Kirche hält man nicht viel. Mit dem Pfarrer streitet man, so Vater Hitler in Sache der freien, von der Kirche unabhän-gigen Schule. Die Kirche wird aber respektiert als Ordnungsmacht und dem Kaiser-haus verbunden. Die Römische Kirche als eine bewundernswerte Ordnungsmacht: Immer wieder betont das noch der späte Adolf Hitler, voll Geringschätzung auf Protestanten, Germanen-Schwärmer, Revoluzzer sehend, die glauben, diese Kirche über Nacht liquidieren zu können[16].

Vater Alois Hitler fordert von seinem Sohne, er soll Staatsbeamter werden. Diese Stellung entspricht seinem Staatsglauben, der gerade bei den deutschnationalen Frei-sinnigen, im Gegensatz zu den Alldeutschen, tief verwurzelt war. Tiefe Eindrücke des vitalen und pompösen bayerischen Katholizismus auf den dreijährigen Knaben in Passau (1892—1895). Als Mitglied des Stiftsknabenchors und als Ministrant be-wundert Adolf den Abt im Benediktinerstift Lambach, wo er zwei Jahre die Klosterschule besucht, „als höchst erstrebenswertes Ideal“, will selbst Abt werden (unvergeßliche Erinnerung, in „Mein Kampf“). Das Wappen des Abtes Theoderich Hagen am Portal des Stiftes Lambach zeigt ein stilisiertes Hakenkreuz, eine Wolfs-angel[17].

Linz 1902—1907, unterbrochen durch ein Schuljahr in Steyr. In diese Zeit fällt der Tod der „Respektsperson“, des „geliebten“ und in Tiefenschichten unheimlichen, ge-fürchteten Vaters, am 3. Januar 1903, und der Mutter, am 23. Dezember 1907. Die blasse, immer noch von Gewissensängsten gequälte Mutter vergöttert ihren Buben, fürchtet um sein Leben. Adolf verehrt sie, in stärkster Mutterbindung, die seine späte-ren „Beziehungen“ zu Frauen so „unmöglich“ macht — er schwärmt sie an, ist zu einer Mann-Frau-Beziehung als existentielle Ich-Du-Beziehung unfähig. Die blasse blaue, blonde Mutter wird in seine Mutter, in seine Frau Deutschland eingeschmolzen: Mit Deutschland bekennt er sich da als vermählt, als Führer bereits. Diese Mutterbezie-hung erinnert in manchen Bezügen an die des Duschan Rokiantic-Martinus Echter-hauser im Roman des Ernst Hladny.

Hitlers Linz: Hier geht es um „Stärkung des Deutschbewußtseins, Erkenntnis der Wesensbedingungen unseres Volkstums und der Zweckbestimmung, die von der Vorsehung (ich füge ein: hier bereits begegnet uns Hitlers vielberufene „Vorsehung“) dem Germanenvolke gewiesen ist; Erziehung völkischer Kraftnaturen, die unbeküm-mert um alle Hemmnisse als den einzigen Leitstern ihres Tuns und Lassens lediglich des großen deutschen Gesamtvolkes Wohl und Wehe nach der Geschichte tiefer Lehre erkennen und unverdrossen danach handeln, das ist der Südmark höchstes Ziel und heißestes Streben". Unterstützung aller „Volksgenossen", die sich hier im Kampf um das von den Tschechen bedrohte Deutschtum engagieren (Südmark-Kalender, Linz, für das Jahr 1904)[18].

In Hitlers Linzer Schulzeit fallen die großen Demonstrationen gegen den tschechischen Geiger Jan Kubelik, gegen den tschechisch predigenden Pater Jurasek. Hier in diesem Linz wird Hitler „Nationalist", wie er in „Mein Kampf" berichtet. Modellfall Schule — für diese „nationalen" Generationen zwischen 1866 und zunächst 1918. Die Linzer Realschule in der Steingasse war als besonders „national" bekannt. Die Schüler, die wir bereits kurz kennengelernt haben, stehen fast alle auf Seite der Alldeutschen. Sie sammeln sich in den von den Behörden verbotenen, aber geduldeten Pennalien „Gothia", der eine Mehrheit von Schülern angehört, im „Wodan" und in der „Bajuvaria". Judenboykott, in der vierten Klasse. Das Linzer Programm von 1882 (Schönerer, Friedjung, Victor Adler etc.) findet sich in jedem Alldeutschen Kalender, in Iro's „Deutschvölkischer Zeitweiser", den fast jeder Oberrealschüler als Vademecum bei sich trägt. Dieses Linzer Programm wird von den Realschülern „geradezu als Evangelium hingenommen"[19]. Glaube, hier, an Bismarck, als den lichten Helden Deutschlands, Gegenglaube an den Mann der Finsternis Franz Ferdinand. Als Adolf Hitler 1914 in München die Nachricht von seiner Ermordung erfährt, atmet er erlöst, befreit auf, sieht diese Tat als ein göttliches Strafgericht, befürchtet nur zuerst, daß sie durch deutsch-nationale österreichische Studenten verübt wurde[20]. Hitler kannte diese österreichischen „Sand"-Naturen, als Helden, die sich als Couleurnamen den Mörder Kotzebues, Sand, erwählt hatten.

Die Linzer Realschüler stehen geschlossen gegen das „Völkerbabel", das „Sündenbabel" Wien. Der uns bereits kurz bekannte Direktor, Hans Commenda, war aktiv bei „Quercus" und den „Obergermanen", gilt jedoch in der Schuljugend als „schwarz", da er sich, wie viele freisinnige Deutschnationale, als staatstreuer Beamter erweist. Religiös-politischer Manichäismus[21], der die Welt gespalten in Licht- und Finsternishelden sieht und auf „erwachende" „Kinder" in Linz und Sarajewo und Prag und Graz etc. so anziehend wirkt, wird von Adolf in der Lichtgestalt des Dr. Leopold Poetsch, seines Geschichtslehrers, und dem Dunkelmann Franz Sales Schwarz erlebt. Wie dieser unauslöschlich auf Hitler und seine Klassenkameraden wirkte, bekundete uns bereits — 1962 — sein Mitschüler A. Estermann[22].

Leopold Poetsch[23], Gemeinderat, Anwalt der Turnbewegung, Obmannstellvertreter der Ortsgruppe „Südmark", führt Hitler zu den Nibelungen, lehrt ihn Geschichte als Heils- und als Unheilsgeschichte verstehen. Glühend, voll Begeisterung, trägt Adolf für Lichtbildervorträge des verehrten Lehrers ihm das Bildmaterial in den Vortragssaal. Poetsch, im Blick auf seine begeisterten Jungen, im Blick auf die Nibelungen und die Tschechen: „Wir müssen unseren deutschen Brüdern in den bedrängten Landen helfen." Hitler: „Noch heute erinnere ich mich mit leiser Rührung an den grauen Mann, der uns im Feuer seiner Darstellung manchmal die Gegenwart vergessen ließ ... Wir saßen dann oft, zu heller Glut begeistert, mitunter sogar zu Tränen gerührt!"[24] Tränen, als ein Mittel, „Rührung" zu wecken, sind Hitler nie fremd geworden. Der Pensionist Dr. Poetsch lehnt es 1936 ab, an einer von seinen alten Kollegen an der Linzer Realschule organisierten Wallfahrt zum Führer und

Reichskanzler nach Berlin in die Reichskanzlei teilzunehmen. Zu einem Ordenspriester sagt er: „Ich halte diesen Hitler für ein großes Unglück für Deutschland und ich schäme mich, daß ich sein Lehrer war."[25] Für Hitlers Geschichtsbild wurde Poetsch auch in diesem Bezuge bedeutsam: Der ehemalige Novize und angehende Kleriker Poetsch würdigt immer wieder die tausendjährige historische Bedeutung der Katholischen Kirche.

In Linz erlebt Hitler unauslöschlich diese Doppelbeziehung: „Heiße Liebe zu meiner deutschösterreichischen Heimat, tiefen Haß gegen den österreichischen Staat."[26] Heimat: das ist Linz. Seiner „Heimatstadt Linz a. d. Donau" gedenkt er so in seinem Testament[27]. Der österreichische Staat begegnet dem jungen Adolf, wie so vielen tausenden Schülern, die als Studenten aus Böhmen und den Ländern ins unheimliche Wien kommen, in Wien.

Wien 1908—1913 ist „die „lebendige Erinnerung an die traurigste Zeit meines Lebens."[28] „In dieser Zeit bildete sich in mir ein Weltbild und eine Weltanschauung, die zum granitenen Fundament meines derzeitigen Handelns wurde. Ich habe zu dem, was ich einst mir so schuf, nur weniges hinzulernen gemußt, zu ändern brauchte ich nichts ... (Ich kommentiere: Alle Historiker, die sich wirklich mit Hitlers Person befaßten, stimmen überein: Hitler bleibt, wie er ist — lebenslang im Banne seiner „pubertären" Ängste, Hoffnungen, Verdrängungen, Ein-Bildungen.) Wien aber war und blieb für mich die schwerste, wenn auch gründlichste Schule meines Lebens." 1933 bezeichnete Adolf Hitler in einem Brief an den Jugendfreund Kubizek — dieser ist tschechischer Herkunft, Hitlers Vater hat in einem Tschechen seinen besten Freund — die Wiener Jahre als die „schönsten Jahre" seines Lebens[29]. 1939 bis 1945 steigt in den Monologen Hitlers vor den ihn umschweigenden norddeutschen Offizieren Wien, die Kaiserstadt, die Hauptstadt eines großartig verwalteten Vielvölkerreiches, goldglänzend, ganz besonnte Vergangenheit, Nacht für Nacht in ihm auf. Zuerst Linz, dann Wien. „In spätestens zehn Jahren nach Kriegsende müsse Linz, die neue Weltstadt an der Donau, stehen." Hitler bespricht mit Albert Speer die Planungen in Linz (23. April 1942). „Wiens Stellung zu schmälern, liege ihm, soweit sie auf einer soliden Grundlage aufgebaut sei, völlig fern." Berlin soll nicht alles an sich reißen. „So habe Wien jahrhundertelang alle Kunstschätze in seine Mauern geholt und auf diese Weise die ganzen Alpen- und Donaugaue auf dem Gebiet der Kunst ausbluten lassen."[30] Adolf Hitler versteht sich als Heimat-Schützer: als Schützer seiner oberösterreichischen, seiner Linzer „Heimat" — gegen Wien.

Und doch Wien, immer wieder Wien, Wien als Verkörperung des alten politischen Genius Alt-Österreichs. Ja, die Wiener! Sie machen „in ihrer konzilianten Art gewisse Dinge besser als jeder sonst. Als Diplomaten zum Beispiel seien sie besonders wertvoll" (20. Mai 1942)[31]. „Die Art des Wieners, geschichtlich zu denken, sei ebenso bemerkenswert. So hätte ihm Seyß-Inquart bezüglich der künftigen Behandlung Belgiens ohne viel Nachdenken gesagt: ‚Aber es war doch vor 150 Jahren noch unsere Provinz.'" Ja, „man könne es dem nach Berlin kommenden Wiener nicht verargen, wenn er im Hinblick auf das grandiose Stadtbild seiner eigenen Heimatstadt von Berlin enttäuscht sei" (29. Mai, beim Mittagessen). Wien erscheint ihm als „ein kultureller Mittelpunkt, der ein ungeheuerliches, geradezu kolossales Fluidum ausströme"[32]. Und dies am Abend des 30. Mai: „Ihm sei am liebsten die Wiener Art des Kaffeehauses als

Restauration. Denn das Wiener Café sei eine Quelle der Ruhe, Beschaulichkeit und Belehrung." Hat Hitler hier „vergessen", daß dieses Wiener Café die Arbeitsstätte von Wiens jüdischen Schriftstellern, Literaten, der Ort ihrer Begegnung mit Künstlern, Politikern, Journalisten und eben auch von Peter Altenbergs Mädchen-Frauen war . . .? Am 8. Juni erklärt Hitler, Berlin wird in „Germania" umbenannt werden[33]. Hitler haßt Berlin in seinen Tiefenschichten, so wie er diese „Norddeutschen", diese arroganten preußischen Generalstäbler und diese Germanomanen haßt[34].

Wie oft kehrt er im Abendmonolog bei seinen geliebten alten Kaisern ein! Das Format dieser Kaiser war doch ein anderes als das des Kleinsiedlers Heinrich des Löwen! Der große, hochgemute Welfe, der Heros der nationalsozialistischen „nordischen" Historie, wird von Hitler zum Kleinhäusler degradiert[35]. Ja, auch noch der alte Kaiser Franz Joseph. Seine Bedeutung sei in erster Linie auf die Verehrung zurückzuführen, die ihm als Greis und Staatsoberhaupt entgegengebracht wurde (Abendessen im „Werwolf", 26. Juli 1942). Am Kaisergeburtstag, am 18. August, an dem der Vater Alois Hitler in die Kirche ging, veröffentlicht Adolf Hitler in diesem Jahre einen Erlaß über städtebauliche Maßnahmen im Reichsgau Wien[36]. Eine neue Ringstraße gehört zu seinen Wiener Großbauprojekten.

Hitler in Wien, 1908—1913. Hitler erlebt Wien als Bohemien, befaßt sich besonders mit Politik, Kunst und Literatur. Er weiß sich ja als ein gottbegnadeter Künstler. Auch wenn er bei der Aufnahmeprüfung für die Malschule der Akademie durchfiel. Da steht er ergriffen vor dem „Prachtbau" am Franzensring, dem Reichsrat. Diese Räume sind „geheiligt durch erhabene Schönheit des herrlichen Baues". „In Musik, Baukunst, Bildhauerei und Malerei war Wien der Brunnen, der in unerschöpflicher Fülle die ganze Doppelmonarchie versorgte, ohne jemals selber sichtlich zu versiegen . . . Der Deutschösterreicher dachte mehr als groß. Er war immer gewohnt, im Rahmen eines großen Reiches zu leben und hatte das Gefühl für die damit verbundenen Aufgaben nie verloren."[37] Adolf Hitler spricht es hier offen aus, dieses Geheimnis der deutschen Österreicher: Sie können sich nicht dazu verstehen, in einem „Kleinstaat" zu leben — also kommt für sie ab 1918 nur der Anschluß in Frage. Für seine Wien-Bilder, Wien-Skizzen etc. findet Adolf Hitler immer wieder Käufer: gerade jüdische Käufer. Er vergißt auch nicht den jüdischen Leibarzt seiner Mutter, den Dr. Bloch.

Wien: Das ist die Stadt des Georg von Schönerer und des von diesem bitter gehaßten Dr. Karl Lueger. Hitlers Sympathie gehört von Linz her Schönerer, wendet sich in Wien Lueger zu. Hitler: Schönerer ist ohne Menschenkenntnis[38], Lueger besitzt sie, und er versteht, sich der Kirche zu bedienen. „Sein unendlich klug ausgestaltetes Verhältnis zur katholischen Kirche aber gewann ihm in kurzer Zeit die jüngere Geistlichkeit in einem Umfange, daß die alte klerikale Partei entweder das Kampffeld zu räumen gezwungen war oder, noch klüger, sich der neuen Partei anschloß, um so langsam Position um Position wieder zu gewinnen."[39] Ganz als ein zweiter Lueger tritt Adolf Hitler 1936 auf dem Berghof dem Kardinal Faulhaber gegenüber, der fasziniert ist von so viel Menschenkenntnis und Charme[40].

Hitler über den „Führer Wiens", Lueger: „Er wollte Wien erobern." Lueger hat eine „unsterbliche Leistung" für Wien vollbracht; die Monarchie konnte er nicht mehr retten, „es war zu spät". Wir werden in bezug auf Hitlers und deutschösterreichi-

scher Nationalsozialisten „k. u. k. Reichsnationalsozialismus" auf diese 1941 bis
1944 tiefe Bindung Hitlers an die Donaumonarchie einzugehen haben. In Schöneres
Los-von-Rom-Bewegung sieht Hitler ein Phänomen, das „lächerlich und traurig"
ist. „Wieder war eine erfolgversprechende politische Heilsbewegung der deutschen
Nation zugrunde gegangen." Hingerissen steht Hitler 1910 unter den Hunderttausenden, die dem Leichenzug Luegers vom Rathaus aus über die Ringstraße zusehen[42].

Wien ist aber auch dies: Die Stadt der „Blutschande", der Juden, der „Judensozi"
(wie sie der bedeutende christlichsoziale Politiker, der Landtags- und Reichsrat-Ab-
geordnete Dr. Joseph Scheicher nennt, der in seinem 1900 in St. Pölten erscheinenden
Buch „Aus dem Jahr 1920. Ein Traum von . . . Dr. Joseph Scheicher", das „judenrein
gemachte Wien" der Zukunft sieht)[43]. Hitler, von pubertärer Geschlechtsangst und
Geschlechtsfaszination bewegt, lebt immer in Angst, von der Syphilis angesteckt zu
werden und assoziiert Jüdischer Marxismus-Syphilis-Prostitution. Hitlers Angst vor
der Syphilis[44] erinnert an Stefan Zweigs beklemmender Schilderung der Todesangst
junger Menschen, in Wien „angesteckt" zu werden[45]. Hitlers Schilderungen des Untergrundes der Wiener Prostitution können bei Stefan Zweig[46] und Friedrich Funder[47]
wortnah wiedergefunden werden. Der junge Hitler fürchtet, in entsetzlicher Berührungsangst, von dem jüdischen Gift, von dem roten Gift der „Judensozi" vergiftet
zu werden. Er fürchtet „die Vergiftung der Seele". Hitler stellt seine politische Tätigkeit in München 1919 bis 1923 als einen „Kampf gegen die Vergiftung der Seele"
dar[48]. Die „Verpestung des Sexuallebens" zerstört die Ehe. Hitlers Ausführungen
über die Ehe könnten wörtlich in einem Handbuch der katholischen Moraltheologie seiner Zeit stehen[49]. Für eine Entgiftung der Seele zog Ignaz Seipel ab 1918
in den Kampf.

Dieser junge Hitler spricht wie „christliche Antisemiten", Sonntagsredner, laikale
und klerikale religiös-politische Prediger, dann zeitlebens nur in Klischees, in rituali-
sierten Schlagworten vom „jüdischen Marxismus", von der „Pest", von der jüdischen
Pest, von der er, Adolf Hitler, der junge Mann aus Linz, der junge Mann aus Wien,
im Dienste des Allerhöchsten die Menschheit zu befreien habe.

„Wir beide sind Katholiken; aber dürfen wir das nicht sagen?"[50] Adolf Hitler
spricht 1923 mit dem getreuen Eckehart seiner frühen Münchener Jahre, mit Dietrich
Eckart[51]. (Als Buch erschienen München 1924 „Der Bolschewismus von Moses bis
Lenin. Zwiegespräch zwischen Adolf Hitler und mir".) Eckart, Sohn eines bayerischen
Justizrates, ein Genie auf seine Art, das manche Züge mit Ibsens „Peer Gynt" gemein-
sam hat, den er nachdichtet, Theaterkritiker, Mitglied der Thule-Gesellschaft, führt
Hitler in die adeligen und bürgerlichen Häuser Münchens ein und eben auch in die
„Literatur". Hitler und Eckart sprechen da über die Juden und die Römische Kirche.
Hitlers eben erwähnte rhetorische Frage bezieht sich auf „jüdische Würdenträger der
Kirche" (Ein vielbesprochener Kirchenfürst war in der Donaumonarchie der Erzbischof
Kohn von Olmütz). Hitler fährt fort: „Will man uns wirklich weismachen, daß
an der Kirche nie etwas auszusetzen wäre? Gerade weil wir Katholiken sind, sagen
wir es. Mit dem Katholizismus hat das nichts zu tun. Von dem wissen wir, daß er
unberührt geblieben wäre, auch wenn die halbe Hierarchie aus Juden bestanden
hätte."[52] Hitler plädiert für die Päpste deutscher Herkunft, wie Hildebrand als
Gregor VII. (Bismarck polemisierte gegen eine Canossa-Bittfahrt zu diesem Papst).

Hitler ist zuversichtlich: „Rom wird sich ermannen; aber erst, wenn wir uns ermannt haben. . . . Ein zweiter Hildebrand wird erscheinen, ein noch größerer und den Weizen von der Spreu sondern. Und eines Tages wird es heißen: die Kirchenspaltung ist *gewesen*" (fett im Original)[53].

Hitler verachtet die deutschen Protestanten, bei aller seiner Hochschätzung für Luther. „Unseren Protestanten ist nicht mehr zu helfen. ‚Ehrliche Leute, jedoch glatte Gesellen', nennt sie der Protestant Schopenhauer. Die Bibel ist kein Kochbuch."[54] Der radikale Hitler, der sich 1932 und 1933/34 mit Hermann Rauschning über das Christentum als einen „jüdischen Schwindel" ausspricht[55], die „Schwarzen", die „Pfaffen" verachtet, sagt hier auch dies: „Die Schwarzen sollen sich nichts vormachen, Ihre Zeit ist um. Sie haben verspielt." „Ich bin Katholik. Das hat die Vorsehung schon so eingerichtet."[56] Beachten wir, wie im Intimgespräch Adolf Hitler seine Vorsehung, so wie er sie versteht und glaubt, mit seinem Katholik-Sein assoziiert! „Nur ein Katholik kennt die schwachen Punkte der Kirche. Ich weiß, wie man den Brüdern zu Leibe gehen muß. Der Bismarck ist blöd gewesen. Der ist halt Protestant gewesen." (Das sagt er zu dem gläubigen evangelischen Christen, dem Danziger Senatspräsidenten Rauschning, der auf Grund dieser Gespräche in Hitler einen Antichrist sieht.) „Die wissen eh' nicht, was Kirche ist. Das muß man mit dem Volk fühlen." Und wieder sagt er hier zu Rauschning, was er in „Mein Kampf" herausstellt: „Ich laß' mich auf einen Kulturkampf nicht ein." Und in einem Atemzug dies: „Die katholische Kirche ist schon etwas Großes. Herr Gott, ihr Leut', das ist eine Institution und es ist schon was, an die zweitausend Jahre auszudauern." „Davon müssen wir lernen. (Ich kommentiere: Dieses Motiv, von der Römischen Kirche lernen, kehrt immer wieder in seinen Monologen und auch in direkten Gesprächen mit den Germanenschwärmern à la Rosenberg.) Da steckt Witz und Menschenkenntnis darin. Die kennen ihre Leute! Die wissen, wo sie der Schuh drückt. Aber nun ist ihre Zeit um! Das wissen die Pfaffen selbst. Klug genug sind die, das einzusehen und sich nicht auf einen Kampf einzulassen."[57]

Hitler hält diese deutsche katholische Kirche mit allen ihren Bischöfen für „hohl" und „brüchig, verlogen, für den Zusammenfall reif". Dann wieder dies — man spürt, wie Hitlers Kirchen-Erlebnis in ihm arbeitet, lebenslang, bis zur letzten Stunde. „Dumm sind die nicht. Das war schon was, die Kirche. Jetzt sind wir die Erben. Wir sind auch eine Kirche. Der ihre Zeit ist abgetan. Sie werden nicht kämpfen." Die Alten überläßt er den Beichtstühlen, die Jugend fordert er für sich. „Die Protestanten wissen überhaupt nicht, was Kirche ist. Man kann mit ihnen anstellen, was man will, sie werden sich drücken. Sie sind Kummer gewohnt. Sie haben es von ihren Landespatronen gelernt, bei denen sie sonntags zum Gänsebraten geladen waren. Es war schon viel, daß sie nicht an der Bediententafel mitessen mußten. . . . Es sind kleine dürftige Subjekte, unterwürfig bis zum Handkuß, und sie schwitzen vor Verlegenheit, wenn man sie anredet. Sie haben schließlich gar keinen Glauben, den sie ernst nehmen, und sie haben auch keine große Herrschaftsmacht zu verteidigen wie Rom."[58] Wie ein „integralistischer" österreichischer und bayerischer Katholik sieht Hitler voll Verachtung auf den „liberalen" Kulturprotestantismus.

Adolf Hitler bekennt sich hier zum religiös-politischen Glaubenssatz, den gerade damals die päpstliche Gegenreformation unter Führung des unheimlichen Monsignore

Benigni in ganz Europa mit Hilfe ihrer Spionagezentren und Terror-Zentren sehr wirksam vertrat[59], in der Einschüchterung von Katholiken, die nicht linientreu erschienen: „Die Welt wird nur mit Furcht regiert! Grausamkeit imponiert! Die Leute brauchen den heilsamen Schrecken. Sie wollen sich vor etwas fürchten. ... Die Masse will das. Sie braucht etwas zum Grauen. ... Der Terror ist das wirksamste politische Mittel."[60] Adolf Hitler führt seine „braune" Gegenreformation mit allen Mitteln der Schreckens-Mache durch: gerade auch dann in Österreich, wo er mit diesen ständig miteinander zerstrittenen Parteigenossen herzlich wenig anfangen kann. Er ist bereit, sie nicht minder hart zu terrorisieren, sich zu unterwerfen[61], wie seine politischen Gegner in Deutschland. Hitler denkt in seinen Gesprächen über die Kirche mit Rauschning ständig an sein Österreich mit: „Österreich braucht Auffrischung aus dem Reich." „Man soll sich nichts vormachen. Es gibt kein Österreich mehr. Was sich so nennt, ist nur ein Leichnam. Österreich muß vom Reich aus neu kolonisiert werden."[62] Das entsprach dem religiös-politischen Glaubenssatz, wie er in Berlin, Böhmen, wie er von Alldeutschen in Österreich so oft in Rede und Schrift vertreten worden war.

Hitler versichert: Er betrachte es als „seine Herzensangelegenheit", Österreich zur Deutschheit zu erziehen. „Es sei genug mit diesen Schlieferln. Sie sollen ihr bißchen Grinzing und Schlamperei schon noch ausschwitzen." So hatte der Linzer Hermann Bahr Wien, in seinem Buch „Wien", Stuttgart 1906, ersehen[63]. 1907 kam Hitler zum ersten Mal nach Wien.

Der österreichische Katholik Adolf Hitler denkt auf seine Weise in den Bahnen, die der harte päpstliche Absolutismus ab 1870/71 den Katholiken Europas aufzuzwingen begann. Hitler bejaht die neuerliche Fixierung des Zölibats — in ihm wurzele „dieses Riesenheer geistlicher Würdenträger", das „sich ununterbrochen aus den untersten Schichten der Völker heraus ergänzt"[64]. Hitler bejaht die Unfehlbarkeitserklärung, die sich der Papst 1871 in Rom erkämpft hat. Hitler will sie für seine Weltanschauung erkämpfen. Immer wieder begegnen wir diesem seinem Umpolen und Umfunktionieren kirchlicher Maximen, Praktiken, Seelsorgemethoden. Hitler läßt in fetten Lettern setzen: „Da eine Weltanschauung niemals bereit ist, mit einer zweiten zu teilen (ich kommentiere: die Maxime der Reformation und Gegenreformation gerade in den österreichischen Landen), so kann sie auch nicht bereit sein, an einem bestehenden Zustand, den sie verurteilt, mitzuarbeiten, sondern fühlt die Verpflichtung, diesen Zustand und die gesamte gegnerische Ideenwelt mit allen Mitteln zu bekämpfen, das heißt ihren Einsturz vorzubereiten."[65] Für den integralistischen Kämpfer der katholischen Gegenreformation gibt es keine Anerkennung eines Status quo. Dies führte zum Dreißigjährigen Krieg und zur Austreibung beziehungsweise Unterdrückung der Evangelischen in den österreichischen Landen. Für den österreichischen Katholiken Adolf Hitler, der gerade in den Jahren, in denen er innerlich sich, wie er sagt, „häutet"[66] und die letzten Schalen seines (alten) Glaubens abwirft, die Herrschaftsformen der Kirche sich als Vorbild nimmt, kann es keine Anerkennung eines Status quo geben.

Adolf Hitler begründet die Unduldsamkeit seiner politischen Weltanschauung mit dem weltgeschichtlichen Erfolg der kirchlichen Unduldsamkeit in der Behauptung der Dogmen: „Das Wesentlichste darf eben nie in der äußeren Fassung, sondern stets nur

im inneren Sinn gesucht werden. Und dieser ist unveränderlich!" „Auch hier hat man
von der katholischen Kirche zu lernen. Obwohl ihr Lehrgebäude in manchen Punkten,
und zum Teil ganz überflüssigerweise, mit der exakten Wissenschaft und der Forschung in Kollision gerät, ist sie dennoch nicht bereit, auch nur eine kleine Silbe
von ihren Lehrsätzen zu opfern. Sie hat sehr richtig erkannt, daß ihre Widerstandskraft nicht in einer mehr oder minder großen Anpassung an die jeweiligen wissenschaftlichen Ergebnisse liegt, die in Wirklichkeit doch ewig schwanken, sondern vielmehr im starren Festhalten an einmal niedergelegten Dogmen, die dem Ganzen erst
den Glaubenscharakter verleihen. So steht sie heute fester da als je. Man kann prophe-
zeien, daß sie in eben dem Maße, in dem die Erscheinungen fliehen, sich selbst als
ruhender Pol in der Erscheinung der Flucht immer mehr blinde Anhänglichkeit erringen wird."[67]

Katholische Theologen, Kirchenmänner und Laien, die fasziniert auf den Katholiken Adolf Hitler sehen[68], erspüren hier, instinktiv für sie „richtig", wie sehr dieser
Mann mental (wie es zu sein scheint) der Ihre ist: hart, unbeugsam, am Gebäude der
Dogmen und Herrschaftsformen festhaltend. Hitler vulgarisiert, plebejisiert, säkularisiert, pervertiert einen Vulgärkatholizismus, wie ihn gerade die härtesten „Schwarzen" in Österreich und Bayern gegen die damaligen „Progressiven", die sogenannten
„Modernisten", diese teuflischen „Neuerer" vertraten.

Neujahrsaufruf 1932 an seine Jünger, seine Parteigenossen: Uns steht ein „rotes
antichristliches Deutschland" gegenüber, verkörpert in der unzüchtigen Verbindung
des Zentrums mit dem Marxismus: „Sie sind daher die fluchbeladenen Helfershelfer
des Bolschewismus."[69] Das war damals die Überzeugung führender Männer der Bayerischen Volkspartei, die im norddeutsch zentrierten Zentrum die Bejahung der Demokratie, der Weimarer Republik verabscheuten — und früh sich für Hitler engagiert
hatten[70]. Hitler: Der Bolschewismus ist „das Ende der Religionen" (analoge Überzeugungen vertreten christlichsoziale „Antimarxisten" gleichzeitig in Wien). „. . . heute
(ist) eine tausendjährige Kultur in ihren Grundfesten erschüttert. . . . Das Bibelwort,
das den Heißen oder Kalten anerkennt, den Lauen aber zum Ausspeien verdammt,
sehen wir in unserem Volke in Erfüllung gehen. Die Mitte wird zerhauen und zerschlagen[71]. . . . Es wird ein Fegfeuer von Verleumdungen, Fälschungen, Terror und
Unterdrückung sein, durch das unsere Bewegung hindurch muß."[72] Hitler bezieht sich
hier gerade in dieser kalendarisch-politisch so kritischen Situation auf das „Fegfeuer": eine Vorstellung, die den Millionen Protestanten und Nichtkatholiken völlig
fremd ist, auf sie skurril wirkt.

„Katholiken, wählt den Katholiken Adolf Hitler!"[73] Diese gesamtdeutsche Wahlparole, die in der nationalsozialistischen Werbung um katholische Wähler 1931 bis
1933 immer wiederkehrt, beeindruckt betroffen 1933 in Wien Friedrich Funder.
„Österreicher, wählt den Österreicher Adolf Hitler!" Diese Wahlparole wird offiziell im „Völkischen Beobachter" in Vorbereitung der „Volksabstimmung" des
10. April 1938 ausgegeben[74].

Graz 1933: „Hitler und die katholische Kirche." Der Theologe Simon Pirchegger
wirbt für den Katholiken Adolf Hitler. Im Vorwort zur zweiten Auflage meldet
er triumphierend: „Am Tage des Erscheinens der ersten Auflage Mittwoch, den
29. März, brachten die Wiener ‚Reichspost' und die Grazer ‚Tagespost' die Meldung,

daß die Bischöfe Deutschlands auf der Fuldaer Bischofskonferenz die gegen die NSDAP erlassenen kirchlichen Gebote aufgehoben haben." Der Grazer Theologe: „Mein Streben war und ist, zur Versöhnung zwischen der katholischen Kirche und dem Nationalsozialismus Großdeutschlands beizutragen."[75] Pirchegger beruft sich nachdrücklich auf Hitlers Rühmen der katholischen Dogmen in „Mein Kampf" und sein Ja zum Kampf gegen Liberalismus, Marxismus, Internationalismus. Pirchegger beruft sich in diesem Bezug auf eine Münchener Rede des österreichischen Justizministers Kurt von Schuschnigg vom 29. November 1932: „Allen, die positives Christentum in sich fühlen, reichen wir die Hand zum Nutzen der Gesamtheit." „Positives Christentum"[76] — das war *die* Parole nationalsozialistischer Werbung. Sie konnte von Katholiken, Evangelischen, Freikirchlichen, Sympathisanten eines kirchenfreien Christentums je für sich angenommen werden.

Ende 1933 erklärt die vornehmste und angesehenste katholische deutsche Zeitschrift, die von den Jesuiten herausgegebenen „Stimmen der Zeit", in München: Das Hakenkreuz hat bewiesen, wie schöpferisch es sein könne. „Die Person Hitlers selber ist zum Symbol des Glaubens der deutschen Nation an ihren Bestand und ihre Zukunft geworden." Der Abschluß des Konkordats zeigt, daß es zwischen Kreuz und Hakenkreuz keine Feindschaft geben muß. „Im Gegenteil: Das Zeichen der Natur findet seine Erfüllung und Vollendung erst im Zeichen der Gnade."[77] Gegen „Jesuitismus" hatten Deutsch-Gläubige aller Art, Evangelische, Aufklärer, Liberale, Sozialdemokraten gekämpft: Hier spricht sich ein fataler Jesuitismus für eine heilige Allianz Kreuz und Hakenkreuz aus.

26. April 1933: Der Reichskanzler empfängt Bischof Berning und Msgr. Steinmann zu einem einviertelstündigen Gespräch, das Berning als „herzlich und sachlich" bezeichnet. Berning versichert Hitler, die Bischöfe werden „die Gläubigen zum Gehorsam und zur Ehrfurcht anhalten". Sie erkennen freudig an, „daß durch den neuen Staat das Christentum gefördert, die Sittlichkeit gehoben und der Kampf gegen Bolschewismus und Gottlosigkeit mit Energie und Erfolg geführt werden."[78] Diese Sätze werden in Österreich von katholischen Organen breit herausgestellt. Nicht der Nachsatz: „Die Bischöfe geben aber zugleich den Befürchtungen Ausdruck, die vielfach in den Kreisen des katholischen Volkes beständen und eine vertrauensvolle Mitarbeit mit dem Staate noch erschwerten."

Hitler sagt hier den Vertretern des deutschen Episkopats: Er sei in der Judenfrage in vollkommener Übereinstimmung mit der Kirche. Er tue nur das, was die Kirche schon seit 1500 Jahren getan habe. Alles in allem sei er persönlich von der großen Macht und Bedeutung des Christentums überzeugt und werde sich nicht in die Gründung einer neuen Religion einlassen. Darum habe er sich auch von Ludendorff getrennt, und auch Rosenbergs Buch gehe ihn nichts an. Da er selbst Katholik sei, werde er einen neuen Kulturkampf nicht dulden, und die Rechte der Kirche würden unangetastet sein.

Dann spricht Hitler von dem, worauf es ihm primär ankommt: Er möchte sich das religiös-politische Glaubenspotential des katholischen „Menschenmaterials" Deutschlands für seinen Krieg erhalten und nicht unnötig vorzeitig verschleißen. Hitler: Wir müssen gläubige Menschen haben. „Es droht eine schwarze Wolke mit Polen, wir haben Soldaten notwendig, gläubige Soldaten. Gläubige Soldaten sind die wertvollsten (auch das wußten die militanten Vorkämpfer der Gegenreformation und der Reformation seit dem 16./17. Jahrhundert bestens). Die setzen alles ein. Darum werden wir die konfessionelle Schule erhalten, um gläubige Menschen durch die Schule zu erziehen." (Ich kommentiere: Hitler nimmt hier auf seine Weise die alte Maxime habsburgischer gegenreformatorischer Schulpolitik wieder auf.) Aber auch dies müssen die Bischöfe verstehen: Alle Überreste von Liberalismus und Marxismus müssen ausgerottet werden[79]. Die Leser der „Reichspost" in Wien konnten gerade dieser letzten Forderung Hitlers von Herzen zustimmen[80]. Am 9. Mai 1933 besucht Hitler den sechsundsiebzigjährigen Abt Albanus Schachleitner, den alten kirchlichen treuen Anhänger seiner Bewegung, und gratuliert ihm zum fünfzigjährigen Ordensjubiläum[81]. Priester aus Böhmen und dem Sudetenraum und Mitglieder der katholischen Jugendbewegung in Böhmen sind früh treu-gläubige Anhänger Hitlers[82].

Am 8. Juli wird das Konkordat unterzeichnet. Seine riesenhafte Problematik, die gegenwärtig in der Bundesrepublik Deutschland in den letzten Jahren doch mehrfach auch von Katholiken zur Diskussion gestellt wurde, kann uns hier nicht befassen[83]. An dies ist jedoch zu erinnern: Nur ein Katholik, ein geborener Katholik, wie hier Adolf Hitler, kann einen so außerordentlichen Wert — religiös-politischen Gebrauchswert für ihn — im Abschluß eines Konkordats mit dem Heiligen Stuhl sehen.

Kardinal Faulhaber beglückwünscht den Reichskanzler mit einem handgeschriebenen Brief zum Abschluß des Konkordats: „Was die alten Parlamente und Parteien in sechzig Jahren nicht fertigbrachten, hat Ihr staatsmännischer Weitblick in sechs Monaten weltgeschichtlich verwirklicht. Für Deutschlands Ansehen nach Osten und Westen und vor der ganzen Welt bedeutet dieser Handschlag mit dem Papsttum, der größten sittlichen Macht der Weltgeschichte, eine Großtat von unermeßlichem Segen."[84] Michael Faulhaber hatte sich zum Handschlag mit der Republik nicht entschließen können. In seinem Fastenhirtenbrief 1920 gegen die Verfassung der Weimarer Republik erklärte er: „Jede Pflanzung, die nicht mein himmlischer Vater gepflanzt hat, wird ausgerottet werden."[85] Am 4. November 1936 weilt Kardinal Faulhaber drei Stunden lang bei Hitler auf dem Berghof. Volle Einigkeit über den gemeinsamen Abwehrkampf gegen den „Bolschewismus". Faulhaber weiß sehr genau, wie weit Hitler unter seinem Sammel-Denunziations-Wort „Bolschewismus" Sozialisten, „Kulturbolschewisten", Liberale etc. vereinnahmt. Faulhaber versichert Hitler, daß er seit Jahren vor der roten Gefahr warnte, und erinnerte daran, daß Papst Pius XI. 1933 den Kanzler des Deutschen Reiches als den ersten Staatsmann bezeichnete, der wie er, der Papst, die bolschewistische Gefahr klar erkannte[86]. In diesem Sinne hatte der späte Seipel bei seinen Freunden im Zentrum für eine Verbindung mit Hitler geworben.

Der österreichische Katholik Adolf Hitler weiß sich intim mit seiner oberösterreichischen katholischen Heimat durch Anton Bruckner verbunden. Hitler möchte der mit ihrem Gatten Franz Werfel mit knapper Not nach Amerika entronnenen Alma Mahler-Werfel — durch Vermittlung ihres nationalsozialistischen Stiefschwagers Eberstaller — das Manuskript der 3. Symphonie Anton Bruckners abkaufen. Hitler bietet siebentausendfünfhundert Dollar. Das Geschäft scheitert[87].

Hitler ist ein glühender Verehrer der Musik Anton Bruckners. In den Symphonien

Bruckners singt, jubiliert, triumphiert ein untergründig barocker österreichischer Katholizismus, ländlich-bäuerlich geprägt in der Landschaft zwischen Passau, Lambach und dem Stift St. Florian, wo an der Bruckner-Orgel der Komponist für den „lieben Gott" seine Tonwerke schafft. Adolf Hitler ist sich dieses Bezuges voll bewußt! Am 21. Mai 1936 übernimmt er die Walhalla-Gedenkhalle bei Regensburg in seine Obhut und bestimmt die Aufstellung einer Büste Anton Bruckners. Im Salonwagen hört er auf Platten, die ihm Goebbels geschenkt hat, Bruckners VII. Symphonie und bricht in Begeisterung aus: „Ja, da soll einer sagen, Österreich wäre nicht deutsch! Gibt es etwas Deutscheres als unser altes reines Österreichertum?! Das hält jedem Friesen des höchsten Nordens stand an Kraft und Gehalt. Und ist auch eines Bluts. Was heißt das: ‚Der katholische Bruckner'? Gar nichts weiter, als daß der Oberösterreicher Bruckner katholisch, gläubig und deshalb barockfärbig, sonnig-warm, madonnenlieblich war und diszipliniert in aller Peterskirchen-Frömmigkeit . . ."[88] Der oberösterreichische Katholik Adolf Hitler hebt hier für sich, in intimster Sphäre, die Engpaßführungen des 17. bis 20. Jahrhunderts auf, die gegen die „Unreinheit", gegen den vielfärbigen Barock, gegen das „Sonnig-warme" altösterreichischer Prägung zu Felde gezogen waren.

In diesem Jahr 1936 ist der Kirchenkampf, vorgetragen durch Rosenberg, Himmler, SS-Gruppen, voll entbrannt. Hitler warnt auf einer Gauleitertagung in München die Parteiführer: „Ich wünsche keinerlei Kampf gegen die Kirchen oder Priester. Der Mythus des Herrn Rosenberg ist keine parteiamtliche Publikation. Im übrigen sage ich Ihnen, daß etwa die katholische Kirche jene Lebenskraft besitzt, die unser aller Leben, die wir hier zusammensitzen, überdauern wird."[89] Das ist eine existentielle Aussage von außerordentlicher Bedeutung.

Noch im März 1945 bewundert er den Barock und kann seine Siegesfeier auf dem Siegeskongreß in Nürnberg nur in Verbindung mit seinem unauslöschlichen Kirchenerlebnis sehen: „Der Schlußkongreß in Nürnberg muß genau so feierlich und zeremoniell aufgezogen werden wie eine Handlung der katholischen Kirche."[90]

Letzte, ganz persönliche Selbstdarstellung: In seinem privaten Testament erklärt Adolf Hitler, daß er sich „nunmehr vor Beendigung dieser irdischen Laufbahn" entschlossen hat, jenes Mädchen, das ihm so lange die Treue hielt, zu heiraten. Beide gehen gemeinsam in den Tod: „Er wird uns das ersetzen, was meine Arbeit im Dienst meines Volkes uns beiden raubte."[91] Der Tod — als Erlöser. Die „Beendigung dieser irdischen Laufbahn": Adolf Hitler hält sich hier selbst mit diesen Worten, die in so vielen katholischen Todesanzeigen standen und in Grabpredigten so ausgesprochen wurden, die letzte Predigt. Der Tod als Erlöser: Er bringt „die ewige Ruhe". Adolf Hitler glaubt, wie viele Christen damals und heute, und eben Andersdenkende, nicht an eine persönliche Unsterblichkeit. Mit diesen seinen letzten Worten bezeugt er ein letztes Mal seine unzerstörbare Bindung an einen franzisko-josephinischen Katholizismus, dessen Glauben sich in der Person des Kaisers Franz Joseph und seines eigenen Vaters auf einige rituale Gesten verengt hatte.

Am 16. Juli 1936 erklärt sich Adolf Hitler österreichischen Nationalsozialisten gegenüber, die illegal zu ihm gewallfahrtet waren, als „der getreue Ekkehard Österreichs"[92]. Er wird sich als solcher noch Schuschnigg gegenüber in der einzigen persönlichen Konfrontation als Österreicher gegen den Österreicher am 20. Februar 1938

„bekennen". Am 9. Mai 1939 bespricht sich Adolf Hitler mit Speer über den Bau eines Opernhauses in Linz. Am 22. Mai erscheint er am Abend der Unterzeichnung des deutsch-italienischen Freundschafts- und Bündnispaktes im weißen Waffenrock. Am 11. Juni besucht er in Wien das Burgtheater. Nestroy: „Einen Jux will er sich machen." Der weiße Waffenrock. Erstaunt sehen ihn die deutschen Generale. Erinnern sich vielleicht an Franz Joseph im weißen Waffenrock. „Der alte Kaiser im weißen Waffenrock, mit dem sich die Tradition der k. u. k. Armee und die Erinnerung an so viele Siege verband — so wird Altösterreich im Gedächtnis späterer Geschlechter als unvergängliches Bild fortleben." Nach der Katastrophe von Königgrätz werden die weißen Waffenröcke abgelegt. Dieser Verzicht hängt doch wohl zusammen „mit dem Schmerz und dem dumpfen Groll, von dem die österreichischen Patrioten nach Königgrätz erfüllt waren. Damals begannen die Österreicher gegen sich selbst zu wüten und mit ihrer eigenen Tradition, mit ihrer Staatsidee und ihrem eigenen Wesen zu hadern. Das drückte sich darin aus, daß sie die Farbe des Siegers übernahmen und ihre Armee in preußischblaue Waffenröcke steckten."[93] Der Deutschböhme Emil Franzel, sozialdemokratischer Publizist, dann Großdeutscher, vom Heiligen Reich, das mit Hitler kam, begeisterter Nationaler, nach dem Krieg von 1939—1945 einer der namhaftesten konservativen katholischen Journalisten in Bayern, hätte es leidenschaftlich gerne gesehen, wenn Adolf Hitler sich im Dom von St. Stephan zum Kaiser hätte krönen lassen.

Der Österreicher Adolf Hitler im weißen Waffenrock 1939, in dem Jahr, in dem er seinen Krieg beginnen wird. „Wenn ich der Kaiser wär!" Adolf Hitler beruft Class 1933 in seinen Reichstag[94]. Heinrich Class, der Führer der Alldeutschen, hatte 1912 unter dem Pseudonym „Daniel Fryman" dieses Buch veröffentlicht, dem das Programm der NSDAP wohl die Punkte 3, 4, 6 und 14 entnimmt. Class, gerne als Redner in Österreich eingeladen, trat für die bundesrechtliche Vereinigung Österreichs mit dem Deutschen Reich ein. Adolf Hitler versteht sich als Nachfolger und Erbe der Kaiser des Heiligen Römischen Reiches und als einzigen von der Geschichte legitimierten Thronfolger des Kaisers von Österreich. Deshalb verfolgt er die Habsburger mit besonderem Haß. Er läßt die Söhne des Erzherzogs Thronfolger Franz Ferdinand nach Dachau bringen und gibt der militärischen Operation — Besetzung Österreichs — im März 1938 den Namen „Sonderfall Otto", um den Kaisersohn und jungen Chef des Hauses Habsburg, Otto, endgültig geschichtlich zu entmachten[95]. Als Erbe der alten Kaiser beginnt Hitler seinen Ostfeldzug als „Fall Barbarossa". Otto Dietrich erinnert eine sehr merkwürdige Szene aus der Endphase der „Kampfzeit", kurz vor dem Siege in Deutschland. Der übermüdete Adolf Hitler nickt während des mecklenburgischen Wahlkampfes im Gutshaus des Gutes Severin ein, schreckt dann auf und sagt unvermittelt, aber in vollem Ernst zu Goebbels: „Aber ich bitte mir aus, daß ihr mich dann nicht zum Kaiser oder König macht!"[96]

11. März 1942. Der 11. März 1938 arbeitet in ihm. Er erinnert wieder einmal an seine Frühzeit in Wien. „Mir ist es doch so schlecht gegangen lange Zeit in Wien!" Dreizehn Kreuzer für Zigaretten, 25 bis 40 hat er täglich geraucht. Wie schwer war es damals, mit ein paar Kronen durchzukommen[97]! Das ist eine „Entschuldigung" für sein „Übersehen" Wiens in diesen Jahren. Adolf Hitler sieht mit Groll, wie Baldur von Schirach ihm die Gunst der Wiener stiehlt, heute würden wir sagen, ihm die Show

in Wien nimmt durch seine „österreichische", durch seine betont auf Wien abgestellte Kulturpolitik[98]. Am 31. März dieses Jahres rühmt er im Tischgespräch wieder einmal die Kaiser des Heiligen Römischen Reiches. Betont die großen Vorzüge des Wahlkaisertums gegenüber der Erbmonarchie. „Er selbst werde immer nur Führer bleiben, sich niemals zum Herzog oder sonstwas machen lassen!" In „sonstwas" steckt der Kaiser, der Kaiser in ihm! „Vorbild für die Führerwahl: die Papstwahl. Die katholische Kirche sei in ihrer Organisation sehr groß, in ihrem Dogma lächerlich." Lob der Schwaben, die so lange am Kaisertum festhielten. Er habe Rosenberg gewarnt wegen seiner Angriffe gegen „Karl den Sachsenschlächter". „Nach 1000 Jahren wird vielleicht ein Einfaltspinsel ihn, Hitler, als „Ostmarkschlächter" bezeichnen, „weil er bei der Heimführung des deutschen Österreich alle an die Wand habe stellen lassen, die das Unternehmen zu hindern versucht hatten"[99].

Ostmarkschlächter: Hitler hat diesem von ihm zunächst zur Ostmark degradierten, dann ganz in Namen und Struktur ausgelöschten Österreich gegenüber ein schlechtes Gewissen[100]: wenn wir hier als Gewissen das Arbeiten seiner österreichischen Vergangenheiten bis zu seinem Tode in ihm ansprechen. An sich lehnt Adolf Hitler das Gewissen als „eine jüdische Erfindung" ab.

Am 1. Juni dieses Jahres verleiht Adolf Hitler der neu aufgestellten 44. Infanteriedivision in Wien den Namen „Reichsgrenadierdivision Hoch- und Deutschmeister". Diese Verfügung gibt Schirach bei einer Feier im Wiener Konzerthaus bekannt[101]. Am 27. August 1939 unterzeichnet Adolf Hitler zwei Erlasse: Über die „Neuregelung des Ehrensoldes für Träger höchster Kriegsauszeichnungen; und über die Gewährung eines Veteranensoldes für Frontkämpfer" für die Teilnehmer des Krieges 1870/71 und der Feldzüge der kaiserlichen und königlichen Armee in Bosnien 1878 und Süddalmatien 1882[102]. Als Oberster Kriegsherr sorgt so der neue Kaiser für seine alten Soldaten. Der späte Adolf Hitler denkt 1943/44 an altösterreichische Gebiete, die er wieder „haben" möchte: Görz, Venedig, Triest. Otto Skorzeny schildert glaubwürdig in seinen Memoiren, wie er da mit einem halben Dutzend deutscher Offiziere vor Hitler steht. Hitler sucht einen Mann, dem er es zutraut, seinen Freund Mussolini zu befreien. Er fragt jeden einzelnen, was er von Italien, von den Italienern halte. Stereotype Antworten. Keiner stellt die Bundestreue der Italiener in Frage. Skorzeny tut dies. Hitler sieht ihn an. Skorzeny: „Ich bin Österreicher." Hitler nimmt ihn sofort[103]. Das ist ein merkwürdiges Phänomen in diesen letzten Kriegsjahren: In Hitler selbst erwacht immer noch mehr der alte Österreicher, und er erzählt etwa, „daß seine Wiener Landsleute immer wieder fragten, ob wir denn auch diesmal Belgrad aufgeben wollten". „Nachdem wir es nun zum dritten Male hätten erobern müssen, sollten wir es doch endlich behalten!" So Hitler am 29. Mai 1942 beim Mittagessen[104]. Wenige Tage zuvor, am 24. Mai, kreist sein Denken wieder um das alte Wahlkaisertum im Heiligen Römischen Reich, das eine ideale Form der Reichsführung darstellte; leider scheiterte es, weil die Kurfürsten erbliche Lehensherren waren.

Im Gespräch am 29. Mai erzählt Hitler, die Klosterbrüder vom Athos hätten ihn zum Nachfolger des byzantinischen Kaisers erklärt. Dieses Dokument ist aufzubewahren. Barocke kaiserliche Deckenfresken, so im Stift Klosterneuburg, zeigen den „Bürgermeisterhabit" von Konstantinopel, als dem Kaiser in Wien gebührend[105].

Kaiser Maximilian I. hatte bereits nach Konstantinopel geblickt und sich als legitimen Erben der oströmischen Kaiserkrone betrachtet.

Am 7. Oktober 1938 fand die einzige öffentliche Demonstration gegen das Hitler-Regime in Wien statt. Wir zogen, einige tausend katholische Jugendliche, nach einer Predigt des Kardinal Innitzers im Stephansdom durch die Straßen, singend, demonstrierend. Nach einer wenig anziehenden Predigt hatte sich der Kardinal von der Erwartung der ergriffenen Jugend hinreißen lassen und ihr gedankt, daß sie so zahlreich gekommen war, um „ein Bekenntnis abzulegen und sich Kraft zu holen, festzustehen in dieser schweren und ernsten Zeit". Innitzer sagte, spontan, daß der katholischen Jugend zwar alle ihre Verbände und Jugendgemeinschaften genommen worden seien, sie aber jetzt eine neue starke Gemeinschaft hätte: in der Pfarrgemeinde ..." Die jungen Menschen singen vor dem Dom als erstes das Kirchenlied „Auf zum Schwure, Volk und Land". Dann beginnt der Demonstrationszug durch die Innere Stadt. Polizei zeigt sich nicht.

Eine Woche später organisiert der Herr Wiens, Bürckel, eine Gegendemonstration „gegen die Provokateure vom Stephansplatz", läßt zweihunderttausend Menschen aufmarschieren. Bürckel: „Hier regiert nur einer — der Österreicher Adolf Hitler." („Völkischer Beobachter", Wien, Freitag, 14. Oktober 1938.)

Der Österreicher Adolf Hitler beobachtet sorgfältig und mit hohem Mißtrauen seinerseits den *„k. und k. Reichs-Nationalsozialismus"*, wie man ihn später genannt hat. Österreichische Nationalsozialisten vertreten ihn mit ihren Projekten, die dem nahen Balkan, Prinz Eugens Belgrad, den habsburgischen Küstenlanden an der Adria gelten[106]. Männer um Hermann Neubacher beteiligen sich an den Plänen für eine „Reichsfestung Belgrad" und einen „Prinz-Eugen-Gau". Ein großes Wasserkraftwerk an der unteren Donau soll diesen Raum auch wirtschaftlich erschließen.

Neubacher, Schüler des Benediktinischen Gymnasiums Kremsmünster, hatte sich in der Ersten Republik Österreich sehr gut mit christlichsozialen und sozialdemokratischen Politikern verstanden. Hitler läßt ihn, wie nahezu alle führenden Nationalsozialisten, nicht in Wien[107]. Hitler ist von dem Parallelphänomen, das sich zeitlich genau dem Erwachen Österreichs in seinen Tiefenschichten in diesem seinem Krieg in Wien, vor allem in Wien, begibt, betroffen. Er fürchtet dieses Erwachen Österreichs — gerade in seinen Nationalsozialisten, von denen er sehr gut weiß, daß sie, ihre „Seelen", ihm in Wien nicht, nicht mehr gehören.

Mit höchster Sorgfalt hat Radomír Luža, ein Mann aus Mähren, 1975, den „Beginn der österreichischen Lösung", „die Suche nach der österreichischen Mission", „Seyß-Inquarts Traum von der kulturellen Autonomie" „die gestörte österreichisch-deutsche Partnerschaft", „Das Auftauchen des Österreich-Gedankens 1943" in diesen Jahren ab 1938 untersucht[108]. Ich habe 1938/39 dies Erwachen erlebt: in der Brust meiner Kollegen im Institut für Geschichtsforschung und in anderen illegalen jungen Nationalsozialisten: ein unvergeßliches Erlebnis.

Die beiden österreichischen Katholiken Adolf Hitler und Kurt Schuschnigg stehen sich am 12. Februar 1938 auf dem Berghof gegenüber. Plädoyer des öffentlichen Anklägers, des Ersten Staatsanwaltes Dr. Mayer-Maly, im Hochverratsprozeß gegen Dr. Guido Schmidt vor dem Volksgericht in Wien 1947: „eine kleine Zahl von Menschen in Schlüsselpositionen ... waren die Totengräber Österreichs."[109] Zu ihnen gehörte Schuschniggs engster außenpolitischer Mitarbeiter, sein Staatssekretär Doktor Guido Schmidt. Seyß-Inquart bot ihm am 11. März das Außenministerium an. Der sehr kluge Schmidt lehnt ab, entschied sich dann für eine hohe Wirtschaftsführerposition in Berlin. Den Weg nach Berchtesgaden schildert, New York 1939, der österreichische Diplomat Martin Fuchs. Dieser Legitimist erlebt am Ballhausplatz in nächster Nähe den Selbstverrat österreichischer Katholiken 1933—1938[110]. Fuchs schildert die Einflüsse deutscher Rechts-Katholiken in Wien. Papen geht in der „Reichspost" ein und aus. Die „Reichspost" hatte zuvor bereits über die Bücherverbrennungen in Berlin 1933 frohlockt[111]. Adolf Hitler führt den alten Kampf der Christlichsozialen gegen „Liberalismus", „Judentum", „Marxismus", „Bolschewismus", „Kulturbolschewismus" auf seine Weise — und so erfolgreich!

In die Hände der österreichischen Regierung — und Mussolinis — fällt ein am 25. Juli 1936 datiertes Rundschreiben der „Deutschen Studentenschaft", Berlin (am 11. Juli hatte Schuschnigg sein Abkommen mit Hitler über den „deutschen Weg" Österreichs abgeschlossen[112]). Hier wird die Anwendung von Cuius regio, eius religio, heute gefordert[113]. Die alte fatale Maxime der Gegenreformation, hier auf die nationalsozialistische Eroberung Österreichs bezogen! Österreich muß zuerst nationalsozialistisch werden, ganz, dann erst soll der Anschluß erfolgen. In diesem Sinne sind zur Vorbereitung des Anschlusses die österreichischen Lehrer, Schulen, Hochschulen, die Männer der Wirtschaft sorgfältig zu bearbeiten, zu gewinnen. Die habsburgische Gegenreformation hatte ihre Vernichtung der österreichischen Evangelischen begonnen mit der Schließung der evangelischen Schulen, der Gotteshäuser.

Fuchs erinnert die Maßnahmen der Regierung Schuschnigg gegen deutsche katholische Emigranten, und ihren Einsatz für katholische „Brückenbauer". Verbot von NS-feindlichen Publikationen[114]. In Gegenwart von Martin Fuchs wirft im September 1937 Guido Schmidt in Genf seinem Kollegen im Außenministerium, Theodor Hornbostel, vor, einen „Anti-Hitler-Komplex" zu haben[115]. Der Katholik Guido Schmidt ist für Hitler-Deutschland[116], der evangelische Christ Hornbostel ist für ein unabhängiges Österreich. Schuschnigg erhält ein vertrauliches Memorandum der Rheinisch-Westfälischen Industriellen, Frühling 1937: Hier wird eine Katastrophe der deutschen Wirtschaft angesprochen. Kürzung der Rohstoffe von 40 Prozent auf 60 Prozent. Kein Geld für den Import wichtigster Rohstoffe wie Zinn, Nickel, Wolfram, Erdöl. Die Industrie fordert Aufnahme von Auslandskrediten, um Rohstoffe und Lebensmittel zu kaufen und zur Stabilisierung der Mark sowie zur Gewinnung von Auslandsmärkten für deutsche Industriewaren[117]. Diese gefährliche Lücke wird bald gefüllt werden: für 1938/39 durch die Devisenbestände der österreichischen Nationalbank, durch die Ausbeutung der Bodenschätze Österreichs[118].

Deutsche Generalskreise melden Schuschnigg, daß Hitler mit seiner militärischen Demonstration blufft. Feldmarschalleutnant Jansa ist mit ihnen in Verbindung. Schuschnigg entläßt ihn. Jansas Überzeugung, daß der österreichische Widerstand die deutsche Erhebung ausgelöst hätte und auf jeden Fall politisch unersetzbar war — ich erinnere viele Gespräche mit ihm — werden in den letzten Jahren durch die Forschung erhellt und bestätigt[119].

„Lebte Schuschnigg im Lande Utopia? Hat Schuschnigg die politische Welt so gesehen, wie sie war oder so, wie er sie sehen wollte?" Das fragt im Guido-Schmidt-Prozeß der Staatsanwalt den ehemaligen Unterrichtsminister Pernter[120]. Schuschnigg hat bis zu seinem Tode die enge Optik, durch deren Brillen, durch deren Glas er von der Wirklichkeit getrennt war, nicht aufgegeben[121]. Wenn er in Haft, an seinem 47. Geburtstag, am 14. Dezember 1944, sich besinnt und meint: „Manches war sicher falsch", wenn er am 11. März 1945 im KZ Flossenburg vermerkt: „Ob alles getan war, was getan werden konnte, und vor allem, ob es richtig getan war?"[122], dann betreffen diese Besinnungen nur Dimensionen seines privaten Lebens. Schuschnigg monologisiert bis zu seinem Ende. Staunend erfährt er, wie er in seinem Buche „Im Kampf gegen Hitler" berichtet, im April 1945 von Leon Blum, seinem Mithäftling in der Gruppe von Gefangenen, welche die SS nach Südtirol gebracht hatte, daß Diskutieren ein Vorteil ist, Diskutieren und nicht Diktieren wollen[123]. Der Mann einsamer Entschlüsse am Ballhausplatz, umgeben von seinen „nationalen" Freunden, an deren gutem Glauben er lebenslang festhält, so gerade auch in bezug auf Seyß-Inquart[124] und Guido Schmidt[125], unwillig, sich mit den Christlichsozialen zu besprechen[126], nicht bereit, mit „Marxisten", Sozialdemokraten, mit Vertretern der Sozialdemokratie wirklich zu verhandeln[127], blieb ein Gefangener des engen Weltbildes, das er in seiner Jugend erworben hatte.

Heimat Kärnten: Großvater Alois Schuschnigg, Sohn eines Kaufmannes in Klagenfurt, wird Offizier, wird als k. u. k. Generalmajor 1898 geadelt. Kurt Schuschnigg wehrt sich, immer wieder, eine slowenische Abstammung seiner „deutschen" Familie, wie ihm oft vorgehalten wird, anzuerkennen[128]. Der Vater Kurts, Artur Viktor, wurde mit seinen drei Brüdern Offizier. Offizier werden bedeutete in dieser spät-franzisko-josephinischen Zeit für viele junge Menschen, den inneren Identitäts-Konflikt zu überdecken. Als Offiziere des Kaisers Franz Joseph konnten sie sich als beste Deutsche und als gute Österreicher verstehen. Geboren am 14. Dezember 1897 in Riva am Gardasee, wird Kurt von seinem Vater in dem von deutschen Jesuiten geleiteten Internat „Stella Matutina" in Feldkirch kaserniert. Das „kasernieren" ist hier auch wörtlich zu verstehen. Das Pensionat befand sich in einer ehemaligen Kaserne und ist eine deutsche Enklave in Vorarlberg. Schuschnigg erinnert dankbar die „starke Reichsverbundenheit unserer Lehrer und Erzieher", diese „in ihrem Volksbewußtsein konsequenten Männer", diese „deutschen Jesuiten", die ihren Schülern beibrachten, „daß klares nationales Denken mit echt katholischem Empfinden durchaus vereinbar war"[129]. Der Gymnasiast kann — was ihm in diesem „huit clos", in dieser geschlossenen Zuchtanstalt ganz unmöglich war — nicht die politischen und innerkatholischen Strukturen durchschauen, durch die diese deutschen Jesuiten geformt worden waren. Diese Jesuiten bemühten sich sehr, so wie die Benediktinermönche in Maria Laach im Rheinland, im Staate des Kaisers Wilhelm II. gerade als Katholiken, vielverdächtigt von Bismarck und evangelischen Deutschen und gerade als Jesuiten und Ordensmänner vielverdächtigt als Rom-Söldlinge, sich als Super-Deutsche zu bezeugen. Analoge Anstrengungen prägen nordamerikanische Katholiken im 20. Jahrhundert. Diese Jesuiten hatten sich zudem hermetisch abgeschirmt von den Geistesbewegungen und Geisteskämpfen im italienischen, französischen, englischen und eben da, im nahen München, auch deutschen Katholizismus, die zwischen 1830 und 1848 und 1870/71 bis zu ihren päpstlichen Verdammnungen so eindrucksvoll einen offenen, urbanen, auf Dialog und Kommunikation mit religiös und politisch Andersdenkenden bezogenen Katholizismus verkörpert hatten.

Die drei österreichischen Katholiken Seipel, auf den sich Schuschnigg immer wieder beruft, berufen zu können glaubt, Dollfuß, dessen Gegensatz zu Seipel Schuschnigg selbst anspricht, und Schuschnigg selbst sind von keinem Hauch dieser innerkatholischen, intellektuellen, kultur- und kirchenpolitischen Bewegungen berührt worden[130].

Schuschnigg selbst führt die Prägung seines Deutschtums auf sein Elternhaus zurück: Man wußte sich da stolz als *deutscher* Vorkämpfer und Garant der Ostmark-Aufgabe der Donaumonarchie[131]. Wir erinnerten im Eingang dieser Studie die Erfindung dieser „Ostmark" und des „Heiligen Römischen Reiches deutscher Nation" im „Aufbruch" einer deutsch-romantischen Bewegung im frühen 19. Jahrhundert. Schuschnigg meint: Österreich war „immer aber europäische Ostmark gewesen". „Warum ich glaubte, an seiner Eigenstaatlichkeit festhalten zu sollen. Warum ich darin keinen zwangsläufigen Gegensatz zum volksdeutschen Ostmarkgedanken sah": es „widersprach ... meiner Grundauffassung, daß der Bestand eines selbständigen Österreichs das gesamtdeutsche Interesse in irgendeiner Richtung gefährde. ... Die deutsche Aufgabe Österreichs war geschichtlich, psychologisch und ökonomisch begründet; sie hatte in Bluts- und Kulturgemeinschaft ihre tiefsten und unzerstörbaren Wurzeln."[132] Dieses sein „gesamtdeutsches Denken"[133] (wie er es wörtlich so anspricht, der Konzeption Heinrich von Srbiks entsprechend) bildet die Maxime seiner Politik als Minister und Bundeskanzler. Er trägt dieses sein Glaubensbekenntnis bereits in seinem Marschgepäck als Kriegsfreiwilliger an der italienischen Front 1916—1918. Im Herbst 1919 kehrt er aus der italienischen Kriegsgefangenschaft heim.

Wie so viele andere entlassenen jungen Offiziere kann sich der junge Rechtsanwalt Schuschnigg nicht mit der Republik, nicht mit der Demokratie, nicht mit dem „Parteiwesen" befreunden. Er ist in seiner Partei, bei den Christlichsozialen, die ja so viele heterogene Elemente vereinigte — ihr gehörte ein Dr. Jury, später Gauleiter von Niederdonau, und ein Anton Rintelen, der „König der Steiermark" und präsumtive Nachfolger von Dollfuß an — ein Außenseiter: ein gutaussender junger, intelligenter Mann aus Tirol, der nicht besonders auffällt, als Abgeordneter (seit 1926). Er wird 1932 Justizminister und dann Unterrichtsminister in den Regierungen Buresch und Dollfuß. Die Partei besaß so wenige einigermaßen akzentuierte intellektuelle Politiker, die sich „hochdeutsch" ausdrücken konnten, daß Schuschnigg hier nur angenehm wirken konnte. Schuschnigg betont immer wieder, wie sehr Dollfuß sich als Deutscher versteht, wie Dollfuß „um die Öffnung beider Türen" nach Deutschland und Italien kämpft[134], wie er sich bemüht, mit Hitler persönlich zusammenzukommen. Merkwürdige Geständnisse in seinem Buch, das den makabren Titel trägt „Im Kampf gegen Hitler — die Überwindung der Anschlußidee". Der Inhalt des Buches widerspricht völlig diesem Titel!

„Verehrter Freund!", schreibt Bundeskanzler Schuschnigg an den Herrn Bundesminister Dr. h. c. v. Glaise-Horstenau am 31. Mai 1937. Schuschnigg betont, daß „bis zur Machtergreifung des Nationalsozialismus in Deutschland und der Verkündigung des Totalitätsanspruches dieser Partei ... der lauten Anschlußpropaganda kein Hindernis in den Weg gelegt wurde. Insbesondere hat mein Vorgänger im Amte selbst durchaus, bis weit ins Politische hinreichend, auf volksdeutschem Boden stehend, den Konflikt weder mit Deutschland noch mit den Nationalsozialisten gesucht."[135]

In dem Kapitel „Die österreichischen Wunden" („Ein Requiem in Rot-Weiß-Rot") betont er ebenfalls: „Dollfuß war katholischer Großdeutscher gewesen. ... Um keinen Zweifel über die reine Verteidigungsstellung Österreichs offen zu lassen, wurde sehr bald einseitig jede exzessive kritische Stellungnahme gegen den reichsdeutschen Nationalsozialismus überhaupt in Österreich sogar verboten."[136] Aufgeschlüsselt hieß das, wie wir bereits mehrfach erinnerten: Verbot jeder aktiven politischen, kulturpolitischen, geistespolitischen, österreichischen Auseinandersetzung mit dem Hitler-Regime. Wir waren Illegale im Schuschnigg-Staat: Wir jungen Österreicher, die mit bescheidensten Mitteln versuchten, durch Druckschriften und Mund-Propaganda gegen den „deutschen Weg" des Kanzlers anzukämpfen[137], der ständig gerade von Deutschen gewarnt wurde — nicht nur von deutschen katholischen Emigranten, die nach Wien kamen, sondern auch von Männern wie Hjalmar Schacht, der ihn 1936 warnte: „Sie werden das Schicksal Brünings erleben."[138] Schuschnigg ließ sich nicht abhalten, „einen möglichst umfassenden Ausgleich mit Deutschland" anzustreben (so zu Mussolini im Mai 1936)[139]. Am 28. Mai 1936 schreibt Feldmarschalleutnant Jansa, seit Mai 1935 Chef des österreichischen Generalstabs, an den Gesandten Hornbostel, den führenden Kopf der Österreicher, die an Österreich glauben und nicht an Deutschland, am Ballhausplatz: „Verehrter Freund! Aus sehr guter Quelle erhalte ich eben folgende Nachricht: Den Zeitpunkt der Besetzung Österreichs wird nur der Führer persönlich bestimmen."[140]

In seinem „Oranienburger Tagebuch" erinnert sich Schuschnigg am 18. September 1942 (er hat soeben im „Völkischen Beobachter" gelesen, daß Edmund Glaise-Horstenau vom Brigadeführer zum Gruppenführer befördert wurde), eines Gespräches mit Glaise-Horstenau von 1937: Glaise berichtet Schuschnigg über Gespräche mit Hitler, den er mehrfach in dieser Zeit besuchte: „Hitler fühle sich als Prophet, sei in seinem Österreichkomplex durch nichts zu erschüttern!"[141] Auch diese Warnung schlägt Schuschnigg in den Wind, als er am 11. Februar 1938 von Wien zu Hitler fährt.

Es ist geschichtlich „sinnvoll", daß sich in vorletzter Stunde, vor dem Untergang Österreichs, der Repräsentant des Hauses Habsburg zu Wort meldet. „Die Habsburgerfrage", der „Habsburgerkomplex" hatte die ganze Erste Republik Österreich überschattet. Otto Habsburg schreibt an den Legitimisten Kurt von Schuschnigg — der seinen Brief mit einem Gegenschreiben „Eurer Majestät", am 2. März 1938 beantwortet — „In der Fremde, am 17. Februar 1938", einen beschwörenden Brief mit der Aufforderung, als gänzlich ungeeigneter Bundeskanzler zurückzutreten[142]. Der Habsburger spricht den „deutschen Weg" Schuschniggs als Weg in den Abgrund an. „Diese Verantwortung ist furchtbar." „Diese Verantwortung tragen Sie aber nicht allein. Auch ich habe daran teil. Als legitimer Erbe einer Dynastie, die durch 650 Jahre Österreich schirmte, als Sohn meines in Gott ruhenden Vaters ... kann und darf ich meiner ererbten Pflicht nicht untreu werden." Der Habsburger fordert eine „notwendige Annäherung an die Westmächte", die geheim bleiben soll, solange uns dies möglich. Kein Vertrauen in Guido Schmidt. Aufrüstung des österreichischen Heeres. Und weiter dies: „Vorerst muß die Befriedung nach links aktiv betrieben werden.

Die Arbeiter haben in den letzten Tagen bewiesen, daß sie Patrioten sind. Diese Gruppe kann durch den Nationalsozialismus nicht vergiftet werden, wird daher stets am sichersten für Österreich eintreten, wogegen die Regierung ihr die Möglichkeit geben muß, an der Gestaltung des Vaterlandes — für welches sie sich einzusetzen bereit ist — aktiv mitzuwirken!"

Der Habsburger rührt hier an eine der empfindlichsten Wunden Schuschniggs: Dieser hatte sich in einer Mischung von Arroganz, Fremdheit und Berührungsangst jeder Zusammenarbeit, ja bereits aller Kontaktnahmen mit Sozialdemokraten enthalten. Schuschnigg gibt — *1969* — zu, daß sich Dollfuß auch durch „die Schwäche der sozialdemokratischen Position in Österreich und in den meisten umliegenden Ländern" zu seiner fatalen Politik verführen ließ[143]. Schuschnigg gesteht jetzt auch dies: „Die sozialistische Parteiführung hat den Aufstand am 12. Februar 1934 weder gewollt, noch seinen Linzer Ausbruch befohlen."[144]

Der Habsburger beschwört Schuschnigg, „keine wie immer geartete neue Konzession an Deutschland oder an die österreichischen betont Nationalen zu machen". „Sollten Sie einem Druck von deutscher oder von betont-nationaler Seite nicht mehr widerstehen zu können glauben, so bitte ich Sie, mir, wie immer die Lage sein kann, das Amt des Kanzlers zu übergeben."[145] Schuschnigg antwortet: „Die geographische und die geopolitische Lage des Landes bedingen zwingend den Frieden mit Deutschland." Das ist die Kapitulation Schuschniggs, hier am 2. März 1938. Schuschnigg, ein Mann „frommer Sprüche" und vieler leerer Reden, schließt „mit dem aufrichtigen Herzenswunsch, daß Gott Eure Majestät und das Haus Österreich schützen möge . . ."[146]

Am 12. Februar stehen sie sich am Berghof gegenüber[147], diese beiden österreichischen Katholiken, die so unvergleichbar waren, was ethische Qualität, Gewissensbildung, politische Intentionen betrifft. Hitler total aggressiv, Schuschnigg ganz defensiv[148]. Schuschnigg hatte längst zuvor bereits innerlich kapituliert, er wollte „kein deutsches Blut vergießen", er wollte nicht kämpfen, er wollte ja seinen „deutschen Weg" gehen. Worauf ihn Hitler sofort festnagelt, indem er Schuschnigg vorwirft, eben nicht „eine deutsche Politik" gemacht zu haben. Schuschnigg: „Für uns Österreicher ist die ganze eigene Geschichte ein sehr wesentliches und wertvolles Stück deutscher Geschichte gewesen, das sich aus dem gesamtdeutschen Bilde nicht wegdenken läßt. Und die österreichische nationale Leistung ist sehr beträchtlich!" Hitler: „Gleich Null! das kann ich Ihnen sagen. Von Österreich aus bekam jede nationale Regierung seit je nur Prügel zwischen die Füße; das war ja auch die Haupttätigkeit der Habsburger und der katholischen Kirche."[149] Hitler spricht hier sehr bewußt die Sprache deutscher und schönerianischer Feinde Österreichs. In seinen Tiefenschichten weiß er es sehr anders, wie eben seine Selbstgespräche in seinem Krieg uns bezeugten.

Hitler stellt sich Schuschnigg als Deutscher und als Österreicher vor: „Ich könnte mit dem gleichen und noch mit viel mehr Recht mich als Österreicher bezeichnen, als Sie, Herr Schuschnigg! Versuchen Sie es doch einmal, und machen Sie eine freie Volksabstimmung in Österreich, in der Sie und ich gegeneinander kandidieren; dann werden Sie sehen!"[150] Hitler blufft hier: Er weiß sehr genau, daß er eine Volksabstimmung fürchten muß, da eine Mehrheit von Sozialdemokraten, von „Roten" und

„Schwarzen" gegen ihn gestimmt hätte. Um die Volksabstimmung zu verhindern, läßt er einmarschieren. Seine Generale — und die Forschung der Gegenwart — wissen, daß er auch hier noch bluffte: Seine über Nacht zusammengeholten Truppen wären einem sich ausdehnenden bewaffneten Konflikt nur sehr schlecht gewachsen gewesen. Auf diesen Moment hofften die Männer um Beck, die Männer des militärischen Widerstandes gegen Hitler[151].

Zwei Wochen nach seiner Verhaftung schreibt Schuschnigg in einem Gesuch an Hitler: „Volkspolitisch dachte ich mir die Entwicklung so, daß enge wirtschaftliche Verbindung — zunächst ohne Zoll- und Währungseinheit — angestrebt werde, bei gleichzeitigem regem Kulturaustausch. Für den Verlauf der Entwicklung schwebte mir ein alter Gedanke vor: nämlich Österreich als selbständiger Staat in staatsrechtlicher Bindung mit dem Reich, ebenso, daß Außenpolitik und Militärhoheit gemeinsam in Berlin geführt und Österreich ein moderner Bundesstaat werde."[152] Die österreichischen Politiker, Historiker, Männer der Wirtschaft, die sich im Ersten Weltkrieg mit ihren deutschen Partnern in Wien zu Besprechungen treffen, denken dasselbe, formulieren es analog. Schuschnigg fährt fort: „Die heutige Lösung ist ebenso zwangsläufig als endgültig,. historisch und begründet. Der Führer, und nur er konnte sie bringen und hat damit das Problem gelöst, das seit 1866 offenstand[153]. Er hat somit vollendet, was Bismarck begonnen hat ... Ich bin überzeugt, daß die vom Führer entschiedene Lösung der vollkommenen Eingliederung Österreichs ins Reich der halben Lösung eines verschleierten Anschlusses oder einer loseren staatsrechtlichen Bindung, wie sie mir vorschwebte, vorzuziehen und auf die Dauer richtiger ist ..." „Persönlich erkläre ich meinen festen und freien Willen, in bedingungsloser und vorbehaltsloser Loyalität zu Führer, Reich und Volk zu stehen, und wäre froh, der deutschen Sache dienlich sein zu können." Wien, am 11. Juni 1938, gez. Kurt Schuschnigg e. h.

Im Herbst dieses Jahres 1938 macht sich Schuschnigg im Gestapogefängnis Aufzeichnungen: „Des dritten Österreich Weg zur Ostmark. Persönliche Aufzeichnungen für meinen Buben in späterer Zeit, niedergeschrieben in den Monaten September bis November 1938." Für sein Buch „Requiem in Rot-Weiß-Rot" arbeitet er später diese Passagen um[154]. Schuschnigg verpflichtet seinen Sohn auf seinen Glauben an Deutschland.

Die Lieblingstochter des Kaisers Franz Joseph hatte am 18. Februar 1889, kurz also nach dem Selbstmord ihres Bruders Rudolf, in ihr Tagebuch geschrieben: „Mama sagt, nur die Liebe zu Papa halte die Völker Österreichs zurück, offen zu bekennen, wie sehr sie sich nach dem großdeutschen Vaterland zurücksehnen, aus dem sie verbannt sind." Valerie bekennt sich offen als Deutschnationale: „Vor allem sind wir Deutsche, dann Österreicher und erst in dritter Linie Habsburger, das Wohl des deutschen Vaterlandes muß uns vor allem am Herzen liegen, wenn es gedeiht ists einerlei, ob mit Habsburg oder Hohenzollern. Deutsch ist Deutsch, und das Vaterland geht vor die Familie."[155] Schuschnigg hätte dieses Bekenntnis nun so formulieren können: Erstens bin ich Deutscher, dann Österreicher, in dritter Linie bin ich Legitimist.

Das also steht in der Frohen Botschaft des letzten Bundeskanzlers der Ersten Republik Österreich, Kurt von Schuschnigg, an seinen Sohn: Schuschnigg bekennt sich

„in rückhaltloser Bejahung der vom Führer geschaffenen großdeutschen Einheit über die Trümmer seines eigenen Lebensglaubens hinweg ganz einfach als Deutscher". Durch das Handeln des Führers begann eine neue deutsche Zeitrechnung. Schuschnigg bekennt hier, daß „der österreichische Konservatismus ... in allererster Linie Antimarxismus, dann aber auch in hervorragendem Maße Antiparlamentarismus war". Österreich war immer Ostmark. „Österreich hat zwar den Marxismus abgeschüttelt; es lehnte die Demokratie ab und bekannte sich nach faschistischem Muster zum autoritären Staat. Es hat aber hiebei einen kardinalen und tödlichen Fehler begangen, der die innerstaatliche Konstruktion des Experiments auf halbem Wege steckenbleiben ließ: Es versuchte den autoritären, aber nicht den totalen Staat zu gestalten. Ich bekenne mich mitschuldig an diesem gedanklichen Fehler."[156] Das ist Schuschniggs vernichtendes Urteil über den „christlichen Ständestaat".

Und hier bekennt er dies: „Der Anschluß Österreichs war am 12. Februar 1938 in Berchtesgaden entschieden." Jetzt erst verstehe ich, was ich mit meinen Freunden tief erschrocken wenige Tage vor dem 11. März 1938 hören mußte: wie da der Kanzler, von dem wir Weisungen für ein letztes Aufgebot erwarteten, endlos monologisierte: über Fichtes Reden an die deutsche Nation. Durch diese „Blume" teilte er uns mit, daß er seine Entscheidung für Deutschland, Deutschland über alles, getroffen hatte.

Die innere und dann auch äußere Auseinandersetzung mit dem österreichischen politischen Katholizismus in der Ersten Republik Österreich und in den ersten Jahren der Zweiten Republik hat meine politische Bewußtseinsbildung, meine innere Berufung zum Historiker mitbestimmt. Die innere und dann auch äußere Auseinandersetzung mit Schuschnigg, mit den österreichischen katholisch-„Nationalen" in den Jahren 1934 bis 1938, und dann wieder ab 1946, als diese Männer sich nun als „Demokraten" gewandeten und führende Positionen in den Regierungen, Landesregierungen, in der offiziellen Kultur-, Schul- und Universitätspolitik einnahmen, hat mich schwer beschädigt. Heute liegen diese Kämpfe hinter mir. Das Ringen um österreichische Identität, um ein österreichisches Selbstverständnis, nimmt in der Zweiten Republik Österreich neue Formen an.

Im Abschied an Kurt Schuschnigg möchte ich als Historiker dies hier festhalten: Schuschniggs Bekenntnisse nach dem 11. März 1938 sind nicht als Ausdruck einer Gesinnungslosigkeit, eines Verrates, eines psychisch durch die Drangsalierungen in der Haft erlittenen Schocks zu verstehen. — Klosettreinigen im „Metropol". Sechsundzwanzig Kilo abgenommen, 1938/39. — Ein Posten sagt ihm am 1. August 1938: „Wir wissen genau ..., daß Sie nicht die Hauptschuld haben. Sie haben schließlich auch nichts anderes gewollt als der Papen. ... Sie haben vielleicht das Richtige gewollt, aber sich alles mögliche einschwätzen lassen. ... Wie kann man nur so dumm sein. ... Sie haben das Glück gehabt, unserem Führer die Hand geben zu dürfen. Sie haben ihn in Berchtesgaden gesehen — und haben Ihre Chance nicht ausgenützt. Heute könnten Sie Reichsstatthalter in Wien sein. Statt des Seyß-Inquart, der jetzt immer in SS-Uniform herumläuft und von dem früher keiner von uns jemals etwas gehört hat ..."[157] „Keiner von uns": Hier kommt die Stimme von Menschen aus dem Volk, illegaler österreichischer Nationalsozialisten zu Wort, die mitten durch alle Propaganda und allen Kampf gegen „das System", gegen Schuschnigg, durchaus richtig spürten: Der Mann da ist doch im Grunde ein Deutscher wie wir.

In Schuschnigg selbst kommt in seinem Gesuch an Hitler und seinen Aufzeichnungen im Herbst 1938 dies zu Wort: sein Glaube an Deutschland war tiefer in ihm eingewurzelt, existentiell tragender, als sein Sekundär-Glaube an Österreich, ja auch als sein Katholizismus, dem jede tiefere Spiritualität, jede geistige und geistliche Bildung fehlte, der echt war im Sinne eines volkhaften Vulgärkatholizismus, mit einigen schmalen Erhebungen[158]. Ein Österreich-Bewußtsein, das im letzten eine Ideologie war, eine Katholizität, die nicht ermaß, wie nicht zuletzt seine Bekenntnisse zu einer gemeinsamen Kulturpolitik mit dem Hitler-Regime in Österreich bezeugen[159], daß der Kampf um die Sache des Menschen, um alles, was Menschenrechte, Menschenwürde, Humanität, Freiheit der Person, der Nation, der Völker, der Rassen, der Klassen, der immer so leicht schändbaren Einzelnen sind, dies gefordert hätte: einen Kampf für die Erhaltung Österreichs mit allen politischen, militärischen, kulturellen, geistigen, seelischen Mitteln, mit dem ganz unerschlossenen Potential, das in Österreichs Volk präsent war.

Das Credo des letzten Bundeskanzlers der Ersten Republik Österreich steht lückenlos in jener Kontinuität, die vom hohen 16. Jahrhundert heraufführt, auf 1866, auf die fransisko-josephinische Ära zu, in der die entscheidende Bildung nicht gewagt beziehungsweise vertan wurde: die Bildung eines Österreich-Bewußtseins an den Universitäten, an den Schulen, in der Öffentlichkeit; nicht zuletzt durch Bildung einer Presse, die sich zum Sprachrohr des großen Gegners, des Feindes machte, der seit den Tagen Friedrichs II. Verbindungen mit den jungen Menschen in den Landen, in den Regionen des Hauses Österreich suchte und fand, die nahtlos, kompakt ihren Glauben an das Heil aus Preußen, dann aus dem Neuen Deutschland, verbanden mit ihrem Glauben: Österreich muß zerschlagen werden.

Epilog

Dieses Lese-Buch sollte ursprünglich mit zwei Kapiteln enden: „Die Zerrissenen" — Dichter, Schriftsteller, Publizisten in Österreich zwischen Grillparzer und heute und: „Die Einsamen" — Politische Denker in der Ersten Republik Österreich, die heimatlos waren, da ihr Österreich-Verständnis, ihr Österreich-Bekenntnis, ihr politisches Selbstverständnis in keiner Partei, in keiner Großgruppe wirksame Unterstützung, ja auch nur wohlwollendes Verständnis fanden. „Welch eine seltsame Gemeinde — an Gottes Tisch sitzen Freund und Feinde." Goethes große Verse aus dem West-östlichen Divan, in engster Zusammenarbeit mit der Linzerin Marianne von Willemer entstanden, hätten ein Motto für *diese unsichtbare österreichische Kommunität* bilden können, in der, einander unbekannt und eben politisch und weltanschaulich fernstehend, Legitimisten und Kommunisten, konservative Juden und einige Katholiken, nonkonformistische Sozialisten, Sozialdemokraten, die lange vor dem Februar 1934 tief enttäuscht waren, einige Intellektuelle und einige Liberale („der heilige Rest" — um hier diese altjüdische Vision zu beziehen — altösterreichischer Liberaler) nebeneinander standen, dachten, lebten und litten. Bis das Konzentrationslager ihnen das Tor zum Tod, bis die Flucht ihnen Tore in ein neues Leben öffneten.

Hier wäre der Skandal der Ersten Ära der Zweiten Republik Österreich zu behandeln gewesen: die Abschließung Österreichs von oben her, in der pseudo-konservativen ersten Epoche der Zweiten Republik, gegen die Berufung von Österreichern dieser Art. In Trauer denke ich an die beiden großen Österreicher Heinz Politzer und Jean Améry. Der Freitod Amérys in Salzburg beendete das Leben eines Österreichers, als Wanderer zwischen fremden Welten, der keine Herberge mehr fand, in der alten, unvergessenen und so entfremdeten Heimat. Zwei Namen, zwei Persönlichkeiten für viele: für jenen unsichtbaren Kontinent Österreich, der eben jetzt, im Heute, mit seinen letzten großen Repräsentanten ein Finis Austriae, einen der vielen Tode Österreichs stirbt; mit dem irdischen Lebensende dieser Frauen und Männer einer „fünften Kolonne", die keine Kolonne war, die als eine Irredenta in fremden Landen arbeitete, sondern eben dies: ein Österreich jenseits des geographischen Österreich, ein Österreich, in dem jeder dieser Österreicher „parte per se stesso" war, Partei für sich allein, wie der große italienische, inneritalienische Emigrant, Dante, sich auswies. Dante, der Österreich mit Namen nannte in seinem oberitalienischen Fluchtraum, der so viele Jahrhunderte so vielfältig mit Österreich verbunden war. Dante, der die bitteren Erfahrungen so vieler Österreicher ansprach, die in innerer Emigration und in äußerer Emigration lebten, Selbstmord begingen, in ein großes Schweigen eingingen („Kein Wort mehr über Österreich"), die sich bis zu ihrem Tode als Österreicher verstanden: scender le scale d'altrui. — Die Stiegen emporsteigen, zu fremden Menschen, in fremdem Land[1].

Dieses zweite Schlußkapitel sollte enden mit einigen inneren Problemen von Menschen, die konkret oft bereits in der Nacht des 11. März 1938 den Widerstand begannen. Ich hoffe, wenn mein Leben und meine Lebensverhältnisse es möglich machen, diese beiden Kapitel in zwei nicht umfangreichen Büchern noch der Öffentlichkeit vorlegen zu können. In Memoriam der Dichter, Schriftsteller, Publizisten und politischen Denker erinnere ich hier einen Österreicher, der nahezu alles war, was man als österreichischer Patriot sein konnte: Sozialist, der Sozialdemokratie nahestehend, dem Kommunismus nahestehend, Legitimist, Katholik, Jude: Joseph Roth[2].

Der junge Joseph Roth arbeitet als linker Sozialist in Österreich und Deutschland, ab 1922. Er schreibt für den „Vorwärts", das Zentralorgan der Sozialdemokratischen Partei Deutschlands und für die Wiener „Arbeiter-Zeitung". Roths damalige politischer Standort darf „in der Nähe des ‚linken' Flügels der ohnehin relativ radikalen ‚Sozialistischen Partei Österreichs' vermutet werden". Ein Pseudonym dieser Jahre lautet: „Der rote Joseph."[4] 1924 vermerkt er betrübt: Die deutschen Dichter besitzen keine politische Verantwortung. Sie machen sich durch ihr mangelndes soziales und öffentliches Interesse an der Katastrophe mitschuldig, die Roth hier — *1924* — herannahen sieht: „In einigen Jahren, wenn die Republik eine Legende geworden, wird sie ihnen (den Dichtern) das gegebene, ‚distanzierte' Thema geworden sein."[5] Eine Ausnahme ersieht Joseph Roth in Heinrich Mann.

Als sehr geschätzter Mitarbeiter der Frankfurter Zeitung, 1923—1926, und in seinen in ihrem Auftrag erfolgten Reisen in Südfrankreich und Rußland erlebt er den Vormarsch der deutschen Reaktion, verkörpert nicht zuletzt durch deutsche Akademiker und Professoren und resigniert politisch. Roth zweifelt an der politischen Emanzipation der deutschen Arbeiterschaft, sieht sie in Kleinbürgerlichkeit und Bürokratismus fixiert[6]. Sein erster Roman behandelt den Rechtsradikalismus, das Klima, in dem Hitler hochkommt, und erscheint vom 7. Oktober bis 6. November 1923 in der „Arbeiter-Zeitung": „Das Spinnennetz." Der Roman „Die Rebellion" behandelt die religiöse Dimension der gesellschaftskritischen Bewegungen[7]. In *Rußland* lernt er sich selbst kennen: als Europäer, als ein Römer, als ein Katholik[8].

Der galizische Jude Joseph Roth, geboren am 2. September 1894 „in einem winzigen Nest in Wolhynien", in dem Ort Schwaby (Schwabendorf) bei Brody, schreibt seinen Namen noch während der sechs Semester an der Wiener Universität als „Moses Joseph Roth"[9]. Nie vergißt er seine Urheimat Galizien. Er tilgt seinen Namen Moses in seinen ersten literarischen Veröffentlichungen, die in den Wiener Zeitungen ab 1914 erscheinen, läßt ihn gänzlich fallen nach seinem Einrücken ins österreichische Heer 1916. Nie vergißt er: „Ich sehe, daß man nicht umsonst 4000 Jahre Jude gewesen ist, nichts als Jude. Man hat ein altes Schicksal, ein altes, gleichsam erfahrenes Blut."[10] Matura Ende Mai 1913 in der Baron-Hirsch-Schule in Brody, sub auspiciis imperatoris. Der Kaiser Franz Joseph wird, später, von Roth als sein wahrer Vater erwählt[11]. Roth bekennt sich bereits als Kind zur Monarchie, nimmt an Andachten teil, die am 18. August, am Geburtstag des Kaisers, mit großer Feierlichkeit in Anwesenheit des Bezirkshauptmannes und des Ortskommandanten in der Synagoge zu Brody gehalten werden. Der Kaiser erscheint den galizischen Juden als der „gute" Kaiser Franz Joseph, als *ihr* Schirmherr. Sie nennen ihn mit dem hebräischen Wort „*Kireh*", das sie einzig und allein auf seine Person anwenden. Das Wort besteht aus den Anfangsbuchstaben von „Kaiser iarum Hodo", d. h. „Möge Gott der Allmächtige seine Majestät erheben".

Wien 1913—1916, von Joseph Roth erlebt als ein Mekka für galizische Juden[12]. Roth hört Vorlesungen bei den Professoren Arnold, Castle, Reininger (ich war ihr Hörer, ab 1934). Er erlebt jüdischen Selbsthaß[13] in Wien. Er tritt hier für den Ost-juden, diesen verachteten, „ungebildeten" armen Teufel ein — gegen den Westjuden — in sich selbst. Kriegsfreiwilliger 1916. Sein Gedicht „Marschkompagnie" ist unter dem Eindruck der ersten Kampfhandlungen entstanden. „So war es noch nie / Wie heute in jedem die Sehnsucht schrie, / Wie heute in jedem das Leben sang, / Durch Trommelwirbel und Hörnerklang."[14] Ausmarsch in den Tod. Wer sich etwas tiefer hineinhört in dieses „Gedicht", wird Töne aus Theodor Körners Kriegsliedern hören — todnah, entrückt — die Lieder, die der „deutsche Freiheitssänger" für seine große Wiener jüdische Freundin Pereira sang.

Kaiserbegräbnis, 2. Dezember 1916. „Als er begraben wurde, stand ich, einer seiner vielen Soldaten der Wiener Garnison, in der neuen feldgrauen Uniform, in der wir ein paar Wochen später ins Feld gehen sollten, ein Glied in der langen Kette, welche die Straßen säumte. Der Erschütterung, die aus der Erkenntnis kam, daß ein historischer Tag eben verging, begegnete die zwiespältige Trauer über den Unter-gang eines Vaterlandes, das selbst zur Opposition seine Söhne erzogen hatte." Dieser letzte Satz kann als ein *Leit*motiv und ein *Leid*motiv für Leben, Leiden und Werk der „Zerrissenen" zwischen Grillparzer und heute stehen.

„Die kalte Sonne der Habsburger erlosch, aber es war eine Sonne gewesen."[15] — Die Kälte, die von Franz Joseph ausströmte: Seine ganze Familie bekundet, doku-mentiert sie, seine besten, treuesten, von ihm verratenen Ministerpräsidenten und Minister bezeugen sie. „Und weil der Tod des Kaisers meiner Kindheit genauso wie dem Vaterlande ein Ende gemacht hatte, betrauerte ich den Kaiser und das Vaterland wie meine Kindheit." Joseph Roth erinnert oft „die Sommermorgen, an denen ich um sechs Uhr früh nach Schönbrunn hinausfuhr, um den Kaiser nach Ischl abreisen zu sehen. Der Krieg, die Revolution und meine Gesinnung, die ihr recht gab, konnten die sommerlichen Morgen nicht entstellen und nicht vergessen machen. Ich glaube, daß ich jenem Morgen einen stark empfindlichen Sinn für die Zeremonie und die Re-präsentation verdanke, die Fähigkeit zur Andacht vor der religiösen Manifestation und vor der Parade ... und vor jeder Tradition, die ja zumindest eine Vergangen-heit beweist."[16] Das ist eine Wiedergeburt des barocken Österreich-Glaubens, in dem Habsburg und katholische Tradition, Repräsentation, Liturgie verschmelzen und in dem Ostjuden Joseph Roth „die Fähigkeit zur Andacht" (die immer in seinen Tie-fenschichten präsent war) belebte.

Roth, der Heimkehrer, erlebt ein provinzielles, kleines, kleinkariertes Wien. Alle seine Verzweiflung und seinen Spott schüttet Karl Kraus über dieses Wien ab 1918/19 aus — als Ausdruck seiner Liebe zu Wien, zu diesem erbärmlichen, scheuß-lichen Österreich, in dem allein er leben möchte[17]. Wien nach dem Zusammenbruch des großen Reiches. Viel Literatur, viel Geschwätz, viel falscher „Betrieb". „Austria *irret* in orbe ultima."[18] Roth verformt die alte sakrale Devise eines fast mythischen Österreich-Glaubens. „Austria *erit* in orbe ultima", Österreich wird bis ans Ende der Zeiten, der römisch-europäischen Welt-Zivilisation leben, um in diesem Satz untergründig, in Negativform, als politische theologia negativa (die von der Gottheit aussagt, was sie alles nicht ist) seinen nun in den Untergrund seiner Person gehenden österreichischen Patriotismus auszudrücken. 1919: In diesem Jahr verdient der hochgespielte Patriotismus in seinen Augen eben diesen Hohn. Roth: „Man sah ... Karl Kraus am Kreuzknauf des Stephansturmes, wie er die letzte Fackel-Nummer am Weltbrand entzündet"[19] (der Stephansdom: Theodor Herzl wollte als junger Mann Wiens Juden geschlossen zur Taufe in den Dom führen).

Der „entwurzelte" Altösterreicher erlebt Berlin: Rathenau, Einstein. Gegen Einstein randalieren Berliner Studenten. Rathenau wird im Juni 1922 ermordet, ihm zuvor der Zentrumsführer Matthias Erzberger, im August 1921. Man vergleiche den ungebrochenen Deutschland-Glauben seiner Wiener Genossen gerade in diesen Jahren mit Roths Feststellung: „Das furchtbarste politische Ergebnis des Rathenau-Prozesses ist aber die Feststellung vom Vorhandensein einer Mordatmosphäre in Deutschland. Der Reichskanzler hat am 25. Juni von politischer „Vertiertheit‘ gesprochen."[20] Roth erinnert sich immer wieder an Grillparzers Wort von dem Weg „von der Humanität über die Nationalität zur Bestialität". Gerade in diesen Berliner Jahren 1920 bis 1922, in denen „die goldenen Zwanziger Jahre" mit ihrem so faszinierenden und politisch so bodenlosen Kulturbetrieb zu „blühen" beginnen, setzt Roth in seinen Feuilletons alles Geschehen ins Menschliche um, zeigt die Human-Dimension der „kleinen Existenz" auf, „und erinnert damit an die Wertordnung der österreichischen Biedermeierdichtung"[21]. In der betriebsamen, turbulenten „Berliner Luft" entfaltet sich in Joseph Roth ein Leitmotiv seiner Romane: „Das Leben ist ein Kerker, der Mensch ist Gast auf dieser Erde."[22] Desengaño: Diese Welt enttäuscht immer — dieses spanische Motiv wird vor und nach Grillparzer bis zur Gegenwart von österreichischen Literaten, Dichtern aufgenommen: heute bisweilen sorgfältig eingekleidet in säkularisierte, sehr „weltliche", sehr „radikale" Formen.

Nach der Wahl Hindenburgs zum Reichspräsidenten 1925 geht Joseph Roth nach Paris: Hindenburg, der Nachfolger des Sozialdemokraten Friedrich Ebert, der in keiner Weise der ständig ansteigenden Flut der Reaktion gewachsen war. Roth am Tag der Neuwahl: „Wenn es Hindenburg wird, reise ich ab, ich weiß, was dieser Wahl folgen wird!"[23] In der Nacht der Hindenburgwahl hört Roth das Gröhlen enthemmter Straßenpassanten, sie singen, sie brüllen: „Siegreich woll'n wir Frankreich schlagen." In diesem Jahr 1925 und in den folgenden Jahren nehmen führende Männer der Wiener, der österreichischen Sozialdemokratie mit den „Nationalen" enthusiastisch an Deutschland-Feiern teil, deren orgiastischer Charakter von der sozialdemokratischen und „nationalen" Presse eindrucksam bezeugt wird. Im Frühjahr 1925 übergibt Roth seine Stelle bei der Berliner Redaktion der „Frankfurter Zeitung" an Bernard von Brentano, geht als Mitarbeiter der „Frankfurter Zeitung" nach Paris: „Ich gehe nach Paris und schreibe Romane." Er war überzeugt, daß der Journalismus seine besten Kräfte raubte. Er wußte in seinen Tiefenschichten noch mehr: Es war die Zeit gekommen, sich mit allen seinen Untergründen, seinen Tiefenschichten auseinanderzusetzen: als Sozialist, Liberaler, Humanist, Jude, Katholik, Altösterreicher.

Siegfried Kracauer erinnert, daß Roth in Berlin „der Österreicher" war[24]. Ein anderer jüdischer Journalist: „In seiner äußeren Erscheinung wie in seinem Auftreten

war nicht ein einziger jüdischer Zug; in seiner aristokratischen Zierlichkeit, in der
Leisheit seines Benehmens, in dem bezaubernden Takt seiner Herzensoffenheit glich er
am meisten dem späten Nachkömmling eines alten, in die letzte kulturelle Vollendung gezüchteten österreichischen Adelsgeschlechts." Bronsen: „Mit dem österreichischen Offiziershabitus, den er sich zugelegt hatte, dem Schnurrbart, den er sich zu
dieser Zeit wachsen ließ, den engen Hosenbeinen, dem nunmehr obligatorischen
Spazierstock, dem wehenden Mantel mit dem hochgeschlagenen Kragen, der betont
aufrechten Haltung und den vollendeten österreichischen Manieren lebte Roth
unverkennbar in der verflossenen Welt der Habsburger Monarchie."[25]

Heute, in einer überhitzten und überkälteten Zeit (Ingeborg Bachmann sprach sie
als „Eiszeit des Herzens" an. 1979 wird mehrfach von deutschen Autoren die
Situation in der Bundesrepublik als „eine Eiszeit" angesprochen), in der die große
Repräsentation, einst durch Liturgie, sakrale Prozession, „Welttheater" vielfach, nicht
nur am kaiserlichen Hofe, als eine Manifestation des ganzen Menschenlebens erlebt
wurde, ist nicht leicht dies wahr-zu-nehmen: wie da der Joseph Roth den Österreicher, den Kaiserlichen, den Menschen einer untergegangenen Zivilisation „spielt";
wie er sich in „Rollen" darlebt, die milde belächelt, freundlich begafft, als skurril, als
reaktionär, als nostalgischer Unsinn (in heutiger Sprache) beurteilt wurden — die
aber für ihn die einzige Möglichkeit boten, exstentiell, politisch und metapolitisch, und
sehr demonstrativ den Österreicher zu leben, vorzustellen: wobei er immer noch mehr
entsetzt wurde — von Deutschland. Roth: „Vielleicht ist es höchster ‚Patriotismus'
(ich kommentiere: deutscher Patriotismus), nicht sehen zu können, wie die Spitze einer
Pyramide nicht von einem Gipfel gebildet wird, sondern von einem Quadratschädel."
(Ich kommentiere: Von 1925 an war Hindenburgs, des „Ersatzkaisers", Quadratschädel furcht- und ehrfurchtgebietend millionenfach an den Litfaßsäulen, in der
Presse, bei seinen Auftreten als Staatspräsident zu sehen, bis dieser Schädel durch
den Totenkopf Hitlers abgelöst wurde[25a].)

Mit Roths Präsentation des vielfärbigen, vielschichtigen, kultivierten, „leichten"
(im Sinne des Wortes der Marschallin im „Rosenkavalier"), unanmaßend sich gebenden Österreichers, mit dieser seiner Darstellung seiner immer mehr zum Ausdruck kommenden religiös-politischen Überzeugung von der unersetzlichen
Welt-Funktion Alt-Österreichs, von der Funktion des Alt-Österreichers innerhalb der
so furchtbaren Fauna des Bestiariums dieser *Neu-Deutschen* und Nachkriegsmen-
schen, die bereits 1918 begannen, den Zweiten Weltkrieg vorzubereiten (wie deutsche
Männer, nicht zuletzt der Wirtschaft, später eindrucksvoll bezeugen[26]), schuf er sich
die einzige Möglichkeit, Österreich zu erhalten.

Mit diesem seinem „Spielen" des Österreichers als kaiserlicher Offizier ist unmittelbar und ganz direkt zusammenzusehen sein „Brief an einen Statthalter", den
er 1938 an Seyß-Inquart richtet und diesen zum Duell fordert, als Verräter an
Österreich[27]. Hier und in anderen Briefen an politisch Andersdenkende zeichnet er als
„Joseph Roth, ehem. Leutnant der k. und k. Armee". In einem Brief vor der Ab-
reise ins Exil steht sein Bekenntnis: „Mein stärkstes Erlebnis war der Krieg und der
Untergang meines Vaterlandes, des einzigen, das ich je besessen habe: der österreichisch-ungarischen Monarchie. Auch heute noch bin ich durchaus patriotischer
Österreicher und liebe den Rest meiner Heimat wie eine Reliquie."[28] In diesem

„Rest" steckt der uralte jüdische Glaube an den „heiligen Rest" auserwählter Juden, die den Untergang der Menschheit überleben werden.

Die Romane des Joseph Roth, die heute zum Teil modisch verfilmt und kritisch ausgeschlachtet werden, bisweilen linear, eindimensional, brutal und sehr „gekonnt", ermöglichen ihm dies: Sein so vielschichtiges Nein und Ja, seinen Haß, seinen Zorn, seine Trauer, seine Liebe, seine Verzweiflung auszudrücken in einem einzigartigen Lobgesang, der ein einziges Gebet ist, in den Dimensionen großer Psalmen und jüdischer Gebetsdichtungen am Rande von Auschwitz und in Auschwitz — in den Flüchen! „Atheistische" Verneinung als die existentiellste Ausdrucksform eines im Wirbel aller seiner Enttäuschungen, seines Nicht-Glauben-Könnens ungebrochen lebenden Glaubens: des religiös-politischen Glaubens des Joseph Roth an sein Judentum, an seinen Katholizismus, an die durch eigene Schuld zugrundegegangenen Donaumonarchie, die ein vielfärbiger Kosmos und ein vielschichtiges Chaos in einem war. Um dies kurz zu erinnern: Der große Leibniz hätte Roth sofort verstanden, der dürre Sonnenfels, der Todfeind des Wiener Theaters, hätte sich mit Abscheu von diesem „unreinen Spieler", der doch nicht ernst zu nehmen war in der Fliegen-Optik kleinbürgerlicher deutscher Sekundär-Aufklärung (fern von Voltaire und Diderot), abgewandt.

Roth erlebt in Paris den beginnenden Selbstverrat des sich immer noch so großartig aufspielenden deutschen „Humanismus", deutscher Liberalität, deutscher Demokratie, publizistisch am eindrucksvollsten durch die „Frankfurter Zeitung" der Weltöffentlichkeit vorgestellt: die dadurch in ihrem Wunschdenken bestätigt wurde, sie und die Bildungswelt der patriotischen deutschen Juden, daß das deutsche Volk immer noch das Volk der Dichter und Denker sei. Bereits 1928 bebt die Führung der „Frankfurter Zeitung" vor einer Kritik am Faschismus zurück[29]. Der Einsame in Paris freut sich, als ein Feuilleton von ihm über einen österreichischen Heimatdichter in ein österreichisches Volkslesebuch aufgenommen wurde. Roth zu Oskar Maurus Fontana: „Das ist mein Nobelpreis."[30]

Seit 1930 sieht er die deutsche Katastrophe immer näher rücken. Wir vergleichen das „Übersehen" dieses beklemmenden Näherrückens in Österreich, wieder primär durch österreichische führende Sozialdemokraten. „Nationale" und andere „Rechte" sahen da genauer: und freuten sich sehr. Am 12. Oktober 1930 erscheint sein Roman „Hiob". Ende 1930 kündigt Roth Stefan Zweig das früheste Konzept seines „Radetzkymarsch" an. Vom 17. April 1932 an erscheint der Roman im Vorabdruck in der „Frankfurter Zeitung". Im letzten Jahr der Weimarer Republik stellt hier Joseph Roth den Deutschen den Glanz, die Würde, die Schande, das Elend, die Größe, den Untergang Alt-Österreichs vor. Ohne diesen Bezug ist der „Radetzkymarsch" nicht zu verstehen. Nach Abschluß des Romans sagt er: „Der Leutnant von Trotta, der bin ich."

Hier findet eine österreichische Selbstidentifikation statt, eine österreichische Selbstfindung, die sich in den tiefsten Zweifeln und Verzweiflungen erlebt und sich im schrecklichen und schönen Vaterlande einwurzelt: möglich nur in der Form der Dichtung, als der Ver-Dichtung aller hier von einem einzelnen ansprechbaren, auslotbaren religiösen, mentalen politischen Dimensionen — erlebt von diesem „Zerrissenen", der in Paris in „die dunkle Nacht", „la noche oscura" des Juan de la

Cruz, eingeht, in der Verzweiflung und wortloser Aufschrei, vergebens durch Trunk besänftet (Roth schreibt im Trunk viele Jahre lang eine „gestochen" wirkende, makellose Prosa), verschmolzen. „Daheim, in der mährischen Bezirksstadt W., war vielleicht noch Österreich. Jeden Sonntag spielte die Kapelle Herrn Nechwals den Radetzkymarsch. Einmal in der Woche, am Samstag, war Österreich."[32] Beginn und Ursprung dieser Geschichte von den „letzten Dingen", dieser innerösterreichischen Apokalypse, in Böhmen: der Wiege aller Untergänge Österreichs vom 16. Jahrhundert bis zunächst 1918.

Der Bezirkshauptmann läßt in die silberne Tabatiere, die er seinem Sohn, dem „Helden" dieser Apokalypse schenkt, eingravieren: „in periculo securitas". Mitten in der Gefahr ist letzte, unfaßbare Sicherheit. — Das ist hispanischer Barock, ist ignatianische „indiferençia", Gelassenheit angesichts des täglich im Tor stehenden Todes. Roth im Vorwort: „Ein grausamer Wille der Geschichte hat mein altes Vaterland, die österreichisch-ungarische Monarchie, zertrümmert. Ich habe es geliebt, dieses Vaterland, das mir erlaubte, ein Patriot und ein Weltbürger zugleich zu sein, ein Österreicher und ein Deutscher unter allen österreichischen Völkern. Ich habe die Tugenden und die Vorzüge dieses Vaterlandes geliebt, und ich liebe heute, da es verstorben und verloren ist, auch noch seine Fehler und Schwächen. Deren hatte es viele. Es hat sie durch seinen Tod gebüßt."[33]

1937 — der Staat des Kurt von Schuschnigg steuert mit Volldampf in den Untergang — bekennt Joseph Roth in seinem Grillparzer-Aufsatz: „Der Untergang des großen, aber fühlbar restringierten und ständig im Zurückweichen begriffenen Reiches (Kommentar: das war die Leistung des Kaisers Franz Joseph 1848—1916) hat immer noch einen noblen Aspekt, trotz inneren Brüchen, Verfehlungen, Kleinlichkeiten, Fäulnissen."[34]

Der tote Kaiser schickt seine Söhne und Enkel in den Tod, 1914. Franz Joseph hatte seine von ihm allein zu verschuldende Niederlage, seine erste und entscheidende Niederlage, in Solferino, nicht zu nützen gewußt. Solferino spielt mit Recht eine außerordentliche Rolle im „Radetzkymarsch". Hier zerbricht, vor Königgrätz, erstmalig in österreichischen Patrioten der Glaube an Österreich, der Glaube an den Kaiser. Roth: „Vertrieben war er aus dem Paradies der einfachen Gläubigkeit an Kaiser und Tugend, Wahrheit und Recht. ... Was hier verloren geht, ist mehr als das Vertrauen zu einem sterblichen Staatsoberhaupt, denn der Kaiser war ‚eine Majestät von Gottes Gnaden', einer, der ‚wußte, daß Gott selbst ihn auf seinen Thron gesetzt hatte' ... Und hunderttausendmal verstreut im ganzen weiten Reich war der Kaiser Franz Joseph, allgegenwärtig unter seinen Untertanen, wie Gott in der Welt"[35]: So Roth über das kaiserliche Bildnis, diese letzte Ausformung der sakralen Herrscher-Statuen, Herrscher-Bildnisse in Mesopotamien, Ägypten, Altrom, Alteuropa. Wir erinnern die grandiose Darstellung dieses archaischen Glaubens bei Karl Renner in seiner Studie zum 25. Todestag von Karl Marx. Renner hielt bis tief in den Ersten Weltkrieg hinein an seinem österreichischen „Glauben" zähe fest (Jacques Hannak).

Das Ringen des Joseph Roth um Erhaltung, um Wiedergeburt seines jüdischen Glaubens mitten in dessen Untergängen in seiner Brust (Züge von „jüdischem Selbsthaß" werden vielfach bemerkt[36]), das Ringen um Erhaltung, um Wiedergeburt seines Katholizismus in seiner Brust — nüchtern sieht Roth früh den Verrat der Pius-Päpste am Menschen in der Ära des Faschismus[37] — kann in dieser Skizze nur angedeutet werden. Roth, „der Saujude“, weiß sich als „der letzte aller Juden“[38]. Der Jude Joseph Roth, der bis zuletzt an seinem Judentum festhält, sich noch 1937 für verfolgte Ostjuden engagiert, versäumt nie, sich um das Seelenheil anderer zu sorgen. „Ich als Gläubiger“. Er kommuniziert in der Mitternachtsmette Weihnachten 1938 inmitten einer größeren Gruppe österreichischer Emigranten. Hans Natonek, ein getaufter Jude, als Augenzeuge: „Wir sahen alle, wie Roth nach der Beichte zur Kommunionbank ging und die Hostie empfing. Er kehrte mit einem so verklärten Blick zurück, daß ich seine Gefühle für echt halten mußte. Sein Katholizismus muß mehr als pure Einbildung gewesen sein.“[39]

Joseph Roth, in dem bis zu seinem Tode seine frühsozialistische Zeit, sein Alt-österreichertum, sein Katholizismus, sein Judentum arbeiten, sieht klar, sehr genau die Miseren des Dollfuß- und Schuschnigg-Regimes. In Auseinandersetzung mit dem von den beiden deutschen katholischen Emigranten Dietrich von Hildebrandt und Klaus Dohrn herausgegebenen „Christlichen Ständestaat“, der seinen „Radetzkymarsch“ gewürdigt hatte, dann aber vor kritischen Leserzuschriften einen Rückzieher machte, antwortet Roth in der von der Redaktion abgedruckten Erwiderung: „Mehrere Leser — so sagen Sie — behaupten, es verwundere sie, in Ihrer patriotischen Zeitschrift einen Aufsatz über mich zu finden, über mich, der ich wahre ‚Pamphlete gegen Österreich‘ veröffentlicht haben soll . . .“ Auch hier stehen Leben und Werk des Joseph Roth exemplarisch für die Aufnahme, das heißt die Abwehr österreichischer Autoren, Dichter, Schriftsteller in Österreich.

Diese seine Kritiker „sind brave, wohlmeinende ‚Gau‘-Verteidiger. Aus dem Stoff, aus dem sie gemacht sind, kann man unter Umständen auch ‚Gauleiter‘ machen (so im Original bei Joseph Roth!). Es sind wohlgesinnte Benützer der Worte: ‚landfremd‘, ‚Scholle‘, ‚Blut und Boden‘. Unösterreichische, antiösterreichische Worte. Denn die wahren Worte, die in Österreich ‚zuständig‘ sind, wären universal, katholisch, übernational, gottgläubig und gottwohlgefällig. Wer dieses Österreich liebt, dieses Österreich, das wir wiedererwecken wollen, darf Kritik üben. Wer die Tradition im Blute hat, fürchtet niemals, er könnte sie verletzen.“[40]

Roth verteidigt in Paris diesen Staat bis zu seinem Ende, da er doch ein letzter Rest, immer noch eine Möglichkeit österreichischer Selbstfindung war. Dies mindert nicht seine persönliche Beunruhigung über das Kleinkarierte, das „Provinzielle“ im schlechten Sinn des Wortes, über das Primitivistische, das nun versuchte, sich als eine politisch glaubwürdige Manifestation Österreichs vor sich selbst und der Welt zu deklarieren. Es war der Sieg der „Bauern“ — deren politische Vernachlässigung, deren Mißachtung, deren Übersehen doch schon früh Otto Bauer als ein schwerwiegendes Versehen der in und auf Wien zentrierten sozialdemokratischen Politik erkannt hatte. Es war, was mein Freund Franz Theodor Csokor in jener kritischen Zeit warnend an mich schrieb: „Fritz, gib acht, jetzt beginnt die Verwaldung Wiens.“ Joseph Roth nennt es das „Alpenländische“[41] und trifft damit einen harten Kern: Aus den „Ländern“ kam der „König der Steiermark“, Rintelen, kamen andere „schwarze“ Politiker nach Wien, keine urbanen Menschen, bei aller persönlichen Qualität. Aus den Ländern kamen die Radikalen, kamen der Steirische Heimatschutz, die Heim-

wehr, kamen die Nationalsozialisten. Roth schreibt an einen befreundeten Legitimisten: „Die neuen Regierenden erscheinen mir zu ‚schollenhaft‘, es ist zu viel Alpen-
land dabei, es ist nicht die weite, sondern die enge Physiognomie des Reiches der
Väter. Kann aus dem geographisch Beschränkten Österreich wiedererstehen, dessen
Wesen eben das geographisch Unbeschränkte (in der Idee) ist?" Nicht die weite, sondern die enge Physiognomie des Reiches der Väter: die Engführungen und Engpaßführungen, die vom 16. und 17. Jahrhundert zum frühen 20. Jahrhundert führen,
zu den borniertenten „Deutschen" in Österreich: Joseph Roth ersieht sie mit Röntgen-
augen.

Roth sieht in diesem Sinne Dollfuß und Schuschnigg zusammen[42], den Mann aus
dem Niederösterreichischen und den Mann aus Kärnten und Tirol, der seinen letzten
und seinen einzigen existentiell klingenden Aufruf zu österreichischer Selbstbehauptung in letzter Stunde aus Tirol an Österreich, an seine deutsche Ostmark, an seinen
Staat Deutsch-Österreich richtet. Am 24. Februar 1938 fährt Joseph Roth nach Wien
— er will Schuschnigg für den Kampf um Österreich gewinnen. Er besucht Franz
Theodor Csokor, will von ihm wissen, was Csokor vom Bundeskanzler Schuschnigg
und von Kardinal Innitzer halte und ob die Österreicher sich gegen einen eventuellen
Anschlußversuch Deutschlands wehren würden.

In vielen Auseinandersetzungen mit deutschen Emigranten in Paris hatten ihm
diese immer wieder vorgeworfen: Hitler sei schließlich ein Österreicher. Roth kontert:
„Bei uns konnte Hitler nichts werden — bei uns war er ein kleiner Strolch. Bei euch
ist er groß geworden."[43] Ich gab damals und später meinen deutschen Freunden dieselbe Antwort. Einem alten Brodyer Bekannten bekennt Roth: „Weißt du, wer der
erste sein wird, der Österreich verraten wird? Unser guter Kardinal Innitzer. Der
Innnitzer ist ein Sudetendeutscher, von ihm halte ich nichts."

Joseph Roth nennt Schuschnigg im Kreis seiner österreichischen Freunde ausschließlich „Schuschnak", „um damit anzudeuten, daß es sich um einen germanisierten
Slowenen-Namen handele". Kein Vertrauen zu Schuschnigg. Roth meint Ende
1937: „Dieser Alpenmensch, der von Österreich nichts versteht, wird Österreich verraten, weil er nicht will, daß Deutsche auf Deutsche schießen."[44] Roth durchschaut
Schuschniggs „Österreich-Glauben" und Österreich-Bekenntnisse als eine sekundäre
Ideologie, existentiell unglaubwürdig, eine Ideologie, die den tieferliegenden Glauben
an sein Schuschniggsches Deutschland nur verdeckt.

Mit Wissen und im Einverständnis mit Otto Habsburg fährt Joseph Roth am
24. Februar 1938 nach Wien. Er schreibt in Paris am Bahnhof an seinen Freund
Pierre Bertaux, der eben zum Chef de cabinet beim Ministre de l'Education Nationale
und zum Leiter des französischen Rundfunks in deutscher Sprache bei Radio
Strasbourg aufgerückt ist: „Lieber Freund! 1) vor der Abfahrt: in Österreich wahrscheinlich Belagerungszustand. Damit Innenpolitik ganz in Händen Skubls bleibt
(Kommentar: des letzten Polizeipräsidenten Wiens, der in vielen Bezügen in der
Nachfolge des sinistren Schober steht). 2) Jesuitisch-typisch: Hälfte der Österreicher
Nazis, die freigelassen waren, schon wieder eingesperrt."[45] Roth erhofft noch ein Eintreten Frankreichs für Österreich. Pierre Bertaux ist in den letzten Jahren in Deutschland vor allem durch seine Hölderlin-Interpretation — Hölderlin als Jakobiner —
bekanntgeworden. Roth dringt in Wien nur bis Skubl vor, der ihm nahelegt, das

Land schleunigst zu verlassen. Schuschnigg kann sich, später, nicht an eine Unterredung mit Roth erinnern.

Am 16. März spricht Roth im französischen Rundfunk, eingeleitet von Pierre Bertaux, über die deutsche Invasion in Österreich und er spricht von einer zukünftigen Wiederherstellung eines freien Österreich. Im „Neuen Tage-Buch" veröffentlicht er seine „Toten-Messe", das ist sein Requiem für Österreich. „Eine Welt ist dahingeschieden, und die überlebende Welt gewährt der toten nicht einmal eine würdige Leichenfeier. Keine Messe und kein Kaddisch wird Österreich zugebilligt."[46] 1914 wurde in New Yorker Synagogen für den Sieg des Kaisers Franz Joseph gebetet. Wenn das Joseph Roth gewußt hätte, hätte er sich daran erbaut.

Roth hier: „Die Kulturwelt wird bald davon überzeugt sein, daß man eine Heimat des europäischen Gedankens nicht aufgeben kann, ohne die zweite, dritte und vierte zu verlieren." Viktor Suchy, der unermüdliche Vorkämpfer für eine wissenschaftliche Bestandsaufnahme der österreichischen Literatur der Gegenwart, der Gründer der „Dokumentationsstelle für neuere österreichische Literatur", beruft in bezug auf diesen letzten Joseph Roth einen Satz von Hellmut Himmel: „... die Idee Österreichs wurde gefunden, als der Staat, der sie tragen sollte, nicht mehr existierte."

Eine Wiedergeburt begann in den Kerkern, im Angesicht des Galgens, und in Österreichern, die jetzt, sehr zu ihrem Erstaunen, wie sie selbst gestehen, bemerkten, daß sie sich nicht mehr als Deutsche, sondern primär als Österreicher erlebten. Wie Adolf Schärf im Frühsommer 1943 erfährt, als Wilhelm Leuschner, der ehemalige sozialdemokratische Innenminister von Hessen, mit Schärf und anderen österreichischen Politikern in Wien zusammenkommt, um den kommenden Aufstand gegen Hitler (der am 20. Juli 1944 doch noch stattfand) vorzubereiten und seine österreichischen Genossen ersucht, den Anschluß zu unterstützen. Das war die berechtigte Hoffnung Leuschners, der die deutsch-gläubige Tradition von Führern der österreichischen Sozialdemokratie bestens kannte. Schärf unterbricht Leuschner: „Der Anschluß ist tot. Die Liebe zum Deutschen Reich ist den Österreichern ausgetrieben worden ..." Schärf unterrichtet die Genossen Renner, Seitz und andere über dieses Gespräch. Schärf: „Wir alle sind langsam in der darauffolgenden Zeit zu der Auffassung gekommen, die mir zuletzt Leuschner gegenüber auf die Lippen gekommen war ..."[47]

Der dahinsterbende Joseph Roth: „Ich brauche keinen Arzt mehr, nur noch einen Priester."[48] Zu Stefan Fingal sagt er: „Ich muß unbedingt den Kaplan Österreicher sprechen."[49] Roth sieht ihn als seinen Seelsorger an. Johannes Österreicher[50], Kaplan an der Paulanerkirche in Wien, aus jüdischen Geschlechtern, war von Kardinal Innitzer mit der „Judenmission" betraut worden: mit der Seelsorge, dann auch der Leibsorge für jüdische Konvertiten, die im Schoß der Römischen Kirche keinen Schutz fanden, vor Hitler. Innitzer selbst setzte sich, was ihm später nicht zugute angerechnet wurde, in Wien, in seinem erzbischöflichen Palais und durch Appelle an Rom und andere Hilfsaktionen, sehr für diese seine Juden ein[51]. Als Monsignore John Oesterreicher, Herausgeber des Jahrbuchs „The Bridge", die auf jede Konversion zum Christentum verzichtet und durch ihre jüdischen und christlichen Mitarbeiter für eine neue, erste Begegnung von Juden und Christen in den Vereinigten

Staaten warb, für eine Gotteserfahrung nach Auschwitz und als Mitarbeiter in der Vorbereitung der an sich so wenig befriedigenden Erklärung „über die Juden" auf dem II. Vatikanischen Konzil in Rom, ist Roths Seelsorger Johannes Österreicher in die Kirchengeschichte eingezogen. Friede, zwischen Christen und Juden, zwischen österreichischen Christen und amerikanischen und europäischen Juden: geschlossen in Amerika[52].

Begräbnis am 30. Mai 1939 auf dem Cimetière Thiais bei Paris[53]. Am Grab stehen österreichische und deutsche Emigranten aus allen politischen, einander auch in der Emigration tiefverfeindeten Lagern. Katholische Couleurstudenten in voller Wichs, Monarchisten und Kommunisten, Ostjuden und Katholiken. Als Geistliche amtieren der Kanonikus Adalbert Brenningmeyer und Johannes Österreicher. Juden klagen am offenen Grab, Roth sei doch Jude, müsse nach jüdischem Brauch beerdigt werden, andere sagen weinend, ein Rabbiner müsse kommen. Otto von Habsburg läßt durch seine Delegation einen Kranz niederlegen mit der Inschrift: „Otto" durch Graf Franz Trautmannsdorf. Trautmannsdorfs hatten als evangelische und als katholische Adelige dem Hause Österreich gedient, in den vier Jahrhunderten, die hier, in dieser Skizze zu erinnern waren — im Kampf um österreichische Identität. Kränze mit schwarzgelben Schleifen. Letzter „Streit" um Österreich hier am Grabe. Als Trautmannsdorf eine Erdscholle auf das Grab wirft und sehr laut sagt: „Dem treuen Kämpfer der Monarchie, im Namen seiner Majestät, Otto von Österreich", tritt Egon Erwin Kisch, Führer der Roten Garde in Wien 1918, ans Grab, aus der Reihe der um ihn gescharten Kommunisten, wirft einen roten Nelkenstrauß ins Grab, „und rief mit einer Stimme, die alles andere übertönte: ‚Im Namen deiner Kollegen vom SDS'". Der SDS war die Pariser Gruppe des Schutzverbandes deutscher Schriftsteller, der hier durch die beiden Kommunisten Kisch und Bruno Frei offiziell vertreten war.

Am 5. Juni wird in Paris bei der Trauerfeier dieses Schutzverbandes eine von Franz Werfel und E. A. Reinhardt unterzeichnete Würdigung Roths verlesen, in der dieser Satz steht: „Joseph Roth ist als guter Österreicher gestorben, zerbrochen vom Schicksal der Heimat."[54]

Zerbrochen vom Schicksal der Heimat: Joseph Roth schuf sein Werk als Dichter, als Schriftsteller, in der Nachfolge der vielen „Zerrissenen", Einzelnen, Einsamen, die es wagten, österreichische Patrioten zu sein — ständig angefochten, immer wieder verfolgt, in äußere und innere Emigration gewiesen, am stärksten und furchtbarsten angefochten in ihrem Herzen, in ihrem Glauben an Österreich, der so oft in ihnen selbst starb. Und wieder aufstand.

Anmerkungen

1. Fragen um österreichische Identität

[1] Das Ringen um Identität — anthropologische Prolegomena, s. Rudolf Hernegger 17 ff., 86 ff., 163 ff., 401 ff.; Werner Muensterberger (Hgb.) 30 ff.; E. Neumann 18 ff., 143 ff., 209 ff., 315 ff. (Die Kultur in der Krise); Paul Matussek 86 ff. (Erziehung als Entfremdung), 137 ff., 231 ff.; Erich Fromm (Anatomie ...) 115 ff., 151 ff., 165 ff., 335 f. (A. Hitler); Robert Coles (Erik H. Erikson) 136 ff. Zu Erikson, der 1927 bis 1933 in Wien lebte, lernte und lehrte, s. Coles hier die Bibl.: 448 ff. — Über Eriksons Untersuchungen zum Identitätsproblem. Deutsch: Erik H. Erikson: Identität und Lebenszyklus. 3 Aufsätze, Frankfurt 1968; A. Plack 60 ff., 83 ff., 263 ff.; S. Anselm 194—199; Dieter Ecke (in: H. G. Meister) 21 ff., 123 ff.; Alfred Lorenzer (Zum Verhältnis von Natur und Geschichte in Individuen); Helm Stierlin (in: A. M. Becker und L. Reiter) 241 ff.; Erwin Ringel (Selbstschädigung) 105 ff., 151 ff.
Zum Identitätsverlust in der Pubertät, Kindheit, Jugend, in der „Nation" vgl. Sybille Ursula Charlotte Pfeiffer: Zum Selbstbild im Jugendalter. Eine Untersuchung zur Identitätsproblematik bei Studienanfängern. Bonn 1976; Allen Wheelis: The Quest for Identity. London 1959; David Joel de Levita: Der Begriff der Identität (The Concept of Identity). Frankfurt 1971; L'Identité: Semaine interdisciplinaire dirigé par Claude Lévi-Strauss, 1974 bis 1975 (hier: J. M. Benoit u. a.). Paris 1977; Jürgen Habermas: Zwei Reden. Können komplexe Gesellschaften eine vernünftige Identität ausbilden? Dazu die Laudatio für Habermas von D. Henrich. Frankfurt 1974; Peter Stelzhammer: Krise unserer Gesellschaft. Der Verlust der Identität? Gesellschaftsstudie nach dem Ansatz der Kritischen Theorie. Masch. schriftl. Diplomarbeit. Linz a. D. 1977; Bruce Sievers: The divided Nations. International integration and national identity. Patterns in Germany, China, Viet-Nam, and Korea (Stanford 1966); Volksbewußtsein—Volkstum—Identität—Ich-Identität, ihre Problematik heute (zu vergleichen mit der österreichischen „Situation" im 19. und 20. Jahrhundert!): Ethnicity. Theory and experience, ed. by Nathan Glazer and Daniel P. Moynihan with the assistance of Corinne Saposs Schelling, 2. ed. Cambridge, Mass. 1976.
Und noch zur Jugend und Erziehung in diesen Bezügen, s. Helene Lisowski: Schichtabhängige Identitätskonflikte im jungen Erwachsenenalter. Diss. Wien 1978; Alfred Grillmeier: Identitätsverwirrung und Selbstmordversuch. Eine empirisch-psychologische Untersuchung. Diss. Wien 1976; Wolfgang Rapp: Legitimität und politische Identität als Grundkategorien. Zu einer Theorie der politischen Erziehung. Tübingen 1976 (es gibt keine österreichische Parallel-Untersuchung); Ronald D. Laing: Das geteilte Selbst (The divided Self). Eine existentielle Studie über geistige Gesundheit und Wahnsinn. Köln 1972.
Ein „Modell" für das Identitäts-Problem bei einem großen österreichischen Schriftsteller s. Ulrich Schelling: Identität und Wirklichkeit bei Robert Musil. Zürich 1968.
[2] Peter Feldl (Schläft Österreich?) 13.
[3] Ebda.
[4] P. Feldl (Das verspielte Reich) 38 ff. Hier 14: Die österreichisch-ungarische Monarchie ist für uns noch lange nicht echte Vergangenheit!
[5] Friedrich Torberg (Forum, Dezember 1955) 427. Hier: Borodajkewicz 427 f.; Wilhelm Böhm 429; Jacques Hannak 431.

⁶ Hugo von Hofmannsthal 1915 in der „Vossischen Zeitung": Hofmannsthal, Prosa III. Frankfurt 1952, 225 ff.; vgl. ebda 189 ff., 225 f., 407 ff.

⁷ Forum, Juli-August 1956, 260 ff.

⁸ Ernst Hoor (ebda) 260; Heinrich Drimmel gegen „österreichische Nation": Die Furche, 20. April 1968; vgl. Trautl Brandstaller: Die Neue Rechte des Heinrich Drimmel (in: Die Republik. September 1969, 4 ff.); Drimmel kämpft gegen „die schwarze Legende des Friedrich Heer": Die Furche 2, 1968. Vgl. auch Heinrich Drimmel: Die Häuser meines Lebens. Erinnerungen eines Engagierten. Wien 1975.

⁹ Berufung auf den großen deutschen Rechtshistoriker Karl Zeumer: Heiliges Römisches Reich Deutscher Nation (Band 4 der „Quellen und Studien zur Verfassungsgeschichte. Weimar 1910).

¹⁰ Forum, September 1956, 317.

¹¹ Die Presse, 21./22. Oktober 1978, 5.

¹² F. Heer: „Solidarität". Wien, Dezember 1978; Aus der Fülle der Klagen über den Geschichtsunterricht in Schulen, s. Lia Walak: Verfälschtes Geschichtsbild in österreichischen Lehrbüchern (in: Kmfb - Organ der Gewerkschaft Kunst, Medien, freie Berufe, Nr. 1, Januar 1978, S. 2); Andreas Unterberger: Die heile Schulwelt in der Zeitgeschichte; Der große Bogen des Unterrichts um Schuld, Konflikt und offene Fragen: Die Presse, 10./11. März 1979, S. 5. Die Misere der Schulbücher heute, s. Th. Buchberger, in: Sozialdemokratie und „Anschluß", hgb. v. H. Konrad. Wien 1978, 128 ff.; W. Maier: Neue Konzeption für die Zeitgeschichte an der Allgemeinbildenden Höheren Schule in Österreich (in: Zeitgeschichte, 1. Jg., H. 4, 93 ff.).

¹³ Vgl. „Kurier". Wien 30. März 1978, „Kurier", 31. März 1978; „das Elend des Unterrichtsministeriums": der Erlaß Zl. 26.951/3-19 a, 1978. Dazu Reinhard Wegerth/Nils Jensen: Die Kulturbremse. Konservative Kulturpolitik in Österreich. November 1978.

¹⁴ Die Wunden des Februar 1934 und die Folgen. Vgl. dazu die Stellungnahmen Februar 1934 bis Februar 1964: Forum, Februar 1964, 68—94; hier Anton Burkhard (73): „Eine Wiederholung der Ereignisse vom Februar 1934 ist durchaus möglich, sind doch bereits heute Personen auf beiden Seiten tätig, um persönliche Disharmonien zu stabilisieren und Konflikte, wie sie der politische Alltag mit sich bringt, zu intensivieren; vgl. hier auch Norbert Leser: Schwarze Hauptschuld, rote Mitschuld (86 ff.); Walter Hacker (Die Zukunft, März 1963): „Es geschah im Februar und im März" (S. 2): „Und heute?": „Wir glauben auch nicht, daß man — wie eine andere Schule der Vergesser — versuchen soll, durch eine Art kosmetische Operation an der jüngeren Geschichte Österreichs Narben zum Verschwinden zu bringen. Wir tragen diese Narben ja nicht allein an unserem Körper, wir tragen sie — und niemand kann sie dort wegoperieren — in unserer Seele." Die schweren „traumatischen Erfahrungen" des österreichischen Sozialismus, konkret der Sozialdemokratie: N. Leser: Begegnung und Auftrag, Wien 1963, 20, 28 ff. Zur Problematik der Zeitgeschichte: Die Diskussion Robert A. Kann, Robert Hoffmann, Rudolf G. Ardelt: Zeitgeschichte, 1. Jg., H. 4, Januar 1974, 77 ff.

¹⁴ᵃ Otto Schulmeister, Deutsche Zeitung. Bonn, 16. Februar 1979, 12.

¹⁵ Otto Schulmeister (Der zweite Anschluß) 12. Hier zur Frage nach der österreichischen Identität: 138, 211, 227 ff. Hier 240: Diese Frage hat sich noch mehr zugespitzt als unter Hitler. Immer noch: „Österreichische Nation" ist „chimärisch", 192; Jedes politische Lager hat sein eigenes Österreichbild und sein eigenes Feindbild: 206 ff.
„Die Nationwerdung Österreichs" in der Gegenwart bejaht Fritz Klenner (Eine Renaissance Mitteleuropas) 201 ff.: „Die Suche nach der Identität." Vgl. auch das Vorwort von Fred Sinowatz. Vgl. auch Ernst Hanisch: Ungeordnete Gedanken zum Thema Österreich, in: „Horizont" — Kulturpolitische Blätter der Tiroler Tageszeitung, 45, v. 31. Mai 1979, 3 f.: „Der Österreicher und sein Selbstverständnis" ist das Thema dieser Nummer.
Die radikalsten Gegner der österreichischen Nation heute — Rechtsextremismus in Österreich nach 1945. Hrsg. vom Dokumentationsarchiv des österreichischen Widerstandes. Wien 1979. Diese Dokumentation erregte wütende Reaktionen, vor allem im (deutsch-)„nationalen" Kärnten, eine reiche Pressepolemik und politische Pressionen.

Ein merkwürdiges Vor-Spiel ab 1918: „jüdische Nation" in Österreich: A. Staudinger (Jahrbuch für Zeitgeschichte 1978, 16, 20, 32).

[16] Die Umfragen von 1964, 1966 und 1971, s. R. Luža, 318; Fritz Klenner 231 f.; vorsichtig bemerkt der bedeutende Historiker Robert A. Kann: „Zumindest sprechen gewisse Anzeichen dafür, daß sich das österreichische Volk gerade in der gegenwärtigen bedeutsamen Phase seiner Geschichte nicht nur in dem Prozeß der Stärkung seiner Staatsidee, sondern möglicherweise darüber hinaus in dem der Nationwerdung befindet (in: Spectrum Austriae, 195). Zur Problematik der Befragungen 1966/1970 s. J. Heidenholzer (in: Sozialdemokratie und Anschluß) 107 ff., 111 ff. Vgl. auch W. F. Blühm: Building an Austrian Nation. The Political Integration of a Western State. New Haven 1973.

[17] Vgl. etwa Friedrich Torberg: Selbstgericht in der Literatur (in: Spectrum Austriae, 614 ff.). Ebda 645: „Vor anderthalb Jahrhunderten begannen ihre Versuche, sich zu identifizieren. Damals kannten sie sich nicht aus, weil ihr Reich so groß war. Heute kennen sie sich nicht aus, weil es zu klein ist." Treuebruch und Selbstverrat österreichischer Dichter, s. Gerhart Baumann: Österreich als Form der Dichtung (in: Spectrum Austriae 608 f.).

[18] Psychohistorie in USA etc., s. Erik H. Erikson: Young Man Luther, A Study in Psychoanalisis and History. New York 1958 (Der junge Mann Luther. München, o. J.); Sigmund Freud und William Bullitt: Thomas Woodrow Wilson. New York 1966 (Botschafter Bullitt half Sigmund Freud 1938 aus Österreich zu entkommen, vgl. Uwe Heinrik Peters: Anna Freud. München 1979, 181 ff.). Erik H. Erikson: On the Nature of Psycho-Historical Evidence: In Search of Gandhi (in: Daedalus, Summer 1968). Zu diesem historischen Problemkreis F. Heer (Wagnis d. schöpf. Vernunft) 262 ff. Ab Sommer 1973 erscheint die Vierteljahrschrift History of Childhood Quarterly, The Journal of Psychohistory. New York. Hier in der 1. Nummer das Vorwort des Herausgebers Lloyd Demauze: The history of childhood: the basis for Psychohistory. Ebda 151 ff. s. George M. Kren and Leon Rappaport: Clio and Psyche—Reviews of Psychohistory, und hier 161 ff: Bibliographie von psychohistorischen Arbeiten über Hitler, Himmler, Wilson, Stalin etc. Vgl. auch H. U. Wehler (Hgb.): Geschichte und Psychoanalyse. Köln 1971, 156 ff. Otto Hans Pflanze: Toward an Psychoanalytic Interpretation of Bismarck (in: American Historical Review 77. April 1972, 419 ff.). Benjamin B. Wolman (Hgb.): The Psychoanalytic Interpretation of History. New York 1971; Peter Loewenberg: The Psychohistorical Origins of Nazi Jouth Cohort (in: American Historical Review, 76, December 1971, 1457 ff.).

[19] Ein einsamer Vorgänger in Wien, s. Fedor Vergin (Ps.): Das unbewußte Europa. Psychoanalyse der Europäischen Politik. Wien 1931. In der Schweiz, s. Hans Marti (Professor der Rechte an der Universität Bern): Urbild und Verfassung. Eine Studie zum hintergründigen Gehalt einer Verfassung. Bern o. J.

[20] Politische Religiosität, s. K. Schmidt: Politische Theologie. München 1922. 2. Teil: Die Legende von der Erledigung jeder politischen Theologie. München 1970; Erich Voegelin: Die politischen Religionen. Wien 1938; Eugen Rosenstock-Huessy: Die europäischen Revolutionen und der Charakter der Nationen. Stuttgart 1951 (erste Ed. Breslau 1931). Dieser große deutsche Geschichtsdenker wird von „orthodoxen" Historikern sorgfältig gemieden; Jean Conilh (u. a.): Politique et religion. Paris 1959; H. E. Peukert (Hgb.): Diskussion zur „Politischen Theologie". Mainz 1969 (hier die Bibliographie von W. Darschin: 302—317). Politische Religiosität des Nationalsozialismus, s. K. Vonding: Völkisch-nationale und nationalsozialistische Literaturtheorie. München 1973, 189 ff.

[21] Zur urbs diis hominibusque communis und ihren archaischen Grundlagen, s. André Varagnac, 24 ff. Tiere vor Gericht, s. P. Ringger, in: Die Tat. Zürich, 1. Dezember 1951.

[22] Zur „Krisenjugend" in Athen und Rom s. H. Muchow, 18 ff. Caesar als „zweiter Catilina", s. Theodor Mommsen: Römische Geschichte V, 45, 55, 136.

[23] Theodor Mommsen: Römische Geschichte V, 210 f., VI, 41, 43, 54 ff., 80 ff., 199 f., 204, 216 f.

[24] Mommsens Testament-Klausel, s. A. Wucher, in: Saeculum II, 1951, 256 ff.

[24a] Der Große Friede: im Römischen Reich, und später, s. F. Heer: Historische Grundlagen der Weltfriedensidee (in: Festgabe Lortz. Baden-Basel 1957, 153 ff.).

25 Der Papst im Aufstieg zum römischen „Kaiser", s. W. Ullmann 71 ff., 305 f. (Nikolaus I. als „Kaiser der Welt"), 390 (Humbert von Silva Candida), 625: Der Papst als „Gott des Kaisers", 453 ff.: Der Papst als Monarch mit den kaiserlichen Insignien.

26 fideles Christi, fideles des Heiligen Reiches, s. F. Heer (Aufgang Europas) 103 ff.; F. Heer (die Tragödie . . .) a. a. O. Kommentarband: 43 ff., 63 ff.

27 Vgl. W. Ullmann 383 ff., 499 ff. Bismarcks „Canossa" und seine Vorgeschichte, s. Erich Schmidt (Bismarcks Kampf, I, 93 ff.), vom NS-Standpunkt; und Georg Franz (Kulturkampf) 185 ff., 222 ff.

28 Otto von Freising: Alphons Lhotsky (Europ. Mittelalter. Das Land Österreich, 29—81); A. Lhotsky (Österr. Historiographie) 20 f.; F. Heer (Tragödie) 136 ff.; Kommentarband: 69 ff. Alois Dempf spricht von einem „Imperialismus" Ottos von Freising (Sacrum Imperium 1929, 248).

29 Diese Bezüge s. unten Kapitel 9 und 10.

30 Disraeli, s. F. Heer EMR 317. Friedrich Engels: Ebda.

31 Karl Marx in diesem Bezug, s. F. Heer EG 507 f., 609 ff.; Heer EMR 295 ff.

32 Die beiden Nationen in Frankreich, s. F. Heer EG 467 und 704.

2. Österreich, nicht „Ostmark"

1 Vgl. E. J. Görlich, The Celtic background of Austria (in: Celtic Yearbook 1970). 1980 findet in Hallein die Landesausstellung „Die Kelten in Mitteleuropa" statt, für die das British Museum den Schild von Battersea erstmals ins Ausland verleiht, eine Opfergabe für eine keltische Gottheit.

2 Myles Dillon/Nora Chadwick: Die Kelten (The Celtic Realms). München 1976, 15 ff., 33 f.

3 Zu Noricum s. Erich Zöllner (Geschichte Österreichs) 21 ff.; Görlich - Romanik 21 ff.

4 Die Römer in Österreich, s. E. Zöllner, ebda 25 ff.; Görlich - Romanik 24 ff.; W. Kleindel 12 ff.

5 Die bayerischen Herzoge — in bayerischer Sicht, s. Ludwig Schrott: Herrscher Bayerns. München 1974, 13 ff., 25 ff. Zu Karl der Große und die Bayern s. Heer: Karl der Große, 85 ff.

6 Zu Karl der Große s. Heer: Karl der Große und seine Welt, 7 ff. (1. Edition: Charlemagne and his World. London 1975, deutsch Wien 1977).

7 Alkuin und Karl, s. F. Heer: ebda 193 f., 197 f., 208 f., 216 f.

8 Karl, die Awaren und Alkuin, s. Heer: ebda 193 f.; Görlich—Romanik 41 ff.

9 W. Kleindel 24.

10 F. Heer: Deutsche und europäische Perspektiven der Lechfeldschlacht (in: Tausend Jahre Abendland. Augsburg 1956, 9 ff.); F. Heer: Glaube und Sicherheit — Deutsche und europäische Probleme der Jahrtausendwende, in: Philos. Jahrbuch der Görresgesellschaft, 68. Jg., 160 ff.).

11 Keine „Ostmark". Dazu A. Lhotsky: Ostarrîchi — Vortrag in der Festsitzung der Österr. Akad. d. Wiss. am 21. Oktober 1946 (in: Europäisches Mittelalter — Das Land Österreich, 221 ff.); ebda 372 („Der österreichische Staatsgedanke"): „Man sollte doch endlich aufhören, die Ostmarkideologie wiederzukauen." Lhotskys wahrhaft frommer Wunsch ist bei vielen Österreichern heute noch nicht angekommen.

12 Heiliges Römisches Reich und Heiliges Römisches Reich Deutscher Nation, s. F. Heer: Das Heilige Römische Reich (1967). Dokumentation: „Der Römische Kaiser" und „Heiliges Römisches Reich Deutscher Nation", s. W. Kleindel 28. Vgl. auch die Festschrift zur Jahrtausendfeier der Kaiserkrönung Ottos des Großen: in MIÖG, Erg.-Bd. XX, 3 Hefte. Heft 3: H. Wolfram: Splendor imperii und „Renovatio imperii": Atte della Giornata internazionale di studio per il Millenario. Ravenna 4.—5. November 1961, Faenza 1963.

13 Otto Frhr. von Dungern: Thronfolgerecht und Blutsverwandschaft der deutschen Kaiser seit Karl dem Großen, 2. Aufl. 1910, Nachdruck Darmstadt 1966; Otto Forst de Battaglia: Wissenschaftliche Genealogie. Bern 1948.

[14] Die staufischen reguli, s. F. Heer: (Tragödie) 240 ff.; Komm.-Band 120 ff.

[15] Johannes von Salisbury, s. Johan Huizinga: Geschichte und Kultur, Ges. Aufsätze. Stuttgart 1954, 186 ff.; F. Heer (Aufgang Europas) 335 ff.; Komm.-Band 149 f.

[16] Kaiser Friedrich I., s. F. Heer (Tragödie) 136 ff.: die staufische Ideologie des „Heiligen Reiches", Komm.-Band 58 ff.

[17] Karl Zeumer 37.

[18] J. J. Moser/K. F. Eichhorn: Görlich-Romanik 57.

[19] „Ostarrîchi", s. A. Lhotsky a. a. O. 221 ff.

[20] Richard von Kralik: Geschichte der Stadt Wien. Wien 1911; Österreichische Geschichte. Wien 1913; Das unbekannte Österreich. Wien 1917; Entdeckungsgeschichte des österreichischen Staatsgedankens. Innsbruck 1917.

[21] Karl Öttinger: Das Werden Wiens. Wien 1951; Johanna Haberl: Favianis, Vindobona und Wien (Leiden 1976); Hertha Ladenbauer-Orel: Der Berghof ... Wien 1974.

[22] Zum Privilegium minus s. E. Zöllner a. a. O. 69 ff.; Görlich-Romanik 68 f.; W. Kleindel 44.

[23] A. Lhotsky (Öst. Hist.) 20.

[24] Görlich-Romanik 71; zum Folgenden: ebda 72 ff.

[25] „Königtum Österreich", s. A. Lhotsky (Öst. Hist.) 23; Oswald Redlich: Die Pläne einer Erhebung Österreichs zum Königreich (in: Zschr. d. hist. Vereins f. Steiermark, 26, 1931).

[26] A. Lhotsky (Öst. Hist.) 26.

[27] Görlich-Romanik 86 ff.

[28] Die Juden in Österreich: Quellen und Forschungen zur Geschichte der Juden in Österreich, 10 Bde. Wien 1906—1938; Robert A. Kann (Kanzel und Katheder) 158 ff.; H. Tietze: Die Juden Wiens. Wien 1935; S. Mayer: Die Wiener Juden, 1700—1900. Wien 1918; H. Gold: Geschichte der Juden in Österreich, ein Gedenkbuch. Tel Aviv 1971; Das Österreichische Judentum. Voraussetzungen und Geschichte. Wien 1974. Lit. zum Judentum in Österreich und Antisemitismus bei A. Staudinger (Jahrbuch f. Zeitgesch. 1978) 42 ff.

[30] Zu Rudolf dem Stifter s. E. Zöllner 131 ff.; Görlich-Romanik 98 ff.

[31] Ernst Karl Winter: Rudolf IV. von Österreich, 2 Bände. Wien 1934—1936; die sehr „nationale" Historikerschaft befürchtete im „christlichen Ständestaat" eine Habilitation dieses Österreichers.

[32] Privilegium maius, s. A. Lhotsky: Privilegium maius. Die Geschichte einer Urkunde. Wien 1957; A. Lhotsky: Epilegomena zu den Österreichischen Freiheitsbriefen (in: Europ. Mittelalter ... 265 ff.); E. K. Winter I, 309 ff.

[33] Vgl. R. G. Plaschka (Von Palacky bis Pekař) 1955.

[34] Preussische Heilsgeschichte im 19. Jahrhundert, s. F. Heer (Das Wagnis) 231 ff.

[35] Bismarck: Werner Richter (Bismarck) 565 ff.; Bismarck und das Testament Friedrichs des Großen: R. Augstein (Preussens Friedrich) 29.

[36] Zu den großen päpstlichen Fälschungen des Frühmittelalters s. Ullmann 114 ff., 221 ff., 246 ff.

[37] Die Wiener Universität im Mittelalter und die „österreichische Nation"; vgl. F. Gall (Alma Mater ...) 12 ff.; die Nationen: ebda 78 ff.

[38] F. Gall 89 f.; ebda im Anhang die Texte der Stiftungsbriefe.

[39] F. Gall 15.

[40] Die „Landeschronik" von Haimreuter, s. A. Lhotsky (Öst. Hist.) 38 ff.; Görlich-Romanik 109 ff.

[41] Joseph Scheicher (aus dem Jahr 1920) 82.

[42] Oswald Menghin: Weltgeschichte der Bronzezeit. Wien 1931; Görlich-Romanik 110 f.

[43] E. Zöllner (Gesch. Österreichs) 148.

[44] A. Lhotsky, Thomas Ebendorfer. Ein österreichischer Geschichtsschreiber, Theologe und Diplomat des 16. Jahrhunderts. Stuttgart 1957.

[45] A. Lhotsky (Öst. Hist.) 54.

[46] A. Lhotsky ebda 58 ff.

[47] Ebda.

⁴⁸ AEIOU, s. dazu A. Lhotsky: AEIOV: Die Devise Kaiser Friedrichs III. und sein Notiz-buch (in: MIÖG 60, 1952); W. Kleindel 87.

⁴⁹ A. Lhotsky (Aufsätze und Vorträge, II. Wien 1971) 86; Robert John leitet diesen Sinn-spruch aus Dantes auieo (Convivio IV, 5, 3) ab: Österr. Akad. Blätter 9—10. 1963, 102 f.

⁵⁰ Vgl. W. Kleindel 87.

⁵¹ A. Lhotsky (Öst. Hist.) 45 f.

⁵² Görlich-Romanik 126 f.

⁵³ Wieland, s. Ludwig Reiter 198 f.; M. A. Poltawsky (in: Ost-West-Begegnung in Österreich, 1976) 267.

3. Reformation und Gegenreformation

¹ Zu diesem frühen Sprachkampf in Böhmen s. Eduard Winter (Tausend Jahre . . .) 26 ff.

² Zu diesen Kämpfen im vorhussitischen Böhmen s. Karl Richter: Die böhmischen Länder im Früh- und Hochmittelalter, in: Karl Bosl (Hgb.): Handbuch der Gesch. der böhm. Länder I. Stuttgart 1967; Hermann Münch: Böhmische Tragödie. Braunschweig 1949; die außerordentliche Breite und Brisanz der vorhussitischen Ketzerbewegung und ihre Unter-drückung durch das Schreckensregiment der Inquisition zeigt H. Patschovsky in seinen „Quellen zur böhmischen Inquisition im 14. Jahrhundert" (Monumenta Germaniae Histo-rica, Quellen zur Geistesgesch. des Mittelalters 11, 1978) auf.

³ Waldenser in Böhmen. Dazu in den eben genannten Werken; Ed. Winter 44, 95 f., 127, 132 (und ihre österreichischen Verbindungen).

⁴ England erwache, s. F. Heer EG 459 ff.

⁵ Zu Wiclif s. F. Heer EG 185 ff., 199 ff.; H. B. Workman: John Wyclif, 2 Bände. Oxford 1926, Neudruck 1966.

⁶ Thomas Stitny. Dazu F. Heer EG 201; M. Spinka: John Hus, a Biography. Princeton, N.Y. 1968, 290 f.

⁷ Konrad von Waldhausen und Militsch, s. Ed. Winter a. a. O., 76 ff.

⁸ Zu Jan Hus s. Ed. Winter 99 ff.; F. Heer EG, 201 ff.; F. Heer (in: Die Grossen der Weltgeschichte IV, 148 ff.); J. Dachsel: Jan Hus — Ein Bild seines Lebens und Wir-kens... Berlin 1964; R. Riemeck: Jan Hus — Reformator hundert Jahre vor Luther (im Anhang die drei Reden, die Hus in Konstanz nicht halten durfte). Frankfurt 1966; R. Friedenthal: Ketzer und Rebell. Jan Hus und das Jahrhundert der Revolutionskriege. München 1972; Kardinal Beran über Hus auf dem II. Vatikanischen Konzil. Dazu D. A. Seeber: Das zweite Vaticanum. Freiburg 1966, 254; G. Vallquist: Das zweite Vatikanische Konzil. Nürnberg 1960, 440.

⁹ M. Vischer: Jan Hus — Sein Leben und seine Zeit, 2 Bde. Frankfurt 1955, I, 282 ff.; Quellen und Lit.: hier II, 384—397. Katholische Besinnung auf Hus. Dazu P. de Vooght: L'hérésie de Jean Hus. Louvain 1960; und in: Hussiana, 1960.

¹⁰ Über Masaryk-Hus s. Ed. Winter a. a. O. 390 ff., 394, 416; G. Plaschka a. a. O.; O. Odložik: Jan Hus. Chicago 1953.

¹¹ Das Goldene Prag der Karlszeit. Dazu F. Heer EG 200 ff.; O. Schürer (Prag). 1969, 57 bis 89.

¹² Über Luther und Hus. s. J. Dachsel, 135 ff.

¹³ Zu Thomas Müntzer und Hus s. G. Wehr: Thomas Müntzer (in: Die Grossen der Welt-geschichte IV) 863 ff., 865.

¹⁴ Stefan Paleč (Palitsch): Der Bericht des Peter Mladoniowitz, eingel. und hgb. von J. Buj-noch. Graz 1964, 62 ff.; M. Spinka 35 ff., 130 ff., 220 ff., 346 ff.

¹⁵ Vgl. J. Dachsel 179; M. Vischer I, 244 ff.; R. Riemeck 44 f.

¹⁶ Über die vier Nationen der Prager Universität s. M. Vischer I, 79 ff.; J. Dachsel 36 f. Zum folgenden Ferdinand Seibt: Die Zeit der Luxemburger und der hussitischen Revolution in: K. Bosl I) 351 ff.

¹⁷ „Böhmerland ist Ketzerland", dazu M. Vischer I, 317.

¹⁸ Zu Dietrich von Niem s. M. Spinka 103 f.

[19] Zu Pierre d'Ailly vgl. F. Heer EG 211 f.; M. Vischer II, 117 ff., 123 ff., 139 ff. Zu Jean Gerson s. F. Heer EG 210 ff., 312 f.; M. Vischer II, 118 ff., 127 ff., 317 ff.

[20] Zu diesen „Kreuzzügen" s. F. Heer (Kreuzzüge . . .) 146 ff.

[21] Text: der Bericht des Peter Mladoniowitz 151 f.; vgl. ebda 259 f.

[22] Die Passio des Jan Hus: ebda 243 ff.

[23] Hieronymus von Prag, s. F. Heer EG 201, 203, 229.

[24] Über die Wiener Universität und die Hussiten s. Ed. Winter (Tausend Jahre . . .) 124.

[25] Zu Hitlers Ahnen im Raum Zwettl vgl. die „Ahnenheimat des Führers":R. Koppensteiner. Leipzig 1937.

[26] „Wir leben mit der Vergangenheit". Dazu Hedy Grolig: Die Presse. Wien, 2./3. Dezember 1978, 24.

[27] Zu diesem bäuerlichen Gedächtnis s. F. Heer EG 56 ff., Lit. 668 ff.

[28] Zu diesen „Verhältnissen" (Bauernunruhen, Einfälle etc.) unter Friedrich III. und Mathias Corvinus vgl. Otto Brunner: Beiträge zur Geschichte des Fehdewesens im spätmittelalterlichen Österreich (Jahrbuch f. Landeskunde von Niederösterreich 22, 1929); Karl Schalk: Aus der Zeit des österreichischen Faustrechts 1440—1463 (Abhandl. zur Gesch. u. Quellenkunde der Stadt Wien III. Wien 1917); August Ernst: Zur Frage der von Ungarn an Österreich verpfändeten Herrschaften (Mitteil. des oberösterr. Landesarchivs 5, 1957); O. Brunner (Land und Herrschaft) 1 ff.—123; Über Friede und Fehde. Das Mittelalter kennt Souveränität nicht! Ebda 160.

[29] Über Berlins Kämpfe mit den Hohenzollern vgl. W. Hegemann: Das steinerne Berlin. Berlin 1930; ebda 402 ff.: Bismarck gegen Berlin; F. Heer: Berlin, Bär und Adler (Westermanns Monatshefte V, 1977, 44 ff.); W. Kiaulehn: Berlin. München 1965.

[30] Maximilian I., s. A. Buchner: Maximilian I., Kaiser an der Zeitenwende. Göttingen 1959; dazu H. Wiesflecker (MIÖG 67, 1959) 449; das monumentale Werk von Herrmann Wiesflecker: Kaiser Maximilian I, 6 Bde. Wien 1971 ff.; H. Wiesflecker: Maximilian I. (Die Großen der Weltgeschichte IV, 529 ff.; Quellen und Lit. 546 ff.); F. Heer (Das Heilige Römische Reich) 155 ff., 383 ff.

[31] Karl Brandi: Kaiser Karl V., 2 Bde. München 1937/41; 6. Aufl. München 1961; Charles of Europe, s. Wyndham Lewis (London 1931); vgl. Heer a. a. O. 185 ff. und 383 ff.; H. Hantsch: Die Kaiseridee Karls V. Graz 1958. Lit. zu den Ausstellungen und Kolloquien Karl V. 1558—1958 in Toledo, Wien, Barcelona, Paris, Köln: F. Heer 383 f.

[32] Über Karl auf Reisen vgl. Peter Lahnstein: Auf den Spuren von Karl V. München 1979, bes. 228 ff.: Denk ich an Deutschland, und 277 ff.: Karl und die Deutschen.

[33] Zu Karl V. und Luther s. F. Heer (Die Dritte Kraft) 180 ff., 312 ff., 334 ff., 399 ff.; J. Lortz: Die Reformation in Deutschland I, 264 ff.

[34] Über Cuspinian s. F. Heer (Das Heilige Römische Reich) 176, 183 f.; Hans Ankwicz-Kleehofen: Der Wiener Humanist Johannes Cuspinian. Graz 1959.

[35] Über Erasmus von Rotterdam, Luther etc. s. F. Heer (Die Dritte Kraft) 213 ff.; Index: 728; Lit. hier 692 ff.; George Faludy: Erasmus von Rotterdam. Frankfurt (London) 1970, 169 ff.; zu Erasmus und Luther s. a. Willehald Paul Eckert: Erasmus von Rotterdam, 2 Bde. Köln 1967, I; der humanistische Theologe, hier bes. 160 ff.: die Schriften zur Staatslehre und zum Frieden. II. Humanismus und Reformation 327 ff., 367 ff. (Erasmus und Luther), 436 ff. (Erasmus und Hutten); über Erasmus und Trient s. H. Jedin: Geschichte des Konzils von Trient I, 124 ff., 290 ff. — Späte Erinnerung an Erasmus in Wien: hier wurde 1946 ein Erasmus-Verlag gegründet . . .

[36] Bismarck legt den jungen Hohenzollern nahe . . ., dazu W. Richter (Bismarck) 116 f. — Bismarck selbst lernte polnisch.

[37] Der große Bauernkrieg, dazu A. Waas (Die Bauern im Kampf um Gerechtigkeit, 1300 bis 1525). München 1964; hier 255: Dürers Entwurf.

[38] Zu Luther—Zwingli s. J. Lortz II, 44 ff.; zu Zwingli s. Kurt Aland: Huldrych Zwingli (Die Großen der Weltgesch. IV) 849; Bibliographie 859 ff.

[39] Zu Melanchthon s. Bernhard Lohse: Philipp Melanchthon (Die Grossen der Weltgeschichte IV) 1000 ff.; Bibl. 1912 f.; F. Heer EG 256 f., 260 ff.; F. Heer (Dritte Kraft) 120 ff., 235 ff., 417 ff.; V. Vajta (Hgb.): Luther und Melanchthon. Göttingen 1961.

⁴⁰ Über die Religionsgespräche in Speyer, Hagenau, Worms, Regensburg vgl. J. Lortz II, 229 ff.; F. Heer (Dritte Kraft) 408 ff.; zu Gropper ebda 418, 423; Veltwyk 423; Capito (Wolfgang Koepfel) 67, 214; zur katholischen Kontroverstheologie vgl. J. Lortz II, 154 ff.; H. Jedin I, 275, 423 f. Über die kaiserliche Verständigungspolitik: J. Lortz 287 ff.

⁴¹ Zu Karl V. 1552 s. F. Heer (Heil. Röm. Reich) 205 f.; F. Heer (Dritte Kraft) 182 ff.; P. Lahnstein 273 ff.; J. Lortz II, 275 ff.

⁴² Über Augsburg 1555 s. J. Lortz II, 283 ff.; G. Mecenseffy (Gesch. des Prot. ...) 27 ff. Zur Formel vgl. J. Lecler: Les origines et la sens de la formule. „Cuius regio ejus religio" (in: Recherches de science religieuse, 38, 1951); dazu M. Heckel in Zeitschr. f. Rechtsgesch., Bd. 73, 136 und 211; und Bd. 74, 206.

⁴³ Zu Luther in diesen Bezügen s. F. Heer EG 184 f., 245—271, 289—291, 338—340, 534 ff.; Kurt Aland: Luther (Die Grossen der Weltgeschichte IV) 814 ff.; Aland hier 817 f. gegen Erik H. Eriksons Luther-Interpretation in „Der junge Luther"; Bibliographie bei Aland: 837—841; W. P. Eckert (Erasmus II) 373 ff.; Erik H. Erikson (Der junge Mann Luther) 76 (Vater-Mutter-Gott), 94 ff., 133 ff., 154, 244 (tief gespeicherter Selbsthaß), 260 ff. (gegen die Bauern), 266 ff. (Angst und Melancholie ab 1527), 274 (der alte Luther und der Teufel).

⁴⁴ Ferdinand I. und die Reformation, s. H. Sturmberger (Adam Graf Herberstorff) 71 ff.; Görlich-Romanik 162 ff., 173 ff.; G. Mecenseffy 20 f.

⁴⁵ F. Heer (Dritte Kraft) 180 ff.; Oskar Pfister (Das Christentum und die Angst); ebda 188.

⁴⁶ Zu Luther und die hussitische Untergrund in Deutschland s. J. Dachsel a. a. O.; M. Spinka a. a. O.; F. Heer EG 258 f.

⁴⁷ Vgl. Kapitel 5 dieser Arbeit.

⁴⁸ F. Heer EG 259.

⁴⁹ M. Luther: Weimarer Ausgabe XV, 32.

⁵⁰ Vgl. F. Heer (Dritte Kraft) 186 f.; die folgenden Texte: hier: 189—197.

⁵¹ F. Heer ebda 196; Luther und die Deutschen, s. K. Aland 845 ff.; Luther und die deutsche Sprache, s. ebda 844 f.; Lit. dazu 845. Auch E. F. Tschirch: 1200 Jahre deutsche Sprache. Berlin 1955.

⁵² M. Luther: Weimarer Ausgabe XVIII, 398.

⁵³ Zu Luther und die Bauern s. A. Waas 220 f.; F. Heer (Dritte Kraft) 207 ff.; das „Strafen der Bauern", s. ebda 236 ff.; K. Aland 830 f.; Rainer Wohlfeil (Hgb.): Der Bauernkrieg 1525—1526, Bauernkrieg und Reformation. München 1975, 59 ff., 183 f., 267 ff., 274.

⁵⁴ Über Luther und die lutherische Linke s. K. Aland 828 ff.; K. G. Steck: Luther und die Schwärmer. Zollikon 1955; H. Fast (Hgb.): Der linke Flügel der Reformation. Bremen 1967.

⁵⁵ M. Luther, Erlanger Ausgabe LIII, 305.

⁵⁶ M. Luther: Tischreden, Erlanger Ausgabe LXI, 309.

⁵⁷ M. Luther, Erlanger Ausgabe XXIV, 309.

⁵⁸ M. Luther, Erlanger Ausgabe LIII, 305; vgl. Waas 202 f.

⁶⁰ Vgl. H. Sturmberger: Georg Erasmus von Tschernembl. Religion, Libertät und Widerstand, 1953.

⁶¹ M. Luther, Weimarer Ausgabe XI, 277.

⁶² Elias Canetti: Masse und Macht. Hamburg 1960, 103 ff.; Meute und Religion, 143 ff.; Katholizismus und Masse, 175 ff.

⁶³ Zu Urbanus Rhegius vgl. F. Heer EG 256 f.; ich zitiere nach der Edition von A. Uckeley (Quellenschriften zur Gesch. des Prot. H. 6). Leipzig 1908.

⁶⁴ Urbanus Rhegius 37.

⁶⁵ E. Lewalter: Spanisch-jesuitische und deutsch-lutherische Metaphysik des 17. Jahrhunderts. Hamburg 1935, 27.

⁶⁶ Vgl. E. Lewalter a. a. O. und K. Eschweiler: Die Philosophie der spanischen Spätscholastik auf den deutschen Universitäten des 17. Jahrhunderts (Spanische Forschungen der Görresgesellschaft I), 251 ff.

⁶⁷ K. Vietor: Luthertum, Katholizismus und deutsche Literatur (Zschr. f. deutsche Philologie 1949) 133 ff., und die reichen Arbeiten des Pariser Germanisten Robert Minder.

68 Über Luther gegen die „Hure Vernunft", die Ratio Roms und des Westens s. F. Heer EG 250 ff. — hier die große Auseinandersetzung mit Erasmus; W. P. Eckert II, 367 ff.: F. Heer (Dritte Kraft) 192 ff.; F. Heer (Erasmus von Rotterdam) 25 ff.

69 Zu Erasmus und Hutten s. W. P. Eckert 436 ff.; F. Heer (Erasmus) 60 ff.

70 F. Heer (Dritte Kraft) 193 f.

71 Zu Carlyle s. F. Heer EG 253; ders. EMR 515 ff.

72 M. Luther, Weimarer Ausgabe XXXX, 1; 565. — So im Jahre 1531!

73 Vgl. F. Heer (Dritte Kraft) 194.

74 M. Luther, Weimarer Ausgabe XXXX, 1; 442.

75 M. Luther, Weimarer Ausgabe X, 3 und XVIII, 15.

75 Über Waldenser in Österreich vgl. Ed. Winter (Tausend Jahre) 132 ff.

76 Ed. Winter (Tausend Jahre) 132 ff.

77 Zur Reformation und Gegenreformation in Österreich s. die Bibliographie bei E. Zöllner (Gesch. Österreichs) 597 f.; V. L. Tapié (Monarchie et peuples) 446 ff.; Robert A. Kann (Gesch. des Habsburgerreiches) 544 ff.; K. Brandi: Reformation und Gegenreformation. München 1960; H. Jedin I, 133 ff., 197 ff., 157 ff., 294 ff., 318 ff. Die Scheidung der Geister beginnt mit der Errichtung der römischen Inquisition, 21. Juli 1542, s. ebda 356 ff.

78 Über die Wiener Universität 1519 ff. vgl. F. Gall 15 ff.; G. Mecenseffy 9 f.

79 Zu diesen drei deutschen Jugendbewegungen s. F. Heer EMR 68 ff., 142 ff.; F. Heer (Jouth Movements. London 1972, deutsch als „Werthers Weg in den Untergrund". München 1973, 15 ff., 63 ff., 164 ff.

80 Zu Leibniz s. F. Heer (G. W. Leibniz) 13 ff., 77 ff.

81 Über die Jörger vgl. Heinrich Wurm: Die Jörger von Tollet (Forschungen zur Gesch. Oberösterreichs, Band 4. Graz 1955); H. Sturmberger (Herberstorff) 509 (Register).

82 G. Mecenseffy 11 f.

83 H. Sturmberger (G. E. Tschernembl) a. a. O.; H. Sturmberger (Herberstorff) a. a. O.; H. Sturmberger (Aufstand in Böhmen). München 1959. Zum folgenden vgl. G. Mecenseffy 13 ff.

84 Über Steyr vgl. G. Mecenseffy 30 f., 46 f.

85 Kontinuität der Bauernaufstände im Jahrtausend Alteuropas, dazu F. Heer (Mittelalter) 47 f.

86 A. Waas (Die Bauern ...) 5 ff.; ebda 247 ff.; der Bauernkrieg in der Schweiz, in Tirol, Salzburg und Kärnten, Görlich-Romanik 160 ff.; Luther bei H. Sturmberger (Herberstorff) 475 ff.; G. Franz (Der deutsche Bauernkrieg). Bad Homburg, 2. Aufl. 1969.

87 Zu Schladming s. unser Kapitel 9.

88 Görlich-Romanik 163.

89 Josef Luitpold Stern über Michael Gaismayr im Hunter College am 4. März 1944: ich zitiere nach seinem Manuskript (Abschrift), das er mir 1948 übergab — ich erinnere mich dankbar an diesen großen Feuerkopf. J. L. Stern hier: „Österreich, das ist der Bundschuh und der Krieg gegen die Bauern ..." J. L. Stern beruft Michael Gaissmaier (sic), Jakob Huetter, Stephan Fadinger. In Michael Gaissmaier sieht er die Geschichte von Koloman Walisch, dem Schutzbundführer im Februar 1934, vorgebildet.

90 Michael Gaismayr: Görlich-Romanik 163 f.; Josef Macek: Der Tiroler Bauernkrieg und Michael Gaismair. Berlin 1965 (aus dem Tschechischen).

91 G. Mecenseffy 37 f.; ebda 35 ff.: Täufer in Österreich; dazu Eduard Widmoser: Das Tiroler Täufertum (Tiroler Heimat, 15 und 16, 1951 und 1952); J. Loserth: Die Wiedertäufer in Niederösterreich von ihren Anfängen bis zum Tode Balthasar Hubmairs (Bl. f. Landeskunde von Niederösterreich, 33, 1899); ders: Archival. Beiträge zur Gesch. des Täufertums und des Protestantismus in Tirol, Vorarlberg (Jahrbuch der Ges. f. Gesch. des Protestantismus in Österreich, 47, 1926).

92 G. Mecenseffy 42.

93 Täufer-Sozzinianer-Unitarier auf dem Wege in Italien-Deutschland-Polen. Holland-England-Amerika; dazu Delio Cantimori: Italienische Häretiker der Spätrenaissance. Basel 1949, 25 ff., 221 ff., 391 ff., 405 ff.; E. Morse Wilbur: Unitarian Heritage, und ders.: A History of Unitarisme (Louisianna 1954); F. Heer (Dritte Kraft) 465 ff.

[94] Robert A. Kann (Gesch. d. Habsburgerreiches) 108 ff.
[95] Zu Peter Canisius s. F. Heer (Dritte Kraft) 267, 385, 410, 593 f.; H. Sturmberger (Herberstorff) 54 ff.; Görlich-Romanik 168; J. Lortz II, 145 ff.
[96] Über die beiden Fronten in der Gesellschaft Jesu s. F. Heer (Dritte Kraft) 590 ff.
[97] Zu David Chyträus s. F. Heer EG 260; H. Sturmberger (Herberstorff 39, 200.
[98] Görlich-Romanik 169.
[99] Zu Ferdinand I. vgl. H. Sturmberger (Herberstorff) 71 ff.
[100] Zum Konzil von Trient: die Römische Kurie und ein großer Teil des Kardinalkollegiums fürchteten das Konzil, den Ansturm der Nationen; vgl. H. Jedin I, 157. Anmerkungen I, 471 ff.; F. Heer (Dritte Kraft) 434 ff. Zu den Kämpfen um das Zölibat vgl. Kardinal Carpi in seinem mit Recht vielberufenen Gutachten über den Zölibat auf dem Trienter Konzil: „Würde man den Priestern gestatten, sich zu verheiraten, so würde das Interesse ihrer Familien, ihrer Weiber und Kinder, sie von der Abhängigkeit gegenüber dem Papsttum losreißen" (zit. nach H. Schelsky: Soziologie der Sexualität. Hamburg 1955, 96). Dazu auch Hermann Glaser (Eros in der Politik) 205 und 301. — Das II. Vatikanische Konzil klammert die Zölibat-Kontroverse aus, ängstlicher als das Konzil von Trient; dazu Gunnel Vallquist: Das Zweite Vatikanische Konzil. Nürnberg 1966, 120 f., 202 f., 276, 327 f., 404, 456, 464 ff.; R. Vorgrimler: Kleines Konzilskompendium. Freiburg 1966, 289, 558, 588 ff.; Karl Rahner/H. Vorgrimler: Kleines Konzilskompendium. Freiburg 1966, 289, 558, 588 ff.; D. A. Seeber: Das zweite Vaticanum. Freiburg 1966, 209; Fritz Leist: Zum Thema Zölibat. München 1973.
[101] Über Maximilian II. s. H. Sturmberger 73 ff., 76 ff., 99 ff.; zum Streit um Maximilian II. s. V. Bibl: Maximilian II., Der rätselhafte Kaiser. Hellerau 1929, Lit. 419; G. Mecenseffy 52 ff.
[102] Über Georg Pfintzing 1526 s. Görlich-Romanik 176.
[103] Über die Böhmischen Brüder vgl. Joseph Zh. Müller: Geschichte der böhmischen Brüder I, Herrnhut 1922; V. L. Tapié: Une église tchèque au XVe siècle. L'Unité des Frères. Paris 1934. Ich erinnere mich dankbar dieses großen französischen Historikers, ein Freund Österreichs, Freund der Slawen in der alten Monarchie: Victor L. Tapié.
[104] Vgl. G. Mecenseffy 44 ff.
[105] J. K. Mayr: Wiener Protestantengeschichte (Jahrb. f. Gesch. des Protestantismus in Österreich, 70. Jg. 1954) 42.
[106] Vgl. dazu: Fritz von der Heydt (Hgb.): Die evangelische Bewegung in Österreich. Eine Stoffsammlung, 2. Aufl. Berlin 1938 (1. Aufl. 1934) 5 ff.
[107] Über Herder s. F. Heer EG 567 f.; F. Heer EMR 1015 (Register).
[108] Sigmund Freud: Die Christen sind schlecht getauft . . .: Der Mann Moses und die monotheistische Religion. London 1939; dazu F. Heer (GIL) 327 u. 636.
[109] Zu Flaccius Illyricus s. F. Heer (Dritte Kraft) 37, 184, 429; G. Mecenseffy 29 ff., 42 ff., 86 ff. Über die erasmianischen Theologen Ferdinands I. s. F. Heer (Dritte Kraft) 428 ff.; zur clementia austriaca vgl. Anna Coreth (Pietas . . .); F. Heer (Heiliges Römisches Reich) 207 ff.
[110] G. Mecenseffy 58.
[111] G. Mecenseffy 61.
[112] Über den Übergang zum militanten Calvinismus s. G. Mecenseffy 117, 119 ff.; H. Sturmberger (Tschernembl); H. Sturmberger (Herberstorff) 12 ff., 78 ff., 82 ff.
[113] Zur Achse Madrid-Wien s. F. Heer (Heiliges Römisches Reich) 219 ff.; G. Mecenseffy: Habsburger im 17. Jahrhundert. Die Beziehungen der Höfe von Wien und Madrid während des Dreißigjährigen Krieges (Archiv f. öst. Gesch. 121. Wien 1957); Bodan Chudoba: Spain and the Empire, 1518—1643. Chicago 1962, 79 ff., 280 ff.; Grillparzer: Ein Bruderzwist in Habsburg, 3. Aufzug: Kaiser Rudolf zum Wortführer der böhmischen Stände: „Ihr schweigt. Mißtraut ihr mir?" — Abgeordneter: „Nicht Euch, Herr Kaiser / dem Einfluß aber von Madrid und Rom." — Der Josephiner Franz Grillparzer, wohl der größte österreichische Patriot des 19. Jahrhunderts, kannte sehr gut diese fatalen Verbindungen.
[114] G. Mecenseffy 61 ff.
[115] G. Mecenseffy 74.

116 „Die Abhängigkeit des Grazer Hofes vom Münchener wurde vollständig." G. Mecenseffy 64 f., 73 ff.

117 Vgl. unser Kapitel 9 und 10.

118 Zu Ferdinand II. in diesen Bezügen s. H. Sturmberger (Kaiser Ferdinand . . .) a. a. O.

119 Über seinen jesuitischen Beichtvater vgl. Andreas Posch: Zur Religiosität und Beurteilung Lamormains (in: MIÖG 63, 1955).

120 Zu Grillparzer in diesem Bezug s. F. Heer (Dritte Kraft) 432, 704.

121 Lit. zum österreichischen Kryptoprotestantismus bei G. Mecenseffy 186 ff., 207 ff.; E. Zöllner 597 f.

122 An die evangelische Kirche erinnert im Heute G. May (Hgb.): Die evangelische Kirche in Österreich. Göttingen 1962, 6 ff., 121 ff.

123 Zu Rudolf II. s. H. Sturmberger (Herberstorff) 76 ff.; G. Mecenseffy 82 ff.; über Kunst und Kultur um Rudolf II. vgl. G. R. Hocke: Die Welt als Labyrinth. Hamburg 1957, 144 ff.; O. Schürer (Prag) 150 f.; Andreas Angyal: Das rudolfinische Prag, in: Renaissance und Reformation in Mittel- und Osteuropa, hgb. von Joh. Irmscher II, 291 ff.; G. Heer (Das Heilige Römische Reich) 239 ff.

124 J. K. Mayr (Jahrbuch f. Gesch. d. Prot. in Öst., 70. Jg. 1954) 71.

125 Über den evangelischen Buchhandel in Wien s. G. Kapner: Barocker Heiligenkult in Wien, 42 f.

126 Über die Kämpfe in Horn und Krems vgl. G. Mecenseffy 86 f.

127 Zu Melchior Khlesl s. H. Sturmberger (Herberstorff) 83 ff., 213 ff.; E. Zöllner 200 f., 208 ff.

128 Über den „Bruderzwist in Habsburg" vgl. E. Zöllner 205 ff.; Görlich-Romanik 185 ff.; H. Sturmberger: Die Anfänge des Bruderzwistes in Habsburg (Vorgeschichte) 1576 bis 1590 (in: Mitteil. des oberöst. Landesarchivs 5, 1957).

129 Über Friedrich von der Pfalz s. H. Sturmberger (Herberstorff) 142 ff., 149 ff. Sein calvinistischer Bildersturm in Prag s. Ed. Winter (Tausend Jahre) 196 f.

130 Zur Schlacht am Weißen Berge vgl. H. Münch: Böhmische Tragödie, a. a. O.; Karl Bosl Hgb. (Handbuch II, 1967); Görlich-Romanik 191 f.; eine Selbstkritik lutherischer Adeliger in Prag vor der Schlacht am Weißen Berg s. Carl J. Burckhardt: Richelieu I, 284 f.; die Mariensäule in Prag wurde 1919 vernichtet, weil man sie fälschlich für ein Siegesmal der Schlacht hielt. So V. L. Tapié 152.

131 Über die Szene am Abend des 20. Juni 1621 s. F. Heer (Das Heil. Röm. Reich) 248 ff.

132 Zu böhmische Exulanten vgl. Ed. Winter (Die tschech. u. slowak. Emigration) 9 ff.

133 Ed. Winter ebda 225 ff., 273 ff., 280 f.

134 Ed. Winter (Tausend Jahre) 200 f.

135 Zu diesem böhmischen Barock s. K. Bosl, Hgb. (Handbuch II); O. Schürer: Prag a. a. O.; Jaromir Neumann: Das böhmische Barock. Wien 1971; Ed. Winter: Barock, Absolutismus und Aufklärung . . . Wien 1971; A. Angyal: Das Problem des slawischen Barock (in: Wiss. Zeitschrift der Ernst-Moritz-Arndt-Univ. Greifswald, Jg. VI, 1956/57, 67 ff.).

136 Ed. Winter (Die tschechische . . .) 43 ff.; Ed. Winter (Tausend Jahre) 206.

137 Dazu H. Sturmberger (Herberstorff) 83 ff.

138 H. Sturmberger ebda 85 ff.; zu Tschernembl s. Sturmbergers „Tschernembl" und O. Brunner (Adeliges Landleben) 31 f., 34 f., 91 ff., 158 f.; G. Mecenseffy 131 f.

139 Zu Zirotin s. G. Mecenseffy 119 ff.; V. L. Tapié 122.

140 O. Brunner (Adeliges Landleben) 34.

141 Über die zweite Blüte des österr. Protestantismus vgl. G. Mecenseffy 140 ff.

142 G. Mecenseffy 93.

143 G. Mecenseffy 103.

144 Über Linz a. D. s. G. Mecenseffy 142 ff., und zuvor 13 f.; H. Sturmberger (Herberstorff) 510 (Register); Linc, civitas haeretica; dazu Sturmberger 78.

145 Zu Kepler s. G. Mecenseffy 145 f.; H. Kearney: The Scientific Revolution. London 1970, deutsch: Und so entstand ein neues Weltbild. München 1971; F. Heer EG 356 f., 444 f.; Otto Antonia Graf: Was treibt den Menschen zu den Sternen — Eine Ideengeschichte der Astronautik. Wien 1977, 135 ff.

[146] Gegenwärtig wird das Spiel in einer Fassung von Karl Itzinger alle zwei Jahre aufge-
führt, in der Zeit zwischen 28. Juli und 12. August. Zum „Frankenberger Würfelspiel"
im 18., 19. und frühen 20. Jahrhundert als Drama, und als Roman vgl. P. Horwath: Der
Kampf gegen die religiöse Tradition, 57 f., 99, 163, 232, 210, 221 f. Hier im Zusammenhang der „Dichtungen", die sich mit dem Bauernkrieg, Stefan Fadinger etc. befassen.

[147] Über den „Alba des Landes ob der Enns" vgl. H. Sturmberger (Herberstorff) 7 ff.

[148] H. Sturmberger ebda 24.

[149] H. Sturmberger 41.

[150] H. Sturmberger 227.

[151] H. Sturmberger 329.

[152] H. Sturmberger 96 f.

[153] H. Sturmberger 104 f., 267 f.

[154] Görlich-Romanik 196.

[155] H. Sturmberger 238.

[156] H. Sturmberger 242 f.

[157] H. Sturmberger 243.

[158] H. Sturmberger 242.

[159] H. Sturmberger 415.

[160] H. Sturmberger 231.

[161] Zu Stefan Fadinger vgl. H. Sturmberger 288 ff.; zu Fadinger in der antiklerikalen Literatur des 18. bis 20. Jahrhunderts s. P. Horwath 99, 163, 210 f.

[162] H. Sturmberger 392.

[163] H. Sturmberger 437. Die Gegenreformation dauert bis in unsere Tage: ebda 199 ff.

[164] H. Sturmberger 438.

[165] H. Sturmberger 439.

[166] Vgl. unsere Kapitel 9 und 10.

[167] Zu Ferdinand II. und das Restitutionsedikt s. E. Zöllner 214 ff.; Robert A. Kann (Gesch.
d. Habs.) 59 f.; Görlich-Romanik 198 ff.

[168] Zu Richelieu s. Carl J. Burckhardt: Richelieu, 3 Bde. München 1941—1968; II, 1976,
251 ff.: seine Intervention in Deutschland; ebda 269; der französische König wird von
den Türken als „Kaiser" anerkannt; ebda 278 ff.: die böhmische Erhebung; zu Richelieu
auch F. Heer EG 399 ff.

[169] G. Mecenseffy 173.

[170] O. Brunner: Adeliges Landleben 35 ff.

[171] Zu den Hugenotten s. F. Heer EG 381 ff.

[172] Zu Vernichtung der evangelischen Schulen, Bücher s. G. Mecenseffy 78 f.; der Büchereien:
ebda 146 f.; O. Brunner: Adeliges Landleben, 158 ff.

[173] G. Mecenseffy 174.

[174] F. Heer EG 528 ff.; Das Innere Reich — Deutschland 1601—1800.

[174a] Lessing, s. F. Heer EG 554 ff.; Richard Daunicht: Lessing (Die Großen der Weltgesch. VI)
690 ff.

[175] Zu Kant s. F. Heer EG 569—574; F. Heer EMR 69 ff.; Ulrich Sonnemann (Die Großen
der Weltgesch. VI) 690 ff.

[176] Zu Goethe s. F. Heer EG 562 ff., 597 ff.; F. Heer EMR 70 ff., 127 ff., 258 ff., 444 ff.; Hans
Mayer: Goethe (Die Großen der Weltgesch. VI) 30 ff.; Werner Heisenberg: Goethe
(ebda 64 ff.).

[177] Zu Schiller s. F. Heer EG 575 f.; F. Heer EMP 72 ff., 77 ff., 158 ff. (Register 1024); Helmut Koopmann: Schiller (Die Großen der Weltgesch. VI) 100 ff.

[178] Zu Hölderlin s. F. Heer EMR 121 ff., 180 ff., 218 f.; Martin Glaubrecht (Die Großen der
Weltgesch. VI) 282 ff.

[179] Über Brecht vgl. Hellmuth Karasek: Bertholt Brecht, Der jüngste Fall eines Theaterklas-
sikers. München 1978, 39 ff.; Brechts biblische Sprache, 61; sein Puritanismus, 62; Brecht
und Schiller, 73; seine Augustinus-Lektüre, 137; Bau seiner Stücke wie im Barock-
drama.

[180] Zu Nietzsche s. F. Heer EMR 347 ff., 442 ff. (Register 1021); Ivo Frenzel (Die Großen der Weltgesch. VI) 802 ff.

[181] Zu Herder s. F. Heer EG 278 f., 534 f., 565 ff.; F. Heer EMR 158 ff.

[182] O. Brunner: Adeliges Landleben 20 ff.

[183] Otto Brunner ebda 48 und 345 f.

[184] Otto Brunner 55 f.

[185] Otto Brunner 193 f.

[186] Otto Brunner 202 ff.

[187] Otto Brunner 237 ff.

[188] Otto Brunner 223 ff.

[189] Otto Brunner 224.

[190] Vgl. vorläufig — ich bereite ein eigenes Buch über diesen Problemkreis vor — Friedrich Torberg: Selbstgericht in der Literatur (in: Spectrum Austriae, 614 ff.).

[191] Otto Brunner 226.

[192] Zu Hermann Conring s. Otto Brunner 227; E. Wolf: Idee und Wirklichkeit des Reiches im deutschen Rechtsdenken des 16. und 17. Jahrhunderts. 1942; ebda über Bogislaw Chemnitz.

[193] Otto Brunner (Adeliges Landleben) 223.

[194] Zu Leibniz s. F. Heer, Leibniz (Einführung); H. Stehle: Der Reichsgedanke im politischen Weltbild von Leibniz. Diss. Frankfurt 1950; H. Sedlmayr, in: Epochen und Werke. Wien 1960, 140, 157, 174.

[195] Otto Brunner 231 f.

[196] Otto Brunner 232.

[197] Otto Brunner 188 ff.

[198] Otto Brunner 191 f.; Grillparzer setzt Herzog Ulrich von Braunschweig in seinem „Ein Bruderzwist in Habsburg" ein großartiges Denkmal, vgl. F. Heer (Dritte Kraft) 432 f.

[199] Otto Brunner 189.

[200] G. Mecenseffy 96.

[201] G. Mecenseffy 65.

[202] Über die Salzburger Protestantenaustreibungen s. G. Mecenseffy 190 ff.; Claus-Jürgen Roepke: Die Protestanten in Bayern. München 1972, 302—319; ebda 295 ff.; über die Glaubensflüchtlinge aus Mühlviertel und Waldviertel; Gerhard Florey: Geschichte der Salzburger Protestanten und ihrer Emigration 1731/32 (gekürzte Neuauflage des 1967 erschienenen Werkes: Bischöfe, Ketzer, Emigranten — Der Protestantismus im Lande Salzburg von seinen Anfängen bis zur Gegenwart). Wien 1978.

[203] G. Mecenseffy 187 f.

[204] Vgl. Ed. Winter (Die tschech. . . . Emigration) 107 f., 190, 252.

[205] Über Prozesse der kaiserlichen Regierung s. G. Mecenseffy 187 f.; O. Brunner a. a. O.; Ed. Winter, a. a. O., vielfach.

[206] G. Mecenseffy 188 ff.

[207] P. Dedic: Besitz und Beschaffung evangelischen Schrifttums in Steiermark und Kärnten (in: ZKG 58. Bd., 1939); G. Mecenseffy 188 f.

[208] Hier und zum folgenden: die Kapitel 7, 9, 10 dieser Arbeit.

[209] G. Kapner 42 ff.

[210] E. Barker (Hgb.): The Character of England. Oxford 1947; F. Heer EG 442 ff.

[211] Vladimir Dedijer: Die Zeitbombe. Wien 1967 (The Road to Sarajewo) 396 ff.; 573: sein Vater hißt die Kaiserfahne.

4. Triumph und Untergang der österreichischen Barockkultur

[1] V. L. Tapié: Monarchie et peuples du Danube, 69 ff., 135 ff.

[2] Leo Mikoletzky: Österreich — das große 18. Jahrhundert. Wien 1967. Bibliographie zum Barock, s. V. L. Tapié 451 ff.; Robert A. Kann (Gesch. d. Habsb.) 510, 528 ff.; E. Zöllner

(Gesch. Öst.) 600 ff. und 604; der „Hochbarock" s. Hugo Hantsch (Die Gesch. Österreichs, 2. Bd. Graz o. J.) 134 ff.; Heinrich Benedikt (Monarchie der Gegensätze) 60 ff.; A. Tibal: Le Baroque, Culture Autrichienne, 117 ff. Zur Barockkultur die Arbeiten von Th. Schüssel, H. Sedlmayr, B. Grimschitz, Th. Zacharias, G. Schnürer, G. Otruba, A. Coreth (Pietas Austriaca, und: Österr. Geschichtsschreibung der Barockzeit); Bruno Grimschitz, Rupert Feuchtmüller, Wilhelm Mrazek: Barock in Österreich. Wien 1960; Görlich-Romanik 214 ff.: Theatrum mundi — das österreichische Barock; F. Heer (Heil. Röm. Reich) 279 ff.; H. Wiesflecker: Casa de Austria 1630—1740 (in: Österreich in Gesch. u. Lit., 5. Jg. 1961, H. 1, 9 ff.); H. Sedlmayr (Epochen und Werke II) 140 ff.; Robert A. Kann: Der Begriff Barock (in: Kanzel und Katheder) 13 ff.

[2a] Friedrich II. an Voltaire: die Zertrümmerung des „Bildes aus vier Metallen, das Nebukadnezar gesehen hat", nämlich des Reiches unter habsburgischer Führung: Briefwechsel Friedrichs des Großen mit Voltaire, hgb. von Reinhold Koser. Leipzig 1908—1917, II, 54; vgl. R. Fester: Die Saecularisation der Historie (Hist. Vjschr. 1968, 441 ff.).

[3] A. Tibal 87.

[4] E. Zöllner (Gesch. Österr.) 237 f.

[5] Zu Henri Bremond s. F. Heer EMR 703, 713.

[6] Zu Simon Rettenbacher s. A. Kutscher: Das Salzburger Barocktheater. Wien 1924; Ernst Alker: Das österr. Theater im Zeitalter der Barockliteratur (in: Neophilologus 3, 1928); Heinz Kindermann: Theatergeschichte Europas, III: Barockzeit.

[7] Zu Mozart s. F. Heer: Tod und Schönheit des 18. Jahrhunderts. Europäische Strukturen um Mozart (in: Land im Strom der Zeit) 118 ff.

[8] A. Tibal 77 f.

[9] W. Dilthey, Ges. Schriften III, 1927, 41.

[10] Kürnberger: zit. bei Hermann Bahr. Wien 1908.

[11] Zu Wilhelm Scherer: unser Kap. 8. Scherer war einer der geistig einflußreichsten Renegaten aus Österreich in Berlin.

[12] Vgl. F. Gall 17.

[13] F. Gall 19.

[14] Vgl. seine Autobiographie bei Heinrich Benedikt: Damals im alten Österreich. Erinnerungen. Wien 1979. Der Schutzumschlag zeigt „das Armeeoberkommando 1915": Heinrich Benedikt, zweiter von rechts. Die Familie: 7—113. Sein Selbstbekenntnis: „in meiner Familie ist Österreich". „Ich bin ein Österreicher, ein Barockmensch."

[15] H. Benedikt (Monarchie der Gegensätze) 55 f.

[16] Ebda 60.

[17] Ebda 63.

[18] Ebda 68.

[19] Ebda 73 f.

[20] Ebda 75.

[21] Jakob Burckhardt: Historische Fragmente, hgb. von Werner Kaegi. Stuttgart 1942, 77; A. Lhotsky (Österr. Hist.) 67 f.; zu J. Burckhardt s. Friedrich Engel-Janosi: Die Wahrheit der Geschichte. Wien 1973, 101 ff.: Burckhardt, sehr „österreichisch", ist der Überzeugung: „Der Stärkere ist als solcher noch lange nicht der Bessere ...", „alle diese unterlegenen Kräfte (waren) vielleicht edler und besser" (Weltgeschichtliche Betrachtungen, Gesamtausgabe VII, 201).

[22] A. Lhotsky 69.

[23] A. Lhotsky 77.

[24] A. Lhotsky 85.

[25] A. Lhotsky 89 f.

[26] Zu dieser Prägung Lateinamerikas durch „Las Austrias" vgl. Alexander Randa (Das Weltreich ...) 106 ff., 121 ff.; Bibl. 347 ff.; ebda 314 ff.: die österreichischen Barockkaiser übernehmen Anfang des 18. Jahrhunderts die China-Mission; 215 ff.: der große Barock in Südamerika; 131 f.: die halbe Erdoberfläche von Geographen der Austrias benannt; 184: der „Aquila de Austria" heute als Marktware im indianischen Kunstwerk; auch Karl Schwarzenberg (Adler und Drache) 339 f., 342 f.; vgl. auch G. Otruba: Österr. Jesuitenpatres des

17. und 18. Jahrhunderts in der Weltmission und als Erforscher der Erde (in: Österr. in Gesch. u. Lit., 5. Jg. 1961, H. 1, 29 ff.).

[27] A. Lhotsky 91.

[28] A. Lhotsky 93 f.

[29] A. Lhotsky 100 f.

[30] A. Lhotsky 101 f.

[31] A. Lhotsky 115.

[32] A. Coreth (Österr. Geschichtsschreibung ...) 11 f.; E. K. Winter: Staatsmystik (in: Staatslexikon der Görresges. Freiburg 1931).

[33] A. Coreth 27 ff.

[34] A. Coreth 28.

[35] F. Heer EG 491; es war der konvertierte Hugenottenpfarrer von Nimes, der diese sakrale und so fatale Devise prägte — nach uralten „Mustern"; vgl. J. Dreibal: Louis XIVe et les protestants. Paris 1952.

[36] Vgl. F. Heer EG 398 ff., 475 ff., 482—492, 540—542; über Schönbrunn als Über-Versailles s. H. Sedlmayr (Epochen und Werke II) 145 f., 164 f.; das Versailles des Sonnenkönigs: ebda 240 ff.; Lever et Coucher Ludwigs XIV. als liturgischer Aufgang und Untergang des Sonnengottes.

[37] A. Coreth 42 f.

[38] Zu J. J. Becher s. Robert A. Kann (Gesch. d. Habsb.) 121 f.; Herbert Hassinger: Johann Joachim Becher. Wien 1951, 138 ff.; Robert A. Kann (Kanzel und Katheder) 38 ff.; Alb. Hoffmann: Becher, Hörnigk, Schröder (in: Tausend Jahre Österreich, I). Wien 1976, 40 ff., 126.

[39] Zu W. v. Schröder s. R. A. Kann, ebda; Görlich-Romanik 251 f.

[40] Zu Hörnigk s. Fritz Posch: Philipp Wilhelm von Hörnigk. Wanderjahre und österreichisch-steirische Beziehungen (in: MIÖG 61, 1953).

[41] Robert A. Kann 122.

[42] A. Coreth 29.

[43] A. Coreth 55.

[44] A. Coreth 127 und 130.

[45] A. Coreth 120 f.

[46] Über die Brüder Pez vgl. A. Coreth 100 ff.; A. Lhotsky (Österr. Hist.) 117 ff. Das barocke Stift s. H. Sedlmayr II, 153; J. Angerer u. G. Trumler (Klösterreich. Wien 1978) 40 ff., 208 ff., 240 ff.

[47] A. Lhotsky 117.

[48] Robert A. Kann (Kanzel und Kath.) 59 ff., 71 f.

[49] R. A. Kann ebda 114 ff.

[50] R. A. Kann ebda 73 und 97.

[51] R. A. Kann, ebda 81 ff.; und 311.

[52] Vgl. Franz Loidl: Abraham à Sancta Clara und das Judentum, in: Studien über das Judentum in Wien und Österreich im Barock. Wien 1941; R. A. Kann 83 ff.

[53] R. A. Kann 84 f.

[54] Zu Sebastian Brunner, Wiesinger, Denkert s. F. Heer GIL 232, 303, 354 ff.; F. Heer GAH 17, 66 f., 610.

[55] Axel Corti, der bekannte Regisseur, kam nach Anhörung einer dieser Predigten betroffen zu mir — damals erfolgte kein kirchliches Einschreiten, trotz aller Bitten ...

[56] R. A. Kann 42 f.

[57] Über Wolfgang Schmelzl in Wien s. Görlich-Romanik 126, 218.

[58] R. A. Kann 70.

[59] G. Kapner 25 ff., 39 f.

[59a] A. Coreth (Pietas Austriaca) 43 ff.

[60] G. Kapner ebda.

[61] Zu Maximilian I. s. F. Heer (Heil. Röm. Reich) 177 ff.

[62] Über Liselotte von der Pfalz vgl. Hans Leo Mikoletzky: Österreich — das große 18. Jahrhundert, 15.

[63] Zu Österreich-Klösterreich s. J. Angerer/G. Trumler: Klösterreich. Wien 1978; H. Sedl-mayr über das Stift: Epochen und Werke II, 153 ff.; F. Heer: Österreichs imperiale Kunst (in: Land im Strom der Zeit, 106 ff.).

[64] Über die Pestsäule-Dreifaltigkeitssäule in Wien s. H. Sedlmayr II, 164, 240.

[65] Über Reinhard Federmann vgl. Die Pestsäule — In memoriam Reinhard Federmann, hgb. von Milo Dor. Wien 1977; hier 10 ff. Hans Weigel: Todesursache — Österreich; R. Fe-dermann: Ein Tag wie tausend Jahre. Notizen zu einem Roman, 48 ff.

[66] H. Sedlmayr II, 177 ff.

[67] Zum folgenden vgl. H. Sedlmayr II, 140 ff.; Heer (Land im Strom der Zeit) 106 f.

[68] Zu Leopold II. s. V. L. Tapié (Register 488); E. Zöllner (Gesch. Österr.) 247 ff.; Robert A. Kann 82 ff. (und Register 606); Görlich-Romanik 218—231, 245 ff.

[69] Über Leibniz und Prinz Eugen vgl. H. Sedlmayr II, 149 ff., 173, 273; F. Heer (Leibniz) 8 ff., 24 ff., 52 ff.

[70] Zu Prinz Eugen s. Robert A. Kann (Gesch. d. Habsb.) 72 ff., 88 ff.; V. L. Tapié: Index 491; vgl. das monumentale Werk von Max Braubach: Prinz Eugen, 5 Bde. Wien 1960 bis 1965; H. Hantsch: Prinz Eugen als Staatsmann und Mäzen. Graz 1963; zu: der „deutsche" Prinz Eugen vgl. H. Rössler: Der Soldat des Reiches Prinz Eugen. Oldenburg 1934; R. Lorenz: Prinz Eugen von Savoyen (in: Neue deutsche Biographie — Die Großen Deut-schen II) 1935; H. v. Srbik: Österreichs Vergangenheit — Von Prinz Eugen zu Franz Josef. Salzburg 1949; dagegen s. Nev. Henderson: Prince Eugen of Savoy. London 1964; Zur Genealogischen Abstammung des Prinz Eugen s. O. Forst-Battaglia: Wissen-schaftliche Genealogie. Bern 1948.

[71] Zu Prinz Eugen und Friedrich II. s. Th. Schieder: Prinz Eugen und Friedrich der Große im gegenseitigen Bild (HZ 156, 1937) 263.

[72] Srbik über die Europa zerstörende „Leistung" Friedrichs II. s. H. v. Srbik: Deutsche Ein-heit I, 100 ff.

[73] Görlich-Romanik 258.

[74] Vladimir Dedijer 470 f.

[75] Über die böhmischen Denker und Leibniz s. Ed. Winter (Der Böhmische Vormärz ...) 260 ff., 265 ff., 281 f.; William M. Johnston (Österr. Kultur ...) 279 ff.: Böhmischer Reformkatholizismus — Die Leibnizsche Vision der Harmonie, 310 ff.: die letzten Ex-ponenten der Leibnizschen Tradition (Josef Popper-Lynkeus, Othmar Spann, Hermann Broch).

[76] F. Heer (Leibniz) 7 ff.; Lit. und Quellen 208 ff.

[77] F. Heer ebda 16 ff., 47 ff.

[78] Zu Onno Klopp s. Wiard Klopp 79 ff.

[79] Zu Spinola s. F. Heer (Leibniz) 47 f.; V. L. Tapié 112; Görlich-Romanik 244 ff.

[80] Zu Bossuet s. F. Heer EG 484 ff.

[81] Zu Johann Bernhard Fischer von Erlach s. H. Sedlmayr II, 157 ff.; zu Fischer von Erlach und Leibniz s. ebda 150; zur Karlskirche auch: Karl F. Schwarzenberg 342 f.

[82] H. Sedlmayr II, 145 f., 147.

[83] Über Hitlers durch Speer projektierten Berliner „Reichsdom" als ein Über-St.-Peter s. B. Leitner: Ein Gespräch mit Albert Speer (Die Presse, 24./25. Februar 1979, 15), und Al-bert Speer im DS-Gespräch mit Adelbert Reif in: Deutsches Allgemeines Sonntagsblatt, Nr. 9, 4. März 1979, 18).

[84] H. Sedlmayr 165.

[85] H. Sedlmayr 167.

[86] H. Sedlmayr 174 ff.

[87] H. Sedlmayr 184.

[88] H. Sedlmayr 184 f.

[89] Zu Karl dem Großen s. F. Heer (Karl d. Gr.) 7 ff., 123 ff.; der staufische Friedericus als Salomon, id est rex pacis; dazu F. Heer (Die Tragödie) 229 ff.; Komm. Band 114 ff.; Friedrichs II. Kampf: F. Heer (Mittelalter) 529 ff.; zu Napoleon-Karl der Große s. K. Schwarzenberg 250 ff.

[90] H. Sedlmayr 185 f.

[91] Für diese alte sakrale Volkskultur kämpfte noch lebenslang in Graz Victor von Geramb: Um Österreichs Volkskultur. Salzburg 1946. Seine Verwurzelung im Bauerntum; dazu vgl. O. Brunner: Europäisches Bauerntum (in: Der Hag, H. 6, 1951). In diesen Bezügen ist der Künstler als Magier-Priester-Medizinmann zu sehen; vgl. Arnold Hauser: Kunst und Gesellschaft. München 1973, 154 ff.

[92] Über den höfischen Lebensstil der Herzoge von Burgund vgl. Jan Huizinga: Der Herbst des Mittelalters (das klassische Werk wird immer wieder neu aufgelegt); F. Heer EG 297 f.; R. Stadelmann: Vom Geist des ausgehenden Mittelalters. München 1934; zu Huizinga s. Kurt Köster: Der Historiker Johann Huizinga, in: J. Huizinga. Geschichte und Kultur, Ges. Aufsätze. Stuttgart 1954, IX f.

[93] Karl V. weiß sich lebenslang als Herzog von Burgund. Dazu F. Heer (Heil. Röm. Reich) 187 f.; P. Lahnstein 41 ff.

[94] Zu Fritz Wotruba: Wotruba-Figur als Widerstand, hgb. von Otto Breicha. Salzburg 1977; hier schriftliche Selbstaussagen Wotrubas über seine Bindungen an das alte Österreich: 138 ff. Ich erinnere mich dieser auch aus vielen Gesprächen mit Fritz Wotruba. — Österreichische Kontinuität: sie führt von der Dreifaltigkeitssäule am Graben in Wien zu Wotruba und seiner Kirche zu Ehren der Allerheiligsten Dreifaltigkeit in Wien Mauer (darüber Wotruba selbst: ebda 218; F. Heer: Humanität aus dem Stein, 148 ff., und: F. Heer: Fritz Wotruba und sein österreichisches Jahrhundert, 230 ff. Alles in dem Sammelband, hgb. von O. Breicha).

[95] G. Kapner 130.

[96] G. Kapner 26 f. (mit Lit.).

[97] A. Coreth (Pietas Austriaca) 43 ff., 52 f.

[98] Die Große Mutter, vgl. dazu Erich Neumann: Die Große Mutter. Zürich 1958; ders.: Ursprungsgeschichte des Bewußtseins. Zürich 1959; ders.: Kunst und schöpferisches Unbewußtsein. Zürich 1954; F. Heer: Die Frau als Himmel und Hölle (Abschied von Höllen und Himmeln, 153 ff.); zur psychologischen Problematik s. Julien Bigras: Gute Mutter — böse Mutter. Das Bild des Kindes von seiner Mutter. Paris 1971 (Les Images de la Mère). München 1975, 10 ff., 147 ff., 151 ff.

[99] G. Hierzenberger: Der magische Rest — ein Beitrag zur Entmagisierung des Christentums. Düsseldorf 1968, mit Vorwort von Ferdinand Klostermann; ebda 222 ff.: zu Theologie-Magie, und 238 ff.: Mariologie. — Zur Problematik des Barock in dieser Hinsicht s. Karl Ledergerber: Kunst und Religion in Verwandlung. Köln 1961, 37 ff.: das sakrale Reich, 45 ff.: das zerbrochene Symbol und der Bildersturm; 53 ff.: die barocke Sakral-Illusion.

[100] A. Varagnac 39 ff., 311 ff., 345 ff.

[101] Vgl. den Sammelband: Das Jahrhundert der Barbarei, hgb. von K. H. Deschner. München 1966, 20 ff., 23 ff., 438 ff.

[102] Vgl. etwa den in der Herder-Bücherei Freiburg i. Br. 1964 erschienenen Band: Das Magnifikat, verdeutscht und ausgelegt durch D. Martin Luther, mit einer Einführung von Albert Brandenburg, dem evangelischen Theologen, der sich auf Papst Leo X. beruft: ebda 9.

[103] Tempus medium, tempus novum, „die neue Zeit", s. dazu F. Heer (Die „Renaissance"-Ideologie ... in: MIÖG LVII 1949, 29 ff.); Vico's Ricorsi, dazu F. Heer EG 362 ff.

[104] Zu diesem Kaiser-Glauben s. Karl F. Schwarzenberg, 20 ff., 111 ff. Kaiser Franz Josef steht in fünftausendjährigen Symbolhaltungen; vgl. ebda 233. — Die heutigen afrikanischen „Präsidenten", Diktatoren, bekleiden sich mit den sakralen Attributen der alten Könige. Dazu Ndiva Kofele-Kale: The Politics of Development and the Problem of Leadership in Afrika (in: Cross Currents. New York, Winter 1978/79, vol. XXVIII, Nr. 4, 423 ff., 444 ff. Hier auch der Präsident als „der große Löwe"; (vgl. Kaiser Friedrich II. als der staufische Löwe!) — Lit. hier: 447 ff.

[105] Römischer Kaiser-Glaube; s. dazu Josef Vogt: Der Niedergang Roms. Zürich 1965, 149 ff.; H. Mommsen: Römische Geschichte VI, 187 ff.; Erik Peterson: Der Monotheismus als politisches Problem. Ein Beitrag zur Geschichte der politischen Theologie im Imperium

Romanum. Leipzig 1935, 101—158 (Dokum.); 158: Bezug auf Carl Schmitt: Politische Theologie. München 1922.

[106] Mittelalterlicher Glaube an den „König"; vgl. die reichen Arbeiten von Percy Ernst Schramm, so etwa: Der König in Frankreich, 2 Bde, 1939; Karl F. Schwarzenberg, 149 ff.

[107] H. Andics: 50 Jahre unseres Lebens, 625 ff. und 726 f.: Der Fall Habsburg.

[108] „Die Zeit in der wir leben": Bruno Kreisky — Manuel Lucbert. Vgl. dazu „Die Presse", 25./26. November 1978, 22; „Ich komme aus Deutsch-Böhmen".

[109] F. Heer: Humanitas Austriaca (Land im Strom der Zeit) 17—105, gekürzt in: Spectrum Austriae, 478—522.

[110] F. Heer, ebda 31 f., 68 ff.

5. „Als Böhmen noch . . ."

[1] G. Mecenseffy 199.

[2] Ed. Winter (Die tschech . . . Emigration); G. Mecenseffy 86 f. u. bes. 198 f.

[3] Über Halle s. Ed. Winter (Halle als Ausgangspunkt . . .) 1 ff.; Ed. Winter (. . . Emigration) 7 ff., 79 ff., 87 ff. und Register 554.

[4] Ed. Winter (Emigration) 98 ff.

[5] G. Mecenseffy 199 f.

[6] G. Mecenseffy 202.

[7] G. Mecenseffy 197.

[8] Claus-Jürgen Roepke 302; vgl. ebda 295 ff., Lit. 458 ff.

[9] Zu Schaitberger s. C. J. Roepke 313 ff., 319 f.

[10] C. J. Roepke 316.

[11] Zu Urlsperger s. ebda 316 ff.

[12] Ebda 319.

[13] Ebda 319; G. Mecenseffy 198.

[14] Vgl. F. Rennhofer: Ignaz Seipel, 68.

[15] Für die Werke Eduard Winters s. die Bibliographie 1924—1965 von E. Grau und J. Flentje in: Ost und West in der Geschichte des Denkens und der kulturellen Beziehungen. Festschrift für Eduard Winter zum 70. Geburtstag. Berlin 1966, 5—27; 1966—1975 von Eleonore Zlabinger, in: Ost-West-Begegnung in Österreich. Festschrift für Eduard Winter zum 80. Geburtstag. Wien 1975, 327—351. Dankbar gedenke ich meiner Begegnungen mit Eduard Winter in vergangenen Jahrzehnten.

[16] Zu Müntzer-Hus s. G. Wehr: Thomas Müntzer (Die Großen der Weltgesch. IV) 865 f.

[17] Ed. Winter (Tausend Jahre) 105.

[18] Ed. Winter (Emigration) 93, 99 f., 103 f., 116.

[19] Ed. Winter, ebda 351 ff., 355.

[20] Ed. Winter, ebda 99, 208.

[21] G. Kapner 42.

[22] Ed. Winter 45.

[23] Ed. Winter 43 f.

[24] Ed. Winter 49 f., 190.

[25] Zu Amos Comenius s. Ferdinand Seibt: Comenius (Die Großen der Weltgesch. V) 694 ff.; hier seine Beziehungen zu Visionären waldensischer und hussitischer Herkunft, 691 ff.; Bibl.: 706 f.; F. Heer EG 299, 428, 532; Ed. Winter (Emigration) 34, 81 ff., 91 ff., 243 ff., 276 ff.

[26] Ed. Winter, ebda 49.

[27] Zu Treitschke s. F. Heer (das Wagnis) 232 f.; auch Heinrich von Sybel, Verkünder des Heils aus Preußen gegen das unheile Österreich, ist ein Sachse mit hussitischem Blut in den Adern. Dazu Heer, ebda 232; vgl. H. Schleier (in: Joachim Streisand, Hgb.: Die deutsche Geschichtswissenschaft vom Beginn des 19. Jahrhunderts bis zur Reichseinigung von oben. 2 Bde. 1963—1965, I, 272 ff.). Lit. bei F. Heer 389 f.

[28] Ed. Winter (Emigration) 66 ff.

[29] Über die Hus-Verehrung in Halle s. Ed. Winter, ebda 83 f., 217 f.

[30] Ed. Winter, ebda 72.

[31] Ed. Winter, ebda 168 ff.

[32] Vgl. M. Bucsay: Der Protestantismus in Ungarn 1521—1977, 1. Teil: Im Zeitalter der Reformation, Gegenreformation und katholischen Refom. Stuttgart 1959; Robert A. Kann (Gesch. d. Habsb.) 113 ff.

[33] Zu Teschen s. Oskar Wagner: Mutterkirche vieler Länder. Geschichte der evangelischen Kirche im Herzogtum Teschen. Wien 1976; Ed. Winter a. a. O. 86 f.

[34] Zu A. H. Francke s. Ed. Winter ebda 79 f., 230 ff., 240 f., 251 ff.; Ed. Winter (Halle) 8 ff.

[35] Zu G. A. Francke s. Ed. Winter 102 f., 107 f., 144 f., 243 f. und Register 541.

[36] Über Kurfürst Friedrich Wilhelm von Brandenburg und die preußischen Aspirationen auf Schlesien s. Ed. Winter ebda 78 ff., 88 ff., 99 ff.

[37] Ed. Winter ebda 81; diese neuen „Illegalen": ebda 13 und 247 ff.

[38] Vgl. unsere Kapitel 8 und 9.

[39] Ed. Winter ebda 93 ff., 105 ff. und bes. 217.

[40] Ed. Winter ebda 84.

[41] Zu Milde s. Ed. Winter 83 ff., 92 ff., 100 ff. (und Register 546).

[42] Ed. Winter 93 ff.

[43] Ed. Winter 99 ff.

[44] Ed. Winter 105, 139 und 545.

[45] Ed. Winter 83; zu Lerche: ebda 107 f., 152 f., 190.

[46] Ed. Winter 108 und vgl. 249.

[46a] Friedrich II. an Voltaire, aus Reinsberg: Briefwechsel Friedrichs des Großen und Voltaires, hgb. von R. Koser II, 54.

[47] Zu Drabik s. Ed. Winter 190 f.

[48] Zu Liberda s. Ed. Winter 94 ff., 102 ff., 112 ff.

[49] Zu Macher s. Ed. Winter 114 ff., 138 ff. und Register 546.

[50] Ed. Winter 131 ff.

[51] Ed. Winter 133.

[52] Ed. Winter 136.

[53] Ed. Winter 137.

[54] Ed. Winter 140.

[55] Ed. Winter 155 f.

[56] Ed. Winter 156.

[57] Auswahl von Quellen und Lit. zur Geschichte Maria Theresias bei Gerda und Gottfried Mraz: Maria Theresia. Ihr Leben und ihre Zeit in Bildern und Dokumenten. München 1979, 338—343; ihre Kindheit und Jugend, hier 9 ff.; Der Kampf um das Erbe: 54 ff.; V. L. Tapié 198 ff. und 458 f.; E. Zöllner (Gesch. Österr.) 304 ff.; Robert A. Kann (Gesch. d. Habsb.) 162 ff., Lit. 550 ff.; E. Crankshaw: Maria Theresia (engl. 1969, deutsch München 1970); Henri Vallotton: Maria Theresia (deutsch München 1978); A. Wandruszka: Maria Theresia und der österreichische Staatsgedanke (in: MIÖG 76, 1968, 174 ff.); A. Wandruszka: Das Haus Habsburg (jetzt wieder Ed. 1979); H. Wiesflecker: Maria Theresia und Joseph II. (Die Großen der Weltgesch.. VI) 49 ff., Lit. 639—645; F. Heer (Das Heil. Röm. Reich) 319 ff.

[58] Vgl. H. Vallotton 52.

[59] E. Crankshaw 73.

[60] G. Mecenseffy 204 ff.; Ed. Winter 157 ff.

[61] Hofmannsthal und der „Muttermut" der Maria Theresia: H. v. Hofmannsthal, Prosa III (Frankfurt 1952) 359, vgl. ebda 388 ff.

[62] Über Ungarn und Siebenbürgen s. M. Bucsay a. a. O. I; zur heutigen Situation s. J. Schramm: Interkonfessionelles aus Pannonien. Freilassing 1978, 27 ff.: permanenter Kampf der Konfessionen heute. Lit.: E. Zöllner 602 f.

[63] Ed. Winter 157 f.

[64] Zur österreichischen Psyche und ihrer Zerstörung s. die Arbeiten von A. Tibal, I. Zingarelli, A. Venturi, F. Valsecchi, H. Buschbeck, Robert A. Kann, H. Benedikt — und das Lebenswerk der österreichischen Dichter zwischen Joseph Roth, Arthur Schnitzler, Hei-

mito von Doderer und den „zornigen jungen Österreichern" im heute. Hier sehr signifikant Alfred Kaiser: Kaiserschnitt — eine Operette, Epi-Pro- und Katalog zum Film (o. J., 1978): Österreich im Ersten Weltkrieg, wobei der Zorn des Autors seinen Climax erreicht in seiner „Darstellung" des Kaisers Karl.

[65] Vgl. Friedrich Walter: Männer um Maria Theresia. Wien 1951.

[66] O. H. v. d. Gablentz: Die Tragik des Preußentums, 45 ff.; zu Friedrich II. s. F. Heer EG 556, 570 ff.; Gordon A. Craig: The Politics of the Prussian Army 1640—1945. Oxford 1955, 14.

[67] Prinz Heinrich von Preußen — so in seinen Briefen an seinen Bruder Ferdinand (Otto Hermann: Friedrich der Große im Spiegel seines Bruders Heinrich, in: Hist. Vjschr. XXVI, 1931, 367) — verabscheut Friedrich II. als eine „Fehlgeburt", als „Wüterich" etc.

[68] E. M. Arndt, so 1805 in „Geist der Zeit", p. 316 (Ausgabe von 1806); vgl. R. Augstein 7, 35, 43, 50, 383, 376.

[69] O. Forst-Battaglia: Friedrich II. von Preußen und Polen (in: Blick nach Osten, Jg. 1952, H. 4) 337 ff.

[70] Zu Friedrich II. gegen Polen s. P. Gaxotte 428 ff.; R. Augstein 159 ff., 239 f.

[71] Vgl. R. Augstein 75 f., 87 ff., 329 ff.; P. Gaxotte 173, 440 ff.; vgl. Gerhard Ritter: Friedrich der Große, 3. Aufl. Heidelberg 1954, 63.

[72] H. v. Treitschke: Das deutsche Ordensland Preußen mit einer Einl. von W. Bussmann. Göttingen 1955 (1. Ed. 1862 in den „Preußischen Jahrbüchern") 8 f., 19 f., 21 ff., 28 ff.; vgl. ebda 75 über den Markgrafen Albrecht von Brandenburg als Ordensmeister; vgl. Preußenland und Deutscher Orden, Festschrift für Kurt Forstreuter. Würzburg 1958, 127 ff.; W. Hubatsch: Die Staatsbildung des Deutschen Ordens; hier auch über die Erhaltung der preussischen (slawischen) Sprache bis ins 16. Jahrhundert: 146.

[72a] H. J. Schoeps (Preußen) 31 f.

[73] Zu Prinz Eugen und Friedrich II. s. Th. Schieder a. a. O.; Prinz Eugen: „gehören gehängt ...", H. J. Schoeps 43. Zu Friedrich II. s. Otto Bardong: Friedrich der Große (Die Großen der Weltgesch. VI) 563 ff.; Lit. und Bibl. 576 ff.

[74] Zu den schweren Kämpfen zwischen den Calvinisten (zumeist hugenottischer Herkunft) und Lutheranern vgl. W. Hegemann: Das steinerne Berlin. Berlin 1930, 68 ff.

[75] Vgl. Emil von Kahler: Der deutsche Charakter in der Geschichte Europas. Zürich 1937, 184 ff.

[76] Haß im Hause Hohenzollern. Dazu W. Hegemann 80 ff.; W. H. Nelson 52 ff.; E. v. Kahler 205 f.; E. Simon 79 ff., 88 ff.; W. Kiaulehn (Berlin, München 1958) 46 f.

[77] W. H. Nelson (Die Hohenzollern) 52.

[78] K. A. Meissinger 198; F. Heer EG 558; Friedrich II. über seinen Tod: „Der alte Dessauer ist verreket." R. Augstein 165; Friedrich wünscht ihn in die Hölle.

[78a] W. H. Nelson 57 f.

[79] Vgl. R. Augstein 127 ff., 132 ff., 191 ff., und W. H. Nelson a. a. O.

[79a] W. H. Nelson 65.

[80] H. J. Schoeps: Die Ehre Preußens, 3. Ed. Stuttgart 1951; H. J. Schoeps: Das andere Preußen. Stuttgart 1952.

[81] Klaus Peppermann, zit. nach H. J. Schoeps (Preußen, Geschichte eines Staates. Berlin 1966, 48; ebda 55 ff.: der Franck'sche Pietismus, das Militär und der Soldatenkönig).

[82] C. Hinrichs: Preußen als historisches Problem. Berlin 1964, 57; ders.: Der Kronprinzenprozeß. Hamburg 1936; zum Prozeß auch E. Simon 124 ff.; zu Friedrich II. „Erziehung": P. Gaxotte 15 ff., 20 ff., 32.

[83] Zu Jochen Klepper s. Rita Thalmann: Jochen Klepper — Ein Leben zwischen Idyllen und Katastrophen. München 1977, 151; Jochen Klepper: Der Vater. Roman eines Königs. Stuttgart 1954 im 103. bis 111. Tausend erschienen. Ich gestehe gerne den tiefen Eindruck, den mir die Lesung dieses bedeutenden — und so fragwürdigen — Werkes 1939 machte.

[84] P. Gaxotte 390 ff.

[85] P. Gaxotte 192 f.; R. Augstein 398 und 80.

[86] P. Gaxotte 169 und 172.

[87] Friedrich als der „nordische Don Quijote": Dok. bei R. Augstein 64 und 77; H. Jessen (Hgb.): Friedrich der Große und Maria Theresia in Augenzeugenberichten 375.

[88] Vgl. R. Augstein 75, 80 ff., 87 ff.

[89] R. Augstein 372.

[90] Voltaire über Friedrichs verderbte Seele: R. Augstein 77, 390 f.; dazu der französische Gesandte in Berlin de Valory: „Der Hauptfehler seines Charakters ist die Menschenverachtung": bei H. Jessen 251.

[91] Über die Fürsprache Kaiser Karl VI., der handschriftlich um sein Leben bittet s. E. Simon 126 f.

[92] Vgl. R. Augstein 331 und 499 f.; sein Bett etc.: ebda 332 und 500.

[93] P. Gaxotte 329 f.; „Die preußische Armee bleibt immer: nicht ein Land, das eine Armee, sondern eine Armee, die ein Land hat, in welchem sie gleichsam nur einquartirt (sic!) steht." So Georg Heinrich von Berenhorst, Major und Adjutant Friedrichs II. im Siebenjährigen Krieg; vgl. R. Augstein 123, 412, 422.

[94] R. Augstein 124; Alfieris Äußerungen ebda 135 f.; W. Hegemann: Fridericus, Hellerau 1924, 92.

[95] P. Gaxotte 283 f.

[96] P. Gaxotte 323 ff.; R. Augstein 248 ff.

[97] R. Augstein 255; Mirabeau: De la Monarchie Prussienne sous Frédéric le Grand. London 1788, t. III 342.

[98] R. Augstein 130.

[98a] R. Augstein 131.

[99] R. Augstein 133.

[100] „Ihr Windtbeutel und Erzschäker" — Die Randbemerkungen Friedrichs des Großen, hgb. v. Borchardt-Murawski. Bad Nauheim o. J., 84.

[101] J. D. Preuss: Friedrich der Große . . . IV. Berlin 1834, 334.

[102] Prinz Heinrich an den Erbprinzen von Braunschweig. Dazu R. Koser: Friedrich der Große (Stuttgart 1913). Darmstadt 1963, Band III, 405.

[103] E. Pfeiffer: Die Revuereisen Friedrichs des Großen (Berlin 1904). Vaduz 1965, 107, Anm. 18.

[104] P. Gaxotte 312 ff.

[105] Vgl. R. Augstein 234 ff., 256 ff., 293 ff.

[106] Zu Romanow und Mirabeau s. R. Augstein 345 f. und 502/3.

[107] P. Gaxotte 259.

[108] Zu Elisabeth Christine von Braunschweig-Wolfenbüttel, ihre „Bekehrung", ihre Gewissensängste, s. Peter Reinhold: Maria Theresia 7 ff.; Gerlinde Körper: Studien zur Biographie Elisabeth Christines von Braunschweig-Lüneburg-Wolffenbüttel, Diss. Wien 1976; G. und F. Mraz 12 f.

[109] Zu Franz von Lothringen s. Leo Mikoletzky: Kaiser Franz I. und der Ursprung des habsburgisch-lothringischen Familienvermögens. Wien 1961; ders.: Franz Stephan von Lothringen als Wirtschaftspolitiker, in: MÖStA (Mitt. d. Österr. Staatsarch.) 13, 1960, 231 ff.

[110] Vgl. P. Gaxotte 227 ff.; der alte Dessauer nannte Friedrichs II. Proklamation an die Schlesier eine „politische Infamie": E. Simon 218 ff. — Zu den Armeen Maria Theresias und Friedrichs II.: Chr. Duffy: The Army of Maria Theresia. The armed forces of imperial Austria 1740—1780. North Pomfret 1977; Gordon A. Craig: The Politics . . . 17 ff.

Von diesem preußischen Kampf gegen den „Erbfeind Österreich" (R. Augstein 27 ff.) führt eine direkte Linie zur Devise des Eduard Benesch „Detruisez l'Autriche-Hongrie". Paris 1916, der direkt die böhmische Politik Maria Theresias anvisiert; vgl. V. L. Tapié 460 — als „Revanche" für ihre „Vernichtung" des Böhmischen Staates!

[111] Vgl. H. Vallotton 94.

[112] Carl J. Burckhardt: Hohenfriedberg-Königgrätz. Ich erinnere mich an ein langes Gespräch mit Carl J. Burckhardt über diese Bezüge nach dem Begräbnis von Gerty von Hofmannsthal, der Witwe Hugos, in Rodaun; Bismarck lebt in angstvoller Erwartung des

„dritten schlesischen Krieges"; vgl. H. Rothfels: Ostraum, Preußentum und Reichsgedanke. Leipzig 1935, 11 und 15.

[113] H. v. Srbik: Deutsche Einheit I, 100 ff.; Srbik erscheint „Friedrich II. als ein unnational gesinnter Held": 103; er beruft sich unter anderem auf G. B. Volz: Friedrichs des Großen Plan einer Losreißung Preußens von Deutschland (HZ 122. Bd., 267 ff.). Vgl. auch Srbiks Vorwort zum 3. Band seiner „Deutschen Einheit". Wien, September 1941: seine Verteidigung gegen den Vorwurf, er habe Preußen und Friedrich den Großen zu wenig gewürdigt.

[114] F. Fetjö (Joseph II.) 199 f.; H. Jessen 452 ff.

[115] F. Fetjö 199 f.; H. Jessen 454 f.

[116] F. Fetjö 347; Matthias Claudius singt das „Lied nach dem Frieden": bei H. Jessen 464 f.

[117] Vgl. H. Vallotton 300.

[118] H. Vallotton 304.

[119] H. Jessen 452.

[120] H. Vallotton 292 ff. und 304.

[121] E. Crankshaw 177 f.

[122] Vgl. Kapitel 7 und 8 dieser Arbeit.

[123] Robert A. Kann (Gesch. d. Habsb.) 552.

[124] Zu diesen böhmischen Reformkatholiken s. Ed. Winter (Barock, Absolut.) 1971; ders.: Der Josephinismus (Berlin 1962) — eine Frühfassung. Der Josephinismus und seine Geschichte. Brünn 1943; erste Fassung in: Tausend Jahre Geisteskampf . . . 261 ff., 284 ff.

[125] Über Maria Theresia für die Tschechen vgl. Ed. Winter (Josephinismus); E. Crankshaw 361.

[126] Zu Bartenstein s. Josef Hrazky: Johann Christoph Bartenstein, der Staatsmann und Erzieher (in: Mitt. Österr. Staatsarch. 1958, 221 ff.); Waltraut Högl: Bartenstein als Erzieher Josephs II. Diss. Wien 1959.

[127] Zu Haugwitz s. F. Walter, a. a. O.; H. Jessen 230 f., 313 f., 428 f.; E. Crankshaw 214 ff.; Robert A. Kann (Gesch. d. Habsb.) 164 ff.

[128] Vgl. Robert A. Kann; ebda 162 ff.

[129] Görlich-Romanik 289.

[130] Rolf Bauer (Österreich, 1970) 235 ff.

[131] Rolf Bauer, ebda 221.

[132] V. L. Tapié 211 f. und 460.

[133] Robert A. Kann 169 ff.

[134] Görlich-Romanik 269, 275 f., 284 ff.; H. Vallotton 96 ff., 102 ff., 187 ff., 234 ff., 276 ff., 286 ff.

[135] E. Crankshaw 244 ff.; vgl. hier auch 241 und 260.

[136] E. Crankshaw 262.

[137] Zu Gerhard van Swieten s. Erna Lesky/Adam Wandruszka: Gerhard van Swieten und seine Zeit. Wien 1973; Ed. Winter (Der Josefinismus) 28 f., 34 ff., 47 ff., 73 f., 89 f., 107 ff., 140 f., 479 ff.; Robert A. Kann (Kanzel und Katheder) 132, 137, 167, 182, 218; E. Crankshaw 226 ff., 284 ff.; H. Vallotton 75, 192 f., 243 ff.; Karl Eder (Der Liberalismus) 38, 49; vgl. auch das Werk seines Sohnes Gottfried bei Ernst Wangermann: Aufklärung und staatsbürgerliche Erziehung. Gottfried van Swieten als Reformator des österreichischen Unterrichtswesens 1781—1791. Wien 1978.

[138] Ed. Winter a. a. O. 259.

[139] Zum Jansenismus s. F. Heer EG 408 ff., 380; Ed. Winter (Der Josefinismus) 32 ff.; F. Maass (Frühjosephinismus. Wien 1969); in dem von Elisabeth Kovács herausgegebenen Werk: Katholische Aufklärung und Josephinismus (Wien 1979) s. Peter Hersche: Der österreichische Spätjansenismus; Adam Seigfried: Dogmatik unter dem Einfluß von Aufklärung und Jansenismus; Andreas Lauer: Moraltheologie unter dem Einfluß von Jansenismus und Aufklärung.

[140] Robert A. Kann (Kanzel) 163, 713 ff., 178 f., 230.

[141] Zu Wieland gegen Sonnenfels s. Robert A. Kann 241, Anm.; Lessing gegen Sonnenfels s. ebda 163 f., 237 ff.; zu Lessing in Wien s. H. Vallotton 178 f.

[142] Robert A. Kann 241—243.

[143] Vgl. unsere Kapitel 9 und 10. Die Juden Wiens in der mariatheresianischen Zeit, s. Robert A. Kann 158 ff., 257 ff.

[144] Robert A. Kann 149—258.

[145] Zu Nicolai s. K. Aner: Der Aufklärer Friedrich Nicolai. Gießen 1912; G. Ost: Friedrich Nicolai, Allgemeine Deutsche Bibliothek. Berlin 1928, Nachdruck 1967; Sonnenfels und Nicolai: R. A. Kann 154, 230.

[146] Zu Lessing und Nicolai s. R. Daumicht: Lessing (Die Großen der Weltgesch. VI) 694 f. und 713.

[147] Robert A. Kann 154, 162, 205; vgl. ebda 230 f., Sonnenfels an Nicolai: „der gute deutsche Stil, um den ich mich bemühe, werde in Wien als lutherisches Deutsch bewertet".

[148] R. A. Kann 197 f., 244 f.

[149] R. A. Kann 155 f., 193 f., 228 ff.

[150] R. A. Kann 201.

[151] Vgl. R. A. Kann 150, 158—165, 174, 252 ff., 231.

[152] R. A. Kann 160 f.

[153] F. Heer: Höllisch-Himmlisches Welttheater und „Das Große Fest", in: Abschied von Höllen und Himmeln 184 ff., Bibl. 315 ff.; Jan Kott: Gott-Essen, Interpretationen griechischer Tragödien. München 1975 (The Eating of God. New York 1973). Kotts ursprünglicher Titel: Fronleichnam oder die Bakchen (ebda 325); hier die Aufzeigung der Kontinuität: archaischer Kult, attische Tragödie, christliche Liturgie, Volkstheater; ebda 316: die Messe als Theater.

[154] R. A. Kann 209 ff.

[155] Vgl. F. Heer EG 421 ff.; visual beauty represents moral danger: 422; gegen „die Schönheit der Heiligen": ebda 429.

[156] R. A. Kann 213.

[157] R. A. Kann 214.

[158] R. A. Kann 219 ff.

[159] Zur Problematik der deutschen Aufklärung s. Aufklärung, Absolutismus und Bürgertum in Deutschland, hgb. v. F. Kopitsch. München 1976 (hier zwölf Beiträge) bes. 63 ff., 91 ff. (die Juden), 294 ff. und 310 (Warnung vor dem neuen Nationalbewußtsein). Zu Hochaufklärung und Niederaufklärung s. F. Heer EG 511 ff.; für diese Niederaufklärung (wie ich dieses Phänomen nenne) gelten Horkheimers und Adornos berühmte Thesen: „Aufklärung ist totalitär"; „ihr Ideal ist das System, aus dem alles und jedes folgt"; „Aufklärung ist die radikal gewordene mythische Angst" und „sie sucht in reiner positivistischer Immanenz zu verharren" (in: Dialekt der Aufklärung. Amsterdam 1947, 6 f. und 27).

[160] Zu Voltaire s. F. Heer EG 493—500; Werner Krauß: Voltaire (Die Großen der Weltgesch. VI, 438 ff.).

[161] R. A. Kann 222; vgl. auch hier 237 f.

[162] Vgl. Ed. Winter (Tausend Jahre) 228 ff. und 284 ff.; Ed. Winter (Josefinismus) 16 ff.

[163] Ed. Winter (Tausend Jahre) 252 ff.

[164] Ed. Winter ebda 256 ff.

[165] Ed. Winter (Josefinismus) 54 ff.

[166] Ed. Winter ebda 53.

[167] Ed. Winter ebda 32 ff.

[168] Ed. Winter ebda 66 f. Zu Rautenstrauch s. Winter ebda 90 ff.; Eva-Maria Loebenstein: Johann Rautenstrauch und seine Biographie Maria Theresias (in: Österr. in Gesch. u. Lit. 15, 1971) 25 ff.; zum Gesamtkomplex s. F. Maass: Der Frühjosephinismus.

[169] Zu Seibt s. Ed. Winter (Josefinismus) 67 ff.; über den Seibtkreis s. ebda 85 ff.

[170] Ch. H. O'Brien: Ideas of Religious Toleration at the time of Joseph II: A Study of Enlightment ... Philadelphia 1969.

[171] Ed. Winter ebda 88.

[172] Ed. Winter ebda 57 f., 89 f., 96 ff., 188 ff., 223 ff.

[173] Ed. Winter ebda 127 ff.

[174] Vgl. Theophil Tromballa: Franz Stephan von Lothringen und sein Kreis. Beiträge zur Kulturgeschichte des Hauses Habsburg-Lothringen. Diss. Wien 1953.

[175] Vgl. Ed. Winter (Josefinismus) 142 f.

[176] Zu Isabella von Parma s. Ed. Crankshaw 291 ff.; P. Reinhold 272 ff. Die Texte und ihre Schriften s. bei F. Fejtö 62 ff.

[177] F. Fejtö 371.

[178] Zum folgenden s. H. Wiesflecker: Maria Theresia und Joseph II. (Die Großen der Weltgesch. VI) 618 ff., 635 ff.; E. Benedikt: Kaiser Joseph II. 1741—1790. Wien 1947; K. Padover: The Revolutionary Emperor Joseph II. of Austria. London 1967; Görlich-Romanik 278 ff., 289 ff.; Padover, deutsch: Joseph II. Ein Revolutionär auf dem Kaiserthron. Düsseldorf 1969; R. Bauer 235 ff.; V. L. Tapié 230 ff.; R. A. Kann (Gesch. d. Habsb.) 155 ff., hier seine Kirchenpolitik: 177 ff.; Joseph und die Protestanten: 176 f.; sein Toleranzpatent: 176, 180, 191 f.; Joseph und die Juden: 176 und 180.

[179] V. Bibl: Kaiser Joseph II. Ein Vorkämpfer der großdeutschen Idee. Wien 1943; vgl. auch H. Kretschmayer: Joseph II. 1741—1790 (in: Die großen Deutschen II. Berlin 1935) 166 ff.

[180] Joseph über die ungarische Sprache, vgl. F. Fejtö 253.

[181] F. Maass (Der Josephinismus) I. Wien 1951, XIX und 7 ff.

[182] Zu Beccaria s. Josef Kürzinger: Cesare Beccaria (Die Großen der Weltgesch. VI) 760 ff.

[183] F. Maass a. a. O. 25 ff.

[184] Über das Transmigrationspatent von 1752 s. G. Mecenseffy 203 ff., 205; R. A. Kann (Gesch. d. Habsb.) 179 und 196; F. Fejtö 168 ff.; Ed. Winter (Die tschech. Emigration) 155 ff., 158 ff.

[185] Proklamationen und Manifeste, hgb. von K. H. Peter. Stuttgart 1964, 144.

[186] Proklamationen, ebda; Ed. Winter 150.

[187] G. Mecenseffy 209.

[188] Ed. Winter ebda 177 f.

[189] Ed. Winter 171.

[190] Vgl. G. Kapner 42 f.; zu Bartenstein in diesem Bezug s. Ed. Winter: Josef II. Von den geistigen Quellen und letzten Beweggründen seiner Reformideen. Wien 1946.

[191] Vgl. Görlich-Romanik 289 f.; H. Wiesflecker 635 f. (Lit.: 642); Ed. Winter (Josefinismus) 127 ff., 167: der josefinische Pfarrer.

[192] Über josephinische Grundlagen der Kirche in Österreich bis heute s. H. Rieser: Der Geist des Josephinismus und sein Fortleben. Der Kampf der Kirche um ihre Freiheit. Wien 1963. Rieser sieht diese Tatsache als betrüblich an, ebenso der Jesuit Ferdinand Maass in seinem fünfbändigen Werk „Der Josephinismus"; dagegen vgl. E. Zöllner 319—327; und R. A. Kann (Gesch. d. Habsb.) 177 ff., 191; auch die Kirchengeschichten von Loidl, Wodka, Weinzierl-Fischer, F. Klostermann (als Hgb.). — Kommunistische Regierungen berufen sich ihrerseits nach dem 2. Weltkrieg in Ungarn auf josephinische Traditionen. Vgl. dazu F. Fejtö: Geschichte der Volksdemokratien (Paris 1955) 367—388; Joseph II. hier: 287.

[193] Vgl. Ed. Crankshaw 241 f., 287 ff.

[194] Vgl. H. Vallotton 269 f.

[195] Zu Ignaz Müller s. Ed. Winter (Josefinismus) 45 ff., 108 ff., 113 f. O. Forst-Battaglia: Friedrich II. von Preußen und Polen (in: Blick nach Osten, Jg. 1952, H. 4) 337 ff.

[196] H. Vallotton 269 f.

[197] Maria Theresia an de Breteuil; vgl. dazu H. Vallotton 269; an Ferdinand ebda 270.

[198] Ed. Crankshaw 241; vgl. auch 243 f.

[199] Ed. Crankshaw 271 f.

[200] Ed. Crankshaw 321 ff.

[201] Ed. Crankshaw 322; an Kaunitz ebda 322 f.

[202] Zu Maximilian (Max Franz) s. F. Heer (Das Heil. Röm. Reich) 353 f.

[203] Ed. Crankshaw 225 f.; vgl. auch 229 ff.

[204] Bei H. Jessen 314 f.

[205] Ed. Crankshaw 258.
[206] Reiche Dokumentationen bei Peter Horwath (Der Kampf gegen ...) 24 ff., ebda zur Zerstörung der österreichischen Psyche: 28, 64. Der „Schwarze" ist der Jesuit: ebda 34 f.; vgl. auch A. Robert (L'idee nationale autrichienne) 116 ff.; ebda 227 ff. über A. Blumauer: 159 ff.; Haschka/E. Rosenstrauch/Königsberg: Freimaurerei im josephinischen Wien. Aloys Blumauers Weg vom Jesuiten zum Jakobiner. Wien 1975.
[207] P. Horwath 27.
[208] P. Horwath 37.
[209] P. Horwath 42 ff., 62, 71 f.
[210] P. Horwath 41 f., 56 f., 70 f.
[211] P. Horwath 33 f., 40 f.
[212] P. Horwath 34—40.
[213] P. Horwath 35 ff., 46 f.
[214] P. Horwath 39.
[215] P. Horwath 39 f.
[216] P. Horwath 41 f.
[217] P. Horwath 42.
[218] P. Horwath 49 f.
[219] P. Horwath 44, 100, 210.
[220] P. Horwath 44.
[221] P. Horwath 26, 47.
[222] P. Horwath 254.
[223] Zu Nietzsche s. F. Heer EMR 347 ff.
[224] Über Rousseau s. F. Heer EG 505—508; Furet-Richet: Die Französische Revolution (Paris 1965). Frankfurt 1969, 59 f., 77 f., 152.
[225] Zu Coyer s. F. Heer EG 505 f.
[226] Zu Roustan s. F. Heer EG 506.
[227] Zu Servan s. F. Heer EG 506; Furet-Richet 218, 240, 597.
[228] Zu Sieyès s. F. Heer EG 467; Furet-Richet 77 f., 80 ff., 398 ff., 608 ff., 614 ff., 631 ff.
[229] Zu Robespierre s. Furet-Richet 192.

6. Deutschland erwache und der Staat Metternichs

[1] H. v. Srbik (Deutsche Einheit) I, 121 f.
[2] Über Graf Rothenhahn s. H. Benedikt (Monarchie) 178.
[3] Zu Nicolai in Wien vgl. A. Robert 167 ff.
[4] Zu Hahnzog s. H. Kohn (Idee des Nationalismus) 343.
[5] H. Kohn 346.
[6] Goethe über Preußen, s. dazu H. Jessen 456.
[7] Zu Carl von Moser s. H. Kohn 354 (351 ff.).
[8] Zu Lessing s. H. Kohn 371 ff. und bes. 388.
[9] Zu Kant s. H. Kohn 375 ff.
[10] Zu Schiller s. H. Kohn 381—392; gegen Sparta-Preußen 391 f.
[11] Zu Goethe s. F. Heer EMR 70 ff., 127 ff., 444 ff.
[12] Zu Herder s. H. Kohn 406 ff., 427 ff.
[13] H. Zillessen (Hgb.): Volk-Nation-Vaterland ..., 13 ff.; hier M. Jacobs 51 ff.; R. Wittram: Kirche und Nationalismus in der Geschichte des deutschen Protestantismus im 19. Jahrhundert (in: Das Nationale als Europäisches Problem. Göttingen 1954) 189 ff. Ebda 33 ff., der Nationalismus als Forschungsaufgabe (auch: HZ 174, 1952).
[14] H. Brunschwig (La Crise de l'Etat prussien ...) 3 ff., 92 ff., 104 ff., Bibl.: 303—322.
[15] Zum Freiherrn vom Stein s. W. Schüssler: Preußen und Österreich in der deutschen Geschichte, 2 f.; Kurt von Raumer: Freiherr vom Stein. Münster 1961, 75 ff. Stein und Österreich, ferner hier 95 f., 245—248. Stein gegen den preussischen Verrat am Reich 1795: 102; Stein als Kritiker Preußens: 203 ff.; Freiherr von Stein: Ausg. politische

Briefe und Denkschriften, hgb. v. E. Botzenhardt und G. Ipsen. Stuttgart 1955; Stein hier über den preußischen Staat: 61, 69, 87 ff., 91; Stein 1802: In Mecklenburg haust der Edelmann auf seinem Gut als Raubtier, seine Leibeigenen sind sein Vieh: 38 f.

[16] H. Brunschwig 66 ff., 72 ff., 117 ff., 132, 139 ff.

[17] Vgl. H. Brunschwig 166 ff.

[18] H. Brunschwig 176 ff.; vgl. F. Heer EMR 68 ff., 142: heimatlose deutsche Jugend; H. H. Muchow: Jugend und Zeitgeist, 39 ff., 94 ff., 113 ff.

[19] Über die Brüder Schlegel s. H. Brunschwig 194 ff.; zu Friedrich Schlegel s. F. Heer EMR 89 ff., 110 ff., 126 ff.; zu A. W. Schlegel s. ebda 88 ff., 110 ff., 118 ff., 129 ff.

[20] Zu Schiller s. F. Heer EMR 79 ff.

[21] Zu Goethe s. F. Heer EMR 70 ff., 127 ff., 444 ff.

[22] H. Brunschwig 193 ff.

[23] Zu Schelling s. H. Brunschwig 214.

[24] H. Brunschwig 220 ff.

[25] H. Brunschwig 234 ff., 240 ff.

[26] Über Selbstmorde und Selbstmordgedanken deutscher Jugendbewegter s. H. Brunschwig 267 f.

[27] O. Walzel: Friedrich Schlegel, Briefe, 323; Fragmente II, 96, II, 233, 262; bei J. Minor II, 247; vgl. auch H. Brunschwig 283.

[28] Zum „Athenäum" s. F. Heer EMR 112 ff.

[29] Zu Goethe vgl. K. Kupisch 12 f.; H. Kohn 394 f.; H. Gollwitzer: Europabild und Europagedanke, 138 f.

[30] „Phantastischer Nationalismus" in „Deutschland erwache"; dazu F. Heer EMR 364 ff., 399 ff.

[31] Karl Kupisch, in: Volk, Nation, Vaterland, ed. Zillessen, 114 ff.; ebda Lit.

[32] K. Kupisch 115.

[33] K. Kupisch 115.

[34] Vgl. H. Simon: Geschichte der deutschen Nation. Mainz 1968, 198.

[35] Goethe gegen Werners „schiefe Religiosität"; s. dazu F. Heer EMR 169.

[36] Zu Fichte s. F. Heer EMR 88 ff., 97 ff., 175 ff.; M. Jacobs, in: Volk, Nation, Vaterland, 202 ff.; H. Gollwitzer (Europabild) 202 ff.

[37] W. Schüssler: Preußen und Österreich, 16; zum Ende Preußens s. Preußen-Porträt einer politischen Kultur, hgb. von Hans-Joachim Netzer. München 1968, 7 ff.; ebda 135 ff.; Golo Mann: Das Ende Preußens.

[38] Zu Jahn s. H. Heigert: Deutschlands falsche Träume, 34 f., 68; M. Jacobs (in: Volk, Nation, Vaterland 107); K. Kupisch ebda 114 f., 117; H. Gollwitzer 214 ff.

[39] Vgl. F. Valjavec: Die Entstehung der politischen Strömungen, 214 ff., 229 ff.; H. Heigert 68 ff.; diese neuen Studenten, Kleinbürger und Barbaren, s. Heigert 49 ff., 53 f.; ihre „Bruderliebesseligkeit": ebda 73; vgl. auch G. Heer: Quellen und Darstellungen zur Geschichte der Burschenschaft und der deutschen Einheitsbewegung, 10. u. 11. Band 1927 und 1929; Srbik (Deutsch Einheit) I, 261 ff. Der Aufruf von J. F. Fries „An die deutschen Burschen" am Wartburgfest: Dokumente zur deutschen Politik 1806—1870, hgb. von H. Pross. Frankfurt 1963, 105—108.

[40] Zu Schmalz s. H. Benedikt: Das Zeitalter der Emanzipation, 177 f.; vgl. H. Gollwitzer 232 f.

[41] Vgl. die Aufrufe in diesem Sinne s. F. Valjavec 340 ff.; H. Heigert 71 ff.; bei Valjavec auch die nationale Kanzelpredigt!

[42] J. Nadler (in: Nadler-Srbik: Österreich . . .) 256.

[43] Zu Kollar s. Ed. Winter (Die tschech. Emigr.) 272 f., 280; zu Safařik: ebda 222, 272 f., 280, 289. Beide waren als deutsche Burschenschafter in Jena. Vgl. H. Benedikt (Zeit. d. Emanzipation) 328 f.

[44] Zu Fries s. F. Heer EMR 202, 370, 372; Burschenschaft und studentischer Radikalismus s. F. Schnabel: Deutsche Geschichte IV, 39 ff., 56 ff.

[45] Zu Follen s. H. Heigert 72 f.; F. Heer EMR 370; zu Follen-Sand s. H. Benedikt 145 ff.; H. Haupt: Karl Follen und die Giessener Schwarzen. Giessen 1907.

[46] Zu Sand: F. Heer EMR 251, 370, 586 f.; K. Kupisch 117 f.; H. Heigert 72, 77 ff.; H. Benedikt 147 ff.

[47] R. Kann (Kanzel und Katheder) 114 f.

[48] Vgl. unser Kapitel 8.

[49] Zu Franz von Baader s. F. Heer EMR 574 ff. (Register 1008); Baader kämpfte gegen die „Versteinerung" der Kirche; vgl. E. Susini: Lettres inédits de Franz von Baader. Vienne 1951 ff., III 294 f.; österreichische Polizeiberichte über Baader bei Susini II, 180 ff.

[50] Zu Stourzda s. F. Heer EMR 139, 586 f.; E. Susini III, 82 ff., 92 ff.; hier sein Memorandum über Deutschland.

[51] Vgl. F. Heer EMR 468.

[52] „Erweckte" rund um Braunau, s. E. Susini III, 15, 206 ff., 218 f.

[53] Golo Mann: Deutsche Gesch. d. 19. und 20. Jhdts. 1958: 14 ff., 111 ff., 119 ff., 134 ff.; F. Schnabel: Deutsche Gesch. im 19. Jhdt., 66 ff., 74 ff.; H. Benedikt (Zeitalter d. Emanz.) 142 ff.

[54] H. Benedikt 149.

[55] H. Benedikt 146 ff., 150.

[56] Zu Haschka s. P. Horwath 33 f., 40 ff.; A. Robert 158 ff., 161.

[57] Vgl. Görlich-Romanik 307 ff.

[58] Diese Dokumentation bei W. Kleindel 213 ff.; H. v. Srbik: Die Schicksalsstunde des alten Reiches. Österreichs Weg 1804—1906. Jena 1937 (1. Aufl. als: Das österr. Kaisertum und das Ende des Heiligen Römischen Reiches 1804—1806. Berlin 1927).

[59] Vgl. unsere Kapitel 7 und 8.

[60] Zu Friedrich von Schlegel s. F. Heer EMR 110 ff., 126 ff.

[61] Zu A. W. Schlegel s. F. Heer EMR 88 ff., 101 ff., 118 ff., 129 ff.

[62] Zu Kleist s. J. Maass: Kleist, Die Geschichte seines Lebens. Bern 1977, 248 ff.; vgl. ebda 394: Adam Müllers Nachruf im „Österreichischen Beobachter"; Kl. Birkenhauer: Kleist. Tübingen 1977, 242: sein Manifest „Über die Rettung von Österreich".

[63] Zu Eichendorff s. F. Heer: Die Botschaft eines Lebenden. J. Fr. v. Eichendorff (in: Land im Strom der Zeit) 168 ff.; vgl. auch Eichendorff heute, hgb. von Paul Stöcklein. Darmstadt 1966, 66 ff.

[64] Helmut Hammer: Österreichische Propaganda zum Feldzug 1809. München 1935; W. C. Langsam: The Napoleonic Wars and German nationalism in Austria. New York 1930.

[65] Görlich-Romanik 316 ff.

[66] Hormayr-Bibl.: Österr. Biograph. Lexikon 1815—1950, 2. Bd. Graz 1959, 420 f.; A. Lhotský (Österr. Hist.) 146 f.; H. v. Srbik (Deutsche Einheit) I, 168 ff.; A. Robert 216 ff.; ebda 225: Johannes von Müller.

[67] A. Robert 265 ff., 272 f.

[68] A. Robert 289 ff.

[69] A. Robert 348 ff.

[70] Zu Karoline Pichler s. A. Robert 302 ff.

[71] Vgl. Hilde Spiel: Fanny Arnstein, 178 ff.

[72] Karoline Pichler (Denkwürdigkeiten I) 103.

[73] A. Robert 332.

[74] A. Robert 333.

[75] Bertha von Suttner: Die Waffen nieder. Mit einer Einführung von Friedrich Heer. Wien o. J.

[76] Vgl. F. Heer: Humanitas Austriaca (in: Land im Strom) 82 ff.

[77] Vgl. A. Robert 385 ff.; ich erinnere mich dankbar an Robert Arnold, als sein Hörer in der Wiener Universität.

[78] A. Robert 358 ff.

[79] A. Robert 371.

[80] Görlich-Romanik 317.

[81] Görlich-Romanik 318.

[82] Görlich-Romanik 319.

[83] Vgl. H. Benedikt (Zeitalter d. Emanz.) 324 ff. und 334 f.

[84] Harry Bresslau: Geschichte der Monumenta Germaniae historica, NA 42, 1921, 100.

[85] Zu Theodor Körner s. H. Spiel 380 ff., 393 ff., 409 ff.

[86] Zu Henriette Pereira-Arnstein s. H. Spiel 146 ff., 396 ff., 400 ff.

[87] H. Spiel 397.

[88] H. Spiel 398.

[89] H. Spiel 399.

[90] H. Spiel 400.

[91] H. Spiel 401.

[92] H. Spiel 401.

[93] Über den deutschen Gott s. A. Rapp: Der deutsche Gedanke seit dem 18. Jahrhundert. Bonn 1920, 62 f.; W. Tilgner (in: Volk-Nation. Vaterland) 154 ff.

[94] H. Spiel 411.

[95] H. Spiel 411.

[96] H. Spiel 404, 414 f., 432 ff.

[97] Vgl. unsere Kapitel 9 und 10.

[98] H. Spiel 21.

[99] H. Spiel 23 ff.

[100] R. Augstein (Preußens Friedrich) 239 f.; Dokumentation bei Hugo Raebel, Anton Zoltmann, Ernst Pfeiffer ebda 460.

[101] H. Spiel 100 ff., 152 ff., 202 ff., 231 ff., 354 ff., 446 ff.

[102] Über deutsche Juden zwischen Mendelssohn und 1933 s. H. Kupferberg: Die Mendelssohns. Tübingen 1952; hier 56 ff.: Moses Mendelssohn als neuer Moses, 132 ff.: Felix Mendelssohn und Goethe, 280 ff.: Richard Wagner gegen Mendelssohn-Bartholdy; H. E. Jacob: Felix Mendelssohn und seine Zeit. Frankfurt 1959, 38 ff.: die Goethe-Religion im Hause Mendelssohn, 150: Deutschland als Heimat-Vaterland erwählt in freier Liebeswahl, 372 ff.: Richard Wagner 1850, „Das Judentum in der Musik"; H. L. Goldschmidt: Das Vermächtnis des deutschen Judentums. 2. erw. Aufl. Frankfurt 1965, 261 ff.: Das Vermächtnis des deutschen Judentums; H. L. Goldschmidt: Dialogik. Frankfurt 1969, 51 ff., 54: über Franz Rosenzweig, der den preußischen Staat nach 1918 erneuern möchte, 70 ff.: Judentum und Christentum, 118 ff.: Wie kam es zum jüdischen Abfall von der Mitarbeit an der Zukunft?; H. Liebeschütz: Von Georg Simmel zu Franz Rosenzweig. Studien zum jüdischen Denken im deutschen Kulturbereich. Tübingen 1970, hier bes. 55 ff.: Leo Baeck — Judentum und Protestantismus — Deutsches Judentum — Aufstieg und Krise. Gestalten, Ideen, Werke — 14 Monographien. Stuttgart 1965, 27 ff.: Deutsche Juden des 20. Jahrhunderts, 187 ff.; D. S. Landes: Das Bankhaus Bleichröder (Bleichröder finanzierte Bismarcks Kriege 1866 und 1870); F. Heer: Das Wagnis, 7, 101, Lit.: 380—384; F. Heer GIL 235 ff.: Der Große Traum. Explosion des europäischen Ghettos zwischen 1770 und 1920, 331 ff.: Christen und antisemitische Juden, Lit.: 624—642.
Jetzt auch: Lucy S. Dawidowicz: Der Krieg gegen die Juden 1933—1945 (amerik. Ausgabe 1975). München 1979, 159 ff.: die tiefe Einwurzelung der Juden in Deutschland, auch der deutschen jüdischen Zionisten, 186; Manès Sperber: Churban oder die unfaßbare Gewißheit. Wien 1979, 66 ff.: die völlig überraschten Juden, Sperber 68: „es hätte jüdische Nazis gegeben, hätte Hitler es zugelassen".

[103] Über die Mendelssohns s. H. E. Jacob und H. Kupferberg a. a. O.: zu Theodor Herzl s. F. Heer GIL 200 f., 231 f., 282 f., 378; D. Herzog: Theodor Herzl als Burschenschafter und die Folgen (in: Beiträge zur deutschen Studentengeschichte Jg. 12, H. 1); S. Landmann: Herzl, Der Korpsstudent. Deutschnationalismus und Zionismus (in: Marxismus und Sauerkirschen). Wiesbaden 1959, 296 ff. Herzls Zionismus ist das Produkt seines österreichischen Deutsch-Nationalismus, wie hier aufgezeigt wird!

[104] H. Spiel 193.

[105] Vgl. unsere Kapitel 8 und 9.

[106] So in der Familie des Nikolaus Basseches, des hervorragenden Journalisten zwischen 1918 und 1960. Er stammt aus einer österreichisch-jüdischen Offiziersfamilie, die 400 Jahre im kaiserlichen Dienst stand. Ich erinnere mich dankbar an Gespräche mit ihm in sei-

nem Schweizer Exil. Der Vater des Elias Canetti, ebenfalls aus Spanien stammend, erlebte 1905 sein Jerusalem, im Gebet in Spanien beheimatet (Elias Canetti teilte mir dies
mit).

[107] H. Spiel 196 ff.

[108] H. Spiel 198.

[109] H. Spiel 403 und 471.

[110] H. Spiel 335 ff.

[111] Zu Hormayrs Tiroler Verbindungen und seinem späteren Schicksal s. A. Robert 542 ff.,
568 ff.: Seine Rache am Hause Habsburg und an Österreich; Görlich-Romanik 316 ff.,
322 ff., 330; H. Benedikt (Emanzipation) 314, 336; E. Zöllner (Gesch. Österr.) 338, 340,
343, 380; H. v. Srbik (Deutsche Einheit) I, 168 ff., 188. Das Pamphlet Hormayrs „Kaiser
Franz und Metternich", Leipzig 1848, ist mit Charles Sealsfield (Karl Postl): Austria
as it is. London 1828, zu vergleichen. Vgl. auch A. Madl (Politische Dichtung) 178 ff.

[112] Zu Andreas Hofer s. E. Zöllner 339, 341; Görlich-Romanik 322—325; die „klassischen"
konservativen Darstellungen des André Hofer in den Arbeiten von Joseph Hirn, Hans
von Voltellini, Karl Paulin, Hans Kramer, s. Zöllner 609. In der Gegenwart versucht
eine ganze Reihe junger Tiroler ein sehr anderes Andreas-Hofer-Bild, entmythisiert, aufzuzeigen!

[113] E. Zöllner 343 f.

[114] Zu Jérôme Napoleon und die Deutschen s. A. Lhotsky (Öst. Hist.) 203.

[115] H. v. Srbik (Deutsche Einheit) I, 261.

[116] Zu Woltmann s. J. Droz: L'Europe centrale, 48 f.; Srbik I, 188 ff.

[117] Zu Ranke s. L. Kerbel: Einige Jugendarbeiten aus dem Nachlaß Leopold von Rankes in:
HZ 137, 242 ff.: „Aus den Papieren eines Landpfarrers" (1818).

[118] Metternich, zit. bei H. Spiel 405.

[119] Zu Mazzini s. H. Benedikt (Emanz.) 73, 122, 188, 217; das österreichische Italien in seiner
Zeit: ebda 224 ff.

[120] Über die Gattin Wilhelms von Humboldt s. H. Benedikt 178.

[121] Zum Freiherrn von Stein s. Srbik I, 188.

[122] Ludwig von der Marwitz: Dokumente zur deutschen Politik 1806—1870, ed. H. Pross,
55 ff.

[123] Zu Hormayr s. Srbik I, 188.

[124] Victor Bibl: Metternich in neuer Beleuchtung. Wien 1928; noch verschärft: Metternich, der
Dämon Österreichs. Leipzig 1936.

[125] Zu Bismarck in Metternichs Spuren s. W. Richter: Bismarck 337; Bismarck als „zweiter
Metternich", 384, 429; Golo Mann: Otto von Bismarck (Die Großen der Weltgesch. VIII)
145 ff., 169: „Der ‚Dreikaiservertrag' von 1873 war etwas wie eine irreale Wiederbelebung der Heiligen Allianz."

[126] Zu Metternich s. auch H. v. Srbik: Metternich, der Staatsmann und der Mensch, 3 Bde.
München 1925—1954; Robert A. Kann (Gesch. d. Habsb.) 197 ff.; V. L. Tapié 275 ff.,
285 ff.; E. Zöllner 345 ff.; Franz Schnabel: Deutsche Geschichte III, 57 ff., 81 ff.; H. Benedikt (Emanz.) 301 ff. Die Metternichsche Konzeption Zentraleuropas, s. dazu J. Droz 31 ff.;
Golo Mann (Deutsche Geschichte) 14 ff., 111 ff.

[127] Vgl. Görlich-Romanik 370 ff.; Theo Rody: Preußen und Österreich, 175 ff.

[128] Zu Barbara Juliane v. Krüdener s. F. Heer EMR 18, 101, 210, 215, 586.

[129] Zu „Demagogenverfolgung" s. F. Schnabel IV, 70 ff.; H. Benedikt 149 ff.; Golo Mann
119 ff., 134 ff.

[130] J. Droz 45.

[131] J. Droz 47 f.

[132] H. Benedikt 142.

[133] Friedrich C. Sell: Die Tragödie des deutschen Liberalismus, 1953; F. Heer EMR 364 ff.,
398, 400.

[134] H. Benedikt 142.

[135] Heinrich Heine über Österreich bei L. Reiter 210.

136 Charles Sealsfield (Karl Postl), s. dazu E. Castle: Der große Unbekannte — Das Leben von Charles Sealsfield (Karl Postl). Wien 1952; P. Horwath 55, 93 ff.; A. Madl 176 ff.

137 P. Horwath 220; zit. nach Karl Arndt: Newly discovered Sealsfield Relationships documented (in: Modern Language Notes, 87/8, April 1972, 463).

138 Über Biedermeier s. W. Bietak (das Lebensgefühl) 3 ff.; das „österreichische System", 47 ff., 75 ff.: das Verhalten der österreichischen Biedermeier zum Staat; H. Benedikt (Emanz.) 306 ff., 310 ff.; Görlich-Romanik 358 ff.: „Das Biedermeier, die klassische Zeit Österreichs"; H. Rieder: Wiener Vormärz. Das Theater, das literarische Leben, die Zensur. Wien 1959; Srbik (Deutsche Einheit) I, 286 ff.; Ludwig Reiter: Österr. Staats- und Kulturgesch., 213 ff.

139 Zu Johannes Müller s. L. Reiter 210.

140 Zu Grillparzer s. L. Reiter 210.

141 Diese Ablehnung des Ideologischen hat besonders der französische Germanist Roger Bauer in seinen reichen Forschungen aufgezeigt. So z. B.: Der Idealismus und seine Gegner in Österreich. Heidelberg 1966, 37 ff., 65 ff., 73, 98 ff., 105 ff.; vgl. auch Ivar Ivask: Das Große Erbe. Die übernationale Struktur der österr. Dichtung (in: Das Große Erbe. Graz 1962) 12 ff., 15 ff. Zu Raimund, Schnitzler, Stranitzky s. F. Heer: Humanitas Austriaca, 15 ff., 66 f., 69 f.

142 Zu Raimund, Schnitzler, Stranitzky s. F. Heer: Humanitas Austriaca 66 f., 69 f.

143 Über die Wiener Theater im Biedermeier — und die Zensur s. H. Benedikt 306 ff.; Görlich-Romanik 362 ff.; H. Rieder a. a. O.; H. Kindermann: Theatergeschichte Europas V und VI.

144 Zu Heinrich Laube s. L. Reiter 212 f.; H. Benedikt 165.

145 H. Politzer (Grillparzer) 170, 179; die tiefenpsychologischen Bezüge: 18, 23, 34, 74, 97, 117 f., 232 ff.

146 Zu Ernst von Feuchtersleben s. F. Heer (Hum. Austriaca) 53; vgl. ebda 63 ff., 70.

147 Vgl. L. Reiter 217, 233; W. Bietak 64 ff., 75 ff.; Görlich-Romanik 390.

148 Zu Skoda, Hebra, Rokitansky s. W. M. Johnston (Öst. Kultur- und Geistesgesch.) 231 bis 235, 238, 258. Bibl.: 441.

149 Über Kaiser Franz s. W. C. Langsam: Francis the Good (1949); L. Reiter 214; Görlich-Romanik 302 ff., 325 ff., 336 ff., 340 ff.

150 Robert A. Kann: Die Restauration als Phänomen in der Geschichte. Graz 1976; ders. (Gesch. d. Habsb.) 196 ff., 200 ff., 213 ff., 231 ff.

151 H. Benedikt 306; zur Zensur s. Julius Marx: Die österr. Zensur im Vormärz. Wien 1959; zur Zensur in Deutschland s. G. Mann (Deutsche Gesch.) 134 ff.; H. Benedikt 306 ff.

152 Freuds Traumzensur als „Übernahme" der österreichischen kaiserlichen Zensur. Vgl. Marthe Robert: Die Revolution der Psychoanalyse (1967) 154 ff., 289 f., 306 ff.; F. Heer GIL 299 ff., 306 ff., 323 ff.; F. Heer GAH 133 ff.; W. M. Johnston: Österr. Kultur- und Geistesgeschichte 245 ff., 258 ff.

153 H. Benedikt 306.

154 H. Benedikt 307.

155 Zu Julius Seidlitz s. A. Madl 34.

156 Über Anastasius Grün s. A. Madl 37 f., 42, 47; P. Horwath 30 f., 70 ff., 81 ff., 102 f. und 285.

157 Vgl. P. Horwath 70, 122, 125, 127.

158 P. Horwath 72.

159 Zu Lenau und Grün s. P. Horwath 81—93; A. Madl 55 ff.

160 Vgl. A. Madl 56 ff.

161 P. Horwath 83 (112 f.); die Mutterbeziehung: 84 f., der böse Vater: 85.

162 Belege bei P. Horwath 83.

163 P. Horwath 89 f.

164 Zu den „Albingensern": A. Madl 79 ff., 102—107; über die „Albigenser" als ein Aufruf zum Kampf gegen das Metternichsche System s. L. Wege: Hegel und Lenau. Dresden 1929, 69.

165 P. Horwath 92 und 111 f. (Lit.).

[166] „Auf meinen ausgebalgten Geier": Lenau, Ges. Werke I, 238.

[167] H. Benedikt (Emanz.) 315.

[168] Vgl. F. Heer (Wagnis) 45 ff., 63 ff.

[169] Vgl. Kurt Weinberg: Kafkas Dichtungen. Die Travestie des Mythos. Bern 1963, 108 ff., 174 ff.: „die archaische Erbschaft", 269 ff., 318 ff.: Vater und Sohn, 397: Kafka 1908/1913 über die ausweglose Lage des Westjudentums; und hier bereits 36: das Westjudentum ist am Ende. (Sehr nahe hier ein halbes Jahrhundert später Manès Sperber!)

[170] „krank an Österreich" (in: Deutsche Arbeit in Böhmen, hgb. v. H. Bachmann. Berlin 1900) 260; zu Alfred Meissner s. A. Madl 149 ff.; P. Horwath 68, 97, 144 ff., 165 ff., 170 f.

[171] A. Meissner: Dichtungen, 12. Aufl., 4 Bde. Berlin 1884, 2. Bd. XIV; A. Madl 162.

[172] P. Horwath 97 (Lit.: 115).

[173] A. Madl 173, vgl. 166 ff., 288, 321 ff.

[174] A. Madl 321 ff.

[175] Vgl. unser Kapitel 9.

[176] Zu Karl Beck s. A. Madl 108 ff.; P. Horwath 68, 70, 98 ff.

[177] Karl Beck: Gedichte. Berlin 1844, 344 f.

[178] Karl Beck: Der fahrende Poet. Leipzig 1838, 76, vgl. 70 ff. und 239. „Das Völkchen Österreichs" ebda 92.

[179] E. Wolfgramm: Die Rolle der Universität Leipzig bei der nationalen Wiedergeburt der slawischen Völker, besonders in der Periode des Vormärz. Leipzig 1959.

[180] Zu Eduard Müller s. P. Horwath 94 f., 100.

[181] P. Horwath 122.

[182] P. Horwath 144 f.

[183] Über die Bohemia" s. A. Madl 175 f. — Diese politische Dichtung vor und um 1848 erinnert mich — bei neuer Lesung — an die heutige politische Dichtung in der Sowjetunion, so eben an die Kriegsgedichte des Konstantin Simonow, wie er sie in vielen Gedichtbänden vorlegte — diese Gedichte wurden an allen Kriegsfronten gelesen und werden heute von Schülern auswendig gelernt. Der Stand der Reflexion ist da ein anderer als vor und um 1848 in Böhmen und Wien, der „direkte" politische Bezug und die Form der Erzählung, des Berichts im Gedicht sind — unbewußt — Verwandte. Vgl. Konstantin Simonow: Kriegstagebücher, 2 Bde., deutsch. München 1979 I (1941), 35, 47, 176, 272; II (1942—1945) 73 ff., 126, 151, 205, 227.

[184] C. Ph. Hueber: Wiener Parnaß im Jahre 1848, hgb. v. Frhr. v. Helfert. Wien 1882, 52.

[185] A. Madl 230.

[186] S. v. M. (Wiener Parnaß 101); A. Madl 268.

[187] E. Straube (Wiener Parnaß) 169 f.

[188] Castelli (Wiener Parnaß) 166 f.

[189] J. Herzog (Wiener Parnaß) 163 f.

[190] Vgl. A. Madl 286 ff.; Alois Hofman: Die Prager Zeitschrift „Ost und West". Ein Beitrag zur Geschichte der deutsch-slawischen Verständigung im Vormärz. Berlin 1957.

[191] M. Hartmann in der „Bohemia" 1848/49.

[192] L. Neuwall (Wiener Parnaß) 121.

[193] Vgl. Görlich-Romanik 365.

[194] Über das „Kronprinzenwerk" s. B. Hamann: Rudolf. Wien 1978, 227 f.

[195] Zu L. J. Maiorescu s. J. Droz 75; E. Goerlich: Großmitteleuropäisch und Kleinmitteleuropäisch um die Mitte des 19. Jahrhunderts (in: Die Welt als Geschichte VII, 1941).

[196] J. Droz 83 ff.

[197] E. Birke: Das Nationalitätenproblem in der Donaumonarchie in der Beurteilung der französischen Publizistik. Berlin 1934.

[198] Die Rede Kossuths: W. Pollak (1848) 75 ff.

[199] E. Crankshaw über Kossuth: The Fall of the House of Habsbourg, 31 f.; Kossuth als „der verrückteste Nationalist, der bis dahin erschienen war": Golo Mann 214.

[200] Imre Gouda/Emil Niederhauser: A Habsburgok. Egy europäai jelenseg, 2. Ed. Budapest 1978; vgl. Budapester Rundschau, 26. März 1979, 4.

201 Viktor von Andrian Werburg: Vier Fragen eines Österreichers. Leipzig 1844, 51 f. Zu Andrian: W. Pollak 98 ff.; E. Zöllner (Gesch. Österr.) 355.
202 Zu Karl Möring s. Adam Wandruszka: Karl Möring (in: MIÖG 53, 1939); W. Pollak 96 ff.; Srbik I, 261 ff.
203 K. Möring: Sibyllinische Bücher aus Österreich. Hamburg 1848, I, 26.
204 Ebda 29 f.
205 Zu Feuchtersleben 1833 s. F. Heer: Humanitas Austriaca (Land im Strome) 53.
206 Zu Hofmann von Fallersleben s. H. v. Srbik (Einheit) I, 299. Zu Srbik s. auch L. Moos: Bildungsbürgertum, Nationalproblem und demokratisches Zeitalter. Studien zum Werk Heinrich Ritters von Srbik, Diss. Freiburg 1969, und F. Heer (Wagnis) 242 ff.
207 W. Pollak (1848) 111.
208 Die Grenzboten, 6. Jg. IV, 501.
209 Franz Graf Hartig: Die Genesis der Revolution in Österreich im Jahre 1848. Leipzig 1851, 146 f.; G. Franz (Liberalismus) 43 f.
210 Vgl. unsere Kapitel 9 und 10.
211 O. Brunner: Die Wiener Abgeordneten zum Frankfurter Vorparlament des Jahres 1848 und die deutschen Reichskleinodien (in: Nachrichtenblatt des Vereins für Gesch. der Stadt Wien, Neue Folge des Monatsblattes, 1. Jg. 1939, Nr. 2), 17 ff.
212 Karl Demeter: Großdeutsche Stimmen 1848/49. Frankfurt 1939, 144 und 154.
213 August Zang: Lebensfragen für die österreichische Monarchie. Wien 1848.
214 Vgl. unsere Kapitel 8 und 9.
215 H. v. Srbik (Einheit) I, 287.
216 Ebda.
217 Ebda 297.
218 H. Lentz: Graf Thun und die deutsche Rechtsgeschichte (in: MIÖG 63, 1955), 500 ff.
219 A. Lhotsky (Österr. Hist.) 159 f.
220 K. Eder (Liberalismus) 232.
221 G. Franz (Liberalismus), Vorwort.
222 Ebda 40, das folgende: 41.
223 Zu Palacky und der Austroslawismus s. V. L. Tapié 303 ff., 329 ff., 370 f.; Robert A. Kann (Gesch. d. Habsb.) 235 ff., 277, 279, 348 f.; E. Hoor (Österreich 1918—1938) 25 f.
224 1848/49 s. R. A. Kann (Gesch. d. Habsb.) 275 ff.; E. Zöllner 355 ff.; Golo Mann (Deutsche Geschichte) 188 ff.; vgl. ebda 241/2: Bismarck-Marx-Lenin als Schüler von 1848.
225 Elisabeth Andics: Das Bündnis Habsburg-Romanow. Budapest 1963, 7 ff.
226 Vgl. G. Mann 223—228; Veit Valentin: Geschichte der deutschen Revolution von 1848 bis 1849. Berlin 1932, 2. Bd.
227 Zu Haynau s. Görlich-Romanik 387; R. A. Kann 235, 288.
228 Zu Bismarck s. W. Richter 102; ebda 641: „Aus unbekannten Gründen hat sich im deutschen Sprachgebrauch eine Umkehrung des Zitats von ‚Blut und Eisen' eingebürgert" — was tiefenpsychologisch unschwer verständlich ist! Damals sah Treitschke in dieser Aussage die „Gemeinheit" und „Lächerlichkeit" eines „so flachen Junkers": ebda 602 und 691.
229 Zu Karl Marx und 1848 s. G. Mann 239 f.
230 Vgl. unser Kapitel 9 und 10.
231 G. Mann 205.
232 G. Mann 228; H. v. Srbik (Einheit) I, 315 ff.
233 G. Mann 242.
234 Zur Paulkirche s. G. Mann 204 ff.; Srbik (Einheit) I, 315 ff.; G. Franz (Liberalismus) 48 ff.; F. Heer EMR 379 ff.
235 Vgl. F. Heer EMR 373 ff., 379 ff.; Lit. 921 f.
236 Zu Freiligrath s. F. Heer EMR 380, 396 f.
237 F. Heer EMR 380.
238 Zu F. Lassalle s. G. Mann 276 ff.; F. Heer EMR 225, 333, 430 ff.
239 F. Heer EMR 381 und Lit. 922.
240 F. Heer EMR 387 f.

241 Dies berichtet Heinrich Mann in seiner Autobiographie: Ein Zeitalter wird besichtigt. Berlin 1947, 192 f.
242 F. Heer EMR 387.
243 Zu Arnold Ruge s. F. Heer EMR 391.
244 H. v. Srbik (Einheit) I, 323.
245 H. Pirchegger: Geschichte der Steiermark 1740—1919, 3 Bd., 400 ff.
246 H. v. Srbik (Einheit) I, 324.
247 Ebda 328.
248 Ebda.
249 Ebda 345.
250 W. Schüssler: Die nationale Politik der österr. Abgeordneten im Frankfurter Parlament. Berlin 1913, 24 f.
251 Über Droysen s. H. v. Srbik (Einheit) I, 367 f.; F. Heer (Wagnis) 237, 231 ff.; H. Schleier, in: Joachim Streisand (Hgb.): Die deutsche Geschichtswissenschaft vom Beginn des 19. Jahrhunderts bis zur Reichsgründung von oben. Berlin 1963/64, 2 Bde. I; und: Dokumente zur deutschen Politik 1806—1870, hgb. v. H. Pross, 123 f.
252 Vgl. F. Heer (Wagnis) 231 f.
253 K. T. von Vitzthum-Eckstädt, 10. November 1848: H. Benedikt (Emanzip.) 249.
254 Furchtbare Beschimpfungen Österreichs in Frankfurt: H. v. Srbik (Einheit) I, 368 ff.
255 Ebda 369.
256 Ebda 371.
257 Ebda 375.
258 Ebda 376.
259 Ebda 384.
260 Ebda 404 f.
261 Ebda.
262 Ebda 414 f.; zum europäischen Geschichtsdenken des Görres-Kreises vgl. H. Gollwitzer (Europabild) 357 ff.
263 Zu Bismarck in Versailles 1871 s. F. Heer EMR 408 f.
264 H. v. Srbik (Einheit) I, 420.
265 Ebda 422 f., 425; E. Hoor (Österreich) 19 f.
266 H. v. Srbik (Einheit) I, 430.
267 Ebda 455.
268 Bismarck erinnert die Paulskirche . . .: H. v. Srbik (Einheit) I, 469.
269 Über die Gothaer s. H. v. Srbik (Einheit) II, 25.
270 Dokumente zur deutschen Politik 1806—1870, 180.
271 Dokumente ebda 264 ff., 268.
272 Briefwechsel Friedrich Wilhelm IV.—Franz Joseph, s. F. Herre (Kaiser Franz Joseph) 92.
273 Zu Giskra s. Demeter: Großdeutsche Stimmen, 23.
274 E. v. Bauernfeld: Gesammelte Aufsätze, hgb. v. Stephan Hock. Wien 1905, 95 (und 82 ff.).

7. Zwischen Franz Joseph und Bismarck

1 R. A. Kann (Gesch. d. Habsb.) 237.
2 Ed. Crankshaw (The Fall) 52 ff.
3 Der württembergische Gesandte s. F. Herre 77.
4 Zu Felix Schwarzenberg s. H. v. Srbik (Einheit) II, 18 ff., 123 ff.; F. Herre 75 ff., 93 ff., 97 ff.; R. Kiszling: Fürst Felix zu Schwarzenberg, 1952; E. Zöllner 360, 399.
5 Zu Schwarzenberg s. H. v. Srbik II, 123 ff., und E. Kiszling.
6 Zu Bruck s. E. Zöllner 360, 400; F. Herre 77, 99 f., 152 ff.; R. A. Kann 282, 292.
7 Zu Bach s. E. Zöllner 358, 360, 398 ff.; R. A. Kann 277, 282 ff., 291—297; F. Herre 101 f.
8 Grillparzer über Felix Schwarzenberg s. A. E. Schäfer: Grillparzers Verhältnis zu preußisch-deutschen Politik.

[9] Zu Olmütz s. H. v. Srbik (Einheit) II, 56 ff., 80 ff., 85 ff.

[10] H. v. Srbik ebda 85.

[11] Ranke über Olmütz s. H. v. Srbik (Einheit) II, 87.

[12] Über die „Schmach von Olmütz" s. ebda 303 ff.

[13] Ebda 61 ff., 80, 82 ff.

[14] Kraft von Hohenlohe-Ingelfingen: Aufzeichnungen aus meinem Leben I, 212.

[15] Über den Prinz von Preußen s. H. Srbik (Einheit) II, 86, bes. 164.

[16] F. W. Foerster: Erlebte Weltgeschichte 1869—1953. Nürnberg 1953.

[17] F. W. Foerster, in: Echo der Zeit, 14. Juni 1953, 4.

[18] Erinnert von F. W. Foerster: Erlebte Weltgeschichte 367.

[19] H. v. Srbik (Einheit) II, 90.

[20] In seinen Briefen an seine Mutter gesteht er 1866: „Es ist ein Kampf auf Leben und Tod, der noch lange nicht aus ist, und es ist mit Berechnung auf unsere vollkommene Zerstörung abgesehen"; vgl. F. Herre 224. Diese Einsicht verdrängt Franz Joseph — wider sein besseres Wissen — 1867 bis 1914 in seinen „Untergrund". Das Unverständnis des Kaisers zeigt reich dokumentiert auf Joseph Redlich: Kaiser Franz Joseph von Österreich, und in seinen Tagebüchern; H. Hantsch (Gesch. Österreichs) I, 12 ff.; K. Tschuppik: Franz Josef I. Hellerau 1928, jetzt F. Herre in seiner Biographie des Kaisers.

Eine gute Zusammenstellung von Äußerungen angesehener Historiker zu Franz Joseph erschien kürzlich: Kaiser Franz Joseph von Österreich oder Der Verfall eines Prinzips. Hermesvilla, Lainzer Tiergarten, 28. März 1980 bis 15. März 1981, 64. Sonderausstellung des Historischen Museums der Stadt Wien, Zusammenstellung Dr. Robert Waissenberger. Im Vorwort von R. Waissenberger, S. 6, heißt es: „In mancher Beziehung sind sich die Historiker in der Beurteilung Kaiser Franz Josephs einig gewesen, etwa darin, daß ihm die Größe fehlte und er mehr Verwalter als Politiker gewesen ist." Franz Joseph ist Autokrat: kalt und unnahbar auch in seiner Familie. In dem einleitenden Beitrag „Kaiser Franz Josephs Stellung in der Geschichte" meint Waissenberger (S. 7): Die Historiker sind sich einig, „daß Franz Joseph ein durchaus mittelmäßig begabter Politiker gewesen ist, der sicher nicht imstande war, über sich hinaus zu wachsen". Am besten urteilen bis heute: Joseph Redlich: Kaiser Franz Joseph von Österreich. Berlin 1928, und Karl Tschuppik: Franz Joseph I. Der Untergang eines Reiches. Hellerau bei Dresden 1928. Waissenberger weiter (S. 12): der Achtzehnjährige ist „fertig" wie der Achtzigjährige. Ebda 48 ff., Johann Christoph Allmeyer-Beck: Kaiser Franz Joseph als Soldat, (50): 1859 und 1914 handelt der Kaiser gleich: eröffnet Krieg durch ein Ultimatum, von dem man in Wien hoffte, es werde vom Gegner (Piemont, Serbien) nicht angenommen, obwohl man wissen mußte, daß mächtigere Gegner, Frankreich bzw. Rußland, dahinterstanden. Beide Male wird an „Ehre" appelliert! Ebda 213 ff.: Adelbert Schusser: Erzherzog Franz Ferdinand. Franz Joseph verkörperte „den Typus österreichischer Mittelmäßigkeit" (Leopold von Chlumetzky: Erzherzog Franz Ferdinands Wirken und Wollen. Berlin 1929, 15). Schusser weiter 214: Franz Ferdinand wurde kein „Klerikaler", er erlebte starke Eindrücke in den USA, auf seiner Weltreise, er war für größtmöglichste Freiheit und Selbständigkeit der Teilstaaten. (220): Franz Ferdinand war oft viel besser unterrichtet über die Verhältnisse in der Monarchie (durch seine Vertrauensmänner) als Franz Joseph. Hier (225 f.) eine Zusammenstellung seiner hervorragenden Mitarbeiter. Ebda 238 ff.: Günter Düriegl: Franz Joseph und der Erste Weltkrieg, 239: Der Kaiser war zum Kriege entschlossen. 240: Franz Joseph betrachtete das große Reich bis zuletzt als seine Hausmacht, ganz nach Empfindungen seiner Moral, den Staat als Domäne Habsburgs. Ganz ohne staatsmännische Klugheit sein Wort: „Wenn die Monarchie schon zugrunde gehen soll, dann soll sie wenigstens anständig zugrunde gehen."

Ebda, 249—273: Zitate von Historikern über Franz Joseph. Robert Kann (249): „. . . seine politische Instinktlosigkeit", seine „mittelmäßigen" Leistungen. E. Crankshaw (251): . . . seine ungeheure Härte. Joseph Redlich (252): . . . seine schweren Fehlgriffe bei der Wahl seiner Mitarbeiter, er fürchtete starke Persönlichkeiten. Leopold Wölfling, d. i. Erzherzog Leopold Ferdinand von Habsburg-Toskana (254): Man fühlte seine kalte Hand . . . Er ging durch unser Leben, ein fühlloser Lenker. . . . Er war hart, blieb sich immer gleich und unerbittlich. ... Franz Joseph war eine Maschine." Joseph Redlich (262): „Von jeher hatte Franz Joseph politische Fragen nur so zu erfassen vermocht, daß er sie auf die einfachste Formulierung reduzierte." (263:) Franz Joseph ließ ruhig die Vergewaltigungen der Völker Ungarns durch die Magyaren geschehen. — Glaise von Horstenau sieht den greisen Kaiser 1915: „ein ganz kleines, gebeugtes Männchen mit runzeliger Kopfhaut, traurigen Augen und gebeugten Schultern", „etwas böse". (Ein General im Zwielicht, Die Erinnerungen Edmund Glaises von Horstenau. Wien 1980, Bd. 1, eingeleitet und hgb. von Peter Broucek, 359.) Ebda 198: Franz Joseph trieb manchen Offizier in den Selbstmord. 159: Ab 1871 verzichtete Franz Joseph auf jede Reform.

[21] H. v. Srbik (Einheit) II, 174 ff.

[22] Zu Prokesch von Osten s. H. v. Srbik (Einheit) II, 178.

[23] Ebda 177 f.

[24] Ebda 239. Kaiser Franz Joseph: Briefe an seine Mutter, 1843—1872, hgb. von F. Schmirer 228.

[25] „Realpolitik" s. H. v. Srbik (Einheit) II, 301.

[26] Droysen über Olmütz s. F. Meinecke: J. G. Droysen (HZ 141) 271 ff.

[27] H. v. Srbik (Einheit) II, 303.

[28] Rudolf Haym über Österreich s. ebda 304 ff.

[29] Zu Anton Springer s. G. Franz (Liberalismus) 392.

[30] A. O. Meyer (HZ 133) 258 ff.; derselbe: Bismarcks Kampf gegen Österreich 285 ff.

[31] A. O. Meyer: Graf Rechberg über die kleindeutsche Geschichtsschreibung und die Gründung der Historischen Zeitschrift, s. HZ 133, 258 ff.; dazu G. Franz 177.

[32] H. v. Srbik (Einheit) II, 310 f.

[33] Zu Konstantin Frantz s. H. Gollwitzer (Europabild) 357 ff., 374 ff.; J. Droz 115—127; hier über seine „Entdeckung" nach den zwei Weltkriegen; sein Schüler C. Schuchardt zeigte das bereits in seinem in Melzingen 1891 erschienen Werk: C. Frantz, Deutschlands wahrer Realpolitiker; E. Stamm: Ein berühmter Unberühmter. Konstanz 1947; H. v. Srbik (Einheit) II, 315 ff.

[34] H. v. Srbik (Einheit) II, 319 f.

[35] Zu Edmund Jörg s. H. Gollwitzer 367 ff.; J. Droz 105 ff.; ebda über die „Gelben Blätter".

[36] H. v. Srbik (Einheit) II, 321 ff.

[37] Nichtausrüstung der österreichischen Truppen und schlechte Führung grenzen ans Verbrecherische. Vgl. dazu O. Regele: Feldzeugmeister Benedek 120 ff., 124 ff., 228 ff., 311 ff., 328 ff.; 380: es war Mord, die österreichischen Soldaten so in den Krieg zu führen!

[38] Über Döllinger, Lord Acton, Kirchenstaat s. F. Heer EMR 656 ff., 665 ff.

[39] Zu Lassalle gegen Österreich s. H. v. Srbik (Einheit) II, 385; H. Ducher: Lassalle, 3. Aufl. 1920, 139 ff.; F. Heer EMR 430 ff.

[40] Marx und Engels für einen Krieg Preußens an Österreichs Seite, gegen Lassalle s. Marx-Engels: Briefwechsel, Histor. krit. Gesamtausgabe von D. Rjazanow, 3. Abt., 2. Bd. Berlin 1930, 365 ff.

[41] H. v. Srbik (Einheit) II, 388.

[42] Über die neuen Schiller-Feiern s. H. v. Srbik (Einheit) III, 23 f.

[43] Zu Bach s. O. Regele (FM Radetzky) 102 ff.; F. Herre 167.

[44] Zu Bruck s. F. Herre 167 f.

[45] Zu Grillparzer s. A. E. Schäfer 90.

[46] Zu Hofmannsthal s. Fischer Almanach 87. Frankfurt 1975, 90—95.

[47] Zu Lasaulx (Buss, Jörg) s. H. Gollwitzer 359 ff.

[48] Gustav Freytag und Herzog Ernst von Coburg im Briefwechsel, hgb. v. E. Tempeltey. Leipzig 1904, 131.

[49] A. Pfister: Deutsche Zwietracht. Stuttgart 1902, 9.

[50] W. Richter (Bismarck) 100 ff.; Golo Mann: Bismarck (in: Die Großen der Weltgesch. VIII), 155 ff.

[51] H. v. Srbik (Einheit) II, 45.

[52] Ebda 59.

[53] Ebda 64 f.

[54] Roland Krug von Nidda (1866 ...) 98 ff., 101 f., 120 f.; E. Franzel (1866 — Il mondo casca) 2 Bde.

[55] H. v. Srbik (Einheit) III, 72 f.; Bismarck als ein ungeheurer Hasser: hier bei Srbik 68 ff.; F. Heer EMR 399 f. und Register 1008.

[56] H. v. Srbik (Einheit) III, 117.

[57] G. Franz (Liberalismus) 325; zur „Ostdeutschen Post": ebda 346.

[58] Zu Schmerling s. H. v. Srbik (Einheit) III, 90 ff., 119 ff.; E. Zöllner 405, 411.

[59] Zu Fröbel s. H. Gollwitzer 385 ff.

[60] Vgl. H. v. Srbik (Einheit) III, 138 ff.

[61] H. Hüffer: Lebenserinnerungen. Berlin 1912, 136, 140.

[62] H. v. Srbik (Einheit) III, 143.

[63] Ebda 147.

[64] Ebda 152, 153.

[65] Ebda 163.

[66] Ebda 161—164.

[67] Das „Dritte Deutschland", s. dazu H. v. Srbik (Einheit) III, 167 ff., 170 ff.: Bayern, 202 ff.: Sachsen.

[68] Zu Ketteler s. F. Vigener: Ketteler. München 1924, 473 ff.

[69] H. v. Srbik (Einheit) III, 93, 97, vgl. bes. 229 ff.

[70] Görlich-Romanik 404 f., 412; G. Mann (Deutsche Gesch.) 348 ff.; H. J. Schoeps (Das andere Preußen) 44 f., 50 ff., 76 ff., 83 f., 80 ff.; W. Schüssler (Preußen und Österreich) 54 ff.; R. Krug von Nidda, 174 ff.; H. v. Srbik (Einheit) III, 203 ff.; W. Richter 142 ff.

[71] Vgl. H. v. Srbik (Einheit) IV, 112 f.

[72] Görlich-Romanik 410 ff.

[73] H. v. Srbik (Einheit) IV, 111.

[74] Ebda 112.

[75] Ebda 132.

[76] Zu Moritz Esterházy und Mensdorf-Poully s. Görlich-Romanik 411 f.

[77] O. Regele (FZM Benedek) 328 ff., 342 ff.

[78] Roland Krug von Nidda 28; 120 f.: wie Friedrich der Große 1756.

[79] H. v. Srbik (Einheit) IV, 151.

[80] Ebda 241.

[81] Zu Bleichröder s. Fritz Stern: Gold und Eisen. Bismarck und sein Bankier Bleichröder (deutsch von O. Werth). Berlin 1978; David S. Nandes: Das Bankhaus Bleichröder (in: Deutsches Judentum — Aufstieg und Krise) 187 ff.

[82] Zu Plener s. O. Regele 311 ff., 318 ff., 344 ff.

[83] H. v. Srbik (Einheit) IV, 242.

[84] Franz Joseph kennt nur die „Ehre seines Hauses", s. Hugo Hantsch: Leopold Graf Berchtold I., an vielen Stellen, bes. 155 f., II, 792; und vorzüglich J. Redlich: Kaiser Franz Joseph von Österreich, und die Tagebücher Redlichs, hgb. v. F. Fellner.

[85] H. v. Srbik (Einheit) IV, 269 ff.

[86] Ebda 274.

[87] Ebda 344; H. Wendel: Bismarck und Serbien im Jahre 1866. Berlin 1927; J. A. v. Reiswitz: Berlin-Belgrad, Belgrad-Berlin 1866—1871. München 1936 (!)

[88] H. v. Srbik (Einheit) IV, 411.

[89] Ebda 414.

[90] Ebda 415.

[91] Ebda 415 f.

[92] Ebda 475.

[93] Zu Moritz von Kaisersfeld und Herbst, bes. Kaisersfeld an Stremayer, 8. August 1869, s. F. v. Krones: Moritz von Kaisersfeld. Leipzig 1888, 305 f.; und zu Herbst s. J. Droz 317 ff.; Görlich-Romanik 427.

[94] G. Franz (Liberalismus) 148.

[95] O. Regele (FZM Benedek) 328 ff.; Lit. zu Königgrätz bei R. A. Kann (Gesch. d. Habsb.) 556.

[96] O. Regele 353 ff.

[97] O. Regele 364; Joseph Redlich (Kaiser Franz Joseph von Österreich, 1929).

[98] O. Regele 372 und 570.

[99] Zit. bei G. Franz (Liberalismus) 438; zum Versagen des Liberalismus in Österreich s. auch: Görlich-Romanik 424 ff.; F. Herre 234 ff., 238 ff.

[100] O. Regele 384.

[101] O. Regele 19 ff., 71 ff.

[102] O. Regele 26 und 560.

[103] O. Regele 71 ff.

[104] O. Regele 93.

[105] O. Regele 183 f.

[106] O. Regele 227 f.

[107] O. Regele 229 f.

[108] O. Regele 238 f., 273 f.

[109] O. Regele 380; Hugo Kerchnawe: Die Vorgeschichte von 1866 und 19?? (sic!). Wien 1909, 84. Das Fragezeichen verweist auf den engen Zusammenhang zwischen 1866 und 1914 bis 1918; F. R. Bridge: From Sadowa to Sarajewo: The Foreign Policy of Austria-Hungary 1866—1914. London 1972, 6 ff.

[110] Zu Franz Josephs Glaube an Preußen-Deutschland s. O. Regele 124 ff.; G. Franz (Liberalismus) 330 ff.

[111] G. Franz 328.

[112] Anton Springer: Aus meinem Leben. Berlin 1892, 174.

[113] Fuller, zit. bei O. Regele 474.

[114] O. Regele 276, 287 ff., 296 ff.; zu Moltke s. Hellmuth von Moltke: Kriege und Siege. Berlin 1938 (Auszüge aus seinen Schriften); Aus meinem Leben 1800—1866, und seine achtbändigen „Gesammelten Schriften und Denkwürdigkeiten"; Moltke urteilt sehr hart über den „Polizeistaat Preußen": 21 ff.; Moltke vergleicht ihn mit der Freiheit der Engländer: 27 ff., 34 f., 42 ff., 52 ff.; er rühmt die Schönheit Wiens gegenüber dem häßlichen Berlin, 1835 (61 ff.), rühmt den österreichischen Staat als „Mittel zur Zivilisation des Orients" (135 f.). Seine Schiffe stellen die Verbindung zwischen Konstantinopel und Triest, Athen, Alexandrien, Beirut, Smyrna und Wien dar. Ebda 283 ff.: der Preußisch-Österreichische Krieg 1866. Moltke bekennt hier 324: „Der Krieg von 1866 ist nicht aus Notwehr gegen die Bedrohung der eigenen Existenz entsprungen, auch nicht hervorgerufen durch die öffentliche Meinung und die Stimme des Volkes; es war ein im Kabinett als notwendig erkannter, längst beabsichtigter und ruhig vorbereiteter Kampf . . ." Moltke urteilt sehr sachlich und voll Anerkennung über die österreichische Armee, auch über Benedek (339 ff.) und wendet sich gegen die „Preußische Mythenbildung" (351 ff.). Moltke wendet sich in seiner Erinnerung des Deutsch-Französischen Krieges 1870—1871 gegen die jährlichen Sedan-Feiern (in denen Mommsen eine Barbarisierung und Aufpuschung des preußisch-deutschen Chauvinismus sieht): „Schwer zu verstehen, weshalb wir Deutschen den zweiten September feiern, an welchem nichts Denkwürdiges geschah . . ." (ebda 419). Zur Kriegführung 1866 und zu ihrer Vorbereitung, politisch und militärisch in Preußen s. G. A. Craig (The Politics of the Prussian Army) 140 ff., 160 ff., 193 ff.

[115] O. Regele 463, 442 und 448 ff. Moltke 1889: Die preußische Armee war nach der Schlacht nicht geeignet zur Verfolgung!

[116] O. Regele 524.

[117] O. Regele 479.

[118] Bei O. Regele 481.

[119] O. Regele 224; F. Herre 174 ff., 180, 218 ff.

[120] B. Hamann (Rudolf) 300 ff.; ebda 258: die Verzweiflung Rudolfs über Königgrätz.

[121] A. E. Schaefer (Grillparzers Verhältnis zur preußisch-deutschen Politik. Berlin 1929) 93 ff.; F. Kainz: Grillparzers Stellung im österreichischen Sprachen- und Nationalitätenkampf (HZ 161 Bd. 498 ff.).

[122] A. Stifter: Sämtliche Werke, Bd. 6. Bd. Reichenberg 1939, 102, 110 f.

[123] H. v. Srbik (Einheit) IV, 471.

[124] Zu Karl Bosl s. W. Faust (1866 ...) 216, vgl. 150 ff.: Bosls Kritik an Bayerns Politik 1866.

[125] Roland Krug von Nidda zu Königgrätz: 351.

[126] W. Faust 5 ff.

[127] Vgl. W. Faust 29 f.; Michael Freund in der FAZ, s. ebda 179.

[128] Lit. zu Preußens „Verhalten", s. W. Faust 391 ff.; ebda 401: Bismarcks Krieg, heute gesehen.

[129] Über Hannover s. W. Faust 64 ff.; zu München s. ebda 18 f.; „Hannover blieb ...": 194.

[130] W. Faust 93.

[131] Reinhold Schneider bekundete diese seine Überzeugung: „Hitler ist eine furchtbare Rache für Königgrätz" in Reden und immer wieder im Gespräch mit mir. Ebenso „alte" Preußen in Berlin und Frankfurt in den sechziger und frühen siebziger Jahren.

[132] So Otto Schulmeister: „das böse Witzwort aus der NS-Zeit, Hitler sei Österreichs Rache für Königgrätz" (Deutsche Zeitung. Bonn, 16. Februar 1979); vgl. bereits W. Schüssler: Preußen und Österreich, 54 ff.: Königgrätz und die Folgen; ebda 67: Hitler leidet an einem Königgrätz-Komplex. Ernst Niekisch war derselben Überzeugung (Brief an mich); zustimmend zuletzt in diesem Bezug P. G. J. Pulzer (The Rise of Political Antisemitism) 333.

[133] Bismarck meinte, Wien soll nach Budapest übersiedeln! S. dazu H. Benedikt (Emanzip.) 128 und J. Droz 134.

[134] Zur Legion Klapka-Turr-Csáky s. H. v. Srbik (Einheit) IV, 414 f.

[135] Zu Beust s. Josef Redlich: Das österreichische Staats- und Reichsproblem II, 521 ff.; Robert A. Kann (Gesch. d. Habsb.) 256 ff., 303/311; E. Zöllner 415 ff.; F. Herre 226 f., 263 f.

[136] Zum „Ausgleich" von 1867: L'udovit Holotik und Anton Vantuch: Der österreichisch-ungarische Ausgleich von 1867. Preßburg 1971; Th. Mayer (Hgb.): Der Österreichisch-ungarische Ausgleich von 1867. Vorgeschichte und Wirkungen. Wien 1967. Hierzu bes. Otto Brunner (in: Th. Mayer) und R. A. Kann (in: Holotik-Vantuch); Görlich-Romanik 417 f.

[137] Palacky: J. Droz a. a. O.

[138] Daniel Spitzer: ebda.

[139] G. Franz 316.

[140] G. Franz 317 f.

[141] Plener an seinen Sohn, s. F. Frhr. v. Beust: Aus dreiviertel Jahrhunderten II, 163.

[142] J. Redlich (Staats- und Reichsproblem II) 660; E. Hoor (Österreich 1918—1938) 41 ff., der das Wachsen nationaler Minderwertigkeitskomplexe aus Mischehen und eine große Zahl böhmischer deutsch-nationaler Politiker mit rein slawischen oder „germanisierten" slawischen Namen namhaft macht.

[143] G. Franz 365 f.; Ed. Winter (Tausend Jahre) 305 ff., vgl. bes. 296; Othmar Feyl: Materialien zur Frage des deutschen Blutsanteils in der Erwecker- und politischen Führerschicht der Tschechen seit der Aufklärung (in: Südostdeutsche Forschungen, VIII. Beiheft. München 1944) 1 ff.

[144] Vgl. bereits F. Pipitz (1815—1899): Memoiren eines Apostaten. Stuttgart 1842.

[145] Zu Schuselka s. G. Franz 390 f.; P. Horwath 95 f., 115 f., 186.

[146] Konversionen von Deutschen in Wien zum Katholizismus: H. v. Srbik DE I 288 ff., 285 ff.; Ed. Winter, a. a. O.; P. Horwath 60 ff.

[147] P. Horwath 125.

[148] Vgl. unsere Kapitel 9 und 10.

[149] Vgl. E. Schmidt: Bismarcks Kampf mit dem politischen Katholizismus I. Hamburg 1942, 22 ff., 73 ff., 45 ff.; G. Franz: Kulturkampf, 185 ff.; 190: der Kulturkampf füllt nahezu die ganze Regierungstätigkeit Bismarcks als Reichskanzler. König Wilhelm hat Angst, daß Preußen katholisch wird: ebda 192. Das Zentrum gegen den preußischen Einheitsstaat 1870/71 (194 ff.); 205 f.: Protestantismus als Reichsreligion, vgl. auch 208 und 210 ff.

[150] Vgl. E. Schmidt Volkmar: Der Kulturkampf in Deutschland 1871—1890. Göttingen-

Berlin 1962 (den politischen Verhältnissen verändert gegenüber der oben A. 149 bezogenen Arbeit); H. Vallotton: Bismarck und Hitler, 103 ff.

[151] Entfällt.

[152] Diese Unvergleichbarkeit zeigt sehr schön Henry Vallotton: Bismarck et Hitler. Paris 1954, auf: 13 ff., bes. 33: Ein neues Preußen entsteht mit Königgrätz. Königgrätz ist *das* Vorspiel der Kriege von 1870 und der Weltkriege 1914 und 1939, ebda 355 ff.: tiefste Gegensätze zwischen Bismarck und Hitler, 364: Bismarck und Hitler durch Abgründe getrennt, in *einem* einig: Gewalt geht vor Recht.

[153] Vgl. Andreas Hillgruber: Otto von Bismarck, Gründer der europäischen Großmacht Deutsches Reich. Göttingen 1978; Sebastian Haffner: Preußen ohne Legende. Ein Stern-Buch. Hamburg 1978, zeigt auf, wie der sehr künstliche Staat Preußen mit der Reichsgründung Bismarcks 1871 endet! Bismarck versteht die eigentlichen Reichsparteien, also die katholische Zentrumpartei und die Sozialdemokratische Partei als „Reichsfeinde", die er niederkämpfen will. Auch Haffner betont Bismarcks Willen, gerade in seiner Endzeit als Reichskanzler das Reich wieder aufzulösen und als reinen Fürstenbund neu zu gründen — eine Rückkehr zu Metternichs „Deutschem Bund" — oder zumindest das Reichswahlrecht abzuschaffen. — Auf dieser Linie liegt der „Plan" Kaiser Wilhelms II., in seiner letzten Stunde als Kaiser abzudanken und sich als König von Preußen zu etablieren — mit großer Zustimmung des Kronprinzen und seiner Generale. Dazu Frederik Hetmann: Rosa L. Die Geschichte der Rosa Luxemburg und ihrer Zeit. Frankfurt 1979 (Weinheim 1976), 226.
„Die innenpolitische Atmosphäre des Bismarck-Reiches in seinen ersten zwanzig Jahren war ungut und stickig, und Bismarck selbst, auf der Höhe seiner Macht und seines Ruhmes, verbitterte in diesen zwanzig Jahren zusehends." „Bismarcks Innenpolitik zwischen 1871 und 1890 läßt sich auf eine einfache Formel bringen, in ihm drückte sich zum letzten Mal die Weigerung Preußens aus, in Deutschland aufzugehen" (S. Haffner). Zu Bismarck s. Bismarck-Bibliographie. Quellen und Literatur zur Geschichte Bismarcks und seiner Zeit, hgb. von K. E. Born, bearb. von W. Hertel unter Mitarbeit von H. Henning. Köln 1966; Das Bismarckproblem in der Geschichtschreibung nach 1945, hgb. von L. Goll. Köln 1971; Revision des Bismarckbildes, hgb. von J. Hollmann. Darmstadt 1972; T. Tschnieder: Vom Deutschen Bund zum Deutschen Reich (in: B. Gebhardt: Handbuch der Deutschen Geschichte, hgb. von H. Grundmann I, 3. neubearb. Aufl. Stuttgart 1970, 99 ff.); ebda K. E. Born: Von der Reichsgründung bis zum I. Weltkrieg, 221 ff.; ferner s. E. Eyck: Bismarck, Leben und Werk, 3 Bde. Erlenbach-Zürich 1941—1944; A. Hillgruber: Bismarcks Außenpolitik. Freiburg 1972; U. Wehler: Bismarck und der Imperialismus. Köln 1969; W. Mommsen: Bismarck. Ein politisches Lebensbild. München 1959; H. G. Zmartlik: Das Bismarckbild der Deutschen gestern und heute (Vortrag, 24. November 1965. Freiburg i. Br.) 1967; W. Richter: Bismarck. Frankfurt 1962; Golo Mann: Otto von Bismarck (Die Großen der Weltgesch. VIII) 144 ff.; ebda 136 ff.: die deutschen Bismarckhistoriker; M. Stürmer: Bismarck — Mythos und Historie (in: Aus Politik und Zeitgeschichte III, 71); H. Schnee: Bismarck und der deutsche Nationalismus in Österreich (in: Hist. Jahrbuch d. Görresges. 81, Jg. 1962). — Zu Herbert Bismarck s. W. Bussmann (Hgb.): Staatssekretär Graf Herbert von Bismarck. Göttingen 1964.

[154] Wilhelm II. und Bismarck: F. Heer EMR 401 ff., 424 ff.; Tyler Whittle: Kaiser Wilhelm II. München 1979 (The Last Kaiser. London 1977), 61 ff., 68 ff., 242 ff.; Im Schatten Bismarcks; M. Stürmer (Hgb.): Das kaiserliche Deutschland, Politik und Gesellschaft 1870—1919. Düsseldorf 1970.

[155] F. Heer EMR 402 und die Dokumentation: 925 ff.; Golo Mann sieht Bismarck als „nervöse(n) Barbaren": Deutsche Geschichte, 310 ff., 426 ff.

[156] Wilhelm II.: Aus meinem Leben, 242; „Roter Reaktionär": R. Saitschik 18; „teutonischer Teufel": Erinnerungen an Bismarck. Aufzeichnungen von Mitarbeitern und Freunden, 41.

[157] R. Saitschik 67; Friedrich II. an Voltaire: ebda 41.

[158] Vgl. B. Hamann (Rudolf): Der Kaiser über Rudolf (485): als Kind ein „Krepierl", als Mann ein „Schneider", ein schwacher feiger Hirsch, der sich verkriecht.

[159] F. Heer EMR 408 f. und 926; Kaiser Friedrichs Tagebuch, 17. Januar 1871, zit. nach:

Dokumente der deutschen Politik und Geschichte von 1848 bis zur Gegenwart, hgb. v. H. Hohlfeld I. Berlin 1951, 289 ff.

160 Vgl. F. Heer EMR 405/6; W. Richter 246 f., 287 f., 499, 585.
161 Zu Ernst Ludwig von Gerlach und Bismarck s. H. J. Schoeps: Das andere Preußen, 44 ff., 49, 76—79, 83 f.; dieser große preußische Konservative ist der Überzeugung: Preußen wird zugrunde gehen: ebda 80 ff.; 1874 wird er wegen Beleidigung Bismarcks verurteilt (ebda 93).
162 Vgl. F. Heer EMR 407 und 926.
163 W. Richter 443 f., 595.
165 Vgl. F. Heer EMR 409 und 926.
166 W. Richter 529, und S. Haffner (Preußen ohne Legende).
167 W. Richter 542.
168 W. Richter 429 und 521.
169 Vgl. W. Richter 337, 384, 428, 521; Bismarck und Metternich haben sich gekannt und geschätzt; vgl. Golo Mann: Metternich, in: Geschichte und Geschichten, 489 f.; Golo Mann (Die Großen der Weltgesch. VII) 169 f.
170 F. Heer EMR 409 und 926.
171 Vgl. W. Richter 439.
172 Vgl. F. Heer EMR 411 und 926.
173 Zu Ludwig Bamberger s. F. Heer ebda 411, 423 f., 841.
174 F. Heer 411 und 926.
175 W. Richter 471.
176 Zu W. Liebknecht s. F. Heer 429.
177 F. Heer 410.
178 Golo Mann (Deutsche Gesch.) 567.
179 Golo Mann ebda 549.
180 F. Herre 279 und 299 ff.
181 Wiard Klopp: Onno Klopp, hgb. von F. Schnabel 32.
182 W. Klopp 39.
183 W. Klopp 45.
184 W. Klopp 55.
185 W. Klopp 59.
186 Oskar Klein-Hattingen: Geschichte des deutschen Liberalismus, 2 Bde. Berlin 1911, II, 641 und 648, Lit. 666 ff.; F. Heer EMR 919 f.
187 W. Klopp 81.
188 W. Klopp 66.
189 W. Klopp 81 f.
190 W. Klopp 87.
191 W. Klopp 94.
192 W. Klopp 97 und 98.
193 W. Klopp 202.
194 W. Klopp 155 und Wiard Klopp: Onno Klopp als Geschichtslehrer Franz Ferdinands (in: Reichspost, 28. Mai 1929, Nr. 148).
195 W. Klopp 104.
196 Golo Mann (Die Großen der Weltgesch. VII) 162.
197 W. Klopp 148 und 154.
198 W. Klopp 186—188.
199 W. Klopp 205, 206 f.
200 W. Klopp 218.
201 F. Herre 305.
202 B. Hamann 201 ff., 287 ff., 301 ff., 305 ff., 339 ff., 348 ff.
203 B. Hamann 306 f., 330 ff., 339 ff., 348 f.
204 B. Hamann 205 ff., 199 ff.
205 B. Hamann 206.
206 B. Hamann 340 ff.

[207] B. Hamann 201; Berta Szepps-Zuckerkandl: Ich erlebte fünfzig Jahre Weltgeschichte. Stockholm 1939, 123.

[208] B. Hamann 33 f.

[209] Zu Elisabeth: B. Hamann 162 ff., 322 f., 414 ff., 469 ff., 486 ff.; F. Herre 136 ff., 174 ff., 216 ff., 267 ff., 291 ff., 341 ff.

[210] B. Hamann 43.

[211] B. Hamann 54.

[212] B. Hamann 59 und 185 ff.; gegen Adel und Klerus: 57 ff., 65, 72 ff.

[213] B. Hamann 66 ff., 78 ff., 195 ff.

[214] B. Hamann 67.

[215] Zu Nietzsche, Burckhardt, Lagarde s. F. Heer EMR 483 ff.; Alfred von Martin: Nietzsche und Burckhardt, 3. ver. Aufl. Basel 1945, 161 ff.

[216] B. Hamann 68 f.

[217] B. Hamann 73.

[218] In diesem Sinne will Rudolf „die Juden zu guten österreichischen Patrioten machen"; vgl. B. Hamann 197 ff.

[219] B. Hamann 79.

[220] B. Hamann 103; über Lassalle-Rudolf ebda 172 f.

[221] B. Hamann 188.

[222] Vgl. B. Hamann 301 ff., 313 ff., 328.

[223] B. Hamann 332 ff.

[224] B. Hamann 98 ff.

[225] B. Hamann 122 f.

[226] B. Hamann 239 f.

[227] B. Hamann 255.

[228] B. Hamann 135 ff.

[229] B. Hamann 143 und 146.

[230] B. Hamann 345 f.

[231] B. Hamann 272 f., 402 ff.

[232] B. Hamann 189 ff.

[233] B. Hamann 346 ff.

[234] B. Hamann 346.

[235] B. Hamann 328, 340 ff., 359 ff., 398 ff., 451 ff.

[236] B. Hamann 353 f.

[237] B. Hamann 356 f. und 514.

[238] B. Hamann 359.

[239] B. Hamann 364.

[240] B. Hamann 365.

[241] B. Hamann 366, vgl. 370.

[242] B. Hamann 366, vgl. 368.

[243] B. Hamann 442.

[244] B. Hamann 368 ff.

[245] B. Hamann 370.

[246] B. Hamann 372 ff.

[247] B. Hamann 384—388.

[248] B. Hamann 377.

[249] B. Hamann 380 ff., 384 ff.

[250] B. Hamann 377 ff.

[251] B. Hamann 106 ff.

[252] B. Hamann 430 f.

[253] F. Herre 441.

[254] F. Herre 355; die Hölle und Elisabeth: F. Herre 353 f.

[255] F. Herre 103 f., 487 f.

[256] B. Hamann 488.

[257] Zu Maximilian s. E. Schmidt v. Tavera: Geschichte der Regierung Kaiser Maximilians I.

und der französischen Intervention in Mexiko, 1903; F. Gamilscheg: Kaiseradler über Mexiko. Wien 1964; E. Zöllner 415 f.; Robert A. Kann (Gesch. d. Habsb.) 256, 292; F. Herre 130 ff., 146 ff., 242 ff.

[258] F. Herre 384; zum Exodus der Erzherzoge aus dem Hause des Kaisers Franz Joseph: ebda 384 ff.

[259] F. Herre 224.

[260] F. Herre 270 ff.

[261] Vgl. Karl Fürst Schwarzenberg: Adler und Drache, 10 ff., 26 ff., 60 ff.; E. Canetti: Masse und Macht, 324 ff., 461—487 (der Kaiser als „Löwe").

[262] K. Schwarzenberg 274.

[263] K. Schwarzenberg 24 ff., 333.

[264] Deshalb stellen sich heute afrikanische „Präsidenten" und Staatsführer als Inkarnationen der alten Stammes-Könige dar; vgl. Ndiva Kofele-Kale: The Politics of Development and the Problem of Leadership in Africa (in: Cross Currents, XVIII, Winter 1978/79) 435 ff., mit reicher Lit.

[265] P. Herz: Der Kaiser und die Juden (in: Illustrierte Neue Welt. Wien, April 1978, 14). Altösterreichischen Kaiserglauben habe ich in Israel 1968 in Jerusalem, Tel-Aviv und im Kibbuz Neoth Mordechai erlebt.

[266] Vgl. K. Schwarzenberg 32 ff., 81 ff., 117 ff.

[267] Vgl. F. Heer (in: MIÖG LVII 1949) 23 ff.

[268] K. Schwarzenberg 217.

[269] K. Schwarzenberg 111 ff., 223.

[270] K. Schwarzenberg 223 und 255 ff.

[271] F. Herre 420.

[272] J. K. Mayr: Der Presbyter Theodor Sickel (in: Jahrbuch der Ges. f. d. Gesch. des Protest. in Österr., 67. Jg., 1951), 47 f. Sickel erlebt in Österreich mehr Freiheit als in Preußen: ebda 37 f., 39.

[273] F. Heer EG 418 ff., 423 f.

[274] F. Herre 173.

[275] F. Herre 191.

8. Die Zerstörung des Österreichbewußtseins

[1] W. Bietak (das Lebensgefühl) 34 ff., 252 ff.

[2] F. Heerre 270.

[3] V. Dedijer (Die Zeitbombe) 311 ff.; ihre Schiller-Begeisterung s. ebda 470; Schillers „Tell": 311 ff.

[4] Zu Graf Collas s. V. Dedijer 531, 769.

[5] Über die Begeisterung der jungen Bosnier, Serben für Sand s. V. Dedijer 315 f. — mit „Vivat Teutonia".

[6] O. Waas (Die Pennalie) 41.

[7] O. Waas 44.

[8] O. Waas 52.

[9] Karl Renner: An der Wende zweier Zeiten. Wien 1946, 176 f.

[10] O. Waas VII.

[11] Carl E. Schorske: Generational Tension and Cultural Chance. Reflections on the Case of Vienna (in: Daedalus, Harvard Univ. Cambridge. Fall 1978) 112 ff.; ebda 113: die Gymnasiasten als Träger des Deutschnationalismus.

[12] Harry Proß: Eros, Politik. Bern 1964, 11 ff., 31 ff.: Mütter und Söhne, 40: Flucht in den Mutterschoß der Armee, 176 ff.: Langemarck als Flucht, 208, 280 ff.; Hermann Glaser: Eros in der Politik. Köln o. J. 9 ff., 17 f., 20 f., 127 ff.: Geschichte als Sexualpathologie, 135 ff.: Nationalismus, 198 ff.: nationale Jungfräulichkeit, 201 ff.: Frauenhaß und Judenhaß, 205: der Krieg als stellvertretendes Sexualobjekt, 250 ff. Hier sind alle in der ersten Anmerkung dieser Arbeit über das riesenhafte Problem „Identität" genannten Werke einzubeziehen.

[13] Vgl. E. H. Gombrich: Art und Illusion. London 1960; das Lebenswerk von Ernst Kris (zu Kris s. Uwe Henrik Peters: Anna Freud. München 1979, 168, 215, 225, 269, 298, 303 f.); A. Ehrenzweig: The Psycho-Analysis of Artistic Vision and Hearing. New York, 2. Ed. 1965; A. Ehrenzweig: Ordnung im Chaos. Das Unbewußte in der Kunst. München 1974 (The Hidden Order of Art. London 1967) hier 199 f. Erinnerung an das katholische Wien — Karfreitag in Österreich, und zum folgenden: 285 ff. in unserer westlichen Gesellschaft ist seit dem späten Mittelalter der Todestrieb auf dem Vormarsch.

[14] Vgl. unser Kapitel 11.

[15] P. Molisch (Polit. Gesch.) 3.

[16] O. Waas 79 f.

[17] Radetzky an Egger, dazu Anton Springer: Geschichte Österreichs seit dem Wiener Frieden 1809, 2. Teil. Leipzig 1865, 595.

[18] P. Molisch 13 f.

[19] Karl Eder (Der Liberalismus, 1955) 233 f.

[20] A. Lhotsky (Öst. Hist.) 165.

[21] Der große Bruch im deutschen Geistesleben wird ab Goethes Tod 1832 von wachen Deutschen bemerkt; vgl. F. Heer EMR 364 ff., 444 ff.; Grillparzer erlebt ihn mit Entsetzen, so später Nietzsche, Jakob Burckhardt, aber auch ein Paul de Lagarde; 1864 bemerkt Ziegler (was Edgar Quinet bereits 1837 feststellte): „Die Geister eines Kant, Fichte, Schelling, Hegel sind wie die Kraniche über Deutschland hinweggezogen und haben keine Spuren hinterlassen"; F. Heer EMR 396.

[22] H. Lentze (Universitätsreform) 30.

[23] Zu Leo Thun-Hohenstein s. H. Lentze 33 ff., 79 ff., 90 ff. und 371: Register; R. Meister: Die Universitätsreform des Ministers Graf Thun-Hohenstein, Wiener Inaugurationsrede 1949. Dankbar erinnere ich mich des Präsidenten der Akademie der Wissenschaften, Wien, Richard Meister, der mich 1948/49 habilitierte.

[24] Zu Exner s. H. Lentze 36 ff., 292 f.

[25] H. Lentze 32 ff., 79 f., 128 ff., 292 f.

[26] H. Lentze 42 ff.

[27] H. Lentze 102.

[28] H. Lentze 82 ff.

[29] H. Lentze 81 ff.

[30] Zu Phillips s. H. Lentze 82 ff., 103 ff., 121 ff. (Register: 370).

[31] Zu Bernard Bolzano s. Ed. Winter: Der Bolzano-Prozeß. Brünn 1944; Ed. Winter: Leben und geistige Entwicklung des Sozialethikers und Mathematikers Bernard Bolzano, 1781 bis 1848. Halle 1948; Ed. Winter: Die Sozial- und Ethnoethik Bernard Bonzanos, Humanistischer Patriotismus oder romantischer Nationalismus im vormärzlichen Österreich. Bernard Bolzano contra Friedrich Schlegel; Wien 1977 (Österr. Akad. d. Wiss. Phil.-Hist.-Klasse SB. 316 Bd. H. 19); Bolzano verstand sich als österreichischer Patriot, er wollte „meinem Geburtsland Österreich einen Dienst erweisen" (ebda 36); Bolzano kämpft gegen den Haß der Deutschen und Tschechen in Böhmen (ebda 77 ff.), gegen „die deutsche religiöse und nationale Schwärmerei": 72 f.

[32] Zu Anton Günther s. Ernst Karl Winter: A. Günther (Zschr. f. die ges. Staatswiss., Bd. 88, 1930, 281 ff.); Ed. Winter (Josefinismus); ders.: Die geistige Entwicklung Anton Günthers und seiner Schule. Paderborn 1931.

[33] H. Lentze 83 ff.

[34] Vgl. F. Heer EMR 659 ff.

[35] Ebda.

[36] H. Lentze 84.

[37] H. Lentze 129.

[38] H. Lentze 137; H. Baltl: Über die Notwendigkeit einer österr. Rechtsgeschichte (in: Juristische Blätter, Jg. 1950), 397 ff.

[39] H. Lentze 95.

[40] H. Lentze 193 f.

[41] H. Lentze 194; zu dieser „Poesie" vgl. P. Horwath 119 ff., 191 ff.

[42] H. Lentze 196 f.

[43] H. Lentze 168 f.

[44] H. Lentze 172.

[45] Zu Theodor Sickel s. J. K. Mayr: Der Presbyter Theodor Sickel (Jb. d. Ges. f. die Gesch. des Protest. in Österr., 60. Jg., 1951) 36 ff.

[46] Zum „Institut": O. Brunner: Das österreichische Institut für Geschichtsforschung und seine Stellung in der deutschen Geschichtswissenschaft, in: MIÖG, Bd. 52, 1938, 385 ff.; A. Lhotsky: Geschichte des Instituts für österr. Geschichtsforschung 1854—1954. Graz 1954; A. Lhotsky: Geschichtsforschung und Geschichtsschreibung in Österreich (HZ Bd. 189, 1959), 379 ff. — Dankbar gedenke ich meiner Jahre im Institut 1935—1939.

[47] J. K. Mayr 37.

[48] J. K. Mayr 39 f.

[49] J. K. Mayr 40.

[50] J. K. Mayr 41.

[51] I. Winkler 174 ff.; über die Schillerfeiern von 1859 s. H. v. Srbik (Einheit) III, 23 f. (Lit.).

[52] Über die „Silesia" s. F. Bilger: Die Wiener Burschenschaft Silesia von 1860 bis 1870 und ihre Bedeutung für die Anfänge der deutschnationalen Bewegung in Österreich (in: Quellen und Darstellungen zur Gesch. der Burschenschaft und der deutschen Einheitsbewegung, 2. Bd. Heidelberg 1911); I. Winkler 33 ff. und 179 f.; P. Molisch (Polit. Gesch.) 68; E. Pichl (Schönerer) I, 6 ff.

[53] I. Winkler 176 f.

[54] P. Molisch 75 f.; I. Winkler 33 ff.

[55] Zu Julius Krickl s. I. Winkler 24 f.; E. Pichl (Schönerer) II, 426 ff.

[56] J. Winkler 31; N. v. Preradovic 2.

[57] I. Winkler 35.

[58] Müller von der Werra und Wilhelm von Baensch (Hgb.): Alldeutschland — Dichtungen aus den Ruhmestagen des Heldenkrieges 1870—1871. Leipzig 1871, 57 f.

[59] N. Cohn: Das Ringen um das Tausendjährige Reich. Bern 1961, 270 ff.

[60] I. Winkler 47.

[61] P. Molisch 67 f.

[62] P. Molisch 74.

[63] P. Molisch 78 f.

[64] I. Winkler 51 ff.; das Gedicht Hamerlings: in „Alldeutschland" 212 ff.; zu Hamerling und Hitler s. F. Heer GAH 16 und 133.

[65] I. Winkler 53, 59 ff., 61 ff.

[66] Vgl. F. Heer EMR 408 und 926; Tyler Whittle 73 ff.; vgl. bes. 169, 194, 196.

[67] Vgl. I. Winkler 187; P. Molisch 80.

[68] F. Gall (Alma Mater) 180.

[69] I. Winkler 65; vgl. auch Karl Kraus gegen den „blödsinnigen Schiller-Kult der Deutschen": Grimassen, Auswahl 1902—1914. München 1977, 277 ff.

[70] O. Waas 167.

[71] I. Winkler 193.

[72] O. Waas 174 f.

[73] Zu Karl der Große als Sachsenschlächter, germanische Mythologie . . ., s. O. Waas 176 f.; vgl. I. Winkler 200.

[74] Zu Raphael Pacher s. O. Waas 302.

[75] O. Waas 192.

[76] N. Preradovic: Vizekanzler Dr. Ing. Franz Winkler (in: Die Aula, März 1960. Graz) 37 f.

[77] I. Winkler 198.

[78] F. Molisch 109.

[79] F. Knoll 188; J. Winkler 250, 253 (Mayer-Löwenschwerdt 40).

[80] P. Molisch 85.

[81] „Preußische Jahrbücher", 28, H. 5. Berlin 1871, 557 und 560.

[82] Heinrich Friedjung: Der Ausgleich mit Ungarn. 1877, 27.

[83] O. Waas 122, 177/179.

[84] „Das Vaterland. Zeitung für die österr. Monarchie", Nr. 174, 25. Juni 1875.

[85] O. Waas 142.

[86] O. Waas 155.

[87] Untergangsängste: sie arbeiten in Deutschland (und ab 1918 sehr im „nationalen" Österreich, vgl. R. G. Ardelt) in Bismarck, Wilhelm II., in Nietzsche, C. Frantz, am großartigsten wohl in Richard Wagners „Ring der Nibelungen"; vgl. F. Heer EMR 473 ff.; zuvor im konservativen Lager: so bei Gerlach evangelischerseits, katholischerseits bei Lasaulx, Jörg, C. Frantz und außerordentlich im späten Görres (Vater); vgl. H. Gollwitzer 357 ff. So auch in den deutschen Sozialdarwinisten und Rassisten, die Völkermorde empfehlen, um das deutsche Volk zu retten, so Alexander Tille; vgl. H. Conrad-Martius: Utopien der Menschenzüchtung. Der Sozialdarwinismus und seine Folgen. München 1955, 214 ff., 220 ff., 261 ff.

[88] O. Waas 122 f.

[89] I. Winkler 58.

[90] Zu Ottokar Lorenz und Wilhelm Scherer s. I. Winkler 57 f.

[91] Erwin Mayer-Löwenschwerdt: Schönerer, der Vorkämpfer. Eine politische Biographie. Wien 1938, 24.

[92] Zur Denkschrift Beusts s. H. Lutz (in: Festschrift für Hans Leo Mikoletzky = Mitteil. des österr. Staatsarchivs 25. Wien 1972) 170.

[93] Vgl. P. Molisch 146.

[94] P. Molisch 91, 93.

[95] P. Molisch 96.

[96] P. Molisch 126.

[97] P. Molisch 146.

[98] P. Molisch 151.

[99] Vgl. E. Kresbach: 40 Jahre Carolina. Graz 1928.

[100] O. Waas 108 ff., 114 ff., 127 ff., 155 ff. (Wien); I. Winkler 199 ff.

[101] P. Molisch 67 ff.

[102] P. Molisch 164 f.

[103] P. Molisch 161 f.; zu sozialdemokratischen und nationalen Zusammenarbeiten auf akademischem Boden s. P. Molisch 137 ff.

[104] Zu Below etwa gegen Karl Lamprecht. Der Staatsrechtler Paul Labaud gratuliert Below zu seiner „Abschlachtung Lamprechts", s. F. Heer (Wagnis) 236.

[105] Theodor Mommsens Testamentklausel s. F. Heer EMR 435.

[106] P. Molisch 161 f.

[107] P. Molisch 144.

[108] O. Waas 170 f.

[109] O. Waas 173.

[110] E. Kandl: Hitlers Österreichbild. Wien 1963, 44 f.; zu A. Estermann s. Kandl XXXV.

[111] Zu E. Lugert s. F. Heer GAH 19, 32.

[112] Zu J. O. von Rauscher s. E. Zöllner 400, 418; R. A. Kann 289, 292 f.

[113] R. A. Kann 294.

[114] Zu Döllinger s. F. Heer EMR 567 f., 656 ff., 665 ff., 671 ff.

[115] Zu Lord Acton s. F. Heer EMR 656, 661, 666 ff.

[116] Die Fragen des „Modernismus" wurden bis heute nicht kirchlich ausdiskutiert, geschweige denn gelöst; vgl. zur Situation auf dem II. Vatikanischen Konzil G. Vallquist: Das Zweite Vatikanische Konzil, 228 ff.; D. A. Seeber: Das zweite Vaticanum, 224 f., 357 ff., 250 ff., 208; Karl Rahner/H. Vorgrimler: Kleines Konzilskompendium, 24 ff., 108 ff., 161 ff., 508 ff.

[117] In keinem der Werke Seipels, in keiner seiner Reden wird ein Theologe des Reformkatholizismus genannt, angesprochen oder zitiert.

[118] Diesen Niederklerus schildert der spätere Landtags- und Reichsratabgeordnete Prälat Dr. Joseph Scheicher: Erlebnisse und Erinnerungen, 6 Bde. Wien 1907—1912; als zwei Abgeordnete als Vertreter des 1. Klerustages im Erzbischöflichen Palais Wien um eine

Audienz ansuchten, um Wünsche von 450 Priestern aus allen Ländern der Monarchie schriftlich übermitteln zu können, ließen ihnen die versammelten Bischöfe durch einen Lakaien mitteilen, daß sie keine Zeit hätten, sie zu empfangen. Der 2. Klerustag fand nicht mehr statt. J. Scheicher I, 44 f.; dazu auch J. Scheicher: Der österreichische Klerustag. Ein Stück Zeit und Kirchengeschichte. Wien 1902.

Ein Leitmotiv Scheichers ist (V, 225 ff.), wie er im Reichsrat am 14. Dezember 1894 über die versklavte Staatskirche sagte: „Solange der Klerus vom Bischof bis zum letzten Kooperator vor der Welt nur erscheint als Mittel der Polizei, allerdings der schwarzen Polizei, solange ist es ganz unmöglich, daß er eine religiöse Wirksamkeit habe." Diese sechs Bände schildern immer wieder ungeheuerliche Demütigungen und Mißhandlungen des Niederklerus durch den Hochklerus, wobei die Pfarrer dann den Druck weitergeben in Mißhandlungen „ihrer" Kapläne, Kooperatoren (vgl. III, 6 f., 15); „Heiliger Brauch" bei Pfarrern, das letzte und elendste Loch für den „Kooperator" als „Heim" zu bestimmen: „Er steht dem Chef in gewisser Weise ferner als ein Dienstbote" (28 f.). Scheicher selbst wird als „Hetzkaplan" denunziert, er hetze die gemeinen Leute gegen die „besseren Stände" auf (III, 94). — Der Ehrendomherr Maurer, in der Steiermark als Heiliger verehrt, in Wien eingekerkert (bei den Minoriten), wirft sich schriftlich dem Erzbischof Graf Hohenwarth flehend „zu seinen allergnädigsten Füssen", er wird nie verhört (III, 111)! Scheicher: „Ich wünsche meinem besten Feinde nicht, daß er je in die sanften Krallen eines vom Zäsarenwahne befallenen geistlichen Mitbruders falle."

Vgl. III, 2. T., 53 ff. über die mechanische, geistlose leblose Priesterausbildung. „Staatsbischöfe freilich betrachten den Priesterstand vielleicht als Gesindel, unverläßliches Volk, dem man nur traut, soweit man Zwangsmaßregeln zur Verfügung hat" (III, 2. T., 103). Das Elend alter Priester: I, 66 ff., und an vielen Stellen! Am 14. Dezember 1894 findet im Reichsrat eine große Debatte über „die Versklavung der Kirche" zur „schwarzen Polizei" des Staates statt. Lueger, Pernerstorfer und andere prominente Redner ergreifen hier das Wort. Am 15. Dezember erwidert der Unterrichtsminister Ritter von Medeyski. Vgl. Scheicher V, 224 ff.

[119] Vgl. J. Scheicher, bes. die Bände III bis V.
[120] Vgl. F. Heer EMR 615 ff.
[121] Der „L'Avenir", s. dazu F. Heer EMR 615—618.
[122] Ebda 618 f.
[123] Ebda 619.
[124] Zu Gärtner und Füster: W. Pollak (1848) 183, 196, 215.
[125] F. Heer GIL 208 f.; ders. GAH 66 ff.
[126] Zu Romieu-Trimalcion s. F. Heer EMR 627, 842.
[127] Zu Veuillot s. F. Heer EMR 266, 290, 304, 628 f., 645/655.
[128] „Als Geschenk S. Heiligkeit Papst Pius II. überreicht": „an die katholische Hochschuljugend Österreichs". Mensch und Gemeinschaft in christlicher Schau, Dokumente, hgb. v. D. Emil Marmy unter Mitwirkung von Josef Schafer und Anton Rohrbasser. Freiburg i. Br. 1945.
[129] Mirari vos: hier 24 ff.; ebda 25 für Bücherverbrennungen — in Berufung auf die Apostel.
[130] Syllabus: ebda 45 f., 46: über Anton Günther.
[131] Syllabus: ebda 54; vgl. F. Heer EMR 647 ff.
[132] Zu Döllinger s. F. Heer EMR 656 ff.: Ignaz von Döllinger und das 1. Vatikanische Konzil. In Wien erlebt Scheicher ergriffen das Schicksal Döllingers mit; s. J. Scheicher II, 505 f.; ebda 519 f.: „Konzilien sind überdies nicht bloß Dogmenfabriken"; Scheicher selbst wird von der „Neuen Freien Presse" (!!!) 18. Februar 1908 als „Modernist" angegriffen; vgl. Scheicher III, 2. T., 24 und 249 ff.; ders. IV, 109 ff.: zunehmende kirchliche Terror-Zensuren.
[133] F. Heer EMR 657 ff., 659 f., 661 f.
[134] Zu Ketteler s. F. Heer EMR 661 f.
[135] F. Heer EMR 650/661 f.
[136] Zu Lord Acton s. F. Heer EMR 667 ff.; ebda: Acton für Österreich.

[137] F. Heer EMR 685—724.

[138] A. Loisy: Mémoires III, 196; F. Heer EMR 722.

[139] F. Heer EMR 724 und 982 f.

[140] Diese von Wiener Universitätstheologen angeführte Hexenjagd schildert J. Scheicher III, 2. T., 213 ff., 226 f., 228 ff., 236 ff., 249 ff. Ein Führer dieser „Ketzerverfolger" ist der Wiener Dogmatikprofessor Commer, ein Freund des Richard von Kralik, der die Hexenjagd in die katholische Literaturkritik trägt, in seinem Kampf gegen die Münchener um Carl Muth und dessen „Hochland". Commer betätigt sich als „Hexenhammer und Großinquisitor" gegen die „modernistischen" Theologen.

[141] Zu Leo Taxil s. F. Heer GIL 222—225, 518, 623, 689; F. Funder (Vom Gestern ins Heute) 172—177.

[142] Vgl. P. Horwath 34 ff.; ebda 63: Steriler österreichischer Katholizismus, ganz unattraktiv, ferner 124: Die scheußliche Politisierung der Religion, vgl. noch 131.

[143] F. Heer GIL 224.

[144] Maurice Pinay: Verschwörung gegen die Kirche (deutsch: Madrid 1963); vgl. F. Heer GIL 501 ff.; die italienische Ausgabe wurde in einer vatikannahen Druckerei in Rom gedruckt: Complotto contro la Chiesa; F. Heer 688 (Lit.).

[145] Vgl. F. Heer (Abschied von Höllen und Himmeln) 245 ff. und 306 ff.

[146] Zu Friedrich von Hügel s. F. Heer EMR 688 ff., 704 ff., 713 ff., 717 ff.

[147] F. Heer ebda 713.

[148] F. Heer ebda 714; F. v. Hügel: Briefe an seine Nichte, hgb. v. K. Schmidthüs. Freiburg 1938, 2.

[149] Zu Taaffe s. Robert A. Kann (Gesch. d. Habsb.) 303, 323—327, 383 f., 385—388; E. Zöllner 425 ff., 429 ff.; F. Herre 306 ff., 311 ff., 335—838; V. L. Tapié 370 ff.; A. Jenks: Austria and the Iron Ring, 1873—1893. Charlottesville, Virginia, 1965; Görlich-Romanik 431 f., 433 ff., 450 ff.; E. Crankshaw (The Fall) 271 ff.; Karl Kraus (Grimassen) 77: „Graf Taaffe, der einzig mögliche Ministerpräsident, den Österreich je gehabt hat."

[150] Vgl. O. Waas 170; P. Molisch 82 ff. und 115; I. Winkler 247 ff.

[151] Zu Badeni: V. L. Tapié 347, 372 f.; R. A. Kann 383 ff., 389; Görlich-Romanik 451 ff. Über die Studenten in den Badeni-Unruhen s. P. Molisch 90 f.

[152] F. Herre 338 f.

[153] Görlich-Romanik 454.

[154] 1905 ernennt Franz Joseph in Ungarn das Ministerium Fejérvary-Kristtóffy, das die Einführung des allgemeinen Wahlrechts zur Brechung der Macht des ungarischen Großadels ankündigt. Die ungarische Opposition geht zum Kaiser nach Wien, will sich unterwerfen. Der Kaiser spricht vier Minuten mit ihren Vertretern, übergibt die Sache an Graf Gołuchowski. Die Ungarn fahren verblüfft und sehr erfreut nach Hause, ohne zu Gołuchowski zu gehen; E. U. Cormons (E. Urbas): Schicksale und Schatten. Salzburg 1951, 85.

[155] Mayer-Löwenschwerdt (Schönerer) 39 f.

[156] F. Knoll 188; I. Winkler 250.

[157] Mayer-Löwenschwerdt 40.

[158] I. Winkler 270.

[159] Emil du Bois-Reymond über die Berliner Universität s. F. Heer (Wagnis) 231 ff.

[160] F. Knoll 307; I. Winkler 271.

[161] I. Winkler 279.

[162] Hermann Münch: Panslawismus und Alldeutschtum (in: Neues Abendland, 5. Jg., 1950) 278.

[162a] O. Lorenz: Staatsmänner und Geschichtsschreiber des 19. Jahrhunderts. Berlin 1896; I. Winkler 284 f.

[163] I. Winkler 288 f. und 298.

[164] P. Molisch 201, 255.

[165] I. Winkler 247 f., 259 f.

[166] I. Winkler 240.

[167] I. Winkler 237 ff., 243, 259.

[168] I. Winkler 243 und 259; E. Pichl (Schönerer) I, 25 ff.

[169] Über von Weichs s. P. Horwath 125.

[170] Zu I. A. Schindler s. P. Horwath 125.

[171] Zu Sebastian Brunner s. F. Heer GIL 232, 303, 354 ff.; F. Heer GAH 66 f., 610. Georg von Schönerer beruft sich auf S. Brunner; vgl. E. Pichl II, 14 ff. Groß herausgestellt wird Brunner in: Antisemitismus der Welt in Wort und Bild, hgb. v. R. Koerber. Dresden-Wien 1935, 291; J. A. Hellwing: Der konfessionelle Antisemitismus im 19. Jahrhundert in Österreich. Wien 1972.

[172] F. Heer GIL 375 f.

[173] Vgl. P. Horwath 57, 99, 144, 163, 210, 237, 247.

[174] Zu Johannes Nordmann s. P. Horwath 57, 97, 100, 115, 163 f., 186, 191, 210.

[175] Hermann Bahr: Tagebuch (1905—1908). Berlin 1909, 100.

[176] Vgl. O. Waas 176 f., 127 ff., 138 ff., 155 f.

[177] Jolande Jacobi (die aus Wien 1938 emigrieren konnte), in: J. Rudin: Neurose und Religion — Krankheitsbilder und ihre Problematik. Olten 1964, 123 f.

[178] J. Jacobi 145 ff.

[179] Werner Hellwig: Die Blaue Blume des Wandervogels, 1960, 61 ff.; H. Heigert: Deutschlands falsche Träume, 121 ff., 141 (Deutsche Gymnasiasten schwärmen 1914 vom Tode); H. Pross: Jugend, Eros, Politik, 31 ff., 40 ff., 69 ff., 176 ff. (Langemarck), und wieder 1923: „Dich, Tod von Flandern, rufe ich" (294 ff.); H. Glaser: Eros in der Politik, 204 ff.: Der Krieg als stellvertretendes Sexualobjekt; 136: Orgasmus und Kommunion: Die Schlachtbank als „Altar des Vaterlandes", 205; man vergleiche damit die „Bubokratie" — Knaben als frühnationalsozialistische Revolutionäre in Österreich, in Salzburg 1924 — in der Salzburger „Schill-Jugend", an Preußen 1899 anknüpfend bei E. Hanisch: Zur Frühgeschichte des Nationalsozialismus in Salzburg 1913—1925 (SA. aus Mitteil. d. Ges. f. Salzburger Landeskunde, Bd. 117, 1977) 409.

[180] Vgl. Norman Cohn: Das Ringen um das tausendjährige Reich, 114 ff., 140 ff., 210 ff.; F. Heer EG 260 ff., 267 ff.

[181] Als Reaktion auf meinen kleinen Essay: „Durch die Wirrnisse der Geschichte" (in: Merian, Wachau, Wald- und Weinviertel, November 1976, 29. Jg., H. 11) 35 ff. Dokumentarische Belege aus der Gegenwart sind von dem in Arbeit befindlichen Werk über G. v. Schönerer von Brigitte Hamann zu erwarten.

[182] E. Pichl I und VI.

[183] E. Pichl I, 21 ff.

[184] Das „Linzer Programm" s. bei E. Pichl I, 118: „Schönerer ist der Vater des Linzer Programms"; A. Wandruszka (in: Spectrum Austriae) 299 ff.; zuvor ders.: Österreichs politische Struktur (in: Gesch. der Republik Österreich. Hgb. v. H. Benedikt 1954); E. Crankshaw (The Fall) 275 ff.

[185] Zu Schönerer und die Arbeiterschaft s. E. Pichl V, 204—245; über den frühen Schönerer s. E. Pichl I, 119 ff., 251 ff.

[186] E. Pichl II, 7 f.

[187] E. Pichl II, 4.

[188] E. Pichl II, 7.

[189] E. Pichl II, 31, 33.

[190] E. Pichl I, 145.

[191] E. Pichl I, 25 und 69 ff.

[192] Über Schönerer und Engelbert Pernerstorfer, einer der engsten Freunde Victor Adlers s. E. Pichl II, 52 ff., 161 ff.; W. Pollak (Soz. in Österr. 1979) 75 ff.: V. Adler, Pernerstorfer, Schönerer; H. Valentin: Der Prozeß Schönerer und seine Auswirkungen auf die parteipolitischen Verhältnisse in Österreich (in: Österr. in Gesch. u. Lit. 2, 1972).

[193] E. Pichl II, 271 ff.

[194] E. Pichl II, 426 ff.

[195] E. Pichl II, 426.

[196] E. Pichl IV, 502 ff.

[197] E. Pichl IV, 502.

[198] E. Pichl IV, 506.

[199] E. Pichl IV, 546 ff.

[200] E. Pichl IV, 505.

[201] E. Pichl V, 59.

[202] E. Pichl V, 59, 62.

[203] E. Pichl V, 102 f.

[204] Austria Polyglotta (das ist auch der Name eines tschechischen Romans), s. V. L. Tapié 346 f.; vgl. auch E. Crankshaw (The Fall) a. a. O.

[205] E. Pichl VI, 388.

[206] E. Pichl VI, 385.

[207] E. Pichl VI, 387.

[208] Zur Los-von-Rom-Bewegung s. F. Funder (Vom Gestern) 218 ff.; P. Horwath 193 ff., 222 ff., 239 f.; F. Bräunlich: Die österreichische Los-von-Rom-Bewegung. München 1899, in: Berichte über den Fortgang der Los-von-Rom-Bewegung, H. 2, 4 und 18; I. Winkler 334 ff.

[209] P. Horwath 224 ff.

[210] E. Pichl V, 63 ff.

[211] E. Pichl V, 418 ff.: Der Kampf um den Balkan; 433 ff. und 435 f.; zur habsburgisch-katholischen Mission in Bosnien etc. s. V. Dedijer 386 ff., 390 f.

[212] Zu Karl Hermann Wolf s. E. Pichl IV, 439 ff.; Wolf für ein Groß-Serbisches Reich, dazu E. Pichl VI, 439 f.

[213] Die Söhne Franz Ferdinands und Sarajewo, s. V. Dedijer 286, 627, 868. Ich erinnere mich in diesem Zusammenhang eines Gespräches mit dem Sohne Franz Ferdinands, Max Hohenberg. Ich verdanke seine Bekanntschaft einem Briefe, den er mir nach der Veröffentlichung meines Büchleins „Gespräch der Feinde" sandte: Er selbst habe es gelernt, über den eigenen Schatten zu springen.

[214] Reiche Dokumentationen bei O. Waas, an vielen Stellen.

[215] F. Heer GAH 194 ff., 501—505; Register: 736.

[216] P. Molisch 211 ff., 224.

[217] P. Molisch 226.

[218] P. Molisch 155; O. Waas 255 f.

[219] J. Klohß von Sternegg (in: 100 Jahre Bundesrealschule Wr. Neustadt, 1863—1963) 24.

[220] Paul de Lagarde: Über die gegenwärtige Lage des deutschen Reiches. Göttingen 1876, 23 f.; ders.: Vorrede zu den politischen Aufsätzen, November 1876 (in: „Grossdeutsch-Kleindeutsch"), 285; zu Lagarde s. F. Heer EMR 398, 434, 490 ff.; I. Winkler 361 ff.

[221] Ernst Hasse: Deutsche Politik, 1/3. H. München 1906, 148 ff.

[222] E. Hasse 132, 134 f., 145.

[223] F. Funder (Vom Gestern) 220, 221.

[224] F. Funder 221.

[225] P. Molisch 206.

[226] Vgl. J. Droz 153 ff.

[227] Zu Ernest von Koerber s. F. Herre 373; ferner 383, 394 f., 399, 462 ff.; E. U. Cormons 12; R. A. Kann (Gesch. d. Habsb.) 383, 388, 438 f.

[228] E. Crankshaw (The Fall) 82 f., 303.

[229] Das Memorandum des sterbenden Aehrenthal s. bei E. Crankshaw 331; H. Hantsch (Berchtold) I, 170 ff.; R. A. Kann 372 ff.; ders. (in: Erzherzog-Franz-Ferdinand-Studien) 206 ff.; ders.: Erzherzog Franz Ferdinand und Graf Berchtold als Außenminister 1912 bis 1914.

[230] H. Hantsch (Berchtold) I, 248 ff.; Berchtold ist für Friedrich Naumanns „Mitteleuropa", für engen Anschluß an Deutschland: H. Hantsch (Berchtold) II, 761, 763; ein vernichtendes Urteil über Berchtold fällt der so maßvoll wägende Diplomat Frhr. v. Musulin (Das Haus am Ballhausplatz) 177 ff., 190; gegen Musulin s. R. A. Kann (Franz-Ferdinand-Studien).

[231] H. Hantsch (Berchtold) II, 170, 173, 176, 204.

[232] Ebda II, 152.

[233] Ebda II, 848.

[234] Ebda II, 822.
[235] Ebda II, 822 ff.; Jagd und Krieg: II, 416.
[236] Ebda II, 447 f.
[237] Ebda II, 716.
[238] Ebda II, 423 f., 440, 441 ff., 465 f., 477 f.; I, 254, 256 ff., 352 f.; V. Dedijer 270 ff.
[239] H. Hantsch (Berchtold) I, 311 ff.
[240] Ebda I, 327, vgl. 348; J. Redlich (Tagebücher I) 163.
[241] H. Hantsch (Berchtold) I, 369 ff., 400.
[242] J. Droz, Vorwort u. 198 ff., 200 ff., 205 ff.; E. Crankshaw (The Fall) 316 ff.
[243] H. Hantsch (Berchtold) I, 388 ff.
[244] Vgl. V. Dedijer 137 ff., 183 ff., 186 f., 266 ff.
[245] E. Crankshaw (The Fall) 352.
[246] E. Crankshaw 390 ff.
[247] Rudolf für Franz Ferdinand, den er gegen Franz Joseph verteidigt: E. Crankshaw 286 ff.; B. Hamann 236, vgl. 250 f., 282, 396 f.
[248] E. Crankshaw 340 ff., 383, 388. Zu Franz Ferdinand s. R. Kiszling: Erzherzog Franz Ferdinand von Österreich-Este, 1953; R. A. Kann: Erzherzog-Franz-Ferdinand-Studien, 1976; ders.: Kaiser Franz Joseph und der Ausbruch des Weltkrieges, 1971; J. Hannak (Karl Renner und seine Zeit) 73 ff., 98 ff., 135 ff., 181 ff., 198 f.; Görlich-Romanik 459 ff.; F. Würthle (Die Spur) 81 ff., 103 ff.; F. Herre 386 ff., 423 f., 426 ff., 435 ff.; W. Schüssler (Preußen und Österreich) 56 ff.: der mögliche Retter — Franz Ferdinand.
[249] Vgl. H. Hantsch (Berchtold) I, 155 f., 260. Das ist ein Leitmotiv von Karl Kraus: Die Männer um Franz Joseph, die auf 1914 zuführen, sind Mörder aus Mangel an Phantasie; vgl. K. Kraus (In dieser großen Zeit) 250 f., 252 (in bezug auf Berchtold), 165 f. und 196 ff.: Franz Joseph.
[250] E. Crankshaw 388.
[251] Vgl. V. Dedijer 213 ff., 230 ff.
[252] Zu Karl Renner 1910 s. V. Dedijer 210 f.
[253] V. Dedijer 211 f.
[254] Franz Ferdinands Verzichterklärung und seine Heirat s. R. A. Kann (Franz-Ferdinand-Studien), und F. Herre 387 ff., 391 ff.; zum folgenden auch V. Dedijer 174 ff.
[255] V. Dedijer 177; F. Funder (Vom Gestern) 376 ff., 486 ff.
[256] Görlich-Romanik 460 f.
[257] Zu Emil Steinbach s. W. M. Johnston 61, 113; Görlich-Romanik 435.
[258] R. A. Kann (Gesch. d. Habsb.) 372—377.
[259] Franz Ferdinand ... „er war die Hoffnung"; vgl. Karl Kraus (Grimassen) 557 ff.
[260] Zu Lueger s. R. A. Kann (Gesch. d. Habsb.) 392 ff.; K. Skalnik: Dr. Karl Lueger. Wien 1954; E. Zöllner 418, 427 ff., 439 ff.; F. Heer GIL 102, 208, 307, 354 ff.; F. Heer GAH 76—81, 115—121, 616 ff. Eine Dokumentation des christlichsozialen Glaubens an Lueger als Führer s. F. Funder (Vom Gestern ins Heute); F. Herre 408 f.; V. Dedijer 183 ff., 195 ff.
[261] F. Funder (Vom Gestern) 101 ff.
[262] Den Lueger-Komplex kritisiert Otto Guenther: Christlichsoziale programmatische Gedanken. Wien 1932; vgl. F. Heer GAH 87, 125, 611, 614.
[263] E. Pichl V, 59; der „Nachruf": Pichl V, 397 ff.
[264] Eine sehr eindrucksvolle Schilderung des Verfalles der Christlichsozialen in der Sicht eines ihrer treuesten Mitkämpfer gibt J. Scheicher VI, 354 f., 368 ff., 405 ff.; zuvor bereits IV, 410 ff. (Lueger), 412 ff.; V, 428 f.
[265] Vgl. E. Crankshaw 340 ff.; V. Dedijer 187 ff., 197 ff.
[266] V. Dedijer 187.
[267] Koerber 1916 zu Kaiser Karl, s. R. A. Kann 439.
[268] V. Dedijer 277.
[269] V. Dedijer 278.
[270] So schilderte sie mir Friedrich Funder in vielen Gesprächen, ab 1946.
[271] A. Fuchs (Geistige Strömungen) 20 ff.

[272] Vgl. V. Dedijer 177 ff.
[273] Vgl. Carl Frhr. v. Bardolff (Soldat im alten Österreich) 123 ff.
[274] C. Bardolff 136.
[275] V. Dedijer 186 ff., 190 ff.
[276] V. Dedijer 194 f.
[277] V. Dedijer 196.
[278] V. Dedijer 197.
[279] C. Bardolff 121; F. Langoth (Kampf um Österreich) 33 f.
[280] V. Dedijer 311 ff., 315 f., 470 ff.
[281] V. Dedijer 422.
[282] V. Dedijer 367, 445 f., 447 f.
[283] V. Dedijer 467 ff.
[284] V. Dedijer 400 ff.; vgl. zuvor 398 ff.; diese junge bosnische Intelligenz erlebt Wien — wie der junge Hitler — als „Gosse" (401).
[285] E. Pichl II, 305 ff.; I. Winkler 149.
[286] V. Dedijer 493 ff. und 517.
[287] V. Dedijer 507.
[288] V. Dedijer 509 f.
[289] V. Dedijer 43 ff.; 364 f.: Princip will Dichter werden, alle diese jungen Menschen besitzen ein tiefes Interesse für Dichtkunst; vgl. ders. 40, 100, 433 ff.
[290] V. Dedijer 366 f.
[291] Vgl. V. Dedijer 374 f., 396 ff.
[292] V. Dedijer 573.
[293] V. Dedijer 610.
[294] V. Dedijer 386 ff., 390 f., permanenter Neo-Manichäismus (ebda 480).
[295] V. Dedijer 589 und 630.
[296] V. Dedijer 327 f.; vgl. auch E. U. Cormons 21.
[297] V. Dedijer 566.
[298] V. Dedijer 567.
[299] V. Dedijer 584.
[300] Vgl. V. Dedijer 589 ff. und zuvor 396 ff.
[301] V. Dedijer 558.
[302] Franz Werfel: Die Neue Rundschau. Berlin, 2. Mai 1923.
[303] V. Dedijer 589.
[304] V. Dedijer 353, 357 ff., 519, 560, 626, 657.
[305] V. Dedijer 668.
[306] V. Dedijer 754 f.
[307] V. Dedijer 778, 780 ff.
[308] V. Dedijer 792.
[309] V. Dedijer 793 f.
[310] F. Würthle (Die Spur) 254.
[311] F. Würthle 236.
[312] F. Würthle 236.
[313] F. Würthle 237.
[314] F. Würthle 247 ff.
[315] F. Herre 441 f.; E. Crankshaw (The Fall) 390.
[316] F. Würthle 248.
[317] F. Würthle 252.
[318] V. Dedijer 627 f.
[319] V. Dedijer 789 ff.: Oberst Apis und Deutschland.
[320] V. Dedijer 793 ff.
[321] E. U. Cormons 33 ff., 124 ff., 128 ff.; A. Musulin 81 ff.
[322] E. Crankshaw (The Fall) 371 ff.
[323] E. Crankshaw 389.
[324] E. Crankshaw 388.

[325] Zu Conrad s. Robert A. Kann (Gesch. d. Habsb.) 372, 376 ff., 433 f.; H. Kanner: Kaiserliche Katastrophenpolitik. Wien 1922; F. R. Bridge: From Sadowa to Sarajewo. The Foreign Policy of Austria-Hungary, 1866—1914. London 1972.

[326] Vgl. Conrad v. Hötzendorf (Privataufzeichnungen, hgb. von K. Peball) 282 ff., 288 ff., 303 ff.

[327] Conrad ebda 12 ff., 63 ff.

[328] Conrad 18, 54, 151.

[329] Conrad 67, 112 ff.

[330] Gina Gräfin Conrad von Hötzendorf: Mein Leben mit Conrad von Hötzendorf. Sein geistiges Vermächtnis. Leipzig 1935, 129: Das Medaillon mit dem Moltke-Bildnis.

[331] Conrad 239. Dabei erkennt Conrad: In Wien war man blind gegen das Streben Deutschlands nach Hegemonie und Unterwerfung Österreich-Ungarns (112 f.), Bismarck führte eine verfehlte Politik (146 ff. und 170 ff.); Wilhelm II. und die deutschen Staatsmänner vor 1914 waren blind (139 ff.), Deutschland hat sich selbst sein Grab geschaufelt (146). Conrad plädiert gegen „die verfälschte deutsche Geschichtschreibung", sie „zog eine einseitige Selbstüberschätzung groß, die Deutschland zum Unheil wurde" (177); Conrad „will die Österreicher nicht als Deutsche minderer Kategorie taxiert werden lassen" (196). Das ist das Leit- und Leidmotiv vieler Deutsch-Nationaler, dann Nationalsozialismus in Österreich!

[332] Dies obwohl er erkennt, „Deutschland betrachtete Österreich-Ungarn nicht mehr als Bundesgenossen, sondern als Vasallen (ich kommentiere: was ab 1900 vielfach in London, Paris, St. Petersburg bemerkt wurde!), über dessen Machtmittel es im Wege der Deutschen Obersten Heeresleitung nach Belieben disponieren konnte, während dem Vasallen nach jeder Richtung die Hände gebunden waren. Diese Anmaßung förderte den Zerfall des österreichisch-ungarischen Heeres und den Zerfall des alten Reiches. Dem alten Kaiser war die Macht entwunden worden, er verfügte nicht mehr als gleichgestellter Bundesgenosse" (218). „So wurde der Geist der Herabsetzung alles Österreichischen systematisch dem deutschen Publikum eingeträufelt" (235). Derselbe Conrad fordert die österreichische Jugend zum Anschluß an Deutschland auf (174 ff.). Österreich muß sein Heil im Anschluß suchen (203 ff.).

[333] A. Musulin 22.

[334] A. Musulin 208 ff., 210.

[335] A. Musulin: sein Vorwort. Genf, Herbst 1920 und 139.

[336] A. Musulin 38; Musulin betont die guten Beziehungen zwischen Judentum und alter Monarchie (150 ff.).

[337] A. Musulin 80.

[338] A. Musulin 81.

[339] A. Musulin 240 und 243; zur österreichischen Kriegserklärung an Serbien s. F. Fischer 83 ff.

[340] Vgl. F. Fischer I: Griff nach der Weltmacht. Die Kriegszielpolitik des kaiserlichen Deutschland 1914/18. 3. Aufl. Düsseldorf 1964; Fritz Fischer II: Der Krieg der Illusionen — die deutsche Politik von 1911—1914. Düsseldorf 1969; F. Fischer I, 29 ff.; Berlin drängte Wien zum Krieg gegen Serbien (67 ff.), in Berlin rechnete man mit 5 bis 6 Wochen für den Westfeldzug. Waldersee: „Die planmäßigen Mobilmachungsarbeiten waren am 31. März 1914 abgeschlossen, das Heer war wie immer bereit" (Fischer 65); ders. 109 ff.: In Erwartung des Blitzkrieges. Von Bethmann Hollweg zu Class. Berchtold legte, gedrängt von Deutschland, Franz Joseph die Kriegserklärung zur Unterzeichnung vor (83); ders. 223 ff.: Die Kriegszielpolitik der Reichsleitung 1915; und ders. 453 ff.: Das Kreuznacher Kriegszielprogramm vom 23. April 1917; ders. 823 ff.: Imperium Germanicum. Während des ganzen Ersten Weltkrieges denkt man in Berlin an Österreich-Ungarn als potentiellen Kriegsgegner (hier 570 ff. und 573 ff.); Kaiser Wilhelm II. will sein protestantisches Kaisertum gegen das katholische Haus Habsburg-Parma durchsetzen (568 ff.). Ludendorff (573 f.): „Wir wollen Österreich nicht stark machen, Polen wird den Krieg mit Österreich bringen." [Wie aus Ludendorffs Memoiren hervorgeht, weiß dieser Zeit seines Lebens nicht, daß Conrad nicht der Vorname „Conrad von Hötzendorffs ist!] Hinden-

burg: „Das Bündnis mit Österreich muß bleiben, aber die Auseinandersetzung mit Österreich muß kommen." (Hindenburg hat nie die Schlacht von Königgrätz, an der er als Leutnant teilnahm, vergessen.) Vgl. auch F. W. Foerster: Erlebte Weltgeschichte 1869—1953, 314 ff., 318 ff., 322 ff., 326 ff. Berlin: „Serbien muß massakriert werden", ebda 330. Vgl. auch A. Gasser: Deutschlands Entschluß zum Präventivkrieg 1913 (in: Discordia concors, Festgabe für Edgar Bonjour, 2 Bde. Basel 1968, I, 171 ff.), und A. Gasser: Der deutsche Hegemonialkrieg von 1914 (in: Geiss J./Wendt B. J., Hgb.: Deutschland in der Weltpolitik des 19. und 20. Jahrhunderts. Düsseldorf 1973).

[341] A. Musulin 298 f.

[342] N. von Preradovic: Die Wilhelmsstraße und der Anschluß Österreichs 1918—1938, 15 f.

[343] R. A. Kann (Gesch. d. Habsb.) 425; ders.: die Sixtusaffäre und die geheimen Friedensverhandlungen Österreich-Ungarns im ersten Weltkrieg. München 1966, 9 ff.; J. Meckling: Die Außenpolitik des Grafen Czernin. Wien 1969, 314 ff.

[344] H. Benedikt: Die Friedensaktion der Meinlgruppe 1917/18, 210 ff.; Peter Feldl: Das verspielte Reich 23 ff., 127 ff., 129 ff.

[345] R. A. Kann (Gesch. d. Habsb.) 426 ff.; P. Feldl 160 ff.

[346] P. Feldl 273 f.

[347] H. Benedikt 9 ff., 13 ff., 44 ff., 89 ff., 179 ff.; J. Hannak (Karl Renner ...) 282 f.

[348] H. Benedikt 127 ff.

[349] Vgl. die in Anmerkung 340 bezogenen Äußerungen Wilhelms II., Ludendorffs und Hindenburgs; ferner jetzt N. Schausberger: Der Griff nach Österreich 7 f., 10 f., 17 ff., 19 ff.

[350] J. Hannak 324 f.

[351] J. Hannak 325.

[352] N. v. Preradovic 14 ff., 111 ff., 150 ff., 219 ff., 233 ff.

9. 1914—1938

[1] J. Hannak (Karl Renner) 210, macht auf die Urangst der Massen als Quelle der „Begeisterung" im Jahre 1914 aufmerksam. Der Glaube der sozialistischen Massen an den „gerechten Krieg" 1914 s. W. Pollak (Sozialismus) 107. Vgl. auch St. Verosta: Theorie und Realität von Bündnissen. Heinrich Lammasch, Karl Renner und der Zweibund (1897—1914). Wien 1971.

[2] Vgl. F. Heer GAH 123 f., 619 (Lit.).

[3] I. Deutscher: Trotzki II. Stuttgart 1962, 208.

[4] Ich habe Berlin und Wien in den Tagen des Beginns des 2. Weltkrieges erlebt: „Totenstille" und ein tiefes Bangen.

[5] Vgl. J. Toland: Adolf Hitler. Bergisch Gladbach 1977, 710 ff.

[6] Karl Kraus (Grimassen) 49, 189 ff., 192 ff., 456 ff.

[7] Eine großartige Würdigung der Leistungen und der Opfer der kaiserlichen österreichisch-ungarischen Armee 1914/18 bietet E. Crankshaw (The Fall) 416 ff.; Otto Bauer würdigt 1918 die Alte Armee: „In Deinem Lager ist Österreich." Er knüpft also an Grillparzers Wort von 1848 zum Ruhm Radetzkys an. Vgl. W. Pollak 134.

[8] E. Pichl V, 64.

[9] E. Glaise-Horstenau (in: Österreich — Erbe und Sendung im deutschen Raum, hgb. v. J. Nadler und H. v. Srbik) 220.

[10] Der Neanderthaler in uns; vgl. E. Morin (Das Rätsel des Humanen. München 1974, Frz.: Le paradigme perdue, la nature humaine. Paris 1973) 60 ff., 115 ff., 124 ff., 136 ff., 160 ff.

[11] Adolf Loos: Sämtliche Schriften I. Wien 1962, 280 f.

[12] L. A. Windisch-Graetz: Ein Kaiser kämpft für die Freiheit. Wien 1957, 88 ff.; G. Brook-Shepherd: Um Krone und Reich (The Last Habsburg). Graz 1968.

[13] L. A. Windisch-Graetz 12, vgl. 52, 82, 85 f., 93. Man vergleiche damit die Haßausbrüche Conrads gegen Kaiser Karl bei Conrad von Hötzendorf (Private Aufzeichnungen) 86 f., 192 f., 256 ff., 261: gegen Karls „zum Verbrechen werdenden Gefühlsduseleien von

christlicher Nächstenliebe, Mitleid, Menschengleichheit und Friedensglück"; zu Conrad s. auch L. A. Windisch-Graetz 27 f.

[14] L. A. Windisch-Graetz 22 ff., 41.

[15] E. U. Cormons (Urbas) 85.

[16] E. U. Cormons 12.

[17] L. A. Windisch-Graetz 24.

[18] L. A. Windisch-Graetz 28 f. und 219.

[19] L. A. Windisch-Graetz 133 f.

[20] L. A. Windisch-Graetz 179 f.

[21] L. A. Windisch-Graetz 53, 72, 76, 82 f., 104 f.

[22] L. A. Windisch-Graetz 104 f.

[23] Zu Victor Adler s. Leichter (Otto Bauer) 26 ff., 87 ff., 102 ff., 239 ff.; N. Leser (Zwischen Reformismus und Bolschewismus) 275 ff., 329 ff.; W. Pollak (Sozialismus) 75 ff.; Victor Adler begründet die Vaterfigur-Tradition der österreichischen Sozialdemokratie: hier 82, vgl. 97 ff.

[24] M. Ermers: Victor Adler. Aufstieg und Größe einer sozialistischen Partei. Wien 1932, 248.

[25] Vgl. W. Pollak 99 ff.; ebda 111: V. Adler und die „nationale Ekstase" 1914.

[26] Karl Renner zu Victor Adlers sechzigstem Geburtstag (in: Der Kampf, 5. Jg., 10. H., Juli 1912, 447); vgl. N. Leser 197 und 575.

[27] Vgl. J. Hannak 15 ff.

[28] J. Hannak 154 ff.; Gina Conrad erinnert (118), daß Franz Joseph am 15. August 1914 zu ihrem Manne sagte: „Wenn wir zugrunde gehen sollen, so werden wir anständig zugrunde gehen."

[29] J. Hannak 157.

[30] J. Hannak 154.

[31] J. Hannak 225.

[32] Werner W. Ernst: Sozialdemokratie, Versuch einer Rekonstruktion. Vorwort von Bruno Kreisky. Wien 1979, 103; E. Lakenbacher: Der Austromarxismus im Ersten Weltkrieg (in: Die Zukunft, H. 15/16, Mitte August 1966) 26 ff.

[33] M. Siegert: Sozialdemokratie und Imperialismus, I. Teil: Kriegsziele und Beutehoffnung 1914—1918 (in: Neues Forum H. 261, September 1975), 31 ff.; E. Matthias: Die deutsche Sozialdemokratie und der Osten 1914—1945. Tübingen 1978.

[34] M. Siegert 33.

[35] Vgl. Karl Kraus (In dieser großen Zeit) 597 ff., 614 ff., 635 ff.

[36] Zum Antisemitismus in der sozialdemokratischen Arbeiterschaft s. H. Andics (50 Jahre) 702 f.; W. Pollak (Sozialismus) 220; Otto Bauer gegen „das jüdische Finanzkapital": ebda 220; vgl. 269. N. Leser: Die Juden in der österreichischen Politik (in: Die Gemeinde. Wien Nr. 64, 5. Dezember 1979, Beilage). In Deutschland vertritt Edmund Silbermann die These, es gäbe im Sozialismus eine „langanhaltende antisemitische Tradition" — dagegen Reinhard Rürup: Es sei nur die „sozialistisch organisierte Arbeiterschaft" gewesen, die „dem Antisemitismus gegenüber fast vollständig immun war". Vgl. R. Leuschen-Seppel: Sozialdemokratie und Antisemitismus im Kaiserreich. Frankfurt 1978. J. J. Schoeps: Sozialdemokratie und Antisemitismus 1871—1914 (Illustrierte Neue Welt. Wien, Dezember 1979), 8; vgl. auch John Bunzl: Klassenkampf in der Diaspora. Zur Geschichte der jüdischen Arbeiterbewegung. Wien 1975, 119 ff. — Antisemitische Propaganda in der österreichischen Sozialdemokratie in der Ersten Republik, s. A. Staudinger (in: Jahrbuch für Zeitgeschichte. Wien 1978) 39.

[37] Zu Friedrich Adler: J. Hannak 238 ff., 244 ff., 263 ff., 618—628; O. Leichter 229 ff., 337 ff.; N. Leser 275 ff., 329 ff., 470 ff.

[38] M. Siegert: Es war Vatermord, Friedrich Adlers Attentat vom 21. Oktober 1916 (in: Neues Forum H. 293/294, Mai-Juni 1978, 81 ff.; Dok.: 89).

[39] Anton Kuh: Der unsterbliche Österreicher. München 1931, 40 f.

[40] J. Hannak 267 f.; N. Leser 275 ff., zur Tat (249 ff.), sein Prozeß (263 ff.).

[41] J. Hannak 268.

[42] J. Hannak 94.

[43] F. C. Endres: Der deutschen Tragödie erster Teil. Stuttgart 1948, 20 f., 120, 121 ff.; F. Heer EMR 440 ff.; vgl. auch A. Grote: Unangenehme Geschichtstatsachen. Nürnberg 1960; bereits E. M. Arndt forderte: „Deutschland braucht einen militärischen Tyrannen, der fähig ist, ganze Nationen auszurotten" (vgl. F. W. Foerster 216, 263, 314 ff., 382); General von Haeseler vor 1914: „Es ist notwendig, daß unsere Zivilisation ihren Tempel auf Bergen von Leichen errichtet": F. W. Foerster 349. Ebda 314 ff.: deutsche Verherrlichung des Krieges 1890—1914; für Vertilgung fremder Völker! Für einen Vernichtungskampf gegen die Tschechen plädierte bereits Friedrich Engels 1849. Vgl. Neues Forum, H. 286, Oktober 1977, 36 f.

[44] F. W. Foerster (Erlebte Weltgeschichte) 236 ff.; H. Benedikt (Die Friedensaktion) 111 ff., 116 ff., 230 ff.

[45] C. Frantz: F. W. Foerster 174 ff., 181 ff., 295 f.

[46] Wilhelm II. seinerseits wurde immer mehr ein „Opfer" Ludendorffs. Vgl. jetzt Tyler Whittle 338 ff. 18 Monate lang widerstehen Wilhelm II. und Bethmann-Hollweg dem Druck Ludendorffs, der unbeschränkten U-Boot-Krieg fordert: 327.

[47] P. Feldl (Das verspielte Reich) 27 f.

[48] P. Feldl 127 ff.

[49] P. Feldl 129—131.

[50] P. Feldl 164.

[51] P. Feldl 116.

[52] Zu Czernin s. P. Feldl 116, 160 ff., 168 f.; R. A. Kann (Gesch. d. Habsb.) 425—429, 447, 432; E. Crankshaw (The Fall) 405 ff.; H. Benedikt (Friedensaktion) 117 f., 130 ff., 149 ff., 193 ff., 205 ff., 213 ff., 239 ff.

[53] P. Feldl 64 f.

[54] Vgl. E. Hoor (Österreich) 45 ff.; E. List 51 ff.; W. Pollak 52 f., 116 ff., 230 ff.; H. Konrad (Hgb.): Sozialdemokratie und „Anschluß". Wien 1978 (hier: Stadler, Konrad, Kropf, Haas, Maimann, Adler, Neugebauer u. a.).

[55] M. Siegert (in: Neues Forum, September 1975) 34 ff.; E. List 56; J. Braunthal (Victor und Friedrich Adler. Wien 1965) 221 f.

[56] Karl Leuthner unter anderem über den „Scherbenhaufen": AZ Nr. 515, 11. November 1928, 3. f.

[57] Der Habsburg-Komplex von Sozialisten und in der SPÖ: H. Andics (50 Jahre) 369 ff., 384, 625 ff.; G. Nenning über den „Habsburg-Kannibalismus" s. Anschluß an die Zukunft. Wien 1963, 46, Fußnote; E. Hoor (Österreich) 86 f.

[58] Zu V. Adler in Oktober 1914 s. A. Fuchs (Geistige Strömungen) 102; vgl. auch H. Konrad: Der Deutschnationale Victor Adler (in: Soz. u. Anschluß) 26 ff.

[59] Zu E. Pernerstorfer s. A. Fuchs 104 ff.; J. Hannak 57 f., 84, 95, 131; zu Pernerstorfer und V. Adler s. W. Pollak 75 ff.

[60] Vgl. J. Hannak 264 ff.

[61] O. Waas 121.

[62] Zur Gründung der Ersten Republik s. J. Hannak 335 ff.; N. Leser 289 ff.; O. Leichter 102 ff.; Karl R. Stadler: Hypothek auf die Zukunft. Die Entstehung der österr. Republik 1918. Wien 1968; H. Haas: Neueste Forschungen über die Begründung der Republik Österreich (in: Zeitgeschichte, 1. Jg., H. 8, 189 ff., Bibl.: 194 f.: 39 Nummern!); Österreich im Jahre 1918. Ber. u. Dok., hgb. von R. Neck. Wien 1968.

[63] J. Hannak 352 ff.

[64] Zu Ebert s. M. Hirschberg: Das Fehlurteil im Strafprozeß. Frankfurt 1960, 151 ff., 154 ff.; Deutsche Geschichte seit dem Ersten Weltkrieg I (Stuttgart 1971, hgb. vom Inst. f. Zeitgesch. München) 130 f.

[65] Vgl. H. Heiber: Die Republik von Weimar (in: Deutsche Gesch. I) 13 ff.; K. D. Bracher: Deutschland zwischen Demokratie und Diktatur. Bern 1964, 33 ff., 42 ff., 109 ff., 133 ff.: die halbe Demokratie; ders.: Die Auflösung der Weimarer Republik, 3. Aufl. Villingen 1960.

[66] Karl Renner: Die Gründung der Republik Deutschösterreich, der Anschluß und die Sudetendeutschen. Wien 1938, Dok. Archiv d. öst. Widerstandes, Nr. 5765 b, 21 ff., 28 ff.

[67] Karl Leuthner: AZ, Nr. 514, 11. November 1928, 3; zu Karl Leuthner s. O. Leichter 307; N. Leser 338 f., 341.

[68] Karl R. Stadler (Hypothek) 92.

[69] E. List 65; 1978 verteidigt Wolfgang Speiser den Österreichisch-Deutschen Volksbund, in: Sozialdemokratie und „Anschluß", 45 f.; er steht in der Tradition seines „nationalen" Vaters.

[70] Vgl. E. List 65.

[71] E. List 67.

[72] E. List 69.

[73] K. Renner: Der Kampf, Jg. 23, Februar 1930, Nr. 2, 54.

[74] Vgl. S. Landmann: Herzl, der Korpsstudent. Deutschnationalismus und Zionismus (in: Marxismus und Sauerkirschen. Wiesbaden 1979), 296 ff.; in Auseinandersetzung mit Dietrich Herzog: Theodor Herzl als Burschenschaftler — und die Folgen, in: Beiträge zur deutschen Studentengeschichte, Jg. 12, H. 1; hier 309 ff. Herzls Zionismus wird hier ersehen als Produkt seiner spezifisch österreichischen deutschnationalen Gesinnung: 308 ff.

[75] Vgl. F. Heer (Wagnis) 62 ff. und 381 ff. (Lit.).

[76] Rudolf Bienenfeld: Die Religion der religionslosen Juden. Wien 1939 (sic!). London 1944, Wien 1955.

[77] A. Fuchs 143.

[78] Vgl. F. Endler: Österreich zwischen den Zeilen. Die Verwandlung von Land und Volk seit 1848 im Spiegel der „Presse". Wien 1973, 106 ff., 110 ff.

[79] Vgl. F. Endler 160—170 ff.; K. Kraus (Grimassen) 49: Er sieht die Neue Freie Presse als „Meinungsdirne" — sein Kampf gegen jüdische Publizisten, hier 341 ff.; gegen Kerr, vgl. auch 544 ff.: „Er ist doch e Jud", und K. Kraus (In dieser großen Zeit) 401 ff.: die Affäre Harden.

[80] E. V. Cormons 119.

[81] Bei F. Endler 330 ff.

[82] Zu F. Austerlitz s. V. Reimann (Zu groß für Österreich) 67, 72, 81, 227; O. Leichter 8, 29, 259 ff.; N. Leser 187, 269 ff., 366, 434 ff.; E. List 98 ff., 202 ff.; M. Molin-Pradel: Friedrich Austerlitz. Diss. Wien 1963.

[83] N. Leser 269 f.

[84] E. List 102; Austerlitz: Der Kampf, Jg. 12, Januar 1919, 10.

[85] Kurt Tucholsky: Politische Briefe. Frankfurt 1969, 13 ff., 23 ff.; das totale Versagen der Linken in Deutschland, hier auch 77 ff., 111 f., 120 ff., 126, 138; Kurt R. Großmann: Ossietzky — ein deutscher Patriot. München 1963, 49 ff., 85 ff. (Von Ebert zu Hindenburg), 149 ff., 199 ff., 261 ff., 295 ff.

[86] W. Rathenau: Schriften und Reden, hgb. v. W. W. Richter. Frankfurt 1964, 142 ff., 466 (Nachwort).

[87] AZ 22. Oktober 1919, 2; E. List 104.

[88] E. List 105.

[89] Zu L. M. Hartmann s. E. List 107 ff.; Stephan Bauer: Ludo Moritz Hartmann (in: Neue österr. Biographie 1815—1918, Bd. 3. Wien 1926) 197 ff., bes. 208.

[90] Vgl. V. Reimann 177, 293/296, 326 f.; O. Leichter 100, 118/127.

[91] E. List 113.

[92] Vgl. E. List 114 ff. und 133 ff.; St. Karner (Diskussionsbeitrag in: Soz. und „Anschluß") 51; ebda Kurt Rothschild (Der „lebensunfähige" Kleinstaat) 34 f.; S. Miller: Das Ringen um „die einzige großdeutsche Republik". Die Sozialdemokratie in Österreich und im Deutschen Reich zur Anschlußfrage 1918/19. Hannover 1971; R. Neck: Österreich im Jahre 1918 (Hgb.).

[93] AZ 15. Oktober 1918, 3; E. List 123.

[94] Ein Vorläufer ist der junge Bruno Kreisky, der seine Maturaarbeit über die wirtschaftliche Lebensfähigkeit Österreichs macht; W. Pollak 247. 1921 hatte Friedrich Hertz (später: Frederick Hertz) seine Bejahung dokumentiert: Ist Österreich wirtschaftlich lebensfähig?

[94a] Otto Bauer 1919: Heinz Fischer: Zum Wort gemeldet: Otto Bauer. Wien 1968, 54; H. Haas (in: Soz. und „Anschluß") 36 ff.; Lit.: 43 f.

Mit Otto Bauers jüdischer politischer Religiosität, mit seinem Glauben an Deutschland ist auf deutschnational-liberaler Seite vorzüglich Gustav Stolper zu vergleichen. Vgl. Toni Stolper: Ein Leben in Brennpunkten unserer Zeit. Gustav Stolper 1888—1947. Wien-New York 1960. Gustav Stolper stammt aus dem Ostjudentum in Polen, besucht in Wien das Gymnasium, wird Mitarbeiter der „Presse" unter Moritz Benedikt (34 f.), warnt in seiner Zeitschrift „Volkswirt" 1912 die österreichische Regierung vor einem „Weltkrieg" (60 ff.), wird glühender Verehrer Deutschlands. Begegnung mit Friedrich Naumann (91 ff.), mit Theodor Heuß (103 ff.), verläßt Österreich 1925 (170 ff.). Stolper plädiert für das Aufgehen Österreichs in Deutschland (172), wird Reichstagsabgeordneter der rechtsstehenden Deutschen Volkspartei, arbeitet für die Deutsch-österreichische Zollunion 1931 — als Wegbereiter des Anschlusses. Streng national steht er gegen den „hysterischen Pazifismus" Ossietzkys (312), sieht die Genfer Protokolle — wie seine jüdischen Partner in der österr. Sozialdemokratie — als Verzicht auf nationale Würde (147), arbeitet mit Hermann Neubacher, dem intelligentesten österreichischen Nationalsozialisten (später), und Kautsky die große Denkschrift für den Anschluß 1925 — als Hauptautor aus (167). Dieser altösterreichische Jude, der als Kind lutherisch wird, ist beseelt von der Vision „Deutschland" (264 und oft!), steht als hervorragender intellektueller Kopf Otto Bauer sehr nahe. Vgl. auch: E. Matthias (Hgb.): Mit dem Gesicht nach Deutschland. Eine Dokumentation über die sozialdemokratische Emigration. Aus dem Nachlaß von Friedrich Stampfer ergänzt durch andere Überlieferungen. Düsseldorf 1968. Stampfer kam wie Hilferding aus der österr. Sozialdemokratie nach Deutschland.

[95] Otto Bauer in: Der Kampf, Jg. 13, Juli 1920, Nr. 7, 253.

[96] Vgl. H. Heiber (Die Republik von Weimar) 65 f., 66 ff.; F. W. Foerster 388, 408 ff. Das deutsche Doppelspiel 1919—1935 (412 ff.), 636 f.; ebda 413, 631: Die unselige deutsche Linke.

[97] Vgl. E. List 153.

[98] Vgl. E. List 73 ff.; H. Haas: Otto Bauer und der Anschluß 1918/19 (in: Soz. u. „Anschluß"), 36 ff.; V. Reimann 293 ff.; J. Hannak 337 ff., 346 ff.; O. Leichter 102 ff., 120 ff., 136 ff.: Der Traum von der großen deutschen Republik 1938; L. Spira: Otto-Bauer-Renaissance (Wiener Tagebuch, 1. Januar 1979: über das dreitägige Otto-Bauer-Symposium im November 1978 in Wien; A. Pick: Otto Bauer — Wissenschafter oder Praktiker? (Die Gemeinde, 11. Juli 1979); auf sechs Seiten hier eine hervorragend kritisch-liebende Auseinandersetzung mit Otto Bauer. W. Pollak 114 ff., 155 f., 172 f.; Werner W. Ernst 124 ff., 138 ff.; Otto Bauer, „der Jud", s. E. Fischer (Erinnerungen und Reflexionen. Reinbek 1969) 152 ff., 390 ff.; interessanterweise sagt Otto Bauer zu Ernst Fischer: „Sie sind ... ein religiöser Mensch" (341); beide waren existentiell gläubige Sozialisten verschiedener Prägung. Dankbar erinnere ich mich meiner Gespräche mit Ernst Fischer.

[99] Vgl. O. Leichter 66; ebda über den Glauben Bauers an den Sozialismus: 42, 53, 339.

[100] O. Leichter 339.

[101] Den Glauben der sozialdemokratischen Arbeiter an den Sozialismus anerkennen im anderen Lager Leopold Kunschak, E. K. Winter, auch Friedrich Funder (ich erinnere Gespräche mit Winter und Funder in diesem Bezug); vgl. auch W. Pollak 214 f.: „Der Sozialismus war ... ein Glaube und eine Erlösungshoffnung": dies erinnert sich Fritz Klenner (Eine Renaissance Mitteleuropas) 238.

[102] Heinz Fischer (Zu Wort gemeldet) 54.

[103] O. Leichter 81 f.

[104] Vgl. O. Leichter 120 ff.; V. Reimann 296 ff.

[105] O. Leichter 117 f.

[106] O. Leichter 117.

[107] Vgl. E. List 163 ff.

[108] E. List 138.

[109] Sten. Prot. über die Sitzungen des Nationalrates der Republik Österreich 1922, Bd. 4,

133—162. Sitzung, 14. September, 4339; E. Hoor 48; F. Rennhofer (I. Seipel 292 ff.; vgl. 305 f.; N. Leser 357 ff.).

[110] E. Hoor 48; Sten. Prot. 1210, 4433.

[111] E. Hoor 48; Sten. Prot. 113. Sitzung 1925/26, Bd. 3, 2717 f.

[112] E. Hoor 49 f.

[113] V. Reimann 374.

[114] J. Braunthal 20 f.

[115] J. Braunthal 23.

[116] J. Braunthal 28.

[117] J. Braunthal 34.

[118] J. Braunthal 117 ff.

[119] J. Braunthal 119.

[120] J. Braunthal 121; der Name Jesus . . .: 26 f.

[121] J. Braunthal 43.

[122] J. Braunthal 52.

[123] J. Braunthal 54.

[124] Vgl. F. Heer EMR 210, 215, 586 ff.

[125] J. Braunthal 56 f.

[126] J. Braunthal 66 ff., 77 ff.

[127] J. Braunthal 64.

[128] J. Braunthal 81 f.

[129] J. Braunthal 85.

[130] J. Braunthal 107.

[131] J. Braunthal 109.

[132] J. Braunthal 132.

[133] J. Braunthal 136, 140 ff.

[134] J. Braunthal 147.

[135] Karl Kraus: Franz Ferdinand (Grimassen) 557 ff.

[136] J. Braunthal 164 ff.

[137] J. Braunthal 184.

[138] J. Braunthal 188 f.

[139] Rote Ostern s. F. Heer EMR 813 ff., 825 f.

[140] J. Braunthal 233—235.

[141] J. Braunthal 237.

[142] J. Braunthal 240—246.

[143] J. Braunthal 256.

[144] J. Braunthal 259 ff.

[145] J. Braunthal 264.

[146] J. Braunthal 264.

[147] J. Braunthal 269.

[148] E. List 156 ff.

[149] E. List 158 f.

[150] H. Glaser (Spießer-Ideologie) 62 ff., 92 ff., 100 ff.: Schulen und Gymnasien bereiten Hitler vor; H. Glaser (Hgb.): Haltungen und Fehlhaltungen 71 ff., 78 ff., 115 ff., 171 ff.; H. Heigert (Deutschlands falsche Träume) 121 ff., 141 ff.; R. Grünberger (Das zwölfjährige Reich) 278 ff., 296 ff., 315 ff., 322 ff.

[151] E. List 159.

[152] E. List 159 ff., 163 ff.

[153] AZ, 25. Juli 1926, 9; Max Morold: Dichterbuch — Deutscher Glaube, deutsches Sehnen und deutsches Fühlen in Österreich. Mit Beiträgen hervorragender österreichischer Dichter, ergänzt durch Biographien und Bildnisse. Wien-Berlin 1933. Im Vorwort: „Wien muß beweisen, daß es deutsch geblieben ist — nach Königgrätz", Berufung auf Friedrich Hahn (= Freiherr von Münch-Bellinghausen). „Die deutschnationale Poesie in Österreich ist älter als die deutschnationale Politik. Stets waren die deutschen Dichter des alten Österreichs die Heerrufer der werdenden völkischen Bewegung" (531). Von den 65 hier

präsentierten „Dichtern" sind ganz wenige Schriftsteller von einiger Qualität. Kein Jude wird genannt, auch kein Hofmannsthal, kein Musil.

154 Österr. Nationalbibliothek, Flugschrift, 1930, Karton 32; E. List 169.

155 Vgl. die Beiträge von Karl R. Stadler, Helmut Konrad und Hans Haas in: Sozialdemokratie und „Anschluß", 15 ff., 19 ff., 36 ff.; ferner Karl Kraus (Vor der Walpurgisnacht) 356 ff., 484 ff., 490 sind 501 ff.: über das Wahnbild „Deutschland" der österreichischen führenden Sozialdemokraten.

156 W. J. Stock, in: W. Hoegner (Flucht vor Hitler) 261. Vgl. H. Mommsen: Die Sozialdemokratie in der Defensive. Der Immobilismus der SPD und der Aufstieg des Nationalsozialismus, in H. Mommsen (Hgb.): Sozialdemokratie zwischen Klassenbewegung und Volkspartei. Frankfurt 1974, 106 ff.

158 W. Hoegner 53/55, 87, 194 f.

159 W. Hoegner 259.

160 W. Hoegner 54, vgl. 38 ff., 65 ff.

161 W. Hoegner 32.

162 W. Hoegner 65.

163 W. Hoegner 85 f.

164 W. Hoegner 192 f. und 198 ff.

165 Zu Paul Löbe s. W. Hoegner 48, 66, 69 f., 196—199, 230 ff.; Paul Löbe gab mit Hermann Neubacher 1927 in Leipzig das Buch heraus: Die österreichisch-deutsche Anschlußbewegung. Neubacher pflegte sehr bewußt seine Kontakte zu führenden Sozialdemokraten. Löbe nahm am Sängerbundesfest in Wien 19.—22. Juli 1928 teil, der größten Anschlußkundgebung im Wien der Ersten Republik. Vgl. N. v. Preradovic 192 ff. und 226 ff.

166 Vgl. Ilona Duczynska: Der demokratische Bolschewik. München 1975, mit einer Einführung von F. Heer, und Theodor Körner. Auf Vorposten, Ausgew. Schriften 1918—1938, hgb. und komment. von I. Duczynska. Wien 1977, 8, 10, 20 ff., 23 ff.

167 Vgl. H. Maimann (in: Soz. und Anschluß) 63 ff.; W. Pollak (Soz.) 159—162, 238 ff., 245 f.

168 Ich zitiere nach dem Exemplar des Dokumentationsarchivs des österr. Widerstandes, Nr. 5765 b. Zu Karl Renner s. R. Löw: Wie Karl Renner Österreich verriet (in: Neues Forum 286, Oktober 1977, 33 ff., Anmerkungen: 37); R. Neck (in: Soz. und „Anschluß") 96 f., der auch erinnert: „Der Stil der Arbeiter-Zeitung … (1914) hat durchaus dem Stil des „Völkischen Beobachters" zwanzig Jahre später entsprochen." Renner bot sich Hermann Neubacher an, ihn bei der Volksabstimmung zu unterstützen — April 1938. Prominente Sozialdemokraten für Hitler 1938: ebda 94 ff. (E. Exenberger); A. Maier (in: Soz. und „Anschluß"); vgl. auch Wiener Tagebuch Nr. 9, September 1979, 29 ff., und W. Pollak 237 f.

169 K. Renner 11 f.

170 K. Renner 17.

171 K. Renner 22 f.

172 K. Renner 28.

173 K. Renner 35.

174 K. Renner 40.

175 K. Renner 42.

176 K. Renner 46.

177 K. Renner 48.

178 Vgl. E. Hoor (Österreich) 45 f.

179 E. Hoor 46 ff.

180 E. Hoor 50; Karl Hans Sailer, in: Magyar Forum. New York, Vol. 1, Nr. 2, Mai 1941, 41; vgl. auch H. Maimann (in: Soz. und „Anschluß") 63 ff., 67 ff.

181 E. Ellenbogen: Austrian Labour Information. New York Nr. 6, 1942, 1 f.

182 Ein besonders eindrucksvolles Zeugnis von 1979: Marie Jahoda, geboren 1907 in Wien, Univ.-Professorin in USA und England, erklärt in einem Gespräch, das Mathias Greffrath mit ihr führte (Die Zerstörung der Zukunft — Gespräche mit emigrierten Sozialwissenschaftlern. Hamburg Reinbek 1978; hier zitiert nach: Das Jüdische Echo, Nr. 1, Vol. XXVIII, September 1979): „Oh, als wir jung waren, war Österreich das Zentrum der Welt." Marie

Jahoda lebte da geborgen in der Sozialdemokratischen Partei in Wien, in ihrer religiösen Zukunftserwartung: Der Glaube an den Sozialismus ersetzte den verlorengegangenen (jüdischen) Glauben der Vorfahren, nährte sich von seinen Elementen. „Für mich waren Wien und die Sozialdemokratie Österreich." Diese große alte Frau bekennt, *nie* mit Andersdenkenden gesprochen zu haben, diese nie in Österreich kennengelernt zu haben. „Die äußeren Einflüsse von politisch andersdenkenden Leuten sind einfach abgeglitten an uns." Sie erklärt dezidiert, wenn sie wieder auf die Welt kommen sollte, nichts anderes zu wollen als das, was sie damals tat — nachdem ihr Gesprächspartner ihr vorgehalten hatte: „Hat dieses Sich-Wohlfühlen im Eigenen nicht auch zu einer verhängnisvollen Überschätzung der eigenen Kraft geführt und einer Unterschätzung des Gegners?"

[183] Vgl. V. Reimann 335 ff.; W. Pollak 142 ff.; N. Leser 373 ff.

[184] V. Reimann 335.

[185] V. Reimann 274 f., 339.

[186] V. Reimann 338.

[187] N. Leser 374 ff.

[188] A. Pfabigan: Karl Kraus und der Sozialismus, 61 ff., 73 ff., 170 ff., 228 f., 234—280 ff., 262 ff., 277 ff., 286, 317 ff. Karl Kraus (Vor der Walpurgisnacht) 148 ff., 490, 506 (den sozialistischen Glauben retten durch Austritt aus der Parteikirche); 375: Die Aufopferung für die Parteireligion; 484 ff., 492 ff.

[189] Vgl. A. Pfabigan 273 ff., 280 ff., 328 ff.

[190] A. Pfabigan 239, 253, 267, 276.

[191] Vgl. Werner W. Ernst 149 ff.; Ernst polemisiert gegen Norbert Leser und A. Pfabigan: 144 f.

[192] Vgl. F. Heer (Mittelalter) 45 ff., 203 ff., 325 ff., 529 ff.; F. Heer EG 56 ff.

[193] E. Canetti (Masse und Macht) 103 ff., 243 ff. (Meute und Religion); 191 ff.: Massensymbole der Nationen; 175 ff.: Katholizismus und Masse.

[194] F. Heer EMR 813 ff., 825 f.

[195] F. Heer EG 203 ff., 237 f., 259 ff.

[196] Julien Bigras: Gute Mutter—Böse Mutter. Das Bild des Kindes von der Mutter. München 1975 (Paris 1971: Les Images de la Mère), 29 ff., 147 ff., 159 ff.

[197] Ich erinnere mich in diesem Sinne vieler Gespräche mit „alten" Christlichsozialen 1933 bis 1938, und wieder ab 1946.

[198] E. Bloch: Erbschaft dieser Zeit. Erw. Ausgabe Frankfurt 1962, 45 ff., 93 ff., 126 ff.; vgl. auch N. Leser (Begegnung und Auftrag) 187ff.: Sozialismus und Hoffnungsphilosophie (E. Bloch).

[199] O. Leichter 371.

[200] Zu Seipel — links gesehen: O. Leichter (Otto Bauer) 28 ff., 243 ff., 273, 293, 330 ff.; N. Leser (Zwischen Reformismus) 346 ff., 364 ff., 402 ff., 436 ff., 449 ff.; J. Hannak (Karl Renner) 419—450, 470 ff., 496 ff., 523 ff. (Register: 715); E. Fischer (Erinnerungen: 162 ff., 182—186, 213 ff.; G. Botz (Gewalt in der Politik) 120 ff., 125 ff., 163 ff., 179 f.; Konservative Seipel-Schau: Kl. Klemperer: Ignaz Seipel. Staatsmann einer Krisenzeit. Graz 1977 (Princeton 1972); F. Rennhofer (Ignaz Seipel). Wien 1978.

[201] Vgl. V. Reimann 96 ff.

[202] O. Leichter 46.

[203] F. Rennhofer 209.

[204] Seipel hält lebenslang fest, was er 1913 bekennt: „Kirchliche Entscheidungen verlangen vollständige äußere Unterwerfung und innere Zustimmung" (F. Rennhofer 42). Vgl. ebda 21: Seipel für Theaterzensur und kirchliche Überwachung des gesamten Schrifttums, 24: lebenslang im scholastischen Denken verhaftet; vgl. auch E. K. Winter (I. Seipel) 29 ff., 173 ff. Seipel im Kontext des österreichischen Katholizismus: F. Klostermann u. a., Gesamtredaktion: E. Weinzierl: Kirche in Österreich 1918—1965, 3 Bde. Wien 1966 bis 1967.

[205] E. K. Winter 87.

[206] Vgl. V. Reimann 54 ff., ebda 59 ff.: die „rote Flut"; F. Rennhofer 476 und 676.

[207] F. Rennhofer 265.

[208] F. Rennhofer 1 und 4.

[209] F. Funder gegen Lammasch s. F. Rennhofer 84, vgl. 87, 102; vgl. auch H. Kelsen 1965, über die Regierung Lammasch-Seipel s. F. Rennhofer 725.

[210] F. Rennhofer 54 ff.

[211] F. Rennhofer 56.

[212] F. Rennhofer 68.

[213] F. Rennhofer 116, 118.

[214] F. Rennhofer 127.

[215] F. Rennhofer 147, vgl. 169.

[216] F. Rennhofer 158.

[217] F. Rennhofer 161, vgl. 166.

[218] F. Rennhofer 165 ff.; Ludo Hartmann s. Rennhofer 232 f.

[219] F. Rennhofer 174, vgl. 292 ff., 318, 335 ff.

[220] F. Rennhofer 184 ff., 188.

[221] F. Rennhofer 199 ff.

[222] F. Rennhofer 290 ff.

[223] F. Rennhofer 292 f., vgl. 305.

[224] F. Rennhofer 318.

[225] F. Rennhofer 335.

[226] F. Rennhofer 339.

[227] Vgl. F. Rennhofer 377 f., 386, 399—412, 496 ff., 551 ff., 625 ff.; auch Renner appelliert an die Völkisch-Nationalen — gegen „Rom", s. F. Rennhofer 339 und 349.

[228] F. Rennhofer 382, 388.

[229] F. Rennhofer 382 und 431.

[230] F. Rennhofer 390, 901, 479.

[231] F. Rennhofer 441 ff.

[232] F. Rennhofer 460.

[233] F. Rennhofer 466 f.

[234] F. Rennhofer 606.

[235] F. Rennhofer 530 ff. und 533.

[236] Zum Linzer Parteitag s. V. Reimann 339 ff.; W. Pollak 170 ff.; die AZ verkündet am Vorabend des Linzer Parteitages die eschatologische Vision vom „Endkampf". „Der Klassenkampf ist in die geschichtliche Zeit des Endkampfes gelangt"; Seipel 1921 über den „Endkampf", s. F. Rennhofer 265; vgl. auch V. Reimann 339 ff. Religion ist „klerikale Parteisache"; vgl. F. Rennhofer 458 und 545; Otto Bauer auf dem Linzer Parteitag: ebda 477 ff.

[237] Vgl. G. Botz (Gewalt) 141 ff.; ebda 120 ff.—128: die Morddrohungen gegen Seipel und das Attentat auf ihn; Werner W. Ernst 124 ff.; zu politischer Justiz s. E. Holtmann (Zwischen Unterdrückung), Lit.: 51 ff.; V. Reimann 66 ff.; über die Grundproblematik s. E. J. M. Kroker (Hgb.): Die Gewalt in Politik, Religion und Gesellschaft. Stuttgart 1976, 31 ff., 59 ff.; L. Jedlicka/R. Neck (Hgb.): Vom Justizpalast zum Heldenplatz. Wien 1975.

[238] F. Rennhofer 497 ff.; E. K. Winter 109 ff.; Seipel sieht die „bolschewistische Gefahr" als eine „jüdische Gefahr"; vgl. A. Staudinger: Christlichsoziale Judenpolitik in der Gründungsphase der österr. Republik (in: Jahrbuch f. Zeitgeschichte 1978, 17 ff., 34, 46 f.).

[239] F. Rennhofer 602, vgl. dazu 658 ff.

[240] E. K. Winter 113 f.

[241] Über Seipel und Hitler s. E. K. Winter 11 ff., 114 ff., 124: Seipel empfiehlt dem Zentrum Zusammenarbeit mit Hitler; V. Reimann 63 f., 171 f., 234 ff. (Seipel und der Nationalsozialismus); E. Hoor a. a. O., Cl. Wildner (Von Wien nach Wien) 152 f., 166.

[242] E. K. Winter 109 ff.; F. Rennhofer 600 ff., 620 ff.

[243] E. K. Winter 158 f.; V. Reimann 74 ff.; F. Rennhofer 514 ff., 631 f. (Seipel als „Giftgasprälat").

[244] F. Rennhofer 612.

[245] F. Rennhofer 520, 537, 551 ff. (AZ gegen die „Seipelkirche"), 603, 613 ff., 625 ff., 640.

246 F. Rennhofer 518, 532 f., vgl. 550 f., 688 f.

247 F. Rennhofer 518.

248 Dollfuß, Reither, Kunschak greifen Seipel offen an: F. Rennhofer 654 f.; der junge Joseph Klaus (der Bundeskanzler in der Zweiten Republik) erlebt Seipel als Erzengel und Mephisto; s. dazu F. Rennhofer 670.

249 F. Rennhofer 580.

250 F. Rennhofer 580; Julius Deutsch — ich gedenke seiner in tiefer Dankbarkeit — war ein großer Sozialist, ein großer österreichischer Patriot, er hat es in seiner Parteikirche nicht leicht gehabt — er trat in der Emigration in Paris für eine Zusammenarbeit mit den gefürchteten Christlichsozialen und Legitimisten ein (vgl. W. Pollak 243) bekämpft von den deutschgläubigen Sozialdemokraten um Oskar Pollak und Friedrich Adler. J. Deutsch: Ein weiter Weg. Lebenserinnerungen. Zürich 1960.

251 F. Rennhofer 543 f., 548, 568, 745.

252 E. List a. a. O.; F. Rennhofer 571.

253 F. Rennhofer 572.

254 AZ 11. November 1928, 3: Karl Renner: Vom 12. November und den Jahren vorher und nachher; ebda J. Deutsch, K. Leuthner u. a.; und hier die Berichte über die Feiern des 12. November.

255 F. Rennhofer 592 f.

256 E. K. Winter 124; V. Reimann 63 f., 234 ff.

10. Auf dem Wege zum Anschluß

1 Vgl. N. Schausberger (Der Griff) 389 ff., 433 ff., 351 ff.

2 Die deutsche „Mitteleuropa"-Konzeption: J. Droz 207 ff., 258 ff.; N. Schausberger 7 f., 10 ff.; A. Agnelli: Die Genesis der Idee Mitteleuropa, 1971; H. C. M. Meyer: Mitteleuropa in German Thought and Action 1815—1945. The Hague 1955.

3 N. Schausberger 17 f.

4 N. Schausberger 19.

5 N. Schausberger 21.

6 N. Schausberger 23.

7 N. v. Preradovic (Die Wilhelmstraße) 31 f., 68 ff., 111 ff., 162 ff., 233 ff.

8 N. v. Preradovic 15 f.; E. Hoor (Österreich) 67 f.; ebda 151; in einem Bericht des (groß-deutschen) österreichischen Gesandten in Berlin Tauschitz an Hornbostel schreibt dieser über die „geradezu hysterische Angst vor der Habsburger-Restauration" in Berliner diplomatischen Kreisen und von einer „Restaurations-Angstpsychose" (2. Juli 1936).

9 N. v. Preradovic 68.

10 N. v. Preradovic 111 f., 150, 176 ff.

11 Ebda 162 f.

12 H. Neubacher: Kampf um Österreich (in: Bericht über die Jahres-Hauptversammlung der Delegation für den österreichisch-deutschen Wirtschaftszusammenschluß vom 11. April 1933. Wien 1933; zu H. Neubacher s. N. v. Preradovic 174 ff.; R. Luža 364 (Register); K. Schuschnigg (Im Kampf) 117, 254, 344.

13 N. v. Preradovic 233 ff.

14 Ebda 219 und 233.

15 Ebda 240; F. Endler (Österreich zwischen) überschweigt in seinem Panorama der Geschichte der „Presse" diese Bezüge.

16 N. v. Preradovic 267.

17 Vgl. P. Molisch (Polit. Gesch.) 254 ff.; O. Waas 269 ff.

18 Ich erinnere mich in diesen Bezügen vieler Gespräche mit Mitgliedern „nationaler" Korporationen 1933 bis 1938 und wieder ab 1946.

19 F. Stanglica: Wien und das Sudetendeutschtum (in: Nachrichtenblatt des Vereins für Gesch. d. Stadt Wien, 1. Jg. 1939, Nr. 1) 1 ff.; H. Slapnicka (in: A. K. Gauss: Wege und

Irrwege in Rot-Weiß-Rot. Salzburg 1979) 134 ff.; A. Ciller: Deutscher Sozialismus in den Sudetenlanden und der Ostmark. Hamburg 1939 (!); J. Pfitzner: Das Erwachen der Sudetendeutschen. Augsburg 1926; H. Partisch: Österreicher aus sudetendeutschem Stamm. 5. Verdiente Schulmänner, kirchliche Würdenträger. Wien 1968.

[20] O. Waas 431—434.

[21] Die politische Situation in Deutschland und der Selbstverrat der deutschen Universitäten: Vgl. sehr illustrativ Karl Jaspers (hgb. von P. A. Schilpp. Stuttgart 1957) 51 ff.; Erinnerungen an Karl Jaspers, hgb. von K. Piper und H. Sauer. München 1974, 129 ff., 169 f., 298 f.; L. Dehio: Deutschland und die Weltpolitik im 20. Jahrhundert. München 1955, 71 ff., 110 ff.; F. Ernst: Die Deutschen und ihre jüngste Geschichte. Stuttgart 1963, 159 ff.; K. F. W. Werner: Das NS-Geschichtsbild und die deutsche Geschichtswissenschaft. Stuttgart 1967, 70 ff., 78 ff., 81 ff., 100 ff.; H. Deschner (Hgb.): Wer lehrt an deutschen Universitäten? Wiesbaden 1968, 7 ff.; H. v. Hentig: Magier oder Magister? Stuttgart 1972, 35 ff.; H. Schwaber: Zur politischen Haltung der deutschen Professoren im ersten Weltkrieg (in: HZ 193, 1961, 601 ff.); H. D. Bleul: Deutschlands Bekenner. Professoren zwischen Kaiser, Kaiserreich und Diktatur. Bern 1968; Bleul und E. Klünert: Deutsche Studenten auf dem Wege ins Dritte Reich. Ideologien — Programme — Aktionen 1918 bis 1935. Gütersloh 1967.

[22] Ich erinnere mich an Gespräche mit meinen Lehrern Alfons Dopsch, Hans Hirsch, Otto Brunner, Hans Sedlmayr, Lothar Groß, Reinhold Lorenz und mit Joseph Nadler (dessen Schüler ich nicht war). Mit Recht betont Albert Massiczek, Mitglied meines Jahrgangs am Österr. Inst. f. Geschichtsforschung (Die Situation an der Universität Wien, März/April 1938, in: Forschungen und Beiträge zur Wiener Stadtgeschichte 1978, 217), daß „damals praktisch die gesamte einschlägige Geschichtswissenschaft Österreichs eine deutschnationale, von Gefühlsmomenten dominierte Halbwissenschaft war".

[23] G. Ramhardter 13.

[24] Zu H. Friedjung s. J. M. Baernreither: Fragmente eines politischen Tagebuchs, hgb. von J. Redlich. Berlin 1928, 106; R. A. Kann (Gesch. d. Habsb.) 156, 391; G. Ramhardter 111 f., 155 f.

[25] Zu Michael Mayr s. G. Ramhardter 13 f., 181 ff., 205 ff., 208 f.

[26] Vgl. G. Ramhardter 35 ff.; zu Uebersberger s. ebda 12 ff., 40, 120 ff., 145 ff., 303 ff., 310 ff., 313 f.; V. Dedijer 714 ff., 819, 826.

[27] Richard von Kralik: Die Entscheidung im Weltkrieg, 3 Reden. Wien 1914, 22; G. Ramhardter 40—44, 110 ff., 305 f.

[28] G. Ramhardter 57 ff.

[29] Zu Michael Hainisch s. Karl Kraus (Vor der Walpurgisnacht) 14, 249, 278, 419, 432.

[30] G. Ramhardter 60, 137 f.

[31] R. Kaindl: G. Ramhardter 63 ff., 76.

[32] Vgl. N. Schausberger 17 ff.; G. Ramhardter 131 ff.

[33] G. Ramhardter 144 ff.

[34] G. Ramhardter 196, 303 ff.

[35] G. Ramhardter 139 ff., 154—159.

[36] G. Ramhardter 160.

[37] G. Ramhardter 166.

[38] G. Ramhardter 173 ff.

[39] G. Ramhardter 175 f.

[40] G. Ramhardter 179 ff.

[41] Vgl. C. Gatterer: Im Kampf gegen Rom. Wien 1968, 67 ff., 119 ff., 139 ff., 201 ff. und 1476 (Register zu: Tolomei); zu M. Mayr in diesen Bezügen: G. Ramhardter 205 ff.

[42] G. Ramhardter 196 f.

[43] G. Ramhardter 204 f.

[44] G. Ramhardter 239 ff.

[45] G. Ramhardter 266.

[46] Eine eindrucksvolle Schilderung der Wiener Universität, damals bei Stefan Zweig: Die Welt von Gestern. Wien 1948, 98 f.

[47] Vgl. G. Ramhardter 273 ff., 297 f.

[48] G. Ramhardter 276.

[49] G. Ramhardter 280 und 294.

[50] Vgl. F. Krummacher und H. Lange: Krieg und Frieden. Gesch. der deutsch-sowjetischen Beziehungen. Von Brest-Litowsk zum Unternehmen Barbarossa. München 1970, 38 ff., 43 ff., 48: „Rußland als eine Art deutscher Kolonie", 70 ff. G. Ramhardter 303, 305. Deutsche Kreise vertreten schon ab 1871 ff. die Forderung: Es muß uns gelingen, den Osten auszubeuten: Krummacher-Lange 18. Ebda 18 ff.

[51] A. Dopsch (in: Deutschland — wir kommen). Halle 1919, 22 ff.

[52] H. Uebersberger: ebda 13 ff.

[53] W. Erben: Sybels Beziehungen zu Österreich (in: Österreich, Zeitschrift für Geschichte, Jg. 1918/19) 598 ff.

[54] A. Lhotsky (Österr. Hist.) 212 f.

[55] Österreich — Erbe und Sendung VI.

[56] K. Lechner ebda 42.

[57] H. Hirsch ebda 48.

[58] O. Brunner ebda 83 f.

[59] H. Kretschmayr ebda 91—93.

[60] P. Müller ebda 108, 110 f.

[61] Zu „gesamtdeutsch" vgl. J. Droz 258 f.; H. v. Srbik: Gesamtdeutsche Geschichtsauffassung (Dte Vjschr. f. Lit. u. Geistesgesch. VIII 1930); H. v. Srbik: Geist und Geschichte II, 346; gegen Srbik s. G. Ritter: Die Fälschung des deutschen Geschichtsbildes im Hitlerreich (in: Deutsche Rundschau LXX, 1949). Srbik gegen seine deutschen Feinde Brandenburg und Hartung: Zur Gesamtdeutschen Geschichtsauffassung (HZ 156, 1937); gegen die „gesamtdeutsche" Konzeption kämpft in Wien die Zeitschrift „Der Christliche Ständestaat", von deutschen Emigrantenprofessoren ab 1933 herausgegeben, für ein unabhängiges Österreich; H. Frühwald: Großdeutsch und Gesamtdeutsch bei H. v. Srbik, Diss. Wien 1965.

[62] H. v. Srbik (Österreich — Erbe und Sendung) 125 ff., 127 und 140: Königgrätz.

[63] E. Glaise-Horstenau (Österreich — Erbe und Sendung) 207 ff., 210, 220; zu Glaise: R. Luža, 35, 39, 61 (Register: 361); P. Broucek: Ein General im Zwielicht. Die Erinnerungen Emil Glaise von Horstenaus I. Wien 1979. K. Schuschnigg (Im Kampf) 12 ff., 195 ff., 200 ff.; Schuschnigg an Glaise 1937: „Verehrter Freund . . .“; 202 ff.

[64] Vgl. F. Heer GAH 377, 667.

[65] Glaise-Horstenau 226.

[66] Zu Bardolff s. Luža 325; zur Situation s. N. Schausberger 352 ff.: die Taktik des „Trojanischen Pferdes".

[67] Carl Freiherr von Bardolff: Soldat im alten Österreich. Jena 1938, 9.

[68] Bardolff 19 f.

[69] Bardolff 24—27.

[70] Bardolff 36 ff., 39, 41 f.

[71] Bardolff 55; wie wenig Franz Joseph Österreich traute, erinnerte Graf Monts 1899: Der Kaiser wünschte, daß seine Tochter Gisela ihr Vermögen an sich nehme, es „läge sicherer in Deutschland als in Wien": P. Müller (Österreich . . .) 119.

[72] Bardolff 88 ff., über Conrad, 106 ff.: bei Franz Ferdinand, vgl. auch 123, 127 und 133 ff.

[73] Bardolff 161.

[74] F. Heer GAH 377.

[75] Bardolff 348, vgl. 276.

[76] Bardolff 187.

[77] B. F. Pauley (Hahnenschwanz) 85.

[78] B. F. Pauley 87 ff.; N. Schausberger 31 ff.; R. Luža 27 ff.

[79] B. F. Pauley 131 ff. und 153: in diesen Bezügen ist die wilde Haßpropaganda gegen Habsburg zu sehen.

[80] R. Luža 27.

[81] R. Luža 28.

[82] Vgl. R. Luža 184 ff.; W. Th. Andermann (Walter Thomas): Bis der Vorhang fiel. Dortmund 1947; Henriette von Schirach: Der Preis der Herrlichkeit. München 1975, 190 ff., 220 ff. Baldur von Schirach im Nürnberger Prozeß: „Und wenn mich die Wiener in die Hölle wünschen, ich ... liebe sie immer noch (ebda 220). Henriette von Schirach beobachtet auch genau, „wie Hitler der kleinbürgerliche Österreicher blieb" (206); über Aurel Wolfram s. R. G. Ardelt (Zwischen Demokratie ...) 81; F. M. Rebhann: Das braune Glück zu Wien. Wien 1973.

[83] Vgl. R. G. Ardelt 8f., 128 ff.

[84] R. G. Ardelt 122 f.

[85] R. G. Ardelt 122 f.

[86] R. G. Ardelt 124.

[87] Mitteil. des Deutschen Klubs 1927, H. 9, 4.

[88] D. Ross (Hitler und Dollfuß) 105; U. Eichstädt (Von Dollfuß ...).

[89] „Der Lueger-Kult hat die Partei stets in die Defensive gedrängt"; Otto Günther: Christlichsoziale programmatische Gedanken. Wien 1932, 9.

[90] Zu Engelbert Dollfuß s. Gordon B. Shepherd: Prelude to Infamy, The Story of Chancellor Dollfuss of Austria. New York 1961 (deutsch: Graz 1965); F. Heer GAH 326 ff., 330 ff. (und Register 735); N. Schausberger 243 ff. (Dollfuß ... „angesichts seines unglücklichen Zweifrontenkampfes ..."); D. Ross 18 ff.; B. F. Pauley 143 ff., 164 ff., 171 ff., 185 ff.; L. Kerekes (Abenddämmerung) 103 ff.; G. Botz (Gewalt in der Politik) 137 ff., 207 ff., 217 ff., 224 ff.; D. A. Binder (Dollfuß und Hitler). Graz 1976; H. Busshoff: Das Dollfuß-Regime in Österreich. Berlin 1968; der Nachruf von Karl Kraus auf Dollfuß: Die Fackel. Wien, Nr. 912—915, Ende August 1937, 69 ff. Zum 12. Februar 1934 vgl. Protokolle des Symposiums in Wien am 5. Februar 1974, hgb. v. L. Jedlicka und R. Neck. Wien 1975; und zum 25. Juli 1934 vgl. Prot. des Symposiums in Wien am 8. Oktober 1974. Wien 1975; G. Jagschitz: Die Jugend des Bundeskanzlers Dr. E. Dollfuß. Diss. Wien 1967; G. Jagschitz: Der Putsch. Die Nationalsozialisten 1934 in Österreich. Graz 1976.

[91] K. Breuning (Die Vision) 253 ff., zuvor 29, 37, 143, 254, 337.

[92] F. Langoth (Kampf um Österreich) 89 ff., 174 ff., 311 ff.

[93] K. Breuning 17 f., 25 ff., 38 ff.

[94] Zu Eberle s. K. Breuning 26 ff., 30 ff., 253 f., 317 f., 363 ff.; St. Hanzer: Die Zeitschrift „Das Neue Reich" 1918—1935. Zum restaurativen Katholizismus in Österreich nach dem Ersten Weltkrieg. Wien 1977; P. Eppel: Die Haltung der Zeitschrift „Schönere Zukunft" zum NS in Deutschland 1934—1938. Diss. Wien 1978; neuestens ders.: Zwischen Kreuz und Hakenkreuz. Wien-Köln-Graz 1980.

[95] K. Breuning 28, 368.

[96] Zu Othmar Spann s. K. Breuning 35 ff., 108 ff., 161 f., 253 ff., 357 f.; W. M. Johnston 82 f., 109 ff., 313 ff.; A. Diamant a. a. O.; K. J. Siegfried: Universalismus und Faschismus. Das Gesellschaftsbild Othmar Spanns. Wien 1974. Ich selbst habe Othmar Spann erst nach Kriegsende persönlich kennengelernt.

[97] Ich erinnere mich meiner Freunde Michael Pfliegler und Karl Rudolf — in vielen Gesprächen. Zu Pfliegler s. K. Breuning 94 f., 355, 380; zu Karl Rudolf ebda 94, 355; G. Silberbauer (Kirche und Sozialismus) 20 ff.

[98] K. Breuning 253 f., zuvor 96 ff.: Anton Böhm: am österreichischen Wesen soll die deutsche Welt genesen.

[99] Die religiös-politische Weltanschauung von Anton Böhm reflektiert eindrucksvoll sein Buch: Epoche des Teufels. Ein Versuch. Stuttgart 1955; vgl. F. Heer (Abschied von Höllen und Himmeln) 230 f., 303 f. A. Böhm: Die Neuzeit ist eine einzige Perversion. Satan beseelt die roten Diktaturen und die westlichen Demokratien. J. P. Sartres Ziele sind auch Satans Ziele. „Auch der Mensch, der guten Glaubens irrt, wird, ohne es zu wissen oder gar zu wollen, zum Kollaborateur Satans." „Das Heilige (Römische) Reich hat sich als Bollwerk gegen das Chaos und als kat'echon gegen das Satansreich lange bewährt." So bezeugt der hervorragende Journalist, neben Otto Schulmeister und Ignaz Zangerle der bedeutendste Kopf des Bundes „Neuland", die Kontinuität seines Glaubens 1933 bis

1955 und darüber hinaus. Zur Bewegung „Neuland" s. G. Seewann: Österreichische Jugend-
bewegung 1900 bis 1938. Die Entstehung der Deutschen Jugendbewegung in Österreich-
Ungarn 1900 bis 1914 und die Fortsetzung in ihrem katholischen Zweig „Bund
Neuland" von 1918 bis 1938, 2 Bde. Frankfurt 1971.

[100] Zu Ernst Karl Winter s. E. Hoor 72 ff.; K. Breuning 29 f., 254, 317 f., 372; E. K. Winter
(Rudolf IV. von Österreich, 2. Bd. Wien 1936, XI f.): „Mit Recht gilt die Position des
Deutschnationalismus oder selbst Nationalsozialismus an den Hochschulen in Österreich als die Schlüsselposition, vor deren Brechung dieser Staat geistig nicht gesichert
ist."

[101] Zu Dietrich von Hildebrand s. K. Breuning 161 f., 254, 369 f.; ich habe Hildebrand erst
nach dem Kriege persönlich kennengelernt.

[102] Zu Arthur Seyß-Inquart s. R. Luža 35 ff., 61 ff., 93 ff., 179 ff., 253 ff., 248 ff., 263 ff.;
H. J. Neumann (Arthur Seyß-Inquart) 40 ff.: Dollfuß und Innitzer als Zuhörer bei Seyß'
Reden in katholischen Pfarrunden, Seyß war nach dem Dollfuß-Mord überzeugt, er hätte
Dollfuß für den Nationalsozialismus gewonnen (27); ebda 168: Hitler 27. Januar 1942: Ich
muß auf meine österreichischen Landsleute zurückgreifen. Bereits am 13. März 1938, am
Tage des „Anschlusses", bekommt Bürckel von Hitler den Auftrag, die österreichische
NSDAP von *Austronazismus* zu säubern (ebda 118). Seyß versteht sich auch im Nürn-
berger Prozeß als österreichischer Katholik (ebda 350, 351 ff., 355), er besucht mit Papen,
Frank und Kaltenbrunner den katholischen Gottesdienst. Papen und er ministrieren in der
Messe (370). Bis zum Tode sein Bekenntnis: „Ich glaube an Deutschland" (371); Kurt
Schuschnigg (Im Kampf) verteidigt Seyß (209 ff. und Register 471 f.). Auch der päpstliche Nuntius schätzt Seyß als „guten Katholiken" (266), Schuschnigg verteidigt Seyß
gegen Papen (ebda 348); vgl. auch W. Rosar: Deutsche Gemeinschaft. Seyß-Inquart und
der Anschluß. Wien 1971.

[103] K. Breuning 257.

[104] K. Breuning 258; zu Kardinal Innitzer s. V. Reimann (Innitzer) 34 ff. (Die Dollfuß-
Straße), „Die zweite Gegenreformation" — das Konkordat von 1933 (42 ff.), zum natio-
nalen Komplex (57 ff.), Neuland-Bund (69 ff.), die Katholisch-Nationalen und ihre
Schlüsselstellung (74—81), Innitzer bei Hitler (93 ff.), Innitzer hoffte, in Hitler den
Österreicher ansprechen zu können (ebda 320). Dies bestätigte mir der Kardinal, den ich
persönlich erst nach dem Krieg kennen und schätzen lernte; nach einem ziemlich massiven
Angriff meinerseits lud er mich zu sich erstmals ein; Hitler selbst wurde tief durch Innitzer
beeindruckt, wie er bekennt; vgl. F. Heer GAL 418.

[105] K. Breuning 259.

[106] K. Breuning 262 ff.

[107] K. Breuning 157 ff., 160 f., 221 ff.

[108] Der publizistische Kampf dieser deutsch-österreichischen in der Bundesrepublik Deutschland wirkenden Publizisten und ihrer Freunde hat mich damals zum „gefährlichen Links-
katholiken" gestempelt, der mit Heinrich Böll und Karl Amery im September 1963 der
Ehre eines Angriffes eines deutschen Hirtenbriefes gewürdigt wurde; vgl. G. Vallquist:
Das Zweite Vatikanische Konzil, 111. In Österreich nahm später mein Freund Heinrich
Drimmel in diesem Sinne in der „Furche" (in der ich bis 1961 Redakteur gewesen war)
und in der „Presse" den Kampf gegen mich auf. Zu Heinrich Drimmel s. N. Leser:
Begegnung und Auftrag. 215 ff.

[109] Vgl. K. Breuning 95 f., 121, 157, 173 f. (und Register 403).

[110] Der katholische Staatsgedanke. Bericht über die katholisch-soziale Tagung der Zentral-
stelle des Volksbundes der Katholiken Österreichs am 29. und 30. April 1934 in Wien.
Wien 1934.

[111] Ebda 68 (H. Hantsch).

[112] Verdroß ebda 73.

[113] Johannes Messner ebda 105.

[114] F. Langoth 21 f., 53 f.

[115] F. Langoth 365.

[116] F. Langoth 21, 28.

[117] F. Langoth 33.

[118] F. Langoth 34 ff.

[119] F. Langoth 37 f.

[120] F. Langoth 39.

[121] F. Langoth 48.

[122] F. Langoth 43.

[123] F. Langoth 53 f.

[124] F. Langoth 89.

[125] F. Langoth 124 ff., 136 ff.

[126] F. Langoth 127.

[127] F. Langoth 161 ff.

[128] D. Ross 90 ff., 101 ff.: Die Vermittlungsversuche von Langoth und Foppa.

[129] F. Langoth 166 ff.

[130] F. Langoth 174.

[131] F. Langoth 175.

[132] F. Langoth 176 f., vgl. 315 und 359.

[133] F. Langoth 209.

[134] F. Langoth 221.

[135] I. Bärnthaler: Die Vaterländische Front. Wien 1971; E. Holtzmann (Zwischen Unterdrückung) 168 ff.; A. Staudinger: Zur „Österreich"-Ideologie des Ständestaates (in: Das Juliabkommen von 1936. Wien 1977) 198 ff.

[136] Katastrophal kam nun auch das alte „krasse Ideologiedefizit der Christlichsozialen" zum Tragen, vgl. E. Holtmann 40.

[137] Zur inneren christlichsozialen und „linkskatholischen" Opposition gegen Schuschnigg vgl. die Arbeiten von Ludwig Reichhold, und jetzt E. Holtmann 226, 229 ff., 235 ff. Schuschnigg selbst verteidigt sein Verbot jeder kritischen Stellungnahme zu Hitler und zum deutschen Nationalsozialismus: Ein Requiem in Rot-weiß-rot, 196 und 305 ff.

[138] Zu „die Aktion Winter" s. L. Reichhold a. a. O.; E. Holtmann 166 ff.; zu Winter, Knoll, Missong, Lux et alii s. E. Hoor 72 ff.

[139] E. Holtmann 239 ff. G. Zernatto: Die Wahrheit über Österreich. New York 1939; Guido Zernatto: Vom Wesen der Nation, hgb. und eingel. von Wolf in der Maur. Wien 1966.

[140] F. Langoth 235 ff.

[141] Hannah Arendt: Eichmann in Jerusalem. Ein Bericht von der Banalität des Bösen. München 1964, 16 ff., 59 ff., 77. Eichmann: „Amtssprache ist meine einzige Sprache": 294 ff., 298 f.

[142] F. Heer GAH 365 ff., 391 ff.

[143] F. Langoth 243.

[144] F. Langoth 245.

[145] Zu Hermann Reschny s. F. Langoth 247.

[146] Vgl. R. Luža 179 ff.

[147] F. Langoth 248, 250.

[148] Ebda.

[149] Zu Richard Bernaschek s. F. Langoth 266, 335 f.; E. Holtmann 124 ff., 129 f.; G. Botz (Gewalt) 198, 227.

[150] F. Langoth 364.

[151] F. Langoth 313.

[152] F. Langoth 324 ff.

[153] W. M. Johnston 23 ff. (Einleitung).

[154] F. Langoth 333.

[155] F. Langoth 328.

[156] F. Langoth 342.

[157] Zu Ernst Karl Winter s. E. Holtmann 166 f., 170 ff.; K. Breuning 29 f., 82, 317 f., 372; E. Hoor 73 ff.; V. Reimann (Innitzer) 55, 81; G. Silberbauer: Kirche und Sozialismus in Österreich 1918—1938. Wien 1961; Endzeitlicher Glaube, hgb. von August Zechmeister 31 ff. Ich erinnere mich des katholischen Sozialisten, des theologischen Den-

kers August Zechmeister („Das Herz und das Kommende". Wien 1946), eines der Einsamen in Kirche und Welt in Österreich; er war eine ergreifende spirituelle Gestalt, lebte in einer in Österreich ganz ungewöhnlichen geistigen und spirituellen Dimension — und ich erinnere mich dankbar und voll Schmerz an Ernst Karl Winter; M. Fuchs: Showdown in Vienna, 37 ff.; Winters Mitkämpfer Alfred Missong (Die österreichische Nation. Wien 1948). Ernst Karl Winter. Bahnbrecher des Dialogs. Wien 1969; A. Perchta: Die „Väter" der österreichischen Nation (in: Der österreichische Standpunkt, H. 5. Wien 1969).

[158] Vgl. G. Silberbauer 31.

[159] G. Silberbauer 36.

[160] G. Silberbauer 37.

[161] G. Silberbauer 35.

[162] Karl Kraus (Grimassen) 128 ff., 189 ff., 226 ff., 403 ff.; Karl Kraus (In dieser großen Zeit) 154 ff., 147, 247; Karl Kraus (Vor der Walpurgisnacht) 237 ff., 335 ff., 365 ff.

[163] Ernst Bloch: Erbschaft dieser Zeit. Erweit. Ausgabe Frankfurt 1962, 45 ff., 104 ff., 126 ff., 160 ff.; ders.: Das Prinzip Hoffnung, 2 Bde. Frankfurt 1959, 11 f., 16 ff., 106 ff., 242 ff., 248, 284 ff. Zum Marxismus ebda: 326 f., 331 f., 334, 390; II 1297 f., 1378 ff., 1408—1413; 1534 ff. Blochs Credo: ebda 1510 f.

[164] G. Silberbauer 33 ff.

[165] G. Silberbauer 35 ff.; E. Holtmann 167 ff.; Schuschnigg gegen Winter: ebda 169 f.

[166] G. Silberbauer 40; E. K. Winter: Was wir wollen (in: Wiener Politische Blätter, 16. April 1933) 3; ders.: Platonismus, Thomismus, Marxismus (Wr. Pol. Bl., Jg. 1935) 104. Politischer Katholizismus als „säkularisierte Theologie"; Winters Brief an den Bundespräsidenten vom 1. April 1933 (Wr. Pol. Bl., Jg. 1933) 47. „Verengung des religiösen Weltbildes": „Die Krise des Marxismus" (Wr. Pol. Bl., 18. Juni 1933) 54.

[167] E. K. Winter: Christentum und Zivilisation. Wien 1956, 392.

[168] B. Birk: Dr. Ignaz Seipel, ein österreichisches und europäisches Schicksal. Regensburg 1932, 9.

[169] Gordon Shepherd: Dollfuß, 212; vgl. ebda 193 und 194.

[170] Der Säemann. Graz, Folge 5, 1933, 50; vgl. Uta Krammer: Religion und Politik, 113.

[171] U. Krammer 116.

[172] E. Stauffer: Jerusalem und Rom im Zeitalter Jesu Christi. Bern 1957, 20 ff.; ders.: Jesus-Gestalt und Geschichte, 1957, 50 ff. (Kaiser-Gott-Münzen).

[173] Vgl. H. Liptak: Die Rechtsgrundlagen der evangelischen Kirche AB und HB in Österreich bis zum März 1938, in: H. Eder (Hgb.): Die evangelische Kirche in Österreich. Berlin 1940, 155, und G. May: Die evangelische Kirche in Österreich. Göttingen 1962, 6.

[174] Vgl. U. Krammer 58 ff., 89 ff., und die „Denkschrift über die Lage der ev. Kirche in Österreich" 144 ff.

[175] G. Mecenseffy 220.

[176] W. Kühnert, in: G. May: Die evangel. Kirche in Österr., 86 f.; Lit. zur Los-von-Rom-Bewegung auf evangel. Seite in Österreich bei F. von der Heydt: Die evangelische Bewegung in Österreich, 2. Aufl. Berlin 1938 (1. Aufl. 1934!), 36 ff.; Heydt betont ihre „katholische Grundlage": 9 ff.

[177] G. May 23.

[178] E. Entz: Der österr. Protestantismus im Rahmen des gesamtdeutschen Problems, in: H. Eder (Hgb.) 151.

[179] Vgl. U. Krammer 61 ff.

[180] W. Tilgner, in: Volk-Nation-Vaterland, hgb. v. H. Zillessen. Gütersloh 1979, 253.

[181] W. Tilgner 154 ff.

[182] W. Tilgner 158, 174, 189 f.; und ebda E. Wolf.

[183] E. Wolf (in: H. Zillessen) 180.

[184] E. Wolf 186.

[185] F. v. der Heydt 31 ff.

[186] Für diese „Denkschrift" zeichnen K. Aebi, Th. Berthlau, G. Glarner, E. Geyer, R. Grob.

[187] Vgl. U. Krammer 137; die Rede Schuschniggs bei E. Endesfelder: Pfarrer im völkischen Freiheitskampf 1939, 173.

[188] U. Krammer 131 ff.

[189] Denkschrift 5—7.

[190] Wiener Zeitung, 14. März 1933, Nr. 61, 5.

[191] Denkschrift 21 ff.; vgl. U. Krammer 89 ff., 94 ff.

[192] Denkschrift 24 ff.

[193] Wiener Zeitung, 24. Dezember 1933, 2.

[194] Wiener Zeitung, 14. September 1934, 3.

[195] Wiener Zeitung und Volkszeitung, 2. April 1935.

[196] Wiener Zeitung, 8. Juli 1935.

[197] Wiener Zeitung, 5. September 1935.

[198] Denkschrift 38 f.

[199] Denkschrift 48.

[200] Dietrich von Hildebrand: Engelbert Dollfuß, ein katholischer Staatsmann, 1934, 130.

[201] Denkschrift 83 ff., 96.

[202] Denkschrift 103 f.

[203] Ich habe diesen Gegensatz zwischen Wiener Evangelischen und den „Protestanten" in Kärnten, in der Steiermark, in Oberösterreich, in vielen Gesprächen ab 1933 mit evangelischen Kollegen und Freunden eindrucksvoll erlebt.

[204] Denkschrift 108 f.

[205] Denkschrift 110.

[206] G. Entz (in: Hans Eder) 138.

[207] Denkschrift 134 f.

[208] Denkschrift 143.

[209] Vgl. F. Heer EG 123 f., 175 ff., 199 ff., 201 ff., 210 ff., 258 ff., 370 ff., 398 ff.

[210] Denkschrift 166 f.

[211] Zu Ludwig Mannert s. in: W. Endesfelder, 20 f.

[212] G. May (Die evangelische Kirche in Österreich 1962) 7.

[213] G. May ebda.

[214] Omega 17, Steyr 1979, 26.

11. Zwei Österreicher

[1] Diese Frage stellt Joachim Fest immer wieder in seinem Buch „Hitler" (Frankfurt 1973), vorzüglich in den Einleitungen seiner Hauptabschnitte. Neben englischen und amerikanischen Historikern und Publizisten, die Hitler rühmen, ist in Deutschland vorzüglich der Erlanger Historiker Hellmut Diwald zu nennen (er stammt aus Mähren!), der 1969 eine beachtenswerte Wallenstein-Biographie vorlegte und 1978 mit seiner „Geschichte der Deutschen" (im Verlag des Axel Springer erschienen), Aufsehen erregte. Obwohl Historiker wie Arno Borst, Otmar von Arentin, Eberhard Jaeckel, Golo Mann und andere „vernichtende" Urteile fällten, erfreut sich dieses Werk weitreichender Wirkung. Diwald wurde unter anderem Leitartikler in der angesehenen „Deutsche Zeitung. Christ und Welt" (Bonn) und wurde von der nationalistischen Presse auf den Schild erhoben. Vgl. Hans Kühner: Diwald oder das System der Geschichtsverdrehung (Basler Zeitung, 7. Juli 1979) 39.

[2] E. Nolte: Der Faschismus in seiner Epoche, 2. Aufl. München 1965; E. Nolte (Hgb.): Theorien über den Faschismus (Neue wiss. Bibl. Bd. 21. Köln 1967); E. Nolte: Die Krise des liberalen Systems und die faschistischen Bewegungen. München 1968. Noltes erstes groß angelegtes Werk mit dem Untertitel „Die Action Française, der italienische Faschismus, Der Nationalsozialismus", an dem sich die Diskussionen entzündeten, zeigt jedoch bereits selbst immanent auf, wie unvergleichlich die „faschistischen" Bewegungen und ihre führenden Köpfe sind: so ein Charles Maurras (124 ff.), ein Mussolini

(200 ff. — hier auch Mussolini als Marxist 192—194, 200—218) ein Hitler (356 ff.); vgl. auch W. Schieder: Faschismus und kein Ende (in: Neue polit. Literatur, 15. Jg. 1970), 166 ff. Zur Faschismus-Diskussion s. auch E. Hanisch: Neue Faschismus-Theorien (Zeitgesch., 1. Jg., H. 1, Oktober 1973, H. 1), 19 ff.

Zum Problem des Faschismus in Österreich s. G. Klingenstein: Bemerkungen zum Problem des Faschismus in Österreich (in: Gesch. u. Lit. 14. Jg. 1970), 51 ff.; F. Fellner: The Background of Austrian Fascism (in: Native Fascism in the Successor States 1918 to 1945, ed. by Peter F. Sugar. Santa Barbara, Calif. 1971), 15 ff.; E. Holtmann (Zwischen Unterdrückung): Austrofaschismus? 11—20; K. Stuhlpfarrer: Austrofaschismus (in: Lexikon zur Gesch. und Politik im 20. Jhdt. I), 59; H. J. Krüge: Faschismus oder Ständestaat Österreich 1934—1938. Diss. Köln 1970. E. G. Ardelt: Der Widerstand gegen den Faschismus im Zeitgeschichtsunterricht (Zeitgeschichte, H. 9/10, Juni, Juli 1974), 216 ff.; F. L. Carsten: Faschismus in Österreich. München 1977.

Der Klassiker der sozialdemokratischen Faschismus-Ideologie ist Otto Bauer: Der Faschismus (in: Der Sozialist. Kampf. Paris, Jg. 1938), 75 ff.; vgl. G. Botz: Genesis und Inhalt der Faschismus-Theorien Otto Bauers (in: Intern. Review of Social History 19, 1975), 28 ff. Kampf gegen österreichischen Faschismus: Dokumentationsarchiv des österreichischen Widerstandes (Hgb.): Widerstand und Verfolgung in Wien 1934—1945, 3 Bde. Wien 1975; Dokumente, Fakten und Hinweise zur Entwicklung des Faschismus und Neonazismus in der BRD und anderen Ländern. Wien, Oktober 1977.

[3] Der „Charme" des Österreichers Hitler, s. dazu Hans Frank: Im Angesicht des Galgens. München-Gräfelfing 1953, 33, 288 f., 320 f., 422; Otto Dietrich: 12 Jahre mit Hitler. München 1955, 149 ff.; A. Zoller: Hitler privat — Erlebnisse seiner Geheimsekretärin. Düsseldorf 1949, 14, 29, 115 f.; zu Ribbentrop in Nürnberg s. G. M. Gilbert: Nürnberger Tagebuch, dt. Frankfurt 1962 (Nuremberg Diary, 1947) 67; vgl. ebda 341 f.: Schirach; im Nürnberger Gefängnis auch Keitel und H. Frank über Hitler als Österreicher s. Gilbert 377; Photos, die den „typischen Österreicher" Hitler zeigen, bei E. Leiser: Bilddokumentation nach E. Leisers Film „Mein Kampf". Frankfurt 1961, 28, 35, 39, 41 f., 58 f., bes. 62, 97 f.

Der Österreicher Hitler, s. dazu T. Stolper: Die Weltkriege und ihr Jahrhundert in anderer Sicht (in: Neue Perspektiven aus Wirtschaft und Recht, Festschrift für Hans Schäffer zum 80. Geburtstag, 11. April 1966. Berlin 1966), 482 ff.; P. E. Schramm über die österreichischen und katholischen Elemente in Hitler s. H. Picker: Hitlers Tischgespräche im Führerhauptquartier 1941—1942, neu hgb. von P. E. Schramm in Zusammenarbeit mit A. Hillgruber und M. Vogt, 2. Aufl. Stuttgart 1965, 111 ,112 f. Der große deutsche Historiker Percy Ernst Schramm, aus einer alten Hamburger Patrizierfamilie, bestätigte mir in vielen Gesprächen: Hitler war nur als Österreicher verständlich.

Ferner s. noch E. Hanfstaengl: Zwischen Weißem und Braunem Haus. München 1970, 38, 40, 44, 102, 174, 260 (Hitler 1932 immer noch Österreicher): zumindest in diesen Bezügen ist der vielkritisierte Plauderer Hanfstaengl durchaus glaubwürdig. Für die österreichischen NS-Studenten nahm Hitler „die Stellung eines Erlösers" ein. So: Aus eigenem Erleben Albert Massiczek (in: Forschungen und Beiträge zur Wiener Stadtgesch. 2, 1978) 216.

[4] A. Zoller 28; über die Frauen, die den Österreicher Hitler verehren s. F. Heer GAH 269 ff.; Hertha Czepek-Schulz: Kämpfende Frau. Erlebnisbericht aus Österreich 1932 bis 1938. Wien 1940.

[5] F. Funder (Als Österreich) 273. Funder betonte im Gespräch mit mir oft diese Bezüge.

[6] St. Zweig: Die Welt von Gestern, 98 f. Zweig hatte mit Erwin Guido Kolbenheyer, seinem literarischen Jugendfreund, gemeinsam studiert (ebda 177). Kolbenheyer wurde der interessanteste Mythologe des Dritten Reiches.

[7] Zum Frank-Besuch in Österreich 1934 s. F. Funder 92 ff.

[8] H. Frank 288; F. Heer GAH 271.

[9] Zu A. Harpf s. F. Heer GAH 39 ff.—41. Harpf-Hagen war Mitarbeiter der von Hitler gelesenen Zeitschrift „Ostara" des Lanz von Liebenfels; vgl. W. Daim 279.

[10] Ebda.

[11] Zu Ernst Hladny s. V. Adel: Geist und Wirklichkeit. Vom Werden der österr. Dichtung. Wien 1967, 285.

[12] E. Hladny: Der heilige Judas. Leipzig 1912, 92, 94 f., 97, 100, 140 f., 152; eine pangermanistische Zeitschrift in Österreich nach 1918 hieß „Mutterland", vgl. A. Massiczek (Hgb.): Die österreichische Nation zwischen zwei Nationalismen. Wien 1967, 170.

[13] Vgl. Helm Stierlin: Adolf Hitler, Familienperspektiven. Frankfurt 1975. Stierlin kennt meine Arbeiten nicht, kommt in bezug auf Hitlers Kindheits-Geschichte zu denselben Ergebnissen. W. C. Langer: Das Adolf-Hitler-Psychogramm (1943 für die psychol. Kriegsführung der USA erarbeitet). Wien 1972, ebda 120 ff.: Dr. Bloch, der Arzt von Hitlers Mutter, über diese Frau, 162 ff.: Vater und Mutter, 170 ff.: Deutschland als Mutter-Land, Österreich als Vater-Land; 224 ff.: Das weibliche deutsche Volk; E. Deuerlein (Hitler, 1969) 27, fragt: War Hitler in seiner starken Mutterbindung auf den jüdischen Hausarzt eifersüchtig? Mit Recht betont Deuerlein die sehr lange Pubertät Hitlers — sie ist ein Schlüssel zu seiner Persönlichkeit: 23, 26, 31.

[14] F. Heer GAH 15 ff.

[15] F. Jetzinger (Hitlers Jugend) 70 f.

[16] Vgl. F. Heer GAH 296 ff.; E. Deuerlein 7ff., 22 ff.

[17] F. Heer GAH 19 ff.: Passau und Lambach.

[18] E. Kandl (Hitlers Österreichbild) 4 f.

[19] E. Kandl 11 ff.; vgl. F. Heer GAH 25 und Lit. 604 f.

[20] A. Hitler (Mein Kampf) 174 f., 179.

[21] F. Heer GAH 165 ff.; Religiös-politischer Manichäismus: Hitler, Lanz, Trebitsch; Hitler als „überzeugter Katholik", so sein Rechtsanwalt 1923 vor dem Volksgericht, s. E. Deuerlein 19.

[22] E. Kandl XXXV.

[23] E. Kandl 25 ff.

[24] A. Hitler (Mein Kampf) 12.

[25] E. Kandl 27.

[26] A. Hitler (Mein Kampf) 14.

[27] A. Bullock: Hitler (A Study in Tyranny. London). Düsseldorf 1959, 793—795.

[28] A. Hitler (Mein Kampf) 19 ff., 135, 137; vgl. A. Bullock 25 ff.; M. Maser (Die Frühgeschichte) 112 ff.; J. Toland 51 ff.; F. Heer GAH 51 ff.

[29] F. Jetzinger 184.

[30] H. Picker 306 f.; vgl. ebda 298: die Planungen für Linz; dazu auch J. Toland 1052; A Hitler (Mein Kampf) 75 f., 80 ff.

[31] H. Picker 377 f.

[32] Ebda.

[33] H. Picker 398.

[34] So verachtet Hitler in diesem Sinne Himmlers und Rosenbergs „Germanenschwärmerei", vgl. F. Heer GAH 418 f., 402 ff., 406 ff.; über seinen Haß gegen preußische Offiziere und gegen die „Hohenzollernbrut" s. H. Picker 440, 442 f.; vgl. F. Heer GAH 417.

[35] F. Heer GAH 421, vgl. 416; Franz Joseph; H. Picker 478.

[36] Max Domarus: Hitler. Reden und Proklamationen. 2 Bde. München 1965.

[37] A. Hitler (Mein Kampf) 75, vgl. ebda 76, 80 ff.

[38] A. Hitler (Mein Kampf) 108.

[39] A. Hitler (Mein Kampf) 107.

[40] Faulhaber auf dem Berghof 1936, s. dazu G. Lewy: Die katholische Kirche und das Dritte Reich. München 1965, 229 ff.; Faulhaber gegen die Weimarer Republik, s. H. Lutz: Demokratie im Zwielicht. Der Weg der deutschen Katholiken aus dem Kaiserreich in die Republik 1919—1925. München 1963, 83 f.

[41] A. Hitler (Mein Kampf) 118 ff.

[42] A. Hitler (Mein Kampf) 132.

[43] F. Heer GAH 108 ff.

[44] F. Jetzinger 215 f.; A. Hitler (Mein Kampf) 269 ff.; ebda 277 über den Bolschewismus als „diese Judenkrankheit".

[45] St. Zweig (Die Welt von gestern) 70 ff.

[46] St. Zweig 84 ff.

[47] F. Funder (Vom Gestern) 257 ff., 260: „In diesen Wohnhöhlen . . .".

[48] A. Hitler (Mein Kampf) 278 ff.; vgl. ebda 40 über die Sozialdemokratie als Pestilenz und die jüdischen Urheber dieser Völkerkrankheit.

[49] Vgl. F. Heer GAH 273 ff.

[50] D. Eckart (Der Bolschewismus) 30.

[51] Zu Dietrich Eckart: W. Maser (Die Frühgesch.) 179 ff., 214 ff.; W. Maser (Hitlers Mein Kampf) 71, 80 ff.; zu Eckarts Schrift s. F. Heer GAH 377 ff., 647 f.

[52] D. Eckart 25 f., 29 f.

[53] D. Eckart 31.

[54] D. Eckart 32 ff.

[55] H. Rauschning (Gespräche) 48 ff., 76 ff.

[56] H. Rauschning 52.

[57] H. Rauschning 53.

[58] H. Rauschning 54.

[59] Zu Benigni und seiner römischen Terrororganisation: F. Heer GAH 294, 298 und 651 f.: Lit.

[60] H. Rauschning 79.

[61] Vgl. R. Luža 74 ff., 77 ff.

[62] Vgl. F. Heer GAH 299 und 653.

[63] H. Bahr: Wien. Stuttgart 1906; F. Heer GAH 89 ff., 131 f. Das Feindbild „Wien" wird in den Alpenländern aufgebaut, s. dazu A. Staudinger (in: Jahrbuch f. Zeitgesch. 1978) 21 ff.

[64] A. Hitler (Mein Kampf) 475 und 481 und 231 f.; der „Zölibatär" A. Hitler s. A. Zoller 86.

[65] H. Rauschning 52 ff.

[66] F. Heer GAH 310 ff.

[67] F. Heer GAH 232 f.; und A. Hitler (Mein Kampf) 506 und 512 f.

[68] Vgl. F. Heer GIL 364 ff., 255 ff.

[69] F. Heer GAH 247.

[70] H. Heiber: Die Republik von Weimar (in: Deutsche Gesch. seit dem Weltkrieg), 101 ff.; W. Maser (Die Frühgesch.) 464 ff.; Th. Eschenburg (Die improvisierte Demokratie. München 1963) 176 ff.

[71] M. Domarus 59 ff.

[72] M. Domarus 62.

[73] F. Heer GAH 254.

[74] Vgl. R. Luža 47 ff. Nach der Demonstration am Stephansplatz am Christkönigstag erklärt Bürckel: „Hier regiert nur einer — der Österreicher Hitler"; Völkischer Beobachter. Wien, 14. Oktober 1938, 1.

[75] S. Pirchegger 6.

[76] S. Pirchegger 16.

[77] S. Pirchegger 39; F. Heer GAH 258 und 645.

[78] G. Lewy 65 ff.; vgl. Cl. Wildner (Von Wien nach Wien) 181 ff., 201 ff.

[79] F. Heer GAH 261.

[80] Zur makabren Haltung der „Reichspost" dem NS-Totalitarismus gegenüber vgl. M. Fuchs (Showdown) 65 f.; ich selbst sagte einmal — um 1950 — zu Friedrich Funder, der Tür an Tür mit mir in der Redaktion der „Furche" saß: „Ihr habt ja geschrieben, wie ‚der Stürmer' . . .". Er schwieg.

[81] Zu Abt Schachleitner s. M. Domarus 268; vgl. G. Lewy 18 f., 120, 175, 401 f.

[82] So die katholische sudetendeutsche Jugendgruppe „Staffelstein", aus der Eduard Winter hervorging.

[83] Eine Verteidigung des Reichskonkordats von 1933 unternahm der deutsche Episkopat in der BRD 1979 anläßlich der Holocaust-Fernseh-Serie im Deutschen Fernsehen — dies löste Kettenreaktionen von Auseinandersetzungen aus, Juni-September 1979. Zum

Konkordat s. G. Lewy 73 ff.; W. A. Purdy: Die Politik der katholischen Kirche (deutsche Ed. Gütersloh 1966), 210 ff.; H. Müller 431 (Register).

[84] G. Lewy 123; zu Faulhaber s. E. E. Lapide: Rom und die Juden. Freiburg 1967, 47, 59 ff.; H. Volk (Stimmen der Zeit 177, 1965/66); H. Müller: Kath. Kirche und Nationalsozialismus, Dokumente 1930—1935. München 1963, XI, und an vielen Stellen.

[85] Vgl. H. Lutz 79 f., 82 f. und 98 f.; F. Heer GAH 195 und 630.

[86] F. Heer GIL 414 f. und 457 f. (Lit.); G. Lewy 229 ff.; G. J. Zahn 101 ff.; 109 f.

[87] Alma Mahler-Werfel: Mein Leben. Frankfurt 1960, 335.

[88] H. Frank 232.

[89] F. Heer GAH 310 und 654.

[90] A. Zoller 193.

[91] A. Bullock 795.

[92] F. Heer GAH 331 und 559.

[93] E. Franzel: Sehnsucht nach den alten Gassen. Wien 1964, 34 ff. Hitler im weißen Waffenrock: Bild XXXIII bei M. Domarus. Hitler tritt im Laufe des Krieges immer entschiedener in die Bahn der Habsburger (was oft bemerkt wurde); vgl. auch E. Nolte (Der Faschismus) 301.

[94] F. Heer GAH 356, 664.

[95] „Sonderfall Otto", s. N. Schausberger (Der Griff) 398 ff.; A. Bullock 427 ff.; J. Heydecker, H. Leeb: Der Nürnberger Prozeß. Köln 1958, 181 ff.

[96] O. Dietrich 244.

[97] H. Picker 195.

[98] R. Luža 187 ff., 197 ff.

[99] H. Picker 228—230.

[100] „Das österreichische Problem beschäftigte den Führer unablässig": so bis zu seinem Ende. „Zusammenfassung": R. Luža 224 f. Hitlers große Angst vor Österreichern: F. Heer GAH 353 ff.

[101] R. Luža 309.

[102] H. Domarus 129.

[103] Otto Skorzeny: Meine Kommandounternehmen, Krieg ohne Fronten (Paris 1975). Wiesbaden 1976; unter seinen Einheiten: die 22. Kavalleriedivision der Waffen-SS Maria Theresia: 293 ff.; 1979: Ein Kranz mit Hakenkreuz auf Skorzenys Grab in Wien-Döbling.

[104] H. Picker 419; F. Heer GAH 391 ff.; k. u. k. österreichische Nationalsozialisten, s. F. Heer 672 (Lit.); und jetzt R. Luža 308.

[105] F. Heer: Österreichs imperiale Kunst (in: Land im Strom) 107 ff.

[106] F. Heer GAH 416.

[107] Zu Hermann Neubacher s. R. Luža, Register 364.

[108] R. Luža 89 ff., 95 ff., 206 ff.

[109] Der Hochverratsprozeß gegen Dr. Guido Schmidt vor dem Volksgericht. Wien 1947, 616, vgl. 4.

[110] M. Fuchs (Showdown) 23 ff., 65 ff.; vgl. auch Franz Borkenau: Austria and After. London 1938.

[111] M. Fuchs 65 f., 113 f.

[112] Zum Juli-Abkommen: N. Schausberger 349 ff.; K. Schuschnigg (Im Kampf) 184 ff.; Das Juli-Abkommen von 1936 — Vorgeschichte, Hintergründe und Folgen, hgb. v. L. Jedlicka und R. Neck. Wien 1977.

[113] F. Fuchs 44 f.

[114] M. Fuchs 66 f.

[115] M. Fuchs 72—74.

[116] Zu Guido Schmidt s. K. Schuschnigg (Mein Kampf) 19, 32, 186 ff., 231 ff., 241 ff., 265, 298, 378 f.; N. Schausberger (Der Griff) 377 ff.; F. Heer GAH 326 ff., 333 ff., 657 ff.

[117] M. Fuchs 80 ff.; zur prekären deutschen Wirtschaftslage s. N. Schausberger 433 ff., 441 ff.

[118] N. Schausberger 451 ff.

[119] Zu Jansa — und kein Widerstand s. M. Fuchs 203 ff.; E. Hoor 117—135; F. Heer GAH 335, 659 f.; I. D. Danimann (Österreich 1938) 82 ff.; Der Hochverratsprozeß 217 ff., 220 ff., 622 f. Schuschnigg gegen Jansa s. ebda 603; Jansas Warnung an Schuschnigg am 28. Mai 1936 s. K. Schuschnigg (Kampf gegen Hitler) 86, die „Auswechslung" Jansas (ebda 240); Schuschnigg selbst bezifferte die Zahl der nationalsozialistischen österr. Offiziere mit fünf Prozent (ebda 320). Gegen Martin Fuchs sucht sich Schuschnigg sehr schwächlich zu verteidigen (in: Ein Requiem in Rot-weiß-rot, 302 ff.). W. Broer: Nicht Blitzkrieger — streikende Panzer (Kurier, 13. März 1978), 3.

[120] Der Hochverratsprozeß, 89.

[121] F. Heer („Seine Brille ist die Glaswand, die ihn von den Menschen trennt": Otto Habsburg über Schuschnigg): Zum Tode von Kurt Schuschnigg (in: Deutsches Allgemeines Sonntagsblatt. Hamburg Nr. 48, 27. November 1977), 30; F. Heer GAH 660; E. Hoor 117 ff.; Heinrich Drimmel schließt seinen rühmenden Nachruf auf seinen Freund Schuschnigg (Einer, der nicht hassen konnte. Die Presse, 19./20. November 1977, 7) indem er erinnert: „Schuschnigg ist in Männerbündnissen groß geworden", und erklärt: „Schuschniggs politische Existenz war primär religiös-weltanschaulich begründet", mit *einem* Satz, den ihm Schuschnigg kurz vor seinem Tode schrieb: „An Mangel an Glaubwürdigkeit ist schon manches zerbrochen, das man dann später bitter bereuen muß"; K. Schuschnigg (Requiem) 468 f., vgl. 104 f.: „Ich habe den falschen Weg gewählt"; vgl. auch L. Jedlicka: Die Ära Schuschnigg (in: Österreich 1927—1938). Wien 1973.

[122] Ausgeklammert und getilgt in: Ein Requiem 482 f.

[123] K. Schuschnigg (Requiem) 29.

[124] K. Schuschnigg (Requiem) 61 ff., 67 ff., 81 ff., 91 ff., 411 (und Register 517).

[125] K. Schuschnigg (Im Kampf) 29 ff., 231 ff. und bes. 248.

[126] Ich erinnere mich hier vieler Gespräche mit Friedrich Funder, der sich dann doch bereit fand, Schuschnigg — in kartellbrüderlicher Treue — im Guido-Schmidt-Prozeß zu verteidigen.

[127] Man vergleiche hier Schuschniggs Selbstverteidigung (Im Kampf), 172 f.; K. Schausberger 542 ff. (Das versäumte Bündnis); E. Hoor 117 ff.

[128] M. Siegert 86 und 92.

[129] K. Schuschnigg (Dreimal Österreich), 35; zur Stella Matutina s. Theodor Veiter (selbst damals am rechtesten „nationalen" Flügel des CV mit Heinrich Drimmel beheimatet): Das Ende der Stella Matutina, in: O. K. Österreich konservativ, 4. Jg., Nr. 2, Februar 1979, 5 f.

[130] Vgl. F. Heer GAH 326 ff.

[131] K. Schuschnigg (Dreimal Österreich) 20.

[132] Vgl. das Vorwort von Stephan Verosta zu Schuschnigg (Requiem) 5 ff.; Schuschnigg selbst hier: 22 f., 58 f., 61, 75 f., 167 ff./170: Die erbliche Belastung; 261: Österreich als Ostmark.

[133] E. Schuschnigg (Requiem) 171 f. „ganz deutsch", „großdeutsch" und „gesamtdeutsch": 172.

[134] K. Schuschnigg (im Kampf) 143 ff., 145 ff.

[135] K. Schuschnigg (Im Kampf) 202 ff.

[136] K. Schuschnigg (Requiem) 191 ff., 196, 305 ff.

[137] Mein ab 1934 bis Februar 1938 gesammeltes Dokumentationsmaterial wurde mit dem gesamten Inhalt meiner Wohnung 1945 durch Plünderung etc. vernichtet.

[138] K. Schuschnigg (Requiem) 204.

[139] K. Schuschnigg (Requiem) 245.

[140] K. Schuschnigg (Im Kampf) 86.

[141] K. Schuschnigg (Requiem) 415.

[142] K. Schuschnigg (Im Kampf) 18 ff.; Schuschniggs Antwort: ebda 22 ff.

[143] K. Schuschnigg (Im Kampf) 138, 148 ff.

[144] K. Schuschnigg (Im Kampf) 148.

[145] K. Schuschnigg (Im Kampf) 21.

[146] K. Schuschnigg (Im Kampf) 24.

¹⁴⁷ Vgl. N. Schausberger 491 ff., 519 ff., 534 ff. Es ist in diesem Bezug bedeutsam zu erinnern, wie sehr Schuschnigg in Hitler den Österreicher sieht: vgl. K. Schuschnigg (Im Kampf) 234, 325 (Hitler, „der Österreicher wider Willen") und Requiem 42, 426 f.

¹⁴⁸ K. Schuschnigg (Requiem) 37 ff.: Das Gespräch am Berghof.

¹⁴⁹ K. Schuschnigg (Requiem) 40.

¹⁵⁰ K. Schuschnigg (Requiem) 41.

¹⁵¹ G. Buchheit: Ludwig Beck, ein preußischer General. München 1964, 129: das deutsche Heer besaß am 1. April 1938: *eine* Panzerdivision, keine motorisierte Division, 24 Infanteriedivisionen, 1 Kavallerie- und 1 Gebirgsdivision!; 133 ff., 143 ff.; Hitler spielte bewußt va banque; vgl. H. Graml (in: Deutsche Geschichte seit dem Ersten Weltkrieg, 472 ff., 477 f.); K. J. Müller: Das Heer und Hitler. Armee und nationalsozialistisches Regime 1933—1940. Stuttgart 1969, 205 ff., 300 ff., 345 ff., 471 ff.

¹⁵² O. Leichter: Zwischen zwei Diktaturen, Österreichs revolutionäre Sozialisten. Wien 1968, 333 ff.; dazu M. Siegert 91; F. W. Foerster, der große deutsche Patriot, erkennt früh: In Schuschnigg saß der Verrat selber (Erlebte Weltgeschichte), 227, 235.

¹⁵³ Vgl. M. Siegert 88 f.

¹⁵⁴ K. Schuschnigg, Requiem 432.

¹⁵⁵ B. Hamann (Rudolf) 488.

¹⁵⁶ Kurt Schuschnigg: Persönliche Aufzeichnungen für meinen Buben, 13 f., 79, 80; M. Siegert 89; ebda 88: Dokumentationen; ein Exemplar besitzt die Österr. Nationalbibliothek, Signatur 596.038-C.

¹⁵⁷ K. Schuschnigg (Requiem) 131, 137. Der konservative Diplomat Clemens Wildner (Von Wien nach Wien, 190 f.) betont: Schuschnigg spricht noch in seinem Requiem in Rot-weiß-rot diese „nationale" deutsche Sprache!

¹⁵⁸ Schuschniggs Katholizität in seinem Selbstverständnis: K. Schuschnigg (Dreimal Österreich) a. a. O. und in „Ein Requiem", etwa 458. Nichts weist über ein konventionelles „katholisches" Christentum hinaus.

¹⁵⁹ Kurt Schuschnigg (Im Kampf) 197, 210 ff., 229 ff.

Epilog

¹ Zu Dante s. F. Heer EG 220 ff., 224 ff., 235 ff., 240 ff., 304 f.

² Zu Joseph Roth s. W. M. Johnston (Register 500); D. Bronsen: Joseph Roth, Eine Biographie. Köln 1974; I. Sültemeyer: Das Frühwerk Joseph Roths 1915—1926, Studien und Texte. Wien 1976; P. Wapnewski: Zumutungen — Essays zur Lit. des 20. Jahrhunderts. Düsseldorf 1979, 140 ff.: Hiob: Leben und Werk des Joseph Roth.

³ I. Sültemeyer 64.

⁴ I. Sültemeyer 65.

⁵ I. Sültemeyer 69.

⁶ I. Sültemeyer 80 ff.

⁷ I. Sültemeyer 103 ff., 122ff.

⁸ I. Sültemeyer 999.

⁹ D. Bronsen 31.

¹⁰ D. Bronsen 65, vgl. 175, 177; J. Roth: Juden auf Wanderschaft, in: Werke IV. Köln 1956, 675 f.

¹¹ Vgl. D. Bronsen 34 f., 162 f., 164 ff.

¹² D. Bronsen 64, 124—127.

¹³ D. Bronsen 152 ff.; jüdischer Selbsthaß in Roth: ebda 496 ff.

¹⁴ D. Bronsen 157 f.

¹⁵ J. Roth: Seine k. und k. apostolische Majestät: Werke III, 328 f.

¹⁶ D. Bronsen 167.

¹⁷ K. Kraus (In dieser großen Zeit) 331 ff., 367 ff., 455 ff., 565 ff.; Karl Kraus (Vor der Walpurgisnacht) 131 ff., 320 ff., 436 ff.

[18] J. Roth: Weltuntergang (in: Der Neue Tag, 18. Dezember 1919).

[19] D. Bronsen 199.

[20] D. Bronsen 218; zu Walther Rathenau: F. Heer GIL 58 f., 285 ff. (und Register 734).

[21] D. Bronsen 216; man vergleiche damit die Verteidigung des Biedermeier und des Wiener Vormärz bei Karl Kraus (Grimassen) 434 f., 436.

[22] Das ist der Untertitel seines späten Romans „Tarabas"; vgl. D. Bronsen 253.

[23] D. Bronsen 263 f.

[24] D. Bronsen 301 ff.; zu Siegfried Cracauer s. F. Heer (Das Wagnis) 259 f.

[25] D. Bronsen 302.

[25a] D. Bronsen 303; J. Roth: Brief an Benno Reifenberg, 30. August 1925 (in: Briefe 1911—1939, hgb. v. H. Kesten. Köln 1970), 64; zu Hindenburg: K. D. Bracher (Die Auflösung der Weimarer Republik) 47 ff. Hier: Der Reichspräsident als „Ersatzkaiser".

[26] Vgl. F. W. Foerster (Erlebte Weltgesch.) 177 ff., 322 ff., 392, 388, 412 ff.

[27] D. Bronsen 509.

[28] D. Bronsen 177; Roths Brief an Otto Forst-Battaglia, 28. Oktober 1932 (in: Briefe, 240).

[29] D. Bronsen 312 und 428 ff.; zur FAZ: M. Boveri: Wir lügen alle. Eine Hauptstadtzeitung unter Hitler. Olten 1965, 33 ff., 105 ff., 181 ff. (Der erste Sündenfall), 474 ff.: „Dritter Humanismus".

[30] D. Bronsen 357.

[31] Vgl. D. Bronsen 391 ff.

[32] J. Roth, Werke I, 280.

[33] D. Bronsen 400.

[34] J. Roth, Werke III, 398.

[35] Vgl. D. Bronsen 102 f.

[36] D. Bronsen 496 ff.

[37] Vgl. D. Bronsen 437 ff.; zu Pius XII. und dem Faschismus und Nationalsozialismus s. F. Heer GAH 515 ff., 525 ff., 545 ff.

[38] D. Bronsen 477.

[39] Vgl. D. Bronsen 488 und 602 ff.

[40] D. Bronsen 443 ff.

[41] D. Bronsen 444 f.

[42] D. Bronsen 449 ff.

[43] D. Bronsen 498.

[44] D. Bronsen 499.

[45] D. Bronsen 504.

[46] D. Bronsen 508.

[47] Adolf Schärf: Österreichs Erneuerung 1945—1955. Wien 1955, 19 ff.; dazu F. Klenner: Eine Renaissance Mitteleuropas. Die Nationwerdung Österreichs. Wien 1978, 189 f.; R. Luža 207 f.

[48] D. Bronsen 594.

[49] D. Bronsen 597.

[50] Johannes Österreicher: Ich erinnere mich dankbar seiner Gespräche mit mir.

[51] V. Reimann (Innitzer) 264 f.

[52] Die erste Nummer erschien 1955: The Bridge—A Yearbook of Judaeo-Christian Studies, edited by John M. Oesterreicher. New York.

[53] D. Bronsen 601 ff.

[54] D. Bronsen 606 und 669.

Kleine ausgewählte Bibliographie

Ackerl, Isabella: Die großdeutsche Volkspartei 1920—1934. Versuch einer Parteigeschichte. Diss. Wien 1967.
— (Hgb.): Vom Justizpalast zum Heldenplatz. Studien und Dokumentationen. 1927 bis 1938. Wien 1975.
Adel, Kurt: Österreichs erste Literaturgeschichte aus der 2. Hälfte des 18. Jahrhunderts. Johann Baptist Gabriel Mareck. Wien 1972.
Aebi, V. u. a. (Hgb.): Denkschrift über die Lage der evangelischen Kirche in Österreich und die Verletzung der Bestimmungen des Friedensvertrages von St. Germain zum Schutze der Glaubens- und Gewissensfreiheit. Eine Darstellung der Gegenreformation in Neu-Österreich . . ., hgb. von einer schweizerischen evangelischen Arbeitsgemeinschaft. — Erschien auch unter dem Titel: Die Gegenreformation in Neu-Österreich — ein Beitrag zur Lehre vom katholischen Ständestaat. Zürich 1936.
Agnelli, A.: Die Genesis der Idee Mitteleuropa. Mailand 1971.
Alckens, A.: Der großdeutsche Einheitsgedanke und seine Feinde. Leipzig 1925.
Allmayer-Beck, Johann Christoph: Der Konservatismus in Österreich. München 1955.
Andermann, W. Th. (Ps. Walter Thomas): Bis der Vorhang fiel. Dortmund 1947.
Andics, Hellmuth: 50 Jahre unseres Lebens. Österreichs Schicksal seit 1918. Wien 1968.
Andreas, W.: Zum wirtschaftlichen Anschluß. Wien 1924.
— Die Wandlungen des großdeutschen Gedankens. Stuttgart 1924.
Andrian-Werburg, Graf: Österreich und dessen Zukunft, 2 Bde. Hamburg 1843 und 1947.
Angerer, Joachim/Trumler, Gerhard: Klösterreich. Die Stifte und Klöster in Bayern, Österreich und der Schweiz. Wien 1978.
Angermann, E.: Die deutsche Frage 1806—1866 (in: Th. Schieder/E. Deuerlein, Hgb.: Reichsgründung 1870/71). Stuttgart 1970.
Anonym: Hahnenschwanz, Hakenkreuz und Kaiserkrone. Wien 1932.
Anselm, Sigrun: Angst und Solidarität. Eine kritische Studie zur Psychologie der Angst. München 1979.
Ardelt, Rudolf G.: Zwischen Demokratie und Faschismus. Deutschnationales Gedankengut in Österreich 1919—1930. Wien 1972.
Arkel, Dirk van: Antisemitism in Austria. Diss. Leiden 1966.
Arneth, Alfred von: Geschichte Maria Theresias, 10 Bde. Wien 1863—1879.
Augstein, Rudolf: Preußens Friedrich und die Deutschen. Frankfurt 1968.

Baernreither, Joseph M.: Der Verfall des Habsburgerreiches und die Deutschen. Fragmente eines politischen Tagebuches 1897—1917, hgb. von Oskar Mitis. Wien 1939.
Bärnthaler, Irmgard: Die Vaterländische Front, Geschichte und Organisation. Wien 1971.
Bahr, Hermann: Schwarzgelb. Berlin 1917.
— Wien. Stuttgart 1906.
Bahr, Richard: Österreich wie es ist. 5 Briefe der Werbung für den deutschen Zusammenschluß. Berlin 1930.
Bardolff, C. v.: Soldat im alten Österreich. Erinnerungen aus meinem Leben. Jena 1938.
Barea, Ilse: Vienna. Legend and Reality. London-New York 1966.
Barton, Peter F./László Makkai: Rebellion oder Religion? Die Vorträge des internationalen Kirchenhistorischen Kolloquiums, Debreczen 12. Januar 1976. Budapest 1977.
Basil, Otto/Eisenreich, Herbert/Ivask Ivar: Das Große Erbe. Aufsätze zur österreichischen Literatur. Graz 1962.

Bauer, Ernest: Zwischen Halbmond und Doppeladler. 40 Jahre österreichische Verwaltung in Bosnien-Herzegowina. Wien 1971.

Bauer, Otto: Die österreichische Revolution. Wien 1923 (Nachdruck 1965).
— Die Nationalitätenfrage und die Sozialdemokratie, 2. Aufl. Wien 1924.
— Die Wirtschaftskrise in Österreich. Wien 1925.
— Acht Monate auswärtiger Politik. Wien 1919.
— Sozialdemokratie, Religion und Kirche. Ein Beitrag zur Erläuterung des Linzer Programms. Wien 1927.
— Werkausgabe, 7 Bde. Wien 1975 ff.

Bauer, Roger: Der Idealismus und seine Gegner in Österreich. Heidelberg 1966. (Beiheft zum Euphorion, 3. Heft)
— Laßt sie koaxn, die kritischen Frösch in Preußen und Sachsen. Zwei Jahrhunderte Literatur in Österreich. Wien 1977.

Bauer, Rolf: Österreich — Ein Jahrtausend Geschichte im Herzen Europas. Berlin 1970.

Baumann, Gerhart: Franz Grillparzer. Sein Werk und das österreichische Wesen. Freiburg 1954.

Baumgarten, H.: Der deutsche Liberalismus. Eine Selbstkritik 1866 (Hist.-pol. Aufsätze und Reden). Stuttgart 1894.

Becker, Alois M./Reiter, Ludwig: Psychotherapie als Denken und Handeln. Festgabe für Hans Strotzka. München 1977.

Becker, Ernest: Dynamik des Todes. Die Überwindung der Todesfurcht. Ursprung der Kultur. Olten-Freiburg 1978.

Benedikt, Heinrich: Franz Anton Graf von Sporck. Wien 1923.
— Monarchie der Gegensätze. Wien o. J. (1947 und 1967).
— Kaiseradler über dem Apennin. Die Österreicher in Italien 1700—1866. Wien 1964.
— Die Monarchie des Hauses Österreich. Wien 1968.
— Die Friedensaktion der Meinlgruppe 1917/18. Wien-Graz 1962.
— (Hgb.): Geschichte der Republik Österreich. Wien-München 1954, unveränderter Nachdruck Wien 1977.
— Damals im alten Österreich. Erinnerungen. Wien 1979.
— Das Zeitalter der Emanzipationen 1815—1848. Wien 1977.

Berchtold, Klaus: Österreichische Parteiprogramme 1868—1966, eingel. u. hgb. von K. B. Wien 1967.

Berger, Peter (Hgb.): Der österreichisch-ungarische Ausgleich von 1867. Vorgeschichte und Wirkungen. Wien 1967.

Bernard, Paul P.: Joseph II. New York 1968.
— Jesuits and Jacobins. Enlightenment and Enlightened Despotism in Austria. Urbana, Illinois 1971.

Bernath, Mathias: Habsburg und die Anfänge der rumänischen Nationsbildung. Leiden 1972.

Bernstein, R. Meller: The Anschluß-Question in Weimar Politics. Princeton 1969.

Bibl, Viktor: Der Zerfall Österreichs. 2 Bde. Wien 1922—1924.
— Metternich, der Dämon Österreichs. Leipzig 1936.

Bidermann, Hermann J. J.: Geschichte der österreichischen Gesamtstaatsidee 1526—1804. Innsbruck 1867.

Bielfeldt, H. H. (Hgb.): Deutsch-slawische Wechselseitigkeit in sieben Jahrhunderten. Gesammelte Aufsätze — Eduard Winter zum 60. Geburtstag dargebracht. Berlin 1956.

Bietak, Wilhelm: Das Lebensgefühl des „Biedermeier" in der österreichischen Dichtung. Wien 1931.

Bilger, F.: Die Wiener Burschenschaft Silesia von 1860—1870 und ihre Bedeutung für die Anfänge der deutschnationalen Bewegung in Österreich. O. O. 1911.

Binder, Dieter Anton: Dollfuß und Hitler. Graz 1976.

Bircher, Martin: K. W. von Stubennegg (1619—1663) und sein Freundeskreis. Studien zur österreichischen Barockliteratur protestantischer Edelleute. Berlin 1968.

Bleul, Hans Peter: Deutschlands Bekenner. Professoren zwischen Kaiserreich und Diktatur. Bern 1968.

— u. Klünert, Ernst: Deutsche Studenten auf dem Weg ins Dritte Reich. Ideologien — Programme — Aktionen 1918—1935. Gütersloh 1967.

Blüher, Hans: Wandervogel — Geschichte einer Jugendbewegung. 2 Bde. 1919.

— Die Rolle der Erotik in der männlichen Gesellschaft. Neudruck Stuttgart 1962.

Blühm, William T.: Building an Austrian Nation. The Political Integration of a Western State. New Haven 1973.

Böhm, Johann: Erinnerungen aus meinem Leben. Wien 1953.

Böhm, Wilhelm: Konservative Umbaupläne im alten Österreich. Gestaltungsprobleme des Völkerreiches. Wien 1967.

Boehn, M. v. R.: Biedermeier. Literatur, Kultur, Zensur in der guten alten Zeit. München 1924.

Borkenau, Franz: Austria and After. London 1938.

Borodajkewycz, Taras: Wegmarken der Geschichte Österreichs. Wien 1972.

Boroviczeny, Aladar von: Der König und sein Reichs-Verweser. München 1923.

Borries, Achim von: Selbstzeugnisse des deutschen Judentums 1870—1945. Frankfurt 1962.

Bosl, Karl (Hgb.): Handbuch der Geschichte der böhmischen Länder, 4 (auf 5 Bänden) Bde. Stuttgart 1967 ff.

Botz, Gerhard: Die Eingliederung Österreichs in das Deutsche Reich. Planung und Verwirklichung des politisch-administrativen Anschlusses 1938—1940. Wien 1972.

— Gewalt in der Politik. Attentate, Zusammenstöße, Putschversuche, Unruhen in Österreich (1918—1934). München 1976.

Bourgoing, Jean de: Briefe Kaiser Franz Josephs an Frau Katharina Schratt. Wien 1949.

Boxberg, Adelheid: Das Bild Österreichs in der bundesdeutschen Tagespresse 1966. Diss. Wien 1968.

Bracher, K. D.: Die Auflösung der Weimarer Republik. Eine Studie zum Problem des Machtverfalles in der Demokratie. Villingen 1964.

— Das deutsche Dilemma. München 1971.

Brandi, Karl: Kaiser Karl V. 2 Bde. München 1937—1941.

Brandis, Clemens Graf zu: Österreichs historische Mission in Europa. Zürich 1946.

Braubach, Max: Prinz Eugen von Savoyen. 5 Bde. Wien 1963—1965.

Braun, Fritz: Der politische Lebensweg des Bürgermeisters Richard Schmitz. Diss. Wien 1968 (Beiträge zur Innenpolitik der Ersten Republik Österreich und zur Geschichte der Christlichsozialen Partei).

Braunthal, Julius: Die Wiener Julitage 1927. Ein Gedenkbuch. Wien 1927.

— The Tragedy of Austria. London 1948.

— Auf der Suche nach dem Millennium. Vorwort von Fritz Klenner. Wien 1964.

— Victor und Friedrich Adler. Zwei Generationen Arbeiterbewegung. Wien 1965.

Brechka, Frank D.: Gerhard van Swieten and his World. Den Haag 1970.

Brecht, W.: Österreichs Geistesform und österreichische Dichtung (in: Deutsche Vierteljahrsschrift f. Litwiss. und Geistesgesch., 9. Jg. 1931), 607 ff.

Breitling, Richard: Paul de Lagarde und der großdeutsche Gedanke. Wien 1927.

Breuning, Klaus: Die Vision des Reiches. Deutscher Katholizismus zwischen Demokratie und Diktatur (1929—1934). München 1969 (hier Quellen und Lit.: 351—391).

Bridge, R. F.: From Sadowa to Sarajewo. The Foreign Policy of Austria-Hungary 1866 to 1914. London 1972.

Brock, Peter/H. Gordon Skilling (Hgb.): The Czech Renaissance of the Nineteenth Century. Toronto 1970.

Brook Shepherd Gordon: The Last Habsburg, New York 1968; Um Krone und Reich. Die Tragödie des letzten Habsburgerkaisers. Wien 1968.

— The Austrian Odyssey. London 1957; Die österreichische Odyssee. Wien 1958.

— Prelude to Infamy. The Story of Chancellor Dollfuß of Austria. New York 1961; Engelbert Dollfuß. Graz 1961.

— Der Anschluß. Graz 1963.

Broucek, Peter (Hgb.): Ein General im Zwielicht. Die Erinnerungen Edmund Glaises von
    Horstenau. Bd. I. Wien-Köln-Graz 1979.
Bruegel, L.: Geschichte der österreichischen Sozialdemokratie, 5 Bde. Wien 1922—1925.
Brunner, Otto: Das österreichische Institut für Geschichtsforschung und seine Stellung in
    der deutschen Geisteswissenschaft. MIÖG Bd. 52 (1938), 358—416.
— Die Wiener Abgeordneten zum Frankfurter Vorparlament des Jahres 1848 und die deut-
    schen Reichskleinodien (in: Nachrichtenblatt des Vereins für Geschichte der Stadt Wien,
    Neue Folge des Monatsblattes, 1. Jg. 1939, Nr. 2) 17 ff.
— Land und Herrschaft. Grundfragen der territorialen Verfassungsgeschichte Österreichs im
    Mittelalter. 4. überarb. Auflage. Wien 1959.
— Adeliges Landleben und europäischer Geist. Leben und Werk Helmhards von Hohberg,
    1612—1688. Salzburg 1959.
Brunschwig, Henri: La Crise de l'État prussien á la fin du XVIIIᵉ siècle et la genèse de la
    mentalité romantique. Paris 1947.
Buchheim, H.: Glaubenskrise im Dritten Reich. Stuttgart 1953.
Buchheit, G.: Ludwig Beck — ein preußischer General. München 1964.
Bucholtz, Franz von: Geschichte der Regierung Ferdinands I. 9 Bde. Graz 1968.
Bucsay, Mihály: Der Protestantismus in Ungarn 1521—1977. Ungarns Reformationskirchen
    in Geschichte und Gegenwart. 2 Bde. Graz 1974—1979.
Bunzl, John: Klassenkampf in der Diaspora. Zur Geschichte der jüdischen Arbeiterbewe-
    gung. Wien 1975 (Schriftenreihe des Ludwig-Boltzmann-Instituts für Geschichte der
    Arbeiterbewegung 5, 119 ff.
Bullock, A.: Hitler. Eine Studie über Tyrannei (deutsche Ausgabe). Düsseldorf 1960.
Bungers, J.: Der Anschluß Österreichs, eine kulturelle Bereicherung des ganzen deutschen
    Volkes. Berlin 1927.
Burmatz, Paul: Our Share of Morning. London 1942.
Buschbeck, E. H.: Austria. London 1949.
Busshoff, Heinrich: Das Dollfuß-Regime in Österreich in geistesgeschichtlicher Perspektive
    unter besonderer Berücksichtigung der „Schöneren Zukunft" und „Reichspost". Berlin
    1968.
Bussmann, Walter (Hgb.): Staatssekretär Graf Herbert von Bismarck. Göttingen 1964.
Buttinger, Joseph: Das Ende der Massenpartei am Beispiel Österreichs. Ein geschichtlicher
Beitrag zur Krise der sozialistischen Bewegung. Köln 1953. Nachdruck Frankfurt 1972.

Canetti, Elias: Masse und Macht. Hamburg 1960.
Carsten, F. L.: Faschismus in Österreich. Von Schönerer zu Hitler. München 1978.
Castle, Eduard: Der große Unbekannte (Karl Postl - Charles Sealsfield). Wien 1950.
— (Hgb., mit Johann W. Nagl, Jakob Zeidler): Deutschösterreichische Literaturgeschichte,
    4 Bde. Wien 1899—1937.
Ciller, Alois: Deutscher Sozialismus in den Sudetenländern und der Ostmark. Hamburg
    1939.
Cohrs, Heinz: Das innere Gefüge der NSDAP Österreichs (in: Karl Wache, Hgb.: Deutscher
    Geist in Österreich). München 1933.
Coles, Robert: Erik H. Erikson. Leben und Werke. München 1974 (E. H. Erikson — The
    Growth of his Work. Boston 1970).
Conrad von Hötzendorf: Private Aufzeichnungen. Erste Veröffentlichungen aus den Papie-
    ren des k. und k. Generalstabschefs, hgb. v. Kurt Peball. Wien 1977.
Conze, Werner: Die deutsche Nation, Ergebnis der Geschichte. Göttingen 1964.
— Polnische Nation und deutsche Politik. Köln-Graz 1958.
Coreth, Anna: Österreichische Geschichtschreibung in der Barockzeit (1620—1740). Wien
    1957.
— Pietas Austriaca. Ursprung und Entwicklung barocker Frömmigkeit in Österreich. Wien
    1964.
Cormons, Ernest U. (Ps. für E. Urbas): Schicksale und Schatten. Eine österreichische Auto-
    biographie. Salzburg 1959.

Corti, Egon Caesar Conte u. Hans Sokol: Kaiser Franz Joseph, 3 Bde. Salzburg 1950 bis 1955.

Craig, Gordon A.: Germany 1866—1946. Oxford 1979.

Crankshaw, Eduard: The Habsburgs. London 1971.

— The Fall of the House of Habsburg. London 1963.

— Maria Theresia. London 1969 (deutsch: München 1969).

Cysarz, H.: Das deutsche Nationalbewußtsein. München 1961.

Czáky, Moritz: Der Kulturkampf in Ungarn. Graz 1969.

Czepek-Schulz, Hertha: Kämpfende Frau. Erlebnisbericht aus der Ostmark 1932—1938. Wien 1950.

Dachs, Herbert: Österreichische Geschichtswissenschaft und Anschluß 1918—1930. Wien 1974.

Dedic, Paul: Bauernschicksale aus der Zeit der Gegenreformation. Geheimprotestantismus in Innerösterreich. Graz 1938.

— Die Bekämpfung und Vertreibung der Protestanten aus den Pfarren Pürgg und Irdning. Budapest 1940.

— Der Geheimprotestantismus in den Vikariaten Schladming und Kulm-Ramsau 1735 bis 1760. Wien 1941.

— Die Maßnahmen Maria Theresias gegen die Oberennstaler Protestanten (SA aus: Jahrbuch der Gesellschaft für Geschichte des Protestantismus in Österreich, 61. Jg.). Wien 1945.

Demeter, Karl: Großdeutsche Stimmen 1848/49. Frankfurt/M. 1939.

Dempf, Alois: Demokratie und Parteien im politischen Katholizismus. Wien 1932.

Denis, Ernest: Fin de l'Independance Bohème. 2 Bde. Paris 1890.

Deuerlein, Ernst: Hitler. Eine politische Biographie. München 1969.

Deutsch, Julius: Ein weiter Weg. Lebenserinnerungen. Zürich 1960.

Deutsche Geschichte seit dem Ersten Weltkrieg, 2 Bde., Veröffentlichungen des Instituts für Zeitgeschichte. Stuttgart 1971.

Diamant, Alfred: Austrian Catholics und the First Republic. Democracy, Capitalism and the Social Order 1918—1934. Princeton 1960 = Die österreichischen Katholiken und die Erste Republik. Demokratie, Kapitalismus und soziale Ordnung 1918—1934. Wien 1965.

Documenta Bohemica bellum tricennale illustrantia. Quellen zur Geschichte des Dreißigjährigen Krieges aus tschechoslowakischen Archiven und Bibliotheken, 6 Bde. Prag 1971 bis 1978. I. Der Krieg und die Gesellschaft in Europa 1618—1648, von Josef Polišensky; II. Der Beginn des Dreißigjährigen Krieges. Der Kampf um Böhmen 1618—1621; III. Der Kampf des Hauses Habsburg gegen die Niederlande und ihre Verbündeten 1621—1625; IV. Der Dänisch-Niederdeutsche Krieg und der Aufstieg Wallensteins 1625—1630; V. Der Schwedische Krieg und Wallensteins Ende 1630—1635; VI. Der große Kampf um die Vormacht in Europa. Die Rolle Schwedens und Frankreichs 1635—1643; VII. Der Kampf um den besten Frieden.

Dokumentationsarchiv des österreichischen Widerstandes (Hgb.): Widerstand und Verfolgung in Wien 1934—1945. Eine Dokumentation, 3 Bde. Wien 1975.

Dokumente, Fakten und Hinweise zur Entwicklung des Faschismus und Neonazismus in der BRD und anderen Ländern. Wien, Oktober 1977.

Domarus, Max: Hitler. Reden und Proklamationen 1932—1945. Kommentiert von einem deutschen Zeitgenossen. 2 Bde. Würzburg 1962—1965.

Drimmel, Heinrich: Die Häuser meines Lebens. Erinnerungen eines Engagierten. Wien 1965.

Droz, Jacques: L'Europe centrale. Paris 1960.

Dru, Alexander: Lord Acton, Döllinger und der Münchener Kongreß (in: Hochland. München 56. Jg. Oktober 1963) 49 ff.

Duczynska, Ilona: Der demokratische Bolschewik. Zur Theorie und Praxis der Gewalt. Mit einem Vorwort von Friedrich Heer. München 1975.

Dumreicher, Armand Frhr. v.: Südostdeutsche Betrachtungen. Eine nationale Denkschrift. Leipzig 1893.

Dungern, Otto Frhr. v.: Thronfolgerecht und Blutsverwandtschaft der deutschen Kaiser seit Karl dem Großen, 2. Aufl. 1910, Nachdruck Darmstadt 1966.
Dutch, O.: Thus Died Austria. London 1938.
Dworczak, Karl Heinz: Österreichische Lebensweisheit. Lebensbilder und Aphorismen großer Österreicher. Graz o. J.

Eckart, Dietrich: Der Bolschewismus von Moses bis Lenin. Zwiegespräche zwischen Adolf Hitler und mir. München o. J. (1924).
Eder, Hans: Die evangelische Kirche der Ostmark und der 13. März 1938. Wien 1938.
— (Hgb): Die evangelische Kirche in Österreich. Blüte, Not und innerer Aufbau. Berlin 1940 (hier: Paul Dedic, Jakob Ernstkock, Gustav Entz, Hans Eder).
Eder, J.: Kanzler Dollfuß, seine österreichische Sendung. Wien 1933.
Eder, Karl: Der Liberalismus in Altösterreich. Geisteshaltung, Politik und Kultur. Wien 1955.
Ehrhard, Albert: Der Katholizismus und das 20. Jahrhundert im Lichte der kirchlichen Entwicklung der Neuzeit. 2. Aufl. Wien 1902.
Eich, H.: Die unheimlichen Deutschen. Düsseldorf 1963.
Eichstädt, Ulrich: Von Dollfuß zu Hitler. Geschichte des Anschlusses Österreichs 1933 bis 1938. Wiesbaden 1955.
Eisenmann, Louis: Le Compromis Austro-Hongrois. Paris 1904.
Ellenbogen, Wilhelm: Kaiser Franz Joseph (in: Zukunft, Wien, März 1951).
Elliot, John: Fall of Eagles. The end of the great European dynasties. BBC London 1974.
Endesfelder, Walter (Hgb.): Evangelische Pfarrer im völkischen Freiheitskampf der Ostmark und des Sudetenlandes. Berlin 1939 (hier: Hans Eder, Friedrich Ulrich, Ludwig Mahnert, Johannes Heinzelmann, Hugo Fleischmann).
Endler, Franz: Österreich zwischen den Zeilen. Die Verwandlung von Land und Volk seit 1848 im Spiegel der „Presse". Wien 1973.
Endres, Franz Carl: Der deutschen Tragödie erster Teil. Stuttgart 1948 (1. Aufl. 1923).
Engel, Josef: Die deutschen Universitäten und die Geschichtswissenschaft (in: Historische Zeitschrift, Bd. 189, 1959, 223 ff.).
Engel-Janosi, Friedrich: Österreich und der Vatikan 1846—1919, 2 Bde. Graz 1958—1960.
— Geschichte auf dem Ballhausplatz, Essays zur österreichischen Außenpolitik 1830—1945. Graz 1963.
— Vom Chaos zur Katastrophe. Vatikanische Gespräche 1918—1938. Vornehmlich auf Grund der Berichte der österreichischen Gesandten beim Hl. Stuhl. Wien 1971.
— . . . aber ein stolzer Bettler. Erinnerungen einer verlorenen Generation. Graz 1974.
Eppel, Peter: Zwischen Kreuz und Hakenkreuz. Die Haltung der Zeitschrift „Schönere Zukunft" zum Nationalsozialismus in Deutschland 1934—1938. Wien-Köln-Graz 1980.
Erdmann, K. D. (Hgb.): Kurt Riezler, Tagebücher, Aufsätze, Dokumente. Göttingen 1972.
Der erste evangelische Gemeindetag Österreichs, Graz, 28. und 29. Juni 1937. Graz 1937.
Evangelische Wacht für Österreich. Linz 1936.
Evans, R. J. W.: Rudolf II and his World: A Study in Intellectual History. New York 1972.

Faber, K. G.: Realpolitik als Ideologie. Die Bedeutung des Jahres 1866 für das politische Denken in Deutschland (in: Historische Zeitschrift 203, 1966).
Faust, Wolfgang: 1866 — nach einhundert Jahren. Ergebnisse einer Umfrage über den publizistischen Niederschlag. Ein Beitrag zum Geschichtsverständnis der Deutschen. Diss. Würzburg 1969/1970.
Feichter, Helmut: Das Linzer Programm der österreichischen Sozialdemokratie. Diss. Wien 1974.
Fejtö, Francois: Joseph II. Kaiser und Revolutionär. Stuttgart 1956. (Un Habsbourg révolutionnaire, Joseph II. Portrait d'un despote eclairé. Paris 1956.)
Feldl, Peter: Das verspielte Reich. Die letzten Tage Österreich-Ungarns. Wien 1968.
— Schläft Österreich? Wien 1969.
Fellner, Anton: Deutschland in uns. Bekenntnis und Aufruf aus Österreich. Linz 1938.

Fellner, Fritz (Hgb.): Schicksalsjahre Österreichs 1908—1919. Das Politische Tagebuch Josef Redlichs 1909—1919, 1. Bd.: 1908—1914. Graz 1953; 2. Bd.: 1915—1919. Graz 1954.
— Der Dreibund: Europäische Diplomatie vor dem Ersten Weltkrieg. Wien 1960.
Ferber, Walter: Die Vorgeschichte der NSDAP in Österreich. Konstanz 1954.
— Geist und Politik in Österreich. Die Intelligenz und der Nationalismus vor dem Anschluß. Konstanz 1955.
Fessl, Christina: Die innenpolitische Entwicklung in Österreich in den Jahren 1934—1938. Diss. Wien 1967.
Feurstein, V.: Irrwege der Pflicht, 1938—1945. München o. J. (1963).
Feyl, Othmar: Materialien zur Frage des deutschen Blutanteils der Erwecker und politischen Führungsschicht der Tschechen seit der Aufklärung (in: Südostdeutsche Forschungen VIII, Beiheft). München 1944.
Fichtenau, Heinrich: Von der Mark zum Herzogtum. Grundlagen und Sinn des privilegium minus für Österreich. Wien 1958.
Fischer, Ernst: Erinnerungen und Reflexionen. Reinbek bei Hamburg 1969.
— Das Ende einer Illusion. Erinnerungen 1945—1955. Wien 1973.
Fischer, Fritz: Griff nach der Weltmacht. Die Kriegszielpolitik des kaiserlichen Deutschland 1914—1918. 3. Aufl. Düsseldorf 1964.
— Krieg der Illusionen. Die deutsche Politik von 1911—1914. Düsseldorf 1969.
Fischer, Heinz (Hgb.): Zum Wort gemeldet: Otto Bauer. Wien 1968.
— (Hgb.): Karl Renner. Porträt einer Evolution. Wien 1970.
Fischer, W.: Deutsche Wirtschaftspolitik 1918—1945. Opladen 1968.
Fischhof, Adolf: Österreich und die Bürgschaften seines Bestandes. 1869.
Flesch-Bruningen, Hans (Hgb. und eingel. von): Die letzten Habsburger in Augenzeugenberichten. Düsseldorf 1967.
Florey, Gerhard: Bischöfe, Ketzer, Emigranten. Der Protestantismus im Lande Salzburg von seinen Anfängen bis zur Gegenwart. Wien-Köln-Graz 1967. Gekürzte Neuauflage: Geschichte der Salzburger Protestanten und ihrer Emigration 1731/32. Wien-Köln-Graz 1978.
Fraenkel, Josef (Hgb.): The House of Austria, Essays on their Life, History and Destruction. London 1967.
Frank, Hans/Rudolf Walter Litschel: Oberösterreich in alten Photographien 1848—1914. Linz 1979.
Franz, Georg: Kulturkampf. Staat und Katholische Kirche in Mitteleuropa. München 1954.
— Liberalismus. Die deutsch-liberale Bewegung in der habsburgischen Monarchie. München 1955.
Franz Joseph: Briefe Kaiser Franz Josephs I. an seine Mutter 1832—1872, hgb. von Franz Schnürer. München 1930.
Franzel, Emil: 1866 — Il mondo casca. 2 Bde. Wien 1968.
Franzl, Johann: Ferdinand II. Kaiser im Zwiespalt der Zeit 1578—1637. Graz 1978.
Frauendienst, Werner: Das Jahr 1866. Göttingen 1966.
Frauenfeld, Alfred Eduard: Österreichs deutsche Sendung. Wien 1933.
Frei, Bruno: Der Papiersäbel. Autobiographie. Frankfurt 1972.
— Jüdisches Elend in Wien. Wien 1920.
Fried, Jakob: Nationalsozialismus und katholische Kirche in Österreich. Wien 1947.
Friedjung, Heinrich: Der Kampf um die Vorherrschaft in Deutschland 1859—1866. 2 Bde. Stuttgart 1897—1898.
Fritz, Friedrich: Der deutsche Einmarsch in Österreich 1938. Wien 1968.
Frischauer, Margrit: Auseinandersetzungen und Kontakte zwischen Sozialdemokraten und Kommunisten 1927—1934. Diss. Wien 1976.
Fromm, Erich: Anatomie der menschlichen Destruktivität. Stuttgart 1974. (The Anatomy of Human Destructiveness. New York 1973.)
Frühwald, Helga: Großdeutsch und Gesamtdeutsch bei Heinrich von Srbik. Diss. Wien 1965.
Fuchs, Albert: Geistige Strömungen in Österreich 1867—1918. Wien 1949.

Fuchs, Friedrich: Die deutschen Katholiken und die deutsche Kultur im 19. Jahrhundert (in: Wiederbegegnung von Kirche und Kultur in Deutschland. München 1927), 9—58.

Fuchs, Martin: Showdown in Vienna. The death of Austria. New York 1939.

Funder, Friedrich: Vom Gestern ins Heute. Aus dem Kaiserreich in die Republik. Wien 1952.

— Als Österreich den Sturm bestand. Aus der Ersten in die Zweite Republik. Wien 1957.

— Aufbruch zur christlichen Sozialreform. Franz Schindler. Wien 1953.

Furlani, Silvio und Adam Wandruszka: Österreich und Italien. Ein bilaterales Geschichtsbuch. Wien 1973 (ital. Edition: Bologna).

Gablentz, Otto Heinrich v. d.: Die Tragödie des Preußentums. München 1948.

Gall, Franz: Alma Mater Rudolfina 1365—1965. 3. Aufl. Wien 1965.

— Kaiser Franz Joseph I. und die Wissenschaft (in: Genealogisch-Heraldische Zeitschrift Adler 1966).

Gall, L. (Hgb.): Das Bismarck-Problem. Göttingen 1971.

Gamm, H. J.: Der braune Kult. Hamburg 1962.

Gasser, A.: Deutschlands Entschluß zum Präventivkrieg 1913/14 (in: Discordia concors, Festgabe für Edgar Bonjour, 2 Bde. Basel 1968) I. 171 ff.

— Der deutsche Hegemonialkrieg von 1914 (in: Geiss, J./Wendt, B. H., Hgb.: Deutschland in der Weltpolitik des 19. und 20. Jahrhunderts. Düsseldorf 1973).

Gauss, A. K.: Wege und Irrwege in Rot-Weiß-Rot, Zeitgeschichtliches und Interviews mit . . . Salzburg 1979.

Gaxotte, Pierre: Friedrich der Große. Berlin 1973 (Frédéric II., Paris 1972, 1. ed. 1938).

Gehl, Jürgen: Austria, Germany and the Anschluß 1931—1938. London 1963.

Geramb, Victor von: Um Österreichs Volkskultur. Salzburg 1946.

Glaser, Hermann: Spießer-Ideologie. Von der Zerstörung des deutschen Geistes im 19. und 20. Jahrhundert. Freiburg 1964.

— (Hgb.): Haltungen und Fehlhaltungen in Deutschland. Das Nürnberger Gespräch 1965. Freiburg 1966.

— Sigmund Freuds zwanzigstes Jahrhundert. Freiburg 1976.

Glaise-Horstenau, Edmund von: Die Katastrophe. Die Zertrümmerung Österreich-Ungarns und das Werden der Nachfolgestaaten. Zürich 1929.

— Franz Josephs Weggefährte. Wien 1930.

Glöckel, Otto: Selbstbiographie. Sein Lebenswerk: Die Wiener Schulreform. Zürich 1939.

Gold, Hugo: Geschichte der Juden in Wien. Ein Gedenkbuch. Tel-Aviv 1966.

— Geschichte der Juden in Österreich. Ein Gedenkbuch. Tel-Aviv 1971.

Goldinger, Walter: Geschichte der Republik Österreich. Wien 1972.

Goldner, Franz: Das einsame Gewissen. Wien 1972.

— Die österreichische Emigration 1938 bis 1945. Wien 1972.

Görlich, Ernst Josef: Die österreichische Nation und der Widerstand. Wien 1967.

— The Celtic background of Austria (in: Celtic Yearbook 1970). Dublin 1970.

— Grundzüge der Geschichte der Habsburger Monarchie und Österreichs. Darmstadt 1970.

— und Felix Romanik: Geschichte Österreichs. Innsbruck 1970.

Gouda, Imre/Niederhauser, Emil: A Habsburgok, Egy europai jelenseg (Die Habsburger: ein europäisches Phänomen. Deutsche Ausgabe in Vorbereitung). 2. Aufl. Budapest 1978.

Gregor, Joseph: Geschichte des österreichischen Theaters. Wien 1948.

Greiner, Joseph: Das Ende des Hitler-Mythos. Zürich 1947.

Greive, Hermann: Theologie und Ideologie. Katholizismus und Judentum in Deutschland und Österreich 1918—1935. Heidelberg 1969.

Grimschitz, Bruno: Wiener Barockpaläste. Wien 1944.

— Johann Lucas von Hildebrandt. Wien 1959.

Groote, W./Gersdorff, V. (Hgb.): Entscheidung 1866. Freiburg 1966.

Grote, Adolf: Unangenehme Geschichtstatsachen. Zur Revision des neueren deutschen Geschichtsbildes. Nürnberg 1960.

Grün, O.: Franz Joseph I. in seinem Verhältnis zu den Juden. Wien 1916.

Gulick, Charles A.: Österreich von Habsburg zu Hitler. Wien 1950. Nachdruck IV und V in einem Band: Wien 1976.

Haas, Hanns/Stuhlpfarrer, Karl: Österreich und seine Slowenen. Wien 1977.
Hacker, Walter (Hgb.): Warnung an Österreich. Neonazismus: Die Vergangenheit bedroht die Zukunft. Wien 1966.
Haffner, Sebastian: Preußen ohne Legende. Ein Stern-Buch. Hamburg 1978.
— Anmerkungen zu Hitler. München 1978.
Hainzer, Stefan: Die Zeitschrift „Das Neue Reich" 1918—1925. Zum restaurativen Katholizismus in Österreich nach dem Ersten Weltkrieg. Diss. Wien 1977.
Hamann, Brigitte: Rudolf, Kronprinz und Rebell. Wien 1978.
Hanisch, Ernst: Konservatives und Revolutionäres Denken. Deutsche Sozialkatholiken und Sozialisten im 19. Jahrhundert. Wien 1975.
— Frühgeschichte des Nationalsozialismus in Salzburg 1925. Sonderdruck aus: Mitteilungen der Gesellschaft für Salzburger Landeskunde, Bd. 117, 1977, 371 ff.
Hannak, Jacques: Karl Renner und seine Zeit. Versuch einer Biographie. Wien 1965.
— Der Fürst, der sein Land verkaufte. Aus den Erinnerungen E. R. Starhembergs. Wien 1949.
Hantsch, Hugo: Geschichte Österreichs. 2 Bde. Graz (1947) 1953.
— Österreich, Eine Deutung seiner Geschichte und Kultur. Innsbruck 1934.
— Leopold Graf Berchtold. Grandseigneur und Staatsmann. 2 Bde. Graz 1963.
Harasek, Annaliese: Bundespräsident Wilhelm Miklas. Diss. Wien 1967.
Hartlieb, Wladimir: Parole. Das Reich. Wien 1939.
Hartmann, K. M.: Großdeutsch oder kleindeutsch? Gotha 1921.
Hasner, Leopold von: Denkwürdigkeiten. Autobiographisches und Aphorismen. Stuttgart 1892.
Hassinger, Herbert: Johann Joachim Becker. Wien 1951.
Haug, Wolfgang Fritz: Der hilflose Antifaschismus. Zur Kritik der Vorlesungsreihen über Wissenschaft und Nationalsozialismus an deutschen Universitäten, 2. erg. Aufl. Frankfurt 1968.
Haupt, H.: Karl Follen und die Gießener Schwarzen. Beiträge zur Geschichte der politischen Geheimbünde und der Verfassungsentwicklung der alten Burschenschaft in den Jahren 1815—1819. Giessen 1907.
Hautmann H./Kropf, R.: Die österreichische Arbeiterbewegung vom Vormärz bis 1945. Sozialökonomische Ursprünge ihrer Ideologie und Politik. Wien 1976.
Hayek, Egon: Unser evangelischer Vaterglaube in Österreich. Ein Wort zur Besinnung. Wien 1934.
Heer, Friedrich: Die „Renaissance"-Ideologie im frühen Mittelalter (in: MIÖG 57 1949, 23 ff.).
— Zur Kontinuität des Reichsgedankens im Spätmittelalter (in: MIÖG, 58, 1950).
— Aufgang Europas — eine Studie zu den Zusammenhängen zwischen politischer Religiosität, Frömmigkeitsstil und dem Werden Europas im 12. Jahrhundert, 1 Text- und 1 Kommentarband. Wien 1949.
— Die Tragödie des Heiligen Reiches, 1 Text- und 1 Kommentarband. Stuttgart 1952.
— Europäische Geistesgeschichte. (Zit.: EG.) Stuttgart 1953.
Heer, Friedrich: Hegel. Ausgew. und eingeleitet von „Frankfurt 1955".
— Land im Strom der Zeit — Österreich gestern, heute, morgen. Wien 1958.
— Gottfried Wilhelm Leibniz. Auswahl und Einleitung. Frankfurt 1958.
— Glaube und Sicherheit. Deutsche und europäische Probleme der Jahrtausendwende im Zeitalter Bernwards und Godehards von Hildesheim (in: Philosophisches Jahrbuch, 68. Jg. 1960), 159 ff.
— Die Dritte Kraft. Der europäische Humanismus zwischen den Fronten des konfessionellen Zeitalters. Frankfurt 1959.
— — Erasmus von Rotterdam. Auswahl und Einleitung. Frankfurt 1962.
— Offener Humanismus. Bern 1962.

— Europa, Mutter der Revolutionen. Stuttgart 1964 (= EMR).
— Das Heilige Römische Reich. Bern 1967.
— Mittelalter von 1100 bis 1350. London 1961, erweit. Ausgabe München 1977.
— Gottes Erste Liebe (Zit.: G1.L). 2000 Jahre Judentum und Christentum. Genesis des österreichischen Katholiken Adolf Hitler. München 1967. Hier, Lit., Anmerkungen, Exkurse: 585—713.
— Der Glaube des Adolf Hitler (Zit.: GAH). Anatomie einer politischen Religiosität. München 1969, Anmerkungen und Bibl.: 601—731.
— Kreuzzüge gestern—heute—morgen? Luzern 1969.
— Youth Mouvements. London 1973 (deutsch: Jugend im Aufbruch, Werthers Weg in den Untergrund). München 1975.
— Charlemagne and his World. London 1975. Deutsch: Karl der Große und seine Welt. Wien 1977.
— Das Wagnis der schöpferischen Vernunft. Stuttgart 1977. (Lit.: 380—407.)
Heiber, Helmut: Die Republik von Weimar (in: Deutsche Geschichte seit dem 1. Weltkrieg. 1. Bd. Stuttgart 1971).
Heigert, Hans: Deutschlands falsche Träume oder: Die verführte Nation. Hamburg 1967.
Heinisch, Theodor: Österreichs Arbeiter für die Unabhängigkeit 1934—1945. Wien 1968.
Heitz, Friedrich: Staatstradition und Nationalismus. Zürich 1937.
— (Frederick): The Economic problem of the Danubian States, a Study in Economic Nationalism. London 1947.
— Nationalgeist und Politik. Zürich 1937.
Hellwing, Isak A.: Der konfessionelle Antisemitismus im 19. Jahrhundert in Österreich. Wien 1972.
Helmer, Oskar: 50 Jahre erlebte Geschichte. Wien 1957.
Herkner, Heinrich: Deutschland und Deutschösterreich. Leipzig 1919.
Hernegger, Rudolf: Der Mensch auf der Suche nach Identität. Kultursoziologische Studien über Totemismus, Mythos, Religion. Bonn 1978.
Herre, Franz: Kaiser Joseph von Österreich — sein Leben — seine Zeit. Köln 1958.
Herwig (Ps.): Georg Schönerer und die Entwicklung des Alldeutschtums in der Ostmark, 3 Bde. Wien 1921.
Heuler, F.: In den Gluten des Weltbrandes. Berichte und Erzählungen aus dem großen heiligen Kriege um Deutschlands Ehre und Österreichs Recht. O. O. 1914.
Heydt, Frhr. von der: Die evangelische Bewegung in Österreich. Berlin 1938.
Heymann, Frederick, G.: George of Bohemia: King of Heretics. Princeton 1965.
Hietsch, Otto (Hgb.): Österreich und die angelsächsische Welt. Kulturbegegnungen und Vergleiche. Wien 1961.
Hillegeist, Friedrich: Mein Leben im Wandel der Zeiten. Eine Selbstbiographie mit kritischen Betrachtungen. Wien 1974.
Hillgruber, A.: Bismarcks Außenpolitik. Freiburg 1972.
— Otto von Bismarck. Gründer der europäischen Großmacht Deutsches Reich. Göttingen 1978.
Hindels, Josef: Österreichs Gewerkschaften im Widerstand 1934—1945. Wien 1978.
Hitler, Adolf: Mein Kampf. 45. Aufl. München 1938.
— Hitlers Zweites Buch — ein Dokument aus dem Jahre 1928, eingel. und kommentiert von Gerhard L. Weinberg mit einem Geleitwort von Hans Rothfels. Stuttgart 1961.
— Tischgespräche im Führerhauptquartier 1941—1942. Hgb. von Henry Picker. Stuttgart 1963.
— Reden und Proklamationen 1932—1945, kommentiert von Max Domarus, 2 Teile in 4 Bänden. München 1965.
Der Hochverratsprozeß gegen Dr. Guido Schmidt vor dem Wiener Volksgericht. Die gerichtlichen Protokolle. Wien 1947.
Hoegner, Wilhelm: Der politische Radikalismus in Deutschland 1919—1933. München 1966.
— Flucht vor Hitler. Erinnerungen an die Kapitulation der ersten deutschen Republik 1933. München 1977 (geschrieben 1937).

Hohendahl, Peter, U./Lützeler Paul M. (Hgb.): Legitimationskrisen des deutschen Adels 1200—1900. Stuttgart 1974.

Hohlfeld, H. (Hgb.): Dokumente der Deutschen Politik und Geschichte von 1848 bis zur Gegenwart. 2 Bde. Berlin 1951.

Holotik, L'udovit/Vantuch, Anton (Hgb.): Der österreichisch-ungarische Ausgleich 1867. Bratislava 1971.

Holtmann, Everhard: Zwischen Unterdrückung und Befriedung. Sozialistische Arbeiterbewegung und autoritäres Regime in Österreich 1933—1938. Wien 1978.

Holzner, Johann: Untersuchungen zur Überwindung des Nationalsozialismus in Österreich. Innsbruck 1971.

Honegger, Frank: 200 Jahre evangelisches Leben am Ötscher. Mitterbach 1950.

Hoor, Ernst: Österreich 1918—1938 — Staat ohne Nation. Republik ohne Republikaner. Wien 1966.

— Die anti-österreichische Geschichtsfälschung (in: Forum, Wien, Juli/August 1956), 260 ff.

Horvath, Emmerich Karl: Die sozialdemokratische Presse in ihrer Stellung zu Religion und Seelsorge. Nach der Arbeiter-Zeitung in den Jahren von 1889—1914. Diss. Wien 1958.

Horwath, Peter: Der Kampf gegen die religiöse Tradition. Die Kulturkampfliteratur Österreichs 1780—1918. Bern 1978.

Hosp, Eduard: Kirche Österreichs im Vormärz 1815—1850. Wien 1971.

Houston, W. Robert: Ernst Kaltenbrunner. A Study of an Austrian SS and Police Leader. Diss. Rice University 1972.

Hoyer, H.: Kaiser Karl I. und Conrad von Hötzendorf. Wien 1972.

Hubatsch, Walter (Hgb.): Schicksalswege deutscher Vergangenheit. Beiträge zur geschichtlichen Deutung der letzten hundertfünfzig Jahre. Düsseldorf 1950.

Huber, Alfons/Dopsch, Alfons: Österreichische Reichsgeschichte, 2. Aufl. Wien 1901.

Huber, Augustin Kurt: Kirche und deutsche Einheit im 19. Jahrhundert. Ein Beitrag zur österreichisch-deutschen Kirchengeschichte. Königstein i. T. 1966.

Hudal, Alois: Rom, Christentum und Deutsches Volk. Innsbruck 1935.

— Die Grundlagen des Nationalsozialismus. Eine ideengeschichtliche Untersuchung. Leipzig 1936.

Hügel, Friedrich v.: Briefe an seine Nichte. Übertragen und eingeleitet von Karlheinz Schmitzhüs. Freiburg 1939.

Huemer, Peter: Sektionschef Dr. Robert Hecht und die Zerstörung der Demokratie in Österreich. Wien 1975.

Ivask, Ivar: Hofmannsthal als Kritiker der deutschen Literatur. Diss. Univ. of Minnesota, 1953.

Das Jahr 1934: 12. Februar. Protokoll des Symposiums in Wien am 5. Februar 1974, hgb. von L. Jedlicka und R. Neck. Wien 1975.

Das Jahr 1934: 25. Juli. Protokoll des Symposiums in Wien am 9. Oktober 1974. Wien 1935.

Jagschitz, Gerhard: Die Jugend des Bundeskanzlers Dr. Engelbert Dollfuß. Ein Beitrag zur geistig-politischen Situation der sogenannten „Kriegsgeneration" des 1. Weltkrieges. Diss. Wien 1967.

— Der Putsch. Die Nationalsozialisten 1934 in Österreich. Graz 1976.

Jambor, Walter (Hgb.): Der Anteil der Bundesländer an der Nationbildung Österreichs. Wien 1971.

— Österreichs Weg zur Nation (in: Die Republik I. 1973).

Janik, Allan/Toulmins, Stephan: Wittgenstein's Vienna. New York 1973.

Janssen, K.-H.: Macht und Verblendung. Göttingen 1963.

Jaszi, Oscar: Magyariens Schuld, Ungarns Sühne. München 1923.

Jedlicka, Ludwig: Ein Heer im Schatten der Parteien. Die militärpolitische Lage Österreichs 1918—1938. Graz-Wien-Köln 1955.

— Ende und Anfang. Österreich 1918/19. Wien und die Bundesländer. Salzburg 1969.

— Die Folgen von 1866 für Österreichs Innenpolitik und Armee (in: 1866 — Wendepunkt in der Geschichte Europas. Sonderheft der Österr. Militär. Zeitschrift. Wien 1966, 37 ff.).
— und Neck, Rudolf (Hgb.): Vom Justizpalast zum Heldenplatz. Wien 1975.
— und Anton Staudinger: Vom alten zum neuen Österreich. Fallstudien zur österreichischen Zeitgeschichte. St. Pölten 1977.
— Das Jahr 1934 (in: Österreich 1918—1938). Wien 1970.
— Das autoritäre System in Österreich (in: Aus Politik und Zeitgeschichte B. 30, 1970).
— Die Ära Schuschnigg (in: Österreich 1927—1938). Wien 1973.
— u. Neck, Rudolf (Hgb.): Das Juliabkommen von 1936. Vorgeschichte, Hintergründe und Folgen. Wien 1977.
Jenacek, Friedrich: Zeittafeln zur Fackel. Themen-Ziele-Probleme. Mit einer einführenden Schrift von Emil Schönauer über Karl Kraus. München 1965.
Jenks, A.: Austria and the Iron Ring, 1873—1893. Charlottesville, Virg. 1965.
Jessen, Hans (Hgb. und Einl.): Friedrich der Große und Maria Theresia in Augenzeugen- berichten. Düsseldorf 1965.
Jetzinger, Franz: Hitlers Jugend. Wien 1956.
John, Robert: Die wirkliche Herkunft des A. E. I. O. U. (in: Österr. Akademische Blätter 9—10, 1963), 102 ff.
Johnston, William M.: Österreichische Geistesgeschichte, Gesellschaft und Ideen im Donau- raum 1848—1939. Graz 1973 (The Austrian Mind. An Intellectual and Social History 1848—1938. Berkeley Cal. 1971).
Judtmann, Fritz: Mayerling ohne Mythos. Wien 1968.

Kaindl, Raimund F.: Österreich, Preußen, Deutschland. Deutsche Geschichte in großdeutscher Beleuchtung. Wien 1926.
Kaindl, R. F./ Pirchegger, Hans/ Klein, Anton A.: Geschichte und Kulturleben Deutschöster- reichs, 3 Bde. Wien 1958—1965.
Kaiser, Alfred: Epi-, Pro- und Katalog zum Film „Kaiserschnitt" — eine Operette. Masch.- schrift Wr. Neudorf 1978.
Kalchberg, Joseph Frhr. v.: Mein politisches Glaubensbekenntnis. Wien 1881.
Kandl, Eleonore: Hitlers Österreichbild. Diss. Wien 1963.
Kann, Robert A.: Kanzel und Katheder. Studien zur österreichischen Geistesgeschichte, vom Spätbarock zur Frühromantik. Wien 1862 (amerik. Ed. New York 1960).
— Die Sixtus-Affäre und die geheimen Friedensverhandlungen Österreich-Ungarns im Ersten Weltkrieg. Wien 1966.
— Das Nationalitätenproblem in der Habsburgermonarchie. 2 Bde. Graz-Wien-Köln 1964.
— Die Restauration als Phänomen in der Geschichte. Wien 1974.
— Kaiser Franz Joseph und der Ausbruch des Weltkrieges. Graz 1971.
— Erzherzog-Franz-Ferdinand-Studien. Wien 1976.
— Geschichte des Habsburgerreiches 1526—1918. Wien-Köln-Graz 1977 (A History of the Habsburg Empire 1526—1918. Berkeley, Calif. 1974).
Kanner, H.: Kaiserliche Katastrophenpolitik. Wien 1922.
Kapner, Gerhardt: Barocker Heiligenkult in Wien und seine Träger. Wien 1978.
Katsoulis, Ilias: Sozialismus und Staats-Demokratie, Revolution und Diktatur des Prole- tariats im Austromarxismus. Meisenheim/Glan 1975.
Katzenstein, P. J.: Disjoined Partners. Austria and Germany since 1815. New York 1976.
Kavka, František: Die Habsburger und der böhmische Staat bis zur Mitte des 18. Jahrhun- derts (in: Historica VIII 35 ff.).
Killy, Walter (Hgb.): Zeichen der Zeit 1750—1822. Ein deutsches Lesebuch. Frankfurt 1962.
— Deutscher Kitsch. Göttingen 1961.
Kindermann, Heinz: Heimkehr ins Reich 1866—1938. Leipzig 1939.
Kissinger, Henry A.: A World Restored. Boston 1957.
Kiszling, Rudolf: Fürst Felix zu Schwarzenberg. Graz-Wien-Köln 1952.
— Die Revolution im Kaisertum Österreich. Wien 1948.
— Die Kroaten. Wien-Köln-Graz 1956.

— Erzherzog Franz Ferdinand von Österreich-Este. Graz 1953.

Kleindel, Walter: Österreich. Daten zur Geschichte und Kultur. Wien 1978.

Klemperer, Klemens: Ignaz Seipel, Staatsmann einer Krisenzeit. Graz 1977.

Klenner, Fritz: Eine Renaissance Mitteleuropas. Die Nationwerdung Österreichs. Wien 1979.

Kleinwaechter, F.: Der deutsch-österreichische Mensch und der Anschluß. Wien 1926.

Klingenstein, Grete: Staatsverwaltung und kirchliche Autorität im 18. Jahrhundert. Wien 1970.

Klopp, Onno: Politische Geschichte Europas. Mainz 1912.

— Leben und Wirken, hgb. von Franz Schnabel. München 1950.

Klopp, Wiard: Onno Klopp als Geschichtslehrer Franz Ferdinands (in: Reichspost Nr. 148, 28. März 1929).

Klostermann, Ferdinand u. a. (Hgb.): Gesamtredaktion: Erika Weinzierl: Kirche in Österreich 1918—1965, 2 Bde. Wien 1966—67.

Klusacek, Christine: Die österreichische Freiheitsbewegung — Gruppe Roman Karl Scholz. Wien 1968.

— Steiner, Herbert/Stimmer, Kurt (Hgb.): Dokumentation zur österreichischen Zeitgeschichte 1938—1945. Wien 1971.

Knoll, August Maria: Von Seipel zu Dollfuß. Wien 1934.

— u. a.: Die österreichische Aktion. Programmatische Studie. Wien 1926.

Knoll, Reinhold: Zur Tradition der christlichsozialen Partei. Ihre Früh- und Entwicklungsgeschichte bis zu den Reichsratswahlen 1907. Wien-Köln-Graz 1973.

Koenigsberger, Helmut G.: The Habsburgs and Europe, 1516—1660. Ithaca 1971.

Kohn, Hans: Die Welt der Slawen. Frankfurt 1960.

— Aus dem jüdischen Wien der Jahrhundertwende. Tübingen 1962.

— Wege und Irrwege, vom Geist des deutschen Bürgertums. Düsseldorf 1962.

— Die Idee des Nationalismus. Ursprung und Geschichte bis zur Französischen Revolution. Frankfurt 1962.

Kolnai, Aurel: The Problem of Austrian Nationhood (in: Journal of Central European Affairs, Boullen, vol. 2, October 1942).

Konrad, Helmut (Hgb.): Sozialdemokratie und „Anschluß" — Eine Tagung des Dr.-Renner-Instituts. Wien 1978.

Kovacs, Elisabeth: Ultramontanismus und Staatskirchentum im theresianisch-josephinischen Staat. Wien 1975.

Kraehe, Enno: Metternich's German Policy: The Contest with Napoleon, 1799—1814. Princeton 1963.

Kralik, Richard: Die katholische Literaturbewegung der Gegenwart, 8. verm. Auflage. Regensburg 1909.

— Das unbekannte Österreich. Wien 1917.

Krammer, Uta: Religion und Politik in der Zeit der autoritären Regierung Österreichs. Diss. Wien 1965.

Kraus, Karl: Grimassen, Auswahl 1902—1914 (1. Bd.); In dieser großen Zeit. Auswahl 1914 bis 1925 (2. Bd.); Vor der Walpurgisnacht. Auswahl 1925—1933 (3. Bd.). München 1977.

Krauss, A.: Die Bedeutung Österreichs für die Zukunft des deutschen Volkes. Hannover 1923.

Kreissler, Felix: Von der Revolution zur Annexion. Österreich 1918—1938. Wien 1970.

Krivacky, Edmund: Ungarn von Franz Josef bis Kadár. Die ungarische Emigration nach dem Zweiten Weltkrieg. Salzburg 1977.

Kruck, Alfred: Geschichte des alldeutschen Verbandes 1890—1939. Wiesbaden 1954.

Krug von Nidda, Roland: 1866 — Königgrätz. Zwei Auffassungen von Deutschland. Wien o. J. (1966).

Krüger, Hans-Jürgen: Faschismus oder Ständestaat. Österreich 1934—1938. Diss. Kiel 1970.

Krüll, Marianne: Freud und sein Vater. Die Entstehung der Psychoanalyse und Freuds ungelöste Vaterbindung. München 1978.

Krummacher, F. A./Lange, Helmut: Krieg und Frieden. Geschichte der deutsch-sowjetischen Beziehungen. Von Brest-Litowsk zum Unternehmen Barbarossa. München 1970.

Kübeck v. Kübau, Carl Friedrich Frhr. v.: Tagebücher. 2 Bde. Wien 1909. Aus dem Nachlaß des Freiherrn Carl Friedrich Kübeck von Kübau. Tagebücher, Briefe, Aktenstücke 1841—1855. Hgb. u. eingel. von F. Walter. Wien 1960.

Kudrnofsky, Wolfgang: Vom Dritten Reich zum Dritten Mann. Helmut Qualtingers Welt der vierziger Jahre. Wien 1973.

Kuh, Anton: Der unsterbliche Österreicher. München 1931.

Künneth, W.: Der große Abfall. Eine geschichtstheologische Untersuchung der Begegnung zwischen Nationalsozialismus und Christentum. Hamburg 1947.

Kuranda, P.: Großdeutschland und Großösterreich bei den Hauptvertretern der deutsch-österreichischen Literatur 1830—1848. Wien 1928.

Lang, Hilde Verena: Bundespräsident Miklas und das autoritäre Regime 1933—1938. Diss. Wien 1972.

Langer, Walter C.: Das Adolf-Hitler-Psychogramm. Eine Analyse seiner Person und seines Verhaltens, verfaßt 1943 für die psychologische Kriegsführung der USA. Wien 1973.

Langoth, Franz: Kampf um Österreich. Erinnerungen eines Politikers. Wels 1951.

Langsam, Walter C.: The Napoleonic Wars and German Nationalism in Austria. New York 1930.

— Francis the Good: The Education of an Emperor, 1768—1792. New York 1949.

Lechner, Karl: Die Babenberger. Markgrafen und Herzöge in Österreich 976—1246. Wien-Köln-Graz 1976.

Leichter, Otto: Glanz und Elend der Ersten Republik. Wien 1964.

— Otto Bauer — Tragödie oder Triumph. Wien 1970.

— Zwischen zwei Diktaturen. Österreichs Revolutionäre Sozialisten 1934—1938. Wie es zum österreichischen Bürgerkrieg kam. Wien 1968.

Lemke, Heinz: Polen und die Mittelmächte im Ersten Weltkrieg. Wien 1977.

Lentze, Hans: Die Universitätsreform des Ministers Graf Leo Thun-Hohenstein. Wien-Köln-Graz 1962.

Leser, Norbert (Hgb.): Werk und Widerhall. Große Gestalten des österreichischen Sozialismus. Wien 1964.

— Begegnung und Auftrag. Beiträge zur Orientierung im zeitgenössischen Sozialismus. Wien 1963.

— Zwischen Reformismus und Bolschewismus. Der Austromarxismus als Theorie und Praxis. Wien 1968.

Leubuscher, Walter: Der große Irrtum. Ein Beitrag zur Geschichte der nationalsozialistischen Bewegung in Österreich. Wien 1937.

Levi, Hermann: Das österreichische Hochdeutsch. Wien 1875.

Lewy, Guenther: Die katholische Kirche und das Dritte Reich. München 1965.

Lhotsky, Alphons: Privilegium maius. Wien 1957.

— Thomas Ebendorffer. Ein österreichischer Geschichtsschreiber. Stuttgart 1957.

— Geschichte des Institutes für österreichische Geschichtsforschung 1854—1954. (MIÖG Erg. Bd. 17) Wien-Köln-Graz 1954.

— Europäisches Mittelalter. Das Land Österreich (hier unter anderem: Was heißt „Haus Österreich"? 344 ff., und: Der österreichische Staatsgedanke, 365 ff.). Wien 1970.

— Österreichische Historiographie. Wien 1962.

Liptak, Heinrich: Das evangelische Österreich. Laa an der Thaya 1935.

List, Evelyn: Die Propaganda des Austromarxismus am Beispiel der sozialdemokratischen Anschlußbewegung. Wien 1976.

Litschel, R. W.: 1934 — Das Jahr der Irrungen. Linz a. D. o. J. (1974).

Litzin, Solomon: Germany's Stepchildren. Cleveland, N.Y. 1961.

Loebe, Paul/Neubacher, Hermann: Die österreichisch-deutsche Anschlußbewegung. Leipzig 1927.

Loewenberg, Peter: The Psychohistorical Origins of the Nazi Youth Cohort (in: American Historical Review 76, December 1971, 1457—1502).

Loewy, Ernst: Literatur unterm Hakenkreuz. Das Dritte Reich und seine Dichtung. Frankfurt/M. 1969.

Lorenz, Ottokar: Gegen Bismarcks Verkleinerer. Jena 1903.
Lorenz, Reinhold: Der Staat wider Willen. Österreich 1918—1938. Berlin 1941 (1943).
— Kaiser Karl und der Untergang der Donaumonarchie. Graz 1959.
Lubos, Arno: Deutsche und Slawen. Beispiele aus Schlesien und anderen Ostgebieten. Wien 1974.
Lucbert, Manuel: Die Zeit, in der wir leben. Wien 1978.
Ludwig, Eduard: Österreichs Sendung im Donauraum. Die letzten Dezennien österreichischer Innen- und Außenpolitik. Wien 1954.
Lukas, G. A.: Begriff und Wesen Österreichs. Linz 1935.
Lutz, Heinrich: Demokratie im Zwielicht. Der Weg der deutschen Katholiken aus dem Kaiserreich in die Republik 1914—1925. München 1963.
Lützow, Heinrich Graf von: Im diplomatischen Dienst der k. u. k. Monarchie. Wien 1971.
Lynnar, E. W. Graf (Hgb.): Deutsche Kriegsziele 1914—1918. Eine Diskussion. Tübingen 1964.

Maas, Ferdinand: Der Josephinismus. 5 Bde. Wien 1951—1961.
— Der Frühjosephinismus. Wien 1969.
McCagg, William O.: Jewish Nobles und Geniuses in Modern Hungary. New York 1971.
Macartney, C. A. (Hgb.): The Habsburg and Hohenzollern Dynasties in the seventeenth and eighteenth Centuries. New York 1970 (Dokumentation).
Macek, Josef: Der Tiroler Bauernaufstand und Michael Gaismair (aus dem Tschechischen übersetzt). Berlin 1965.
Mac Crath, William: Dionysian Art und Populist Politics in Austria. New Haven 1974.
Madl, Antal: Politische Dichtung in Österreich (1830—1848). Budapest 1969.
Maderegger, Sylvia: Die Juden im österreichischen Ständestaat 1934—1938. Wien 1973.
Magenschab, Hans: Die 2. Republik zwischen Kirche und Parteien. Wien 1968.
Magris, Claudio: Der Habsburgische Mythos in der österreichischen Literatur. Salzburg 1966.
Maimann, Helene: Politik im Wartesaal. Österreichische Exilpolitik in Großbritannien 1938 bis 1945. Wien-Köln-Graz 1975.
Malojer, Wanda: Großdeutsche Kunst- und Wissenschaftsförderung in Österreich von Franz II. bis 1866. Wien 1942.
Mann, Golo: Deutsche Geschichte des neunzehnten und zwanzigsten Jahrhunderts. Frankfurt 1958.
Maser, Werner: Die Frühgeschichte der NSDAP. Hitlers Weg bis 1924. Frankfurt 1965.
— Hitlers Mein Kampf. München 1966.
— Adolf Hitler. Legende, Mythos, Wirklichkeit. München 1971.
— Hitlers Briefe und Notizen. 2. Aufl. Düsseldorf 1973.
Massiczek, Albert (Hgb.): Die österreichische Nation. Wien 1967.
— Wieder Nazi? Wien 1963.
— Die Situation an der Wiener Universität, März/April 1938 (SA aus: Forschungen und Beiträge zur Wiener Stadtgeschichte 2, 1978), 216 ff.
— Der menschliche Mensch. Karl Marx' jüdischer Humanismus. Wien 1968.
Marx, Julius: Die österreichische Zensur im Vormärz. Wien 1959.
Matthias, Erich: Die deutsche Sozialdemokratie und der Osten 1914—1945. Tübingen 1950.
— (Hgb.): Mit dem Gesicht nach Deutschland. Eine Dokumentation über die sozialdemokratische Emigration. Aus dem Nachlaß von Friedrich Stampfer, ergänzt durch andere Überlieferungen. Düsseldorf 1968.
Matussek, Paul: Kreativität als Chance. Der schöpferische Mensch in psychodynamischer Sicht. München 1974.
Mauser, Rosa: Die Genesis des politisch-sozialen Ideengutes des Bundeskanzlers Dr. Engelbert Dollfuß. Diss. Wien 1959.
May, Gerhard (Hgb.): Die evangelische Kirche in Österreich. Göttingen 1962.
Mayer-Loewenschwerdt, E.: Schönerer, der Vorkämpfer. Wien 1938.
Mayer, Theodor (Hgb.): Der österreichisch-ungarische Ausgleich von 1867. München 1968.

Mecenseffy, Margarethe: Zwei evangelische Städte und ihre Ratsbürger. Freistadt und Steyr im 16. Jahrhundert. Wien 1951.
— Habsburger im 17. Jahrhundert. Die Beziehungen der Höfe von Wien und Madrid während des Dreißigjährigen Krieges (in: Archiv für österr. Geschichte, Bd. 121. Wien 1955).
— Geschichte des Protestantismus in Österreich. Wien-Köln-Graz 1956.
Meckling, Ingeborg: Die Außenpolitik des Grafen Czernin. Wien 1969.
Meier, Heinz: Die österreichischen Christlichsozialen während des Ersten Weltkrieges. Diss. Wien 1966.
Meinecke, Friedrich: Die deutsche Katastrophe. Betrachtungen und Erinnerungen. 2. Aufl. Wiesbaden 1946.
Meister, Richard: Entwicklung und Reform des österreichischen Studienwesens. 2 Bde. Wien 1963.
Mermaz, Louis: Die Hohenzollern. Lausanne 1972.
Messner, Johannes: Dollfuß. Innsbruck 1935.
Meyer, Henry Cord: Mitteleuropa in German Thought and Action 1815—1945. The Hague 1955.
Miko, Norbert: Das Ende des Kirchenstaates. 2 Bde. Wien 1961.
Mikoletzky, Hanns Leo: Österreich — das große 18. Jahrhundert. Wien 1967.
— Österreichische Zeitgeschichte vom Ende der Monarchie bis zum Abschluß des Staatsvertrages. Wien 1962 (3. Aufl. 1969: Vom Ende der Monarchie bis zur Gegenwart).
Miller, Jonathan (Hgb.): Freud, the man, his world, his influence. London 1972.
Miller, S.: Das Ringen um „die einzige großdeutsche Republik". Die Sozialdemokratie in Österreich und im Deutschen Reich zur Anschlußfrage 1918/19. Hannover 1971.
Missong, Alfred: Die österreichische Nation. Wien 1948.
— Ernst Karl Winter. Bahnbrecher des Dialogs. Wien 1969.
Mitis, Oskar v.: Das Leben des Kronprinzen Rudolf. Wien 1928. (Neu hgb. von Adam Wandruszka. Wien 1971.)
Molden, Otto: Der Ruf des Gewissens. Wien 1958.
Molin-Pradel, Mario: Friedrich Austerlitz. Chefredakteur der „Arbeiter-Zeitung". Wien 1963.
Molisch, Paul: Briefe zur deutschen Politik in Österreich von 1848 bis 1918. Wien 1934.
— Geschichte der deutschnationalen Bewegung in Österreich von ihren Anfängen bis zum Zerfall der Monarchie. Jena 1926.
— Politische Geschichte der deutschen Hochschulen in Österreich von 1848 bis 1918. Leipzig 1939.
— Die Stellung Wiens in der deutsch-österreichischen Politik von 1848 bis 1918. Wien 1942.
Mommsen, Hans: Die Nationalitätenfrage und die Sozialdemokratie im Habsburgischen Vielvölkerstaat. Wien 1963.
— Die Sozialdemokratie in der Defensive. Der Immobilismus der SPD und der Aufstieg des Nationalsozialismus (in: Mommsen, H. (Hgb.): Sozialdemokratie zwischen Klassenbewegung und Volkspartei. Frankfurt 1974), 106 ff.
Mommsen, Theodor: Römische Geschichte. 8 Bde. München 1976 (1856—1902).
Mommsen, Wilhelm: Größe und Versagen des deutschen Bürgertums. Ein Beitrag zur Geschichte der Jahre 1848—1849. Stuttgart 1949.
Moos, Ludwig: Bildungsbürgertum, Nationalproblem und demokratisches Zeitalter. Studien zum Werk Heinrich Ritter von Srbiks. Diss. Freiburg 1967.
Morold, Max: Dichterbuch. Deutscher Glaube, Deutsches Sehnen und deutsches Fühlen in Österreich. Wien 1933.
Morsey, Rudolf: Der Untergang des politischen Katholizismus. Die Zentrumspartei zwischen Christlichem Selbstverständnis und „Nationaler Erhebung" 1932/33. Stuttgart 1977.
Muchow, H. H.: Jugend und Zeitgeist. Reinbek bei Hamburg 1962.
Müller, J. A. von: Regierte der Kaiser? Kriegstagebücher, Aufzeichnungen und Briefe des Chefs des Marine-Kabinetts, Admirals Georg-Alexander von Müller 1914—1918, mit einem Vorwort von Sven von Müller, hgb. von Walter Görlitz. Göttingen 1959.

Müller von der Werra und Wilhelm von Baensch (Hgb.): „Alldeutschland". Dichtungen aus den Ruhmestagen des Heldenkrieges 1870—1871. Leipzig 1871.
Münch, Hermann: Böhmische Tragödie. Braunschweig 1949.
Muensterberger, Werner (Hgb.): Der Mensch und seine Kultur. Psychoanalytische Ethnologie nach „Totem" und „Tabu". München 1974 (Man and his Culture. New York 1969).
Mussolini, Benito: Geheimer Briefwechsel Mussolini—Dollfuß. Mit einem Vorwort von Adolf Schärf. Wien 1949.
Musulin, Alexander Frhr. v.: Das Haus am Ballhausplatz. München 1924.
Musulin, Stella: Vienna in the Age of Metternich from Napoleon to Revolution 1805—1848. London 1975.

Nadler, Joseph/Srbik Heinrich v. (Hgb.): Österreich-Erbe und Sendung im deutschen Raum. Salzburg 1936.
Naumann, Friedrich: Mitteleuropa. Berlin 1915.
Neck, Rudolf: Österreich im Jahr 1918. Wien 1968.
— Arbeiterschaft und Staat im Ersten Weltkrieg 1914—1918. 2 Bde. Wien 1964 und 1968.
— und Wandruszka, Adam (Hgb.): Das Juliabkommen von 1936. Wien 1977.
Nelson, Walter Henry: Die Hohenzollern. München 1972 (The Soldier Kings. New York 1970).
Netzer, Hans-Joachim (Hgb.): Preußen — Porträt einer politischen Kultur. München 1968.
Neumann, Erich: Ursprungsgeschichte des Bewußtseins (1949). München 1974.
Neumann, H. J.: Arthur Seyß-Inquart. Graz 1970.
Neumann, Jaromír: Das böhmische Barock. Wien 1971.
Newman, K. J.: Zerstörung und Selbstzerstörung der Demokratie. Europa 1918—1938. Köln 1965.
Nicolson, Sir Harold: The Congress of Vienna. New York 1946.
— Monarchy. London 1962.
Nikitisch-Bouilles, F. v.: Vor dem Sturm. Erinnerungen an den Erzherzog-Thronfolger. Berlin 1915.
Nipperdey, Thomas: Nationalidee und Nationaldenkmal in Deutschland im 19. Jahrhundert (in: Historische Zeitschrift 206, 1968).
Nostiz-Rieneck, G.: Briefe Kaiser Franz Joseph an Kaiserin Elisabeth. 2 Bde. Wien 1966.
Novotny, Alexander: Staatskanzler Kaunitz. W n 1947.
— Franz Joseph I. in der Wende vom alten zum neuen Europa. Göttingen 1968.

O'Brien, Charles H.: Ideas of Religious Toleration at the Time of Joseph II. A Study of the Enlightment among Catholics in Austria. Philadelphia 1969.
Österreich im Jahre 1918, Berichte und Dokumente. Eingel. u. hgb. von Rudolf Neck. Wien 1968.
Österreich 1918—1938. Hgb. vom Institut für Österreichkunde. Wien 1970.
Österreich 1918—1968. 50 Jahre Republik. Hgb. vom Inst. f. Österreichkunde. Wien 1968.
Österreich 1927—1938. Protokoll des Symposiums in Wien, 23. bis 28. Oktober 1972. Wien 1973.
Osterloh, Karl-Heinz: Joseph von Sonnenfels und die österreichische Reformbewegung im Zeitalter des aufgeklärten Absolutismus. Eine Studie zum Zusammenhang von Kameral-wirtschaft und Verwaltungspraxis. Lübeck 1970.

Paetel, K. O.: Jugendbewegung und Politik. Bad Godesberg 1961.
Palmer, E. K.: The Historical-political Roots of the Anschluß. Ann Arbor, Mich. 1966.
Partisch, Hubert: Österreicher aus sudetendeutschem Stamm, 5. Verdiente Schulmänner, Kirchliche Würdenträger. Wien 1968.
Patschowsky, Alexander: Quellen zur böhmischen Inquisition im 14. Jahrhundert. Monumenta Germaniae Historica, Quellen zur Geistesgeschichte des Mittelalters, Bd. 11. Wien 1979.
Pauer, Hans: Kaiser Franz Josef I. Beiträge zur Bild-Dokumentation seines Lebens. Wien 1966.

Paul, Wolfgang: Das Feldlager. Jugend zwischen Langemarck und Stalingrad. Eßlingen 1979.

Pauley, Bruce F.: Hahnenschwanz und Hakenkreuz. Steirischer Heimatschutz und österreichischer Nationalsozialismus 1918—1934. Wien 1972.

Pauls, E. E.: Das politische Biedermeier. München 1925.

Paupié, Kurt: Handbuch der österreichischen Pressegeschichte, 2 Bde. Wien 1966—1967.

Pelinka, Anton: Stand oder Klasse? Die christliche Arbeiterbewegung Österreichs 1934—38. Wien 1972.

Pembaur, W.: Im letzten Kampf um Österreich. Wien 1939.

Perchta, Romuald: Die „Väter" der österreichischen Nation (in: Der österreichische Standpunkt, Mai, Heft 5. Wien 1969).

Pfarrhofer, Hedwig: Friedrich Funder. Ein Mann zwischen Gestern und Morgen. Eine Biographie, Vorwort von Kurt Skalnik. Graz 1978.

Pfeifer, Helfried: Werden und Wesen der Republik Österreich. Tatsachen und Dokumente. Wien 1966.

Pfitzner, Joseph: Das Erwachen der Sudetendeutschen. Augsburg 1936.

— Sudetendeutsche Geschichte. Reichenberg 1935.

Pichl, Eduard: Georg Schönerer, 6 Bde. Berlin 1938.

Picker, Henry: Hitlers Tischgespräche im Führerhauptquartier 1941/42. Stuttgart 1963.

Pipitz, E. F.: Memoiren eines Apostaten. Stuttgart 1842.

Pirchegger, H.: Geschichte und Kulturleben Österreichs von 1493 bis 1792. Graz 1960.

Plack, Arno: Die Gesellschaft und das Böse. Eine Kritik der herrschenden Moral. München 1967.

Plaschka, R. G.: Von Palacky bis Pekař, Geschichtswissenschaft und Nationalbewußtsein bei den Tschechen. Wien-Köln-Graz 1955.

— und Mack, K.-H. (Hgb.): Die Auflösung des Habsburgerreiches. Zusammenbruch und Neuorientierung im Donauraum. Wien 1970.

Playne, E.: The Neuroses of the Nations. 1925.

Plener, Ernst v.: Erinnerungen, 3 Bde. Stuttgart 1926 (1. Ed. 1911, 1921).

Plessner, H.: Die verspätete Nation. Stuttgart 1959.

Politzer, H.: Das Schweigen der Sirenen. Studien zur deutschen und österreichischen Literatur. Stuttgart 1968.

— Grillparzer oder Das abgründige Biedermeier. Wien 1972.

Pollak, Walter: 1848 — Revolution auf halbem Wege. Wien 1974.

— Sozialismus in Österreich. Von der Donaumonarchie zur Ära Kreisky. Wien 1979.

Pollhoff, Heinrich: Die deutsche Politik Beusts (1866—1871). Bonn 1968.

Polzer-Hoditz, Arthur Graf: Kaiser Karl. Wien 1929.

Popovici, Aurel C.: Die Vereinigten Staaten von Groß-Österreich. Politische Studie zur Lösung der nationalen Fragen und staatsrechtlichen Krisen in Österreich-Ungarn. Leipzig 1906.

Preradovic, N. v.: Der nationale Gedanke in Österreich 1866—1938. Göttingen 1962.

— Des Kaisers Grenzer. Wien 1970.

— Die Wilhelmsstraße und der Anschluß Österreichs 1918—1933. Bern 1971.

Prinz, F.: Prag und Wien 1848. Wien 1968.

Pross, Harry (Hgb.): Die Zerstörung der deutschen Politik. Dokumente 1871/1933. Frankfurt 1959.

— Jugend, Eros, Politik. Bern 1964.

Pünter, Otto: Der Anschluß fand nicht statt. Geheimagent Pabko erzählt. Erlebnisse, Tatsachen und Dokumente aus den Jahren 1930 bis 1945. Bern 1967.

Pulzer, Peter G. J.: Die Entstehung des politischen Antisemitismus in Deutschland und Österreich 1867 bis 1914. Gütersloh 1966.

Ramhardter, Günter: Geschichtswissenschaft und Patriotismus. Österreichische Historiker im Weltkrieg 1914—1918. Wien 1973.

Randa, Alexander v.: Das Weltreich. Wagnis und Auftrag Europas im 16. und 17. Jahrhundert. Olten 1960.

Rape, Ludger: Die österreichischen Heimwehren und die bayerische Rechte 1920—1923. Wien 1977.

Rapp, A. (ausgew. v.): „Großdeutsch-Kleindeutsch". Stimmen aus der Zeit von 1815—1914. München 1922.

Raschhofer, H.: Großdeutsch oder kleinösterreichisch? Die Funktion der kleinösterreichischen Ideologie. Berlin 1932.

Raupach, B.: Evangelisches Österreich. Presbyteriologia Austriaca. 4 Bde. 1732—1740 (1741).

Raupach, Hans: Der tschechische Frühnationalismus. Ein Beitrag zur Gesellschafts- und Ideengeschichte des Vormärz in Böhmen. Darmstadt 1969.

Rauschning, Hermann: Gespräche mit Hitler. Zürich 1940.

Rebhahn, Fritz M.: Das braune Glück zu Wien. Wien 1973.

Rechtsextremismus in Österreich nach 1945. Hgb. vom Dokumentationsarchiv des österreichischen Widerstandes. Wien 1979.

Redlich, Josef: Schicksalsjahre Österreichs 1908—1919. Das politische Tagebuch Josef Redlichs, 2 Bde., bearb. v. Fritz Fellner. Graz 1953—1954.

— Das Österreichische Staats- und Reichsproblem, 4 Bde. Leipzig 1921.

Redlich, Oswald: Das Werden einer Großmacht: Österreich 1700—1740. Brünn 1942.

— Weltmacht des Barock. Österreich in der Zeit Leopolds I. Wien 1961.

Regele, Oskar: Feldmarschall Conrad — Aufstieg und Erfüllung. Wien 1955.

— Feldzeugmeister Benedek. Der Weg nach Königgrätz. Wien 1960.

Reichhold, Ludwig: Opposition gegen den autoritären Staat. Christlicher Antifaschismus 1934—1938. Wien 1964.

— Scheideweg einer Republik. Österreich 1918—1968. Wien 1968.

— Die Reichsgründung von 1871 im Urteil der Gegenwart. Mainz 1971.

Reimann, Paul: Von Herder bis Kisch. Studien zur Geschichte der deutsch-österreichisch-tschechischen Literaturbeziehungen. Berlin 1961.

Reimann, Viktor: Innitzer. Kardinal zwischen Hitler und Rom. Wien 1967.

— Zu groß für Österreich. Seipel und Bauer im Kampf um die Erste Republik. Wien 1968.

Reinhold, Peter: Maria Theresia. Wiesbaden 1957.

Reiter, Ludwig: Österreichische Staats- und Kulturgeschichte. Klagenfurt 1947.

Renner, Karl: Das Selbstbestimmungsrecht der Nationen. Wien 1918.

— Deutschland, Österreich und die Völker des Ostens. Berlin 1928.

— (Ps.: Rudolf Springer): Grundlagen und Entwicklungsziele der österreichisch-ungarischen Monarchie. Politische Studie. Wien 1906.

— Österreich von der Ersten zur Zweiten Republik (Nachgelassene Werke II). Wien 1953.

— Wege der Verwirklichung. Berlin 1929.

— Porträt einer Evolution. Hgb. von Heinz Fischer. Wien 1970.

— Eine Bibliographie, zus. gest. v. Hans Schroth. Wien 1970.

Rennhofer, Friedrich: Ignaz Seipel. Mensch und Staatsmann. Eine biographische Dokumentation. Wien-Köln-Graz 1978.

Richter, Ingeborg Emilie: Michael Mayr als Historiker und Politiker. Diss. Wien 1959.

Richter, Werner: Bismarck. Frankfurt 1961.

Rieser, Herbert: Der Geist des Josephinismus und sein Fortleben. Wien 1963.

Ringel, Erwin: Selbstschädigung durch Neurose. Psychotherapeutische Wege zur Selbstverwirklichung. Wien 1973.

Rings, Werner: Leben mit dem Feind. Anpassung und Widerstand in Hitlers Europa 1939 bis 1945. München 1979.

Rintelen, Anton: Erinnerungen an Österreichs Weg. Versailles, Berchtesgaden, Großdeutschland. München 1941.

Robert, A.: L'idee nationale autrichienne et les guerres de Napoleon. L'apostolat du Baron de Hormayr et le salon de Caroline Pichler. Paris 1933.

Robert, Marthe: Sigmund Freud — zwischen Moses und Ödipus. Die jüdischen Wurzeln der Psychoanalyse. München 1975 (Original — D'Oedipe a Moise. Freud et la conscience juive. Paris 1974).

Rody, Theo: Preußen und Österreich im Ringen um die deutsche Seele. München 1946.

Rommel, Otto (Hgb.): Der österreichische Vormärz. Leipzig 1931.

— Die Alt-Wiener Volkskomödie. Wien 1957.

Rosar, Wolfgang: Deutsche Gemeinschaft. Seyß-Inquart und der Anschluß. Wien 1971.

Roessler, Helmut: Österreichs Kampf um Deutschlands Befreiung, 2 Bde. Hamburg 1940.

Rosenstrauch-Königsberg, Edith: Freimaurerei im Josephinischen Wien. Aloys Blumauers Weg
vom Jesuiten zum Jacobiner. Wien 1975.

Ross, Dieter: Hitler und Dollfuß. Die deutsche Österreich-Politik 1933—1934. Hamburg
1966.

Rost, Hans: Die vierhundertjährige Zerstörung des großdeutschen Gedankens. Innsbruck
1927.

— Fehlwege deutscher Geschichte. Nürnberg 1963.

Roth, J.: Seine k. u. k. Apostolische Majestät (in: Joseph Roths Werke, hgb. von H. Kesten,
Bd. 3. Köln 1976).

Rudolf, Kronprinz (auf Anregung von . . .): Die österreichisch-ungarische Monarchie in Wort
und Bild. 24 Bde. Wien 1886—1902.

Rudolf, E. V. von: Georg Schönerer, der Vater des politischen Antisemitismus. München
1936.

Rühle, Gerd: Das Großdeutsche Reich. Dokumentarische Darstellung des Aufbaues der Nation.
Die österreichischen Kampfjahre 1918—1938. Berlin 1940.

Rumpler, Helmut: Das Völkermanifest Kaiser Karls vom 16. Oktober 1918. Letzter Versuch
zur Rettung des Habsburgerreiches. Wien 1966.

Ruppelt, Georg: Schiller im nationalsozialistischen Deutschland. Der Versuch einer Gleich-
schaltung. Stuttgart 1979.

Saitschek, Robert: Bismarck und das Schicksal des deutschen Volkes. Zur Psychologie und Geschichte der deutschen Frage. Basel 1948.

Sandkühler, Jörg/de la Vega, Rafael (Hgb.): Austromarxismus. Texte zu Ideologie und
Klassenkampf. Frankfurt 1970.

Santifaller, Leo: Deutschösterreich und seine Rückkehr in das Reich. Weimar 1938.

Sartori, Franz: Historisch-ethnographische Übersicht der wissenschaftlichen Kultur, Geistes-
tätigkeit und Literatur des österreichischen Kaisertums. Wien 1830.

Schärf, Adolf: Erinnerungen aus meinem Leben. Wien 1963.

Schausberger, Norbert: Der Griff nach Österreich. Der Anschluß. Wien 1978. (Anmerkungen:
585—630, Quellen und Lit.: 644—662.)

Scheicher, Josef: Aus dem Jahre 1920. Ein Traum von Landtags- und Reichsraths-Abgeord-
neten Dr. J. Sch. St. Pölten 1900.

— Erlebnisse und Erinnerungen. 6 Bde. Wien 1907—1912.

Scheidt, Jürgen von (hgb. und eingel.): Der unbekannte Freud. München 1974.

Scheu, Friedrich: Der Weg ins Ungewisse. Österreichs Schicksalskurve 1929—1938. Wien 1972.

Schieder, Th./Deuerlein, E. (Hgb.): Reichsgründung 1870/71. Stuttgart 1970.

Schirach, Baldur v.: Ich glaubte an Hitler. Hamburg 1967.

Schirach, Henriette von: Der Preis der Herrlichkeit. München 1975.

Schmidt, Erwin: Wiener Stadtgeschichte. Von der Keltensiedlung zur Weltstadt. Wien 1968.

Schmidt-Freitag, C. C. (Hgb.): Die Autorität und die Deutschen. München 1966.

Schmidt-Weissenfels: Österreichische Zustände, Berlin 1867.

Schnabl, Franz (Hgb.): Onno Klopp. München 1950.

Schnee, Heinrich: Bismarck und der deutsche Nationalismus in Österreich (in: Histor. Jahrbuch 1962).

— Georg Ritter von Schönerer. Ein Kämpfer für Alldeutschland. Mit ausgew. Zeugnissen
aus Schönerers Kampfzeit für deutsche Einheit und deutsche Reinheit. 3. Aufl. Reichenberg 1943.

Schneidmadl, Heinrich: Über Dollfuß zu Hitler. Wien 1946.

Schneller, Martin: Zwischen Konservatismus, Romantik und Faschismus. Der Beitrag Othmar
Spanns zum Konservativismus der Weimarer Republik. Stuttgart 1970.

Schoeps, Hans Joachim: Das andere Preußen. Stuttgart 1952.
— Die Ehre Preußens. 3. Aufl. Stuttgart 1951.
— Preußen. Geschichte eines Staates. Berlin 1966.
Schorske, Carl E.: Generational Tension and Cultural Change: Reflections on the case of Vienna (in: Daedalus—Harvard Univ. Cambridge Mass., Fall 1978).
Schramm, Josef: Interkonfessionelles aus Pannonien. Religionsgeographisches aus dem donauschwäbischen Raum. Freiburg 1978.
Schreiber, Georg: Deutschland und Österreich. Köln 1956.
Schulmeister, Otto: Der Zweite Anschluß. Österreichs Verwandlung seit 1945. Wien 1979.
— (Hgb.): Spectrum Austriae. Wien 1967.
Schunk, Almut/Steinberg, Hans Josef: Mit Wahlen und Waffen. Der Weg der österreichischen Sozialdemokratie in die Niederlage (in: W. Huber/J. Schwertfeger [Hgb.]: Frieden, Gewalt, Sozialismus. Studien zur Geschichte der sozialistischen Arbeiterbewegung. Stuttgart 1976), 461 ff.
Schuschnigg, Kurt: Dreimal Österreich. Wien 1937.
— Ein Requiem in Rot-Weiß-Rot. Aufzeichnungen des Häftlings Dr. Auster. Zürich 1946.
— Im Kampf gegen Hitler. Die Überwindung der Anschlußidee. Wien 1967.
Schürer, Oskar: Prag. Kultur, Kunst, Geschichte. 5. Aufl. München 1935.
Schüssel, Therese: Kultur des Barock in Österreich. Graz 1960.
Schüssler, Wilhelm: Preußen und Österreich in der deutschen Geschichte. Göttingen 1963.
Schwabe, K.: Zur politischen Haltung der deutschen Professoren im Ersten Weltkrieg (in: Historische Zeitschrift 3/1961).
Schwarzenberg, Karl Fürst: Feldmarschall Fürst Schwarzenberg, der Sieger von Leipzig. Wien 1964.
— Adler und Drache. Der Weltherrschaftsgedanke. Wien 1958.
Sedlmayr, Hans: Epochen und Werke. 2 Bde. Wien 1959/60.
Seewann, Gerhard: Österreichische Jugendbewegung 1900 bis 1938. Die Entstehung der Deutschen Jugendbewegung in Österreich-Ungarn 1900 bis 1914 und die Fortsetzung in ihrem katholischen Zweig „Bund Neuland" von 1918 bis 1938. 2 Bde. Frankfurt 1971.
Seibt, Ferdinand: Die Zeit der Luxemburger und der hussitischen Revolution (in: Karl Bosl, Hgb.: Handbuch ... I. Bd. 1976).
Seipel, Ignaz: Nation und Staat. Wien 1917.
— Der Kampf um die österreichische Verfassung. Wien 1930.
Sell, F. C.: Die Tragödie des deutschen Liberalismus. Hamburg 1953.
Siegfried, Klaus-Jörg: Universalismus und Faschismus. Das Gesellschaftsbild Othmar Spanns. Wien 1974.
Silberbauer, Gerhart: Kirche und Sozialismus in Österreich 1918—1938. Ein geschichtlicher Rückblick (in: Endzeitlicher Glaube. Schriften für christliche Verwirklichung, hgb. von August Zechmeister 14). Wien 1961.
— Österreichs Katholiken und die Arbeiterfrage. Graz 1966.
Silagi, Denis: Jakobiner in der Habsburger Monarchie. Wien 1962.
Silberstein, Gerard: The Troubled Alliance-German-Austrian Relations 1914—1918. Lexington, Ky. 1970.
Simon, Edith: Friedrich der Große (engl. 1963). Tübingen o. J.
Singer, Ladislaus: Ottokar Graf Czernin. Graz 1965.
Skalnik, Kurt: Dr. Karl Lueger. Wien 1954.
Skorzeny, Otto: Meine Kommandounternehmen. Krieg ohne Fronten (Paris 1975). Wiesbaden 1976.
Spector, Jack J.: Freud und die Ästhetik. Psychoanalyse, Literatur und Kunst. München 1973 (The Aesthetic of Freud. New York 1972).
Spěvaček, Jiři: Karl IV. Sein Leben und seine staatsmännische Leistung. Wien-Köln-Graz 1978.
Spiel, Hilde: Fanny Arnstein oder die Emanzipation. Ein Frauenleben aus der Zeitenwende 1758—1818. Frankfurt 1962.
— (Hgb.): Wien. Spektrum einer Stadt. München 1971.

— Der Wiener Kongreß in Augenzeugenberichten. Düsseldorf 1965.

Spira, Leopold: Otto-Bauer-Renaissance (in: Wiener Tagebuch, Nr. 1, Januar 1979), 17 ff.

Spitzmüller, Alexander v.: Kaiser Franz Joseph als Staatsmann. Wien 1935.

— ... und hat auch Ursach', es zu lieben. Wien 1955.

Srbik, Heinrich von: Österreichs Schicksal im Spiegel des geflügelten Wortes (in: MIÖG 42, 1927, 268 ff.).

— Deutsche Einheit. Idee und Wirklichkeit vom heiligen Reich bis Königgrätz. 2 Teile in 4 Bden. München 1936 ff.

— Quellen zur deutschen Politik in Österreich 1859—1866. 5 Bde. München 1934—1938.

— Die deutsche Wissenschaft und die Wiener Akademie im Großdeutschen Reich. Rede gehalten bei der feierlichen Sitzung der Akademie der Wissenschaften in Wien am 23. November 1938. München 1939.

— Metternich. Der Staatsmann und der Mensch. 3 Bde. München (1925) 1954.

— und Lorenz, H.: Die geschichtliche Stellung Wiens 1740—1918. München 1935.

Stadler, Karl R.: Österreich 1938—1945 im Spiegel der NS-Akten. Wien 1966.

— Hypothek auf die Zukunft. Die Entstehung der österreichischen Republik 1918—1921. Wien 1968 (= The Birth of the Austrian Republic 1918—1921. Leyden 1966).

— Austria. New York 1971.

Stadtmüller, Georg: Geschichte der habsburgischen Macht. Stuttgart 1966.

Stanglica, Franz: Wien und das Sudetendeutschtum (in: Nachrichtenblatt des Vereins für Geschichte der Stadt Wien, 1. Jg. 1939, Nr. 1, 1 ff.).

Starhemberg, Ernst Rüdiger: Memoiren. Einl. v. Heinrich Drimmel. Wien 1971.

Staudinger, Anton: Zur „Österreich"-Ideologie des Ständestaates (in: Das Juliabkommen von 1936. Wien 1977) 198 ff.

— Christlichsoziale Judenpolitik in der Gründungsphase der österreichischen Republik (in: Jahrbuch f. Zeitgesch. 1978, 1 ff.). Wien 1979.

Steiner, Herbert: Bibliographie zur Geschichte der österreichischen Arbeiterbewegung. 1: 1867—1918. Wien 1962; 2: 1918—1934. Wien 1968.

— (Hgb.): Zum Tode verurteilt. Österreicher gegen Hitler. Eine Dokumentation. Wien 1964.

— (Hgb.): Die Erhebung der österreichischen Nationalsozialisten im Juli 1934. Akten der Hist. Kommission des Reichsführers SS. Wien 1965.

Steiner, Margarethe: Die Wiener Zeit des Ottokar Lorenz. Diss. Wien 1954.

Steinhausen, G. (= Eugen Gürster): Deutsche Geistes- und Kulturgeschichte von 1870 bis zur Gegenwart. Halle 1931.

Stern, Fritz: Gold und Eisen. Bismarck und sein Bankier Bleichröder (aus dem Englischen von Otto Werth). Berlin 1978.

Stieve, Friedrich: Die Tragödie der Bundesgenossen. Deutschland und Österreich-Ungarn 1908—1914. München 1930.

Stolper, Gustav: Deutsch-Österreich als Sozial- und Wirtschaftsproblem. München 1921.

— (Hgb.): Deutsch-Österreich. Neue Beiträge über seine wirtschaftlichen Verhältnisse. München 1927.

Stolper, Toni: Gustav Stolper 1888—1947. Ein Leben im Brennpunkt unserer Zeit. Wien-Berlin-New York-Tübingen 1960.

Strasser, Kurt: Die Wiener Presse in der Josephinischen Zeit. Wien 1962.

Streitenberger, Wolfgang: Das Leitbild „Ständische Ordnung" im politischen Denken Österreichs von der Jahrhundertwende bis 1938. Diss. Wien 1975.

Stuhlpfarrer, Karl: Antisemitismus, Rassenpolitik und Judenverfolgung in Österreich nach dem Ersten Weltkrieg (in: Das Österreichische Judentum. Voraussetzungen und Geschichte. Wien 1974), 141 ff.

Stumpfe, O.: Professoren, Reaktion und Männerbünde zwischen 1870 und 1933 (in: Politische Studien 145/1962).

Sturmberger, Hans: Ferdinand II. und das Problem des Absolutismus. München 1957.

— Aufstand in Böhmen. Der Beginn des Dreißigjährigen Krieges. München 1959.

— Adam Graf Herberstorff. Herrschaft und Freiheit im konfessionellen Zeitalter. Wien 1976.

Stürmer, M.: Bismarck-Mythos und Historie (in: Aus Politik und Zeitgeschichte, Bd. 3/71).
— (Hgb.): Das kaiserliche Deutschland. Politik und Gesellschaft 1870—1918. Düsseldorf 1970.
Suess, Eduard: Erinnerungen. Leipzig 1916.
Sündermann, Helmut: Wie deutsch bleibt Österreich? Antwort an Schuschnigg. Leoni am Starhemberger See 1970.
Sundén, Hjalmar: Die Religion und die Rollen. Eine psychologische Untersuchung der Frömmigkeit. Berlin 1966.
Suttner, Bertha von: Memoiren. Stuttgart 1909.
Suval, Stanley: The Anschluß Question in the Weimar Era. A Study of Nationalism in Germany and Austria, 1918—1932. Baltimore 1974.
Sylvester, Julius: Vom toten Parlament. Wien 1928.
Szekfü, J.: État et Nation. Paris 1945.

Tapié, Victor L.: Monarchie et peuples du Danube. Paris 1969 (Bibl. u. Anmerk. 442—482).
Thavorinthanasarn, Chawat: Österreich-Deutschland-NSDAP. Darstellung einer politischen Bewegung aus dem Gesichtswinkel eines ganz Außenstehenden. Diss. Graz 1972.
Thinen-Alderflycht, Christoph: Graf Leo Thun im Vormärz. Grundlagen des böhmischen Konservatismus im Kaisertum Österreich. Wien-Köln-Graz 1967.
Tibal, A.: L'Autrichien. Paris 1936.
Till, Rudolf: Pax Austriaca: Sinn und Geschichte des österreichischen Staatsgedankens. Wien 1948.
Timel, Richard/Willbacher, Peter: Wie christlich sind die christlichen Parteien? Wien 1970.
Tomek, Ernst: Kirchengeschichte Österreichs. 3 Bde. Innsbruck 1935—1959.
Treitschke, Heinrich von: Das deutsche Ordensland Preußen. Mit einer Einleitung von Walter Bussmann. Göttingen 1955.

Uhlirz, Karl und Mathilde: Handbuch der Geschichte Österreichs und seiner Nachbarländer Böhmen und Ungarn. 4 Bde. Wien 1937—1944; 1. Bd., 2. überarb. Aufl. Graz-Wien-Köln 1963.
Ullmann, Walter: Die Machtstellung des Papsttums im Mittelalter (The Growth of Papal Government in the Middle Ages. London 1955). Graz 1960.
Urbach, Reinhard: Die Wiener Komödie und ihr Pulikum. Stranitzky und die Folgen. Wien 1973.
Urbanski v. Ostrymiecz, August: Conrad von Hötzendorf. Soldat und Mensch. Graz 1938.

Valentin, Hellwig: Der Prozeß Schönerer. Diss. Wien 1970.
— Der Prozeß Schönerer und seine Auswirkungen auf die parteipolitischen Verhältnisse in Österreich (in: Öst. in Gesch. u. Lit. 2/1972).
Valentin, V.: Geschichte der deutschen Revolution 1848—1849. 2 Bde. Berlin 1930.
Valjavec, Fritz: Der Josephinismus. 2. überarb. Auflage. Wien 1945.
— Die Entstehung der politischen Strömungen in Deutschland 1770—1815. Wien 1951.
— Die josephinischen Wurzeln des österreichischen Konservatismus (in: Südostforschungen, Bd. 14. Wien 1955), 166 ff.
— Geschichte der abendländischen Aufklärung. Wien 1961.
Valloton, Henry: Maria Theresia. München 1978.
Varagnac, André: Civilisation traditionelle et genres de vie. Paris 1948.
Varnhagen, von Ense, K. A.: Friedrich Fürst Schwarzenberg. Europäische Zeitenwende. Tagebücher 1835—1860, ausgew. von Joachim Schorndorff. München 1960.
Verdross, A.: Deutschösterreich in Großdeutschland. Stuttgart 1919.
Verosta, Stephan: Theorie und Realität von Bündnissen. Heinrich Lammasch, Karl Renner und der Zweibund (1897—1914). Wien 1971.
Vierzig Jahre danach. Der 4. März 1933 im Urteil von Zeitgenossen und Historikern, hgb. vom Karl-Renner-Institut. Wien 1973.
Vogelmann, Karl: Die Propaganda der österreichischen Emigration in der Sowjetunion für einen selbständigen österreichischen Nationalstaat (1938—1945). Diss. Wien 1973.

Völker, Karl: Staatsgedanke und Reichsidee in der Geschichte des Protestantismus in Österreich (in: Jahrbuch f. Gesch. des Protestantismus in Österreich 56, 1935).

Volpi, Shelley: Otto Bauer und sein Weg zur politischen Macht. Diss. Wien 1977.

Vom Justizpalast zum Heldenplatz. Studien und Dokumentationen 1927—1938. Hgb. von L. Jedlicka und R. Neck. Wien 1975.

Vonding, Klaus: Völkisch-nationale und nationalsozialistische Literaturtheorie. München 1973.

Vrban, Rudolf: Österreichs Bedränger, die „Los-von-Rom-Bewegung". Prag 1907.

Waas, Oskar: Die Pennalie. Graz 1967.

Wache, Karl (Hgb.): Deutscher Geist in Österreich. München 1933.

Wagner, Friedrich: Der österreichische Legitimismus 1918—1938, seine Politik und Publizistik. Diss. Wien 1956.

Wagner, Manfred (Hgb.): Im Brennpunkt Österreich. 14 Beiträge auf der Suche nach einer Konstante. Wien 1976.

Wagner-Rieger, Renate (Hgb.): Die Wiener Ringstraße. Bild einer Epoche, bisher 11 Bde. Wien 1969 ff.

Walter, Friedrich: Männer um Maria Theresia. Wien 1951.

Wandruszka, Adam: Leopold II. 2 Bde. Wien 1965.

— Schicksalsjahr 1866. Graz 1966.

— Österreich und Italien im achtzehnten Jahrhundert. Wien 1963.

— Zur Problematik der österreichischen Geschichte (in: MIÖG 78, 1970, 468 ff.).

— Das Haus Habsburg, erweit. Ed. Wien 1979 (1. Ed. 1956).

— Geschichte einer Zeitung. Das Schicksal der „Presse" und der „Neuen Freien Presse". Wien 1958.

— und Urbanitsch, Peter (Hgb.): Die Habsburgermonarchie 1848—1918. Wien 1973 ff. I. Die wirtschaftliche Entwicklung; II. Verwaltung und Rechtswesen, 1975.

Wangermann, Ernst: From Joseph II. to the Jakobin Trials. Oxford 1959.

Weber, E. (Hgb.): Dollfuß von Österreich. Eines Mannes Wort und Ziel. Wien 1935.

Wehler, H. U.: Bismarck und der Imperialismus, 2. Aufl. Köln 1970.

— Krisenherde des Kaiserreichs 1870—1918. Göttingen 1970.

Werkmann, Karl: Der Tote auf Madeira. München 1923.

— Deutschland als Verbündeter. Kaiser Karls Kampf um den Frieden. Berlin 1931.

Weinzierl, Erika: Die österreichischen Konkordate von 1855 und 1933. Wien 1960.

— (Hgb.): Der Österreicher und sein Staat. Freiburg 1965.

— Zu wenig Gerechte. Österreicher und Judenverfolgung 1938—1945. Graz 1969.

Weissel, Erwin: Die Ohnmacht des Sieges. Arbeiterschaft und Sozialisierung nach dem Ersten Weltkrieg in Österreich. Wien 1976.

Welchert, H. H.: Österreichs Weg ins Reich 1917—1938. Hamburg 1938.

Whiteside, Andrew G.: Austrian National Socialism before 1918. Den Haag 1962.

— The Socialism of Fools. Georg Ritter von Schönerer and Austrian Pan-Germanism. Berkeley, Calif. 1975.

Wieser, Georg: Ein Staat stirbt. Österreich 1934—1938. Paris 1938.

Wiesflecker, Hermann: Casa de Austria 1620—1740 (in: Österreich in Geschichte und Literatur, 5. Jg. 1961), 9 ff.

— Kaiser Maximilian I. 6 Bde. Wien-München 1971 ff.

Wildner, Clemens: Von Wien nach Wien. Erinnerungen eines Diplomaten. Wien 1961.

Williams, C. E.: The broken Eagle. The politics of Austrian Literature from Empire to Anschluß (1900—1938). London 1974.

Windisch-Graetz, Ludwig A.: Ein Kaiser kämpft für die Freiheit. So begann Ungarns Leidensweg. Wien 1957.

Winkler, Ernst: Die österreichische Sozialdemokratie im Spiegel ihrer Programme. Wien 1971.

Winkler, Franz: Die Diktatur in Österreich. Zürich 1935.

Winkler, Ingeborg: Die deutschnationalen Bestrebungen und der Gedanke des Anschlusses der Deutschösterreicher an das Deutsche Reich von 1870 bis 1907. Diss. Wien 1974.

Winter, Eduard: Die tschechische und slowakische Emigration in Deutschland im 17. und
    18. Jahrhundert. Beiträge zur Geschichte der hussitischen Tradition. Berlin 1955.
— Tausend Jahre Geisteskampf im Sudetenraum. Salzburg 1938.
— Der Josefinismus und seine Geschichte. Beiträge zur Geistesgeschichte Österreichs 1740
    bis 1848. Brünn 1943.
— Der Josephinismus: Die Geschichte des österreichischen Reformkatholizismus 1740—1848.
    Berlin 1962.
— Frühaufklärung. Der Kampf gegen den Konfessionalismus in Mittel- und Osteuropa und die
    deutsch-slawische Begegnung. Berlin 1966 (Lit.: 359—396).
— Frühliberalismus in der Donaumonarchie. Religiöse, nationale und wissenschaftliche Strö-
    mungen von 1790—1868. Berlin 1968 (Lit.: 321—341).
— Revolution, Neoabsolutismus und Liberalismus in der Donaumonarchie. Wien 1969
    (Lit.: 225—236).
— Barock, Absolutismus und Aufklärung in der Donaumonarchie. Wien 1972 (Lit.: 255
    bis 263).
— Romantismus, Restauration und Frühliberalismus im österreichischen Vormärz. Wien 1968
    (Lit.: 273—286).
— Halle als Ausgangspunkt der deutschen Rußlandkunde im 18. Jahrhundert. Berlin 1953.
Winter, Ernst K.: Rudolf IV. von Österreich. 2 Bde. Wien 1934—1936.
— Ignaz Seipel als dialektisches Problem. Ein Beitrag zur Scholastikforschung. Wien 1966.
— Anton Günther (in: Zeitschrift für die gesamte Staatswissenschaft, Bd. 88, 1930) 281 ff.
Wittram, Reinhard: Das Nationale als europäisches Problem. Göttingen 1954.
Wodka, Josef: Kirche in Österreich. Wien 1959.
Wolf-Heilig-Görgen: Österreich und die Reichsidee. Wien 1936.
Wolf, Wilhelm: Hundert Jahre österreichische politische Dichtung. Salzburg 1940.
Wollstein, G.: Das „Großdeutschland" der Paulskirche. Nationale Ziele in der bürgerlichen
    Revolution 1848/49. Berlin 1977.
Wucher, Albert: Theodor Mommsen als Kritiker der deutschen Nation (in: Saeculum, Bd. 2,
    H. 2, 1951), 256 ff.
Würthle, Fritz: Die Spur führt nach Belgrad. Die Hintergründe des Dramas von Sarajevo
    1914. Wien 1975.
Wurm, Heinrich: Die Jörger von Tollet. Graz-Wien-Köln 1955.
Wurzbach, Constantin von: Biographisches Lexikon des Kaisertums Österreich 1750—1850.
    60 Bde. Wien 1856—1891.

Zacharias, Thomas: Joseph Emanuel Fischer von Erlach. Mit einer Einleitung von Hans
    Sedlmayr. Wien 1960.
Zailer, Emil: Heinrich Friedjung. Diss. Wien 1950.
Zeeden, Ernst W.: Die Entstehung der Konfessionen: Grundlagen und Formen der Kon-
    fessionsbildung im Zeitalter der Glaubenskämpfe. München 1965.
Zeissner-Spitzenberg/Karl, Hans: Kaiser Karl I. Salzburg 1953.
Zernatto, Guido: Die Wahrheit über Österreich. New York 1939.
Zillessen, Horst (Hgb.): Volk — Nation — Vaterland. Der deutsche Protestantismus und
    der Nationalismus. Gütersloh 1970.
Zingarelli, Italo: Vecchia Austria. Milano 1937.
Zimmermann, Bernhard Hans: Evangelisch in Österreich. Graz 1952.
Zöllner, Erich: Geschichte Österreichs. Von den Anfängen bis zur Gegenwart. München
    1961 (Quellen und Lit.: 575—625), 6. Aufl. Wien 1979.
— Formen und Wandlungen des Österreichbegriffes (in: Hugo Hantsch u. a. Hgb.:
    Historica: Studien zum geschichtlichen Denken und Forschen. Wien 1965), 63 ff.
Zoller, Albert: Hitler privat. Erlebnisbericht seiner Geheimsekretärin. Düsseldorf 1949.
Zseps-Zuckerkandl, Berta: Ich erlebte fünfzig Jahre Weltgeschichte. Stockholm 1939.
Zulehner, Paul Michael: Kirche und Austromarxismus. Eine Studie zur Problematik Kirche-
    Staat-Gesellschaft. Wien 1967.

Personenverzeichnis